FORSCHUNGEN UND BERICHTE ZUR VOR- UND FRÜHGESCHICHTE
IN BADEN-WÜRTTEMBERG

LANDESDENKMALAMT BADEN-WÜRTTEMBERG

FORSCHUNGEN UND BERICHTE ZUR VOR- UND FRÜHGESCHICHTE IN BADEN-WÜRTTEMBERG

BAND 43

1994

KOMMISSIONSVERLAG · KONRAD THEISS VERLAG · STUTTGART

LANDESDENKMALAMT BADEN-WÜRTTEMBERG

RÜDIGER ROTHKEGEL

Der römische Gutshof von Laufenburg/Baden

Mit einem Beitrag von

G. L. WHITE

1994

KOMMISSIONSVERLAG · KONRAD THEISS VERLAG · STUTTGART

HERAUSGEBER: LANDESDENKMALAMT BADEN-WÜRTTEMBERG
ARCHÄOLOGISCHE DENKMALPFLEGE
SILBERBURGSTRASSE 193 · D-70187 STUTTGART 1

Die Deutsche Bibliothek – CIP-Einheitsaufnahme
Rothkegel, Rüdiger:
Der römische Gutshof von Laufenburg, Baden /
Rüdiger Rothkegel. Mit einem Beitr. von G. L. White.
Landesdenkmalamt Baden-Württemberg. –
Stuttgart: Theiss, 1994
(Forschungen und Berichte zur Vor- und Früh-
geschichte in Baden-Württemberg; Bd. 43)
ISBN 3-8062-1097-7
NE: GT

Redaktion und Herstellung

Dr. Christoph Unz mit Verlagsbüro Wais & Partner, Stuttgart

Produktion

Druckerei Großbuchbinderei Wilhelm Röck, Weinsberg

Printed in Germany: ISBN 3-8062-1097-7

Vorwort

Mit der vorliegenden Arbeit über den römischen Gutshof von Laufenburg legt das Landesdenkmalamt Baden-Württemberg eine wissenschaftliche Bearbeitung vor, deren Untersuchung schon Jahrzehnte zurückliegt. Die von 1936 bis 1940 durch H. Dragendorff und E. Samesreuther durchgeführten Grabungen sowie eine Nachuntersuchung im Jahre 1970 durch A. Eckerle bildeten die Grundlagen der vorliegenden wissenschaftlichen Auswertung. Der römische Gutshof von Laufenburg mit seiner 200jährigen Forschungsgeschichte gehört mit zu den wichtigsten Anlagen dieser Art in Südwestdeutschland. Unterstrichen wird die ursprüngliche Bedeutung durch die Mosaikschrift eines Pächters, die bei den Grabungen geborgen wurde.

Zunächst gilt unser Dank dem Autor, Herrn Rüdiger Rothkegel, der im Juli 1988 mit dieser Arbeit an der westfälischen Wilhelms-Universität in Münster promoviert hat. Mit besonderem Engagement hat er sich der Aufarbeitung und Interpretation dieser Grabung gewidmet. Besondere Unterstützung während der Abfassung dieser Arbeit erhielt Herr Rothkegel vom Referat Archäologische Denkmalpflege an der Außenstelle Freiburg, insbesondere durch Herrn Hauptkonservator Dr. G. Fingerlin. Unser Dank gilt weiter Herrn Bürgermeister Helmut Müllmerstadt, der sich in ganz besonderer Weise für die Bearbeitung dieses römischen Denkmals eingesetzt hat und Herrn Rothkegel bei seiner Arbeit jegliche Unterstützung gewährte. Besonders zu erwähnen sei an dieser Stelle auch die Restaurierung und umfangreiche Beschilderung des in eine Grünanlage einbezogenen römischen Gutshofs.

Weiter gilt der Dank zahlreichen Fachkolleginnen und Fachkollegen in der Schweiz und in Baden-Württemberg, die die Arbeit mit großem Interesse verfolgten und wichtige Hinweise gaben. Besonders erwähnen möchte ich den Betreuer des Hochrhein-Museums in Bad Säckingen, Herrn Dr. Ludwig Schnitzler, der die Materialaufnahme in großzügiger Weise förderte.

Die Arbeit wurde im Jahre 1988 abgeschlossen. Für die redaktionelle Betreuung möchte ich Herrn Dr. Christoph Unz sowie dem Verlagsbüro Wais & Partner, Stuttgart, Dank sagen.

Stuttgart, im August 1994 *Dieter Planck*

Vorbemerkung des Verfassers

Die vorliegende Arbeit stellt die nur in Kapitel II überarbeitete Fassung meiner Dissertation dar, die im Juli 1988 von der Philosophischen Fakultät der Westfälischen Wilhelms-Universität in Münster angenommen worden ist. Manuskriptabschluß der Druckvorlage erfolgte im wesentlichen Ende 1988, so daß nur bis zu diesem Zeitpunkt erschienene Literatur eingehend berücksichtigt werden konnte. Danach publizierte Titel fanden nur noch im Einzelfall summarisch Eingang in das Manuskript.

Meinem Doktorvater Prof. Dr. Heinz Wiegartz danke ich für die Begleitung und Betreuung während der Abfassung der Arbeit, ebenso der Westfälischen Wilhelms-Universität in Münster für die Gewährung eines über zweijährigen Graduiertenstipendiums.

Besonders verbunden fühle ich mich Herrn Prof. Dr. Dieter Planck, der nicht nur anregte, den römischen Gutshof von Laufenburg im Rahmen einer Monographie zu bearbeiten, sondern auch frühzeitig die Publikation in der vorliegenden Reihe anbot. Er verfolgte die Entstehung der Dissertation stets mit großem Interesse und hilfreicher Anteilnahme. Besondere Unterstützung in fachlicher und praktischer Hinsicht erfuhr ich vom Leiter der Archäologischen Denkmalpflege an der Außenstelle Freiburg, Herrn Dr. Gerhard Fingerlin. Seine Anregungen haben an vielen Stellen prägenden Einfluß auf die Arbeit gehabt.

Nicht missen möchte ich auch die vielfältigen fruchtbaren Gespräche mit Kolleginnen und Kollegen, von denen ich auf deutscher Seite nur zwei weitere stellvertretend nennen möchte: Dr. Rudolf Aßkamp (Römermuseum Haltern) und Dr. C. Sebastian Sommer (LDA Stuttgart). Die „Grenzlage" der Villa rustica brachte natürlich eine Vielzahl von Kontakten in die benachbarte Schweiz mit sich; auch hier möchte ich nur einigen stellvertretend danken: Prof. Dr. Stefanie Martin-Kilcher (Uni Bern), Dr. Martin Hartmann (ehemaliger Kantonsarchäologe Aargau), Dr. Walter Drack (ehemaliger Kantonsarchäologe Zürich).

Schließlich darf an dieser Stelle nicht die anspruchs- und mühevolle redaktionelle Betreuung durch Dr. Christoph Unz vergessen werden.

Gewährung von Gastrecht und Anteilnahme verschiedenster Art verdanke ich in Laufenburg Herrn Bürgermeister Helmut Müllmerstadt, dessen freundschaftliche Verbundenheit über einen langen Zeitraum nicht unterschätzt werden darf. Weiter sei für die Arbeiten vor Ort stellvertretend dem Konservator des Hochrhein-Museums in Bad Säckingen, Herrn Dr. Ludwig Schnitzler, gedankt.

Fast alle Tuschezeichnungen und auch Fotos, die dem Druck als Vorlage dienten, sind vom Autor selbst erstellt worden.

Die lange Frist zwischen Fertigstellung und Druck der Arbeit können in keiner Weise dem Autor angelastet werden.

Last, but not least bin ich natürlich meinen Eltern und meiner Frau zu besonderem Dank verpflichtet, die mir das Studium und einen entsprechenden Abschluß ermöglicht haben. Ihr Vertrauen, ihr Zuspruch, aber auch ihre manchmal stirnrunzelnden Fragen halfen mir stets, festen Boden unter den Füßen zu behalten.

Gewidmet sei die Arbeit jedoch jemand anderem. Sie möge als kleine Erinnerung dienen an meinen leider viel zu früh verstorbenen Bruder Jürgen Rothkegel (1955–1980).

Rotkreuz, September 1994 Rüdiger Rothkegel

Inhalt

I. Einleitung

A. Geographie

Zwischen Basel und Schaffhausen erstreckt sich auf einer Länge von 115 km das Hochrheintal (Abb. 1). Im Norden vom Schwarzwald, im Süden vom Aargauer Tafeljura bzw. den Molassebergen des Schweizer Mittellandes scharf begrenzt, wird hier der Rhein von einem zumeist 2–4 km breiten Niederungsstreifen aus fluvioglazialen Schottern begleitet.[1] Dieser fruchtbare Boden in Verbindung mit einem milden Klima prädestinieren diesen Raum als Kulturlandschaft, die seit der Altsteinzeit intensiv genutzt wurde.[2]

Im Bereich von Bad Säckingen bis Waldshut tritt der Tafeljura so nahe an den nun Hotzenwald genannten Teil des Schwarzwaldes heran, daß die Niederterrasse extrem schmal ist. Hier und an den getreppt abfallenden Südhängen des Hotzenwaldes liegt die Stadt Laufenburg/Baden (Kr. Waldshut). Ca. 350 m oberhalb des Rheines in einer Höhe von 360–365 m über NN befinden sich westlich von Laufenburg bzw. nordöstlich vom Ortsteil Rhina in der Flur „Obere Sitt" die Reste eines römischen Gutshofes (Abb. 2). Wichtige benachbarte römische Fundplätze sind das ca. 15 km südöstlich gelegene Vindonissa sowie das knapp 35 km rheinabwärts befindliche Augst.

B. Forschungsgeschichte[3]

Die ersten belegbaren Funde im Bereich der römischen Villa von Laufenburg reichen in das Jahr 1929 zurück. A. Barthel meldete dem Geologischen Landesamt Freiburg den Fund von gestempelten Ziegeln und Mörtelresten, deren römischer Ursprung erkannt wurde. Zu dieser Zeit stellte sich die Fundstelle als kleine, mit Bäumen und Gestrüpp bewachsene Anhö-

1 Handbuch der naturräumlichen Gliederung Deutschlands I. Hrsg. von E. Meynen und J. Schmithüsen (Bad Godesberg 1953–1962) 258ff. Das Land Baden-Württemberg VI (Stuttgart 1982) 915ff.

2 z.B. altsteinzeitlicher Wohnplatz von Murg: E. Gersbach, Urgeschichte des Hochrheines. Bad. Fundber., Sonderh. 11 (Freiburg 1969) 20ff.

3 Für das freundliche Entgegenkommen bei der Durchsicht der Ortsakten (Korrespondenz, Grabungsdokumentation etc.) im LDA Freiburg möchte ich G. Fingerlin herzlich danken.

Abb. 1: Lage von Laufenburg (Kreis) im Hochrheintal zwischen Basel und Schaffhausen. 1 Augst/Kaiseraugst, 2 Windisch, 3 Baden, 4 Zurzach, 5 Seeb bei Winkel (Kt. Zürich), 6 Oberwinterthur, 7 Schleitheim, 8 Eschenz. Kartengrundlage: Ausschnitt aus der Reliefkarte Baden-Württemberg 1:600000. Hrsg. Landesvermessungsamt Baden-Württemberg. Vervielfältigung genehmigt Az. 5.11/933.

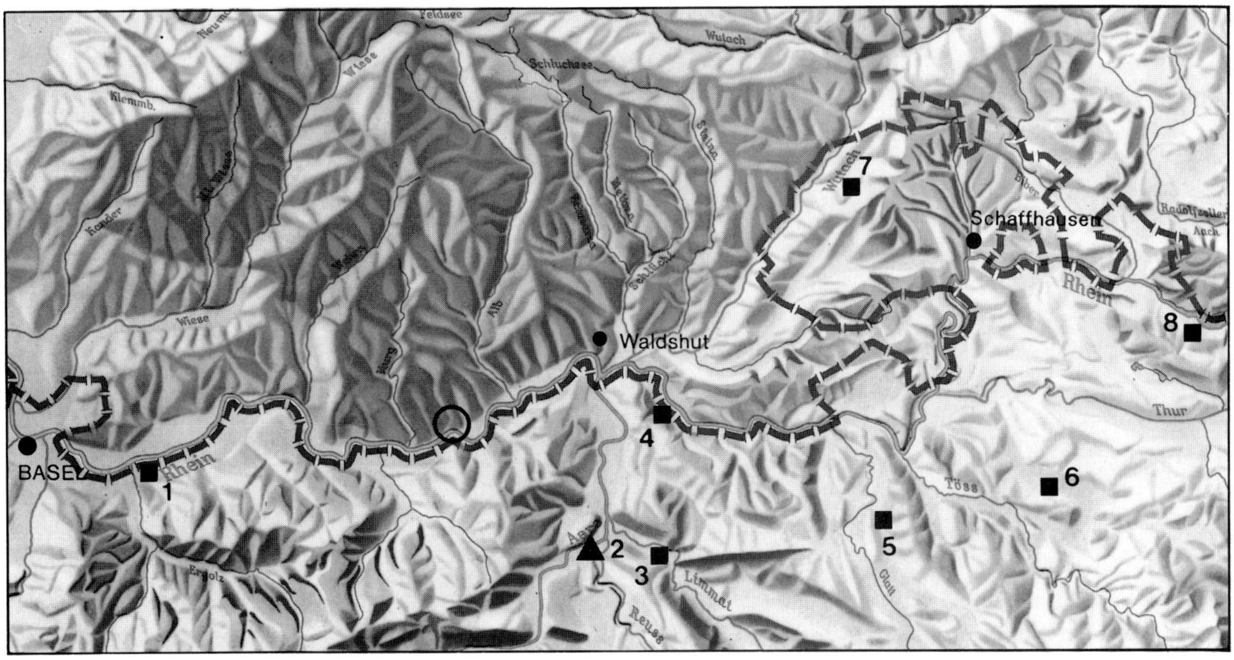

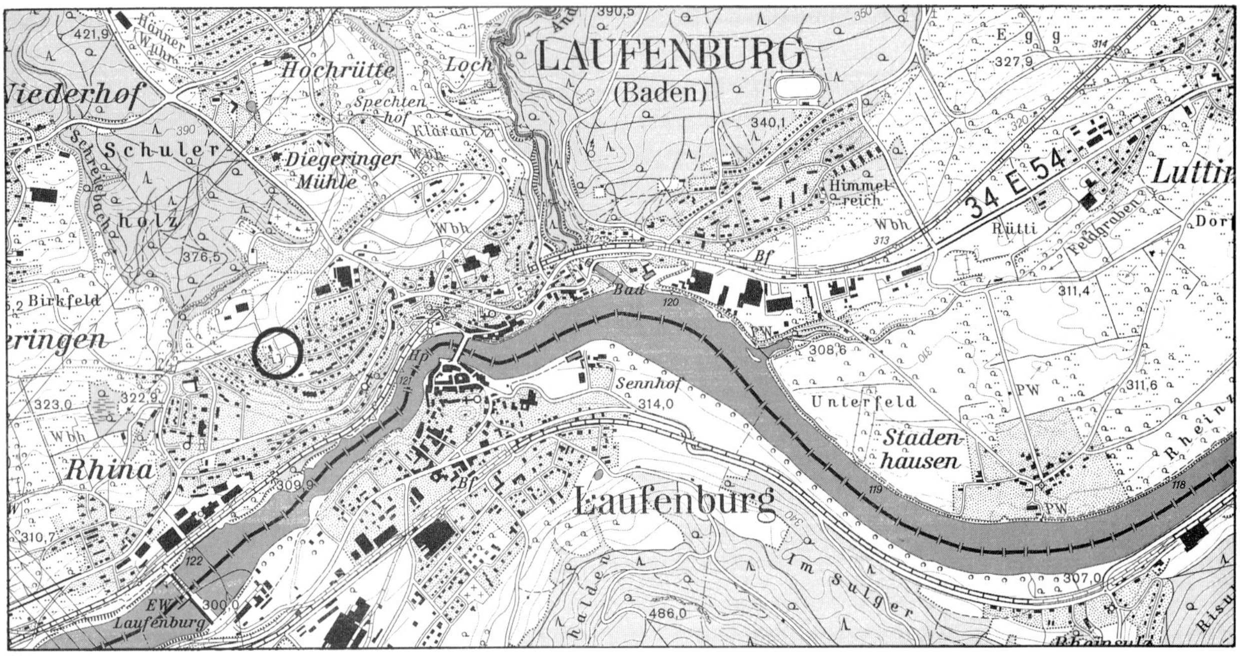

Abb. 2: Der Raum Laufenburg mit der römischen Villa. Ausschnitt aus TK 1:25000, Bl. 8414. Hrsg. Landesvermessungsamt Baden-Württemberg. Vervielfältigung genehmigt Az.5.11/933.

he dar (Abb. 3). Da sich in den folgenden Jahren die Fundmeldungen durch Barthel und E. Gersbach mehrten[4] und zusätzlich das Gebiet durch Abholzung bedroht schien, wurden auf Betreiben von Prof. G. Kraft (Freiburg) die Voraussetzungen für eine wissenschaftliche Untersuchung des Areals geschaffen.
Aus Mitteln der Römisch-Germanischen Kommission, Frankfurt, und des Badischen Denkmalamtes, Freiburg, konnte so am 13. 10. 1936 eine erste Grabung beginnen, die bis zum 31. 10. 1936 dauerte. Dieser Abschnitt (wie auch die zwei folgenden) lag in den Händen von Prof. H. Dragendorff (Freiburg), für die örtliche Grabungsleitung zeichnete E. Samesreuther verantwortlich. Neben verschiedensten Mauerverläufen und Funden erbrachten die angelegten Suchschnitte die Bestätigung der Hypothese, daß die Flur „Obere Sitt“ das Haupthaus einer römischen Villa barg.

4 Samesreuther, Laufenburg 32, Anm. 2.

Abb. 3: Das Grabungsgelände vor Beginn der Ausgrabung im Herbst 1936. Blick von Nordwesten.

Im Zuge einer weiteren Grabung vom 8. 10. 1937 bis zum 6. 11. 1937 wurde der Grundriß weiter verfolgt, wobei besonders im Südosten der Badetrakt und (ansatzweise) im Westen eine Porticus zwischen zwei Risaliten freigelegt wurden. Bereits jetzt erkannten die Ausgräber die Wichtigkeit der Fundstelle anhand des reichen Fundmaterials (Keramik, Mosaikreste, farbiger Wandputz) ebenso wie die Mehrphasigkeit der Anlage.

Nach einer Unterbrechung sollte schließlich eine dritte Kampagne (26. 6. bis 2. 9. 1939) durch flächige Grabung den Grundriß vervollständigen. Hierbei gelangen die Freilegung der meisten Mauerzüge sowie die Bergung weiteren umfangreichen Fundmaterials, bei dem besonders auch ein Inschrift-Mosaik zu erwähnen ist. Die bis dahin erzielten Ergebnisse, die sich im wesentlichen auf das Haupthaus beschränkten, legten Samesreuther und Dragendorff in kurzen Publikationen vor.[5] Zusammengefaßt beschrieben sie eine Villa im Einflußgebiet des Legionslagers Vindonissa, deren vier Bauphasen in die Zeit von ca. 50 n. Chr. bis zu den Alamannenstürmen der Jahre 259/260 n. Chr. fallen. Eine abschließende Grabung zur Klärung noch offener Fragen wurde durch die Kriegswirren ebenso verhindert wie eine genaue Aufarbeitung des Fundmaterials in Verbindung mit den sorgfältigen Grabungsdokumentationen.[6]

Als Verfasser schließlich Ende 1984 auf Anregung von D. Planck die Bearbeitung der Villa von Laufenburg begann, standen ihm im wesentlichen zwei Quellen zur Verfügung: Die Ortsakten im Landesdenkmalamt Baden-Württemberg, Außenstelle Freiburg sowie verschiedene im Hochrhein-Museum Bad Säckingen magazinierte bzw. ausgestellte Funde. Um die Ereignisse der vergangenen 45 Jahre aufzuklären, schienen neben Gesprächen mit verschiedenen Beteiligten besonders auch die Sichtung einiger Archive hilfreich.[7] Obwohl manches nicht mit letzter Sicherheit geklärt werden kann, zeichnet sich folgender Verlauf ab. Trotz provisorischer Sicherungsmaßnahmen am Ende der Gra-

5 Ebd. 32ff.; ders., Gnomon 16, 1940, 40f. Dragendorff, Laufenburg 557ff.
6 Letztere heute im LDA Freiburg.
7 Besonders danken möchte ich hierfür Herrn Stadtarchivar Nawrath (Laufenburg) sowie Herrn Kramer vom Landratsamt (Waldshut).

Abb. 4: Blick auf das rekonstruierte Hauptgebäude des Gutshofes. Photo: O. Braasch, LDA, Schwäbisch Gmünd. Nr. 8514/021, SW 2 Neg. 19, vom 31. 5. 1981.

Abb. 5: Blick über Badisch Laufenburg zum Rhein und nach Laufenburg/Schweiz. Im Vordergrund der Gutshof. Photo: O. Braasch, LDA, Schwäbisch Gmünd. Nr. 8514/021, D 1273, vom 29. 4. 1990.

bung des Jahres 1939 (Holzverschläge, Aufbetonierung des Mauerwerkes) war das Schicksal des Areals in den folgenden zehn Jahren durch witterungsbedingten Zerfall einerseits sowie durch Zweckentfremdung als Quelle von Baumaterial und Mülldeponie andererseits gekennzeichnet. Ebenfalls war lange Zeit unklar, wo das umfangreiche Fundmaterial deponiert worden war. 1949 schließlich konnte das damalige Freiburger Denkmalamt 30 Kartons und 5 Kisten Laufenburger Materials entgegennehmen,[8] das den Krieg im alten Rathaus des Ortsteiles Rhina überdauert hatte.[9] Nach einer Inventarisation im Jahre 1951, die leider die mit großer Sicherheit noch vorhandenen Fundangaben (s. u.) unberücksichtigt ließ, gelangte alles in die Vitrinen bzw. Magazine des Hochrhein-Museums in Bad Säckingen.[10] Auf Betreiben der Denkmalpflege wurde dann 1970 bzw. 1971 das mittlerweile sehr verwilderte Grabungsareal neu hergerichtet und als Freilichtmuseum zugänglich gemacht, wobei in geringem Umfang auch eine weitere archäologische Untersuchung erfolgte. Die Anlage wurde schließlich 1986 durch Schautafeln von der Stadt Laufenburg abgerundet (Abb. 4; 5).

Durch verschiedenste Unstimmigkeiten[11] sah sich Verfasser jedoch veranlaßt, besonders bezüglich des Fundmaterials Nachforschungen anzustellen, die einige interessante Ergebnisse brachten. Zunächst tragen einige Fundstücke neben den Inv.Nr. Sä 1–703 weitere Aufschriften.[12] Dabei handelt es sich um Inventar-Nummern, die der langjährige frühere Betreuer der Säckinger Sammlungen, E. Gersbach, verteilt hat. Leider ist dieses „Alt-Inventar" heute nicht mehr aufzufinden.

Eine Besichtigung des alten Rathauses des Ortsteiles Rhina zeigte, daß dort immer noch eine nicht unerhebliche Fundmenge lagerte.[13] Dabei handelte es sich im wesentlichen um Architekturteile aus Sandstein sowie Verputz- und Mosaikfragmente. Interessanterweise waren die entsprechenden Kartons immer noch mit relativ genauen Fundzetteln versehen und somit innerhalb des Gebäudes zuweisbar. Daher ist der Schluß naheliegend, daß die 1951 hier abgeholten Funde vermutlich ebenfalls noch mit entsprechenden Fundzetteln gekennzeichnet waren.

Weiter konnten verschiedene Funde in der Volksschule Rhina wiedergefunden werden.[14] Ebenso beinhalten die Schausammlungen des Burgmuseums Lörrach Material aus Laufenburg.[15] Auch das Magazin dieses Mu-

8 Lt. Empfangsquittung Landratsamt Waldshut.

9 Brief des Bürgermeisters von Laufenburg an LDA Karlsruhe (im Landratsamt Waldshut); ebenso bereits 1946 E. Samesreuther in einem Schreiben (Ortsakten, LDA in Freiburg).

10 Die Funde wurden unter Sä 1–773 inventarisiert; die so im Katalog bezeichneten Fundstücke stammen dementsprechend zum größten Teil aus den Grabungen 1936–39; einige dürften aber auch wohl Lesefunde (E. Gersbach) sein.

11 z. B. waren Funde, die durch entsprechende Fotos den Grabungen 1936–39 sicher zugeordnet werden konnten, im Inventar mit Fundjahren nach dem 2. Weltkrieg versehen.

12 Mehrstellige Zahlen, die z. T. den Zusatz „R" tragen; diese „Altinventar"-Nummern stehen im Katalog jeweils in Klammern.

13 Ungefähr ein Kleinlaster (!) Material konnte am 12. 12. 1984 ins Hochrhein-Museum, Bad Säckingen, transportiert werden. Diese Funde wurden unter den Inventur-Nummern Sä 774–823 nachinventarisiert und tragen im Katalog den entsprechenden Zusatz.

14 Diese tragen im Katalog den Zusatz „AO: Schule Rhina".

15 Im Katalog mit Zusatz „AO: Mus. Lörrach".

seums, das im Zuge eines kürzlichen Ausbaus in das Landesdenkmalamt nach Freiburg ausgelagert worden war, beherbergte entsprechende Funde.[16] Diese letzten Komplexe stammen z. T. aus den Grabungen 1936–39; sie können aber auch später durch E. Gersbach aufgelesen worden sein.

Dementsprechend beinhaltet diese Arbeit alle heute (an verschiedenen Orten) vorhandenen Funde, wobei die Mehrzahl leider nur als Streufunde Berücksichtigung finden kann; nur ein Teil ist verschiedenen Räumen bzw. Trakten zuweisbar, exakt stratifizierte Funde lassen sich nur in einigen wenigen Fällen ansprechen.

Nicht zuletzt auch bezüglich zweier herausragender Fundstücke konnten wichtige (Zwischen)-Ergebnisse erzielt werden. Das einzigartige Inschrift-Mosaik (Abb. 31) hat laut einer Meldung der in Villingen erschienenen Tageszeitung „Volk" vom 27. 10. 1949[17] anscheinend den Krieg unversehrt überstanden. Nachdem es 1939 nach Karlsruhe überführt worden war, soll es dort aus den Trümmern des ausgebombten Schlosses unversehrt geborgen worden sein. Eine entsprechende Sichtung der Inventare und Magazine des Badischen Landesmuseums in Karlsruhe Anfang 1985 verlief jedoch ergebnislos.[18]

Die 1939 im Binnenraum der Villa entdeckte Sandsteinbüste (Taf. 91, 994) galt bisher als verschollen; in der Sammlung des Hochrhein-Museums sind lediglich Abgüsse vorhanden. Entsprechende Kontakte führten schließlich zur Laufenburger Narrenzunft, deren kleine heimatkundliche Sammlung u. a. obige Büste sowie etwas keramisches Material der Grabungen 1936–39 enthält.[19] Wie diese Dinge ihren Weg hierher fanden, bleibt jedoch ungeklärt.

---

16 Im Katalog mit Zusatz „Altbestand Lörrach".
17 Stadtarchiv Laufenburg.
18 Für sein freundliches Entgegenkommen möchte ich B. Cämmerer, Karlsruhe, danken.
19 Im Katalog mit Zusatz „AO: Narrenzunft Laufenburg".

II. Baubefund

A. Vorüberlegungen

1. Das Vorgehen während der verschiedenen Grabungskampagnen

Die Probegrabung des Jahres 1936 versuchte mittels 21 sternförmig angelegter Suchschnitte die ungefähre Ausdehnung der Fundstelle festzustellen (Abb. 6). Außer in den abseits liegenden Schnitten 5, 6, 10 und 21 wurden überall[1] unterschiedlich orientierte Mauerzüge angetroffen, die einen ersten Eindruck des Gebäudes vermittelten. Aufgrund der Schnitte 8, 17 und 18 wurde bereits das Vorhandensein eines Risaliten im Nordwesten erkannt, die Wanne in Schnitt 4 wurde als Indiz für einen nördlich von dieser Maßnahme liegenden Badetrakt gewertet.

Im folgenden Jahr 1937 wurden einerseits bereits angelegte Schnitte fortgeführt bzw. zu größeren Flächen erweitert (wie z. B. Maßnahme 9 + 20), andererseits wurden durch die neuen Schnitte bzw. Maßnahmen

1 Eine Ausnahme bildet dabei Schnitt 12, der innerhalb von Raum 4 angelegt wurde.

Abb. 6: Plan der Ausgrabungen, Stand 1936. M. 1:500.

überprüfen (Abb. 8). Schwerpunkte dieser Arbeiten lagen im Badetrakt und Westflügel unseres Haupthauses.

2. Quellenkritik, Methodisches

Die Analyse des Befundes kann sich zwar zunächst auf eine breite Basis stützen, die aus einer Vielzahl von Gesamt- und Detailplänen, Schnittzeichnungen, Fotos, Tagebuchaufzeichnungen etc. der Vor- und Nachkriegsarbeiten besteht.[2] Analog zu den Problemen der Fundbearbeitung müssen allerdings auch hier starke Einschränkungen hinsichtlich der Aussagemöglichkeiten gemacht werden.[3]

Generell muß deutlich festgehalten werden, daß die in den Abbildungen 6–8 wiedergegebenen Planzeichnungen[4] durchaus nicht deckungsgleich sind, sondern Abweichungen der Mauerfluchten von z. T. über 1 m beinhalten. Leider können heute anhand der Unterlagen diese Diskrepanzen nicht mehr bis in jedes Detail aufgeklärt werden, jedoch lassen sich einige Fehlerquellen anführen. Zunächst ist der Plan des Jahres 1936 (Abb. 6) offenbar weniger als exakte Einmessung, denn als eher grobe Skizze zu verstehen.[5] Die Differenzen der folgenden Pläne (Abb. 7; 8) dürften sich am ehesten aus Meßfehlern erklären, wobei allerdings nicht mehr feststellbar ist, ob diese auf mangelnder Exaktheit der Ausgräber oder aber auf unbemerkter Verschiebung derselben benutzten Meßpunkte durch äußere Einflüsse basieren. Die Nachkriegstätigkeiten schließlich legten den Plan von 1939 zugrunde,

2 Verbleib: LDA Baden-Württemberg, Außenstelle Freiburg. – Schnittzeichnungen zur Sicherung der Schichtenabfolgen wurden jedoch fast nur 1936 angefertigt. 1937 und 1939 wurden, ohne explizite Erklärung, beinahe ausnahmslos Planumszeichnungen erstellt; Hinweise zur Stratigraphie finden sich jeweils nur in den Erläuterungen vermerkt. 1970/1971 schließlich wurden zwar wiederum Schnittzeichnungen erstellt, jedoch erstrecken sich diese zumeist nur bis zu den Unterkanten der jeweiligen Mauerzüge mit daraufsitzenden Aufbetonierungen; leider wurde versäumt, Schnitte bis zum gewachsenen Boden hinabzuführen.

3 Wobei die auch zeitlich bedingten Mängel der Dokumentationen der Jahre 1936–1939 – genannt seien hier z. B. heute z. T. fehlende Fotos, nicht oder fälschlich beschriftete Schnittzeichnungen oder fast bis zur Unkenntlichkeit verblichene Planzeichnungen – noch die einfachsten Probleme darstellen. Inwieweit darüber hinaus (stratifizierte) Funde überhaupt Aussagen zu Fragen der absoluten Chronologie erlauben, wird im folgenden zu erörtern sein.

4 Es handelt sich dabei um Umzeichnungen der Originalpläne der Jahre 1936, 1937 und 1939. Letzterer wurde ebenfalls als Basis für die Tätigkeiten 1970/1971 benutzt.

5 Dafür spricht die Tatsache, daß dieses Original im Maßstab 1:200 erstellt ist, die beiden anderen demgegenüber in 1:100.

Abb. 9: Übersicht der Raum- und Mauerbezeichnungen. M. 1:400.

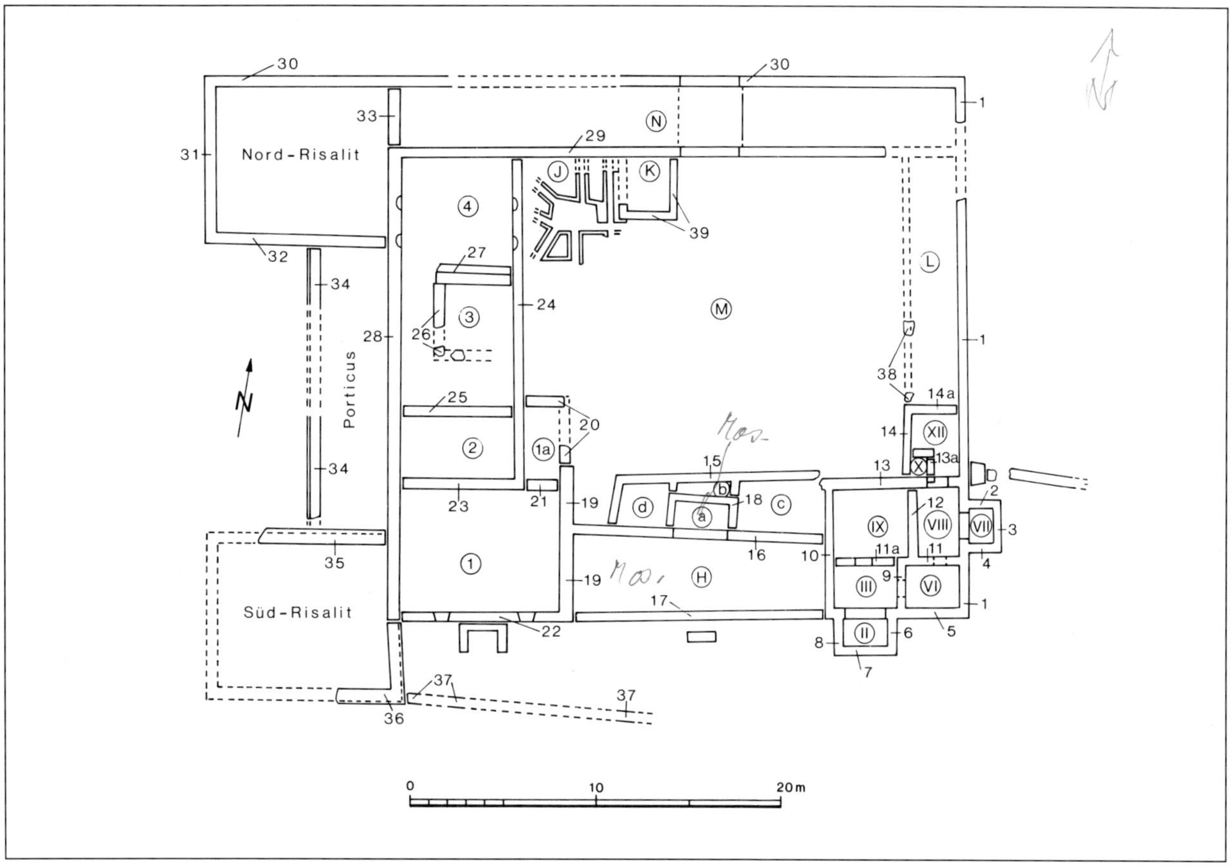

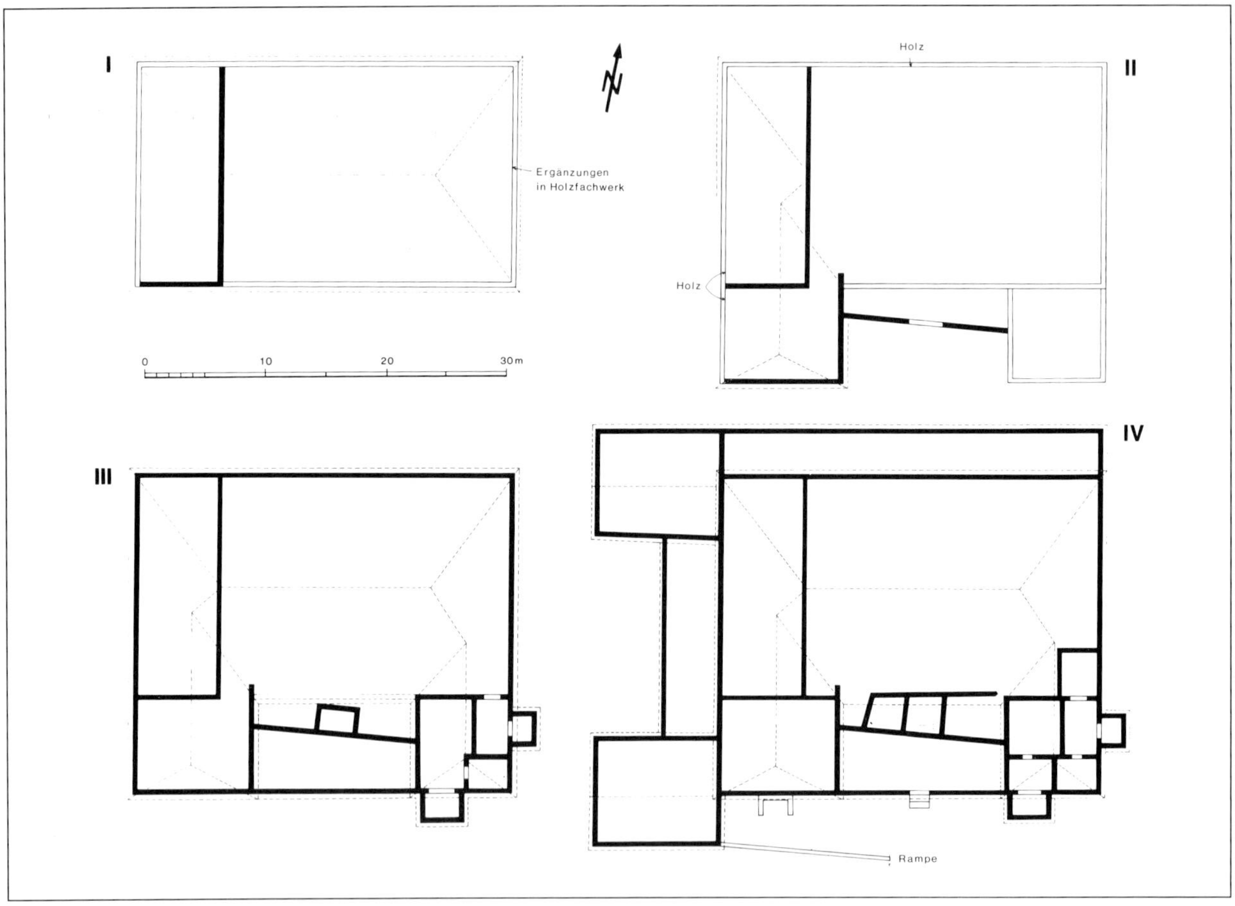

Abb. 10: Bauphasenabfolge nach E. Samesreuther. M. 1:600.

ohne daß Abweichungen hinsichtlich der Einmessungen dokumentiert wären.[6] Insgesamt dürften somit die in Abbildung 8 dargestellten Gegebenheiten als die relativ verläßlichsten betrachtet werden, weshalb diese im folgenden als Grundlage der Analyse herangezogen werden. Sofern im Einzelfall inhaltlich relevante Abweichungen bestehen, sollen diese natürlich berücksichtigt und entsprechend gewichtet werden.

Einschränkend muß jedoch betont werden, daß die in den Abbildungen 6–8 wiedergegebenen Pläne nicht in allen Details mit den Schilderungen in den Grabungsdokumentationen übereinstimmen, wie einige zeichnerisch nicht berücksichtigte Maueransätze oder offensichtliche Widersprüche zwischen zeichnerischer und schriftlicher Schilderung bestimmter Gegebenheiten zeigen.

Hinsichtlich der Ansprache von Mauern und Räumen sei auf Abbildung 9 verwiesen, die sich im wesentlichen an den Vorgaben der Jahre 1936–1939 orientiert.[7] Ebenso werden im weiteren zumeist nur Schnittzeichnungen etc. dieser Jahre abgebildet; auf Unterlagen der Nachkriegsarbeiten wird nur dann zurückgegriffen, wenn diese weitergehende Aussagen ermöglichen.[8]

Vor einer Detailanalyse und darauf aufbauenden Rekonstruktionsvorschlägen scheint es mir sinnvoll, kurz die Überlegungen der Ausgräber zur Bauphasenabfolge zu skizzieren (Abb. 10).[9]

6 Allerdings muß hier eingeschränkt werden, daß in den Grabungsdokumentationen von 1970/1971 zwar als ein Arbeitsziel die Überprüfung der Samesreutherschen Ergebnisse mittels Einmessung der Mauerfluchten herausgestellt ist, sich jedoch keine exakte Angabe darüber findet, auf welche Meßpunkte Bezug genommen ist. Falls diese, was wahrscheinlich ist, dieselben wie 1939 waren, bedeuten die Bestätigungen der Ergebnisse des Jahres 1939 im Umkehrschluß, daß letztere die verläßlichsten darstellen.

7 Die Analyse wurde zunächst dadurch unnötig kompliziert, daß 1970/1971 ein völlig neues Benennungsschema eingeführt wurde. In der vorliegenden Bearbeitung wurde dies korrigiert und bei den Fund- und Befundangaben entsprechend berücksichtigt.

8 Zumal in den Jahren bis 1970 durch die geschilderten Umstände z. T. erhebliche Substanzverluste zu verzeichnen sind.

9 Samesreuther, Laufenburg bzw. Dragendorff, Laufenburg. Zeichnerische Umsetzung dieser Vorschläge z. B. RIBW 398ff. mit Abb. 214; allerdings ist dort die südliche Frontmauer (vgl. Abb. 9: Mauer 17) erst für die letzte Phase verzeichnet. Die hier mit Abb. 10 wiedergegebene Phasenabfolge basiert auf einer Zeichnung in den Grabungsdokumentationen; der Ausgräber ließ in seinem Vorbericht die Datierung dieser Mauer offen (Samesreuther, Laufenburg 35). – Mit einigen kritischen Bemerkungen werden die Vorstellungen Samesreuthers auch übernommen bei F. Reutti, Römische Villen in Deutschland (ungedruckte Diss. Marburg 1975) 284ff.; 344f.; 393f.

Um die Mitte des 1. Jh. n. Chr. wurde demnach ein langrechteckiger Kellerraum in den Hang hineingebaut, wobei nur die Ost- und Südwand aus Stein errichtet wurden (Abb. 10,I). Die Nord- und Westmauer dieses Raumes, eine nach Osten anschließende Halle sowie die vermutlichen Aufbauten bestanden demgegenüber aus Holzfachwerk.
Der zweiten Bauphase rechnete Samesreuther einen südlich angeschlossenen weiteren Kellerraum zu, der großflächig erhaltene Wandmalereien enthielt (Abb. 10,II). Durch eine von diesem Raum ausgehende West-Ostmauer sowie einem an der Südostecke anzunehmenden Risaliten, letzterer wiederum aus Holzfachwerk, entstand somit nach dem Jahr 70 n. Chr. bereits eine repräsentative Eingangsseite im Süden, die durch zwei vorspringende Risalite mit dazwischenliegender Halle geprägt wurde.
Phase III, durch eine Brandkatastrophe nach 120 n. Chr. bedingt, behielt zwar die verschiedenen Mauerfluchten bei, griff nun jedoch ausschließlich auf eine Bauweise in Stein zurück (Abb. 10,III). Im Südosten wurde (im alten Risaliten?) ein Badetrakt eingebaut, die Südfront vielleicht bereits zu diesem Zeitpunkt durch eine weitere Mauer, die die Südwände der beiden Eckräume miteinander verband, begradigt. Darüber hinaus wurde an der Rückseite der so entstandenen Halle ein Nischenraum angefügt, der ebenfalls durch Wandmalerei geschmückt war.
In der letzten Bauphase (Abb. 10,IV) wurde im Westen eine neue Schaufront aus zwei Risaliten mit dazwischen befindlicher Porticus errichtet, wobei letztere einen Mosaikfußboden erhielt. Weitere Hallen entstanden im Norden und wahrscheinlich im Osten, im Anschluß an den Badetrakt. Spätestens jetzt wurden die Kellerräume in ihrer ursprünglichen Funktion (als Wohnräume) aufgegeben und durch oberirdische ersetzt, die aber wiederum an den alten Mauerfluchten orientiert waren; z. T. wurden jedoch diese eingetieften Räume als echte Keller weiter benutzt. Dem Nischenraum, in dem ein Inschrift-Mosaik verlegt wurde, wurden weitere Nischen hinzugefügt. Auch die südlich davon liegende Halle erhielt nun einen Mosaikfußboden. Weiterhin wurde vor der Südfront eine Rampe errichtet und der Badetrakt vereinzelt umgebaut. Hinsichtlich des entstandenen Binnenraumes (Abb. 9, M) tendierten die Ausgräber eher zu einer überdachten Halle. Das Ende der Villa von Laufenburg sahen sie mit den Alamanneneinfällen der Jahre 259/260 n. Chr. gekommen.

B. Einzelbefunde

1. Der sogenannte Kernbau (Räume 2–4)[1]

Bereits 1936 und 1937 traf man in verschiedenen Schnitten[2] einen tief verschütteten Kellerraum im Westtrakt an, der durch verschiedene Wände unterteilt war (spätere Benennung: Räume 2–4). Mit Ausnahme von Raum 3 wurde dann das gesamte Areal 1939 aufgedeckt; die 1970 erfolgten Untersuchungen sind heute nicht mehr sicher einzugrenzen.[3]
Insgesamt handelt es sich dabei um einen schwach trapezförmigen Raum von 17 m Länge und 6,15 m (im Süden) bzw. 5,97 m (im Norden) Breite. Die im Verband gemauerten Ost- und Südbegrenzungen (Mauern 24 und 23) stoßen jeweils stumpf an die Mauern 28 und 29 an, die zudem weiter durchlaufen. Damit stellen die beiden ersten Wände vermutlich die ältere Substanz dar.[4] Beide Mauern (24 und 23) waren ca. 2 m in den hier nach Westen abfallenden Hang eingetieft; die Höhe des 1939 erhaltenen Aufgehenden ist aus Abbildung 8 ersichtlich. Hergestellt waren beide Mauern aus Bruchsteinen und vereinzelt passend hergerichteten Wacken sowie einer Bindung aus Weißkalkmörtel;[5] darüber fanden sich innen Putzreste mit aufgemalter Scheinverfugung. Auf dieser Scheinverfugung war eine jüngere, 5,5 cm dicke Putzschicht angebracht, die weiß übertüncht war und an Mauer 24 hinter den stumpf anstoßenden Mauern 25 und 27 durchlief. Eine ebenfalls weiß übermalte Putzschicht fand sich an den Innenseiten der Mauern 28 und 29,[6] die gleichermaßen über 1 m eingetieft waren (Beil. 1,4).
Auf der Sohle des Kernraumes lief eine Drainage um, die auf den Nord-, Ost- und Südseiten unmittelbar dem Mauerverlauf innen folgte, auf der Westseite in geringem Abstand und leicht geknickt Mauer 28 begleitete. Die Entwässerung erfolgte in der Südwestekke von Raum 2 nach Westen durch Mauer 28. Hergestellt war die Drainage aus jeweils zwei parallelen Reihen von Rollwacken, die oben mit Bruchsteinplatten

1 Zu den angeführten Schnitten bzw. Maßnahmen vgl. jeweils Abb. 6–8, hinsichtlich der Mauer- und Raumbezeichnungen Abb. 9. Die angeführten Grabungsdokumentationen befinden sich im LDA Baden-Württemberg, Außenstelle Freiburg.

2 1936: Schnitte 11, 12, 19; Planierungen nördlich Schnitt 3 Mitte; 1937: Schnitte bzw. Maßnahmen 11, 19, 3 Mitte.

3 In den Unterlagen von 1970 finden sich folgende widersprüchliche Angaben: a. Räume 1–4 wurden nicht ausgegraben; b. Mauer 11 auf Erhaltung untersucht; c. Suchgräben angelegt entlang Mauern 25 und 27; d. Räume eingeebnet.

4 Zur Begründung s. auch u. bei der Besprechung von Raum 1.

5 Samesreuther, Laufenburg 33 verweist auf die „größere Sorgfalt“ der Mauern 24 und 23 (gegenüber Mauern 28 und 29).

6 Leider findet sich nirgends eine exakte Beschreibung des Aufbaues der Mauern 28 und 29. Vielleicht waren sie ähnlich den Mauern 24 und 23 gearbeitet, jedoch nachlässiger (vgl. Anm. 5).

Abb. 11: Nordostecke von Raum 4 mit der Drainage. Rechts und links die ausgebrochenen Nischen in den Mauern 24 und 29.

abgedeckt waren, so daß die Form einem kopfstehenden U entsprach (Abb. 11). Ob diese Drainage direkt auf dem gewachsenen Boden aufsaß oder ob unter dieser weitere Kulturschichten lagerten, wurde in den verschiedenen Grabungsabschnitten leider nicht untersucht.

Die Schichtenabfolge in den Räumen 2–4 zeigt Beilage 1,1, der vermutlich ein Schnitt parallel zu Mauer 24 und in geringem Abstand von dieser zugrunde liegt.[7] Zunächst einmal fällt auf, daß die Stratigraphie von Raum 4 völlig von der der beiden anderen Räume verschieden ist, die sich ihrerseits untereinander fast gleichen.

Räume 2 und 3. Direkt über der Drainage (Beil. 1,1a = Oberkante Drainage) lagerte eine lehmige Schicht von ca. 0,3 m Stärke (Beil. 1,1b). Ihr folgte eine brandige Schicht, die mit Holzbrocken durchsetzt war (Beil. 1,1c). Das nächsthöhere Band aus Ziegelschutt (Beil. 1,1d) nahm in der Stärke von Nord nach Süd von 0,5 m auf 0,2 m ab. Darüber lagerte eine mächtige, bis zu 0,6 m starke Schicht aus Bauschutt, die mit Bruchsteinen durchsetzt war (Beil. 1,1e). Dieser folgte nach oben ein schmales Band aus Grünsandsteintrümmern, Putz und Ziegelbrocken (Beil. 1,1f), das seinerseits von einer lehmigen Schicht (Beil. 1,1g) überlagert wurde. Im Bereich von Raum 2 schloß dann die Humusschicht (Beil. 1,1m) diese Schichtung ab, in Raum 3 wurde darunter noch eine grobe Bimssandschicht (Beil. 1,1h) angetroffen, die z. T. von Estrich (Beil. 1,1i), z. T. von Grünsandsteinsplitt (Beil. 1,1k) überdeckt wurde. Die Schicht (Beil. 1,1l) schließlich wurde von den Ausgräbern als Baugrube der Mauer(n) 27 angesehen, ohne daß über ihre genaue Beschaffenheit etwas vermerkt wäre.

Hinsichtlich der stratifizierten Funde sei auf S. 11ff. verwiesen, wo die großen Einschränkungen der Auswertbarkeit deutlich hervorgehoben wurden. Konkret heißt das, daß nur wenige Funde sicher zugewiesen werden können. Der lehmigen Schicht (Beil. 1,1b) entstammt der TS-Stempel Taf. 26,378 des 2. Jh. sowie der Krug Taf. 84,933 aus dem 1. oder 2. Jh.; daneben wurden hier vermutlich[8] weitere Funde geborgen,

---

7 Genaue Angaben zur Lage fehlen. Zudem kann der Widerspruch nicht aufgeklärt werden, wie die Stratigraphie in Raum 3 gewonnen wurde, der laut Grabungsdokumentation nicht ausgegraben worden ist.

8 Gemeint sind damit (und im folgenden) Funde, die im Fundstellenverzeichnis (vgl. Anhang, Liste 3) jeweils unter „lt. Fundzeichnung" aufgenommen wurden (s. auch Vorspann zu Liste 3).

die die Zeit vom späteren 1. bis zum früheren 3. Jh. abdecken. Aus der nächsthöheren Schicht (Beil. 1,1 c) stammt Relief-Sigillata des Cibisus (Taf. 7,150) aus dem 2. oder 3. Drittel des 2. Jh. Weiterhin sei die hadrianische Relief-TS Taf. 6,142 erwähnt, die „unten" im Raum 3 gefunden wurde, ohne daß jedoch eine genaue Schichtenangabe vorläge. Im übrigen reichen die Funde, die den Räumen 2 und 3 ohne nähere Eingrenzung zugewiesen werden können, vom 1. (z. B. Topf Taf. 56,703) bis zum 3. oder 4. Jh. (z. B. Fensterglas Taf. 94,1020); hinzu treten eine Reihe von Ziegelstempeln der 21. sowie einige wenige der 11. Legion. Anzumerken bleibt, daß in den Räumen 2 und 3 „Massen" von Lehmverputz gefunden worden sein sollen, wobei die Vorderseiten Bemalung auf einer feinen Mörtelschicht, die Rückseiten Holzabdrücke zeigten, so daß hierin ein Beleg früherer Fachwerkausbauten gesehen wurde.[9] Einerseits sind zwar Putzreste für Schicht f (Beil. 1,1) belegt, doch kommt diese aufgrund ihrer geringen Stärke und der anzunehmenden zeitlichen Stellung (s. u.) hierfür kaum in Frage; andererseits könnten sie der darunterliegenden, mächtigen Schicht e (Beil. 1,1) entstammen, jedoch findet sich dort kein Hinweis auf Lehm oder Putz. Darüber hinaus sind bemalte Putzreste einer Holzbauphase (vgl. Taf. 131,1277) unter der insgesamt großen Menge an bemaltem Wandverputz heute nur noch spärlich vertreten.

Raum 4. Hier lag direkt über der Drainage eine fettige Rußschicht (Beil. 1,1 p), die von einer Mörtelgriesschicht (Beil. 1,1 o) überdeckt wurde. Daß mit diesen beiden Schichten vermutlich Reste zweier Fußbodenniveaus vorliegen, deuten die abweichenden Unterkanten des Wandverputzes an den Innenseiten der Mauern 24 und 27 Nord in der Südostecke dieses Raumes an (Abb. 12). Den Großteil von Raum 4 nahm eine 1,6 m starke Schicht brandigen Staubes ein (Beil. 1,1 n), die Bruchsteine, Ziegelbrocken und Tubulireste einschloß.

Neben einigen Ziegelstempeln der 21. sowie einem der 11. Legion läßt sich Raum 4 nur noch der Krug Taf. 87,958 der 2. Hälfte des 2. Jh. n. Chr. zuweisen, obwohl gerade die Schichten o und p (Beil. 1,1) in den Grabungsdokumentationen als ausgesprochen fundreich charakterisiert sind.

Die von den beiden obigen Räumen unterschiedliche Nutzungsdauer von Raum 4 zeigen auch die fünf halbrunden Nischen, die nachträglich hergestellt wurden (vgl. Abb. 8 und 11). Man schlug dafür entspre-

9 Dragendorff, Laufenburg 558, Z. 29ff. Erstaunlicherweise finden sich keine entsprechenden Angaben in den Grabungsdokumentationen!

Abb. 12: Südostecke von Raum 4 mit unterschiedlichen Putzunterkanten an Mauer 24 (links) und Mauer 27 (rechts).

Abb. 13: Innenseite der Ostwand vom Raum 4 (Mauer 24) mit Nischen und Putzresten.

Abb. 14: Verputz der Rampe zu Raum 4 an Mauer 28.

chende Aussparungen aus Mauer 24 und aus den (jüngeren) Mauern 28 und 29, glich Unebenheiten mit passenden Ziegelbrocken aus und verputzte die so entstandenen Nischen; auf dem Putz fanden sich noch Reste weißgrundiger Malerei mit roten Streifen (vgl. Taf. 127,1266–129,1272 sowie Abb. 13).

Rampe zu Raum 4. Einer späteren Benutzungsphase der Raumgruppe 2–4 gehört eine nach Norden abfallende Schräge an, die westlich der Mauer 26 in Höhe der Füllschichten von Raum 3 beginnt[10] und nach Raum 4 hinabführt, indem die entsprechenden Schichten von Raum 3 durchschlagen wurden. Wie die Unterkanten dieses verputzten Ganges zeigen, diente er als rampenartiger Zugang mit erträglichem Gefälle (Abb. 14).

Der einzig zuweisbare Fund dieses Bereiches ist die Schüssel Taf. 36,534, die vielleicht der 2. Hälfte des 1. Jh. angehört und in der Ziegelschicht c (Beil. 1,1) gefunden wurde. Die vermutlichen übrigen Funde[11] weisen zumeist ins späte 1. oder 2. Jh.

Mauern 25–27.[12] Der nördliche Teil von Mauer 27 (Beil. 1,1) sitzt direkt auf der Drainage auf und könnte somit zeitgleich mit dieser erstellt worden sein. Der südliche ist demgegenüber die Maßnahme einer späteren Benutzungsphase, da die Baugrube für sie (Beil. 1,1 l) alle Schichten in Raum 3 durchschlägt. Interessanterweise scheint Mauer 27 während einer gewissen Zeit ganz oder teilweise bis zur Ostseite von Mauer 28 durchgelaufen zu sein, da sich dort ein entsprechender Abdruck im Putz fand.[13] Ob darüber hinaus ein Mauerklotz, der auf Mauer 27 Süd lag, z. B. ein abgerutschter Mauerteil o. ä. war, kann nicht gesagt werden.

Im rechten Winkel zu Mauer 27 setzte an ihrem Westende Mauer 26 an, die zunächst nord-südlich und nach einer Umbiegung west-östlich verlief. Leider finden sich keinerlei Angaben in den Grabungsdokumentationen. Der erste Teil dürfte vermutlich die östliche Begrenzung des Rampenganges darstellen, zumal er an dem (späteren) Südteil von Mauer 27 beginnt. Der Zweck des nach Osten abgewinkelten Teiles ist demgegenüber nicht zu ersehen.

Mauer 25 schließlich tieft nur wenig in Schicht c (Beil. 1,1) ein, so daß sie nach Ausweis der Funde (s. o.) frühestens in den 30er Jahren des 2. Jh. errichtet worden sein kann.

Hinzuweisen bleibt auf eine oberflächliche Bruchsteinschüttung, die 1937 in den Maßnahmen 11 und 19 angetroffen wurde. Sie verlief im Bereich von Raum 4 von Mauer 28 zu Mauer 24, indem sie ungefähr der Flucht der Südwand des Nord-Risaliten (Mauer 32) folgte. Daß hierin eine weitere Trennmauer zu sehen ist, ist eher unwahrscheinlich, da keinerlei Mörtel oder Putz mitgefunden wurde (vgl. S. 53 ff.).

2. Räume 1 und 1a

Raum 1. Die Arbeiten der Jahre 1936 und 1937[14] ließen zwar die Ausdehnung von Raum 1 erkennen, gingen jedoch nicht weit über die oberflächliche Feststellung der Mauern hinaus; daneben erkannten die Ausgräber noch das Vorhandensein eines Estrichbodens sowie Reste vielversprechender Wandmalereien. Erst im dritten Grabungsabschnitt (1939) wurde dieser Raum näher untersucht, wobei jedoch auch nur vier Schnitte an den Innenseiten der Wände von Raum 1 in die Tiefe getrieben wurden.[15] Zuunterst wurde auch in diesem Raum (auf nur wenig höherem Niveau) eine Drainage angetroffen, wie sie bereits in den Räumen 2–4 zutage gekommen war. Sie verlief hier allseitig parallel zu den Wänden; für die Entwässerung war Mauer 23 an ihrem westlichen Ende durchschlagen worden, so daß ein Anschluß an die bereits bestehende Drainage erreicht und deren Abfluß in der Südwestecke von Raum 2 mitbenutzt werden konnte (Abb. 15).

Zwar sind anscheinend keine Reste eines darüberliegenden Bodens gefunden worden, jedoch lassen sich diesbezüglich einige Überlegungen anstellen. Da die Unterkanten der Wandmalereien sowie die Oberkante der Schwelle Mauer 21 gleichmäßig 360,87 m ü. NN betragen, ist damit die Oberkante des Fußbodens gegeben. Als untere Begrenzung kann die Oberkante der Drainage herangezogen werden, die bei ca. 360,20 m bis 360,30 m ü. NN gelegen haben dürfte.[16] Somit kann ein Fußboden von ungefähr 0,6 m bis 0,7 m Dicke erschlossen werden, dessen Oberkantenhöhe zudem offenbar an den Höhenlagen der Fußböden in den Räumen 2 und 3 orientiert zu sein scheint (vgl. Beil. 1,1b.c). Nicht zuletzt dies zeigt zusätzlich, daß auch Raum 1 ursprünglich als bewohnter Kellerraum errichtet worden ist.

Wie bereits angesprochen, wurden in Raum 1 großflächig erhaltene Wandmalereien angetroffen (ca. 32 qm), die sich auf Nord-, Ost- und Südwand verteilten (Abb. 16; Beil. 2); die Westwand (Mauer 28) war demgegenüber nur roh verputzt.

---

10 Genaue Angaben fehlen.

11 Wie Anm. 8.

12 Genaue Angaben zur jeweiligen Mauertechnik fehlen.

13 Festgestellt bei Maßnahme 11, 1937. Leider fehlen Fotos oder genaue Angaben, ob der durchlaufende Putz der Mauer 28 oder der spätere Putz der Rampe zu Raum 4 gemeint ist, so daß die Zeitstellung offenbleiben muß.

14 1936: Schnitt 13; 1937: Maßnahmen 27, 29, 30, 9+20.

15 Der Großteil der Verfüllung im Zentrum dieses Raumes blieb unangetastet; auch die Tätigkeiten der Jahre 1970/1971 sparten dies offenbar aus.

16 Zwar sind keine genauen Angaben vorhanden, jedoch legen die angegebenen Werte (vgl. Abb. 8) von Raum 1 mit 360,15 m bzw. 360,31 m ü. NN dies nahe.

Abb. 15: Südwestecke von Raum 2 von Osten. Rechts westlicher Drainagearm von Raum 2, oben Auslaß nach Westen in Raum 2, links Durchbruch in Mauer 23 für den Anschluß der Drainage in Raum 1.

Die Ausgräber beschrieben die Wandmalereien wie folgt: „Der Zustand ist an den einzelnen Wänden unterschiedlich. Am meisten in der Höhenausdehnung ist an der Ostwand [Anm. Verf.: Mauer 19] ein Stück mit 1,86 m erhalten. Bis zu dieser Höhe läßt sich die Malerei indessen zeichnerisch vollkommen wiederherstellen [Anm. Verf.: Beil. 2]. (...) Die Malerei ist flächig gehalten, der Malgrund aufgeteilt in eine durchlaufende Sockelzone von 0,675 m Höhe und darüber einer Anordnung von Pilastern. Der obere Abschluß fehlt. (...) Wie schon angedeutet, ist die Erhaltung unterschiedlich. Die verschiedenen Farben als solche sind teils beträchtlich abgeblaßt, teils aber auch noch in ihren richtigen Werten auf uns gekommen. Die Grundfarbe der Malfläche ist ein stumpfes Weiß, die vorherrschende Farbe für die Unterteilung an Pilastern und Fenstern ein tiefes, dunkles Rot, zu dem sich in der Sockelzone noch ein sattes Chromgelb gesellt. Für die dünneren Linien war Schwarz und Chromgelb genommen sowie zu beiden Farben in der Sockelzone noch ein Ton, den man in der heutigen Farbskala mit Rosé bezeichnen würde. Die Pilaster nehmen jeder ein vertikales Blätterband von bläulichlichtgrüner Farbe auf, die auch in den büschelartigen Gewächsen der Sockelzone unter den Pilastern zusammen mit Rot und Gelb wiederkehrt. Von dem oberen Abschnitt der mittleren Zone läßt sich soviel sagen, daß sich von Pilaster zu Pilaster girlandenartige, gezackte Bänder in Rot, Grün und Schwarz zogen, auf denen in Abständen grüne und gelbe Blätter saßen. Alles in allem gesehen ist die Malerei recht sorglos, unbekümmert und jedenfalls ohne Verwendung einer Schablone ausgeführt. Jedoch läßt sich an manchen Stellen eine mit einem Griffel anscheinend vorgenommene Vorzeichnung erkennen [Anm. Verf.: vgl. Taf. 129,1273]. Stellen, an denen aus Unachtsamkeit ein Farbband in das andere übergriff (z. B. beim Übergang vom Rot zum Gelb in der Sockelzone) sind nachträglich mit einem schwarzen Pinselstrich berichtigt."[17] Diese Beschreibung in Verbindung mit den wenigen erhaltenen Fotos und Umzeichnungen (Abb. 16; Beil. 2) machen deutlich, daß die Wandmalereien in Raum 1 geprägt waren durch eine Feldereinteilung, die mit einzelnen geometrischen und häufiger eingesetzten vegetabilen Motiven kombiniert worden war. Zu diesem auf wenige Gestaltungselemente beschränkten Malstil passen die Stilisierungen der Pflanzenmotive ebenso wie die geringe Palette der benutzten Farben. Somit scheint mir durchaus eine

17 Grabungsdokumentation 1939, 13, Z. 18ff.; in gekürzter Form auch SAMESREUTHER, Laufenburg 33f.

Abb. 16: Details der Wandmalereien in Raum 1.

harmonische und in sich schlüssige Komposition vorzuliegen, wenn auch deutliche Nachlässigkeiten in ihrer Ausfertigung festzustellen sind.
Aufgrund des Erhaltungszustandes müssen die Laufenburger Wandmalereien zu den relativ wenigen Beispielen aus den Nordwestprovinzen gerechnet werden, die großflächige Rekonstruktionen der Dekorationsschemata erlauben; um so betrüblicher ist die relativ sichere Erkenntnis, daß dies wichtige Relikt heute als verloren gelten muß.[18]
Hinsichtlich einer Datierung rechnete Samesreuther die Malereien aus Raum 1 dem zweiten Bauzustand zu, den er in die Jahre 70–120 n. Chr. einordnete.[19] W. Drack schränkte dies auf die ersten beiden Jahrzehnte des 2. Jh. ein, indem er die Wanddekorationen den „Panneaux-Malereien philhellenischen Stils"[20] zuwies. Zwar erschien ihm dieser Zeitansatz hinsichtlich einiger Details problematisch und eher als zu früh,[21] jedoch wertete er die Vorgaben der Ausgräber als relativ verbindlich.
Als gute Parallele standen bis vor kurzem nur die Wandmalereien aus der Kryptoporticus eines Gutshofes in Buchs (Kt. Zürich) zur Verfügung, die 1972/1973 aufgedeckt wurden (Abb. 17).[22]
Auch hier ist eine Laufenburg vergleichbare Feldereinteilung zu finden, deren Füllungen auf ähnliche Motive zurückgreifen. In der Unterzone finden sich alternierend gekreuzte Stäbe und Grasbüschel, in der Oberzone zwei Arten von Blütenornamenten in den Zwischenfeldern und girlandenartige Schnüre und Tänien sowie mittig herabhängende Miniatur-Henkelkrüglein bzw. Miniatur-Beinschienen in den Hauptfeldern. Die verwendete Farbskala bleibt auch hier, bei weißem Grund, im wesentlichen auf Rot, Gelb, Grün und Schwarz bei Feldereinteilungen und Motiven beschränkt. Natürlich sind die Übereinstimmungen derart auffällig, daß an ein beiden Malereien zu-

18 Zum Ende der Grabungstätigkeiten 1939 sind die Schnitte in Raum 1 vermutlich leider nicht verfüllt worden (genaue Angaben fehlen); in den Grabungsunterlagen findet sich nämlich ein Brief von E. Samesreuther vom 7. 9. 1940 mit einem kurzen Zustandsbericht des Grabungsgeländes, in dem er die Zerstörung von Putz, Mörtel und Farben (durch die Witterung) festhält. Im Grabungstagebuch (1939) findet sich daneben die Notiz, daß einige Stücke der Wandmalerei abgelöst worden sind, um sie der Gemeinde Laufenburg für ein Heimatmuseum zur Verfügung zu stellen; dabei handelt es sich vermutlich um Fragmente wie hier z. B. Taf. 124,1244–1245.

19 Samesreuther, Laufenburg 33 f.; 36.

20 Drack, Wandmalerei 90 f. Ders., Neu entdeckte römische Wandmalereien in der Schweiz. Antike Welt 4, 1980, 17 ff.

21 Drack, Wandmalerei 14; 18.

22 W. Drack, Antike Welt 4, 1980, 17 ff. mit Abb. 1–5. Ders., Buchs. Ders., Römische Wandmalerei 39 f. Abb. 24 Taf. 9. Zu den Pflanzenbüscheln der Unterzone vgl. auch die Malereien aus Vindonissa, Friedhofsareal: W. Drack, Antike Welt 4, 1980, 19 ff. mit Anm. 18; Abb. 6; 7.

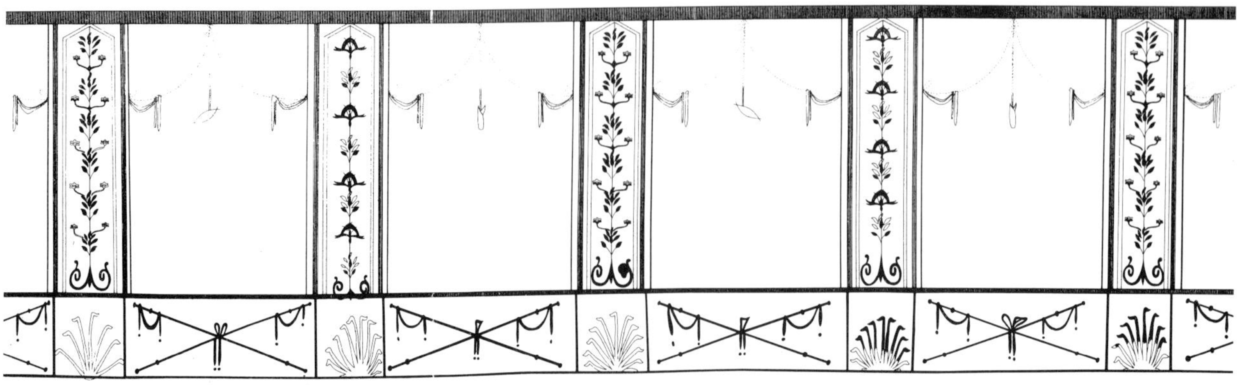

Abb. 17: Ausschnitt der Rekonstruktion der Wandmalereien aus Buchs (Kt. Zürich). Nach W. Drack. M. 1:50.

grunde liegendes „Musterbuch" gedacht werden kann. Allerdings scheinen mir in Details doch auffällige Unterschiede feststellbar. Die herabhängenden Bänder an den gekreuzten Stäben der Unterzone sucht man in Laufenburg ebenso vergebens wie die aufwendig und abwechslungsreich gestalteten schmalen Blütenmotive der Oberzone. In die gleiche Richtung deuten auch die herabhängenden Miniaturgegenstände, die in der Oberzone der Malerei in Buchs dargestellt sind. Zusammengenommen scheinen mir die auf den ersten Blick so ähnlichen Dekorationen doch eine etwas verschiedene Atmosphäre zu vermitteln. Wo in Buchs ein vielleicht spielerisch zu nennender Charakter zum Ausdruck kommt, ist in Laufenburg die Darstellung eher zurückhaltend und in den Motiven strenger stilisiert. Natürlich muß offenbleiben, ob dies als datierendes Kriterium oder vielleicht als Unvermögen der in Laufenburg tätigen Künstler zu werten ist. Hinzu kommt, daß auch die zeitliche Einordnung der Malereien von Buchs bislang offenbar kunsthistorisch und in Anlehnung an die aus Laufenburg in das 1. Viertel des 2. Jh. bzw. wenig später erfolgt ist;[23] eine genaue Aufarbeitung des Befundes fehlt jedenfalls bislang.

Jüngst ist nun der Rest einer Wandmalerei in Ladenburg gefunden worden, der als weiterer Vergleich herangezogen werden kann. Die Dekoration saß dort auf einer Fachwerkwand (vermutlich der Principia oder des Prätoriums) der letzten Kastellphase und dürfte damit in das letzte Jahrzehnt des 1. Jh. gehören.[24] In der Unterzone finden sich in Ladenburg quadratische Felder mit Füllungen aus gekreuzten Stäben zwischen stark stilisierten Säulen; die Stäbe sind vereinzelt durch herabhängende Bänder geschmückt. Zwischen diesen Quadraten sind hochrechteckige Felder, die durch große Blütenstauden geziert werden, die ihrerseits im unteren Teil aus sechs großen, ausschwingenden Blättern und einer darüber folgenden vertikalen Staude gebildet sind, die geschlängelt bis zickzackförmig angeordnet ist. Die Hauptzone[25] nehmen sodann hochrechteckige Felder ein, die offenbar keine besondere Dekoration trugen. Getrennt werden auch hier die Felder durch ein vegetabiles, vertikal angeordnetes Motiv, das jeweils in ein schmales Zwischenfeld eingebunden und über dem Pflanzenornament der Unterzone plaziert ist. In diesen Zwischenfeldern finden sich, mit einem jeweiligen Abstand von max. 0,5 m, übereinander vier fast gleichartige Motive aus jeweils vier Blüten und einigen Pflanzenstengeln. Die Abtrennung der einzelnen Felder geschah auch in Ladenburg durch entsprechend angeordnete, verschieden breite Horizontal- und Vertikalstreifen, die in Rot, Anthrazit und Ocker gemalt waren. Als weitere Farben treten an den Pflanzenornamenten Gelb und Grün hinzu, die Grundfarbe ist auch hier wiederum Weiß. Vergleicht man das Geschilderte mit den Laufenburger Malereien, fällt zunächst auf, daß die Ladenburger Wanddekoration stärker in die Höhe als in die Breite orientiert ist. Da letztere Malerei an einer über 5 m hohen Wand angebracht war, wobei Unter- und Hauptzone bereits fast 3,5 m einnahmen, dürfte dies jedoch für einen Vergleich nicht besonders gravierend sein. Wichtig ist in unserem Zusammenhang jedoch, daß auch in Ladenburg Gestaltungsmittel äußerst sparsam in Form starker Stilisierungen zu finden sind. Nur das Detail der herabhängenden Bänder bildet dabei eine Ausnahme, allerdings ist auch dies sehr zurückhaltend benutzt.

Insgesamt steht die Malerei aus Laufenburg somit den Dekorationen aus Ladenburg näher als jenen aus

23 Drack, Buchs 16. Ders., Antike Welt 4, 1980, 19. Ders., Römische Wandmalerei 37.

24 Grabung 1987. Für den entsprechenden Hinweis danke ich G. Fingerlin, für die freundliche Überlassung einer Skizze sowie Erläuterungen danke ich C. S. Sommer. – Neuerdings C. S. Sommer, Arch. Ausgr. Baden-Württemberg 1987 (1988) 101ff., bes. 104ff. mit Abb. 75. C. S. Sommer u. H. Kaiser, Lopodunum-Ladenburg a. N., Arch. Inform. Baden-Württemberg 5 (Stuttgart 1988) 15ff., bes. 18f. mit Abb. 14.

25 Über der Hauptzone folgte eine weitere, die ein Fenster einschloß; als Rahmung dieser Fensteröffnung dienten zwei Säulenmotive.

Buchs. Zwar sind in der Anlage aller drei Wanddekorationen als „Panneaux-Malereien" grundsätzliche Übereinstimmungen vorhanden, jedoch rückt die Verwendung reicherer Motivausgestaltungen die Buchser Malerei von den beiden anderen ab. Dies weist bereits in den Malstil der Zeit der Antonine,[26] wohingegen der Wandschmuck aus Ladenburg und Laufenburg den eher sparsamen Stil der trajanisch-hadrianischen Zeit repräsentiert.[27] Berücksichtigt man den Befund der Ladenburger Wand, scheinen mir auch für die Malereien in Raum 1 der Villa von Laufenburg als Entstehungsdatum die Jahre um 100 n. Chr. zutreffend zu sein. Als weiteres Argument hierfür kann auch die Auswertung der vorhandenen Funde herangezogen werden (S. 65ff.). Danach waren die wirtschaftlichen Möglichkeiten der Gutshofbewohner, die auch die Anbringung von aufwendigen Wandmalereien ermöglichten, gerade im späten 1. Jh. offenbar derart günstig, wie in keiner anderen Phase der Besiedlung.

Um 100 n. Chr. ist also mit Raum 1 in der südlichen Verlängerung der Räume 2–4 ein aufwendig gestalteter Keller-Wohnraum angebaut worden, wie neben den Wandmalereien auch die Fenster in Mauer 22 zeigen, die mit Glasscheiben versehen waren (vgl. Taf. 93,1019). Allerdings scheint dieser Raum in seiner ursprünglichen Konzeption nur kurze Zeit genutzt[28] und sodann verfüllt worden zu sein.[29] Vermutlich bestand die Verfüllung aus „reinem Boden", auf dem „Ziegel- und Putznester" gefunden wurden. Über einer folgenden „Kieselschicht" wurde ein „Mörtelboden" erstellt, der den (acht in situ) angetroffenen Sandsteinpfeilern einer Hypokaustanlage als Standfläche diente (Abb. 18); völlig ungeklärt ist jedoch, wie eine Versorgung mit Warmluft erfolgte, d. h. die Lage eines erforderlichen Heizraumes, da der Raum 1 a nach dem vorliegenden Befund für einen solchen Zweck ausscheidet (s. u.).

Da die Oberkante des Estrichs mit 362,6 m ü. NN bekannt ist, dürfte das neue Fußbodenniveau bei ungefähr 363,2 m bis 364 m ü. NN gelegen haben.[30] Offenbar war das aufgehende Mauerwerk dieser jüngeren Phase innen mit einer Scheinverfugung versehen (Abb. 19).[31]

26 Drack, Römische Wandmalerei 43.

27 Drack, Römische Wandmalerei 37.

28 Grund hierfür könnte eine mangelnde Qualität des Mauerwerkes oder der Drainage sein, da in der Grabungsdokumentation 1939, 14 auf eine Schädigung der Wandmalereien im Sockelzonenbereich durch Feuchtigkeit verwiesen wird.

29 Da genaue Angaben, Schnittzeichnungen etc. in den Grabungsunterlagen fehlen, kann im folgenden nur auf die summarische Schilderung bei Dragendorff, Laufenburg 558f. zurückgegriffen werden.

30 362,6 m ü. NN zuzüglich ca. 0,3 m–0,5 m Pfeilerhöhe, zuzüglich aufliegender Platten und Estrich.

31 Festgestellt bereits 1937, Maßnahme 29; Fugenabstand in der Höhe ca. 0,12 m, in der Breite 0,14 m bzw. 0,2 m.

Abb. 18: Sandsteinpfeiler der Hypokaustanlage in der Nordostecke von Raum 1.

Abb. 19: Südseite von Mauer 23. Scheinverfugung der Innenseite der Nordwand von Raum 1, jüngere Periode.

Wann die Auffüllung von Raum 1 genau erfolgte, kann nicht gesagt werden. Neben Ziegelstempeln der 21. Legion lassen sich nur wenige Funde (wie die Schüssel Taf. 47,616 oder der Topf Kat.-Nr. 731b) vom Ende des 1. Jh. der ersten Periode von Raum 1 zuweisen. Auch die übrigen, nur zu vermutenden Funde[32] reichen nur in das folgende Jahrhundert, so daß Raum 1 in seiner ursprünglichen Form wohl nur wenige Jahrzehnte genutzt worden ist. Ob zudem die Auffüllung zeitlich parallel zur Erbauung der westlich anschließenden Risalit-Porticus-Front verlief,[33] ist zumindest ungewiß, wie die Analyse dieses Traktes zeigt (S. 44f.; 56ff.).

Raum 1a. Über diesen nördlich von Raum 1 bzw. östlich von Raum 2 gelegenen Raum finden sich in den Grabungsdokumentationen nur spärliche Angaben.[34] Offenbar handelte es sich hierbei um eine Rampe, die in der ersten Periode nach Raum 1 hinabführte, wie die schräg verlaufende Putzunterkante an der Ostseite von Mauer 24 zeigte. Die wenigen in den Aufzeichnungen vermerkten Funde[35] reichen dementsprechend wiederum vom späten 1. bis ins 2. Jh,; die Oberkante der Schwelle (Mauer 21) entspricht in der Höhenlage zudem der Unterkante der Wandmalereien (vgl. auch o.). Die Reste der winklig angelegten Mauer 20 könnten als Unterlage einer kleinen Bedachung dieses Rampenganges gedient haben. Der Zugang erfolgte ebenerdig von Osten, da am nördlichen Abbruch des südlichen Mauerteiles (von Mauer 20) der Anfang einer Schwelle gefunden wurde.[36]

Die Rolle von Raum 1a als Zugang zu Raum 1 entfiel mit der Auflassung dieses Kellerraumes bzw. der geänderten Nutzung nach seiner Verfüllung. Der Zugang erfolgte nun von Süden, wie das südlich von Mauer 22 angetroffene U-förmige Treppenfundament zeigt. Daß mit diesem erst eine spätere Zutat vorliegt, beweist der hinter dem Fundament an der Außenseite von Mauer 22 durchlaufende Verputz.

Eingegangen werden muß noch auf die Hypothese der Ausgräber, daß die Westwand von Raum 1 (Mauer 28), wie die jeweilige Westwand der Räume 2–4, zunächst in Holzfachwerk errichtet worden sei, da hier in Raum 1 keine Wandmalerei angetroffen wurde und zudem Mauer 22 an ihrem Westende nicht in Mauer 28 einbinde.[37] Gerade das letzte Argument dürfte mit großer Sicherheit unzutreffend sein. Der bereits 1937 in der Maßnahme 9+20 untersuchte Mauertreffpunkt zeigte nämlich, daß hier keine Mauerstöße vorlagen, sondern daß Mauer 28 ursprünglich mit Mauer 22 im Verband erstellt worden war und später – vielleicht durch Erdbewegungen – leicht nach Westen abgedrückt worden ist.[38] Durch diese Schädigung der Mauersubstanz ist vermutlich auch die Wandmalerei so stark in Mitleidenschaft gezogen worden, daß sie entfernt und durch einfachen Putz ersetzt worden ist.[39]

Natürlich muß offen bleiben, ob bereits von Anfang an Raum 1 (zumindest) ein oberirdisches Geschoß trug, jedoch dürfte die massive Bauweise der Mauern 28 und 19 mit 0,6 m bzw. 0,7 m Dicke eher dafür sprechen. Weiter ist nicht sicher zu entscheiden, wie ein 0,14 m breiter und 0,2 m hoher Durchlaß am Ostende von Mauer 23 zu deuten ist; ein ähnlicher Durchlaß fand sich am Ostende von Mauer 24.[40] Vielleicht liegen damit Lichtschächte o. ä. vor, die Raum 2 nach Erstellung von Raum 1 mit Helligkeit versorgen sollten.

3. Der Badetrakt (Räume II, III, VI–X, XII)

Die Südostecke[41] des Herrenhauses wird vom Bad mit seinen verschiedenen Räumen eingenommen, wobei als Grundform die eines Quadrates gewählt worden ist, zu dem zwei von außen angesetzte, rechteckige

---

32 Wie Anm. 8.
33 Dragendorff, Laufenburg 558.
34 Grabungsdokumentation 1939, 14; Fotos etc. fehlen.
35 Wie Anm. 8.
36 Grabungsdokumentation 1937, Maßnahme 31.
37 Samesreuther, Laufenburg 34.
38 Grabungsdokumentation 1937, 19; offenbar wurde dieses Faktum in der späteren Bearbeitung übersehen.
39 Das von Samesreuther, Laufenburg 34 angeführte Argument des nur in der Nordwestecke gerundeten vertikalen Putzabschlusses (sonst scharfkantig) fügt sich dieser Überlegung ebenfalls ein.
40 Grabungsdokumentation 1937, 22 (Maßnahme 29); Nivellements o. ä. fehlen.
41 Die Raumnummern I, IV, V und XI wurden 1937 zunächst an andere Räume verteilt, die später durch neue Bezeichnungen (z. B. Raum H oder M) ersetzt wurden.

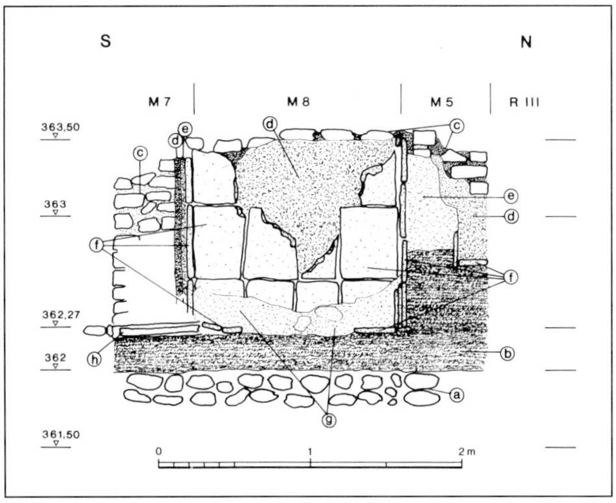

Abb. 20: Schnitt durch Raum II mit Ansicht der Ostseite von Mauer 8. M. 1:50. Für die Signaturen vgl. Beil. 1.

Wannen hinzukommen. Wie die Ausführungen der verschiedenen Mauern (entsprechend Abb. 8) zeigen, scheint die Grundkonzeption in einer Bauphase erstellt worden zu sein. Lediglich Mauer 11a zur Abtrennung der Räume III und IX sowie die Räume X bzw. XII geben sich mit den zugehörigen Mauerstößen als Planänderungen bzw. nachträgliche Maßnahmen zu erkennen. Darüber hinaus ist nicht ersichtlich, warum Mauer 12 an ihrem Treffpunkt mit Mauer 13 nicht in letztere einbindet, obwohl dies eigentlich zu erwarten wäre. Somit muß davon ausgegangen werden, daß weitere Stoßfugen im Mauerwerk des Badetraktes vorliegen müßten, die bislang nicht bekannt sind.[42] Hinsichtlich des Erhaltungszustandes des Mauerwerkes kann für die Vorkriegsgrabungen festgehalten werden, daß dieser in den Grabungsdokumentationen mehrfach als besonders gut charakterisiert wird. Für die Erstellung der gemörtelten Mauern des Badetraktes sind Muschelkalk-, Gneis- und Granitbruchsteine sowie größere und kleinere Rheinwacken verwendet worden.[43]

Raum II. Bereits in der Maßnahme 4 des Jahres 1936 wurde diese im Süden angesetzte Wanne flächig untersucht. Dabei zeigte sich am Aufbau, daß zur Dichtung der Wanne sorgfältige Maßnahmen getroffen worden waren (Abb. 20; 21).

42 In der Grabungsdokumentation 1937, 17 wird auf dieses Faktum als Problem zukünftiger Arbeiten verwiesen; somit sind die Eintragungen in Abb. 8 nur als vorläufig zu werten.
Zwar wurden auch 1970 (mit Ausnahme von Raum VI) alle Baderäume erneut aufgedeckt, jedoch beschränken sich die Angaben in der zugehörigen Dokumentation im wesentlichen auf eine Zustandsbeschreibung in Anlehnung an die Aussagen der Vorkriegsgrabungen, so daß darauf verzichtet werden kann. Eine Klärung offener Fragen, besonders hinsichtlich der zu vermutenden, bislang nicht bekannten Stoßfugen, erfolgte leider nicht; auch scheinen keinerlei Funde geborgen worden zu sein.

43 Grabungsdokumentation 1936, zu Abschnitt 4.

Abb. 21: Planum von Raum II und den angrenzenden Mauern bzw. Räumen, Stand 1936, Maßnahme 4. M. 1:50. Für die Signaturen vgl. Beil. 1.

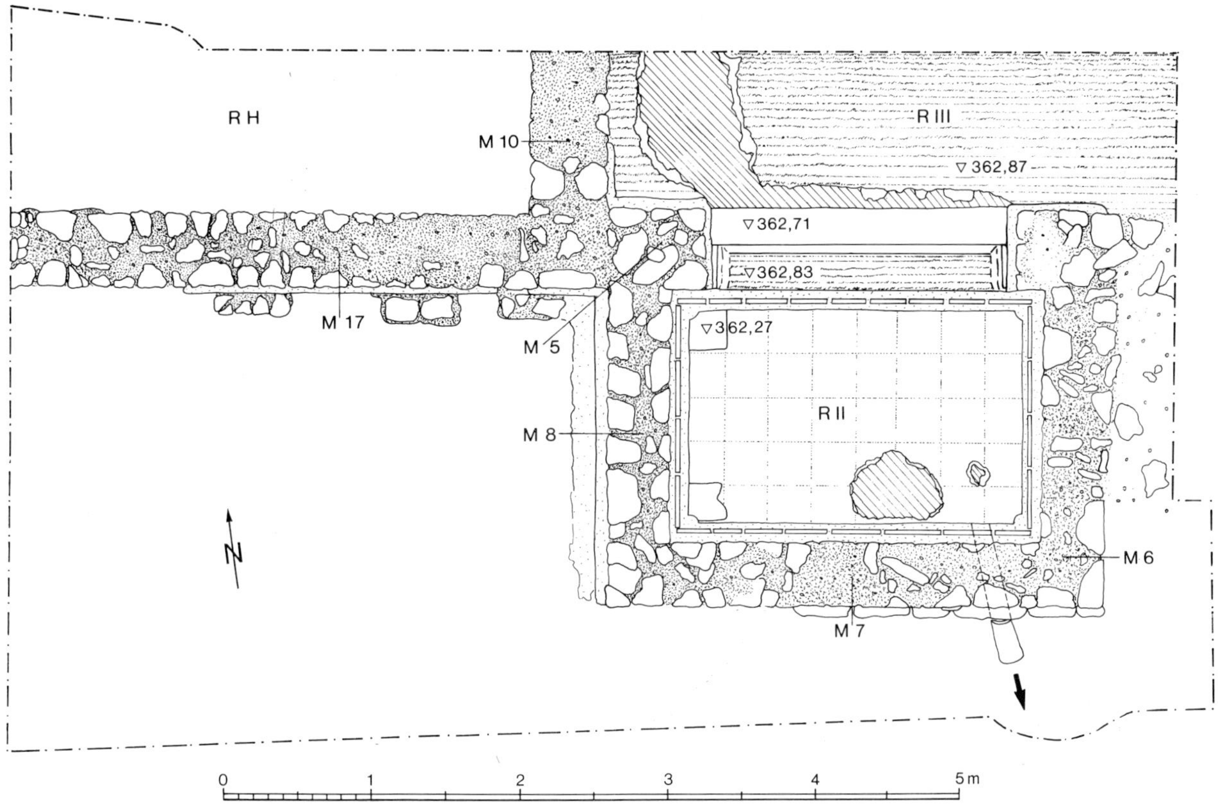

Über einer Bruchsteinpackung wurde ein Ziegelestrich aufgebracht (Abb. 20a. b), der dem Wannenboden und den umgebenden Mauern als Grundlage diente. Vom eigentlichen Wannenboden aus Ziegelplatten hatten sich in den westlichen Ecken zwei Leistenziegel mit abgeschlagenen Leisten erhalten (Abb. 20e; 21); die Lage der fehlenden Platten war deutlich durch die Abdrücke festzustellen (Abb. 21). An zwei Stellen war der Estrich (durch Raubgrabungen?) durchschlagen (Abb. 21). Die Wände des 2,6 m auf 1,6 m Innenraum messenden Wannenrechteckes (Mauern 6–8) waren aus Bruchsteinmauern errichtet (Abb. 20c). Diese sind zunächst mit dem gleichen gelblichen Kalkmörtel grob verfugt worden, der auch zur Bindung der Mauersteine benutzt worden war (Abb. 20d). Es folgte sodann ein weiterer, feinerer Ziegelmörtel als Ausgleichsschicht (Abb. 20e), auf die die senkrecht gestellten, zugerichteten Leistenziegel gedrückt wurden (Abb. 20f). Schließlich wurden auch diese erneut mit Ziegelmörtel verputzt (Abb. 20g). Die Übergänge von Estrich zu Wand sowie die senkrechten Mauerecken erhielten Abschlüsse aus Ziegelmörtel in Form von Viertelrundstäben.

Nahe der Südostecke der Wanne war ein Abfluß angebracht, der nach Süden entwässerte (Abb. 21); zu diesem Zweck war ein Bronzestutzen mit einem Bleirohr überzogen worden.[45] Unmittelbar südlich von Mauer 7 war dieser Ablauf durch einen angelehnten Hohlziegel gegen den Erddruck geschützt. Der eigentliche Abfluß außerhalb der Wanne konnte (1939) auf 7,5 m verfolgt werden (vgl. Abb. 8); er bestand aus zwei Reihen von Bruchsteinen im gegenseitigen Abstand von 0,17 m, die ohne Mörteldichtung, wie die ebenfalls aus grob gespalteten Bruchsteinen erstellten Abdeckplatten, im anstehenden Erdreich saßen.

Die Abtrennung zwischen Raum II und III, d. h. der Einstieg in die Wanne, war ca. 2,1 m breit und in der Längsrichtung geteilt (Abb. 21). Der südliche Teil war aus Estrich erstellt, auf dem ursprünglich vielleicht eine Schwelle gelegen hat. Die nördliche Hälfte, 0,44 m höher als der Wannenboden bzw. 0,12 m tiefer als der Südteil des Einstieges, war demgegenüber wiederum mit Ziegelplatten belegt (Abb. 20f im Bereich von Mauer 5). Die Leibungen dieses Wanneneinstieges waren (zumindest im Südteil) wie die Wände des Beckens

44 Der Treffpunkt von Mauer 17 mit den Mauern 10 bzw. 5 ist in dieser Abb. unzutreffend dargestellt; die entsprechende Stoßfuge wurde erst 1937 festgestellt.

45 Ein entsprechender Zusammenhang mit den Funden Tafel 101,1122–102,1123 kann zwar nicht ausgeschlossen werden, ist jedoch wenig wahrscheinlich (s. u.).

Abb. 22: Blick von Südosten auf den Badetrakt mit den Räumen II, III, VI, VIII und IX.

Abb. 23: Ritzlinien für Hypokaustpfeiler und Lehmabdruck eines Pfeilerzwischenraumes an der Ostseite von Mauer 10 in Raum IX.

gearbeitet; auch hier diente vermutlich ein Viertelrundstab als Übergang von Einstieg zu Leibung.

Raum III. Über diesen nördlich der obigen Wanne liegenden Raum sind bislang nur wenige Erkenntnisse vorhanden. Es wurde dort ein Ziegelestrich angetroffen, der in der Südwestecke von Raum III zerstört bzw. durchschlagen war (Abb. 21). Im Bereich des Durchganges zur Wanne (Raum II) lag die Oberkante des Estrichs bei 362,87 m ü. NN (Abb. 21), in der Nordostecke wurde eine Aufhöhung dieses Niveaus auf 363,03 m ü. NN (vgl. Abb. 8) festgestellt. Vermutlich war der Boden von Raum III ebenfalls durch Ziegelplatten belegt;[46] Spuren einer Heizung sind nicht bekannt. Das zweite Niveau paßt gut zur bekannten Unterkante des Durchganges von Raum III nach Raum IX in Mauer 11a von 363,1 m ü. NN (Abb. 22). Zwar ist nichts über die Art des Belages dieses Durchganges bekannt (Ziegelplatten oder monolithe Schwelle), jedoch dürfte damit ein Hinweis auf ein spätes Benutzungsniveau in den Räumen III und IX vorhanden sein.

Ohne daß weitere Erkenntnisse vorliegen, muß jedoch m. E. davon ausgegangen werden, daß beide bekannten Estrichniveaus nicht den ursprünglichen Zustand von Raum III verdeutlichen. Neben der sicher erst später eingezogenen Trennwand zu Raum IX (Mauer 11a) spricht hierfür das sonst unverständliche Phänomen, daß die beiden Teile des Wanneneinstieges (Abb. 21) z. T. beträchtlich niedriger als beide Estriche in Raum III liegen. Da dieser Einstieg zur Wanne (Raum II) zweifellos als Treppe aufzufassen ist, liegt der Umkehrschluß nahe, daß das ursprüngliche Bodenniveau in Raum III deutlich niedriger als die beiden bekannten Estrichböden gelegen haben muß.

Raum IX. Obwohl sich die Ausgräber der Kompliziertheit des Befundes gerade dieses Raumes durchaus bewußt waren,[47] finden sich keinerlei Plan- oder Schnittzeichnungen, so daß eine heutige Bearbeitung nur bedingt über eine Wiedergabe der summarischen Bemerkungen in den Grabungsdokumentationen hinausgehen kann. Zuunterst wurde in Raum IX ein 0,07 m bis 0,08 m starker Estrich angetroffen,[48] auf dem eine dünne, lehmige Schwemmschicht lag; diese schloß in der Raummitte einen geringen Ziegelkleinschlaghaufen ein. Über Estrich und Schwemmschicht lagerte eine ca. 1 m hohe Schuttschicht. Nach Ausräumung dieser Schichten wurden auf dem bis zum Estrich reichenden, rötlichen Putz der Wände senkrechte Lehmabdrücke von Hypokaustpfeilern sowie z. T. darüberliegende waagerechte Andrücke der Abdeckplatten über diesen Pfeilern sichtbar. An der Westwand (Ostseite Mauer 10) waren die Stellungen der Pfeiler durch Ritzlinien vorgezeichnet (Abb. 23). Dies belegt eindeutig, daß Raum IX in einer frühen Phase mit einer Hypokaustheizung ausgestattet war. Unklar bleibt jedoch, woher die Versorgung mit Warmluft erfolgte, da z. B. ein Anschluß an Raum VIII (s. u.) in Mauer 12 nicht aufgedeckt werden konnte. Wahrscheinlicher ist demgegenüber für die Frühzeit von Raum IX eine völlig andere Lösung. Die West- und Nordwand (Mauern 10 und 13) wiesen knapp über dem Estrich Durchbrüche auf (Abb. 24). Vielleicht ist der nördliche Durchbruch in Mauer 13 mit einer ungefähr nord-nordwestlich von dieser Wand abgehenden Steinsetzung in Verbindung zu bringen (Abb. 24), die merkwürdigerweise nirgends in den Grabungsdokumentationen Erwähnung findet. Es wäre somit denkbar, daß darin der Rest eines Heizraumes vorliegt, der Raum IX in seiner frühen Phase von Norden mit Warmluft versorgte.

Somit bleibt festzuhalten, daß die ursprüngliche Konzeption für Raum IX eine Fußbodenheizung vorsah. Nach einer natürlich bedingten Erdeinschwemmung (z. B. durch Unwetter)[49] scheint die Hypokaustheizung unbrauchbar geworden zu sein. Da keinerlei Re-

46 In der Grabungsdokumentation 1936 werden unter Abschnitt 4 entsprechende Eindrücke erwähnt; erstaunlicherweise fehlen Fotos etc., auch in der (Abb. 21) wiedergegebenen Zeichnung finden sich keine entsprechenden Eintragungen.

47 Grabungsdokumentation 1937, 18, Zeile 15f.: „Die meisten Rätsel gibt Raum IX auf."

48 Darauf bezieht sich vermutlich das bekannte Nivellement von 362,32 m ü. NN in Abb. 8.

49 Dafür spricht neben dem süd-südwestlichen Geländegefälle auch die Tatsache, daß die oben erwähnte lehmige Schwemmschicht auch außerhalb von Raum IX angetroffen wurde.

ste der Pfeiler gefunden wurden, sind diese möglicherweise abgebaut und an anderer Stelle des Gebäudes wiederverwendet worden. Nach einer Verfüllung des Raumes mit Schuttmaterial, dessen Herkunft offenbleiben muß, blieb Raum IX in seiner späteren Nutzung unbeheizt. Das anzunehmende Niveau eines auf dem Schutt liegenden Fußbodens von ca. 363,4 m bis 363,5 m ü. NN[50] lag sodann nicht nur wenige Dezimeter über dem letzten Laufhorizont von Raum III, sondern harmoniert auch mit einer möglichen Schwellenoberkante des Durchganges zwischen diesen beiden Räumen in Mauer 11 a.[51] Weiterhin resultiert aus diesen Überlegungen zu Raum IX eine mögliche Erklärung für eine spätere Einziehung von Mauer 11 a, die weder in Mauer 11, noch in Mauer 10 einbindet.[52] Da jedoch exakte Schnitte, die die Räume III und IX sowie Mauer 11 a in ihrem gegenseitigen Verhältnis untersuchen, ebenso wie datierendes Fundmaterial fehlen, sind genauere Angaben zur relativen und absoluten Chronologie derzeit nicht möglich.

Raum VI. Auf dem Estrich (Oberkante 362,21 m ü. NN; Abb. 8) fanden sich Tubuli- und Leistenziegelbruchstücke in brandiger bzw. rußiger Erde. Das Benutzungsniveau ist vermutlich mit der Oberkante der Schwelle des Durchganges zu Raum VIII (in Mauer 11) mit 363,14 m ü. NN gegeben (s. u.). Hieraus und aus der Tatsache, daß dieser Durchgang unterhalb der Schwelle für die Luftzirkulation offen war, ist sicher, daß auch Raum VI beheizt war. Weitere Einzelheiten sind nicht bekannt.

Raum VIII. Auf einem Kalkestrich (Oberkante 362,22 m ü. NN; Abb. 8) wurden abwechselnd runde und quadratische Hypokaustpfeiler aus Ziegelplatten angetroffen (Abb. 25).

Wo diese Pfeiler nicht mehr in situ erhalten waren, war ihre ursprünglich regelmäßige, alternierende Aufstellung durch entsprechende Abdrücke zu erkennen. Die quadratischen Pfeiler saßen dem Estrich direkt auf, die runden ruhten demgegenüber jeweils auf einer fast quadratischen Basis, die in den Estrich eingelassen war. Anhaltspunkte dafür, ob die Verwendung unter-

50 Estrichoberkante (362,32 m ü. NN) zuzüglich ca. 1,1 m Lehm- und Schuttschicht, zuzüglich wenige cm anzunehmender Ziegelplattenbelag.

51 Die Unterkante dieses Durchganges ist mit 363,1 m ü. NN (s. o. und Abb. 8) bekannt; der hier gemachte Vorschlag würde eine monolithe Schwelle von 0,3 m bis 0,4 m Höhe bedingen.

52 Wie in diesem Zusammenhang eine 1939 in Mauer 11 a festgestellte Baufuge (Grabungsdokumentation 1939, 16) zu werten ist, über die exakte Angaben fehlen, ist nicht zu sagen.

Abb. 24: Blick auf den Badetrakt von Nordwesten. Pfeile: Mauerdurchbrüche in West- bzw. Nordwand von Raum IX. Unten links: Von Nordmauer 13 ausgehende, ungefähr N-NW ziehende Steinsetzung.

Abb. 25: Blick von Norden in Raum VIII mit den in situ angetroffenen Hypokaustpfeilern sowie Mauer 11 mit Schwelle und Luftdurchlaß.

schiedlicher Hypokaustpfeiler als Ergebnisse verschiedener Bau- bzw. Umbaumaßnahmen zu werten sind, liegen nicht vor. Wie bei Raum VI ist auch hier das Niveau des (fehlenden) Fußbodens mit der Oberkante der Türschwelle in Mauer 11 gegeben. Dieser Mauerdurchlaß war im unteren Teil (der Luftzirkulation) aus zwei senkrecht auf dem Hypokaustestrich stehenden Blöcken gebildet, auf denen ein weiterer horizontal auflag. Die Türschwelle bestand aus einer oberen Estrichschicht mit aufliegenden Ziegelplatten.

Raum VII. Analog zur Wanne im Süden des Badetraktes (Raum II) wurde auch an seiner Ostseite ein von außen angebauter Rechteckraum festgestellt, der mit 1,4 m auf 1,85 m lichtem Innenraum jedoch deutlich kleiner als jener ausfällt. Die verschiedenen Charakteristika erweisen Raum VII als Heißbadewanne. In seiner Südostecke sowie im Durchgang zu Raum VIII fanden sich mehrere runde Hypokaustpfeiler (Abb. 8) aus Ziegelplatten in situ, die direkt auf dem Kalkestrich aufsaßen. Ab einer Höhe von 0,4 m über diesem Estrich fanden sich Tubuliabdrücke an den Wänden, 0,74 m über dem Estrich zeichneten sich in der von den Mauern 1 und 4 gebildeten Ecke Reste des Wannenbodens ab. Spuren der genauen Ausarbeitung des Einstieges von Raum VIII in diese beheizte Wanne (z. B. Scheidemauer, Treppen o. ä.) wurden nicht beobachtet. Dem Wasserablauf diente eine Sohlbank aus feinem Ziegelbeton in Mauer 3, die bei einer Breite von 0,6 m eine Höhe von 0,08 m aufwies (Abb. 26). Östlich von Mauer 3 konnte diese Unterlage für ein Abwasserrohr noch auf 1,5 m nach Osten verfolgt werden. Sie war dort in ihrer Achse halbkreisförmig 0,07 m eingetieft und z. T. mit Hohlziegeln ausgelegt. Insgesamt ist der Wasserablauf der Wanne Raum VII somit von grundsätzlich anderer Machart als der für Raum II festgestellte; Hinweise auf eine (z. B. chronologische) Erklärung für diesen Unterschied liegen jedoch nicht vor.

Raum X bzw. XII. Der Heizraum XII mit seinem Einbau (Raum X) gibt sich als Element des Badetraktes zu erkennen, das nicht zur ursprünglichen Konzeption gehörte;[53] dies erweisen die stumpfen Stöße der Mauern 14 und 14a an ihren Treffpunkten mit den Mauern 13 bzw. 1. Der Boden von Raum X bestand offenbar aus gestampftem Lehm, der deutliche Brandspuren zeigte. Die darüber angetroffene fettige, von Holzkohle durchsetzte Ruß- bzw. Erdschicht schloß zwar in erheblichem Umfang Fundstücke ein, jedoch lassen sich heute neben einem singulären Stempel der 21. Legion nur wenige Becherscherben des 2. bzw. 3. Jh. (Kat.-Nr. 519b) zuordnen, so daß eine Datierung nicht möglich ist.

53 Welches Verhältnis zu dem für Raum IX ursprünglich anzunehmendem Heizraum (s. o.) bestand, kann aufgrund der vorliegenden Erkenntnisse nicht gesagt werden.

Abb. 26: Blick von Westen in Raum VII mit Sohlbank in Mauer 3 (Unterkante der modernen Verstrebung: 362,72 m ü. NN).

Abb. 27: Blick von Süden (aus Raum VIII) in Raum XII (links) bzw. auf den Treffpunkt der Mauern 1 und 13. In der Mitte Keilsteine des Korbbogens, am linken Bildrand zinnenförmiger Sandstein.

Das eigentliche Präfurnium lag ungefähr mittig an der Nordseite von Mauer 13, wies eine Breite von ca. 0,8 m auf und reichte gut 1,5 m nach Norden in Raum XII hinein, wie die rötliche Verziegelung des Lehmbodens anzeigte. Der Durchlaß der erhitzten Luft in den Doppelboden von Raum VIII erfolgte durch einen Korbbogen, von dem sich vier Keilsteine in Mauer 13 in Höhe der östlichen Begrenzung des Präfurniums erhalten hatten (Abb. 27). Nach Ansicht der Ausgräber war dieser überwölbte Luftdurchlaß jedoch nicht die ursprüngliche Lösung. Aufgrund zweier Sandsteinplatten[54] sowie eines zinnenförmig bearbeiteten Sandsteinblockes (Abb. 27), der ihres Erachtens sekundär verwendet worden war, vermuteten sie als erstes Konzept eine Öffnung in Mauer 13, die zwar auch im Bereich des späteren Korbbogens lag, jedoch eine geringere Breite aufwies.

Von dem Einbau (Raum X) hatten sich lediglich zwei äußerst voluminöse, über Eck gesetzte Sandsteinblökke erhalten (Mauer 13a; Abb. 28). Somit handelt es sich bei diesem Einbau nicht um einen gesonderten Raum, sondern vermutlich um die Fundamentsteine eines darüber folgenen Heißwasserkessels zur Versorgung der Wanne Raum VIII.[55] Zwei Aussparungen an der Unterseite des Nord-Süd gerichteten Blockes dienten vielleicht der Aufnahme der zugehörigen Was-

54 Genaue Angaben, Fotos etc. fehlen.

55 Vgl. z. B. M. Bossert, Eine Warmwasseraufbereitungsanlage in den römischen Thermen von Schleitheim-Juliomagus. Jahresber. Augst u. Kaiseraugst 3, 1983, 81 ff. Drack, Seeb 14.

serleitungen. Daß dieser Kessel von Anfang an als Einbau in Raum XII vorhanden war, zeigt die Tatsache, daß die östliche Kante des Nord-Süd gerichteten Fundamentblockes mit der westlichen Begrenzung des Präfurniums, d. h. dem Rand der rötlichen Verziegelung des Bodens, übereinstimmt.

Einen Hinweis auf die bisher noch nicht erwähnte Frischwasserzuleitung könnte der Befund bieten, der 1937 in der Erweiterung des alten Schnittes 15 angetroffen wurde. Östlich von Mauer 1, in Höhe des Südendes von Raum XII, zeigte sich ein trapezförmiger Mauerklotz, an den eine nach Osten gerichtete Mauer von ca. 0,59 m Breite ansetzte. Diese Mauer, die kurz nach ihrem Beginn auf ca. 0,5 m aussetzte, konnte insgesamt auf eine Länge von ungefähr 5 m nach Osten verfolgt werden; sie saß vermutlich auf Schutt auf[56] (Abb. 29).

Nicht zuletzt die unmittelbare Nähe zum Badetrakt

56 Handschriftlicher Zusatz in der Grabungsdokumentation 1937, 19, ohne daß nähere Einzelheiten vermerkt bzw. illustriert sind.

Abb. 28: Sandsteinblöcke in Raum X, von Süden.

Abb. 29: Blick von Osten auf den in Maßnahme 15 angetroffenen Mauerzug östlich von Mauer 1 im Bereich des Badetraktes.

legt nahe, hierin das Fundament einer Wasserleitung zu sehen. Dabei könnte der Mauerklotz vielleicht als Unterlage eines Hochbehälters, die östlich ziehende Mauer als Unterbau der Zuleitung gedient haben. Das Aussetzen dieser Mauer beruht entweder auf einer natürlichen Erdbewegung oder aber auf einer modernen, in der Grabung nicht weiter beobachteten Störung. Für die erste Möglichkeit würde auch die Tatsache sprechen, daß die Fortführung der Mauer aus der Flucht des am Mauerklotz befindlichen Ansatzes leicht nach Osten verschoben ist. Das Fehlen spezifischer Aufbauten (Kanalprofil, Hohlziegel etc.) veranlaßte die Ausgräber, in diesem Befund nur die ersten Maßnahmen eines nicht fertiggestellten Fundamentes einer Wasserleitung zu sehen,[57] was m. E. jedoch unzutreffend ist. Da nirgends im Bereich des Bades, auch nicht auf dem weiteren Areal des Haupthauses, irgendwelche Möglichkeiten einer Wasserbeschaffung (durch Leitungen, Brunnen etc.) beobachtet worden sind, und zudem eine Benutzung des Badetraktes durch Ausstattungsreste, Umbauten etc. sicher anzunehmen ist, muß von einer zwingend notwendigen Fertigstellung dieser Frischwasserzufuhr ausgegangen werden, die bereits mit den ersten Baumaßnahmen im Badebereich erfolgt sein muß. Das Fehlen zugehöriger Aufbauten kann neben modernen Eingriffen auch durch die Vergänglichkeit des verwendeten Materiales (z. B. hölzerner Wasserrohre) bedingt sein.

4. Die Räume H und a–d

Die hier zu besprechenden Räume orientieren sich zum einen an der Flucht der in Verbindung mit Raum 1 erstellten Mauer 16 (s. o.), zum anderen am Badetrakt im Südosten des Gebäudes (s. o.). Durch die stumpfen Stöße der entsprechenden Mauern (15, 17, 18) mit diesen zwei Gebäudeteilen ist natürlich a priori eine gewisse zeitliche Einbindung gegeben.

Nachdem in den Schnitten 4, 7 Süd und 27 dieser Mittelteil der Südseite des Haupthauses bereits mehrfach angeschnitten worden war, wobei im Bereich von Raum H Reste eines Mosaikbodens angetroffen wurden, erfolgte 1939 eine flächige Freilegung. Die angetroffenen Mauerzüge aus gemörtelten Bruchsteinen wurden von den Ausgräbern dahingehend interpretiert,[58] daß zunächst nördlich von Mauer 16 mit der winkligen Mauer 18 ein Nischenraum (Raum a) angebaut wurde. Anschließend erfolgte durch Erstellung von Mauer 15 nicht nur eine Erweiterung dieser Nische nach Norden (Raum b), sondern auch die Hinzufügung zweier weiterer Räume (c und d) östlich bzw. westlich des Raumes a/b. Die zeitliche Stellung dieser Maßnahmen zu dem durch Mauer 17 entstandenen Raum H ließen sie dabei offen. Neben dem zuoberst in Raum H angetroffenen Mosaikfußboden, über dessen Erhaltung gravierende Meinungsunterschiede zu konstatieren sind,[59] fand sich in der Nische a/b der Rest eines Inschrift-Mosaikes in gleicher Höhenlage. Hinsichtlich der Schichtenabfolge kann auf eine Skizze zurückgegriffen werden, der ein Schnitt in Süd-Nord-Richtung ungefähr in der Mitte dieses Gebäudeteiles, d. h. also quer zu den Räumen H, a und b, zugrunde liegt (Beil. 1,2).[60]

Direkt unter dem Humus h wurde in den Räumen H und a der bereits erwähnte Mosaikboden angetroffen (Beil. 1,2 g); dieser war auf einer 0,045 m dicken Ziegelbetonschicht verlegt (Beil. 1,2 f), dem eine 0,14 m starke Schicht aus Rollwacken und Bruchsteinen in einem Mörtelbett als Unterlage diente (Beil. 1,2 e). Die 0,05 m dicke lehmige Schicht (Beil. 1,2 d) wurde von den Ausgräbern als erster Laufhorizont des zugehörigen Bodens aus Ziegelkleinschlag (Beil. 1,2 c) von 0,04 m Höhe interpretiert, der auf einer 0,215 m starken lehmigen Schicht aufgebracht war (Beil. 1,2 b). Zuunterst wurde im Bereich der Räume H und a gewachsener Lehm angetroffen (Beil. 1,2 a), der an seinem oberen Rand in bewegten Geschiebemergel überging. Die Störung im Bereich der Räume a/b (Beil. 1,2 i) geht auf das Wurzelwerk einer Eiche zurück. An der Nordseite von Mauer 15 schließlich wurden noch anhaftende Putzreste k festgestellt.

Von zentraler Bedeutung, gerade auch hinsichtlich der chronologischen Bauabfolge dieses Traktes, scheint m. E. eine Erörterung der von den Ausgräbern als erster Laufhorizont interpretierten Schicht d zu sein. Als zusätzliches Argument für diese Aussage nahmen sie in Anspruch, daß an den Innenwänden von Raum a Reste eines blau bemalten Verputzes festgestellt wurden, die bis in Höhe der Schicht aus Ziegelkleinschlag (Beil. 1, 2c herabreichten. Träfe diese Interpretation

---

57 Grabungsdokumentation 1937, 19.

58 Grabungsdokumentation 1937 zu Schnitt 7 Süd; ebd. 1939, 14f.

59 Grabungsdokumentation 1939, 15, Zeile 18ff.: „Wir hatten das Glück, von dem Mosaikbelag dieser Zeit noch größere Teilflächen erhalten vorzufinden."; SAMESREUTHER, Laufenburg, 35, Zeile 23ff.: „In der Halle sind noch größere Flächen des Mosaikbelages erhalten, so daß das Muster ohne Schwierigkeit zeichnerisch wiederherzustellen war."; DRAGENDORFF, Laufenburg 559, Zeile 12ff.: „Zusammenhängende Reste der Mosaikböden fanden wir noch in der Porticus und in dem langen zum Bad führenden Gang, leider in traurigem Zustande, da sie unmittelbar unter der mit großen Eichen und dichtem Buschwerk bestandenen Oberfläche lagen."

60 Genaue Angaben zur Lage fehlen; ebenso ist aus der der Umzeichnung zugrundeliegenden Skizze (Grabungsdokumentation 1939, Abb. 8) keine untere Begrenzung dieses anzunehmenden Schnittes ersichtlich, so daß z. B. die angegebenen Unterkanten der verschiedenen Mauern nicht mit letzter Sicherheit als korrekt betrachtet werden können.

der Schichtenabfolge zu, würde dies bedeuten, daß Mauer 18 zu keiner Zeit eine Funktion besessen hätte, da auch diese von den zu dem „ersten Niveau" gehörigen Schichten überlagert ist (vgl. Beil. 1,2).

Eine Erklärung dieses Widerspruches bietet demgegenüber eine andere Überlegung. Es fällt auf, daß die Oberkante des bewegten Geschiebemergels (Beil. 1,2a) offensichtlich Bezug nimmt auf die Oberkanten der Mauern 17 und 18, von Mauer 16 jedoch durchschlagen wird. Daß der durch Mauer 17 entstandene Raum H von Süden zugänglich war, zeigt natürlich nicht zuletzt die südlich dieser Mauer in situ angetroffene Schwelle (Beil. 1,2S). Wie bereits ausgeführt (S. 30ff.), wurde bei Errichtung des Badetraktes die ursprüngliche Außenmauer im Süden (Mauer 16) z.T. abgebrochen; die Annahme, daß aus Symmetriegründen in diesem Zusammenhang[61] die Front durch Mauer 17 begradigt wurde, dürfte aus zwei Gründen Bestätigung finden. Einerseits ist Mauer 17 als neue Außenmauer für die Aufnahme der Bedachung von Raum H ähnlich tief fundamentiert wie Mauer 16, andererseits fand sich in der Baugrube am Ostende von Mauer 17 Bauschutt, der vermutlich von den Abbrucharbeiten an Mauer 16 stammt. Bei der als bewegter Geschiebemergel angesprochenen Schicht dürfte es sich somit um einen einfachen, gestampften Boden handeln. Daß dieser Boden von Mauer 16 durchschlagen wird (vgl. Beil. 1,2), legt nahe, daß diese ursprünglich als Rückwand von Raum H in ihrer ursprünglichen Höhe belassen wurde. Der Durchgang von Raum H zu Raum M erfolgte zu dieser Zeit vermutlich knapp östlich vom Treffpunkt der Mauern 16 und 19, wo in Mauer 16 eine ca. 0,9 m breite Abarbeitung als Unterlage einer Türschwelle festgestellt wurde. Wie bereits betont, nimmt weiterhin die als einfacher Boden anzusprechende Schicht auch Bezug auf die Oberkante von Mauer 18; somit dürfte sie zeitgleich mit Mauer 17 entstanden sein. Daß dabei die den Nischenraum a bildende Mauer 18 wesentlich höher fundamentiert ist, wird durch die geringe Größe dieses Raumes erklärt. Der Zugang zu dieser Nische erfolgte ursprünglich von Norden, d.h. von Raum M aus, da mit Mauer 16 eine zunächst durchlaufende Rückwand gebildet wurde. Wenn auch mit dieser Erklärung die m.E. schlüssigste Interpretation vorliegt, kann jedoch ein verbleibender Unsicherheitsfaktor nicht völlig ausgeräumt werden, indem z.B. über mögliche Abarbeitungen an Mauer 18 keinerlei Erkenntnisse vorhanden sind.

In einer zweiten Bauphase wurde sodann durch Einziehung der Mauer 15 eine Vertiefung der Nische zu Raum a/b sowie die Anfügung der Räume c und d erreicht. In Zusammenhang damit wurde über einer ausgleichenden Lehmschicht zumindest in Raum a/b ein Ziegelfußboden erstellt, zu dem das Benutzungsniveau bekannt ist (Beil. 1,2b–d). Eine weitere Maßnahme dieser zweiten Periode lag in der Abarbeitung von Mauer 16 im Bereich von Raum a/b; diese als Unterlage einer Türschwelle zu interpretierende Veränderung ermöglichte nun einen Zugang zu Raum a/b in voller Breite von Raum H aus. Es erfolgte also eine Umorientierung der ursprünglichen Nische, wobei die ehemalige Vorderwand im Norden (Mauer 18) aufgegeben und durch Mauer 15 ersetzt wurde, die nun als Rückwand diente. Im Zuge dieses Umbaues erhielt Raum a/b innen einen blau bemalten Wandverputz (s.o.); auch die Nordseite von Mauer 15 ist offensichtlich verputzt worden, wobei durch die Putzunterkante das Benutzungsniveau von Raum M zu dieser Zeit mit 363,24 m ü. NN gegeben ist (Beil. 1,2).

Die geschilderten Einzelheiten in Verbindung mit der Schichtenabfolge (Beil. 1,2) ergeben somit recht gute Aussagen zu dem Raum a/b; unklarer ist dagegen der Befund der durch den ersten Umbau entstandenen Räume d und c. Zu Raum d kann der Befund des Schnittes 7 Süd herangezogen werden, von dessen Westseite eine Schnittzeichnung vorliegt (Beil. 1,3).

Über dem gewachsenen Geschiebemergel (Beil. 1,3a) folgt in Raum H eine mächtige aufgefüllte Schicht aus dem gleichen Material b. Die zu erwartenden Reste des Bodens der zweiten Periode, aber auch die sorgfältige Bettung des Mosaikes (Beil. 1,3d), fehlen hier oder sind nicht beobachtet worden. Auch innerhalb von Raum d scheint keinerlei Fußboden festgestellt worden zu sein; dort folgte dem gewachsenen Boden eine rußgeschwärzte Schicht mit Schutteinschlüssen (Beil. 1,3c), die auch Mauer 15 überlagerte. Beide Räume sowie der Bereich südlich von Raum H, waren durch eine weitere Schuttschicht mit Ziegelbrocken, Bruchsteinen und Mörtel überlagert (Beil. 1,3e), der der Humus aufsaß (Beil. 1,3g). Auf die Ziegelschicht f wird an anderer Stelle noch einzugehen sein.

Eine Interpretation dieser Stratigraphie, unter der Voraussetzung ihrer Richtigkeit, bereitet erhebliche Probleme. Das Fehlen eines Laufhorizontes in Raum d sowie südlich davon in Raum H könnte allenfalls bedeuten, daß dieser Teil praktisch nie nach seiner Errichtung wie Raum a/b genutzt worden ist; für diese Hypothese könnte auch die Schuttschicht in Raum d (Beil. 1,3c) sprechen, die vielleicht auf einen begrenz-

61 Natürlich muß offenbleiben, ob dies zeitgleich geschah; für eine, dann wohl geringe, Verzögerung spricht vielleicht die Angabe (Grabungsdokumentation 1937, 18), daß Mauer 17 höher fundamentiert war als Mauer 10.

ten Brand in diesem Raum deutet.[62] Die ausgedehnte Schuttschicht unter dem Humus e gehört demgegenüber erst zur Verfallsphase der Villa, da sie den (unten noch zu besprechenden) Mosaikfußboden von Raum H (Beil. 1,3d) überlagerte. Daß zudem die Bettung dieses Mosaikes in Schnitt 7 Süd nicht festgestellt wurde, ist wahrscheinlich durch Erosion bedingt, die dem endgültigen Verfall unserer Villa vorausging.[63] Neben diesen unklaren Verhältnissen im Bereich von Raum d bleibt festzuhalten, daß bezüglich Raum c praktisch keine Befunde vorliegen. Als Detail kann angeführt werden, daß Mauer 15 im Bereich von Raum c möglicherweise einen Durchgang zu Raum M besessen hat.[64] Leider liegen auch keine genauen Untersuchungen über das Verhältnis des Ostendes von Mauer 15 zum Maueransatz am Westende von Mauer 13 vor. Zunächst könnte man vermuten, daß beide Mauern ursprünglich im Verband erstellt worden sind und durch geologische Ereignisse voneinander abgedrückt wurden, so daß die vorliegenden Maueransätze entstanden. Will man jedoch nicht postulieren, daß auf diese Art der gesamte Badetrakt nach Süden abgerutscht ist, wofür keinerlei Anhaltspunkte vorliegen, scheint diese Überlegung unzutreffend zu sein. Gerade an dieser Stelle des Areales (Abb. 8) ist ein sanftes Geländegefälle nach Süden festzustellen, so daß ein natürlich bedingtes Abdriften von Mauer 15 nach Norden nicht zu erwarten ist; außerdem wären dann wohl auch andere Beeinträchtigungen im weiteren Verlauf dieser Mauer zu erwarten. Vielmehr könnte eine Erklärung in der Gesamtkonzeption des durch die Räume H und a–d gebildeten Traktes liegen. Wie oben skizziert, dürfte der wesentliche Grund für die Einziehung von Mauer 17 in einer Begradigung der Südfront gelegen haben. Daß die Baumaßnahmen der zweiten Phase dieses Traktes die merkwürdig trapezförmigen Räume a/b, c und d entstehen ließ, läßt m. E. nur den Schluß zu, daß dafür dieselbe Intention zugrunde lag. Zumindest ist auffällig, daß der Nord-Süd-Teil von Mauer 15 fast parallel zu Mauer 17 verläuft. Offensichtlich wurde auf diese Art versucht, auch gegenüber Raum M eine begradigte Fassade durch die Mauern 15 und 13 zu erreichen. Der unverständliche Treffpunkt beider Mauern an der Nordwestecke des Badetraktes würde somit bedeuten, daß die Ausführung der oben dargelegten Intention anscheinend nur mangelhaft gelungen ist. Es scheint mir daher möglich, daß hier ursprünglich eine Mauerecke vorgelegen hat; die Richtigkeit dieser Annahme würde bedeuten, daß der Maueransatz am Westende von Mauer 13 nicht im Verband mit dieser steht, sondern eine (bislang nicht belegte) Stoßfuge aufweisen würde.

Wie bereits oben angedeutet, stellt der soeben besprochene erste Umbau nicht die jüngste Phase dieses Gebäudetraktes dar. Vielmehr ist im Rahmen einer weiteren Umgestaltung über einer Ausgleichsschicht (Beil. 1,2e) ein Mosaikboden verlegt worden (Beil. 1,2g. 3d), der auf Ziegelbeton aufgebracht wurde (Beil. 1,2f). Raum H erhielt dabei einen Bodenbelag mit geometrischen Elementen, Raum a/b wurde mit einem sonst seltenen Inschrift-Mosaik ausgestattet, so daß insgesamt ein einheitliches Niveau von 363,42 m ü. NN entstand (Beil. 1,2.3).

Entsprechend den vorliegenden Unterlagen scheinen sich vom ersten Mosaik lediglich Reste in der Nordwest- bzw. Nordostecke von Raum H erhalten zu haben (Abb. 30a.b).

Es handelte sich demnach um ein dunkelgrundiges Mosaik mit einer doppelten, im Westen und Osten dreifachen Begrenzung aus hellen Streifen. An der erhaltenen Nordseite folgten dieser Streifenbegrenzung (halb)kreisförmige Bögen mit stilisierten Blattmotiven in den Zwickelfeldern, wobei auch diese Dekore wieder aus hellen Mosaiksteinen gebildet waren.

K. Parlasca ergänzte diese Reste zu einem flächendeckenden Schwarz-Weiß-Mosaik aus versetzten Reihen von jeweils zwei gegenständigen Pelten, die durch Quadrate verbunden sind (Abb. 30c).[65] Die Richtigkeit dieses Vorschlages ist jedoch aufgrund verschiedenster Einwände zumindest zu bezweifeln. Zunächst ist K. Parlasca davon ausgegangen, daß sich in der Nordostecke der Rest einer Pelte gefunden hat.[66] Die Umzeichnung des Originalbefundes (Abb. 30b) belegt jedoch, daß dies nicht der Fall war; die Ergänzung des Mosaikes zu einer Pelte ist an dieser Stelle zwar möglich, jedoch nicht gesichert. Sodann haben sich keinerlei Reste gefunden, die eine Ergänzung zu gegenständigen Peltenpaaren über das Stadium der Hypothese hinaus beweisen könnten. Daraus resultiert weiterhin, daß die erhaltenen Reste keineswegs zwingend zu einem Flächenmuster gehört haben müssen, sondern ebensogut lediglich als Rahmenmotiv gedient haben können.[67] Schließlich ist es nicht sicher, ob das

---

62 Selbst wenn man davon ausgeht, daß Raum a/b als zentralem Raum dieses Traktes auch durch einen von Süden auf ihn zuführenden, eher aufwendigen Fußboden zusätzliche Bedeutung (gegenüber den Räumen d und c) verliehen werden sollte, so müßte zumindest ein Laufhorizont festzustellen sein, da alle Räume einer Bauperiode angehören.

63 Ähnliches ist auch im Schnitt Beil. 1,2 im Südteil von Raum H festzustellen.

64 Bei der Beschreibung des Badetraktes (Grabungsdokumentation 1937, 16ff.) wird auf den Ansatz einer Türwange an dieser Stelle hingewiesen; in der Grabungsdokumentation 1939, 14f. fehlt jedoch eine entsprechende Bestätigung.

65 Parlasca, Mosaiken 95 Taf. 132.

66 Parlasca, Mosaiken Abb. 14, links.

67 Parlasca, Mosaiken 95 schreibt, daß ihm Beispiele für Rauten-

(Fortsetzung nächste Seite)

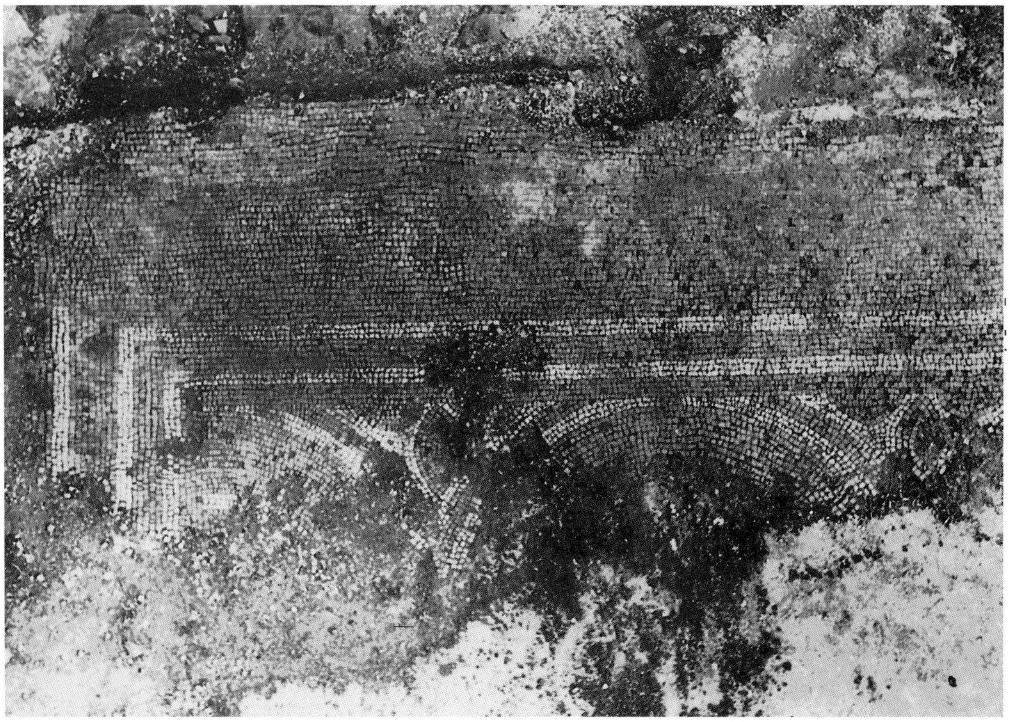

a

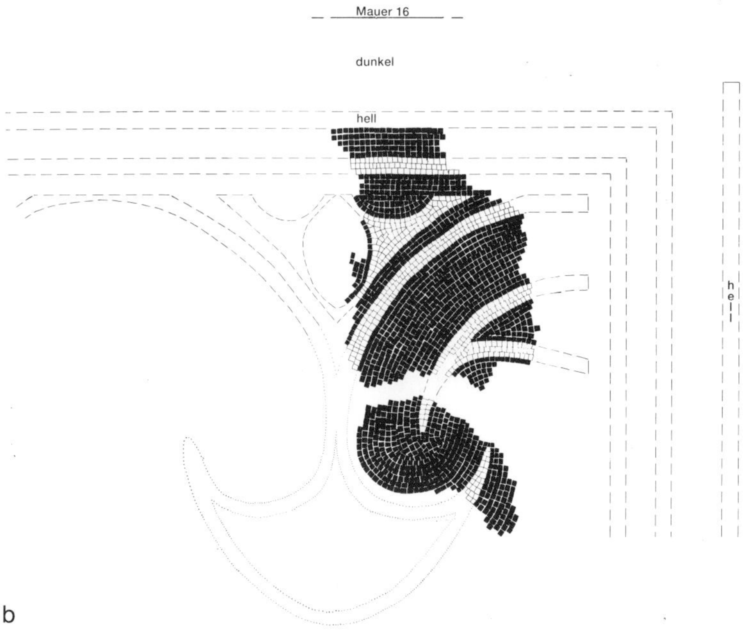

b

c

Fortsetzung Anmerkung 67:
Pelten-Gruppen als Flächenmuster sonst nicht bekannt sind; das angeführte Mosaik aus Kreuzweingarten (ebd. Taf. 84,1) ist sicher von gänzlich anderem Charakter. Vgl. auch v. Gonzenbach, Mosaiken 269 (Peltenrapporte); 284 (Pelten als Rahmenmotiv).

Abb. 30: Mosaikboden in Raum H von Süden. a Nordwestekke, Foto der Grabungsdokumentation. 1939. M. 1:20. b Nordostecke, Umzeichnung entsprechend der Grabungsdokumentation 1939. M. 1:20. Gestrichelt: Ergänzungen entsprechend Abb. 30 a; gepunktet: Ergänzungen entsprechend Abb. 30 c. c Rekonstruktionsvorschlag nach Parlasca, ohne M.

a

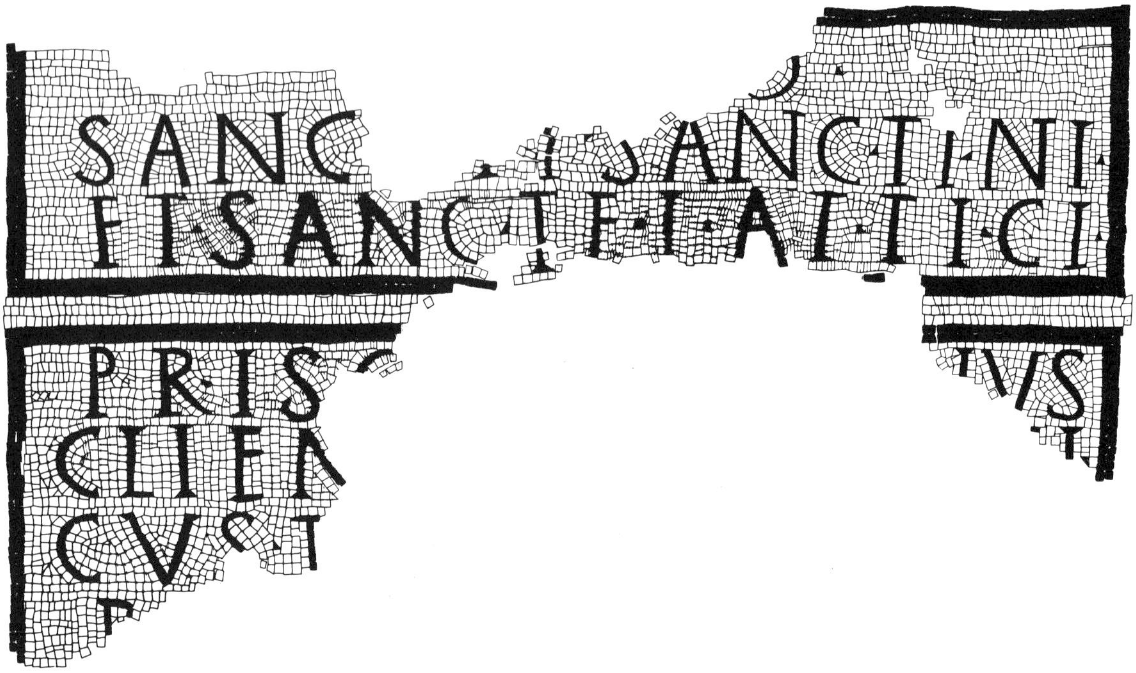

b

Abb. 31: Inschrift-Mosaik in Raum a/b von Süden. a Gesamtaufnahme, ohne M. b Umzeichnung der Inschrift. M. 1:10.

Mosaik in Raum H ausschließlich in Schwarz und Weiß gehalten war.[68]
Zusammenfassend scheinen die Reste dieses Bodenbelages m. E. heute keine gesicherte Ergänzung des Gesamtmusters mehr zuzulassen. Da entsprechendes Fundmaterial fehlt, ist somit auch eine (dann kunsthistorisch orientierte) Datierung kaum vorzunehmen. Lediglich das nicht auszuschließende Vorkommen des Peltenmotives könnte einen groben Hinweis liefern. Im Vergleich mit schweizerischen Mosaiken würde die dann vorliegende Ausführung von nur in Konturzeichnung wiedergegebenen Pelten, die zudem möglicherweise bunt gefüllt waren, zur späteren, wenn nicht sogar spätesten Ausführung dieses Motives im späteren 2. oder 3. Jh. gehören.[69]
Zum Befund bleibt noch nachzutragen, daß der nördliche Begrenzungsstreifen in der Nordwestecke von Raum H im Abstand von knapp 0,6 m zu Mauer 16 verlegt war, in der Nordostecke im Abstand von 0,25 m; der Mosaikboden verlief somit schräg zu dieser Mauer, indem seine Flucht offensichtlich eher an der jüngeren Mauer 17 orientiert war. Dies scheint sich der bereits mehrfach geäußerten Vermutung einzufügen, daß ein wesentlicher Grund für die Umbaumaßnahmen im Bereich dieses Gebäudetraktes die Begradigung der zuvor unsymmetrischen Südfront war. Weiterhin belegt die Tatsache, daß der nördliche Mosaikrand in der Nordwestecke von Raum H leicht nach N vorsprang (Abb. 30a, oben links), daß hier auf einen bereits in Mauer 16 vorhandenen Durchgang zu Raum M Rücksicht genommen worden ist (s. o.).
Zeitgleich mit dem Bodenbelag in Raum H wurde in Raum a/b ein Inschrift-Mosaik verlegt, über dessen Verbleib heute leider keine Klarheit mehr gewonnen werden kann (S. 11 ff.). Das durch Wurzelwerk z. T. stark zerstörte Mosaik bestand aus zwei übereinander liegenden tabulae ansatae mit einer dreizeiligen Inschrift im oberen, und einer mindestens vierzeiligen Inschrift im unteren Feld (Abb. 31).
Die 0,12 m hohen schwarzen Majuskeln auf weißem Grund werden von Kästen aus zwei Reihen schwarzer Mosaiksteine gerahmt; die Breite beider tabulae beträgt jeweils 1,57 m (incl. Rahmung), die Höhe der oberen 0,39 m. Die außen angesetzten Dreiecke sind mehrfarbig, indem die Mosaikreihen (von außen nach innen) schwarz, weiß, rot und schwarz gebildet sind. Die Breitseiten der Dreiecke werden ihrerseits jeweils von drei Mosaikstreifen begleitet, wobei weiße und schwarze abwechseln. Der Mosaikbelag nutzte insgesamt die volle Breite von Raum a/b von 2,9 m aus. Unklar bleibt anhand der vorliegenden Unterlagen neben dem südlichen Anschluß an das Mosaik in Raum H auch die Ausführung am Nordende, d. h. ob es ursprünglich bis Mauer 15 durchlief (Beil. 1,2g. i).[70]

Die Lesung[71] der Inschrift lautet wie folgt:

[ ]
SANC[ ] (S)ANCTINI
ET SANCT(E)I ATTICI
PRIS(C)[ ] (I)VS
CLIEN[ ] (I)
CVST[ ]
(R)

Die Zeilen zwei und drei verzeichnen zwei Eigennamen im Genitiv, die als Sancteius Sanctinus und Sancteius Atticus aufgelöst werden können, so daß die erste Zeile vermutlich eine Formel wie z. B. „zu Ehren von" getragen haben dürfte. Zwar fehlen genaue Angaben, jedoch dürfte durch die Namen ein Verwandtschaftsverhältnis der Genannten anzunehmen sein. Gentilnomen wie Sancteius sind in der Schweiz für Einheimische mehrfach belegt.[72] In Zeile vier folgt mit Prisc(us) wohl der Auftraggeber des Inschrift-Mosaikes. Sein Verhältnis zu den beiden zuvor genannten Personen läßt sich aus den Zeilen fünf und sechs ableiten. Offensichtlich war er zu der Zeit der Mosaikerstellung Pächter des Gutshofes, clien(s), nachdem er den beiden Sancteii vielleicht zuvor als Verwalter gedient hatte, cust(os).
Nach der vorgeschlagenen Deutung der Inschrift gehört das Laufenburger Mosaik zu einer bislang singulären Gattung. Zwar finden sich auch sonst Inschriften in Mosaiken, die jedoch regelmäßig als Meistersignaturen, Bildbeischriften, Stifterinschriften etc. aufzulösen sind[73] und somit in unmittelbarem Bezug zum Mosaik oder dem Ort seiner Anbringung stehen. Der Inhalt der Laufenburger Inschrift bewegt sich demgegenüber auf einer völlig anderen Ebene, indem

68 Entsprechende Farbfotos o. ä. fehlen; allerdings existiert eine grobe Skizze, aus der zu entnehmen ist, daß neben diesen beiden Farben einige Teile des Mosaikes in Gelb hergestellt worden sind.

69 v. Gonzenbach, Mosaiken 269; 291 ff. (allgemein).
Die von Parlasca, Mosaiken 96 vorgeschlagene Datierung („schwerlich nach 150 n. Chr.") ist mit den gegebenen Gründen nicht haltbar. Zunächst geht er mit Samesreuther davon aus, daß dieses Mosaik zur gleichen Bauperiode gehört wie das noch zu besprechende der westlichen Porticus; die absolute Datierung basiert sodann auf der fälschlichen zeitlichen Einordnung des Mosaikes aus Unterlunkhofen, das er (sicher zutreffend) als Vergleich zum Mosaik der Porticus und damit auch als zeitliches Kriterium für das Mosaik in Raum H heranzieht (vgl. dazu u. S. 48 mit Anm. 93).

70 Der Vergleich des Fotos mit den erhaltenen Maßangaben der Skizze in den Grabungsdokumentationen ist nicht zur Deckung zu bringen, so daß vermutlich die Aufnahme aus einem schrägen Winkel gemacht worden ist.

71 Eine erste, jedoch z. T. unrichtige Lesung bereits bei: R. Laur-Belart, Jahrb. Schweiz. Ges. Urgesch. 31, 1939, 96 f.

72 Vgl. z. B. Laur-Belart a. a. O. 96.

73 v. Gonzenbach, Mosaiken 315 ff.; Parlasca, Mosaiken 24; 27 führt neben Bildbeischriften mehrere Künstlersignaturen (ebd. 41; 93; 107) sowie eine Stifterinschrift (ebd. 44) an.

in ihr Angaben zum sozialen Gefüge zwischen Bewohnern und Besitzern der Villa wiedergegeben sind. Natürlich wird gerade dieser hervorragende Stellenwert des Mosaikes durch die Beschädigungen besonders eingeschränkt, jedoch erlauben die erhaltenen Reste gesellschaftliche Rückschlüsse, die bislang in vergleichbaren Quellen fehlen.

Allgemein scheint das Vorkommen von Inschriften in Mosaiken in Germanien bzw. der Schweiz erst mit dem 3. Jh. in Mode gekommen zu sein.[74] Leider bietet Laufenburg keine Möglichkeit einer Überprüfung dieser Vorstellung anhand gesicherter Funde oder Befunde;[75] lediglich die Tatsache, daß das Inschrift-Mosaik zusammen mit dem Mosaik in Raum H verlegt worden ist, kann herangezogen werden. Wie oben besprochen, ist zwar eine genaue Datierung dieses Fußbodenbelages nicht möglich, es spricht jedoch einiges dafür, daß auch dieser vielleicht erst dem 3. Jh. entstammen könnte, was mit der anzunehmenden Datierung der Inschrift in Raum a/b übereinstimmen würde.

Somit dürfte das Laufenburger Inschrift-Mosaik ein Schlaglicht auf die soziologischen Verhältnisse der Bewohner einer jüngeren Besiedlungsphase der Villa, vielleicht der vom frühen 3. Jh., werfen. Die Eigentümer des Gutshofes, eine einheimische Familie, verpachteten diesen an einen Mann, der ihnen zuvor vielleicht als Verwalter gedient hat.

5. Die Westfront aus Risaliten und Porticus

Bereits der Blick auf den Übersichtsplan (Abb. 8) legt nahe, daß die Westfront nachträglich an die Raumfolge 1–4 angebaut worden ist. Neben den Detailuntersuchungen, wie z. B. hinsichtlich der Mauerstöße der Risaliten, wird im folgenden deren Verhältnis zu der dazwischen liegenden Porticus von Belang sein. Wichtig ist daneben auch die Überprüfung der Mauern 30 und 33, um eine mögliche Zugehörigkeit von Raum N zu den Baumaßnahmen im Westen zu klären.

Süd-Risalit. Durch die Maßnahmen 9 + 20, 25 und 30 des Jahres 1937 konnte festgestellt werden, daß die Mauern 35 und 36 nachträglich an Mauer 28 angesetzt worden sind. Ebenso wurde deutlich, daß die Westhälfte dieses Risaliten nicht mehr vorhanden war; allerdings fehlen gesicherte Hinweise dafür, ob dies durch eine moderne Raubgrabung oder durch ein natürlich bedingtes Abrutschen auf dem hier nach Westen abfallenden Gelände bedingt ist. Für die zweite Möglichkeit spricht vermutlich die Tatsache, daß Mauer 36 aus der durch Mauer 28 vorgegebenen Flucht nach Osten vorspringt; offensichtlich entstanden durch die Geländeverhältnisse in diesem Bereich des Areales bereits während der Erbauung des Süd-Risaliten nicht unerhebliche Probleme.

Exakte Aussagen zu den Mauern 35 und 36 fehlen zwar,[76] jedoch spricht nichts dagegen, die Verhältnisse analog zu den beim Nord-Risalit festgestellten anzunehmen (s. u.). Unklar ist demgegenüber heute die Zusammensetzung der Verfüllung des Süd-Risaliten. Die Beschreibung der Vorkriegsgrabungen enthält lediglich den Hinweis, daß zuunterst eine „starke Brandschicht“ angetroffen wurde.[77] Den Arbeiten des Jahres 1971 ist zu entnehmen, daß zwischen gewachsenem Boden und deckendem Humus eine 1 m starke „Schuttschicht mit Ziegelbrocken, Putz, Mörtel und Mosaikresten“ lagerte.[78] Da hier keinerlei Hinweise auf Brandspuren vermerkt sind, können Zweifel an der Übereinstimmung der beiden unterschiedlich charakterisierten Schichten zumindest nicht ausgeschlossen werden. Darüber hinaus wurde im Süd-Risalit zwar kein erhaltener Boden mehr angetroffen, wie er in Analogie zum Nord-Risaliten zu erwarten wäre (s. u.), jedoch kann dieser zusammen mit der Westhälfte des Risaliten abgerutscht sein. Falls die Beobachtung einer „Schuttschicht“ zutrifft, dürfte damit der Beleg für den Verfall vorliegen, der einer (vermutlich natürlich bedingten) Zerstörung des Süd-Risaliten folgte. Anhand der bekannten Funde, wie z. B. Schüssel Tafel 51,658 oder Reibschüssel Tafel 81,908, kann mit dem Verlust der Bausubstanz im 3. Jh. n. Chr. gerechnet werden. Die mehrfach dokumentierten Funde von verschiedenfarbig bemaltem Wandverputz legen zudem nahe, daß der Süd-Risalit eine entsprechende Ausschmückung erhalten hatte.

Leicht nach Süden verschoben konnten in der östlichen Verlängerung der Südmauer (Mauer 36) des Süd-Risaliten mehrfach Reste eines Rollwackenfundamentes ohne Mörtelbindung festgestellt werden (Mauer

---

74 v. Gonzenbach, Mosaiken 40 mit Anm. 4; 315 mit Anm. 1 ist die Zuweisung des Inschrift-Mosaikes von Laufenburg in die 2. Hälfte des 2. Jh. bzw. ins 3. Jh. insofern zunächst unkorrekt, da auch hier – wie bei Parlasca – von bis dahin ungeprüften Voraussetzungen ausgegangen wird (vgl. Anm. 69).

75 Eine chronologische Analyse anhand des Buchstabenstiles scheint mir für diese Art einer doch wohl sehr persönlichen epigraphischen Quelle unergiebig. Zu dieser Methode bei öffentlichen Inschriften (allerdings auch nicht in Mosaiken!) vgl. z. B. E. Meyer, Einführung in die lateinische Epigraphik (Darmstadt 1973) bes. 23 ff. mit Abb. 1. – Der einzig sichere Fund aus Raum a (TS-Imitation des 2. Jh.: Taf. 27,398) ist nicht stratifiziert.

76 Mit Ausnahme zweier Details in der Grabungsdokumentation 1971, wonach Mauer 36 „kompakt aus Bruchsteinen“ errichtet und Mauer 35 an ihrem Ostende „in den gewachsenen Boden eingetieft“ worden ist.

77 Grabungsdokumentation 1937, 20 (zu Maßnahme 25).

78 Grabungsdokumentation 1971; zwar wird erwähnt, daß in der Nordostecke des Süd-Risaliten ein Kontrollprofil stehengelassen wurde, entsprechende Zeichnungen oder Fotos fehlen jedoch; die gesamte Füllung des Risaliten wurde 1971 „ausgebaggert“.

37), das stumpf an die Südostecke des Risaliten anstieß und höher fundamentiert war als jene.[79] Zumindest unmittelbar im Anschluß an die Risalitmauer (Mauer 36) war das Gelände zwischen den Mauern 37 und 22 mit Geschiebemergel aufgefüllt.[80] Zwar sind den Unterlagen keine Angaben über ein entsprechendes Gefälle zu entnehmen, jedoch dürfte Mauer 37 vermutlich als Unterlage bzw. südliche Begrenzung einer Rampe o. ä. zu verstehen sein, die als Aufgang zum Süd-Risaliten diente, der somit auf seiner Ostseite im Bereich von Mauer 36 einen Zugang besessen haben dürfte.[81]

Porticus. Im Rahmen der Vorkriegsgrabungen wurde die Porticus fast nur im Bereich der verschiedenen Begrenzungsmauern sowie durch den in ihrer Mitte Ost-West angelegten Achsenschnitt (Abb. 8) untersucht. Dabei konnten neben der Klärung des Verhältnisses von Mauer 34 zu den Mauern 32 bzw. 35 auch Reste eines Mosaikfußbodens knapp unter dem Humus festgestellt werden. Demgegenüber sind die weiteren Ereignisse im Zuge der Arbeiten der Jahre 1970 und 1971 völlig offen.[82]

Durch Einziehung von Mauer 34 entstand in der Westfront eine Halle, die hinter die Westwände der angrenzenden Risaliten zurückspringt. Zumindest in ihrem mittleren Teil war diese Mauer durch Steinraub bei ihrer Untersuchung bereits ausgebrochen. Am Treffpunkt von Mauer 34 mit Mauer 35 konnte festgestellt werden, daß das Fundament der ersten Mauer ca. 0,5 m höher als das der zweiten angelegt war.[83] Über diesem Fundament folgte bei Mauer 34 zunächst eine Ausgleichsschicht aus Ziegelbruch in Zweitverwendung. Erst darüber saß die eigentliche Aufmauerung, bestehend aus Bruchsteinen mit Kalkmörtel, die jedoch etwas schmaler war als das Fundament. Die Aufmauerung selbst band sodann in den aufgehenden Teil von Mauer 35 ein,[84] so daß die gleichzeitige Erstellung beider Mauern anzunehmen ist; ähnlich detaillierte Angaben zum nördlichen Ende von Mauer 34, d. h. zum Treffpunkt mit Mauer 32, fehlen zwar, jedoch dürften die dortigen Verhältnisse denen am Südende von Mauer 34 entsprochen haben.

Hinsichtlich der Schichtenabfolge im Bereich der Porticus kann auf den Achsenschnitt zurückgegriffen werden, von dessen Südwand eine Zeichnung vorliegt (Beil. 1,4). Über dem gewachsenen, gelbbraunen Geschiebemergel (Beil. 1,4 a) folgte eine weitere, etwas hellere Mergelschicht b, die die Ausgräber ebenfalls als gewachsen betrachteten. Die beinahe horizontale Oberkante dieser Schicht im östlichen Teil macht es jedoch wahrscheinlicher, daß hierin eine ausgleichende Auffüllung zu sehen ist. Im Bereich der späteren Porticus folgt sodann eine Brandschicht (Beil. 1,4 c), über der eine ausgedehntere, mörtelhaltige Schuttschicht (Beil. 1,4 d) lagerte. Auf der nachfolgenden, mächtigen Auffüllung aus mergeligem Grund (Beil. 1,4 e) lag das Mosaik der Porticus in seiner Estrichbettung (Beil. 1,4 g). Von der Porticus-Westwand (Mauer 34) war im Achsenschnitt nichts mehr erhalten, jedoch waren die Wände der Baugrube (Beil. 1,4 h) noch scharfkantig begrenzt. Die Grube selbst war locker mit groben Steinen verfüllt, die, wie die Ausbruchsgrube (Beil. 1,4 i), Zeugnis einer modernen Raubgrabung ablegen. Westlich der Porticus wurde weiterhin eine Schuttschicht festgestellt, die in der Hauptsache aus Ziegelbrocken bestand (Beil. 1,4 f). Auch die deckende Humusschicht k enthielt z. T. verschiedensten Bauschutt.

Natürlich zeigt bereits die Höhenlage, daß die Brandschicht (Beil. 1,4 c) wesentlich früher anzusetzen ist als die folgenden Baumaßnahmen der Westfront. Die bekannten bzw. wahrscheinlichen[85] Funde, wie ein Ziegelstempel der 21. Legion oder frühe Tellerformen wie Kat.-Nr. 538.539, weisen zudem in die 2. Hälfte des 1. Jh. n. Chr. Somit muß diese Brandschicht (und die darüber lagernde Schuttschicht Beil. 1,4 d) als Beleg für die Zerstörung der ursprünglich in Holzfachwerk errichteten Westwand der Räume 2–4 (S. 21 ff.) angesehen werden. Umgekehrt gibt die Oberkante des aufgefüllten Mergels (Beil. 1,4 b) den Laufhorizont dieser Zeit (bei ca. 361,5 m ü. NN) an. Demgegenüber gehören die Funde der Schuttschicht Beil. 1,4 f.

---

79 Grabungsdokumentation 1937, 3 (18. 10. 1937). 15 (Schnitt 7 Süd: „1 m breit, 0,7 m stark"). 19 (Schälfläche 9+20).

80 Grabungsdokumentation 1936, Suchschnitt 13, Ostwand (mit Zeichnung). Der alte Schnitt 7 Süd (Beil. 1,3) vermerkt keine entsprechende Auffüllung, jedoch wurde er erst 1937 so weit nach Süden verlängert, daß er Mauer 37 mit erfaßte.

81 In der Grabungsdokumentation 1970, 4 findet sich darüber hinaus der Hinweis, daß in der südlichen Verlängerung von Mauer 19 ein weiterer Mauerzug angetroffen worden sein soll; dieser könnte eine querliegende Stützmauer der zu vermutenden Rampe gewesen sein.

82 Die Grabungsdokumentation 1970, 4 enthält lediglich die lapidare Notiz: „Der Bereich der Porticus erbrachte bei der Rodung schwarze Scherben und viele Mosaiksteine." Vergleicht man dies mit den noch vorhandenen Funden, die der Porticus für das Jahr 1970 zugewiesen werden können (vgl. Anhang, Liste 3), findet sich jedoch ein wesentlich breiteres Fundspektrum!
Daneben ist völlig unklar, was folgende Fundstellenangabe des Jahres 1971 meint: „Aushubhaufen hinter West-Porticus, einiges aus original römischer Schuttschicht unter Aushub?." Entsprechende Erläuterungen fehlen in der Grabungsdokumentation 1971. Offensichtlich sind demnach weder Analysen hinsichtlich der Stratigraphie noch Versuche zur Vervollständigung der bereits von Samesreuther aufgedeckten Mosaikreste unternommen worden. Es kann jedoch nicht ausgeschlossen werden, daß auch die Porticus (wie der Süd-Risalit) „ausgebaggert" worden ist.

83 Grabungsdokumentation 1937, 20 (Maßnahme 25); Grabungsdokumentation 1971.

84 Grabungsdokumentation 1937, 20 (Maßnahme 25).

85 Wie Anm. 8. Gemeint sind hier die im Anhang, Liste 3, für den Achsenschnitt 1939 aufgeführten Funde „Abschnitt Porticus, ab 1,25 m unter Mauerabbruch" bzw. „Abschnitt Porticus, bis 1,5 m unter Abbruchkante Westwand".

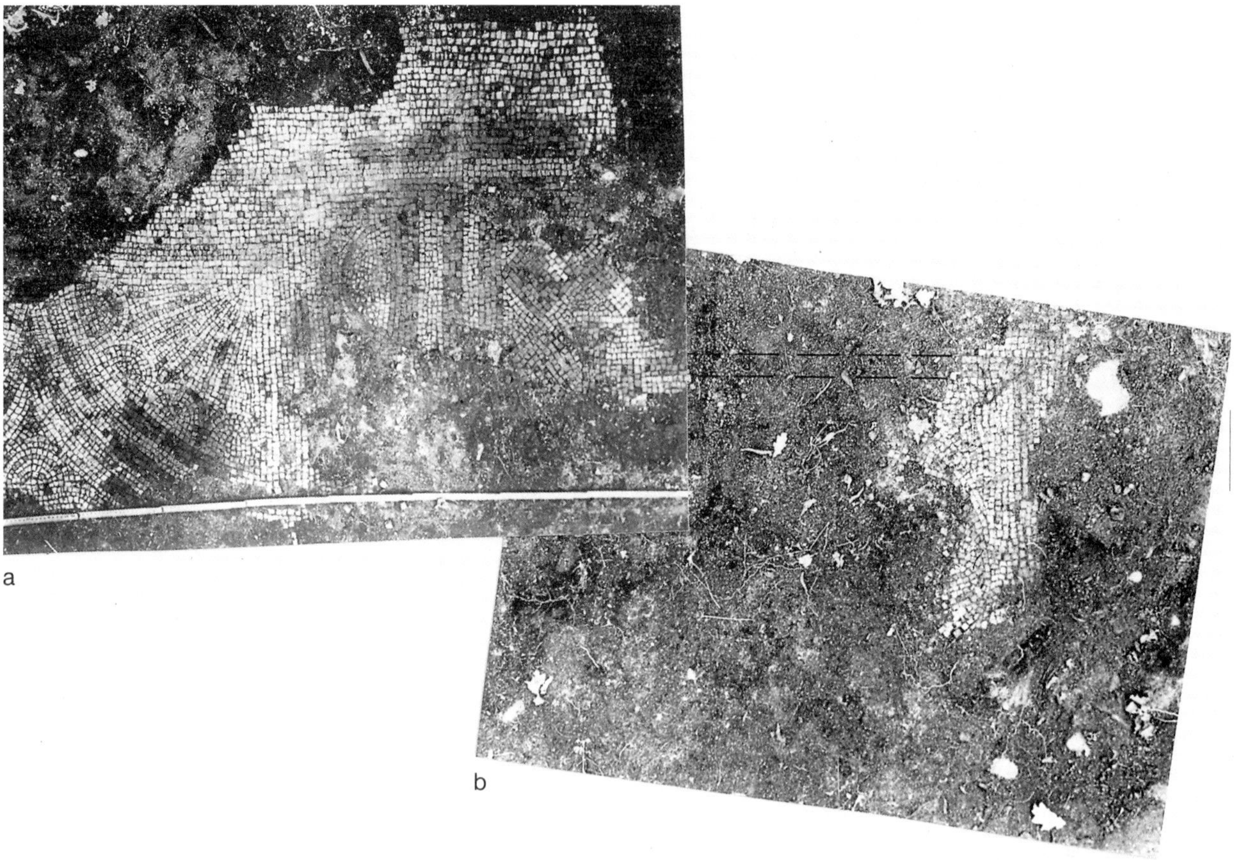

a

b

c

Abb. 32: Das Mosaik der Porticus, von Westen. a Nördliches Bruckstück im Mittelteil. M. 1:20. b Südliches Bruchstück im Mittelteil. M. 1:20. c Rekonstruktion des Dekorationsschemas im Mittelteil, M. 1:20, Linien zeigen erhaltene Reste, gestrichelt Ergänzungen. d Rekonstruktionsvorschlag nach Parlasca, ohne M. (S. 47 oben).

Abb. 32d: (Legende S. 46).

zumindest ins 2. oder 3. Jh.;[86] aufgrund der Lage und der Zusammensetzung (Ziegelbrocken) dürfte diese Schicht vom Verfall der Porticusbedachung herrühren. Daß mit dem Bau der Porticus die Westfront einen besonderen architektonischen Akzent erhielt, zeigen u. a. auch die Reste des Fußbodenmosaikes, das von vornherein zur Ausstattung gehört haben muß, da sonstige Zeithorizonte fehlen (Beil. 1,4). Aufgedeckt wurden von diesem Belag zwei verschieden große Stücke (Abb. 32a. b); anhand von Fotos und Skizzen in den Grabungsdokumentationen kann neben der Ausrichtung auch ein Teil des Dekorationsschemas im mittleren Bereich der Porticus sicher rekonstruiert werden (Abb. 32c).[87]

Nach einer Rahmung von hellen und dunklen Streifen, die parallel zu Mauer 28 verliefen, hatte sich am nördlichen Ende der Teil eines Feldes erhalten, in dessen Ecke ein Muschelmotiv sichtbar war (Abb. 32a). Ihm folgte nach Norden bzw. Westen eine aus mehreren Streifen gebildete Raute, deren Mittelpunkt von einem Salomonsknoten gebildet wurde. Nördlich dieser Raute wurde das Dekor vermutlich durch einen hell-dunklen Halbkreis fortgesetzt. Neben verschiedenfarbigen Begrenzungsstreifen begleiteten zwei Dekorreihen den östlichen Rand dieses ersten Feldes. Die erste, d. h. nördliche, wurde durch helle Halbkreise gebildet, die dunkel begrenzt waren. Die zweite, d. h. südliche, bestand aus dunklen, auf die Spitze gestellten Quadraten, die durch helle Dreiecke ergänzt wurden. Vom zweiten Feld, das sich südlich anschloß, waren die Begrenzungsstreifen erkennbar (Abb. 32a), die zu einem Rechteck ergänzt werden können. Der Mittelteil dieses Feldes wurde von einem dunkelgrundigen Halbkreis eingenommen, der von hellen Zwikkelfeldern gerahmt war. In diesem Halbkreis konnten noch die Reste weiterer verschiedenfarbiger Motive festgestellt werden.

Hinsichtlich der Farbgebung dieses Mosaikes kann gesagt werden, daß es vermutlich überwiegend in Schwarz und Weiß gehalten war, wozu aber auch sicher andere Farben hinzutraten.[88] Soweit heute anhand der vorliegenden Unterlagen eine Bewertung vorgenommen werden kann, muß die handwerkliche Qualität der Arbeit als eher gering bezeichnet werden. Neben teils auffälligen Abweichungen in den für gleiche Linien benutzten Steinchengrößen zeigt sich dies in der Nichteinhaltung von Parallelen bzw. rechten Winkeln.

Bereits die Ausgräber erkannten anhand des ersten Feldes Übereinstimmungen unseres Mosaikes mit dem aus Unterlunkhofen (Kt. Aargau);[89] in Anlehnung an denselben Vergleichsfund schlug K. Parlasca eine Rekonstruktion des Porticus-Mosaikes vor (Abb. 32d).[90] Abgesehen von einigen Details[91] scheint mir Parlascas Vorschlag für das erste Feld eine zutreffende Vorstellung des ursprünglichen Zustandes zu vermitteln, da die Übereinstimmungen bei den Einzelmotiven wie Muschel, Salomonsknoten oder Halbkreis eine Ergän-

86 Anhang, Liste 3, Achsenschnitt 1939, „Schuttschicht über 1. Benutzungshöhe".

87 Zwar fehlen exakte Angaben oder Einmessungen, jedoch ist die Ausrichtung des Mosaikes u. a. durch eine Notiz im Grabungstagebuch vom 13. 10. 1937 zu erschließen: „Zu Demonstrationszwecken wurde im Mittelfeld – [Anm. Verf.: nördliche Erweiterung am Westende von Schnitt 3 Mitte] – eine etwa 2 qm große Teilfläche des Mosaikes freigelegt (...). Bei dem Säubern und Ausfugen des angrenzenden Mauerwerkes zeigte sich, daß der nördlich von Schnitt 3 Mitte gelagerte Mauerzug – [Anm. Verf.: Mauer 25] – in die Substanz der Rückmauer der Porticus – [Anm. Verf.: Mauer 28] – nicht einbindet, sondern nur stumpf angesetzt ist."
Da zusätzlich ein Foto existiert, das das größere Mosaikstück zusammen mit einem Mauerzug zeigt, kann es sich bei letzterem nur um die Westseite von Mauer 28 handeln, so daß die in Beil. 1,4c gegebene Anordnung gesichert ist.
Die Lage beider Bruchstücke zueinander läßt sich außer durch Beil. 1,4b durch eine Skizze in den Grabungsunterlagen rekonstruieren, in der zumindest einige wichtige Abmessungen eingetragen sind. Als Grundlage der entsprechenden Beil. 1,4c konnte eine steingerechte Zeichnung herangezogen werden, die von einem Teil des größeren Bruchstückes im LDA Baden-Württemberg, Außenstelle Freiburg, vorhanden ist.

88 Die Skizzen (Farbfotos fehlen) zeigen zumindest drei Farben: Blau (vermutlich für Schwarz in der Realität), Gelb (vermutlich Weiß) und Rot (?). Darüber hinaus zeigt die steingerechte Aufnahme, die in Abb. 32c verwendet wurde, neben Weiß und Schwarz zwei verschiedene Rasterungen, so daß insgesamt sogar vier Farben vermutet werden können.

89 Vgl. z. B. v. Gonzenbach, Mosaiken 218ff. (Mosaik I); Taf. 21, oben.

90 Parlasca, Mosaiken 95f. Taf. 13,3.

91 Genannt sei z. B. der Begrenzungsstreifen aus Halbkreisen. Letztere sind sicher einfach und nicht (wie in Parlascas Zeichnung) doppelt begrenzt gewesen. Die Aussage bei Parlasca, Mosaiken 95, diese Halbkreise wären in den Skizzen nur undeutlich angegeben, ist nicht zutreffend.

zung in Anlehnung an das Kompositionsschema des Unterlunkhofener Mosaikes nahelegen. Das südlich anschließende zweite Feld[92] bietet demgegenüber zuwenig Ansatzpunkte für eine exakte Rekonstruktion. Anscheinend war hier entweder ein durchlaufender Streifen oder ein (bzw. mehrere) Rechteck(e) eingeschoben; der halbkreisförmige Mittelteil war dabei mit einem (vielleicht floralen) Motiv gefüllt.

Eine Datierung unseres Mosaikes, und damit der Erbauungszeit der Porticus, kann somit auf das schweizerische Vergleichsstück zurückgreifen, dessen Entstehung in die 2. Hälfte oder bereits ans Ende des 2. Jh. zu setzen ist.[93] Dem fügen sich auch die nicht stratifizierten Funde der Porticus ein, die mit Stücken des 2. Jh. (wie z. B. TS Taf. 6,145; 21,332) beginnen und sodann das gesamte 3. Jh. abdecken; vereinzelt gehören Fundstücke sogar erst dem folgenden Jahrhundert an (wie z. B. Glasschale Taf. 92,1004).

Anzufügen bleibt, daß das Fußbodenmosaik nicht das einzige Ausstattungsdetail war, das den Stellenwert der Porticus im architektonischen Konzept der Westfront und damit des gesamten Haupthauses unterstreicht. Gerade für diesen Bereich sind massierte Funde von Säulenteilen aus Sandstein belegt, wobei die Bruchstücke besonders voluminöser Säulenschäfte (Taf. 112, 1202) hervorzuheben sind. Somit ergibt sich das Bild einer mosaikverzierten und mit Säulen geschmückten Wandelhalle,[94] die sicher überdacht war, wobei ein auffälliges (Halb)säulenpaar in Mittel- oder Seitenstellung einen zusätzlichen Akzent verlieh.[95] Von welcher Seite aus die Porticus betreten werden konnte ist ungeklärt, jedoch kommen hierfür die beiden Risaliten am ehesten in Frage.[96]

Nord-Risalit. Bereits 1936 wurden mit den Schnitten 8, 17 und 18 die Begrenzungsmauern des Risaliten (Mauern 30–32) untersucht, so daß ihr Aufbau detailliert bekannt ist. Über einem Fundament aus trocken gesetzten Rollwacken folgte eine Ausgleichsschicht aus kleineren Bruchsteinen in Mörtelbindung; erst darüber setzte die eigentliche Aufmauerung aus gemörtelten Bruchsteinen an.

An der Außen-, d. h. Südseite, von Mauer 32 konnten darüber hinaus Reste einer Scheinverfugung festgestellt werden (Abb. 33). Hierfür war über dem Bruchsteinmauerwerk zunächst eine Ausgleichsschicht aus Kalkmörtel verstrichen worden, der eine weitere, gelblich-weiße Mörtelschicht folgte, in die die Linien als Quaderimitationen eingedrückt worden waren.

Für Aussagen zur Füllung des Nord-Risaliten kann eine Schnittzeichnung aus dem Jahr 1970 herangezogen werden (Beil. 1,5), wobei allerdings nicht alle Zweifel an der Zuverlässigkeit letztendlich ausgeräumt werden können.[97]

Zunächst ist mit Abbildung Beilage 1,5a eine Brandschicht vorhanden, die in gleicher Höhenlage bereits im Achsenschnitt festgestellt wurde (Beil. 1,4c); somit kann die Beobachtung bestätigt werden, daß damit die Zerstörungsschicht der ursprünglichen Westwand der Räume 2–4 aus Holzfachwerk vorliegt. Über dieser Brandschicht lagerte Lehm mit Mörtelresten und Ziegelstücken (Beil. 1,5b), der z. T. von einer gelben Lehmschicht überdeckt wurde (Beil. 1,5c). Es folgte darüber sandiger Lehm von rötlicher bzw. grauer Farbe (Beil. 1,5d. e), wobei die untere dieser beiden Schichten Bruchsteine und Ziegelbruch einschloß. Nach Westen folgten graugefärbte Lehm- bzw. Sandschichten (Beil. 1,5f. g), denen sich dunkle, lockere Erde mit vereinzelten Ziegelbruchstücken und Geröllen anschloß (Beil. 1,5i). Diese Erdschicht schloß ihrerseits den Teil einer zweiten Brandschicht ein (Beil. 1,5h), die sich aber noch weiter nach Westen fortsetzte (Beil. 1,5p). An der Innenseite von Mauer 31 lagerten zwei mächtige dunkle Erdschichten l u. n von leicht unterschiedlicher Farbe, die stark mit Estrich- und Ziegelbruchstücken durch-

92 Von Parlasca nicht berücksichtigt.

93 v. Gonzenbach, Mosaiken 220 mit Anm. 11.
Sofern die genannten qualitativen Mängel sowie die Tatsache, daß im Mosaik in Unterlunkhofen Pelten als Begrenzungsstreifen verwendet sind, die große Übereinstimmung zum anzunehmenden Peltenmotiv in Raum H (vgl. o. S. 38ff.) zeigen, als datierende Kriterien gewertet werden können, wäre auch eine Entstehung des Porticus-Mosaikes von Laufenburg erst am Beginn des 3. Jh. denkbar.

94 Da die Funde von farbig bemaltem Wandverputz im Bereich der Porticus bzw. westlich davon nicht stratifiziert sind, kann nicht sicher entschieden werden, ob diese zu der Raumgruppe 1–4 oder zur Porticus gehören. Entsprechend den Annahmen zu den Risaliten ist aber wohl auch für die Porticus eine Bemalung des Innenraumes eher wahrscheinlich.

95 Vgl. S. 165f. mit Anm. 15.

96 Ein Zugang von Osten, d. h. von der Raumflucht 2–4, hätte mittels entsprechender Spuren (wie Schwellen) in der z. T. hoch erhaltenen Substanz von Mauer 28 festgestellt werden können. Ein Zugang von Westen scheidet aufgrund des hier starken Geländegefälles wohl ebenfalls aus.
Um von der Porticus durch die Risaliten in den Innenraum des Hauses zu gelangen, könnte an einen Durchgang am Südende von Mauer 28, d. h. im Süd-Risalit, durch den (aufgefüllten und hypokaustierten) Raum 1 gedacht werden.

97 Trotzdem scheint mir eine Einbeziehung unumgänglich, da sonstige Befunde fast völlig fehlen; eine Ausnahme dabei bildet nur die Erwähnung eines „hochliegenden Estrichbodens" (Grabungsdokumentation 1937, 15 zu Schnitt 1).
Widersprüchlich bleibt zunächst die Angabe der Grabungsdokumentation 1939, 18, daß der Nord-Risalit „völlig freigelegt" wurde, da in der Grabungsdokumentation 1970, 4 vermerkt ist, daß dieser Bereich „nicht aufgedeckt", d. h. ungegraben, angetroffen worden sein soll. Selbst wenn sich die erste Bemerkung nur auf die Freilegung des Mauerwerkes beziehen sollte, ist somit der Widerspruch nicht erklärt; zum anderen bleibt die völlig unverständliche Tatsache, daß die Schnittzeichnung Beil. 1,5 (und die erläuternden Erklärungen dazu) keinerlei Hinweis auf eine sicher zu erwartende Humusschicht beinhalten!
Ob der Schnitt 1971 noch vertieft bzw. der gesamte Risalit „ausgebaggert" worden ist, ist der Grabungsdokumentation nicht zu entnehmen.

Abb. 33: Außenseite von Mauer 32 mit Scheinverfugungen, von Südosten.

setzt waren. Darunter folgte grau-brauner Lehm (Beil. 1,5r) bzw. wiederum dunkle Erde (Beil. 1,5s). In der östlichen Hälfte des Schnittes schließlich schloß die Schichtung nach oben mit einem auf Wacken aufgebrachten Kalkestrich ab (Beil. 1,5k), wobei die Wacken z.T. in Lehm ruhten. Damit in Zusammenhang zu bringen sein dürften die Estrichbruchstücke in dunklem Lehm (Beil. 1,5m), die über einer weiteren, grauen Lehmschicht lagen (Beil. 1,5o). Ebenfalls als Estrich ist in der Grabungsdokumentation die am Westende zuunterst liegende Schicht t angesprochen.

Neben den bereits oben vermerkten Zweifeln an der Richtigkeit der abgebildeten Schnittzeichnung bereitet das Fehlen stratifizierter Funde Probleme bei einer genauen Interpretation.[98] Die unteren Brand- bzw. Schuttschichten (Beil. 1,5a.b) sind dabei am zuverlässigsten zuzuweisen (s.o.). Die höherliegende Schuttschicht d im Osten könnte demgegenüber mit den verschiedenen Umbaumaßnahmen an den Räumen 1–4 zusammenhängen (S. 21ff.). Natürliche Ursachen sind bei den sterilen Schichten Beil. 1,5e–g zu vermuten, die zudem dem Geländegefälle folgen. Die Erdschicht Beil. 1,5i diente als ausgleichende Auffüllung für den Estrichboden (Beil. 1,5k), ohne daß jedoch eine schlüssige Erklärung für die eingeschlossenen Brandschichten (Beil. 1,5h.p) gegeben werden könnte. Daß die vorliegende Erläuterung den lockeren Charakter obiger Auffüllung betont, dürfte den Grund dafür bieten, daß der Estrichboden im westlichen Teil offenbar weggebrochen ist (Beil. 1,5m). Bei der dritten, tiefliegenden Estrichschicht (Beil. 1,5t) ist kaum von einem weiteren Boden auszugehen; vielmehr liegen hier wohl ebenfalls Reste des abgesackten oberen Bodens vor.[99] Die Schuttschichten l u. n schließlich zeugen vom Verfall nach der Auflassung unserer Villa.

Wie bereits angemerkt, ist das umfangreiche Fundmaterial aus dem Bereich des Nord-Risaliten leider nicht stratifiziert. Die Funde des 1. Jh. n. Chr. – neben Ziegelstempeln der 21. Legion z.B. die Schale Drack 14B (Taf. 27,394) – gehören dabei mit großer Sicherheit zu den Zerstörungsschichten des ersten Bauzustandes der Räume 2–4. Das Gros des Materials muß jedoch ins 2. und 3. Jh. datiert werden, wozu noch eine Schüssel des 4. Jh. (Taf. 28,413) hinzutritt. Somit entspricht das Fundspektrum im wesentlichen dem der Porticus, so daß die Zugehörigkeit der meisten Fundstücke zur Bau- bzw. Benutzungszeit des Nord-Risaliten relativ gesichert sein dürfte. Daneben fanden sich auch in diesem Risalit bemalte Putzbruchstücke, so daß wiederum mit einer entsprechenden Ausschmückung der Innenwände gerechnet werden kann.[100] Hinsichtlich der technischen Ausstattung kann davon ausgegangen werden, daß der Nord-Risalit keine Hypokaustanlage enthielt;[101] weder liegen Hinweise auf ein Heizgeschoß (Beil. 1,5) bzw., einen Heizraum vor, noch fanden sich Spuren oder Reste von Hypokaustpfeilern.

Schließlich ist noch auf das Verhältnis der Risalitmauern zu denen der älteren Bausubstanz östlich davon einzugehen. Gesichert hierbei ist der stumpfe Stoß am Treffpunkt der Mauern 32 und 28, der 1937 in Maßnahme 11 festgestellt werden konnte. Analog dazu muß ebenso eine Fuge am Treffpunkt der Mauer 33 mit 29 bzw. 28 den späteren Anbau des Nord-Risaliten dokumentieren, ohne daß dies jedoch in den Grabungen bislang aufgedeckt worden ist.[102] Von beson-

98 Obwohl die Grabungsdokumentation 1970, 5 den Fundreichtum des Nord-Risaliten hervorhebt, was durch die im Anhang, Liste 3, entsprechend verzeichneten Funde bestätigt wird. Leider ist jedoch eine Trennung nach Schichten unterblieben.

99 Irgendwelche sonstige Spuren eines zweiten Bodens fehlen. Darüber hinaus scheint die mangelnde Schnittiefe im westlichen Teil kaum geeignet, eine derartige Feststellung sicher zu treffen. Eher ist denkbar, daß entweder abgesackte Estrichbruchstücke durch den Druck der darauf lagernden Erdmassen den Eindruck eines Bodens erweckten oder der Boden hier als zusammenhängendes Stück eingebrochen war.

100 Zwar ist auch hier nicht auszuschließen, daß ein Teil des bemalten Wandverputzes mit der Raumgruppe 2–4 in Zusammenhang zu setzen ist, jedoch ist für Schnitt 8 (1936) roter und weißer Putz belegt, der 0,5 m unter der Abbruchkante von Mauer 32, d.h. ca. 0,6 m über den entsprechenden Zerstörungsschichten, gefunden wurde und somit zum (späteren) Nord-Risalit gehören dürfte.

101 Vgl. Abb. 8, wo fälschlich die Höhe des „Hypokaust-Estrichs" angegeben ist. – Nebenbei bemerkt entspricht die dortige Höhenangabe von 362,33 m ü. NN ungefähr der Höhenlage, die aus Beil. 1,5 ersichtlich ist (362,1 m–362,4 m ü. NN).

102 Die Grabungsdokumentation 1937, 15 (Maßnahme 28) gibt an, daß die Arbeiten diesbezüglich noch nicht weit genug gediehen waren und die in der Zeichnung (vgl. Abb. 8) angegebene Fuge nur als Vermutung zu verstehen ist.

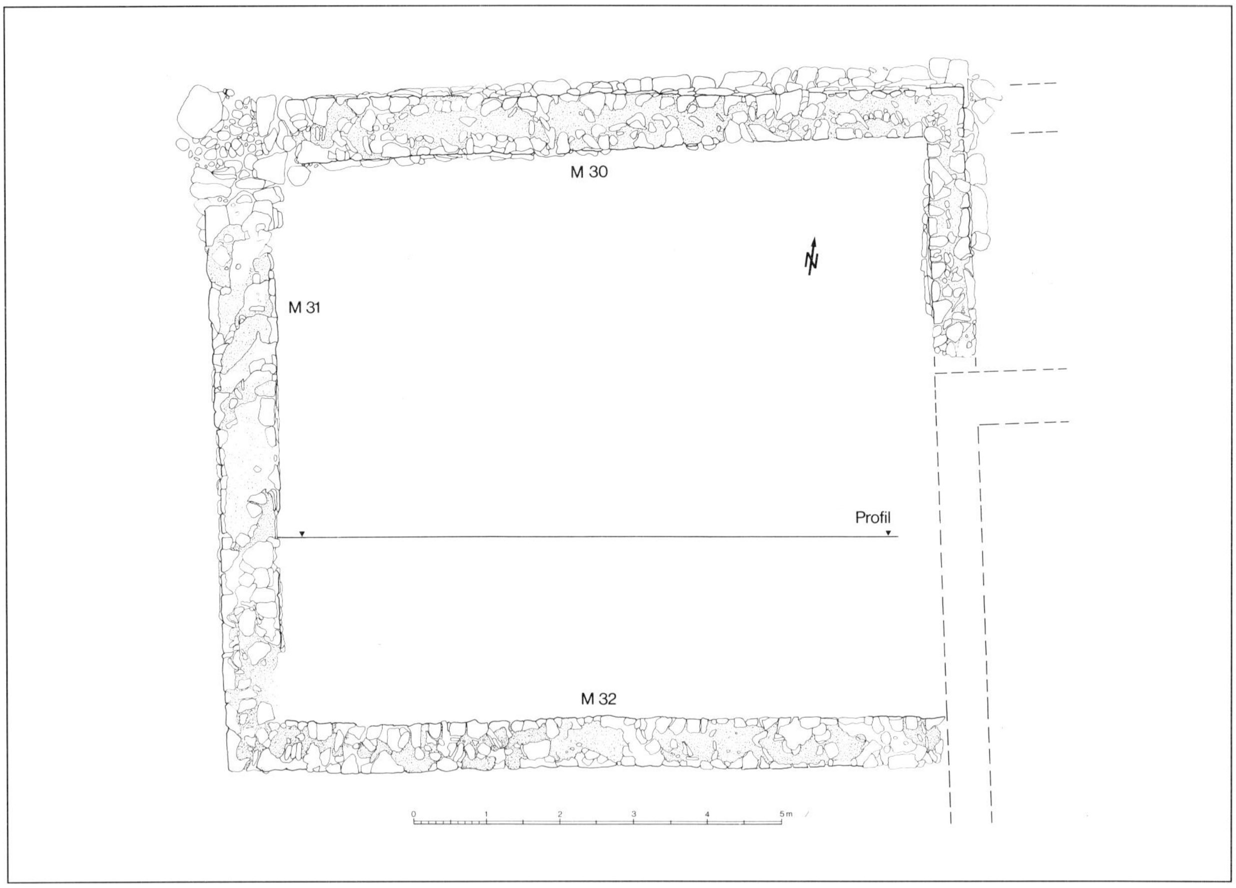

Abb. 34: Aufsicht der Mauern des Nordrisaliten, 1970. Angabe der Lage des Schnittes Beilage 1,5. M. 1:100.

derem Gewicht ist demgegenüber das Verhältnis des Nordendes von Mauer 33 zu Mauer 30 (Abb. 34).[103] Die Aufsicht Abb. 34 belegt eindeutig, daß Mauer 30 im Verband mit Mauer 33 erstellt wurde,um an deren Südende an die ältere Substanz anzustoßen. Das bedeutet zum einen, daß die Nordseite des Risaliten ursprünglich über die Flucht der ersten Nordfront (Mauer 29) hinausreichte, was in Analogie zum Süd-Risaliten steht. Andererseits ist damit klar, daß Raum N nicht zeitgleich mit der Westfassade errichtet wurde; erst eine spätere Baumaßnahme erreichte durch die Aufnahme der Flucht der Nordwand des Nord-Risaliten eine Begradigung der jüngsten Nordfassade, indem Mauer 30 nach Osten verlängert wurde. Die entsprechende Mauerfuge an der Nordostecke des Risaliten wird auch folgerichtig durch die wenigen verbliebenen Bruchsteine in der entsprechenden Lage in Abbildung 40 angedeutet.

6. Die Räume N und L

Die Untersuchung der Westfassade brachte u. a. das Ergebnis, daß Raum N später als diese errichtet wurde und somit zu den jüngsten Baumaßnahmen am Haupthaus gehören dürfte. Die verschiedenen Grabungstätigkeiten im Bereich von Raum N blieben zumeist nur oberflächlich, so daß lediglich der letzte Bauzustand erfaßt wurde; der einzige verwertbare Schnitt (Schnitt 1, 1936; vgl. u.) ist zudem nicht problemlos interpretierbar.[104]

---

103 Der Plan von 1939 (Abb. 8) verzeichnet an dieser Stelle eine Stoßfuge und das weitere Durchlaufen von Mauer 30 nach Osten, so daß der Eindruck entsteht, mit Mauer 33 sei nur eine kleine Trennwand eingesetzt worden, die den Nord-Risaliten vom (dann gleichzeitig errichteten!) Raum N abgrenzt. Demgegenüber vermittelt eine Skizze zu Schnitt 1 bzw. Maßnahme 28 (Grabungsdokumentation 1937, 15) das gegenteilige Bild; dort ist Mauer 30 im Verband mit dem Nordende von Mauer 33 angegeben, die Nordmauer von Raum N trifft mit einem Stoß auf die Nordostecke des Risaliten. Es erstaunt, daß die eindeutige Entscheidung, die Abb. 35 ermöglicht, überhaupt nicht in der Grabungsdokumentation 1970 angesprochen ist. Dort findet sich lediglich die Notiz, daß Mauer 28 zum größten Teil ausgebrochen war; daneben ist der Hinweis (Grabungsdokumentation 1971) zu erwähnen, daß in Mauer 33 sekundär verbaute rote Putzreste gefunden wurden (vgl. auch Anhang, Liste 2).

104 Arbeiten im Bereich von Raum N: Schnitte 1, 2, 7 Nord; Maßnahmen 19, 23+26, 28. Neben Schnitt 1 könnte zunächst auch der weiter östlich angesetzte Schnitt 2 (1936), von dem eine Zeichnung vorliegt, herangezogen werden; da diese Zeichnung jedoch keinerlei Höhenangaben enthält, ist eine Auswertung, auch im Vergleich mit Schnitt 1, nicht möglich.

Vom jüngsten Zustand hatte sich am Nordostende sowie vereinzelt im westlichen Teil ein Estrichboden erhalten; die bekannten Höhen (363,7 m bzw. 363,66 m ü. NN) zeigen, daß ein praktisch horizontales Laufniveau erreicht worden war. Durch eine Erdschicht getrennt, wurde unter diesem Boden ein weiterer Estrich angetroffen, dessen vermutliche Höhenlage von 363,2 m bis 363,4 m ü. NN[105] vielleicht Bezug nahm auf die Durchfahrt in der Mitte von Raum N (363,4 m ü. NN). Diese als Einfahrt zu interpretierende, gut 3 m breite Unterbrechung beider Bodenbeläge setzte den alten Durchlaß in Mauer 29 nach Norden fort und war mit Bruchsteinplatten belegt. Auf die erhaltenen Reste der zugehörigen Türleibungen wird im folgenden noch einzugehen sein (Abb. 36).

Exakte Aufschlüsse zur Schichtenabfolge in *Raum N* sind nur für dessen Westende bekannt, indem die Zeichnung der Ostwand von Schnitt 1 (1936) herangezogen werden kann (Beil. 1,6).

Über dem anstehenden gelbbraunen Geschiebemergel (Beil. 1,6a) folgte eine Auffüllung von gelbem Lehm b. Im Bereich von Raum N wurde dieser durch schwarzbraune Erde mit wenig Kieseln und Ziegelbruch überlagert (Beil. 1,6c), worauf eine Lehmschicht mit Knochenresten ruhte (Beil. 1,6f), die ein helles, sandiges Lehmpaket mit Putzresten einschloß (Beil. 1,6e). Der dunkle Lehm d dürfte als Baugrube von Mauer 30 aufzufassen sein. Die folgende Schicht aus Steinbrocken, wenig Ziegelbruch und etwas dunkler Erde g setzte sich auch nördlich von Mauer 30 fort. Dort wurde diese von einer ockerfarbigen Lehmschicht mit kleinen Wacken (Beil. 1,6h) sowie von Ziegelschutt mit wenig lehmigem Sand i überdeckt; ein weiteres Band aus Ziegelschutt begann ca. 3,3 m nördlich von Mauer 30 (Beil. 1,6m). Die südöstliche Hälfte des Schnittes, d. h. Raum N, Mauer 30 sowie der nördlich anschließende Bereich, wurde sodann von stark mörtelhaltigem Schutt eingenommen (Beil. 1,6k), der in eine lehmige Schuttschicht überging (Beil. 1,6l). Der gesamte Schnitt wurde von einer dünnen Humusschicht abgedeckt (Beil. 1,6o), die auf einer unterschiedlich starken Verfallsschicht aus Schutt mit Steinen, Ziegelbruch, Mörtel und Putz aufsaß (Beil. 1,6n).

Zunächst muß festgehalten werden, daß die mit Kieseln durchsetzte Erdschicht Beil. 1,6c mit 361,5 m ü. NN der Höhenlage der Brandschuttschichten im Achsenschnitt bzw. im Schnitt durch den Nord-Risaliten (Beil. 1,4.5) entspricht. Da dort diese Schichten mit guten Gründen als Zerstörungsschichten des ersten Bauzustandes der Raumflucht 2–4 interpretiert werden konnten, muß die hier angetroffene Erdschicht als zugehöriger Laufhorizont verstanden werden. Die Kieselbeimengungen könnten zudem darauf hindeuten, daß nördlich dieser Raumfolge ein Weg angelegt worden war. Umgekehrt bedeutet dies, daß das Gelände bereits zu dieser Zeit großflächig aufgefüllt worden ist (Beil. 1,6b), und nicht erst im Zuge der Erstellung von Raum N, wie es die Ausgräber vermuteten.[106] Die überlagernden Lehmschichten (Beil. 1,6e.f) zeugen sodann entweder von der langen Benutzung des oben angesprochenen Weges oder können als relativ sterile Einschwemmschichten verstanden werden.

Auf den ersten Blick unverständlich erscheint die Lehmschicht direkt südlich an Mauer 30 (Beil. 1,6d); eine korrespondierende Erscheinung notieren die Grabungsdokumentationen zudem für die Westwand dieses Schnittes. Die Ausgräber neigten zu der Annahme, daß hierin Pfostenlöcher einer vorrömischen Besiedlung zu sehen seien.[107] Da trotz intensiver Suche weder in diesem Bereich[108] noch im weiteren Areal unseres Haupthauses zusätzliche Spuren gesichert werden konnten, die sich dieser Vorstellung einfügen, und darüber hinaus auch kein entsprechendes Fundmaterial vorliegt (S. 65ff.), ist dieser Vorschlag mit großer Sicherheit als falsch abzulehnen. Zutreffender dürfte es sein, in dieser Lehmschicht (Beil. 1,6d) die Baugrube von Mauer 30 zu sehen; die geringe Dimensionierung erklärt sich dabei aus der zu Mauer 30 schrägen Anlage dieses Schnittes. Weiterhin ist für das Gegenstück an der Westwand des Schnittes festgehalten, daß dort die Schicht unterhalb der in Beilage 1,6 festgehaltenen ansetzte und somit ebenso für eine Interpretation als Baugrube in Anspruch genommen werden kann.

Die bisher gegebenen Erklärungen decken nur die Zeit bis einschließlich der Errichtung von Mauer 30 ab, d. h. bis zur Erstellung von Raum N. Nach der Einziehung dieser Mauer scheint innerhalb von Raum N sowie nördlich davon zunächst eine Planierungsschicht angelegt worden zu sein (Beil. 1,6g). Die folgenden Schuttschichten (Beil. 1,6k.l) würden sodann bereits die Zerstörung von Dachstuhl und Mauerwerk von Raum N dokumentieren, wobei der Ziegelschutt (Beil. 1,6i.m) einen weiteren Hinweis auf dessen Be-

105 Exakte Einmessungen etc. fehlen; allerdings existiert in der Grabungsdokumentation 1937 ein (schlechtes) Foto, das beide Estrichschichten sowie die trennende Erdschicht zeigt. Ein verschwommen erkennbarer Zollstock legt eine Dicke der Erdschicht von 0,3 m bis 0,5 m nahe.

106 Samesreuther, Laufenburg 34f.

107 Grabungsdokumentation 1936, Schnitt 1; 1937, 15. Daß der Erklärungsversuch sich völlig von den ansonsten eher vorsichtig gehaltenen Interpretationen der Ausgräber unterscheidet, dürfte sich m. E. am ehesten aus dem Zeitgeist heraus erklären.

108 Die aus diesem Grunde besonders sorgsame Suche in der Umgebung wird in den Grabungsdokumentationen mehrfach betont.

dachung liefern würde. So schlüssig diese Erklärung auch zunächst erscheint, läßt sie doch zwei gravierende Probleme außer acht. Zunächst fehlt im Schnitt Beil. 1,6 jeglicher Hinweis auf die zu erwartenden Estrichböden (s.o.). Sodann wäre der jüngere Boden entsprechend den geschilderten Verhältnissen bei ca. 363,7 m ü. NN zu erwarten,[109] was eine weitere Auffüllschicht von über 1 m zwischen den Planierungs- und Zerstörungsschichten in Raum N (Beil. 1,6g.l) erfordern würde; selbst für den älteren Estrichboden müßte eine entsprechende Auffüllung von mehreren Dezimetern vorhanden gewesen sein. Da Meßfehler für Beilage 1,6 mit Sicherheit ausgeschlossen werden können,[110] scheint mir eine schlüssige Erklärung dieser Widersprüche anhand der vorliegenden Unterlagen kaum möglich, will man nicht fordern, daß das Westende von Raum N als kellerartig vertieft gearbeitet worden war.[111]

Eingegangen werden muß noch auf die mit Wacken durchsetzte lehmige Schicht direkt nördlich an Mauer 30 (Beil. 1,6h) in einer Höhe von ca. 362 m ü. NN. Eine gleichartige Erscheinung wurde 1937 in Maßnahme 23, ebenfalls an der Nordseite von Mauer 30, angetroffen; dort reichte eine entsprechende Wackenlage ca. 0,7 m nach Norden, ihre Oberkante lag bei 363,11 m ü. NN. Die Annahme der Ausgräber, hierin das Fundament einer Hofmauer zu sehen,[112] scheint m.E. nicht zutreffend, da diese sicher nicht direkt vor der Nordfront errichtet worden sein wird. Vielmehr dürfte es sich um einen dem Geländegefälle folgenden Weg entlang der Nordfront handeln, der den ursprünglichen Pfad entlang Mauer 29 (s.o.) ersetzte, nachdem dieser durch Raum N überbaut worden war.

Durch den Anbau von Raum N entstand somit eine wohl überdachte Halle von 30,45 m auf gut 3 m Ausdehnung als neue Nordfront des Haupthauses. Da diese Baumaßnahme einen lange bestehenden Pfad entlang der alten Nordseite überdeckte, wurde ein neuer Weg nördlich von Mauer 30 angelegt. Der bereits bestehende Durchlaß in Mauer 29 wurde von vornherein in die Planung miteinbezogen und durch Raum N hindurch nach Norden verlängert, so daß eine Durchfahrt entstand. Zumindest der überwiegende Teil dieses hallenartigen Raumes war von Beginn an mit einem Estrichboden versehen; im Zuge eines Umbaues wurde später ein weiterer Estrich als Bodenbelag eingezogen, wobei die Durchfahrt auf entsprechend niedrigem Niveau beibehalten wurde.

Wie im vorangegangenen Kapitel geschildert, muß die Erstellung von Raum N nach dem Anbau der Westfassade erfolgt sein, so daß vermutlich erst das 3. Jh. n. Chr. hierfür in Frage kommt (S. 44ff.). Dem widersprechen auch nicht die bekannten Funde, die vom 1. Jh. bis zum 3. Jh. n. Chr. reichen (z.B. Topf Kat.-Nr. 730b; Schüssel ähnlich Tafel 42,586), da das von Raum N beanspruchte Gelände bereits vorher genutzt worden war. Natürlich bedingt dies auch, daß am Treffpunkt von Mauer 29 mit dem nördlichen und südlichen Teil von Mauer 1 entsprechende Stoßfugen anzunehmen sind. Aussagen zur zeitlichen Stellung des Umbaues von Raum N sind demgegenüber nicht weiter zu präzisieren.

Raum L. Ob an dieser Stelle des Haupthauses wirklich ein weiterer hallenartiger Raum den Binnenraum nach Osten begrenzte, kann vorläufig nur vermutet werden. Bei den im Plan (Abb. 8) als Mauer 38 eingezeichneten Teilen handelte es sich um zwei große Bruchsteinplatten mit praktisch gleicher Höhenlage der Oberkanten (363,11 m bzw. 363,15 m ü. NN); ob damit wirkliche Mauerteile oder z.B. Stützenlager einer Dachkonstruktion vorliegen, muß aufgrund des Fehlens weiterer entsprechender Befunde zunächst offenbleiben. Für die Existenz von „Raum" L spricht, daß in den Maßnahmen 23+26 (1937) sowie im Schnitt 3 Ost (1936) jeweils in diesem Bereich eine deutlich begrenzte Pflasterung angetroffen wurde, zu der nähere Erläuterungen in den Grabungsdokumentationen jedoch fehlen. Als weiteres Detail kann angefügt werden, daß an der Südseite von Mauer 29 offenbar eine aus Ziegelplatten hergestellte Treppe dem Niveauausgleich von Pflaster (Raum L) und Estrichboden (Raum N) diente.[113] Jedoch ist nicht ersichtlich, ob dies ursprünglich zu Raum L gehörte oder erst nachträglich eingebaut worden ist, wodurch eine Aussage zur relativen zeitlichen Stellung von Raum L zu Raum N nicht möglich ist.

Die wenigen zuweisbaren Funde[114] reichen vom späten 1. bis mindestens ins 2. Jh. (z.B. Töpfe Kat.-Nr. 730b. 731a; Reibschüssel Taf. 82,915), ohne daß dies weiter für Raum L verwertbar wäre; wie noch

109 Was oberhalb der Humusschicht in Beil. 1,6 läge!

110 Die Originalzeichnungen von Schnitt 1 schließen die Meßpunkte am Südost- und Nordwestende des Schnittes ein, deren Höhenangaben mittels verschiedener anderer Zeichnungen und Pläne kontrolliert und bestätigt werden können. Gegen Meßfehler spricht zudem die schlüssige Interpretation der Lehmschicht (Beil. 1,6c).

111 Auch eine durch natürliche Bedingungen hervorgerufene Ausschwemmung der zu postulierenden Auffüllung en bloc mit Teilen des Mauerwerkes scheint mir keinesfalls denkbar, ohne daß entsprechende Spuren in Beil. 1,6 dies dokumentierten.

112 Grabungsdokumentation 1937, 20.

113 Grabungsdokumentation 1937, 20 (Maßnahme 23 + 26). Genaue Einmessungen etc. fehlen; das beigefügte Foto (ebd. Taf. 1,4) ist aufgrund fehlender Erläuterungen und des sehr klein gewählten Abbildungsausschnittes nicht verwertbar.

114 Das sind die im Anhang, Liste 3, unter „1970; entlang Mauer 1, nördlich Raum X" verzeichneten Funde; auch hier bleibt erneut der Widerspruch ungeklärt, daß in der zugehörigen Grabungsdokumentation (1970, 3) eindeutig vermerkt ist, daß dieser „Ostteil des Gutshofes (...) nicht ausgegraben" worden ist.

auszuführen sein wird (S. 56ff.), wurde der Binnenraum in diesem Bereich bereits im Zuge der Erstellung von Raum 1 mit in das Areal des Haupthauses einbezogen.

7. Der Binnenraum mit seinen Einbauten (Räume M, J, K)

Durch das Ausgreifen des Haupthauses nach Osten entstand (wohl erst im 2. Jh. n. Chr.; vgl. S. 56ff.) der *Binnenraum M,* der mit Abschluß der verschiedenen Um- und Anbauten schließlich allseitig von Räumen umschlossen war. Das lichte Innenmaß betrug in der West-Ost-Ausdehnung ca. 20,5 m (von Mauer 24 bis Mauer 38) bzw. 23,5 m (von Mauer 24 bis Mauer 1), in Nord-Süd-Richtung immerhin noch gut 16,5 m (zwischen den Mauern 29 und 15). Für eine Gesamtbeurteilung der Architektur des Haupthauses wäre es natürlich von Interesse, ob diese ungefähr 340 m^2 bzw. 390 m^2 große Fläche als offener Hof oder gedeckte Halle gestaltet war,[115] wobei letzteres mittels einer durchgehenden Bedachung oder als Atrium mit compluvium und impluvium gebildet gewesen sein könnte. Sowohl die Vorkriegsgrabungen als auch die Tätigkeiten der Jahre 1970/1971, die sich beide im wesentlichen auf die oberflächliche Untersuchung der westlichen Hälfte von Raum M beschränkten, bieten jedoch keinerlei exakte Anhaltspunkte, um diese Frage entscheiden zu können.

Sicher erforderte eine Bedachung von diesem Ausmaß einen erheblichen (bau)technischen Aufwand; berücksichtigt man die vielfältigen Ausstattungsdetails in anderen Bereichen des Haupthauses, kann diese Möglichkeit jedoch nicht von vornherein ausgeschlossen werden. Zusätzlich wäre vielleicht zu erwägen, ob die Bruchsteinplatten in der westlichen Begrenzung von Raum L (Mauer 38; vgl. S. 50ff.) bzw. die im südlichen Anschluß von Raum J (s. u.) als Lagersteine der erforderlichen Holzkonstruktionen in Anspruch genommen werden können. Jedoch muß insgesamt festgehalten werden, daß derzeit keine der oben angedeuteten Möglichkeiten ausgeschlossen werden kann.[116]

Nicht nur hinsichtlich dieser Frage wirkt sich die Tatsache negativ aus, daß die stattgefundenen Untersuchungen nie zum Abschluß geführt worden sind.[117] Lediglich für das südliche Ende der Westhälfte von Raum M ist (ohne nähere Erläuterung) vermerkt, daß das „letzte römische Niveau" dort bei 363,22 m ü. NN erreicht worden sei.[118] Dementsprechend kann bereits an dieser Stelle vorweggenommen werden, daß die Raum M zuweisbaren Funde des 2. und 3. Jh. wiederum für eine Analyse wertlos sind; hinzu kommen größere Mengen bemalten Wandverputzes aus Schnitt 3 Ost (1936), die vermutlich den südlich angrenzenden Räumen entstammen dürften.

Durch die geschilderten Voraussetzungen wird klar, daß eine Betrachtung der weiteren Einzelheiten in Raum M derzeit nur wenig über die reine Beschreibung hinausgehen kann.

Zunächst wurde im Südwestteil des Binnenraumes ein formloser, brandgeröteter Ziegelklotz von 0,12 m Stärke angetroffen (Abb. 8), der als Rest einer einfachen Feuerstelle aufgefaßt werden kann. Da die Höhe der Oberkante dieses Lehmpaketes unklar ist,[119] muß eine Aussage zur relativen zeitlichen Stellung zu den übrigen Baulichkeiten offengelassen werden. Ca. 2,5 m nordöstlich davon begann eine Sickerrinne, die durch eine einfache Rollwackensteinsetzung gebildet wurde (Abb. 8; 35). Sie setzte sich gekrümmt nach Nordnordwesten fort und lief unter dem Südteil von Mauer 39 hindurch (Abb. 35); daß damit ihr nördliches Ende noch nicht erreicht war, schlossen die Ausgräber aus dem entsprechenden Ausbruch in der Substanz von Mauer 29.[120] Erstaunlicherweise wies diese Rinne lediglich 0,04 m Gefälle nach Norden auf die festgestellte Länge von ungefähr 8 m auf. Natürlich ist klar, daß diese Sickerrinne bereits vor dem Einbau von

115 Samesreuther, Laufenburg 36 entscheidet sich „rein gefühlsmäßig" für eine geschlossene Halle. – Ebenfalls ungeklärt ist diese Frage z. B. für das von den Baulichkeiten her gut vergleichbare Haupthaus (der zweiten Steinbauphase des 2./3. Jh. n. Chr.) des Gutshofes von Großsachsenheim, Kr. Ludwigsburg: Arch. Ausgr. Baden-Württemberg 1982 (1983) 127ff., bes. 129 mit Abb. 105,10; 132.

116 Eine durchgehende Ziegelschicht in Raum M, die z. B. als Indiz für eine Bedachung gewertet werden könnte, wurde offenbar nicht festgestellt. Lediglich im alten Schnitt 3 Ost (1936) wurde ein derartiger Befund angetroffen; da dies jedoch für Raum M singulär geblieben ist, kann der betreffende Ziegelschutt ebenso von der Bedachung des Badetraktes stammen. Weiterhin kann nicht abgeschätzt werden, ob entsprechende Ziegelmassen nicht bereits in Mittelalter bzw. Neuzeit durch Raubgrabungen verschwunden sind.

117 Für die Vorkriegsgrabungen wird dies auch deutlich in den Grabungsdokumentationen betont. Besonders mißlich ist zudem, daß die Schnittzeichnung von Schnitt 3 Ost (1936) wegen verschiedener Unstimmigkeiten nur summarisch herangezogen werden kann, weshalb auch auf eine entsprechende Abbildung verzichtet wurde. Ihr ist lediglich zu entnehmen, daß dem anstehenden Geschiebemergel zwei Lehmschichten aufsaßen, die in Raum L von einer Pflasterung, in Raum M von einer Ziegelschicht überdeckt wurden, worauf sich jeweils der deckende Humus abgelagert hatte. Den Grabungen 1970/71 ist zudem keinerlei Information zu entnehmen, abgesehen von der Anmerkung, daß das Areal im Gefolge der Nachkriegszeit noch weiter durch Raubgrabungen gestört bzw. abgetragen worden ist.

118 Grabungsdokumentation 1939; 17; vgl. die entsprechende Eintragung in Abb. 8. Eine Bestätigung dieser Angabe ergibt sich aus Beil. 1,2 (vgl. S. 38ff.).

119 In einigen Plänen (wie z. B. Abb. 8) findet sich die Angabe 362,12 m ü. NN, in anderen 363,12 m ü. NN, ohne daß geklärt werden kann, welche Aussage zutrifft.

120 Vgl. hierzu auch Samesreuther, Laufenburg 35 Taf. 12,2.

Abb. 35: Grabung 1939. Blick von Süden auf die Nordwestseite von Raum M mit den Räumen J (links) und K (rechts). Oben Mauer 29, links Mauer 24, unten Bruchsteine im Anschluß an Raum J, rechts Sickerrinne. Noch nicht ergraben sind Teile der Heizung am Nordende von Raum J.

Raum K bestand; schwieriger ist es jedoch, eine sichere Zweckbestimmung vorzunehmen. Falls mit dem Südende der Sickerrinne wirklich ihr Anfang erfaßt worden ist, fällt jedoch auf, daß dieser nur unweit des rekonstuierbaren Mittelpunktes von Raum M gelegen hätte.[121] Daraus ließe sich die Hypothese ableiten, daß der Binnenraum als Atrium gestaltet war. Es muß jedoch bedacht werden, daß keinerlei Spuren eines impluviums bekannt sind, dem die Sickerrinne dann als Abfluß gedient hätte.

Hinsichtlich der in der Nordwestecke des Binnenraumes nachträglich eingebauten Räume J und K kann auf ein Foto zurückgegriffen werden, daß während der Ausgrabung 1939 aufgenommen worden ist (Abb. 35).

Von *Raum K* hatte sich die östliche und südliche Begrenzung (Mauer 39) erhalten, die westliche fehlte. Neben der sorgfältigen Errichtung der Bruchsteinmauern konnte in diesem ursprünglich 2,85 m auf 2,3 m großen Raum ein Kalkestrichboden festgestellt werden, dessen Oberkante bei 363,02 m ü. NN lag.[122] Darüber, ob die westliche Mauer dieses Raumes für den (späteren) Anbau von Raum J beseitigt worden war, oder aber aufgrund einer gleichzeitigen Erbauung von vornherein fehlte, finden sich widersprüchliche Angaben.[123]

Der westlich anschließende *Raum J* fällt durch seine kombinierte Kanal- und Hypokaustheizung auf; die genaue Ausdehnung des Raumes konnte nicht ermittelt werden, da die begrenzenden Mauern offensichtlich durch Steinraub abgetragen worden waren, wie die starke Zerwühlung des Geländes anzeigte. Die Wandungen bzw. Kanäle waren aus bearbeiteten Bruchsteinen und Wacken erstellt, die einfach ins Erdreich gesteckt worden waren, wobei die einzelnen Kanäle im Durchschnitt eine lichte Breite von 0,2 m aufwiesen. Die Hypokaustpfeiler in der Mitte bestanden aus quadratischen Ziegelplatten von jeweils 0,2 m Kantenlänge und ruhten auf einem Weißkalkestrich mit Ziegelmehlbeimischung. Anhand der wenigen Reste war noch erkennbar, daß der obere Abschluß dieser kombinierten Heizung aus einem auf Platten ruhenden Ziegelbetonestrich bestand. Charakteristische Brandspuren belegten zudem, daß die Befeuerung von der Südostecke aus, d. h. direkt vor der Südwand von

121 Errechnet man für Raum M einen Mittelpunkt durch die Innenseiten der Mauern 24, 38, 29 und 15 bzw. 13, so liegt dieser ca. 2 m nordöstlich des Südendes der Sickerrinne.

122 Grabungsdokumentation 1936, Schnitt 7 Nord; 1939, 17.

123 Die Grabungsdokumentation 1939, 17 läßt diese Frage zunächst offen, enthält jedoch die lapidare Anmerkung, daß Raum K älter sei als Raum J (ohne Angabe von Gründen). Samesreuther, Laufenburg 35 schreibt demgegenüber (Zeile 43 ff): „Die westliche Mauer – [Anm. Verf.: von Raum K] – ist, wie es bis jetzt den Anschein hat, im Verlauf einer Vergrößerung nach Westen beseitigt worden."

Raum K, erfolgte.[124] Außerdem wurden direkt südlich dieser Heizung Bruchsteinplatten angetroffen, wobei ihr Zusammenhang mit diesem Raum nicht sicher ist (Abb. 35); auf eine mögliche Verbindung mit einer hypothetischen Bedachung von Raum M wurde bereits oben hingewiesen.

Da datierendes Fundmaterial nicht vorliegt, können vielleicht allgemeine Überlegungen Aufschlüsse zu Raum J erbringen. Sicherlich ist es kaum zweifelhaft, daß mit diesem ein späterer Einbau im Binnenraum vorliegt, so daß bereits Mauer 29 (s. o.) einen groben terminus post quem ergibt. Weitere Hinweise liefert die Konstruktion des Laufenburger Heizsystemes, das in der Literatur als Kernhypokaust definiert wird.[125] Diese Kombinationsform stellt einen Zwischenschritt in der Entwicklung dar, die von den Hypokaustanlagen zu den mit weniger Brennstoffen zu betreibenden Kanalheizungen führte.[126] Als gutes Vergleichsbeispiel zur Konstruktion kann ein Kernhypokaust von der Saalburg angeführt werden.[127] Zwar ist der genaue Zeitpunkt, ab dem reine Kanalheizungen gebräuchlich wurden, derzeit noch nicht gesichert, jedoch weisen die bekannten Beispiele zumindest ins 3. Jh.[128] Bedenkt man, daß in Laufenburg einerseits im Verlauf des 2. Jh. in Raum 1 noch eine Hypokaustheizung als offensichtlich praktikables Heizsystem eingebaut worden ist, und daß andererseits für die Verlegung der aufwendigen Mosaikböden im späteren 2. Jh. bzw. beginnenden 3. Jh. (vgl. S. 38ff.) finanzielle Mittel vorhanden gewesen sein müssen, scheint mir für die Erbauungszeit des (genügsameren) Kernhypokaustes erst das 3. Jh. in Betracht zu kommen.[129]

Natürlich können neben dem Aspekt der Betriebskosten auch andere Ursachen zum Einbau dieser Heizung geführt haben; vielleicht waren z. B. zur gleichen Zeit andere beheizte Räume (wie Raum 1) nicht mehr funktionstüchtig.

Dieser Blick auf die Raumnutzung führt auch zur Frage nach der Zweckbestimmung von Raum K. Den einzigen Ansatzpunkt hierfür bieten vielleicht zwei dem kultischen Bereich zuweisbare Fundstücke; das Frauenköpfchen Taf. 91,994 wurde unweit südöstlich von Raum K gefunden, das Fragment eines Auerochsens (Taf. 91,995) entstammt dem angrenzenden Raum N. Somit könnte daran gedacht werden, in Raum K ein Lararium zu sehen. Welcher Bezug dann jedoch zum beheizten Raum J bestand, ist allerdings derzeit nicht erkennbar.

Nachzutragen bleiben zwei unklare Details bezüglich Raum M. Vielleicht befand sich auch hier (wie in Raum L; vgl. S. 52) an der Südseite von Mauer 29 eine Art Treppe aus übereinandergelegten Ziegelplatten zur Überwindung eines Niveauunterschiedes zu Raum N.[130] Weiterhin wurde südlich der Räume J und K eine Steinstickung angetroffen, die in Ost-West-Richtung auf Mauer 24 zulief; eine genaue Untersuchung blieb jedoch aus, so daß nur gesagt werden kann, daß diese Stickung anscheinend eine erhebliche Tiefe aufwies.[131] Ob ein Zusammenhang mit der ähnlich in Raum 4 festgestellten Erscheinung einer dort allerdings nur oberflächlichen Bruchsteinschüttung (s. o.) bestand, muß offengelassen werden.

8. Befunde außerhalb des Haupthauses

Wie bei anderen römischen Villen, muß auch für Laufenburg mit verschiedenen Nebengebäuden gerechnet werden. Allein anhand der Funde kann die Existenz einer Schmiede, eines Raumes für die Kornverarbeitung und vielleicht sogar einer Töpferei erschlossen werden (vgl. S. 127; 172f.); weiterhin sind Vorratsräume, Stallungen und Unterkünfte sehr wahrscheinlich. Da jedoch die verschiedenen Grabungstätigkeiten fast ausschließlich auf das Haupthaus beschränkt blieben, lassen sich diese Annahmen leider nicht durch entsprechende Befunde untermauern. Einige summarische Hinweise auf Streuflächen auf den benachbarten Feldern[132] sowie die nicht nachprüfbare Aussage eines Grabungsarbeiters der Vorkriegstätigkeiten, daß ca. 10 m bis 15 m nördlich der jüngsten Nordfront (und parallel zu ihr) eine doppelte

124 Grabungsdokumentation 1939, 17. Samesreuther, Laufenburg 36 gibt an, daß der Ziegelbetonestrich etwa 0,3 m stark gewesen sein soll, was in der Grabungsdokumentation keine Bestätigung findet. Konstruktionsbedingt dürfte der Estrich eher dünner gewesen sein.

125 F. Kretzschmer, Hypokausten. Saalburg-Jahrb. 12, 1953, 34f. Weitere Beispiele bei v. Gonzenbach, Mosaiken 331 mit Anm. 2–7.

126 Kretzschmer a. a. O. (Anm. 125) 39.

127 Kretzschmer a. a. O. (Anm. 125) 12, Nr. 38; 16, Abb. 7,3.

128 Spätestens an den Anfang des 3. Jh. wird ein Beispiel in Chur datiert: Chur 1, 44ff. (mit weiteren Verweisen). W. Drack, Die Gutshöfe. In: Ur- und frühgeschichtliche Archäologie der Schweiz. Bd. 5: Die römische Epoche (Basel 1975) 65 tendiert zu einem etwas späteren Beginn dieses Phänomens. Zu den ebd. angeführten Beispielen vgl. auch Drack, Seeb 9f. mit Abb. 6; Drack, Buchs 5 mit Abb. 5a; 9 mit Abb. 10; 11f.

129 Allerdings verbietet dabei die Berücksichtigung des Fundmateriales ein zu weites Heraufrücken im 3. Jh. Eine Bestätigung der hier gewonnenen zeitlichen Eingrenzung neuerdings: W. Drack, Die römischen Kanalheizungen der Schweiz. Jahrb. Schweiz Ges. Ur- u. Frühgesch. 71, 1988, 123ff., bes. 146ff. (Typ V); 157ff. (Datierung Typ V: ab dem späten 2. Jh.).

130 Die genaue Lage hiervon ist nicht angegeben, der Befund muß jedoch östlich von Raum K gelegen haben; die Grabungsdokumentation 1939, 16 vermerkt jedoch, daß in diesem Fall der Eindruck einer Treppe weniger zutreffend sei.

131 Grabungsdokumentation 1939, 17 und bereits ebd. 1937, 21 (Schnitt 19).

132 Grabungsdokumentation 1937, Zusammenfassung nach Seite 22.

Pfostenstellung gefunden worden sein soll,[133] bleiben die einzigen Indizien.
Bereits östlich des Badetraktes war ein Mauerzug freigelegt worden, der wahrscheinlich der Frischwasserversorgung diente (S. 37f.). Um dessen Fortsetzung zu finden, wurde ungefähr 15 m weiter östlich 1939 ein Suchschnitt angelegt (Abb. 8), in dem ein Nord-Süd-gerichteter Fundamentzug aus groben Wacken und Bruchsteinen angetroffen wurde;[134] lediglich ein abzweigender Arm schien westlich in die Richtung des Badetraktes zu laufen, wobei jedoch die Flucht des dortigen Fundamentes nicht genau eingehalten wurde. Die im Gefüge dieses neuen Fundamentes mitgefundenen Hohl- und Leistenziegelbruchstücke legen jedoch seinen römischen Ursprung nahe, so daß damit vielleicht weitere Teile der Wasserversorgung vorliegen, ohne daß die genaue Funktionsweise derzeit zu klären ist.[135] Daß der nach Westen verlaufende Arm des zweiten Fundamentes nicht mit der Flucht des Mauerzuges östlich des Bades übereinstimmt, könnte (wie bereits dort vermutet; vgl. S. 37f.) durch natürliche Erdbewegungen bedingt sein.
Schließlich muß noch ein weiterer Suchschnitt erwähnt werden, der ungefähr 30 m südlich der Südostecke des Haupthauses begonnen und von da 23 m nach Osten fortgeführt wurde. In ihm wurden zwei weitere Steinsetzungen aus ungemörtelten Wacken sowie eine rinnenartige Vertiefung festgestellt. Die nicht ausreichende Schnittbreite und -tiefe erlaubten jedoch keine Einordnung dieses Befundes.[136]

C. Die Befunde im Überblick, Ergebnisse und Probleme

Bevor die erfolgte Sichtung der Einzelbefunde (vgl. S. 21ff.) für einen Vorschlag zur Bauphasenabfolge unserer Villa verwertet werden kann, müssen zunächst weitergehende Überlegungen bzw. Schlußfolgerungen zu den einzelnen Räumen und ihrer Bezüge untereinander angestellt werden. Die Einzelanalyse hat jedoch bereits deutlich werden lassen, daß entsprechende Aussagemöglichkeiten überwiegend nur anhand der (umfangreicheren) Kenntnisse bezüglich der Trakte im Süden und Westen des Haupthauses vorliegen. Allerdings muß auch diesbezüglich noch einmal betont werden, daß Datierungsmöglichkeiten aufgrund stratifizierter Funde nur in einigen wenigen Fällen möglich sind; einen gewissen Ausgleich dieses Mangels bietet z.T. die Auswertung des gesamten Fundmateriales eines Raumes (soweit bekannt) oder sogar die allgemeinen Schlußfolgerungen aus der großen Menge aller vorliegenden Funde aus unserer Villa (vgl. auch S. 65ff.). Kernpunkte einer Chronologie bleiben somit die anhand stilistischer Vergleiche gewonnenen Zuweisungen der Wandmalereien in Raum 1 in die Zeit um 100 n.Chr. bzw. der verschiedenen Mosaikfußböden der Räume H, a/b sowie der West-Porticus an die Wende vom 2. zum 3. Jh. n.Chr.
Faßt man das Gesagte zusammen, ergibt sich für die *Räume 2–4* folgendes Bild. Die hangseitigen Mauern des sogenannten Kernbaus (Mauern 23 und 24) waren von Anfang an in Stein errichtet, da durch die Eintiefung dieses kellerartigen Wohnraumes in den Boden der Druck der Erdmassen abgefangen werden mußte. Die nördliche und westliche Begrenzungsmauer wurde demgegenüber, zumindest in ihrem oberirdischen Teil,[1] in Holzfachwerk mit Lehmverputz errichtet (vgl. S. 44ff.; Beil. 1,4). Eine Abtrennung von Raum 4 ist bereits für diese Phase sicher, da Mauer 27 Nord bis auf die Drainage herabreicht und zudem die Trennungslinie gegenüber der völlig andersartigen Schichtenabfolge der Räume 2 und 3 darstellt (Beil. 1,1). Da allerdings der Putz an der Innenseite von Mauer 24 hinter dem Stoß mit Mauer 27 durchläuft, dürfte Mauer 27 Nord zunächst ebenfalls aus Holz(fachwerk) gearbeitet gewesen sein. Um 100 n.Chr. wurden (im Zuge des Anbaues des mit Wandmalereien versehenen Raumes 1) ebenfalls die Mauern 28 und 29 in Stein neu errichtet. Bis zu diesem Zeitpunkt dürften zwei verschiedene Böden benutzt worden sein (mit Ausnahme von Raum 4). Zunächst ein einfacher aus gestampftem Lehm b, sodann vermutlich ein Holzboden c, der ei-

133 Ich danke H. Barthel (Laufenburg) für den entsprechenden Hinweis. Nach seiner Aussage hat er diese Pfostenstellung zusammen mit E. Samesreuther eingemessen; eine entsprechende Bestätigung in den Grabungsdokumentationen fehlt jedoch. Angefügt werden kann noch, daß Verf. Ende 1986 durch die Überlassung von Luftaufnahmen, für die ich dem Flurbereinigungsamt Säckingen danken möchte, auf ein Areal nördlich des Haupthauses aufmerksam wurde, in dem sich Baulichkeiten abzuzeichnen schienen. Eine entsprechende Begehung erbrachte für das fragliche Gebiet größere Keramikfunde, allerdings mittelalterlicher und neuzeitlicher Datierung. Auf Veranlassung des LDA Baden-Württemberg wurde daraufhin das Gebiet im Frühjahr und Sommer 1987 beflogen, ohne jedoch greifbare Ergebnisse zu liefern.
134 Grabungsdokumentation 1939, 18.
135 Eine Versorgung mit Wasser von Norden oder Osten würde natürlich das gegebene Geländegefälle ausnutzen; warum allerdings das Fundament nicht in Höhe des Bades einfach nach Westen abknickte, sondern weiter nach Süden verlief, ist nicht ersichtlich. – Ebenso muß offenbleiben, welche „Wasserquelle" genutzt wurde. Bis in die Zeit der Vorkriegsgrabungen war das nächstliegende Gewässer die Hännerer Wühre, die ca. 150 m bis 200 m östlich am Haupthaus vorbeifloß (Korrespondenz A. Bartel an das Geologische Institut Freiburg vom 15. 11. 1929).
136 Grabungsdokumentation 1939, 18.
1 Daß dieser ebenfalls auf einem Steinfundament geruht haben könnte, ist zumindest nicht auszuschließen.

Abb. 36: Blick von Südwesten über Raum K (unten) auf die z. T. ausgebrochene Mauer 29; darin Block der westlichen Türlaibung östlich von Raum K.

nem Brand zum Opfer fiel. Wenige Jahrzehnte später wurde dann eine weitere Trennwand eingezogen (Mauer 25), so daß nun die Dreiteilung in Raum 2–4 hergestellt war. Kurz darauf[2] scheint das Dach dieses Traktes eingestürzt zu sein (Beil. 1,1 d). Da die entsprechende Schicht (Beil. 1,1 d) deutlich nach Norden gegen Mauer 27 abflacht, könnte zu dieser Zeit Raum 3 auch als Zugang zu Raum 4 genutzt worden sein. Die Bauschuttschichten in Raum 2 und 3 (Beil. 1,1 e. f) bezeugen entweder größere Umbauten oder Zerstörungen. Da diese Schichten Bruchsteine und Grünsandsteintrümmer enthielten[3] und die Funde in Raum 2 und 3 sicher bis ins 3. Jh. n. Chr. reichen,[4] dürfte damit ein chronologischer Hinweis vorliegen. Nach einer gewissen Unterbrechung[5] wurde Raum 3 wiederum genutzt, indem über einer Ausgleichsschicht h ein neuer Boden erstellt wurde, der z. T. aus Estrich (Beil. 1,1 i), z. T. aus Grünsandsteinsplitt (Beil. 1,1 k) bestand. Ein letzter Umbau erfolgte dann mit Ersetzung von Mauer 27 Nord durch Mauer 27 Süd, die in Verbindung mit Mauer 26 den Zugang zu Raum 4 über eine Rampe ermöglichte. Dieser Raum war offenbar während der gesamten Besiedlung als Keller genutzt. Vielleicht besaß auch Raum 4 zunächst einen Boden aus Holzbohlen.[6] Relativ schnell wurde dieser jedoch durch eine Schicht Mörtelgries ersetzt (Beil. 1,1 o), die die gleiche Funktion wie gestampfter Lehm erfüllt haben dürfte; dafür sprechen auch die unterschiedlichen Putzunterkanten an den Mauern 24 und 27 Nord (Abb. 12).

Da die (Verfalls)schicht, die diesen Raum schließlich auffüllte (Beil. 1,1 n), brandigen Staub enthielt, könnte das Auflassen der Laufenburger Villa mit einem (vielleicht auch nur auf diesen Trakt beschränkten) Brand in Verbindung stehen.

Aufgrund von mehreren Rüstlöchern im gegenseitigen Abstand von fünf römischen Fuß, die in Raum 2 festgestellt werden konnten,[7] ist zumindest ein weiteres

---

2 Selbst wenn man eine lange Lebensdauer der robusten Dachziegel einrechnet, waren immerhin (21. Legion!) bereits wenigstens 70 Jahre seit der Erstverwendung vergangen.

3 Architekturteile aus Grünsandstein sind an der Südfront sicher erst ab dem 2. Jh. denkbar. Vgl. S. 38 ff.

4 Die Annahme, daß diese (nicht stratifizierten) Funde ausschließlich den obersten Schichten entstammen, ist eher unwahrscheinlich.

5 Die lehmige Schicht Beil. 1,1 g könnte als Ablagerung oder Einschwemmung gedeutet werden.

6 Darauf könnte die fettige Rußschicht Beil. 1,1 p hindeuten.

7 Grabungsdokumentation 1939 ohne weitere Angaben oder Fotos.

(über dem Keller-)Geschoß gesichert; in die gleiche Richtung sind die Überreste von Fensterglas in Raum 2 zu deuten. Wann diese Aufbauten errichtet wurden, kann jedoch nicht gesagt werden. Ebenso muß offenbleiben, wie in den früheren Phasen der Zugang zu den Kellerräumen erfolgte.[8] Schließlich ist unklar, in welchen Zusammenhang die horizontalen Mauerfugen zu stellen sind, die 1939 in den Mauern 24 und 28 festgestellt wurden, ohne näher untersucht werden zu können.

Nach der erfolgten isolierten Betrachtung von *Raum 1* bzw. *1a* muß natürlich noch die immense Bedeutung herausgestellt werden, die den übrigen Baumaßnahmen, die in Verbindung mit der Errichtung dieser Räume vor sich gingen, innerhalb der Gesamtkonzeption des Gutshofes zukommen. Da sowohl Mauer 16 als auch Mauer 29 im Verband mit den verschiedenen Wänden von Raum 1 erstellt worden sind, gehören auch diese zu den Bautätigkeiten der Jahre um 100 n. Chr. Damit wird erstmals für diese Zeit ein Ausgreifen der Anlage nach Osten feststellbar,[9] wodurch sich das Baukonzept von einem eher bescheidenen langrechteckigen, Nord-Süd-orientierten Trakt hin zu einer raumgreifenden Anlage wandelte.

Wie diese Erweiterung nach Osten jedoch im einzelnen aussah, ist heute nicht zu klären. Zunächst gibt die erhaltene Substanz der Nordmauer 29 Auskunft darüber, daß dieser Anbau mindestens 20 m über die Ostmauer der Räume 2–4 (Mauer 24) hinausging. Wichtige Aussagen zu dieser Mauer (29) fehlen jedoch,[10] lediglich einige Details lassen sich anführen. Offensichtlich folgte sie dem natürlichen Geländeverlauf, indem die Mauerunterkanten an ihrem Westende niedriger waren als am Ostende.[11] Knapp östlich des jüngeren Raumes K war in Mauer 29 ein ca. 3,2 m breiter Durchlaß ausgespart. Wie ein in situ angetroffener Block der Leibung zeigt, handelt es sich dabei um ein Tor (Abb. 36).

Ungeklärt ist, an welcher Stelle Mauer 29 nach Süden umbog, d. h. ob die so entstandene Ostmauer z. B. der Flucht von Mauer 38 oder 1 folgte. Laut Grabungsdokumentation[12] waren in diesem Bereich nicht einmal mehr die Ausbruchsgruben der Mauern erkennbar. Merkwürdig bleibt jedoch, daß im Plan des Jahres 1937 (Abb. 7) das Ostende von Mauer 29 bis auf ca. 1 m an Mauer 1 heranreicht; die flächige Abdeckung 1939 hätte somit zumindest den Treffpunkt der Mauern 29 und 38 erfassen müssen. Allerdings ist die Lükke zwischen dem Ostende von Mauer 29 und der Westseite von Mauer 1 auf dem Plan von 1939 (Abb. 8) mit ca. 3,8 m angegeben, ohne daß hierfür eine Erklärung zu finden ist. Eine Lösung dieser Fragen wäre auch deshalb von zentraler Bedeutung, weil damit ebenfalls das zeitliche Verhältnis des Badetraktes (S. 30ff.) zum Rest der Anlage deutlich würde. Leider gibt auch die südliche Begrenzung der um 100 n. Chr. entstandenen Osterweiterung (Mauer 16) diesbezüglich keine eindeutigen Auskünfte. Zwar erfaßte bereits Schnitt 7 Süd (1936), von dem eine Zeichnung vorliegt (Beil. 1,3), Mauer 16, jedoch läßt sich daraus lediglich ihre Charakterisierung als „Bruchsteinmauer" entnehmen. Auch der Süd-Nord-Schnitt durch die Räume H, a und b (Beil. 1,2) ergibt lediglich, daß Mauer 16 tiefer fundamentiert war als die Mauern 17, 18 und 15, was aber bereits anhand des Grundrisses zu erwarten war. Wichtig dürfte jedoch die Feststellung sein, daß es sich beim Treffpunkt der Mauer mit der Mauer 10 des Badetraktes nicht um einen stumpfen Stoß handelt, sondern Mauer 16 an ihrem Ostende glatt abgearbeitet worden ist und somit ursprünglich weiter nach Osten verlaufen sein muß.[13] Damit scheint es mir am wahrscheinlichsten, daß der Schnittpunkt von Mauer 16 mit der nach Süd abknickenden Verlängerung von Mauer 29 im Bereich des späteren Badekomplexes gelegen haben muß.[14]

Mit dem Anbau von Raum 1 an den bereits bestehenden Trakt (Räume 2–4) um 100 n. Chr. wurde somit ein weit nach Osten ausgreifendes Rechteck ebenfalls durch Mauern miteingeschlossen. Dabei ist die Größe dieser Osterweiterung ebenso unklar wie die Frage, ob innerhalb dieses so umschlossenen Raumes weitere Anbauten, z. B. Räume in Holzfachwerk, bestanden haben.

---

8 Da weder Türschwellen, noch Steintreppen o. ä. gefunden wurden, ist am ehesten an Treppen aus Holz zu denken, wobei die Seite des Zugangs ungewiß ist.

9 Die von Samesreuther vermuteten frühen Anbauten östlich der Raumgruppe 2–4 aus Holzfachwerk (Abb. 10) sind nach den vorliegenden Grabungsdokumentationen durch keinen Befund zu belegen.

10 Vgl. S. 21, Anm. 6. Lediglich in der Grabungsdokumentation 1937 findet sich zu dieser bereits dort in Schnitt 2 angetroffenen Mauer die Angabe „Bruchsteinmauer mit Kalkmörtel".

11 Vgl. Abb. 8. Merkwürdigerweise verzeichnen die Grabungsunterlagen nirgendwo eine Notiz darüber, daß in den in Frage kommenden Abschnitten (z. B. 1937, Maßnahmen 28, 19, 26) die Mauerunterkanten erreicht und die Bedeutung ihrer Lage innerhalb der Schichtenfolge geklärt worden wäre; somit muß offenbleiben, wie die Angabe der Nivellements in Abb. 8 zustande kam.

12 Grabungsdokumentation 1937, 20 (Maßnahmen 23 u. 26).

13 Grabungsdokumentation 1939, 14.

14 In der Grabungsdokumentation 1939, 15 findet sich der Hinweis, daß die Baugrube von Mauer 16 im Bereich von Raum c mit Bauschutt verfüllt war, ohne daß eine nähere Spezifizierung gegeben wäre; Samesreuther, Laufenburg 34 folgert daraus, daß am Ostende von Mauer 16 die Beseitigung einer älteren Anlage vorausgegangen sein muß.
Da keinerlei Anhaltspunkte für eine Datierung vorliegen und zudem der Bauschutt auch aus Umbaumaßnahmen z. B. des Bereiches der Räume 2–4 stammen kann, scheint mir damit kein relevanter Einfluß auf die Überlegung bezüglich einer Verlängerung von Mauer 16 zwingend vorzuliegen.

Die Einzelbetrachtung der Räume des *Badetraktes* bestätigte die Funktionszuweisung, die bereits die Ausgräber vorschlugen.[15] Dem Heizraum XII war als erstes das Sudatorium (Raum VIII) mit dem Caldarium (Raum VII) angegliedert, denen nach Süden das Tepidarium (Raum VI) folgte; das Frigidarium (Raum II) vervollständigte die für den Badezyklus notwendige Raumfolge,[16] wobei diesem der Vorraum III vorgeschaltet war. Der verbleibende Raum IX, der zudem mit 4,15 m auf 3,6 m lichtem Innenraum der größte des Komplexes ist, muß somit als Apodyterium angesehen werden.

Es muß jedoch deutlich festgehalten werden, daß damit der späteste Zustand des Badetraktes vorliegt. Besonders der ursprünglich heizbare Raum IX zeigt an, daß die Raumaufteilung zunächst durchaus anders gebaut oder zumindest geplant gewesen sein dürfte. Auch die beobachteten Umbauten in Raum III, die nachträgliche Einziehung von Mauer 11a, der Anbau des Heizraumes X und nicht zuletzt die Tatsache, daß innerhalb des Badetraktes weitere, bislang nicht bekannte Mauerstöße vorliegen müssen, legen nahe, daß das Bad mehrfachen Wandlungen unterworfen war, ohne daß diese relativ oder absolut zeitlich eingegrenzt werden können. Einen weiteren Hinweis könnte hier z. B. auch der (nicht bekannte) Hauptzugang zu dem gesamten Trakt liefern.

Hinsichtlich der Ausstattung der Räume sind mehrfach rote Putzreste erwähnt worden. Darüber hinaus fanden sich in allen Räumen (mit Ausnahme des Heizraumes) auch andersfarbige Wandverputzreste (verschiedene Blau- und Grüntöne, gelb, bräunlich), die z. T. Muster aufwiesen (vgl. Anhang, Liste 2 bzw. 3), so daß auch für den Badetrakt mit einer eher aufwendigen Ausstattung zu rechnen ist; in diesen Rahmen gehört auch der Fund des Beckens Taf. 115,1210. Dementsprechend erscheint es nur folgerichtig, daß auch an den Außenseiten der Mauern 1, 4, 5 und 8 rote Verputzreste beobachtet worden sind.

Abschließend muß natürlich noch die Frage der Einbindung des Badetraktes in die gesamte Baugeschichte unseres Gutshofes erörtert werden. Dabei kann jedoch nicht deutlich genug darauf hingewiesen werden, daß die Basis derartiger Überlegungen denkbar schmal ist. Wesentliche Einschränkungen in diesem Sinne sind bereits im vorangegangenen deutlich geworden: Die Untersuchung der Mauern ist an keinem Punkt bis zum gewachsenen Boden gelangt; die bislang bekannten Mauertreffpunkte bzw. -stöße sind nur als vorläufige Befunde zu betrachten; datierendes Fundmaterial kann heute praktisch nicht mehr zugewiesen werden.

Aber auch Vorschläge, bei denen der Blick über den eigentlichen Badetrakt hinaus auf das gesamte Areal ausgeweitet wird, können letztlich nicht anhand sicherer Fakten untermauert werden. Einen Ansatzpunkt hierbei könnte der Verlauf von Mauer 1 bieten, sofern diese wirklich im Verband mit Mauer 13 erstellt worden ist. Da die genaue Beschaffenheit des Treffpunktes der Mauern 1 und 29 ebenfalls nicht bekannt ist, kann nur anhand der Analyse von Raum N (S. 50ff.), der sich als eine der letzten Anbauten erweist, gefolgert werden, daß die Errichtung des Badetraktes früher erfolgt sein dürfte. Darüber hinaus bietet auch hier die Beobachtung, daß Mauer 16 an ihrem Ostende offenbar für die Erstellung von Mauer 10 etc. abgearbeitet worden ist (S. 38f.), einen terminus post quem für den derzeit bekannten, sicher nicht ursprünglichen Zustand des Badetraktes. Das führt daneben zu der Hypothese der Ausgräber, daß das Bad erst nachträglich in einen Risaliten in der Nordostecke des Gebäudes eingebaut worden ist, d. h. daß in einer gewissen Phase (in Verbindung mit Raum 1) eine nach Süden orientierte Front mit vorspringenden Eckrisaliten bestanden hat.[17] Träfe dies zu, müßte davon ausgegangen werden, daß dieser Risalit zeitgleich mit Raum 1 bzw. Mauer 16 erstellt worden ist. Aufgrund der Abarbeitung am Ostende von Mauer 16 würde dies zugleich bedeuten, daß die festgestellten Außenmauern des Badetraktes (Mauern 13, 1, 5, 10) nicht mehr die Außenmauern des ursprünglichen Risaliten, sondern später erbaute Mauerzüge darstellen, die lediglich den älteren Fluchten folgen. Damit könnte natürlich außerdem eine Erklärung für den Mauerabbruch am Westende von Mauer 13 bzw. für einen Zusammenhang mit Mauer 15 gegeben werden (S. 61ff.). Ein Beweis für diese weitreichende Hypothese wäre die Feststellung älteren Mauerwerkes oder entsprechender Baugruben zumindest im Bereich der Außenmauern des Badetraktes. Zwar kann das Fehlen entsprechender Befunde z. B. forschungsbedingt sein, jedoch scheint mir eine andere Überlegung durchaus als Indiz gegen die genannte Vorstellung der Ausgräber zu sprechen. Vergleicht man die Außenmaße von Raum 1 und dem Badetrakt (ohne die Wannen, Räume VII und II), der wie geschildert den Abmessungen eines früheren Risaliten entsprechen müßte, fallen augenscheinliche Differenzen auf. Sind die Nord-Süd-Ausdehnungen mit 7,7 m (Raum 1) bzw. 7,9 m noch annähernd gleich, so übertrifft die Ost-West-Ausdehnung von Raum 1 mit

15 Grabungsdokumentation 1937, 16f. Zu den beheizten Räumen, speziell zur Wandheizung in Raum VII, vgl. allgem. F. Kretzschmer, Hypokausten. Saalburg-Jahrb. 12, 1953, 8ff.

16 Vgl. allgemein z. B. W. H. Heinz, Römische Bäder in Baden-Württemberg (Diss. Tübingen 1979) 14ff.

17 Samesreuther, Laufenburg 33; vgl. auch Abb. 10, II. III. Beispiele für nachträglich in Risaliten eingebaute Bäder: Hartmann, Aargau 165f. Bözen (mit weiterer Literatur).

ca. 10 m die des korrespondierenden Teiles in der Südostecke des Baues von 7,9 m bei weitem. Das würde bedeuten, daß besonders die so gebildete Schaufront im Süden ein völlig unsymmetrisches Erscheinungsbild erhalten hätte. Dieser Eindruck würde zudem durch die aus der Gesamtachse nach Süden verschobene Mauer 16 verstärkt.[18] Ohne an dieser Stelle eine breite Theoriediskussion über das Wesen römischer Villen in den Nordwestprovinzen zu entfalten, muß jedoch festgehalten werden, daß in Laufenburg gerade die noch zu besprechende Porticus-Risalit-Front im Westen durch ihre Symmetrie auffällt, obwohl an dieser Stelle des Areales die bauliche Ausführung durch größeres Geländegefälle wesentlich aufwendiger war als im Süden. Außerdem zeigt die später eingezogene Mauer 17 das Bestreben der Bewohner, eine ursprünglich unsymmetrische Fassade zu begradigen.

Somit scheint mir die Hypothese eines Risaliten in der Südostecke des Gebäudes sehr unwahrscheinlich, obwohl zugegebenermaßen eine endgültige Beweisführung anhand der bislang vorliegenden Erkenntnisse nicht möglich ist. Eher möchte ich an der bereits oben angedeuteten Möglichkeit festhalten (S. 30ff.), daß durch den Badetrakt ein Teil der ursprünglich weiter nach Osten laufenden Mauer 16 sowie eine von dieser nach Norden abknickende Mauerflucht als östliche Begrenzung des Areales beseitigt worden ist. Durch die Beibehaltung eines Teiles von Mauer 16, und in Verbindung mit dem erbauten Badetrakt, erhielt die Südseite ein unsymmetrisches Aussehen, das vermutlich sehr bald durch die Einziehung von Mauer 17 bereinigt wurde.

All diese Überlegungen geben jedoch keine exakten Auskünfte zur absoluten Datierung des Badetraktes bzw. zur relativen Stellung der beobachteten Umbauten untereinander. Einzige sichere Anhaltspunkte bleiben vorerst (als terminus post quem) die Abarbeitung des Ostendes von Mauer 16 und (als terminus ante quem) vermutlich die Zeit der Erbauung von Raum N. Somit kommt für die Errichtung des Bades das 2. Jh. in Betracht, wobei jedoch z. B. über eine zeitliche Parallelität zur Errichtung der Westfassade (vgl. S. 44ff.) nicht entschieden werden kann.

Die Einzelbetrachtung der Räume H und a–d erbrachte die Dreiphasigkeit dieses Gebäudetraktes. Zunächst wurde in Zusammenhang mit dem Badetrakt Mauer 17 eingezogen, wodurch Raum H in seiner ursprünglichen Form entstand. Gleichzeitig wurde durch Errichtung von Mauer 18 der von Norden zugängliche Nischenraum a an Mauer 16 angebaut. Während des ersten Umbaues entstanden durch Mauer 15 die Räume d und c, durch eine Erweiterung nach Norden wurde die ursprüngliche Nische zu Raum a/b verändert. Der Zugang zu diesem Raum erfolgte nun von Süden, er wurde mit blau bemaltem Wandverputz und einem Ziegelfußboden versehen. Die Funktionen bzw. Nutzungen der Räume a–d können anhand der heute vorliegenden Erkenntnisse nicht näher eingegrenzt werden. Der zweite Umbau schließlich versah zumindest die Räume H und a/b mit einem einheitlichen Niveau, wobei Raum H einen Mosaikboden mit geometrischem Dekor, der erweiterte Nischenraum das einzigartige Inschrift-Mosaik erhielt. Dieser letzte Zustand des Gebäudetraktes wurde vermutlich erst im späten 2. oder frühen 3. Jh. hergestellt.

Neben einer Begradigung der Südfront erhielt der Bau an dieser Seite mit Raum H eine wohl als repräsentativ zu charakterisierende Halle, die mit großer Sicherheit überdacht gewesen sein dürfte.[19] Die Bedeutung des gesamten Traktes bis in die jüngeren Phasen der Besiedlung hinein zeigen dabei nicht nur die nachträglich verlegten Mosaiken. Auch die verschiedenen dokumentierten Funde von Säulenbruchstücken und Rahmungen aus Sandstein (z. B. Taf. 114,1208) südlich von Mauer 17 legen Zeugnis davon ab, welcher Stellenwert der Südfassade (zumindest bis zur Errichtung der Westfront; s. u.) beigemessen wurde. Allerdings muß dabei offenbleiben, ab welcher Phase dieser Trakt eine solcherart architektonisch aufwendige Gestaltung erhielt. Vielleicht sind auch die an der Südseite von Mauer 17 festgestellten Mauervorsprünge hiermit in Verbindung zu bringen (Abb. 21).[20]

Die Westseite unserer Villa erhielt durch den gleichzeitigen Anbau von zwei Risaliten mit dazwischenliegender Porticus eine Bedeutung, die ihr in den davorliegenden Phasen nicht zukam. Als Bauzeit kommt das spätere 2. Jh., vielleicht sogar erst der Anfang des folgenden Jahrhunderts, in Betracht, wie neben den Funden auch das Fußbodenmosaik belegt.[21] Die sicher aufwendige Säulendekoration der Porticus sowie die zu vermutende farbige Bemalung der Innenräume der Westfassade belegen zudem die Umorientierung in der Baustruktur nach Westen; dafür wurde offenbar in Kauf genommen, daß die vormalige Haupt-, d. h. Südfront, zumindest z. T. durch einen von Osten zum Süd-Risalit führenden Aufgang verdeckt wurde. Als Intention für dieses Phänomen kann nicht ausschließ-

18 Auch das gerade im Bereich von Mauer 16 sanfte Gefälle kann hier nicht als Grund für diese Verschiebung in Anspruch genommen werden.

19 Für eine Bedachung spricht auch die in Schnitt 7 Süd (1936) angetroffene Ziegelschicht südlich von Mauer 17 (vgl. Beil. 1,3f).

20 Gegen eine Deutung dieser Mauervorsprünge als vertikale Stützmauern spricht das Fehlen einer Verbreiterung zu ihrer Sohle hin. Ein ähnliches Phänomen findet sich am Haupthaus der Anlage von Großsachsenheim: Arch. Ausgr. Baden-Württemberg 1982 (1983) 127ff., bes. 129 Abb. 105,10; 132.

21 Dementsprechend ist eine gleichzeitige Verlegung der Mosaiken in Porticus und Raum H bzw. a durchaus möglich.

lich der Wunsch maßgebend gewesen sein, die Fernaussicht nach Westen in das Rheintal zu nutzen, da der Ausblick in die südlichen Richtungen über den Rhein bis weit in die Schweiz (bis heute) sicher ebenso reizvoll war. Vielleicht zwang auch die bestehende Bausubstanz im Süden in Verbindung mit dem Wunsch nach Erweiterung des Haupthauses zur Wahl der Westseite.[22]

Betrachtet man den Baukörper des Haupthauses in seiner Gesamtheit, wird der durchgreifende Wandel durch die neue Westfassade deutlich. Vor diesen Baumaßnahmen lag ein praktisch geschlossener, rechteckkiger Bautyp vor, dessen Südseite durch eine Porticus mit seitlichen, risalitartigen Anbauten dominierte, ohne daß die Flucht der Südfront (mit Ausnahme von Raum II) durchbrochen wurde. Die neue Westseite streckte nun nicht nur den Baukörper in diese Richtung, sondern brachte auch einen gänzlich anderen Gesamtcharakter durch diese jüngere Schaufront: Die Porticus sprang gegenüber den Eckrisaliten zurück und diese kragten ihrerseits beide über die alte Nord- bzw. Südfront vor.[23]

Ob diese gravierende Änderung, neben den oben skizzierten Gründen, vielleicht auch einen Wandel im allgemeinen Zeitgeschmack widerspiegelt, kann durch den Einzelfall Laufenburg sicher nicht entschieden werden; eine entsprechende Untersuchung unter Einbeziehung der verschiedenen Vergleichsbeispiele würde zudem den Rahmen der vorliegenden Arbeit sprengen.[24] Sicher für unsere Villa ist demgegenüber jedoch zu sagen, daß hier der Intention einer völlig neuen Baugestaltung durch Schwierigkeiten in der zugehörigen Bauausführung durchaus Grenzen gesetzt waren. Der Verlust der Westhälfte des Süd-Risaliten, wohl bedingt durch das starke Geländegefälle, datiert anhand der Funde bereits ins 3. Jh. n. Chr., d. h. nur einige Jahrzehnte nach der Errichtung. Das Einbrechen des Estrichbodens im Nord-Risalit resultiert vermutlich aus der mangelnden Qualität der entsprechenden ausgleichenden Auffüllung, ohne daß jedoch Hinweise auf die Zeit dieses Ereignisses vorliegen. Porticus und nördlicher Risalit scheinen jedoch, ungeachtet des z. T. zerstörten Süd-Risaliten, bis ins 4. Jh. weiterbenutzt worden zu sein.

D. Bauphasenabfolge des Haupthauses der römischen Villa von Laufenburg/Baden

Die Sichtung und Auswertung der vorliegenden Befunde konnte einerseits zwar durchaus greifbare Ergebnisse zu einzelnen Bautätigkeiten an unserem Haupthaus erbringen, es ist andererseits jedoch auch immer wieder deutlich geworden, daß aufgrund des derzeitigen Kenntnisstandes Aussagen zur Baugeschichte der römischen Villa von Laufenburg insgesamt nur begrenzt möglich sind. Verschiedenste, bislang nicht oder nicht vollständig untersuchte Probleme geben dabei einen z. T. engen Untersuchungsrahmen ab, der m. E. auch in der vorliegenden Arbeit nicht überschritten werden sollte, um nicht lediglich alte Spekulationen durch neue zu ersetzen.

Um die Gründe für diese Einschränkungen zu verdeutlichen, sollen einige wichtige, übergreifende Punkte noch einmal angeführt werden. Zunächst muß festgehalten werden, daß einige Teile des Haupthauses überhaupt noch nicht ergraben worden sind, wie z. B. die Kernbereiche der Räume 1 und 3 sowie die östliche Hälfte von Raum M. In diesen Zusammenhang gehört auch die leider nur oberflächliche Untersuchung des Mauerwerkes in der Nordostecke des Komplexes, obwohl gerade hier Antworten auf Fragen zur Baugeschichte, wie z. B. bezüglich der Einbindung des Badetraktes, gefunden werden könnten. Überhaupt muß hinsichtlich des Mauerwerkes gesagt werden, daß nur an wenigen Stellen des Gebäudes die Grabungen tief genug, d. h. bis auf den gewachsenen Boden, ausgeführt worden sind; dementsprechend konnten einige Fragen, wie z. B. zur ältesten Bausubstanz (Räume 2–4) oder bezüglich der Umbauten im Badetrakt, nur gestellt, jedoch nicht beantwortet werden.

Es muß jedoch betont werden, daß anhand der vorliegenden Unterlagen sicher ist, daß bei den Vorkriegsgrabungen größtenteils die angeführten Probleme als

22 Rein hypothetisch ist die Überlegung, ob westlich vom Haupthaus andere Baulichkeiten (z. B. eine Straße) vorhanden waren, auf die die Villa ausgerichtet wurde.

23 Beides sind geläufige Typen römischer Villen; vgl. z. B. W. Drack, Die Gutshöfe. In: Ur- und frühgeschichtliche Archäologie der Schweiz. Bd. 5: Die römische Epoche (Basel 1975) 49 ff., bes. 55 ff. mit Abb. 12–14.

24 Für diese Frage kann allgemein auf F. Reutti, Römische Villen in Deutschland (ungedruckte Diss. Marburg 1975) verwiesen werden, bes. 742 ff. Reutti konnte zwar für verschiedene Gebäudetypen, wie z. B. die Porticusvilla mit Eckrisaliten, lokal begrenzte Gruppen herausarbeiten (ebd. 742–747), so daß, neben den im Einzelfall schwer abschätzbaren wirtschaftlichen Voraussetzungen (ebd. 748), in den „regional unterschiedlichen Traditionen des Hausbaus" wesentliche Komponenten gesehen werden müssen (ebd. 751). Jedoch scheint eine Chronologie der verschiedenen Bautypen z. B. gerade durch diese starke lokale Bedingtheit derzeit nicht möglich (ebd. 748 ff., bes. 767 ff.). – Dementsprechend kann vorläufig nur exemplarisch auf das Haupthaus der zweiten Steinbauphase der Gutsanlage von Großsachsenheim verwiesen werden (vgl. Anm. 20), wo im 2./3. Jh. offenbar auf ähnliche, jedoch größer dimensionierte Bauformen wie in Laufenburg zurückgegriffen wurde (Frontlängen: Großsachsenheim 50/56 m auf 31 m, Laufenburg 41 m auf 33 m); eine genaue Aufarbeitung der dortigen Grabungsergebnisse steht bislang jedoch noch aus.

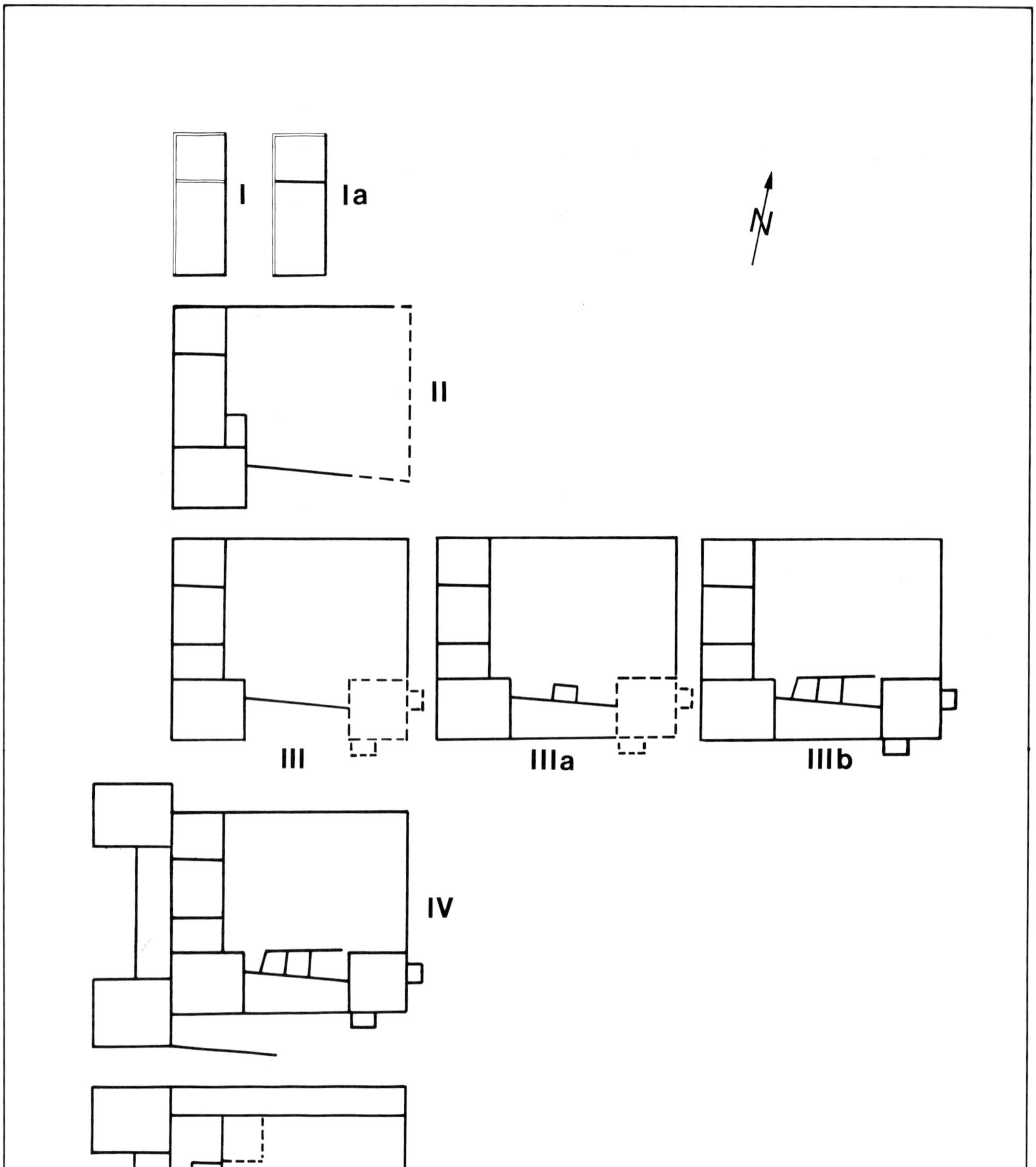

Abb. 37: Bauphasenabfolge der römischen Villa von Laufenburg anhand der vorliegenden Untersuchung. M. 1:800.

noch ungelöst erkannt worden sind; die Verhinderung einer unmittelbaren Fortsetzung dieser ersten drei Kampagnen durch die Zeitgeschichte muß somit als besonders schmerzlich eingestuft werden. Die Arbeiten der Jahre 1970/1971 fanden zudem ein Areal vor, das durch Verfall sowie moderne Eingriffe der Nachkriegszeit substantiell beeinträchtigt worden war. Darüber hinaus muß leider konstatiert werden, daß die Qualität dieser Nachuntersuchungen aufgrund verschiedenster Ursachen als gering eingestuft werden muß; einerseits wurden die noch ungelösten Fragen offensichtlich nicht als solche erkannt und entsprechend verfolgt, andererseits enthalten die Grabungsdokumentationen mehrfach Lücken oder Unstimmigkeiten an den Stellen, wo weitergehende Ergebnisse möglich wären.[1]

Trotz dieser Einschränkungen scheint eine detaillierte Befundanalyse, wie sie im vorangegangenen unternommen wurde, gerechtfertigt, um die bislang bestehenden, eher summarischen Vorstellungen zur Baugeschichte unserer Villa zu überprüfen und zu vervollständigen.[2] Vorweggenommen kann gesagt werden, daß diese aus heutiger Sicht in vielen Punkten revidiert werden müssen, wobei sowohl die relative als auch die absolute Chronologie der einzelnen Bauteile in anderem Licht erscheinen. Aus diesem Grund soll die Betrachtung des Baubefundes mit einer schematischen Zusammenfassung der Baugeschichte abgeschlossen werden, wie sie sich m. E. darstellt, um die abweichenden Ergebnisse deutlich zu machen (S. 20f. mit Abb. 10).

Als erste Baumaßnahme muß ein Nord-Süd-orientierter Raum angesehen werden, der kellerartig vertieft in den Hang gebaut wurde (Abb. 37I). Seine östliche und südliche Begrenzung bestand aus Steinmauerwerk, die anderen beiden Wände waren in Holzfachwerk errichtet, ebenso eine quer eingezogene Raumunterteilung. Anhand der vorliegenden frühen (leider jedoch nicht stratifizierten) Funde (S. 65ff.) datiert dieser Bau wohl bereits in das 2. oder 3. Jahrzehnt des 1. Jh. n. Chr. Die einzige Bautätigkeit der folgenden Jahrzehnte scheint sodann die Ersetzung der Trennwand durch eine ebenfalls steinerne Mauer gewesen zu sein (Abb. 37I a).

Der erste größere Erweiterungsbau folgte um 100 n. Chr., indem mit Raum 1 im Süden ein weiterer Kellerraum erstellt wurde, der mit großflächigen Wandmalereien versehen war (Abb. 37II); als Zugang zu ihm diente eine Rampe von Norden her (Raum 1a). Gleichzeitig damit wurde die West- und Nordwand des ursprünglichen Baues in Stein neu errichtet. Letztere griff nun auch wesentlich weiter nach Osten aus; in Verbindung mit der ebenfalls hergestellten Mauer 16 wurde so erstmals ein großer Binnenraum gebildet, wobei jedoch seine genauen Abmessungen unklar sind.

Das 2. Jh. brachte sodann (Abb. 37III) mit Einziehung von Mauer 25 die endgültige Aufteilung der Räume 2–4 sowie, nach einer Verfüllung, den Umbau von Raum 1. Vielleicht entstand gleichzeitig mit diesen Maßnahmen der Badetrakt in seiner ursprünglichen Konzeption. Wohl kurz danach wurde mit Mauer 17 die Südfront begradigt (Abb. 37III a), so daß Raum H entstand, und zusätzlich wurde der Nischenraum a angebaut. Später wurde diese Nische um die Räume b–d erweitert (Abb. 37III b); mit Ende des 2. bzw. dem Beginn des 3. Jh. wurde das Inschrift-Mosaik in Raum a/b sowie das Mosaik in Raum H verlegt. Wann genau innerhalb der gesamten Phase III die Südfront ihre architektonische Ausgestaltung mit Sandsteinsäulen etc. erhielt, muß offengelassen werden.

Ungefähr gleichzeitig mit Periode III b wurde die neue Westfassade aus Porticus und Risaliten errichtet (Abb. 37IV), die über eine Rampe vor der alten Südfront erreichbar war. Spätestens jetzt muß der Badetrakt im wesentlichen bestanden haben. Die Bedeutung der neuen Westfassade wird u. a. durch die Säulenausschmückung sowie den Mosaikboden der Porticus unterstrichen. Diese Bautätigkeiten erbrachten hinsichtlich der Frontlängen mit 41 m bzw. 33 m die größte Ausdehnung unseres Haupthauses, womit dieses zu den eher groß dimensionierten Anlagen in Baden-Württemberg gehört.[3]

Allerdings dürfte zumindest dem Süd-Risaliten kein langer Bestand beschieden gewesen sein (Abb. 37V). Ebenfalls im früheren 3. Jh. waren die Räume 2 und 3 durch eingefüllten Bauschutt teilweise unbenutzbar; um in den weiterhin genutzten Kellerraum 4 zu gelangen, wurde eine nach Norden führende Schräge im Bereich von Raum 3 angelegt. Die letzten Baumaßnahmen dieses Jahrhunderts lagen sodann in der Errichtung der Nordhalle (Raum N) und dem Einbau des mit Kernhypokaust beheizten Raumes J.

Anhand der Fundanalyse (S. 65ff.) kann als sicher angenommen werden, daß die Besiedlung des Haupt-

1 Ob eine erneute Untersuchung des Areales hier Abhilfe schaffen könnte, muß jedoch zumindest mit einem Fragezeichen versehen werden. Die bereits 1970 angetroffenen Substanzverluste sowie der mehrfach nur zu vermutende Umfang der Nachuntersuchungen 1970/1971, wo im vorangegangenen eine eher planlose Ausbaggerung verschiedener Teile des Haupthauses als wahrscheinlich angenommen werden mußte, schränken die Möglichkeit neuer Erkenntnisse zumindest ein.

2 z. B. Samesreuther, Laufenburg. Außerdem ließe sich eine lange Liste von Publikationen anführen, die die nur teilweise zutreffenden Aussagen ebd. bisher bereits übernommen haben.

3 z. B. Großsachsenheim (Arch. Ausgr. Baden-Württemberg 1982, 127ff., bes. 131).

hauses ohne Unterbrechung bis ins 4. Jh. andauerte. Ob der Bau bis dahin in seiner Gesamtheit oder nur noch teilweise genutzt worden ist, kann derzeit jedoch nicht sicher entschieden werden. Einerseits lassen sich bereits früher zerstörte Trakte, wie z. B. der Süd-Risalit, anführen, andererseits können Funde des 4. Jh. zumindest dem Nord-Risaliten und der anschließenden Porticus (sowie vielleicht den Räumen 2 und 4) zugewiesen werden, so daß wenigstens für einen Teil der im Westen liegenden Räume die Nutzung in den letzten Besiedlungsphasen gesichert ist.

Diese Übersicht macht deutlich, daß sowohl das zeitliche Verhältnis der Bauteile zueinander als auch die absolute Datierung der einzelnen Trakte[4] sich heute anders darstellen. Am schwierigsten zu beurteilen ist dabei die zeitliche Stellung des Badetraktes in seiner ursprünglichen Konzeption; auf eine Einbeziehung der dort stattgefundenen, nicht eingrenzbaren Umbauten wurde darüber hinaus ebenso verzichtet, wie auf die Berücksichtigung der Räume K und L.

Zusammengefaßt kann jedoch festgestellt werden, daß die Masse der Bautätigkeiten im 2. Jh. n. Chr. ausgeführt worden ist. Eine Berücksichtigung der Fundanalyse (S. 65 ff.), die den absoluten Schwerpunkt im späten 1. Jh. und nachfolgend ein deutliches Absinken in Menge und Qualität verzeichnet, vermittelt zunächst ein gegensätzliches Bild, was aber nicht unbedingt einen Widerspruch bedeuten muß. Vielleicht ermöglichte gerade die bis zum Ende des 1. Jh. erlangte wirtschaftliche Potenz, die sich im Fundanfall spiegelt, daß diese Voraussetzungen in der Folge für Baumaßnahmen genutzt werden konnten. Außerdem kann auch nicht die Möglichkeit verleugnet werden, daß vorhandene Mittel eher für bauliche Tätigkeiten als für Dinge des täglichen Bedarfs eingesetzt wurden; als Grund hierfür könnte eine geänderte soziologische Struktur der späteren Bewohnergenerationen angeführt werden, wie ihn auch der beim Geschirr mehrfach feststellbare Wandel in den Tischsitten andeutet (vg. S. 136 ff.). Schließlich kann auch eine Art geordneten Umzuges, d. h. die zeitweise Nichtbenutzung einiger im Umbau befindlicher Räume sowie die Nutzung neuer Gebäudeteile, dafür verantwortlich sein, daß der Fundanfall gerade des 2. Jh. besonders gering ist.[5]

Eben dieser letzte Punkt führt auch zur Frage der Nutzung der einzelnen Räume. Neben der gesicherten Aufschlüsselung der Teile des Badetraktes (in seiner jüngsten Form) konnte für Raum K eine Nutzung als Lararium erwogen werden. Die Funktion von Raum H als Eingangshalle liegt ebenso auf der Hand wie die der Räume des westlichen Teiles des Haupthauses als Wohnräume im weitesten Sinn; eine genauere Analyse scheitert jedoch an fehlenden Befunden. Für diesen Trakt kann zusätzlich noch einmal daran erinnert werden, daß hier verschiedentlich Hinweise auf eine mehrstöckige Bauweise zu finden waren.

---

4 Genannt sei nur die bei SAMESREUTHER, Laufenburg 36 angeführte Brandkatastrophe „nach dem Jahre 120", wofür weder der Befund noch das Fundmaterial (vgl. S. 65 ff.) Anhaltspunkte liefern. Vielmehr scheinen Brände im Haupthaus nur auf einzelne kleine Gebiete, wie z. B. ursprüngliche Form der Räume 2–4, beschränkt geblieben zu sein.

5 Ein gewisser Unsicherheitsfaktor bezüglich dieser Frage bleibt letztlich natürlich auch dadurch gegeben, daß die Vollständigkeit des heute vorhandenen Fundinventares aufgrund der wechselvollen Forschungsgeschichte nur – allerdings mit einiger Sicherheit – vermutet werden kann (vgl. S. 11 ff.).

III. Funde

Aufgrund der in Kapitel I.B (S. 11ff.) geschilderten Umstände muß das Gros der Funde als Streufunde behandelt werden. Soweit im Einzelfall die Fundstelle benannt werden kann, soll dies entsprechend Berücksichtigung finden (vgl. auch jeweils Fundstellenkonkordanz: Anhang, Liste 3).
Dieser eingeschränkten Aussagefähigkeit steht allerdings die große Menge des Fundmaterials entgegen, die es erlaubt, verschiedenste Aspekte der Laufenburger Villa zu untersuchen. Da zudem für unseren Raum umfassende Villenpublikationen (trotz einer weiter wachsenden Menge ergrabener Anlagen) bisher recht gering sind,[1] schien es wichtig, die vorhandenen Funde möglichst vollständig abzubilden und zu analysieren. Dementsprechend umfaßt der Katalog alle heute greifbaren Funde, auf den Tafeln kommen die aussagefähigen Stücke zur Abbildung (z. B. bei Gefäßkeramik Randbruchstücke); weniger prägnante Fundstükke (z. B. bei Gefäßkeramik Bauchscherben) finden sich (nur) im Katalog den abgebildeten Funden nachgeordnet und bei den Katalog-Nummern durch kleine Buchstaben gekennzeichnet (z. B. Kat.-Nr. 341 a), wobei Analogien zu Form, Material o. ä. Berücksichtigung finden.
Bevor im folgenden zunächst die naturgemäß größte Fundgruppe der Keramik behandelt wird, sollten vorab einige grundsätzliche Aspekte Erwähnung finden. Neben vielen anderen beeinflussen eine Bearbeitung zunächst zwei formale Probleme.[2] Die Tonansprache hinsichtlich Zusammensetzung, Härte und Farbe etc. wird in neueren Publikationen z. T. sehr differenziert gehandhabt. Ohne den daraus wachsenden Nutzen für solche Untersuchungen in Frage stellen zu wollen, die relativ begrenzte Spezialgebiete zum Gegenstand haben, sind m. E. aber dort Grenzen zu erkennen, wo ein breit gefächertes Inventar wie z. B. in Laufenburg untersucht wird. Wo einerseits immer neuere, diffizilere Kriterien dem Benutzer den Einstieg in neue Forschungen und deren Vergleichbarkeit mit älteren zumindest erschweren, wird dadurch andererseits der Anspruch an den Bearbeiter zumindest immer umfangreicher; daß hierdurch nicht zuletzt auch der Forschungsfluß immer stärker verzögert wird, liegt m. E. auf der Hand.
Um einen ebenso effizienten wie praktikablen Weg zu beschreiten, hat Verfasser versucht, die einzelnen Materialangaben im Katalog möglichst einheitlich und allgemein nachvollziehbar zu gestalten. Z. B. zeigten erste Versuche zur Farbbestimmung mittels einer gängigen Farbentabelle[3] erhebliche Probleme.[4] Einerseits reichen m. E. die dort unterschiedenen Farbwerte in vielen Fällen nicht aus,[5] wodurch der Zwang zu immer weitergehenden Differenzierungen erwächst; andererseits scheinen die objektive Überprüfbarkeit und der Nutzen solcherart gewonnener Ergebnisse durch verschiedenste Komponenten wie subjektives Farbempfinden oder sonstige Faktoren z. T. zweifelhaft. Obwohl zugegebenermaßen auch nicht problemlos, wurden aus diesem Grunde für das Laufenburger Material trotzdem möglichst allgemein gebräuchliche Umschreibungen verwendet, so daß eine relative Vergleichbarkeit innerhalb unserer Keramik gegeben ist.[6]
Ebenso im Fluß befindet sich die Typenbenennung der Gefäßkeramik. Neben relativ unproblematischen Gruppen wie z. B. Terra Sigillata, ist für andere die Frage, ob eine Typologie primär an Material oder Form orientiert sein sollte, bisher nicht durchgehend beantwortet.[7]
Die vorliegende Arbeit gliedert das keramische Material wie folgt: Terra Sigillata, Terra Sigillata-Imitation;

1 Als neueste, positive Ausnahme sei MARTIN-KILCHER, Laufen-Müschhag erwähnt, jedoch auch hier mit der Einschränkung, daß die Befundbearbeitung an anderer Stelle erfolgte (vgl. ebd. 13).

2 G. ULBERT, Zur Beschreibung und Aufnahme der Keramik. In: CZYSZ, Wimpfen 15ff.; bes. 15, Anm. 16. Vgl. auch dazu Rezension von K. E. GRIFFITHS, Bayer. Vorgeschbl. 49, 1984, 335f.

3 Schwaneberger Farbenführer (o. J.).

4 Zum folgenden vgl. ähnliche Ergebnisse bei v. SCHNURBEIN, Haltern 5.

5 Entgegen ULBERT a. a. O. (Anm. 2) 15.

6 Für die Härtegrade des Tones wurden folgende Bezeichnungen benutzt: Mehlig, weich, mäßig hart, hart, sehr hart, klingend hart.

7 Vgl. hierzu neuerdings z. B. M. GECHTER, Stammformen römischer Gefäßkeramik in Niedergermanien (Bonn 1984); ders., Vorschläge zur systematischen Beschreibung von Keramik. Kunst und Altertum am Rhein 124 (Bonn 1986). Beide Publikationen geben einer Einteilung den Vorzug, die sich primär in Hoch- und Breitformen gliedert.

8 Genannt sei nur der Gesichtspunkt des Materiales, wie z. B. Terra Nigra, die in verschiedenen Gruppen zu finden ist. Da allerdings auch dieser Terminus uneinheitlich angewendet wird, sei für das Laufenburger Material auf die Definition bei BRUCKNER, Ersingen 393 oder z. T. bei ETTLINGER, Vindonissa 15 verwiesen. Die hier vorgelegte Nigra – im Katalog zumeist mit „TN" abgekürzt – besteht aus grauem, seltener bräunlichem Ton, der hart bis sehr hart gebrannt ist (im Katalog als „Kern" angesprochen); die Gefäßoberflächen sind schwarz, singulär dunkelgrau, geschmaucht und geglättet bzw. poliert. Damit liegen die Gruppen 1 und 2 der vier bei Ettlinger angesprochenen Qualitäten vor.

die anschließenden Gruppen der Becher, des Küchengeschirrs, der Vorratsgefäße und der Varia sind jeweils primär nach Gefäßformen unterteilt, wobei innerhalb jeder Abteilung auch Untergruppen nach anderen Kriterien gebildet sein können. Hierbei unvermeidliche Überschneidungen[8] werden im Text entsprechend genannt.

A. Gefäßkeramik

1. Terra Sigillata (Taf. 1–26)

Im Fundmaterial der Villa von Laufenburg sind 426 Sigillata-Gefäße sicher ansprechbar. Da verschiedene Standring- und Bauchbruchstücke aufgrund mangelnder Zuweisbarkeit nicht mitgezählt wurden, dürfte die absolute Zahl sogar noch etwas größer sein. Tabelle 1 veranschaulicht im Überblick die Verteilung nach Gefäßformen und Herkunft. Neben der hohen Gesamtzahl und der relativ großen Variationsbreite des Formenspektrums springt bereits hier die auffällige Zusammensetzung bezüglich der Herstellungsgebiete ins Auge. Beträgt bei der nicht reliefierten Sigillata das Verhältnis von arretinischer bzw. südgallischer Ware zu der sonstigen schon knapp 1,3:1, so beläuft es sich bei der reliefverzierten Sigillata sogar auf fast 2,4:1.

1.1 Die reliefverzierte Terra Sigillata

Der bereits eingangs angesprochene, auffällige Anteil südgallischer Ware zeigt sich besonders bei der reliefverzierten Sigillata mit ca. 70% (Tab. 2). Das Formenspektrum wird insgesamt von Schüsseln der Formen Drag. 29 und 37 dominiert, wobei außer Bechern der Form Drag. 30 (7,88%) andere Formen nur vereinzelt

Tabelle 1: Verteilung der TS nach Form und Provenienz.

Form	Arretina	Südgallien	Sonstige	Gesamt
Reliefverzierte Terra Sigillata				
?	1	–	–	
Drag. 29	–	52	–	
Drag. 30	–	13	–	
Déchelette 67	–	1	–	
Drag. 29 oder 37	–	12	–	
Drag. 37	–	37	47	
Déchelette 64 oder 66	–	–	1	
Schale	–	–	1	
Relief-TS gesamt	1	115	49	165

Tabelle 1: *(Fortsetzung)*

Form	Arretina	Südgallien	Sonstige	Gesamt
Nichtreliefierte TS				
Tassen und Näpfe				
Haltern 8	8	1	–	
Haltern 9	1	–	–	
Haltern 11	1	–	–	
Hofheim 5	–	3	–	
Hofheim 8	–	3	–	
Hofheim 9	–	4	–	
Hofheim 10	–	2	–	
Drag. 22/23	–	3	–	
Drag. 24/25	–	14	–	
Drag. 27	–	32	6	
Drag. 35	–	3	–	
Drag. 35/36	–	18	4	
Drag. 36	–	1	4	
Drag. 33	–	5	11	
Drag. 40	–	–	10	
Summe	10	89	35	134
Teller				
Haltern 3	1	–	–	
Haltern 4	1	–	–	
Haltern?	1	–	–	
Hofheim 1	–	2	–	
Drag. 15/17	–	14	–	
Drag. 18 bzw. 18/31	–	26	22	
Drag. 31	–	–	9	
Drag. 32	–	–	11	
Curle 15	–	–	1	
Ludowici Tb	–	–	4	
Niederbieber 6	–	–	1	
Summe	3	42	48	93
Schüsseln und Schalen				
Hofheim 12	–	2	–	
Curle 11	–	–	1	
Drag. 38	–	–	5	
Drag. 42	–	–	1	
Drag. 44	–	–	3	
Ludowici Ob	–	–	1	
Drag. 43	–	–	5	
Drag. 45	–	–	3	
Drag. 43/45	–	–	6	
Glasschliff-Imitation	–	–	6	
Tintenfaß	–	1	–	
Summe	–	3	31	34
Summe nicht reliefierter TS	13	134	114	261
Summe TS gesamt	14	149	163	426

Tabelle 2: Verteilung der Relief-TS nach Provenienz und Gefäßform.

Zahl	Provenienz	Form?	Drag. 29	Drag. 30	Déch. 67	Drag. 29 oder 37	Drag. 37	Déch. 64 oder 66
1 = 0,61%	Arretina	1	–	–	–	–	–	–
115 = 69,70%	Südgallisch	–	52	13	1	12	37	–
18 = 10,90%	Mittelgallisch	–	–	–	–	–	17	1
18 = 10,90%	Obergermanisch	–	–	–	–	–	18	–
13 = 7,88%	Sonstige	1	–	–	–	–	12	–
165 = 100%		2 = 1,21%	52 = 31,52%	13 = 7,88%	1 = 0,61%	12 = 7,27%	84 = 50,91%	1 = 0,61%

Tabelle 3: Chronologische Verteilung der Gefäßformen der reliefverzierten TS.

Zeit	Zahl	Form?	Drag. 29	Drag. 30	Déch. 67	Drag. 29 oder 37	Drag. 37	Déch. 64 oder 66
1. H. 1. Jh.:	19 = 11,52%	1	18	–	–	–	–	–
2. H. 1. Jh.:	89 = 53,94%	–	34	13	1	10	31	–
1. Jh..:	108 = 65,46%							
1. V. 2. Jh.:	12 = 7,27%	–	–	–	–	2	9	1
2. V. 2. Jh.:	3 = 1,82%	–	–	–	–	–	3	–
1. H. 2. Jh. allg.:	3 = 1,82%	–	–	–	–	–	3	–
2. H. 2. Jh.:	19 = 11,52%	–	–	–	–	–	19	–
2. Jh. allg.:	15 = 9,09%	–	–	–	–	–	15	–
2. Jh.:	52 = 31,52%							
1. H. 3. Jh.:	3 = 1,82%	–	–	–	–	–	3	–
Zeit?:	2 = 1,21%	1	–	–	–	–	1	–
Summe	165 = 100%							

auftreten. Dementsprechend erstaunt es nicht, daß der zeitliche Schwerpunkt eindeutig im 1. Jh. n. Chr. liegt (Tab. 3). Über die Hälfte (53,94%) der reliefierten Gefäße lassen sich in die 2. Hälfte des 1. Jh. datieren; die 1. Hälfte des 1. sowie die beiden Hälften des 2. Jh. sind mit jeweils über 10% ebenfalls noch gut vertreten. Danach sinkt der Anteil im 3. Jh. stark ab. Inwieweit das vereinzelte Auftreten afrikanischer Sigillata (Taf. 8,172) und das völlige Fehlen von z. B. Argonnen-Sigillata chronologische Fakten für die Besiedlungsgeschichte bieten, muß an späterer Stelle in Verbindung mit dem übrigen Fundmaterial untersucht werden (S. 183ff.).

Im folgenden sollen die verschiedenen Provenienzen einzeln untersucht werden, wobei innerhalb jeder chronologisch nach Gefäßformen vorgegangen wird. Um den Text nicht zu überfrachten, sei für die einzelnen Punzennachweise auf die entsprechenden Katalogangaben verwiesen.

Arretinische Ware (Taf. 1,1)

Mit nur einem Bruchstück ist der Rest eines nicht bestimmbaren arretinischen Relief-Gefäßes im Material vertreten. In hohem Relief zeigt es eine nach links gewandte, geflügelte Kitharaspielerin, wie sie von Dragendorff/Watzinger dem Zyklus V. 1 oder V. 3 zugewiesen wird.[1] Beide Typen finden sich im gesamten Perenniuskreis,[2] Typ V. 1 zusätzlich bei Publius, V. 3 ebenfalls bei Ateius Hilarius,[3] so daß eine genaue Zuweisung und Datierung hier nicht möglich ist. Zudem ist eine gewisse stilistische Diskrepanz in der einerseits sehr feinen und detailreichen Ausarbeitung der Kithara sowie des Flügels und der andererseits etwas plumpen Art der Kopf- und Torsogestaltung festzustellen.

1 H. Dragendorff u. C. Watzinger, Arretinische Reliefkeramik. Mit Beschreibung der Sammlung in Tübingen (Reutlingen 1948) 65ff.

2 Ebd. 66.

3 Ebd. 67.

Aufgrund des Tones scheint es sich allerdings eher um eine italische Arbeit zu handeln,[4] wodurch als zeitliche Obergrenze die frühtiberische Zeit gegeben ist.[5]

Südgallische Ware (Taf. 1,2–5,120)

Mindestens 115 Relief-Gefäße im Geschirrbestand der Laufenburger Villa stammten im 1. und frühen 2. Jh. aus südgallischen Manufakturen. Deren Bearbeitung konnte sich auf die verschiedenen Publikationen von R. Knorr[6] sowie auf die Arbeit von G. T. Mary zum Neusser Material[7] stützen. Wichtige neue Erkenntnisse gelangen dann D. Planck, der die verschiedenen Gefäßformen der südgallischen reliefierten Sigillata mittels verschiedener Stilgruppen einteilte;[8] neuerdings wurde dieser Ansatz von J. Heiligmann fortgeführt und weiter verfeinert.[9] Allerdings konnten die Arbeiten von Planck und Heiligmann nur z. T. für das Laufenburger Material genutzt werden, da dieses meist recht kleinteilig ist und so zum gesamten Kompositionsschema der Dekoration nur wenig aussagt. Natürlich bedingt dieses Problem auch, daß manche Datierungen lediglich durch den Vergleich einiger weniger Punzen gestützt werden können. Das von Mary für südgallische Sigillata herausgestellte Charakteristikum winziger gelblicher Einschlüsse im Ton[10] konnte am Laufenburger Bestand in modifizierter Form bestätigt werden.[11] Durchgehend treten diese Einsprengsel hier in weißlicher Form auf.[12] Inwieweit dieser Unterschied eine Erklärung z. B. durch unterschiedliche chemische Einflüsse bei der Lagerung im Boden findet, muß offenbleiben.

Die zweizonige Schüssel der Form Drag. 29 ist in mindestens 52 Exemplaren vertreten (Taf. 1,2–3,53). Für die allgemeine Entwicklung dieser von tiberisch-claudischer bis in domitianische Zeit produzierten Form hinsichtlich Form und Oberflächenbehandlung sei auf die entsprechenden Passagen bei Mary und Planck[13] verwiesen. Tafel 1,2–6 zeigt die frühesten Vertreter dieser Schüssel aus tiberisch-claudischer Zeit, wie neben der zumeist matten Oberfläche die einzelnen Punzen oder die nur in dieser Zeit auftretende Riefelung des Bauchwulstes[14] nahelegen.

Die folgenden Stücke (Taf. 1,7–19) dürften ebenfalls der claudischen Zeit angehören. Indiz hierfür ist zum einen der einteilig auftretende, geriefelte Rand (Taf. 1,7.8.11?15–17), der nur frühen Stücken eigen ist;[15] zum anderen ist eine Rankenwelle in der Oberzone (Taf. 1,7.8.10) ein bereits vorflavisch belegtes Motiv.[16]

Die Kombination von feiner Rankenwelle in der Oberzone und Wellenranke in der Unterzone (Heiligmann Gruppe 1)[17] sowie der weiche Bauchknick[18] und die gleich hohe Doppelriefelung des Randes[19] weisen das Stück Tafel 1,10 in claudische Zeit. Radiales Stabwerk wie Tafel 1,12–14.18 tritt im 2. Drittel des 1. Jh. als Verzierung der Unterzone auf.[20]

Die erhaltenen Punzen weisen Tafel 1,20–2,31 großteils in die claudisch-neronische Zeit. Tafel 1,23 gehört zwar in die gleiche Stilgruppe wie Tafel 1,10 (s. o.), jedoch scheint dieses Stück aufgrund der ins bräunliche spielenden Oberfläche etwas jünger zu sein.[21] Auch die sonst erhaltenen Reste der Rankenwellen (Taf. 1,24; 2,26–30) scheinen noch eine recht feine Ausarbeitung zu belegen. Vereinzelt kommen bereits in dieser Phase Tierdarstellungen wie Tafel 1,25 vor.[22]

Soweit die geringen Motivreste eine Zuweisung erlauben, dürften Tafel 2,32–39 der neronischen Zeit angehören. Neben den einzelnen Punzenvergleichen spricht der bei allen Stücken nur leichte Glanz der Oberfläche dafür.[23] Zu der Schüssel Tafel 2,32 muß festgehalten werden, daß von Planck Friese alternierend aus Tierdarstellungen und Grasbüschel- bzw. Pfeilspitzfeldern erst in vespasianische Zeit datiert werden.[24] Allerdings wird die hier vorgeschlagene frühere Datierung durch die zwei im Katalog angeführten, schichtdatierten Vergleichsbeispiele aus Augst bestätigt.[25] Zwar spricht der schärfere Bauchknick für ein jüngeres Entstehungsdatum als das der Schüssel Tafel 1,10, eine Datierung in neronische Zeit wird aber auch durch den einteilig geriefelten Rand gestützt.

Der beginnenden flavischen Epoche dürften die Schüsselbruchstücke Tafel 2,40–50 angehören, was

4 Hier sei nur auf das Problem der Abgrenzung von italischer zu frühestsüdgallischer „Arretina" hingewiesen; eindeutige Zuweisungen wären nur durch entsprechende Dünnschliffuntersuchungen möglich. Vgl. v. Schnurbein, Haltern 4ff.

5 Dragendorff/Watzinger a. a. O. (Anm. 1) 54.

6 z. B. Knorr 1919. Ders. 1952, etc.

7 Mary, Neuss.

8 Planck, Rottweil 136ff.

9 Heiligmann, Alblimes 140ff.

10 Mary, Neuss 12; 18 (zu Drag. 15/17); ebenso Planck, Rottweil 152.

11 Diese Feststellung gilt für den Großteil des gesamten südgallischen Materiales, d. h. Relief- und nicht reliefierte TS.

12 Eine ähnliche Beobachtung ist (ohne explizite Erläuterung) bei Klee, Rottweil zu finden; vgl. z. B. ebd. 145f. (Katalogerläuterungen zu Taf. 71,3ff.).

13 Mary, Neuss 47f. Planck, Rottweil 136f. Neuerdings zusammenfassend auch Klee, Rottweil 78f.

14 Planck, Rottweil 136.

15 Planck, Rottweil 136.

16 Planck, Rottweil 137.

17 Heiligmann, Alblimes 142ff.

18 Planck, Rottweil 136.

19 Mary, Neuss 47.

20 Vgl. z. B. Mary, Neuss Taf. 12,6; 15,20.

21 Planck, Rottweil 136.

22 Vgl. Mary, Neuss Taf. 13,22.

23 Planck, Rottweil 136.

24 Planck, Rottweil 137.

25 Forschungen Augst 1 (Augst 1977) 178, Nr. 68–70.

neben den Einzelmotiven verschiedene formale Kriterien erweisen. Der unverhältnismäßig doppelt geriefte Rand biegt immer weiter nach außen um[26] (Taf. 2,41.49.50), das Bild der Oberfläche zeigt eine immer stärkere Rotfärbung und vermehrten Glanz.[27] Die jüngsten Vertreter der Form Drag. 29 zeigen Tafel 2,51–3,53. Der bei diesen Stücken feststellbare Hochglanz der Oberfläche tritt lt. Planck erst ab domitianischer Zeit auf.[28]

Die mengenmäßig drittstärkste Gruppe innerhalb der südgallischen, reliefierten Terra Sigillata bilden die ca. 13 Gefäße der Form Drag. 30. Bei den jüngeren Bruchstücken kann es sich z.T. auch um Reste der Form Knorr 78 handeln, die ausschließlich in vespasianisch-domitianischer Zeit in La Graufesenque produziert wurden.[29] Bereits E. Ritterling teilte die zylindrischen Becher Drag. 30 in fünf unterschiedliche Dekorationsgruppen ein,[30] die Planck im wesentlichen übernahm.[31]

Tafel 3,54–56 zeigt Becherfragmente, die der claudisch-neronischen Zeit angehören.[32] Das Stück Tafel 3,55 dürfte der Dekorgruppe a nach Ritterling[33] entsprechen, bei der „... ein sich stets wiederholendes Motiv die Wand [...] als ununterbrochene Decke schuppenartig ...“[34] überzieht. Das Andreaskreuz-Motiv Tafel 3,56 wird von Planck (Stilgruppe 2 = Ritterling Gruppe d) im Rottweiler Material ab frühflavischer Zeit datiert,[35] die guten Vergleichsstücke zu unseren Fragmenten (s. Kat.) in Schleitheim setzt Urner-Astholz bereits in spätclaudische Zeit. Zieht man die Hauptproduktionszeit der Offizin des Crestio hinzu,[36] scheint m. E. eine Datierung noch in neronische Zeit gerechtfertigt.

Das folgende Fragment Tafel 3,57 läßt sich nach Planck der Stilgruppe 1 zuordnen,[37] die er mit der Gruppe c nach Ritterling gleichsetzt. Dabei muß jedoch bedacht werden, daß die von Planck angeführten Beispiele[38] noch nicht die von Ritterling beschriebene Veränderung der Wellenranke zu einer Girlande[39] zeigen. Da das Dekor unseres Stückes offensichtlich die eigentliche Ranke nur noch als Bindeglied für die verschiedenen Füllsel verwendet, dürfte sich hier der Übergang von Ritterlings Gruppe b zu c[40] zeigen. Eine Datierung in die beginnende vespasianische Zeit[41] dürfte für Tafel 3,57 zutreffen. Tafel 3,58 ist aufgrund der dem vorangegangenen Stück gleichartigen Oberfläche angeschlossen.

Der vespasianisch-domitianischen Zeit zuzuordnen sind die Bruchstücke Tafel 3,59–65, die zumeist der Stilgruppe 2 nach Planck (= Ritterling d)[42] angehören, in der die metopierte Bildzone bis zur Überfrachtung mit verschiedensten Motiven gefüllt ist. Tafel 3,60 könnte zwar aufgrund der besonders feinen Punzenzeichnung an den Beginn dieser Phase gesetzt werden,[43] in Analogie zur Oberflächenentwicklung der Schüsseln Drag. 29 weist der hier zu verzeichnende Hochglanz[44] jedoch eher in spätere Zeit. Die Stücke Tafel 3,59.61.62.64 zeigen relativ nachlässige Arbeiten, die nach Planck[45] in die spätere Zeit dieser Periode gehören. Bei Tafel 3,63.65 ist eine Verzierung aus Bildstreifen (Planck Stilgruppe 3 = Ritterling e)[46] nicht auszuschließen, wodurch diese Stücke noch etwas jünger als die vorangegangenen sein könnten.[47] Tafel 3,66 schließlich läßt sich nicht genauer als in die 2. Hälfte des 1. Jh. n. Chr. datieren.

Mit nur einem Exemplar ist die Form Déchelette 67 vertreten (Taf. 3,67), die auch in anderen Fundkomplexen nur selten zu finden ist.[48] Die Produktionszeit wird allgemein in die flavische Periode gesetzt,[49] aber auch claudisch-neronische Exemplare scheinen zu existieren.[50] Hinsichtlich des Herstellungsortes finden sich divergierende Aussagen; sieht Ritterling (nach Déchelette) diesen in Lezoux,[51] so nehmen ihn Oswald/Pryce sowohl in Lezoux als auch in Südgallien an,[52] Planck hingegen vermerkt als alleiniges Produktionszentrum La Graufesenque.[53] Unser Stück Tafel 3,67 dürfte aufgrund des Tones sicher einer südgallischen Manufaktur entstammen. Schwieriger ist das Problem einer zeitlichen Eingrenzung. Oswald/Pryce sehen in einer Rankenverzierung die frühesten Vertreter dieser Form,[54] wobei die von ihnen angeführten

26 Mary, Neuss 47. Planck, Rottweil 136.
27 Planck, Rottweil 136.
28 Planck, Rottweil 136.
29 Planck, Rottweil 145.
30 Ritterling, Hofheim 225ff.
31 Planck, Rottweil 139f.
32 Planck, Rottweil 139.
33 Ritterling, Hofheim 226.
34 Ritterling, Hofheim 226, Zeile 4–7.
35 Planck, Rottweil 140.
36 Mary, Neuss 40.
37 Planck, Rottweil 140f.
38 Ebd. z. B. Taf. 104,2.4.
39 Ritterling, Hofheim 226.
40 Ritterling, Hofheim 226.
41 Planck, Rottweil 140 setzt Stilgruppe 1 in vespasianische Zeit.
42 Planck, Rottweil 140.
43 Planck, Rottweil 140.
44 Planck, Rottweil 136.
45 Planck, Rottweil 140.
46 Planck, Rottweil 140. Ritterling, Hofheim 226.
47 Planck, Rottweil 140.
48 Planck, Rottweil 145f.; weitere Beispiele genannt ebd. 146, Anm. 148.
49 Planck, Rottweil 146. Ritterling, Hofheim 234. Oswald/Pryce, Introduction 127.
50 Mary, Neuss Taf. 16,1.
51 Ritterling, Hofheim 234. Auch Stanfield/Simpson, CGP verzeichnen entsprechende Töpfer, z. B. ebd. 29 (Ranto).
52 Oswald/Pryce, Introduction 127.
53 Planck, Rottweil 146.
54 Oswald/Pryce, Introduction 127.

Beispiele aus Aislingen und Hofheim[55] allerdings Felderfüllungen aus Blattschuppen- bzw. Pfeilspitzmotiven etc. zeigen. Im Vergleich zu den bereits besprochenen Formen bleibt festzuhalten, daß „reine" Rankenwellen wie Tafel 3,67 z. B. auf Drag. 29 in Augst[56] und Neuss[57] ab claudischer Zeit zu finden sind; auf Drag. 30 entspricht dieses Dekor der Gruppe b nach Ritterling aus claudisch-neronischer Zeit.[58] Zieht man zusätzlich die schlechte handwerkliche Qualität unseres Stückes in Betracht, die vermutlich als Argument gegen eine zu frühe Datierung zu werten ist,[59] scheint mir als zeitliche Obergrenze die Regierung Neros gegeben.

Es folgen Tafel 3,68–79 Bruchstücke, die großteils zu Schüsseln der Formen Drag. 29 oder 37 gehören. Die geringen Reste zeigen mehrfach Rankenwellen (Tafel 3,68–71), sonstige vegetabile oder tierische Motive (Tafel 3,72.73.75–77), vereinzelt auch geometrisches Dekor (Tafel 3,74). Als Produktionszeit dürfte zumeist die 2. Hälfte des 1. Jh. n. Chr. in Betracht kommen, die Fragmente Tafel 3,73.79 können aufgrund der Ton- und Oberflächenqualität bereits an den Beginn des 2. Jh. gehören.

Tafel 3,80–5,120 zeigt als letzte Gruppe der südgallischen Relief-Sigillata Bruchstücke der Schüsseln Drag. 37, die im Laufenburger Material mit mindestens siebenunddreißig Exemplaren vertreten sind. In spätneronischer Zeit als alternative Form zur Schüssel Drag. 29 entwickelt, wuchs ihr Produktionsanteil rasch, so daß sie bereits in domitianischer Zeit letztere vom Markt verdrängte.[60] Planck teilte die Dekore in sieben Stilgruppen ein,[61] aus denen neuerdings Heiligmann in leicht modifizierter Form drei Entwicklungsstufen herausarbeitete,[62] die bis zur Marktverdrängung südgallischer Manufakturen in trajanischer Zeit produziert wurden.[63]

Vespasianischer Zeit gehören Tafel 3,80–86 an, wobei hier ausschließlich Dekorationen des frühen mehrzonigen Stiles (Planck Stilgruppe 1 a)[64] vorzuliegen scheinen. Ausnahmen bilden Tafel 3,81.84(?) mit in Rechtecke aufgeteilte Bildfelder (Planck Stilgruppe 4 a).[65] Neben den Punzen- und Stilverweisen wird diese Frühdatierung bei Tafel 3,80.85 auch dadurch gestützt, daß bei beiden der auswärts gebogene Rand auf eine niedrige, zierliche Schüsselform deutet.[66]

Bis in domitianische Zeit hinein reichen die Stücke Tafel 4,87–95. Als Dekorationen vertreten sind große umlaufende Wellenranken wie Tafel 4,91(?).93–95 (Planck Stilgruppe 2),[67] Tierfriese wie Tafel 4,87–89 (Planck Stilgruppe 3 a)[68] oder die Aufteilung in mehrere, kleine Bildfelder wie Tafel 4,92 (Planck Stilgruppe 4 a).[69] Anhand der charakteristischen Punzen entstammen Tafel 4,87.93.94 der Manufaktur des Germanus, deren reliefierte Ware bereits A. Oxé in drei Phasen einteilte.[70] Der Eierstab in Verbindung mit den freihändig gezeichneten Pflanzenstielen im unteren Fries[71] weisen Tafel 4,93 in die dritte Phase, die bis in frühdomitianische Zeit reicht.[72]

Tafel 4,96–5,102 zeigt in zumeist schlechter Ausführung neben großen Figuren immer wieder verschiedene Elemente einer Reliefmetopierung (Planck Stilgruppe 4 b bzw. 5),[73] wodurch ein Zeitansatz in domitianischer bis trajanischer Zeit gegeben ist.[74] Die zeitliche Eingrenzung der folgenden Stücke Tafel 5,103–110 muß sich anhand der erhaltenen Eierstäbe auf das 3. Drittel des 1. Jh. beschränken. Lediglich bei Tafel 5,107 dürfte ein später Vertreter des mehrzonigen Stiles (Planck Stilgruppe 1, s. o.) vorliegen. Tafel 5,108 entstammt als Streufund der Nachgrabung des Jahres 1971.

Trajanischer Zeit gehören die verbleibenden Bruchstücke der Tafel 5 an.[75] Kat.-Nr. 111–113 zeigen verschiedene prägnante Punzen, die dem Töpfer Natalis aus Banassac zugewiesen werden können (Planck Stilgruppe 7).[76] Das Bruchstück Tafel 5,112 fand sich 1970 im Nord-Risalit, Tafel 5,118 ebenda in den Suchgräben entlang der Nord- bzw. Ostmauer.

Faßt man die bisher gegebenen Datierungen zusammen, ergibt sich folgendes Bild der arretinischen und südgallischen Relief-Sigillata (Tab. 4).

Nach dem singulären Auftreten des arretinischen Stückes ist ab tiberisch-claudischer Zeit ein kontinuierliches Anwachsen des Fundgutes zu verzeichnen, das in flavischer Zeit seinen Höhepunkt erreicht. Daß der gezielte Einkauf von reliefierter Sigillata sicher be-

55 Ebd. Taf. 21,8.10.
56 Ettlinger, Augster Thermen Taf. 44,136 (spätclaudisch-vespasianisch).
57 Mary, Neuss Taf. 11,2 (45–60 n. Chr.).
58 Ritterling, Hofheim 226.
59 Inwieweit eine solche „Degeneration" grundsätzlich als Argument für eine Spätdatierung taugt, scheint bei diesem Stück bedenklich zu sein, zumal die nachweisbaren Punzen (s. Katalog) bereits in claudische Zeit weisen.
60 Planck, Rottweil 141, bes. Anm. 87.
61 Planck, Rottweil 141 ff.
62 Heiligmann, Alblimes 145 ff.
63 Planck, Rottweil 145. Klee, Rottweil 79 erwägt vereinzeltes Vorkommen bis in hadrianische Zeit.
64 Planck, Rottweil 141 f.
65 Ebd. 142; vgl. neuerdings auch Heiligmann, Alblimes 166 mit Anm. 146.
66 Planck, Rottweil 141.
67 Planck, Rottweil 142.
68 Planck, Rottweil 142.
69 Planck, Rottweil 142.
70 A. Oxé, Bonner Jahrb. 140–141, 1936, 325 ff.
71 A. Oxé, Bonner Jahrb. 140–141, 1936, 371; 373.
72 Planck, Rottweil 138.
73 Planck, Rottweil 142 f.
74 Ebd. Heiligmann, Alblimes 147 ff.
75 Aufgrund der fraglichen Zuweisung wurden Taf. 5,118–120 in den Tabellen 1 ff. nicht berücksichtigt.
76 Planck, Rottweil 143 ff.

Tabelle 4: Chronologische Verteilung der arretinischen und südgallischen Relief-TS.

Zahl	Zeit	Form?	Drag. 29	Drag. 30	Déch. 67	Drag. 29 oder 37	Drag. 37	
1 = 0,86%	Aug.-frühtib.	1	–	–	–	–	–	1 Drittel 1 Jh.
5 = 4,31%	Tib.-claud.	–	5	–	–	–	–	6 = 5,17%
10 = 8,62%	Claudisch	–	10	–	–	–	–	2. Drittel 1. Jh.
3 = 2,59%	2. Drittel 1. Jh.	–	3	–	–	–	–	37 = 31,90%
15 = 12,93%	Claud.-neron.	–	12	3	–	–	–	
9 = 7,76%	Neronisch	–	8	–	1	–	–	
20 = 17,24%	Vespasianisch	–	11	2	–	–	7	3. Drittel 1. Jh.
19 = 16,38%	Vesp.-domit.	–	3	7	–	–	9	65 = 56,03%
19 = 16,38%	3. Drittel 1. Jh.	–	–	1	–	10	8	
7 = 6,03%	Domit.-traj.	–	–	–	–	–	7	
8 = 6,90%	Traj./Anf. 2. Jh.	–	–	–	–	2	6	
116 = 100%								

reits deutlich vor der Jahrhundertmitte begann, zeigt nicht zuletzt auch das auffallende Mengenverhältnis von Schüsseln Drag. 29 zu Drag. 37 (ca. 1:0,71).[77] Auch die enorm hohe Gesamtzahl im Verhältnis zu vergleichbaren Anlagen[78] wird im weiteren ein wichtiger Aspekt hinsichtlich der Siedlungssoziologie bzw. für das Verhältnis z. B. zum Legionslager Vindonissa sein müssen.

Aufgrund der Kleinteiligkeit des Materiales, die erstaunlicherweise bei Schüsseln der Form Drag. 29 besonders deutlich wird, und der bekannten vielschichtigen Verknüpfungen der südgallischen Töpfer untereinander ist es nur vereinzelt möglich, den vermutlichen Hersteller zu bestimmen,[79] zumal der einzige erhaltene Stempel (Taf. 1,18) fragmentiert ist.

Mittelgallische Ware (Taf. 6,121–140)

Es liegen lediglich Reste von 17 Schüsseln der Form Drag. 37 sowie eines Töpfchens Déchelette 64 oder 66 vor (Tab. 1; 2). Die Bearbeitung kann sich auf die bis heute gültigen Ergebnisse von Stanfield/Simpson[80] stützen, die jüngst wieder im wesentlichen bestätigt wurden.[81]

Bereits dem 1. Viertel des 2. Jh. dürften die Stücke Tafel 6,121–123 angehören, wobei Tafel 6,122 der Werkstatt des Ranto entstammt. Die folgenden Stücke Tafel 6,124–126 sind dem 2. Viertel dieses Jh. zuzurechnen, in dem z. B. Austrus in Lezoux (Taf. 6,124) sowie der Kreis um Quintilianus (Taf. 6,125) produzierte.[82] In die 2. Hälfte des 2. Jh. müssen Tafel 6,127–133 datiert werden. Von diesen sechs Schüsseln[83] können eine dem Paternus (Taf. 6,133), drei oder vier dem Cinnamus zugerechnet werden (Taf. 6,129–131.132?), von denen Tafel 6,131 durch seine besonders hohe Qualität auffällt. Daß letzterer von Lezoux aus eine dominierende Rolle im Export spielte, ist auch an anderen Fundplätzen evident.[84] Nur grob dem 2. Jh. zuweisen lassen sich Tafel 6,134–139.[85]

Mit nur einem Exemplar ist ein Töpfchen Déchelette 64 oder 66 vertreten, eine auch sonst seltene Form, die nur von Libertus und Butrio in Lezoux hergestellt wurde.[86] Unser Exemplar wurde von ersterem im 1. Viertel des 2. Jh. produziert.

Obergermanische Ware (Taf. 6,141–7,159)

Mengenmäßig der vorangegangenen Gruppe ebenbürtig, ist bei der obergermanischen Relief-Sigillata (und den folgenden Provenienzen) nur noch die Form Drag. 37 vertreten. Die drei Schüsseln Tafel 6,141–143 entstammen der Manufaktur von Heiligenberg, wobei die ersten beiden Ianu(arius), die letzte dem Ciriuna zuzuweisen sind. Ianu(arius), einer der

77 In Laufen-Müschhag, wo die Relief-TS ab claudischer Zeit einsetzt, beträgt das Verhältnis ca. 1:3! Dazu Martin-Kilcher, Laufen-Müschhag 15, Abb. 3. In Chur (ab vorclaudisch) ca. 1:2,9! Dazu Chur 1, 65 Tab. 4.

78 Laufen-Müschhag: 22–23 (Martin-Kilcher, Laufen-Müschhag 15 Abb. 3). – Ersingen-Murain: 11 (Bruckner, Ersingen 410f.) – Bennwil: 8 (Ettlinger, Bennwil 43ff.).

79 Siehe Kat.-Nr. 1, 19, 35, 51, 55, 56, 83, 87, 93, 94, 99, 101, 107, 111–113.

80 Stanfield/Simpson, CGP. Für die im folgenden bzw. im Katalog genannten Datierungen und Produktionsorte vgl. jeweils ebd. Taf. 170 bzw. ebd. passim. zu den genannten Töpfern.

81 Heiligmann, Alblimes 153ff.

82 Für Quintilianus wird neuerdings eine noch längere Produktionszeit erwogen: Heiligmann, Alblimes 156.

83 Kat.-Nr. 127 zu 128 gerechnet.

84 Planck, Rottweil 146 mit Anm. 153 (zu Straubing). Chur 1,76.

85 Taf. 6,139 wurde aufgrund der unsicheren Zuweisung in Tabelle 1ff. nicht berücksichtigt.

86 Stanfield/Simpson, CGP 48ff. Oswald Pryce, Introduction 127f.

Haupttöpfer Heiligenbergs, arbeitete zunächst (120–140 n. Chr.) dort, um später nach Rheinzabern zu wechseln.[87] Daß unsere beiden Exemplare aus seiner früheren Tätigkeit entstammen, erweist bei Tafel 6,141 der gekerbte Doppelrechteckstab,[88] bei Tafel 6,142 der Abschlußfries aus Doppelblättchen ohne vorgezeichnete Linie;[89] somit müssen beide Stücke in hadrianischer Zeit entstanden sein.[90] Die Arbeit des Ciriuna (Taf. 6,143) läßt sich der 1. Hälfte des 2. Jh. zuweisen.[91] Die Bruchstücke von Kat.-Nr. 142 fanden sich z. T. 1939 zuunterst in Raum 3, z. T. 1970 in der Auffüllung von Raum 2 und 3; einiges von Kat.-Nr. 143 brachte die Nachgrabung 1970 im Nord-Risalit zutage.

Anhand der Eierstäbe lassen sich die Bruchstücke Tafel 6,144–7,151 den Töpfern Verecundus und Cibisus zuweisen, die reliefierte Ware in Ittenweiler und Mittelbronn herstellten. Bis vor kurzem schien eine gesicherte zeitliche Einordnung sowie eine Abgrenzung beider hinsichtlich der verwendeten Punzen und Herstellungsorte möglich.[92] Jüngst wurde jedoch sowohl die absolute Datierung[93] als auch die Frage, welcher Töpfer die bekannten Punzen in welcher der beiden (?) Manufakturen benutzte,[94] erneut zur Diskussion gestellt. Zwar kann das Laufenburger Material keine neuen Ansätze zu diesem komplexen Problemkreis liefern, jedoch sollen die angeführten Argumente kurz untersucht werden. Die bisher bekannten verschiedenen Eierstäbe lassen sich anhand gestempelter Stücke nur z. T. eindeutig einem Töpfer zuweisen.[95] Der Eierstab (a) wie hier Tafel 6,144–148 wurde von Cibisus und Verecundus benutzt, die Eierstäbe wie Tafel 7,149.150 (b) und 151 (c) jeweils nur von Cibisus. Planck[96] sieht als Produktionsort der Eierstäbe (a) und (b) Ittenweiler an, für (c) konstatiert er in Anlehnung an M. Lutz[97] Mittelbronn. Der Zuweisung von (a) nach Ittenweiler aufgrund der zahlreichen Fragmente scheint Roth-Rubi – ohne es explizit auszusprechen – zuzustimmen; wo (b) Verwendung fand, ist ihres Erachtens nicht festzustellen; bei Eierstab (c), der bis auf eine Ausnahme ausschließlich in Mittelbronn gefunden wurde (!), stellt sie dieses Atelier u. a. aufgrund fehlender Model und Töpfereiabfälle in Frage,[98] wodurch die Argumentation in sich nicht schlüssig zu sein scheint. Sicherlich ist das Fehlen von Modeln in einer Manufaktur ein gewichtiger Grund, jedoch scheint mir bis zum Gegenbeweis das gehäufte Auftreten von Punzen eines Töpfers in einem Atelier seine dortige Tätigkeit nahezulegen. Ebenso negiert Roth-Rubi[99] das von Lutz[100] mittels stilistischer Kriterien erarbeitete zeitliche Nacheinander von Ittenweiler und Mittelbronn. Als Beweis führt sie an,[101] daß die von Lutz geforderte zeitliche Abfolge von Metopengliederung und freier Gestaltung der Bildfelder auf Schüsseln Drag. 37 im 2. Jh. unzutreffend sei. Hinsichtlich der von Roth-Rubi gegebenen Beispiele bleibt jedoch festzuhalten, daß es sich zum einen um mittelgallische Erzeugnisse handelt,[102] bei denen stilistische Verhältnisse durchaus anders gelagert sein können, sie zum anderen Rheinzaberner Produkte ins Feld führt,[103] die Karnitsch ins 3. Jh. datiert. Schließlich sei noch die Frage einer absoluten Datierung der Cibisus/Verecundus Produkte angesprochen. Die von Planck gegebenen Eckpunkte scheinen heute nicht mehr haltbar.[104] Roth-Rubi sieht in den Funden des Eschenzer Keramiklagers, in dem neben Cibisus/Verecundus Produkten auch frühe Schüsseln aus Heiligenberg und Rheinzabern vertreten sind,[105] einen wichtigen Hinweis für den Produktionsbeginn in Ittenweiler bzw. Mittelbronn. Da der Beginn der Rheinzaberner Manufaktur heute allgemein in der Mitte des 2. Jh. n. Chr. angenommen wird (s. u.), sieht sie hierin einen terminus post quem für die Errichtung des Eschenzer Lagers. Zieht man neben der Terra Sigillata allerdings auch die übrige in Eschenz gefundene Keramik heran, so ist dieser Terminus sicher zu spät.[106] Denn gerade die Gebrauchskeramik zeigt ein starkes Nebeneinander von z. T. noch im 1. Jh. hergestellten Produkten und solchen des 2. Jh., so daß neben einer früheren Errichtung des Magazins gerade hier mit Altstücken gerechnet werden muß. Dementsprechend entfällt auch der Hinweis Roth-Rubis, daß in Hesselbach zwar Heiligenberg-Sigillata vorhanden ist, aber keine von Cibisus oder Verecundus,[107] mittels dessen sie deren Ware erst in die Zeit Marc Aurels

87 Planck, Rottweil 148 f. Klee, Rottweil 80.
88 Planck, Rottweil 149.
89 Ludowici VI, 291 (zu R 37).
90 Planck, Rottweil 149.
91 Ebd. 148. Klee, Rottweil 80 erwägt insgesamt eine etwas größere Zeitspanne für diese frühen Haupttöpfer Heiligenbergs von möglicherweise trajanischer Zeit bis ins 2. Drittel des 2. Jh.
92 Planck, Rottweil 147 f.
93 Heiligmann, Alblimes 160.
94 Roth-Rubi, Stutheien 22 ff.
95 Roth-Rubi, Stutheim 23.
96 Planck, Rottweil 147 f.
97 M. Lutz, Gallia 18, 1960, 111 ff.
98 Roth-Rubi, Stutheien 23.
99 Roth-Rubi, Stutheien 23.
100 M. Lutz, Gallia 18, 1960, 150 ff.; ders., Gallia 26, 1968, 55 ff.
101 Roth-Rubi, Stutheien 23, Anm. 27.
102 Karnitsch, Ovilava Taf. 38.
103 Karnitsch, Ovilava Taf. 173.164; Karnitsch Datierung wird zumindest bezüglich ebd. Taf. 173 (Primitivus 1) durch H. Bernhard, Germania 59, 1981, 79 ff. mit Beilage 5 gestützt, der diesen Töpfer der späten Gruppe II c zuordnet.
104 Vgl. Anm. 98; 99.
105 Roth-Rubi, Stutheien 24 (zu Urner-Astholz, Eschenz 27 ff.).
106 Urner-Astholz, Eschenz 93.
107 Roth-Rubi, Stutheien 24.

setzt (zumal dieses Fehlen auch andere als chronologische Gründe haben kann!). Natürlich zeigt die häufig angeführte Schüssel des Verecundus aus Kempten, die durch einen Münzabdruck in das Jahr 171 n. Chr. datiert wird,[108] daß mit einer Herstellung der hier erörterten Ware bis in das letzte Viertel des 2. Jh. zu rechnen ist. Aber wann Cibisus und Verecundus ihre Produktion aufnahmen, scheint mir bisher noch nicht sicher bewiesen.

Faßt man das bisher Gesagte zusammen, ergibt sich für das Laufenburger Material folgendes. Tafel 6,144–148 sind Produkte von Cibisus oder Verecundus, die vermutlich in Ittenweiler hergestellt wurden. Tafel 7,149–151 zeigen die Handschrift des Cibisus, wobei die beiden ersten wohl aus Ittenweiler, die letzte Schüssel vielleicht aus Mittelbronn stammt. Hinsichtlich einer Datierung scheint mir vorläufig nur die Zeit des 2. oder 3. Drittels des 2. Jh. angebracht. Kat.-Nr. 145 und 146 wurden 1970 im Bereich der Porticus bzw. des Nord-Risaliten gefunden;[109] Kat.-Nr. 150 fand sich 1939 in der Nordwestecke von Raum 2.

Die verbleibenden obergermanischen Bruchstücke Tafel 7,152–159 dürften mehrheitlich in Rheinzabern produziert worden sein. Nach neuesten Untersuchungen liegt der Beginn dieser marktbeherrschenden Manufaktur in den Jahren 140/150 n. Chr.,[110] das Ende der Produktion von Relief-Sigillata scheint ungefähr mit dem Jahr 275 n. Chr. gekommen zu sein.[111] Zwar können heute anhand der Punzen die Töpfer recht gut bestimmt werden, jedoch ist die Datierung ihrer Arbeiten bisher nur relativ möglich. H. Bernhard erarbeitete mittels Punzenvergesellschaftungen drei Gruppen, die (mit Überschneidungen) eine zeitliche Abfolge darstellen.[112] Für unser Material besteht daneben die Schwierigkeit, daß, durch die mannigfachen Verknüpfungen der vielen Töpfer untereinander, eine oder nur wenige Punzen die genaue Zuweisung nicht ermöglichen. Dementsprechend kann zu Tafel 7,152–157 nur gesagt werden, daß die erhaltenen Punzen mehrheitlich der Gruppe II nach Bernhard entstammen, die zumeist in der 2. Hälfte des 2. Jh. produzierte.[113] Tafel 7,158.159 dürften bereits in die 1. Hälfte des 3. Jh. weisen, da die Punzen von Töpfern der Gruppe III benutzt wurden.[114] Tafel 7,152 entstammt einem Aushub hinter der West-Porticus (Nachgrabung 1971), Tafel 7,153 fand sich 1937 in der östlichen Erweiterung von Maßnahme 25.

Sonstige Provenienzen (Taf. 7,160–8,172)

Nur singulär scheint im Material ein Bruchstück vertreten zu sein (Taf. 7,160), das anhand der Ton- und Oberflächenqualität eine Zuweisung an die Manufaktur von Trier nahelegt.[115] Allerdings ist mir dort kein entsprechender Eierstab bekannt.[116]

Ebenfalls mit einer Schüssel Drag. 37 ist ein rätisches Fabrikat vorhanden (Taf. 8,161). Durch den Blattstab und die weiteren Punzen läßt sich unser Exemplar der Nordostgruppe zuweisen, die in der 1. Hälfte des 3. Jh. in Vindonissa, Bern-Enge und vielleicht Baden produzierte.[117] Ein gutes Vergleichsstück ist aus Vindonissa belegt.[118] Beide Bruchstücke von Tafel 8,161 fanden sich in den Nachgrabungen 1970 bzw. 1971 in der westlichen Porticus.

Die angeschlossenen Kat.-Nr. (Taf. 8,162–171) bieten zu wenige Anhaltspunkte, als daß sie sicher einer Manufaktur oder gar einem bestimmten Töpfer zugewiesen werden könnten. Allen gemeinsam ist jedoch, daß es sich um Reste von Schüsseln Drag. 37 handelt, die in nicht südgallischen Töpfereien hergestellt wurden. Damit dürften sie zumeist dem 2. Jh. entstammen. Folgende Fundstellen sind zu verzeichnen:

Kat.-Nr. 165 aus Schnitt 3 der Grabung 1936, Kat.-Nr. 166.168 aus dem Nord-Risalit der Nachgrabung 1970.

Mit dem Stück Tafel 8,172 schließlich ist der einzige Vertreter spätrömischer reliefierter Terra Sigillata zu verzeichnen, der der African Red Slip Ware[119] zuzuordnen ist. Es handelt sich dabei um eine relativ kleine Schale (Dm. gegen 15 cm?), die vielleicht mit einem Standring versehen war. Innen zeigt sie Auflagenverzierung und konzentrische feine Rillen, letztere ebenso außen. Der Ton hat eine gleichmäßige Struktur und ist sehr hart gebrannt; die Oberfläche trägt einen Überzug, der innen mehr gegen braun, außen mehr gegen orange spielt und besonders dort nur sehr dünn aufgetragen ist.[120] Die wenigen, schlecht erhaltenen Reste unserer Schale lassen sich keiner der von J. W. Hayes erarbeiteten Formen sicher zuweisen,[121] auch das Schalen-Innenbild entzieht sich einer Eingren-

108 P. Reinecke, Röm.-Germ. Korrbl. 5, 1912, 1ff.
109 In Tabelle 1 zusammengezählt.
110 Bernhard a.a.O. (Anm. 103) 87. Neuerdings leicht relativiert bei Heiligmann, Alblimes 161f.
111 Bernhard a.a.O. (Anm. 103) 90. Nach Heiligmann, Alblimes 162 mit Anm. 130 Ende z. Zt. offen.
112 Bernhard a.a.O. (Anm. 103) 79ff. Beilage 5. Vgl. auch Heiligmann, Alblimes 159ff.
113 Klee, Rottweil 81.
114 Klee, Rottweil 81.
115 Fölzer, Ostgallische Sigillata 54. Hussong, Kaiserthermen 6.
116 Vgl. Fölzer, Ostgallische Sigillata, Taf. 32,933.941.944.948.954–956; L. Gard, Reliefsigillata des 3. und 4. Jh. n. Chr. aus den Werkstätten von Trier (ungedr. Diss. Tübingen 1937) Tafeln zu Typenkatalog Randfriese R1–33.52.53; I. Huld-Zetsche, Trierer Reliefsigillata Werkstatt 1. Materialien röm.-germ. Keramik 9 (Bonn 1972) 114ff. (E1–10).
117 Ettlinger, Bern-Enge 14f., 21ff.
118 Ettlinger, Bern-Enge Taf. 22,6.
119 Zur Frage der Terminologie vgl. Chur 1, 81, bes. Anm. 1.
120 Ähnliche Qualitätsbeobachtungen Chur 1, 81f. (zu Chiara D).
121 Hayes, LRP. Vgl. auch Rom in Karthago, Ausstellung Köln (Köln 1964) Kat.-Nr. 61 (Abb. r).

Tabelle 5: Chronologische Verteilung der Relief-TS, ohne arretinische und südgallische Ware.

Zahl		Zeit	Drag. 37	Déch. 64 oder 66	Form?
10 =	20,41%	1. Hälfte 2. Jh.	9	1	–
19 =	38,76%	2. Hälfte 2. Jh.	19	–	–
15 =	30,61%	2. Jh. allg.	15	–	–
3 =	6,12%	1. Hälfte 3. Jh.	3	–	–
2 =	4,08%	?	1	–	1
49 =	100%				

zung.[122] Hinsichtlich einer Datierung ist dies deshalb problematisch, da derartige Schalen sowohl in der 1. Hälfte des 3. Jh., als auch in der 2. Hälfte des 4. Jh. produziert wurden.[123] Nicht nur innerhalb des Laufenburger Fundmaterials, sondern auch in der angrenzenden Nordwestschweiz ist diese applikenverzierte Ware bisher ohne Parallelen.[124]

Eine Zusammenfassung (Tab. 5) der vorgeschlagenen Datierungen bezüglich der Reliefsigillata, die weder arretinischen noch südgallischen Töpfereien entstammt, zeigt in relativierter Form das Bild, das bereits aus der Gesamtübersicht (Tab. 3) deutlich wurde.

Mit fast 90% ist Ware des 2. Jh. vertreten, wobei der relativ schwache Fundniederschlag in der 1. Hälfte durch die noch bestehende Marktpräsenz südgallischer Manufakturen zu erklären ist. Auch hier steht, neben den im einzelnen oben aufgeführten, forschungsbedingten Gründen, der kleinteilige Erhaltungszustand des Materiales einer weitergehenden Spezifizierung der Chronologie im Wege. Aussagefähiger hingegen ist die Provenienzverteilung (Tab. 6).

Tabelle 6: Verteilung der Relief-TS nach Provenienzen, ohne arretinische und südgallische Ware.

Zahl		Provenienz	Drag. 37	Déch. 64 oder 66	Form?
18 =	36,73%	Mittelgallisch	17	1	–
3 =	6,12%	Heiligenberg	3	–	–
6 =	12,24%	Ittenweiler	6	–	–
1 =	2,04%	Mittelbronn	1	–	–
8 =	16,33%	Rheinzabern (?)	8(?)	–	–
18 =	36,75%	Obergermanisch			
1 =	2,04%	Trier (?)	1(?)	–	–
1 =	2,04%	Rätien	1	–	–
10 =	20,41%	?	10	–	–
1 =	2,04%	Afrika	–	–	1
49 =	100%				

Neben den nur singulär vertretenen Provenienzen sind die mittelgallischen und obergermanischen Produkte mit jeweils 18 Schüsseln vertreten, wobei unter den letzten knapp die Hälfte aus Rheinzabern kommt. Wie ungewöhnlich diese Zusammensetzung für das 2. Jh. ist, zeigt sich im exemplarischen Vergleich zu Rottweil[125] oder Laufen-Müschhag.[126] An beiden Fundplätzen ist die Rheinzaberner Ware mit Abstand am stärksten vertreten, gefolgt von solcher aus Heiligenberg, Ittenweiler, Mittelbronn oder La Madeleine; jeweils relativ gering ist die Zahl mittelgallischer Fabrikate. Relativ ähnlich der Laufenburger Fundsituation ist jedoch das Material aus Augst,[127] wo mittelgallische Erzeugnisse solche aus Heiligenberg und Ittenweiler weit übertreffen; Rheinzaberner Ware ist nur spärlich belegt.

Unser Material zeigt damit einen Wandel des Kaufverhaltens, der sich am Ende des 2. Jh. vollzieht. Bedingt wird dies nicht durch einen Verlust der Handelswege, da z. B. Rheinzaberner Ware des 3. Jh. (Taf. 7,158.159) Laufenburg durchaus erreichte.

1.2 Nichtreliefierte Terra Sigillata

Hinsichtlich der Gesamtverteilung nach Formen und Provenienzen sei wiederum auf die Übersicht (Tab. 1) verwiesen. Abgesehen von arretinischer und südgallischer Ware scheint zum gegenwärtigen Zeitpunkt eine sichere Zuweisung des mittelkaiserzeitlichen Materiales an die einzelnen Töpfereien ohne naturwissenschaftliche Belege nicht möglich.[1] Sofern nicht Stempel oder nur singulär produzierte Formen diesen Mangel ausgleichen, wurden deshalb die entsprechenden Stücke mit der allgemeinen Kennzeichnung „mittel- oder ostgallisch" im Katalog versehen. Die Analyse des Fundmateriales geht nach übergeordneten Formkriterien vor, indem nacheinander Tassen bzw. Näpfe, Teller sowie Schüsseln bzw. Schalen untersucht werden. Da hier auch verschiedene barbotine- bzw. applikenverzierte Gefäßformen sowie die Becher und Schalen mit Glasschliffimitation subsumiert wurden, wurde bewußt auf Oberbegriffe wie „unverzierte" bzw. „glattwandige Terra Sigillata" verzichtet.

122 Hayes, LRP 211 ff.

123 Hayes, LRP 211 ff. An Formen des 3. Jh. sind möglich: Hayes 39 und 40 (ebd. 59 Abb. 10,39.40); im 4. Jh. und jünger: Hayes 53A (ebd. 78 ff. Abb. 13,53A 14.16).

124 M. Mackensen, Bayer. Vorgeschbl. 48, 1983, 259 (Rezension von Martin-Kilcher, Laufen-Müschhag); häufiger dagegen im Alpenrheintal und in der Raetia Secunda: Chur 1, 83, bes. Anm. 4.

125 Planck, Rottweil 150 Tab. 10.

126 Martin-Kilcher, Laufen-Müschhag 15 Abb. 3; 18 (nicht exakt aufgeschlüsselt!).

127 Ettlinger, Augster Thermen 56.

1 Zuletzt Heiligmann, Alblimes 163.

Tassen und Näpfe (Taf. 9,173–15,272)

Mit neun Exemplaren sind Tassen der Form Haltern 8 vertreten (Taf. 9,173–181), wobei Ton und Überzug von Tafel 9,173–180 ihren (sogenannten) arretinischen Ursprung anzeigen.[2] Die Frage, ob sie in einer italischen oder Lyoner Manufaktur produziert wurden, könnte nur eine chemische Analyse klären.[3] Alle Stükke tragen eine Randriefelung, Tafel 9,180 zusätzlich eine solche auf dem Bauchwulst. Soweit feststellbar, scheinen sowohl kleinere als auch größere Varianten dieses Tassentypes vorzuliegen,[4] was allerdings (auch in Verbindung mit der Randbildung) keinen chronologischen Anhaltspunkt innerhalb der Produktionszeit dieser Form bietet.[5] Diese beschränkt sich auf das erste Jahrzehnt vor bzw. die ersten zwei Jahrzehnte nach Christi Geburt.[6] Sicher bereits frühtiberisch ist die Tasse Tafel 9,181, die ein frühes südgallisches Produkt darstellt.[7]
Einmal ist der Typ Haltern 9 vertreten (Tafel 9,182), der über dem gerieften Bauchwulst den Rest einer bei dieser Tasse bisweilen anzutreffenden Applike (Henkelimitation) zeigt.[8] Zeitlich läuft dieses arretinische Produkt den ebensolchen der Form Haltern 8 parallel.[9]
Ebenfalls singulär ist das Stück Tafel 9,183 der Form Haltern 11, das wie das vorangegangene arretinischer Provenienz ist. Die Hauptproduktionszeit fällt in die frühtiberische Phase,[10] das Aufkommen dieser Tassen scheint mit dem Bestehen des Lagers Haltern einherzugehen.
Wie bereits oben angedeutet, findet die Form Haltern 8 ihre Fortsetzung in südgallischen Manufakturen in den Tassen Hofheim 5 (Tafel 9,184–186). Da unsere Stücke keine Randriefelung mehr aufweisen, dürften sie spättiberisch-claudischer Zeit entstammen.[11] Derselben Periode und Provenienz zuzuweisen sind die drei Exemplare Hofheim 8 (Tafel 9,187–189).[12] Charakteristisch für diese Form sind der innen und außen eingeschnürte Rand (Tafel 9,188.189), die außen auf dem Bauch umlaufende Rille sowie der zierliche Standring in Verbindung mit einem kleinen Absatz auf der Bodenunterseite (Tafel 9,187).[13] Ob Tafel 9,188 überhaupt eine – dann sehr tief liegende – Bauchrillung aufwies, ist nicht sicher zu entscheiden; wie Vergleichsstücke zeigen,[14] kann diese auch durchaus fehlen.
Ab spättiberischer Zeit wurden Tassen der Form Hofheim 9 in Südgallien produziert (Taf. 9,190.191), die dann besonders in claudischen Zusammenhängen auftauchen.[15] Im Laufenburger Material ist sowohl die große Variante Hofheim 9A (Taf. 9,190; Kat.-Nr. 190a), als auch die kleine Hofheim 9B (Taf. 9,191; Kat.-Nr. 190b) vertreten. Neben den verschieden gegliederten Wandungen fällt bei unseren Stücken auf, daß die Lippen außen nicht kantig abgeflacht, sondern durchgehend gerundet und nur wenig unterschnitten sind. Tafel 9,191 trägt auf der Unterseite einen Graffito (Y oder λ), der Bodenstempel entzieht sich einer Lesung.
Vermutlich bereits dem letzten Drittel des 1. Jh. gehören die beiden südgallischen Tassen Hofheim 10 (Taf. 10,192.193) an.[16] Gegenüber der langlebigen Nachfolgeform Drag 33 (Kat.-Nr. 249ff) sind hier noch die große Dimensionierung sowie die wenig akzentuierte Gestaltung der Gefäße vorzufinden.
Mit nur drei Exemplaren sind Näpfe der Form Drag. 22/23 vorhanden (Taf. 10,194–196), die auch sonst nur selten ab claudischer Zeit im 1. Jh. anzutreffen sind.[17] Allerdings ergibt weder die Größe, noch z.B. der wie hier Tafel 10,196 ausnahmsweise aufgewölbte Boden ein sicheres Kriterium für eine zeitliche Untergliederung.[18] Hinsichtlich der Oberflächenqualität spricht aber die bei allen Stücken ins Orangene spielende Farbe und ein bestenfalls schwach ausgeprägter Glanz eher für eine frühe Datierung;[19] unsere Stücke dürften demnach in claudisch-neronischer Zeit in einer südgallischen Manufaktur hergestellt worden sein.[20]
Zahlreich vertreten mit 14 Exemplaren sind die südgallischen Tassen der Form Drag. 24/25 (Taf. 10,197–11,210), die hauptsächlich in tiberisch-claudischer Zeit produziert wurden.[21] Da nach Mary die unterschiedlichen Ausprägungen dieser Form nicht chronologisch gewertet werden können,[22] müssen unsere Stücke großteils in diese Epoche datiert werden, zumal auch die erhaltenen Stempel bei Tafel 10,198.206.207 keine nähere Eingrenzung erlauben.

2 Unser Material gehört den für Haltern festgestellten Qualitäten II und IV an: v. Schnurbein, Haltern 5f.
3 v. Schnurbein, Haltern 6ff.; ähnliches gilt im folgenden für die Kat.-Nr. 182,183,273,274,376.
4 v. Schnurbein, Haltern 46ff.
5 v. Schnurbein, Haltern 40f.
6 Ettlinger, Neuss 105 Abb. 8.
7 Mary, Neuss 18.
8 v. Schnurbein, Haltern 49f.
9 Ettlinger, Neuss 105 Abb. 8.
10 v. Schnurbein, Haltern 60ff., bes. 61 mit Anm. 166. Ettlinger, Neuss 105 Abb. 8 gibt als Datierung 0–20 n. Chr.
11 Vgl. Mary, Neuss 16 Abb. 3,15; 18ff.
12 Mary, Neuss 23.
13 Mary, Neuss 13 Abb. 1,14.15 oder Martin-Kilcher, Laufen-Müschhag Taf. 1,5.
14 Vgl. Mary, Neuss 13 Abb. 1,14.
15 Mary, Neuss 20; Planck, Rottweil 153.
16 Planck, Rottweil 154.
17 Planck, Rottweil 152f.
18 Vgl. Oswald/Pryce, Introduction 188f.
19 Planck, Rottweil 153.
20 Ulbert, Aislingen 37.
21 Mary, Neuss 20f. Planck, Rottweil 153.
22 Mary, Neuss 20f. mit Abb. 6.

Lediglich Tafel 10,197 entstammt bereits tiberischer Zeit, da sie vermutlich eine Applike (Henkelimitation) trug; einige Stücke wie Tafel 10,201.204 und Tafel 11,210 dürften aufgrund ihres Oberflächenglanzes bereits in die frühflavische Zeit gehören.[23]

Mit 38 Tassen repräsentiert die Form Drag. 27 (Taf. 11,211–12,236) die größte Gruppe, wobei 32 südgallischer und sechs mittel- oder ostgallischer Produktion entstammen. Tafel 11,211.212 zeigen die für die frühen, claudischen Vertreter geringe Größe in Verbindung mit einer abgeflachten, kantigen Lippenbildung und dem außen gerillten Standring.[24] Eine genaue zeitliche Eingrenzung der folgenden südgallischen Stücke (Taf. 11,213–12,232) ist m. E. problematisch, da zum einen meist kleinteilige Scherben vorliegen, zum anderen verschiedene von Mary erarbeitete formale Kriterien nicht eindeutig sind.[25] Für eine frühe Datierung sprechen – wie bereits angeführt – abgeflachte Randbildung (Taf. 11,218; 12,229), außen gerillter Standring (Taf. 11,219–223), geringe Größe (Taf. 11,213.216.217.220.221; 12,225.227.232), Dünnwandigkeit (Taf. 11,213.214–218; 12,228.229); dementsprechend legt Folgendes ein jüngeres Entstehungsdatum nahe: Wulstrand (Taf. 11,214.215.219; 12,226–228.230), große Dimensionierung (Taf. 11,214.218.219.222.223; 12,229), Dickwandigkeit (Taf. 11,219.222; 12,232).

Überblickt man diese kurze Aufstellung, fällt – besonders bei den noch gut erhaltenen Exemplaren – die Überschneidung der verschiedenen Kriterien auf (Taf. 11,214.219.222.223; 12,232). Darüber hinaus zeigen alle Stücke relativ einheitlich einen lachs- bis rosafarbenen Ton,[26] so daß unsere Tassen Tafel 11,213–12,232 ungefähr nur der 2. Hälfte des 1. Jh. zugeordnet werden können. Nur einmal zeigt die Oberfläche Hochglanz (Taf. 11,215), was für ein spätflavisches Produkt sprechen könnte. Auch die Stempel Tafel 11,219–223 geben aufgrund ihres Erhaltungszustandes keine näheren Auskünfte. Zu den 22 abgebildeten Tassen kommen 10 weitere hinzu (Kat.-Nr. 232a), die nur in geringen Resten erhalten sind.

Tafel 12,233–236 zeigen schließlich die nicht südgallischen Tassen Drag. 27, die bereits der 1. Häfte des 2. Jh. angehören;[27] ohne Abbildung blieben die Reste zweier weiterer, entsprechender Tassen (Kat.-Nr. 236a).

Eine weitere große Gruppe bilden die insgesamt 30 Näpfe Drag. 35/36 (Taf. 12,237–14,248). Da das Laufenburger Material auch die kleinen Vertreter dieses Typs beinhaltet, aus denen sich wenig später die großen Schalen entwickeln, scheint eine Eingruppierung unter die Tassen bzw. Näpfe gerechtfertigt.

Bereits in neronischer Zeit begannen südgallische Töpfer kleine Näpfe mit barbotineverzierten Rändern herzustellen (Drag. 35),[28] die bereits im 3. Drittel des 1. Jh. ihre größte Verbreitung fanden.[29] Allerdings scheint sich diese Form so großer Beliebtheit erfreut zu haben, daß sie in späteren Manufakturen noch bis an den Beginn des 3. Jh. produziert wurde.[30] Unsere drei Exemplare (Taf. 12,237–239), alle südgallischer Provenienz, zeigen noch nicht die gute Oberflächenqualität, die flavischen Stücke zu eigen ist.[31] Dementsprechend dürften sie bereits kurz nach der Jahrhundertmitte entstanden sein.[32]

Bereits ab flavischer Zeit sind auch größere Näpfe zu verzeichnen.[33] Eine Trennung beider Formen, die relativ willkürlich nach dem Randdurchmesser gehandhabt wird,[34] ist für die mittelgroßen Näpfe unergiebig. Dieser Zwischenform gehören im Laufenburger Material ca. 18 Stücke aus südgallischen Töpfereien an (Taf. 12,240–13,242; Kat.-Nr. 248a). Die Provenienz in Verbindung mit der allen diesen Näpfen eigenen guten Oberflächenqualität verweist sie in flavische Zeit.[35] Der große Napf Tafel 13,243 zeigt, daß auch die Form Drag. 36 bereits schon in südgallischen Töpfereien produziert wurde. Allerdings gehört er aufgrund seiner schlechten Qualität bereits in das beginnende 2. Jh. Es folgen im weiteren nicht südgallische Näpfe, wobei zunächst vier Stücke Drag. 35/36 vertreten sind (Taf. 13,245; Kat.-Nr. 248b, 248c); der Rest läßt sich der Form Drag. 36 zuweisen (Taf.13, 244.246–14,248). Gut die Hälfte dieser Stücke entstammt sicher dem 2. Jh., zumal wenn die Randbildung fast horizontal bzw. leicht gerundet auftritt (Taf. 13,244), wie sie auch bei den südgallischen Exemplaren zu finden ist.[36]

Tafel 13,246–14,248 hingegen gehören an das Ende des 2. oder schon in das beginnende 3. Jh., wo Hakenränder wie Tafel 14,247 oder stark gekrümmte Randbildungen wie Tafel 13,246; 14,248 auftreten.[37] Zur

23 Planck, Rottweil 153.
24 Mary, Neuss 22.
25 Mary, Neuss 22. Bereits leicht modifiziert bei Planck, Rottweil 153.
26 Was nach Mary, Neuss 22 alle in claudische Zeit datieren würde.
27 Planck, Rottweil 153. Oswald/Pryce, Introduction 186ff.
28 Planck, Rottweil 154.
29 Schönberger, Altenstadt 100.
30 Martin-Kilcher, Courroux 26.
31 Planck, Rottweil 154.
32 Vgl. z.B. Oswald/Pryce, Introduction Taf. 53,2.
33 Oswald/Pryce, Introduction 192f.
34 z.B. Martin-Kilcher, Courroux 25f. setzt als Trennungslinie ca. 12 cm; Schönberger, Altenstadt 100: 15 cm.
35 Planck, Rottweil 154.
36 Schönberger, Altenstadt 100.
37 Zu den im Katalog angeführten Parallelen vgl. auch I. Huld-Zetsche, Acta RCRF 13, 1971, 21ff. bes. 23 Abb. 3,10a.

Barbotine-Dekoration bleibt festzuhalten, daß diese zumeist im Uhrzeigersinn verläuft, dabei einmal durch rechtwinklig angeordnete Blätter unterbrochen ist (Taf. 13,244). Erstaunlicherweise entgegengesetzt verläuft die Dekoration bei allen erhaltenen späten Näpfen (Taf. 13,246–14,248).

Als Nachfolger der Tassen Hofheim 10 (z.B. Taf. 10,192.193) entwickelte sich bereits am Ende des 1. Jh. die Form Drag. 33, die, zumeist kleiner und gedrungener als jene, im 2. und 3. Jh. ihre größte Verbreitung fand.[38] Ca. fünf Exemplare im Laufenburger Material (Taf. 14,249–251; Kat.-Nr. 251a, 251b) entstammen südgallischen Töpfereien vom Ende des 1. Jh.. Sie zeigen einen innen und außen gegliederten Rand (Taf. 14,249) sowie ein- oder mehrfache Rillung der Außenwand (Taf. 14,250–251). Der erhaltene Stempel Tafel 14,249 ist leider unleserlich. Die folgenden 11 nicht südgallischen Tassen Drag. 33 (Taf. 14,252–15,262) haben zumeist eine leicht geschwungene Wandbildung, die z.T. außen durch Rille(n) akzentuiert ist. Der erhaltene Stempel Tafel 14,254 in Verbindung mit der orange-roten Färbung von Ton und Oberfläche verweist diese Tasse vermutlich an Paternus aus Lezoux.[39] Bezüglich der übrigen Tassen muß angemerkt werden, daß eine genaue Trennung zwischen solchen des 2. und des beginnenden 3. Jh. derzeit nicht möglich ist.[40] Besonders dickwandige Exemplare wie Tafel 15,257.261.262 werden z.B. in Altenstadt und Laufen-Müschhag nur noch im 3. Jh. verzeichnet.[41]

Als letzte Form bei Tassen bzw. Näpfen sind zehn Exemplare Drag. 40 im Material vertreten (Taf. 15,263–272), die alle nicht südgallischer Provenienz sind. Vermutlich in hadrianischer Zeit entwickelt, taucht sie besonders in der 2. Hälfte des 2. und zu Beginn des 3. Jh. in enger Verbindung mit den Tellern Drag. 32 (s. unten zu Taf. 21,332–22,341) auf.[42] Soweit feststellbar, scheinen unsere Tassen Drag. 40 eher den plumperen, dickwandigen Typ der 2. Hälfte des 2. Jh. zu repräsentieren. Die qualitativ besonders schlechten Stücke Tafel 15,270–272 gehören vielleicht schon dem Anfang des 3. Jh. an.

Faßt man die vorgeschlagenen Datierungen zusammen, ergibt sich für die Tassen und Näpfe folgende chronologische Übersicht (Tab. 7).

Diese Unverhältnismäßigkeit der Verteilung verstärkt das bereits für die Relief-Sigillata gewonnene Bild. Neben ökonomischen Gründen, wie eine geringere Kaufkraft der späteren Bewohner, müssen auch geänderte Tischgewohnheiten in Betracht gezogen werden. Vermutlich ersetzte dort ab dem 2. Jh. das reiche Angebot an verschiedenen Bechertypen manche Funktion, die zuvor von Acetabula und Paropsoi aus Terra Sigillata erfüllt wurde.[43]

Tabelle 7: Chronologische Verteilung der Tassen und Näpfe aus TS.

1. Hälfte 1. Jh.:	39 =	29,10%
2. Hälfte 1. Jh.:	59 =	44,03%
1. Jh.	98 =	73,13%
1. Hälfte 2. Jh.:	7 =	5,22%
2. Hälfte 2. Jh.:	7 =	5,22%
2. Jh. allgemein:	13 =	9,70%
2. Jh.	27 =	20,14%
1. Hälfte 3. Jh.:	9 =	6,72%
Summe	134 =	100%

Teller (Taf. 16,273–22,347)

Auch bei den Tellern sind bereits drei Vertreter der (sogenannten) arretinischen Sigillata zu verzeichnen, je einmal die Formen Haltern 3B (Taf. 16,273) und Haltern 4 (Taf. 16,274). Wie S. v. Schnurbein am Halterner Material feststellte, wurden die dort vorkommenden Exemplare fast ausschließlich in Italien hergestellt.[44] Da unsere Teller den ebenda verzeichneten Qualitäten entsprechen,[45] könnte ihre Provenienz dieselbe sein. (Für Vergleichsbeispiele siehe die entsprechenden Katalogangaben). Zu Tafel 16,273 bleibt anzumerken, daß der Standringdurchmesser eher auf eine große Platte, als auf einen (kleineren) Teller schließen läßt; das Fehlen eines Überzuges auf der Gefäßunterseite wie bei unserem Exemplar ist bei diesen Platten häufiger zu beobachten.[46] Zieht man Form und Qualität in Betracht, können unsere beiden Stükke sowohl in augusteischer als auch frühtiberischer Zeit hergestellt worden sein.[47] Der verbleibende Standring Tafel 16,275 entspricht der in Haltern fest-

38 Planck, Rottweil 154.

39 Sollte es sich um den gleichen Paternus handeln wie z.B. hier Taf. 6,133, so kommt nur die 2. Hälfte des 2. Jh. in Frage: vgl. Stanfield/Simpson, CGP Taf. 170.

40 Schönberger, Altenstadt 97.

41 Ebd. Taf. 24,CI 713.715. Martin-Kilcher, Laufen-Müschhag Taf. 2,4.8.

42 Martin-Kilcher, Courroux 27. Schönberger, Altenstadt 99.

43 Beide Formen wurden nicht nur ausschließlich als Auftragegefäße benutzt, sondern allgemein auch als Tischgefäße: Vgl. W. Hilgers, Lateinische Gefäßnamen. Beih. Bonner Jahrb. 31 (Düsseldorf 1969) 91f. 238f.

44 v. Schnurbein, Haltern 56f.

45 Kat.-Nr. 273 entspricht Qualität Haltern II; Kat.-Nr. 274 Qualität Haltern I. Dazu v. Schnurbein, Haltern 5f.; zu den dort bei Formen Haltern 3 und 4 auftretenden Qualitäten vgl. ebd. 203,1430–1451.

46 Ettlinger, Neuss 17.

47 Ettlinger, Neuss 105 Abb. 8: Form Haltern 3 (0–20 n. Chr.); Form Haltern 4/5 (20 v. Chr.–0); ebd. 31 werden die Teller der Form Haltern 3, 4, 5 allerdings global 10–20 n. Chr. datiert (außer Platten).

gestellten Qualität II.[48] Vergleicht man das Material anderer früher Fundplätze, so lassen sich dort bei Tellern verschiedener Form sowohl Standringe mit innerem und äußerem Absatz, als auch solche mit einer inneren Rillung finden;[49] die Kombination beider Merkmale wie bei unserem Stück ist mir jedoch nicht bekannt. Dementsprechend kann dieser Teller nur aufgrund von Ton und Oberfläche parallel zu den zwei vorangegangenen datiert werden.

Zweimal ist die frühe südgallische Form Hofheim 1 (Taf. 16,276.277) vertreten, wobei die Bodenrillung den ersteren als tiberisches Produkt kennzeichnen könnte[50] (aber vgl. auch unten). Die Randbildung von Tafel 16,277 scheint keine nähere Zuweisung innerhalb dieser nur in tiberisch-claudischer Zeit auftretenden Form zu erlauben; allerdings weist die relativ dunkle Färbung von Ton und Oberfläche bereits in claudische Zeit.[51]

Ca. 14 Teller lassen sich der Form Drag. 15/17 zuweisen (Taf. 16,278–17,287; Kat.-Nr. 283a, 283b), die südgallische Manufakturen von claudischer bis spätflavischer Zeit fertigten.[52] Unser Material zeigt dabei exemplarisch die Entwicklung dieser Teller mit innerem Viertelrundstab auf. Die claudischen Vertreter (Taf. 16,278.279) besitzen einen kurzen Steilrand, der außen fast vollständig durch Kehlungen gegliedert ist. In der folgenden Zeit setzt die Kehlung erst tiefer an, der Steilrand biegt leicht nach außen um und wird zumeist etwas länger (Taf. 16,280–282; Kat.-Nr. 283a, 283b). In flavischer Zeit schließlich verläuft der Schrägrand relativ flach, über der Kehlung ist der Rand auf einem breiten Streifen ungegliedert, der bei unserem Exemplar Tafel 17,283 ca. 50% ausmacht.[53] Der hier noch fehlende Hochglanz der Oberfläche weist diesen Teller der frühflavischen Epoche zu.[54] Die Standringe Tafel 17,284–287 sind bereits vorflavische Erzeugnisse, wie die im Katalog angeführten Parallelen in Verbindung mit der Ton- und Oberflächenqualität erweisen, die mit den Qualitäten der entsprechenden Randstücke (s. o.) übereinstimmt; der Stempel Tafel 17,284 entzieht sich einer Lesung.

Darüber hinaus zeigen unsere Teller, daß die von Mary[55] geäußerte Annahme, eine konzentrische Bodenrillung komme in nachtiberischer Zeit (und damit bei Drag. 15/17) nicht mehr vor, unzutreffend ist (vgl. Taf. 16,278; 17,284–286).

Wie auch an anderen Fundplätzen stellen im Laufenburger Material die Teller Drag. 18, die sich mit der Übergangsform Drag. 18/31 zur Form Drag. 31 entwickeln, mit insgesamt 48 Exemplaren die größte Gruppe dar (Taf. 17,288–20,331; Kat.-Nr. 299a, 310a, 323a, 331a).[56] Die ab claudischer Zeit in Südgallien produzierte Form Drag. 18 repräsentiert zierliche Teller kleinen Durchmessers, deren niedrige, steile Wand relativ deutlich vom flachen oder leicht aufgebogenem Boden abgesetzt ist.[57] Im Zuge der weiteren Entwicklung flacht die Schrägstellung der Wand ab, der Boden wölbt sich zur Tellermitte hin stärker auf und die Wandstärke nimmt zumeist zu.[58] Diese Übergangsform Drag. 18/31 dürfte bis in das 3. Viertel des 2. Jh. hergestellt worden sein.[59] Die Form Drag. 31 des 2. und 3. Jh. schließlich umfaßt große, schalenförmige Teller, bei denen der Übergang vom Boden zur Wand entweder bereits kurz über dem Standring ansetzt oder kaum noch akzentuiert wird, so daß im letzteren Fall beide Gefäßteile mit einer schwachen Einbiegung des Randes fast ineinander übergehen.[60] Diese kontinuierliche Entwicklung erschwert besonders die Abgrenzung zwischen Drag. 18 und Drag. 18/31; hinzu kommt beim Laufenburger Material, daß die meist kleinteiligen Scherben nur selten die Kombination mehrerer Merkmale als Grundlage für eine gesicherte Formzuweisung bieten.[61]

Entsprechend den genannten Kriterien dürften Tafel 17,288–18,299 und Kat.-Nr. 299a mehrheitlich Teller der Form Drag. 18 beinhalten, die alle südgallischen Werkstätten entstammen. Anhand der im Katalog gegebenen Vergleichsbeispiele lassen sich Tafel 17,288.289 der claudischen Zeit zuweisen, Tafel 17,290 dürfte nur wenig jünger sein. Die restlichen Stücke entstammen alle der 2. Hälfte des 1. Jh., wobei der Schwerpunkt sicher in der flavischen Epoche liegt. Der fast horizontale Bodenverlauf der Standringe Tafel 18,300–302 weist diesen Stücken als zeitliche Obergrenze die früh-flavische Epoche zu, wobei der Stempel Tafel 18,302 diesen Teller als ein Produkt des Lucceius ausweist, der im 2. Drittel des 1. Jh. arbeitete.[62]

---

48 v. Schnurbein, Haltern 5.
49 v. Schnurbein, Haltern z. B. Taf. 17,175.177 (Haltern 1E) oder Taf. 57,1440 (Haltern 4). G. Ulbert, Die römische Keramik aus dem Legionslager Augsburg-Oberhausen. Materialh. Bayer. Vorgesch. A 14 (Kallmünz 1960) Taf. 11,6.13. Schönberger, Rödgen Taf. 68,7 (Service 1, Wiesbaden). Ettlinger, Neuss Taf. 18,9 (Service 2); Taf. 21,24 (Haltern 3). Aber auch bei tiberischen Tellern Drag. 17: Mary, Neuss Abb. 4,10.
50 Mary, Neuss 14.
51 Mary, Neuss 14f.
52 Planck, Rottweil 152.
53 Mary, Neuss 18.
54 Planck, Rottweil 152.
55 Mary, Neuss 18 oben.
56 Planck, Rottweil 155. Martin-Kilcher, Laufen-Müschhag 15 Abb. 3
57 Mary, Neuss 15.
58 Planck, Rottweil 155.
59 Heiligmann, Alblimes 166.
60 Für die allgemeine Entwicklung vgl. z. B. Walke, Straubing Taf. 36 oder Oswald, Margidunum Taf. 4,16; 9,1–26; 16,7–11; 17; 26,7–11; 27,1–6; 30,19; 31,1–4; 38,2–11; 44,6; 45,2–5; 46,1–4A; 51,4–6; 52,1; 54,6.
61 Martin-Kilcher, Courroux 29.
62 Vgl. Töpferliste bei Mary, Neuss 42.

Die ebenfalls südgallischer Provenienz entstammenden Standringe Tafel 18,303–306 entziehen sich einer sicheren Formzuweisung.
Es folgen Tafel 18,307–310 und Kat.-Nr. 310a noch sechs südgallische Teller, die bereits der Form Drag. 18/31 angehören. Entsprechend ihrer Dickwandigkeit und den recht plump gebildeten Rundstablippen sind Tafel 18,307.310 schon Produkte des beginnenden 2. Jh. Gleichzeitig oder etwas jünger ist auch Tafel 18,311, bei dem eine südgallische Herkunft nicht ausgeschlossen werden kann;[63] gefunden wurde dieses Stück 1970 südlich an Mauer 5 bzw. 17. Es folgen Tafel 19,312–20,323 und Kat.-Nr. 323a ca. 21 Teller der Form Drag. 18/31 nicht südgallischer Produktion, die recht uniform gestaltet sind. Auffallend sind Tafel 19,316 aufgrund der überhängenden Lippe und Tafel 19,318 aufgrund des relativ stark gebogenen Randes; einmal (Taf. 20,323) weist der Boden einen umlaufenden Kranz tropfenförmiger Riefelungen auf. Diese 21 Teller entstammen überwiegend der 1. Hälfte des 2. Jh., manches Stück vielleicht erst dem dritten Viertel.[64]
Aus mittel- oder ostgallischen Werkstätten sind die neun Teller Drag. 31 (Taf. 20,324–331; Kat.-Nr. 331a). Allen ist neben dem großen Durchmesser (über 25 cm) eine zumeist schlechte Oberflächenqualität zu eigen, die bereits in die 2. Hälfte des 2. Jh. weist. Tafel 20,330 ist ein Teller des Iustus aus Ittenweiler aus der Zeit der Antonine. Aufgrund der Dickwandigkeit (Taf. 20,325.326.329.331) bzw. des bereits stark verschliffenen Bauchknickes (Taf. 20,324.329) handelt es sich bei diesen Exemplaren wohl schon um Teller des 3. Jh.
Elfmal ist im Laufenburger Material der kalottenförmige Teller Drag. 32 vertreten (Taf. 21,332–22,341; Kat.-Nr. 341a), der auf dem Markt in starke Konkurrenz zu den zuvor besprochenen Formen trat. Ob das bereits in der 1. Hälfte des 2. Jh. n. Chr. geschah, ist derzeit nicht klar;[65] das Produktionsende scheint erst mit dem Beginn des 4. Jh. gekommen zu sein.[66] Ebenso geben bislang formale Kriterien keine Anhaltspunkte, die eine Zuweisung innerhalb der gesamten Produktionszeit ermöglichen; lediglich besonders tiefe Teller scheinen frühestens in Rheinzabern produziert worden zu sein.[67] Hinsichtlich unserer Teller bleibt festzuhalten, daß diese zumeist einen gleichmäßig gerundeten Wandverlauf aufweisen, wobei der Rand bisweilen innen oder außen durch einen schwachen Absatz gegliedert ist (Taf. 21,332.334.336.338; 22,339–341); vereinzelt ist auch eine leichte Randverdickung zu beobachten (Taf. 21,334; 22,339.340). Ebenfalls singulär scheint eine tiefe Tellerform vorzuliegen (Taf. 21,337).
Erstaunlicherweise lassen sich anhand des Randdurchmessers unsere Teller fast ausnahmslos in zwei Gruppen teilen, wobei dieser zum einen ca. 18 cm (Taf. 21,332–335), zum anderen 27–28 cm beträgt (Taf. 21,336–338). Nur ein Exemplar (Taf. 22,339) hat einen Durchmesser von 20 cm. Vielleicht lassen sich darin zwei verschiedene, größere Einkäufe der Bewohner oder die im Haushalt gebräuchlichsten Dimensionierungen erkennen.
Wie oben geschildert, können Teller Drag. 32 nur allgemein dem 2. und 3. Jh. zugewiesen werden.[68]
Der Stempel Tafel 21,332 kann nicht eindeutig einem Töpfer zugewiesen werden, jedoch arbeiteten die in Frage kommenden (Tab. 11, Nr. 6) hauptsächlich während der Antonine; die verschiedenen Bruchstükke, die die Rekonstruktion des gesamten Profiles ermöglichten, fanden sich 1970 sowohl in der Porticus, als auch im Nord-Risalit. Auch die Fundstelle von Tafel 21,338 im lange benutzten Raum 2 ergibt keinen weiteren chronologischen Aufschluß. Ebenso verhält es sich schließlich mit den Bruchstücken des Tellers Tafel 22,339, die 1970 bzw. 1971 im Bereich der Porticus zutage kamen.
Nur einmal ist Tafel 22,342 ein Teller der Form Curle 15 vorhanden.[69] Da unser Exemplar relativ klein dimensioniert ist[70] und keine besonders schlechte Qualität zeigt, dürfte es der 1. Hälfte des 2. Jh. entstammen.[71]
Die letzte Gruppe innerhalb der Teller besteht aus vier Vertretern der Form Ludowici Tb (Taf. 22,343–346). Als Tellerform offenbar auch an anderen Fundplätzen nicht allzu beliebt, ist sie hauptsächlich in der 2. Hälfte des 2. Jh. in Rheinzabern produziert worden,[72] wobei vereinzelt auch noch mit ihrem Vorkommen im frühen 3. Jh. gerechnet werden muß.[73] Anhand einer Notiz auf der Scherbe ist Tafel 22,346 1937 in der Verbreiterung von Schnitt 20 gefunden worden.
Anzufügen bleibt noch ein einzelner Teller Niederbieber 6A (Taf. 22,347). Der Rand zeigt (im Gegensatz

63 In Tabelle 1ff. zu „Sonstige“ gerechnet.
64 Vgl. Anm. 59; 60.
65 Für ein frühes Auftauchen: Pferdehirt, Holzhausen 69f. und Schönberger, Altenstadt 94; für einen Zusammenhang mit dem Beginn Rheinzaberns, damit erst ab 2. Hälfte 2. Jh.: Planck, Rottweil 155 und Martin-Kilcher, Courroux 29f.
66 Pferdehirt, Holzhausen 69f.
67 Pferdehirt, Holzhausen 68ff. oder Schönberger, Altenstadt 94.
68 Dementsprechend wurden diese in Tabelle 8 ungefähr hälftig dem „2. Jh. allgemein“ und dem „3. Jh. allgemein“ zugewiesen.
69 Es könnte sich auch um eine Schale Drag. 42 handeln, jedoch hat sich kein Hinweis auf Henkel erhalten.
70 Vgl. Oswald/Pryce, Introduction Taf. 56,4.15.
71 Oswald/Pryce, Introduction 197f. Schönberger, Altenstadt 95.
72 Schönberger, Altenstadt 95f.
73 Martin-Kilcher, Laufen-Müschhag 17 mit Anm. 21.

Tabelle 8: Chronologische Verteilung der Teller aus TS.

1. Hälfte 1. Jh.:	9 = 9,67%
2. Hälfte 1. Jh.:	34 = 36,56%
1. Jh.:	43 = 46,23%
1. Hälfte 2. Jh.:	25 = 26,88%
2. Hälfte 2. Jh.:	4 = 4,30%
2. Jh.: allgemein:	10 = 10,75%
2. Jh.:	39 = 41,93%
1. Hälfte 3. Jh.:	5 = 5,38%
3. Jh. allgemein:	6 = 6,45%
3. Jh.:	11 = 11,83%
Summe	93 = 100%

zu Typ 6B) keine Barbotineverzierung über der umlaufenden Leiste,[74] unter dieser ist unser Exemplar zusätzlich durch eine umlaufende Rille dekoriert. Hergestellt wurde dieser Tellertyp während des gesamten 3. Jh. fast ausschließlich in ostgallischen Manufakturen.[75]

Auch für die vorhandenen Teller sollen kurz die Datierungen zusammengefaßt werden (Tab. 8). Der mehrfach festgestellte große Unterschied in den Mengen des 1. und 2. Jh. läßt sich hier nicht ablesen, da beide Zeiträume fast gleich stark bei den Tellern vertreten sind. Auch das folgende 3. Jh. verzeichnet noch einen recht hohen Fundanfall. Es muß jedoch noch einmal hervorgehoben werden, daß die Datierungen besonders der stark vertretenen Formen Drag. 18/31, 31 und 32 heute noch nicht eng genug eingegrenzt werden können (s. o.), so daß hinsichtlich Tabelle 8 ein relativ hoher Unsicherheitsfaktor für das 2. und 3. Jh. berücksichtigt werden muß.

Schüsseln und Schalen (Taf. 22,348–25,367)

Lediglich zwei südgallische Schüsseln sind zu verzeichnen, die beide der Form Hofheim 12 zuzuweisen sind (Taf. 22,348.349). Diese auf claudisch-neronische Zeit beschränkten Kragenschüsseln[76] sind in zwei unterschiedlichen Ausprägungen bekannt. Entweder ist der relativ gedrungene, im Querschnitt dreieckige Kragen mit einer kräftigen Randleiste kombiniert,[77] oder der Kragen zeigt eine schlanke, gestreckte Gestalt. Bei Tafel 22,348.349 sind die Kragen nicht waagerecht, sondern leicht abfallend, die Randleisten sind nur schwach ausgeprägt. In Verbindung mit der auffallenden Dünnwandigkeit ist im ersten Exemplar noch ein claudisches Produkt zu sehen; Tafel 22,349 wird wenig später entstanden sein.[78]

Eine Weiterentwicklung aus der vorangegangenen stellt die Form Curle 11 dar, die vermutlich mit einem Bruchstück in Laufenburg vertreten ist (Taf. 22,350). Von der sonst regelmäßig auf dem Kragen angebrachten Barbotineverzierung hat sich nichts erhalten.[79] Da unser Exemplar sicher nicht südgallischer Provenienz ist, handelt es sich um eines der noch vereinzelt im frühen 2. Jh. produzierten Stücke.[80]

Es folgen Tafel 23,351–353 und Kat.-Nr. 352a, 353a fünf Schüsseln Drag. 38, die wie die beiden obigen Formen typologisch zur Gruppe der Mortaria gehören.[81] Die geringen erhaltenen Reste erlauben keine sichere Rekonstruktion der einzelnen Schüssel-Gesamtformen, die sonst wichtige chronologische Anhaltspunkte innerhalb der Produktionszeit des 2. und frühen 3. Jh. ergeben.[82] Anhand vergleichbar gestalteter Kragen (s. Kat.) dürften Tafel 23,351.352 und Kat.-Nr. 352a der 2. Hälfte des 2. Jh. angehören; weitgezogene Hängekragen wie Tafel 23,353 stehen typologisch am Ende von Drag. 38 im 3. Jh.[83]

Einmal ist eine flache Schale der Form Drag. 42 vertreten (Taf. 23,354). Unser Exemplar, bei dem ein Henkelansatz erhalten ist, weicht allerdings von der normalerweise gerundeten Wandbildung ab. Statt dessen steigt diese über dem Standring nur leicht linear an, um nach einem Knick weiter nach innen zu ziehen; die überhängende Lippe stimmt sodann wieder mit den meisten Vergleichsbeispielen überein.[84]

Insgesamt scheint die nicht häufige Form Drag. 42 nur kurzfristig von spätflavischer bis trajanischer Zeit produziert worden zu sein.[85] Auch der fast komplett erhaltene, achtteilige Rosettenstempel ergibt kein weiteres datierendes Kriterium, da vergleichbare Signaturen keine nähere Eingrenzung erlauben.[86] Aufgrund der sicher nicht südgallischen Provenienz muß Tafel 23,354 dementsprechend dem beginnenden 2. Jh. zugewiesen werden.

Dreimal sind Schüsseln der Form Drag. 44 vertreten

74 Oelmann, Niederbieber 22.
75 Oswald/Pryce, Introduction 208. Pferdehirt, Holzhausen 73f. Schönberger, Altenstadt 96.
76 Oswald/Pryce, Introduction 210f.
77 Ritterling, Hofheim Taf. 31,12.
78 Mary, Neuss 24.
79 Oswald/Pryce, Introduction 211f.
80 Planck, Rottweil 154. Heiligmann, Alblimes 166 erwägt eine Laufzeit bis zur Mitte des 2. Jh.
81 Oswald/Pryce, Introduction 210ff.
82 Pferdehirt, Holzhausen 56.
83 Ebd.; Kat.-Nr. 353a wurde in Tabelle 9ff. dem „2. Jh. allgemein" zugerechnet.
84 Vgl. z. B. Oswald/Pryce, Introduction Taf. 54.
85 Ebd. 194f. Planck, Rottweil 156.
86 Walke, Straubing 130 Taf. 45,453 („Curle 15 o. ä."). Planck, Rottweil 259 Abb. 41,456; 250 (ohne Formangabe). Kleiner: Martin-Kilcher, Laufen-Müschhag 19 Abb. 4,35; 20 („Schale").

(Taf. 23,355.356; Kat.-Nr. 356a), deren Produktionszeit von der Mitte des 2. bis an den Anfang des 4. Jh. reicht.[87] Da die Relativ-Chronologie stark Bezug auf die Schüssel-Gesamtform nimmt, bereiten die Bruchstücke Tafel 23,355, deren Zusammengehörigkeit aufgrund ihrer schlechten Qualität evident ist, Schwierigkeiten. Es läßt sich nicht sicher entscheiden, ob unsere Schüssel einen eher halbkugeligen Wandverlauf wie in Newstead[88] oder eine mehr gestreckte Form wie in Niederbieber[89] besaß; die schwach ausgebildete, umlaufende Leiste entspricht allerdings eher dem ersten Vergleichsbeispiel. Denkbar ist aber auch, daß der Rand weiter nach außen gebogen war, was dann der Form Ludowici Sl entspräche, die erst dem beginnenden 3. Jh. angehört.[90] Insgesamt kommt für Tafel 23,355 die 2. Hälfte des 2. ebenso wie der Anfang des 3. Jh. in Betracht. Gleichzeitig oder wenig jünger ist Tafel 23,356, bei der die Rundstablippe durch einen nach außen gebogenen Rand ersetzt ist und die somit die Form Ludowici Sk repräsentiert. Der fragmentarisch erhaltene Stempel „MVS“ kann die Signatur eines Töpfers Muscella oder Musicus[91] sein. Gegen den ersten, der in Westerndorf arbeitete, spricht, daß dort wohl keine seltenen Formen wie Drag. 44 produziert wurden.[92] Von Musicus, der in verschiedenen Töpfereien nachgewiesen ist, fanden sich in Straubing gut vergleichbare Stempel[93] auf Tellern Drag. 18/31 und 31 des späteren 2. und 3. Jh.[94]
Das Bruchstück Kat.-Nr. 356a dürfte am ehesten der Form Ludowici Sl zuzuordnen sein (s. o.).
Tafel 23,357 zeigt das einzige Schälchen der Form Ludowici Ob. Zwar spricht die geringe Größe gegen eine Einordnung an dieser Stelle, jedoch hat sich die Form nach Oswald/Pryce aus größeren, teils reliefierten Schalen entwickelt.[95] Neben den Charakteristika wie Horizontalrand, ausgeprägtem Wandknick und innerem Absatz zeigt unser Exemplar zusätzliche Rillungen an Rand und Wand. Die Produktion ist für verschiedene Töpfereien in hadrianischer bis antoninischer Zeit anzunehmen.[96]
Es verbleiben Tafel 24,358–25,367 sowie Kat.-Nr. 364a, 364b, 366a 14 Reibschüsseln Drag. 43 bzw. Drag. 45. Sicher fünf Exemplare sind der Form Drag. 43 zuzuweisen (Taf. 24,358–25,362), wobei die Wand- und Kragengestaltung recht einheitlich ist, der Randdurchmesser zwischen 21 und 27 cm schwankt und die Körnungen mittelgrob sind. Mindestens zweimal trägt der Kragen Barbotineverzierung (Taf. 24,358; 25,362) aus vegetabilen und tierischen Motiven. Auf der Unterseite von Tafel 25,361 hat sich ein Graffito erhalten, der als „FELIX“ aufgelöst werden kann.[97] Mortaria dieser Form wurden hauptsächlich in der 2. Hälfte des 2. Jh. produziert, vereinzelt noch zu Beginn des folgenden.[98]
Tafel 24,359 fand sich z. T. 1936 in Schnitt 4,1, maximal 50 cm unter der Oberkante der Nordmauer, Tafel 24,360 in den Suchgräben entlang der Nord- oder Ostmauer des Nord-Risaliten.
Seit dem späteren 2. Jh. taucht im Sigillata-Angebot die Form Drag. 45 auf, die bereits im 3. Jh. zur marktbeherrschenden Reibschüssel-Form wird und wohl auch das gesamte 4. Jh. noch hergestellt wurde.[99] Von dieser Form sind im Laufenburger Material mindestens drei Exemplare vertreten (Taf. 25,366.367 und Kat.-Nr. 366a).
Tafel 25,366 und Kat.-Nr. 366a haben einen senkrechten Rand, der stark unterschnitten ist sowie eine auffallend schwache und wenig dichte Körnung; in Verbindung mit dem recht großen Randdurchmesser von 28 cm muß es sich bereits um Erzeugnisse der 1. Hälfte des 3. Jh. handeln.[100]
Nur schwach unterschnitten ist der Rand bei Tafel 25,367, der zudem leicht nach außen gewölbt ist. Bei diesem Stück ist der Ausguß erhalten, den außen eine für diese Form charakteristische Applike in Form eines Löwenkopfes dekoriert. Zwar können heute diese Appliken noch nicht genau werkstattmäßig (und damit chronologisch) bestimmt werden, doch ist im Laufe der gesamten Entwicklung eine immer stärkere Stilisierung zu verzeichnen.[101] Unser Exemplar zeigt keinerlei plastische Modelierungen innerhalb des Gesichtes, die Schnauze, lediglich röhrenförmig ausgezogen, erinnert eher an eine Schweinenase, als an ein Löwenmaul. Auch die durchaus im 3. Jh. noch plastisch wiedergegebenen Details der Mähne[102] sind (wie die Augen) durch lanzettförmige Einstiche ersetzt, die

87 Pferdehirt, Holzhausen 54f.
88 Curle, Newstead Taf. 40,20.
89 Oelmann, Niederbieber Taf. 1,18.
90 Pferdehirt, Holzhausen 55 mit Anm. 35.
91 Oswald, Potter stamps 214; 409.
92 H. J. Kellner, Die Sigillatatöpfereien von Westerndorf und Pfaffenhofen. Kleine Schriften zur Kenntnis der römischen Besetzungsgeschichte Südwestdeutschlands 9 (Stuttgart 1973) 20.
93 Walke, Straubing Taf. 43,261.
94 Walke, Straubing 127 zu Taf. 43,261 (Verweis auf Inv.-Nr. 1410.1474).
95 Oswald/Pryce, Introduction 207 (aus Déchelette 71, Drag. 51 und Curle 23).
96 Oswald/Pryce, Introduction 207.
97 Das Stück wurde zu Drag. 43 gerechnet, da die Außenwandgliederung bei Drag. 45 enger ist und nicht so weit heraufreicht. Vgl. Oswald/Pryce, Introduction Taf. 73.74.
98 Schönberger, Altenstadt 102. Pferdehirt, Holzhausen 57 mit Anm. 55f. verweist auf eine vermutliche Renaissance im 4. Jh.
99 Pferdehirt, Holzhausen 58ff., bes. 62f.
100 Pferdehirt, Holzhausen 60; 63.
101 Pferdehirt, Holzhausen 60ff.
102 Ebd. 61, Abb. 10. Werner, Lorenzberg II Taf. 26,1. P. H. Mitard, Acta RCRF 11–12, 1969–1970, 66ff. mit Taf. 2,4.5. Oelmann, Niederbieber 31 Abb. 8.

mindestens ebensosehr dem Andrücken der Applike dienen, wie deren Dekoration. Gleiches gilt für die Ohren, die durch die üblichen Fingereindrücke gebildet sind. Ein Blick auf die Produkte der Trierer Sigillaten-Manufakturen erweist, daß dort sowohl bereits ab der Mitte des 3. Jh.,[103] als auch im 4. Jh.[104] ähnlich stilisierte Appliken hergestellt wurden. Der kräftig rote, von Einschlüssen durchsetzte Ton in Verbindung mit der ins Bräunliche spielenden Oberfläche zeigt, daß Tafel 25,367 mit einiger Sicherheit ein Trierer Produkt des frühen 4. Jh. ist.[105]
Die verbleibenden Standringe und Bruchstücke Tafel 25,363–365 und Kat.-Nr. 364a, 364b lassen sich typologisch nicht einer der beiden Reibschüsselformen zuordnen, da Gliederungen im unteren Teil der Außenwand sowohl bei Drag. 43 als auch bei Drag. 45 vorkommen.[106]

Tabelle 9: Chronologische Verteilung der Schüsseln aus TS; in Klammern solche, die nicht den Mortaria angehören.

1. Hälfte 1. Jh.:	1 =	3,70%
2. Hälfte 1. Jh.:	1 =	3,70%
1. Jh.:	2 =	7,41%
1. Hälfte 2. Jh.:	2 =	7,41% (1 = 3,70%)
2. Hälfte 2. Jh.:	12 =	44,44% (1 = 3,70%)
2. Jh. allgemein:	2 =	7,41% (1 = 3,70%)
2. Jh.:	16 =	59,26%
1. Hälfte 3. Jh.:	5 =	18,52% (1 =3,70%)
3. Jh. allgemein:	3 =	11,11%
3. Jh.:	8 =	29,62%
1. Hälfte 4. Jh.:	1 =	3,70%
Summe	27 =	100%

Der chronologische Überblick der Schüsseln (Tab. 9) scheint zunächst die bisher gewonnenen Ergebnisse in Frage zu stellen. Es muß allerdings berücksichtigt werden, daß das Gros der Schüsseln aufgrund ihrer Zweckbindung als Mortaria[107] eine Sonderstellung im Haushalt einnehmen. Die verbleibende geringe Menge von vier sonstigen Schüsseln (eingeklammerte Zahlen in Tabelle 9) stützt hingegen die für die reliefierte Sigillata (Tab. 3), gewonnenen Ansätze, soweit diese geringe Quantität überhaupt auswertbar ist. Die hohe Zahl der südgallischen Bilderschüsseln deckte offensichtlich den Bedarf dieser Gefäßform zunächst allein, lediglich im 2. und 3. Jh. wurde der Bestand an Sigillata-Schüsseln vereinzelt durch nicht reliefierte aufgestockt.

Becher und Schälchen mit Glasschliff-Imitation, Tintenfaß (Taf. 25,368–26,374)

Mit Tafel 25,368 ist ein rundlicher Becher der Form Ludowici V Se vertreten, dessen Wand von umlaufenden Reihen lanzettförmiger Blätter in Glasschliff-Technik verziert ist, wobei die Blätterreihen alternierend nach rechts und links geneigt sind. Zwar wurden ähnliche Becher bereits in Lezoux produziert, jedoch weist der geringe Randdurchmesser unseres Exemplares auf ein Rheinzaberner Erzeugnis der 2. Hälfte des 2. Jh. hin.[108] Ebenso ist dort die großflächige Dekoration mit ähnlichen Blättern belegt, die allerdings senkrecht angeordnet sind.[109]
Gleichzeitig oder wenig jünger sind Tafel 25,369.370, die keine Formzuweisung erlauben. Es folgen Tafel 26,371–373 drei Schälchen der Form Niederbieber 12b (= Drag. 41), die alle durch den ausgebogenen Rand charakterisiert sind (im Gegensatz zu Niederbieber 12a).[110] Die Schälchen Tafel 26,371.372 sind durch vegetabile Motive und senkrechte Dellen dekoriert, Tafel 26,373 zeigt ausschließlich pflanzliches Dekor. Aufgrund des geringen Vergleichsmaterials ist es derzeit nicht möglich, datierende Gesichtspunkte aus dem Dekorstil oder z. B. der Größe der Schälchen (Taf. 26,371.373: 9–10 cm; Taf. 26,372: 14 cm) zu gewinnen. Dementsprechend entstammen unsere Exemplare zumindest dem späten 2. Jh.,[111] wo sie sowohl in Lezoux, als auch in Rheinzabern produziert wurden;[112] allerdings ist auch eine Datierung in das 3. Jh. nicht auszuschließen.[113] Das Stück Tafel 26,373 fand sich 1970 im Nord-Risalit.
Nur einmal ist Tafel 26,374 ein Tintenfaß im Laufenburger Material vorhanden, das der Form Hofheim 13 entsprechen dürfte. Sicher südgallischer Provenienz gehört es dem 1. Jh. an; wie jedoch Vergleichsstücke sowohl aus claudischer als auch vespasianischer Zeit im Margidunum zeigen,[114] entzieht sich unser geringer Rest einer näheren Eingrenzung. Es scheint mir jedoch ein interessantes Detail zu sein, daß ein solches

103 Huld-Zetsche a.a.O. (Anm. 37) 33 Abb. 5,14.
104 Hussong, Kaiserthermen Taf. 1,10; 9,10a.10b.
105 Ebd. 6. Zur andersartigen Qualität des „Massenfundes" aus Trier vgl. Huld-Zetsche a.a.O. (Anm. 37) 22.
106 Oswald/Pryce, Introduction Taf. 73;74. Kat.-Nr. 363–365 wurden in Tabelle 9ff. z.T. der „2. Hälfte 2. Jh. n. Chr.", z.T. dem „3. Jh. n. Chr. allgemein" zugerechnet.
107 Pferdehirt, Holzhausen 57, Anm. 50.
108 Oswald/Pryce, Introduction 224.
109 Oswald/Pryce, Introduction Taf. 77,4.
110 Oelmann, Niederbieber 23.
111 Schönberger, Altenstadt 100.
112 Ettlinger, Augster Thermen 56 Taf. 47,233.
113 Martin-Kilcher, Laufen-Müschhag 18. Kat.-Nr. 369–373 wurden in Tabelle 10ff. z.T. der „2. Hälfte 2. Jh.", z.T. der „1. Hälfte 3. Jh." zugerechnet.
114 Oswald, Margidunum Taf. 6,22.23; 20,6.

Kulturrelikt für den Laufenburger Gutshof nur im 1. Jh. nachzuweisen ist.
In der Übersicht der oben S. 74ff. vorgeschlagenen Datierungen ergibt sich folgende Verteilung der nicht reliefierten Terra Sigillata (Tab. 10):

Tabelle 10: Chronologische Verteilung aller nicht reliefierten TS-Gefäße.

1. Hälfte 1. Jh.:	49 = 18,77%
2. Hälfte 1. Jh.:	94 = 36,02%
1. Jh. allgemein:	1 = 0,38%
1. Jh.:	144 = 55,17%
1. Hälfte 2. Jh.:	34 = 13,03%
2. Hälfte 2. Jh.:	27 = 10,34%
2. Jh. allgemein:	25 = 9,58%
2. Jh.:	86 = 32,95%
1. Hälfte 3. Jh.:	21 = 8,04%
3. Jh. allgemein:	9 = 3,45%
3. Jh.:	30 = 11,49%
1. Hälfte 4. Jh.:	1 = 0,38%
Summe	261 = 100%

In wichtigen Punkten ergeben sich hierbei Parallelen zu den bei der Relief-TS gewonnenen Ergebnissen (Tab. 3). Auch hier werden die zeitlichen Eckpunkte von der (sogenannten) Arretina einerseits und einem Produkt des 4. Jh. andererseits gesetzt. Die frühen südgallischen Erzeugnisse der 1. Hälfte des 1. Jh. sind bereits mit knapp 20% (Relief-TS: 11,52%) vertreten, die der 2. Hälfte des 1. Jh. bilden mit 36% (53,94%) die größte Gruppe. Dementsprechend stellen die Gefäße des 1. Jh. mit über 55% (65,46%) das Gros des Fundmateriales. Noch deutlicher treten die Gemeinsamkeiten im 2. Jh. hervor. Jeweils fast genau ein Drittel lassen sich dieser Zeit zuweisen, wobei die beiden Jahrhunderthälften durchweg gleichmäßig mit jeweils gut 10% vertreten sind. Deutliche Unterschiede ergeben sich jedoch für das 3. Jh. Wo bei der Relief-TS mit knapp 2% ein drastischer Rückgang zu verzeichnen ist, zeigen die gut 11% der nicht reliefierten Ware, daß diese im 3. Jh. offensichtlich noch gut auf dem Markt erhältlich war und auch gekauft wurde.

1.3 Stempel auf Terra Sigillata (Abb. 38)

Soweit die erhaltenen Stempel einzelnen Gefäßen bzw. -formen zuzuweisen sind, vgl. die vorangegangenen Angaben. Tafel 26,375–381 zeigen noch Stempel, die keiner Form sicher zugewiesen werden können.[1] Zu den Lesungen und Datierungen vgl. die entsprechenden Katalogangaben bzw. Tabelle 11 und Abbildung 38. Interessanterweise scheint hier ein (sogenanntes) arretinisches Produkt vertreten zu sein (Taf. 26,376). Der Stempel Tafel 26,378 fand sich 1939 in Raum 2 in der 30 cm starken Schicht über dem Wackenboden.
Es erstaunt nicht, daß in Tabelle 11 Stempel des 1. Jh. n. Chr. mit 17 Stück (68%) das Gros ausmachen, wobei mit mindestens zehn Stempeln solche der 2. Hälfte des 1. Jh. angehören. Ca. sieben Stempel lassen sich dem 2. Jh. zuweisen, was wiederum einem knappen Drittel (28%) entspricht. Nur noch ein Exemplar könnte bereits dem 3. Jh. angehören.

1.4 Die Terra Sigillata im Überblick

Tabelle 12 faßt das gesamte Material chronologisch zusammen. Hinsichtlich des Siedlungsbeginnes muß festgehalten werden, daß das Material 14 Gefäße (3,29%) „arretinischen" Ursprunges enthält,[2] womit dieser sicher in frühtiberische Zeit anzusetzen ist. Neben dieser relativ großen Zahl beweist auch das Verhältnis von Drag. 29 zu Drag. 37, daß obige Gefäße nicht als Altstücke zu bewerten sind. Innerhalb weniger Jahrzehnte steigt ab da der Sigillaten-Bestand extrem an, um bereits in der 2. Hälfte des 1. Jh. seinen mit Abstand höchsten Anteil zu erreichen. Einerseits kommt hierin die starke Verwurzelung in römischen Tischsitten der Bewohner des 1. Jh. zum Ausdruck, andererseits erreichten die für den Geschirrerwerb eingesetzten Mittel zu keiner späteren Zeit mehr annähernd die der ersten acht Jahrzehnte. Dies wäre um so drastischer, wenn die Beobachtung zuträfe,[3] daß Sigillata (und hier besonders Relief-Sigillata), ab dem 2. Jh. preiswerter zu erstehen war. Daneben wurde aber auch bereits darauf hingewiesen, daß die Laufenburger Sigillata z. T. einen Wandel in den Tischsitten zeigt, was als ein Indiz für eine geänderte ethnische Struktur der Bewohner zu bewerten ist. Ebenso ist ein geänderter Import für die ganze Provinz Obergermanien zu erwägen, wie es z. B. auch für Rottweil postuliert wird.[4] Hierzu würde es gut passen, daß bei den feststellbaren Töpfereien, denen die Laufenburger Sigillata ab dem 2. Jh. entstammt, neben mittelgallischen nur wenig andere Manufakturen wie Rheinza-

1 Taf. 26,375–381 wurden in den Tabellen 1ff. nicht mitgezählt, da sie vermutlich den vorhergehenden Kat.-Nr. angehören.
2 Kat.-Nr. 1, 173–180, 182–183, 273–275.
3 Martin-Kilcher, Laufen-Müschhag 18 mit Anm. 27.
4 Klee, Rottweil 78.

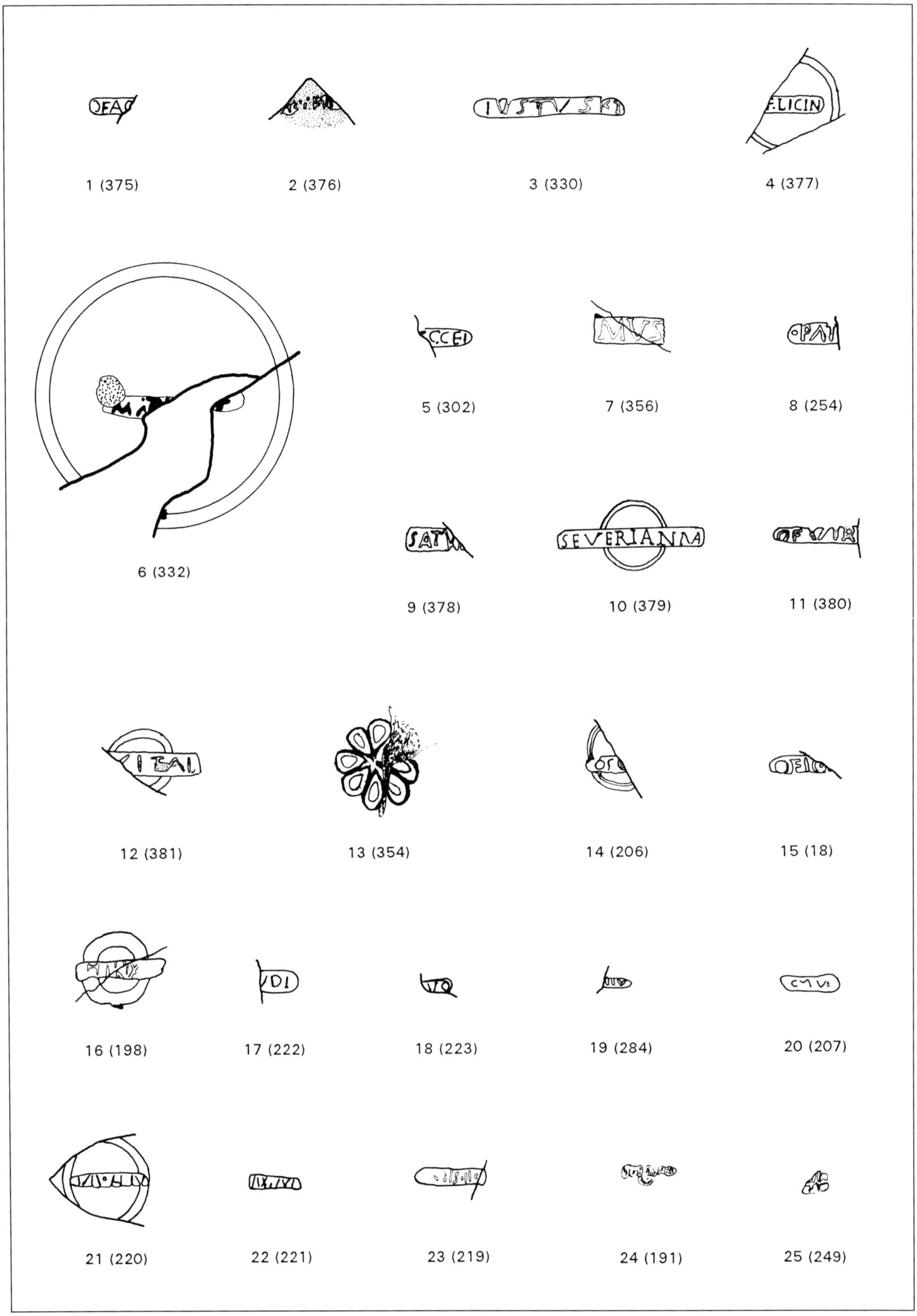

Abb. 38: Stempel auf Terra Sigillata. Die Nummern entsprechen der Tabelle 11; eingeklammerte Nummern entsprechen den Katalog-Nummern. M. 1:1.

Tabelle 11: Liste der Stempel auf TS, „Oswald" entspricht Oswald/Pryce, Introduction; zu den laufenden Nummern vgl. auch Abb. 38.

Nr.	Stempel	Töpfer	Form	Beleg	Herkunft	Datierung	Abb.
1	OF A(C) [ ]	? (Acutillus, Acutus, Aquileus, Aquitanus)	?	–	Südgallisch	1. Jh.	Taf. 26, 375
2	[ ]ATEII[ ]?	Ateius?	?	–	Arretina	Anfang 1. Jh.	Taf. 26, 376
3	IVSTVS F(E)	Iustus	Drag. 31 (?)	Oswald 155	Ittenweiler	Antonine	Taf. 20, 330
4	[ ]F. LICIN	Licinus	Kleine Tasse	Oswald 163f.	La Graufesenque	Claudisch-domitianisch	Taf. 26, 377
5	[ ]CCEI	wohl Lucceius	Drag. 18	Mary, Neuss 42	La Graufesenque	2. Drittel 1. Jh.	Taf. 18, 302
6	MAT[ ]F	? (Maternus, Matianus, Matina, Mattato)	Drag. 32	Oswald 195f.	Heiligenberg, Rheinzabern	(Hadrianisch)-Antonine	Taf. 21, 332
7	MVS[ ]	wohl Musicus	Drag. 44	Walke, Straubing Taf. 43, 261	Mittel- oder ostgallisch	2. Hälfte 2.–1. Hälfte 3. Jh.	Taf. 23, 356
8	PAT[ ]	wohl Paternus	Drag. 33	Oswald 231	Lezoux	(2. Hälfte?) 2. Jh.	Taf. 14, 254
9	SATV[ ]	Saturio oder Saturninus	?	Oswald 282f.	Rheinzabern, Lezoux, Blickweiler	2. Jh.	Taf. 26, 378
10	SEVERIAM	Severianus	Kleine Tasse	Oswald 295f.	Lezoux, Rheinzabern	Antonine	Taf. 26, 379
11	OF VIR[ ]	Virtus oder Virilis	Kleine Tasse	Oswald 337f.	La Graufesenque	2. Hälfte 1. Jh.	Taf. 26, 380
12	[ ](V)ITAL	Vitalis	Kleiner Teller?	Oswald 340ff.	La Graufesenque	Claudisch-domitianisch	Taf. 26, 381
13	Rosette (8teilig)	?	Drag. 42	Walke, Straubing Taf. 45, 453	Mittel- oder ostgallisch	Trajanisch-hadrianisch	Taf. 23, 354
14	OF [ ]	?	Drag. 24/25 (?)	–	Südgallisch	Tiberisch-claudisch	Taf. 10, 206
15	OFIC [ ]	?	Drag. 29	–	Südgallisch	2. Drittel 1. Jh.	Taf. 1, 18
16	HILI [ ]	?	Drag. 24/25	–	Südgallisch	Tiberisch-claudisch	Taf. 10, 198
17	[ ]DI	?	Drag. 27	–	Südgallisch	2. Hälfte 1. Jh.	Taf. 11, 222
18	[ ]VO	?	Drag. 27	–	Südgallisch	2. Hälfte 1. Jh.	Taf. 11, 223
19	[ ]IIV(?)	?	Drag. 15/17	–	Südgallisch	Vorflavisch	Taf. 17, 284
20	unleserlich	?	Drag. 24/25	–	Südgallisch	Tiberisch-claudisch	Taf. 10, 207
21	unleserlich	?	Drag. 27	–	Südgallisch	2. Hälfte 1. Jh.	Taf. 11, 220
22	unleserlich	?	Drag. 27	–	Südgallisch	2. Hälfte 1. Jh.	Taf. 11, 221
23	unleserlich	?	Drag. 27	–	Südgallisch	2. Hälfte 1. Jh.	Taf. 11, 219
24	unleserlich	?	Hofheim 9B	–	Südgallisch	Spättiberisch-claud.	Taf. 9, 191
25	unleserlich	?	Drag. 33	–	Südgallisch (?)	Ende 1. Jh.	Taf. 14, 249

bern, Ittenweiler etc. zu verzeichnen sind. Ware aus Trier, Rätien oder Afrika ist nur singulär vorhanden, schwäbische oder Argonnen-Sigillata fehlt völlig. Es bleibt aber trotzdem wichtig festzuhalten, daß sowohl im 3. als auch vereinzelt im 4. Jh.[5] Sigillata den Gutshof von Laufenburg erreichte. Aufgrund des geschilderten Forschungsstandes ist es aber derzeit nicht möglich, eventuelle Lücken z. B. in der 2. Hälfte des 3. Jh. zu erkennen.

Weiterhin fällt bei der Terra Sigillata der relativ geringe Anteil auf,[6] der Brandspuren als mögliches Zeugnis von Katastrophen während der gesamten Besiedlung zeigt. Mit sieben Gefäßen[7] tragen 4,24% der Reliefsigillata Brandspuren, bei der nicht reliefierten Ware sind es 9,58% (= 25 Gefäße);[8] insgesamt also 32 Gefäße, was einem Anteil von 7,51% der gesamten Terra Sigillata entspricht. Chronologisch verteilen sie sich, wie es in Tabelle 13 aufgeschlüsselt ist.

In absoluten Zahlen scheinen sich die verbrannten Sigillaten relativ gleichmäßig zu verteilen; jedoch muß bedacht werden, daß ab dem 2. Jh. die Sigillata-Quantität kontinuierlich absinkt, so daß der Anteil der verbrannten Scherben im 2. und besonders 3. Jh. größer ist als im 1. Jh. Jedoch lassen sich m. E. aus den insge-

5 Neben Kat.-Nr. 367 ist als weiterer Vertreter des 4. Jh. Kat.-Nr. 172 nicht auszuschließen (s. o. zu Taf. 8,172).

6 Vgl. z. B. die wesentlich höheren Prozentsätze im Rottweiler Material: PLANCK, Rottweil 133ff. mit Tabellen 3,5–8, 10; bes. 151.

7 Kat.-Nr. 1, 53b, 136(?), 142, 149, 153, 170.

8 Kat.-Nr. 175, 195, 232a, 243, 247(?), 249, 251, 251a, 270(?), 285, 286, 298, 303, 336, 340, 341, 343, 348, 353, 356, 361, 364, 364a, 368, 373.

Tabelle 12: Chronologische Verteilung des gesamten TS-Bestandes.

1. Hälfte 1. Jh.:	68 = 15,96%
2. Hälfte 1. Jh.:	183 = 42,96%
1. Jh. allgemein:	1 = 0,23%
1. Jh.:	252 = 59,15%
1. Hälfte 2. Jh.:	52 = 12,21%
2. Hälfte 2. Jh.:	46 = 10,80%
2. Jh. allgemein:	40 = 9,39%
2. Jh.	138 = 32,40%
1. Hälfte 3. Jh.:	24 = 5,63%
3. Jh. allgemein:	9 = 2,11%
3. Jh.	33 = 7,74%
1. Hälfte 4. Jh.:	1 = 0,23%
?	2 = 0,46%
Summe	426 = 100%

Tabelle 13: Chronologische Verteilung der TS mit Brandspuren.

1. Hälfte 1. Jh.:	7 Gefäße
2. Hälfte 1. Jh.:	6 Gefäße
1. Hälfte 2. Jh.:	2 Gefäße
2. Hälfte 2. Jh.:	4 Gefäße
2. Jh. allgemein:	3 Gefäße
1. Hälfte 3. Jh.:	5 Gefäße
3. Jh. allgemein:	4 Gefäße
?	1 Gefäß

samt geringen Zahlen keine Schwerpunkte ableiten. Anschließend soll die Sigillata aus Laufenburg kurz bezüglich ihrer Verteilung nach Gefäßformen untersucht werden (Tab. 14).
Hinsichtlich Tabelle 14 muß natürlich berücksichtigt werden, daß die sog. arretinische und südgallische Sigillata im wesentlichen lediglich acht Jahrzehnten des 1. Jh. angehört, der Rest sich über die Zeit des 2. bis 4. Jh. erstreckt. Ebenso relativiert sich die Zahl der 25 späten Schüsseln, da lediglich vier nicht zu den Mortaria gehören. Nicht zuletzt auch deswegen scheint es sinnvoll, für die relativen Verhältnisse der drei Kategorien untereinander nur die jeweiligen Gesamtzahlen (bei „Tassen" etc. und „Schüsseln" die in Tabelle 14 eingeklammerten Werte) heranzuziehen. Grob gerechnet ergeben sich folgende Werte:

	Tassen etc.	:	Teller	:	Schüsseln
1. Jh.	2,5	:	1	:	2,3
2.–4. Jh.	1	:	1,1	:	1,7

Wie bereits festgestellt, scheinen die kleinen Gefäßformen wie Tassen etc. aufgrund geänderter Tischsitten ihre Bedeutung in späterer Zeit stark verloren zu haben, was auch an anderen Fundplätzen zu beobachten ist.[9] Allerdings bedingt dies in Laufenburg keinen reziproken Anstieg von Tellern oder Schüsseln wie an jenen anderen Orten.[10] Vielmehr scheint ein generell geändertes Einkaufsverhalten vorzuliegen, das sich immer mehr von der Sigillata hin zu anderen Keramikarten wandelte. Ein weitergehender Vergleich der Verhältnismäßigkeit der in den verschiedenen Zeiten benutzten Gefäßkategorien wird daher erst an späterer Stelle für die Gesamtkeramik weitere Aufschlüsse ermöglichen.
Zum Schluß sollen noch einmal relevante Fundstellen der TS-Gefäße erwähnt werden. Im Nord-Risalit reichen die Funde vom Anfang des 2. Jh. (Kat.-Nr. 112,143) bis in die erste Hälfte des folgenden (Kat.-Nr. 373). Der südlich anschließenden Porticus

9 Martin-Kilcher, Laufen-Müschhag 16 mit Anm. 4. Roth-Rubi, Stutheien 28. Chur 1, 63.
10 Vgl. Anm. 8.

Tabelle 14: Verteilung der TS nach übergeordneten Gefäßformen und Provenienzen. In Klammern jeweils Zahlen einschließlich Relief- und Glasschliff-TS; unberücksichtigt blieben Kat.-Nr. 1 u. 374.

Form	Arretina	Südgallisch	Sonstige	Gesamt
Tassen, Näpfe, Becher u. Schälchen	10 = 2,36%	89 = 20,99% (103 = 24,29%)	35 = 8,25% (42 = 9,91%)	134 = 31,60% (155 = 36,56%)
Teller	3 = 0,71%	42 = 9,91%	48 = 11,32%	93 = 21,93%
Schüsseln	–	2 = 0,47% (103 = 24,29%)	25 = 5,90% (73 = 17,22%)	27 = 6,37% (176 = 41,51%)
	13 = 3,07%	133 = 31,37% (248 = 58,49%)	108 = 25,47% (163 = 38,45%)	254 = 59,90% (424 = 100%)
Summe Arretina u. Südgallien	146 = 34,44% (261 = 61,56%)			

lassen sich Gefäße aus dem späteren 2. Jh. (Kat.-Nr. 145,332) und der 1. Hälfte des 3. Jh. (Kat.-Nr. 161) zuweisen.
Zuunterst in Raum 3 befand sich die (verbrannte) hadrianische Schüssel Kat.-Nr. 142. Dem 2. Jh. (Kat.-Nr. 150,378), vielleicht auch dem 3. Jh. (Kat.-Nr. 338) gehören mehrere Funde in Raum 2 an, die z. T. einzelnen Schichten zugewiesen werden können.

2. Terra Sigillata-Imitationen (Taf. 27; 28)

Mit lediglich 34 Gefäßen ist diese Gattung, die in Form und Überzug zumeist Sigillata-Vorbilder imitiert, nur gering vertreten. Das Gros läßt sich in das 1. Jh. n. Chr. datieren; überwiegend sind die Oberflächen rot bis bräunlich, lediglich acht Exemplare (= 23,53%) weisen eine schwarze Oberfläche auf, wobei diese sowohl aus einem Überzug als auch aus einer Schmauchung, die durch Glättung und Polierung der Terra Nigra-Technik entspricht, gebildet sein kann. Da sich somit die Bearbeitung der meisten Gefäße auf die Einteilungen von W. Drack[1] stützen kann, soll im folgenden analog zu diesen vorgegangen werden. Hinsichtlich der wenigen jüngeren Vertreter besteht die Schwierigkeit, daß es für diese bisher keine umfassenden Untersuchungen gibt.[2] Insgesamt verteilen sich die Gefäßformen, wie in Tabelle 15 dargestellt.
Fünfmal sind Platten bzw. Teller Drack 2 (Taf. 27,382–386) vertreten, wobei die ersten drei durch umlaufende Bänder bzw. Rillen gegliedert sind (Drack 2 Aa), die letzten beiden zusätzlich durch einen äußeren Riefelkranz (Drack 2 Ab).[3] Die äußere Gliederung des Steilrandes aus oberer und unterer Leiste mit dazwischen liegendem eingezogenem Band, die die Form Drack 2 charakterisieren,[4] zeigt sich bei unseren Exemplaren in relativ verschliffener Form, was seine Erklärung nicht zuletzt auch darin findet, daß der beigefarbene bis hellrötliche Ton meist weich, der Überzug nur wenig haftend ist und somit der Technik 1 a nach Drack[5] entspricht. Lediglich Tafel 27,382 weist noch eine akzentuierte Gliederung auf, bei der das oberste Randelement durch seine Höhe und Überkragung mehr an eine hohe Lippe, als an eine Leiste erinnert.[6] Hauptsächlich wurde die Form Drack 2 in tiberischer Zeit produziert,[7] wobei eine zeitliche Abfolge der verschiedenen Randausprägungen nicht möglich zu sein scheint.[8]
Jeweils singulär sind vermutlich zwei weitere Tellerformen vertreten, die Typen Drack 3 (Taf. 27,387) und Drack 6 (Taf. 27,388).
Vom Teller mit Viertelrundstab (Drack 3)[9] ist lediglich der plumpe dicke Rand erhalten, so daß sich dieser einer genaueren Eingrenzung entzieht.

Tabelle 15: Verteilung der TS-Imitationen; in Klammern der Anteil mit schwarzer Oberfläche.

Form nach Drack	Anzahl
Teller u. Platten	
2	5
3	(1)
6	(1)
7 = 20,59%	
Tassen u. Schalen	
11	2 (1)
13	3
14	4 (2)
14/15	2
15	1
12 = 35,29%	
Schale bzw. Schüssel	
Spätröm.	2
2 = 5,88%	
Schüsseln	
20	(2)
21	8 (1)
22	3
13 = 38,23%	
Summe	34 = 100%

Falls die Zuweisung von Tafel 27,388 an Teller mit schräggestelltem profiliertem Rand (Drack 6)[10] zutrifft, erweist sich unseres als tiefes Exemplar mit wenig abgesetzter Randbildung.[11] Beiden Tellern gemeinsam ist die schwarze Schmauchtechnik 3 b nach Drack,[12] wodurch ein Zeitansatz in die flavische Epoche gegeben ist.[13]
Vermutlich zweimal sind Tassen der Form Drack 11 vertreten (Taf. 27,389.390), deren geringe Reste jedoch keine Zuweisung an eine der verschiedenen Un-

1 Drack, TS-Imitation.
2 Martin-Kilcher, Laufen-Müschhag 24 f.
3 Drack, TS-Imitation 65 f.
4 Drack, TS-Imitation 65 f.
5 Drack, TS Imitation 26.
6 Drack, TS-Imitation 65.
7 Drack, TS-Imitation 66 f. Tomašević, Keramik 29.
8 Drack, TS-Imitation 67. Anders Ettlinger, Augster Thermen 21 Taf. 4,1–6.
9 Drack, TS-Imitation 67 ff.
10 Drack, TS-Imitation 73 ff.
11 Denkbar wäre es auch, daß es sich um einen Vertreter Drack 12 handelt. Vgl. Martin-Kilcher, Laufen-Müschhag Taf. 20,10.
12 Drack, TS-Imitation 27 f.
13 Drack, TS-Imitation 45.

tergruppen zulassen.[14] Dementsprechend kann sich eine Datierung um die Mitte des 1. Jh. n. Chr. nur auf qualitative Kriterien stützen. Das Randbruchstück Tafel 27,389 gehört mit seinem glänzenden, schwarzen Überzug zur Technik 3a nach Drack,[15] das Standringbruchstück Tafel 27,390 zur Technik 1c,[16] die durch ihren beigen, hart gebrannten Ton charakterisiert wird.

Ohne Abbildung blieben die kleinteiligen Scherben dreier Tassen Drack 13 (Kat.-Nr. 391a), die die kennzeichnenden Wandeinschnürungen zeigen.[17] Aufgrund der erhaltenen orangenen Überzüge handelt es sich bei unseren Exemplaren bereits um Produkte des 2. Jh. (u.a. Taf. 27,398).[18]

Viermal sind Schalen der Form Drack 14B vorhanden (Taf. 27,392–395), die neben dem Horizontalrand, der leicht unterschnitten sein kann (Taf. 27,392.395), einen schwach ausgeprägten Wandknick besitzen (Taf. 27,392–394).[19] Durch seine schwarze Technik 3a nach Drack erweist sich das Stück Tafel 27,392 als neronisches Fabrikat. Die folgende Schale (Taf. 27,393), in Technik 3b (s.o.), entstammt bereits schon der flavischen Zeit. Der Vergleich mit einem in Form und Qualität ähnlichem Teller aus Vindonissa[20] zeigt, daß auch Latèneformen Einflüsse auf die Sigillata-Imitationen ausübten. Ebenfalls flavisch sind Tafel 27,394.395. Obwohl in der braunen Technik 5 nach Drack[21] hergestellt, tragen sie ausnahmsweise keine Barbotineverzierung auf dem Rand;[22] vermutlich handelt es sich hierbei um Fabrikate der 11. Legion aus Vindonissa.[23] Tafel 27,394 fand sich 1970 im Nord-Risalit in den Suchgräben entlang den Mauern 30, 33 und 28.

Anhand der erhaltenen Randstücke können Tafel 27,396.397 sowohl zur Form Drack 14A, als auch 15A gehören,[24] zumal der erhaltene Randdurchmesser von Tafel 27,396 ebenfalls nicht eindeutig zwischen kleiner Schale und großer Tasse unterscheiden läßt. Allerdings sind beide Stücke in Technik 1c nach Drack gearbeitet, die bei den in Frage kommenden Formen von neronischer bis flavischer Zeit Anwendung fand.[25] Das Randbruchstück Tafel 27,396 entstammt dem Aushub südlich des Süd-Risaliten der Grabung 1970.

Tafel 27,398, gefunden 1970 im Raum a, ist die einzig sicher als Form Drack 15A ansprechbare Tasse. Unser Exemplar mit seiner orange-roten Technik des 2. Jh. n. Chr. (vgl. Kat.-Nr. 391a) bestätigt die Beobachtung Dracks hinsichtlich der langen Lebensdauer dieser Form.[26]

Zweimal sind Schüsseln mit Wandknick (Drack 20) im Laufenburger Material vorhanden (Taf. 27,399–28,400), denen beiden der zumeist omphalosartige Boden fehlt.[27] Insgesamt wurde diese Form von der Mitte des 1. Jh. bis mindestens zum frühen 2. Jh. produziert.[28] Die vorliegenden schwarzen Techniken 3a und 3b sprechen nach Drack jedoch eher für eine Entstehungszeit in der 2. Hälfte des 1. Jh.,[29] was auch am Augster Material Bestätigung findet.[30]

Es folgen mit Tafel 28,401–408 acht Schüsseln der Form Drack 21.[31] Die ersten sieben Exemplare der Untergruppe 21Ab weisen einen schlecht gebrannten Ton in verschiedenen bräunlichen Nuancen und einen schlecht haftenden, gleichfarbigen Überzug auf, was der Technik 5 nach Drack entspricht.[32] Soweit feststellbar, erstreckt sich der Überzug auf die gesamte Außenseite, innen ist er nur auf einem schmalen Randbereich angebracht.[33] Aufgrund der schlechten Qualität haben sich die äußeren Riefelkränze, die diese Gruppe der Wandknickschüsseln dekorieren, nur z.T. erhalten (Taf. 28,401.405–407). Der Rand ist ausgebogen und verdickt, außen zeigt er mehrfache Profilierung; nur bei Tafel 28,404 wird letztere durch einen einfachen Wulst ersetzt. Offensichtlich scheint diese Form im gesamten 1. Jh. beliebt gewesen zu sein,[34] die hier auftretende Technik beschränkt sich jedoch auf dessen 2. Hälfte.[35] Eine zeitliche Abfolge der unterschiedlichen Randprofilierungen scheint nicht feststellbar, da z.B. einfachere Ausführung wie hier Tafel 28,404 in Augst bereits (in anderer Technik) in tiberisch-claudischer Zeit produziert wurden.[36]

14 Drack, TS-Imitation 80ff.
15 Drack, TS-Imitation 27; 44.
16 Drack, TS-Imitation 26f.; 44.
17 Drack, TS-Imitation 84f. mit Taf. 9, 12–18.
18 Drack, TS-Imitation 85.
19 Drack, TS-Imitation 85f.
20 Ettlinger, Vindonissa 16f. Taf. 4,55.
21 Drack, TS-Imitation 28.
22 Drack, TS-Imitation 86.
23 Drack, TS-Imitation 45f.
24 Drack, TS-Imitation 85ff.
25 Drack, TS-Imitation 86f.
26 Drack, TS-Imitation 87 mit Anm. 1.
27 Drack, TS-Imitation 92ff. Martin-Kilcher, Laufen-Müschhag 27.
28 Drack, TS-Imitation 93. Martin-Kilcher, Laufen-Müschhag 27. Chur. 1, 85 Taf. 18,20.
29 Drack, TS-Imitation 93.
30 Ettlinger, Augster Thermen 48 Taf. 7,15.
31 Drack, TS-Imitation 94ff.
32 Ebd. 28. Ebenso Technik 4 in Augst: Ettlinger, Augster Thermen 43.
33 Gleiche Beobachtung in Augst: Ettlinger, Augster Thermen 46.
34 Ettlinger, Augster Thermen 46.
35 Ebd. Drack, TS-Imitation 45; 95f. (die dort 96 unter „Datierung" gemachte Angabe „spätclaudisch-neronisch" muß wohl entsprechend den Ausführungen ebd. 45; 95 richtig „spätneronisch-flavisch" lauten). Bender/Steiger, Töpfereibezirk 260 Taf. 12,226.
36 Bender/Steiger, Töpfereibezirk 275ff. Taf. 13,274–280; 15,350–355. Ettlinger, Augster Thermen 46 unten sieht auch keine chronologisch verwertbare Formänderung.

Schüsseln Drack 21 Ab in brauner Technik tauchen häufig in Vindonissa auf,[37] in Augst ist etwas Vergleichbares nur singulär gefunden worden.[38]
Ebenfalls in Vindonissa (s. Katalog), nicht aber in Augst, sind Schüsseln wie hier Tafel 28,408 belegt. Formal schließen sie sich an Wandknickschüsseln Drack 21 an, jedoch bildet hier der Knick eine leicht vorkragende Schulter, über der der Rand senkrecht ansteigt. Auch qualitativ stimmt unser Exemplar in Nigra-Technik mit den Stücken aus Vindonissa überein, so daß gleichfalls eine Datierung in die 2. Hälfte des 1. Jh. n. Chr. zutreffend sein dürfte.[39]
Es folgen Tafel 28,409–411 drei Schüsseln der Form Drack 22 A.[40] Die ersten beiden weisen außen unter dem Rand das typische breite, von zwei Rillen eingefaßte Rinnenband auf; bei Tafel 28,411 ist dieses jedoch zu einer breiten Rille verkümmert. Aufgrund der Technik 1 c nach Drack gehört Tafel 28,410 in die Mitte des 1. Jh.,[41] das folgende Stück (Taf. 28,411) ist nach Ausweis seiner braunen Technik 5 bereits ein flavisches Produkt.[42] Ob die Rückbildung des Rinnenbandes parallel zur chronologischen Abfolge der Techniken verlief, kann derzeit aufgrund der geringen Zahl der bekannten Vergleichsstücke nicht sicher gesagt werden.[43] Aufgrund des völlig verbrannten Zustandes kann Tafel 28,408 nicht näher als in der 2. Hälfte des 1. Jh. eingegrenzt werden.
Mit Tafel 28,412.413 sind zwei kleine Schüsseln angeschlossen, die knapp unter dem Rand umlaufende Griffleisten besitzen. Auf dem unterschiedlich gebrannten, beige-orangenen Ton sitzt ein Überzug relativ schlechter Qualität auf, der farblich nur leicht vom Ton verschieden ist. Die augenfälligen Übereinstimmungen mit der orangenen Technik des 2. Jh. n. Chr. und z. T. der braunen Technik 5 des späteren 1. Jh. rechtfertigen somit eine Einordnung zu Gefäßen in Sigillata-Imitation, wenn auch die Ausfertigung der Gefäßkörper deutlich negativ von den vorangegangenen unterschieden ist. Vergleichsstücke zu diesen Schüsseln finden sich im Görbelhof in Rheinfelden,[44] die von E. Ettlinger ins 4. Jh. datiert werden.[45] Nachlässige Führung der gerundeten Wand[46] sind dort ebenso wie gedrungene Griffleisten festzustellen.[47] Allerdings sind bei den Laufenburger Schüsseln letztere nicht nach unten gebogen, wohingegen ein innerer Rundstab als Randbildung wie hier Tafel 28,412 bei den Stücken vom Görbelhof nicht zu finden ist. Hinsichtlich Ton und Überzug bemerkt Ettlinger, daß es sich „... in technischer Hinsicht um eine Ware [handelt], die große Ähnlichkeit mit der ‚TS chiara‘ aufweist“.[48]
Vergleichbare Formen in der spätrömischen Sigillata allgemein lassen sich zunächst bei der Argonnenware finden, wo die Schüssel Chenet 315[49] des 4. Jh. ähnliche Form zeigt wie unsere Exemplare. Schwieriger ist es, Bezugspunkte zur „African Red Slip Ware“ herzustellen. Zwar ist die Form Hayes 91,[50] deren Entwicklung von Schüsseln ähnlich den Rheinfeldenern Exemplaren (s. o.) zu solchen wie den Laufenburgern verläuft, hinsichtlich der Profilausprägungen gut vergleichbar; allerdings würde eine analoge Datierung unsere Stücke Tafel 28,412.413 bereits dem 7. Jh.[51] zuweisen, womit sie völlig vom sonstigen Fundmaterial isoliert würden. Zudem ist eine Beurteilung der Existenz von Sigillata-Imitation in dieser Zeit gegenwärtig nicht möglich,[52] so daß unsere Schüsseln vorläufig aufgrund obiger Vergleichsstücke dem 4. Jh. zugerechnet werden müssen.[53] Tafel 28,413 wurde 1970 im Nord-Risalit des Gebäudes geborgen. Zusammengefaßt fügt sich die Sigillata-Imitation gut in die bisher gewonnene Chronologie ein (Tab. 16).
Bereits in der 1. Hälfte des 1. Jh. stockten die Bewohner des Laufenburger Gutshofes den Bestand an feinerem Tafelgeschirr mit Sigillata-Imitation auf. In der zweiten Jahrhunderthälfte findet auch hier wieder ihre so genutzte wirtschaftliche Potenz seinen deutlichsten Niederschlag, was bereits mit dem 2. Jh. stark zurückgeht. Die beiden spätrömischen Schüsseln erscheinen innerhalb dieser Gattung zwar isoliert, passen allerdings aber zum gesamten Fundspektrum. Betont werden muß jedoch, daß die Sigillata-Imitation lediglich

---

37 Drack, TS-Imitation 96.
38 Ettlinger, Augster Thermen 46 unten.
39 Ettlinger, Vindonissa 18 (zu Nr. 64).
40 Drack, TS-Imitation 98 f.
41 Ebd. Ettlinger, Augster Thermen 48.
42 Drack, TS-Imitation 98 f.
43 Martin-Kilcher, Laufen-Müschhag 27. Allerdings fällt auf, daß die erhaltenen Stücke aus Augst der 1. Hälfte des 1. Jh. Ähnliches nicht aufweisen: Ettlinger, Augster Thermen 48 Taf. 5,2–6.
44 Ettlinger, Görbelhof Taf. 4,9–15.
45 Ettlinger, Görbelhof 22 f., 32 (Übersicht).
46 Ettlinger, Görbelhof Taf. 4,13.
47 Ettlinger, Görbelhof Taf. 4,9.10.
48 Ettlinger, Görbelhof 22, Z. 30 ff. mit Anm. 12. Vgl. hierzu auch z. B. Chur 1, 81.294.
49 G. Chenet, La céramique gallo-romaine d'Argonne du IVe siècle. Fouilles et documents d'archéologie antique en France 1 (Mâcon 1941) 67 Taf. 13,315.
50 Hayes, LRP Abb. 26,91,A–D.
51 Hayes, LRP 144 (Form Hayes 91D). Die den Rheinfeldener Schüsseln vergleichbare Form 91 A wird von Hayes ab der Mitte des 5. Jh. datiert, jedoch sieht er für diese Frühform eine große Unsicherheit, so daß also eine zeitliche Parallele zum Görbelhof nicht ausgeschlossen werden kann.
52 Vgl. Anm. 2. Roth-Rubi, Stutheien 31 postuliert die Existenz von „Schüsseln in der Nachfolge der helvetischen Sigillata-Imitation“ (zumindest für Wandknickschüsseln) bis ins 3. Jh.
53 Allerdings muß angemerkt werden, daß N. Lamboglia seine Form 24/25, die der Form Hayes 91 entspricht, wesentlich früher datiert, was jedoch von Hayes, LRP 144 abgelehnt wird. Vgl. N. Lamboglia, Riv. Studi Liguri 26, 1958, 257 ff., bes. 293. Ders., Riv. Studi Liguri 29, 1963, 145 ff., bes. 189 f.

Tabelle 16: Chronologische Verteilung des TS-Imitation.

Tiberisch	5 = 14,71%
Mitte 1. Jh.	3 = 8,82%
Neronisch	1 = 2,94%
Flavisch	6 = 17,65%
2. Hälfte 1. Jh. allg.	13 = 38,24%
2. Hälfte 1. Jh.	20 = 58,83%
1. Jh. gesamt:	28 = 82,36%
2. Jh.	4 = 11,76%
4. Jh.	2 = 5,88%
Summe	34 = 100%

einen Bruchteil des Tafelgeschirres ausmacht.[54] Dementsprechend können auch die Verhältnisse von Tellern zu Tassen und Schüsseln, wie sie oben für die Sigillata untersucht wurden, als zu geringfügig ohne Berücksichtigung bleiben.[55]

Hinsichtlich der wenigen bekannten Fundstellen bleibt nur festzuhalten, daß dem Nord-Risalit sowohl flavische (Kat.-Nr. 394), als auch Sigillata-Imitation des 4. Jh. (Kat.-Nr. 413) entstammt.

3. „Feine Becher" (Taf. 29–36)

Die bereits eingangs erwähnten Definitionsprobleme finden besonders auch in dieser Gruppe ihren Niederschlag. Einerseits ist es im Einzelfall schwierig, genaue Abgrenzungen von Bechern zu Tassen oder Tonnen zu treffen, wobei z. B. auch ein Ausschluß von Näpfen wenig sinnvoll erscheint; andererseits wird bisher die Subsumierung unter verschiedene Warenqualitäten durchaus nicht einheitlich gehandhabt.[1] Dementsprechend schien es sinnvoll, unter dem Topos „Feine Becher" die verschiedenen Ausprägungen hinischtlich Form und Qualität zusammenzufassen.

Insgesamt umfaßt diese Gruppe der Trinkgefäße mindestens 305 Exemplare, allerdings ist die absolute Auszählung durch die großen Mengen sehr kleinteiliger Scherben naturgemäß recht unsicher. Eine Übersicht über die Kombination verschiedener Formen und Dekorationen sowie die Gesamtqualität gibt Tabelle 17.

Soweit feststellbar, erfreuten sich Becher mit „rätischem Rand" bzw. der Form Niederbieber 33 ungefähr gleich stark der größten Beliebtheit. Etwa halb so oft fanden sich in Laufenburg Becher mit Karniesrand und solche in Eiform; sonstige Ausprägungen sind nur gering vertreten. Dieser Formenverteilung gut vergleichbar ist die in Laufen-Müschhag, wobei dort allerdings Becher mit „rätischem Rand" schwächer vertreten sind.[2] Bei den verschiedenen Dekorationen sind erwartungsgemäß Kerbbänder mit Abstand am häufigsten nachzuweisen, gefolgt von verschiedenartigen Barbotineverzierungen und Faltenbechern. Auch dies konnte ähnlich in obiger Villa beobachtet werden,[3] jedoch fehlen dort ausgesprochen späte Dekore wie Glasschliff-Imitation und Weißmalerei.

Wie aus Tabelle 17 ersichtlich, sind vielfach Überschneidungen zwischen unterschiedlichen Formen und Dekorationen festzustellen, was eine Vorstellung des Materiales nach nur einem Gesichtspunkt nicht ermöglicht. Deshalb sollen im folgenden zunächst Becher mit charakteristischen Dekorationen, sodann verschiedene Gefäßformen und Bodenbruchstücke besprochen werden, denen als letztes einige Einzelstücke angeschlossen sind.

Da bei den „Feinen Bechern" relativ viele Fundstellen innerhalb des Haupthauses bekannt sind, würde es unnötig den Text überfrachten, alle einzeln aufzuführen; statt dessen soll eine entsprechende Karte am Ende dieses Kapitels die Fundverbreitung verdeutlichen (S. 101).

3.1 Verschiedene Dekorationen (Taf. 29,414–32,463)

Unabhängig von den vertretenen Gefäßformen sollen hier verschiedene Gruppen charakteristischer Dekorationen vorgestellt werden, wobei der Begriff Dekoration auch auf bestimmte Oberflächenbehandlungen ausgedehnt wurde.

Frühe Dekorationen

Tafel 29,414–416 umfaßt drei gesandete Gefäße unterschiedlicher Form. Die beiden halbkugeligen, relativ engmündigen Becher Tafel 29,414.415 mit außen abgesetztem Rand entsprechen der Form Haltern 40 B,[4] zu denen gute Vergleichsbeispiele für Vindonissa[5] und

54 Vgl. Tabelle 10; Verhältnis nicht reliefierter TS zu TS-Imitation = 7,68 :1.

55 Sie betragen im 1. Jh. 1:1,1:1,9 (Teller : Tassen : Schüsseln); im 2. bzw. 4. Jh. sind nur sechs Tassen und Schüsseln nachweisbar (im Verhältnis 2:1).

1 z. B. verwendet Martin-Kilcher, Laufen-Müschhag 20ff. als Oberbegriff „Becher mit Glanztonüberzug". In der entsprechenden Rezension will A. Hochuli-Gysel diesen Begriff nur für das 2. Jh. gebraucht sehen, für Produkte des 1. Jh. hingegen lieber „Feinkeramik" oder „dünnwandige Becher und Tassen": Bonner Jahrb. 182, 1982, 723ff.

2 Martin-Kilcher, Laufen-Müschhag 20f. Überhaupt ist es schwierig, ähnliche Aufschlüsselungen in anderen (auch neueren) Publikationen zu finden, die chronologisch und quantitativ überhaupt vergleichbar sind. Vgl. z. B. Chur 1, 86ff. oder Roth-Rubi, Stutheien 29f.

3 Martin-Kilcher, Laufen-Müschhag 22 mit Abb. 5.

4 Loeschcke, Haltern 217ff. Taf. 11,40B.

5 Tomašević, Keramik Taf. 12,2–5.

Tabelle 17: Verteilung der „Feinen Becher“ nach Formen und Dekorationen.

Dekorationen	Früher Rand	Karniesrand	„Rätischer“ Rand Niederbieber 32	Niederbieber 32d	Niederbieber 33	Niederbieber 31	Eiförmiger Becher	Varia	Form?	gesamt
Sandbewurf	3	–	–	–	–	–	–	–	–	3
Runde Nuppen, Punkte	1	–	–	–	–	–	–	–	–	1
Große Schuppen	–	–	–	–	–	–	–	–	1	1
Glasschliff-Imitation	–	–	3	–	–	–	–	–	1	4
Kringel, décor oculé	–	1	1	–	–	–	–	–	3–4	5–6
Lunulae + Fadenkreuz	–	–	–	–	–	–	1	–	–	1
Lunulae + Kerbband	–	–	–	–	–	–	–	–	2	2
Barbotine allein	–	–	–	–	–	–	–	1	23–28	24–29
Barbotine + Kerbband	–	2	–	–	–	–	–	–	15–20	17–22
Weißbarbotine	–	–	–	–	2	1	–	–	1	4
Goldglimmer-Überzug	2	–	1	–	2	–	–	–	2	7
Falten	–	–	–	1	8–9	–	–	1	11–13	21–24
Kerbband allein	–	7	15–20	–	–	–	4	–	mind. 60	mind. 86
Rädchen	–	–	–	–	–	–	5–6	–	–	5–6
Dekoration?	–	11	17	–	25	–	6	–	mind. 60	mind. 119
Schachbrett	–	–	–	–	–	–	–	2	–	2
Wellenband	–	–	–	–	–	–	–	3	–	3
Summe	6	21	37–42	1	37–38	1	16–17	7	mind. 179	mind. 305

Augst[6] belegt sind. Beide sind sowohl innen als auch außen gesandet, Tafel 29,414 zusätzlich auch auf der Unterseite der Standplatte; lediglich der Randbereich ist (zumindest außen) glatt. Diese frühe Form entstammt der tiberischen Zeit.[7] Etwas jünger, aber sicher noch vorflavisch, ist das Töpfchen Tafel 29,416; der ausgebogene Rand in Verbindung mit der nur außen angebrachten Sandung ist vergleichbar der Form Hofheim 25,[8] wie sie auch in Vindonissa vertreten ist.[9] Allerdings ist bei unserem Exemplar der Rand stärker ausgebogen, so daß dieser radförmig wirkt. Alle drei gesandeten Gefäße aus Laufenburg weisen einen hellockerfarbenen Ton auf, über dem ein orange-brauner, zumeist matter Überzug sitzt. Dieses in Verbindung mit den Sandungen der Becherinnenseiten deutet auf eine Herkunft aus Lyon,[10] dessen Export z. B. auch für Augst und Vindonissa bekannt ist.[11] Anzumerken bleibt noch, daß auf den Außenseiten der Becher Tafel 29,414.415 besenstrich-ähnliche Riefen festzustellen sind, wie z. B. auch am Material von Chur.[12] Ob dies als Indiz für eine bestimmte Töpferei zu deuten ist,[13] scheint m. E. fraglich. Vielmehr dürften hierin wohl Bearbeitungsspuren bestimmter „Werkzeuge“ zu sehen sein, die nicht werkstattgebunden sind.[14]

Tafel 29,417 zeigt das Unterteil eines kleinen Bechers (Schälchens?), der außen eine Dekoration aus umlaufenden Reihen großer, applizierter Punkte trägt. Er gehört damit technisch nicht zu den späteren Erzeugnissen mit kleinen Barbotinepunkten (s. u.), die ebenfalls großflächig die Gefäßwand bedecken können.[15] Vielmehr scheint hier eine degenerierte bzw. hand-

6 Ettlinger, Augster Thermen Taf. 22,1.2.

7 Ebd. 82. Tomašević, Keramik 43f.

8 Ritterling, Hofheim 256f. Taf. 32,25Aa.

9 Ettlinger, Vindonissa 52 Taf. 11,238.

10 Greene, Usk 13f. Allerdings postuliert Ettlinger, Vindonissa 38 auch eine Produktion in Vindonissa selbst.

11 Ettlinger, Vindonissa 15 Abb. 3,19.20.

12 Chur 1, Taf. 21,18.

13 Chur 1, 88f.: Besenstrich in Verbindung mit dort fehlender Sandung der Gefäßinnenseiten als Indiz für mittelitalische bzw. spanische Produkte.

14 Vgl. auch Greene, Usk 14, der auf die unterschiedlichen Konsistenzen des Tones hinweist, der für Dekorationen (in Lyon bzw. dem Rheinland) verwendet wurde. Die Verarbeitung eines festeren Tonschlickers erfordert sicher andere Instrumente, als die eines dünneren; für die Herstellung gleichartiger Gefäße (z. B. gesandeter) dürften aber wohl gleichartige Hilfsmittel verwendet worden sein, die in unterschiedlichen Töpfereien ähnliche Spuren auf den Gefäßen hinterlassen haben.

15 Vgl. z. B. Martin-Kilcher, Laufen-Müschhag Taf. 16,16 oder Kaenel, Aventicum Taf. 20, 1–5.

werklich mißlungene Form der sogen. Brombeerschälchen vorzuliegen.[16] Aufgrund des gut gebrannten weißen Tones und des dunklen, matten Überzuges[17] handelt es sich um ein rheinisches Fabrikat, das ausnahmsweise innen ohne Überzug ist. Dies untermauert den Bezug zu Brombeerschälchen, da rheinische Manufakturen solche Dekorationen, die sonst hauptsächlich in Lyon gefertigt wurden, von letzteren kopierten.[18] Allerdings muß offenbleiben, ob in unserem Gefäß ein erster schlechter Versuch oder bereits der Verlust der Kenntnis des Vorbildes zu sehen ist, womit zeitlich die beiden ersten Drittel des 1. Jh. in Betracht kommen.[19] Erstaunlicherweise scheinen gesicherte Vergleichsfunde, die in Qualität und Dekor unserem Exemplar entsprechen, südlich von Mainz bisher nicht vorzuliegen.[20]
Schuppendekor ist einmal im Laufenburger Material vertreten (Taf. 29,418). Da weder Form noch Qualität bestimmt werden können, muß die Analyse dieses Bruchstückes allgemein bleiben. Kleine Schälchen bzw. Becher treten mit derartigen Verzierungen bereits seit tiberischer Zeit im 1. Jh. auf,[21] größere Becher z. B. mit Karniesrand sind aber auch noch im folgenden Jahrhundert zu finden.[22]

Glasschliff-Imitation

Es folgen Tafel 29,419–422 Becher, deren Wände Verzierungen in Glasschliff-Imitation tragen, die blättchen-, tropfen- oder dellenförmig sein können. Die erhaltenen Ränder sind die der „rätischen Form".[23] Der orangefarbene, gut gebrannte Ton wird von einem ins bräunliche spielenden, leicht glänzenden Überzug bedeckt, der bei Tafel 29,419.420 innen fehlt. Nur Tafel 29,421 zeigt einen grauen Ton mit schwarzem, glänzendem Überzug. Aufgrund des geringen Vergleichsmaterials scheint Dekoration in Glasschliff-Imitation, die sicher in Verbindung zu ähnlichen Gefäßen aus Sigillata gesehen werden müssen, nicht sehr beliebt gewesen zu sein; zudem ist häufig eine genaue Abgrenzung zu einer schlecht erhaltenen Kerbband-Dekoration wie hier Tafel 29,422 schwierig. Zeitlich gehören unsere Stücke zumindest dem späteren 2. Jh. an, aber auch die 1. Hälfte des folgenden Jh. ist möglich.[24]

Décor Oculé

Als typische Verzierungen auf Bechern aus helvetischen Manufakturen ist das décor oculé anzusehen,[25] das auf Tafel 29,423–425 erscheint, wobei je einmal Karnies- und „rätischer Rand" vertreten ist. Ton und Überzug sind hierbei die gleichen wie bei den bräunlichen Bechern der vorangegangenen Gruppe. Das Stempeldekor aus jeweils drei konzentrischen Kreisen[26] ist in schrägen (Taf. 29,423) oder horizontalen Reihen (Taf. 29,425) angeordnet, wie es auch sonst beobachtet werden kann (vgl. Katalog); bei den Resten zwei bis drei weiterer Gefäße ist eine mögliche Anordnung nicht mehr feststellbar. Erstaunlicherweise scheint bei Tafel 29,424 das Dekor auf je einen Kreis reduziert zu sein. Darin ein wirklich anderes, sonst nicht belegbares Motiv zu sehen,[27] ist zumindest zweifelhaft; eher dürfte als Grund hierfür nachlässige Stempelung oder ein beschädigter Stempel in Frage kommen.[28] Produziert wurden Becher mit décor oculé von der Mitte des 2. Jh. bis ins 3. Jh. hinein,[29] wobei bisher Bern-Enge und Aventicum als mögliche Töpfereien nachgewiesen sind.[30]

Verschiedene Barbotine-Dekorationen

Eine große Gruppe innerhalb unserer Becher stellen solche mit verschiedenen Barbotine-Dekorationen (Taf. 29,426–31,448) dar. Die „Jagdbecher" sind siebenmal in unserem Material vorhanden (Taf. 29,426–30,429; Kat.-Nr. 429a–c). Nur die beiden ersten Bruchstücke zeigen noch die namensgebende Dekoration aus zumeist freihändig en barbotine[31] dargestellten Tierhatzen.[32] Häufig sind innerhalb dieser Szenen die einzelnen Figuren durch Linien aus Barbotine-Punkten (wie Tafel 29,426) voneinander getrennt. Lediglich diese Tupfenreihen haben sich bei Tafel 29,428; 30,429 und Kat.-Nr. 429a–b erhalten; mehrfach wird diese Barbotine-Dekoration zusätzlich von

16 Vgl. z. B. Ettlinger, Vindonissa Taf. 11,225.
17 Greene, Usk 56ff.
18 Greene, Usk 60 Abb. 25,14.
19 Chur 1, 91.
20 Zwar verzeichnet Greene, Usk 57 Abb. 23,17 Vindonissa als Fundort rheinischer Ware, jedoch finden sich bei Ettlinger, Vindonissa 52f. (Nr. 232,235,238) andere Formen und Dekore, die den charakteristischen weißen Ton aufweisen. Eine vergleichbare Tonansprache bei den fünf in Vindonissa gefundenen Brombeerschälchen fehlt: Ebd. 38ff.
21 Greene, Usk 19 Abb. 5,3; 26 Abb. 9,23 (Lyon); 58 Abb. 24,4; 61 Abb. 25,12. Ettlinger, Vindonissa Taf. 11,224. Ettlinger, Augster Thermen Taf. 23,10.
22 Vogt, Lindenhof Abb. 48,1. Ettlinger, Augster Thermen 86 Taf. 23,10. E. Gose, Gefäßtypen der römischen Keramik im Rheinland. Beih. Bonner Jahrb. 1[3] (Bonn 1976) Taf. 12,183 (Rheinzabern).
23 Zur Definition s. u. S. 97.
24 Ettlinger, Augster Thermen 86 Taf. 32,10; 38,1. Kaenel, Aventicum 19.
25 Martin-Kilcher, Courroux 36. Martin-Kilcher, Laufen-Müschhag 23.
26 Zur Herkunft und Entwicklung vgl. Chur 1, 95.
27 Ebd. wird auf sonst noch bekannte Stempel aus zwei oder vier Kreisen verwiesen.
28 Vgl. Kaenel, Aventicum Taf. 29,2 oder Urner-Astholz, Schleitheim Taf. 50,3.
29 Chur 1, 96.
30 Chur 1, 95.
31 Zu den seltenen Jagdbechern mit aus Modeln gepreßten, applizierten Figuren vgl. Martin-Kilcher, Courroux 35 mit Anm. 97.
32 Vgl. insgesamt z. B. Kaenel, Aventicum Taf. 6–19.

Kerbbändern begleitet (Taf. 29,428; 30,429; Kat.-Nr. 429b). Bezüglich der Gefäßform sind in unserem Material lediglich Becher mit Karniesrand vertreten (Taf. 29,428; 30,429).[33] Der meist hart gebrannte, von orange bis ocker schwankende Ton aller sieben Becher weist einen orange bis rötlich-braunen Überzug auf, der von matt über leicht glänzend bis irisierend erscheinen kann; bei Kat.-Nr. 429b ist der Überzug nur außen angebracht. Diese helltonige Qualität verweist unsere „Jagdbecher" an dieselben westschweizerischen Töpfereien wie die zuvor besprochenen Becher mit décor oculé.[34] Eine entsprechende zeitliche Einordnung[35] kann auf verschiedene Fundstellen in der Schweiz zurückgreifen.[36]

Es folgen Tafel 30,430–31,442 und Kat.-Nr. 435a,437a,438a,440a Becher, die aufgrund von Ton und Überzug, Dekoration sowie Form[37] in der Literatur zumeist als rätische umschrieben werden. Diese Bezeichnung fußt auf der Arbeit von F. Drexel über das Kastell Faimingen,[38] der drei chronologische Stufen der überzogenen Becher herausstellte. Die Charakteristika der 1. Stufe sah er in geometrischen Dekorationen en barbotine, die oben und unten durch Kerbbänder begrenzt werden; in der folgenden Gruppe gewinnen die Kerbbänder mehr Raum, so daß die Barbotine-Dekorationen auf oder zwischen ihnen plaziert werden; am Ende der Entwicklung schließlich besteht die Dekoration nur noch aus Kerbbändern. Parallel zu dieser Entwicklung sah er eine Veränderung des Überzuges, der zunächst schwarz oder bisweilen rot ist und kontinuierlich an Glanz gewinnt, um in der 2. Stufe Metallglanz hoher Qualität zu erreichen; für das Ende der Entwicklung konstatierte Drexel jedoch ein starkes qualitatives Abflachen.[39] Ettlinger modifizerte diese Einteilung dahingehend, daß sie das Material der Augster Thermen im wesentlichen unter drei verschiedenen Techniken subsumierte.[40] Die 1. Technik zeichnet sich danach durch einen hellen, weichen Ton aus, auf dem ein brauner bis schwarzer, zuweilen auch rötlicher Überzug sitzt, der der Oberfläche eine irisierende Erscheinung verleiht und z.T. abblättert; in dieser Gruppe treten als Dekor keine Kerbbänder auf; in der folgenden Technik gewinnt der farblich gleichbleibende Überzug metallischen Glanz; als drittes beschreibt sie Gefäße aus sehr hart gebranntem Ton mit braunem oder schwarzem, metallisch glänzendem Überzug, die (wie Drexel Stufe 3) überwiegend Kerbband-Dekoration tragen. Die neuere Literatur folgt im wesentlichen diesen beiden Ansätzen, wobei entweder mehr Gewicht auf die Abfolge der Stilstufen der Dekoration[41] oder aber auf eine Kombination beider Vorgehensweisen gelegt sein kann.[42]

Es muß jedoch festgehalten werden, daß eine Charakterisierung solcher Ware als rätisch verschiedenste Schwierigkeiten beinhaltet. Zunächst stellte bereits E. Ettlinger deutlich fest, daß eine genaue Einteilung in verschiedene Gruppen durch „...zahllose Varianten und Übergänge, die sich [...] der Beschreibung entziehen"[43] nicht möglich ist. Sodann ist der Begriff „rätisch" insofern nicht eindeutig, da bisher keine entsprechenden (rätischen) Töpfereien sicher lokalisiert sind, sondern vielmehr für das Gros der Funde mit lokal agierenden, kleineren Werkstätten gerechnet werden muß.[44] Auch ist das Verbreitungsgebiet dieser Ware nicht allein auf Rätien beschränkt, wie neben Funden aus der Schweiz, Ostfrankreich, Pannonien etc.[45] auch die Laufenburger Gefäße belegen.

Parallel zu den geschilderten formalen Problemen ist derzeit eine gesicherte Abstufung der Chronologie dieser Ware noch nicht endgültig erstellt. Zumeist wird die Produktionszeit der frühesten Gruppe, die ausschließlich Barbotine-Dekoration trägt, vom Ende des 1. Jh. n. Chr. bis in die Mitte des folgenden Jh. gesetzt.[46] Allerdings zeigen neueste Funde aus Chur, daß sowohl mit einem späteren Beginn als auch mit einer Laufzeit bis in die 2. Hälfte des 2. Jh. gerechnet werden muß.[47] Die Ergänzung der Dekoration durch Kerbbänder dürfte vermutlich mit Beginn des 2. Jh. aufgekommen sein.[48] Ausschließliche Verzierung mit Kerbbändern stellt die jüngste Gruppe dar, die offensichtlich vom späteren 2. Jh. bis zur Mitte des folgenden existierte.[49] Diese Übersicht macht deutlich, daß auch hinsichtlich der zeitlichen Eingrenzung mit einem starken Nebeneinander verschiedener Ausprägungen zu rechnen ist.

Leider erlaubt auch das Laufenburger Material keine weitergehenden oder neuen Ansätze, da trotz der

33 Vgl. z.B. Kaenel, Aventicum Taf. 7,3.4.
34 Martin-Kilcher, Courroux 35. Chur 1, 95.
35 Martin-Kilcher, Laufen-Müschhag 23 mit Anm. 60. Chur 1, 95.
36 Vgl. Aufstellung in Chur 1, 95 (Chur, Augst, Solothurn, Courroux). Martin-Kilcher, Laufen-Müschhag 22f.
37 Zur Definition des sogenannten rätischen Randes vgl. S. 97.
38 Drexel, Faimingen 80ff.
39 Drexel, Faimingen 80f.
40 Ettlinger, Augster Thermen 85ff.
41 z.B. Chur 1, 94. Martin-Kilcher, Laufen-Müschhag 22 in etwas modifizierter Form. Kaenel, Aventicum 16ff.
42 z.B. Martin-Kilcher, Courroux 34.
43 Ettlinger, Augster Thermen 85, Zeile 33f.
44 Chur 1, 94. Produktion in der Westschweiz z.B. in Aventicum (Kaenel, Aventicum passim), in der Nordschweiz in Augst und Seeb (Roth-Rubi, Stutheien 29).
45 Martin-Kilcher, Courroux 34 mit Anm. 88. Chur 1, 94.
46 z.B. Martin-Kilcher, Laufen-Müschhag 22 mit Anm. 54.
47 Chur 1, 94.
48 Martin-Kilcher, Laufen-Müschhag 22 mit Anm. 55. Chur 1, 94 setzt den Beginn in die Mitte des 2. Jh.
49 Martin-Kilcher, Laufen-Müschhag 22 mit Anm. 57; 58. Chur 1, 94.

Vielzahl der bekannten Fundplätze innerhalb des Areals keine Aussagen mittels Fundvergesellschaftungen oder Stratigraphie möglich sind. Sofern im weiteren nicht für den Einzelfall abweichend beschrieben, gehören unsere Becher zumeist dem 2. Jh., z. T. wohl auch bereits der 1. Hälfte des 3. Jh. an. Insgesamt sind dementsprechend die Aussagemöglichkeiten der Laufenburger Funde beschränkt. Der Ton der Kat.-Nr. 430–442 schwankt bei hartem Brand farblich zwischen ocker und orange und ist damit etwas dunkler als bei den beiden vorangegangenen Gruppen. Die Farbe der Überzüge ist recht wenig homogen und reicht von orange über rötlich bis braun, wobei diese sowohl matt, als auch in verschiedenen Abstufungen glänzend sein können; zudem fällt auf, daß die Überzüge häufig fleckig oder berieben, d. h. vermutlich wenig haftend sind. Ausnahmen von den beschriebenen Qualitäten lassen sich nur singulär beobachten, so daß diese im folgenden jeweils Erwähnung finden.

Hinsichtlich der Barbotine-Dekorationen muß festgehalten werden, daß besonders frühe Becher, denen Kerbbänder noch fehlen, in unserem Material nicht sicher nachgewiesen werden können. Tafel 30,430–432 zeigt Fragmente mit charakteristischem Hufeisen-Dekor und Kerbbändern. Das erste Stück weist zusätzlich Barbotinepunkte und von diesen ausgehende eingeritzte, senkrechte Linien auf. Der hier hellorange, mehlige Ton in Verbindung mit der auch für Vindonissa (s. Kat.) belegten eiförmigen Gestalt datiert es an den Anfang des 2. Jh.[50] Interessant an Tafel 30,431 ist, daß der Überzug außen rostrote, innen schwarz-rötliche Färbung zeigt, was seinen Grund in der Ineinanderstellung der Gefäße während des Brandes hat.[51] Zwar scheinen zumeist wie hier Tafel 30,430 die Hufeisen mit ihrer Öffnung nach unten angebracht gewesen zu sein; ein Begreifen im Wortsinn der Scherben Tafel 30,431.432 legt jedoch die gegensätzliche Anordnung nahe, was auch durchaus vereinzelt bei anderen Funden auftritt.[52] Angemerkt werden soll noch, daß unser Material drei verschiedene Ausprägungen des Hufeisen-Motives beinhaltet. Auf Tafel 30,430 sind die Enden spitz ausgezogen,[53] auf Tafel 30,431 enden die Hufeisen in punktförmigen Verdickungen,[54] beim letzten Stück (Taf. 30,432) sind spitze Enden und auf der entgegengesetzten Seite eine Art Sporn[55] festzustellen. Ob hierfür chronologische, werkstattbedingte oder einfach zufällige Gründe vorliegen, kann derzeit nicht gesagt werden.[56]

Es folgen Barbotine-Dekorationen, die aus stilisierten vegetabilen (Taf. 30,433.434.436–439; 31,440–442 und Kat.-Nr. 437a,438a,440a) oder geometrischen Verzierungen (Taf. 30,435; Kat.-Nr. 435a) bestehen, zumeist in Verbindung mit Kerbbändern. Mit max. drei Bechern sind Fadenkreuze en barbotine vorhanden (Taf. 30,435; Kat.-Nr. 435a). Aufgrund der kleinteiligen Scherben kann nicht entschieden werden, ob diese mit Kerbbändern[57] kombiniert waren oder nicht. Tafel 30,433 zeigt Reste eines bauchigen Bechers, bei dem die Barbotine-Dekoration aus stilisierten Blüten besteht, die aus jeweils mindestens sieben Punkten zusammgesetzt sind; jede Blüte ist von einem Kreis umgeben, die Zwischenräume sind ebenfalls durch Punkte gefüllt. Abgeschlossen ist diese Zone oben und unten durch Kerbbänder. Der schlechte orangefarbene Überzug ist nur außen angebracht. Die verbleibenden Bruchstücke von immerhin ca. 30 Bechern (Taf. 30,434.436–31,440; Kat.-Nr. 437a, 438a,440a) sind mit Tonfäden verziert, die die Umrisse langgestreckter Blätter andeuten;[58] auch hier tritt meistens Kerbband-Dekoration hinzu.[59] Tafel 30,439 ist als einziges Bruchstück dieser Gruppe mit einem schwarzen, leicht glänzenden Überzug versehen; aufgrund der schlechten Qualität von Tafel 31,441 könnte dieses Stück bereits dem 3. Jh. entstammen.

Die große Menge Bruchstücke mit Kerbbändern (Kat.-Nr. 519,519a,b) legt nahe, daß unser Material ursprünglich auch Becher der spätesten Stufe des 3. Jh. n. Chr. enthielt, die ausschließlich mit diesem Dekor verziert waren.

Von den zuvor besprochenen rätischen Bechern mit Barbotine-Dekor zu trennen sind Tafel 31,443.444 und Kat.-Nr. 444a, die sogenannte Rankenbecher darstellen. Lediglich die erhaltenen Ranken en barbotine weisen darauf hin, daß unsere Becher ursprünglich großflächig mit vegetabilen Dekorationen geschmückt waren,[60] zu denen wie hier Tafel 31,444 und Kat.-Nr. 444a auch Kerbbänder hinzutreten kön-

---

50 Ettlinger, Vindonissa 53, Nr. 250 verweist auch auf die gleiche Form in Augst. Die entsprechenden tonnenförmigen Becher (Ettlinger, Augster Thermen Taf. 22, 19; 23,1–4) zeigen aber eine zumeist höherliegende, innere Verdickung des Randes, der zudem auch stärker umgebogen ist.

51 Ettlinger, Augster Thermen 85.

52 Chur 1, Taf. 23,7. Urner-Astholz, Schleitheim Taf. 50,7.19 (dort allerdings ohne Rand). Arch. Nachr. Baden 33, 1984, 22 Abb. 10,2 (Ladenburg).

53 Vgl. z. B. Chur 1, Taf. 23,6 oder Martin-Kilcher, Laufen-Müschhag Taf. 16,6.8.11–13.

54 Vgl. z. B. Drexel, Faimingen Taf. 11,11.13.14.16.19 oder Chur 1, Taf. 23,1–3.

55 Vgl. z. B. Martin-Kilcher, Laufen-Müschhag Taf. 16,14.15 oder Ettlinger, Vindonissa Taf. 12,250.

56 Auffällig bleibt jedoch, daß Ettlinger, Vindonissa 40f. darauf hinweist, daß spitzendige Hufeisen-Muster mit Dorn dort ausschließlich dem Schutthügel entstammen, solche mit verdickten Enden dem Lagergebiet.

57 Wie z. B. Martin-Kilcher, Laufen-Müschhag Taf. 16,8 oder Kaenel, Aventicum Taf. 24,2.

58 Vgl. z. B. Martin-Kilcher, Laufen-Müschhag Taf. 16,17.

59 Vgl. Ettlinger, Vindonissa Taf. 12,246 oder Roth-Rubi, Stutheien Taf. 7,113; 8,146–148.

60 Vereinzelt sind auch Tiere als Motiv möglich: Martin-Kilcher, Laufen-Müschhag Taf. 16,19.

nen.[61] Der gut gebrannte, graue bzw. orange Ton mit schwarzem bzw. rötlich-braunem, glänzenden Überzug sowie die Dünnwandigkeit der Scherben machen Tafel 31,443.444 als qualitätvolle Becher einer ostfranzösischen Töpferei wahrscheinlich;[62] für die schlechter gearbeiteten Bruchstücke Kat.-Nr. 444a ist eine solche Herkunft eher zu bezweifeln. Zeitlich gehören auch unsere Rankenbecher in die 2. Hälfte des 2. Jh. oder die 1. Hälfte des 3. Jh.[63]

Tafel 31,445–448 schließlich zeigt vier „Spruchbecher", die verschiedene Dekorationen aus Weißmalerei tragen. Diese können aus Buchstaben (Taf. 31,445–447), Perlstäben (Taf. 31,446.447) oder Punkten (Taf. 31,447), die ihrerseits Rosetten bilden (Taf. 31,445), bestehen, zu denen z.T. feine Kerbbänder (Taf. 31,445.446) hinzutreten. Alle Becher weisen rötlichen, hart gebrannten Ton und schwarzen, metallisch glänzenden Überzug auf, so daß sie der von Oelmann als Technik d beschriebenen Ware entsprechen.[64] Unser Becher Tafel 31,445 ist ein seltener Vertreter der Form Niederbieber 31 mit Weißmalerei,[65] der zudem durch seine geringe Größe auffällt. Zweimal ist die Form Niederbieber 33 vertreten (Taf. 31,446.447), je einmal mit und ohne gefaltete Wand.[66]

Produziert wurden derart qualitätsvolle Spruchbecher in Trier, Köln und vielleicht Mainz,[67] wobei die Belegungszeit des Kastells Niederbieber (ca. 190–260 n. Chr.)[68] als wichtiger Fundpunkt Hinweise auf die Produktionszeit liefert.[69] Allerdings zeigten die Untersuchungen der Keramik der Trierer Kaiserthermen, daß die Produktion – zumindest Trierer Erzeugnisse – sicher bis in den Beginn des 4. Jh. reichte,[70] so daß unsere Becher nur allgemein dem 3. Jh. zugewiesen werden können.

Laufenburg gehört damit zu den seltenen Fundpunkten, an denen so weit südlich der obigen Töpfereien Spruchbecher zu verzeichnen sind; im weiteren Umfeld treten lediglich Augst[71] und der Görbelhof[72] in Rheinfelden mit wenig Material hinzu.[73]

Goldglimmer-Überzug

Ca. siebenmal sind Becher in unserem Material mit einem Goldglimmer-Überzug versehen (Taf. 31,449–453; Kat.-Nr. 453a). Interessanterweise sind alle Gefäße aus gleichartigem hellorangen bis ockerfarbenen Ton gefertigt, der verschiedenste deutliche Einschlüsse enthält und sehr hart gebrannt ist; der glimmerhaltige, goldfarbene Überzug ist jeweils nur noch stellenweise erhalten,[74] bei Tafel 31,453 und Kat.-Nr. 453a zudem vermutlich nur außen angebracht gewesen.

Aufgrund der geschilderten Qualität nehmen unsere Gefäße eine Zwischenstellung ein, die Bezugspunkte zu groben Kochtöpfen einerseits und feinerem Trinkgeschirr andererseits beinhalten. Ähnlich grob gemagerter Ton, der bisweilen auch Goldglimmer-Überzug trägt, ist sowohl für Vindonissa, als auch Augst[75] an verschiedenen Töpfen belegt. Demgegenüber hatten derartige Überzüge aber nicht nur den praktischen Sinn, durch eine Abdichtung des Tones das Einsickern von Flüssigkeiten zu verhindern, sondern sollten durch ihr metallartiges Aussehen den optischen Wert der Gefäße steigern.[76] Da unsere Exemplare zudem keinerlei Brandspuren aufweisen, die bei einer Verwendung als Kochtöpfe zu erwarten wären, und mehrheitlich kleindimensioniert sind, müssen sie der Kategorie Becher zugeordnet werden.

Eine chronologische Eingrenzung unserer Becher kann sich nur auf eine schmale Basis vergleichbarer Funde stützen. Einfach umgeschlagene Randformen in Verbindung mit Goldglimmer-Überzug wie Tafel 31,449.450 sind z.B. in Altenstadt belegt.[77] Becher mit ähnlichen Randbildungen, allerdings anderen Dekorationen, sind Produkte der 2. Hälfte des 1. Jh.[78] Tafel 31,451–453 zeigt Becher mit rundstabartig verdicktem Schrägrand, mehr oder weniger langem Hals und (soweit feststellbar) abgesetzter Schulter. Damit dürften diese Becher den im Material der Augster Thermen unter Töpfen behandelten Gefäßen entsprechen,[79] die Ettlinger ab dem Ende des 1. Jh. datiert.[80]

---

61 Vgl. z.B. Martin-Kilcher, Corroux Taf. 67,7.
62 Martin-Kilcher, Courroux 35.
63 Martin-Kilcher, Courroux 35.
64 Oelmann, Niederbieber 35.
65 Oelmann, Niederbieber 35; 39.
66 Oelmann, Niederbieber 40ff.
67 Oelmann, Niederbieber 37.
68 Oelmann, Niederbieber 2.
69 So z.B. Ettlinger, Augster Thermen 89.
70 Hussong, Kaiserthermen 10 mit Anm. 52; 12 Taf. 2,18. In der unveröffentlichten Dissertation von S. Künzl (Bonn 1991) gliedert die Autorin m.W. das Material aus Trier in fünf Gruppen, die sie Mitte 3. Jh. – 355 n. Chr. datiert. Der Schwerpunkt der Trierer Spruchbecher liegt in der 2. Hälfte des 3. Jh.
71 Ettlinger, Augster Thermen 88f. Taf. 32,12.13; 38,2 („kaum eine Handvoll Scherben").
72 Ettlinger, Görbelhof 21 Taf. 8,1 (zwei Gefäße).
73 Nicht vertreten z.B.: Laufen-Müschhag, Stutheien, Schleitheim, Zürich-Lindenhof, Chur-(Areal Dosch), Basel.
74 Ähnliche Beobachtung bei Bruckner, Ersingen 397.
75 Ettlinger, Vindonissa 11f. verweist auf einzelne Stücke des sogenannten Halterner Kochtopfes mit entsprechendem Überzug. Ettlinger, Augster Thermen 91f. erwähnt den sogenannten goldenen Kochtopf, d.h. eine Topfform mit gerilltem Trichterrand (ebd. Taf. 12,9.10.12).
76 Bruckner, Ersingen 397.
77 Vgl. Schönberger, Altenstadt Taf. 32,CVI 2.3; ebd. 114f. ohne nähere Datierung, jedoch mit Hinweis auf Zusammenhang mit der Form Hofheim 26. Die ebd. Anm. 228 angeführten Vergleichsfunde entstammen sowohl dem 1. als auch 2. Jh.: H. G. Simon, Saalburg-Jahrb. 22, 1965, 38ff., bes. 47ff. mit Abb. 13,17–21 (Groß-Gerau). H. Schnorr u. D. Baatz, Saalburg-Jahrb. 24, 1967, 33ff., bes. 34f.; 69 Abb. 6,3 (Echzell).
78 Martin-Kilcher, Laufen-Müschhag 20 Taf. 16,2.4.
79 Vgl. Ettlinger, Augster Thermen Taf. 16,7.
80 Ebd. 97 weist auch auf die Bezüge zu Firnisbechern und Schultertöpfen hin.

Gerade Tafel 31,453 und Kat.-Nr. 453a mit innen fehlendem Überzug verdeutlichen erneut die Schwierigkeit einer Abgrenzung von Töpfen und Bechern.
Da unsere Becher hinsichtlich der Tonqualität zwar einheitlich, jedoch deutlich von den sonstigen verschieden sind und vermutlich chronologisch nicht allzuweit auseinanderliegen, könnte es sich bei diesen um Produkte einer Töpferei handeln, die im näheren Einzugsgebiet von Laufenburg zu suchen ist.[81]

Faltenbecher

Mit Tafel 31,454–32,463 und Kat.-Nr. 463a.b sind ca. 20 Faltenbecher vertreten. Soweit feststellbar, gehört dabei das Gros der Form Niederbieber 33c[82] an. Die Tonfarbe reicht von verschiedenen Grautönen bis Braun bei hartem Brand; der überwiegend schwarze, zumeist nur außen feststellbare Überzug ist eher zurückhaltend im Glanz, nur einmal (Taf. 32,460) hochglänzend. Daß die Gefäße ursprünglich aus orangem Ton gefertigt wurden, der durch den Brand grau geworden ist, zeigen die Bruchstücke Kat.-Nr. 463b.[83] Nur einmal scheint die Form Niederbieber 32d[84] vertreten zu sein (Taf. 32,457), wobei der ocker-orangene, hart gebrannte Ton von einem eher bräunlichen Überzug bedeckt ist. Auf die enge Verknüpfung mit der obigen Becherform wies bereits Oelmann hin.[85] Als Dekoration tragen unsere Becher sowohl ovale (Taf. 31,454; 32,456.458.463) als auch runde Falten (Taf. 32,457.459[?].460–462), zu denen Kerbbänder hinzutreten können (Taf. 31,454; 32,455.458; Kat.-Nr. 463a.b); nur einmal ist die Kombination von runden und ovalen Falten festzustellen (Taf. 32,455).
Hinsichtlich der Form zeigen die Laufenburger Becher Niederbieber 33c durchgehend einen langgestreckten Hals, der sie als jüngere Vertreter dieser Form des 3. Jh. charakterisiert,[86] wobei die Kombination von runden und ovalen Falten (Taf. 32,455) bereits in dessen 2. Hälfte weisen könnte.[87] Ebenfalls zumindest dem Ende des 2 Jh. entstammt der Becher Niederbieber 32d.[88] Wie bei den oben besprochenen „rätischen Bechern", ist auch hier von einer lokalen Töpferei als Produktionsstätte auszugehen.[89] Bezüglich des Faltenbechers mit Weißmalerei s.o. Tafel 31,447; zum tongrundigen Faltenbecher s.u. Tafel 36,530; zu weiteren Exemplaren Niederbieber 32d und 33 s.u. Tafel 34,493ff.

3.2 Becher mit Karniesrand (Taf. 32,464–33,479)

21 Becher im Laufenburger Material weisen Karniesrand auf, wobei der mit décor oculé verzierte (Taf. 29,424) sowie die beiden sogen. Jagdbecher (Taf. 29,428; 30,429) bereits oben besprochen wurden; die Kombination mit weiteren Dekorationen ist wahrscheinlich.[90]
Tafel 32,464 zeigt ein Stück, das durch Form und Ton deutlich von den übrigen verschieden ist. Der kantig ausgebogene Rand trägt außen lediglich eine Einschnürung, eine Dekoration der Außenwand ist nicht erhalten. Damit dürfte unser Becher eine Frühform darstellen auf dem Weg zu den entwickelten Karniesrändern, die im folgenden vorgestellt werden. Hierzu paßt auch der weißliche harte Ton und der stumpfe schwarze Überzug, der ihn als rheinisches Importstück der 2. Hälfte des 1. Jh. n.Chr. dem qualitativ entsprechenden Gefäß Tafel 29,417 an die Seite stellt.[91] Die übrigen Becher lassen sich qualitativ im wesentlichen in zwei Gruppen einteilen. Tafel 32,465–33,473; Kat.-Nr. 473a sind aus orange- bis ockerfarbenem Ton gefertigt, der weich bis hart sein kann; die Überzüge zeigen verschiedene Brauntöne und sind matt bis leicht glänzend. Tafel 33,476–479 tragen auf dem grauen, sehr harten Ton einen matten schwarzen Überzug. Die Becher (Taf. 33,474.475; Kat.-Nr. 475a) erweisen sich gleichsam als Bindeglied zwischen beiden Gruppen, indem der Ton der ersten, der Überzug der zweiten Gruppe entspricht, so daß dieser Unterschied ebensogut verschiedenen Brennvorgängen, wie unterschiedlichen Töpfereien zugeschrieben werden kann. Die Gesamtform unserer Becher scheint überwiegend schlank gewesen zu sein, nur vereinzelt (Taf. 32,467; 33,476) lassen sich bauchige Varianten konstatieren. Die Karniesränder zeigen verschiedenste Ausprägungen; sie reichen von zierlich (Taf. 32,468) bis plump (Taf. 33,476.477), von flau (Taf. 33,474) bis scharf profiliert (Taf. 32,465), von gerundet (Taf. 32,465) bis fast kantig (Taf. 33,474), von kurz (Taf. 33,475) bis überkragend (Taf. 32,466), von

81 Vgl. auch MARTIN-KILCHER, Laufen-Müschhag 20 mit Anm. 37. Ob es sich bei unseren Gefäßen um Produkte der gleichen Töpferei wie bei den Augstern (s. Anm. 80) handelt, ist aufgrund der dort fehlenden exakten Tonbeschreibung nicht zu entscheiden.
82 OELMANN, Niederbieber 41.
83 Gleiche Beobachtung bei ETTLINGER, Augster Thermen 88 (Technik B).
84 OELMANN, Niederbieber 40.
85 OELMANN, Niederbieber 40.
86 ETTLINGER, Augster Thermen 89. ROTH-RUBI, Stutheien 30 mit Anm. 54; 55.
87 MARTIN-KILCHER, Laufen-Müschhag 21.
88 OELMANN, Niederbieber 40.
89 MARTIN-KILCHER, Laufen-Müschhag 21 mit Anm. 43. ROTH-RUBI, Stutheien 29.
90 Vgl. z.B. MARTIN-KILCHER, Laufen-Müschhag Taf. 16,6-8 (Fadenkreuze, Lunulen); Taf. 17,10 (Falten, begrießt).
91 Die frühen Becher mit Karniesrand in Vindonissa und Augst sind qualitativ anders: ETTLINGER, Vindonissa 53, Nr. 242. ETTLINGER, Augster Thermen 85f. (Technik 1, Becher mit Karniesrand).

dünnwandig (Taf. 33,473) bis wulstartig verdickt (Taf. 33,476.477) usw.[92] Die Mehrzahl der Außenwände dieser Becher ist durch umlaufende Rillen und/oder Kerbbänder dekoriert.

Derzeit ist es nicht möglich, aufgrund der verschiedenen Profilvarianten eine Chronologie dieser Becher zu erstellen,[93] so daß unsere Exemplare allgemein dem 2. und der 1. Hälfte des 3. Jh. zugewiesen werden müssen.[94] Wie u. a. unser Stück Taf. 32,464 augenfällig zeigte, liegt das Ursprungs- und Hauptverbreitungsgebiet der Becher mit Karniesrand am Nieder- und Oberrhein, und ist somit als typisch westliche Form anzusehen;[95] jedoch muß als Hersteller unserer (übrigen) Stücke wohl eher wiederum an eine lokale Töpferei, als an einen weiterreichenden Import gedacht werden, wie dies für andere Fundpunkte der benachbarten Schweiz ebenfalls konstatiert wird.[96]

3.3 Becher mit „rätischem Rand" (Taf. 33,480–490)

Basierend auf der Arbeit von F. Drexel[97] werden hier Becher zusammengefaßt, unter deren meist wenig ausgeprägter Rand(lippe) ein häufig verdickter Hals ansetzt, der vom Gefäßbauch durch eine unterschiedlich deutliche Schulter abgesetzt ist.[98] Es liegt dabei auf der Hand, daß mittels dieser eher unscharfen Definition häufig eine Abgrenzung zu Bechern der Form Niederbieber 32[99] nicht möglich ist.[100] Da zudem auch für diese Gefäßkategorie derzeit keine Töpfereien unterscheidbar sind, mittels derer die Abgrenzung beider Typen nach Provenienzen vielleich möglich wäre, und sich auch allgemeinere Definitionen[101] bisher in der Literatur nicht durchsetzen konnten, bleibt diese Umschreibung zugegebenermaßen problematisch.

Hinsichtlich unserer Becher (Taf. 33,480–487.489. 490; Kat.-Nr. 482a,484a,485a–c,487a,489a) bleibt festzuhalten, daß die vorhandenen Profile recht vielfältig gestaltet sein können.[102] Kurze, nicht akzentuierte Ränder (Taf.33, 480.489.490 und Kat.-Nr. 489a) sind ebenso zu finden wie außen verdickte (Taf. 33, 482.484.486), die z. T. so stark ausgebogen sind, daß sie radförmig wirken (Taf. 33,481.485.487 und Kat.-Nr. 485a–c,487a). Der kurze Hals ist nur z. T. verdickt (Taf. 33,481.485.486 und Kat.-Nr. 485a–c) und auch die Schulter ist nur in einigen Fällen deutlich abgesetzt (Taf. 33,481.483.485.487 und Kat.-Nr. 485a–c,487a). Als Dekoration der Außenwand sind auch wieder Kerbbänder anzutreffen (Taf. 33,481–484.486.487 und Kat.-Nr.487a); die sonst mit diesem Profil vergesellschafteten Dekorationen aus Glasschliff-Imitation (Taf. 29,419.421.422), décor oculé (Taf. 29,425) und Goldglimmer-Überzug (Taf. 31, 452) wurden bereits oben besprochen; daß diese Profilform auch mit verschiedenen Barbotine-Dekorationen oder gefalteter Wand auftreten kann, zeigen andere Fundplätze.[103]

Das Randbruchstück (Taf. 33,488) mit rundstabartig verdicktem Rand weicht leicht von den oben beschriebenen Profilen ab; wie ein Vergleichsstück aus Chur zeigt,[104] ist nicht auszuschließen, daß es sich hierbei um den Rest eines „Jagdbechers" (vgl. a. o. zu Taf. 29,426–30,429) handelt.

Der Großteil unserer Becher mit „rätischen Rand" (Kat.-Nr. 480–489a) ist aus ocker- bis orangefarbenem, hartem Ton gefertigt, der mit einem von Orange über Braun bis (vereinzelt) Schwarz reichenden Überzug versehen ist, welcher matt, aber auch leicht glänzend bzw. irisierend sein kann. Lediglich Tafel 33,490 ist aus grau-weißem, sehr hartem Ton, der von einem schwarzen Überzug bedeckt ist.

Zeitstellung und Produktionsort dieser gesamten Bechergruppe dürfte der obigen Form mit Karniesrand entsprechen. Dafür kann nicht nur die Übereinstimmung in Ton und Überzug, sondern auch die Verwendung der gleichen Dekorationsarten (Tab. 17) in Anspruch genommen werden.[105]

3.4 Becher der Form Niederbieber 33 (Taf. 34)

Mit knapp 40 Exemplaren ist die Form Niederbieber 33 neben der obigen Gruppe die häufigste Becherform im Laufenburger Material. Allerdings zeigte bereits Tabelle 17, daß die hier vertretenen Dekorationen z. T. andere sind. Die erhaltenen Dekore wie Weißmalerei (Taf. 31,446.447), Goldglimmer-Überzug (Taf. 31,451.454) oder gefaltete Wand (Taf. 31, 447.

92 Zu verschiedenen Ausprägungen von Karniesrändern vgl. z. B. Martin-Kilcher, Laufen-Müschhag Taf. 16,6–8; 17,2.5.10.11; 18,8–12 oder Roth-Rubi, Stutheien Taf. 7,101–112.
93 Martin-Kilcher, Courroux 32 mit Anm. 80.
94 Ebd.; Martin-Kilcher, Laufen-Müschhag 20.
95 Martin-Kilcher, Courroux 32.
96 Roth-Rubi, Stutheien 29.
97 Drexel, Faimingen 80ff.
98 Zur Definition vgl. Ettlinger, Augster Thermen 87 (4. Topf oder Becher der rätischen Form) und Martin-Kilcher, Laufen-Müschhag 21.
99 Oelmann, Niederbieber 39f.
100 Vgl. Ettlinger, Augster Thermen 87, wo eine explizite Trennung ebenfalls nicht zu entnehmen ist (zwischen 4. und 5.).
101 Wie z. B. Roth-Rubi, Stutheien 29: „Becher mit schrägem Rand und abgesetzter Schulter".
102 Zu Bechern mit „rätischem Rand" an anderen Fundplätzen vgl. z. B. Ettlinger, Augster Thermen Taf. 22,14–17; 23,15.16; Martin-Kilcher, Laufen-Müschhag Taf. 17,4.8.9; 18,1; 19,1–4; Roth-Rubi, Stutheien Taf. 7,113–118.
103 Vgl. z. B. Martin-Kilcher, Laufen-Müschhag Taf. 17,9; 18,1.
104 Chur 1, Taf. 23,9.
105 Martin-Kilcher, Laufen-Müschhag 21. Zur Datierung vgl. auch Roth-Rubi, Stutheien 30 (zu Nr. 113–118).

454; 32,455.456.458.459.461; Kat.-Nr. 463b) wurden bereits angeführt.
Tafel 34 zeigt nun die erhaltenen Halsbruchstücke, die sicher z. T. ehemals auch zu Faltenbechern gehörten. Lediglich Tafel 34,491.492 weisen eine starke Krümmung des Halses auf, bei den übrigen Stücken ist diese nur schwach ausgeprägt (Taf. 34,493–496.499.501; Kat.-Nr. 495a.499a) bzw. völlig linear (Taf. 34, 497.498.500.502–505; Kat.-Nr. 498a,502a); z.T. weisen die Ränder rundstabartige Verdickungen auf (Taf. 34,494.498.500–507).
Nur einmal ist ein Becher (Taf. 34,491) aus bräunlichem, hartem Ton mit schwarzem, mattem Überzug vertreten. Die restlichen Stücke lassen sich in zwei Gruppen teilen. Zunächst solche (Taf. 34,492–501; Kat.-Nr. 495a,498a,499a) aus grauem Ton, dessen Härte durch unterschiedlichen Brand von mehlig bis sehr hart reicht. Der zumeist nur außen angebrachte, schwarze Überzug ist mehrheitlich matt und zeigt nur vereinzelt (leichten) Glanz. Diese Becher sowie Tafel 34,491 dürften Produkte lokaler Töpfereien sein.[106] Erstaunlicherweise ist vereinzelt (Taf. 34,491.498[?]) eine zusätzliche Glättung des Überzugs festzustellen. Vielleicht ist hierin der Beginn der Entwicklung faßbar, die ab dem 3. Jh. bis in die Spätantike dazu führte, daß Becher dieser Form nicht mehr mit einem Überzug, sondern lediglich mit Schmauchung und Glättung hergestellt wurden.[107] Ebenso erweisen die feststellbaren, relativ großen Halshöhen, daß unsere Becher (Taf.34,491–501) mehrheitlich der jüngeren Form des 3. Jh. zuzuweisen sind, z.T.wohl bereits dessen 2. Hälfte.[108]
Die zweite Gruppe umfaßt ca. 10 äußerst dünnwandige Becher (Taf. 34,502–507; Kat.-Nr. 502a,507a), deren oranger, sehr hart gebrannter Ton von einem schwarzen, stark irisierend glänzenden Überzug bedeckt ist, der den Ton z. T. durchscheinen läßt. Damit entsprechen diese Gefäße der von Oelmann beschriebenen Technik d,[109] die unsere Stücke als sicher aus dem Rheinland importierte Ware charakterisieren. Formal bleibt noch anzumerken, daß bis auf eine Ausnahme (Taf. 34,507) alle Becher rundstabartig verdickte Ränder aufweisen; die hier nur selten feststellbaren Kerbbänder (Kat.-Nr. 507a) sind gemäß Oelmanns Feststellungen[110] äußerst fein und qualitätvoll. Für Zeitstellung und Produktionsorte[111] dieser Gruppe vgl. o. die Ausführungen zu den Bechern mit Weißmalerei (Taf. 31,445–448).
Zusammen ergeben sich somit mehr als ein Dutzend qualitativ hochstehender Becher, die im 3. Jh. n. Chr. ihren Weg aus dem Rheinland nach Laufenburg fanden. Auf die Schwierigkeit, überhaupt vergleichbares Material in der weiteren Umgebung zu finden, wurde bereits hingewiesen (vgl. S. 95 zu Taf. 31,445–448); eine derart große Quantität wie hier (immerhin ca. 4% aller Becher) ist jedoch ohne Parallelen.[112]

3.5 Graffiti, Bodenbruchstücke (Taf. 35,508–519)

Viermal tragen Becherbruchstücke im Laufenburger Material Graffiti (Taf. 35,508–510.518). Das Bruchstück Tafel 35,508 zeigt vermutlich einen aus mindestens fünf Buchstaben bestehenden Namen, dessen zweiter und dritter Buchstabe als [ ]EV[ ] aufzulösen sind.[113] Auf dem folgenden Becherboden (Taf. 35, 509) ist außen zwischen Standring und Kerbband ein umlaufendes sternförmiges Motiv eingeritzt; ob hierin ein Name oder eher eine Art zusätzliche Dekoration zu sehen ist, muß offenbleiben. Das Zeichen auf Tafel 35,510 läßt mehrere Deutungen zu, da die Orientierung des Bruchstückes nicht sicher bestimmbar ist. Falls sie wie auf Tafel 35 korrekt ist, könnte die Lesung eventuell Q lauten,[114] dreht man die Scherbe um 90° im Uhrzeigersinn, ist LA möglich, bei einer weiteren Drehung auch F oder G. Auf der Bodenunterseite von Tafel 35,518 ist ein einfaches X angebracht.
Becherböden haben sich im gesamten Material lediglich 27 erhalten[115] (Taf. 30,436; 31,454; 35,509.511–518; Kat.-Nr. 515a,518a). Nur viermal ist auf der Unterseite ein Absatz zu verzeichnen (Taf. 35,511–514), so daß der Boden eine Art Standring erhält. Die restlichen Böden sind leicht aufgewölbt oder plan (Taf. 35,517) und außen durch eine Rille dekoriert. Der Boden von Tafel 35,517 wurde vermutlich bewußt ausgeschlagen, um dann vielleicht als eine Art Seihgefäß benutzt zu werden. Allerdings lassen sich die Bodentypen, deren Durchmesser zwischen 2,5 cm und 7 cm schwankt, chronologisch nicht auswerten, da beide offenbar nebeneinander gebräuchlich waren.[116] Hinsichtlich der Qualitäten sind bei Tafel 35,511–518 alle vertreten (außer rheinischer Import),

---

106 Martin-Kilcher, Laufen-Müschhag 21 mit Anm. 43.
107 Martin-Kilcher, Laufen-Müschhag 21 mit Anm. 44; 45.
108 Roth-Rubi, Stutheien 30 mit Anm. 55.
109 Oelmann, Niederbieber 35.
110 Oelmann, Niederbieber 35.
111 Rheinischer Import scheint mir aufgrund der frappanten Übereinstimmung mit Oelmanns Technik d wahrscheinlicher als solcher aus Ostgallien. Vgl. dazu die andersartig beschriebenen Überzüge bei Martin-Kilcher, Laufen-Müschhag 21 mit Anm. 42; 51 Taf. 19,4.5.
112 Vgl. S. 95, Anm. 71–73.
113 Vgl. z.B. Chur 1, 224, Nr. 32.
114 Vgl. z.B. B. Galsterer, Die Graffiti auf der römischen Gefäßkeramik aus Haltern. Bodenaltert. Westfalen 20 (Münster 1983) Taf. 9,134.
115 Unberücksichtigt dabei Taf. 29,414.417; 36,528.529.
116 z.B. Niederbieber 29, 33, 34 mit Standring, 30–32 ohne Standring: Oelmann, Niederbieber 35ff. Taf. 2,29–34; an Gefäßen ähnlich Niederbieber 30 sind sogar beide Varianten möglich: Ettlinger, Augster Thermen 86f.

die in den vorangegangenen Kapiteln dem 2. und 3. zugewiesen wurden.
Die knapp über dem Boden abgebrochenen Bruchstücke Tafel 35,519 zeigen noch einmal die Dekoration mit breitem Kerbband, auf die bereits oben hingewiesen wurde; angeschlossen sind mit Kat.-Nr. 519a.b ähnliche, weitere Bruchstücke (vgl. S. 93 zu „rätischen Bechern", Kat.-Nr. 430–442).

3.6 Eiförmige Becher (Taf. 35,520–36,527)

Becher in Eiform dokumentieren den Rückgriff einheimischer Töpfer auf altbekanntes Formengut, indem sie mit solchartigen Bechern an latènezeitliche Tonnen anknüpften.[117] Der Beginn dieser Renaissance liegt im Ende des 1. Jh. n. Chr.; ihre große Beliebtheit bei den Abnehmern zeigt sich darin, daß die Produktion zumindest bis in die 1. Hälfte des 3. Jh. n. Chr. zu verfolgen ist.[118]
Durch die Änderung der Zweckbindung wurden aus den tonnenförmigen Vorratsgefäßen eiförmige Becher, deren Rand innen mehr oder weniger stark verdickt ist, die verschiedenen Dekorationen lassen außen jeweils einen glatten Randstreifen frei, der häufig durch eine umlaufende Rille vom Dekor getrennt ist;[119] entsprechend ihrem Ursprung zeigen die Randdurchmesser von je 11 cm, daß diese Form einen relativ großen, gestreckten Typus repräsentiert. Die ca. 15 Exemplare Tafel 35,520–36,525 und Kat.-Nr. 522a,523a,524a bestehen aus hartem Ton, der verschiedene Orangetöne aufweist, vereinzelt auch rötlich-grau sein kann; der Überzug ist matt schwarz, z.T. durchsetzt von orangefarbenen Flecken. Mehrheitlich sind diese Becher mit Kerbbändern dekoriert (Taf. 35,520–36,522; Kat.-Nr. 522a); das Exemplar mit zusätzlichem Barbotine-Dekor (vgl. o. Taf. 30,430) wurde bereits bei den „rätischen Dekorationen" vorgestellt. Fünf bis sechs der überzogenen Gefäße sind jedoch mit Rädchenmustern versehen (Taf. 36,524.525; Kat.-Nr. 524a), ein Dekor, das an anderen Fundplätzen zumeist bei rauhwandigen bzw. Bechern ohne Überzug vorkommt,[120] wodurch ihre Beziehung zu rädchenverzierten Töpfen (wie hier Taf. 55; 56) deutlich wird.[121] Soweit feststellbar, zeigen die Laufenburger Becher Rädchenmuster, die aus verschieden geformten Rechtecken bestehen.
Die durchschnittliche Qualität dürfte diese eiförmigen Becher großteils wiederum als lokale Produkte des 2. und des beginnenden 3. Jh. kennzeichnen.[122]
Der einzige tongrundige, eiförmige Becher (Taf. 36,526) zeigt graue Farbe und harten Brand; die Außenwand ist geglättet und trägt ein Schachbrettmuster, das sich aus Gruppen diagonaler Striche zusammensetzt. Neben dieser qualitativen Abweichung trennt auch die kleine Dimensionierung diesen Becher von den übrigen. Ein gutes Vergleichsbeispiel ist auf dem Murain bei Ersingen (s. Kat.) verzeichnet. Die dort von A. Bruckner vorgeschlagene Datierung ins 2. Drittel des 1. Jh.[123] scheint mir jedoch zu früh. Nach der eingangs kurz skizzierten Entwicklung der eiförmigen Becher dürfte eher das Ende des 1. Jh. in Frage kommen, zumal die flüchtige, unsorgfältige Ausführung des Dekores ebenso in spätere Zeit deutet.[124]
Angeschlossen ist (Taf. 36,527) ein vermutlich dem vorangegangenen Becher entsprechendes Exemplar. Soweit feststellbar, scheinen Ton und Dekor identisch zu sein; eine Glättung der Oberfläche ist hier jedoch (zumindest außen) nicht zu erkennen, vielmehr dürfte die Außenwand begrießt gewesen sei. Aufgrund dieser Eigenheit läßt sich der Becher Tafel 36,527 ungefähr parallel zum vorigen datieren.[125]

3.7 Varia (Taf. 36,528–531)

Aus Terra Nigra sind die Bruchstücke eines kugelförmigen Bechers (Taf. 36,528), der außen durch umlaufende, eingetiefte Wellenbänder verziert ist; diese Dekorzone wird oben durch zwei, unten durch eine Rille von der sonst glatten Gefäßwand abgegrenzt. Mit Kat.-Nr. 528a.b dürften die Reste zweier weiterer, in Ton, Form und Dekoration vergleichbarer Becher vertreten sein.
Läßt man zunächst Qualität und Dekor außer acht, sind hinsichtlich der Form verschiedenste Parallelen festzustellen. Neben Gefäßen in Sigillata-Imitation des 1. Jh. n. Chr.,[126] Schulter- bzw. Steilrandtöpfen des 1. und früheren 2. Jh.[127] sind auch verschiedene

---

117 Vgl. z.B. Maier, Manching Taf. 36,736–739; Ettlinger, Augster Thermen Taf. 9,6–8; A. Furger-Gunti, Das keltische Basel. Führer Hist. Mus. Basel 1 (Basel 1981) 19f., 36.
118 Martin-Kilcher, Laufen-Müschhag 21 mit Anm. 48; 49. Ettlinger, Vindonissa 53, Nr. 250.
119 Vgl. z.B. Martin-Kilcher, Laufen-Müschhag Taf. 19,5–17.
120 Vgl. Ettlinger, Augster Thermen Taf. 23,2–4. Martin-Kilcher, Laufen-Müschhag Taf. 19,8.13.
121 Ettlinger, Augster Thermen 87.
122 Vgl. Anm. 2.
123 Bruckner, Ersingen 403; 394 mit Anm. 34; 414 Taf. 9,1 verweist sie u.a. auf einen Vergleichsfund aus Kempten (= Fischer, Cambodunum Taf. 6,5). Allerdings ist letzterer Becher nicht nur formal (Standring statt Standplatte), sondern auch qualitativ (Ton und Überzug) anders als das Murain-Exemplar; darüber hinaus entstammt das Stück der 4. Periode in Kempten (Fischer, Cambodunum 48 Taf. 6,5), die Fischer in spät- und nachflavische Zeit datiert (ebd. 16; 33ff.).
124 Martin-Kilcher, Courroux 38f. (zu Nigra-Tonnen).
125 Martin-Kilcher, Laufen-Müschhag 22 (zu begrießten Bechern mit Karniesrand) oder Ettlinger, Augster Thermen 86 (tonnenförmige Töpfe und Becher mit Trichterrand); beidesmal jedoch überzogene Becher.
126 Ettlinger, Augster Thermen 45 Taf. 4,18.
127 Martin-Kilcher, Laufen-Müschhag 33 Taf. 30,11.13.

Glanztonbecher des 2. und 3. Jh.[128] an anderen Fundplätzen belegt, die ähnliche Kugelform wie unsere Becher aufweisen. Wellenbanddekor scheint zumeist auf Schüsseln, die aus Nigra bzw. nigra-artig gefertigt sind, oder Tonnen vorzukommen; allesamt Formen, die in Latènetradition stehen und vom 1. bis 3. Jh. produziert wurden.[129]

Einmal ist im Laufenburger Material ein vermutlich zylindrischer Napf mit verdicktem Rand zu verzeichnen (Taf. 36,529), der aus ockerfarbenem, gut gebranntem Ton mit innen und außen unterschiedlich bräumlichem Überzug besteht. Da sich keinerlei Dekoration erhalten hat, muß unser Napf aufgrund seiner Qualität und der (typologischen) Vergleichsstücke (s. Kat.) wohl ins frühere 2. Jh. datiert werden, wo er in Anlehnung bzw. Nachahmung aus Sigillata-Vorbildern in der Form Drag. 30 entstanden ist.[130] (Für weitere Näpfe s. u. zu Taf. 89,972.973).

Ebenfalls singulär ist ein tongrundiger, orangefarbener Faltenbecher (Taf. 36,530) zu verzeichnen. Falls er ursprünglich mit einem Goldglimmer-Überzug versehen gewesen sein sollte,[131] dürfte die Form Hofheim 27[132] vorliegen. Faltenbecher ohne jeden Überzug sind z. B. in Altenstadt belegt, wo diese Karniesrand aufweisen[133] oder der Form Niederbieber 32[134] angehören. Da die Form unseres Exemplares nicht zu bestimmen ist, muß eine Datierung offenbleiben.

Angemerkt werden soll noch, daß tongrundige Faltenbecher, in allerdings zumeist plumperer Form und anderer Qualität, bis weit ins 4. Jh. produziert wurden.[135] Tafel 36,531 schließlich zeigt einen steilwandigen Becher aus braun-rotem, im Kern schwarzen Ton, der hart gebrannt ist; innen und außen haben sich Reste eines weißlichen Überzuges erhalten. Außen war die Wand vermutlich durch eine Art Barbotine-Dekoration verziert. Parallelen zu diesem Stück sind mir nicht bekannt.

3.8 Die „Feinen Becher“ im Überblick

Ab tiberischer Zeit sind Becher im Laufenburger Geschirrbestand zu verzeichnen. Die frühesten Exemplare sind Importe aus Lyon,[136] die wohl zusammen mit der südgallischen Sigilatta ihren Weg hierher fanden, aber auch aus dem nördlich gelegenen Rheinland.[137] Im späteren 1. Jh. wurden dann auch Becher aus einheimischer Produktion[138] hinzugekauft. Damit entstammen lediglich neun Becher dem 1. Jh.,[139] wobei gut die Hälfte importiert wurde.

Das Gros des Materiales muß ins 2. oder (zumeist die 1. Hälfte des) 3. Jh. datiert werden, wobei überwiegend von lokaler Produktion auszugehen ist. Lediglich zehn Becher können westschweizer,[140] drei ostfranzösischer Provenienz[141] zugeschrieben werden. Unter diesen Bechern des 3. Jh. ist sicherlich auch bei einem Teil von Produkten aus dessen 2. Hälfte auszugehen, jedoch ist dies aufgrund des jeweils geschilderten Forschungsstandes derzeit nicht sicher im Einzelfall zu entscheiden. Dies trifft auch für die 14 Exemplare zu,[142] die aus dem Rheinland, und hier vermutlich aus Trier, noch im 3. Jh. unseren Gutshof erreichten. Wie ungewöhnlich diese hohe Quantität solcherart qualitätvoller Becher in dieser Gegend ist, wurde bereits oben betont. Sie zeigt aber augenfällig, daß sowohl der Hochrhein im unruhigen 3. Jh. nicht vom Import aus dem Norden abgeschnitten war, als auch in unserer Villa in diesr Zeit mit Bewohnern zu rechnen ist, die nicht nur zumindest einen Teil der wirtschaftlichen Potenz ihrer „Vorfahren“ des 1. Jh. (wieder) besaßen, sondern auch offensichtlich erneut stärker mit römischem (Kultur)gut verbunden waren.

Insgesamt fügt sich damit die Chronologie der Becher insofern der bei der Terra Sigillata gewonnenen ein, als die Eckpunkte im 1. und 3. Jh. weitgehend übereinstimmen. Wie bereits oben bei den nicht reliefierten Tassen und Bechern aus Sigillata vermutet, dürfte der dort ab dem 2. Jh. auftretende krasse Rückgang der zu verzeichnenden Gefäße seinen Grund in der Hinwendung zu den „Feinen Bechern“ haben, deren Verteilung sich ungefähr reziprok zu jenen verhält.[143]

---

128 Niederbieber 32: Schönberger, Altenstadt 108 Taf. 29,CII 72. Becher in „rätischer Form“: Kaenel, Aventicum 14 Taf. 2,12.

129 Schüsseln: Ettlinger, Augster Thermen 38 Taf. 10,10. Dies., Vindonissa 16f. Taf. 4,60. Tonne: Martin-Kilcher, Laufen-Müschhag 35 Taf. 32,14.

130 Kaenel, Aventicum 15 Taf. 4,33–36.

131 Zum allgemein nur stellenweise erhaltenen Goldglimmer-Überzug vgl. auch S. 91 mit Tab. 17.

132 Ritterling, Hofheim 259 Taf. 33,27.

133 Schönberger, Altenstadt 115 Taf. 32,CVII 1.

134 Schönberger, Altenstadt 115f. Taf. 32,CVII 4.5.

135 Fellmann, Basel 136 Taf. 24,1–3. E. Gose, Gefäßtypen der römischen Keramik im Rheinland. Beih. Bonner Jahrb. 1^3 (Bonn 1976) 44 Taf. 51,519–521 (Mayener Ware).

136 Kat.-Nr. 414–416.

137 Kat.-Nr. 417, 464; der frühe Becher Kat.-Nr. 417 könnte mit der 21. Legion, die 46 n. Chr. aus Xanten nach Vindonissa verlegt wurde, hierher gekommen sein: Hartmann, Vindonissa 53f.

138 Kat.-Nr. 449, 450; unsicher Kat.-Nr. 526, 527.

139 Exakte Tabellen wie S. 66ff. mit prozentualen Verteilungen sind hier aufgrund der unsicheren Gesamtzahl nicht möglich; vgl. dazu auch S. 90.

140 Kat.-Nr. 423–425, 426–429, 429a.b.

141 Kat.-Nr. 443, 444, 444a.

142 Kat.-Nr. 445–448, 502–507, 502a, 507a.

143 Ettlinger, Bennwil 53 deutet ein dort ähnliches Phänomen dahingehend, daß die „Feinen Becher“, im Zusammenhang mit villeneigenen Bädern, als Salbgefäße dienten. Daß dies nicht unbedingt schlüssig ist, zeigt m. E. nicht zuletzt, daß in der Folge die neuere Literatur diese These m. W. nicht aufgegriffen hat.

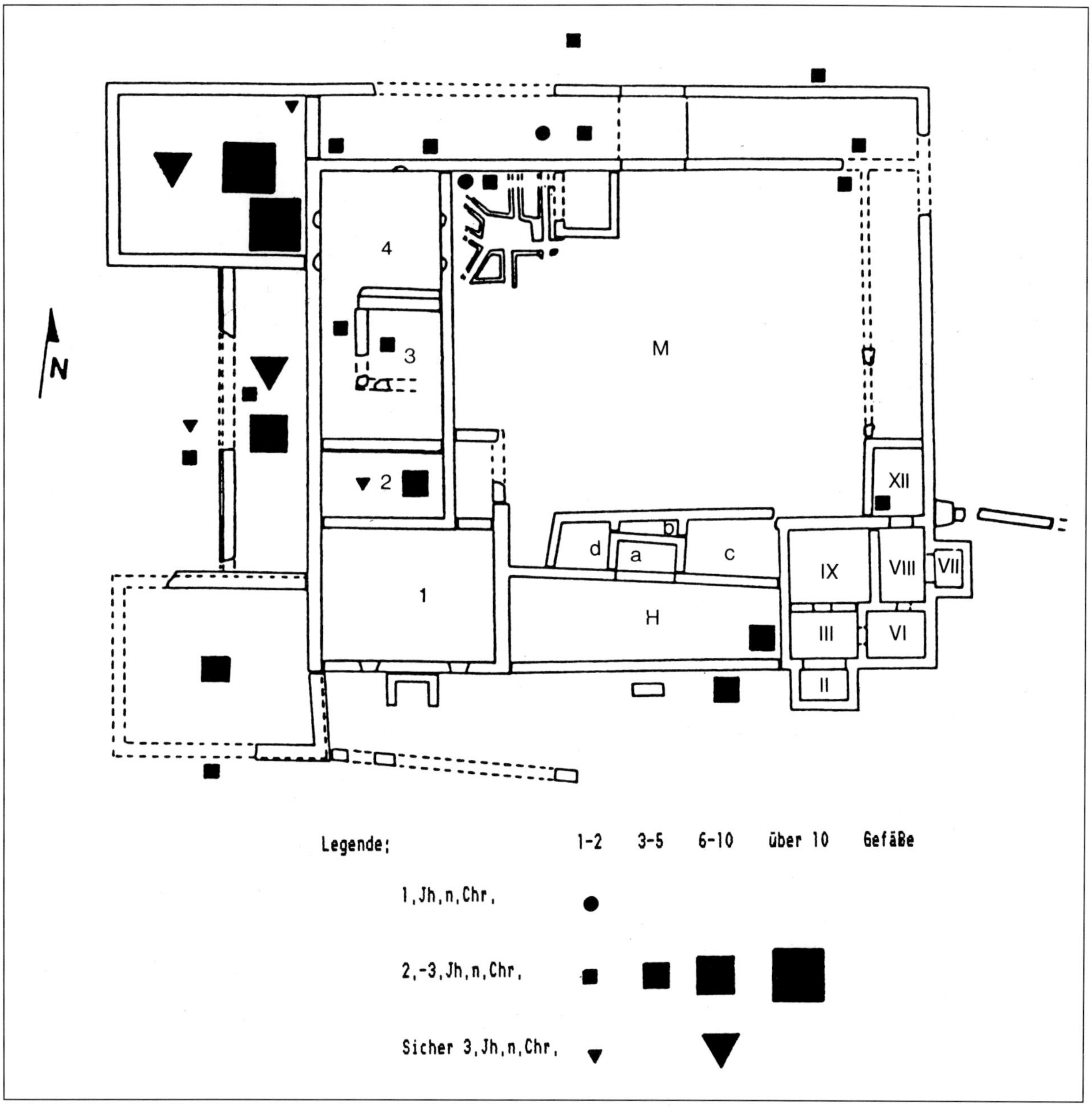

Abb. 39: Fundstellen der „Feinen Becher". M. ca. 1:300.

Wohl weniger als ein Dutzend Becher zeigen sekundäre Brandspuren.[144] Geht man von einer Mindestgefäßzahl von 305 aus (Tab. 17), entspricht dies einem Anteil von unter 4%, der also noch geringer als der entsprechende bei der TS ist. Da zudem die fraglichen Becher alle nur Datierungen ins 2. und 3. Jh. erlauben, ist auch hier keine weitergehende Aussage möglich.

Zum Schluß sollen noch die Fundstellen der „Feinen Becher" aufgezeigt werden (Abb. 39).

Das Gros der Funde des 2. und (zumeist der 1. Hälfte) des 3. Jh. ist über das gesamte Haupthaus verteilt. Die Schwerpunkte, die dabei der Nord-Risalit und die südlich anschließende Porticus bilden, haben nicht zuletzt auch darin ihren Grund, daß dort ein Teil der Aktivitäten der Nachgrabung 1970 stattfand. Ebenfalls hier sind die meisten der sicher dem 3. Jh. zuweisbaren Becher gefunden worden. Erwähnenswert bleibt, daß in Raum 3, der westlich davon gelegenen Rampe zu Raum 4 und in Raum 2 Funde des 2. bzw. 3. Jh. festzustellen sind; in letzterem auch sichere Funde des 3. Jh.

Frühe Becher des 1. Jh. fanden sich in der Nordwestecke des Binnenraumes sowie in der nördlich davon gelegenen Pflasterung.

144 Kat.-Nr. 418, 434, 439(?), 480, 487a, 489a, 518, 518a (z.T.), 519a.b (z.T.).

4. Glanztonschüsseln (Taf. 36,532–534)

Die drei hier zusammen besprochenen Gefäße setzen sich durch ihre großen Randdurchmesser (12–14,5 cm) zwar von den zuvor besprochenen Bechern ab, sind aber hinsichtlich Technik und Qualität eng mit jenen verbunden.[1] Wie allerdings die Vergleichsbeispiele im folgenden zeigen werden, ist aufgrund des hier fehlenden gesamten Profilverlaufes im Einzelfall eine Abgrenzung zu Töpfen nicht möglich.

Der orange-ockerfarbene, hart gebrannte Ton, sowie der bräunliche, leicht glänzende Überzug stellt Tafel 36,532 den diversen Bechern aus lokaler Produktion an die Seite. Formal gut vergleichbar ist diese Schüssel mit Steilrand, Wandknick und Kerbband-Dekoration einem Exemplar aus der Villa von Stutheien,[2] womit zeitlich das spätere 2. oder beginnende 3. Jh. in Betracht kommt.[3] Gefunden wurde unser Exemplar 1970 im Nord-Risalit.

Die Vorbilder der Schüssel mit gerilltem, innen verdicktem Steilrand wie hier Tafel 36,533 dürften vermutlich in formal ähnlichen, bemalten Spätlatènegefäßen des frühen 1. Jh. n. Chr. zu suchen sein, wie sie z. B. für die Augster Thermen belegt sind.[4] Technisch ist unser Exemplar aus grauem bis schwarzem, hart gebranntem Ton, der sehr grob gemagert ist, sowie dem orange-bräunlichen, schwach glänzenden Überzug allerdings völlig andersartig. Selbst innerhalb des Laufenburger Materiales läßt sich bei den „Feinen Bechern" nichts Vergleichbares finden.[5] Glanztonschüsseln an weiteren Fundplätzen fehlt allerdings entweder die Rillung des Randes[6] oder das bauchige Ausgreifen der Wand unterhalb davon.[7] Eine genaue zeitliche Einordnung unseres Unikates muß damit offenbleiben, jedoch dürfte sie vermutlich im 2. oder 3. Jh. zu suchen sein.

Die dritte Schüssel schließlich (Taf. 36,534) ist aus ockerfarbenem, im Kern fast schwarzem Ton gefertigt, der nur mäßig hart gebrannt ist; darauf sind Reste eines Goldglimmer-Überzuges feststellbar. Qualitativ setzt sich damit diese Schüssel von der homogenen Gruppe der Becher mit Goldglimmer-Überzug ab (S. 95f.). Nach außen umgeschlagener Rand in Verbindung mit umlaufendem Wulst am Hals ist sowohl an (qualitativ anderen) Gefäßen des 1 Jh.[8] als auch an verschiedenen jüngeren Töpfen[9] festzustellen, so daß dieses Profil als sehr langlebig anzusehen ist.

Faßt man Qualität und Form unserer Schüssel Tafel 36,534 zusammen, bestätigt sich besonders hier die von Roth-Rubi für Glanztonschüsseln gemachte Feststellung,[10] daß deren Wurzeln einerseits in der Imitation von Metallgefäßen,[11] andererseits in der Fortführung von Latènetraditionen[12] liegen. Für die Datierung unseres Exemplares ist am ehesten ein Topf mit Goldglimmer-Überzug aus den Augster Thermen[13] heranzuziehen, den Ettlinger ungefähr in die Mitte des 1 Jh. setzt.[14] Allerdings kann in Analogie zum allgemeinen zeitlichen Auftreten der Glanztonschüsseln[15] ein jüngeres Entstehungsdatum nicht ausgeschlossen werden. Fundort ist vermutlich die Brandschutt- unter der Ziegelschuttschicht in der Rampe zu Raum 4 (1939).

Mit drei Exemplaren sind Glanztonschüsseln im Laufenburger Material äußerst spärlich vertreten; offensichtlich scheinen alternative Gefäße in anderen Qualitäten (z. B. TS oder tongrundige) wesentlich beliebter gewesen zu sein, um im Haushalt Verwendung zu finden. Daß Ähnliches auch z. B. in der angrenzenden Nordwest-Schweiz festzustellen ist,[16] bedingt nicht zuletzt auch den Mangel an ausreichend vergleichbarem Fundmaterial, das weitergehende Interpretationen erlauben würde.

5. Küchengeschirr (Taf. 37–82)

Unter diesem Oberbegriff sind verschiedene Gefäßformen zusammengefaßt, die zumeist tongrundig bzw. z. T. auch recht plump in der Profilbildung sind. Damit soll eine Abgrenzung versucht werden, die sich an der vermutlichen Zweckbindung orientiert; hinsichtlich der zuvor besprochenen Keramik einerseits, die aufgrund ihrer Qualität vielleicht unter dem Topos „Tafelgeschirr" subsumiert werden könnte, andererseits gegen die später zu behandelnden Vorratsgefäße. Natürlich sind auch dabei Überschneidungen nicht zu

1 Zur Definition von „Glanzton" vgl. auch o. S. 90 mit Anm. 1.
2 Roth-Rubi, Stutheien 88 Taf. 8,156 (mit weiteren Verweisen).
3 Roth-Rubi, Stutheien 29 mit Anm. 50.
4 Ettlinger, Augster Thermen 32f., 36f. Taf. 8,1.
5 Die einzigen anderen grob gemagerten Becher sind die mit Glanztonüberzug (vgl. S. 90ff.); hinsichtlich Ton- und Überzugfarbe sind diese jedoch nicht vergleichbar.
6 Vgl. Kaenel, Aventicum Taf. 5,44.45.
7 Vgl. Chur 1, Taf. 23,2.
8 Vgl. Bender/Steiger, Töpfereibezirk 224 Taf. 2,17 (tongrundiger Topf des frühen 1. Jh.). Ettlinger, Augster Thermen 38 Taf. 10,8.9 (lederbraune Spätlatèneschüsseln aus tiberisch-frühflavischer Zeit; gestrecktes Profil). Chur 1, 92 Taf. 20,7 (bleiglasierter Becher der Mitte des 1. Jh. aus Mittelgallien).
9 Vgl. Vogt, Lindenhof 186; 197 Taf. 43,15; 48,23 (Mitte 2. bzw. 2. und beginnendes 3. Jh.). Martin-Kilcher, Laufen-Müschhag 38 Taf. 33,16 (Urmitzer Ware des späten 3.–frühen 4. Jh.; Profil allerdings verschliffener).
10 Roth-Rubi, Stutheien 31.
11 Zu diesem Bezug bei Gefäßen mit Goldglimmer-Überzug vgl. auch S. 95, Anm. 76.
12 Ettlinger, Augster Thermen 38 Taf. 10,8.9.
13 Ettlinger, Augster Thermen Taf. 15,4.
14 Ettlinger, Augster Thermen 96.
15 Vgl. die wenigen, relativ homogenen vorflavischen Schüsselformen bei Greene, Usk Abb. 33,1–3.6; 34,1.2; 35; 40,5; 42,18 und demgegenüber die Formenvielfalt im 2. und 3. Jh. bei Kaenel, Aventicum Taf. 4,37–5,50.
16 Martin-Kilcher, Laufen-Müschhag 23.

vermeiden, wie z. B. überfärbte Teller bzw. Reibschüsseln zeigen werden.
Zunächst sollen die vorhandenen Teller bzw. Schalen, Schüsseln, Töpfe und Deckel vorgestellt werden; daran schließen sich die Kapitel über die verschiedenen Formen des handgemachten Geschirrs und der Reibschüsseln an.

5.1 Teller und Schalen (Taf. 37–40)

Mindestens 107 Teller bzw. Schalen sind im Material vorhanden. Da nur wenige Fundpunkte innerhalb des Haupthauses belegt sind, sollen diese am Ende des Kapitels zusammengefaßt genannt werden. Ebenso wird im Einzelfall darauf verzichtet, auf vorhandene Brandspuren einzugehen,[1] da hier eine sichere Trennung zwischen sekundären Ursachen und solchen durch Gebrauch als „Backteller" nicht möglich ist.[2]
Vorgestellt werden die Gefäße nach übergeordneten Form- bzw. Qualitätskriterien.

Schalen in Latèneform (Taf. 37,535–537)

Drei verschieden profilierte Exemplare mit deutlicher Verwurzelung im keltischen Formengut fallen im Material auf, die durchweg in Terra Nigra gefertigt sind. Tafel 37,535 zeigt eine große Schale mit abgeknicktem Steilrand, wie sie ähnlich auch in Laufen-Müschhag und Augst[3] vereinzelt gefunden wurden. Allerdings fehlt beiden Vergleichsstücken die Betonung des Knickes, der bei unserem Exemplar durch ausgeprägte Kehlung bzw. Rillungen erreicht wird, so daß dieses dem frühen 1. Jh. n. Chr. zuzuweisen ist.[4]
Als Fortführung der vorangegangenen in vereinfachter und verkleinerter Form kann das Schälchen Tafel 37,536 aufgefaßt werden. Solcherart profilierte Gefäße der Mitte des 1. Jh. sind häufig an anderen Fundstellen festzustellen.[5]
Ebenfalls relativ kleindimensioniert ist das Schälchen Tafel 37,537, das durch die überhängende, außen gekehlte Randleiste charakterisiert ist. Damit sind formal neben keltischen Einflüssen auch Beziehungen zur Sigillata und Sigillata-Imitation gegeben.[6] Vergleichsstücke, die allerdings zumeist größer dimensioniert sind, liegen aus Augst und Vindonissa vor.[7] Hauptsächlich scheinen derartige Schalen der 1. Hälfte des 1.Jh. nChr. anzugehören, aber ein Weiterleben bis zum Anfang des 2. Jh. ist nicht auszuschließen, wobei die jeweilige Variante der Profilbildung kein datierendes Kriterium bildet.[8]

Streifig bemalte bzw. überfärbte Teller (Taf. 37,538–39,550)

Neun Teller tragen radiale Streifenbemalung (Taf. 37,538–541; Kat.-Nr. 540a, 541a), wobei Tafel 37,538.539 hinsichtlich Form und Qualität eine Sonderstellung einnehmen. Diese zwei Teller aus hellbeigem, leicht glimmerhaltigem, hart gebranntem Ton tragen innen und außen streifige Bemalung aus verschiedenen Brauntönen. Neben der Dünnwandigkeit fällt auch die leicht gerundete Wand mit schwachem Knick ins Auge, so daß diese Exemplare insgesamt in starker Affinität zu Tellern aus Sigillata-Imitation der Form Drack 4/5 und damit den entsprechenden Sigillata-Vorbildern stehen.[9] Dafür sprechen auch die außen angebrachten, mehrfachen Kerbbänder.[10] Ähnliches ist auch an Tellern aus Vindonissa zu beobachten, die Ettlinger in ihrer Gruppe der „rot überfärbten" Keramik einordnete.[11] Dementsprechend könnten Tafel 37,538.539 Produkte der XI. Legion aus Vindonissa des späten 1. Jh. sein.[12]
Die übrigen Teller zeigen nur innen und außen im Randbereich verschieden braune, radiale Streifen, die auf einem unterschiedlich orangenen Überzug aufgetragen sind. Ebenfalls orange Färbung zeigt der Ton, der weich oder sehr hart gebrannt ist. Die Profile Tafel 37,540 und Kat.-Nr. 540a weisen einen schwach ausgeprägten inneren Rundstab, Tafel 37,541 und Kat.-Nr. 541a einen außen verdickten Rand auf.[13]
Die folgenden Teller sind hinsichtlich Form und Qualität relativ uniform gestaltet. Ausnahmen bilden Tafel 37,542 und Kat.-Nr. 542a sowie Tafel 38,545 und Kat.-Nr. 545a, die zunächst vorgestellt werden sollen. Zweimal (Taf. 37,542; Kat.-Nr. 542a) sind Teller aus sehr hart gebranntem, orangem Ton im Laufenburger Material, die komplett mit rot-orangem, mattem Überzug versehen sind. Der abgeknickte Steilrand ist dabei schärfer akzentuiert als die vergleichbaren Teller Tafel 37,538.539 (s. o.), jedoch dürften die dort ge-

---

1 Kat.-Nr. 543, 556b.
2 Martin-Kilcher, Laufen-Müschhag 27 mit Anm. 89; 90.
3 Vgl. Martin-Kilcher, Laufen-Müschhag 25 mit Anm. 76 (Augst); Taf. 7,4.
4 Ebd., bereits weniger akzentuiert und plumper in der Gesamtform das etwas jüngere Exemplar aus Augst-Kurzenbettli: Bender/Steiger, Töpfereibezirk 275ff. Taf. 14,330.
5 Vgl. Ettlinger, Vindonissa 16 Taf. 4,49. Bender/Steiger, Töpfereibezirk 256; 262 Taf. 12,255; 14,301–305; Martin-Kilcher, Laufen-Müschhag 25 Taf. 21,2.3a.
6 Ettlinger, Augster Thermen 100: Keltisch z. B. der hier fehlende, aber anzunehmende Omphalosboden; Bezug zur TS (und damit in der Folge auch TS-Imitation) durch Hängelippe ähnlich Haltern Service 1.
7 Ettlinger, Augster Thermen Taf. 19,8–15; Ettlinger, Vindonissa Taf. 4,52.
8 Ettlinger, Augster Thermen 100.
9 Drack, TS-Imitation 71ff. Taf. 5; 6,1.2.
10 Drack, TS-Imitation 73 (zu Typ 5).
11 Ettlinger, Vindonissa 57ff.; 71f. Abb. 21e (zu Nr. 379: Form und Streifenbemalung); 71 Taf. 16,377 (Kerbreihen).
12 Ettlinger, Vindonissa 57; 59 oben. Zur Tonqualität vgl. ebd. 58 (zur 3. Gruppe).
13 Zur Datierung vgl. S. 105.

machten Aussagen auch hier zutreffen.[14] Daneben fügen sich die vier Teller Tafel 38,545 und Kat.-Nr. 545a zwar den folgenden formal ein, doch ist der hier graubraune, sehr harte Ton schwarz überzogen und nigraartig geglättet.[15]
Die restlichen, mindetens 35 Teller[16] sind aus orangem Ton, der mal heller, mal dunkler gefärbt und weich bis sehr hart gebrannt ist. Nur innen und außen am Rand sind sie jeweils matt überfärbt, wobei die Farbe ebenfalls meist orange ist, z. T. auch -rot oder -braun; vereinzelt ist diese Überfärbung zusätzlich geglättet. Die Profile zeigen durchweg eine gerundete Wand, zu der ein innerer Rundstab (z. B. Taf. 37,543), ein einwärts gebogener (z. B. Taf. 38,545) oder ein außen leicht verdickter Rand (z. B. Taf. 38,548) hinzutreten kann; die Randdurchmesser schwanken zwischen 18 cm und 34 cm. Inwieweit die Unterschiede in Qualität, Durchmesser, Wandstärke und -verlauf chronologisch zu verwerten sind,[17] muß derzeit offenbleiben.[18] Damit dürfte der Großteil unserer Teller ins 2. Jh. n. Chr. gehören;[19] allein die braun überfärbten Teller Kat.-Nr. 548b und Tafel 39,550 können sicher der 2. Hälfte des 2. Jh. zugewiesen werden.[20]

Zumeist tongrundige Teller und Schalen (Taf. 39,551–40,565)

Zunächst sind mit Tafel 39,551–556 und Kat.-Nr. 552a, 556a.b mindestens 34 Teller mit gerundeter Wand vertreten, deren Randdurchmesser zwischen 19 cm und 31 cm schwanken. Die Tonfarben reichen von beige über orange bis bräunlich bei unterschiedlich hartem Brand; vereinzelt sind Glättspuren festzustellen. Hinsichtlich der Varianten der Profilbildung unterscheiden sie sich nicht von den zuvor besprochenen, orange überfärbten Tellern, denen sie auch chronologisch entsprechen.[21] Einzig die Exemplare Tafel 39,552 und Kat.-Nr. 552a fallen durch den innen und außen durch Rillen gekehlten Rand auf.
Die drei Teller Tafel 39,557–559 zeigen Profile, die stark Sigillata-Tellern der Form Drag. 18/31 (vgl. o.) ähneln; daß hier eine Nachahmung vorliegt, unterstreichen auch die geringen Wandstärken, die sich deutlich von den übrigen Tellern unterscheiden. Ein Exemplar ist aus Terra Nigra gefertigt (Taf. 39,557), ein weiteres aus beigem, weich gebranntem Ton, das letzte zeigt neben hartem Brand des orange-roten Tones Glimmerbeimischung. Entsprechend den Vorbildern dürften diese Teller Produkte des 2. Jh. sein.
Lediglich sechsmal befinden sich Teller mit schräger Wand im Laufenburger Material (Taf. 40,560–561; Kat.-Nr. 561a). Der Ton ist entweder orange und sehr hart gebrannt (Taf. 40,560) oder grau und nigra-artig geglättet (Kat.-Nr. 561a); ein Exemplar ist aus Terra Nigra gefertigt (Taf. 40,561). Dieses einfache Tellerprofil ist äußerst langlebig und somit chronologisch kaum faßbar; Beispiele des früheren 1. Jh.[22] sind ebenso wie solche des 3. Jh.[23] zu finden.
Angeschlossen sind Tafel 40,562 und Kat.-Nr. 562a zwei sehr kleine Schalen mit Deckelfalz aus Terra Nigra, bei denen die geringen Durchmesser in merkwürdigem Widerspruch zu den plumpen, dicken Wandbildungen stehen. Vergleichbare Formen bei anderen Dimensionierungen sind die Schüsseln mit Deckelfalz, deren Hauptverbreitungszeit im 2. Jh. lag, die aber auch in den folgenden beiden Jahrhunderten durchaus noch produziert wurden (S. 109f.). Das einzige formal ähnliche Vergleichsstück zu unseren Schälchen ist ein nicht stratifizierter Fund aus der Villa von Stutheien,[24] das jedoch von anderer Tonqualität und besserer Profilgestaltung ist. Die unausgewogene Gesamterscheinung unserer Stücke ist sicher als zeitlicher Abstand zu den Vorbildern der Schüsseln mit Deckelfalz zu werten, so daß hier Produkte des 3. Jahrhunderts vorliegen dürften.
Die letzten fünf Stücke (Taf. 40,563–565; Kat.-Nr. 564a–c) umfassen massige Teller und Schalen mit klobig ausgebogenen Rändern, die wie bei Tafel 40,565 überkragen können; zumeist sind diese innen durch eine umlaufende Rille dekoriert. Fast alle Gefäße sind aus Terra Nigra oder nigraartig; nur Tafel 40,563 ist aus beigem, mehligem Ton. Entsprechend den Vergleichsstücken aus Laufen-Müschhag[25] gehören diese durch ihre Technik sowie die innere Rille charakterisierten Schalen ins spätere 2. und 3. Jh.[26]

Teller und Schalen in Urmitzer Technik (Taf. 40,566–569)

Zwei unterschiedliche Ausprägungen sind hier festzuhalten. Zunächst sind die Teller Tafel 40,566–568 aus orange-beigem, sehr hart gebranntem Ton, der außen

14 Zumal die Gruppe vier der „rot überfärbten Keramik“ in Vindonissa qualitativ unseren Kat.-Nr. 542, 542a vergleichbar ist: Ettlinger, Vindonissa 58.
15 Zur Datierung vgl. S. 105.
16 Taf. 37,543–39,550; Kat.-Nr. 543a, 546a.b, 547a, 548a–e, 549a.
17 So Martin-Kilcher, Laufen-Müschhag 26.
18 Ettlinger, Augster Thermen 99f. Taf. 18,19ff. Schönberger, Altenstadt 128f.
19 Ebd.
20 Schönberger, Altenstadt 130.
21 Schönberger, Altenstadt 128f.
22 Ettlinger, Augster Thermen 99f. Taf. 18,31.
23 Schönberger, Altenstadt 131f. mit Anm. 282. Ettlinger, Görbelhof 25f., 32 Taf. 6,5–8.
24 Roth-Rubi, Stutheien Taf. 11,210 (Dm. ca. 10,2 cm). Das ebd. 94 Nr. 210 angeführte Beispiel (= Vogt, Lindenhof Abb. 44,10) ist sicher unzutreffend. Zur allgemeinen Datierung von Stutheien ebd. 11; 73, aber auch ebd. 44!
25 Martin-Kilcher, Laufen-Müschhag Taf. 21,11.14.15.
26 Martin-Kilcher, Laufen-Müschhag 25 mit Anm. 78.

gräulich verfärbt ist; daneben zeigen die Bruchstücke eine leichte Magerung aus Kalk und Kiesel, sowie eine rauhwandige Oberfläche.[27] Hinsichtlich der Profile sind Teller mit schräger Wand (Taf. 40,566.567) und (einmal) mit vermutlich gerundeter Wand (Taf. 40,568) vertreten, die allesamt recht nachlässig geformt sind. Auf der Außenwand von Tafel 40,566 ist vor dem Brand ein Kreuz eingeritzt worden, was vielleicht als einfache Töpfermarke zu verstehen ist.[28]
Die große Schale Tafel 40,569 unterscheidet sich nicht nur formal, sondern auch qualitativ von den vorigen Tellern, indem hier der Ton etwas heller und bei weichem Brand mit groben Kieseln durchsetzt ist.[29]
Offenbleiben muß die Frage, ob unsere Gefäße echten Import aus dem namengebenden Töpfereizentrum darstellen. Dagegen, und somit vielleicht für Produkte einer lokalen Töpferei,[30] ist m. E. zu werten, daß zumindest die ersten drei Teller zwar im großen und ganzen der Form Niederbieber 113 entsprechen,[31] aber durch die schlechte Ausformung eher als eine Art Imitation zu verstehen sind.[32] Insgesamt wurden rauhwandige Teller Niederbieber 113 von der Mitte des 2. bis zum 4. Jh. produziert, wobei innerhalb dieser Zeit die Profilierung keine Unterscheidungen ermöglicht.[33] Falls die Beobachtung zutrifft, daß unsere Teller als Imitation aufzufassen sind, dürften diese nicht vor dem 3., vielleicht sogar erst im 4. Jh. entstanden sein.

Teller und Schalen im Überblick

Sieben Teller können dem 1. Jh. n. Chr. zugewiesen werden (Tab. 21), davon nur einer dem früheren. Dabei erstaunt es nicht, daß mehrfach Gefäße starke Verwurzelung in keltischer Töpfertradition haben. Die Masse der Teller allerdings kann nur allgemein in das 2. oder 3. Jh. datiert werden. Weiterhin sind zwei Gefäße des 3., vier des 3. oder 4. Jh. vorhanden; bei sechs weiteren, äußerst langlebigen Typen ist die zeitliche Einordnung fraglich.
Hinsichtlich der Töpfereien können lediglich zwei streifig bemalte Teller des späteren 1. Jh. mit einer Wahrscheinlichkeit Vindonissa zugeschrieben werden; bei den späten Tellern in „Urmitzer Technik" ist weiträumiger Import möglich, aber wenig wahrscheinlich. Die Provenienz der Masse des Materiales muß also offenbleiben, dürfte aber wiederum lokalen Töpfereien entstammen.
Bei der Zusammensetzung der Teller nach Formen überwiegen bei weitem die einfach gestalteten mit gerundeter Wand, was sich aus der Zweckbindung als „Backplatten" (vgl. o.) erklärt und diese eher dem groberen Kochgeschirr zuordnet. Damit fügen sich die Laufenburger Teller gut in die Verhältnisse anderer Fundplätze wie z. B. Laufen-Müschhag ein.[34]
Lediglich drei Fundpunkten innerhalb des Haupthauses sind Teller und Schalen zuzuweisen. Ca. 18 Gefäße des späteren 1. und des 2. Jh. wurden im Nord-Risalit,[35] zwei des 2. Jh. in der (West-)Porticus[36] und ein entsprechender Teller an der Ostmauer, nördlich Raum XII[37] gefunden.

5.2 Schüsseln (Taf. 41–54)

Die Reste von wenigstens 143 Schüsseln werden im folgenden zu besprechen sein, wobei sich die Anordnung nach den verschiedenen bekannten Rand- bzw. Profilformen richtet. Vorgegangen wird dabei nach dem zeitlichen Beginn der jeweiligen Gruppen. Größter Beliebtheit erfreuten sich Schüsseln mit Kragenrand bzw. Deckelfalz (42 bzw. 38 Gefäße); ungefähr jeweils halb so oft sind solche mit einwärts gebogenem, verdicktem Rand und gerilltem Rand vertreten (22 bzw. 19); sonstige Profilierungen sind nur in wenigen Exemplaren belegt (Tab. 18).
Auch bei den Schüsseln sind verschiedene mit Überfärbungen vorhanden, die sich aber großteils qualitativ von den als „Glanztonschüsseln" besprochenen unterscheiden.

Schüsseln mit einwärts gebogenem, verdicktem Rand (Taf. 41; 42)

22 derart gestaltete Schüsseln sind im Laufenburger Material vorhanden, die fast ausschließlich aus unterschiedlich grauem, weich bis sehr hart gebranntem Ton bestehen, der z. T. glimmerhaltig ist. Lediglich Kat. Nr. 570a und Tafel 41,572; 42,583 sind aus orangem bzw. beigem, hartem bzw. mehligem Ton gefertigt. Vereinzelt sind an unseren Exemplaren Glättspuren festzustellen; die Randdurchmesser schwanken

27 Damit entsprechen sie der für die Frankfurter Ware aus Urmitz beschriebenen Technik A: STAMM, Keramik 91 f.
28 Vgl. auf anderen, meist späten Gefäßen: MARTIN-KILCHER, Laufen-Müschhag 27 mit Anm. 88 (zu Taf. 22,10.11); 42 mit Anm. 175 (zu Taf. 39,8); 48 mit Anm. 211 (zu Taf. 44,5).
29 Entsprechend Technik B: STAMM, Keramik 92.
30 So schon STAMM, Keramik 91 f. Ebenfalls für lokale Produktion sprachen sich W. M. M. N. DIJKMAN, L. BAKKER u. M. GECHTER auf der Jahrestagung (20.–25. 5. 1986) des West- und Süddeutschen Verbandes für Altertumsforschung in Koblenz aus.
31 OELMANN, Niederbieber 78 Taf. 4,113.
32 Vgl. dagegen die homogene Profilgestaltung z. B. bei PFERDEHIRT, Holzhausen Taf. 20, F 1407.1472.1485; darüber hinaus betont PFERDEHIRT ebd. 138 mit Anm. 476; 477 die auffällige Typentreue der Teller bis ins 4. Jh. n. Chr.
33 Wie Anm. 32. SCHÖNBERGER, Altenstadt 131 f.
34 MARTIN-KILCHER, Laufen-Müschhag 26 Abb. 7. Auch die Zahl der Teller ist ähnlich, solange man die dort im Haupthaus gefundenen heranzieht: Ebd. „Bau 1".
35 Kat.-Nr. 538, 539, 540a, 541a, 544a, 546a, 548, 548a.b.d, 556a.
36 Kat.-Nr. 556a.
37 Kat.-Nr. 546.

zwischen 16 cm und 22 cm, kleinere (Taf. 41,573: 14 cm) oder größere (Taf. 42,585.586; Kat.-Nr. 586a: über 25 cm bzw. 30 cm) Gefäße treten nur vereinzelt auf.
Die frühesten Vertreter der Schüsseln mit einwärts gebogenem, verdickten Rand der 1. Hälfte des 1. Jh.[1] n. Chr. sind in Laufenburg nicht festzustellen. Allerdings zeigen die wenig jüngeren Schüsseln Tafel 41,570.571 und Kat.-Nr. 570a, daß der Ursprung dieser Form im keltischen Formenrepertoire liegt[2] (vergleichbar den oben besprochenen Schalen Taf. 37,535.536). Anhand verschiedener Vergleichsfunde[3] gehören unsere vier Schüsseln in die 2. Hälfte des 1. Jh. Einmal ist eine Schüssel mit zierlicher Profilierung vertreten (Taf. 41,572), deren Rand im Querschnitt fast querrechteckig und außen leicht gekehlt ist. Die Produktion solcher Formen ist ebenfalls für die 2. Hälfte des 1. Jh. belegt.[4]
Häufiger ist die Variante Taf. 41,573–576 und Kat.-Nr. 574a mit fünf Gefäßen vorhanden, wobei der mehr oder weniger überhängende Rand die Form einer schräggestellten Ellipse annimmt. Die sorgfältige Ausführung in Verbindung mit den kleinen Durchmessern verweist sie ins spätere 1. Jh.[5]
Tafel 41,577–42,579 ist die Fortführung der bei Kat.-Nr. 572ff. besprochenen Ausprägungen in klobiger Form; regelmäßig ist der Rand außen unterkehlt. Damit dürften diese drei Schüsseln bereits dem frühen 2. Jh. angehören.[6] Tafel 41,578 wurde 1970 im Binnenraum gefunden.
Gleichzeitig oder wenig älter ist die einzige Schüssel mit außen gekehltem Rand (Taf. 42,580), die sonst formal an die unter Kat.-Nr. 572 aufgeführte anschließt.[7] Die mehrfache Rillung des insgesamt fast senkrecht gestellten, massigen Randes erweist dagegen Tafel 42,581 bereits als Produkt des 2. Jh.[8]
Die folgenden Schüsseln Tafel 42,582–585 und Kat.-Nr. 585a tragen klobige Randbildungen, deren Verdickungen außen kantig (Taf. 42,582.583) oder gerundet sein können; die Oberseiten der Ränder sind bei allen fünf Schüsseln abgeflacht. Da die Übergänge zu den zuvor besprochenen Schüsseln fließend sind, kommt als Zeitstellung das 2. und frühe 3. Jh. in Betracht.[9]
Sicher bereits dem 3. Jh. gehören die verbleibenden Schüsseln mit einwärts gebogenem, verdicktem Rand (Taf. 41,586.587) an, wie gute Vergleichsstücke vom Murain bei Ersingen zeigen.[10]

Kragenschüsseln (Taf. 43,588–47,615)

Mit 42 Exemplaren sind die Schüsseln mit Horizontalrand und Randleiste die größte Gruppe im Material. Ab claudischer Zeit wurden diese Gefäße als Nachbildungen der Sigillata-Form Hofheim 12 in anderer Qualität produziert, die sich bis ins frühe 2. Jh. ebenso großer Beliebtheit wie Verbreitung erfreuten.[11] Daß dabei Einflüsse von Reibschüsseln bzw. Metallgefäßen sichtbar werden, zeigen in unserem Material der Ausguß (Taf. 43,589) bzw. das vereinzelte Auftreten von Goldglimmer-Überzug auf orangetonigen Schüsseln (Taf. 44,600; 46,611).[12]
Die Masse unserer Kragenschüsseln läßt sich in zwei Gruppen teilen. Zunächst sind Tafel 43,588–44,597 und Kat.-Nr. 591a,597a.b (14 Gefäße) solche mit gestrecktem, meist nur wenig abfallendem Horizontalrand, der nur selten (Taf. 43,589.593) nicht schlank gebildet ist. Die Randleisten sind unterschiedlich gebildet, indem Höhe, Dicke und Neigung stark differieren bzw. innen ohne Rillung direkt in die Wand übergehen. Die Schüsselgesamtform kann sowohl flach (z.B. Taf. 43,588) als auch tief (z.B. Taf. 43,589) oder bauchig (z.B. Taf. 43,590) sein, wobei der Übergang vom Kragen zur Wand bisweilen gekehlt ist. Der einzige erhaltene Boden (Taf. 43,588) ist als Standplatte gebildet, die sich in der Mitte leicht aufwölbt. Ungefähr zur Hälfte sind Schüsseln dieser Gruppe aus orangem, leicht gemagertem (zumeist Glimmer) Ton gefertigt, der unterschiedlich hart gebrannt ist; öfter ist dieser Ton geglättet. Je zwei Gefäße sind daneben aus Terra Nigra oder ähnlich bearbeitetem, grauem Ton. Die Durchmesser schwanken zwischen 20 cm und 25 cm, wobei nur Tafel 43,588 mit gut 15 cm außergewöhnlich klein ist.
Der zweiten Gruppe gehören ca. 23 Schüsseln an (Taf. 44,598–46,611; Kat.-Nr. 599a,602a,604a,607a, 610a), deren Kragen gebogen bzw. gewölbt ist. Hin-

1 Wie z.B. Martin-Kilcher, Laufen-Müschhag 29 mit Anm. 100; Taf. 24,7. Berger, Osttor 43f.
2 Martin-Kilcher, Laufen-Müschhag 29.
3 Vgl. z.B. Chur 1, 102 Taf. 27,9. Ettlinger, Augster Thermen 100 Taf. 19,2.3. Berger, Osttor 104;45;55f. Taf. 25,285.
4 z.B. Produktion in Laufen-Müschhag: Martin-Kilcher, Laufen-Müschhag 29 mit Anm. 91; Taf. 24,9 oder in Augst (Osttorware): Berger, Osttor 97; 43f. 45f. Taf. 21,248.
5 Vgl. Martin-Kilcher, Laufen-Müschhag 29 mit Anm. 97 (Profil A); Taf. 24,1.
6 Berger, Osttor 43f. mit Anm. 94–98 beschreibt das Charakteristikum des unterkehlten Randes in diesem Zusammenhang für Schüsseln von claudischer Zeit bis ins 2. Jh.; allerdings sind die ebd. Taf. 21 abgebildeten Beispiele der Osttorware der 2. Hälfte des 1. Jh. insgesamt zierlicher und sorgfältiger profiliert als unsere Schüsseln.
7 Vgl. Martin-Kilcher, Laufen-Müschhag 29 mit Anm. 97; Taf. 24,3.
8 Vgl. Martin-Kilcher, Laufen-Müschhag 29 (zu Taf. 24,10.11: Profil C).
9 Vgl. Vogt, Lindenhof Abb. 43,16; 49,31; Roth-Rubi, Stutheien Taf. 15,336.
10 Bruckner, Ersingen 26 Taf. 6,9.11.
11 Ettlinger, Augster Thermen 101. Martin-Kilcher, Laufen-Müschhag 29f. Berger, Osttor 44.
12 Berger, Osttor 44.

sichtlich der Randleisten und Gesamtformen liegen ähnliche Variationen wie bei der ersten Gruppe vor. Nicht festzustellen ist bei dieser Gruppe die Unterkehlung des Kragens. Insgesamt sind die Profilierungen der zweiten Gruppe grober als in der vorangegangenen; bei besonders klobigen Kragen wie z. B. Tafel 45,606–608 ist im Einzelfall nicht auszuschließen, ob es sich dabei ursprünglich um (ähnlich gestaltete) Reibschüsseln handelte (S. 124ff.). Dazu paßt auch, daß hier die Randdurchmesser zwischen 20 cm und 35 cm (zumeist über 25 cm) und damit höher als bei der ersten Gruppe liegen; nur Tafel 44,599 und Kat.-Nr. 599a fallen mit 12 cm bzw. 13–15 cm dabei aus dem Rahmen. Lediglich fünf Schüsseln sind aus orangem, meist hartem Ton mit schwacher Magerung hergestellt; vereinzelt sind Glättung bzw. Goldglimmer-Überzug (s. o.) zu beobachten. Die restlichen Gefäße sind ebenfalls aus Nigra oder Nigra-artigem, grauem Ton. Leider sind derzeit weder die beiden Gruppen, noch die verschiedenen Ausprägungen innerhalb dieser näher zu datieren. Z. B. zeigt die sogen. Osttorware aus Augst, daß in dieser Töpferei der 2. Hälfte des 1. Jh. die verschiedenen Profilvarianten nebeneinander produziert wurden.[13] Damit dürften die meisten unserer Schüsseln in dieselbe Zeit gehören, einige wohl erst an den Anfang des 2. Jh.;[14] die im Katalog jeweils angeführten Vergleichsstücke haben dementsprechend nur exemplarischen Charakter.

Nur drei Fundstellen sind für Schüsseln mit Horizontalrand und Randleiste zu nennen: Kat.-Nr. 593 entstammt dem Nord-Risalit bzw. der anschließenden Porticus, 597a dem Aushub hinter dieser Porticus, Kat.-Nr. 598 fand sich an der Mauer, die Raum H nach Süden begrenzt.

Angeschlossen sind Tafel 46,612.613 und Kat.-Nr. 612a drei Kragenschüsseln, deren Randformen zwar auf Reibschüsseln deuten,[15] die feststellbaren Brandspuren allerdings, wie bei anderen Schüsseln,[16] eher auf Verwendung als einfaches Kochgeschirr schließen lassen. Alle Exemplare sind aus orangem, unterschiedlich hart gebranntem Ton, der verschieden gemagert ist.

Der Kragen der ersten beiden Schüsseln (Taf. 46,612; Kat.-Nr. 612a) ist von der einwärts geneigten Randleiste durch eine breite Furche abgesetzt, nach der er nach unten weich umknickt; insgesamt liegt eine gestreckte, schlanke Profilierung vor. Vergleichsstücke des 2. Jh.[17] sind demgegenüber gedrungener und die Furche ist wesentlich schwächer akzentuiert; die späten Reibschüsseln des 4. Jh. sind im Vergleich zu unseren Gefäßen wesentlich klobiger[18] bzw. schärfer profiliert, bei weiter überhängendem Kragen.[19] Allerdings zeigt eine Schüssel vom Görbelhof, bei der gleichfalls die Zuordnung zu Reibschüsseln fraglich ist, daß unsere Exemplare zumindest dem 3. Jh. angehören dürften.[20]

Mit Tafel 46,613 ist eine Schüssel mit innen nicht abgesetzter Randleiste und verkümmertem Horizontalrand vorhanden, die ausgesprochen dickwandig ist; der Randdurchmesser beträgt 21 cm: Profile dieser Art sind z. B. für Reibschüsseln in Chur belegt,[21] wo sie in das 4. Jh. datiert werden. Interessanterweise entspricht unser Exemplar qualitativ ebenfalls den dort verzeichneten,[22] wodurch Tafel 46,613 vermutlich als Importstück angesehen werden kann.

Schließlich sind hier noch zwei Schüsseln angeschlossen, die aufgrund ihrer Eigenheiten (auch im Vergleich zu anderen Fundplätzen) als wirkliche Einzelstücke anzusehen sind. Formal entspricht die Kragenschüssel Tafel 46,614 den oben besprochenen der zweiten Gruppe. Allerdings ist dieses Exemplar aus orangem, leicht gemagertem und hart gebranntem Ton mit einem etwas dunkleren Überzug bedeckt, der leichten Glanz zeigt. Zudem ist auf dem Kragen Barbotinedekoration aus Kreuzen und Hufeisen angebracht, die von umlaufenden Kerbbändern begleitet wird. Ton, Überzug und Dekor schließen diese Schüssel also eng an die oben besprochenen Becher der „rätischen Art" an[23] (vgl. o. S. 97). Entsprechend den dort aufgezeigten Entwicklungslinien gehört Tafel 46,614 mindestens dem 2. Jh. an. Das einzige mir bekannte Vergleichsbeispiel aus Augst[24] weist zwar die gleiche Form, aber anderen Überzug und ausschließlich Kerbband-Dekoration auf dem Kragen auf und ist dementsprechend jünger als unsere Schüssel.[25] Ver-

13 Berger, Osttor 44 Taf. 22.

14 In Tabelle 18 wurden 75% (27 Gefäße) dem 1. Jh., 25% (10 Gefäße) dem 2. Jh. zugerechnet.

15 Ob vielleicht doch eine tief ansetzende Körnung innen vorhanden war, ist nicht feststellbar.

16 Martin-Kilcher, Laufen-Müschhag 30 Taf. 26,1–6.

17 Vgl. Bruckner, Ersingen 422 Abb. 16,12.

18 Vgl. Vogt, Lindenhof 204 Abb. 51,6.

19 Vgl. Ettlinger, Görbelhof 26f. Taf. 6,19–24. Martin-Kilcher, Laufen-Müschhag 48 Taf. 43,8.9.

20 Vgl. Ettlinger, Görbelhof 26; 32 (Dat.-Tabelle); Taf. 6,14.

21 Chur 1, 114 Taf. 36,5–7. Weiteres Vergleichsstück aus Vindonissa: Jahresber. Ges. Pro Vindonissa 1975 (1975) 40; 47 Taf. 6,194.

22 Chur 1, 114 wird einerseits auf die Verbindung zu vergleichbaren glasierten Reibschüsseln, andererseits auf die völlige Unklarheit der Herkunft (der nicht glasierten) verwiesen. Weiter unten wird mit Anm. 7 die Produktion der glasierten Reibschüsseln für Noricum, Pannonien und vielleicht Rätien angenommen; dementsprechend dürfte unser Stück mit einiger Sicherheit Import sein. Daneben ist das ebd. Taf. 36,7 abgebildete Stück offensichtlich ebenfalls ohne innere Körnung.

23 Somit hätte Taf. 46,614 auch bei den Glanztonschüsseln besprochen werden können (vgl. S. 101f.); allerdings zeigt auch dieses Exemplar Brandspuren, die vermutlich auf einen Gebrauch als Kochgeschirr deuten.

24 Vgl. Ettlinger, Augster Thermen Taf. 19,32.

25 Ettlinger, Augster Thermen 102.

mutlich wurde Tafel 46,614 1937 am Anschluß des Süd-Risaliten an die Westmauer der Porticus gefunden.

Besonders die Schüssel Tafel 47,615 aus hartem, orangem Ton, auf deren Außenseite Reste eines hellbraunen bis rötlichen Überzuges erhalten sind, zeigt mit seiner rußigen Innenseite die Verwendung als Kochgeschirr. Die halbkugelige Gesamtform mit außen rundstabartig gebildetem Rand und tief ansetzendem Kragen in Art einer Griffleiste läßt unser Exemplar als ziemlich getreues Abbild der Sigillata-Schüsseln Drag. 38 erscheinen (s. S. 80 zu Taf. 23,351–353). Die dort für die Relativchronologie u. a. wichtige Form des Kragens ist bei Tafel 47,615 nicht sicher zu ermitteln, jedoch dürfte sie eher gestreckt oder am Ende nur leicht umgeknickt gewesen sein. Interessant ist nun hier das Muster aus radial angeordneten, tannenzweigähnlichen Motiven, das wahrscheinlich in der Technik der Glasschliff-Imitation angebracht wurde. Lediglich eine Schüssel aus Brombach (bei Lörrach) ist als Vergleichsstück anzuführen, wobei ein ähnliches Muster oberhalb des Kragens auf der Außenwand plaziert ist und die Schüssel-Gesamtform ungefähr unserer entspricht.[26] Leider ist diese Fundstelle bisher nicht bearbeitet,[27] doch scheint es sich um eine Villa rustica zu handeln, die vom Anfang des 2. bis zum 3. Jh. bestand.[28] Daneben zeigen Schüsseln des 4. Jh. aus der Villa von Montmaurin ein ähnliches, allerdings eingestempeltes Dekor in gleicher Anordnung wie auf der Brombacher Schüssel; die Gesamtform des Profiles ist zwar vergleichbar, jedoch fehlt ein ausladender Kragen, der an gleicher Stelle durch eine umlaufende Leiste ersetzt ist.[29] Nach den Vergleichsbeispielen dürfte die zeitliche Stellung unserer Kragenschüssel am ehesten an der Wende vom 2. zum 3. Jh. zu suchen sein.

Schüsseln mit gerilltem Rand (Taf. 47,616–49,630)

Lediglich zwei Schüsseln sind aus Terra Nigra gefertigt (Taf. 47,617; 48,627); der Rest weist orangen Ton verschiedener Nuancierungen auf, der weich bis sehr hart gebrannt sein kann und bisweilen leichte Glimmerbeimischung enthält. Diese orangetonigen Schüsseln sind bis auf zwei Ausnahmen (Taf. 48,628; 49,629) mit matten Überzügen versehen, deren Farbe von orange über rot bis braun reicht[30] und zumeist nur innen und am Rand festzustellen ist. Die Durchmesser reichen von 22 cm bis 27 cm, lediglich Tafel 47,618.620(?) und 48,627 liegen deutlich unter 20 cm. Schüsseln mit gerilltem Rand sind an anderen Fundplätzen für das fortgeschrittene 1. sowie das 2. Jh. belegt, wobei horizontale Ränder jünger sind als stark hängende.[31]

Diese frühere Variante ist mit sechs Exemplaren (Taf. 47,616.617; Kat.-Nr. 616a) im Laufenburger Material vertreten. Auf der Oberseite der Ränder der ersten fünf Schüsseln finden sich Kerbband-Dekorationen; das letzte Gefäß (Taf. 47,617) nimmt aufgrund der einfachen Randrillung und der Kehlung außen eine Zwischenstellung zwischen dieser Gruppe und den obigen Kragenschüsseln ein, wie ein qualitativ und formal ähnliches Stück aus Rottweil zeigt.[32]

Ebenfalls noch ins späte 1. Jh. könnten Tafel 47,618–620 gehören; zwar sind die Ränder bereits leicht schräg gestellt, jedoch sind sie wesentlich zierlicher und sauberer profiliert als die folgenden und zudem von eher kleinem Durchmesser. Bei diesen frühen Varianten ist nur die (mögliche) Fundstelle von Tafel 47,616 zu benennen, die in der Nordostecke von Raum 1 lag, 2,15 m–2,95 m unter dem Mauerabbruch.

Die folgenden Schüsseln Tafel 47,621–49,629 tragen mehr oder weniger stark gekrümmte Ränder, die unterschiedlich weit überhängen; nur Tafel 48,628 bildet hierbei eine Ausnahme. Auf einigen Gefäßen (Taf. 48,622.626.627) werden die Wände außen durch umlaufende Absätze oder Rillen gegliedert. Wie oben geschildert, gehören diese 9 Schüsseln in das 2. Jh. Tafel 48,622.623 entstammen dem Nord-Risalit, Tafel 47,621 dem westlichen Teil der Pflasterung im Norden, Tafel 48,624 schließlich der Maßnahme 31 des Jahres 1937.

Tafel 49,630 nimmt nicht nur aufgrund des braunen, harten Tones mit deutlicher Magerung eine Sonderstellung ein, sondern auch durch die Wandbildung, die unter dem gerillten Rand nach außen umbiegt. Damit zeigt dieses Exemplar eine Mittlerrolle zwischen den zuvor besprochenen und den Schüsseln mit ausgebogenem Rand, die ihrerseits eng mit den späteren Schüsseln mit Deckelfalz (s. u.) verwandt sind.[33] Dementsprechend dürfte hier bereits ein Produkt des 3. Jh. vorliegen.[34]

Schüsseln mit einfachem oder Horizontalrand (Taf. 49,631–638)

Zunächst ist Tafel 49,631 eine Schüssel mit steiler Wand und oben glatt abgestrichenem Rand, der innen

26 Arch. Ausgr. Baden-Württemberg 1981 (1982) 161 Abb. 131.
27 Fundpublikation durch R. Aßkamp (Münster) in Vorbereitung.
28 E. Richter, Vom Jura zum Schwarzwald N. F. 58, 1984, 8ff.; G. Fingerlin, RiBW 428ff.
29 G. Fouet, La villa gallo romaine de Montmaurin (Haute-Garonne). Gallia Suppl. 20 (Paris 1969) 254 Abb. 131 (E 143).
30 Gleiches gilt für die Augster Schüsseln mit gerilltem Rand: Ettlinger, Augster Thermen 103 Taf. 20,30ff.
31 Martin–Kilscher, Laufen-Müschhag 30 mit Anm. 106; 107; Taf. 26,1–6.
32 Vgl. Planck, Rottweil Taf. 42,9.
33 Martin-Kilscher, Laufen-Müschhag 32 Taf. 28,6.9.10.
34 Ebd. 30 (zu Schüsseln mit Deckelfalz).

schwach verdickt ist; außen ist die Wand direkt unter dem Rand bzw. weiter unten durch mehrfache umlaufende Rillen gegliedert; der Boden ist als einfache Standplatte gebildet. Hergestellt ist die Schüssel aus orangem, hart gebranntem Ton mit leichter Magerung; lediglich die Außenseite ist geglättet, die eher rauhwandige Innenseite zeigt mit ihrer starken Brandschwärzung wiederum die Nutzung als Kochgeschirr. Ähnlich einfache Gefäße sind sowohl im 1. Jh., z. B. in Vindonissa,[35] als auch im späteren 2. bzw. 3. Jh., z. B. in der Villa von Stutheien,[36] belegt.

Tafel 49,632 zeigt eine flache, bauchige Schüssel, deren Horizontalrand leicht abfällt; mit 14 cm Durchmesser ist sie ein sehr kleines Gefäß. Der hellorange, sehr harte Ton ist (als einziger sicherer Vertreter im gesamten Laufenburger Keramikbestand!) dunkelbraun-orange geflammt; die Außenwand ist zudem mit zwei umlaufenden Kerbband-Zonen dekoriert. Am Material des Schutthügels von Vindonissa arbeitete Ettlinger heraus, daß geflammte Gefäße dort in den Töpfereien der 11. Legion hergestellt wurden, wobei das fast völlige Fehlen dieser Ware in der weiteren Umgebung bemerkenswert ist.[37] Die Soldaten dieses aus Dalmatien nach Vindonissa verlegten Truppenkörpers „... brachten im Jahr 70 die erst seit kurzem aufgekommene Mode der rot überfärbten und Metallformen nachahmenden Keramik aus den östlicheren Provinzen mit und bauten sie weiter aus, ohne jedoch damit die übrige Umgebung zu beeinflussen, die den üblichen gallo-römischen Formenkreis weiter pflegte."[38] Zum einen belegt damit unsere Schüssel Tafel 49,632 erneut den engen Bezug der Laufenburger Villa zu dieser Legion und ihrem Standort im späteren 1. Jh. n. Chr., da dieses durch Tonqualität, Flammung[39] und Kerbbanddekoration[40] sicher als ein Produkt der dortigen Töpfereien anzusehen ist. Zum anderen zeigt die Profilierung, zu der ebenfalls in Vindonissa als Gegenstück ein begrießtes Schälchen vorkommt,[41] daß die Töpfer der geflammten Ware durchaus auch westliche Einflüsse verarbeiteten.[42]

Daneben sind mit Kat.-Nr. 632 a und Tafel 49,633 die Bruchstücke zweier Schüsseln vorhanden, die vermutlich ähnlich wie die vorangegangenen geformt waren, allerdings in Qualität und Dekor völlig verschieden sind. Die erste ist ein Exemplar aus grauem, hart gebranntem Ton mit Magerung, das ohne Überzug und Dekoration ist. Tafel 49,633 dagegen wurde aus hellorangem, sehr hartem Ton hergestellt, der außen durch ein Kammwellenmuster verziert ist. Dieses Motiv ist sowohl für die Spätlatène- bzw. frühe Kaiserzeit[43] als auch wieder ab dem 3. Jh.[44] belegt. Qualitativ ist unser Stück jedoch beiden Gruppen nicht einzuordnen.

Die verbleibenden Schüsseln mit Horizontalrand sind qualitativ und formal ziemlich uniform. Alle sind aus orangem, eher weichem Ton hergestellt, der von einem rotbräunlichen, glimmerhaltigen Überzug bedeckt ist;[45] daß auch die Schüssel Tafel 49,634, gefunden im Nord-Risalit, ursprünglich einen Überzug besessen hat, ist aufgrund der weichen Tonqualität anzunehmen. Auch die Profilgestaltung der ca. 20 cm weiten Gefäße ist sehr einheitlich, indem die steilen Wände unserer Schüsseln oben zu einem Horizontalrand umknicken, der zumeist leicht abfällt und überhängt. Chronologisch gehören Tafel 49,634–638 ins spätere 1. und 2. Jh.[46]

Schüsseln mit Deckelfalz (Taf. 50,639–53,671)

Mit 38 Exemplaren sind die Schüsseln, deren Rand oben einen Deckelfalz besitzt, die zweitgrößte Gruppe. Gefertigt sind diese durchweg aus orangem Ton, der bisweilen zu Braun oder Beige tendiert und mehligen bis sehr harten Brand zeigt; öfter ist der Ton leicht mit Glimmer gemagert; knapp ein Drittel tragen einen Überzug von roter bis bräunlicher Farbe.[47] Ob die vier Schüsseln[48] aus beigem, sehr hart gebranntem Ton mit bräunlichem Überzug als Import zu betrachten sind,[49] ist m. E. bisher unsicher. Die erhaltenen Ränder lassen sich im wesentlichen in zwei Gruppen trennen. Zunächst tragen die Deckelfalz-Ränder Tafel 50,639–645 und Kat.-Nr. 644 a zusätzlich außen eine Rillung oder Kehlung. Insgesamt sind sowohl zierliche (z. B. Taf. 50,641), gestreckte (z. B. Taf. 50,643)

35 Ettlinger, Vindonissa 14 Taf. 3,36 (ohne genaue Datierung); Modifizierung der augusteischen Form: ebd. Taf. 3,35.

36 Roth-Rubi, Stutheien 35 Taf. 28,559–561 („Kochbecken in Anlehnung an Lavez" mit weiteren Verweisen); zur Datierung: ebd. 73.

37 Ettlinger, Vindonissa 57ff., bes. 57;59.

38 Ettlinger, Vindonissa 60f., Zeile 49ff.

39 Qualitative Entsprechung zu den Gruppen 1, 3 und 4: Ettlinger, Vindonissa 57f.

40 Ettlinger, Vindonissa, Kerbband-Dekorationen bei den Gruppen 1–3 (vgl. z.B. ebd. Taf. 14,312.313; 15, 329.330; 16,377).

41 Ettlinger, Vindonissa 52 Taf. 11,235.

42 Vgl. S. 90ff. (zu gesandeten Gefäßen), bes. Anm. 10; Greene, Usk 13ff. (zur Produktion gesandeter Gefäße in Lyon, Mittel- und Südgallien, Rheinland). Daneben weist Ettlinger, Vindonissa 57f. auf oberitalische, indifferente einheimische bzw. Sigillata- und Spätlatène-Einflüsse hin, die (neben den bereits erwähnten durch Metallgefäße) bei der „rot überfärbten und geflammten Ware" spürbar sind.

43 Martin-Kilcher, Laufen-Müschhag 45 mit Anm. 199. Fellmann, Basel Taf. 15,20.

44 Martin-Kilcher, Laufen-Müschhag 45 Taf. 39,9–11.

45 Und damit wieder die Verwendung als Kochgeschirr nahelegt: Martin-Kilcher, Laufen-Müschhag 30 mit Anm. 108.

46 Ebd. Hier in Tabelle 18 wurden zwei Schüsseln dem 1., drei dem 2. Jh. zugerechnet.

47 Kat.-Nr. 640, 644 (Goldglimmer), 645–647, 649, 650, 652, 653, 653 a, 658(?), 659 a.b, 665.

48 Kat.-Nr. 646–648, 659 b.

49 So Martin-Kilcher, Laufen-Müschhag 30.

und gedrungene (z. B. Taf. 50,644) Randformen vertreten. Die Durchmesser schwanken bei diesen Schüsseln zwischen 20 cm und 25 cm. Die Ränder der übrigen Exemplare (Taf. 50,646–53,670; Kat.-Nr. 653a, 659a.b,668a) sind außen gerundet und zeigen mannigfache Variationen. Auch hier stehen zierliche Ränder (z. B. Taf. 51,653) neben gestreckten (z. B. Taf. 50,647), gedrungenen (z. B. Taf. 51,658), kantigen (z. B. Taf. 53,669) oder klobigen (z. B. Taf. 52,663), wobei letztere bisweilen bereits an Reibschüssel-Ränder erinnern (Taf. 53,670). Bei beiden Gruppen ist die Wand häufig außen durch umlaufende Rillen gegliedert.[50]

Derzeit ist m. E. eine gesicherte Datierung der Schüsseln mit Deckelfalz, die ab dem 2. Jh. produziert wurden, anhand einer Randentwicklung, z. B. von zierlich (älter) zu plump (jünger), nicht möglich.[51] Entscheidend ist bisher nur, ob die Schüssel eine gerundete oder geknickte Wand hat, was sie als älter bzw. jünger charakterisiert;[52] leider ist im Laufenburger Material kein gesamtes Profil vorhanden, das diese Aussage ermöglichen würde. Somit können die bisher besprochenen 37 Schüsseln mit Deckelfalz nur dem 2. oder 3. Jh. zugewiesen werden; lediglich die erste Gruppe ist dabei erst ab der 2. Hälfte des 2. Jh. einzuordnen.[53]

Drei Schüsseln (Taf. 50,644.646.647) entstammen dem Nord-Risalit, Tafel 50,648 der anschließenden Porticus und Tafel 51,658 der Schuttschicht im unteren Teil der Füllung des Süd-Risaliten.

Angeschlossen ist mit Tafel 53,671 eine qualitativ und formal deutlich von den vorangegangenen verschiedene Schüssel von 20 cm Durchmesser, die aus orangebraunem, grob gemagertem Ton von mäßig hartem Brand ist. Über dem senkrechten Wandrest befindet sich ein ausladender schlanker Deckelfalz-Rand, der zudem einwärts gebogen ist. Damit zeigen sich Bezugspunkte nicht nur zu den Schüsseln mit Deckelfalz, sondern auch zu denen mit einwärts gebogenem, verdicktem Rand und zu Kragenschüsseln, wie z. B. oben Tafel 42,587; 46,612. Ähnliche Randprofilierungen an Töpfen der Form Niederbieber 89 bzw. Alzey 27 gehören zumindest ins 3. Jh.[54] (vgl. auch unten zu Tafel. 63,769.770), gestreckte Formen wie hier sogar bereits in der 2. Hälfte des 4. Jh.[55] Zwar sind mir keine vergleichbaren Schüsseln mit Deckelfalz bekannt, jedoch dürfte Tafel 53,671 aufgrund der angeführten Beispiele und seiner Qualität ins 3. Jh. (vielleicht bereits dessen 2. Hälfte?) gehören.

Verschiedene Schüsselformen (Taf. 53,672–54,682)

Die großen Schüsseln Tafel 53,672; Kat.-Nr. 672a stehen in enger Beziehung zu solchen aus Sigillata-Imitation (S. 87ff.), sind jedoch im Gegensatz zu diesen aus Terra Nigra gefertigt. Der ausgebogene Rand und die mehrfachen, z. T. tief sitzenden Rillungen der Außenwand verbinden unsere beiden Schüsseln mit der Form Drack 21, die gerundete, bauchige Wand mit Drack 22.[56] Ähnliche Schüsseln[57] datiert St. Martin-Kilcher in die 2. Hälfte des 1. und das frühe 2. Jh.[58]

Zweimal sind Schüsseln mit leicht trichterförmigen Horizontalrändern im Material (Taf. 53,673.674), die schwach nach innen abfallen. Die erste ist aus bräunlichem, sehr hart gebranntem Ton, der außen schwarz geschmaucht und geglättet ist; Tafel 53,674 zeigt über dem hellorangen, harten Ton Reste eines bräunlichroten Überzuges. Vermutlich handelt es sich um Produkte des späten 2. oder 3. Jh.[59]

Von schlechter Qualität ist die aus hellorangem, grob gemagertem, fast weichem Ton gefertigte Schüssel Tafel 53,675. Der Rand, vermutlich oben mit Deckelfalz und außen mit mehrfacher Gliederung, ist äußerst unsorgfältig profiliert. Aufgrund des anzunehmenden Durchmessers von sicher über 30 cm könnte es sich auch um ein großes, tiefes Becken handeln; ähnliche, allerdings flachere Gefäße gehören der gleichen Zeit an wie oben Kat.-Nr. 673.674.[60]

Tafel 54,676 erinnert mit seinem leicht trichterförmigen Rand an die bereits besprochenen (s. o. Taf. 53,673.674), jedoch fällt dieser hier innen wesentlich stärker ab und die Gesamtform der Schüssel ist flacher und bauchiger. Der ebenfalls bräunliche Ton ist schwach gemagert und sehr hart gebrannt und mit einem bräunlichen Überzug versehen. Zeitlich ist mit diesem Gefäß sicher bereits das 3., vielleicht sogar schon das 4. Jh. erreicht.[61]

In verschiedenen Ausprägungen sind die vier Schüsseln der Form Alzey 24[62] vorhanden (Taf. 54,677–

---

50 Zur ebenfalls großen Variationsbreite an anderen Fundplätzen vgl. z. B. Martin-Kilcher, Laufen-Müschhag Taf. 26,12–15; 27,1–10.12.13; 28,1.2.

51 Eine derartige Entwicklung ebd., obwohl Martin-Kilcher (ebd. 30, Anm. 111) einräumt, daß durchaus Gegenbeispiele existieren; diese lassen sich beliebig verlängern. Vgl. z. B. Alexander, Pottery Augst Taf. 7; 8, wo plumpe neben zierlichen Rändern gleichzeitig produziert wurden; datiert ebd. 7f.: 170–220 n. Chr.

52 Martin-Kilcher, Laufen-Müschhag 30; Ettlinger, Görbelhof 24 Taf. 5,7–16.

53 Ebd. Zumindest ist mir kein Beispiel einer Deckelfalzschüssel mit äußerer Randrillung aus der 1. Hälfte des 2. Jh. bekannt.

54 Vgl. z. B. Ettlinger, Görbelhof 29f. Taf. 7,23–30.

55 Ettlinger, Görbelhof 30 (zu Taf. 7,30).

56 Drack, TS-Imitation 94ff. Taf. 12.

57 Vgl. Martin-Kilcher, Laufen-Müschhag Taf. 23,7.8.

58 Ebd. 27 mit Anm. 92. Sie verzeichnet auch zwei (auswärts gekaufte) Schüsseln in gleicher Qualität wie hier Kat.-Nr. 672, 672a, die allerdings nicht abgebildet sind.

59 Vgl. Martin-Kilcher, Laufen-Müschhag 32 Taf. 28,7.8. Zu Kat.-Nr. 674 vgl. Alexander, Pottery Augst Taf. 9,20A.

60 Vgl. Martin-Kilcher, Laufen-Müschhag 32 mit Anm. 119; Taf. 29,1.

61 Vgl. Martin-Kilcher, Laufen-Müschhag 32f. Taf. 29,2.

62 Vgl. Unverzagt, Alzey 27 Taf. 2,24.

679; Kat.-Nr. 679 a), indem die Ränder sowohl kantig (Taf. 54,677) als auch gerundet sein können (Taf. 54,678). Die Tonfarbe schwankt zwischen beige und bräunlich, der Brand ist hart bis sehr hart; z. T. ist die körnige bzw. sandige Struktur des Tones außen durch Glättung verfeinert. Daß diese späten Nigra-Schüsseln ehemals geschmaucht oder überzogen waren, zeigt noch der weißliche Überzug bei Tafel 54,679, womit sie der Beschreibung von Unverzagt entspricht.[63] In der weiteren Umgebung ist diese Schüsselform z. B. für den Görbelhof bei Rheinfelden belegt;[64] zeitlich gehören unsere Gefäße dem späteren 3. oder frühen 4. Jh. an.[65]

Mit 32 cm Durchmesser ist Tafel 54,680 ein weiterer Vertreter dieser Form in ungewöhnlich großer Dimensionierung. Zudem ist es das einzige Stück aus grauem, sehr hartem Ton mit deutlicher Magerung. Form und Qualität stützen jedoch die strittige These, daß die Form Alzey 24 wie andere späte Nigra-Formen in starker einheimischer Tradition steht.[66] Festmachen läßt sich dies z. B. an ähnlichen Schüsseln der mittleren Kaiserzeit aus Stutheien,[67] denen allerdings noch die eingezogene Schulter fehlt, so daß diese gleichsam als Bindeglied zwischen Latèneformen und unserem Becken fungieren. Formal gut vergleichbar unserem Exemplar Tafel 54,680 ist z. B. ein Becken aus der Villa von Seeb.[68] Diese graue Nigra ist im Gegensatz zu der braunen (wie oben Taf. 54,677–679) erst ab der Mitte des 4. Jh. nachzuweisen.[69]

Wie u. a. die Vergleichsstücke vom Görbelhof zeigten, ist die braune Nigra im weiteren Umfeld von Laufenburg durchaus häufig vertreten, wobei Importware von (bisher nicht sicher bestimmbaren) Töpfereien am Oberrhein neben einheimischer Produktion stehen.[70] Demgegenüber erstaunt das Vorkommen grauer Nigra, die sonst in unserem Raum fehlt;[71] die nächstgelegenen Fundpunkte sind Salem (nördlich des Bodensees) und Dotternhausen, Zollernalbkreis.[72] Damit ist unser Becken Tafel 54,680 als sicherer Import aus dem Norden, vielleicht sogar aus der Germania Libera anzusehen.[73]

Zum Schluß sind mit Tafel 54,681.682 noch der Rest eines Dreibeines sowie ein zapfenförmiger Deckelrast abgebildet. Vermutlich gehören beide zu den Schüsseln oder Schalen, wobei die genaue Form und damit Datierung nicht bestimmbar sind. Beide Gefäße sind aus grauem, gemagertem Ton, der nur mäßig hart gebrannt ist.

Tafel 54,682 entstammt Schnitt 3 der Grabung 1939.

Die Schüsseln im Überblick

Wie bei der Einzeluntersuchung der verschiedenen Schüsselformen deutlich wurde, sind die meisten chronologisch nicht so eng faßbar, wie z. B. solche aus Terra Sigillata. Trotzdem können aus der Zusammenfassung (Tab. 18) zumindest einige Trends herausgelesen werden. Einfachere Schüsseln sind erst ab der Mitte des 1. Jh. im Material faßbar; daß die folgenden fünf Jahrzehnte bereits mit einem knappen Drittel der Gefäße vertreten sind, zeigt auch hier wieder einen überproportional hohen Anteil. Die nächsten beiden Jahr-

63 Unverzagt, Alzey 26.
64 Vgl. Ettlinger, Görbelhof 23f. Taf. 5,1.2; 32 (Datierungstabelle).
65 Bernhard, Nigra, bes. 88ff., 112f.
66 Zur Diskussion, ob die späte Nigra eher einheimisch oder römisch beeinflußt ist, vgl. R. Koch, Fundber. Baden-Württemberg 6, 1981, 579ff.
67 Vgl. Roth-Rubi, Stutheien 31 mit Anm. 65; Taf. 10,200.
68 Vgl. in Zukunft W. Drack, Der römische Gutshof bei Seeb, Gem. Winkel. Ber. Zürcher Denkmalpflege, Arch. Monogr. 8 (Zürich 1990) Taf. 11,32 oder z. B. Koch a. a. O. (Anm. 66) 586 Abb. 4,3.
69 Bernhard, Nigra 94ff., 112f.
70 Bernhard, Nigra 101ff.
71 Das Anm. 68 aufgeführte Gefäß aus Seeb besteht aus grauem Ton mit schwarzem Überzug und wird dort der Terra Nigra des 1. Jh.(!) zugeordnet: Drack a.a.O. (Anm. 68) 143.
72 Bernhard, Nigra 109ff. Abb. 69.
73 Bernhard, Nigra 109ff.

Tabelle 18: Verteilung der Schüsseln nach Form und Zeit.

	2. H. 1. Jh.	1. o. 2. Jh.	2. Jh.	2. o. 3. Jh.	3. Jh.	3. o. 4. Jh.	4. Jh.	?	gesamt %
Einwärts gebogener verdickter Rand	10	–	5	5	2	–	–	–	22 = 15,38%
Horizontalrand u. Randleiste	27	–	10	2	2	–	1	–	42 = 29,38%
Gerillter Rand	9	–	9	–	1	–	–	–	19 = 13,29%
Einfacher bzw. Horizontalrand	1	5	–	–	–	–	–	3	9 = 6,29%
Deckelfalz	–	–	–	37	1	–	–	–	38 = 26,57%
Varia	–	2	–	3	–	5	1	2	13 = 9,09%
Summe	47 = 32,87%	7 = 4,89%	24 = 16,78%	47 = 32,87%	6 = 4,19%	5 = 3,50%	2 = 1,40%	5 = 3,50%	143 = 100%

hunderte scheinen sodann etwas schwächer, aber untereinander gleichmäßig mit Schüsseln vertreten; selbst Exemplare, die sicher dem späteren 3. und 4. Jh. zugewiesen werden können, sind mit wenigstens 4,9% so deutlich vorhanden, daß dies sicher als Beleg für eine lange Benutzung unseres Areals zu verwerten ist. Bemerkenswert hierbei ist (ähnlich den Bechern, S. 90ff.) die Tatsache, daß gerade in dieser letzten Besiedlungsphase wiederum eine Art wirtschaftlichen Aufschwunges spürbar wird. Dafür spricht einerseits das Auftauchen interessanter, im Vergleich zur Masse der Schüsseln als qualitätvoller einzustufenden Einzelstücke Kat.-Nr. 614.615; andererseits ist nur für die späten Nigraschüsseln ein großräumiger Import bei den braunen Exemplaren möglich, bei dem grauen Becken sicher. Demgegenüber muß für die Masse der Schüsseln (ab der Mitte des 1. Jh.) wohl eher an Töpfereien gedacht werden, die nicht allzuweit von Laufenburg entfernt waren; in diesen Rahmen fügt sich auch gut das einzige Gefäß des späten 1. Jh. ein (Kat.-Nr. 632), das sicher einer Töpferei in Vindonissa zugewiesen werden kann.

Mehrfach wurde darauf hingewiesen, daß gerade bei den Schüsseln die Verwendung als Kochgeschirr zu vermuten ist, so daß Brandspuren häufig von diesem Gebrauch stammen.[74] Mit ungefähr 11 Schüsseln tragen lediglich gut 7% Brandspuren, die sekundäre Ursachen haben dürften, wobei ein Schwerpunkt an der Wende vom 1. zum 2. Jh. zu liegen scheint.[75]

Ein möglicher Vergleich der Laufenburger Schüsseln mit denen anderer Fundplätze ist derzeit ebenso aufgrund chronologischer und geographischer Faktoren, als auch durch unterschiedliche Siedlungscharakteristik und nicht zuletzt aus forschungsbedingten Schwierigkeiten nur sehr begrenzt möglich. Lediglich der Gutshof von Laufen-Müschhag[76] bietet sich wiederum an.

Zwar sind dort knapp 700 Schüsseln[77] vorhanden, jedoch entstammt lediglich die Hälfte dem Haupthaus[78] und sind somit unseren vergleichbar. Daß dort die Quantität also gut doppelt so hoch ist, liegt zum einen daran, daß die Laufener Schüsseln ungefähr zur Hälfte in der gutseigenen Töpferei produziert wurden; zum anderen ist der Anteil handgemachter Schüsseln in Laufenburg wesentlich höher (S. 118ff.). Deutliche Übereinstimmungen sind allerdings feststellbar, wenn man die Zusammensetzung nach Formen vergleicht. Größte Gruppe ist an beiden Fundplätzen die der Kragenschüsseln, die in Müschhag sogar allein ca. 50% ausmacht. Es folgen wie in Laufenburg Schüsseln mit Deckelfalz und einwärts gebogenem, verdicktem Rand mit jeweils 20–30%. Andere Formen sind noch geringer als in unserem Gutshof vertreten. Interessant ist darüber hinaus, in welchem Verhältnis diese eher einfachen Schüsseln zu solchen aus Sigillata in beiden Villae Rusticae stehen. Kommen in Laufen-Müschhag auf ca. 350 Schüsseln 108 aus Sigillata (3,2:1),[79] so stehen unseren 143 Gefäßen 176 vergleichbare aus Sigillata gegenüber (vgl. Tabelle 1; 18), womit ein Verhältnis von 0,8:1 gegeben ist. Obwohl diese Zahlen sicherlich mit gewisser Skepsis zu werten sind,[80] können sie m. E. doch als Hinweis darauf aufgefaßt werden, daß der Laufenburger Villa in materieller, soziologischer und damit auch kultureller Hinsicht ein anderer Stellenwert zuzubilligen ist, als der von Laufen-Müschhag, die St. Martin-Kilcher als einen Vertreter der „... als durchschnittlich anzusprechenden Villae Rusticae ..."[81] charakterisiert.

5.3 Töpfe (Taf. 55–64)

In verschiedenen Ausprägungen sind mindestens 173 scheibengedrehte Töpfe nachweisbar, wobei die meisten Formen jeweils nur mit deutlich weniger als 10% belegt sind (Tab. 19). Ausnahmen bilden dabei solche mit Horizontalrand (15%) und besonders Töpfe, die ich mit „Typ Laufenburg" umschreiben möchte, die mit einem Drittel die größte Gruppe ausmachen.

Verschiedene, zumeist dekorierte Töpfe (Taf. 55,683–56,700)

Ungefähr 29 Töpfe verschiedener Form zeichnen sich durch besonders sorgfältige Oberflächenbehandlung aus, die zudem häufig Verzierungen unterschiedlicher Art aufweisen. Dies in Verbindung mit den zumeist geringen Dimensionierungen[1] stellt die Gefäße in enge Verwandtschaft zu den „Feinen Bechern", so daß dieselbe Verwendung häufig angenommen werden muß.[2]

Die vermutlich 13 Schultertöpfe (Taf. 55,683–687; Kat.-Nr. 684a, 685a) sind mehrheitlich aus grauem, hartem Ton gefertigt, der sehr gut geglättet ist. Lediglich zwei Töpfe (Taf. 55,686.687) bestehen aus Terra

74 Dies trifft für folgende ca. neun Schüsseln zu: Kat.-Nr. 612, 613, 615, 616, 624, 655(?), 659a(?), 665, 667.

75 Sieben von 11 (sekundär) verbrannten Schüsseln gehören in diese Zeit: Kat.-Nr. 571, 574, 595, 597b, 602, 638; die restlichen datieren ins 2. oder 3. Jh.: Kat.-Nr. 583, 614(?), 656, 669a.

76 Der allerdings auch bereits ca. 45 km südwestlich (Luftlinie) von Laufenburg entfernt liegt!

77 Vgl. zum Folgenden: Martin-Kilcher, Laufen-Müschhag 28ff. Abb. 8; 9.

78 Ebd. die unter „Bau 1" verzeichneten Exemplare.

79 Martin-Kilcher, Laufen-Müschhag 15ff. mit Abb. 3; 8; 9.

80 So könnten diese z. B. weiter nach Jahrhunderten aufgeschlüsselt werden.

81 Martin-Kilcher, Laufen-Müschhag 133 rechts, Zeile 2f.

1 Randdurchmesser zwischen 9 und 12 cm; lediglich Kat.-Nr. 683 mit 7,5 cm und Kat.-Nr. 689 mit 14 cm sind kleiner bzw. größer.

2 Martin-Kilcher, Laufen-Müschhag 33 mit Anm. 126.

Nigra; das Gefäß Tafel 55,683 nimmt eine Zwischenstellung zwischen beiden Qualitäten ein.

Der Großteil (Taf. 55,683–685; Kat.-Nr. 684a, 685a) trägt unter dem ausgebogenen Rand eine deutlich abgesetzte Schulter, der, durch eine umlaufende Rille getrennt, nach unten die Dekorzone folgt, die aus Fingernagel- (Taf. 55,683), Rechteckstempel- (Taf. 55, 684; Kat.-Nr. 684a) oder Zickzackdekoration (Taf. 55,685; Kat.-Nr. 685a) bestehen kann. Die verbleibenden zwei Töpfe (Taf. 55,686.687) zeigen eine Abwandlung dieser Form, indem die Schulter stark verschliffen und der Rand verdickt ist; nur bei Tafel 55,687 hat sich eine Dekoration aus Reihen schmaler senkrechter Riefen erhalten. Schultertöpfe sind bereits ab spätaugusteischer Zeit nachweisbar; akzentuierte Formen mit qualitativ guter Oberflächenbehandlung, wie das Gros unseres Materials, gehören bereits in die 2. Hälfte des 1. Jh.; die abgewandelte Form mit verdicktem Rand ist der spätesten Phase der 1. Hälfte des 2. Jh. zuzuweisen.[3] Für Vergleichsstücke zu unseren Töpfen vgl. im einzelnen die Angaben im Katalog.

Lediglich vier Steilrandtöpfe (Taf. 55,688–690; Kat.-Nr. 690a) sind vorhanden, die durchweg aus Terra Nigra gefertigt sind. Daß frühe Formen in engem Zusammenhang mit obigen Töpfen stehen, zeigt Tafel 55,688, wo der Steilrand mit ausgeprägter Schulter kombiniert ist. Ein ähnliches Gefäß, das wie unseres mit Barbotine-Nuppen dekoriert ist, datiert Martin-Kilcher in claudische Zeit.[4] Allerdings zeigt die reichhaltige Produktion vom Osttor in Augst, daß mit der Produktion solcher „Nuppenbecher" bis in flavische Zeit gerechnet werden muß.[5]

Bereits ins spätere 1. oder schon frühere 2. Jh. gehören die Töpfe Tafel 55,689. 690 und Kat.-Nr. 690a, deren Steilrand recht plump gebildet ist.[6] Dekorationen sind an diesen Töpfen nicht festzustellen.

Die dritte Gruppe stellen die vier Töpfe Tafel 55,691–56,694 dar, deren ausgebogener Rand eine kräftige Lippe bildet. Jeweils zwei sind aus Nigra (Taf. 55,691; 56,693) oder grauem, hartem Ton mit sorgfältiger Glättung (Taf. 56,692.694) hergestellt. Als Verzierungen sind wiederum Fingernagel-Dekoration (Taf. 56,692) oder eine eingetiefte Wellenlinie (Taf. 56,694) vorhanden. Töpfe mit kräftiger Lippe beschränken sich im wesentlichen auf die 2. Hälfte des 1. Jh.[7]

Angeschlossen sind mit Tafel 56,695–700; Kat.-Nr. 696a Bruchstücke von acht weiteren Töpfen mit unterschiedlichen Dekorationen. Lediglich Tafel 56, 698.699 bestehen aus Nigra, der Rest aus grauem, hartem Ton mit Glättung, so daß die Mehrzahl eher zu Schulter- bzw. Töpfen mit kräftiger Lippe, als zu Steilrandtöpfen gehören dürften. Da sich spezifische Dekorationen nicht den einzelnen Formen zuordnen lassen, können diese acht Gefäße insgesamt sowohl in die 2. Hälfte des 1. Jh. als auch ins frühe 2. Jh. gehören. Für die einzelnen geometrischen Dekore sei auf die Vergleichsstücke im Katalog verwiesen.

Töpfe mit gerilltem Horizontalrand
(Taf. 56,701–57,706)

Diese Töpfe (wie auch die meisten folgenden) unterscheiden sich deutlich von den zuvor besprochenen durch ihren überwiegend rauh belassenen Ton.[8] Unsere Töpfe mit gerilltem Horizontalrand zeigen schwarzen Ton, der heller oder dunkler nuanciert sein kann und regelmäßig deutlich gemagert ist; der Brand reicht von mäßig bis sehr hart. Als Vertreter des frühen 1. Jh. n. Chr. charakterisiert der außen weit vorkragende Rand in Verbindung mit deutlich abgesetzter Schulter das Stück Tafel 56,701;[9] ungefähr gleichzeitig dürfte Tafel 56,702 sein, dem allerdings die akzentuierte Schulter fehlt.[10] Die folgenden Töpfe Tafel 56,703–705 zeigen gerillte Ränder, die sowohl außen als auch innen überkragen. Derartige Profilierungen sind an Töpfen mit gerilltem Horizontalrand vom frühen 1. bis ins beginnende 2. Jh. nachweisbar.[11] Da bei unseren Stücken die Gesamtform der Töpfe nicht bestimmbar ist, der Ton allerdings dem der beiden ersten entspricht, dürften Tafel 56,703–705 am ehesten der 2. Hälfte des 1. Jh. angehören. Eine weitere Variante ist mit Tafel 57,706 vorhanden, dessen gerillter Rand stark gestaucht ist;[12] da dieser Topf zudem als einziger glattwandiger Vertreter von den anderen abrückt, liegt hier bereits ein Produkt des 2. Jh. vor. Das Stück Tafel 56,703 entstammt Raum 2 (Vorkriegsgrabungen).

---

3 Martin-Kilcher, Laufen-Müschhag mit Anm. 128;129. Ettlinger, Augster Thermen 96f. Dies., Vindonissa 16ff.

4 Martin-Kilcher, Laufen-Müschhag 35 mit Anm. 131; Taf. 30,9.

5 Berger, Osttor 42f. Taf. 20.

6 Vgl. z.B. Ettlinger, Augster Thermen 96f. Taf. 16,1 oder Martin-Kilcher, Laufen-Müschhag 33 mit Anm. 130; Taf. 30,4–9.11.

7 Vgl. Ettlinger, Augster Thermen 97 Taf. 16,8–12 oder auch Martin-Kilcher, Laufen-Müschhag 33 Taf. 30,1.

8 Der Begriff rauhwandig ist bislang relativ schwammig, z.B. setzt Ettlinger, Augster Thermen 91ff. derartige Gefäße zumeist gleich mit groben, handgemachten Töpfen; ebensowenig eindeutig ist darüber hinaus die Trennung von Drehscheiben zu handgemachter Ware: Martin-Kilcher, Laufen-Müschhag 36 mit Anm. 140.

9 Vgl. Ettlinger, Augster Thermen 92;97 Taf. 12,6; 17,2–4.

10 Vgl. z.B. Bender/Steiger, Töpfereibezirk 231; 246f. Taf. 4,51.60.

11 Früh: Ettlinger, Augster Thermen 93 Taf. 13,8. 2. Jh.: ebd. 98 Taf. 17,24 oder Martin-Kilcher, Laufen-Müschhag 36 Taf. 33,15.

12 Vgl. z.B. Ettlinger, Augster Thermen 98 Taf. 17,22.

Töpfe mit gerillter Schulter (Taf. 57,707–716)

Fast ein Dutzend Töpfe mit Randdurchmessern von 11 cm bis 19 cm weisen unterschiedliche Schulterrillungen auf. Die Randformen lassen sich im wesentlichen in zwei Gruppen teilen.
Die erste bilden fünf Horizontalränder (Taf. 57,707–711), die singulär oben gerillt (Taf. 57,710) oder kolbenartig verdickt (Taf. 57,711) sein können. Der dunkelgraue Ton ist meist sehr hart gebrannt und von feiner Struktur, so daß diese Töpfe glattwandig sind; lediglich Tafel 57,712 zeigt orangen Ton.
Nach außen umgebogenen oder umgeknickten Rand tragen Gefäße der zweiten Gruppe (Taf. 57,712–716; Kat.-Nr. 716a.b). Die Tonfarben reichen von Orange (Taf. 57,712) über Bräunlich (Taf. 57,713; Kat.-Nr. 716a) bis Schwarz (Taf. 57,715); durch die unterschiedlichen Magerungen sind die Oberflächen porös oder rauhwandig, lediglich Taf. 57,714 ist außen geglättet.
Die verschiedenen Ausprägungen der Laufenburger Töpfe finden durchweg gute Vergleichsbeispiele bei denen aus Laufen-Müschhag (s. jeweils Kat.), die dem späteren 1. und früheren 2. Jh. angehören.[13]

Töpfe „Typ Laufenburg“ (Taf. 58,717–60,732)

Innerhalb unseres Materiales fällt diese Form nicht nur durch ihre Homogenität auf, mit knapp 60 Exemplaren ist sie in Laufenburg auch die deutlich häufigste. Ich möchte unter „Typ Laufenburg“ Töpfe subsumiert wissen, die einen umgeschlagenen, meist unterschnittenen Trichterrand besitzen, wobei zwei Varianten vertreten sind. Die erste Gruppe aus ca. 34 Gefäßen (Taf. 58,717–59,725; Kat.-Nr. 719a.b, 722a, 723a.b, 725a.b) umfaßt große Töpfe mit Durchmessern von 21 cm bis 28 cm. Hinsichtlich Wandstärke und Randbildung sind sie eher als massig zu bezeichnen. Die Ränder sind häufig außen gekehlt, die Außenwände durch hochsitzende, umlaufende Rillen dekoriert. Der Ton zeigt zumeist schwarz-graue Farbe bei unterschiedlicher Härte, durch die deutlichen Magerungen ist er unterschiedlich stark rauhwandig. Demgegenüber sind lediglich sieben Töpfe aus orangem Ton, der aber ansonsten den übrigen entspricht (Taf. 58,717.719; 59,724; Kat.-Nr. 719a, 723b), so daß diese Abweichung durch die unterschiedliche Benutzung erklärt werden kann.[14] Eine Ausnahme in dieser Gruppe bildet Tafel 59,724 durch seine geglättete Oberfläche. Hinzuweisen bleibt bei Tafel 59,723 auf das vor dem Brand eingeritzte Zeichen, das vielleicht eine einfache Töpfermarke darstellt (vgl. a. o. zu Taf. 40,566).
Die zweite Gruppe (Taf. 59,726–60,731; Kat.-Nr. 727a, 728a, 729a–c, 730a.b, 731a–c) ist kleiner dimensioniert (Randdurchmesser von 11 cm bis 16 cm) und zierlicher profiliert; zudem fehlen hier die umlaufenden Wandrillungen. Auch qualitativ sind verschiedene Abweichungen von der ersten Gruppe festzustellen. Zunächst entsprechen 18 Töpfe den obigen, wobei ungefähr zwei Drittel schwarz-grau (Taf. 59,727.728; Kat.-Nr. 727a, 728a, 729c, 730b, 731c), der Rest orange ist (Taf. 59,726; 60,731; Kat.-Nr. 731a.b). Demgegenüber fallen fünf glattwandige Töpfe aus orangem (Taf. 59,729.730; Kat.-Nr. 729a, 730a) bzw. vereinzelt grauem (Kat.-Nr. 729b) Ton auf, der mäßig bis sehr hart gebrannt und sehr fein strukturiert oder nur leicht gemagert ist. Als Ausnahme bei dieser Gruppe ist das Stück Tafel 60,732 angeschlossen, das sowohl durch seine exakte Profilierung und mehrfache Wandrillung als auch durch die ausgezeichnete, Nigra-artige Qualität auffällt.[15] Ähnlich den unterschiedlich dekorierten Töpfen[16] lassen auch diese letzten, kleindimensionierten Gefäße mit sorgfältiger Oberflächenbehandlung eine deutliche Abgrenzung zu den „Feinen Bechern“ nicht zu.
Vergleicht man Fundplätze aus der weiteren Umgebung von Laufenburg, so fällt auf, daß unsere erste Gruppe ohne Parallelen bleibt. Demgegenüber zeigen die zierlicheren Töpfe starke Verwurzelung im Typus des „Militärkochtopfes“, der vielfach in Vindonissa (nicht aber in den Augster Thermen)[17] sowie an weiter entfernten Kastellen belegt ist.[18] Allerdings kann diese weitverbreitete Form, die von augusteischer Zeit bis mindestens ins 2. Jh. produziert wurde, aufgrund z. B. verschiedener Profilbildungen nicht chronologisch untergliedert werden.[19] Da aber bereits mehrfach im Material Verbindungen zu Vindonissa und der dort stationierten XI. Legion konstatiert werden konnten, scheint mir für unsere zweite Gruppe eine entsprechende Datierung ins spätere 1. Jh. wahrscheinlich. Aufgrund der dargelegten Verbindungen sind Töpfe der ersten Gruppe am ehesten als Fortführung dieser Vorbilder in leicht geänderter Form zu verstehen, die dann bereits dem folgenden Jahrhundert angehören dürften.

13 Martin-Kilcher, Laufen-Müschhag 36 mit Anm. 142–147; Taf. 33,1–10.14–10. Zu Vorläufern im frühen 1. Jh. vgl. Jahresber. Ges. Pro Vindonissa 1977 (1978) 18ff., 30 Taf. 4,69–73.
14 Ettlinger, Augster Thermen 91.
15 Dieses Stück findet ausnahmsweise (vgl. u. Anm. 17) ein Gegenstück in Augst: Ettlinger, Augster Thermen 98 mit Anm. 126; Taf. 17,16.
16 Martin-Kilcher, Laufen-Müschhag 33.
17 Ettlinger, Vindonissa 11ff. mit Abb. 3.
18 Als Beispiele seien genannt: Ulbert, Aislingen 44 Taf. 2,14–24; 3,1–3.10; 4,14.16.24.25; 43,1–3.6.7; 56,12–15; 68,13. Schönberger, Okarben 72f. Taf. 23,C 317–349. Schönberger, Oberstimm 267 Taf. 77,D 236–241. Walke, Straubing 138; 45f. Taf. 65,1–13.17.28.
19 Wie Anm. 18.

Die dominierende quantitative Rolle der Kochtöpfe vom „Typ Laufenburg" in Verbindung mit ihrer großen qualitativen Homogenität legt die Vermutung nahe, daß der Großteil derselben Töpferei entstammt. Da zudem die erste Gruppe ohne Parallelen ist, könnte dies vielleicht sogar auf eine, bisher nicht bekannte, hofeigene Werkstatt unserer Villa deuten.[20] Folgende Fundstellen der ersten Gruppe (des 2. Jh.s) sind anzuführen: Ein Topf an der Außenseite der nördlichen Abschlußmauer 30 (Kat.-Nr. 725 b), jeweils mehrere in Raum 2 (Kat.-Nr. 717,720,723 a) und im Nord-Risalit (Kat.-Nr. 719,722,722 a,723 a. b). Jeweils ein oder zwei Vertreter der älteren Gruppe fanden sich an folgenden Stellen: Nord-Risalit (Kat.-Nr. 728 a), Aushub hinter West-Porticus (Kat.-Nr. 727), Pflasterung im Norden (Kat.-Nr. 730 b), entlang der östlichen Abschlußmauer, nördlich Raum X (Kat.-Nr. 730 b,731 a) sowie in Schnitt 13, 45 cm unter der Oberkante des Kalkestrichs in der 35 cm starken Putzschicht (Kat.-Nr. 731 b).

Töpfe mit trichterförmigem Rand (Taf. 60,733–742)

Die ungefähr 17 Exemplare dieser Gruppe stellen gleichsam eine vereinfachte Form der älteren Töpfe vom „Typ Laufenburg" dar, indem hier der Rand durch einfache Umbiegung seine Trichterform erhält. Es sind sowohl zierliche Ränder (wie z. B. Taf. 60,733) vertreten als auch solche, die nicht zuletzt durch die größeren Wandstärken eher massig wirken (wie z. B. Taf. 60,737). Besonders letztere sind bisweilen auch kantig umgebogen (wie z. B. Taf. 60,738); vereinzelt werden die Umbiegungen von einem umlaufenden Wulst außen begleitet (Taf. 60,734.741). Die Randdurchmesser bewegen sich ziemlich einheitlich zwischen 11 cm und 15 cm.
13 dieser Töpfe sind aus grau-schwarzem, hartem bis sehr hartem Ton, der nur wenig gemagert ist; davon sind lediglich drei Exemplare rauhwandig (Taf. 60,737.741.742), der Rest ist glatt bzw. Nigra-artig geglättet (Taf. 60,735.739.740; Kat.-Nr. 735 a). Die verbleibenden vier Töpfe unterscheiden sich von den anderen durch die orange Farbe des Tones; mehrheitlich sind diese allerdings rauhwandig (Taf. 60, 733.736.738), lediglich Tafel 60,734 ist wieder mit einer Nigra-artigen Glättung versehen. Das Gros unserer Töpfe mit Trichterrand gehört dem 2. Jh. n. Chr. an, wie gute Vergleichsstücke aus Augst zeigen.[21] Tafel 60,733 könnte jedoch aufgrund der formalen Analogie zu den Schultertöpfen bereits dem 1. Jh. angehören.[22]

Töpfe mit rundstabartiger Lippe
(Taf. 60,743–61,748)

Im wesentlichen entspricht die Randbildung dieser neun Töpfe der vorangegangenen Gruppe, jedoch tritt hier eine rundstabartige Verdickung des Randes hinzu; daß dabei die Übergänge zwischen beiden Typen fließend sind, zeigen die Stücke Tafel 60,743; 61,744. Die feststellbaren Randdurchmesser von Tafel 61, 744–746 betragen 11 cm, 10 cm und 17 cm. Gut die Hälfte der Töpfe mit Rundstablippe sind aus orangem bis braunem Ton, der weich oder hart sein kann; außer dem leicht rauhwandigen Exemplar Tafel 60,743 sind alle glatt (Taf. 61,745.747; Kat.-Nr. 747 a). Der Ton der übrigen Töpfe ist grau bis schwarz (Taf. 61,744.746.748; Kat.-Nr. 748 a) und schwankt zwischen hart und sehr hart, wobei alle Gefäße rauhwandig sind.
Nicht zuletzt auch aufgrund der engen Beziehungen zur vorigen Gruppe gehören auch Töpfe mit rundstabartiger Lippe ins 2. Jh. n. Chr.[23]

Töpfe mit Horizontalrand (Taf. 61,749–63,767)

Ca. 26 Töpfe tragen unterschiedlich profilierte Horizontalränder, die z. T. unterschnitten sind (Taf. 62,760–766; Kat.-Nr. 765 a, 766 a). Unabhängig von den Profilierungen lassen sich qualitativ wiederum zwei Gruppen trennen. 18 rauhwandige Gefäße bestehen aus meist deutlich gemagertem, hartem bis sehr hartem Ton, dessen Farbe von schwarz über grau bis braun reicht (Taf. 61,749–752.754.755; 62,757.759–761.763.766; Kat.-Nr. 759 a. b,766 a); Töpfe dieser Qualität sind bei Randdurchmessern von 14 cm bis 20 cm eher großdimensioniert, lediglich Tafel 62,760.761 sind mit 12 cm kleiner. Die zweite Gruppe umfaßt acht glatte Töpfe, deren Ton farblich den vorangegangenen entspricht, allerdings z. T. sehr fein strukturiert oder weich ist (Taf. 61,753; 62, 756.758.762.764.765; Kat.-Nr. 765 a). Eine Ausnahme bildet dabei Tafel 63,767 aus grau-weißem, mäßig hartem Ton. Darüber hinaus liegen die Randdurchmesser bei 11 cm bis 13 cm, nur einmal bei 16 cm (Taf. 62,762).
Die vorhandenen Variationen der Horizontalränder sind außerordentlich vielgestaltig, ohne daß weitergehende, einheitliche Kriterien exakt herausgearbeitet werden könnten. Deshalb soll nur darauf verwiesen werden, daß auch hier häufige Überschneidungen mit den anderen Topfgruppen vorkommen: Tafel 61,752

20 Bei Gutshöfen ähnlicher Größe scheint dies durchaus nicht unüblich gewesen zu sein: Martin-Kilcher, Laufen-Müschhag 72 ff.; Drack, Seeb 16 ff. (in Zukunft: W. Drack, Der römische Gutshof bei Seeb, Gem. Winkel. Ber. Zürcher Denkmalpflege, Arch. Monogr. 8 [Zürich 1990] 122 ff.) Weitere Belege für diese Hypothese wie Fehlbrände, Brennständer etc. fehlen allerdings in Laufenburg.

21 Vgl. Ettlinger, Augster Thermen 98 Taf. 17,17–20.

22 Ettlinger, Augster Thermen 96 Taf. 16,4.

23 Ettlinger, Augster Thermen 98 Taf. 17,28.29. Zu Kat.-Nr. 748 vgl. auch Martin-Kilcher, Courroux Taf. 6,5; 7,15.

weist eine ähnliche Randbildung wie verschiedene Töpfe mit gerillter Schulter auf, Tafel 61,753.754 sind nicht exakt von Töpfen mit rundstabartiger Lippe zu trennen und Tafel 62,763–765 tragen auch Merkmale der Töpfe „Typ Laufenburg".

Wie die im einzelnen im Katalog angeführten Beispiele zeigen, gehört das Gros der Töpfe mit Horizontalrand dem 2. Jh. an, lediglich Tafel 61.749 ist bereits ein Produkt des 1.,[24] Tafel 63,767 ein solches des 3. Jh.[25] Jeweils ein Bruchstück von Kat.-Nr. 759b entstammt dem Aushub hinter der westlichen Porticus bzw. der Südwestecke der neuzeitlichen Rekonstruktion, der Topf Tafel 62,760 fand sich im Nord-Risalit.

Töpfe verschiedener Form (Taf. 63,768–773)

Zunächst sind fünf spätrömische Töpfe zu verzeichnen. Tafel 63,768.769 zeigt zwei Töpfe mit Deckelfalz der Form Niederbieber 89 bzw. Alzey 27[26] unterschiedlicher Qualität. Der erste ist ein glattwandiges Exemplar aus grauem, sehr hartem Ton mit nur schwacher, uneinheitlicher Magerung. Tafel 63,769 weist zwar ebenfalls sehr harten, z. T. etwas helleren Ton auf, ist jedoch wesentlich stärker mit kristallinen Magerungsteilchen durchsetzt. Die dadurch beim Brand entstehende pockige Oberfläche kennzeichnet den zweiten Topf als typischen Vertreter der Eifelkeramik in der Technik der älteren Mayener Ware.[27]

Hinsichtlich der Form bleibt festzuhalten, daß beide Töpfe, bei unterschiedlicher Kehlung der Randaußenseite, deutlich akzentuierte Gestaltung des Deckelfalzes aufweisen. In Verbindung mit der zierlichen Profilierung würden diese Exemplare somit der Form Alzey 27A entsprechen, wie sie R. Fellmann für die Eifelkeramik des spätrömischen Rheinlimes in der Schweiz herausarbeitete.[28] Allerdings zeigte B. Pferdehirt am reichen Material aus Holzhausen, daß eine chronologische Reihung aufgrund unterschiedlicher Randbildungen nicht möglich ist, da diese eher zufälligen Charakter als entwicklungsbedingte Abstufungen tragen.[29] Damit ist unser Topf aus Eifelware (Taf. 63,769) sicher bereits als Produkt des 4. Jh. aufzufassen, Tafel 63,768, gefunden in der West-Porticus, könnte aufgrund der Qualität vielleicht etwas früher sein.[30]

Ebenfalls aus der typischen Eifelware sind die drei Töpfe Alzey 33[31] (Taf. 63,770–772), deren doppelt gekehlter Rand sowohl ausgebogen (Taf. 63,770.771), als auch gestreckt (Taf. 63,772) sein kann. Sind Dekkelfalztöpfe der Form Alzey 27 durchaus häufig an spätrömischen Plätzen in der weiteren Umgebung Laufenburgs anzutreffen,[32] so ist mir Vergleichbares für Töpfe Alzey 33 nicht bekannt. Zeitlich wird mit diesen Gefäßen keramisches Material greifbar, das mindestens dem 4. Jh. angehört.[33] Dementsprechend stammen die im Katalog angeführten Vergleichsbeispiele durchweg von weit nördlich gelegenen Fundplätzen.

Als Einzelstück im Material ist Tafel 63,773 anzusprechen, das durch seinen kantigen, mehrfach geknickten Rand auffällt. Vermutlich handelt es sich dabei um einen aus grauem, hartem Ton gefertigten Einhenkeltopf, wie er für das spätere 1. bzw. frühe 2. Jh. in Augst belegt ist.[34]

Ca. acht Gefäße umfaßt die letzte Gruppe der Honigtöpfe (Taf. 64,774–778; Kat.-Nr. 775a.b). Die Tonfarbe schwankt zwischen beige und hellbraun, der Brand ist mäßig bis sehr hart; lediglich Tafel 64,774 ist aus grauem, hartem Ton mit leichter Glimmermagerung hergestellt.

Die Gefäßform der ab augusteischer Zeit auftretenden Urcei fand im Haushalt sowohl als Topf als auch als Vorratsgefäß – vergleichbar den Krügen – Verwendung.[35] Diese sonst eher seltenen Töpfe[36] sind in unserem Material auffallend häufig vertreten, ohne daß dafür ein schlüssiger Grund, der z. B. in einer speziellen Verwendung liegen könnte, zu erkennen ist. Ob diese Häufung demgegenüber chronologische Ursachen

24 Martin-Kilcher, Laufen-Müschhag 36 mit Anm. 146 (zu Taf. 33,14).

25 Ettlinger, Görbelhof 32 (zu Taf. 7,5); für eine Spätdatierung spricht auch die hier singuläre Tonqualität.

26 Vgl. Oelmann, Niederbieber 72 mit Abb. 55,1–5; Taf. 3,89. Unverzagt, Alzey 34f. Taf. 2,27.

27 Stamm, Keramik 102; R. Fellmann, Jahrb. Schweiz. Ges. Urgesch. 42, 1952, 161ff., bes. 162.

28 R. Fellmann, Jahrb. Schweiz. Ges. Urgesch. 42, 1952, 165f. mit Abb. 54,1.

29 Pferdehirt, Holzhausen 118ff., bes. 119ff.

30 Vgl. ebd. Taf. 17, F 418.665 oder Martin-Kilcher, Laufen-Müschhag 38 mit Anm. 158; Taf. 34,16.17. Zu Taf. 63,768 vgl. auch die ebenfalls nicht aus Eifelkeramik gefertigten Töpfe aus Grenzach: M. Martin, Die römische Zeit am rechten Rheinufer zwischen Augst und Kembs. In: Führer vor- u. frühgesch. Denkmäler 47 (Mainz 1981) 64ff., bes. 78ff. mit Anm. 28; Abb. 8.

31 Unverzagt, Alzey 34ff. mit Abb. 22,13–15.

32 Wie Anm. 30 (Laufen-Müschhag, Görbelhof, Vindonissa, Grenzach).

33 Stamm, Keramik 103f. betont, daß die größte Beliebtheit der Form Alzey 33 wohl erst nach dem Ende des Kastells Alzey liegt. Die von Unverzagt, Alzey 2 gegebene Datierung dieses Lagers in die Jahre 330–410 n. Chr. dürfte vermutlich einige Jahrzehnte zu früh sein; so äußerte sich J. Oldenstein auf der Jahrestagung des West- und Süddeutschen Verbandes für Altertumsforsch. (20.–25. 5. 1986), der eine Datierung von ca. 370 n. Chr. bis mindestens 425 n. Chr. vorschlug. Dadurch rücken unsere Töpfe Taf. 63,770–772 bereits ins späte 4. oder frühe 5. Jh. Vgl. jetzt J. Oldenstein, Neue Forschungen im spätrömischen Kastell von Alzey. Ber. RGK 67, 1986 (1987) 289ff., bes. 339ff.

34 Vgl. Bender/Steiger, Töpfereibezirk 256 Taf. 12,258.

35 W. Hilgers, Lateinische Gefäßnamen. Beih. Bonner Jahrb. 31 (Düsseldorf 1969) 83ff.

36 Vgl. z. B. Martin-Kilcher, Laufen-Müschhag 57 Taf. 49,9 (ein Urceus!).

hat, muß ebenso offenbleiben, da unser Material keine Aussagen zur Gesamt- bzw. Randform der Töpfe ermöglicht.[37] Eine Unterscheidung anhand der erhaltenen Henkelformen, die große (wie Taf. 64,774.778) dem früheren 1. Jh., kleine (wie Taf. 64,775.776; Kat.-Nr. 775 a. b) dem fortgeschrittenen 1. Jh. und ösenförmige (wie Taf. 64,777) bereits dem 2. oder 3. Jh. zuweisen würde,[38] scheint wenig sinnvoll, da lokale Einflüsse hierbei unberücksichtigt blieben.[39] Einzig die Fundstelle von Tafel 64,775.776 im Nord-Risalit, dem sonst Material ab dem späteren 1. Jh. entstammt, kann wenigstens als Terminus post quem für die übrigen, qualitativ gleichartigen Honigtöpfe herangezogen werden.

Die Töpfe im Überblick

Die chronologische Verteilung der scheibengedrehten Töpfe (Tab. 19) fügt sich nur z. T. dem bisherigen Bild der Keramik ein. Zwar beginnt auch hier der Fundniederschlag bereits deutlich im 1. Jh. n. Chr., wobei zwei Töpfe mit gerilltem Horizontalrand bereits von dessen Beginn stammen. Vermutlich mehr als die Hälfte aller Töpfe läßt sich sodann dem 2. Jh. zuweisen, womit eine starke Verschiebung der Relationen im Vergleich zu den groben Schüsseln (Tab. 18) gegeben ist. Eine Erklärung hierfür könnte darin zu suchen sein, daß auch jene Gefäße häufig zum Kochen verwendet wurden, so daß mit Überschneidungen aufgrund der gemeinsamen Zweckbindung von Schüsseln und Töpfen zu rechnen ist. Am erstaunlichsten ist jedoch das fast völlige Fehlen von Töpfen des 3. Jh., was aufgrund der sonstigen Keramik nicht zu vermuten gewesen wäre. Die zwar wenigen, aber sicheren Töpfe des 4., z. T. sogar 5. Jh. (?), fügen sich demgegenüber wieder nahtlos in das Gesamtbild, wobei auf die im Umland bisher nicht belegte Form Alzey 33 bereits oben hingewiesen wurde. Worin somit das merkwürdige „Loch" im 3. Jh. seine Erklärung findet (wenn nicht in forschungsbedingten Gründen), ist mir unklar.

Hinsichtlich der Verteilung der Topfformen bietet Laufenburg ein Bild, das im wesentlichen dem in Laufen-Müschhag entspricht.[40] Klammert man die verschiedenen dekorierten Töpfe und die vom „Typ Laufenburg" aus, trifft diese Aussage sowohl für die Gesamtquantität als auch für die Tatsache zu, daß die vorhandenen Formen jeweils nur in geringen Mengen vertreten sind. Daß die glattwandigen Töpfe mit Dekor in Laufenburg wesentlich schwächer vertreten sind,[41] erklärt sich einerseits aus der hohen Quantität von verschiedenen Bechern (S. 74 ff.; 90 ff.), die ähnlichen Zwecken dienten wie diese Töpfe; andererseits ist dieses auch für verschiedene, eher zierliche Ausprägungen der Töpfe vom „Typ Laufenburg" zu vermuten, so daß der Bedarf an kleineren Trinkgefäßen auch so ausreichend gedeckt war. Eine Bestätigung der These, daß die Töpfe „Typ Laufenburg" in einer eigenen Töpferei unseres Gutshofes fabriziert wurden, könnte letztlich nur eine weitere Grabung klären.

Eine Untersuchung der Brandspuren an unseren Töpfen ist bei diesem Kochgeschirr par excellence natürlich unergiebig; lediglich ein Exemplar aus der Wende vom 1. zum 2. Jh.[42] dürfte sekundär verbrannt sein.

Die Zusammenschau der bekannten Fundstellen er-

37 Vgl. z. B. E. Gose, Gefäßtypen der römischen Keramik im Rheinland. Beih. Bonner Jahrb. 1^3 (Bonn 1976) 36 f. Taf. 40, 420–42,428.

38 Ebd.

39 Die Relevanz lokaler Einflüsse hinsichtlich der Anbringung an den Urcei betont Ettlinger, Augster Thermen 98 Taf. 17,31; 18,1. Dies., Vindonissa 22 f. Taf. 7,107–110.

40 Martin-Kilcher, Laufen-Müschhag 37 Abb. 12.

41 Martin-Kilcher, Laufen-Müschhag 33 f. Abb. 11: ca. 120 Schulter- bzw. Steilrandtöpfe.

42 Kat.-Nr. 712.

Tabelle 19: Verteilung der scheibengedrehten Töpfe nach Form und Zeit.

Topfform	1. Jh.	1. o. 2. Jh.	2. Jh.	3. Jh.	3. o. 4. Jh.	4. Jh.	?	gesamt %
Glattwandige Töpfe mit verschiedenen Dekorationen	16	11	2	–	–	–	–	29 = 16,76%
Gerillter Horizontalrand	5	–	1	–	–	–	–	6 = 3,47%
Gerillte Schulter	–	15	–	–	–	–	–	15 = 8,67%
„Typ Laufenburg"	24	–	33	–	–	–	–	57 = 32,95%
Trichterförmiger Rand	1	–	16	–	–	–	–	17 = 9,83%
Rundstabartiger Rand	–	–	9	–	–	–	–	9 = 5,20%
Horizontalrand	1	–	24	1	–	–	–	26 = 15,03%
Varia	–	1	–	–	1	4	8	14 = 8,09%
Summe	47 = 27,17%	27 = 15,61%	85 = 49,13%	1 = 0,58%	1 = 0,58%	4 = 2,31%	8 = 4,62%	173 = 100%

gibt sowohl für den Nord-Risalit[43] als auch für Raum 2[44] Töpfe vom späten 1. bis 2. Jh. Daneben sind der Topf des späten 1. Jh. aus der Pflasterung im Norden[45] und ein solcher des 3. oder 4. Jh. aus der Porticus[46] relevant.

5.4 *Deckel (Taf. 64,779–787)*

Einen Querschnitt der festgestellten Tonqualitäten von Töpfen des 1.–3. Jh. bietet das Dutzend Deckel (Taf. 64,779–787; Kat.-Nr. 781a,782a,785a). Dabei ist einmal (Taf. 64,780) ein weißlicher, dreimal (Taf. 64,782–784) ein orange bis brauner Überzug vorhanden. Die Durchmesser der bis auf Tafel 64,787 und Kat.-Nr. 782a scheibengedrehten Deckel schwanken zwischen 10 cm und 16 cm, bei Knaufdurchmessern von 2,3 cm bis 5 cm. Am häufigsten haben diese Deckel flachkonische Gestalt mit verschieden profilierten Knäufen (Taf. 64,781–785; Kat.-Nr. 781a,782a,785a). Damit gehören sie zur verbreitetsten Deckelform, die ohne erkennbare Unterschiede von früh- bis spätrömischer Zeit benutzt wurden.[47]
Einzelstücke sind dagegen der schalenförmige Deckel Tafel 64,779[48] sowie ein ebenfalls flachkonisches Exemplar, dessen Knauf ausnahmsweise oben offen bzw. hohl ist (Taf. 64,780).[49] Weiterhin sind je ein scheibengedrehter und handgemachter Deckel (Taf. 64,786.787) massiv gearbeitet.[50]
Je zwei Deckel entstammen dem Nord-Risalit (Taf. 64,784.787) bzw. den Maßnahmen 9 und 20 (Kat.-Nr. 782a,785a), ein Exemplar (Kat.-Nr. 781a) entstammt der Porticus.

5.5 *Handgemachte Keramik (Taf. 65–75)*

Insgesamt sind im Laufenburger Material vermutlich über 250 handgemachte Keramikgefäße enthalten,[1] die z.T. überdreht bzw. geglättet[2] oder unterschiedlich dekoriert sind. Neben den 19 Tellern und zwei Näpfen stellen mit wenigstens 116 Exemplaren die Schüsseln hierbei die häufigste Form dar, gefolgt von 57 Töpfen (Tab. 20). Naturgemäß ist die Qualität dieses zumeist groben Gebrauchsgeschirres breit gefächert. Auch am Laufenburger Material lassen sich keine Schwerpunkte oder deutliche Abgrenzungen, z.B. innerhalb der verschiedenen Formen, feststellen. Die Tonfarben reichen von beige, orange, braun über grau bis schwarz; die zumeist vorhandene Magerung ist sowohl hinsichtlich ihrer Menge und Dichte, als auch bezüglich ihrer Zusammensetzung sehr unterschiedlich; der Brand schließlich kann von weich bis sehr hart reichen. Innerhalb dieser Kriterien sind die verschiedensten Abstufungen und Mischungen vorhanden, was seinen Grund in erster Linie in der unterschiedlichen (und dabei häufig schlechten) Qualität des Brennvorganges der Gefäße haben dürfte, wie der häufig nicht durchgebrannte Ton zeigt.[3]

Teller (Taf. 65,788–66,797)

Zunächst sind mit Tafel 65,788–794 und Kat.-Nr. 788a,789a.b Teller mit schräger oder leicht gerundeter Wand vorhanden, die Randdurchmesser von 25 cm bis 28 cm haben. Zwar sind gut ein Drittel davon stellenweise überdreht (Taf. 65,788.790.794; Kat.-Nr. 788a), bei einem weiteren Stück (Taf. 65,791) der Boden durch Rillungen dekoriert, jedoch ist das Erscheinungsbild dieser Teller eher grob und nachlässig. Dementsprechend dürften die unterschiedlich gebildeten Ränder eher zufällig als gewollt sein. Entsprechend ähnlicher, scheibengedrehter Teller (S. 103ff.) können diese Exemplare nur grob dem 1. oder 2. Jh. zugewiesen werden.[4]
Deutlich gerundete Wand weisen dagegen die fünf Teller Tafel 66,797 und Kat.-Nr. 797a auf, die sich zudem durch bessere Profilierung von den vorhergehenden absetzen. Parallel zu den auf der Töpferscheibe gefertigten Tellern mit gerundeter Wand dürften diese fünf Teller dem 2. Jh. angehören.
Kleiner dimensioniert, jedoch tiefer, (Dm. 20 cm bzw. 18 cm) sind die schalenförmigen Teller Tafel 66,795.796 und Kat.-Nr. 796a. Die Außenwände sind durch horizontalen Kammstrich dekoriert, der z.T. durch schräge Strichgruppen aufgelockert ist und beim ersten Gefäß zusätzlich durch umlaufende Tupfen nahe unter dem Rand begleitet wird. Die Form in Verbindung mit der charakteristischen Dekoration

43 Kat.-Nr. 719, 722, 722a, 723a.b, 728a, 760.
44 Kat.-Nr. 703, 717, 720, 723a.
45 Kat.-Nr. 730b.
46 Kat.-Nr. 768.
47 Vgl. z.B. Schönberger, Altenstadt 147ff. Taf. 55,CVIII 587 – 56,CVIII 668.
48 Vgl. z.B. Ettlinger, Vindonissa 24 Taf. 8,128a.
49 Vgl. z.B. Walke, Straubing 142 Taf. 72,17.
50 Vgl. z.B. Ettlinger, Augster Thermen 99 Taf. 18,13.
1 Berücksichtigung fanden im Katalog bzw. in Tabelle 20 nur die auszählbaren Randbruchstücke; daneben befindet sich im Magazin des Hochrheinmuseums noch eine nicht unbeträchtliche Menge verschiedenster, nicht zuweisbarer Bruchstücke, die nicht gezählt wurden. Unter Einbeziehung der verschiedenen Bodenbruchstücke Kat.-Nr. 814a, 815a, 816a–h, die sicher vielfach zu den im Katalog verzeichneten Rändern gehören, dürfte die absolute Gesamtzahl von gut 250 Gefäßen (Tab. 20) ungefähr zutreffen.
2 Zum Problem der Abgrenzung zur scheibengedrehten Ware vgl. S. 113 mit Anm. 8.
3 Kat.-Nr. 788, 790, 795, 796, 800, 813, 817, 819, 821, 826, 830, 831, 835, 853; ebenso erübrigt sich bei diesem einfachsten Kochgeschirr eine Erörterung der feststellbaren Brandspuren: Ettlinger, Augster Thermen 91.
4 Vgl. z.B. Ettlinger, Vindonissa 14 Taf. 3,37.38; Martin-Kilcher, Laufen-Müschhag 44 Taf. 41,1–4.9.10.

verweisen beide Exemplare ins spätere 2. und 3. Jh.[5] Zwei Teller des 1. oder 2. Jh. entstammen Raum 2 (Taf. 65,789; Kat.-Nr. 797a), ein jüngeres Exemplar (Taf. 66,795) wurde im Aushub hinter der West-Porticus gefunden.

Näpfe (Taf. 66,798.799)

Zwei Exemplare in konischer bzw. Kolbenform sind vorhanden (Taf. 66,798.799), wobei der erste Napf einen fast kantig verdickten Rand besitzt. Ähnliche Stücke in unterschiedlicher Qualität sind am Lindenhof in Zürich sowohl für das späte 1. Jh. als auch für die 1. Hälfte des 3. Jh. belegt.[6] Vielleicht sind derartige Gefäßformen (sowie u. Taf. 89,972) in Anlehnung an kleine Töpfe und Becher aus Lavez entstanden,[7] wie sie allerdings in Laufenburg völlig fehlen.

Schüsseln (Taf. 66,800–69,813)

Mit Tafel 66,800 ist zunächst das Bruchstück einer Schüssel vorhanden, auf deren Wand eine vermutlich eher tief sitzende, umlaufende Griffleiste angebracht ist; allerdings ist die genaue Gesamtform dieses außen überdrehten Gefäßes nicht bestimmbar.
Fünfmal sind kleine Schüsseln mit gerundeter Wand vertreten (Taf. 66,801; Kat.-Nr. 801a), deren oben gerillter Horizontalrand außen rundstabartig verdickt ist. Ähnlich profilierte Gefäße tauchen bereits bei der bemalten Spätlatène-Ware auf,[8] können aber auch bis ins 3. Jh. beobachtet werden.[9] Die hier angebrachte Dekoration aus schrägem Kammstrich verweist unsere fünf Schüsseln allerdings bereits in das 1. Jh. n. Chr.[10]
Eine große Gruppe besteht aus Schüsseln mit verdicktem Rand, der innen und außen leicht überkragt (Taf. 67,802–805; Kat.-Nr. 803a–c,804a–e). Außer Tafel 67,802 mit leicht gerundeter Wand weisen alle Exemplare eine schräge Wandführung auf, die außen zumeist durch umlaufende Rillen begleitet wird. Das geglättete Stück Tafel 67,805 erinnert stark an die scheibengedrehte Schüssel Tafel 49,631 (S. 108f.). Anhand der feststellbaren Dimensionierungen lassen sich diese Schüsseln in zwei Gruppen trennen, deren Randdurchmesser 22 cm bis 27 cm (Taf. 67,802.803.805; Kat.-Nr. 803a–c) bzw. 16 cm bis 17 cm (Taf. 67,804; Kat.-Nr. 804a–c) betragen. Wichtig für eine Datierung dieser Schüsseln ist einerseits die Tatsache, daß bei allen die Oberseiten der Ränder ähnlich den Schüsseln mit Deckelfalz ausgebildet sind (S. 109f.); andererseits fehlen vergleichbar profilierte Schüsseln in Vindonissa völlig. Dies zusammengenommen verweist das Gros dieser 36 Schüsseln ins 2. oder 3. Jh.[11]
Die folgenden Schüsseln Tafel 68,806–809 und Kat.-Nr. 807a–c,808a tragen zumeist nur außen verdickte Ränder, die oben glatt abgestrichen sind, wobei das erste Stück als einziges eine steile Wandführung hat. Die übrigen Exemplare sind durchweg schrägwandig und mit Randdurchmessern von 27 cm bis 36 cm sehr groß. Drei Schüsseln (Taf. 68,808; Kat.-Nr. 808a) besitzen auf dem Rand angebrachte, einfache Zeichen. Diese vor dem Brand eingeritzten Markierungen dürfen vielleicht als primitive Töpfermarken gewertet werden.[12] Die Schüssel Tafel 68,809, deren Rand auch innen leicht verdickt ist, hat einen flach ausgezogenen Deckelrast,[13] wie er auch sonst vereinzelt an handgemachten Schüsseln zu finden ist.[14] Insgesamt wirken unsere Schüsseln auf Tafel 68 wie unbeholfene Nachahmungen der Schüsseln mit Horizontalrand (o. S. 108f.), so daß ich ebenfalls eine Datierung ins 2. oder 3. Jh. annehmen möchte.
Die verbleibenden Schüsseln Tafel 69,810–813 und Kat.-Nr. 810a–e,812a–d tragen einfache Ränder, die z.T. gerundet sind (Taf. 69,811.813). Bei Tafel 69,810.813 und Kat.-Nr. 810a–e sind außen knapp unter dem Rand oder auch tiefer umlaufende Rillungen angebracht, Tafel 69,811 ist als einziges Stück innen und außen geglättet; auf einem Bruchstück (Taf. 69,813) haben sich verschiedene Einritzungen erhalten, die von einem Dekor oder Graffito stammen könnten. Schüsseln mit einfachem Rand wie hier entziehen sich aufgrund ihrer Langlebigkeit einer gesicherten Datierung.[15] Ausnahmen bilden dabei die Schüsseln Tafel 69,812 und Kat.-Nr. 812a–d. Die Dekoration des ersten, kleinen Gefäßes aus horizontalem Kammstrich und einzelnen schrägen Strichgruppen verweist es ins spätere 2. oder 3. Jh.[16] Zwar fehlt den ca. 30 Schüsseln Kat.-Nr. 812a–d diese charakteristische Dekoration, doch dürfte der deckelfalzartig eingetiefte Rand diese Gefäße wiederum dem 2. oder 3. Jh. zuzuordnen sein.

---

5 Vgl. MARTIN-KILCHER, Laufen-Müschhag 44f. Taf. 40,6–8. Zwar betont sie ebd. 45 mit Anm. 196 die starke lokale Prägung der Dekore gerade bei handgemachten Gefäßen, jedoch sind im vorangegangenen häufig Parallelen zu diesem Gutshof (Luftlinie ca. 45 km südwestlich) deutlich geworden; dementsprechend erscheint es mir statthaft, die detaillierten Ausarbeitungen von Frau Martin-Kilcher hier und im folgenden heranzuziehen, zumal aufgrund des Forschungsstandes derzeit keine (räumlich) näherliegenden, genauen Untersuchungen zur handgemachten Ware greifbar sind.

6 Vgl. VOGT, Lindenhof 177; 184 Abb. 39,12; 42,12.13.

7 Vgl. z.B. Chur 1, Taf. 44.

8 Vgl. ETTLINGER, Vindonissa 8ff. Taf. 1,5.8.

9 Dann aber mit anderen Dekorationen: vgl. MARTIN-KILCHER, Laufen-Müschhag 44 Taf. 40,8.

10 MARTIN-KILCHER, Laufen-Müschhag 45.

11 Die einzigen guten Vergleichsstücke finden sich bei BRUCKNER, Ersingen Abb. 12,11.12, die sie ebd. 418 „vermutlich 2. Jh. n.Chr." datiert.

12 Vgl. hier auch Taf. 40,566; 59,723 (S. 105 mit Anm. 28).

13 Ähnlich hier Taf. 54,682.

14 MARTIN-KILCHER, Laufen-Müschhag 44f. Abb. 16 Taf. 41,7.

15 Vgl. S. 109, Anm. 35;36.

16 MARTIN-KILCHER, Laufen-Müschhag 45.

Insgesamt fällt auf, daß in Laufenburg die Menge der handgemachten Schüsseln mit wenigstens 116 Exemplaren fast genauso groß ist wie die der scheibengedrehten mit 143 Gefäßen (vgl. Tab. 18 u. 20). An anderen Fundplätzen wie Vindonissa,[17] Augst[18] oder Laufen-Müschhag[19] ist diese Keramikgruppe wesentlich schwächer vertreten. Interessanterweise entspricht die Gesamtzahl beider Schüsselarten ungefähr der von Laufen-Müschhag,[20] wobei in unserem Material die feineren relativ gleichmäßig chronologisch verteilt waren (Tab. 18), die handgemachten demgegenüber mit ca. zwei Dritteln dem 2. oder 3. Jh. angehören (Tab. 20).

Bei aller Vorsicht gegenüber den derzeitigen Datierungsmöglichkeiten dokumentiert sich hierin wiederum ein Phänomen, das z. B. bereits im Vergleich der Sigillata-Becher mit den „Feinen Bechern" deutlich wurde. Offenbar wichen die Gutshofbewohner des 2. und 3. Jh. bei der Deckung gewisser Gefäßkategorien verstärkt auf einfachere und damit wohl preiswertere Qualitäten aus. Dieser wohl durch geringere wirtschaftliche Möglichkeiten bedingte Prozeß geht bei den Schüsseln so weit, daß in dieser Zeit die bereits überwiegend einfachen, scheibengedrehten Gefäße sogar durch handgemachte, d. h. zumeist wohl selbstgefertigte, ersetzt wurden.

Die Fundstellen handgefertigter Schüsseln des 2. oder 3. Jh. liegen wiederum in den beiden Risaliten im Westen und der dazwischen befindlichen Porticus;[21] ein nicht datierbares Gefäß entstammt Raum 2.[22]

Verschiedene, z. T. dekorierte Gefäßböden (Taf. 69,814–816)

Knapp 60 unterschiedliche, z. T. verzierte Böden liegen vor. Zwar sind diese nicht den vorangegangenen Gefäßen zuweisbar, jedoch dürften aufgrund der feststellbaren Größen die meisten zu Schüsseln oder Tellern gehören.

Eingetiefte konzentrische Kreise wie Tafel 69,814 und Kat.-Nr. 814a waren bereits an Tellern bzw. Schüsseln wie hier Tafel 65,791 bzw. Tafel 67,805 anzutreffen. Ein ähnliches Motiv in wesentlich schlechterer Ausführung zeigen die Böden Tafel 69,815 und Kat.-Nr. 815a; der erstere trägt zudem auf der Unterseite einen kreuzförmigen Graffito. Ohne Parallelen im sonstigen Material ist der Boden Tafel 69,816, auf dessen Unterseite konzentrisch aufgelegte Wülste umlaufen. Die große Masse der Böden (Kat.-Nr. 816a–f) ist allerdings ohne Dekoration und von flacher oder leicht gewölbter Gestalt wie z. B. hier Tafel 65,792; 67,804; nur vereinzelt (Kat.-Nr. 806g.h) sind Böden mit schwach ausgeprägtem Standring, wie hier Tafel 65,790; 69,812, vorhanden. Drei Böden (Kat.-Nr. 816f.h) fanden sich 1970 im Nord-Risalit.

Töpfe (Taf. 69,817–75,859)

Unter den knapp 60 Töpfen sind mit Tafel 69,817.818 zunächst zwei mit hohen Randdurchmessern von 22 cm bzw. 21 cm zu verzeichnen, die beide relativ massig gearbeitet sind. Der erste, außen überdrehte Topf hat einen weit ausgebogenen, innen getreppten Rand wie Gefäße des frühen 1. Jh. n. Chr. in Augst.[23] Etwas später dürfte Tafel 69,818 sein, dessen ausgebogener Rand gedrungener und plumper als der vorige erscheint.[24]

Der kleine, rundliche Topf Tafel 70,819 schließt über der schwach ausgeprägten Schulter mit einem verdickten Rand ab, der oben ähnlich den Deckelfalztöpfen gefurcht ist. Auch dieses Exemplar ist außen überdreht. Es datiert bereits ins späte 1. oder frühe 2. Jh.[25]

Eine größere Gruppe bilden mit sieben Exemplaren Töpfe mit gerilltem Horizontalrand (Taf. 70,820–826), von denen verschiedene Ausprägungen zu verzeichnen sind. Der groß dimensionierte, außen geglättete Topf Tafel 70,820 trägt einen innen und außen weit vorkragenden Rand, wie er ähnlich bei einem Topf des frühen 1. Jh. n. Chr. in Neu-Allschwil (Kt. Basel-Land) zu finden ist.[26] Zu eher gedrungenen Töpfen mit feststellbaren Randdurchmessern von 10 cm bis 12 cm gehören Tafel 70,821–825. Die Ränder sind bisweilen innen und außen (Tafel 70,821.823), zumeist jedoch nur außen verdickt. Tafel 70,821–823 sind nur außen bzw. komplett überdreht, die Stücke Tafel 70,821.822.825 sind auf der Schulter gerillt. Derart profilierte Töpfe gehören nach Ausweis der Funde von Augst und Laufen-Müschhag ebenfalls noch der 1. Hälfte des 1. Jh. an.[27] Der große Topf Ta-

17 Die bei Ettlinger, Vindonissa Taf. 3,35.36 (und vielleicht Taf. 39;40) abgebildeten groben, handgemachten Schüsseln sind dort eher Einzelstücke: ebd. 14;100 mit Tab. 6. Die große Masse stellen feinere scheibengedrehte Exemplare: ebd. 101 mit Tab. 7.

18 Zwar verzeichnet Ettlinger, Augster Thermen Taf. 20,19–43 „einfache, grobe Schüsseln", jedoch dürften diese aufgrund der Tonbeschreibungen ebd. 103f. zumindest zum größten Teil scheibengedreht sein.

19 Von den ca. 35 handgemachten Schüsseln entstammen lediglich sieben dem Haupthaus („Bau 1"): Martin-Kilcher, Laufen-Müschhag 41 Abb. 14.

20 Vgl. Anm. 19 und S. 112 mit Anm. 78.

21 Nord-Risalit: Kat.-Nr. 803c, 804e, 807c, 810e, 812d; Nord-Risalit, Suchgräben entlang Mauern 30, 33, 28: Kat.-Nr. 807b, 810b; Porticus: Kat.-Nr. 802, 804c, 810, 810c; Süd-Risalit, Schuttschicht im unteren Teil der Füllung: Kat.-Nr. 803b.

22 Kat.-Nr. 810d.

23 Vgl. Ettlinger, Augster Thermen 92 Taf. 12,8.

24 Vgl. ebd. mit Taf. 12,4; glattwandiger Topf mit ähnlicher Profilierung aus der 2. Hälfte des 1. Jh. n. Chr.: Ettlinger, Bennwil 49f. Abb. 5,31.

25 Vgl. Ettlinger, Augster Thermen 93 Taf. 13,18.

26 Vgl. Ettlinger, Neu-Allschwil 23 Abb. 5,40.

27 Vgl. Ettlinger, Augster Thermen 93 Taf. 13,8. Martin-Kilcher, Laufen-Müschhag 38ff. mit Anm. 160; 162 Taf. 35,3.5.

fel 70,826 mit Schulterrillung ist ebenfalls außen überdreht, dürfte allerdings bereits ein Produkt des frühen 2. Jh. sein.[28] Ebenfalls verdickten bzw. wulstigen Rand besitzen die Töpfe Tafel 70,827.828. Damit dürften sie in enger Beziehung zu den frühen Töpfen mit gerilltem Rand der 1. Hälfte des 1. Jh. stehen.[29] Töpfe mit ausgebogenem, außen gerilltem Rand wie Tafel 71,829 und Kat.-Nr. 829a tauchen in Augst bereits im frühen 1. Jh. auf.[30] Allerdings scheint sich diese Randform in Verbindung mit anderer Dekoration bis mindestens ins fortgeschrittene 2. Jh. zu halten.[31] Jeweils nur einmal befinden sich im Laufenburger Material Töpfe mit Horizontalrand (Taf. 71,830) bzw. kurzem Steilrand (Taf. 71,831). Zum ersten Topf existieren zwar ähnliche Vergleichsstücke in den Augster Thermen von der Wende vom 1. zum 2. Jh.,[32] jedoch dürfte die wesentlich gedrungenere Form unser Stück etwas früher datieren.[33] Ebenfalls langlebig sind Töpfe mit kurzem Steilrand (wie hier Taf. 71,831), die vom Ende des 1. bis zumindest ins späte 2. Jh. anzutreffen sind.[34] Aufgrund der schlechten Qualität in Verbindung mit einfacher Fingerglättung und unsauberem Dekor aus mehreren Reihen nachlässiger Riefen gehört unser Topf jedoch noch zu den frühen Vertretern.

Mit Tafel 71,832–72,839 sind verschiedene verzierte Töpfe unterschiedlicher Randformen zusammengefaßt. Zunächst sind ca. fünf Töpfe mit vertikalem Kammstrich vorhanden (Taf. 71,832; Kat.-Nr. 832a), wobei neben der Strichrichtung auch die grobe Ausführung deutlich von den Dekorationen der übrigen Töpfe verschieden ist. Zwar sind derart verzierte Töpfe häufig im frühen 1. Jh. n. Chr. anzutreffen,[35] aber auch gegen Ende des 2. Jh. wurden sie noch hergestellt,[36] so daß eine genaue Datierung offenbleiben muß.[37] Demgegenüber gehören die großen Töpfe Tafel 71,833.834 mit einfachem Rand aufgrund ihres feinen – bei Tafel 71,834 allerdings unsorgfältigen – Horizontal-Kammstriches sicher dem 2. Jh. an.[38] Die Töpfe auf Tafel 72 sowie Kat.-Nr. 836a,838a tragen Ränder, die mehr oder weniger stark nach außen gebogen sind. Offensichtlich sind die schwächer ausgebogenen Ränder (Taf. 72,835–837; Kat.-Nr. 836a), wobei der Topf Tafel 72,837 fast noch als solcher mit Steilrand (wie z. B. oben Tafel 71,831) anzusprechen ist, mit einer gestreckten Gesamtform verbunden. Die fünf Gefäße sind außen mit horizontalem Kammstrich dekoriert, bei Tafel 72,836 und Kat.-Nr. 836a scheint diese Dekoration auch zur Glättung der Innenseite genutzt worden zu sein; daneben ist bei Tafel 72,835.836 zumindest der Randbereich innen geglättet. Daß diese Töpfe als Vorläufer derer mit scharfkantig nach außen gebogenem Rand (vgl. u. zu Taf. 74,848–75,854)[39] aufzufassen sind, zeigt in unserem Material nicht zuletzt auch die Kalkmagerung bei Tafel 71,835.837. Zeitlich gehören die Gefäße ins späte 2. oder frühere 3. Jh.[40] Vier weitere Töpfe haben wesentlich stärker ausgebogene Ränder (Taf. 72,838.839; Kat.-Nr. 838a) und eine stärker bauchige Gefäßform. Bei den ersten drei ist aufgrund des schlechten Erhaltungszustandes horizontaler Kammstrich nur zu vermuten, bei Tafel 72,839 ist ebensolcher mit schrägen und vertikalen Strichen kombiniert, so daß dieser Topf der gleichen Zeit wie die zuvor besprochenen angehört.[41] Unabhängig vom Vorhandensein einer möglichen Dekoration sind aber auch Tafel 72,838 und Kat.-Nr. 838a sicher Töpfe, die zumindest dem 2. Jh. entstammen.[42]

Die vorletzte Gruppe bilden acht handgemachte Töpfe (Taf. 73,840–74,847), deren umgeschlagener, z. T. unterschnittener Rand stark jenen, als „Typ Laufenburg“ definierten, bei der scheibengedrehten Ware ähneln (S. 114f.). Daß hier Nachbildungen der dort älteren, zierlicher profilierten Variante vorliegen, zeigt im Detail auch die Tatsache, daß der Großteil dieser Töpfe (zumindest außen) überdreht ist. Allerdings fällt auf, daß die erste Hälfte der Gefäße deutlich abgesetzte Schultern trägt, wie sie bei jenen nur vereinzelt zu finden sind (z. B. Taf. 59,726). Hingegen laufen die feststellbaren Randdurchmesser von 12 cm bis 18 cm wieder jenen parallel. Rechnet man mit einer gewissen zeitlichen Verzögerung, dürften die Töpfe Tafel 73,840.841.843–846 Produkte des 2. Jh. sein.[43] Das Stück Tafel 73,842 (gefunden in der Porticus) könnte aufgrund der gedrungenen, leicht plumpen Randbil-

28 Vgl. MARTIN-KILCHER, Laufen-Müschhag 40 mit Anm. 165; Taf. 36,6.

29 Vgl. ETTLINGER, Augster Thermen 93 Taf. 13,4–6.

30 ETTLINGER, Augster Thermen Taf. 13,2.

31 Vgl. MARTIN-KILCHER, Laufen-Müschhag 40; 45 Taf. 36,12.

32 Vgl. ETTLINGER, Augster Thermen Taf. 13,19.

33 So MARTIN-KILCHER, Laufen-Müschhag 38ff. (zu Töpfen mit gerilltem Rand).

34 Früh: ETTLINGER, Augster Thermen 93 Taf. 14,2. Spät: MARTIN-KILCHER, Laufen-Müschhag 40 mit Anm. 169; Taf. 37,8.

35 Vgl. z. B. VOGT, Lindenhof Abb. 32,14.15 oder TOMAŠEVIĆ, Keramik 66ff. Taf. 19, 8–12.

36 Vgl. z. B. MARTIN-KILCHER, Courroux 48 Taf. 33,A1.

37 Bereits ETTLINGER, Vindonissa 11 Taf. 1,23 weist auf späte Unikate hin, die früh anmuten.

38 MARTIN-KILCHER, Laufen-Müschhag 45.

39 MARTIN-KILCHER, Laufen-Müschhag 40.

40 MARTIN-KILCHER, Laufen-Müschhag 40 mit Anm. 170; Taf. 37,3–6.

41 MARTIN-KILCHER, Laufen-Müschhag 40; 45 Taf. 37,1.2.7.

42 Vgl. ETTLINGER, Augster Thermen 93 Taf. 13,27. MARTIN-KILCHER, Laufen-Müschhag 40; 36 mit Anm. 145; Taf. 37,10.

43 Ähnlich auch die Einzelstücke MARTIN-KILCHER, Laufen-Müschhag Taf. 37,1.2, die sie ebd. 40 als „möglicherweise späte Fabrikate“ bezeichnet; daß sowohl die Laufenburger als auch die aus Laufen-Müschhag stammenden Töpfe ohne jedes Dekor sind, könnte als zusätzliches Indiz gegen eine (mögliche) späte Datierung sprechen.

dung bereits etwas jünger sein;[44] gleiches ist auch für Tafel 74,847 anzunehmen, dessen eher unbeholfene Profilierung bereits einen deutlichen Abstand zum Vorbild vermuten läßt.

Ca. 15 Gefäße schießlich gehören zu „Töpfen" mit scharfkantig nach außen gebogenem Rand (Taf. 74,848–75,854), einer Form, auf deren Bedeutung erstmals Martin-Kilcher ausführlich hingewiesen hat.[45] Interessanterweise stimmen unsere Gefäße bis in Details mit allen dort erarbeiteten Charakteristika überein,[46] so daß hier nur kurz einige Punkte erwähnt werden brauchen. Der Ton, z.T. von felsiger oder schiefriger Konsistenz, weist zumeist unterschiedliche Graufärbung auf, bisweilen (Taf. 74,848.849) kann er aber auch orange sein; die Magerung besteht fast durchweg aus Kalkteilchen, der Brand ist hart oder sehr hart. Die Dekoration besteht bei unseren „Töpfen" fast ausschließlich aus horizontalem Kammstrich, wobei fast immer im Randbereich (Taf. 74,849; 75,851–854), singulär auch auf der Schulter (Taf. 74,850) eine Zone undekoriert bleibt;[47] innen ist der Rand stets geglättet oder überdreht. Daß der Rand über dem kammartigen Instrument, mit dem der Dekor ausgeführt wurde, nach außen gebogen wurde, zeigen vermutlich die regelmäßigen Einstiche außen am Rand von Tafel 74,849; demgegenüber deuten die kreisförmigen Vertiefungen bei Tafel 75,851 an gleicher Stelle darauf hin, daß hier dieser Vorgang mit den Fingern erfolgte. Aufgrund der charakteristischen Dekoration gehören alle sieben „Töpfe" in das 3. Jh.[48] Zu den Bruchstücken weiterer acht Gefäße (Taf. 75,855–857; Kat.-Nr. 855a.b,856a) s.u. S. 123.

Neben dem nicht näher zu identifizierenden Graffito (Herstellermarke?) Tafel 74,850, verdient besonders der „Topf" Tafel 74,848 Beachtung. Formal entspricht er in fast allen Punkten den oben genannten Kriterien dieser spezifischen Gruppe, lediglich bezüglich der Dekoration ist insofern eine Abweichung festzustellen, als hier auch zusätzlich schräge Strichgruppen eingestreut sind.[49] Darüber hinaus sind auf der Schulter Reste eines vor dem Brand eingeritzten Schriftzuges erhalten, die sicher als SVCVS ergänzt werden können. Damit entspricht dieser „Topf" in allen Einzelheiten einem identischen Gefäß, das kürzlich in Kaiseraugst-Schmidmatt gefunden wurde.[50] Zusammen mit anderer Keramik wurde der „Topf" dort in der Vorratskammer eines Gebäudes im Handwerkerquartier aufbewahrt, die nach Ausweis eines entsprechenden Münzfundes in der Mitte des 3. Jh. benutzt wurde.[51] Dies stützt nicht nur die von Martin-Kilcher gewonnenen chronologischen Ansätze,[52] sondern bestätigt auch ihre These vom kleinräumigen Handel mit dieser Ware, deren Absatzgebiet neben der Nordwestschweiz auch (rechtsrheinische) Punkte an Ober- und Hochrhein umfaßte,[53] wie nun erstmals die Laufenburger „Töpfe" dokumentieren. Von besonderem Interesse scheint mir daneben der Schriftzug SVCVS zu sein, der sich sowohl auf dem Laufenburger Gefäß, als auch auf dem von Kaiseraugst-Schmidmatt findet. Zunächst könnte es sich dabei natürlich um die Signatur des Töpfers bzw. Herstellers handeln,[54] der seine Produkte auf diese Art (anstelle einer Stempelung) kennzeichnete. Da die lokale Begrenztheit der fraglichen Ware und der Verzicht auf die Töpferscheibe bei deren Produktion vermutlich auf einheimische Produzenten schließen lassen, würden m.E. hier eher einfache Zeichen (wie z.B. Taf. 40,566; 68,808; 80,901; Kat.-Nr. 808a) zu erwarten sein.[55] Zudem scheint mir die unsorgfältige Ausführung des Schriftzuges im Wider-

44 Vgl. Ettlinger, Görbelhof 33 (zu Taf. 7,20), wo sie diesen Topf als Vertreter einer importierten Sondergruppe charakterisiert; daß aber in der allgemein 250–350 n.Chr. datierten Villa (ebd. 16) durchaus auch offensichtliche Altstücke des frühen 3. Jh. vorhanden sind (ebd. 34), stützt die Datierung unseres Topfes Kat.-Nr. 842 an der Wende vom 2. vom 3. Jh.

45 Martin-Kilcher, Laufen-Müschhag 40ff. Taf. 38; 39.

46 Ebd. 40f. Für Vergleichsstücke der leicht unterschiedlichen Randausprägungen s. jeweils im Katalog.

47 Vgl. Martin-Kilcher, Laufen-Müschhag Taf. 39,1.2.5.

48 Ebd. 42ff.; eine genauere Zuweisung innerhalb des 3. Jh. kann bei unserem kleinteiligem Material (außer bei Taf. 74,848 und 75,857) derzeit nicht vorgenommen werden, da nicht entschieden werden kann, ob an tieferen Wandpartien zusätzlich Wellenbandverzierung angebracht war, was dann bereits in die 2. Hälfte des 3. Jh. deuten würde.

49 Vgl. Martin-Kilcher, Laufen-Müschhag Taf. 38,2; 39,2.

50 U. Müller, Arch. Schweiz 8, 1985, 15ff. Abb. 10,5. Jüngst hat A. R. Furger diese Grabung ausführlich publiziert: Jahresber. Augst u. Kaiseraugst 10, 1989, 213ff. bes. 263f., dort wird der Schriftzug als Töpfersignatur interpretiert.

51 U. Müller, Arch. Schweiz 8, 1985, 15; 19f.

52 Wie Anm. 48. Ein weiterer vergleichbarer Topf aus der Mitte des 3. Jh. aus Kaiseraugst - Äußere Reben: Arch. Schweiz 8, 1985, 179 Abb. 18,2. Zu den von Martin-Kilcher, Laufen-Müschhag 42 mit Anm. 178 angeführten Metallvorbildern vgl. auch z.B. Bayer. Vorgeschbl. 45, 1980, 91ff. Abb. 5,5 (Depotfund Augst).

53 Martin-Kilcher, Laufen-Müschhag 42f. mit Anm. 176.

54 Allerdings scheint ein derartiger Name bisher noch nicht belegt zu sein: E. Howald u. E. Meyer, Die römische Schweiz (Basel 1940) passim. Eine dahingehende Interpretation, SVCVS als eine Verkürzung von Sucellus aufzufassen und damit diese Gefäße in den kultischen Bereich zu rücken, erscheint mir allerdings als Überinterpretation. – Ein ähnlicher Cognomen findet sich z.B. auf einer Stele des 2. Jh. für M. Vettius Surus in Carnuntum: E. Vorbeck, Zivilinschriften aus Carnuntum (Wien 1980) 47, Nr. 185 (= CIL III 4502). – Weiterhin möchte ich Dr. R. Frei-Stolba (Bern) und Dr. H. Lieb (Schaffhausen) für die übereinstimmenden Auskünfte herzlich danken, daß auch ihres Wissens SVCVS als Name bislang im Inschriftmaterial der Schweiz nicht belegt ist. Ihr Verweis auf ähnliche Namen wie Succius, Succo etc. – Belege bei A. Mócsy, Nomenclator provinciarum Europae Latinarum et Galliae Cisalpinae cum indice inverso 1. Diss. Pannonicae 3,1 (Budapest 1983) 276 – ist aufgrund der angeführten Funde aus Augst-Schmidmatt nicht weiter zu verwerten.

55 Vgl. auch Martin-Kilcher, Laufen-Müschhag 42 mit Anm. 175; Taf. 39,8.

spruch zur Intention der Kammstrich-Dekoration zu stehen, die nicht zuletzt die naturgemäß unebene Oberfläche dieser handgemachten Töpfe veredeln sollte.[56] Natürlich kann dies augenfällig nicht bedeuten, daß die Töpfer dieser Gefäße des Lateinischen in Schrift und Inhalt unkundig waren, zutreffender scheint mir eher das Gegenteil. Geht man von der Übersetzung von „SVCVS" als Saft oder Flüssigkeit aus,[57] dürften die Schriftzüge als banale Inhaltsaufschriften zu deuten sein. Daß dies durchaus nicht ungewöhnlich ist, zeigen die bekannten Aufschriften auf Honigtöpfen und Amphoren,[58] sowie im weiteren Sinn auch die Spruchbecher (wie z. B. Taf. 31,445–448). Im Umkehrschluß bedeutet das natürlich, daß die Ansprache dieser Gefäßgruppe als „Töpfe" falsch ist. Richtiger ist von Flüssigkeitsbehältern zu sprechen, wobei aufgrund der vorhandenen Gefäßabmessungen (bei uns Randdurchmesser von 12–15 cm, Höhe 17,5 cm) entweder an große Becher oder an kleine Vorratsgefäße zu denken ist.[59] Für die Richtigkeit dieser Annahme spricht auch die Beobachtung, daß bei unseren Gefäßen Kat.-Nr. 848–854 lediglich das erste (starke) Brandspuren aufweist, deren sekundäre Bedingtheit zumindest wahrscheinlich ist.[60] Lägen hier klassische Kochtöpfe vor, wären signifikante Gebrauchsspuren viel häufiger zu erwarten. Berücksichtigt man zudem den Trend später Becher zu immer größeren Dimensionierungen,[61] scheint mir bei unseren späten Gefäßen eine Klassifizierung unter die Becher zutreffender. Dazu paßt neben der Dünnwandigkeit auch der gute Brand und die teilweise feststellbare Fingerglättung der Gefäßinnenseiten,[62] die einem möglichen Durchsickern der Flüssigkeiten durch den Ton vorbeugen sollten. Schmauchung oder Glättung anstelle eines Überzuges sind an anderen Trinkgefäßen des 1. bis 3. Jh. immer wieder zu finden,[63] Faltenbecher des 4. Jh. können sogar ohne jede Oberflächenbehandlung auftreten.[64] Daneben ist allerdings bei vereinzelt vorliegenden, großen Gefäßen, wie z. B. in Laufen-Müschhag, eine singuläre Verwendung als Vorratsgefäße nicht auszuschließen.[65]

Angeschlossen ist mit Tafel 75,855 ein weiteres Bruchstück mit Kammstrich-Dekoration und Resten eines Schriftzuges, die als [ ]CV[ ] aufgelöst werden können. Damit ist wiederum eine Ergänzung zu SVCVS möglich, womit ein weiteres Gefäß wie oben Tafel 74,848 vertreten wäre. Mit Tafel 75,856 und Kat.-Nr. 855 a. b, 856 a sind Bruchstücke weiterer fünf „Töpfe" mit horizontalem und vertikalem Kammstrich-Dekor vorhanden, die aufgrund ihrer Tonqualität ebenfalls zu dieser Gruppe des 3. Jh. n. Chr. gehören. Gleiches gilt für Tafel 75,857, wo das einzige Mal waagerechter bzw. senkrechter Kammstrich mit Dekoration aus umlaufenden Wellenbändern kombiniert ist, was eine Zuweisung mindestens in die 2. Hälfte des 3. Jh. wahrscheinlich macht.[66]

Kat.-Nr. 855 b fand sich vermutlich 1937 in der Maßnahme 9 und 20.

Von anderer Qualität ist das Bruchstück Tafel 75,858; jedoch dürfte auch dieses aufgrund seiner ähnlichen, aber wesentlich grober ausgeführten Dekoration ebenfalls dem späteren 3. Jh. angehören.[67] Als letztes ist schließlich noch ein pfeilförmiger Graffito zu verzeichnen (Taf. 75,859); zwar ist die Fundstelle in Raum 1 ausnahmsweise stratigrafisch einzuordnen, doch erlaubt dieses Bruchstück keine Datierung.

Die handgemachte Keramik im Überblick

Auch die handgemachten Gefäße sollen kurz zusammengefaßt werden (Tab. 20). Im Vergleich zur sonstigen Keramik sind hier einige Abweichungen festzustellen. Hinsichtlich der chronologischen Eckpunkte waren zwar wiederum zwei Töpfe dem frühen sowie sieben der 1. Hälfte des 1. Jh. n. Chr. zuzuweisen, Gefäße des 4. Jh. waren allerdings nicht auszusondern. Die Zeitspanne schließt hier mit zwei Exemplaren der 2. Hälfte des 3. Jh. Daneben war relativ wenig Material des 1. und früheren 2. Jh. zu konstatieren, das Gros der Funde liegt hier deutlich im 2. und 3.

---

56 Martin-Kilcher, Laufen-Müschhag 45.

57 Der kleine Stowasser. Bearbeitet von M. Petschenig (Wien 1971) 474 (s.v. sucus).

58 Zu Honigtöpfen: W. Hilgers, Lateinische Gefäßnamen. Beih. Bonner Jahrb. 31 (Düsseldorf 1969) 86 mit Anm. 450; 452. Pinselaufschriften auf Amphoren: Jahrb. Schweiz. Ges. Ur- u. Frühgesch. 68, 1985, 173 ff. mit Anm. 6.

59 Von den 18 bei Martin-Kilcher, Laufen-Müschhag Taf. 38; 39 abgebildeten Gefäßen weisen lediglich drei (ebd. Taf. 38,1.7; 39,2) Dm. über 20 cm auf; der Rest liegt bei einem Mittelwert von ca. 14 cm deutlich darunter. Auch sind die dort festzustellenden bzw. zu vermutenden Höhen (ebd. Taf. 38,2.3; 39,9) mit 16–18 cm eher gering. Damit dürften die größeren Vertreter ebenso als Ausnahme anzusehen sein, wie das schüsselartige Gefäß (ebd. Taf. 39,11).

60 Ebd. 152 f. sind nur zu Taf. 38,5.6 fragliche Brandspuren angegeben.

61 Becher mit Karniesrand: Martin-Kilcher, Laufen-Müschhag Taf. 16,8 (Dm. 15,2 cm). – Faltenbecher: Ettlinger, Augster Thermen Taf. 24,1.2 (H. ca. 20 bzw. 18 cm). Darüber hinaus ist eine Verwendung als Trinkgefäße aber z. T. schon für Schulter- und Steilrandtöpfe des 1. und 2. Jh. anzunehmen (vgl. S. 112 ff.), die durchaus auch großdimensioniert sein können: vgl. z. B. Ettlinger, Augster Thermen Taf. 15,1.2 (Dm. 15 bzw. 11,5 cm, H. ca. 20 bzw. 17 cm).

62 Martin-Kilcher, Laufen-Müschhag 40 f.

63 Zu Schulter- und Steilrandtöpfen (1./2. Jh.) s. S. 112 ff. – Faltenbecher frühes 3. Jh. (TN): Ettlinger, Augster Thermen 88 (Technik c). – Becher 3. Jh. n. Chr. (TN): Oelmann, Niederbieber 56 (Form Niederbieber 57).

64 Tongrundige bzw. rauhwandige Faltenbecher des 4. Jh. n. Chr.: Fellmann, Basel 136 oder Hussong, Kaiserthermen 61 (Typ 94).

65 Vgl. Anm. 59.

66 Vgl. Martin-Kilcher, Laufen-Müschhag 43 ff. Taf. 39,9–11.

67 Martin-Kilcher, Laufen-Müschhag Taf. 37,13.14; 39,4.

Tabelle 20: Verteilung der handgemachten Keramik nach Gefäßkategorien und Zeit.

	Teller	Näpfe bzw. Schüsseln	Töpfe	(Böden)	gesamt
1. Jh.	–	5	11	–	16
1. o. 2. Jh.	11	–	9	–	20
2. Jh.	5	–	12	–	17
2. o. 3. Jh.	3	81	8	–	92
3. Jh.	–	–	16	–	16
?	–	32	1	(58)	33 (91)
Summe	19	118	57	(58)	194 (252)

Jh.[68] Daß dieser Trend ein Schlaglicht auf die wirtschaftlichen Möglichkeiten bzw. die Nutzung dieser durch die späteren Bewohner wirft, wurde bereits betont. Natürlich darf dabei nicht vergessen werden, daß gerade die handgefertigte Ware besondere Schwierigkeiten der Datierung beinhaltet.[69]

Bei den scheibengedrehten Töpfen war aufgefallen, daß dort Gefäße des 3. Jh. fast völlig fehlen. Die handgemachte Keramik enthält nun zunächst 89 Schüsseln und Töpfe, die zumindest z. T. dem 3. Jh. entstammen.[70] Daneben sind noch 16 Töpfe sicher dem 3. Jh. zuzuordnen, wobei jedoch bedacht werden muß, daß hierbei lediglich einmal (Kat.-Nr. 858) ein wirklicher Kochtopf vertreten ist. Zu den restlichen Gefäßen wurde oben ausgeführt, daß sie eher als Becher zu werten sind. Damit wird das „Loch" bei Töpfen des 3. Jh. zwar relativiert, aber durch entsprechende handgemachte Keramik nicht ausgeglichen.

Schließlich muß bei einem Großteil dieser Ware natürlich davon ausgegangen werden, daß sie, z. T. in Anlehnung an Vorbilder von der Töpferscheibe, von den Bewohnern unserer Villa selbst gefertigt wurde. Wie bei den Gefäßen mit scharfkantig nach außen gebogenem Rand, die als Becherform definiert werden konnten, gezeigt wurde, ist aber gerade auch bei der jüngsten Keramik damit zu rechnen, daß hier lokal verhandelte Wirtschaftsgüter vorliegen, die von größeren Töpfereien auf den Markt gebracht wurden. Ursächlich hierfür ist nicht zuletzt, daß durch die unruhigen Zeiten ab dem 3. Jh. manche weiträumiger importierte Scheibenkeramik entweder nicht mehr zu erhalten, oder von den Bewohnern nicht mehr zu bezahlen war.[71]

5.6 Reibschüsseln (Taf. 76–82)

Im Material sind ungefähr 100 Reibschüsseln sicher nachweisbar,[1] die sich auf ca. 40 tongrundige und 60 „rätische Reibschüsseln" verteilen.

Bei den tongrundigen Reibschüsseln[2] sind zunächst zwei frührömische Exemplare zu verzeichnen. Tafel 76,860 aus gelblich-weißem, gemagertem Ton von mäßig hartem Brand entspricht der Form Haltern 59.[3] Ein vermutlich heller Überzug auf der Außenwand und eine fehlende Körnung der Reibfläche wie bei unserem Exemplar sind dabei durchaus häufig.[4] Der hier vorhandene Steilrand, der innen nach einem Knick in die ab da gerundete Wand übergeht, in Verbindung mit dem oben verdickten und unten unterschnittenen Kragenrand an der Außenseite, charakterisieren unsere Reibschüssel als frühen Vertreter dieser Form.[5] Chronologisch gehört sie in augusteische oder frühtiberische Zeit.[6] Die Weiterentwicklung dieses Typs zeigt die kleinere Schüssel Tafel 76,861 der Form Hofheim 79,[7] deren Ton sich durch die stärkere Magerung und größere Weichheit vom vorangegangenen Stück unterscheidet. Von der Standplatte steigt die gerundete Wand ohne Knick nach oben, der Rand ist innen und außen rundlich verdickt; auch ist der untere Abschluß und die gesamte Bildung des Kragens weniger stark akzentuiert. Nach Vergleichsstücken aus Augst und Vindonissa[8] gehört diese Schüssel bereits dem mittleren 1. Jh. an.

Demgegenüber besteht das Gros der tongrundigen

68 Auf die verschiedentlichen Schwierigkeiten einer engen Datierung wurde oben mehrfach hingewiesen: daneben muß eine genaue prozentuale Auswertung in Tabelle 20 aufgrund der unsicheren Gesamtquantität unterbleiben.

69 Der Grund hierfür liegt in der lokalen Geprägtheit dieser Keramik, die sicher bei einigen der gegebenen Datierungen auch abweichende Ansätze möglich machen könnte: Martin-Kilcher, Laufen-Müschhag 45; Klee, Rottweil 87. Für unsere Keramik besteht dabei (wie an anderen Fundorten) das Problem, daß bisher für Laufenburg oder Bad Säckingen kein größerer Komplex handgemachter römischer Keramik publiziert ist, wie eine Durchsicht sämtlicher Jahrgänge der „Badischen Fundberichte" bzw. der „Fundberichte aus Baden-Württemberg" ergab.

70 Daß die Verwendung beider Kategorien (als Kochgefäße) häufig dieselbe war, wurde bereits o. S. 105ff. mehrfach betont.

71 Martin-Kilcher, Laufen-Müschhag 43.

1 Rechnet man die verschiedenen Boden-, Kragen- und Wandbruchstücke hinzu, wäre sogar eine Maximalzahl von 116 möglich; da diese z. T. aber bestimmt zu den ansprechbaren Randbruchstücken gehören, dürfte die tatsächliche Zahl dazwischen liegen.

2 Die Bezeichnung „tongrundig" ist natürlich insofern irreführend, als auch bei diesen Gefäßen vereinzelt solche mit Überzug (Kat.-Nr. 860, 862, 875, 880) vorhanden sind.

3 Vgl. Loeschcke, Haltern Taf. 12,59.

4 Loeschcke, Haltern 242ff.

5 Vgl. Schönberger, Rödgen 106f. Taf. 38,62a; 28,719.720.

6 Ebd. – Steilrandige Reibschüsseln fehlen in Augst oder Vindonissa. Für weitere, mittelaugusteische Vergleichsstücke vgl. neuerdings G. Fingerlin, Dangstetten 1. Forsch. u. Ber. Vor- u. Frühgesch. Baden-Württemberg 22 (Stuttgart 1986) 257, Nr. 76,7; 314, Nr. 272,8.

7 Vgl. Ritterling, Hofheim 308 Taf. 35,79.

8 Vgl. Ettlinger, Augster Thermen 104 Taf. 20,44. Dies., Vindonissa 86f. Taf. 25,560.

Reibschüsseln aus solchen mit gewölbtem, zumeist abfallendem Kragen und Randleiste, wie sie an den meisten römischen Fundplätzen von der Mitte des 1. bis zum späten 2. Jh. zu finden sind,[9] wobei unser Material einige Untergliederungen erlaubt. Mit Tafel 76,862–864 sind klobige Ränder großer Schüsseln (Dm. 30 cm–50 cm) vorhanden, deren hängende Kragenränder derart in die wulstige Randleiste übergehen, daß die Ränder S-förmig geschweift erscheinen. Dementsprechend sind die erhaltenen Ausgüsse (Taf. 76,862.864) ebenfalls von massiver Form. Alle drei Schüsseln sind aus orangem Ton mit unterschiedlicher Magerung, der sehr hart gebrannt ist; die erste könnte zudem ursprünglich einen hellen Überzug besessen haben. Die Funde Tafel 76,865–77,868 zeichnen sich dadurch aus, daß die Randleisten die höchsten Punkte dieser Reibschüsseln sind. Die feststellbaren Randdurchmesser schwanken um 30 cm, die Reibflächen können sowohl sehr fein als auch grob gekörnt sein. Der mäßig oder sehr hart gebrannte Ton beiger Farbe zeigt wiederum unterschiedliche Magerung. Bei Tafel 77,869–78,875 und Kat.-Nr. 869a,871a,874a sitzen die Randleisten tiefer und sind eher schwach ausgeprägt. Die Kragenränder können horizontal (wie z. B. Taf. 77,873), gebogen (wie z. B. Taf. 77,871) oder auch am Ende verdickt sein (wie Taf. 77,874); auch hier ist ein Ausguß erhalten (Taf. 77,869). Der Ton ist jeweils zur Hälfte orange bzw. beige mit unterschiedlicher Magerung und mehrheitlich hart gebrannt; auf Tafel 78,875 haben sich vermutlich Reste eines weißen Überzuges erhalten. Die Randdurchmesser schwanken zwischen 18 cm und 43 cm, die Körnung reicht von sehr fein bis sehr grob. Eine weitere Untergliederung, die auf der Kombination von Tonfarbe, Durchmesser und Körnung beruht, ist nicht erkennbar. Die folgenden Reibschüsseln Tafel 78,876–882 und Kat.-Nr. 876a,880a unterscheiden sich hinsichtlich der Form von den vorigen durch die stärker akzentuierten Randleisten, wobei Kragengestaltung, Randdurchmesser, Ton und Körnung die gleichen Variationen zeigen wie zuvor. Ausnahmen bilden hierbei die vermutlich rot überzogene Schüssel Tafel 78,880 und das besonders große Exemplar Tafel 78,882, dessen Randdurchmesser über 50 cm beträgt. Die allgemeine Zeitstellung all dieser Reibschüsseln wurde bereits oben angegeben. Eine Relativchronologie, die auf Ton- oder Formvarianten basiert, scheint m. E. derzeit nicht möglich.[10] Dementsprechend tragen die im Katalog angegebenen Vergleichsstücke nur exemplarischen Charakter.

Demgegenüber jünger ist die Schüssel Tafel 78,883, wie der charakteristische abgeknickte Kragen zeigt. Auch der feine, mehlige Ton oranger Farbe ist in unserem Material singulär. Nach guten Parallelen vom Görbelhof ist diese Reibschüssel bereits ein Produkt des 4. Jh.[11] Eine ähnliche, jedoch etwas ältere Schüsselform war bereits oben mit Kat.-Nr. 612,612a zu verzeichnen.

Angeschlossen sind mit Tafel 79,884 und Kat.Nr. 884a fünf weitere Ausgußfragmente, sowie mit Tafel 79,885.886 und Kat.-Nr. 885a,886a–d mehr als ein Dutzend außen gerillter Schüsselböden, die großteils vermutlich zu den oben besprochenen Randformen gehören.

Ungefähr drei Fünftel der vorhandenen Reibschüsseln gehören zur „rätischen Form“ (Taf. 79,887–82,918; Kat.-Nr. 889a,900a,907a,916a,917a,918a–d). Charakteristika dieser Gruppe sind der gebogene Kragenrand, der außen von einer umlaufenden Rille dekoriert ist, die unterschiedlich hohe und prägnante Randleiste, sowie die verschieden starke Kehlung innen unter dem Rand. Zudem sind diese Reibschüsseln auf dem Rand bzw. innen überfärbt.[12]

Hinsichtlich dieser Profilierung sind bei unserem Material verschiedene Ausprägungen festzustellen. Die Kragenränder sind unterschiedlich stark gebogen, fast horizontale (Taf. 79,887; 80,896) oder stark hängende Varianten (Taf. 79,891; 81,903) sind die Ausnahme. Die Rillung des Randes reicht von sehr fein (z. B. Taf. 81,910) bis derb (z. B. Taf. 79,890) und sitzt zumeist knapp vor dem Ende des Kragens; demgegenüber fehlt sie bei Tafel 82,915 völlig. Die Randleisten sind deutlich ausgeprägt und großteils der höchste Punkt der Gefäße. Aufgrund der Kleinteiligkeit des Materiales sind Aussagen zu den inneren Kehlungen nur vereinzelt zu machen, wobei diese sowohl gering (z. B. Taf. 80,895) als auch tief herabreichend (z. B. Taf. 81,906) sein können; bei Tafel 79,890.891 müssen sie entweder extrem ausgeprägt oder völlig fehlend gewesen sein. Daß im Gegensatz zu den tongrundigen Reibschüsseln hier die Wandungen ungerillt sind, zeigen z. B. Tafel 82,915.916, was zudem durch Glättung (Taf. 82,913.916) unterstützt werden kann; auch hier ist aber eine schwach gerillte Ausnahme zu verzeich-

9 Allgemein z. B. Martin-Kilcher, Laufen-Müschhag 46 oder Chur 1, 112f. (Gruppe 2). Allerdings lassen die in Stutheien gefundenen Exemplare auch an eine Laufzeit bis ins 3. Jh. denken. Vgl. Roth-Rubi, Stutheien 11 Taf. 23,461–24,476.

10 Kritisch bereits Ettlinger, Vindonissa 86f. Zwar gestehen auch neuere Publikationen dies ein, jedoch wird trotzdem versucht, eine bisher nicht begründbare Reihung vorzunehmen, die jeweils auf Einzelbeispielen basiert und m. E. daher nicht haltbar ist: Martin-Kilcher, Laufen-Müschhag 46 mit Anm. 207; Chur 1, 112f. mit Anm. 3.

11 Vgl. Ettlinger, Görbelhof 26f., 32 (Datierungstabelle); Taf. 6,21–23. In variierter Gestaltung vgl. Martin-Kilcher, Laufen-Müschhag 48 Taf. 43,8.9.

12 Martin-Kilcher, Laufen-Müschhag 46ff. Zu den Profilierungen vgl. allgemein z. B. ebd. Taf. 44; Roth-Rubi, Stutheien Taf. 20–22; Chur 1, Taf. 35.

nen (Taf. 82,914). Im Durchschnitt sind die „rätischen Reibschüsseln“ kleiner dimensioniert als die tongrundigen, wie die feststellbaren Randdurchmesser von 20 cm bis 30 cm zeigen (Ausnahme Taf. 79,891). Auch hier sind die Körnungen der Reibflächen, die erst unter den Kehlungen beginnen und oft von diesen durch Rillen abgesetzt sind, zumeist feiner als bei jenen.[13]

Die Tonfarbe dieser Reibschüsseln ist orange, kann aber heller, d. h. beige, oder dunkler, d. h. bräunlich, sein; Ausnahme ist dabei das fast ziegelrote Exemplar Tafel 82,916. Eine Magerung des Tones ist oft überhaupt nicht mehr feststellbar, sonst ist sie schwach und besteht häufig aus Glimmer; der Brand schwankt zumeist zwischen mäßig und sehr hart. Eine Überfärbung findet sich bei unseren Schüsseln nur auf dem Kragen und innen bis zum Ansatz der Reibfläche, vereinzelt scheint sie sogar ganz zu fehlen (Taf. 81,908; 82,916). Die Farbe dieser Überzüge ist überwiegend orange-rot, bisweilen aber auch mittelrot oder rotbräunlich, wobei (leicht) glänzende Exemplare die Ausnahmen sind.[14]

Entsprechend den eher kleinen Dimensionierungen sind die erhaltenen Ausgüsse der sogen. „rätischen Reibschüsseln“ (Taf. 80,899; 81,903.908; 82,911–914) von zierlicher Gestalt, indem auch hier die Randleiste entsprechend ausgezogen wurde. Auf Tafel 80,898 hat sich ein pfeilförmiger Graffito erhalten; das auf dem Kragen eingeritzte „X“ von Tafel 80,901 könnte vielleicht wiederum eine einfache Töpfermarke darstellen.[15] Die „rätischen Reibschüsseln“ tauchen vereinzelt bereits in Fundzusammenhängen der 1. Hälfte des 2. Jh. n. Chr. auf und sind dann ab der Mitte dieses Jahrhunderts bis mindestens zum Ende des folgenden weit verbreitet;[16] ob sie auch noch im 4. Jh. produziert wurden, ist derzeit fraglich.[17] Insgesamt repräsentieren sie damit eine langlebige Form, wobei eine Relativchronologie bislang nicht möglich ist. Auch die Laufenburger Fundstellen bieten keine Möglichkeiten einer Untergliederung der unterschiedlichen Formausprägungen.

Ähnlich den sogen. „rätischen“ Bechern ist hinsichtlich des Verbreitungsgebietes auch hier die Bezeichnung irreführend, da auch diese Reibschüsseln wesentlich weiter verbreitet waren, wie auch die Laufenburger zeigen.[18]

Soweit es die derzeit möglichen Datierungen erlauben, kann nur festgestellt werden, daß sich die Laufenburger Reibschüsseln von der Mitte des 1. bis zum Ende des 3. Jh. verteilen, wobei jeweils ein frühkaiserzeitliches bzw. ein Exemplar des 4. Jh. die zeitlichen Eckpunkte bilden. Zudem erscheint die Gesamtzahl von ca. 100 Exemplaren im Vergleich zu anderen Fundplätzen erstaunlich hoch.[19] Bestimmten Produktionsorten können diese Schüsseln bisher nicht zugeordnet werden, jedoch dürften die häufig konstatierten lokalen Geprägt- bzw. Bedingtheiten[20] unsere Reibschüsseln eher als kleinräumig verhandelte Ware erscheinen lassen.

Die bekannten Fundpunkte belegen wiederum ein massiertes Vorkommen im Westteil des Haupthauses, d. h. in den Risaliten und der Porticus,[21] wobei eine ausgeglichene Verteilung zwischen den relativ älteren (tongrundigen) und jüngeren („rätischen Reibschüsseln“) festzustellen ist; hingewiesen werden soll auf Kat.-Nr. 908 aus der Schuttschicht im unteren Teil der Füllung des Süd-Risaliten. Östlich der inneren Nordmauer 29 fand sich eine tongrundige Reibschüssel sowie das einzige Exemplar des 4. Jh. n. Chr.[22] Zwei weitere Fundplätze sind ohne Belang.[23]

Hinsichtlich (sekundärer) Brandspuren fällt auf, daß hier der Anteil im Vergleich zu den anderen Keramikgruppen mit 18 Reibschüsseln sehr hoch ist. Zudem stehen lediglich zwei tongrundigen[24] ca. 16 „rätische“ Reibschüsseln[25] gegenüber. Bisher war nur bei den scheibengedrehten Schüsseln (S. 105 ff.) ein Schwerpunkt (sekundär) verbrannter Gefäße an der Wende vom 1. zum 2. Jh. festzustellen; die bei den Reibschüsseln feststellbaren Anzeichen liegen sicher später, obwohl aufgrund des derzeitigen Forschungsstandes keine weitergehenden Aussagen möglich sind.

13 Anders Martin-Kilcher, Laufen-Müschhag 46.
14 Ton und Überzug entsprechen damit z. B. den in Chur vorhandenen Reibschüsseln: Chur 1, 113.
15 Wie hier Kat.-Nr. 566, 723, 808, 808 a. Ähnliches auch bei Martin-Kilcher, Laufen-Müschhag 48 mit Anm. 211; Taf. 44,5.
16 Roth-Rubi, Stutheien 36; 14 ff. mit Anm. 12; Chur 1, 113. Eine kürzere Lebenszeit sieht Martin-Kilcher, Laufen-Müschhag 48.
17 Hypothese bei Roth-Rubi, Stutheien 36 mit Anm. 75.
18 Martin-Kilcher, Laufen-Müschhag 48. Chur 1, 113.
19 Roth-Rubi, Stutheien 32 (49 Stück). Chur 1, 112 f. (Gruppe 2 und 3: 51 Stück). Martin-Kilcher, Laufen-Müschhag 47 mit Abb. 17 (70 Stück), wobei hier kein Exemplar sicher dem Haupthaus („Bau 1“) zugewiesen werden kann.
20 Walke, Straubing 46 f.; Martin-Kilcher, Laufen-Müschhag 46 mit Anm. 206. Zu Reibschüsseltöpfereien in Lenzburg und Baden: Hartmann, Aargau 37; zu Baden auch H. W. Doppler, Der römische Vicus Aquae Helveticae-Baden. Arch. Führer Schweiz 8 (Basel 1976) 34 ff. mit Abb. 29.
21 Nord-Risalit: Kat.-Nr. 869, 869 a, 873, 874–876, 876 a, 879, 880 a, 886 b.c, 891, 896, 899, 900, 913, 917, 918 b. – Porticus: Kat.-Nr. 900 a, 915, 918 c. – Aushub hinter Porticus: Kat.-Nr. 874 a. – Süd-Risalit: Kat.-Nr. 863, 908.
22 Kat.-Nr. 865, 883.
23 An Südwestecke der neuzeitlichen Rekonstruktion: Kat.-Nr. 918 d; Abraum Schnitt 27, Verlängerung nach Norden: Kat.-Nr. 902.
24 Kat.-Nr. 877, 886 d.
25 Kat.-Nr. 888, 890, 900 a, 901, 905, 907 a, 908, 910–912, 916, 916 a, 918, 918 a.

5.7 *Küchengeschirr im Überblick*

Tabelle 21 faßt noch einmal die oben behandelte Gefäßkeramik zusammen. Die zeitliche Verteilung des Küchengeschirres paßt sich in den bei der sonstigen Gefäßkeramik gewonnenen Rahmen ein, indem sechs bzw. sieben Gefäße dem frühen 1. bzw. dem 4. Jh. entstammen. Hinsichtlich der Verteilung zwischen diesen Eckpunkten bleibt festzuhalten, daß der Schwerpunkt eindeutig im 2. Jh. liegt. Da zum einen eine genaue (prozentuale) Auswertung aufgrund der unsicheren Gesamtzahlen unterbleiben muß, andererseits häufig Gefäße nur grob datiert werden können, kann allerdings Tabelle 21 keinen Aufschluß darüber geben, ob ein deutliches Abflachen der Quantität bereits im 2. Jh. oder erst im Verlauf des 3. Jh. stattgefunden hat. Insgesamt wird jedoch deutlich, daß im Vergleich zur Sigillata Küchengeschirr in späteren Zeiten am stärksten verwendet wurde. Diese augenfällige Ergänzung stützt deutlich die bereits bei einzelnen Gefäßformen geäußerte Hypothese, daß die wirtschaftlichen Mittel der Bewohner des 2. und 3. Jh., die für den Einkauf von Geschirr genutzt wurden, unter die der ersten Generationen abgesunken sein muß. Dieses Phänomen wird sogar sichtbar, wenn man innerhalb des Küchengeschirres scheibengedrehte Ware mit handgemachter vergleicht (Tab. 22).

Auch hier liegt bei der einfacheren, handgemachten Keramik der Schwerpunkt deutlich später als bei der Drehscheibenware. Daneben wird noch einmal deutlich, daß die jüngsten Gefäße ausschließlich der letzteren Gruppe angehören. Gerade bei diesen Stücken konnte aber gezeigt werden, daß sie möglicherweise bzw. sicher weiträumigem Import entstammen, so daß den letzten Bewohnern unserer Villa wieder bessere wirtschaftliche Möglichkeiten oder aber ein anderes Einkaufsverhalten zugebilligt werden müssen. Demgegenüber muß bei der Masse des Küchengeschirres entweder an Produkte aus Töpfereien im näheren Umfeld von Laufenburg gedacht werden, wie besonders die Gefäße mit scharfkantig nach außen gebogenem Rand zeigten, oder sie wurden, wie die Töpfe vom „Typ Laufenburg“ sowie ein Gutteil der handgemachten Keramik, vermutlich selbst produziert.

Unabhängig von der chronologischen Verteilung sind innerhalb des Küchengeschirres Teller, Schüsseln und Töpfe unterschiedlich stark vertreten. Ihre relative Häufigkeit sieht wie folgt aus:

Teller : Schüsseln : Töpfe = 1 : 2,1 : 1,8

Tabelle 21: Verteilung des Küchengeschirres nach Gefäßformen und Zeit. Angegeben sind die jeweiligen Mindestzahlen.

	1. Jh.	1. o 2. Jh.	2. Jh.	2. o. 3. Jh.	3. Jh.	3. o. 4. Jh.	4. Jh.	?	gesamt
Teller	7	–	83	5	2	4	–	6	107
Teller, handgemacht	–	11	5	3	–	–	–	–	19
Schüsseln	47	7	24	47	6	5	2	5	143
Schüsseln (bzw. Näpfe), handgemacht	5	–	–	81	–	–	–	32	118
Töpfe	47	27	85	–	1	1	4	8	173
Töpfe, handgemacht	11	9	12	8	16	–	–	1	57
Reibschüsseln	2	37	–	60	–	–	1	–	100
Deckel	–	–	–	–	–	–	–	12	12
Summe	119	91	209	204	25	10	7	64	729

Tabelle 22: Vergleich scheibengedrehter und handgemachter Gefäße. Unberücksichtigt blieben Reibschüsseln und Deckel.

	Drehscheibenware				*Handgemachte Ware*			
	Teller	Schüsseln	Töpfe	Gesamt	Teller	Schüsseln	Töpfe	gesamt
1. Jh.	7	47	47	101	–	5	11	16
1. o. 2. Jh.	–	7	27	34	11	–	9	20
2. Jh.	83	24	85	192	5	–	12	17
2. o. 3. Jh.	5	47	–	52	3	81	8	92
3. Jh.	2	6	1	9	–	–	16	16
3. o. 4. Jh.	4	5	1	10	–	–	–	–
4. Jh.	–	2	4	6	–	–	–	–
?	6	5	8	19	–	32	1	33
Summe	107	143	173	423	19	118	57	194

Daß die Schüsseln die insgesamt stärkste Kategorie repräsentieren, was besonders deutlich wird, wenn man die entsprechenden Relationen für die handgemachte Ware allein betrachtet (1:6,2:3), dürfte seinen Grund darin haben, daß der Verwendungszweck der drei Kategorien häufig nicht zu trennen ist. Dabei dürfte ein tiefes, offenes Gefäß wie eine Schüssel universeller zu nutzen sein als ein flaches oder oben verengtes.
Warum daneben Honigtöpfe und Reibschüsseln im Vergleich zu anderen Fundplätzen besonders häufig, Kochtöpfe des 3. Jh. dagegen so gut wie gar nicht in unserem Material zu verzeichnen sind, kann nur vermutet werden. Die erste Beobachtung könnte vielleicht durch eine (archäologisch nicht faßbare) Vorliebe der Bewohner für eine spezifische Ernährung geklärt werden, bei der diese Gefäße Anwendung fanden; die zweite ist noch am ehesten forschungsbedingt zu verstehen.
Abschließend soll noch angemerkt werden, daß erstmals beim Küchengeschirr Schwerpunkte an sekundär verbrannter Keramik festzustellen waren. Sie lagen zum einen bei den scheibengedrehten Schüsseln an der Wende vom 1. zum 2. Jh., zum anderen an einem sicher späteren, allerdings nicht genau einzugrenzenden Zeitpunkt, wie die Reibschüsseln zeigten.

6. Vorratsgefäße (Taf. 83–88)

Insgesamt sind im Laufenburger Material maximal 65 spezifische Vorratsgefäße vorhanden, die sich auf 12 Flaschen bzw. Tonnen, 43 Krüge, maximal neun Amphoren und lediglich ein Dolium verteilen (Tab. 23).

6.1 Flaschen bzw. Tonnen, z.T. bemalt (Taf. 83)

Mindestens ein Dutzend hoher, schlauchartiger Vorratsgefäße in typischer Spätlatèneprofilierung liegen vor, wobei das kleinteilige Material eine genaue Zuweisung an Flaschen oder Tonnen[1] nicht ermöglicht. Ungefähr die Hälfte dieser Gefäße tragen die charakteristische Bemalung aus horizontalen Streifen.
Der Ton der streifenbemalten Exemplare (Taf. 83,919.920; Kat.-Nr. 919a.b,920a) ist orange bis bräunlich, nur einmal (Taf. 83,919) hellbeige; seine Struktur ist zumeist fein, bisweilen ist eine geringe Magerung festzustellen; der Brand ist durchweg hart oder sehr hart.[2] Insgesamt zeugen diese Gefäße mit ihrer sehr guten Qualität somit vom hohen Standard der Töpfer dieser Ware. Die Bemalung der Außenseiten besteht zumeist (Taf. 83,919; Kat.-Nr. 919a.b) aus abwechselnd weißen und orange bis hellbraunen Streifen, die sich horizontal um die Gefäße herumziehen. Bei Tafel 83,920 sitzt auf einem dunkelorangen Streifen ein leiterartiges Motiv von dunkelvioletter bis schwarzer Farbe auf; ausgehend von diesem schräggestellten geometrischen Dekor hat sich ein weiterer kleinteiliger Fortsatz erhalten. Eine genaue Parallele zu diesem Motiv ist mir nicht bekannt.[3] Ein weiteres, allerdings fast völlig verblaßtes Ziermotiv auf oranger Streifenbemalung hat sich mit Kat.-Nr. 920a erhalten; die bräunliche Färbung der Innenseiten dieser Bruchstücke könnte von einer sonst nicht üblichen Überfärbung stammen,[4] wahrscheinlicher ist jedoch, daß es sich dabei um Spuren einer sorgfältigen Tonglättung handelt.[5]
Hinsichtlich einer Datierung dieser hochformatigen Vorratsgefäße muß festgehalten werden, daß gerade diese eine äußerst langlebige Form repräsentieren, die ab spätrepublikanischer Zeit das gesamte 1. Jh. n. Chr. überdauerten und auch im 2. Jh. in einer Art Renaissance neue Verbreitung fanden.[6] Zudem scheinen gewisse Malstile nicht ausschließlich an einzelne Gefäßformen gebunden zu sein.[7] Schließlich zeigen die Funde aus Chur, daß auch qualitative Merkmale von Ton und Bemalung[8] keine datierenden Kriterien erlauben.[9] Lediglich das Vorhandensein geometrischer Maldekore (Taf. 83,920; Kat.-Nr. 920a) weist vermutlich auf eine Entstehung in der 1. Hälfte des 1. Jh. n. Chr. hin; ausschließliche Streifenbemalung ist demgegenüber nicht näher einzugrenzen,[10] als daß unsere Gefäße im Rahmen der sonstigen Funde frühestens dem 1. Jh. n. Chr. angehören dürften. Tafel 83,919 entstammt der Auffüllung (der frühen) Räume 2 und 3, Tafel 83,920 stellt das früheste Fundstück aus dem Nord-Risaliten dar.
Die folgenden fünf Bodenbruchstücke stammen wiederum von Flaschen oder Tonnen, wobei nur Tafel 83,921 aus hellorangem Ton mit nigra-artiger Bearbeitung hergestellt ist; der Rest ist aus grauem, außen geglättetem Ton guter Qualität gefertigt.[11] Schwach aufgewölbte Böden mit umlaufender Rillung auf der Unterseite, wie hier Tafel 83,921 finden sich in Augst und Zürich in Zusammenhängen des frühen 1. Jh. n. Chr.;[12]

1 Zur Formdefinition: Maier, Manching 15ff., 26ff.
2 Damit entsprechen unsere Gefäße qualitativ eher denen aus Chur als den vergleichbaren aus Vindonissa und Augst: Chur 1, 99; Ettlinger, Vindonissa 9.
3 Allgemein zu Leitermotiven vgl. Maier, Manching Taf. 65.
4 Vergleichbares findet sich an einer Schüssel der Augster Thermen: Ettlinger, Augster Thermen 9 Taf. 1,10.
5 Chur 1, 97; Maier, Manching 63ff.
6 Maier, Manching 141; Ettlinger, Vindonissa 8f.
7 Maier, Manching 21.
8 Ettlinger, Vindonissa 8 verweist auf die schlechtere Qualität der „Renaissance"-Stücke.
9 Chur 1, 96ff.
10 Chur 1, 98f.
11 Ettlinger, Vindonissa 8ff. Taf. 1,12–17.
12 Ettlinger, Augster Thermen 38 Taf. 11,7.8. Vogt, Lindenhof 159 Abb. 31,13.

die leicht abfallenden Böden Tafel 83,922 und Kat.-Nr. 922a, deren Standring außen gerillt ist, gehören nach ähnlichen Funden aus Courroux ins späte 1. Jh.;[13] eher plumpe, schwach aufgewölbte Böden wie Tafel 83,923 und Kat.-Nr. 923a finden sich häufig im späten 2. Jh.[14] Allerdings kann die Beobachtung am Material von Manching, daß gerade die Gefäßböden häufig technische Schwierigkeiten der Töpfer dokumentieren,[15] dahingehend verwertet werden, daß im Einzelfall die Ausformung eher zufälligen als datierenden Charakter trägt und somit die oben gegebenen Datierungen vielleicht relativiert. Ein Boden (Taf. 83,923) entstammt wiederum dem Nord-Risaliten.

6.2 Krüge (Taf. 84,924–87,958)

Anhand der erhaltenen Randbruchstücke (Kat.-Nr. 924–947) sind ca. 43 Krüge sicher ansprechbar; da die Zahl der Böden (Kat.-Nr. 948–953) gleich groß ist, dürfte die Gesamtzahl damit relativ gesichert erfaßt sein, zumal die ca. 60 Henkel (Kat.-Nr. 954a) sich ebenfalls dieser Größenordnung einfügen.[1] Wie das Verhältnis von Ein- zu Mehrhenkelkrügen aussah, kann nur abgeschätzt werden, wobei die Mehrzahl aufgrund der erhaltenen Henkel oder -ansätze bzw. der geringen Mündungsdurchmesser einfach gehenkelt gewesen sein dürfte. Diese Kleinteiligkeit des Scherbenmateriales macht in einigen Fällen zudem auch eine Abgrenzung zu Flaschen oder Amphoren schwierig. Aus demselben Grund müssen im folgenden die Datierungen meist allgemein bleiben,[2] da das wichtige Kriterium der Krugproportionen[3] nicht zur Verfügung steht. Für Vergleichsbeispiele der einzelnen Randprofilierungen sei auf die entsprechenden Angaben im Katalog verwiesen.

Ungefähr zur Hälfte bestehen unsere Krüge je aus orangem bzw. beigem Ton; daneben sind singulär auch bräunliche bzw. weiß-graue Gefäße vorhanden. Magerungen sind nur schwach im Ton festzustellen und bestehen zumeist aus Glimmer, die Brandhärten reichen von weich bis hart. Ungefähr ein Drittel der Krüge sind mit rotbraunen Überzügen versehen.

Ausschließlich aus orangem Ton sind die drei Krüge mit getrepptem Kragenrand (Taf. 84,924–926) gefertigt, die einfach gehenkelt sind. Zwar sind unsere Exemplare sauber profiliert, jedoch ist derzeit eine relative zeitliche Eingrenzung dieser hauptsächlich in der vorflavischen Epoche des 1. Jh. verbreiteten Krugform aufgrund lokaler und werkstattspezifischer Bedingtheiten nicht möglich.[4]

Einfachere Ausformung des Kragenrandes zeigen die drei Zweihenkelkrüge Tafel 84,927.928 und Kat.-Nr. 927a. Die beiden Stücke Kat.-Nr. 927 und 927a werden durch ihren außen eingezogenen Rand sowie ihren Halsring charakterisiert. Diese eher kantige Profilierung dürfte sie bereits dem 2. Jh. zuweisen.[5] Bei dem dritten Krug (Taf. 84,928) wird der schwach ausgeprägte, unterschnittene Kragen knapp unterhalb von einem umlaufenden spitzen Wulst begleitet. Die relativ plumpe Profilierung in Verbindung mit der hohen Wandstärke dürfte auch diesen Krug dem 2. Jh. zuordnen.[6]

Qualitativ einheitlich sind die fünf Krüge mit abgewinkeltem Kragenrand (Taf. 84,929.930; Kat.-Nr. 930a.b), die aus orangem Ton gefertigt sind. Erstaunlicherweise sind alle Gefäße mit einem stumpfen, bräunlichen bis orangen Überzug versehen, wie es an anderen Fundplätzen nur ausnahmsweise zu finden ist.[7] Der abgewinkelte Kragen ist bei unseren Stücken zumeist recht kurz, nur bei Tafel 84,929 stark ausgeprägt. Da dies allerdings chronologisch nicht verwertbar und darüber hinaus die Gesamtproportionierung unserer Krüge nicht feststellbar ist, können sie nur allgemein dem 1. Jh. n. Chr. zugeordnet werden.[8] Die zwei Exemplare Kat.-Nr. 930a entstammen der Porticus.

Dominierende Form bei unseren Krügen mit knapp zwei Dritteln sind solche mit Wulstrand (Taf. 84, 931–85,944; Kat.-Nr. 931a.b,934a,935a,936a,938a–c,939a.b,943a), die mit ihren verschiedenen Ausprägungen auch als sogen. „rätische Krüge“ umschrieben werden.[9] Aufgrund der eher einfachen Randbildung gehören diese Krüge zu einer ebenso weitverbreiteten wie auch langlebigen Form der ersten beiden Jahrhunderte n. Chr.[10] Hinsichtlich des Tones sind bei den Laufenburger Exemplaren alle eingangs beschriebenen

13 Martin-Kilcher, Courroux 40 mit Anm. 141; Taf. 13,B 23,5.
14 Vogt, Lindenhof 181 Abb. 42,1.
15 Maier, Manching 68ff.
1 Die große Zahl der Wandbruchstücke im Magazin des Hochrhein-Museums Bad Säckingen kann statistisch nicht berücksichtigt werden.
2 Grundlegend für die Datierung wurde Roth-Rubi, Krüge Avenches herangezogen.
3 Roth-Rubi, Krüge Avenches 12f.
4 Roth-Rubi, Krüge Avenches 25ff.
5 Roth-Rubi, Krüge Avenches 61 Taf. 15,140.
6 Das im Katalog angeführte Vergleichsbeispiel ist nicht datiert: Martin-Kilcher, Laufen-Müschhag 49; ebenso nicht genau datiert Roth-Rubi, Krüge Avenches 55f. Taf. 14,126.
7 Rot überfärbte Krüge fehlen in den Augster Thermen völlig, im Schutthügel von Vindonissa tauchen sie nur selten – mit anderen Randformen – auf: Ettlinger, Vindonissa 83. Im vielfältigen Material von Avenches sind tonfarbig überstrichene Krüge ebenfalls nur spärlich vorhanden: Roth-Rubi, Krüge Avenches 33f. Taf. 5,53.55.
8 Roth-Rubi, Krüge Avenches 29ff., bes. 31.
9 Zur Definition Roth-Rubi, Krüge Avenches 36f. mit Anm. 74.
10 Roth-Rubi, Krüge Avenches 36ff. Neuerdings auch z. B. Chur 1, 116f. mit Tabelle 19.

Qualitäten vertreten, daneben finden sich auch hier – allerdings nur vereinzelt – rotbraun überfärbte Gefäße (Kat.-Nr. 931b,932,939b(?),941). Bei den Rändern sind verschiedenste Profilierungen festzustellen. Zierliche, einfach ausgebogene Formen (wie z. B. Taf. 84,931) stehen neben senkrechten Rändern, die außen sowohl schwach (wie z. B. Taf. 84,933) als auch massig (wie z. B. Taf. 85,940) wulstartig verdickt sind. Daneben sind weiterhin plump ausgebogene Ränder (wie z. B. Taf. 85,939) zu konstatieren, und solche, deren Ausbiegung so weit geführt ist, daß der Rand außen unterschnitten ist (wie z. B. Taf. 85,943).
Soweit bei unserem kleinteiligen Material Henkel oder -ansätze fehlen, kann nicht ausgeschlossen werden, daß diese im Einzelfall eventuell nicht von Krügen, sondern von einfachen Flaschen[11] stammen (Kat.-Nr. 932,938,939,941–943).
Ob zierliche Randformen die ältesten Ausprägungen der Krüge mit Wulstrand darstellen,[12] scheint m. E. derzeit nicht gesichert. Gerade das Laufenburger Material, das aufgrund der stark variierenden Tonqualitäten sicher aus verschiedenen Töpfereien stammt, weist vermutlich darauf hin, daß (wie oben bereits mehrfach angedeutet) auch hier mit lokalen bzw. werkstattbedingten Spezifika zu rechnen ist.[13] Eine Reihe dieser Funde stammt aus dem Westteil des Haupthauses;[14] singuläre Funde lassen sich Raum 2,[15] nördlich Raum X an der Ostmauer[16] und südlich der Südmauer[17] zuweisen.
Angeschlossen sind mit Tafel 85,945.946 und Kat.-Nr. 946a drei überfärbte Krüge, deren Rand zwar nicht erhalten ist, die aber durch ihre Qualität vom übrigen Material verschieden sind. Gemeinsam ist allen drei Gefäßen der beige bis bräunliche, harte Ton, der durch seine äußerst feine Struktur ohne feststellbare Magerung auffällt. Die beiden ersten Exemplare tragen fast bräunliche, fleckige Überzüge, bei denen nicht ausgeschlossen werden kann, daß sie ursprünglich geflammt waren;[18] Tafel 85,945, gefunden in der Porticus, zeigt zudem leicht irisierenden Glanz. Die Gesamtform dieses Kruges dürfte vermutlich birnenförmig gewesen sein, wobei der Übergang von Bauch zu Hals durch zwei umlaufende Rillen betont ist. Zum Stück Tafel 85,946 kann nur gesagt werden, daß es von einem kantig profilierten Krug stammt; auch hier scheint der Übergang zwischen Hals und Bauch hervorgehoben zu sein, wie der (vermutlich umlaufende) Wulst zeigt. Beide Formen sind bei den geflammten Krügen des Schutthügels in Vindonissa gut belegt, so daß unsere Exemplare durchaus Produkte der dortigen Töpferei der 11. Legion des späten 1. Jh. sein können,[19] zumal bereits verschiedentlich Affinitäten des Laufenburger Materiales zu jenem festgestellt werden konnten.
Das Bruchstück Kat.-Nr. 946a schließlich stammt von einem den beiden vorangegangenen Krügen ähnlichem Gefäß, ohne daß die genaue Form ermittelt werden kann; außerdem trägt der Ton hier einen Goldglimmer-Überzug. Auch dazu sind Parallelen aus Vindonissa anzuführen.[20]
Mit Tafel 87,958 schließlich ist der einzige fast komplette Krug abgebildet, der vielleicht 1937 in Raum 4 gefunden wurde. Der hellorange, leicht gemagerte Ton ist ausnahmsweise außen geglättet,[21] die Form dieses äußerst voluminösen Gefäßes entspricht im wesentlichen der der Krüge mit Zylinderhals.[22] Allerdings ist der wulstige Rand unseres Exemplares auffallend weit ausgebogen, so daß er radartige Form erhält. Der Boden, zur Mitte hin aufgewölbt und durch seine Rillung ähnlich einem doppelten Standring gearbeitet, ist für die Größe des Gefäßes äußerst klein dimensioniert.[23] Die zwei Knubben, die auf einer Seite auf der Schulter mittig zwischen den Henkeln sitzen, dürften dekorativen Charakter haben.
Die bauchige Proportionierung mit hohem Schwerpunkt in Verbindung mit der auffälligen Bodenbildung weist unser Gefäß innerhalb dieser langlebigen Form bereits der 2. Hälfte des 2. Jh. n. Chr. zu.[24]
Mit Tafel 86,947 ist der Rest eines Gesichtskruges abgebildet, indem der halbe Rand und die daran außen angebrachte Applike erhalten ist. Der Ton von beiger bis helloranger Farbe ist sehr fein geschlemmt und sehr hart gebrannt. Innen und außen wird das Stück von einem mittelrot-orangen Überzug bedeckt, der leicht irisierend glänzt. Aufgrund der gleichen Qualität dürften die verschiedenen Bruchstücke Kat.-Nr.

11 Wie z. B. Chur 1, Taf. 32,25.26 oder Roth-Rubi, Stutheien Taf. 13,267–282.
12 Roth-Rubi, Krüge Avenches 36 mit Anm. 75 übernimmt unkommentiert die Aussage Fischers zum Kemptener Material, daß dort dünnere Lippen früher zu sein scheinen.
13 In die gleiche Richtung weisen auch die Funde in Chur, die ohne nähere Zuweisbarkeit vom mittleren 1. bis in die 2. Hälfte des 2. Jh. streuen: Chur 1, 116f.
14 Nord-Risalit: Kat.-Nr. 931a, 934, 935, 939a; Porticus: Kat.-Nr. 935a; Porticus Südteil, nahe Oberfläche: Kat.-Nr.938; Aushub hinter Porticus: Kat.-Nr. 938b.
15 Schmaler Innenraum des Haupthauses (= Raum 2), 30 cm starke Schicht über Wackenboden: Kat.-Nr. 933.
16 Kat.-Nr. 932.
17 Kat.-Nr. 937.
18 Nur ein sicher geflammtes Gefäß kann im übrigen Material festgestellt werden: Vgl. S. 109 zu Taf. 49,632.
19 Ebd. mit Anm. 37–42; Ettlinger, Vindonissa 83ff. Taf. 24,544; 23,528.530.
20 Ettlinger, Vindonissa 78f. Taf. 20,453–467; bes. Taf. 20,453. 457.
21 Normalerweise sind die Zweihenkelkrüge rauhwandig: Roth-Rubi, Krüge Avenches 48.
22 Roth-Rubi, Krüge Avenches 48ff.
23 Ähnliches konnte auch in Avenches beobachtet werden: Roth-Rubi, Krüge Avenches 50f. Taf. 13,115.
24 Roth-Rubi, Krüge Avenches 48f., 50f.

947a, u.a. die eines zweistabigen Henkels, ebenfalls zu diesem Krug gehören.
Die Applike ist abgesehen vom Halsbereich vollständig erhalten. Knapp unterhalb des Kinns deuten die Sägespuren der fast planen Unterkante darauf hin, daß der Rand in antiker Zeit sorgfältig vom Krug getrennt wurde. Beschädigungen in Form einzelner bestoßener Stellen finden sich in den hinteren Wangenbereichen sowie am Haar; daneben ist die Applike vielfach berieben, so daß besonders im Kinn- und Haarbereich sowie am rechten Auge plastische Einzelheiten heute verschliffen sind. Ungefähr 5 cm muß die ursprüngliche Höhe des applizierten Gesichtes betragen haben. Seine beiden Hälften sind durchaus nicht spiegelbildlich gleich gearbeitet, sondern zeigen Abweichungen voneinander in verschiedenen Partien. Die rechte Wange erscheint ausgesprochen pausbäckig, das darüber befindliche mandelförmige Auge liegt in einer tiefen Höhlung. Begrenzt wird es durch ein kräftiges oberes sowie ein schmales unteres Lid, die Pupille wird durch eine kleine kreisförmige Vertiefung angedeutet. Die besonders außen fleischige Braue steigt leicht zur Nasenwurzel hin an. Demgegenüber ist die linke Gesichtshälfte insgesamt gestreckter wiedergegeben, indem die Wange weniger stark hervortretend profiliert und das Auge etwas höher angesetzt ist. Das obere Lid entspricht dabei dem der anderen Seite, das untere ist nicht sauber ausgearbeitet. Die gesamte Augenpartie, die ebenfalls in einer stark eingetieften Augenhöhle sitzt, scheint hier etwas gestauchter modelliert als in der rechten Gesichtshälfte. Auch die linke Braue tritt fleischig über das Auge hinaus, verläuft jedoch nach einem hohen Ansatz an der Nasenwurzel S-förmig geschwungen zum Haar. Verbunden werden beide Gesichtshälften durch ein nur wenig vortretendes, nicht weiter akzentuiertes Kinn, über dem ein kleiner Mund dargestellt wird. Seine dicke Unterlippe ist deutlich begrenzt, die obere Lippe hingegen nur als fast unförmiger Wulst gearbeitet. Die Nase ist übermäßig breit und dabei unverhältnismäßig flach, wie besonders in der Profilansicht deutlich wird, in der die Punkte Brauen, Nase und Mund fast linear und kaum gestuft auf das Kinn zulaufen. Daß diese recht unförmige Nase in ihrem ursprünglichen Zustand ist und nicht durch Beschädigungen bedingt wird, zeigt der auf ihr vollständig erhaltene Überzug. Die Ursache hierfür dürfte eher darin zu suchen sein, daß der Töpfer die Applike etwas nachlässig bzw. mit ungleichmäßigem Druck an den Krughals angebracht hat, was letztlich auch für die unsymmetrische Erscheinung des gesamten Gesichts verantwortlich ist. Die Stirn unserer Applike wird durch die ausgeprägten Brauen dominiert, über denen sie leicht zurücktritt. Das Haar schließlich rahmt in Halbkreisform das Gesicht, indem es auf beiden Seiten fast bis auf Mundhöhe herabreicht. Wiedergegeben ist das Haar äußerst füllig, so daß es fast wie ein voluminöser Kranz das Gesicht begrenzt und schmückt. Auch hierbei erscheint es im rechten Teil weniger gestreckt als auf der anderen Seite. Soweit es heute aufgrund der Beschädigungen noch erkennbar ist, war das Haar sehr detailliert aus großen bauschigen Locken zusammengesetzt, und reichte über der Stirn kaum über den Krugrand heraus. Die Übergänge von Haar zu Krughals sind deutlich verstrichen.
Auch unter Berücksichtigung einzelner, geschilderter Einschränkungen repräsentiert unsere Applike eine qualitativ durchaus gute Arbeit, die allerdings ikonographisch nicht so eindeutig als Gesicht einer Frau aufzufassen ist, wie die anführbaren Vergleichsstücke (s. u.), sondern ebenso die Darstellung eines Jünglings sein kann, der durch die weiche Modellierung des Gesichtes an der Schwelle von Kindheit zur Reifheit eines Erwachsenen steht.[25]
Krüge, deren Rand mit einer Kopfapplike dekoriert sind, beschrieb bereits W. Unverzagt als Produkte Wormser Töpfereien im Material des Kastells Alzey.[26] Allerdings ist die stets weibliche Applike sowie der gesamte Krughals dort regelmäßig weiß überfärbt,[27] so daß für unser Gefäß Tafel 86,947 nach einer anderen Provenienz gesucht werden muß. Ein in Ton und Überzug vergleichbarer Gesichtskrug mit weiblicher Applike ist interessanterweise ebenfalls wieder im Material der Villa von Laufen-Müschhag vorhanden,[28] dessen Ursprung Martin-Kilcher im gallischen Raum vermutet.[29] Anknüpfungspunkte dafür könnten vielleicht in den Sigillata-Reibschüsseln mit Löwenkopf-Appliken zu suchen sein wie z. B. hier Tafel 25,367. Daneben sei aber auch auf die reliefierten Lagynoi aus nordafrikanischen TS-Manufakturen verwiesen, deren Hälse ebenfalls mit plastischen weiblichen Gesichtern dekoriert sind.[30]

25 Was in der römischen Plastik bei der Darstellung jugendlicher Götter durchaus nicht ungewöhnlich ist: Vgl. z. B. Th. Kraus, Das römische Weltreich. Propyläen Kunstgeschichte 2 (Berlin 1974) Abb. 267 (Apollon) oder B. Andreae, Römische Kunst. Ars Antiqua 5^3 (Freiburg 1978) Abb. 397 (Bacchus).

26 Unverzagt, Alzey 21ff. Abb. 14,13–15.

27 M. Grünewald, Die Römer in Worms (Stuttgart 1986) 57f. Abb. 41.

28 Martin-Kilcher, Laufen-Müschhag 51f. Taf. 71,4.

29 Ebd. 52; über die Richtigkeit dieser Annahme könnte neben weiteren Funden nicht zuletzt auch eine, bisher fehlende, Untersuchung der Wormser Erzeugnisse Klarheit bringen.

30 Vgl. z. B. Rom in Karthago. Ausstellung Köln (Köln 1964) Kat.-Nr. 59 (Abb. p) oder J. Garbsch, Terra Sigillata. Ausstellungskatalog Prähist. Staatssammlung München 10 (München 1982) 99, Nr. 32.33. Daß dieser Gedanke nicht völlig abwegig ist, zeigt nicht zuletzt in unserem Material Taf. 8,172 (vgl. S. 73f.).

Hinsichtlich einer Datierung unseres Stückes kann derzeit nur grob auf die Wormser Produkte verwiesen werden,[31] wobei auch hier nur ihr Beginn am Ende des 3. Jh. n. Chr. bislang gesichert ist.[32] Solange allerdings das Verhältnis unserer Ware zu der Wormser bzw. zu den möglichen, weitreichenderen Vergleichsbeispielen aus Terra Sigillata völlig ungeklärt ist, scheint mir ein Zeitansatz sowohl im 3. Jh. als auch im 4. Jh. möglich. Auch die Fundstelle von Tafel 86,947 bzw. eines Teiles von Kat.-Nr. 947a im Nord-Risalit des Laufenburger Haupthauses ergibt keine weiteren Hinweise. Angemerkt werden soll noch, daß die sorgfältige Abarbeitung unserer Applike vom Gefäßkörper eine fast plane bzw. horizontale Unterkante hervorruft, die eine sichere Standfläche ergibt. Offensichtlich veranlaßte die Qualität oder der Wert der Arbeit den Besitzer dazu, diesem Gefäßteil besondere Beachtung zukommen zu lassen. Vielleicht gelangte die Applike in Zweitverwendung zur Aufstellung als Terrakotta in einem Lararium.[33]

Es folgen mit Tafel 86,948–953 und Kat.-Nr. 948a.b,949a,950a–c,953a–c die erhaltenen Krugböden, deren Tonqualitäten sich auf die eingangs beschriebenen Variationsmöglichkeiten verteilen. Abweichend von den Randbruchstücken ist hier allerdings lediglich einmal auf der Innenseite ein rötlicher Überzug festzustellen (Taf. 86,950); weiterhin findet sich in Resten zweimal ein sonst fehlender weißlicher Überzug (Taf. 86,948.950).[34] Der Grund für diese Unterschiede dürfte im unterschiedlichen Erhaltungszustand liegen.

An Formen sind Böden verschiedener Durchmesser vertreten, die sowohl mit Standring als auch als Standplatte gebildet sein können, wobei diese drei Merkmale unterschiedlich kombiniert sind. Standringformen sind bei weiten (wie z. B. Taf. 86,948) und engen (wie z. B. Taf. 86,949) Böden zu finden; durch unterschiedliche Wandstärken sind sowohl eher zierliche (wie z. B. Taf. 86,948) als auch massige (wie z. B. Taf. 86,950) Varianten vorhanden. Bei den als Standplatten geformten Böden sind ebenfalls verschiedenste Durchmesser feststellbar (wie z. B. Taf. 86,951.953), auch die Wandstärken variieren stark (wie z. B. Taf. 86,952.953).

Inwieweit diese verschiedenen Ausprägungen zeitlich exakt zu verwerten sind,[35] scheint mir im Einzelfall eher fraglich, da im vorangegangenen häufig lokale bzw. werkstattbedingte Spezifika an Krügen feststellbar waren. Entsprechend den bei den Rändern getroffenen Aussagen, gehören unsere Krugböden natürlich sicher dem 1. bzw. 2. Jh. an. Fundstellen sind auch hier wieder im Nord-Risalit und im Aushub hinter der West-Porticus belegt.[36]

Die Bruchstücke von gut 60 Henkeln (Kat.-Nr. 954a) fügen sich qualitativ gut in die Ergebnisse bei Rändern und Böden ein; feststellbar sind ausschließlich zwei- bis vierstabige Exemplare. Auch hier stammen verschiedene Stücke wieder aus dem Bereich des Nord-Risaliten bzw. der Porticus (s. Katalog).

Aufgrund des geringen Durchmessers von 7 cm dürfte der Deckel Tafel 86,955 vermutlich als Krugverschluß zu interpretieren sein. Dabei unterscheidet sich unser aus beigem, sehr feinem Ton hergestelltes Stück auch in der Profilierung von den bekannten Vergleichsbeispielen.[37] Wo bei jenen die Verschlüsse aus Tonscheiben mit zusammengekniffenen Zapfen als Handhaben bestehen, ist unser Exemplar sorgfältig glockenförmig gearbeitet. Die Auflagekante ist rundlich verdickt, die Oberseite innen und außen eingesenkt. Weiterhin singulär ist auf dem Bruchstück Tafel 86,956 der Teil eines Graffitos erhalten, der sich allerdings einer Lesung entzieht. Abschließend sei noch der Krugboden Tafel 86,957 erwähnt, der offensichtlich für eine Zweitverwendung zugerichtet wurde. Der ursprünglich wohl massive, plane Boden wurde außen fünfeckig abgearbeitet, die ursprüngliche Innenseite sorgfältig in Muldenform eingetieft.

Insgesamt fällt bei den Laufenburger Krügen neben der geringen Gesamtzahl auch die Armut an unterschiedlichen Formen im Vergleich zu benachbarten Fundstellen auf[38] (Tab. 23). Mit Ausnahme des Kopfkruges gehören alle Exemplare dem 1. und 2. Jh. an, wobei im Vergleich zu den meisten übrigen Gefäßarten das Fehlen ausgesprochen früher Formen festzustellen ist. Durch die Verbindungen unserer Villa zu der 11. Legion in Vindonissa dürfte sich damit die These bestätigen, daß die südliche Form des Kruges nur allmählich, und dabei in Verbindung mit der Anwesenheit der römischen Armee, die einheimische Vorratsgefäßform der Flaschen ersetzte;[39] dem fügt sich die Beobachtung ein, daß im vorangegangenen bei

31 Martin-Kilcher, Laufen-Müschhag 52.

32 Bernhard, Nigra 89f. (zu Wormser Rotfirnisware). Dieser Beginn wird auch durch die Fundvergesellschaftungen in verschiedenen Gräbern mit braunen Schüsseln Alzey 24–26 bestätigt: Ebd. 88f. Abb. 49; 56 Abb. 20,4; 65 Abb. 28,1.2.

33 Bereits Unverzagt, Alzey 21 Anm. 2 weist auf eine mögliche Deutung der Appliken als verschiedene Götterdarstellungen hin.

34 Weißliche Überzüge finden sich z. B. auch mehrfach an Krügen verschiedener Zeitstellung in Augst: Ettlinger, Augster Thermen 106ff. Taf. 24,3–6; 25,5; 26,3.5.

35 So Martin-Kilcher, Laufen-Müschhag 49 Taf. 48,4–8.

36 Nord-Risalit: Kat.-Nr. 949a, 950c; Aushub hinter West-Porticus: Kat.-Nr. 953c.

37 Schönberger, Rödgen 97 (Form 42) Taf. 36,42. Ders., Altenstadt 124 Taf. 38,CVII 183–185; hier auch Erörterung der älteren Diskussion mit Deutung als Honigtopfdeckel.

38 Vgl. z. B. Ettlinger, Vindonissa Taf. 19–24 oder Martin-Kilcher, Laufen-Müschhag Taf. 46; 47.

39 Martin-Kilcher, Laufen-Müschhag 49.

verschiedenen Randformen die mögliche Zugehörigkeit zu Flaschen nicht auszuschließen war.
Die vergleichsweise geringe chronologische Streuung unserer Krüge, deren bekannte Fundstellen zumeist im Westtrakt des Haupthauses liegen, dürfte nicht ausschließlich auf forschungsbedingte Gründe zurückgehen. Vielmehr muß damit gerechnet werden, daß die Deponierung dieser Vorratsgefäße in den späteren Besiedlungsphasen vom Haupthaus auf die bislang unbekannten Nebengebäude verlagert wurde.[40] Somit wäre damit zu rechnen, daß dort bei einer entsprechenden Grabung die Zusammensetzung des Krugmateriales eine chronologisch andere, d.h. jüngere, sein dürfte. (Sekundäre) Brandspuren sind nur an wenigen Krügen feststellbar,[41] wobei die beiden datierbaren Randbruchstücke grosso modo dem 1. Jh. angehören.

6.3 Amphoren, Dolium (Taf. 87,959–88,971)

Reste von Amphoren sind im Laufenburger Fundmaterial nur äußerst spärlich vertreten. Drei Randbruchstücken (Taf. 87,960–963) stehen die Henkel von drei bis vier Amphoren gegenüber (Taf. 87,959.962; 88,964; Kat.-Nr. 964a); in gleicher Zahl sind Standzapfen erhalten (Taf. 88,965–968), denen ein Verschluß (Taf. 88,969) und, in ebenfalls geringer Menge, Wandbruchstücke an die Seite gestellt werden können (Taf. 88,970; Kat.-Nr. 970a–c). Aufgrund der Kleinteiligkeit, die sichere Aussagen zur Zusammengehörigkeit der verschiedenen Bruchstücke nicht erlaubt, ist eine Auszählung der Gefäßzahl unergiebig, jedoch dürfte sie insgesamt weniger als 10 Amphoren betragen (Tab. 23).
Ebenso sind zumeist sichere Formansprachen und damit Datierungen nicht möglich.[1] Daß Amphoren natürlich in erster Linie Transportbehältnisse waren, ordnet sie unserer Gruppe der Vorratsgefäße nur grob unter.
Mit Tafel 87,959–961 sind zunächst die Reste dreier Vorratsgefäße abgebildet, die durch ihren einheitlich hellbeigen, eher weichen Ton von den übrigen Amphorenbruchstücken verschieden sind. Sie nehmen damit eine Zwischenstellung zwischen diesen und den oben besprochenen Krügen ein. Auch formal ist eine genaue Zuweisung zu einer der beiden Kategorien nicht möglich, jedoch sprechen die Wandstärken und Durchmesser eher für Amphoren, als für Zweihenkelkrüge. Getreppte Randprofilierungen wie Tafel 87,960 sind ähnlich an Amphoren in Vindonissa zu finden,[2] leicht ausgebogene, keulenartig verdickte Ränder wie Tafel 87,961 können verschiedenen Formen angehören.[3]
Der Ton der verbleibenden Bruchstücke zeigt farblich verschiedene Abstufungen zwischen beige und orange und ist hart bis sehr hart gebrannt; häufig ist eine Beimischung von Magerungsteilchen festzustellen, die unterschiedlich stark ist. Runden Querschnitt besitzt der Henkel Tafel 87,962, der aufgrund der Drehrillen des ansitzenden Wandbruchstückes horizontal angebracht war und damit zur Form Haltern 63 gehört.[4] Da derartige Vorratsgefäße außer in Haltern nicht belegt zu sein scheinen,[5] ist es unsicher, ob hierin wirklich eine Amphore zu sehen ist, deren Charakter sonst nicht zuletzt durch ihr massenhaftes Vorkommen Ausdruck findet.[6] Somit muß für unser Gefäß, das sich qualitativ deutlich von jenen aus Haltern unterscheidet,[7] bezweifelt werden, ob seine Zeitstellung jenem entspricht; vielmehr könnte es sich ebenso um die ungewöhnliche Spielerei eines Töpfers handeln.
Das Randbruchstück Tafel 87,963 stellt die frühe Ausprägung einer Amphore Dressel 20 dar.[8] Zeitlich gehört diese spanische Ölamphore dem mittleren 1. Jh. n.Chr. an.[9] Dem gleichen Typ zuzuweisen sind die zwei Henkel Tafel 88,964, wo der einzige Stempel im Laufenburger Material erhalten ist (Abb. 40). Von der schlecht eingestempelten Signatur sind die erhabenen Buchstaben CS[ ](O)[ ] erkennbar, die nach einem stempelgleichen Exemplar aus Vindonissa zum Stempel C S POLYCLITI ergänzt werden können.[10] Amphoren Dressel 20 des C Semproni Polycliti gehören dem 2.–4. Viertel des 1. Jh. n.Chr. an.[11]

40 Es fällt z.B. auf, daß einerseits in Laufen-Müschhag von den weit über 100 erhaltenen Randbruchstücken lediglich vier dem Haupthaus („Bau 1") sicher zuzuweisen sind (Martin-Kilcher, Laufen-Müschhag 50f. mit Abb. 18). Andererseits ist auch im Material von Stutheien, trotz anderer quantitativer und chronologischer Gewichtung, festzustellen, daß auch hier nur ungefähr die Hälfte der Krüge aus dem Haupthaus stammt: Roth-Rubi, Stutheien 69 mit Abb. 36 (zu Formen 1–2).

41 Kat.-Nr. 924, 929, 948a (ein Boden), 954a (11 Henkel).

1 Allgemein zu Forschungsgeschichte, Formen und Datierungen M. Beltrán Lloris, Las Anforas Romanas en Espana. Monografias Arqueológicas, Anejo de Caesaraugusta 8 (Zarasosa 1970) oder neuerdings P. R. Sealey, Amphoras from the 1970 Excavations at Colchester Sheepen. BAR British Ser. 142 (Oxford 1985).

2 Vgl. Ettlinger, Vindonissa Taf. 25,577.

3 Vgl. z.B. Chur 1, Taf. 37,4.6.8–10.

4 Loeschcke, Haltern Taf. 13,63.

5 Fehlend in anderen frührömischen Lagern: Siehe z.B. Schönberger, Rödgen Vergleichstafel 8.

6 Loeschcke, Haltern 247f. vermutet in dieser Form einen letzten Ausläufer der griechischen Hydrien.

7 Loeschcke, Haltern 247.

8 Sealey a.a.O. (Anm. 1) 67ff. Neuerdings umfassend zu Dressel 20: S. Martin-Kilcher, Die römischen Amphoren aus Augst und Kaiseraugst. Forsch. Augst 7,1 (Augst 1987).

9 Sealey a.a.O. (Anm. 1) 67ff. mit Abb. 10,81.83.

10 Vgl. S. Martin-Kilcher, Jahrb. Schweiz. Ges. Ur- u. Frühgesch. 68, 1985, 173ff., bes. 182 mit Abb. 4,236; 200.

11 S. Martin-Kilcher, Jahrb. Schweiz. Ges. Ur- u. Frühgesch. 68, 1985, 176.

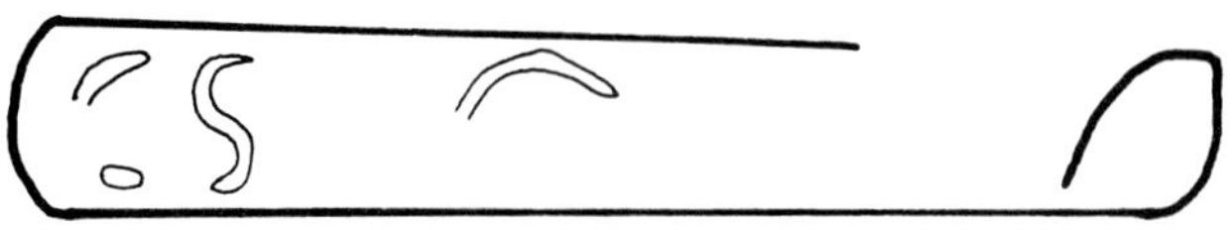

Abb. 40: Stempel auf der Amphore Kat.-Nr. 964. M. 1:1.

Fast massive Standzapfen mit hochgewölbtem Mittelteil wie Tafel 88,965.966 gehören zu Amphoren der Formen Rödgen 69/70.[12] Da weder Aussagen zu den Gefäßproportionierungen, noch zu sonstigen Details möglich sind, kann eine Datierung nur allgemein ins 1. Jh. gegeben werden.[13] Amphoren Rödgen 69/70 dienten dem Transport von Öl oder Oliven aus Spanien.[14] Demgegenüber können hohle Standzapfen wie Tafel 88,967 nicht eindeutig einer bestimmten Amphorenform zugeordnet werden.[15]
Vielleicht ist mit Tafel 88,968 das Bruchstück eines Amphorenstöpsels vorhanden.[16] Ebenso kann jedoch nicht ausgeschlossen werden, daß es sich hierbei um einen fragmentierten Amphorenboden handelt (was eine Drehung der Abbildung um 180° bedingen würde).[17]
Vermutlich aus einem Wandbruchstück wurde der runde Amphorenverschluß Tafel 88,969 zurechtgeschlagen, der in der Mitte gelocht ist.[18] Vielleicht deutet diese Lochung darauf hin, daß dieses Stück, vergleichbar modernen Gärverschlüssen, zu einer mit Wein gefüllten Amphore gehörte.
Auf den Bruchstücken Tafel 88,970 hat sich ein Graffito erhalten, der vielleicht als FLA[ ] aufgelöst werden kann, wobei der erste Buchstabe seitenverkehrt und kopfstehend eingeritzt ist. Mit Kat.-Nr. 970a–c sind weitere Wandbruchstücke von Amphoren verzeichnet, von denen einige (sekundär) verbrannt sind (Kat.-Nr. 970c).
Schließlich zeigt Tafel 88,971 die Reste des einzigen Doliums im Laufenburger Material. Die gerundete Wand wird von einem tiefsitzenden umlaufenden Wulst dekoriert, unterhalb dessen der gerundete Boden ansetzt. Hergestellt ist das Gefäß aus orange-beigem, schwach gemagertem Ton, der hart gebrannt ist; außen finden sich die Reste eines weißlichen Überzuges. Formal und qualitativ entspricht unser Dolium damit exakt einem Exemplar aus der 1. Hälfte des 1. Jh. n. Chr. in den Augster Thermen.[19]

6.4 Die Vorratsgefäße im Überblick

Maximal 65 Vorratsgefäße sind in Laufenburg anzutreffen. Größte Gruppe sind dabei verschiedene Krugformen, die sicher gut die Hälfte der Gefäße ausmachen; der in Tab. 23 errechnete prozentuale Anteil ist insofern als zu hoch anzusehen, daß ein Teil der als Krüge behandelten Exemplare nicht sicher von Flaschen abzugrenzen ist. Gerade diese letzte, in einheimischer Tradition stehende Gruppe ist somit mit ca. einem Fünftel noch relativ stark vertreten.
Auffallend ist daneben auch die geringe Zahl von Amphoren. Vergleicht man römische Fundplätze im Um-

12 Vgl. Schönberger, Rödgen Taf. 40,69.70; 30,805b.808.813. 839.843; die beiden Typen entsprechen den Formen 70/71 in Haltern: Vgl. Loeschcke, Haltern 256ff. Taf. 13,70.71.
13 Schönberger, Rödgen 112ff.
14 Schönberger, Rödgen 112ff. für Rödgen 69 nur vermutet.
15 z.B. bei Formen Beltrán I–IV: Beltrán Lloris a.a.O. (Anm. 1) 388ff. mit Abb. 152–184.
16 Vgl. Schönberger, Oberstimm 273 Taf. 103,D 521 oder Walke, Straubing 136 Taf. 58, 12–14. Zu einem ähnlich ausgefallen geformten Deckel vgl. J. Bürgi u.a., Schleitheim-Iuliomagus, Die römischen Thermen. Antiqua 13 (Basel 1985) 57f. mit Abb. 64; 275.
17 In Frage käme z.B. die Form Dressel 28: Vgl. Beltrán Lloris a.a.O. (Anm. 1) 497ff. mit Abb. 200; 201 oder Sealey a.a.O. (Anm. 1) 95ff. mit Abb. 17.
18 Vgl. Schönberger, Oberstimm 274 Taf. 104,D 541.
19 Vgl. Ettlinger, Augster Thermen 105 Taf. 21,20.

Tabelle 23: Verteilung der Vorratsgefäße nach Form und Zeit.

	1. Jh.	1. o. 2. Jh.	2. Jh.	3. o. 4. Jh.	?	gesamt %
Flaschen bzw. Tonnen	5	5	2	–	–	12 = 18,46%
Krüge (gesamt)	11	27	4	1	–	43 = 66,15%
Getreppter Kragenrand	3	–	–	–	–	
Verschiedene Kragenränder	5	–	3	–	–	
Wulstrand	–	27	–	–	–	
Varia	3	–	1	1	–	
Amphoren	4	–	–	–	3–5	max. 9 = 13,85 %
Dolium	1	–	–	–	–	1 = 1,54%
Summe	21 = 32,31%	32 = 49,23 %	6 = 9,23%	1 = 1,54%	max. 5 = 7,68%	max. 65 = 100%

feld von Laufenburg, so sind sowohl für Villen[20] als auch für sonstige Siedlungsstellen[21] ausgesprochen unterschiedliche Amphorenquantitäten festzustellen. Das zumeist angeführte Argument, daß dies durch den unterschiedlichen Grad der Romanisierung bzw. der wirschaftlichen Potenz bedingt wird, ist für Laufenburg nur z. T. anwendbar, da aufgrund der übrigen Keramik wesentlich mehr Amphoren zu erwarten wären. Dabei ist natürlich interessant, daß die datierbaren Exemplare ausschließlich dem 1. Jh. n. Chr. angehören, d. h. also den ersten Phasen der Besiedlung unserer Villa, die auch sonst durch die wirtschaftliche Stärke der Bewohner und ihre Verbindung zu Vindonissa auffallen. Daß in späteren Zeiten vielleicht die Finanzkraft, die den Einkauf teurer Importgüter ermöglicht hätte, nachgelassen hat, ist bereits mehrfach im vorangegangenen erwogen worden.

Darüber hinaus trifft aber auch vermutlich für alle Vorratsgefäße das zu, was bei den Krügen bereits angenommen worden ist. Die Aufbewahrung dieser stark zweckgebundenen Formen dürfte in späterer Zeit aus dem Haupthaus in die Nebengebäude verlagert worden sein.[22] So ließe sich die unserem Material sonst schlecht einfügbare Tatsache erklären, daß, außer dem Gesichtskrug, alle Vorratsgefäße dem 1. und 2. Jh. angehören.

7. Verschiedene Gefäße (Taf. 89,972–979)

Zunächst sind drei kleinere Gefäße zu behandeln, die sich in verschiedener Hinsicht nicht in den Rahmen des übrigen Materiales einpassen.

Mit Tafel 89,972 ist ein konischer Napf vertreten, der aus orangem, hart gebranntem Ton besteht; seine grobe Magerung bedingt dabei die rauhwandigen Oberflächen. Interessant sind an diesem Stück die horizontal umlaufenden, plastischen Rippen, wodurch der Napf starke Anlehnung an Vorbilder aus Holz oder Lavez zeigt.[1]

Das Randbruchstück Tafel 89,973 erinnert durch seine Randbildung an Schüsseln mit Deckelfalz, dürfte aber aufgrund des geringen Durchmessers von vermutlich weniger als 12 cm zu einem wesentlich kleineren Gefäß gehören. Ohne Parallelen im sonstigen Material ist auch der hellbraune, im Kern schwarze Ton, der durch seine verschiedenartigen Magerungsteilchen auffällt. Qualitativ und formal ähnlich sind napfartige Gefäße aus Frankfurt, die vermutlich dem 3. oder 4. Jh. angehören.[2]

Ein merkwürdiges Unikat zeigt Tafel 89,974, dessen ursprüngliche Gesamtform nicht sicher bestimmbar ist. Aufgrund des erhaltenen Bruchstückes ist lediglich die Röhrenform gesichert, wobei ein Ende nach außen umgeschlagen ist. Der beige bis orange Ton ist sehr hart gebrannt, die Ober- und Innenseite ist mit einem braunen, leicht glänzenden Überzug bedeckt; oben ist zusätzlich eine Kerbband-Dekoration angebracht. Die ursprüngliche Form unseres Stückes könnte somit ein Trichter[3] bzw. ein trichterförmiges Seihgefäß[4] gewesen sein, bei dem dann ein gelochtes Unterteil zu ergänzen wäre; ebenso wären aber die Möglichkeiten nicht auszuschließen, daß damit der Rest eines Ausgusses[5] oder eines Gefäßeinsatzes[6] vorhanden ist. Bei all diesen Varianten würde der Überzug der Innenseite keinen dekorativen Charakter tragen, sondern der Abdichtung des Tones gegen Flüssigkeit dienen.

Fünf Gefäße sind dem kultischen Bereich zuzuordnen, wobei zwei Schlangentöpfe (Taf. 89,975; Kat.-Nr. 975 a) und drei Räucherkelche (Taf. 89,976–978) zu verzeichnen sind. Der abgebildete Schlangentopf Tafel 89,975 ist aus braunem Ton gefertigt, der schwarz geschmaucht ist. Der Topf dürfte stark bauchig geformt gewesen sein, wobei der Rand rundstabartig verdickt ist. Fast vertikal ist der im Querschnitt halbrunde Schlangenleib aufgelegt, der zunächst linear, sodann an seinem Ende geschlängelt geformt ist. Der stark stilisierte Widderkopf reicht über den Gefäßrand hinaus und ist ein Stück nach innen herumgeführt. Ein gut vergleichbarer Schlangentopf wurde in

20 Roth-Rubi, Stutheien 32 (Übersicht): keine Amphoren. – Ettlinger, Görbelhof 31 Taf. 8,16: zwei Amphoren. – Martin-Kilcher, Laufen-Müschhag 52ff.: 16–21 Amphoren, von denen aber nur drei dem Haupthaus („Bau 1") zugewiesen werden können. – Bruckner, Ersingen Abb. 19; 400; 424f.: ca. 28 Amphoren.

21 Ettlinger, Augster Thermen 109f. Taf. 28: Kleinteilige Reste von acht Amphoren sowie acht Stempel. – Chur 1, 119 mit Tab. 20: 33–35 Amphoren. – Ettlinger, Vindonissa 88ff., 119f. Taf. 25,577–27,597: 150 Amphoren, bei auffallend großer Formenvielfalt.

22 Ein ähnliches Phänomen offenbar auch im Ökonomiegebäude in Herten, das vermutlich ebenfalls zu einem Gutshof gehörte: G. Fingerlin, Neue Grabungen an römerzeitlichen Fundplätzen im rechtsrheinischen Vorfeld von Augst. Arch. Schweiz 8, 1985, 79ff., bes. 80f. Ders., Der römische Gutshof an der ehemaligen Gemarkungsgrenze Herten/Warmbach, Stadt Rheinfelden, Kreis Lörrach – ein durch Ackerbau gefährdetes Kulturdenkmal. Arch. Ausgr. Baden-Württemberg 1984 (1985) 144ff., bes. 146.

1 Vgl. Asskamp, Oberrheingebiet 50 mit Anm. 263f.; Abb. 9,6; Taf. 9, A1. Weitere Parallelen in Lavez: Fischer, Cambodunum Taf. 27,13.14; Chur 1, Taf. 44.

2 Stamm, Keramik 100f. Taf. 4,58.59.

3 Vgl. A. R. Furger, Arch. Schweiz 8, 1985, 168ff. Abb. 21,1.

4 Vgl. allgemein ebd. Abb. 22. Ettlinger, Vindonissa Taf. 8,132. Martin-Kilcher, Laufen-Müschhag Taf. 51,4.5.

5 Vgl. Ettlinger, Vindonissa Taf. 7,115–117. Ausgüsse sind auch für große Schlangentöpfe wie hier Kat.-Nr. 975 a belegt, so daß das Bruchstück Taf. 89,974 vielleicht auch zu einem solchen Gefäß gehören könnte: Th. Ulbert, Bayer. Vorgeschbl. 28, 1963, 57ff. Abb. 3; 4; 6,3.4.

6 Was dem Prinzip einer modernen Thermoskanne nahekäme.

der Villa von Laufen-Müschhag gefunden, den Martin-Kilcher ins spätere 1. Jh. n. Chr. datiert.[7]
Nur in Resten ist ein weiterer Schlangentopf feststellbar (Kat.-Nr. 975a). In Ton und Überzug entsprechen die zwei Fragmente ungefähr dem Stück Tafel 89,975, so daß diese beiden Bruchstücke eventuell zusammengehören können.[8] Von den plastischen Auflagen sind hier nur einzelne Stücke der Schlangenleiber erhalten, ohne daß die genaue Gefäßform bestimmt werden könnte.
Drei Turibula[9] unterschiedlicher Form und Qualität sind im Material vorhanden (Taf. 89,976–978). Einen besonders zierlichen Räucherkelch zeigt Tafel 89,976, der aus beigem bis bräunlichem Ton sehr feiner Struktur und sehr hartem Brand gefertigt ist; vermutlich war das Gefäß hell überzogen.[10] Je ein Wellenband findet sich außen unter dem Steilrand bzw. darunter in Höhe des schwach ausgeprägten Wandknickes. Aus nigra-artigem, dunkelgrauem Ton ist demgegenüber das etwas größere Stück Tafel 89,977. Erhalten ist unter dem Steilrand nur das (obere?) Wellenband, das durch seine äußere Verdickung auffällt.[11] Auffallend groß und dickwandig ist der dritte Räucherkelch Tafel 89,978 aus kräftig rotem, leicht gemagertem Ton, der nur mäßig hart gebrannt ist; auch hier hat sich ein beiger Überzug erhalten. Auf der eher gerundeten Wand sitzt ein Wellenband, das äußerst verkümmert ausgebildet ist.[12]
In Vindonissa sind relativ kleindimensionierte Turibula für das 1. Jh. belegt, wobei Stücke wie hier Tafel 89,976 erst ab flavischer Zeit auftreten,[13] Exemplare aus Nigra (ähnlich hier Taf. 89,977) jedoch bereits etwas früher sind.[14] Grobschlächtige Räucherkelche wie hier Tafel 89,978 gehören z. B. in Augst bereits dem 2. Jh. an.[15] Allerdings scheint es derzeit nicht sicher möglich, formale Unterschiede chronologischen oder lokalen Bedingungen zuzuordnen.[16] Auch die Fundstelle unseres Stückes Tafel 89,976 im lange benutzten Nord-Risalit ergibt hierbei keine weiteren Aufschlüsse.
Wenn eine Zuweisung der beiden ersten Laufenburger Turibula an das 1. Jh. zutrifft, zeigt sich darin erneut die enge Bindung unserer Villa an die 11. Legion in Vindonissa. Diese frühen Räucherkelche tauchen sonst nur in militärischen Zusammenhängen auf, Funde aus Zivilsiedlungen etc. sind erst ab dem 2. Jh. zu finden.[17] Daneben erstaunt die Tatsache, daß an keinem Laufenburger Exemplar innen die sonst charakteristischen Rußspuren zu finden sind, die den Gebrauch im kultischen Bereich belegen.[18] Vielleicht deutet dies darauf hin, daß diese Gefäße auch für andere Zwecke benutzt wurden.[19]
Abschließend sind noch die Reste zweier Gesichtsurnen zu erwähnen (Taf. 89,979; Kat.-Nr. 979a), einer sonst seltenen Gefäßform.[20] Beide Exemplare sind aus hellbeigem leicht glimmerhaltigem Ton gearbeitet, der mäßig hart gebrannt ist. Randformen oder Ansätze von möglichen Henkeln[21] sind nicht feststellbar. Von den namensgebenden Tonauflagen haben sich bei Tafel 89,979 ein umlaufendes Zopfmuster sowie die darunter liegenden Augen erhalten, die aus zwei kreisförmigen Tonwülsten bestehen; rechts befindet sich der Rest eines Ohres. Insgesamt wirkt die Darstellung des Gesichtes auf unserem Gefäß eher befremdlich.[22] Ob die Gesichtsurnen einer bestimmten Zweckbindung unterliegen oder lediglich apotropäischen Charakter besitzen, ist bislang nicht geklärt.[23]

8. Die Gefäßkeramik im Überblick

Knapp 1600 Gefäße lassen sich als Mindestzahl sicher auszählen. Die tatsächliche Zahl der im Haupthaus in den Boden gelangten Gefäße dürfte aber aus verschiedenen Gründen höher gewesen sein. Zum einen liegen den in Tabelle 24 berechneten Werten hinsichtlich der

---

7 Martin-Kilcher, Laufen-Müschhag 56 mit Anm. 251f.; Taf. 51,2. Allgemein neuerdings: D. Schmid, Die römischen Schlangentöpfe aus Augst und Kaiseraugst. Forsch. Augst 11 (Augst 1991).
8 Vgl. Anm. 6.
9 W. Hilgers, Lateinische Gefäßnamen. Beih. Bonner Jahrb. 31 (Düsseldorf 1969) 82f.
10 Vgl. z. B. Schönberger, Altenstadt 125 Taf. 40,CVII 214.217.
11 Vgl. z. B. R. Nierhaus, Das römische Brand- und Körpergräberfeld „Auf der Steig" in Stuttgart-Bad Cannstatt. Veröff. Staatliches Amt Denkmalpflege Stuttgart A 5 (Stuttgart 1959) 81 Taf. 9,D 1 (Grab 64).
12 Vgl. z. B. S. v. Schnurbein, Das römische Gräberfeld von Regensburg. Materialh. Bayer. Vorgesch. A 31 (Kallmünz 1977) 48 Abb. 6,2.
13 Vgl. Ettlinger, Vindonissa 25 Taf. 8,144.
14 Ettlinger, Vindonissa Taf. 6,106.
15 Vgl. Ettlinger, Augster Thermen 105f. Taf. 21,25.
16 v. Schnurbein a.a.O. (Anm. 12) 47ff., bes. 48. Schönberger, Altenstadt 125 (zur Langlebigkeit unterschiedlicher Dekorationen). Demgegenüber für eine chronologische Entwicklung der Profilierungen: E. Gose, Gefäßtypen der römischen Keramik im Rheinland. Beih. Bonner Jahrb. 1^3 (Bonn 1976) 38f. Taf. 42,443–448.
17 v. Schnurbein a.a.O. (Anm. 12) 48f. mit Anm. 171–176.
18 Ebd. 49 mit Anm. 177–179 oder Ettlinger, Vindonissa 25 Taf. 8,143–145.
19 Ähnliches ist auch in Augst zu finden: Ettlinger, Augster Thermen 105f. Taf. 21,26.
20 Für die einzigen mir bekannten Vergleichsstücke im weiteren Umfeld von Laufenburg vgl. Ettlinger, Görbelhof 30 Taf. 8,8.9.
21 Vielleicht gehört der qualitativ ähnliche Henkel Taf. 64,778 (vgl. S. 116f.) aufgrund der Eindellung des anhaftenden Bauchbruchstückes ebenfalls hierher: Oelmann, Niederbieber 73 mit Abb. 57,2.
22 Vgl. Gose a.a.O. (Anm. 16) 44f. Taf. 51,522–53,529.
23 Da neuere Untersuchungen zu diesen Gefäßen m. W. bislang fehlen, siehe vorläufig nur Ritterling, Hofheim 297 (zu Typus 67); 316 (zu Typus 83).

Tabelle 24: Verteilung der gesamten Gefäßkeramik.

		1. Jh.	1. o. 2. Jh.	2. Jh.	2. o. 3. Jh.	3. Jh.	3. o. 4. Jh.	4. Jh.	?
Tafelgeschirr	*(mind. 768)*	289	1	139	mind. 276	58	0	3	2
TS gesamt	(426)	252	–	135	5	31	–	1	2
Tassen, Näpfe, Becher		100	–	29	5	9	–	–	–
Teller		43	–	39	–	11	–	–	–
Schüsseln		109	–	67	–	11	–	1	2
TS-Imitation	(34)	28	–	4	–	–	–	2	–
Tassen		8	–	4	–	–	–	–	–
Teller		7	–	–	–	–	–	–	–
Schüsseln		13	–	–	–	–	–	2	–
„Feine Becher“	(mind. 305)	9	–	–	mind. 269	27	–	–	–
Glanztonschüsseln	(3)	–	1	–	2	–	–	–	–
Küchengeschirr	*(729)*	119	91	209	204	25	10	7	64
Drehscheibenware	(434)	101	34	192	52	9	10	6	30
Teller		7	–	83	5	2	4	–	6
Schüsseln		47	7	24	47	6	5	2	5
Töpfe		47	27	85	–	1	1	4	8
Deckel		–	–	–	–	–	–	–	11
Handgem. Ware	(195)	16	20	17	92	16	–	–	34
Teller		–	11	5	3	–	–	–	–
Schüsseln		5	–	–	81	–	–	–	32
Töpfe		11	9	12	8	16	–	–	1
Deckel		–	–	–	–	–	–	–	1
Reibschüsseln	(100)	2	37	–	60	–	–	1	–
Vorratsgefäße	*(max. 65)*	21	32	6	0	0	1	0	3–5
Flaschen bzw. Tonnen	(12)	5	5	2	–	–	–	–	–
Krüge	(43)	11	27	4	–	–	1	–	–
Amphoren	(7–9)	4	–	–	–	–	–	–	3–5
Dolium	(1)	1	–	–	–	–	–	–	–
Verschiedene Gefäße	*(10)*	3	0	1	0	0	1	0	5
Summe mindestens 1572									

verschiedenen Wandbruchstücke nur die jeweils möglichen geringsten Quantitäten zugrunde; geht man hierbei von den möglichen höchsten Zahlen aus, steigt die Gefäßzahl bereits auf ca. 1800. Andererseits ist durch die Forschungsgeschichte der Laufenburger Villa (S. 11ff.) nicht auszuschließen, daß ein gewisser Teil des Fundmateriales heute nicht mehr vorhanden ist.

Schlußfolgerungen aus den in Tabelle 24 gegebenen Zahlen sind nur äußerst beschränkt möglich,[24] da unterschiedlichste Faktoren nicht einkalkuliert werden können. Genannt seien nur forschungsbedingte Probleme, indem z. B. Relief-Sigillata chronologisch wesentlich empfindlicher ist als die meiste handgemachte Keramik; weiterhin muß die bislang allgemein schlechtere Erforschung des 3. und 4. Jh. gegenüber der frühen Kaiserzeit bedacht werden.

Es kann jedoch festgehalten werden, daß Tafel- und Küchengeschirr[25] ungefähr gleich stark in Laufenburg vertreten sind, wobei jedoch ihr Verhältnis untereinander im Laufe der Besiedlungszeit schwankt. Im 1. Jh. n. Chr. ist Tafelgeschirr fast dreimal so stark vertreten wie Küchengeschirr; selbst bei Berücksichti-

24 Trotzdem scheint mir diese, bislang in den meisten Publikationen leider fehlende, Art der Zusammenfassung wichtig, um in Zukunft vielleicht bessere Grundlagen für die Vergleichbarkeit verschiedener Fundstellen zur Verfügung zu haben.

25 Eine Einbeziehung der Vorratsgefäße scheint durch die S. 134f. dargelegten Gründe (hypothetische Lagerung in Nebengebäuden) wenig sinnvoll.

gung der Gefäße, die dem 1. oder 2. Jh. angehören, beträgt das entsprechende Verhältnis ca. 1,5:1. Im 2. bzw. 2. oder 3. Jh. sind beide Kategorien sodann ungefähr gleich stark, für die Zeit des 3. bis 4. Jh. beträgt die Relation wieder ca. 1,5:1. Somit ist anhand dieser Verhältnismäßigkeiten gleichsam eine Wellenbewegung feststellbar, die sowohl ein Schlaglicht auf die Nutzung des Reichtums der verschiedenen Generationen wirft als auch Rückschlüsse hinsichtlich der ethnischen Herkunft der Bewohner zuläßt (S. 185ff.).
Chronologisch eingebunden werden kann diese Entwicklung in ein relativ sicheres Gerüst, da innerhalb verschiedenster Gefäßformen die ältesten und jüngsten Vertreter zumeist der gleichen Zeit entstammen. Der Beginn der Besiedlung in unserem Areal liegt sicher bereits in der tiberischen Epoche, wobei die Zeit des 2. oder 3. Jahrzehnts des 1. Jh. am wahrscheinlichsten ist, wie z. B. die arretinischen Sigillaten zeigen. Von diesem Zeitpunkt an war die Villa kontinuierlich bis in das 4. Jh. bewohnt, was bedeutet, daß die Alamanneneinfälle diesem Gutshof nicht das gleiche Schicksal bereiteten wie vielen anderen römischen Fundplätzen. Zwar geht die Siedlungsintensität (aufgrund des Fundanfalles) offenbar im 3. und 4. Jh. quantitativ zurück, jedoch belegt z. B. das Becken Alzey 24, daß das Ende der Besiedlung erst nach über 300 Jahren stattfand, und die letzten Bewohner die Villa vermutlich erst in der Mitte des 4. Jh. verlassen haben.
Ebenfalls vielschichtig sind die Probleme, die Vergleiche mit anderen Keramikinventaren erschweren. Neben wichtigen lokalen Komponenten, die bei manchen Gefäßen weiträumige Vergleiche unangebracht erscheinen lassen,[26] seien nur völlig andere Siedlungszeiten[27] oder Siedlungstypen[28] genannt, die andersartige soziologische oder wirtschaftliche Voraussetzungen haben. Dementsprechend konnten diese Plätze nur im Einzelfall herangezogen werden. Ausnahmen bildeten dabei, nicht zuletzt aus chronologischen und geographischen Gründen, Vindonissa für das 1. Jh., Augst für die spätere Zeit und besonders der Gutshof von Laufen-Müschhag; zu allen drei Plätzen waren die verschiedensten Bezüge im Material feststellbar.
Zusammenfassend soll deshalb noch einmal auf Laufen-Müschhag eingegangen werden, da hier eine wenig entfernte Villa mit ähnlicher Siedlungszeit vorliegt.[29] Eine Gegenüberstellung der Zusammensetzung der Gefäßkeramik ergibt grob folgendes Bild[30] (Tab. 25).
Auch bei vorsichtiger Interpretation fällt auf, daß in Laufenburg das Verhältnis von Tafel- zu Küchengeschirr fast ausgeglichen ist, während in Laufen-Müschhag die letzte Gruppe knapp doppelt so häufig wie die erste gefunden wurde.[31] Neben den „Feinen

Tabelle 25: Vergleich der relativen Zusammensetzungen der Keramikgefäße von Laufenburg und Laufen-Müschhag.

	Laufenburg	Laufen-Müschhag
Tafelgeschirr	49%	31%
TS	27%	13%
TS-Imitationen/ Glanztonschüsseln	2%	7%
Becher	20%	11%
Küchengeschirr	46%	56%
Teller	8%	13%
Schüsseln	17%	24%
Töpfe	15%	16%
Deckel	unter 1%	1%
Reibschüsseln	6%	2%
Vorratsgefäße	5%	13%
Flaschen, Tonnen	1%	4%
Krüge	3%	7%
Amphoren, Dolien	1%	2%
Summe	ca. 1600 St. = 100%	ca. 2900 St. = 100%

26 Zwar ist in Chur (Chur 1, 60 mit Tab. 2) eine gut vergleichbare Gefäßquantität vorhanden, jedoch muß besonders beim Küchengeschirr mit anderen Bedingungen in der Nordostschweiz gerechnet werden. Darüber hinaus ist eine Stadt, die im 3. Jh. n. Chr. Hauptstadt der Provinz Raetia prima wurde, grundsätzlich kaum mit einer Villa Rustica vergleichbar, wie auch die völlig andere Zusammensetzung der Gefäßkeramik zeigt.

27 z. B. vergleichsweise kurzfristig belegte Villen: Roth-Rubi, Stutheien 11 (ca. 160–260 n. Chr.) – Ettlinger, Görbelhof 16 (ca. 250–350 n. Chr.) – Ettlinger, Bennwil 52 (ca. 0/20–200 n. Chr.).

28 Wie Anm. 26.

29 Zumal auch mit Martin-Kilcher, Laufen-Müschhag eine der wenigen umfassenden Materialpublikationen aus neuerer Zeit vorliegt; leider fehlt aber auch hier eine z. B. tabellarische Gesamtübersicht des Keramikinventares. Mit der geplanten Publikation der Villa von Seeb dürfte sich in Zukunft diese Lücke weiter schließen. Bis dahin vgl. hierzu Roth-Rubi, Stutheien 37.

30 Eine Berechnung der Quantitäten (Martin-Kilcher, Laufen-Müschhag 14ff.) setzt sich wie folgt zusammen (jeweils ungefähre Stückzahlen): TS 382, TS-Imitation bzw. Glanztonschüsseln über 200, Becher 300, Teller 380, Schüsseln 700, Töpfe 450, Deckel 12, Reibschüsseln 70, Flaschen bzw. Tonnen 100, Krüge über 200, Amphoren bzw. Dolien 50; Gesamtzahl ca. 2900. Die bei Roth-Rubi, Stutheien 37 gegebenen Aufschlüsselung bezüglich Laufen-Müschhag läßt das Tafelgeschirr unberücksichtigt, kommt allerdings für Küchen- und Vorratsgefäße ebenfalls auf ca. 2000 Stück (= 69% von 2900; wie hier!). Da dort allerdings diese beiden Gruppen nach anderen Oberbegriffen aufgeschlüsselt sind, ergeben sich dort auch abweichende Prozentzahlen.

31 Aus den geschilderten Gründen müssen auch hier die Vorratsgefäße unberücksichtigt bleiben.

Bechern“ ist es besonders der wesentlich höhere Anteil an Terra Sigillata, der dieses bedingt. Würde man diese Betrachtung nur auf das 1. Jh. beschränken, fiele dieser Unterschied noch wesentlich krasser aus (S. 83ff.). Dazu paßt auch, daß in Laufenburg die Unterschiede zwischen den drei Kategorien des Tafelgeschirrs wesentlich deutlicher ausgeprägt sind als in Laufen-Müschhag. Somit waren also die finanziellen Möglichkeiten, wertvolleres Geschirr einzukaufen, bei den Bewohnern unserer Villa wesentlich besser als bei jenen.[32] Da offensichtlich die Verhältnisse in Laufen-Müschhag die einer durchschnittlichen Villa darstellen, läßt die Gefäßkeramik den Laufenburger Gutshof als ausgesprochen reiche Ausnahme erscheinen.[33]

Daneben ist innerhalb beider Küchengeschirre festzustellen, daß Schüsseln häufiger als Töpfe, diese wiederum häufiger als Teller vorhanden sind.

Zum Schluß soll noch einmal auf einige interessante Detailergebnisse hingewiesen werden. Mehrfach konnten Einzelstücke im Material konstatiert werden, die im näheren Umfeld ohne Parallelen sind (z.B. graues Becken Alzey 24). Von diesen konnte der Großteil den letzten Besiedlungsphasen zugewiesen werden, denen in der gleichen Zeit auffallend qualitätvolle Gefäße zur Seite stehen (z.B. Spruchbecher, Gesichtskrug). Weiterhin muß aufgrund der Töpfe „Typ Laufenburg“ mit der Möglichkeit einer gutseigenen Töpferei, zumindest für das 2. Jh., gerechnet werden. Schließlich konnten die Gefäße mit scharfkantig nach außen gebogenem Rand mit guten Gründen als Becherform definiert werden. Ohne Erklärung bleibt demgegenüber die Tatsache, daß Töpfe des 3. Jh. fast völlig fehlen.

B. Sonstige Funde aus Ton

1. Lampen (Taf. 89,980–90,988)

Die vorhandenen neun Lampen verteilen sich auf zwei Bild- und vier Firmalampen, zu denen drei einfache Formen hinzukommen.[1] Von keinem Exemplar ist die Fundstelle innerhalb unserer Villa bekannt, (sekundär) verbrannt ist lediglich Tafel 90,987.

1.1 Bildlampen (Taf. 89,980.981)

Die beiden einzigen Bildlampen sind so stark fragmentiert, daß Aussagen zu den Motiven in ihren Spiegeln nicht möglich sind. In beiden Fällen handelt es sich um Lampen der Form Loeschcke 4, wobei das erste Stück durch seine horizontale, mehrfach gerillte Schulter und den tiefliegenden Spiegel auffällt. Damit dürfte es sich um die früheste Variante dieser Form vom Ende des 1. Jh. v. Chr. handeln, für die Vergleichsbeispiele aus der angrenzenden Schweiz bisher fehlen.[2] Hergestellt ist unser Exemplar aus hellbeigem bis weißlichem Ton von mäßig hartem Band, auf dem Reste eines fast bräunlichen Überzuges erhalten sind. Da sowohl Zeitstellung als auch Qualität nicht mit den bislang bekannten Töpfereien im weiteren Umkreis in Einklang zu bringen sind, könnte der Fund Tafel 89,980 ein italisches Importstück sein.[3]

Demgegenüber stellt die Lampe Tafel 89,981 die Normalform des Typus Loeschcke 4 dar, die hier durch die Kombination mit der Schulterform 5 als relativ junges Exemplar gekennzeichnet wird.[4] Damit dürfte diese Bildlampe bereits in die 2. Hälfte des 1. Jh. n. Chr. gehören.[5] Ton und Überzug sind ähnlich dem vorangegangenen Stück, jedoch insgesamt etwas dunkler, so daß hier die Töpferei von Lousanna-Vidy als Hersteller wahrscheinlich ist.[6]

1.2 Firmalampen (Taf. 89,982–90,985)

Von den Firmalampen gehört nur Tafel 90,985 sicher der Form Loeschcke 10, der Rest Loeschcke 9 an.[7] Fast komplett ist das Stück Tafel 89,982, bei dem aufgrund moderner Restaurierung die genaue Form der Schnauze und der darauf befindlichen Rinne nicht sicher zu bestimmen ist. Auf der Schulter des ungehenkelten, runden Lampenkörpers sitzen zwei gegenüberliegende Knubben. Der Boden trägt in drei konzentrischen, eingetieften Kreisen den aus erhabenen Buchstaben bestehenden Stempel ATIMETI.[8] Hergestellt ist diese Lampe aus orangem, mäßig hartem Ton, der der für Vindonissa als Technik B beschriebenen Ware ähnelt.[9]

---

32 In die gleiche Richtung deuten auch die Glasgefäße, vgl. S. 145ff.

33 Roth-Rubi, Stutheien 48 (rechts) gibt die Verhältnisse bei verschiedenen Villen an, wo das Tafelgeschirr ebenfalls aus TS und „Glanztonware“ berechnet (vgl. ebd. 48, links zu Stutheien) nicht mehr als ein Drittel beträgt!

1 Die Formbezeichnungen beziehen sich auf Loeschcke, Lampen, die auch im neuesten Kompendium für unseren Raum (Leibundgut, Lampen) beibehalten wurden. Zu den Bildlampen (Formen Loeschcke 1–8) vgl. allgemein neuerdings auch K. Goethert-Polaschek, Katalog der römischen Lampen des Rheinischen Landesmuseums Trier. Trierer Grabungen u. Forsch. 15 (Mainz 1985).

2 Leibundgut, Lampen 29f. mit Abb. 4,1.

3 Leibundgut, Lampen 75ff.

4 Loeschcke, Lampen 25 mit Abb. 2,5; 37ff.

5 Leibundgut, Lampen 29f. mit Abb. 4,2.

6 Leibundgut, Lampen 83ff.

7 Loeschcke, Lampen 67ff.

8 Vgl. Loeschcke, Lampen 85f. Taf. 18,753. Leibundgut, Lampen 71.269,695–698.

9 Loeschcke, Lampen 74f.

Unsauberer profiliert ist die gehenkelte Lampe Tafel 90,983. Der Körper zeigt schwach ovale Form, die Rinne auf der Schnauze ist nur wenig ausgeprägt, die beiden Knubben sind unsymmetrisch auf der Schulter angeordnet. Auf dem wenig harten, beigen Ton haben sich Reste eines orange-roten Überzuges erhalten, wie er von Loeschcke als Technik C beschrieben wurde.[10]
Die ebenfalls in Technik B hergestellte Lampe Tafel 90,984 dürfte aufgrund der Schulterform 9[11] ebenfalls zu dem besprochenen Typ gehören.[12] Bei diesem Bruchstück ist auf der Schulter eine Öse angebracht.
Eine genaue chronologische Eingrenzung ist bei Lampen der Form Loeschcke 9 derzeit anhand der verschiedenen Ausprägungen nicht möglich, so daß unsere Lampen Tafel 89,982–90,984 nur der flavischen Epoche zugewiesen werden können.[13] Ebenso können diese Lampen nicht sicher durch die verschiedenen Techniken bestimmten Töpfereien zugewiesen werden,[14] zumal vorhandene Stempel (wie hier Taf. 89,982), anders als beispielsweise bei der Sigillata, nicht in dieser Richtung verwertbar sind.[15]
Durch die Fortführung des Schulterringes auf die Schnauze wird die gehenkelte Lampe Tafel 90,985 als Vertreter der Form Loeschcke 10 charakterisiert.[16] Ungefähr in der Mitte des ovalen, leicht verzogenen Körpers ist der Schulterring in Form von zwei Knubben ausgezogen, der scheibenförmige Henkel ist gelocht.[17] Der beinfarbene, harte Ton zeigt außen Spuren einer groben Glättung.[18] Lampen dieser Form werden seit dem Anfang des 2. Jh. produziert, jedoch ist auch hier eine Relativchronologie innerhalb ihrer äußerst langen Lebensdauer bis ins 4. Jh. nicht möglich.[19]

1.3 Lampen in einheimischer Tradition (Taf. 90,986–988)

Einfache Schalenlampen mit scharf eingekniffener Schnauze (Taf. 90,986.987) und massivem, ähnlich Standplatten gebildetem Boden gehören zur Form Loeschcke 12D.[20] Beide Stücke im Laufenburger Material sind von schlechter Qualität und nachlässiger Profilierung, wobei Tafel 90,986 durch seine Dickwandigkeit auffällt. Gefertigt ist dieses Stück aus graubraunem, mehligem Ton mit schwacher Magerung. Ob die stellenweise zu beobachtende Grünfärbung des Tones von einer speziellen Oberflächenbehandlung (Überzug? Schmauchung?)[21] oder vom Eisengehalt des Tones[22] herrührt, muß offenbleiben. Entsprechend schichtdatierten Funden aus Augst entstammen diese einfachen Talglampen der 2. Hälfte des 1. oder der 1. Hälfte des 2. Jh.[23]
Die Tüllenlampe Tafel 90,988 entspricht im wesentlichen der Form Loeschcke 14, jedoch ist bei unserem Exemplar der Rand deutlich niedriger als die Tülle, die zudem ungelocht bleibt.[24] Der orange bis ziegelrote, leicht gemagerte Ton ist hart gebrannt. Diese einfachen Beleuchtungskörper dienten vom 1. bis 3. Jh. zur Aufnahme von Talg oder Kerzen.[25]
Die Laufenburger Lampen fügen sich nahtlos den Verhältnissen ein, wie sie für die benachbarte Schweiz herausgearbeitet wurden.[26] Auch hier entstammen die gut datierbaren Exemplare ausschließlich dem 1. oder früheren 2. Jh., sicher jüngere Lampen konnten darüber hinaus nicht festgestellt werden (Tab. 32). Auffällig hierbei ist das augusteische Stück Tafel 89,980, das eines der ältesten Fundstücke innerhalb unserer Villa darstellt. Hinsichtlich der Herstellungsorte konnten zwar bei einigen Lampen Hypothesen vorgeschlagen werden, eine sichere Bestimmung ist allerdings derzeit nicht möglich; auch hier muß bislang mit lokal begrenzt wirkenden Töpfereien gerechnet werden.[27]
Da römische Lampen in enger Beziehung zum Militär stehen, erstaunt deren zeitliche Verteilung in Laufenburg vor dem Hintergrund der römischen Geschichte der Schweiz wenig.[28] Vielmehr findet hier die starke Verbindung unserer Villa zu Vindonissa im 1. Jh. n. Chr. erneut ihren deutlichen Niederschlag. In die gleiche Richtung deutet die relativ hohe Quantität; auch ohne Berücksichtigung der in einheimischer Tradition stehenden einfachen Lampen[29] (Taf. 90,986–988) sind sechs spezifisch römische Beleuchtungskör-

---

10 Loeschcke, Lampen 75.
11 Loeschcke, Lampen 25 mit Abb. 2,9.
12 Zwar gibt Loeschcke, Lampen 67ff. keine genaue Trennung der Schultertypen bei den Lampenformen 9 und 10, jedoch verzeichnet er ebd. 346 rechts im ausführlichen Register die Schulter 9 nur für Lampenform 9.
13 Leibundgut, Lampen 42f.
14 Leibundgut, Lampen 86ff. (zu vermutlichen Töpfereien in Bern, Augst, Vindonissa); 92 (zu Technik A, B). Auch Loeschcke, Lampen 74ff. setzt Fragezeichen hinter die Zuweisung der Techniken an bestimmte Töpfereien.
15 Loeschcke, Lampen 73.
16 Loeschcke, Lampen 68f.
17 Vgl. z. B. Leibundgut, Lampen Taf. 13,909.
18 Womit diese Lampe weder den Loeschcke, Lampen 74ff. beschriebenen Techniken noch den Stücken bei Leibundgut, Lampen 86ff.; 92f. qualitativ entspricht.
19 Leibundgut, Lampen 47ff.
20 Vgl. Leibundgut, Lampen Taf. 17,975 oder Loeschcke, Lampen 114ff. Taf. 20,1020.1023.
21 Schmauchung ist für Vindonissa belegt: Loeschcke, Lampen 115.
22 Leibundgut, Lampen 75 mit Anm. 7.
23 Leibundgut, Lampen 57f.
24 Loeschcke, Lampen 124ff.; vgl. auch Leibundgut, Lampen Taf. 17,980.
25 Leibundgut, Lampen 58.
26 Leibundgut, Lampen 99ff.
27 Leibundgut, Lampen 75f.
28 Leibundgut, Lampen 128f.
29 Leibundgut, Lampen 57.

per vertreten.[30] Diese Zahl zeigt, wie der hohe Sigillata-Anteil des 1. Jh. die starke römische Geprägtheit unseres Gutshofes.[31]

2. Bes-Terrakotte (Taf. 90,989)

Tafel 90,989 zeigt das Bruchstück einer Bes-Terrakotte,[32] das bereits von L. Schnitzler ausführlich publiziert worden ist.[33] Dementsprechend kann sich eine Darstellung hier auf die Zusammenfassung der dortigen Erkenntnisse bzw. einige abweichende Beobachtungen beschränken.

Der Ton der Terrakotte zeigt heute braun-rote, stellenweise ziegelrote Farbe;[34] diese deutlich andere Erscheinung könnte auf der Nachdunklung durch den ständigen Lichteinfluß hervorgerufen sein, dem das ausgestellte Objekt in einer Museumsvitrine ausgesetzt ist. Die sekundären Brandspuren an der Rückseite und die Reste modernen Klebstoffes an den unteren Bruchkanten sind noch vorhanden. Deutlich sichtbar sind die an den Seiten verlaufenden Nähte, die augenfällig belegen, daß unsere Terrakotte aus zwei Halbschalen zusammengesetzt worden ist.

Von der Darstellung erhalten blieb das Gesicht oberhalb der Unterlippe sowie der bekrönende Federschmuck. Das Gesicht setzt sich aus wulstigen Lippen, breiter und flacher Nase sowie leicht ovalen, deutlich konturierten Augen zusammen; weiterhin sind Wangen, Brauen und Stirnfalten durch tiefe Linien angegeben, die Ohren stehen seitlich weit ab. Auf dem Hinterkopf deuten senkrechte bzw. schräge Kerben Haare bzw. ein umgehängtes Fell an. Bekrönt wird der Kopf durch einen fünfteiligen Federschmuck, der unten durch einen rechteckigen Reif begrenzt wird; im Gegensatz zur Vorderseite ist der rückwärtige Teil glatt gelassen.

Aufgrund der Bruchkante an der linken Seite des Federschmuckes und des Fortsatzes neben dem Ohr der gleichen Seite ergänzte Schnitzler unsere Terrakotte überzeugend als Teil einer zwei- oder mehrfigurigen Besgruppe von parataktischem Aufbau.[35] Die geringe Zahl vergleichbarer Gruppen in den nordwestlichen Provinzen[36] läßt diese Darstellung als seltenen Einzelfund erscheinen. Allerdings muß festgehalten werden, daß die Herkunft aus der Laufenburger Villa keineswegs gesichert ist, sondern nur vermutet werden kann.[37] Zudem sind bislang Bes-Terrakotten in den römischen Provinzen, im Gegensatz zu anderen Darstellungen,[38] nicht umfassend aufgearbeitet. Somit muß sowohl der Produktionsort unserer Terrakotte[39] als auch ihre genaue Zeitstellung offenbleiben, zumal Bes-Darstellungen vom 2. Jahrtausend v. Chr. bis in die Spätantike bekannt sind.[40] Den einzigen Hinweis, falls Laufenburg der wirkliche Fundort dieser Terrakotte sein sollte, bietet eine grundsätzliche Überlegung. Bes als Schutzgott für viele Belange im häuslichen Bereich fand durch seine breite Verehrung als typischer Volksgott durch die römischen Truppen seinen Weg von Ägypten auch in die nordwestlichen Provinzen.[41] Möglicherweise gelangte so die Bes-Terrakotte in den Gutshof von Laufenburg, dessen enge Anbindung an den Truppenstandort Vindonissa mehrfach im sonstigen Fundmaterial festzustellen war.

Mit Kat.-Nr. 989a ist ein unförmiges Bruchstück aus typischem Pfeifenton verzeichnet, das vermutlich von einer zweiten Terrakotte stammt, die im Nord-Risalit in den Boden gelangte.

3. Webgewichte (Taf. 91,990–993)

Vier Webgewichte aus Ton sind vorhanden. Die ersten drei (Taf. 91,990–992) sind aus gleichartigem orangen Ton mit weißen Einsprengseln gefertigt, der hart gebrannt und geglättet ist. Zwei Exemplare sind kegelförmig (Taf. 91,990.991), wobei die Bohrungen, die das Aufhängen ermöglichten, horizontal bzw. leicht

---

30 Leibundgut, Lampen 106ff. (aus 20 Villen sind 35 Öllampen belegt). Dazu neuerdings auch z. B. Roth-Rubi, Stutheien passim, wo Lampen völlig fehlen.

31 So finden sich z. B. in Laufen-Müschhag – bei doppelt soviel Gefäßkeramik! – nur vier vergleichbare (Bild)-Lampen (Martin-Kilcher, Laufen-Müschhag 57f.), die ähnlich bewertet werden (ebd. 104f.).

32 Die in den bereits erfolgten Publikationen (Anm. 33) fehlenden zeichnerischen Abbildungen rechtfertigen dies hier.

33 Schnitzler, Bes. Kürzere Zusammenfassungen: Ders., Arch. Nachr. Baden 15, 1975, 23ff. und G. Fingerlin, Fundber. Baden-Württemberg 5, 1980, 190ff.

34 Schnitzler, Bes 401: hellrötlich.

35 Schnitzler, Bes 402f. mit Abb. 1; Vergleichsbeispiele ebd. Anm. 7 sowie Taf. 41; 42 (Zweiergruppen). Vierergruppen vgl. z. B. Griekse, Etruskische en Romeinse Kunst. Katalog Allard Pierson Museum Amsterdam[2] (1984) 93 mit Abb. 76.

36 Schnitzler, Bes 492 mit Anm. 8; 9.

37 Ebd. 401 nimmt L. Schnitzler die Herkunft aus Laufenburg aufgrund der Inventarverzeichnisse als gesichert an. Allerdings erbrachte die Aufarbeitung der Forschungsgeschichte (vgl. S. 14 mit Anm. 11), daß die Richtigkeit dieser Liste stark bezweifelt werden muß. Darüber hinaus ergibt auch die Analyse der Grabungsdokumentationen (LDA Freiburg), die L. Schnitzler nicht zur Verfügung standen, keinerlei Hinweis auf die fragliche Terrakotte.

38 Vgl. z. B. G. Schauerte, Terrakotten mütterlicher Gottheiten: Formen und Werkstätten rheinischer und gallischer Tonstatuetten der römischen Kaiserzeit. Beih. Bonner Jahrb. 45 (Köln 1985).

39 Schnitzler, Bes 401 mit Anm. 3 vermutet Alexandria.

40 Ebd. 405ff. Nofret – Die Schöne, Die Frau im alten Ägypten, Bd. 1. Ausstellungskatalog Römer- u. Pelizaeus-Museum Hildesheim (Mainz 1985) 42f., Nr. 17.

41 Schnitzler, Bes 406f. H. Brunner, Grundzüge der altägyptischen Religion (Darmstadt 1983) 26f.

schräg verlaufen. Auf der Oberseite von Tafel 91,990 hat sich ein kreuzförmiger Graffito erhalten. Das dritte Webgewicht Tafel 91,992 besitzt eine kantige, pyramidenstumpfartige Form. Mit Tafel 91,993 ist als viertes ein rundes, scheibenförmiges Webgewicht vertreten, dessen hart gebrannter Ton dunkelorange ist. Die zwei angebrachten Bohrungen sind hier äußerst fein gearbeitet; auch hier befindet sich auf einer Seite ein Graffito, der als F oder A aufgelöst werden kann. Webgewichte in ihrer zeitlosen Form dokumentieren die alte Tradition der Tuchherstellung.[42] Für Laufenburg, wie für andere römische Villen,[43] wird damit die Autarkie in der Herstellung bestimmter Güter des täglichen Lebens deutlich.

C. Frauenköpfchen, Auerochse (Taf. 91,994.995)

Das auffälligste Fundstück im Laufenburger Material ist mit Tafel 91,994 abgebildet. Es handelt sich um eine weibliche Büste, die aus schmutzig braun-grauem bis olivem Sandstein[1] hergestellt ist. Gefunden wurde das Stück 1939 oberflächlich im Binnenraum, südöstlich von Raum K. Diese lange Zeit verschollen geglaubte Kleinplastik befindet sich heute in der Sammlung der Narrenzunft in Laufenburg.[2]
Die Höhe der Büste beträgt ca. 14 cm, die Breite 7,5 cm am Kopf sowie 9,5 cm an den Schultern. Eine Fehlstelle befindet sich am Haar der linken Seite, die Nase ist fast völlig abgerieben und im Brustbereich sind vereinzelt leichte Bestoßungen festzustellen. Im Mund-, Kinn- und Halsbereich erscheint heute manche Einzelheit verschwommen, was ursächlich mit der Lagerung des relativ weichen Gesteines im Boden zusammenhängen dürfte. Offen bleiben muß dagegen die Frage, ob unser Fundstück ursprünglich als Büste gearbeitet wurde, oder heute nur noch der Rest einer Statue vorliegt. Für die zweite Möglichkeit sprechen vielleicht die unterschiedlich weit erhaltenen Ansätze der Oberarme, die rechts glatt, links ungleichmäßig enden. Die Unterseite der Plastik ist grob geglättet, so daß ein sicherer, leicht nach hinten abfallender Stand erreicht wird; zumindest in jüngerer Zeit diente somit unser Fundstück sicher als Büste.[3]
Das rundliche Gesicht wird durch die großen ovalen Augen dominiert, in denen die Augäpfel durch kreisförmige Vertiefungen angegeben sind. Die Brauen, ausgehend von der Nasenwurzel, sind sichelförmig eingetieft, wobei die rechte bis zum Ende des darunter liegenden Auges, die linke über die Stirn bis zu den Schläfen reicht. Unter der heute zerstörten Nase befindet sich der geschlossene kleine Mund, dessen Profilierung nicht mehr genau erkennbar ist. Das spitze, leicht vorstehende Kinn leitet zum ausgeprägten Hals über, der scharf gegen den Kopf begrenzt ist. Gesicht und Hals werden von einem wulstartigen Haarkranz gerahmt, der bis auf die Schultern herabfällt. Dieses wie ein umgelegter Zopf erscheinende Gebilde ist nur grob durch schräge Kerben gegliedert; die auf den Schultern aufliegenden Enden tragen zusätzlich noch rechtwinklig dazu verlaufende, weitere Einkerbungen. Der akzentuierte Übergang vom Hals zur Brust in Verbindung mit der etwas tiefer liegenden, parallel verlaufenden Eintiefung könnte vielleicht ein umgelegtes Schmuckstück in Form eines Colliers o. ä. andeuten. Im leicht gewölbten Brustbereich selbst deutet lediglich eine ungefähr mittig verlaufende, senkrechte Vertiefung den Ansatz des weiblichen Busens an. Die Rückseite unserer Büste schließlich ist halbkreisförmig ausgewölbt, indem der Stein hier nur grob bearbeitet wurde.
Diese auf Einansichtigkeit gearbeitete Büste zeigt nur äußerst sparsam gebrauchte gestalterische Mittel. Dabei erscheint es mir unerheblich, ob dies der Ausfluß eines spezifischen Kunstverständnisses oder schlicht Unvermögen ist.[4] Wichtiger dürfte demgegenüber sein, daß hierin deutlich die Handschrift eines einheimischen Künstlers zu Tage tritt.
Dementsprechend muß der Versuch einer zeitlichen Eingrenzung auf Vergleichsstücke der nordwestlichen Provinzen beschränkt bleiben.[5] Flächige, breite Gesichtsdarstellung in Verbindung mit stark stilisierter Haarwiedergabe finden sich dabei sowohl in profanen als auch sakralen Darstellungen, z. B. an Reliefs[6] oder

42 W. Krenkel, Der kleine Pauly 5 (München 1979) Sp. 1352ff. (s. v. Weben).
43 Vgl. z. B. F. Fremersdorf, Der römische Gutshof Köln-Müngersdorf. Röm.-germ. Forsch. 6 (Leipzig, Berlin 1933) Taf. 30,1–3; 42,A 5.6.
1 Eine genaue Bestimmung des Steines (vgl. S. 168f.) war aufgrund der begrenzten Ausleihzeit leider nicht möglich.
2 Vgl. o. S. 11ff.
3 Vgl. o. S. 130ff. zur vermutlichen Zweitverwendung des Gesichtskruges Taf. 86,947.
4 Für die hier berührte Problematik einer Abgrenzung zwischen Kunst der „Patrizier" und „Plebejer" bzw. zwischen Kunst aus stadtrömischen und provinziellen Werkstätten R. Bianchi Bandinelli, Die römische Kunst (München 1975) 43ff., 200ff.
5 Die sonst häufig erprobte Methode einer Datierung z. B. anhand vergleichbarer Frisurmoden der verschiedenen Kaiserinnen dürfte aufgrund völlig unvergleichbarer Gestaltungsmittel und -motivationen wenig hilfreich sein: z. B. H. Blanck, Einführung in das Privatleben der Griechen und Römer (Darmstadt 1976) 72ff. mit Abb. 17. Versucht man trotz aller Einwände Vergleiche zu finden, so deuten diese am ehesten ins späte 2. Jh. Vgl. z. B. B. Andreae, Römische Kunst. Ars Antiqua 5^3 (Freiburg 1978) Abb. 496.
6 Ehepaar-Relief aus Sandstein: M. Martin, Römermuseum und Römerhaus Augst. Augster Museumsh. 4 (August 1981) 90f.
(Fortsetzung nächste Seite)

Abb. 41: Frauenbüste aus versilberter Bronze. Fundort: Augst, Insula 30. Höhe 23 cm. Nach R. Laur-Belart, Führer durch Augusta Raurica[4] (Basel 1966) Abb. 90.

Terrakotten,[7] die zumeist dem späten 2. oder 3. Jh. entstammen. Als bestes Vergleichsstück kann jedoch eine Frauenbüste aus versilberter Bronze herangezogen werden, die in der Insula 30 in Augst gefunden wurde (Abb. 41).

Die gesamte Gestaltung der verschiedenen Gesichtspartien dieses um 200 n. Chr. entstandenen Stückes[8] scheint unserem Künstler als Vorbild seiner Arbeit gedient zu haben. Die weitgezogenen Brauen, die großen ovalen Augen, der kleine Mund, das wenig vorstehende Kinn – alles ist am Laufenburger Stück in etwas vereinfachter Form wiederzufinden. Auch die oben als Andeutung eines Schmuckstückes aufgefaßten Vertiefungen am Hals scheinen auf das Augster Stück zurückzugehen, indem das dort dargestellte Collier bzw. der obere Saum des Gewandes übernommen wurde. Zu dieser auf die wesentlichen Gestaltungsmerkmale reduzierten Profilierung unserer Büste paßt sodann auch, daß hier die Haarwiedergabe wesentlich grober und weniger prononciert gearbeitet ist, und auf die Darstellung eines Gewandes im Brustbereich völlig verzichtet wurde.

Natürlich muß offenbleiben, inwieweit unserem Künstler die Augster Büste bekannt war oder ob beide auf ein gemeinsames Vorbild zurückgehen. Allerdings sind die Übereinstimmungen in wesentlichen Charakteristika derart evident, daß auch das Laufenburger Fundstück dem beginnenden 3. Jh. n. Chr. angehören dürfte. Dem widerspricht auch nicht die gesicherte Fundstelle oberflächlich im Binnenraum. Die Lage in dieser zwar relativ jüngsten Schicht dokumentiert eher die Wertschätzung dieser Büste, die über lange Zeit innerhalb unserer Villa aufgestellt war und erst in der letzten Besiedlungsphase in den Boden kam. Aufstellungsort wird ein Lararium gewesen sein, da unser Frauenköpfchen (wie die Augster Büste) als Darstellung einer Muttergottheit aufgefaßt werden kann.[9] Gerade auch diese Deutung als „universelle Grundgottheit" im häuslichen Bereich mit ihrer starken einheimischen Verwurzelung[10] bestätigt umgekehrt den oben gewonnenen Zeitansatz, zieht man die bei der Gefäßkeramik gewonnenen Ergebnisse hinzu (S. 66ff.). Dort war für das 1. und frühere 2. Jh. vielfach eine Hinwendung zu typisch römischem Importgut (z. B. Terra Sigillata) festzustellen. Ebenso konnte auch für die jüngsten Besiedlungsphasen eine Rückbesinnung auf qualitätvolle Gefäße römischer Prägung (z. B. Spruchbecher) konstatiert werden. Demgegenüber traten gerade in der Zeit des späteren 2. und 3. Jh. derartige Einflüsse im Material hinter einheimischen zurück. Diese Einbindung in einheimische Traditionen und Werte bedingte einerseits den Einkauf bestimmter Gefäßkeramik; andererseits basierte sie natürlich auch auf einer entsprechenden religiösen Vorstellungswelt, der ein Bewohner des früheren 3. Jh. durch unsere Büste Ausdruck verlieh.

Als Bruchstück eines Auerochsenkopfes aus Grünsandstein (Taf. 91,995) beschreibt Samesreuther die 1939 oberflächlich in der Nordhalle gefundene Klein-

---

(Fortsetzung Anmerkung 6)
Abb. 80 (spätes 2.–3. Jh.). Weitere Literatur zu diesem Stück: Ders., Bibliographie von Augst und Kaiseraugst 1911–1970. In: Beiträge und Bibliographie zur Augster Forschung (Basel 1975) 291ff., 357 (s. v. stehendes Ehepaar). – Aber auch an Jupitergigantensäulen: vgl. z. B. G. Bauchhenss, Jupitergigantensäulen. Kleine Schriften zur Kenntnis der römischen Besetzungsgeschichte Südwestdeutschlands 14 (Stuttgart 1976) 11f. Abb. 12,14–17 (2. Hälfte 2.–1. Hälfte 3. Jh.) oder H. Klumbach, Der römische Skulpturenfund von Hausen an der Zaber. Forsch. u. Ber. Vor- u. Frühgesch. Baden-Württemberg 5 (Stuttgart 1973) Taf. 9,3; 11–14. – Epona-Relief: Ph. Filtzinger, RiBW 580ff. mit Abb. 403 (2. Jh.).

7 Venusterrakotte, Typ Anadyomene: Vgl. G. Schauerte, Terrakotten mütterlicher Gottheiten: Formen und Werkstätten rheinischer und gallischer Tonstatuetten der römischen Kaiserzeit. Beih. Bonner Jahrb. 45 (Köln 1985) 17; 130,26.28 Taf. 2,4.5 (2. Hälfte 2.–Anfang 3. Jh.). Ähnlich auch: Ur- und frühgeschichtliche Archäologie der Schweiz. Bd. 5: Die römische Epoche (Basel 1975) 164f. mit Abb. 30 (1. Jh.).

8 Zusammenstellung der Literatur bei M. Martin, Bibliographie a. a. O. (Anm. 6) 361 (s. v. Frauenbüste, aus versilbertem Bronzeblech); kurze Beschreibung und Deutung: O. Doppelfeld u. a., Römer am Rhein. Ausstellung Köln[2] (Köln 1967) 199, C 10. Vgl. z. B. auch Trier. Zeitschr. 55, 1992, 420f. mit Abb. 39,1 (Knabenapplike aus Konz).

9 Doppelfeld a. a. O. (Anm. 8).

10 Schauerte a. a. O. (Anm. 7) 115ff., 125.

plastik.[11] Von dem heute nicht mehr auffindbaren Fundstück existiert lediglich das abgebildete Foto, das allerdings keine genauen Aussagen zu Form und Größe ermöglicht.
Sicherlich gehört auch dieses Fundstück dem kultischen Bereich an. Allerdings kann nicht entschieden werden, ob es der Sphäre des keltischen Stiergottes,[12] dem ursprünglich ägyptischen Apis[13] oder orientalischen Mithraskult[14] zuzuordnen ist. Alle Religionen, in deren Hinterlassenschaften Stierdarstellungen eine wichtige Rolle spielen, sind mehrfach für unseren Raum belegt. Daß Stierdarstellungen auch in anderen römischen Villen vorhanden sind, zeigt z. B. das Stück aus Besseringen (zwischen Trier und Saarbrücken).[15]

D. Kleinbronzen (Taf. 92,996.997)

Aus stark patinierter Bronze besteht die erhaltene hintere Hälfte eines weiblichen Tierkörpers (Taf. 92,996). Die Länge unseres Bruchstückes beträgt noch 2,3 cm, die größte Höhe 2,1 cm. Im Bereich von Schulter, Hinterbeinen und Schwanz ist die Kleinbronze massiv gearbeitet, die weiteren Teile des Leibes sind unten hohl, wobei die Wandstärke der linken Seite wesentlich geringer ist als die der gegenüberliegenden. Dargestellt ist ein hoher, jedoch schlanker Tierleib, der durch die vier oder fünf erhaltenen Zitzen eindeutig geschlechtlich bestimmt ist. Das rechte Hinterbein ist senkrecht aufgestellt, das linke leicht zurückgesetzt und zudem wesentlich massiger gearbeitet. Aufgrund dieser Beinstellung dürfte das Tier in einem ruhigen Standmotiv dargestellt gewesen sein. Am rechten Hinterbein findet sich eine Reihe feiner, zumeist horizontaler Kerben. Der Schwanz schließlich war ursprünglich auf das linke Hinterbein herabgeführt, ist jedoch heute z. T. abgebrochen; innen scheint der Schwanz leicht berieben.
Falls diese Deutung des Erhaltungszustandes der Schwanzinnenseite zuträfe, wäre dies als Indiz zu werten, daß unser Stück als Anhänger getragen worden wäre, dem die so gebildete Öse zum Aufhängen gedient hätte. Bronzene Eberanhänger sind im keltischen Bereich, z. B. im nahen Oppidum Altenburg am Hochrhein, belegt,[1] in römischen Fundzusammenhängen finden sich ebenfalls häufig Bronzestatuetten in Form von Ebern bzw. Schweinen.[2] Allerdings fehlen dort regelmäßig Ösen, die eine Verwendung als Anhänger ermöglichten; auch ist mir kein Beispiel bekannt, bei dem durch Wiedergabe der Zitzen eindeutig ein weibliches Tier dargestellt ist. Da zudem bei unserem Stück die Ausarbeitung der Hinterbeine im Vergleich zu anderen Schweinestatuetten aus römischen Zusammenhängen unverhältnismäßig zu kurz erscheint, dürfte eine dementsprechende Deutung auszuschließen sein.
Überhaupt sind bei den mannigfachen römischen Tierdarstellungen aus Bronze nur selten solche zu finden, die so eindeutig geschlechtsspezifisch charakterisiert sind wie unser Stück. Einerseits existieren Pantherweibchen, die als Gefäßgriff[3] oder Statuette[4] gearbeitet sind. Gegen eine Deutung als Griff o. ä. spricht in unserem Fall sicher die zu geringe Größe. Im Vergleich mit den angeführten Statuetten fällt jedoch auf, daß die Stellung der Hinterbeine bei den stehenden Exemplaren gut der unserer Kleinbronze vergleichbar ist.[5] Dementsprechend könnte in unserem Fall die massige Darstellung des linken Hinterbeines mit seiner Verdickung im unteren Teil als wenig gekonnte Prankenwiedergabe aufgefaßt werden. Auch die Proportionierung des Tierleibes steht der möglichen Darstellung eines Pantherweibchens nicht entgegen. Andererseits wäre aber auch daran zu denken, daß unsere Statuette ursprünglich als römische Wölfin gearbeitet war. Derartige Szenen finden sich z. B. auf bronzenen Zierblechen[6] oder auf Steinreliefs;[7] eine entsprechende

11 Grabungsdokumentation 1939, 8f., 16.
12 Staehelin, Schweiz 546f. Abb. 159 oder M. Martin, Römermuseum a. a. O. (Anm. 6) 110f. mit Abb. 102. Vgl. auch A. Leibundgut, Die römischen Bronzen der Schweiz 3, Westschweiz, Bern und Wallis (Mainz 1980) 77 Taf. 105,67.68.
13 Forschungen in Augst 1 (Augst 1977) 227f. Abb. 99,3a; 100 oder z. B.: Veldidena – Römisches Militärlager und Zivilsiedlung. Ausstellung Innsbruck (Innsbruck 1985) 257f., Nr. 556. Staehelin, Schweiz 550.
14 Staehelin, Schweiz 560ff. Zusammenstellung älterer und neuerer Literatur zu Mithras allgemein: I. Huld-Zetsche, Mithras in Nida-Heddernheim. Arch. Reihe Mus. Vor- u. Frühgesch. Frankfurt 6 (Frankfurt 1985) 95f.
15 Vgl. H. Menzel, Die römischen Bronzen aus Deutschland 2, Trier (Mainz 1966) 45 Taf. 45,93.
1 Vgl. K. Bittel u. a., Die Kelten in Baden-Württemberg (Stuttgart 1981) 103f. mit Abb. 40.
2 Aus Vindonissa vgl. Hartmann, Aargau Abb. 146. Vgl. weiterhin z. B. R. Fleischer, Die römischen Bronzen aus Österreich (Mainz 1967) 184 Taf. 126,258.259. H. Menzel, Die römischen Bronzen aus Deutschland 2, Trier (Mainz 1966) 45; 49 Taf. 46,100; 103,102e.f. Ders., Die römischen Bronzen aus Deutschland 3, Bonn (Mainz 1986) 68f. Taf. 82,149–83,155.
3 Vgl. Hartmann, Aargau Abb. 65; 66.
4 Vgl. z.B. Fleischer a. a. O. (Anm. 2) 180 Taf. 126,250.251 oder A. Leibundgut, Die römischen Bronzen der Schweiz 3, Westschweiz, Bern und Wallis (Mainz 1980) 76f. Taf. 104,66.
5 Vgl. ebd. (außer Fleischer, a.a.O. [Anm. 2] Taf. 126,251).
6 Vgl. z. B. G. Ulbert, Das römische Donau-Kastell Rißtissen 1. Urkunden Vor- u. Frühgesch. Südwürttemberg-Hohenzollern 4 (Stuttgart 1970) 20 Taf. 1,1; 37,1 (mit weiteren Vergleichsstücken etc.). Aus Vindonissa: Jahresber. Ges. Pro Vindonissa 1973 (1974) 15f., 29 Abb. 1,5. Schönberger, Oberstimm Taf. 42,140.
7 z. B. Staehelin, Schweiz 453ff. mit Abb. 113.

Arbeit als Kleinbronze ist mir für unseren Raum jedoch nicht bekannt. Zudem scheint die geringe Dimensionierung eine dann zu fordernde Ergänzung der beiden Zwillinge kaum zu ermöglichen.
Unabhängig davon, ob mit Tafel 92,996 ein Pantherweibchen (als bacchisches Tier) oder die Wölfin (als Sinnbild römischer Geschichte)[8] dargestellt war, muß auch die Bedeutung dieses Stückes wiederum im kultischen Bereich gelegen haben. Eine genaue Analyse ist aufgrund des Erhaltungszustandes und der vermutlich geringen Darstellungsqualität jedoch nicht möglich.
Als weitere Tierdarstellung ist die Statuette eines Hahnes aus patinierter Bronze vorhanden (Taf. 92,997). Der Körper ist massiv gegossen, wie die Naht auf Rücken- und Schwanzoberseite zeigt; demgegenüber ist der untere Beinbereich sowie der Sockel, auf dem der Vogel steht, innen hohl. Die Höhe der Kleinbronze beträgt incl. Sockel 4,2 cm, die Länge von der Schnabelspitze bis zum Schwanzende 3,6 cm. Fehlstellen sind an unserem Stück nicht festzustellen, lediglich vereinzelt finden sich Bestoßungen. Der auf einem leicht ovalen Sockel angebrachte Hahn ist stark stilisiert in stehender Haltung dargestellt. Die auf eine kreisförmige Standfläche reduzierten Beine leiten zum fast oval gearbeiteten Leib über, der gegen die Gußnaht spitz zuläuft. Der hochgereckte Kopf ist zu einem spitzen Schnabel ausgezogen, dessen beide Hälften unrealistisch dick bzw. lang geraten sind; eine Angabe der Augen ist nicht festzustellen. Der Kamm besteht aus vier Teilen, die in leicht gerundeten Zacken enden. Im Gegensatz zu Körper und Kopf ist der große Schwanz flach gehalten, indem er hoch ausgreifend einen großen Bogen beschreibt, der nur an seinem äußersten Punkt leicht eingedellt ist. Nach einer entsprechenden Einziehung folgt sodann der vorstehende Bürzel.
Hahndarstellungen sind unter römischen Bronzen häufig zu finden, sei es als Statuetten, Behältnisse oder, wie hier, als Aufsätze auf unterschiedlichsten Gegenständen.[9] Die Bedeutung dieser Kleinbronzen als Attribute von Merkurdarstellungen, Genrefigürchen[10] oder Bekrönung von Feldzeichen[11] liegt dabei häufig erneut im kultischen Bereich. Allerdings muß in unserem Fall demgegenüber von der profanen Nutzung als Wasserhahn (im Wortsinn!) ausgegangen werden, wie ein stilistisch äußerst ähnliches Stück aus Vindonissa zeigt.[12] Dieser vermutlich aus dem 1. Jh. n. Chr. stammende Fund könnte aufgrund der identischen Körper- und Kopfbildung sowie der ähnlichen Gestaltung von Kamm und Schwanz durchaus derselben Werkstatt entstammen wie sein Laufenburger Gegenstück. Daß derartige Sanitärgeräte auch in römischen Villen vorhanden waren, zeigt ein weiterer, stilistisch allerdings anders gearbeiteter Aufsatz in Hahnenform aus dem nur wenig südlich von Vindonissa liegenden Gutshof von Mühlau (Kt. Aargau),[13] der ähnliche Funktion gehabt haben dürfte wie der Laufenburger Wasserhahn.

E. Glas

1. Gefäße

Anhand von Randbruchstücken und sonstigen charakteristischen Fragmenten sind ca. 35 Glasgefäße sicher nachweisbar,[1] von denen sieben aus Buntglas, ungefähr ebensoviele aus entfärbtem und der Rest aus naturfarbenem Glas besteht (Tab. 26). Die Einteilung der Gefäßformen richtet sich dabei nach der grundlegenden Arbeit von C. Isings,[2] umfassend publiziertes Vergleichsmaterial steht z. B. aus Vindonissa,[3] Trier[4] und neuerdings Baden[5] zur Verfügung; für Parallelen

8 Nur hingewiesen werden soll darauf, daß die Wölfin ein Emblem der 11. Legion war: M. JUNKELMANN, Die Legionen des Augustus (Mainz 1986) 98.

9 Für einige Beispiele: A. KAUFMANN-HEINIMANN, Die römischen Bronzen der Schweiz 1, Augst (Mainz 1977) 139 Taf. 148,236–238. A. LEIBUNDGUT, Die römischen Bronzen der Schweiz 2, Avenches (Mainz 1976) 65 Taf. 47,50. Dies., Die römischen Bronzen der Schweiz 3, Westschweiz, Bern und Wallis (Mainz 1980) 79 Taf. 106,74. H. MENZEL, Die römischen Bronzen aus Deutschland 2, Trier (Mainz 1966) 46 Taf. 45,97. Ders., Die römischen Bronzen aus Deutschland 3, Bonn (Mainz 1986) 150 Taf. 135,401.403. R. FLEISCHER, Die römischen Bronzen aus Österreich (Mainz 1967) 189f. Nr. 271 (Behältnis) Taf. 129,271.274. Rekonstruktion einer archäologischen Arbeit von ALBAN GERSTER. Die gallo-römische Villenanlage von Vicques/Delsberg/Jura. Mitarbeit ANDRÉ RAIS. – Reconstruction d'un travail archéologique de ALBAN GERSTER. La villa gallo-romaine de Vicques/Delémont/Jura. Collaboration ANDRÉ RAIS (Porrentruy 1983) 264,N 268 (mit Abb.). HARTMANN, Aargau Abb. 147.

10 MENZEL, Bronzen Deutschland 3 a.a.O. (Anm. 2) 70f. Taf. 83,159.160.162; FLEISCHER a.a.O. (Anm. 2) 189 Taf. 129, 272.273.

11 L. WAMSER, Biriciana-Weißenburg zur Römerzeit. Führer arch. Denkmäler Bayern, Franken 1 (Stuttgart 1984) 38ff. Abb. 28 (zweite von rechts).

12 F. KRETZSCHMER, Jahrb. Schweiz. Urgesch. 48, 1960–1961, 50ff., bes. 55 Taf. 6,A 2; F. SQUASSI, L'Arte idro-sanitaria degli Antichi, Epoche Preromana e Romana (Tolentino 1954) 80 Abb. 81b.

13 HARTMANN, Aargau 184 (Mühlau).

1 Aufgrund der großen Zahl unterschiedlicher nicht zuweisbarer Bruchstücke (Kat.-Nr. 1018c–h) könnte die Zahl vielleicht noch etwas höher liegen.

2 ISINGS, Roman Glass.

3 BERGER, Vindonissa.

4 GOETHERT-POLASCHEK, Trier.

5 FÜNFSCHILLING, Baden. Allgemein neuerdings: B. RÜTTI, Die Gläser. Vitudurum 4. Ber. Zürcher Denkmalpflege 5 (Zürich 1988). Ders., Die römischen Gläser aus Augst und Kaiseraugst. Forsch. Augst 13 (Augst 1991). S. BIAGGIO SIMONA, I Vetri Romani I.II (Locarno 1991).

siehe im Einzelfall die jeweiligen Angaben im Katalog. Da die römischen Gläser aus Laufenburg jeweils nur anhand kleiner Bruchstücke identifizierbar sind, wurde im folgenden darauf verzichtet, (entsprechend unsichere) Aussage darüber zu machen, ob es sich hier um frei geblasene oder in Form gepreßte Glasgefäße handelt.[6]

1.1 Buntglas (Taf. 92,998.999)

Sieben Rippenschalen der Form Isings 3[7] sind in dieser Qualität vorhanden, wobei jeweils ungefähr die Hälfte in Millefiori-Technik[8] bzw. aus einfarbigem Buntglas besteht.
Die drei Rippenschalen in Millefiori-Technik bestehen aus verschieden intensiv-blauem, zumeist leicht durchscheinendem Glas, das mit weiß und gelb marmoriert (Taf. 92,998) bzw. von Schlieren der gleichen Farben (Kat.-Nr. 998a) durchsetzt ist; bei Kat.-Nr. 998b sind demgegenüber diese Schlieren weiß bzw. bernsteinfarben. Schalen Isings 3 dieser Technik gehören zumeist der 1. Hälfte des 1. Jh. n. Chr. an.[9]
Das aus tiefblauem, leicht durchscheinendem Glas bestehende Bruchstück Tafel 92,999 zeigt gegenüber dem vorigen (Taf. 92,998) eine wesentlich gestrecktere Randbildung. Weiterhin sind mit Kat.-Nr. 999a die Rest weiterer drei Schalen Isings 3 aus einfarbigem Buntglas vertreten, die mittelblaue, türkise bzw. dunkelgrüne Färbung haben. Auch diese Rippenschalen sind zumeist Produkte der 1. Hälfte des 1. Jh.,[10] wobei unser tiefblaues Exemplar (Taf. 92,999) das relativ älteste sein dürfte.[11]

1.2 Naturfarbenes bzw. entfärbtes Glas (Taf. 92,1000–93,1018)

Schalen (Taf. 92,1000–1004)

Fünf oder sieben Schalen gehören auch hier der Form Isings 3 an (Taf. 92,1000–1002; Kat.-Nr. 1001a, 1002a), wobei zumeist die tiefe Variante b[12] feststellbar ist. Die Farben des durchscheinenden Glases schwanken zwischen schwach blau und grün, zumeist ist eine leichte Blasenbildung erkennbar. Lediglich bei dem versinterten Stück Kat.-Nr. 1002a, gefunden im Nord-Risalit, ist eine Glasfärbung nicht mehr bestimmbar.[13] Die Rippenbildung unserer Schalen ist eher fein und regelmäßig, bei Tafel 92,1000 verlaufen diese leicht schräg. Naturfarbene Rippenchalen Isings 3b lösten in der 2. Hälfte des 1. Jh. n. Chr. die aus Buntglas ab.[14]
Mit Tafel 92,1003 ist vermutlich das Bruchstück einer Schale mit Horizontalrand erhalten, das aus entfärbtem, leicht irisierendem Glas besteht. Derartige Randbildungen sind sowohl an Gläsern des 2.[15] als auch 3. oder 4. Jh.[16] zu beobachten. In der Porticus unseres Haupthauses fand sich das Randbruchstück einer Schale Isings 116[17] (Taf. 92,1004), die qualitativ der vorangegangenen entspricht. Der Rand dieses weitmündigen (Durchmesser 23 cm), flachen Gefäßes ist außen leicht verdickt, darunter zieht die Wand linear nach innen, um am unteren Ende des Bruchstückes leicht einzuschwingen. Auf der Außenwand befinden sich mehrfach horizontale bzw. leicht schräge Riefen, die hier allerdings nicht als Reste einer sonst häufig anzutreffenden Dekoration,[18] sondern als nachlässige Bearbeitung aufzufassen sind. Derartige Schalen aus entfärbtem Glas gehören bereits ins 4. Jh.[19]

Becher (Taf. 93,1005–1010)

Ca. acht Randbruchstücke gehören vermutlich zu becherartigen Formen. Aufgrund des geringen Erhaltungsgrades sind in den meisten Fällen eine sichere Formansprache und eine damit exakte Datierung nur sehr begrenzt möglich. Der leicht ausgebogene und verdickte Rand Tafel 93,1005 könnte zu Gefäßen der Form Isings 12 des 1. Jh.[20] oder zur spätrömischen Form Isings 96[21] gehören. Aufgrund der schwach blau-grünen Farbe des vereinzelt blasigen Glases dürfte es jedoch eher ein später Verteter der ersteren Form sein.
Der steilwandige Becher mit verdicktem Rand (Taf. 93,1006) dürfte ähnlich Isings 85[22] geformt gewesen sein. Sein entfärbtes Glas ist leicht blasig und erscheint heute leicht irisierend. Form und Qualität

6 Für diese Frage siehe die entsprechenden Aussagen über einzelne Formen der detaillierten Untersuchungen wie z. B. Anm. 2–5.
7 Isings, Roman Glass 17ff.
8 Auf eine Diskussion dieses unscharfen Sammelbegriffes kann aufgrund unseres geringfügigen Materiales verzichtet werden: Berger, Vindonissa 9ff.
9 Fünfschilling, Baden 105.
10 Fünfschilling, Baden 108.
11 Berger, Vindonissa 18f.
12 Isings, Roman Glass 19f.
13 Ob hier wirklich entfärbtes Glas vorliegt, kann nicht sicher entschieden werden. Entsprechende Beispiele bei der Form Isings 3 sind mir nicht bekannt.
14 Fünfschilling, Baden 108.
15 Ebd. 146f. Taf. 22,419–421.
16 Goethert-Polaschek, Trier 37 mit Abb. 11,100.101; 349, Form 25 (Datierung).
17 Isings, Roman Glass 143ff.
18 Ebd. zu Form 116b; Goethert-Polaschek, Trier 28ff. (zu Form 15).
19 Goethert-Polaschek, Trier 349 (Form 15).
20 Fünfschilling, Baden 125 Taf. 14,164b; Isings, Roman Glass 27ff.
21 Chur 1, 129 Taf. 41,19b; Isings, Roman Glass 113ff.
22 Isings, Roman Glass 101ff.

verweisen dieses Gefäß ins 2. oder 3. Jh.[23] Drei Becher mit ausgebogenem Rand sind zu verzeichnen (Taf. 93,1007; Kat.-Nr. 1007a), die alle aus entfärbtem, leicht blasigem Glas bestehen, das außen schwach rauhwandig ist. Außen finden sich jeweils zwei horizontal umlaufende Gravurlinien. Formal können diese Gefäße somit den Formen Isings 34 oder 96[24] zugehören. Aufgrund der Glasqualität dürften es Produkte des 3. oder 4. Jh. sein.[25] Die beiden Exemplare Kat.-Nr. 1007a entstammen der Porticus.

Ebenfalls eingeschliffene, horizontal umlaufende Linien zeigt Tafel 93,1008, die sich knapp unter dem Rand bzw. weiter unten finden. Das Glas ist leicht grünlich und beinhaltet (z. T. große) Blasen. Steilwandige Becher mit Schliff-Dekoration treten in verschiedenen Formen auf.[26] Die eher schlechte Glasqualität dürfte unser Stück vermutlich dem 3. oder 4. Jh. zuweisen.[27]

Der kugelige Becher Tafel 93,1009 besteht, ähnlich dem vorangegangenen, aus hellgrünem, blasigem Glas. Die Außenseite dieses Gefäßes wird von einem aufgelegten Glasfaden gleicher Farbe dekoriert, der spiralförmig den Becher umläuft und auf der Unterseite des gewölbten Bodens in einem Kreis endet. Diese spezifische Form und Dekoration entspricht der sonst eher seltenen Form Trier 46, die zumindest dem 3. Jh. zuzuweisen ist.[28]

Milchig weiß und leicht frittig erscheint heute das Glas eines weiteren steilwandigen Bechers (Taf. 93,1010).[29] Über feinen, horizontal umlaufenden Schlifflinien ist außen kurz unter dem Rand eine weitere Dekoration aus senkrechten, schmalen Dellen angebracht. Derartige Schliff-Dekorationen sind an Bechern des 3.[30] und 4. Jh.[31] zu finden.

Sonstige Formen (Taf. 93,1011–1018)

Sieben kleine Flaschen oder Balsamarien sind nur durch die erhaltenen engmündigen Randbruchstücke nachweisbar (Taf. 93,1011–1015; Kat.-Nr. 1012a. 1013a), ohne daß eine genaue Formansprache möglich wäre.[32] Die Ränder können ausgebogen (Taf. 93,1011), verschiedenartig umgeschlagen (Taf. 93,1012–1014; Kat.-Nr. 1012a,1013a) oder verdickt (Taf. 93,1015) sein. Bei allen Exemplaren schwankt die Farbe zwischen schwachen Blau- und Grüntönen, vereinzelt ist Blasenbildung im Glas festzustellen (Taf. 93,1011.1014). Auf der Unterseite des Randes Tafel 93,1013 befindet sich eine Reihe radial angeordneter Kerben. Je ein Fundstück entstammt der Porticus (Kat.-Nr. 1013a) bzw. einer vermutlich römischen Schicht unter dem Aushub hinter dieser Porticus (Taf. 93,1014). Ebenfalls nicht näher einzugrenzen ist das Randbruchstück Tafel 93,1016 aus entfärbtem Glas, bei dem der Rest eines flachen dreistabigen Henkels erhalten ist. Vermutlich gehörte er ursprünglich zu einer (eher weitmündigen) Kanne o. ä.[33] Ob das Bruchstück Tafel 93,1017 aus hellgrünem Glas, bestehend aus einem Teil des einfachen halbkreisförmigen Henkels sowie dem ansitzenden Rand, zu einer ähnlichen Gefäßform gehörte, ist unsicher.

Als letzte Gefäßgruppe sind drei bis fünf Vierkantflaschen der Form Isings 50/51[34] festzuhalten (Taf. 93,1018; Kat.-Nr. 1018a–c). Die drei Bodenbruchstücke Tafel 93,1018 und Kat.-Nr. 1018a bestehen aus schwachblauem, blasigem bzw. entfärbtem oder blau-grünem Glas. Alle tragen auf der Unterseite Auflagen aus einem mittigen Punkt und drei umlaufenden Wülsten. Dazu kommen zwei Schulterbruchstücke aus entfärbtem Glas, das heute milchig bzw. versintert ist; eventuell gehören diese Bruchstücke zu dem oben verzeichneten Boden. Vierkantflaschen sind eine langlebige Gefäßform, die ab der Mitte des 1. Jh. n. Chr. produziert wurde.[35]

Mit Kat.-Nr. 1018c–h sind zum Schluß verschiedene nicht zuweisbare Glasbruchstücke verzeichnet, die sicher großteils zu den besprochenen Gefäßen gehören. Die verschiedenen Fundstellen beschränken sich wiederum auf den Westteil des Haupthauses.[36]

1.3 Die Glasgefäße im Überblick

Wie sich im vorangegangenen gezeigt hat, sind der Bearbeitung der Glasgefäße aus Laufenburg aufgrund der Kleinteiligkeit des Materiales relativ enge Grenzen gesetzt. Bewußt wurde auch deshalb darauf verzichtet, Mußmaßungen über ihre Herkunft anzustellen,[37]

23 E. Welker, Die römischen Gläser von Nida-Heddernheim. Schr. Frankfurter Mus. Vor- u. Frühgesch. 3 (Frankfurt 1974) 140 Taf. 19,306.
24 Isings, Roman Glass 48f., 113f.
25 Berger, Vindonissa 86, Nr. 230; Welker a.a.O. (Anm. 23) 140f. Taf. 19,307–309.
26 Isings 34: Fünfschilling, Baden 124 Taf. 13,154. Trier Form 47b (= Isings 85b): Chur 1,129f. Taf. 41,28. Trier Form 58b: Goethert-Polaschek, Trier 81 Taf. 45,353.
27 Goethert-Polaschek, Trier 350 (Formen 47b u. 58b).
28 Ebd. 48.350 (Form 46), Form fehlt bei Isings, Roman Glass.
29 Bezüglich einer Formansprache vgl. o. zu Kat.-Nr. 1008 mit Anm. 26.
30 E. Welker, Die römischen Gläser von Nida-Heddernheim 2. Schr. Frankfurter Mus. Vor- u. Frühgesch. 8 (Bonn 1985) 28f. Taf. 7,86.87).
31 Goethert-Polaschek, Trier 59ff. mit Abb. 21,225.232; 350 (Form 49b).
32 In Frage kommen die Formen Isings 6, 8, 9, 14, 26, 28, 50–52, 55, 70, 82–84, 101, 105.
33 Wie z. B. die Formen Isings 15, 65, 120–122.
34 Isings, Roman Glass 63ff.
35 Fünfschilling, Baden 134; Chur 1, 128f.
36 Nord-Risalit: Kat.-Nr. 1018c.f; Porticus: Kat.-Nr. 1018f; Süd-Risalit, Schuttschicht im unteren Teil der Füllung: Kat.-Nr. 1018c.
37 Chur 1, 123.

Tabelle 26: Verteilung der Glasgefäße nach Form und Zeit. Die den Zahlen beigefügten Buchstaben bedeuten: M = Millefiori; E = Einfarbiges Buntglas; e = entfärbt; n = naturfarben.

	1. Jh.	2. o. 3. Jh.	3. Jh.	3. o. 4. Jh.	4. Jh.	?	gesamt
Buntglas (nur Isings 3)	3 M u. 4 E	–	–	–	–	–	7 Schalen
Naturfarbenes bzw. *entfärbtes Glas*							27–29 Gefäße
Isings 3	5n	–	–	–	–	–	
Horizontalrand	–	–	–	–	–	1e	7 Schalen
Isings 116	–	–	–	–	1e	–	
Isings 12	1n	–	–	–	–	–	
Isings 85	–	1e	–	–	–	–	
Isings 34/96	–	–	–	3e	–	–	8 Becher
?	–	–	–	2n	–	–	
Trier 46	–	–	1n	–	–	–	
Flaschen bzw. Balsamarien	–	–	–	–	–	7n	
Kannen bzw. Flaschen	–	–	–	–	–	3n u. 2–4e	12–14 Sonstige
Summe	13	1	1	5	1	13–15	34–36 Gefäße

zumal neuerdings auch verstärkt mit der Möglichkeit lokaler Werkstätten gerechnet werden muß,[38] die neben großen Manufakturen – wie z. B. denen in Köln – den Markt belieferten.

Mit ca. 35 Gefäßen ist die Zahl der Gläser im Vergleich zur Gefäßkeramik natürlich äußerst gering (ca. 1:46). Allerdings zeigt ein Vergleich mit anderen Villen, daß ein Glasanteil wie in Laufenburg bereits relativ hoch ist.[39] Die Verteilung unserer Glasgefäße faßt Tabelle 26 zusammen.

Mit 14 Exemplaren stellen Schalen die häufigste Gefäßform dar, die ihrerseits eindeutig durch die Form Isings 3 dominiert wird. Nur wenig schwächer vertreten sind hohe, fast geschlossene Formen wie Fläschchen etc. Am geringsten sind mit acht Stück die Becher vorhanden. Absolut gesehen drücken die wenigstens zehn feststellbaren Formen keine große Vielfalt bei den Glasgefäßen aus,[40] im Vergleich mit anderen Villen scheint diese Zahl jedoch eher hoch.[41]

Hinsichtlich der zeitlichen Verteilung bleibt festzuhalten, daß sich die 13 Gefäße des 1. Jh. ziemlich gleichmäßig auf seine beiden Hälften verteilen. Nach einer deutlichen Lücke sind erst im 2. und 3. Jh. wieder einzelne Exemplare vorhanden, mit sechs Gefäßen ist sodann das 3. bis 4. Jh. ausgesprochen stark vertreten. Diese unausgewogene Verteilung[42] ist jedoch überhaupt nicht erstaunlich, zieht man die Ergebnisse der Bearbeitung der Gefäßkeramik hinzu. Dort war deutlich geworden, daß besonders im 1. Jh. massiv Mittel zum Einkauf römisch geprägter Ware genutzt worden sind, worauf ein deutlicher Einbruch in der späteren Zeit folgte; im späteren 3. und 4. Jh. erfolgte sodann wieder eine spürbare Trendwende, wenn auch auf niedrigem Niveau. Gerade diese Strukturabfolge findet sich nun auch bei der Verteilung der Glasgefäße wieder, deren Luxuscharakter noch wesentlich höher einzuschätzen ist als z. B. der der Sigillata. Durch dieses Ergebnis wird die Analyse der (Nutzung der) ökonomischen Lebensumstände der Bewohner unserer Villa zumindest bestätigt, vielleicht sogar noch verstärkt.[43]

2. Fensterglas (Taf. 93,1019–94,1022)

Die Bruchstücke von nicht weniger als fünf verschiedenen Fensterscheiben sind erhalten. Das erste Exemplar Tafel 93,1019[44] besteht aus blaßgrünem Glas mit

38 Martin-Kilcher, Laufen-Müschhag 59 mit Anm. 277; Fünfschilling, Baden 83.
39 Roth-Rubi, Stutheien 38f.: Nur in Bennwil liegt das Verhältnis mit 1:33 sicher höher.
40 Ganz anders z. B. in Chur: Chur 1, 124, Tab. 23.
41 Roth-Rubi, Stutheien 38f.
42 Vgl. Anm. 40.
43 Natürlich sind aufgrund der geringen Quantität der Gläser Aussagen nur begrenzt zu verwerten, jedoch soll folgendes festgehalten werden (Tab. 24 u. 26): Bei sicheren Funden des 1. Jh. kommen auf ein Glasgefäß 33 Keramikgefäße (13:432); bei Funden des 3. bis 4. Jh. stehen einem Glasgefäß nur 15 Tongefäße gegenüber (7:105).
44 Die in der Abbildung gewählte Dimensionierung der Scheibe ist rein willkürlich. A. G. McKay, Römische Häuser, Villen und Paläste (Zürich–Freiburg 1980) 131 mit Anm. 249; 218 mit Anm. 407 gibt an, daß die Abmessungen einer Scheibe selten 22 cm auf 30 cm überschreiten.

breiten Bahnen feiner Bläschen. Die matte, plane Unterseite ist rauh, die Oberseite glatt und klar. Diese wellige Seite zeigt besonders an den Eckstücken Spuren der Bearbeitung, die durch das Verteilen der Glasmasse auf der Unterlage entstanden sind. Diese relativ dicke Scheibe (4,5–7 mm) ist somit ein typischer Vertreter des gegossenen Fensterglases, wie er vom 1. bis 3. Jh. in Gebrauch war.[45] Ein Bruchstück dieser Scheibe fand sich in Raum 1.

Die übrigen Scheiben (Taf. 94,1020–1022; Kat.-Nr. 1020a) sind wesentlich dünner und erscheinen im Durchlicht farblos. Nur von der Seite betrachtet färben sie sich schwachgrün. Bei allen Scheiben sind sowohl Ober- als auch Unterseiten mehr oder weniger glatt und plan. Im Glas sind häufig große, langgezogene Blasen festzustellen; indifferente Bearbeitungsspuren finden sich nur vereinzelt auf der Oberseite von Tafel 94,1020, das z.T. in Raum 2 gefunden wurde. Aufgrund der feststellbaren Charakteristika dürften diese vier Fenster aus einem geblasenen Hohlzylinder hergestellt worden sein, der aufgeschnitten und plangelegt wurde.[46] Damit gehört Laufenburg zu den wenigen Fundstellen in den nordwestlichen Provinzen, in denen dieses Fensterglas des 3. oder 4. Jh. beobachtet werden konnte.[47]

Zwar ist es zunächst erstaunlich, daß die späte Form des Fensterglases wesentlich häufiger vertreten ist als die frühere, vielleicht können dafür aber auch forschungsgeschichtliche Gründe geltend gemacht werden.[48] Trotzdem bleibt festzuhalten, daß die Bewohner unseres Gutshofes, gerade auch die späten Generationen, die Vorzüge gut beleuchteter Wohnräume zu schätzen wußten.[49] Schließlich paßt dieses Ergebnis aber gut zur Befundanalyse, wo die umfangreichsten Bautätigkeiten an der Wende vom 2. zum 3. Jh. festzustellen waren (S. 21ff.).

F. Trachtzubehör, Toiletten- und Spielgerät

1. Fibeln (Taf. 94,1023–95,1030)

Wenigstens neun Fibeln, verteilt auf acht unterschiedliche Formen, sind unter den Funden vertreten (Taf. 94,1023–95,1030; Kat.-Nr. 1023a). Eine Bearbeitung kann sich dabei auf die umfassenden Publikationen von Fibeln aus der Schweiz[1] stützen. Dementsprechend soll die folgende Erörterung auf wenige wichtige Punkte beschränkt bleiben; für einzelne Vergleichsstücke sei wiederum auf die entsprechenden Katalogangaben verwiesen.

Zwei oder drei Spiralfibeln stehen vier Hülsenscharnier- und zwei Backenscharnierfibeln gegenüber, zu denen eine Fibel mit Drehverschluß hinzutritt.

Die einzige vorhandene Hülsenspiralfibel zeigt Tafel 94,1023, die eine Variante der Gruppe der Distelfibeln mit gewölbtem Bügel[2] darstellt. Durch ausgesprochen starke Patinierung sowie mangelhafte moderne Restaurierung sind Einzelheiten im Bereich der Hülse bzw. der fehlenden Spirale nicht mehr deutlich erkennbar. Auf dem rhombenförmigen Bügelmittelteil sind Reste einer roten Email- bzw. Glaseinlage erhalten, die von zwei eingetieften, konzentrischen Kreisen gerahmt wird. Der trapezförmige Fuß wird durch ein eingetieftes Leitermuster dekoriert. Die Hauptverbreitungszeit dieser Distelfibeln lag im 1. Jh. n. Chr., unsere Variante dürfte ungefähr in dessen Mitte gehören.[3]

Mit Kat.-Nr. 1023a sind wenige Bruchstücke von einer oder zwei weiteren Spiralfibeln aus Bronze vorhanden; zwar sind diese als einzige im Fundmaterial stratifizierbar (s. Katalog), jedoch lassen die geringen Reste keine sichere Formansprache zu. Vielleicht handelt es sich um Spiralfibel(n) mit niedrigem Nadelhalter,[4] die dem 1.Jh. angehören dürfte(n).[5]

Komplett erhalten ist die Aucissa-Fibel Tafel 94,1024 aus stark patinierter Bronze. Der in Längsrichtung gleichmäßig dreigeteilte Bügel trägt Reste einer Kerbverzierung, der runde Fußknopf ist wie üblich separat gearbeitet und angefügt. Zumeist ist diese Fibelform für das 1. Jh. belegt;[6] mit der an unserem Exemplar auftretenden Bügelvariante handelt es sich vermutlich um ein Produkt aus dessen 1. Hälfte.[7] Die zierliche Fibel Tafel 94,1025 gehört aufgrund der seitlich vom Bügel abstehenden Fortsätze, die in Verdickungen enden, zur Gruppe der Scharnierflügelfibeln. Der abge-

45 D. Baatz, Arch. Korrbl. 8, 1978, 321f., bes. 321 mit Anm. 1.
46 D. Baatz, Arch. Korrbl. 8, 1978, 321f. mit Anm. 4.
47 D. Baatz, Arch. Korrbl. 8, 1978, 321f.
48 Die bekannten Fundstellen in Raum 1 und 2 waren im Wohntrakt zu erwarten; gerade dieses Areal ist in den verschiedenen Grabungsabschnitten mehrfach bearbeitet worden. Weiterhin ist die Geschichte der Funde (vgl. S. 11ff.) zu bedenken, die sicher nicht der Komplettheit des Materiales zuträglich war.
49 Vgl. auch Roth-Rubi, Stutheien 38f., die nur für Bennwil und Wiedlisbach Reste von Glasfenstern aufzeigt (ohne Differenzierung nach Form und Scheibenmenge); dazu kommen sechs Scheiben der älteren Form in Laufen-Müschhag: Martin-Kilcher, Laufen-Müschhag 59f.
1 Ettlinger, Fibeln; Riha, Fibeln Augst. Da E. Riha die Ergebnisse von E. Ettlinger jeweils miteinbezieht, werden im folgenden zumeist nur auf die erste Publikation bezogene Verweise gegeben.
2 Riha, Fibeln Augst 101ff.
3 Riha, Fibeln Augst 101; 104f. (Typ 4.5.6).
4 Freundlicher Hinweis Dr. P. Glüsing (Sem. Ur- u. Frühgesch. Münster).
5 Riha, Fibeln Augst 12ff.
6 Riha, Fibeln Augst 114f.
7 Riha, Fibeln Augst 114f.; 118 (Typ 5.2.2).

brochene linke Flügel ist dabei entsprechend dem gegenüberliegenden zu ergänzen, die Nadel fehlt. Erstaunlicherweise sind bei unserem Exemplar weder Profilierungen des Bügels noch Spuren einer Verzinnung auf der leicht patinierten Bronze feststellbar, Merkmale, die sonst regelmäßig zu diesem Typ gehören.[8] Die lange Laufzeit der Scharnierflügelfibeln reicht von der tiberischen Epoche bis mindestens ins 2. Jh.;[9] aufgrund eines schichtdatierten Vergleichsstückes aus Augst könnte unser Exemplar an die Wende vom 1. zum 2. Jh. gehören.[10]

Zweimal sind nielloverzierte Scharnierfibeln im Material vorhanden, von denen Tafel 94,1026 mit 3,3 cm Länge ein besonders zierliches Exemplar ist, dem die Nadel heute fehlt. Hinter dem Scharnier knickt der Bügel scharf um und endet nach einer weiteren, allerdings sanften, Umbiegung im flachen, zweigeteilten Fußknopf. Auf dem Bügel ist in die leicht patinierte Bronze eine Niello-Dekoration eingelassen, die aus einem S-förmigen Motiv, drei Punkten und zwei Querkerben besteht. Die größere Fibel Tafel 94,1027 hat ein wesentlich ausgeprägteres Hülsenscharnier, dem ein gerundeter Bügel folgt, der deutlich gegen den Fuß durch zwei Querprofilierungen abgesetzt ist. Der Fußknopf ist ähnlich dem vorangegangenen gebildet, der Nadelhalter ist gelocht. Auch bei dieser wenig patinierten Bronzefibel fehlt die Nadel. Die Niello-Dekoration auf dem Bügel besteht hier aus 10 untereinander angeordneten Querkerben und einem abschließenden Punkt. Nielloverzierte Scharnierfibeln waren während es gesamten 1. Jh. n. Chr. in Mode.[11]

Eine der beiden Backenscharnierfibeln ist die radförmige Fibel mit Mittelzier (Taf. 95,1028) aus verzinnter Bronze. Ein Stück des äußeren Rades mit der sechsten Zacke fehlt ebenso wie die zu erwartende Glaspaste, die einmal in dem Napf auf der rhombenförmigen Mittelzier saß. Derartige Fibeln sind von frühclaudischer Zeit bis ins 2. Jh. belegt.[12]

Außer der abgebrochenen Nadel ist die Figurenfibel in Seepferdchenform aus patinierter Bronze (Taf. 95,1029) vollständig erhalten. Der Kopf des nach links gewandten Tieres zeigt ein eingepunztes Auge, an Hals und Hinterteil ist eine stilisierte Mähne durch Kerben angedeutet. Die Rücken- und Bauchflossen sind z. T. gegliedert, ebenso ist die durch einen senkrechten Wulst vom Körper getrennte Schwanzflosse mehrfach unterteilt; in dieser finden sich Reste einer vermutlich roten Emaileinlage. Der Körper ist, abgesehen vom schmalen Randbereich, vertieft gearbeitet; auch hier finden sich drei kreisförmige blaue Einlagen aus Email. Figurenfibeln mit Emaileinlagen gehörten hauptsächlich im 2. Jh. als Zubehör zur Tracht.[13]

Als letzte Form sei mit Tafel 95,1030 eine Ringfibel als einziger Typ mit Drehverschluß besprochen. Der fehlende bewegliche Dorn dürfte wie der zur Hälfte erhaltene Ring aus verzinnter Bronze bestanden haben. Auf der Außenseite des im Querschnitt fast rhombischen Bügels läuft ein erhöhter Mittelgrat in Wellenform um. Aufgrund des erhaltenen „Stollenendes" dürfte diese Fibel vermutlich ein ostgallisches Importstück des 1. Jh. n. Chr.[14] sein.

1.1 Die Fibeln im Überblick

Im Vorangegangenen wurde deutlich, daß das datierende Moment der Fibeln relativ begrenzt ist. Neben langen Produktionszeiten sind stratifizierte Vergleichsstücke nur unter Vorbehalt aussagefähig, da gerade die Fibeln als wertvolles Trachtzubehör lange benutzt wurden.[15] Für die Laufenburger Exemplare bedeutet dies (Tab. 32), daß die sechs oder sieben Fibeln des 1. Jh. n. Chr. nur vereinzelt innerhalb dieser 100 Jahre eingegrenzt werden können. Dazu kommen zwei weitere Stücke, die sowohl dem 1. als auch dem 2. Jh. entstammen können, sowie ein sicherer Vertreter des 2. Jh.. Mit dieser geringen zeitlichen Spannbreite entsprechen die Laufenburger Fibelfunde den Verhältnissen, wie sie auch in der benachbarten Schweiz zu finden sind; als Grund hierfür muß ein Wandel der Trachtgewohnheiten angenommen werden, durch den in der mittleren und späteren Kaiserzeit das Tragen von Fibeln zurückgedrängt wurde.[16] Neben diesem generellen Trend ist in unserem Fall nicht zuletzt auch die wirtschaftliche Stärke der Bewohner des 1. Jh. und ihre Verwurzelung in römischem Kulturgut dafür verantwortlich, daß das Gros der Fibeln dieser Zeit zuzuordnen ist. Dies wird auch im Vergleich mit Fibelfunden anderer römischer Villen in der Schweiz deutlich.[17] Einerseits konzentrieren sich auch dort die Fibelfunde zumeist auf das 1. Jh., andererseits sind nur für die Anlage von Vicques (Kt. Jura) ebensoviele Exemplare belegt wie für unseren Gutshof. Selbst in Laufen-Müschhag mit insgesamt knapp doppelt soviel Keramikgefäßen fanden sich lediglich sechs Fibeln. Hinsichtlich der Herstellungsorte unserer Fibeln sind nur wenige Aussagen möglich. Neben der mit großer Wahrscheinlichkeit

8 Riha, Fibeln Augst 126f.
9 Riha, Fibeln Augst 126f.
10 Riha, Fibeln Augst 131, Nr. 920.
11 Riha, Fibeln Augst 148ff.
12 Riha, Fibeln Augst 183f. (Typ 7.6).
13 Riha, Fibeln Augst 200ff.
14 Riha, Fibeln Augst 209 (Typ 8.2.2).
15 Ettlinger, Fibeln 28ff.; Roth-Rubi, Stutheien 39 mit Anm. 83.
16 Ettlinger, Fibeln 26ff. Riha, Fibeln Augst 42.
17 Roth-Rubi, Stutheien 40.

aus Ostgallien importierten Ringfibel kommt auch für die kleine Distelfibel Gallien als Ursprungsgebiet in Frage;[18] ansonsten muß derzeit davon ausgegangen werden, daß die meisten Fibeln in lokalen Bronzewerkstätten der benachbarten Nordschweiz produziert wurden.[19]

Ebenso können zu Fragen der Tragweise verschiedener Fibelformen nur vereinzelte Angaben gemacht werden. Generell ist natürlich zunächst zu bedenken, daß nur Fibeln mit entsprechend großen Bügelwölbungen (wie z. B. unsere Aucissa-Fibel) ausreichend Raum umspannen, um wirklich als Gewandschließen dienen zu können; dementsprechend sind Exemplare mit flachen Silhouetten eher als reine Schmuckstücke zu betrachten.[20] Bezüglich der Zugehörigkeit zu Männer- oder Frauentracht kann nur für die Scharnierflügelfibel sicher davon ausgegangen werden, daß sie von einer Frau getragen wurde; die gleiche Möglichkeit besteht außerdem noch für die radförmige Fibel mit Mittelzier[21] sowie für die Distelfibel.[22] Die Aucissa-Fibel schießlich stellt den einzigen Fibeltyp dar, der überwiegend von Militärpersonen getragen wurde.[23] Somit ist anhand der Fibeltypen, im Gegensatz zu anderen Fundgruppen, nur ein singulärer Bezug unserer Villa zum Militär möglich. Dabei muß jedoch offenbleiben, ob die vorgeschlagene Datierung (1. Hälfte 1. Jh.) für eine Verbindung mit der 13. oder 21. Legion spricht. Bedenkt man, daß sich gerade Fibeln als Trachtzubehör oft einer langen Wertschätzung, d. h. Benutzungszeit, des bzw. der Besitzer(s) erfreuten, könnte dies ebenso für einen Bezug zur nachfolgenden 11. Legion sprechen.

2. Ringe, Perlen, Anhänger, Gürtelschnallen (Taf. 95,1031–96,1049)

Die beiden kleinen Bronzeringe haben D-förmigen (Taf. 95,1031) bzw. rechteckigen (Taf. 95,1032) Querschnitt und wurden vermutlich als einfache Fingerringe getragen.[24] Eine fast ovale, oben abgeflachte Form besitzt das Fundstück Tafel 95,1033 aus opakem grünen Glas. Aufgrund der gewölbten Unterseite dürfte es als Ringeinlage gedient haben.

Den einzigen erhaltenen Armring zeigt Tafel 95,1034; der geringe Durchmesser von 4,4 cm läßt ihn als Schmuckstück eines Kindes erscheinen. Auf dem mittelbraunen, narbig anzufühlenden Glas sind noch deutlich die tordiert umlaufenden Bahnen erkennbar, in denen gelbe Glasfäden eingelegt waren, wovon heute nur noch Reste erhalten sind. Zwar steht der im Querschnitt D-förmige Armring in der Tradition latènezeitlicher Typen,[25] jedoch belegen eindeutige Funde in Chur, daß diese zumindest in frührömischer Zeit noch in Mode waren.[26] Gläserne Armringe in derberen Formen sind daneben noch in spätrömischer Zeit belegt.[27]

Weiterhin fanden sich in Laufenburg zehn Perlen in vier verschiedenen Formen. Zunächst sind mit Tafel 95,1035–1038 Melonenperlen abgebildet, von denen die ersten drei aus türkisfarbener, frittiger Kieselkeramik bestehen.[28] Die charakteristischen Rippen verlaufen nur bei Tafel 95,1035 schräg, sonst vertikal; bei Tafel 95,1037 scheint diese Profilierung stark verschliffen, was auf eine intensive Nutzung als Kettenbestandteil deutet. Das Bruchstück der vierten Melonenperle (Taf. 95,1038) ist demgegenüber aus opakem olivgrünen Glas, in das vermutlich ein weißer Glasfaden eingelegt war, der horizontal umlief. Auch hier waren die Rippen nur schwach ausgeprägt. Melonenperlen sind Teile zeitloser Schmuckstücke, die in der gesamten römischen Kaiserzeit anzutreffen sind.[29]

Fast rhombenförmig ist die Perle Tafel 95,1039 aus weißem opaken Glas, das von mehreren dunkelblauen Streifen durchzogen wird. Das Stück ist aus zwei Hälften zusammengefügt, wie die deutlich umlaufende Naht zeigt. Zeitlose Formen sind auch die kugeligen (Taf. 95,1040.1041) und röhrenförmigen (Taf. 95,1042–1044) Perlen, die alle aus dunkelblauem Glas gearbeitet sind.[30]

Aus dem Eckzahn eines Hundes[31] ist der Anhänger Tafel 95,1045 gearbeitet, dessen Zweckbindung die an der oberen Bruchkante erhaltene Bohrung dokumentiert. Ein ebensolcher Anhänger ist auch für die Villa von Laufen-Müschhag belegt.[32]

1935 wurde der bereits publizierte Anhänger in Phallusform (Taf. 95,1046) im Areal unserer Villa gefun-

18 RIHA, Fibeln Augst 101.
19 RIHA, Fibeln Augst 37.
20 RIHA, Fibeln Augst 41f.
21 RIHA, Fibeln Augst 41f.
22 RIHA, Fibeln Augst 101.
23 RIHA, Fibeln Augst 114.
24 Vgl. z.B. Chur 1, Taf. 49,18 oder ROTH-RUBI, Stutheien Taf. 32,656. Allgemein neuerdings: E. RIHA, Der römische Schmuck aus Augst und Kaiseraugst. Forsch. Augst 10 (Augst 1990).
25 Vgl. z.B. Chur 1, Taf. 53,19–22 oder auch R. LUNZ, Archäologie Südtirols. Arch.-histor. Forsch Tirol 7 (Bruneck 1981) 265 Taf. 119.
26 Chur 1, 168f.
27 Vgl. S. v. SCHNURBEIN, Das römische Gräberfeld von Regensburg. Materialh. Bayer. Vorgesch. A 31 (Kallmünz 1977) 86 mit Anm. 389; Taf. 136,5 (Grab 1005).
28 Zur Definition siehe SCHÖNBERGER, Oberstimm 288f.
29 SCHÖNBERGER, Oberstimm 288f. Taf. 113, F 28–54.
30 Zu Kugelperlen vgl. z.B. MARTIN-KILCHER, Laufen-Müschhag Taf. 53,15; zu Röhrenperlen vgl. z.B. v. SCHNURBEIN a.a.O. (Anm. 27) Taf. 91,11 (Grab 698–700).
31 Ich danke Dr. J. NIEMEYER (Mus. Naturkunde, Münster) für die Bestimmung.
32 MARTIN-KILCHER, Laufen-Müschhag 61 mit Anm. 298 Taf. 54,11.

den; außer einer Bruchstelle an der runden Schlaufe ist das aus verzinnter Bronze hergestellte Stück komplett erhalten. Phallische Amulette verschiedenster Form sind vielfach in zivilen und besonders auch militärischen Fundstellen römischer Zeit anzutreffen;[33] als Sinnbild von Potenz im weitesten Sinne kam diesen Anhängern apotropäische Bedeutung zu. Einfach profilierte Phalloi, wie unser Exemplar, finden sich z. B. im 2.[34] oder 4. Jh.[35]

Aus Deckel und Unterteil, deren gelochtes Scharnier als Öse diente, besteht das bronzene Döschen Tafel 95,1047, das z. T. stark bestoßen ist. Der Körper ist als tropfenförmiges Oval gebildet, das in eine rundliche verdickte Spitze ausläuft; im vorderen Teil sind zwei zackenförmige Ausbuchtungen. Soweit erkennbar, war die Unterseite durch eingepunzte Kreise dekoriert; auf dem Deckel sind rote und grüne Glas- oder Emaileinlagen, die dreieckig bzw. unförmig gestaltet sind. Derartige Döschen sind ebenfalls häufig in römischen Komplexen unterschiedlicher Zeitstellung zu finden. Als Anhänger im Sinne von Trachtzubehör sind diese Fundstücke nur dann aufzufassen, wenn ihre Funktion die eines Riechdöschens war.[36] Häufig wurden sie aber sicher auch als Siegelkapseln genutzt, so daß sie nur im weiteren Sinne als Anhänger an Päckchen o. ä. dienten.[37] Mit Kat.-Nr. 1047a sind vermutlich die Reste eines weiteren, ähnlichen Döschens verzeichnet.

Die D-förmige Gürtelschnalle Tafel 95,1048 besteht, wie der erhaltene Dorn, aus stark patinierter Bronze. Derartige Schnallen sind z. B. an Scharnieren von Schienenpanzern bekannt,[38] dort jedoch nicht (wie unser Exemplar) aus einem Stück massiv gegossen. Da zudem weitere militärische Ausrüstungsgegenstände im Material fehlen,[39] könnte die Schnalle Tafel 95,1048 eher als Form des frühen 4. Jh. aufgefaßt werden, der heute der zugehörige Beschlag fehlt.[40]

Rechteckig ist demgegenüber die zweite Gürtelschnalle Tafel 96,1049, an deren Längsseiten je eine schmale, ovale Schlaufe ansetzt. Die komplett gegossene Schnalle aus patinierter Bronze ist im Querschnitt teils rund, teils rechteckig. Der angefügte, an seiner Spitze verbogene Dorn ist aus Eisen hergestellt und heute stark korrodiert. Ob dieses Stück einem Bewohner unseres Gutshofes gehörte, ist zumindest zweifelhaft.[41]

3. Nadeln, Schminkgerät, Schröpfkopf (Taf. 96,1050–97,1059)

Nur zwei Nadeln (Taf. 96,1050.1051) bestehen aus patinierter Bronze. Das erste Stück trägt einen rhombenförmigen, das zweite einen kegelförmigen Kopf. Beim letzteren (Taf. 96,1051) ist zu erwägen, ob es sich um eine Nadel handelt, wie sie vielfach in der älteren Kaiserzeit im nördlichen Elbegebiet auftritt.[42] Falls dies zutrifft, wäre diese Nadel neben dem Bekken Alzey 24 (S. 111 zu Taf. 54,680) das einzige Fundstück im Laufenburger Material, das Beziehungen zur Germania Libera aufzeigt.

Von den beinernen Nadeln kann Tafel 96,1052 mit kegelstumpfförmigem Ende entweder eine Haarnadel[43] oder einen Pfriem[44] darstellen. In vier fragmentierten Exemplaren (Taf. 96,1053; Kat.-Nr. 1053a.b) sind Haarpfeile mit eiförmig verdicktem Ende vorhanden.[45] Aufgrund der gelochten Enden sind die zwei komplett erhaltenen Fundstücke aus Bein (Taf. 96,1054.1055) als Nähnadeln anzusehen;[46] daneben liegt mit Kat.-Nr. 1055a ein weiteres Bruchstück aus Eisen vor.

Vergleichsstücke zu diesen einfach gearbeiteten zehn

---

33 Vgl. z. B. H. Menzel, Die römischen Bronzen aus Deutschland 3, Bonn (Mainz 1986) 153ff. Taf. 136–139, weitere Literatur besonders ebd. 153, Nr. 411; 158f., Nr. 435; ein ähnlich einfacher, nicht datierter Fund aus Baden: Jahrber. Ges. Pro Vindonissa 1971 (1972) 58 Abb. 7,70.

34 S. Frere, Verulamium Excavations 1. Reports Research Committee Soc. Antiqu. London 28 (London 1972) 120f. mit Abb. 33,47.

35 Arch. Jahr Bayern 1980 (1981) 146f. mit Abb. 120.

36 Veldidena – Römisches Militärlager und Zivilsiedlung. Ausstellung Innsbruck (Innsbruck 1985) 230, Nr. 414.

37 Zu Zweck und Funktion siehe Walke, Straubing 58 mit Anm. 18; Taf. 111,25–31; für weitere Stücke vgl. z. B. Frere a.a.O. (Anm. 34) 122f. Abb. 34,65–67 oder B. Cunliffe, Excavations at Fishbourne 2, The Finds. Reports Research Committee Soc. Antiqu. London 27 (London 1971) 118f. Abb. 49,129–132.

38 Vgl. z. B. G. Ulbert, Das römische Donau-Kastell Rißtissen 1. Urkunden Vor- u. Frühgesch. Südwürttemberg-Hohenzollern 4 (Stuttgart 1970) 23ff. Taf. 3,44–48; 4,74–77 oder B. W. Cunliffe, Fifth Report on the Excavations of the Roman Fort of Richborough, Kent. Reports Research Committee Soc. Antiqu. London 23 (London 1968) 95 Taf. 36,110–112.

39 Weder im Fundmaterial noch in den Grabungsdokumenten (LDA Freiburg) finden sich typische Ausrüstungsteile römischer Soldaten verzeichnet. Lediglich R. Laur-Belart, der öfter die Grabungen besuchte, verzeichnete in seinem privaten Tagebuch für den 19. 7. 1939 den Fund eines Gladius (freundlicher Hinweis A. R. Furger, Römermuseum Augst).

40 Vgl. v. Schnurbein a.a.O. (Anm. 27) 91f. Taf. 143,4 (Grab 1102). R. Pirling, Das römisch-fränkische Gräberfeld von Krefeld-Gellep. Germ. Denkmäler Völkerwanderungszeit B 2 (Berlin 1966) 1. Teil, 121f. mit Abb. 14,1.2.8; 2. Teil, Taf. 62,6 (Grab 712); Taf. 103,4 (Grab 1217).

41 Zumindest sind mir keine guten Vergleichsstücke aus römischem Kontext bekannt. Von völlig anderem Charakter sind viereckige Gürtelschnallen mit knopfartigen Fortsätzen an den Ecken: Vgl. z. B. Cunliffe a.a.O. (Anm. 38) 93f. Taf. 35,97.98.

42 B. Beckmann, Studien über die Metallnadeln der römischen Kaiserzeit im freien Germanien. Saalburg-Jahrb. 23, 1966, 5ff., bes. 25f. (Nr. 54f.) Taf. 2,54.55.

43 Martin-Kilcher, Laufen-Müschhag 61 Taf. 55,1.2.

44 Chur 1, 364 Taf. 52,18–20.

45 Vgl. z. B. ebd. Taf. 52,8.10.11 oder Martin-Kilcher, Laufen-Müschhag Taf. 55,4.

46 Vgl. z. B. Chur 1, Taf. 52,14–17 oder Martin-Kilcher, Laufen-Müschhag Taf. 55,6.

Nadeln finden sich vielfach in römischen Siedlungsplätzen unterschiedlicher Zeitstellung, wobei eine zeitliche Gliederung kaum gelingen dürfte.[47] Näh- und Haarnadeln müssen natürlich primär der weiblichen Sphäre bzw. Tracht zugeordnet werden. Zwar sind für unsere Exemplare keine Fundstellen innerhalb der Villa bekannt, jedoch kommen sie an anderen Plätzen häufig im Bereich von Bädern zutage.[48]

Aus Serpentina verde besteht die fast quadratische Schmink- oder Salbenplatte Tafel 96,1056 mit einer Kantenlänge von knapp 5 cm. Die Kanten sind jeweils abgeschrägt bzw. verlaufen senkrecht; an letzteren sind deutliche Sägespuren festzustellen, so daß diese Platte in Zweitverwendung aus einer größeren hergestellt wurde, die zuvor vielleicht als Verblendung o. ä. genutzt worden war.[49] Von ihrer zweiten Verwendung zeugen die Benutzungsspuren auf der Oberseite, hervorgerufen durch Reibsteine, wie sie aus dunkelgrünem Serpentin (Taf. 96,1057) und schwarzem Augit (Taf. 96,1058) ebenfalls als Bruchstücke im Material vorhanden sind.[50] Im Gegensatz zum nachfolgenden Fundstück kann hier zwischen einer kosmetischen (Schminke) und medizinischen (Salbe) Nutzung nicht unterschieden werden.

Sicher dem medizinischen Bereich zugehörig ist der Schröpfkopf (Taf. 97,1059) aus Zinnbronze, der ungefähr zu 80% erhalten ist. Der kugelige, oben nur schwach abgeflachte Körper geht nach einer tief sitzenden Einziehung in die breite Öffnung über, mit der der Schröpfkopf dem Patienten angesetzt wurde. Die Höhe unseres Stückes betrug sicher über 4,5 cm, der Durchmesser ca. 5,2 cm. Auf der Oberseite der ursprünglich polierten Außenwand waren ein Punkt und zwei konzentrische Kreise eingedreht, etwas tiefer dekorierte ein weiterer Kreis das Fundstück; die Innenseite ist demgegenüber roh belassen.

Neuerdings hat E. Künzl in verschiedenen Publikationen ähnlich gearbeitete Schröpfköpfe als nicht römisch definiert.[51] Es stellt dieser seines Erachtens nach mittelalterlichen Glockenform nur diejenigen Schröpfköpfe als römisch gegenüber, die durch ihre kantige Einziehung pilzförmig erscheinen. Als Beleg hierfür führt er an, daß fast kein Beispiel der ersten Form sicher einem römischen Kontext entstammt bzw. innerhalb eines solchen stratigrafisch zuweisbar ist. Darüber hinaus entspricht die Glockenform ziemlich genau dem Typus, der in Mittelalter und Neuzeit gebräuchlich war.

Folgt man der Argumentation Künzls, müßte unser Fundstück dementsprechend als nicht römisch betrachtet werden. Zwar ist leider auch für unseren Schröpfkopf die genaue Fundstelle nicht bekannt, jedoch bietet das sonstige vielfältige Material an (Bronze-)Funden zunächst keinen Zweifel an dessen Zugehörigkeit zum römischen Kontext. Wenn überhaupt, könnte also nur eine Vermischung vorliegen, die entweder während der Ausgrabungen, oder zu späterer Zeit im Hochrheinmuseum passiert wäre. Das Fundstück wäre somit vielleicht der Beleg einer späteren Begehung unseres Areals.

Betrachtet man die Argumentation von Künzl genauer, scheint diese jedoch nicht frei von argumentativen Brüchen zu sein. Das scheinbare Fehlen[52] gesicherter Befunde kann bei derart insgesamt seltenen Fundstükken durchaus forschungsbedingt sein; zumindest fällt auf, daß das Gros der von Künzl als nicht römisch definierten Schröpfköpfe aus Kunsthandel bzw. Privatbesitz oder Grabungen vom Ende des letzten bzw. Anfang dieses Jahrhunderts stammen.[53] Auch das formale Kriterium, daß ausschließlich die Pilzform mit schmaler Öffnung römisch, die Glockenform mit breiter Öffnung demgegenüber modern sei, scheint nicht zu greifen. Zwar führt auch Künzl antike glokkenförmige Beispiele als gesicherte Ausnahmen an,[54] jedoch spricht er anderen Fundstücken gleicher Form eine ebensolche Zeitstellung aufgrund ihrer geringeren Dimensionierung ab.[55] Dementsprechend bliebe für den sicher über 4,5 cm hohen Schröpfkopf aus Laufenburg zu fragen, ob hierin eine weitere Ausnahme der Regel zu sehen ist. Da allerdings auch bei pilzförmigen Schröpfköpfen kleine und große Beispiele bekannt sind,[56] dürfte in diesem Zusammenhang aber eher der Gedanke wesentlich sein, daß diese Unterschiede keine chronologischen Gründe, sondern solche der Zweckbindung haben.[57] Auch greift Künzls Argument nicht, daß die formalen Übereinstimmungen zwischen gesichert neuzeitlichen und seines Erachtens bislang fälschlich als römisch angesehenen

---

47 Martin-Kilcher, Laufen-Müschhag 61 mit Anm. 301; anders Chur 1, 166.

48 Martin-Kilcher, Laufen-Müschhag 61 mit Anm. 300.

49 Zur Verwendung dieses Marmores als Architekturteil siehe Mielsch, Buntmarmore 63.

50 Zu Schminkplatten und Reibsteinen vgl. z. B. Chur 1, Taf. 54,3–6.

51 E. Künzl, Ventosae cucubitae romanae. Germania 60, 1982, 513ff. Ders., Der Schröpfkopf vom Limeskastell Zugmantel. Saalburg-Jahrb. 40–41, 1984–1985, 30ff.

52 Die Ablehnung des gesicherten Befundes der Schröpfköpfe vom Dürrnberg bei Hallein bzw. vom Kastell Zugmantel scheint zumindest schwer nachvollziehbar: E. Künzl, Germania 60, 1982, 528, A 14. Ders., Saalburg-Jahrb. 40–41, 1984–1985, 30f. mit Abb. 3.

53 Vgl. Liste A bei E. Künzl, Germania 60, 1982, 527ff.

54 E. Künzl, Germania 60, 1982, 513ff. Abb. 1,2 (Rhodos); Abb. 4,2 (Pompeji).

55 E. Künzl, Germania 60, 1982, 527ff. (Liste A): Höhe der Stükke zwischen 2,4 u. 4 cm.

56 Vgl. z. B. E. Künzl, Saalburg-Jahrb. 40–41, 1984–1985, 30ff. Abb. 5,c (Höhe 14 cm); Abb. 6 (Höhe 5 cm).

57 Hierbei kommt nicht nur der Grad der Schröpfung des jeweiligen Patienten in Frage, sondern auch die zwei Arten (blutig, unblutig): E. Künzl, Germania 60, 1982, 514.

Tabelle 27: Qualitative Analyse verschiedener Bronzeobjekte.

Nr.	Objekt	Elementanteile (qualitative Abschätzung) Cu	:	Sn	:	Pb	Sonstiges
1	Schröpfkopf, Kat.-Nr. 1059	9	:	1		Spuren	geringe Spuren Ag
2	Blech, Kat.-Nr. 1110	7,5	:	2,5		Spuren	–
3	Blech, Kat.-Nr. 1114a	9	:	1		Spuren	Spuren Zn, geringe Spuren Ag
4	Blech, Kat.-Nr. 1114a	9	:	1		Spuren	Spuren Zn, geringe Spuren Ag
5	Blech, Kat.-Nr. 1114a	6,5	:	3,5		Spuren	Spuren Zn
6	Umschalthahn, Kat.-Nr. 1123	6	:	3	:	1	Spuren Zn, Sb, Ag
7	Ziernagel, Kat.-Nr. 1092	9	:	1		–	geringe Spuren Zn
8	Ring, Kat.-Nr. 1097	7	:	2,5	:	0,5	Spuren Zn
9	Glocke, Kat.-Nr. 1089	6	:	3	:	1	–

Schröpfköpfen (von kleiner Pilzform) unmöglich auf einer entsprechenden Tradition beruhen könne.[58] Gerade bei einfacheren medizinischen Instrumenten, wie auch bei unterschiedlichsten Werkzeugen, scheint doch gerade die Tradition evident zu sein, durch die (zumindest) von römischer Zeit bis in die jüngste Vergangenheit hinein gleiche Formen demselben Zweck dienten.[59] Als letztes schließlich muß überprüft werden, ob eine Abgrenzung durch eine Materialanalyse möglich ist. Anhand von Analysen stellt Künzl fest, daß die von ihm als nicht römisch betrachtete Form überwiegend aus Messing gefertigt ist.[60] Dies ist natürlich nur insofern als Faktum zu verwerten, daß Messing bereits in römischer Zeit erfunden wurde, aber besonders im Mittelalter beliebt war.[61] Um den Laufenburger Schröpfkopf in diese Fragestellung mit einzubeziehen, wurde dieser und weitere Referenzstücke mittels einer energiedispersiven Röntgenfluoreszenzspektrometrie qualitativ analysiert[62] (Tab. 27).
Aus Tabelle 27 wird deutlich, daß es sich bei unserem Schröpfkopf (wie bei den Nr. 2–5, 7, 9) um Zinnbronze handelt, die übrigen Stücke (Nr. 6, 8, 9) aus Blei-Zinnbronze hergestellt sind; die weiteren feststellbaren Beimischungen können ohne Berücksichtigung bleiben.[63] Alle neun analysierten Objekte weisen somit Kupferlegierungen auf, wie sie sowohl für die römische als auch mittelalterliche Zeit bekannt sind. Anhand der Analyse kann natürlich keine Datierung vorgenommen werden, es könnte aber vielleicht nicht ausschließlich auf Zufall beruhen, daß unsere Stücke nicht aus Kupfer-Zink-Legierungen (also Messing) bestehen.
Faßt man das Gesagte zusammen, muß folgendes festgehalten werden. Weder formal noch qualitativ können glockenförmige Schröpfköpfe wie hier Tafel 97,1059 bislang eindeutig der römischen Zeit zu- oder abgesprochen werden. Im Rahmen des übrigen Fundmateriales scheint es mir somit zulässig, unser Stück mit großer Wahrscheinlichkeit als römisch anzusehen. Umgekehrt bedeutet das natürlich, daß die von Künzl als nicht antik angesehenen Stücke durchaus doch römisch sein können.
Zu welcher Zeit innerhalb der Besiedlung unserer Villa ein Arzt sein Werkzeug bei einem Krankenbesuch hier verlor, muß jedoch offenbleiben. Allerdings zeigt dieses medizinische Relikt, nicht zuletzt auch in Verbindung mit dem der Hygiene dienenden Badetrakt, daß die Gutshofbewohner Gesundheitsvorsorge und -erhaltung zu schätzen und zu nutzen wußten.

4. Spielgerät (Taf. 97,1060–1069)

Verschiedene Funde der Laufenburger Villa zeigen exemplarisch, daß das Bedürfnis nach Entspannung und Abwechslung vom bzw. im alltäglichen Leben in römischer Zeit ebenso gesucht wurde wie heute.[64]

58 E. Künzl, Germania 60, 1982, 523.
59 Vgl. allgemein zu Instrumenten E. Künzl, Medizinische Instrumente aus Sepulkralfunden der römischen Kaiserzeit. Bonner Jahrb. 182, 1982, 1ff. Zu Werkzeugen W. Gaitzsch, Eiserne römische Werkzeuge. BAR, Intern. ser. 78 (Oxford 1980).
60 E. Künzl, Germania 60, 1982, 530.
61 Künzl stellt ebd. dieses Faktum auch nur fest, ohne es zu interpretieren. Für Fragen der Zusammensetzung von Bronzen siehe O. Werner, Analysen mittelalterlicher Bronzen und Messinge. Archäologie und Naturwissenschaften 1 (Mainz 1977) 144ff. Ders., Analysen mittelalterlicher Bronzen und Messinge II und III. Archäologie und Naturwissenschaften 2 (Mainz 1981) 106ff. Neuerdings J. Riederer, Archäologie und Chemie-Einblicke in die Vergangenheit. Ausstellungskatalog Berlin 1987/88 (Berlin 1987) 99ff., bes. 120.
62 Ich danke Dipl.-Ing. Diplomchemiker K. Ruthenberg (Berlin) herzlich für sein spontanes Entgegenkommen, die Untersuchungen durchzuführen und die Ergebnisse zu deuten. Zur Methode vgl. z.B. Riederer a.a.O. (Anm. 61) 44f.
63 Nach Auskunft von K. Ruthenberg muß deutlich festgestellt werden, daß die in Tab. 27 angegebenen Anteile nur als grob abgeschätzt aufzufassen sind, da die gewählte Analysemethode rein qualitativ (und nicht quantitativ) ist.
64 Allgemein A. Rieche, Römische Kinder- und Gesellschaftsspiele. Kleine Schriften des Limesmuseums Aalen 34 (Stuttgart 1984).

Der beinerne Würfel Taf. 97,1060 ist nicht exakt von kubischer Form; die durch eingetiefte Kreise angegebenen Augenzahlen ergeben wie üblich in der Summe der gegenüberliegenden Seiten den Wert sieben.[65]
Von den acht Spielsteinen bestehen drei aus weißem Kiesel (Taf. 97,1063.1065.1066), jeweils zwei aus Bein (Taf. 97,1061.1062) bzw. Augit (Taf. 97,1064; Kat.-Nr. 1063a), ein weiterer (Taf. 97,1067) aus orangem Ton.[66] Die Form der Stücke schwankt zwischen rund und oval, wobei zur planen Unterseite sowohl eine ebensolche als auch eine leicht aufgewölbte Oberseite hinzutreten kann.[67] Lediglich Taf. 97,1061.1062 sind durch eingetiefte konzentrische Kreise bzw. einen einfachen Punkt auf einer Seite dekoriert; der Graffito Taf. 97,1067 könnte ursprünglich als Zahlzeichen gedient haben.[68] Spielsteine als Bestandteile verschiedenster Brettspiele sind in großer Zahl auch an anderen römischen Fundstellen anzutreffen.[69]
Aus weißem Carrara-Marmor bestehen die beiden Kugeln Taf. 97,1068.1069 von 4,5 bzw. 3 cm Durchmesser. Auch diese beiden Fundstücke dürften am ehesten im Spiel benutzt worden sein.

G. Gerätschaften und Beschläge aus Bein und Metall

1. Verschiedenes aus Bein (Taf. 97,1070–98,1076)

Vier beinerne Scharnierteile (Taf. 97,1070–98,1073) aus außen polierten Röhrenknochen sind in ihrer ursprünglichen Länge vorhanden. Die beiden ersten Exemplare weisen jeweils zwei Bohrungen auf, die ein- bzw. beidseitig angebracht sind; diese Stücke tragen paarweise Dekorationen aus horizontal umlaufenden Vertiefungen, die mit schwarzer Farbe ausgelegt sind.[1] Das fragmentierte Stück Tafel 98,1072 ist an einem Ende durch konzentrisch eingedrehte Rillen dekoriert, das letzte Scharnierteil schließlich (Taf. 98,1073) ist ohne Dekor geblieben. Allen vier Funden fehlt der zu erwartende Kern aus Hartholz, der fest mit den beinernen Teilen verbunden war; durch oben und unten überstehende hölzerne Zapfen bzw. eingetiefte Zapflöcher konnten die einzelnen Scharnierteile gegeneinander gedreht werden; die Bohrungen dienten dementsprechend zur Aufnahme der Dübel, mit denen die Scharniere Türen bzw. Türpfosten miteinander verbanden. Die Rillendekoration von Tafel 98,1072 zeigt an, daß dieses Ende ursprünglich den unteren oder oberen Abschluß eines Scharnieres bildete; das ungebohrte Stück (Taf. 98,1073) diente demgegenüber als einfaches Zwischenglied.[2]
Gut 10 cm lang ist der Löffel Tafel 98,1074; an dem im Querschnitt runden Stiel setzt das halb erhaltene runde Löffelteil an, das gleichmäßig eingetieft ist. Mit derartigen Cochlearia wurden u.a. Schnecken oder Muscheln gegessen,[3] wie sie auch in unserer Villa belegt sind (S. 180f.).
Das Bruchstück eines gebogenen Knochens (Taf. 98,1075) trägt auf einer Seite Verzierungen aus ovalen bis runden Eintiefungen. Zwar sind derartig gearbeitete Knochen als Teile von Armbändern belegt,[4] jedoch dürfte die ursprüngliche Größe gegen eine solche Interpretation sprechen, so daß der Verwendungszweck offen bleiben muß. Der angespitzte Knochen Tafel 98,1076 dürfte demgegenüber als Pfriem bei der Bearbeitung von Leder o.ä. gedient haben.[5]

2. Spinnwirtel und Gewichte (Taf. 98,1077–1084)

Zwei Spinnwirtel der typischen Form zeigt Tafel 98,1077.1078, die aus Blei hergestellt sind.[6] Neben den bereits besprochenen Webgewichten (S. 141f.) liegen somit weitere Belege für die Tuchherstellung in unserer Villa vor.
Gewichte liegen in verschiedenen Formen und Materialien vor.[7] Zunächst bestehen sechs Gewichtsscheiben aus Blei (Taf. 98,1079–1082; Kat.-Nr. 1082a); die Durchmesser schwanken zwischen 2,6 cm und 7 cm, bei unterschiedlicher Dicke der einzelnen Scheiben.

---

65 RIECHE a.a.O. (Anm. 64) 16f. Abb. 12. Detaillierte Untersuchung der Würfel aus Vindonissa: E. SCHMID, Jahresber. Ges. Pro Vindonissa 1978 (1980) 54ff.
66 Vgl. z.B. RIECHE a.a.O. (Anm. 64) 18ff. Abb. 36–39.
67 Gegen eine Deutung von Taf. 97,1065 als Gemme spricht neben dem Material die fehlende Wölbung der Unterseite.
68 Zu Zahlzeichen auf Spielsteinen: A. RIECHE, Bonner Jahrb. 186, 1986, 165ff., bes. 174f. mit Abb. 4.
69 Vgl. z.B. v. SCHNURBEIN a.a.O. (Anm. 27) Taf. 106 oder SCHÖNBERGER, Oberstimm Taf. 112,F 12–113,F 26.
1 Vermutlich handelt es sich dabei um mit Elfenbeinschwarz gefärbtes Wachs: E. SCHMID, Beindrechsler, Hornschnitzer und Leimsieder im römischen Augst. In: Provincialia, Festschr. R. LAUR-BELART (Basel 1968) 185ff., bes. 191f.
2 Ebd. 188ff. mit Abb. 3,4.
3 Vgl. z.B. Arch. Schweiz 8, 1985, 175 mit Abb. 9,1–3. Neuerdings zusammenfassend (mit weiterer Literatur) F. GELSDORF, Wie nannten die Römer ihre Löffel? Das Rheinische Landesmuseum Bonn 3, 1987, 33ff. E. RIHA u. B. STERN, Die römischen Löffel aus Augst und Kaiseraugst. Forsch. Augst 5 (August 1982) bes. 10.
4 B. CUNLIFFE, Excavations at Portchester Castle. Vol. 1: Roman. Reports Research Committee Soc. Antiqu. London 32 (London 1975) 218ff. mit Abb. 117,99–101.
5 Vgl. WALKE, Straubing Taf. 128,9.10.
6 Vgl. z.B. WALKE, Straubing Taf. 111,1–9 (Nr. 1 aus Blei).
7 Allgemein A. MUTZ, Römische Waagen und Gewichte aus Augst und Kaiseraugst. Augster Museumsh. 6 (August 1983).

Tabelle 28: Zusammenstellung der erhaltenen Gewichte.

Kat.-Nr.	Gemessenes Gewicht	Erhaltungszustand	Nächstliegende römische Gewichtseinheit
1083	7,26 g	gut	6,82 g = 0,25 uncia
1082a	9,57 g	stark bestoßen	13,64 g = 0,5 uncia
1082a	10,84 g	stark bestoßen	13,64 g = 0,5 uncia
1079	27,80 g	gut	27,28 g = 1 uncia
1082	28,08 g	leicht bestoßen	27,28 g = 1 uncia
1084	75,30 g	gut	75,04 g = 2,75 unciae
1081	81,79 g	gut	81,86 g = 3 unciae
1080	178,48 g	stark bestoßen	191,02 g = 7 unciae

Alle Stücke sind massiv, lediglich Tafel 98,1079 ist in der Mitte gelocht.[8] Aus Bronze gegossen ist demgegenüber das kleine Schiebegewicht Tafel 98,1083. Der kegelstumpfförmige Körper endet oben in einer runden Halterung, die mittels einer Doppelöse das Gewicht mit dem Befestigungsteil aus Eisen verbindet.[9] Der Gewichtsstein Tafel 98,1084 schließlich besteht (zumindest außen) ebenfalls aus Bronze. Aufgrund des Gewichtes ist es durchaus möglich, daß der Kern aus Blei gebildet ist; aufgrund des schlechten Erhaltungszustandes sind jedoch keinerlei Nähte o. ä. erkennbar.[10]

Tabelle 28 faßt die erhaltenen Gewichte[11] sowie die nächstliegenden römischen Gewichtseinheiten zusammen.[12] Betrachtet man die gut erhaltenen Gewichte, fallen die geringen Abweichungen zu den anzunehmenden Sollgewichten auf, die lediglich 0,07 g bis 0,52 g betragen. Läßt man ferner die unterschiedlichen ursprünglichen Zweckbindungen von Gewichtsscheiben und Schiebegewichten unberücksichtigt, können unsere acht Gewichte vielleicht sogar als zusammengehörender Satz betrachtet werden. Durch entsprechende Kombination ermöglichen sie einen Wiegebereich von 1/48 libra (= 0,25 uncia) bis zu einer vollen libra (= 12 unciae) in Schritten von jeweils 0,25 uncia.

3. Varia aus Bronze (Taf. 98,1085–100,1114)

Mit Tafel 98,1085 ist das Bruchstück eines weiteren Löffels im Material vorhanden; diese gestreckte, flache Form einer Ligula diente dem Verzehr von Suppen und Soßen.[13] Ebenfalls stark fragmentiert ist der Stilus Tafel 98,1086;[14] ob die einfachen Bronzestäbe mit gebogenem Ende (Taf. 99,1087; Kat.-Nr. 1087a) einen gleichen Zweck erfüllten, kann nicht sicher entschieden werden. Besonders qualitätvoll gearbeitet ist die 4,5 cm lange, zylindrische Hülse Tafel 99,1088; außen und am geschlossenen Ende sind mehrfach sehr feine Rillen als Dekor eingedreht. Da das geschlossene Ende leicht aufgewölbt ist, dürfte dieses Stück als Deckel für ein kleines Behältnis gedient haben.[15] Die kleine Glocke Tafel 99,1089 ist bis auf den Klöppel unversehrt erhalten; die Außenwand wird von zwei umlaufenden Riefen dekoriert. Derartig kleine Stücke könnten vielleicht als Anhänger z. B. am Zaumzeug Verwendung gefunden haben. Anderen Zwecken diente das Bruchstück einer weiteren, großdimensionierten Glocke (Taf. 99,1090).[16] Ebenfalls nur in Fragmenten ist eine (Halb)kugel aus dünnem Bronzeblech erhalten (Taf. 99,1091), deren ursprüngliche Bedeutung nicht zu erkennen ist.[17]

Ziernägel aus Bronze sind in zwei Varianten vorhanden. Tafel 99,1092 zeigt die eine mit Kugelkopf, die andere (Taf. 99,1093; Kat.-Nr. 1093a) endet in einem flachen, runden Kopf. Ebenfalls dem Möbelbereich dürfte der Aufsatz Tafel 99,1094 zuzuordnen sein. Das im Querschnitt leicht kantige, stiftartige Unterteil endet nach einer Verdickung in einer kreisförmigen, halb erhaltenen Öse.

Neben zwei zierlichen Ringen (Taf. 99,1095.1096) ist mit Tafel 99,1097 ein weiterer zur Hälfte erhalten, dessen Querschnitt fast rhombenförmig ist.[18] Ebenfalls unklar bleibt die Verwendung des halbkreisförmigen Bleches Tafel 99,1098, das quer zu seiner Wölbung gewellt ist. Da alle Kanten sauber ausgearbeitet sind, scheint dieses Stück komplett erhalten zu sein.[19] Die Bruchstücke Tafel 99,1099, gefunden in der Pflasterung im Norden des Haupthauses, lassen sich zu einer (halb)kreisförmigen Blechscheibe ergänzen, auf der mindestens drei konzentrische Rillen als Dekor

8 Vgl. Mutz a.a.O. (Anm. 7) Abb. 37;38.
9 Vgl. Mutz a.a.O. (Anm. 7) Abb. 28h.j.
10 Vgl. Mutz a.a.O. (Anm. 7) Abb. 38,13.14; zur Form vgl. auch Forsch. Augst 1, Abb. 95,50.51.
11 Ich danke Apotheker J. Gildehaus (Uni Bielefeld) für die genauen Wiegungen.
12 Mutz a.a.O. (Anm. 7) 7f. mit Tabellen 1;2.
13 Vgl. z. B. Arch. Schweiz 8, 1985, 175 mit Abb. 9,4.5. Vgl. auch Anm. 3.
14 Vgl. z. B. Martin-Kilcher, Laufen-Müschhag Taf. 55,11.12 oder Walke, Straubing Taf. 112.
15 Vgl. Ulbert, Aislingen Taf. 21,8.
16 Vgl. z. B. Walke, Straubing Taf. 113,1–9 oder Schönberger, Oberstimm Taf. 30,434–439.
17 Zu denken wäre an eine Spielkugel wie hier Taf. 97,1068.1069, an den Rest eines Spiegels (vgl. Chur 1, Taf. 50,3) oder vielleicht sogar an eine Bulla, die sonst allerdings regelmäßig aus Gold zu sein scheint: H. R. Goette, Die Bulla. Bonner Jahrb. 186, 1986, 133ff., bes. 143ff.
18 Vgl. z. B. G. Müller, Durnomagus. Das römische Dormagen. Kunst u. Altert. am Rhein 90 (Köln 1979) 129,133 Taf. 22,2; 23,8, als Ringschnallen gedeutet.
19 Einige Spuren auf den Schmalseiten deuten darauf hin, daß dieses Blech vielleicht auf einem anderen Metallgegenstand aufgelötet war; somit wäre bei einer kreisförmigen Ergänzung auch eine Verwendung als Armreif (aus zwei Hälften) denkbar.

eingarbeitet waren.[20] Außen gezahnt war die stark fragmentierte Blechscheibe Tafel 99,1100, deren Befestigungsloch mittig angebracht ist.[21]

Massiv gegossen ist die Zierleiste Tafel 99,1101, deren Rückseite nur grob bearbeitet ist. Die Vorderseite besteht im oberen Teil aus einer überkragenden, glatt belassenen Zone, unter der im vertieften Unterteil ein erhabenes eierstabartiges Muster ausgearbeitet ist. Lediglich die Oberkante ist original erhalten, die drei anderen Seiten sind abgebrochen, so daß die ursprüngliche Größe dieser nur schwach gewölbten Leiste nicht feststellbar ist. Stilistisch ähnliche Zierleisten sind vom Forum in Cambodunum bekannt, die W. Krämer als südlichen Import des 1. Jh. n. Chr. betrachtet.[22] Allerdings scheint mir bei unserem Stück eine eher unverstandene Wiedergabe eines Eierstabes vorzuliegen, indem die Zungen unkonventionell zu Motiven ähnlich Ausrufungszeichen aufgebläht wurden. Dementsprechend kann mit Tafel 99,1101 durchaus das Produkt einer einheimischen Bronzewerkstatt vorliegen, ohne daß daraus ein zwingendes datierendes Kriterium abzuleiten wäre. Derartige Zierleisten finden sich vereinzelt als Teile von Türfassungen oder Kastenblechen.[23] Allerdings könnte die schwache Wölbung unseres Stückes in Verbindung mit den leichten Brandspuren auch darauf hindeuten, daß damit der Rand eines großen Eimers, Kessels o. ä. vorliegt.[24]

Von länglich-ovaler Form ist der Beschlag Tafel 99,1102, der ursprünglich auf einem Gürtel gesessen haben könnte. Auf der Oberseite sind die Enden jeweils dreifach eingeschnürt, auf der Unterseite haben sich die zwei Gegenknöpfe erhalten.[25] Ebenfalls komplett erhalten ist der peltaförmige Beschlag Tafel 100,1103 mit zwei sichelförmigen Aussparungen. Beschläge dieser Gestalt scheinen erst ab dem 3. Jh. verschiedenste lederne Gegenstände geschmückt zu haben;[26] auch ähnlich gearbeitete Ortbänder weisen in die gleiche Zeit.[27] Entsprechend der aufwendigen motivischen Gestaltung ist der Beschlag Tafel 100,1104 aus Bronzeguß als einziger im Material mit einem Überzug aus Zinn versehen. Die Kanten der Längsseiten des schmalen gestreckten Mittelteiles sind leicht erhöht gearbeitet. Davon ausgehend sind quer zum Mittelteil zwei rhombenförmige Blüten mit daruntersitzenden kurzen, linearen Blättchen angebracht, wovon eine durch zwei weitere, eingerollte Blätter ergänzt wird. Die Befestigungsknöpfe der Unterseite sind nur im Ansatz erhalten. Vergleichsstücke ähnlich qualitätvoller Beschläge sind mir nicht bekannt.[28] Einfach gestaltet ist demgegenüber der herzförmige Beschlag Tafel 100,1105, dessen heute am Ende umgebogener Befestigungsstift separat gearbeitet und angefügt wurde. Das Fundstück Tafel 100,1106 besteht aus einem halbkreisförmigen, gelochten Kopfstück, dessen Rand eine Kerbverzierung trägt. Danach folgt nach zwei quer angeordneten Wülsten ein leicht bauchiger Fortsatz; da dessen Ende abgebrochen ist, kann die ursprüngliche Gesamtlänge nicht bestimmt werden. Neben einer Verwendung als Beschlag kommt für Tafel 100,1106 auch eine Interpretation als Toilettengerät in Frage.[29] Dem letzteren Bereich könnte auch das Bruchstück Tafel 100,1107, gefunden in der Pflasterung, zugehören, wenn es sich um den Rest eines kleinen Spatels o. ä. handelt.

Die folgenden Bronzebleche (Taf. 100,1108–1114; Kat.-Nr. 1109a.b, 1114a) sind so klein dimensioniert bzw. stark fragmentiert, daß nicht entschieden werden kann, an welchen Gegenständen sie im Einzelfall als Beschlag angebracht waren. Plan gearbeitete Bleche sind mit Tafel 100,1108–1112; Kat.-Nr. 1109a vorhanden, wobei nur zwei Stücke (Taf. 100,1110. 1111) komplett sind. Die Blechstärken schwanken zwischen 0,3 mm und 1,1 mm, zumeist finden sich mehrere Löcher für Befestigungsnieten. Tafel 100,1113 ist demgegenüber rechtwinklig gebogen, bei Tafel 100,1114 endet das sonst plane Blech an einer Kante in einer halbkreisförmigen Umbiegung. Mit

20 Zwar sind an unseren Stücken keine Reste einer (erforderlichen) Verzinnung feststellbar, vielleicht gehörten sie ursprünglich aber doch zu einem Spiegel: vgl. Schönberger, Oberstimm Taf. 30,B 441. E. Riha, Römisches Toilettgerät und medizinische Instrumente aus Augst und Kaiseraugst. Forsch. Augst 6 (Augst 1986) bes. 11ff.

21 Vgl. Ulbert, Aislingen Taf. 24,23.

22 W. Krämer, Cambodunumforschungen 1953–1. Materialh. Bayer. Vorgesch. A9 (Kallmünz 1957) 61 mit Anm. 101; Taf. 10,1–6.

23 RiBW 503 Abb. 320 (Türfassung). A. Kaufmann-Heinimann, Die römischen Bronzen der Schweiz 1, Augst (Mainz 1977) 109f., Nr. 167 Taf. 106–108.

24 In Frage kämen spätkeltische Holzeimer mit Bronzerand (A), Hemmoorer Eimer (B) o. ä. Zu A: vgl. z. B. Trier, Augustusstadt der Treverer. Ausstellungskatalog Trier (Mainz 1984) 289ff., Nr. 147,19. Zu B: J. Graue, Die Hemmoorer Eimer. In: Das Elb-Weser-Dreieck 2, Forschungsprobleme – Exkursionen. Führer vor- u. frühgesch. Denkmäler 30 (Mainz 1976) 100ff.

25 Vgl. z. B. Müller a.a.O. (Anm. 18) Taf. 23,18 oder S. Frere, Verulamium Excavations 1. Reports Research Committee Soc. Antiqu. London 28 (London 1972) Abb. 32,37; 33,42.

26 St. Martin-Kilcher, Ein silbernes Schwertortband mit Niellodekor und weitere Militärfunde des 3. Jh. aus Augst. Jahresber. Augst u. Kaiseraugst 5, 1985, 147ff., bes. 181 mit Abb. 24,1–3 u. Anm. 96. Weitere, etwas früher datierte Vergleichsstücke: B. W. Cunliffe, Fifth Report on the Excavations on the Roman Fort at Richborough, Kent. Reports Research Committee Soc. Antiqu. London 23 (London 1968) 96 Taf. 37,128–38,130.

27 Martin-Kilcher, a.a.O. (Anm. 26) 184f. mit Abb. 27,3.4.

28 Die aufwendige Profilierung ist allgemein am ehesten mit zwei Beschlägen aus Neuss vergleichbar: H. Chantraine u. a., Das römische Neuss (Stuttgart 1984) 140 Abb. 115. Ähnliches auch bei Walke, Straubing Taf. 99,13–19.

29 Nagelreiniger oder Ohrlöffel: Vgl. z. B. B. Cunliffe, Excavations at Fishbourne 1961–1969, 2: The Finds. Reports Research Committee Soc. Antiqu. London 27 (London 1971) 109f. Abb. 42,67–73.

Kat.-Nr. 1114a schließlich ist noch eine Vielzahl kleiner Blechfragmente verzeichnet, deren Stärke von 0,1 mm bis 1,2 mm reicht.

4. Schlüssel und Schloßbeschlag (Taf. 101,1115–1121)

Die fünf eher zierlichen Schlüssel Tafel 101,1115. 1116.1118–1120 gehören zur geläufigen Form römischer Schiebeschlösser,[30] wie sie an Truhen o. ä. angebracht waren; für Vergleichsstücke siehe die jeweiligen Katalogangaben.

Tafel 101,1115.1116 sind die beiden einzigen Exemplare aus Bronze; sie weisen Längen von 6 bzw. 7,7 cm auf. Die unterschiedlich großen Aufhängeöffnungen der Griffteile sind bei beiden Stücken durch seitliche Fortsätze dekoriert. Die Griffe selbst sind von den folgenden Unterteilen durch Rillen bzw. Wülste deutlich abgesetzt, denen die rechtwinklig nach links abgebogenen Bärte folgen. Diese bestehen jeweils aus zwei parallelen Reihen mehrerer Stifte, die nur z. T. erhalten sind. Zu einer ebensolchen Schließvorrichtung gehört auch das Fragment eines Schloßbeschlages (Taf. 101,1117), das ebenfalls aus Bronze gefertigt ist.

Einfacher gearbeitet sind die drei Eisenschlüssel (Taf. 101,1118–1120), deren Länge zwischen 6,9 cm und 8,9 cm schwankt. Alle besitzen am oberen Ende ebenfalls Aufhängelöcher, die Griffe sind jedoch vom Unterteil nicht abgesetzt. Die Bärte, ebenfalls im rechten Winkel nach links abgebogen, bestehen bei Tafel 101,1119.1120 nur aus jeweils einer Reihe Zähne, der Schlüssel Tafel 101,1118 hat einen aus vier Dreiecken und einem schmalrechteckigen Stift gebildeten Bart.

Nur einmal scheint in unserem Haupthaus der Riegel eines Schiebeschlosses gefunden worden zu sein (Kat.-Nr. 1120a), der heute allerdings verschollen ist. Gefunden wurde er über der alten Benutzungshöhe der Rampe zu Raum 4, so daß dieses Fundstück dem 1. Jh. angehören dürfte.

Von auffallender Größe ist der knapp 24 cm lange eiserne Schlüssel Tafel 101,1121, der zur Betätigung eines Drehschlosses diente. Der plattenförmige Griff endet wiederum in einem Aufhängeloch und trägt darüber noch einen weiteren Fortsatz. An dem runden, hohlen Schlüsselrohr, dessen Ende geöffnet ist, sitzt der quadratische, massive Bart, der außen mehrfach gekerbt ist; im Gegensatz zu den oben besprochenen Schlüsseln tritt hier der Bart nicht aus der Ebene des Griffes heraus. Im Unterschied zum Schiebeschloß werden beim Drehschloß nicht Sperrstifte, sondern federnde Riegel durch den Bart bewegt. Die enorme Größe unseres Stückes dürfte es dem Schließmechanismus einer großen (Eingangs)tür zuweisen.

Aufgrund des hohlen Schlüsselrohres gehört unser Schlüssel Tafel 101,1121 zu den „Dornschlössern", die L. Jacobi als älteste Variante der Drehschlösser (aufgrund der Funde von Pompeji) dem 1. Jh. zuweist.[31] Allerdings scheint in den nordwestlichen Provinzen der Typ des Drehschlosses zwar bereits ebenfalls seit dem frühen 1. Jh. bekannt gewesen zu sein, häufige Anwendung ist aber erst ab dem 3. Jh. festzustellen.[32]

5. Wasserleitungszubehör (Taf. 101,1122–102,1124)

Der Deckel Tafel 101,1122 ist massiv aus Bronze gegossen, der Durchmesser betrug ca. 8,5 cm. Da der Rand großteils abgebrochen ist, kann nicht entschieden werden, ob das Stück rund oder mehreckig war. Die Oberseite des Deckels ist durch drei konzentrische Rillen dekoriert, mittig ist ein U-förmiger Griff angebracht.[33] Soweit noch erkennbar, war der Rand des Fundstückes leicht nach unten umgebogen. Ähnliche Deckel in Verbindung mit einer (hier fehlenden) Scharnierbefestigung sind für römische Villen als Klappverschlüsse an Abwasserleitungen in Badebekken belegt.[34] Allerdings ist auch nicht auszuschließen, daß unser Deckel als oberer Verschluß auf einem Wasserhahn aufgelötet war, wie er mit Tafel 102,1123 ebenfalls für Laufenburg belegt ist. Für diese Möglichkeit würden neben den übereinstimmenden Rillendekorationen auch die zu vermutenden gleichen Dimensionierungen sprechen.

Die Anordnung der Fragmente Tafel 102,1123, die alle massiv aus Bronze gegossen sind, scheint mir bei einer Interpretation als Einsatz eines Wasserhahnes sinnvoll zu sein.[35] Der rohrförmige Körper mit einer lichten

30 Zur Funktionsweise siehe neuerdings zusammenfassend Chur 1, 175 Abb. 64.

31 Jacobi, Saalburg 477f.

32 Walke, Straubing 59f. Taf. 123,13–17; 124,13.14.

33 Derartige Griffe sind häufig an römischen Wasserarmaturen zu finden. Vgl. z. B. E. Samesreuther, Römische Wasserleitungen in den Rheinlanden. Ber. RGK 26, 1936, 24ff., bes. 150 Abb. 68,1.2.4.

34 Vgl. ebd. 92 Taf. 12,5 (Niederlinxweiler). – Die Römer an Mosel und Saar. Ausstellungskatalog Bonn (Mainz 1983) 136ff., Nr. 61 (Macherbach); Nr. 64 (Bengel). – In der Grabungsdokumentation 1936 erwähnt Samesreuther für die Kaltwanne (Raum II) einen Wasserauslaß, der aus einem mit Blei überzogenen Bronzestutzen bestand; ein Verschlußteil scheint nicht gefunden worden zu sein.

35 Auch ein anderer Verwendungszweck wäre denkbar, z. B. als Teil der Karosserieaufhängung eines Reisewagens: Vgl. Mann und Roß und Wagen. Katalog Prähist. Staatssammlung München 13 (München 1986) 57;59ff.

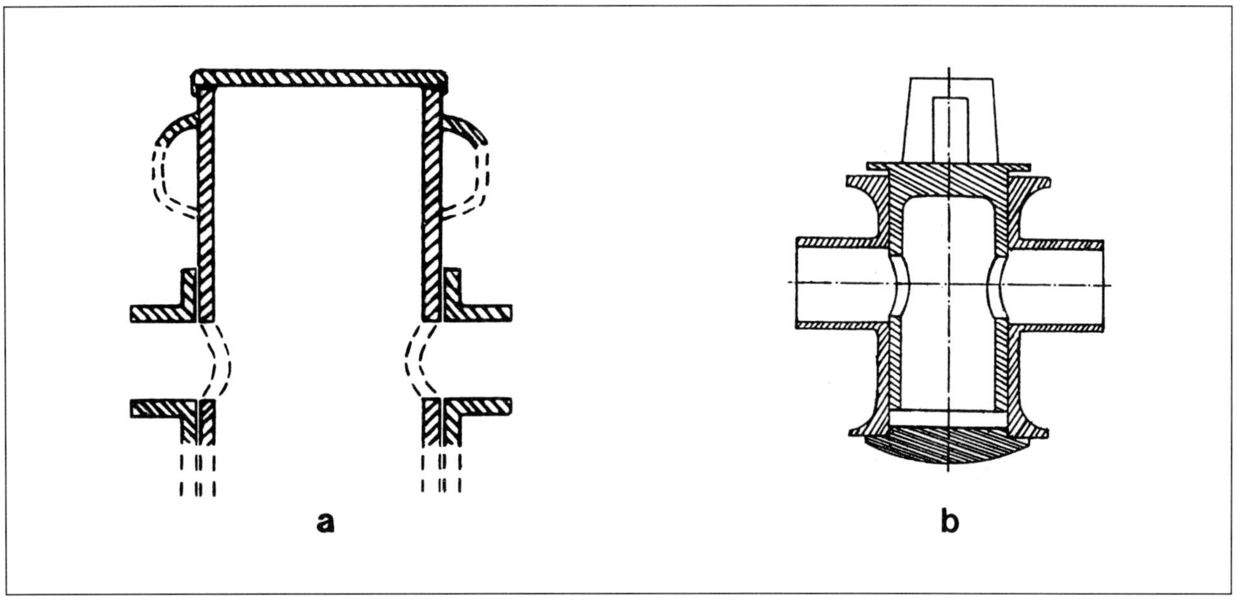

Abb. 42: a Rekonstruktionsvorschlag zu Kat.-Nr. 1123 in Verbindung mit Kat.-Nr. 1122. b Schema der Normalkonstruktion eines römischen Wasserhahnens. Ohne M.

Weite von max. 7,5 cm ist am oberen Rand zehneckig gebildet. Knapp unterhalb des Randes läuft außen eine eingedrehte Rille um. Die beiden Ansätze der massiven Griffe sind am Körper laschenförmig, was auf eine gesonderte Herstellung und Anbringung deuten könnte. Im weiteren Verlauf biegen die Griffe nach unten um. Von den 10 Ecken des Randes scheinen sich nur zwei als Grate zwischen den Griffen am Körper fortzusetzen. Jedoch erfordert die Funktionstüchtigkeit, daß im tieferen (nicht erhaltenen) Teil auch diese Grate zugunsten eines ingesamt gerundeten Körpers aufgehört haben dürften. Abbildung 42a gibt eine mögliche Rekonstruktion, der zur Veranschaulichung das Erscheinungsbild der römischen Normalkonstruktion gegenübergestellt wird (Abb. 42b).[36]

Der Rekonstruktionsversuch muß natürlich offenlassen, wie die untere Abdichtung der Armatur konstruiert war. Weiterhin birgt die Einbeziehung des Deckels (Taf. 101,1122) das Problem, ob diese Konstruktion den z.T. hohen Drücken innerhalb des Hahnes standhielt.[37] Nicht zuletzt deshalb sind vermutlich die Einsätze der Normalkonstruktion aus einem Stück (incl. Deckel) gearbeitet; allerdings ist bislang auch hier noch nicht eindeutig geklärt, welche sicher zu erwartenden Vorrichtungen dem Druck entgegenwirkten, um so z.B. ein Herausdrücken des Einsatzes zu verhindern.[38]

Daneben würde die Richtigkeit der Rekonstruktion bedeuten, daß der Laufenburger Wasserhahn das m.W. einzige Stück ist, das über senkrechte Griffe verfügt, die außen am Körper angebracht sind. Sonst ist eine Handhabe regelmäßig auf der Oberseite zu finden, die bei unterschiedlicher Ausarbeitung z.B. auch in Form eines Hahnes wie hier Tafel 92,997 (S. 145) gestaltet sein kann.[39]

Insgesamt kann die Konstruktion des Wasserhahnes, zu dem Tafel 102,1123 und vielleicht auch Tafel 101,1122 gehörten, nicht restlos gesichert werden. Als Erklärung für die Abweichungen von der Normalkonstruktion könnte in Frage kommen, daß dieses großdimensionierte Stück als Absperrhahn der Hauptwasserleitung diente. Um seine Bedienung mit geringer Kraftaufwendung zu ermöglichen, wurde eine ausgefallene Anordnung zweier Griffe gewählt, die eine bessere Ausnutzung der Hebelkräfte zuläßt als die sonst eher klein dimensionierten Handhaben. Entsprechend dem Befund müßten somit diese Stücke östlich des Badetraktes zutage gekommen sein.

Mit Kat.-Nr. 1123a sind weitere Bruchstücke aus Bronze verzeichnet, die vermutlich ebenfalls zu Wasserarmaturen gehörten. Die heute unförmigen Bleiklumpen Kat.-Nr. 1123b können als Reste von Wasserrohren gedeutet werden; einer von diesen entstammt vermutlich Raum 4, für den eine Drainage belegt ist.[40] Daß daneben weitere Wasserrohre aus Holz

36 Abbildung entnommen aus F. Kretzschmer, Römische Wasserhähne, Jahrb. Schweiz. Ges. Ur- u. Frühgesch. 48, 1960–1961, 50ff. Abb. 1,2.

37 Ebd. 52f.

38 Ebd. 53.

39 Für weitere Handhaben vgl. z.B. F. Kretzschmer, Jahrb. Schweiz. Ges. Ur- u. Frühgesch. 48, 1960–1961, 50ff. Abb. 4 oder K. Dietz u.a., Regensburg zur Römerzeit (Regensburg 1979) Abb. 113.

40 Allerdings verzeichnen die Grabungsdokumentationen für die Räume 1–4 nur einfache Sickerrinnen als Drainage; Reste von zusätzlichen (Blei)rohren sind offenbar nicht gefunden worden.

in unserer Villa vorhanden waren, zeigen die eisernen Deuchelringe Tafel 102,1124 und Kat.-Nr. 1124a der üblichen Form;[41] beim ersten Stück sind noch zwei der Befestigungsnägel erhalten. Dieser fragmentierte, leicht verbogene Deuchelring (Taf. 102,1124) hat heute einen Durchmesser von ca. 8 cm, dürfte ursprünglich aber etwas kleiner gewesen sein. Gefunden wurde er vermutlich im Suchschnitt 14, der 1936 unweit der Südostecke des Haupthauses, d.h. des Badetraktes, angelegt wurde. Da die im folgenden Jahr, von der Warmwasserwanne (Raum VII) ausgehende, festgestellte Rinne halbkreisförmig eingetieft war (mit Dm = 7 cm), dürfte dieser Deuchelring zur Abwasserleitung dieses Raumes gehört haben.

6. Werkzeuge und Geräte aus Eisen (Taf. 102,1125–105,1146)

32 verschiedene eiserne Gegenstände, zumeist allerdings nur schlecht erhalten, lassen sich den verschiedensten Tätigkeiten zuweisen. Neben Geräten für Küchen- und Feldarbeit decken die diversen Werkzeuge eine große Spannbreite ab, die Maurerarbeiten ebenso ermöglichten, wie Holz- und Metallbearbeitung.

Die große Schöpfkelle Tafel 102,1125 von fast 50 cm Länge dürfte vermutlich als Küchengerät genutzt worden sein.[42] An der kalottenförmigen, stark fragmentierten Kelle setzt der flache, zunächst schmale Griff an. Nach einer Verbreiterung und folgenden Einziehung setzt sich der Griff erst schmal fort, um in einer weiteren Verbreiterung zu enden, die zu einer hakenförmigen Aufhängevorrichtung ausgezogen ist. Die beiden Nietlöcher dienten zur Befestigung der hölzernen Griffschalen, von denen bei der Auffindung 1937 in Raum 4 noch Reste erhalten waren.[43] Ähnliche Schöpfkellen sind bereits in frührömischen Komplexen anzutreffen;[44] ein formal identisches Stück, allerdings weder stratifiziert, noch mit Griffschalen versehen, stammt aus der Insula XXIV in Augst.[45] Bislang kann allerdings nicht entschieden werden, ob und welches zeitliche Verhältnis der hier vorliegenden Griffgestaltung zu Schöpfkellen des späteren 2. und 3. Jh. besteht, deren Griff zumeist tordiert ist.[46]

Eine Aufhängevorrichtung für einen großen Kessel zeigt Tafel 103,1126.[47] An einer Kette aus 13 unterschiedlich großen, runden Gliedern hängen zweimal je zwei tordierte Stäbe, die jeweils wiederum durch einen Eisenring miteinander verbunden sind. Außer den unteren Enden, die als Haken mit jeweils zwei Spitzen aufgebogen sind, sind die Stabenden als flache, gelochte Rauten ausgeformt. Aufgehängt beträgt die Länge der gesamten Vorrichtung ca. 93 cm. Eine ähnliche Aufhängevorrichtung fand sich z.B. im Lagerdorf von Rainau-Buch,[48] ohne daß damit ein zwingendes datierendes Kriterium gegeben wäre.[49]

Nur in geringen Resten sind vier Bügelscheren (Taf. 103,1127.1128; Kat.-Nr. 1127a) erhalten, deren breite Klingen kaum ausgeprägte Rücken tragen.[50] Derartige Scheren wurden sowohl im Toilettenbereich als auch in dem der Landwirtschaft benutzt.[51] Unsere Exemplare fanden sich in der Auffüllung von Raum 2 und 3 (Kat.-Nr. 1127a) bzw. an der östlichen Abschlußmauer, nördlich des Badetraktes (Taf. 103,1127.1128). Ca. neun Messer unterschiedlicher Ausprägung sind vorhanden. Die typischen Küchenmesser[52] Tafel 103,1129–1131 und Kat.-Nr. 1131a verbindet die breite, deutlich vom Griff abgesetzte Klinge sowie der geschwungene Rücken. Das 27,5 cm lange Messer Tafel 103,1129 zeigt mit seinen vier Nietlöchern, daß die verlorenen Griffschalen bis auf die Klinge reichten.[53] Dieses in Maßnahme 23 gefundene Stück dürfte aufgrund seiner Dimensionierung als Haumesser für Fleischerarbeiten gedient haben. Das folgende Exemplar (Taf. 103,1130) hat demgegenüber ein als Tülle ausgezogenes Griffteil;[54] die Gesamtlänge dürfte ca. 16 cm betragen haben. Die dritte Variante der Griffgestaltung zeigen Tafel 103,1131 und Kat.-Nr. 1131a, indem sich die Handhabe verdickt und als Knauf endet.[55] Die folgenden Messer Tafel 103,1132 und Kat.-Nr. 1132a fallen durch ihren gestreckten Rücken sowie die geringe Größe auf; bei beiden weisen die Nietlöcher auf ursprünglich vorhandene Griffschalen hin. Vielleicht liegen mit diesen Stücken weitere Toilettengeräte vor.[56]

Die folgenden Gerätschaften (Taf. 104,1133–1136;

41 Vgl. z.B. Martin-Kilcher, Laufen-Müschhag Taf. 60,1.2.
42 Ähnliche Funde werden z.T. auch als Gußlöffel definiert: vgl. z.B. Roth-Rubi, Stutheien 138f. mit Taf. 33,665 (mit weiteren Verweisen).
43 Grabungsdokumentationen 1937 mit Foto.
44 Ritterling, Hofheim 382ff. mit Abb. 110,4.
45 O. Lüdin u.a., Ausgrabungen in Augst 2, Insula XXIV (1939–1959) (Basel 1962) 65 mit Abb. 21,1.
46 Martin-Kilcher, Laufen-Müschhag 64 mit Anm. 325; Taf. 58,12. Inwieweit Tordierung überhaupt als zeitliches Kriterium zu werten ist, scheint m.E. eher fraglich; vgl. Anm. 49.
47 Falls die Deutung der Zierleiste Tafel 99,1101 als Bruchstück eines großen Gefäßes zutrifft, könnte ein Zusammenhang bestehen.
48 D. Planck, Das Freilichtmuseum am rätischen Limes im Ostalbkreis. Führer Arch. Denkmäler Baden-Württemberg 9 (Stuttgart 1983) 145ff. Abb. 103 (3. Jh.).
49 Vergleichbares bereits im 10 v. Chr. datierten Grab von Wincheringen: Katalog Trier a.a.O. (Anm. 24) 299ff., Nr. 148u.
50 Vgl. z.B. Martin-Kilcher, Laufen-Müschhag Taf. 57,8–11.
51 Pohanka, Agrargeräte 274ff. Taf. 52; 53.
52 Martin-Kilcher, Laufen-Müschhag 63 mit Anm. 316.
53 Vgl. z.B. ebd. Taf. 57,2.
54 Vgl. z.B. ebd. Taf. 57,1 oder Walke, Straubing Taf. 121,14.15.
55 Vgl. z.B. Martin-Kilcher, Laufen-Müschhag Taf. 57,5.
56 Martin-Kilcher, Courroux 70ff. mit Anm. 293; Abb. 19,6.

Kat.-Nr. 1133a) entstammen dem land- bzw. viehwirtschaftlichen Bereich. Die stark verbogenen Bruchstücke Tafel 104,1133 und Kat.-Nr. 1133a könnten ursprünglich zu Rebmessern oder Sicheln gehört haben.[57]

Knapp 60 cm lang ist das massive Pflugvorschneidemesser (Sech) Tafel 104,1134. Das abgebogene, halbsichelförmige Vorderteil ist im Querschnitt dreieckig, so daß die Schneide eine Furche für den Pflug vorbereiten konnte. Der flachrechteckige Stiel diente dementsprechend zur Befestigung am Pflug. Derartige Teile römischer Räderpflüge tauchen in Deutschland zumeist in zivilen Siedlungen erst ab dem späten 2. Jh. auf.[58] Mit dem Normaltyp eines Sechs der römischen Kaiserzeit hat unser Exemplar den ausgeprägten langen Schaft gemein;[59] stark gebogene Klingen wie bei Tafel 104,1134 sind demgegenüber bislang nur für Gallien[60] bzw. für spätantike Stücke belegt.[61] Somit dürfte unser Pflugvorschneidemesser eine Mischform des späteren 3. oder 4. Jh. darstellen, dem am ehesten ein Vergleichsstück aus Bregenz an die Seite zu stellen ist.[62]

Von einem (landwirtschaftlichen) Gefährt stammt das im Querschnitt U-förmige Eisenblech Tafel 104,1135. Da in der Längsrichtung keine Krümmung festzustellen ist, dürfte es als Deichselband bzw. -beschlag gedient haben.[63] Wie das erhaltene Loch zeigt, wurde es wenigstens mit einem Nagel an der eckigen Deichsel aus Holz fixiert. Der römische Kontext des Hufeisens Tafel 104,1136 schließlich ist durch die entsprechende Aufzeichnung für Schnitt 15 (s. Kat.) gesichert.

Mehrheitlich Werkzeuge verschiedener Tätigkeitsbereiche umfassen die Funde Tafel 104,1137–105,1146. Von zwei Maurerkellen stammen die schlecht erhaltenen Fragmente Tafel 104,1137.1138. Das Blatt Tafel 104,1137 entstammt der Auffüllung in Raum 2 und 3, die zweite Kelle (Taf. 104,1138) ist nur mit einem Bruchstück der Griffangel und des ansetzenden Blattes erhalten.[64] Mit Tafel 105,1139 ist ein Lot vorhanden, das vermutlich an der Rampe zu Raum 4 gefunden wurde. Der eiförmige Kopf läuft unten spitz zu; die gegenüberliegende Seite ist abgeflacht und geht in den im Querschnitt quadratischen Stiel über, dessen Ende durchbrochen ist. Die hier ursprünglich vorhandene eckige Öse diente zur Befestigung an der Groma o. ä..[65] Ebenfalls für Bauarbeiten (oder Gartentätigkeiten) wurde die Schaufel Tafel 105,1140 benutzt,[66] die (abgesehen vom Holzstiel) komplett erhalten ist. Das trapezförmige Blatt ist nur schwach gewölbt; auf seiner Vorderseite ist die Tülle befestigt, wobei ihr unteres Ende zu einem flachen Halbkreis ausgeschmiedet worden ist. Auf welche Art die Verbindung zwischen Blatt und Tülle hergestellt wurde (Schweißen, Löten, Nieten), ist nicht sicher zu entscheiden.[67] Am Ende der Tülle ist darüber hinaus noch das Loch erhalten, durch das ein Nagel den Stiel justierte. Da Schaufeln offenbar zumeist an militärischen Fundplätzen anzutreffen sind, könnte unser Stück vielleicht noch den früheren Siedlungsphasen entstammen.[68]

Zwei Äxte (Taf. 105,1141.1142) dienten den Bewohnern unserer Villa zur Holzbearbeitung. Das erste Stück stellt den geläufigen Typ einer römischen Axt in Keilform dar.[69] Der Körper ist zur Spitze hin gewölbt und an der Schneide verbreitert, die Rückseite als Quadrat abgeflacht, die Schaftlochlappen schließlich kragen unten und oben deutlich über. Die Breitaxt Tafel 105,1142 ist demgegenüber größer dimensioniert; wesentliche Unterschiede zum vorigen Stück bestehen daneben nur in der ausgeprägten Schneide und den geringen Schaftlochlappen. Diese Axt scheint zumeist erst ab dem 3. Jh. gebraucht worden zu sein.[70]

Flachmeißel mit verbreiterter Spitze wie hier Tafel 105,1143 konnten zur Holz-, Stein- und Metallbearbeitung genutzt werden. Da unser Stück nur z. T. erhalten ist und keine Aussage zur genauen Blatt- bzw. Grifform zuläßt, kann es keinem der vielen Typen zugeordnet werden.[71] Das folgende Bruchstück Tafel 105,1144 könnte zu einem Metallbohrer gehören, wie er z. B. in Straubing belegt ist.[72] Unser Stück wurde 1936 in Schnitt 3 gefunden. Ebenfalls der Metallbearbeitung diente der Steckamboß Tafel 105,1145. Der flache Körper in T-Form ist im oberen Teil dreieckig gebildet, so daß eine schmale, lange Hammerbahn entsteht, die deutliche Benutzungsspuren aufweist. Das Unterteil läuft meißelartig zu, so daß der Amboß in einem vermutlich hölzernen Klotz eingesenkt wer-

57 Allgemein Pohanka, Agrargeräte 192ff., 128ff.
58 Pietsch, Eisenwerkzeuge 66.
59 Ebd. Formen (1) und (3); Pohanka, Agrargeräte 39ff.
60 Pietsch, Eisenwerkzeuge 66 mit Anm. 731 (zu Form (2)).
61 Pohanka, Agrargeräte 39.
62 Ebd. 40f. Taf. 7,28. Ich möchte M. Pietsch, Würzburg, für die mündliche Mitteilung danken, daß auch ihm keine wirklich identische Parallele zum Laufenburger Stück bislang bekannt geworden ist.
63 Vgl. Martin-Kilcher, Laufen-Müschhag 66 Taf. 61,1–4.
64 Vgl. z. B. Pietsch, Eisenwerkzeuge 56ff. Taf. 20,458–465.
65 Vgl. z. B. Forschungen Augst 1, Abb. 94,38 oder Walke, Straubing Taf. 125,1.
66 Pietsch, Eisenwerkzeuge 62 mit Anm. 659.
67 Nach Pietsch, Eisenwerkzeuge 62 scheint die häufigste Methode das Nieten gewesen zu sein.
68 Eine dementsprechende Datierung ins 1. oder frühe 2. Jh. kann natürlich keineswegs bewiesen werden, da der Fund weder stratifiziert ist, noch eine genaue Eingrenzung dieser einfachen Werkzeugform möglich scheint. Vgl. auch Pietsch, Eisenwerkzeuge 62 mit Anm. 666; Taf. 22,518–522.
69 Vgl. z. B. ebd. 8ff. Taf. 2,19.25; bes. 11ff.
70 Ebd. 14f. mit Abb. 5,2.
71 Ebd. 34ff.; für die Typenvielfalt vgl. z. B. ebd. Taf. 10,173–11,207.
72 Vgl. Walke, Straubing 159 Taf. 126,2.

den konnte, in dem er durch einen Nagel befestigt wurde, wie das tief sitzende Loch anzeigt.[73] Dieser Typ Steckamboß ist z. B. für Pompeji belegt, ohne daß dies jedoch eine zwingende Datierung ermöglicht.[74] Schließlich bleibt noch das Stück Tafel 105,1146 zu erwähnen, das vermutlich als Feuerstahl anzusprechen ist.[75] Die abgebogenen Arme des B-förmigen Gerätes sind an ihrem Ende, wo sie auf den gestreckten, im Querschnitt viereckigen Steg treffen, jeweils eingerollt. Trotz fehlender Analyse kann aufgrund des sehr guten Erhaltungszustandes davon ausgegangen werden, daß als Material speziell veredeltes Eisen benutzt wurde; dies wird auch durch die sorgfältige Bearbeitung unterstrichen, wie die allseits feststellbaren Feilspuren zeigen. Die wenigen Vergleichsstücke ähnlich geformter Feuerstähle stammen offenbar alle aus spätrömischen Zusammenhängen.[76]

7. Scharniere, Haken, Nägel aus Eisen (Taf. 106–108)

Für feste oder bewegliche Verbindungen von Holz mit Holz, Holz mit Stein etc. dienten die 17 Scharniere und Beschläge, 15 Haken, Klammern und Splinte, ca. 450 Nägel und einige weitere Eisengegenstände ähnlicher Verwendung. Nur bei wenigen dieser im Baubereich verwendeten Funde kann der genaue Zweck erschlossen werden. Ebenfalls verursachen diese einfachen zweckgebundenen Gegenstände eine Unmöglichkeit der Datierung, da die Formen von vorrömischer Zeit bis in die Moderne praktisch keinen Wandlungen unterworfen waren.
Die Plattenscharniere sind mit Tafel 106,1147–1150 abgebildet; in gestreckter Form beträgt die Länge von Tafel 106,1147.1149 je ca. 20 cm, die beiden anderen sind ungefähr halb so lang. Die Hälften der größeren Variante waren jeweils mit zwei Nägeln befestigt, die der kürzeren nur jeweils einfach. Zumeist greift eine Backe in zwei der anderen Hälfte, die bewegliche Verbindung erfolgte mittels eines eingesetzten Splintes.[77] Nur bei Tafel 106,1147 greifen jeweils zwei Backen ineinander; bei Tafel 106,1150 liegt eine vereinfachte Variante vor, indem ein Backenende ringförmig umgebogen wurde.[78]
Eine besonders einfache Form einer beweglichen Verbindung zeigt das z. T. verbogene Splintscharnier Tafel 106,1151, das durch die Verzahnung zweier Splinte hergestellt wurde.[79]
Aufwendiger in der Fertigung ist das verbogene Bandscharnier Tafel 106,1152 mit eingerollten Enden. Die Naht der Unterseite macht deutlich, daß es aus einem ursprünglich doppelt so breiten Eisenband zusammengebogen wurde; ebenfalls ist auf dieser Seite nachträglich eine rechteckige Öse angebracht worden. Wie die identischen Fundstellen zeigen, bot das Befestigungsloch Platz für den Splint Tafel 107,1158 (s. u.). Derartige Bandscharniere gehörten vermutlich zu Türverschlüssen.[80] Ob die stark fragmentierten Eisenbänder Kat.-Nr. 1152 a.1153 a und Tafel 106,1153 gleiche Verwendung fanden oder als einfache Beschläge genutzt wurden, muß offenbleiben.
Der äußerst wuchtig gearbeitete Beschlag Tafel 106,1154 war ursprünglich an wenigstens vier Punkten befestigt, wie die erhaltenen (Doppel)nieten bzw. Löcher zeigen. Ein Teil des Beschlages fällt durch die Dicke des verwendeten Eisens auf und ist fast rechtwinklig abgeknickt. Der folgende Teil wurde zu einem dünnen Band ausgeschmiedet, wobei nicht sicher ist, ob die beiden Knickstellen original sind. Möglicherweise diente dieser besonders stabile Beschlag für die Befestigung schwerer Deckenkonstruktionen.[81] Einfache Beschläge, bestehend aus Eisenplatten und Befestigungsnägeln, sind demgegenüber Tafel 107,1155 und Kat.-Nr. 1155 a. b.
Tafel 107,1156–1160 zeigt die Splinte unterschiedlicher Größe.[82] Zu Tafel 107,1156 bleibt anzumerken, daß dieser Splint mit anhängendem Befestigungsteil 1937 in Raum 4 mit der dazugehörigen Sandsteinkugel

73 Vgl. W. Gaitzsch, Eiserne römische Werkzeuge. BAR intern. ser. 78 (Oxford 1978) Taf. 1,1.
74 Zum Amboß aus Pompeji Gaitzsch a.a.O. (Anm. 73) 341, Nr. 1; die vielen Amboßtypen aus Pompeji (ebd. 341 f. Taf. 1,1 ff.) zeigen jedoch den Formenreichtum gleichzeitig benutzter Stükke, so daß eine bestimmte Ausprägung eher auf einer besonderen Zweckbindung, als auf einer zeitlichen Ursache basieren dürfte. – Ein nur wenig anders geformter Amboß auch z. B. in der spätrömischen Höhensiedlung von Hambach (Kreis Cochem-Zell): K.-J. Gilles, Spätrömische Höhensiedlungen in Eifel und Hunsrück. Beih. Trierer Zeitschr. 7 (Trier 1985) 121 ff. Taf. 6,16.
75 Eine detaillierte Untersuchung dieser Gegenstände, ähnlich denen zu den übrigen Eisenwerkzeugen, scheint bisher zu fehlen. Kurze Erwähnungen z. B. bei A. Neuburger, Die Technik des Altertums[4] (1919; Nachdruck Leipzig 1981) 237 f.
76 Vgl. J. Garbsch (Hrsg.), Der Moosberg bei Murnau. Veröff. Komm. arch. Erforsch. spätröm. Raetien 6 (München 1966) 86 Taf. 33,10.11. In dieser Anlage des 3.–4. Jh. (ebd. 56 ff.) finden sich aber auch andere Formen (ebd. 89 Taf. 35, 20–25).
Zu einem ähnlichen Fund des 3. Jh. vgl. auch M. Martin, Das spätrömisch-frühmittelalterliche Gräberfeld von Kaiseraugst, Kt. Aargau, Teil B: Katalog und Tafeln. Basler Beitr. Ur- u. Frühgesch. 5 (Derendingen, Solothurn 1976) 33 f. Taf. 21 (Grab 333,10). Ein weiteres, nicht genau datiertes Vergleichsstück stammt aus dem bis ins 4. Jh. belegten Auxiliarlager von Dormagen. Vgl. Müller a.a.O. (Anm. 18) 29 ff. Taf. 29,16.
77 Vgl. z. B. Walke, Straubing Taf. 134,17 oder Roth-Rubi, Stutheien Taf. 37,713.
78 Vgl. z. B. Walke, Straubing Taf. 134,15.16.
79 Vgl. Walke, Straubing Taf. 134,1–3.
80 Vgl. Schönberger, Oberstimm 190 Taf. 33,B 498.
81 Vgl. das wesentlich kleinere Exemplar Chur 1, 181 Taf. 58,15.
82 Vgl. z. B. Chur 1, 181 Taf. 58,25.26.

Tafel 115,1209 (S. 166) gefunden wurde.[83] Welchem Zweck demgegenüber die doppelt geschwungene Verbreiterung der Öse von Tafel 107,1160 diente, ist mir nicht klar.

Die Krampen Tafel 107,1161–1163 weisen unterschiedliche Spannbreiten auf, wobei die U-Form gerundet oder eckig ausfallen kann.[84]

Einen großen Formenreichtum belegen die Haken Tafel 107,1164–1170. Das zierliche Stück Tafel 107,1164 dürfte durch sein unproportional lang umgebogenes Ende nur für geringe Lasten bestimmt gewesen sein.[85] Aus einem Eisenband gearbeitet ist der Haken Tafel 107,1165.[86] Bei dem Haken mit breiter Kopfplatte (Taf. 107,1166) kann nicht entschieden werden, ob das Unterteil bereits ursprünglich in derselben Ebene angeordnet war.[87] Das folgende Stück Tafel 107,1167 zeichnet sich durch seine gestreckte Form, die runde, kleine Öse und die Endverdickung aus.[88] Da die kurzen, abgebogenen Enden im Querschnitt eckig sind, handelt es sich bei den groß dimensionierten Exemplaren Tafel 107,1168–1170 eher um Mauerhaken als um Scharnierkloben.[89]

Als Einzelstücke sind der Ring Tafel 108,1171 sowie die verschiedenen Eisenstäbe mit quadratischem oder rechteckigem Querschnitt (Taf. 108,1172; Kat.-Nr. 1172a.b) angeschlossen. Letztere können ursprünglich zu Fenstergittern oder Bratrosten gehört haben.[90] Der große Nagel mit abgewinkeltem gelochten Arm (Taf. 108,1173) erinnert in der Form an ein Lampeneisen, mißt jedoch lediglich 11,6 cm Länge.[91] Nägel mit rundem Kopf bzw. unterlegtem Plättchen (Taf. 108,1174; Kat.-Nr. 1174a) waren z.B. bei dem großen Beschlag Tafel 106,1154 (s.o.) als Doppelnieten verwendet worden.[92] Die beiden Nägel Tafel 108,1175 sind jeweils über 45 cm lang; die flachen gelochten Köpfe sind halbrund bzw. dreieckig geformt. Derart dimensionierte Stücke dienten der Verbindung von Deckenbalken.[93] Durch ihren schmalrechteckigen Kopf erscheinen die Nägel Tafel 108,1176–1178 und Kat.-Nr. 1178a T-förmig; dieser Typ diente der Befestigung von Platten bei Verkleidungen, Hypokaustanlagen o.ä.[94] Aufgrund des auffallend guten Erhaltungszustandes ist es fraglich, ob das folgende Stück (Taf. 108,1179) mit kantigem Pilzkopf antik ist. Es folgen mit Tafel 108,1180.1181 Nägel mit ausladendem flachen bzw. kegelstumpfförmigen Kopf; letztere, in allerdings kleinerer Dimensionierung, wurden als Ziernägel verwendet.[95] Zwei Pakete von jeweils 17 bzw. 10 identischen Nägeln fanden sich 1937 im Schnitt 19 (Taf. 108,1182.1183). Der erste Typ (Taf. 108,1182) weist einen senkrecht stehenden Rechteckkopf auf; die Köpfe der Nägel Tafel 108,1183 sind als Flügel gebildet, die aus zwei senkrechten Dreiecken bestehen. Diese zur Dachkonstruktion[96] gehörenden Nägel wurden vermutlich bei einer Reparatur im Binnenraum bzw. Raum 4 vergessen. Als letztes Einzelstück ist ein zierlicher Nagel mit flach kugelförmigem Kopf vorhanden (Taf. 108,1184), der ähnlich dem bereits besprochenen Exemplar Tafel 108,1181 als Ziernagel aufzufassen ist. Die Masse der Nägel mit über 400 Stück stellt im Laufenburger Material die einfachste Form mit flachem Rundkopf (Taf. 108,1185.1186; Kat.-Nr. 1186a). Die Längen der vorhandenen Exemplare schwanken zwischen 2,5 cm und 16 cm.[97]

Die besprochenen Scharniere, Haken und Nägel gehören neben den Werkzeugen zur Hauskonstruktion in ihren verschiedenen Komponenten bzw. zu hölzernen Einrichtungsgegenständen im weitesten Sinne, von denen sonst nichts mehr nachweisbar ist. Dementsprechend erstaunt es nicht, daß die verschiedenen bekannten Fundstellen überwiegend im West(Wohn)-trakt des Haupthauses liegen,[98] zu denen einige Funde von der Pflasterung[99] sowie wenige nicht näher eingrenzbare hinzukommen.[100] Wie jedoch mehrfach betont, erlauben die einfachen Formen zumeist nur grobe Aussagen zum ursprünglichen Zweck der Gegenstände.

83 Grabungsdokumentation 1937 mit Foto.
84 Vgl. z.B. Roth-Rubi, Stutheien Taf. 37,717.718 oder Chur 1, 180 Taf. 58,6.
85 Vgl. z.B. Walke, Straubing Taf. 129,15.16.
86 Ähnlich z.B. Roth-Rubi, Stutheien Taf. 37,714.
87 Vgl. z.B. ebd. Taf. 37,714.716 oder Ulbert, Aislingen Taf. 30,7.9.13.
88 Vgl. z.B. Walke, Straubing Taf. 129,21.
89 Ulbert, Aislingen, Taf. 30,17.18 oder Chur 1, 180 Taf. 58,4.
90 Fenstergitter: z.B. A. Mutz, Römisches Schmiedehandwerk. Augster Museumsh. 1 (Augst 1976) 33f. Abb. 26;27. Walke, Straubing Taf. 126,11. – Bratroste: z.B. Schönberger, Altenstadt Taf. 9,BIII 25. Arch. Schweiz 8, 1985, 181 Abb. 23.
91 Vgl. z.B. Walke, Straubing Taf. 124,19–22.
92 Vgl. auch z.B. Schönberger, Oberstimm Taf. 36,B 639.
93 Vgl. z.B. F.-R. Herrmann, Die Ausgrabungen in dem Kastell Künzing/Quintana. Kleine Schriften zur Kenntnis der römischen Besetzungsgeschichte Südwestdeutschlands 8 (Stuttgart 1972) Abb. 32.
94 Vgl. z.B. Schönberger, Oberstimm Taf. 36,B 593–599 oder Chur 1, 182 mit Anm. 8; Taf. 59,14.15 (Typ 5).
95 Vgl. z.B. Walke, Straubing Taf. 130,2–5 oder Chur 1, 183 Taf. 59,23 (Typ 10).
96 Vgl. z.B. Mutz a.a.O. (Anm. 90) 31 Abb. 25 oder Chur 1, 182f. Taf. 59,13.26 (Typen 4 u. 10).
97 Vgl. z.B. Walke, Straubing Taf. 130,6–8.14–18 oder Chur 1, 182 Taf. 59,6–9 (Typ 1).
98 Nord-Risalit: Kat.-Nr. 1178a; Schnitt 19, aus weißverputztem Raum im Mörtelschutt (= Raum 4): Kat.-Nr. 1155b, 1156; Abschnitt 3, Rampe zu Raum 4, Ziegelschicht bis alte Benutzungshöhe: Kat.-Nr. 1149, 1151; Nischenraum (vermutlich Raum 4), Südostecke auf Benutzungshöhe: Kat.-Nr. 1152, 1158; Auffüllung Raum 2 und 3: Kat.-Nr. 1181; Porticus: Kat.-Nr. 1173, 1174; Aushub hinter West-Porticus: Kat.-Nr. 1169, 1178, 1179.
99 Kat.-Nr. 1174a, 1180.
100 Schnitt 9, 1,2 m hinter West-Mauer im Schutt: Kat.-Nr. 1155b; 2. Erweiterung Schnitt 19, ca. 15 cm tief: Kat.-Nr. 1182, 1183.

H. Produktions- und Architekturreste

1. Mühlsteine, Eisenbarren (Taf. 109,1187–110,1191)

Wie bei der Gefäßkeramik (S. 66ff.) z.T. die Produktion in einer eigenen Töpferei zumindest vermutet werden konnte, durch Webgewichte, Spinnwirtel und verschiedenste Werkzeuge und Geräte (vgl. S.141f.; 155f.; 160ff.) weitere Betätigungen unserer Bewohner in unterschiedlichen Sparten gesicherten Niederschlag fanden, so werfen die folgenden Mühlsteine[1] (Taf. 109,1187–110,1190; Kat.-Nr. 1190a) wiederum ein Licht auf die landwirtschaftliche Produktion unserer Villa Rustica, wie es bereits z.B. beim Sech Tafel 104,1134 (vgl. S. 161) zum Ausdruck kam.

Tafel 109,1189 zeigt das Bruchstück eines typischen Läufersteines einer römischen Handmühle. Die Steinscheibe von ursprünglich ca. 40 cm Durchmesser ist auf beiden Seiten trichterförmig ausgehöhlt, wobei auf der Oberseite ein erhöhter Rand stehengelassen wurde; das Mittelloch, das der Befestigung und der Einfüllung des Getreides diente, ist ebensowenig erhalten wie die zu vermutenden Rillungen der Unterseite, die für die korrekte Verarbeitung des Kornes nötig waren.[2] Dieses aus Basaltlava bestehende Stück stammt vermutlich aus den großen Steinbrüchen von Niedermendig in der Eifel.[3] Wohl ebenfalls von einem Läufer stammt Tafel 109,1188 aus dem gleichen Material.

Die gelochte Scheibe Tafel 109,1187 von 40 cm Durchmesser wurde vielleicht aus in der Nordschweiz gebrochenem Kalksandstein hergestellt.[4] Die plane Unterseite in Verbindung mit der nur schwach aufgewölbten Oberseite gibt ihn als Bodenstein zu erkennen.[5]

Die beiden folgenden Stücke Tafel 110,1190; Kat.-Nr. 1190a scheinen derart stark verschliffen, daß eine Aussage, ob und wie sie ursprünglich bearbeitet waren, nicht möglich ist. Als Material ist zum einen Granodiorit aus dem Komplex des Albtalgranites[6] (z.B. bei Tiefenstein), zum anderen Glaukonitsandstein[7] festzustellen, der aus der Nordschweiz oder vom Bodenseegebiet stammen kann. Beide Fundstücke könnten ursprünglich zu weiteren Mühlsteinen gehört haben, eine Verwendung als Schleif- oder Reibstein ist allerdings ebenfalls nicht auszuschließen. Das Exemplar Kat.-Nr. 1190a wurde 1937 in Raum 4 gefunden.

Einige Rätsel gibt der Barren Tafel 110,1191 auf, der zu über 97% aus Eisen besteht.[8] Derzeit kann aufgrund fehlender Vergleichsstücke bzw. -analysen im näheren oder weiteren Umfeld von Laufenburg nichts über die Herkunft des Eisenbarrens ausgesagt werden. Zwar erinnert die Doppelspitzform stark an Vergleichsstücke, die häufig an Fundstellen der Spätlatènezeit belegt sind, jedoch ist der derzeitige Kenntnisstand zur Eisenverhüttung bzw. -verarbeitung in römischer Zeit noch zu gering, als daß gesicherte Aussagen zur Stellung unseres Stückes möglich wären.[9] Allerdings könnte in unserem Zusammenhang der Barren darauf hindeuten, daß er unseren Bewohnern für die eigene Fabrikation von Werkzeugen und sonstigen eisernen Gerätschaften, Beschlägen etc. diente. Dementsprechend müßte vermutlich davon ausgegangen werden, daß in der Nähe des Haupthauses (neben einer vermuteten Töpferei) auch zumindest mit einer Schmiede gerechnet werden muß.

1 Allgemein Jacobi, Saalburg 413ff.

2 Jacobi, Saalburg 414 Taf. 27,4.4a.

3 Für die Bestimmung der S. 165f. verzeichneten Gesteinsarten und deren Herkunftsgebiete möche ich Geologiedirektor H. Maus (Geologisches Landesamt, Freiburg) recht herzlich danken. – Zu Basaltlava allgemein Schumann, Steine 98.

4 Daß neben den Produkten aus Niedermendig auch lokale Sandsteine genutzt wurden, zeigen z.B. verschiedene Funde aus Großbritannien: B. Cunliffe, Excavations at Fishbourne 1961–1969, 2: The Finds. Reports Research Committee Soc. Antiqu. London 27 (London 1971) 153f. Abb. 71. Ders., Excavations at Portchester Castle. Vol 1: Roman. Reports Research Committee Soc. Antiqu. London 32 (London 1975) 267 mit Abb. 140. – Zu Kalksandstein allgemein Schumann, Steine 114ff.

5 Wie Anm. 2. Die Möglichkeit, daß hier eine Schleifscheibe vorliegt, ist allerdings auch nicht völlig auszuschließen; zwar verzeichnet Jacobi, Saalburg 413 Sandstein als Material für Schleifsteine, allerdings dürfte dies für Scheiben, die der Bearbeitung von Metallwerkzeugen, -messern etc. dienten, zu weich gewesen sein.

6 Allgemein Schumann, Steine 84.

7 Schumann, Steine 114.

8 Eine Analyse dieses Stückes verdanke ich Dr. Raub (Schwäbisch Gmünd). Die genaue Zusammensetzung wie folgt: Fe 97,246%, Si 1,290%, C 0,087%, Mn 0,035%, P 0,036%, S 0,010%, Ni 0,379%, Mo 0,018%, Cu 0,036%, Al 0,204%, B 0,004%, Ti 0,043%, V 0,011%, Pb 0,435%, Co 0,340%, W 0,050%, As 0,107%, Sn 0,019%, Nb 0,062%, Zr 0,040%, Zn 0,013%.

9 Zu keltischen Eisenbarren vgl. z.B. H. Reim, Handwerk und Technik. In: K. Bittel u.a. (Hrsg), Die Kelten in Baden-Württemberg (Stuttgart 1981) 204ff. oder R. Lunz, Archäologie Südtirols. Arch.-hist. Forsch. Tirol 7 (Bruneck 1981) 220ff. Taf. 96,1. Latènezeitliche Eisenbarren bzw. -luppen gleicher Größe und Form aus Rheinhausen, Lkr. Karlsruhe, befinden sich in der Schausammlung des Badischen Landesmuseums, Karlsruhe. – Zur römischen Zeit allgemein D. Planck, RiBW 117ff., bes. 153f. E. Ettlinger, Handel, Handwerk und Gewerbe. In: Ur- und frühgeschichtliche Archäologie der Schweiz. Bd. 5: Die römische Epoche (Basel 1975) 89ff., bes. 99f.; 104 (weitere Literatur). J. Herrmann (Hrsg.), Die Römer an Rhein und Donau[3] (Berlin 1985) 218ff. Weiterhin soll darauf hingewiesen werden, daß Eisenverhüttung in römischen Villen durchaus nachgewiesen ist: Martin-Kilcher, Laufen-Müschhag 76ff.

2. Bauteile

2.1 Säulen und Rahmungen aus Stein (Taf. 110,1192–115,1208)

In recht großer Zahl sind bearbeitete und unbearbeitete Sandsteinfragmente vorhanden, die z.T. im Hochrhein-Museum Bad Säckingen magaziniert waren, z.T. auch im alten Rathaus des Ortsteiles Rhina wiedergefunden werden konnten (S. 11ff.). Eine genaue Analyse sowie die exakte Zuweisung innerhalb des Areales ist zumeist nur in Kombination mit dem Befunden möglich (S. 21ff.), da die Kleinteiligkeit des Materiales und die wenigen bekannten Fundstellen dabei Probleme bereiten. Hinsichtlich des letzteren erstaunt es allerdings nicht, daß sich diese auf verschiedene Frontseiten beschränken. Gesicherte Funde von Steinsäulen liegen für die West-Porticus und die Südfront vor,[10] Rahmungen aus Sandstein sind ebenfalls für die Südfront nachweisbar.[11] Für weitere Säulenbruchstücke, die in Raum 4 gefunden wurden (Taf. 111,1196.1197), kommt als ursprünglicher Aufstellungsort sowohl die Nordfront als wiederum auch die Westseite in Frage.

Als Rohstoff der Bauteile scheint zum größten Teil grüner Sandstein, in geringerem Maße solcher von eher roter Färbung benutzt worden zu sein.[12] Entsprechend den Analysen einzelner Bruchstücke kann davon ausgegangen werden, daß zum einen grüner Molassesandstein aus der Nordschweiz bzw. dem Bodenseegebiet benutzt, zum anderen rötlicher Buntsandstein verarbeitet wurde, der wahrscheinlich aus dem Gebiet zwischen Schopfheim und Kandern stammt. Ob die beiden Rohstoffe für den Ausbau bei verschiedenen Phasen oder aber gleichzeitig für Architekturteile genutzt wurden, kann nicht entschieden werden.[13] Für letzteres könnte das gemeinsame Vorkommen von Tafel 111,1196.1197 in Raum 4 sprechen. Das geringere Vorhandensein von Buntsandstein kann aber genauso bedeuten, daß dieser für nachträgliche Baumaßnahmen bzw. Reparaturen an ursprünglich in Molassesandstein ausgeführten Bauteilen diente. Ob sich darüber hinaus ein datierendes Kriterium aus den unterschiedlichen Herkunftsgebieten ableiten läßt, was dann mit politisch bedingten Bezugsmöglichkeiten korrespondieren würde, kann ebenfalls nur zur Diskussion gestellt werden.

Säulenteile sind in 11 unterschiedlichen Profilierungen nachweisbar (Taf. 110,1192–111,1201; 112,1202; Kat.-Nr. 1198a,1202a). Alle gehören vermutlich zu Säulen tuskischer Ordnung, ohne daß im Einzelfall die Bruchstücke Basen oder Kapitellen zugeordnet oder die Gesamterscheinung einer Säule bestimmt werden könnte.[14] Lediglich bei Tafel 111,1198 könnte die kantige Ausarbeitung dafür sprechen, daß hier der Rest eines Abacus erhalten ist (sofern dies nicht durch unsaubere Profilierung bedingt wird). Die feststellbaren Durchmesser von 25–55 cm sind nicht weiter zu verwerten, da die Kleinteiligkeit des Materiales keine vergleichbaren Meßpunkte ermöglicht. Deutlich aus diesem Rahmen fallen Tafel 112,1202 und Kat.-Nr. 1202a mit einem Durchmesser von max. 90 cm. Anhand der Fundstelle in Schnitt 3 werden sie der West-Porticus zugeordnet, wo dieses zu vermutende (Halb)-säulenpaar als besonderer Blickfang in korrespondierender Mittel- oder Seitenaufstellung postiert gewesen sein dürfte.[15] Teile von Säulenschäften sind mit Tafel 112,1203 und 113,1204 verzeichnet, deren Durchmesser 29 cm bzw. 50 cm betragen.

Die Bruchstücke von Rahmungen zeigen gestreckte Gestalt und rechteckigen Querschnitt (Taf. 113,1205–115,1208; Kat.-Nr. 1206a). Der Dekoration dienten Wülste (Taf. 113,1205), wie sie ähnlich auch bei den obigen Säulenteilen zu finden waren, oder parallel angeordnete Rillen (Taf. 114,1207). Aufgrund der einzigen bekannten Fundstelle (Taf. 114,1208) dienten die Rahmungen zumindest an der Südfront vermutlich als Bestandteile von Tür- oder Fensterfassungen.

Neben den aufgeführten Profilierungen bzw. Dekorationen sind mehrfach weitere Bearbeitungsspuren an den Bauteilen feststellbar. Ob bei Tafel 110,1195 eine Versatzmarke erhalten ist, kann nicht sicher entschieden werden. Demgegenüber zeigen die Drehrillen bei diesem Stück und bei Tafel 112,1202.1203 deutlich, daß der Sandstein auf einer Säulendrehbank bearbeitet wurde.[16] Die Rahmungen wie Tafel 113,1205 scheinen insgesamt nur grob für eine spätere Anbringung vor-

---

10 West-Porticus: Schnitt 9, Westabhang hinter Mauer: Kat.-Nr. 1200; Schnitt 3, laufender m 2, ca. 1 m tief (Kat.-Nr. 1202). Zur Südfront vgl. Anhang, Liste 3 (1936 und 1937: Schnitt 7 Süd; 1939: Vor Südfront).

11 Schnitt 4, bis 0,5 m unter Oberkante Nordmauer. Kat.-Nr. 1208.

12 Vereinzelt (Kat.-Nr. 1204a) kommen auch Stücke vor, die außen rötlich und innen grün sind. Nach Auskunft von H. Maus könnte dies durch Verwitterungserscheinungen an einer der beiden für Laufenburg belegten Steinsorten (s.u.) hervorgerufen sein; eine gesicherte Aussage hierüber wäre aber nur durch aufwendige Einzeluntersuchungen möglich.

13 Auch die Grabungsdokumentationen helfen hier nicht weiter, da dort entsprechende Fundstücke nur als „Sandstein" verzeichnet sind.

14 Vgl. z.B. das reiche Fundamterial (Kalkstein) aus Fishbourne: Cunliffe a.a.O. (Anm. 4) 3ff. Abb. 1–5.

15 Falls es sich um Vollsäulen handelte, könnten sie in der Mitte der Porticus gestanden haben; bei Halbsäulen ist eine Aufstellung am Anfang und Ende der Porticus wahrscheinlicher: D. Planck, RiBW 125ff., bes. 129.

16 F. Kretzschmer, Bilddokumente römischer Technik[4] (Düsseldorf 1978) 24ff. Abb. 33. Neuerdings auch A. Mutz, Ein gedrehter Sandsteintisch aus Augst. Jahresber. Augst u. Kaiseraugst 6, 1986, 171ff.

bereitet zu sein. Das bedeutet entweder, daß sie am Bau mit Putz oder Stuck verkleidet wurden; es kann aber auch auf die Möglichkeit hinweisen, daß diese Stücke vorfabriziert angeliefert wurden, um erst an Ort und Stelle durch Steinmetze ihre endgültige Gestalt zu erhalten.[17]
Insgesamt stellt die Menge der aus verschiedenem Sandstein gearbeiteten Bauteile Laufenburg in eine Reihe mit anderen aufwendigen Villenanlagen und unterstreicht so erneut die Bedeutung dieses Gutshofes.[18]

2.2 *Varia aus Stein (Taf. 115,1209–119,1215)*

14 cm beträgt der Durchmesser der Kugel Tafel 115,1209, die ebenfalls aus grünlichem Molassesandstein hergestellt wurde. Das in Raum 4 gefundene Stück weist ein Loch auf, in dem ursprünglich die Splintbefestigung Tafel 107,1156 (vgl. S. 162f.) eingelassen war.[19] Vermutlich diente diese Vorrichtung als Gegengewicht einer Falltür, die den Zugang zu diesem Kellerraum ermöglichte.
Aus dem gleichen Material bestand vermutlich das Becken mit Sockel Tafel 115,1210, das heute nicht mehr aufzufinden ist. Soweit es auf dem abgebildeten Foto, das der Grabungsdokumentation 1936 entnommen wurde, zu erkennen ist, bestand das Stück aus einem massiven zylindrischen Unterteil, das in ein vielleicht halbkugeliges Becken überging; Ober- und Unterteil waren durch umlaufende Wülste voneinander abgesetzt. Der Fuß und große Teile im oberen Bereich des Fundstückes waren offenbar nicht erhalten; insgesamt scheint es jedoch komplett aus einem Block herausgearbeitet worden zu sein. Den engen Zusammenhang mit dem Badetrakt belegt auch die Fundstelle, die unweit der Kaltwanne (Raum II) lag. Das vom Ausgräber als „Waschtisch" beschriebene Stück könnte in dieser Funktion oder als kleines Brunnenbecken aufgestellt gewesen sein.[20]
Nicht genau innerhalb unseres Areales zuweisbar ist Tafel 116,1211 (s. Kat.) aus Molassesandstein. Der ursprünglich quaderförmige Block ist allseitig grob zugerichtet, die Oberseite ist als kalottenartige Schale ausgearbeitet. Wie Vergleichsbeispiele zeigen, handelt es sich bei diesem Stück vermutlich um eine Türangelpfanne.[21]
Ebenfalls in einem baulichen Verband stand Tafel 117,1212 aus rötlichem Buntsandstein, wie die anhaftenden Verputzfragmente belegen. Aus einem heute stark fragmentierten Block wurde eine U-förmige Aussparung herausgearbeitet, so daß gleichsam eine Nut entstand. Vielleicht wurde auch dieses Stück ursprünglich als Widerlager einer Tür oder, bei entsprechender Fortsetzung, als Führung einer starken Schiebetür genutzt; in beiden Fällen ist allerdings aufgrund der Putzreste mit einer späteren Verwendung in einem Mauerverband zu rechnen, bei der die so entstehende Nische als Aufstellungs- bzw. Aufbewahrungsort für kleinere Gegenstände gedient haben könnte.
Aus den beiden bekannten Qualitäten bestehen die Steinplatten Tafel 118,1213.1214. Sie können sowohl als Teile einer Pflasterung, wie sie im Norden des Haupthauses belegt ist, als auch als Türschwellen gedient haben.[22] Bei Tafel 118,1214 kann jedoch, wiederum aufgrund anhaftender Putz- und Estrichreste, eine andere (Zweit)verwendung nicht ausgeschlossen werden.
Der fast kubische Block Tafel 119,1215, der allseitig grobe Bearbeitungsspuren zeigt, dürfte in einem der hypokaustierten Räume als Pfeiler gedient haben.
Schließlich ist mit Tafel 120,1216 eine 26 × 36 cm große Platte aus Gneis[23] abgebildet. Vielleicht liegt eine Bearbeitung vor, indem eine schmale sichelförmige Erhebung stehengelassen wurde. Ob es sich z. B. um den Rest einer Reliefplatte handelt, ist jedoch aufgrund des Materiales äußerst fraglich, da die schiefrige Struktur dieses Untergrundgesteines eine entsprechende Bearbeitung kaum ermöglicht.

2.3 *Ziegel (Taf. 120,1217–122,1229)*

Insgesamt sind 197 gestempelte Ziegel vorhanden, die sich auf 154 der 21. Legion und 30 der 11. Legion verteilen; 13 weitere sind nicht mehr eindeutig zu bestimmen. Alle Stempel befinden sich auf Bruchstücken von Leistenziegeln, deren genaue Abmessungen nicht bestimmt werden konnten; mindestens neun verschiedene Typen sind feststellbar.[24] Eine detaillierte Aufstellung der einzelnen Stücke gibt Liste 1 im Anhang; Tabelle 29 verzeichnet die Gesamtverteilung und verweist auf die exemplarischen Abbildungen (Taf. 120,1217–121,1225).
Die Aufstellung zeigt, daß, abgesehen von Stempeln

---

17 Vgl. z. B. D. Baatz, Felsberg bei Lautertal-Reichenbach (Odenwald). In: D. Baatz u. F.-R. Herrmann (Hrsg.), Die Römer in Hessen (Stuttgart 1982) 270ff.
18 D. Planck, RiBW 129. W. Drack, Die Gutshöfe. In: Ur- und frühgeschichtliche Archäologie der Schweiz. Bd. 5 (Basel 1975) 49ff., bes. 66ff. Beispiele in der näheren Umgebung: Arch. Schweiz 8, 1985, 82ff. mit Abb. 8 (Villa? in Grenzach).
19 Grabungsdokumentation 1937 mit Foto.
20 Wie vielfache Vergleichsbeispiele z. B. aus Pompeji bzw. Herculaneum zeigen. Dazu z. B. Th. Kraus u. L. v. Matt, Lebendiges Pompeji (Köln 1973) Abb. 14; 57; 74; 86; 102; 154.
21 Vgl. z. B. H.-M. v. Kaenel u. M. Pfanner (Hrsg.), Tschugg–Römischer Gutshof, Grabung 1977 (Bern 1980) 61 Abb. 84, K 61, Nr. 219 (Eisen).
22 Drack a.a.O. (Anm. 18) 64 (c); 67 („Türschwellen").
23 Allgemein Schumann, Steine 136.
24 Typen und deren Definition nach Jahn, Dachziegel, bes. Taf. 5 mit zugehöriger Tabelle.

Tabelle 29: Verteilung der Ziegelstempel; Typen nach Jahn, Dachziegel.

Typ	Anzahl	Abbildung
Legio XXI rapax		
1	38	Taf. 120, 1217
2	42	Taf. 120, 1218
3	54	Taf. 120, 1219
4	5	Taf. 120, 1220
9	9	Taf. 121, 1221
12	2	Taf. 121, 1222
?	4	–
	154	
Legio XI Claudia pia fidelis		
14	14	Taf. 121, 1223
15	8	Taf. 121, 1224
16	8	Taf. 121, 1225
	30	
?	13	–
Summe	197	

der Auxiliarvexillationen (Jahn Typen 5–8, 10), fast alle für Vindonissa belegten Typen vertreten sind. Das deutliche Überwiegen der Typen 1–3 deckt sich mit den Verhältnissen in Vindonissa[25] und an anderen Fundorten.[26] Auch die wesentlich stärkere Präsenz von Ziegeln der 21. Legion scheint dabei nicht ungewöhnlich. Frühe Gutshöfe im Umfeld des Legionslagers (wie Laufenburg) hatten zumeist in den grundlegenden ersten Bautätigkeiten einen größeren Materialbedarf als bei späteren Umbauten oder Reparaturen.[27] Die Fragen, inwieweit diese generelle Erkenntnis mit dem speziellen Fundmaterial unserer Villa verknüpft werden kann[28] und welche Schlußfolgerungen die vergleichsweise sehr hohe Zahl gestempelter Ziegel[29] für das Verhältnis von Laufenburg zu Vindonissa bzw. für die Siedlungsgeschichte unseres Gutshofes ermöglichen, sollen an späterer Stelle zusammenfassend erörtert werden (vgl. S. 185ff.).

Jedoch soll noch kurz auf einige Details verwiesen werden. Die 20 bekannten Fundstellen der Ziegelstempel liegen durchweg im Westteil des Haupthauses.[30] Sekundäre Brandspuren finden sich bei den früheren Stempeln doppelt so häufig (63 von 154 Stück = 40,9%) wie bei den späteren (6 von 30 Stück = 20,0%).[31] Auch diese Tatsache, die zunächst nur einen Terminus post quem darstellt, soll an anderer Stelle in die Überlegungen mit einbezogen werden (vgl. S. 185ff.). Schließlich finden sich häufig Fingermarken auf der Stempelseite bzw. verschiedenartige Ritzungen auf den Schmalseiten unserer Leistenziegel; vermutlich dürfen diese Zeichen als Handwerksmarken verstanden werden, die in einem Zusammenhang mit bestimmten Arbeitsabläufen standen.[32] Ob dies (wie die verschiedenen Typen) mit den bekannten Armeeziegeleien in Verbindung zu bringen ist, muß vorläufig offen gelassen werden. Ziegelöfen in Vindonissa selbst sind zwar bislang nicht nachgewiesen, aber doch zumindest zu vermuten.[33] Gesicherte Ziegeleien der 21. bzw. 11. Legion sind jedoch in der Peripherie, in Kölliken, Hunzenschwil und Rupperswil – alle im Aargau – bekannt;[34] neuerdings wurde auch in Kaisten (Bezirk Laufenburg, Kt. Aargau) ein Ziegelbrennofen ausgegraben, der vielleicht in den gleichen Zusammenhang gehört.[35]

Tafel 121,1226 zeigt einen weiteren Leistenziegel mit dem Abdruck einer Hundepfote, wie er häufig auf römischen Ziegeln zu finden ist.[36]

Alle bisher besprochenen Leistenziegel gehören als Tegulae zur Dachkonstruktion, zu denen die Hohlziegel (Imbrices) hinzukommen; erstaunlicherweise hat sich von letzteren nur ein Exemplar erhalten (Taf. 122,1230).[37]

Zur Wandbeheizung dienten demgegenüber die Hohlziegel (Tubuli); Beispiele der Aufrauhmuster, die der besseren Haftung des Putzes dienten, sind mit Tafel 121,1227; 122,1228 abgebildet.[38] Bei dem zweiten Exemplar (Taf. 122,1228) ist eine Breite von 16,5 cm

25 Jahn, Dachziegel 120f.
26 V. v. Gonzenbach, Die Verbreitung der gestempelten Ziegel der im 1. Jahrhundert n. Chr. in Vindonissa liegenden römischen Truppen. Bonner Jahrb. 163, 1963, 76ff., bes. 135.
27 V. v. Gonzenbach, Bonner Jahrb. 163, 1963, 125.
28 Erinnert sei nur z. B. an das Ansteigen der TS-Quantität, die ihren Höhepunkt in flavischer Zeit hatte (s. o.).
29 Es fällt auf, daß keine der bekannten Fundstellen, soweit exakte Quantitäten bekannt sind, auch nur annähernd soviele Ziegelstempel der 21. und 11. Legion beinhaltet, wie Laufenburg: V. v. Gonzenbach, Bonner Jahrb. 163, 1963, 137ff. Vgl. in Zukunft: B. Hedinger u. H. Brem, Ziegel. In: W. Drack, Der römische Gutshof bei Seeb, Gem. Winkel. Ber. Zürcher Denkmalpflege, Arch. Monogr. 8 (Zürich 1990) 223ff.
30 Vgl. Anhang, Liste 1: Nr. 36–38, 77–80, 129–134, 145–147, 167, 168, 176, 197.
31 Ebd: Nr. 8, 10, 14, 16, 18, 21, 24, 25, 28–30, 33, 41, 48, 52, 53, 55–57, 59, 61, 63, 64–66, 68–72, 74, 76–79, 81, 84, 86, 87, 90, 91, 100, 103, 105–111, 113, 116–119, 123–125, 128–131, 134, 152–155, 161, 163, 172, 178, 179.
32 Jahn, Dachziegel 121f.
33 V.v. Gonzenbach, Bonner Jahrb. 163, 1963, 119 mit Anm. 232; 233. Auch in der neuesten Zusammenfassung findet sich kein Hinweis auf eine bislang entdeckte Ziegelei im Lager: Hartmann, Vindonissa passim.
34 V.v.Gonzenbach, Bonner Jahrb. 163, 1963, 119 mit Anm. 231; Hartmann, Aargau 172f. (Hunzenschwil); 178 (Kölliken); 196f. (Rupperswil).
35 Hartmann, Aargau 176.
36 Vgl. z.B. Kaenel/Pfanner a.a.O. (Anm. 21) 105f. Abb. 96 oder Chur 1, 43 Abb. 28.
37 Allgemein z.B. Kaenel/Pfanner a.a.O. (Anm. 21) 33; 38 mit Abb. 49.
38 Vgl. z.B. Kaenel/Pfanner a.a.O. (Anm. 21) 37 Abb. 46.

meßbar. Offenbar wurden diese Ziegel auch als Bodenbelag (wieder)verwendet, wie Tafel 122,1229 und Kat.-Nr. 1229a zeigen; auf einem großen Estrichbrocken sitzen dort zurechtgeschlagene Ziegelstücke auf.
Ohne Abbildung blieben die üblichen Hypokaustpfeilerplatten (Kat.-Nr. 1231a.b) aus stark gemagertem Ton. Vorhanden sind 24 runde Exemplare mit Durchmessern von 20–22 cm sowie 43 rechteckige bzw. quadratische mit Kantenlängen von 20–23 cm; alle weisen eine jeweilige Dicke von 3–4 cm auf.[39] Zugehörige Suspensuraplatten können nicht mehr ausgesondert werden; allerdings ist bei der großen Menge Ziegelbruch (Kat.-Nr. 1230a) damit zu rechnen, daß ein Gutteil dieser nicht mehr genau bestimmbaren Fragmente ebenfalls zu Fußbodenheizungen gehörte.

3. Ausstattung

3.1 Verkleidungsteile (Taf. 123)

Einen Eindruck vom Ausstattungsluxus des Haupthauses unserer Villa geben die folgenden Funde, die der Verkleidung bzw. Dekoration von Wänden oder Fußböden dienten.[40]
Die profilierte Platte Tafel 123,1232 besteht aus weißem Carrara-Marmor.[41] Aus dem seltenen Breccien-Marmor von dunkelgrüner Farbe ist die folgende Platte hergestellt (Taf. 123,1233), die vielleicht ebenfalls aus Italien stammt.[42] Wiederum aus Breccien-Marmor wurde das milchig weiße Stück Tafel 123,1234 gearbeitet; Ursprungsgebiet ist die griechische Insel Skyros.[43] Weniger weit war der Transportweg der Platte Tafel 123,1235 aus Solnhofer Plattenkalk.[44] Ebenfalls nur selten in römischen Zusammenhängen ist die Verwendung von dungelgrünem Serpentin aus Mittelägypten belegt (Taf. 123,1236).[45] Welchem Zweck dieses in Längs- und Querrichtung gebogene Stück diente, ist fraglich; die vermutliche Innenseite ist z.T. sauber poliert, sonst findet sich nur grobe Bearbeitung. Wie einige der Bauteile besteht Tafel 123,1237 vermutlich aus rötlichem Buntsandstein vom südwestlichen Schwarzwald (S. 165f.). Das im Querschnitt halbrunde Bruchstück ist in der Längsrichtung gerillt; offensichtlich waren diese Rillen ursprünglich mit roter und weißer Farbe ausgemalt. Ob die Platte Tafel 123,1238 ebenfalls zur Verkleidung diente, ist ungewiß. Einerseits sind keine deutlichen Bearbeitungsspuren festzustellen, andererseits scheinen die in Frage kommenden Gesteinsarten (Gneis oder Schiefer aus dem Schwarzwald) auch nicht für eine Bearbeitung geeignet.[46]
Vermutlich aus örtlichem Kalksinter wurde das Stück Tafel 123,1239 hergestellt, wobei das porige, leichte Material einer Verwendung als Ornamentdekoration entgegenkommt.[47] Vielleicht gehörte es zu einer Leiste, die mit einem Eierstabmotiv geschmückt war. Reste weiterer Dekorationen liegen mit Tafel 123,1240 aus Stuck, d.h. gebranntem Gips, vor.[48] Als Ornament zeigt es ein sauber profiliertes, erhabenes Spiralmotiv. Vergleichbare Stuckarbeiten sind in unserem Gebiet z.B. in Grenzach gefunden worden.[49] Ungebrannt ist demgegenüber die Gipsplatte Tafel 123,1241, auf der sich hellrote bis orangene Farbreste erhalten haben.[50]
Nach den belegten Fundstellen (s. Kat.) könnten Tafel 123,1238.1241 ursprünglich zum Badetrakt gehört haben. Allerdings ist eine Verwendung des zweiten Stückes (Taf. 123,1241) in Feuchträumen aufgrund des Materiales eher unwahrscheinlich.
Neben den als Verkleidungsteilen verwendeten Steinsorten konnten im vorangegangenen verschiedenste Gesteine in unterschiedlichen Zweckbindungen festgestellt werden. Tabelle 30 faßt alle diese Funde noch einmal zusammen.
Natürlich verwundert es nicht, daß für vergleichsweise einfache Dinge, die in großen Mengen benötigt wurden (z.B. Bauteile), auf Steinsorten zurückgegriffen wurde, die keinen allzu langen Transportweg bedingten. Zudem stand für die verschiedenen Sandsteine z.T. sicher der Rhein als Wasserstraße zur Verfügung. Ebenso wurde aufgrund der spezifischen Eignung für Mühlsteine Basaltlava der Eifelbrüche verwendet. Was die verschiedenen Marmorsorten angeht, erstaunt nicht nur deren Vielfalt, sondern auch die Tatsache, daß manche von ihnen überhaupt selten an römischen Fundplätzen anzutreffen sind (z.B. Serpentina verde bzw. moschinata). Darin findet ein Le-

39 Vgl. z.B. Kaenel/Pfanner a.a.O. (Anm. 21) 36 Abb. 41.
40 Zu Marmorverkleidungen allgemein Mielsch, Buntmarmore 16ff. Weitere Vergleichsbeispiele z.B. Cunliffe, Fishbourne a.a.O. (Anm. 4) 16ff. mit Abb. 7–16.
41 Mielsch, Buntmarmore 63f.; Schumann, Steine 144, Nr. 219.
42 Mielsch, Buntmarmore 49, Nr. 338.
43 Mielsch, Buntmarmore 47, Nr. 286.
44 Schumann, Steine 128, Nr. 200.
45 Mielsch, Buntmarmore 63, Nr. 668. Ob hier vielleicht der Rest eines steinernen Gefäßes vorliegt, kann aufgrund des erhaltenen Fragments nicht entschieden werden. Vgl. S. Fünfschilling, Ägyptisierende Steinflaschen und ein Achatschälchen aus Augusta Rauricorum. Jahresber. Augst u. Kaiseraugst 10, 1989, 283ff., bes. 304–311 Abb. 41;45;47;51 (zu Marmorgefäß 5 aus Augst).
46 Schumann, Steine 136ff., Nr. 207.208.213.
47 Schumann, Steine 118, Nr. 182.
48 Schumann, Steine 122, Nr. 190f.
49 Arch. Schweiz 8, 1985, 83f. Abb. 9 (Grenzach). Daneben Stuckgesims z.B. aus Unterwindisch: Jahresber. Ges. Pro Vindonissa 1978 (1980) 11 Abb. 8.
50 Farbreste sind auch bei den Stuckornamenten aus Grenzach festgestellt worden (vgl. Anm. 49).

Tabelle 30: Die in Laufenburg festgestellten Steinsorten und ihre Herkunft (vgl. Anm. 41ff.).

Kat.-Nr.	Gegenstand	Steinsorte	Herkunft
1056	Schminkplatte (Verkleidung)	Serpentina verde bzw. moschinata (Marmor)	Wadi Atalah/Mittelägypten
1057	Reibstein	Serpentinfels	? (z. B. Schweiz)
1058	Reibstein	Gemeiner Augit	? (z. B. Eifel, Frankreich)
1063, 1065, 1066	Spielsteine	Kieselstein	vermutlich lokal
1063a, 1064	Spielsteine	Gemeiner Augit	? (z. B. Eifel, Frankreich)
1068, 1069	Spielkugeln (?)	Bianco chiaro (Marmor)	Carrara/Italien
1187	Mühlstein	Huppersandstein	vermutlich Nordschweiz
1188, 1189	Mühlsteine	Hauynführender Basalt	Niedermendig/Eifel
1190	Mühl-/Schleif-/Reibstein	Granodiorit	Albtal
1190a	Mühl-/Schleif-/Reibstein	Glaukonitsandstein	Nordschweiz oder Bodensee
z. B. 1192	Bauteile etc.	Grünlicher Molassesandstein	Nordschweiz oder Bodensee
z. B. 1197	Bauteile etc.	Rötlicher Buntsandstein	Schopfheim-Kandern/Schwarzwald
1216	?	Gneis	? (z. B. Schwarzwald)
1232	Verkleidungsteil	Bianco chiaro (Marmor)	Carrara/Italien
1233	Verkleidungsteil	Breccia quintilina (Marmor)	Italien?
1234	Verkleidungsteil	Breccia di Settebasi (Marmor)	Skyros/Griechenland
1235	Verkleidungsteil	Solnhofener Plattenkalk	Solnhofen/Mittelfranken
1236	Verkleidungsteil ?	Serpentina verde bzw. moschinata (Marmor)	Wadi Atalah/Mittelägypten
1238	?	Gneis oder Glimmerschiefer	? (z. B. Schwarzwald)
1239	Verkleidungsteil	Kalksinter	vermutlich lokal
1240, 1241	Verkleidungsteil	Stuck bzw. Gips	? (z. B. Bayern, Harz)

bensstil der Bewohner unseres Gutshofes seinen Niederschlag, die offenbar großen Wert auf ein luxuriöses Interieur legten. Voraussetzungen dafür waren natürlich neben den politischen Verhältnissen, die den weiträumigen Handel und Transport derart kostbarer Güter ermöglichten, auch entsprechende finanzielle Mittel bei den Käufern. Bedenkt man die z. B. anhand der Gefäßkeramik (vgl. o. S. 136ff.) gewonnenen Ergebnisse zu den vermutlichen wirtschaftlichen Gegebenheiten während der Besiedlung unserer Villa, so könnte vielleicht davon ausgegangen werden, daß die meisten Marmore im (späteren) 1. Jh. n. Chr. eingekauft wurden; aufgrund der Befundanalyse dürfte es aber wahrscheinlicher sein, daß diese edlen Materialien eher in den umfangreichen Baumaßen ein Jahrhundert später verwendet wurden.[51]

3.2 Verputz- und Mosaikfragmente (Taf. 124–131)

Im folgenden sollen einige Beispiele den Reichtum des bemalten Wandverputzes im Haupthaus unserer Villa illustrieren. Da die Verteilungen der verschiedenen Malereischemata (soweit bestimmbar) auf die einzelnen Räume bereits in Kap. II (s. o.) besprochen wurde, wird hier zumeist auf die Nennung der Fundstellen verzichtet (vgl. die Katalogangaben sowie Anhang, Liste 2).

Ein dunkelbraunes Leitermuster auf hellbraunem Grund zeigt Tafel 124,1242; am Rand hat sich eine beigefarbene Girlande erhalten, neben der sich eine grüne Fläche anschließt. Mit Tafel 124,1243–125,1253 sind verschiedene florale Motive abgebildet. Es finden sich dabei häufig große grüne Pflanzen auf weißem Grund (Taf. 124,1243–1245), die z. T. in ein geometrisches Schema eingebunden waren (Taf. 124,1246). Blätter und Blüten können aber auch rot oder braun ausgemalt sein, wobei als Grundfarbe weiß oder gelb gewählt wurde (Taf. 124,1247–1251). Daneben scheinen noch große Blütenstauden auf blauem Grund dargestellt worden zu sein (Taf. 125,1252.1253). Ob von dem dunkelbraunen Kreisornament auf hellgrünem Grund (Taf. 125,1254) ebenfalls ein radial angeordneter, dunkelbrauner Pflanzenstengel ausging, kann nicht sicher entschieden werden. Weitere mehrfarbige ornamentale Muster sind mit Tafel 125,1255.1256 abgebildet, ohne daß das ursprüngliche Schema erkennbar wäre.

Großflächige Motive aus Linien bzw. aneinanderstoßenden Flächen schließen sich an. Zumeist finden sich verschieden breite rote Linien auf weißem Grund (Taf. 126,1257; 127,1259–1261) sowie das Nebenein-

51 Vgl. hierzu S. 21ff.; 183ff.

ander von gelben und roten Flächen (Taf. 126,1258). Weitere, aber seltene Kombinationen streifiger Bemalung sind mit Tafel 127,1265 abgebildet; schmales Streifendekor in Verbindung mit grünen Flächen (Taf. 127,1262.1263) sind daneben ebenso nur singulär zu finden wie rotes Wellenband auf weißem Grund (Taf. 127,1264).

Stumpfe und überstumpfe Winkelstücke sind zumeist rot und weiß bemalt (Taf. 127,1266; 128,1268–1270), wobei im Anschluß vereinzelt eine weitere gelbe Fläche festzustellen ist (Taf. 128,1267). Konkav gebogene Verputzstücke (Taf. 129,1271.1272), ebenfalls in Weiß und Rot, belegen die Dekoration von Wandnischen (wie in Raum 4).

Mehrfach sind auf Verputzfragmenten feine Ritzungen zu finden (Taf. 129,1273); da diese (dann als Vorzeichnungen) nicht mit den übrigen erhaltenen Dekoren in Einklang zu bringen sind, dürfte es sich wohl um Graffiti der ausführenden Handwerker handeln.[52] Als Lesungen kommen dabei M, F, YS und ein Pfeil in Frage. Demgegenüber als Vorzeichnungen sind die breiten Ritzlinien Tafel 130,1274 zu verstehen.

Verschiedene Stadien (sekundärer) Verbrennung dokumentiert Tafel 130,1275. Das Bruchstück Tafel 131,1276 aus Raum II (Kaltwanne) belegt weiterhin, daß eine ältere Malerei im Rahmen einer Renovierung überputzt worden ist. Die folgenden Verputzfragmente (Taf. 131,1277; Kat.-Nr. 1277a.b) weisen aufgrund des Hüttenlehmes unter der Putzschicht zumindest rote und weiße Malerei dem (ältesten) Kernbau des Haupthauses zu.

Tafel 131,1278 schließlich zeigt die (maximal) dreifache Schichtung des Malgrundes, wobei jedoch meist nicht entschieden werden kann, ob hier ein oder zwei Renovierungen zum Ausdruck kommen oder eine besondere Vorbereitung des Malgrundes faßbar wird, die sich in der Abfolge von grobem über mittlerem zu feinem Putz widerspiegelt.[53] Soweit Dicken der Putzschicht(en) meßbar sind, schwanken diese zwischen 2 cm und knapp 7 cm (vgl. Anhang, Liste 2). Auch die Zusammensetzung des Putzes zeigt ein wenig einheitliches Bild. Haben sich mehrere Schichten übereinander erhalten, ist die unterste häufig durch Beimischung von feinem Ziegelbruch rot gefärbt. Sonst ist neben dieser Mörtelart auch weißer mit Kalkbeimischung festzustellen. Beide Typen von Mörtel haben jedoch gemein, daß zumeist verschieden starke Beimengungen von Kieselsteinen und Sand zu erkennen sind.[54]

Obwohl insgesamt große Mengen von bemaltem Wandverputz erhalten sind (vgl. Anhang, Liste 2), verunmöglicht die Kleinteiligkeit des Materiales weitergehende Rekonstruktionen von Malschemata, als es durch die vorangegangenen Abbildungen bzw. o. in Kap. II aufgezeigt wurde. Dabei führte das großflächige Auslegen der Fragmente im Hochrhein-Museum Bad Säckingen weder nach dem Gesichtspunkt der bekannten Fundstelle, noch bei einer versuchten Kombination von Farben oder Dekoren zu befriedigenden Ergebnissen.

Auch von den Mosaikverkleidungen der Fußböden unserer Villa sind nur wenig ansehnliche Reste erhalten. Zwar sind Mosaiksteine in Weiß, Schwarz, Grau und (selten) Rot im gesamten Bereich des Haupthauses gefunden worden,[55] zusammenhängende Stücke im Verband mit anhaftendem Estrich, die Muster zeigen, finden sich heute jedoch nur noch vereinzelt. Die Beispiele Tafel 131,1279–1281, zumeist im Süd-Risalit gefunden, belegen lineare bzw. gebogene Muster aus mehreren farblich unterschiedlichen Reihen von Mosaiksteinen. Dementsprechend kann wiederum nur auf die Grabungsergebnisse verwiesen werden, die bereits o. Kap. II besprochen wurden.

Die erhaltenen Estrichbruchstücke, ebenfalls an fast allen Fundstellen im Haupthaus zutage gekommen, schwanken in ihrer Dicke zwischen 3 cm und mehr als 10 cm. Der durch starke Beimischung von Ziegelbruch durchweg rötlich gefärbte Mörtel erhielt durch einen oft hohen Kalkanteil seine betonharte Konsistenz.[56] Daß bisweilen der Estrich einen Belag aus zugerichteten Ziegeln erhielt, wurde bereits oben vermerkt (vgl. S. 168 zu Kat.-Nr. 1229,1229a). Daneben muß noch festgehalten werden, daß einmal stark grünlich gefärbte Estrichbruchstücke vorhanden sind.[57] Möglicherweise deutet dies auf das Vorhandensein eines Abortes im oder in der Nähe vom Badetrakt hin.[58]

52 Chur 1, 217 Abb. 83a–c.

53 Vgl. z. B. Kaenel/Pfanner a.a.O. (Anm. 21) 27 Abb. 29a. b.

54 Chemische Analysen von Mörtel, Farben und Estrich konnten leider nicht durchgeführt werden.

55 Eine genaue Aufschlüsselung erlaubt dabei keinerlei Rückschlüsse, da die Grabungsdokumentationen Mosaiksteine und Estrichbruchstücke für sehr viele Schnitte, Räume etc. vermerken. Davon vorhanden sind heute noch große Mengen; soweit diese anhand entsprechender Angaben (Fundkomplex Rathaus Rhina; Grabungen 1970/1971) Fundstellen zugewiesen werden können, bestätigt sich die breite Streuung im gesamten Komplex. Dies bedeutet zunächst natürlich nicht, daß alle Räume mit Mosaiken bzw. Estrichböden versehen waren. Für diese Frage siehe im einzelnen o. Kapitel II.

56 Vgl. Anm 53; 54.

57 Inv.Nr. Sä 809 (Fundkomplex Rathaus Rhina), Fundstelle: Schnitt 16 (= Raum IX), 1936.

58 F. Fremersdorf, Der römische Gutshof Köln-Müngersdorf. Röm.-germ. Forsch. 6 (Leipzig, Berlin 1933) 77ff. Weitere Beispiele in Villenbädern: W. H. Heinz, Römische Bäder in Baden-Württemberg (Diss. Tübingen 1979) 85f. mit Anm. 415 (Lauffen/Neckar); 99ff. (Brigachtal-Überrauchen, Geislingen-Aulfingen); 105ff. mit Anm. 497 (Waldshut-Gurtweil); 109f. (Wendlingen-Unterboihingen); 115 (Bruchsal-Obergrombach); 118ff. (Pleidelsheim, Weinsberg). – Ebenfalls kann das Vorhandensein eines Abortes außerhalb des Haupthauses, d. h. in der Nähe des Badetraktes, nicht ausgeschlossen werden: Drack a.a.O. (Anm. 18) 66,l.

J. Münzen (Taf. 132)

15 römische Münzen sollen vom Areal unseres Gutshofes stammen, die heute z.T. im Hochrhein-Museum, Bad Säckingen (Taf. 132,1282–1291), z.T. in einer Laufenburger Privatsammlung (Taf. 132,1292–1296)[1] aufbewahrt werden; in letzterer befindet sich daneben noch ein mittelalterlicher Grosso (Taf. 132, 1297). Der überwiegende Teil dieser Münzen wurde bereits an verschiedenen Stellen publiziert (vgl. Kat.). Bei diesen Gelegenheiten sind zwei weitere, heute nicht mehr auffindbare Geldstücke verzeichnet worden (Kat.-Nr. 1285a.b). Bis auf diese beiden Exemplare lagen alle Münzen vor, so daß die publizierten Lesungen überprüft und Fotos angefertigt werden konnten; außer bei Tafel 132,1295 konnten alle Lesungen bestätigt werden.[2] Für die genauen Bestimmungen siehe jeweils die Angaben im Katalog.

Erstaunlicherweise ist in den sonst sorgfältigen Grabungsdokumentationen nur ein Münzfund verzeichnet, der als Silberdenar des Antoninus Pius definiert wurde.[3] Zwar stützt dies die Fundangaben der abgebildeten Stücke im Hochrheinmuseum aus Jahren vor bzw. nach den Grabungen von Samesreuther,[4] jedoch wurden bereits die Vorbehalte gegenüber diesem Inventar-Verzeichnis deutlich gemacht (S. 11ff.). Diese Vorsicht bezüglich der Zugehörigkeit zu unserer Villa scheint mir noch stärker bei den Münzen der Laufenburger Privatsammlung vonnöten zu sein. Insgesamt muß also festgehalten werden, daß ein Zusammenhang der abgebildeten Münzen mit unserem Gutshof möglich, aber nicht sicher zu beweisen ist. Aus diesem Grunde wurde bewußt eine Vorstellung dieser sonst besonders für Datierungen geeigneten Fundstücke nach allen anderen römischen (Klein)funden gewählt. Eine Übersicht der römischen Münzen gibt Tabelle 31. Die sicher früheste Münze ist der augusteische Denar, der um die Zeitenwende geprägt wurde (Taf. 132,1282). Welche Serie und damit Zeitstellung das Nemausus-As Tafel 132,1283 angehört, ist aufgrund des Erhaltungszustandes nicht mehr zu entscheiden.[5] Zudem deutet der vorhandene Gegenstempel auf eine spätere Wiederverwendung mit geändertem Kurswert hin.[6] Um die Jahrhundertmitte wurden

1 Ich danke Frau Rueb (Laufenburg) für ihr freundliches Entgegenkommen bei der Sichtung und Fotografierung der von ihrem Vater gesammelten Münzen.

2 Kat.-Nr. 1295 wurde als Follis aus Rom (308–317 n. Chr.), Cohen 514 publiziert (s. Katalog); die Abweichung ergibt sich aus der Lesung RA des Abschnittes, die sicher nicht korrekt ist. Die Publikation stützt sich, wie angegeben, auf eine Liste, die mir auch vorlag, in der sich diese unzutreffende Lesung findet.

3 Fundstelle: Suchschnitt 9, Westhälfte Südwand, aus Rußschicht 1,5 m westlich Bruchsteinmauer (= Süd-Risalit), 1936.

4 Vgl. die Angaben im Katalog zu Kat.-Nr. 1282–1291: Den in den FMRD II, 2 (1964) 2222 publizierten Münzen werden die Fundjahre 1930, 1931, 1936, 1944, 1950, 1955, entsprechend den Angaben im Säckinger Inventar, zugewiesen.

5 Vgl. z. B. E. Nau, Römische Münzen aus Süddeutschland, Zeit des Augustus und Tiberius. Kl. Schriften zur Kenntnis der römischen Besetzungsgeschichte Südwestdeutschlands 5 (Stuttgart 1969) 15 Taf. 5,15–17.

6 Sammlung Heynen 48, Nr. 191.

Tabelle 31: Verteilung der angeblich im Bereich der Laufenburger Villa gefundene Münzen nach Prägeherren.

Hochrheinmuseum Bad Säckingen				*Privatsammlung Laufenburg*		
Kat.-Nr.	Kaiser	Prägeort	Zeit	Kat.-Nr.	Kaiser	Prägeort
1282	Augustus (27 v. – 14 n. Chr.)	Lugdunum	1. Jh. n. Chr.	1292	Claudius (41–54 n. Chr.)	Rom
1283	Augustus (27 v. – 14 n. Chr.)	Nemausus		1293	Nero (54–68 n. Chr.)	–
1284	Antoninus Pius (138–161 n. Chr.)	Rom	2. Jh. n. Chr.			
1285	Marc Aurel (161–180 n. Chr.)	–				
1285a	Marc Aurel (161–180 n. Chr.)	–				
1285b	Severus Alexander (222–235 n. Chr.)	Rom	3. Jh. n. Chr.	1294	Claudius Gothicus (268–270 n. Chr.)	Mediolanum
1286	Maximus Thrax (235–238 n. Chr.)	Rom				
1287	Decius (249–251 n. Chr.)	Rom				
1288	Gallienus (253–268 n. Chr.)	Rom				
1289	Gallienus (253–268 n. Chr.)	Rom				
1290	Tetricus I. (270–273 n. Chr.)	Gallien				
1291	– (4. Jh. n. Chr.)	–	4. Jh. n. Chr.	1295	Constantinus I. (307–337	Londinium
				1296	Constantinus I. n. Chr.)	Nicomedia

die folgenden Geldstücke des Claudius und Nero produziert (Taf. 132,1292.1293). Es schließen sich sodann erst wieder Münzen der 2. Hälfte des 2. Jh. an (Taf. 132,1284.1285; Kat.-Nr. 1285 a). Von den sieben Münzen des 3. Jh. (Taf. 132,1286–1290.1294; Kat.-Nr. 1285 b) gehören die meisten dessen 2. Hälfte an. Am Ende unserer Münzreihe stehen drei Exemplare des 4. Jh. (Taf. 132,1291.1295.1296), wobei der Follis Tafel 132.1296 aus dessem 3. Jahrzehnt das jüngste Stück ist. Der gelochte Follis Tafel 132,1295 wurde vielleicht als Anhänger getragen.

Betrachtet man die vorliegende Münzreihe, deckt sie die Besiedlungszeit unserer Villa ab, wie sie anhand der sonstigen Funde deutlich wurde. Im Umkehrschluß gibt dies Laufenburg als Fundort der verzeichneten Münzen eine gewisse Sicherheit. Das Fehlen von Münzen der Zeit von Nero bis Antonius Pius dürfte seine Erklärung in der relativ geringen Menge des im Umlauf befindlichen Geldes haben.[7] Aufgrund des reichhaltigen sonstigen Fundmateriales dieser Zeit ist eine Besiedlungslücke sicher auszuschließen. Umgekehrt zeigt die große Zahl von Münzen des späteren 3. Jh. das, durch Inflation und Geldverschlechterung bedingte, rapide Ansteigen der Münzmengen, basierend auf den instabilen politischen Verhältnissen.

Insgesamt entspricht die Zusammensetzung der Laufenburger Münzreihe, ihre Authentizität vorausgesetzt, in etwa der im Gutshof von Laufen-Müschhag festgestellten.[8]

K. Die Kleinfunde im Überblick (ohne Gefäßkeramik)

Auch die Kleinfunde sollen (wie die Gefäßkeramik) kurz in einer Überschau zusammengefaßt werden (Tab. 32): Die über 700 verschiedenartigen Kleinfunde unterstreichen in Menge und Vielfalt erneut die Bedeutung der Villa von Laufenburg. Ein ähnlicher Fundanfall ist durchaus ungewöhnlich im Vergleich mit anderen bekannten römischen Gutshöfen. Soweit entsprechende Publikationen herangezogen werden können, handelt es sich dabei regelmäßig um großzügige Anlagen. Im Einzelfall übertrifft die Menge und Fächerung des Materiales z. B. die von Laufen-Müschhag,[9] vergleichbar ist vielleicht die der Villa von Seeb, Kt. Zürich.[10] Besonders betont werden muß dabei wiederum, daß in Laufenburg die Gesamtheit der Funde ausschließlich im Haupthaus geborgen wurde. Stellt man dies in Rechnung, legen nicht zuletzt auch die Kleinfunde den Umkehrschluß nahe, daß für unseren Gutshof von der Existenz verschiedener Nebengebäude ausgegangen werden muß.[11] Anhand der sonstigen Funde ist dabei vielleicht an eine Schmiede und einen Raum für die Kornverarbeitung (S. 164) zu denken,[12] zu der weitere Gebäude wie Gesindeunterkünfte, Stallungen, Geräteschuppen etc. hinzukommen dürften.[13]

Im einzelnen erhellen die Kleinfunde die unterschiedlichsten Facetten des Lebens in einem römischen Gutshof. Genannt seien Trachtzubehör und Schmuck (z. B. Fibeln, Ringe, Anhänger), Toilettengegenstände (z. B. Salbenplatte, Haarnadeln), Spielgerät (z. B. Würfel), Dinge der Hausarbeit (z. B. Spinnwirtel, Messer) und Werkzeuge verschiedenster Tätigkeitsbereiche (für Holz-, Stein-, Metallbearbeitung, Landwirtschaft). Weiterhin war eine breite Palette von Haus- und Möbelzubehör festzustellen, die von einfachen Nägeln, Scharnieren etc. bis zu Fensterglas reicht. Schließlich sind noch einige nicht alltägliche Funde wie die figürlichen Darstellungen (Bes-Terrakotte, Frauenkopf, Kleinbronzen) und der Schröpfkopf zu verzeichnen.

Datierende Aussagen können diesen Kleinfunden naturgemäß nur sehr vereinzelt abgewonnen werden. Genügend Ansatzpunkte bieten im wesentlichen nur Lampen, Fibeln, Glasgefäße und Münzen. In ihrer Gesamtheit fügen sie sich dabei in den vom frühen 1. bis zum 4. Jh. reichenden Rahmen der Besiedlung, wie er bereits durch die Gefäßkeramik (S. 136 ff.) gewonnen wurde. Daß zudem Lampen und Fibeln allgemein in unserem Raum im wesentlichen auf das 1. und frühe 2. Jh. beschränkt und die Laufenburger Münzen

---

7 Martin-Kilcher, Laufen-Müschhag 71.

8 Ebd. 69 ff.

9 Martin-Kilcher, Laufen-Müschhag 57 ff.

10 Roth-Rubi, Stutheien 48 f. Drack, Seeb 28 ff. Die erst nach Abfassung des Manuskriptes erschienene Monographie zu Seeb konnte für Laufenburg nicht detailliert berücksichtigt werden. Die in Seeb deutlich größere Menge an Kleinfunden verteilt sich auf wesentlich mehr Baukörper als in Laufenburg, so daß für genaue Vergleiche zunächst exakte Analysen bzw. Aufschlüsselungen erfolgen müßten: W. Drack, Der römische Gutshof bei Seeb, Gem. Winkel. Ber. Zürcher Denkmalpflege, Arch. Monogr. 8 (Zürich 1990) bes. 23 ff., 133 ff.

11 In Laufen-Müschhag sind neben dem Haupthaus drei Nebengebäude und ein Töpferofen bekannt, zu denen Belege für einen Ziegelbrennofen und für Eisengewinnung hinzukommen: Martin-Kilcher, Laufen-Müschhag Abb. 2;72;76;100 ff. In Seeb liegen im Hofbereich neben dem architektonisch besonders aufwendigen Haupthaus und dem separaten Badegebäude acht weitere Gebäude unterschiedlicher Nutzung: Drack, Seeb 10 ff. Abb. 32 Drack a.a.O. (Anm. 10) 23 ff.

12 Daß Handmühlen innerhalb einer Villa Rustica untergebracht waren, zeigt z. B. die bei Boscoreale: vgl. z. B. A. G. McKay, Römische Häuser, Villen und Paläste (Zürich, Freiburg 1980) 100 f. Abb. 91,X.

13 Dazu kommt noch die zu vermutende Töpferei (vgl. S. 139), deren Gestalt (einfacher Töpferofen? Gebäude?) offenbleiben muß.

Tabelle 32: Übersicht der Kleinfunde außer Gefäßkeramik.

	1. Jh.	1. o. 2. Jh.	2. Jh.	2. o. 3. Jh.	3. Jh.	3. o. 4. Jh.	4. Jh.	?	gesamt
Lampen (9)	5	2	–	–	–	–	–	2	14
Bes-Terrakotte, Webgewichte (5)	–	–	–	–	–	–	–	5	
Auerochse, Frauenkopf (2)	–	–	–	–	1	–	–	1	2
Kleinbronzen (2)	1	–	–	–	–	–	–	1	2
Glasgefäße (34–36)	13	–	–	1	1	5	1	13–15	39–41
Fensterglas (5 Scheiben)	1 Scheibe des 1.–3. Jh. n. Chr.					4	–	–	
Fibeln (9–10)	6–7	2	1	–	–	–	–	–	54–55
Ringe, Perlen (14)	–	–	–	–	–	–	–	14	
Anhänger (4)	–	–	–	–	–	–	–	4	
Gürtelschnallen (2)	–	–	–	–	–	–	1	1	
Nadeln (10)	–	–	–	–	–	–	–	10	
Salbenplatte, Reibsteine Schröpfkopf (4)	–	–	–	–	–	–	–	4	
Spielgerät (11)	–	–	–	–	–	–	–	11	
Verschiedenes aus Bein (7)	–	–	–	–	–	–	–	7	mindestens 579
Spinnwirtel, Gewichte (10)	–	–	–	–	–	–	–	10	
Verschiedene Geräte aus Bronze (8)	–	–	–	–	–	–	–	8	
Nägel, Ringe aus Bronze (7)	–	–	–	–	–	–	–	7	
Bleche, Beschläge aus Bronze (mind. 19)	–	–	–	–	–	1	–	mind. 18	
Schlüssel, Schloßteile (8)	1	–	–	–	–	–	–	7	
Wasserleitungszubehör (mind. 3)	–	–	–	–	–	–	–	mind. je 1 Hahn, Blei, Holzrohr	
Werkzeuge, Geräte aus Eisen (32)	–	–	–	–	–	3	–	29	
Scharniere, Haken, Nägel etc. aus Eisen (ca. 485)	–	–	–	–	–	–	–	ca. 485	
Münzen (17)	4	–	3	–	7	–	3	–	17

darüber hinaus mit einigen Fragezeichen behaftet sind, wurde bereits erläutert. Die in römischen Zusammenhängen den Luxusgegenständen zuzuordnenden Gefäße aus Glas schließlich bieten jedoch ein willkommenes Spiegelbild der Datierung der Gefäße aus Keramik (S. 136ff.; 147f.). Das Gros der zeitlich sicher bestimmbaren Gefäße gehört dem 1. Jh. n. Chr. an, wobei beide Jahrhunderthälften ungefähr gleich stark vertreten sind. Nach einer Lücke dokumentieren die Exemplare des 3. und 4. Jh. erneut die Wirtschaftskraft sowie eine Hinwendung zu römischem (Kultur)gut der späteren Generationen in unserer Villa.

L. Graffiti auf verschiedenen Funden

Insgesamt sind 29 Graffiti im Laufenburger Fundmaterial festzustellen, die im vorangegangenen bereits jeweils kurz angesprochen wurden; 22 Ritzzeichen fanden sich auf Gefäßkeramik, der Rest verteilt sich auf verschiedene Fundgattungen.
Die folgende Tabelle (Tab. 33) faßt noch einmal die wesentlichen Punkte zusammen, die Abbildungen 43; 44 geben die Graffiti im Maßstab 1:1 wieder.
Es fällt auf, daß lediglich ein Graffito (Nr. 1) dem 1. Jh. n. Chr. die übrigen (soweit bestimmbar) dem 2. bis 3. Jh. angehören dürften.[14] Bei einer errechneten Ge-

14 Die Angaben beziehen sich auf die Herstellungszeiten; ob im Einzelfall die Anbringung eines Graffitos durch eine extrem lange Benutzungsdauer später liegt, muß natürlich offenbleiben.

samtzahl von ca. 1600 Keramikgefäßen (Tab. 24) bedeuten die 22 Graffiti, daß ungefähr jedes 73. Gefäß eine Ritzung trug.[15] Inwieweit eine hohe Zahl von Graffiti (besonders auf Tafelgeschirr) auf den militärischen Charakter einer Siedlung schließen läßt, ist bislang nicht entschieden, wurde jedoch neuerdings von E. Ruoff als These wiederum erwogen.[16] Die geringe Zahl der Graffiti auf unserer Gefäßkeramik paßt dabei zunächst natürlich in diese Vorstellung, zumal diese Villa primär zivilen Charakter trug. Allerdings wären im 1. Jh. für einen im Umfeld von Vindonissa gelegenen Gutshof,[17] dessen Nähe zum Militär nicht zuletzt vielfach im Fundmaterial festzustellen war, bei Richtigkeit dieser These deutlich höhere Zahlen von Graffiti zu erwarten. Darüber hinaus muß bedacht werden, daß lediglich die Nr. 2, 4, 21 und 22 als Namen aufgefaßt werden können; in diesem Sinne könnten die vermutlichen Monogramme Nr. 1, 6, 7, 14, 18 und 19 vielleicht noch hinzugerechnet werden.[18] Aber gerade für diese einfachen Zeichen wie X, + oder II muß auch die Möglichkeit in Betracht gezogen werden, daß hierin Töpfermarken zu sehen sind,[19] die dann analog zu Stempeln aufgefaßt werden müssen und somit den Graffiti im engeren Sinne nicht zugehören. In unserem Material belegt Nr. 8 eindeutig diese Annahme,

15 Vergleichszahlen zu dieser Inschriftengruppe sind bisher nur schwer zu finden, einen Überblick gibt Chur 1, 237ff.; allerdings werden hier die Quantitäten von Graffiti zumeist nicht in Relation zur Gesamtzahl der Gefäßkeramik gesetzt.

16 Chur 1, 237f., bes. Anm. 1;12.

17 Zu den vermutlichen wirtschaftlichen Verknüpfungen vgl. Kapitel IV.

18 Chur 1, 240.

19 Die entsprechenden Belege für diese Theorie wurden bei der jeweiligen Einzelbetrachtung der Gefäße bereits angeführt.

Tabelle 33: Übersicht der Graffiti auf Funden von Laufenburg. Die laufenden Nummern beziehen sich auf Abb. 43;44. * = handgemacht.

Nr.	Taf.	Fundstück	Herkunft	Datierung	Lesung	Anbringungsort	Bedeutung	Anmerkung
1	9, 191	Tasse Hofh. 9B	Südgallisch	Spättib.-claud.	Y oder λ	Bodenunterseite	Monogramm	–
2	25, 361	Reibsch. Drag. 43	Mittel-/Ostgall.	2.–3. Jh.	FELIX	Bodenunterseite	Name	–
3	34, 495	„Feiner Becher"	lokal	3. Jh.	?	unter Rand	?	–
4	35, 508	„Feiner Becher"	?	?	[ ]EV[ ]	außen	wohl Name	–
5	35, 509	„Feiner Becher"	?	?	(sternf.)	über Standring	(Dekor?)	–
6	35, 510	„Feiner Becher"	?	?	Q/LA/F/G	außen	Name/ Monogramm?	–
7	35, 518	„Feiner Becher"	?	?	X	Bodenunterseite	Monogramm?	–
8	40, 566	Teller Urmitzer Ton	Import/lokal?	3.–4. Jh.	+	außen	wohl Töpferm.	–
9	59, 723	Topf	lokal	2. Jh.	?	unter Rand	?	ähnl. Nr. 16
10	68, 808	Schüssel*	lokal	2.–3. Jh.	II	auf Rand	Töpfermarke	wie Nr. 11, 12
11	– 808a	Schüssel*	lokal	2.–3. Jh.	II	auf Rand	Töpfermarke	wie Nr. 10, 12
12	– 808a	Schüssel*	lokal	2.–3. Jh.	II	auf Rand	Töpfermarke	wie Nr. 10, 11
13	69, 813	Schüssel*	lokal	?	?	unter Rand	(Dekor?)	–
14	69, 815	Teller/Schüssel*	lokal	?	X	Bodenunterseite	Monogramm?	–
15	74, 848	Becher*	lokal	3. Jh.	SVCVS	außen	wohl Inhalt	wie Nr. 17
16	74, 850	Becher*	lokal	3. Jh.	?	außen	?	ähnl. Nr. 9
17	75, 855	Becher*	lokal	3. Jh.	[ ]CV[ ]	außen	wohl Inhalt	wie Nr. 15
18	75, 859	Topf?*	lokal	?	(pfeilf.)	außen	Monogramm?	–
19	80, 898	„Rät. Reibschale"	?	2.–3. Jh.	(pfeilf.)	auf Kragen	Monogramm?	–
20	80, 901	„Rät. Reibschale"	?	2.–3. Jh.	X	auf Kragen	Töpfermarke?	–
21	86, 956	Krug	?	?	?	außen	Name?	–
22	88, 970	Amphore	?	?	FLA[ ]	außen	Name?	F kopfstehend seitenverkehrt
23	91, 990	Webgew. (Ton)	wohl lokal	?	X	Oberseite	Monogramm?	–
24	91, 993	Webgew. (Ton)	wohl lokal	?	F oder A	Seite	Monogramm?	–
25	97, 1067	Spielst. (Ton)	wohl lokal	?	I/IX	Seite	Zahlzeichen	–
26	129, 1273	Verputzfragm.	–	?	/M	Malseite	Handwerkerm.	–
27	129, 1273	Verputzfragm.	–	?	F	Malseite	Handwerkerm.	–
28	129, 1273	Verputzfragm.	–	?	YS	Malseite	Handwerkerm.	–
29	129, 1273	Verputzfragm.	–	?	(pfeilf.)	Malseite	Handwerkerm.	–

Abb. 43: Graffiti auf Funden aus Laufenburg. Vgl. Tabelle 33. M. 1:1.

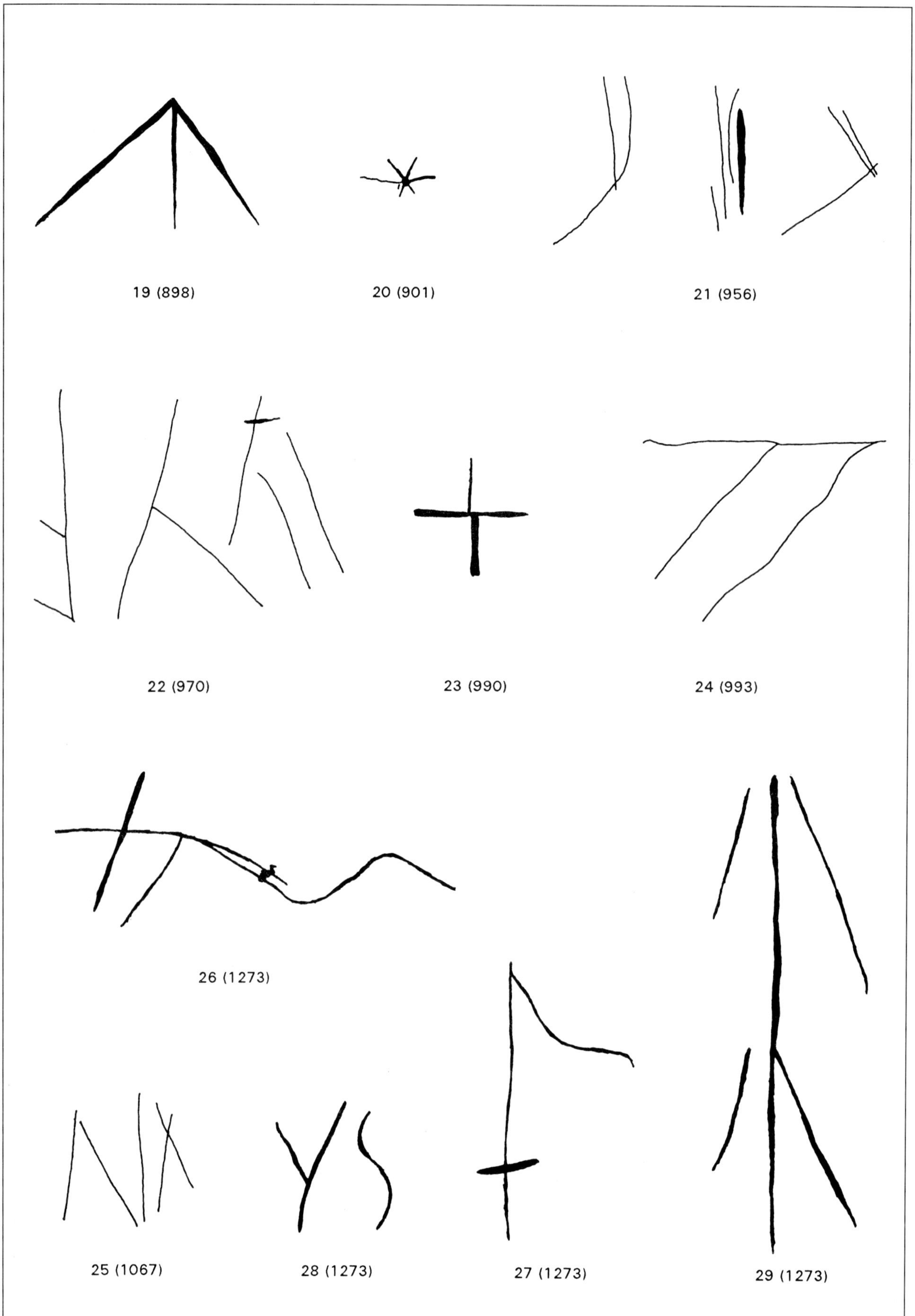

Abb. 44: Graffiti auf Funden aus Laufenburg. Vgl. Tabelle 33. M. 1:1.

da hier ein X bereits vor dem Brand eingeritzt wurde. Ebenfalls nicht im Sinne einer persönlichen Kennzeichnung können die Graffiti Nr. 15 und 17 aufgefaßt werden, da hier mit großer Sicherheit Inhaltsangaben vorhanden sind (S. 122f.).
Auch die Graffiti auf anderen Funden lassen keine eindeutigen Schlüsse zu. Bei Nr. 23 und 24 sind wiederum Monogramme zu vermuten, eine Herstellermarke zumindest bei Nr. 23 ist allerdings auch nicht auszuschließen. Eine Interpretation als Zahlzeichen bei Nr. 25 und als Handwerkermarken bei Nr. 26–29 sind ebenfalls nur Erklärungsversuche, die letztlich bislang nicht bewiesen werden können.
Insgesamt sind somit nur sehr wenige Graffiti eindeutig als Namen oder Monogramme zur persönlichen Kennzeichnung irgendwelcher Dinge anzusprechen. Sicher zu lesen ist dabei nur FELIX (Nr. 2), ein besonders häufig belegter Cognomen, der auch in anderen Inschriften zumeist im Nominativ auftaucht.[20] Daraus zu schlußfolgern, daß die Bewohner unserer Villa des lateinischen Alphabetes mehrheitlich unkundig waren, widerlegen nicht nur die mehrfach erhaltenen Einzelbuchstaben (Nr. 1, 4, 6, 22, 24). Auch Tintenfaß, Stilusbruchstücke und nicht zuletzt das Inschriftmosaik werfen m. E. ein deutliches Schlaglicht auf die Latinisierung der Bewohner.
Faßt man das Gesagte zusammen, wird der enge Spielraum der Interpretationsmöglichkeiten unserer Graffiti deutlich. Ob mit steigender Zahl gut publizierter Funde dieser Inschriftengruppe weitergehende Möglichkeiten abgewonnen werden können, bleibt m. E. zumindest für einfache Zeichen wie z. B. X eher fraglich.

M. Die Knochenfunde (G. L. White)

A. Material und Methodik

Das hier bearbeitete Material umfaßt ältere sowie jüngere Bestände aus dem Bereich der römischen Villa. Bei dem größten Teil des Fundgutes (80,2%) handelt es sich um Streufunde der Grabungen 1936–1939. Auch die wenigen Knochen, die noch Messungen erlauben, entstammen dieser Fundgruppe. Die übrigen wurden in den Nachgrabungen 1970–1971 geborgen. Die Gesamtzahl beläuft sich auf 803 Knochen- und Molluskenreste, von denen sich 730 (knapp 91%), meist sehr zerschlagene Stücke, bestimmen lassen.
Die Auswahl der Meßstrecken und deren Abkürzungen wurden aus von den Driesch (1982) übernommen. Die Knochenmaße größerer Tiere wurden mit der Schieblehre auf 0,5 mm, die kleinerer Tiere auf 0,1 mm genau abgenommen. Umfassungsmessungen wurden mit dem Bandmaß auf ganze Millimeterlänge durchgeführt. Weil die Rinderknochen den größten Teil des Fundkomplexes ausmachen (Tab. 34), wurde fast jedes Skeletteil für sich besprochen. Da sich nur wenige Knochenmaße ermitteln ließen, die aber insgesamt keine Aussagekraft besitzen, wurden als Anhaltspunkt andere römerzeitliche Funde herangezogen. Nicht aufgeführt unter den Tierknochenfunden sind zwei Menschenknochen (das distale Ende eines radius und ein phalanx).

Tabelle 34: Gesamtübersicht über die vorkommenden Tierarten absolut und in Prozent.

	Fundzahl		Gewicht in g	
Tierart	absolut	%	absolut	%
Haustiere				
Pferd	1	0,14	168	0,68
Rind	504	69,61	22249	89,57
Schwein	137	18,92	1832	7,37
Schaf/Ziege	60	8,29	388	1,56
Hund	14	1,39	176	0,71
Haushuhn	6	0,83	9	0,04
Summe	722	99,72	24822	99,93
Wildtiere				
Hirsch	1	0,14	11	0,04
Hase	1	0,14	7	0,03
Summe	2	0,28	18	0,07
Summe best.	724	90,84	24840	98,59
Summe unbest.	73	9,16	356	1,41
gesamt	797	100,00	25196	100,00
Mollusken: 6				

B. Osteologischer Teil

I. Haustiere

1. Pferd, *Equus caballus* L.

Mit nur einem Knochen ist das Pferd außerordentlich spärlich vertreten. Es handelt sich um einen gänzlich erhaltenen Metacarpus 3 des rechten Vorderbeines

20 B. GALSTERER, Die Graffiti auf der römischen Gefäßkeramik aus Haltern. Bodenaltert. Westfalen 20 (Münster 1983) 47, Nr. 104–113 Taf. 7f. Felix als Cognomen auch in einer Inschrift aus Vindonissa: E. HOWALD u. E. MEYER (Hrsg.), Die römische Schweiz (Zürich 1940) 292, Nr. 289.

Tabelle 35: Pferd. Einzelmaße des Metacarpus.

Fundstelle/Nr.	Laufenburg	Rainau-Buch* 99/V	Rainau-Buch* 250/V
GL	233	231,5	233
GLl	230	229	229,5
Ll	224	224,5	224
Bp	48,5	(51)	50,5
Tp	32,5	32,5	33,5
KD	32,5	33,5	31,5
TD	22,5	24	22,5
Bd	48,5	51	50
Td	34	36	34,5

* Gulde (1985)

(Mc 3). Der Knochen weist keinerlei Schnitt- oder Brandspuren auf. Neben den Messungen des Metacarpus von Laufenburg sind zwei Knochen aus dem römischen Vicus von Rainau-Buch aufgeführt (Tab. 35). Die nach Kiesewalter (1888) errechnete Widerristhöhe ergibt einen Wert von 143,6 cm für das Laufenburger Pferd. Dieses Resultat paßt sehr gut zu Ergebnissen aus Rottweil, Variation von 137,3 bis 150,6 cm bei einem Mittelwert von 140,6 cm (Kokabi 1982), und aus Rainau-Buch, Variation von 128,9 bis 151,3 cm bei einem Mittelwert von 140,8 cm (Gulde 1985). Damit ist das Pferd von Laufenburg als ein mittelgroßes Tier zu betrachten, das eher zu den etwas schlankeren Pferden seiner Größenordnung zählte.

2. Rind, *Bos taurus* L.

Obwohl die Rinderknochen knapp 70% aller Funde ausmachen, sind sie meist so zerschlagen, daß sie nur die wenigsten Messungen zulassen.

Hornzapfen

Es liegen sechs Hornzapfen vor. Davon konnten vier gemessen werden (Tab. 36). Nur einer der Hornzapfen ist einem weiblichen Tier, einer einem Stier und die übrigen zwei entweder Ochsen oder Stieren zuzuordnen.

Tabelle 36: Rind, Maße an Hornzapfen, Einzelmaße.

	1.	2.	3.	4.
UB	150	210	170	215
GD	50	74	54,5	78,5
KD	37,5	56,5	50	52
Geschlecht	♀	♂	♂	♂
Index	75	76,5	89,7	66,6

$$\text{Index} = \frac{\text{KD am Basis} \times 100}{\text{GD am Basis}}$$

Oberschädel

Alle 111 vorliegenden Knochen sind sehr schlecht erhalten. Außerdem gibt es keine komplette Backenzahnreihe zu messen. Die Zähne sind gering bis mittelgradig abgenutzt. Der stark zertrümmerte Zustand der Schädelknochen ist typisch für römische Funde und läßt sich durch die geringe Festigkeit der Knochen sowie die Schlachttechnik erklären.

Unterkiefer

Nur drei der 35 Knochenfragmente des Unterkiefers lassen sich messen, wobei die Schneidezähne bei allen Exemplaren fehlen. Von den 30 Unterkieferzähnen sind nur die der drei gemessenen Unterkiefer berücksichtigt (Tab. 37).

Tabelle 37: Rind, Maße an Unterkiefern, Einzelmaße.

	1.	2.	3.
LMR	93	87,6	87,1
LM_3	39,3	36	38,3
BM_3	17,1	13,2	14,1
Abnutzungsgrad	+++	++	++

Wirbeln

Unter den 16 Wirbelfragmenten finden sich weder Stücke von Atlas noch von Epistropheus (1. bzw. 2. Halswirbel). Die übrigen Funde verteilen sich über Hals-, Brust- und Lendenbereich, nicht aber Kreuzbein oder Schwanzwirbel. Keiner dieser Knochen war für Messungen geeignet.

Scapula

Von den Scapulae ist keine ganz erhalten. Die meisten der 23 Fragmente entstammen dem flachen, dünnwändigen Schaufelbereich und erlauben keine sinnvollen Messungen. An drei relativ großen Stücken jedoch konnten Messungen am Gelenk vorgenommen werden (Tab. 38).

Tabelle 38: Rind, Maße an Scapulae, Einzelmaße.

	1.	2.	3.
KLC	57	63,5	59,5
LG	63,5	64	–
BG	49,5	53	50,5

Humerus

Insgesamt liegen 30 Reste von Humeri vor. Nur drei distale Knochenenden konnten gemessen werden (siehe Tab. 39).

Tabelle 39: Rind, Maße an Humeri, Einzelmaße.

	1.	2.	3.
Bd	95,5	78	75,5
BT	88,5	77	74

Radius

Unter den 19 Radienstücken befindet sich ein einziger vollständiger Knochen. Die Ermittlung der Widerristhöhe erfolgte nach Matolcsi (1970). Nur das ganz erhaltene Stück wurde gemessen. Zum Vergleich wird auch ein sehr ähnlicher Knochen aus Rottweil beigefügt (Tab. 40).

Tabelle 40: Rind, Einzelmaße an einem Radius. * = Kokabi (1982).

Fundstelle	Laufenburg	Rottweil S/879/68*
GL	291	292,5
BFp	75,5	–
KD	42	45,5
Bd	77	79
WRH	125,1	125,8

Ulna

Es liegen nur neun Ulna-Reste vor. Keiner davon war meßbar.

Metacarpus

Es liegen 24 Fragmente von Metacarpen vor. Bei dreien davon lassen sich Maße am Proximalende und Diaphyse nehmen (Tab. 41).

Tabelle 41: Rind, Maße an Metacarpus, Einzelmaße. * = nach Dannheimer (1964).

	1.	2.	3.
Bp	67	61	51,5
KD	38,5	36	25,5
Index*	174	171	204

$$\text{Index} = \frac{\text{Bp} \times 100}{\text{KD}}$$

Pelvis und Femur

Wegen dem stark zertrümmerten Zustand konnten keine der 17 Pelvis und 12 Femurreste gemessen werden.

Tibia

Nur einer der 54 Tibiaknochen war in der Länge gut genug erhalten, um eine Vermessung der kleinsten Diaphysenbreite vorzunehmen (Tab. 42).

Tabelle 42: Rind, Einzelmaße an einer völlig erhaltenen Tibia.

KD	36
Bd	60

Talus

Obwohl der Talus einen sehr festen Knochen darstellt, war nur eines der fünf vorhandenen Exemplare meßbar (Tab. 43).

Tabelle 43: Rind, Maße an einem Talus.

GLl	64
GLm	50
Tl	34,5
Tm	31

Calcaneus

Es waren nur drei Calcanei feststellbar. Keiner davon eignet sich für eine metrische Analyse.

Metatarsus

Keiner dieser Knochen war ganz erhalten. Ein Stück jedoch war lang genug, um die kleinste Breite der Diaphyse zu ermitteln (Tab. 44).

Tabelle 44: Rind, Maße an einem Metatarsus.

Bp	50,5
KD	28,5
Geschlecht	♂

$$\text{Index} = \frac{\text{Index } 177}{\text{Bp} \times 100}$$

Gesamtbeurteilung der Rinderknochen

Unter den Tierknochen kommt das Rind mit 70% der Knochen und einem Gewichtsanteil von 90% am häufigsten vor (Tab. 34). Damit kann das Rind als Hauptfleischlieferant betrachtet werden. Außerdem liefert seine bedeutende Rolle als Zug- und Milchtier zusätzliche Gründe für seine dominante Stellung unter den Haustieren.

Das Verhältnis der männlichen zu den weiblichen Tieren, das anhand der Hornzapfen ermittelt werden konnte, zeigt eine Mehrzahl von Stieren bzw. Ochsen, und zwar 3:1. Obwohl die geringe Zahl der meßbaren Knochenfunde nicht als repräsentativ für die römische Villa betrachtet werden kann, paßt dieses Geschlechterverhältnis jedoch sehr gut zu anderen römischen Komplexen (Rainau-Buch = 2,9:1, Rottweil = 2,2:1). Die Rinderknochen entsprechen durchaus der mittleren bis großen Variationsbreite römischer Rinder.

Das Rind war sicherlich wichtig für die Nebenprodukte, die es nach der Fleischverwertung noch liefern konnte. Aus der Haut konnte man Leder herstellen; das Horn konnte als Gefäß und Verzierung, das Beinmaterial ebenfalls für Ornamentik oder für Geräte, Messergriffe, Nadeln usw. benutzt werden.

Die restlichen Haustiere machen 30% der Gesamtfundzahl und nur 10% des Gesamtgewichtes aus. Da der Anteil an meßbaren Knochen sehr gering ausfiel, schien es sinnvoll, auf eine metrische Auswertung zu verzichten. Tabelle 45 zeigt die Verteilung dieser übri-

Tabelle 45: Verteilung der übrigen Haustierknochen nach Tierarten über das Skelett.

Tierart	Schwein	Schaf/ Ziege	Hund	Haushuhn
Hornzapfen, Neuro- und Viscerocranium	16	–	–	–
Dentes sup.	17	6	2	–
Mandibula	7	3	2	–
Dentes inferiores	18	7	–	–
Atlas	1	1	1	–
Epistropheus	–	–	1	–
and. Vert. cerv.	1	1	1	1
Vert. thor.	3	2	–	–
Vert. lumb.	3	1	1	–
Sacrum	–	–	–	–
Vert. caud.	–	–	–	–
Costae	9	6	–	–
Sternum	–	4	–	–
Scapula	7	3	–	–
Humerus	8	3	2	1
Radius	3	2	1	–
Ulna	9	–	2	–
Carpalia	–	–	–	–
Metacarpus	9	2	1	–
Pelvis	1	1	–	–
Femur	3	3	–	2
Patella	–	1	–	–
Tibia	5	6	–	2
Fibula	–	–	–	–
Talus	1	–	–	–
Calcaneus	1	1	–	–
centrotarsale	–	1	–	–
and. Tarsalia	–	–	–	–
Metatarsus	4	–	–	–
Phalanx I	1	4	–	–
Phalanx II	–	1	–	–
Phalanx III	–	1	–	–
gesamt	137	60	14	6

gen Haustierknochen nach Tierarten über das Skelett.

3. Schwein, *Sus domesticus* L.

Das Schwein nimmt den zweitwichtigsten Platz unter den Haustieren ein, was üblich für römerzeitliche Komplexe ist. 19% aller Knochen sind Schweineknochen und haben einen Gewichtsanteil von 7%.
Das Hausschwein dient als billiger Fleischlieferant; als Allesfresser kann es mit wenig Aufwand ernährt werden. Es produziert viele Nachkommen und die Herdenhaltung ist einfach. Eine ganz andere Einsatzmöglichkeit kann das Schwein auch noch haben. Bei der Futtersuche auf verwildertem Weideland wird dieses gepflügt, entwurzelt und gedüngt.

4. Schaf, *Ovis aries,* und Ziege, *Capra hircus*

Schafe und Ziegen spielen eine untergeordnete Rolle. 8% aller Knochen sind Schaf und Ziege zuzuordnen, mit einem Anteil von unter 2% des Gesamtgewichtes. Da es sich bei dem vorliegenden Material um Speiseabfälle handelt, die zum großen Teil zerschlagen sind, war eine Artbestimmung nicht möglich. Der wichtigste Grund für die Schafhaltung war sehr wahrscheinlich die Wollgewinnung. Ansonsten liefern Schafe und Ziegen Fleisch, Milch und Leder, Schafe und Ziegen bilden eine gute Weidegemeinschaft. Ziegen vertilgen Unkraut und von Schafen gemiedene Pflanzen. Dabei lassen sie für die Schafe genug Gras übrig.

5. Hund, *Canis familiaris*

Vom Hund waren 14 Knochen vorhanden. Wahrscheinlich wurde Hundefleisch nicht verwertet. Möglicherweise diente er dem Menschen als Wach- und Hütehund.

6. Haushuhn, *Gallus gallus* L.

Die Hühner sind mit nur sechs Knochen vertreten. Sicherlich dienten sie den Menschen hauptsächlaich als Eierlieferant.

II. Wildtiere

Da nur zwei Wildtierknochen gefunden wurden, jeweils von Hirsch *(Cervus elaphus)* und Feldhasen *(Lepus europaeus),* ist es nicht möglich, Jagd nachzuweisen. Es ist jedoch realistisch, anzunehmen, daß zumindest zum Schutz von bebauten Äckern und Feldern in geringem Umfang gejagt wurde.

C. Gesamtbewertung der Funde

Mit insgesamt 724 bestimmten Knochen lassen sich nur mit Vorbehalt Rückschlüsse auf die Tierhaltung ziehen. Dagegen ist der prozentuelle Anteil einzelner Tiere am Fundgut vergleichbar mit anderen römerzeitlichen Funden. Man kann also sagen, daß die Knochen allem Anschein nach eine durchschnittliche Ansammlung von Küchen- und Schlachtabfällen darstellen. Die Tatsache, daß Kleintiere unterrepräsentiert sind, liegt eventuell an der Bergungsweise.
Die Analyse der Fundkomplexe deutet auf eine Tierhaltung hin, die, im Gegensatz zu heutigen Monokulturen, bedeutend vielseitiger ist. Die Tierhaltung läßt

auf vielfältigen Fleischgenuß der Villenbewohner – hierbei sind auch vier Austernschalen und zwei Weinbergschnecken zu berücksichtigen – sowie maximale Nutzung der landschaftlichen Gegebenheiten schließen.

Der umfassenden Bearbeitung der Knochen durch G. L. White möchte ich einige Anmerkungen zu den Knochenfunden hinzufügen.
Hinsichtlich der angesprochenen Menschenknochen muß vermerkt werden, daß 1939 in Schnitt 3 West, d. h. westlich der West-Porticus, ein Skelett freigelegt wurde, welches allerdings nach Samesreuther vermutlich das eines Pferdes gewesen sein soll. Der als Anhänger gearbeitete Hundezahn Tafel 95,1045 wurde bereits oben (S. 151) besprochen.
Knochen von Wildtieren konnten von G. L. White nur vereinzelt gefunden werden. Nach dieser Bearbeitung konnten im Magazin des Hochrhein-Museums noch zwei Zähne entdeckt werden, die ebenfalls von Rothirschen stammen.[21]
Bezüglich der erwähnten Austern soll angefügt werden, daß es sich dabei um Vertreter von *Ostrea edulis L.* in normaler Größe und Form handelt.[22] Derzeit gibt es keine Möglichkeiten, anhand morphologischer Kriterien eine Herkunftsbestimmung vorzunehmen.[23] Allerdings haben Berechnungen zu Austernfunden aus Vindonissa gezeigt, daß Lebendtransporte aus verschiedensten Gebieten in unseren Raum möglich waren: Von der Mittelmeerküste an der Rhônemündung, der Kanalküste bei Gesoriacum, der Atlantikküste bei Lamnum oder der Nordseeküste bei Lugdunum.[24] Somit muß der Herkunftsort der Austernschalen offen bleiben, die das Bedürfnis nach Luxus auch in Fragen der Ernährung charakterisieren.

N. Nichtrömische Funde (Taf. 133; 134)

Aus grob gemagertem, grau-schwarzem Ton besteht der Napf Tafel 133,1298; der Rand ist weit ausgebogen und außen zweimal verdickt. Unter der leicht überhängenden Lippe ist das Gefäß mit einer Fingertupfen-Dekoration verziert. Die ganze Machart stellt unser singuläres Exemplar Gefäßen der Urnenfelderzeit an die Seite.[1]
Die folgende Keramik Tafel 133,1299–1304 besteht aus einheitlich hellorangem Ton mit schwacher Magerung, der zumeist hart gebrannt ist. Alle Stücke tragen innen Glasuren von rötlicher bis bräunlicher Farbe, bei Tafel 133,1300 ist ebenfalls die Außenseite grün glasiert; z. T. treten umlaufende (Wellen)bänder von weißer Farbe (Taf. 133,1301.1302) als zusätzliche Dekoration hinzu. Formal und qualitativ findet der Topf mit akzentuiertem Horizontalrand (Taf. 133,1299) gute Vergleichsstücke bei Funden des 15. Jh. n. Chr. aus Zurzach.[2] Auch Schüsseln bzw. Näpfe mit ausgebogenem Vertikalrand wie hier Tafel 133,1300.1301 sind in demselben Fundkomplex vertreten, datieren bereits aber ins späte 17. und 18. Jh.[3] Zu einer Schale ähnlicher Zeitstellung dürfte auch das Bodenbruchstück Tafel 133,1302 gehören.[4] Die Bruchstücke Tafel 133,1303.1304 schließlich sind in der gleichen Technik und Qualität gefertigt wie die vorangegangenen Gefäße; Besonderheiten hierbei sind die Muster, die durch Kombination von brauner mit grüner Glasur (Taf. 133,1303) bzw. durch (erhabene) Reliefierung angebracht worden sind.
Eine sichere Ansprache der beiden verbleibenden Gefäße scheint aufgrund fehlender Vergleichsstücke nicht möglich. Der äußerst bauchige Becher Tafel 133,1305 fällt durch seinen plumpen, extrem kleinen Boden auf, dessen Unterseite gerillt ist. Der ziegelrote, hart gebrannte Ton war mit einem hellen, schlecht aufgetragenen Überfang versehen; wie Reste zeigen, saß darauf eine grüne Glasur. Das Bodenbruchstück Tafel 133,1306 stammt ebenfalls von einem Becher aus hellorangem, sehr hartem Ton, der einen rötlichen, leicht glänzenden Überzug trägt. Knapp unterhalb der Bruchkante beginnt (im Bauchbereich) eine weitere, ungleichmäßig hoch ansetzende Zone aus einem fast schwarzen, irisierenden Überzug. Ob es sich dabei um ein gewolltes Dekor oder um einen Fehlbrand handelt, kann nicht sicher entschieden werden.
Zu den vorgeschlagenen Datierungen der nicht römischen Keramik passen die verschiedenen bekannten Fundstellen, die (soweit angegeben) oberflächlich gelegen waren.[5] Aus nicht korrodiertem Eisen besteht das Fundstück Tafel 134,1307, das aus dem Aushubhaufen hinter der West-Porticus stammt. Die Unter-

21 Ich danke Dr. J. Niemeyer (Naturkundemuseum, Münster) für die Bestimmung.
22 Ich danke Prof. F. Strauch (Münster) für die Bestimmung und eine ausführliche Erläuterung der Aussagemöglichkeiten.
23 F. Strauch u. G. E. Thüry, Austernfunde aus römischen Gebäuderesten in Tittmonig, Ldkr. Traunstein. Bayer. Vorgeschbl. 50, 1985, 341ff.
24 G. E. Thüry u. F. Strauch, Zur Herkunft des römischen Austernimports in der Schweiz. Arch. Schweiz 7, 1984, 100ff.
1 Vgl. z. B. R. Koch, Katalog Esslingen, Teil 1. Veröff. Staatl. Amt Denkmalpflege Stuttgart A 14,1 (Stuttgart 1969) 16f. Taf. 14,1–9.
2 R. Schnyder, Die mittelalterlichen Keramikfunde im Rathausareal Zurzach. Jahresber. Ges. Pro Vindonissa 1969/70 (1970) 47ff.; vgl. zu Kat.-Nr. 1299 bes. ebd. Taf. 1,24 (2. Gruppe).
3 Vgl. ebd. Taf. 2,19.20 (3. Gruppe).
4 Vgl. ebd. Taf. 2,18.
5 Kat.-Nr. 1301; Schnitt 8, oberflächlich; Kat.-Nr.1302: Schnitt 4,1, oberflächlich; Kat.-Nr. 1303: Schnitt 7, Nord.

seite der massiven Stange ist abgesägt, an der Oberseite wurden zwei flache Lappen ausgeschmiedet, die flügelartig nach innen gebogen wurden. Aufgrund der ungewöhnlichen Form und des ausgezeichneten Erhaltungszustandes dürfte es sich um eine Geschoßspitze o. ä. der frühen Neuzeit handeln.
Ohne Patina ist die Bronze der zwei identischen Glokken Tafel 134,1308 und Kat.-Nr. 1308a. Das erste Stück weist eine deutliche Flickung auf, beim zweiten ist der Ansatz des Klöppels erhalten. Zwar sind beide Stücke vermutlich im Binnenraum unseres Haupthauses gefunden worden, aufgrund des Bronzezustandes dürfte es sich jedoch um neuzeitliche Glocken handeln.
Die verbleibenden Fundstücke aus zumeist stark korrodiertem Eisen sind, abgesehen von den Steigbügeln Tafel 134,1312.1313, zeitlose Formen. Aufgrund der gemeinsamen Magazinierung im Hochrheinmuseum sind an einem römischen Ursprung zumindest Zweifel angebracht.[6] Mit Tafel 134,1309.1310 sind zwei einfache, D- bzw. O-förmige Gürtelschnallen vertreten.[7] Aus zwei Ringen, die mit einem tordierten Stab miteinander verbunden sind, besteht Tafel 134,1311. Aufgrund eines erhaltenen Laschenrestes dürfte das Fundstück nicht komplett sein, so daß eine Zweckbindung z. B. als Trense ausscheidet; eher wird es sich um den Teil eines Kesselgehänges o. ä. handeln.[8]
Schließlich sind noch zwei Steigbügel vorhanden. Das Oberteil von Tafel 134,1312 zeigt D-förmigen Querschnitt, am obersten Punkt ist eine rechteckige Befestigungslasche seitlich angebracht; der Tritt besteht aus drei flachen, bandförmigen Stäben. Der zweite Steigbügel Tafel 134,1313 ist demgegenüber aufwendiger gearbeitet. Das bandförmige Oberteil endet hier in einem kastenförmigen Befestigungselement. Dieses Eisenband ist außem mit feinen Wülsten dekoriert, die beiden unteren Enden sind jeweils vierfach gelocht; die obere Befestigung trägt eine Dekoration aus schrägen Riefen. Der Tritt ist bei diesem Steigbügel vierteilig, wobei die beiden inneren tordierten Stäbe separat gearbeitet worden sind. Mehrfach sind Reste eines (vielleicht bronzenen) Überzuges am Fundstück feststellbar. Da der Gebrauch selbst von einfach gearbei teten Steigbügeln in der Antike als große Seltenheit betrachtet werden darf,[9] müssen unsere beiden Exemplare mittelalterlichen oder neuzeitlichen Ursprunges sein. Im Umkehrschluß würde dies bedeuten, daß alle eisernen Fundstücke Tafel 134,1309–1313 als nachrömisch betrachtet werden können.[10]
Insgesamt ist somit die Zahl der vermutlich nicht römischen Funde sehr gering.[11] Einem vorrömischen Gefäß steht dabei wenig Keramik des 15.–18. Jh. gegenüber. Zudem können die Funde aus Metall aus den dargelegten Gründen nur mit Vorbehalt dem Mittelalter bzw. der Neuzeit zugewiesen werden.[12] Faßt man dies zusammen, entbehrt eine Hypothese von einer größeren Siedlungskontinuität, in die unsere Villa außerhalb der römischen Epoche eingebunden gewesen sein könnte, sicher jeder Grundlage. Eher dokumentieren die spärlichen Fundstücke sporadische Begehungen unseres Areales zu verschiedenen Zeiten.

6 Taf. 134, 1309–1313 waren gemeinsam in einem Karton mit der Aufschrift „1970/71" verpackt, so daß also alle Funde diesen Nachgrabungen entstammen dürften. Freilich muß offenbleiben, ob es sich um verschiedene Streufunde oder um einen Fundkomplex (vielleicht eine Art Depot bzw. Verwahrfund?) handelt. Aufgrund der sonst ordentlichen Trennung des Fundmateriales scheint mir die zweite Möglichkeit wahrscheinlicher, so daß für alle Stücke eine nachrömische Datierung zu vermuten ist.

7 Die ebenfalls zeitlich nicht völlig sichere Gürtelschnalle Taf. 96,1049 wurde bereits S. 152 besprochen.

8 Wie es bereits S. 160 mit Taf. 103,1126 vorgestellt wurde.

9 M. Junkelmann, Die Legionen des Augustus (Mainz 1986) 247. Die einzige mir bekannte große Untersuchung von Steigbügeln ist aufgrund des Erscheinungsjahres heute sicher in manchen Punkten kritisch zu betrachten: R. Zschille u. R. Forrer, Die Steigbügel in ihrer Formen-Entwicklung (Berlin 1896). Zu dem Laufenburger Fund Tafel 134,1313 finden sich ebd. Tafel 9,3.4 gute Vergleichsstücke, die (ebd. 11ff., 22) vom 1520/30 datiert werden.

10 Vgl. Anm. 6.

11 Ähnliches ist auch in Laufen-Müschhag festzustellen: Martin-Kilcher, Laufen-Müschhag 92ff.

12 Auch die Münze Taf. 132,1297 aus dem 13. Jh. n. Chr. ist nicht über jeden Zweifel erhaben (vgl. S. 171f.).

IV. Der Gutshof von Laufenburg – ein wichtiger Mosaikstein in der römischen Geschichte des Hochrheingebietes

A. Die Ergebnisse der Fund- und Befundanalyse

Die vorangegangenen Detailanalysen haben auf vielfältige Weise deutlich gemacht, daß die bislang bekannten Aussagen zur Bedeutung der römischen Villa von Laufenburg sicher als zu zurückhaltend einzuschätzen sind. Art und Menge des Fundmateriales sowie die Einzelheiten der Bauausführung und -ausstattung zeigen vielmehr, daß hier nicht lediglich ein weiterer Vertreter der bislang bereits großen Zahl ähnlicher Anlagen ergraben worden ist, sondern daß Laufenburg wichtige und neue Erkenntnisse zur römischen Geschichte des Hochrheins ermöglicht. Um dies zu verdeutlichen, soll im folgenden – aufbauend auf einer knappen Übersicht der Einzelergebnisse – die Einbeziehung unserer Villa in diesen Siedlungsraum skizziert werden.
Im Fundmaterial konnten ca. 1600 Keramikgefäße und 700 sonstige Kleinfunde analysiert werden, wobei aufgrund der Forschungsgeschichte diese Zahlen als Mindestquantitäten erachtet werden müssen; hinzu kommen etliche Zentner von bemaltem Wandverputz, Mosaiksteinen, Architekturteilen und Verkleidungsteilen aus Stein usw. Die für chronologische Fragen besonders empfindliche Terra Sigillata in Laufenburg deckt die Zeit von der frühtiberischen Epoche bis ins 4. Jh. ab. Der größte Fundanfall ist dabei für das späte 1. Jh. festzustellen, wobei die – aus Südgallien stammende – Ware im Vergleich mit anderen Villen als überdurchschnittlich vielfältig zu charakterisieren ist. Die beiden folgenden Jahrhunderte sind sodann durch einen starken Rückgang der vorhandenen Terra Sigillata gekennzeichnet; interessant hierbei ist die Feststellung, daß neben mittelgallischen Betrieben andere Töpfereien nur spärlich vertreten sind, ein Phänomen, daß ähnlich in Augst, nicht jedoch z. B. in Laufen-Müschhag oder Rottweil zu finden ist. Unter der Terra Sigillata des späteren 3. bzw. 4. Jh. finden sich sodann jedoch wiederum (als Einzelstücke) Gefäße aus Trier, Rätien und Nordafrika, die auf die offenbar weiträumigen Importmöglichkeiten dieser Zeit hinweisen. Das zeitliche Spektrum der anschließend vorgestellten Funde aus TS-Imitation deckt sich weitgehend mit den zuvor genannten Fakten. Anders gelagert ist demgegenüber die Verteilung der „Feinen Becher". Nach wenigen, z. T. aus Lyon bzw. dem Rheinland importierten Stücken des 1. Jh. n. Chr. ist das Gros des Materiales ins 2. und 3. Jh. zu datieren. Neben der Masse dieser Becher, die vermutlich in lokalen Töpfereien hergestellt wurden, finden sich auch hier gerade bei den jüngsten Stücken wiederum Importe aus dem Rheinland (wie z. B. die erstaunlich große Menge von Spruchbechern), der Westschweiz oder Ostfrankreich. Der Fundanfall dieser „Feinen Becher", auch im Vergleich mit Gefäßen aus Terra Sigillata, macht ein geändertes Einkaufsverhalten der verschiedenen Bewohnergenerationen unserer Villa deutlich, das als Wandel der Tischsitten zu verstehen ist, der mit großer Sicherheit durch geänderte ethnische Strukturen der Siedler bedingt wurde.
Hinsichtlich des Küchengeschirres bleibt festzuhalten, daß die Funde auch hier wiederum vom frühen 1. bis ins 4. Jh. reichen. Das frühkaiserliche Material zeigt dabei mehrfach (z. B. bei Tellern und Schüsseln) enge Beziehungen zum Legionslager Vindonissa, die Masse der Gefäße des 2. Jh. sowie die noch gut vertretenen Exemplare des 3. Jh. dürften demgegenüber aus lokalen Töpfereien bezogen worden sein; hinzu kommt, neben dem wohl mehrheitlich selbst gefertigten, ohne Töpferscheibe hergestellten Gefäßen, eine Gruppe von Töpfen, die als „Typ Laufenburg" definiert werden kann und mit großer Sicherheit in unserem Gutshof selbst gefertigt worden ist. Unter den jüngsten Exemplaren des Küchengeschirres aus dem späteren 3. und 4. Jh. finden sich neben auffallend qualitätvollen Einzelstücken (wie z. B. Kat.-Nr. 614.615) verschiedene spezifisch spätrömische Formen (wie Alzey 24, 27 A, 33). Bei dieser sicher großteils importierten Ware fällt erneut auf, daß das aus grauer Nigra gefertigte Becken (Taf. 54,680) sowie die Töpfe vom Typ Alzey 33 aus Eifelware im weiteren Umfeld von Laufenburg ohne Parallelen stehen.
Die nur wenig vorhandenen Vorratsgefäße zeigen eine geringe Typenvielfalt an Krügen und Amphoren des 1. und 2. Jh.; einzig auffälliges Stück ist der Gesichtskrug (Taf. 86,947), der wiederum frühestens für das 3. Jh. denkbar ist. Eine Erklärung für diese bemerkenswerte Zusammensetzung der Vorratsgefäße könnte darin liegen, daß diese ab dem 2. Jh. in einem (bislang nicht bekannten) Nebengebäude gelagert wurden. Be-

denkt man zudem, daß gerade die Krüge als südliche Gefäßform sich nur langsam und in Verbindung mit dem Militär gegenüber der einheimischen Form des Doliums duchsetzten, könnte auch der am übrigen Material festgestellte Wandel innerhalb der Bewohnergenerationen das beobachtete Phänomen erklären.
Unter den sonstigen Kleinfunden decken Öllampen und Fibeln im wesentlichen nur das 1. Jh. n. Chr. ab. Wie in der benachbarten Schweiz wird auch hier die starke römische Prägung unseres Gebietes durch das in Vindonissa stationierte Militär deutlich. Bei den Funden aus Glas verteilen sich die Gefäßformen wiederum auf die Zeit vom 1. bis zum 4. Jh. Gerade bei diesen als Luxusgegenständen aufzufassenden Fundstücken scheint es mir bezeichnend, daß hierbei Formen des 3. und 4. Jh. besonders stark vertreten sind. Dazu paßt, daß auch bei Fensterglas die jüngere Form des 3. oder 4. Jh. häufiger gefunden wurde als die ältere; auch dies unterstreicht die Bedeutung der Laufenburger Villa, da entsprechende Vergleiche in den nordwestlichen Provinzen bislang selten sind.
Neben interessanten Einzelfunden, wie Schröpfkopf, Frauenköpfchen, Bes-Statuette und Kleinbronzen, die z. T. dem kultischen Bereich zugeordnet werden müssen, beleuchten Mühlsteine, Webgewichte und die verschiedenen Werkzeuge unterschiedlichste Bereiche des täglichen Lebens und der Arbeit. Hinsichtlich der Produktionseinheit Gutshof konnten – neben Küchen- und Feldarbeiten – Maurertätigkeiten damit ebenso erledigt werden wie die Holz- und Metallbearbeitung.
Schließlich bleibt noch die Münzreihe aus Laufenburg zu erwähnen, die wiederum den Zeitraum vom 1. bis zum 4. Jh. abdeckt; aufgrund der geschilderten forschungsbedingten Probleme können diese Funde jedoch nur zur ergänzenden Abrundung des am übrigen Materiales gewonnenen chronologischen Bildes verwertet werden.
Faßt man die anhand der Funde erlangten Ergebnisse zusammen, zeichnet sich für unseren Gutshof folgende Entwicklung ab. Der Beginn der römischen Besiedlung muß in das zweite oder dritte Jahrzehnt des 1. Jh. n. Chr. gesetzt werden. Zwar liegen aus dieser Anfangszeit keine stratifizierten Funde vor, jedoch gestattet die Menge und besonders ihre breite Streuung über verschiedenste Fundkategorien diesen frühen Ansatz (zur Fundsituation vgl. auch o. S. 11 ff.). Sicher der augusteischen Zeit zuzuweisen sind die Bildlampe Kat.-Nr. 980 sowie die (allerdings forschungsgeschichtlich fraglichen) Münzen Kat.-Nr. 1282.1283. Vielleicht noch gleichzeitig, spätestens aber in die frühtiberische Epoche gehören bei der Relief-Sigillata das Stück Kat.-Nr. 1, bei der übrigen Terra Sigillata die Tassen bzw. Näpfe der Formen Haltern 8, 9, 11 (Kat.-Nr. 173–180,182,183) sowie die Teller Haltern 3 B und 4 (Kat.-Nr. 273–275); zeitgleich ist beim Küchengeschirr die Reibschüssel Kat.-Nr. 860. Der vollen tiberischen Zeit lassen sich der Sigillata Teller Kat.-Nr. 276 zuweisen, bei der TS-Imitation die Platten bzw. Teller Kat.-Nr. 382–386 sowie die „Feinen Becher“ Kat.-Nr. 414,415. Hinzu kommen einerseits Funde, die z. Zt. nur als tiberisch-claudisch angesprochen werden können (mehrfach bei Sigillata, z. B. Relief-TS Kat.-Nr. 2–6); andererseits läßt sich ein Teil des Materials bislang nur mit dem Terminus frühes 1. Jh. n. Chr. umschreiben (TS-Stempel Kat.-Nr. 376; Küchengeschirr: Teller bzw. Schale Kat.-Nr. 535, Töpfe Kat.-Nr. 817, 820, Flasche bzw. Tonne Kat.-Nr. 921). Ein noch gröberer Zeitansatz, d. h. in der 1. Hälfte des 1. Jh. n. Chr., kann schließlich z. B. bei einem Teil der handgemachten Töpfe (Kat.-Nr. 821–825,827,828) oder der Glasgefäße (Kat.-Nr. 998,998 a–b,999,999 a) angeführt werden.
Die auf den Siedlungsbeginn folgenden Jahrzehnte sind durch ein immer stärkeres Anwachsen des spezifisch römisch geprägten Fundmateriales (wie z. B. Terra Sigillata) charakterisiert und erreichen am Ende dieses Jahrhunderts einen deutlichen Höhepunkt. Beziehungen zum in Vindonissa stationierten Militär werden nicht nur durch die Gefäßkeramik (wie z. B. Krüge), sondern darüber hinaus auch z. B. durch die Öllampen und natürlich auch die Ziegelstempel deutlich.
Mit dem 2. Jh. ist ein deutlich rückläufiger Fundanfall festzustellen, wobei zudem eine Hinwendung zu einfacherem Geschirr (häufig lokaler Prägung) zu konstatieren ist; Bezüge zu Augst und der Nordwestschweiz allgemein sind mehrfach in der Gefäßkeramik belegbar. Dieser Trend setzt sich zunächst bis ins 3. Jh. fort; als Gründe hierfür müssen u. a. sowohl geänderte ethnische Strukturen der Siedlergenerationen als auch Wandlungen bei den vorhandenen Mitteln allgemein bzw. den für den Kauf von Geschirr und anderen Dingen des täglichen Bedarfs eingesetzten Mitteln in Betracht gezogen werden.
Eine Wende wird sodann im Verlauf des 3. Jh. spürbar, indem verschiedenste, teils qualitätvolle Importstücke zu verzeichnen sind, die zudem im weiteren Umfeld von Laufenburg ohne Parallelen bleiben; als besonderer Ausdruck dieses vielleicht nicht zuletzt auch wirtschaftlichen Erstarkens sei auf die spätrömischen Glasgefäße verwiesen. Ein Ende der Besiedlung ist sicher erst für das 4. Jh. zu erwarten, wobei zwar eine genaue Eingrenzung nicht möglich ist, anhand des Fundmateriales sich jedoch ein Auflassen des Gutshofes erst in bzw. kurz nach der Jahrhundertmitte abzeichnet.
Wie für den Besiedlungsbeginn sollen auch die für sein

-ende relevanten (Streu)funde kurz zusammengestellt werden. Zunächst können einige Funde aus der Zeit nach den Alamanneneinfällen, d. h. aus dem späteren 3. oder 4. Jh. aufgrund des derzeitigen Forschungsstandes nur grob eingeordnet werden, so z. B. ein Teil der „Feinen Becher" (Kat.-Nr. 445–448,455,491–507), einige Formen beim Küchengeschirr (Teller bzw. Schalen Kat.-Nr. 566–569, Schüsseln Kat.-Nr. 671,676–679, Topf Kat.-Nr. 768), manches bei der handgemachten Keramik („Töpfe" Kat.-Nr. 857,858), der Gesichtskrug Kat.-Nr. 947, der Sech Kat.-Nr. 1134 oder auch verschiedene Glasgefäße (Kat.-Nr. 1007–1010,1007a). Sicher dem 4. Jh. zuzuweisen sind die TS-Reibschüssel Kat.-Nr. 367 und die Schüsseln Kat.-Nr. 412,413 in TS-Imitation; beim Küchengeschirr die Kragenschüssel Kat.-Nr. 613, der Topf Alzey 27 A (Kat.-Nr. 769) und die Reibschüssel Kat.-Nr. 883; bei den Glasgefäßen schließlich die Schale der Form Isings 116 (Kat.-Nr. 1004). Weiterhin lassen sich (mit den genannten Einschränkungen) drei Münzen des 4. Jh. anführen (Kat.-Nr. 1291,1295,1296). Die jüngsten Stücke im Fundmaterial, die zumindest in die Mitte dieses Jahrhunderts datiert werden müssen, liegen mit dem Becken Alzey 24 (Kat.-Nr. 680) bzw. den Töpfen Alzey 33 (Kat.-Nr. 770–772) vor.

Die Analyse der Befunde hat ergeben, daß die bislang bestehenden Vorstellungen von den Bauphasen der römischen Villa von Laufenburg in wesentlichen Punkten revidiert werden müssen. Der Besiedlungsbeginn wird durch einen langgestreckten Kellerraum repräsentiert, der z. T. in Holzfachwerk errichtet worden ist. Um 100 n. Chr. wird daran im Süden ein weiterer Kellerraum mit aufwendigen Wandmalereien angebaut; zusätzlich wird ein weit nach Osten ausgreifender Raum mit in die Baulichkeiten eingeschlossen. Das 2. Jh. brachte sodann dem nun ausschließlich aus Stein errichteten Bau verschiedene Umbauten an den alten Kellerräumen sowie verschiedenste Einbauten an der Südfront, die zudem durch Säulen etc. architektonisch betont wurde. Wohl gegen Ende dieses Jahrhunderts erhielt die an der Südfront durch die angesprochenen Einbauten entstandene Porticus einen Mosaikfußboden, der nördlich anschließende Nischenraum das einzigartige Inschrift Mosaik. Ungefähr zu dieser Zeit muß auch der Badetrakt in der Südostecke des Haupthauses bereits bestanden haben. Wohl nur wenig später, spätestens jedoch mit Beginn des 3. Jh. erfuhr der Bau eine tiefgreifende Wandlung. Das vorher blockartige Gebäude wurde durch Anbauten im Westen zur typisch römischen Porticus-Risalit-Villa umgebaut; auch hier verlegte man einen Mosaikbelag in der Porticus und schmückte die neue Front durch Säulenstellungen. Die letzte Phase unserer Villa ist durch wenige Umbauten (wie z. B. Kernhypokaust im Binnenraum) und teilweisen Verlust der Bausubstanz (Süd-Risalit) gekennzeichnet. Insgesamt bleibt jedoch unklar, welche Gebäudeteile bis ins 4. Jh. genutzt wurden; Anhaltspunkte hierfür liegen nur für den Westteil vor. Ebenso kann nicht sicher gesagt werden, ob der durch die verschiedenen Baumaßnahmen entstandene Binnenraum überdacht war oder nicht; die wenigen Indizien (soweit sie überhaupt als beweiskräftig erachtet werden können) deuten vielleicht eher auf die erste Möglichkeit.

Vergleicht man Fund- und Befundanalyse miteinander, scheint sich zunächst ein gewisser Widerspruch aufzutun. Die Funde deuten eine wirtschaftliche Wellenbewegung an, die ihren Höhepunkt am Ende des 1. Jh. hat, um sodann immer weiter abzuflachen und im späteren 3. und folgenden 4. Jh. erneut einen Aufschwung zu nehmen, wenn auch auf quantitativ bescheidenem Niveau. Die Bautätigkeiten beginnen in großem Rahmen demgegenüber erst im 2. Jh., um ihren Höhepunkt an der Wende zum folgenden Jahrhundert zu haben. Allerdings müssen sich m. E. beide Trends keineswegs widersprechen; vielmehr muß hierbei nicht nur berücksichtigt werden, daß durch geordnete Umzüge in Zeiten der Baumaßnahmen ein geringerer Fundanfall entstand, sondern es dürfte auch von entscheidender Bedeutung sein, wofür die vorhandenen Mittel eingesetzt wurden, d. h. für Einkäufe oder Baumaßnahmen. Gründe hierfür dürften in Überlegungen zur soziologischen Struktur der verschiedenen Bewohnergenerationen zu suchen sein, die in Verbindung mit historischen Aspekten im folgenden Kapitel angestellt werden sollen.

B. Laufenburg im Spannungsfeld des römischen Hochrheingebietes

Um die Stellung Laufenburgs innerhalb der römischen Geschichte der Hochrheinzone[1] richtig einzugrenzen, ist ein Blick auf die historischen Ereignisse unumgänglich. Nachdem bereits Truppen Caesars im Jahre 58 v. Chr. bis zum Rhein vorgedrungen waren, blieb es jedoch erst Augustus vorbehalten, eine Offensive ge-

1 Zur römischen Geschichte des Hochrheines vgl. vorläufig z. B. M. Martin, Die römische Zeit am rechten Rheinufer zwischen Augst und Kemps. In: Lörrach und das rechtsrheinische Vorland von Basel. Führer zu vor- u. frühgeschichtlichen Denkmälern Bd. 47 (Mainz 1981) 64ff. Zur gegenwärtigen (eher schlechten) Publikationslage ebd. 64 mit Anm. 1. Zum obergermanisch-rätischen Limes vgl. z. B. W. Beck u. D. Planck, Der Limes in Südwestdeutschland (Stuttgart 1980) 13ff.

gen das rechtsrheinische Germanien zu beginnen. Zu diesem Zweck wurde bereits im dritten Jahrzehnt v. Chr. eine Militärstation auf dem Münsterhügel in Basel angelegt, zu der rheinabwärts auf dem rechten Flußufer das Lager auf dem Limburg bei Sasbach hinzukam; rheinaufwärts diente sodann in den Jahren 15–9 v. Chr. das rechtsrheinische Legionslager Dangstetten als wichtige operative Basis.[2] Auf Schweizer Seite erlangte zudem die militärische Präsenz in Vindonissa große Bedeutung, die zivile Komponente wurde durch die Kolonie in Augst repräsentiert.[3] Trotz dieses massiven Engagements dauerte es noch bis 74 n. Chr., bis das gesamte Gebiet zwischen Main und oberer Donau als Agri decumates hinter dem obergermanisch-rätischen Limes ins römische Reich eingegliedert werden konnte.

Zwar zeigen Sasbach und Dangstetten, daß bereits früh mit einer (militärischen) Nutzung der rechten Rheinseite gerechnet werden muß; ob zudem der gesamte Ober- und Hochrhein auf dieser Seite mit einer größeren Reihe (bislang nicht bekannter) Kastelle in Anspruch genommen worden ist, kann vorerst nur vermutet werden.[4] In welchem Rahmen jedoch eine gleichzeitige zivile Nutzung erfolgte, ist bislang mangels entsprechender Untersuchungen bzw. Befunde nicht genau erkennbar; zu den frühesten bekannten Funden der rechten Rheinseite gehören die weiter stromabwärts gelegenen aus Weil am Rhein bzw. Herten aus claudischer Zeit.[5] Hier nun liegt eine der zentralen Erkenntnisse der römischen Villa von Laufenburg, wo erstmals eine zivile Besiedlung am diesseitigen Rheinufer ab tiberischer Zeit als gesichert angenommen und detailliert beschrieben werden kann. Natürlich könnte aufgrund der frühen Zeitstellung zunächst erwogen werden, daß der Anfang der Besiedlung in Laufenburg ein Kleinkastell o. ä. gewesen sein könnte; die angesprochenen Verbindungen im Fundmaterial zu Vindonissa und nicht zuletzt die erstaunlich hohe Zahl gestempelter Ziegel könnten für diese Überlegung herangezogen werden. Allerdings muß deutlich unterstrichen werden, daß für eine derartige Vorstellung nicht nur kein Befund vorliegt, sondern daß darüber hinaus auch gerade die erwähnten Verbindungen zum Legionslager Vindonissa m. E. letztlich gegen diese These zu werten sind. Wäre der Ursprung unserer Baulichkeiten rein militärisch gewesen, müßte die Fundzusammensetzung eine gänzlich andere sein. Gerade die als typisch für das Militär anzusprechenden Funde, wie geflammte bzw. rot überfärbte Keramik, „Firnisware" (wie z. B. Brombeer- oder Reliefschälchen), Krüge oder Aucissa-Fibeln, müßten in Analogie zu Vindonissa wesentlich stärker vertreten sein.[6]

Somit muß Laufenburg von vornherein als Gutshof konzipiert und genutzt worden sein. Die Verbindungen zu Vindonissa machen dabei deutlich, daß die ursprüngliche Funktion der Villa in der Truppenversorgung gelegen haben dürfte, wofür umgekehrt neben Waren z. B. (gestempelte) Ziegel bezogen wurden. Da zudem gerade die Funde des 1. Jh. starke römische Prägung aufweisen, gewinnt die Überlegung, daß der erste Siedler eine (pensionierte) Militärperson aus Vindonissa war,[7] einige Wahrscheinlichkeit. Inwieweit neben diesem Warenaustausch z. B. auch erste Baumaßnahmen bzw. spätere Umbauten von Militäreinheiten selbst ausgeführt wurden, muß dabei jedoch offenbleiben.[8]

Dadurch unterstützt unsere Villa die schon seit längerem in der Forschung erwogene Annahme, daß der Rhein in unserem Gebiet nicht als starre Grenze aufzufassen ist.[9] Vielmehr wurde offenbar bereits früh das rechtsrheinische Ufer mitgenutzt, so daß die Grenzfunktion durch die anschließenden Höhen des Schwarzwaldes erfüllt wurde. Offen ist dagegen die genaue verkehrstechnische Anbindung unseres Gutshofes an das Hinterland, speziell an Vindonissa. Neben der Nutzung des Flusses[10] könnte an eine rechtsrheinische Uferstraße gedacht werden, wenn die Vorstellung einer Kastellkette, wie sie bereits oben ange-

2 Basel: A. Furger-Gunti, Oppidum Basel-Münsterhügel. Jahrb. Schweiz. Ges. Ur- u. Frühgesch. 58, 1974–1975, 77 ff. Ders., Die Ausgrabungen im Basler Münster 1. Basler Beitr. Ur- u. Frühgesch. 6 (Derendingen, Solothurn 1979). – Sasbach: RiBW 534 ff. – Dangstetten: RiBW 376 ff.

3 Hartmann, Vindonissa; R. Laur-Belart, Führer durch Augusta Raurica[4] (Basel 1966). Die Frage, ab wann Augst de facto – und nicht nur de iure – besiedelt worden ist, kann hier außer acht gelassen werden (dazu ebd. 10).

4 Martin a.a.O. (Anm. 1) 67 f.

5 Martin a.a.O. (Anm. 1) 68 f. mit Anm. 7; 78 f. mit Anm. 24–26. R. Asskamp, Weil am Rhein. RiBW 609 f. Asskamp, Oberrheingebiet 13 ff. G. Fingerlin, Grenzach-Wyhlen, römischer Gutshof. RiBW 303 ff.

6 Ettlinger, Vindonissa 38 ff., 76 ff.

7 Ähnliche Überlegungen auch: Ettlinger, Bennwil 54. Ob darüber hinaus vielleicht von einem „legionseigenen" Gutshof gesprochen werden kann, wird an späterer Stelle noch erörtert werden.

8 G. Fingerlin, Laufenburg. RiBW 398 ff., bes. 399.

9 Zu Laufenburg bereits Dragendorff, Laufenburg 560 f.

10 Dabei ist am ehesten an eine Furt zu denken, die in einiger Entfernung lag, da der Rhein im Bereich von Laufenburg Stromschnellen aufwies, die bis in die Neuzeit als „media rapida" bekannt waren und erst in jüngster Zeit durch entsprechende Maßnahmen beseitigt wurden: F. Jehle, Aus der Geschichte der Stadt Laufenburg. In: 750 Jahre Stadt Laufenburg (Laufenburg 1957) 5 ff.
Ob darüber hinaus in der näheren Umgebung zu dieser Zeit mit einer Brücke gerechnet werden muß, ist z. Zt. ungeklärt; ein derartiges Bauwerk im Bereich des heutigen Laufenburg ist aufgrund der oben genannten Stromschnellen jedoch unwahrscheinlich.

sprochen wurde, zutreffend sein sollte.[11] Auf der linken Uferseite ist sodann eine Straße spätestens ab claudischer Zeit gesichert, die – von Basel kommend – dem Rhein aufwärts folgend nach Zurzach (Tenedo) führte;[12] hier kreuzte sich diese Route mit einer weiteren Straße, die – von Vindonissa kommend – nach Schleitheim (Juliomagus) verlief.[13]

Die Gründung unserer Villa ließ also einen zivilen Gebäudekomplex entstehen, der aber in seiner Nutzung stark mit der Logistik des Legionslagers Vindonissa verknüpft gewesen ist. Aufgrund der durch die Funde gewonnenen Datierung (zweites oder drittes Jahrzehnt n. Chr.) muß diese Verflechtung bereits mit der 13. Legion bestanden haben;[14] dabei ist unerheblich, daß erst die 21. Legion in großem Umfang gestempelte Ziegel lieferte.[15]

In den folgenden Jahrzehnten scheint die Produktion landwirtschaftlicher Güter erfolgt zu sein, ohne daß großer Wert auf einen Ausbau des Haupthauses gelegt wurde, wie die nur wenigen Umbauten dieser Zeit zeigen. Erst mit Erstellung von Raum 1, den darin angebrachten Wandmalereien sowie den ausgreifenden Anbauten im Osten um 100 n. Chr. erfolgte ein großflächiger Ausbau des Gebäudes. Bis zu diesem Zeitpunkt zeigt das Anwachsen des spezifisch römischen Fundstoffes (wie Terra Sigillata und TS-Imitation), daß der Gutshof mit großer Sicherheit von Römern betrieben worden ist. Somit muß die Verbindung zu Vindonissa bis zum Abzug der 11. Legion im Jahre 101 n. Chr.[16] bestanden haben, wie nicht zuletzt auch die entsprechenden Ziegelstempel zeigen. Dementsprechend ist es durchaus denkbar, daß die rechtliche Stellung unseres Gutshofes als „legionseigen“ umschrieben werden kann; es ist aber auch nicht ausgeschlossen, daß durch Verkauf oder Vererbung verschiedene (pensionierte) Militärpersonen bzw. deren Nachfahren die Villa ohne eine (rechtlich) derart enge Bindung an das Legionslager Vindonissa betrieben.

Erst im Verlauf des 2. Jh. ist ein Bruch in der Geschichte unserer Villa festzustellen. Hinsichtlich des Gebäudes setzten nicht nur umfangreiche Bautätigkeiten ein, auch der aufgrund seiner Malereien als Ausdruck römischen Lebensgefühles aufzufassende Raum 1 wurde – nach einer schlichten Teilrenovierung der Westwand – innerhalb kurzer Zeit aufgegeben und durch neue Räumlichkeiten überbaut. Auch das Fundmaterial zeigt, neben zeitlich bedingten Bezügen zur Koloniestadt Augst, eine relativ abrupte Hinwendung zu lokal geprägter Keramik. Dabei verläuft die Abwendung vom Tafelgeschirr (wie Terra Sigillata) parallel zu dem mehrfach feststellbaren Wandel in den Tischsitten. Eine Erklärung dieses Phänomens dürfte das einzigartige Inschrift-Mosaik bieten. Offensichtlich ging die Villa nach Abzug der 11. Legion in die Hand Einheimischer über, wobei sie am Ende dieses Jahrhunderts der Familie der Sanctinii gehörte.

Auch für diese Zeit muß von einem Florieren der landwirtschaftlichen Produktion und von guten Absatzmöglichkeiten ausgegangen werden, die die wirtschaftliche Grundlage für die Bautätigkeiten schufen.[17] Dieses blühende Wirtschaftsleben macht auch die Karte (Abb. 45)[18] deutlich, aus der die Vielzahl der Gutshöfe an Ober- und Hochrhein ersichtlich ist. Zur Erschließung dieses Gebietes existierte zudem mittlerweile eine rechtsrheinische Straße, die – vom Oberrheintal kommend – über Augst nach Zurzach (Tenedo) führte, um sich hier weiter zu gabeln. Daneben macht diese Karte (Abb. 45) aber auch deutlich, daß selbst nach Einverleibung der Agri decumates ins Reichsgebiet das Schwarzwaldmassiv im Bereich des Hochrheins im wesentlichen von der Nutzung ausgespart wurde.[19] Diese Tatsache verleiht umgekehrt obiger Feststellung im nachhinein eine Bestätigung, daß auch in frührömischer Zeit vermutlich nicht der Rhein als starre Grenze aufgefaßt worden ist, sondern daß sich der Grenzverlauf vielmehr an den geographischen Gegebenheiten orientierte.

Die Wende vom 2. zum 3. Jh. brachte unserer Villa sodann die Phase der größten Bautätigkeit, indem das zuvor blockartige Gebäude zur Porticus-Risalit-Villa verändert wurde und großzügige Dekorationen (wie die Fußbodenmosaiken) erhielt. Auch dieser Vorgang findet seine Erklärung durch das Inschrift-Mosaik, indem zu dieser Zeit die Sanctinii ihr Anwesen an Priscus verpachteten, der offenbar bereits vorher in ihren Diensten gestanden hatte (als Vilicus?) und es dabei zu Wohlstand gebracht haben muß. Die wirtschaftlichen Möglichkeiten unserer Villa rustica müssen dabei im-

11 Für eine rechtsrheinische Uferstraße bereits vor der Mitte des 1. Jh. n. Chr.: R. Fellmann, Das römische Basel. Führer Hist. Mus. Basel 2 (Basel 1981) 15.

12 V. v. Gonzenbach, Die Verbreitung der gestempelten Ziegel der im 1. Jh. n. Chr. in Vindonissa liegenden römischen Truppen. Bonner Jahrb. 163, 1963, 76ff., bes. 108ff., 126ff.

13 V. v. Gonzenbach, Bonner Jahrb. 163, 1963, 105ff.

14 Hartmann, Vindonissa 39ff.

15 Da offenbar von der 13. Legion keine gestempelten Ziegel produziert wurden: V. v. Gonzenbach, Bonner Jahrb. 163, 1973, 126.

16 Hartmann, Vindonissa 71ff.

17 Daß der Rückgang des Fundmateriales dabei keinen Widerspruch darstellt, wurde bereits o. erläutert.

18 Nachweis für Abb. 45: Ausschnitt aus Karte III 4: Zivile römische Besiedlung, 1.–3. Jh. n. Chr. (Bearbeiter D. Planck). Historischer Atlas von Baden-Württemberg (Stuttgart 1979).

19 Diese naheliegende Beobachtung, daß die vorgegebenen geographischen Verhältnisse natürlich die Produktionsmöglichkeiten von Gehöften bedingen, bestätigt auch ein Blick in die benachbarte Schweiz, wo ebenfalls gebirgige Gebiete von entsprechender Besiedlung ausgespart blieben: Ur- und frühgeschichtliche Archäologie der Schweiz. Bd. 6: Das Frühmittelalter (Basel 1979) 110 Abb. 32.

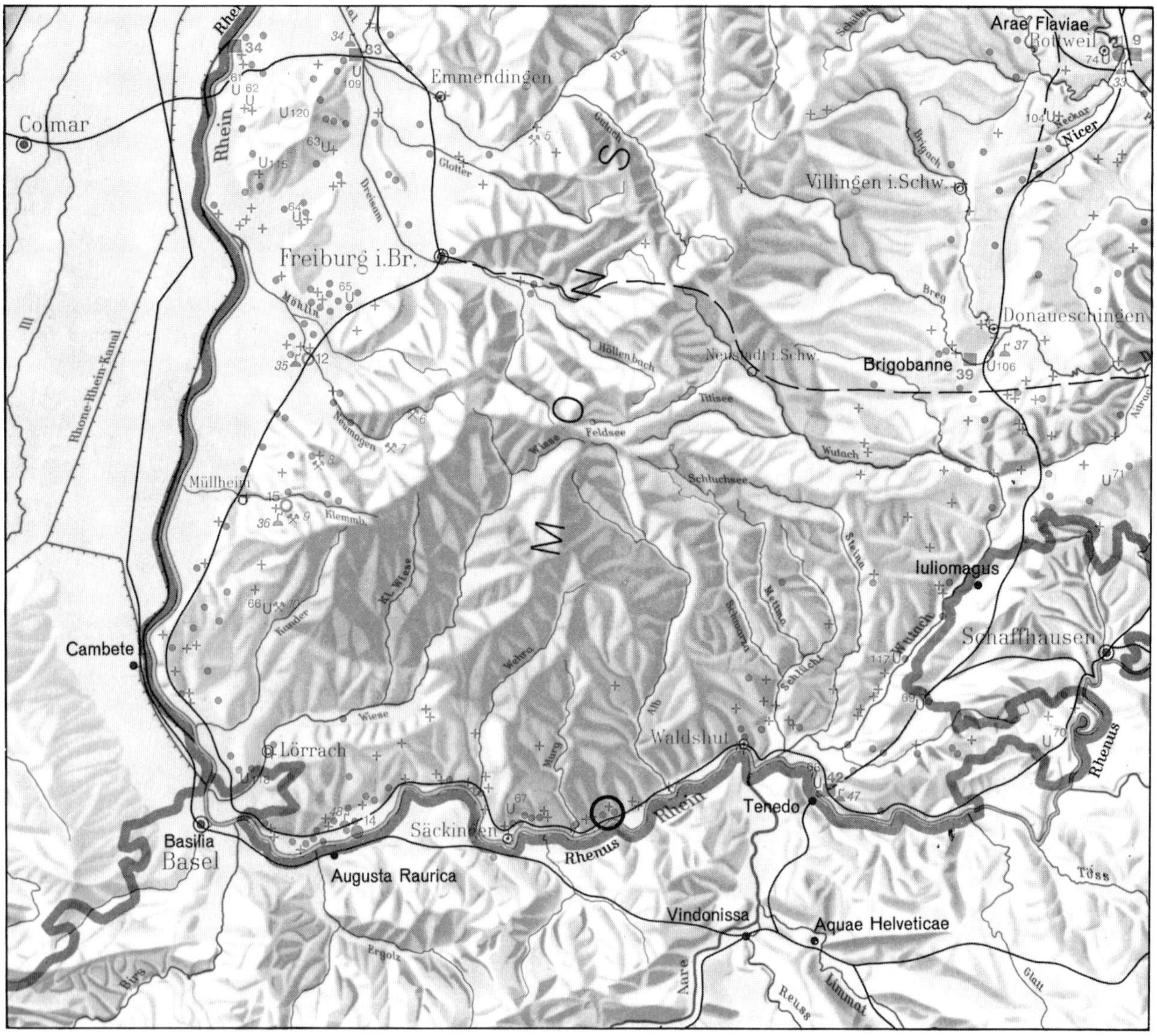

■ Kastelldorf (vicus) ● stadtähnliche Siedlung z. T. mit Befestigung
O offene Dörfer • Gutshöfe (Villa rustica) Töpferei
Bergbau U Gräberfeld
+ Einzelfund — Straße - - - Straße vermutet

Abb. 45: Die zivile römische Besiedlung am Ober- und Hochrhein im 1.–3. nachchristlichen Jh. Nach: Historischer Atlas von Baden-Württemberg (Stuttgart 1979) Blatt III 4 (D. Planck). M. 1:600 000. Hrsg. Landesvermessungsamt Baden-Württemberg. Vervielfältigung genehmigt unter Az.5.11/933. Nicht kartiert Fundstellen in Frankreich und in der Schweiz. Kreis: Laufenburg.

mer noch beachtlich gewesen sein,[20] da es ansonsten einem Pächter kaum möglich gewesen sein dürfte, derart aufwendige Baumaßnahmen durchzuführen.[21] Ob die Erstellung des neuen Villentyps durch die Westfassade dabei nicht nur dem allgemeinen Zeitgeschmack in den Nordwestprovinzen entsprach, sondern auch eine Hinwendung des Pächters zu einer genuin römischen Lebensauffassung zeigt, ist eher unwahrscheinlich, da sich dies vermutlich wohl auch in einem erneuten Wandel der Fundzusammensetzung widerspiegeln müßte, der jedoch nicht beobachtet werden kann.

Als zweite wichtige und neue Erkenntnis erbrachte die Bearbeitung unserer Fundstelle, daß der Gutshof nicht den verheerenden Alamanneneinfällen des 3. Jh.

20 Wie Anm. 17.

21 Unzutreffend scheint mir daneben eine andere Überlegung: Es könnte vermutet werden, daß die ursprünglich vielleicht „legionseigene“ Villa nach Abzug der Truppen in Staats-, d. h. Provinzeigentum überging und verpachtet wurde. Gegen diese Möglichkeit spricht einerseits die o. bereits angesprochene Fundzusammensetzung des 2. Jh., da eine Verpachtung an Einheimische m. E. dann eher unwahrscheinlich wäre; andererseits würde auch dies nicht erklären, daß dem Pächter Priscus Möglichkeiten zur Verfügung standen, die neben aufwendigen architektonischen Um- und Ausgestaltungen eine sehr persönliche Widmung (Inschrift-Mosaik) an seine Vorgänger (Sanctinii) ermöglichten.

zum Opfer gefallen ist.[22] Vielmehr zeigt das Fundmaterial, daß die Besiedlung ohne erkennbare Unterbrechung bis weit ins 4. Jh. andauerte, ohne daß jedoch ausgeschlossen werden kann, ob nicht zu gewissen, dann aber wohl eng begrenzten Zeiten die Bewohner die Villa verließen und kurzfristig vor den anstürmenden Feinden andernorts Schutz suchten.[23] Zwar lassen sich zu diesen letzten Siedlergenerationen keine so genauen Erkenntnisse gewinnen wie für die vorangegangenen, jedoch vermitteln die Funde des späteren 3. und 4. Jh. durchaus einige Anhaltspunkte, indem immer wieder qualitätvolle und römisch geprägte Stücke (z. B. Glasgefäße) auffallen, die z. T. weiträumigem Import entstammen (z. B. Eifelware).[24] Einerseits be-

22 Womit die Vorstellung der Ausgräber unzutreffend ist (SAMESREUTHER, Laufenburg 36).

23 Vgl. MARTIN-KILCHER, Laufen-Müschhag 106.

24 MARTIN-KILCHER, Laufen-Müschhag 106 mit Anm. 35–41 führt zum einen verschiedene Fundpunkte mit Importstücken an, zum anderen verweist sie auf mögliche Zusammenhänge (bei der Eifelkeramik) zum Militär.

Abb. 46: Die frühe Alamannenzeit an Ober- und Hochrhein im 3.–5. Jh. n. Chr. Nach: Historischer Atlas von Baden-Württemberg (Stuttgart 1974) Blatt III 6 (R. Christlein). Hrsg. Landesvermessungsamt Baden-Württemberg. Vervielfältigung genehmigt unter Az.5.11/933. Nicht kartiert Fundstellen in Frankreich und in der Schweiz. Kreis: Laufenburg.

Alamannen: ● Grab oder Gräberfeld
■ Siedlung
BRISIGAVI in der Antike überlieferter Völkerschaftsname
M Münzschatz nach 260
m Goldmünze
• Einzelfund

Römer:
◆ Tenedo Befestigung und spätantiker Name
Oedenburg Flurname für spätrömische Befestigung

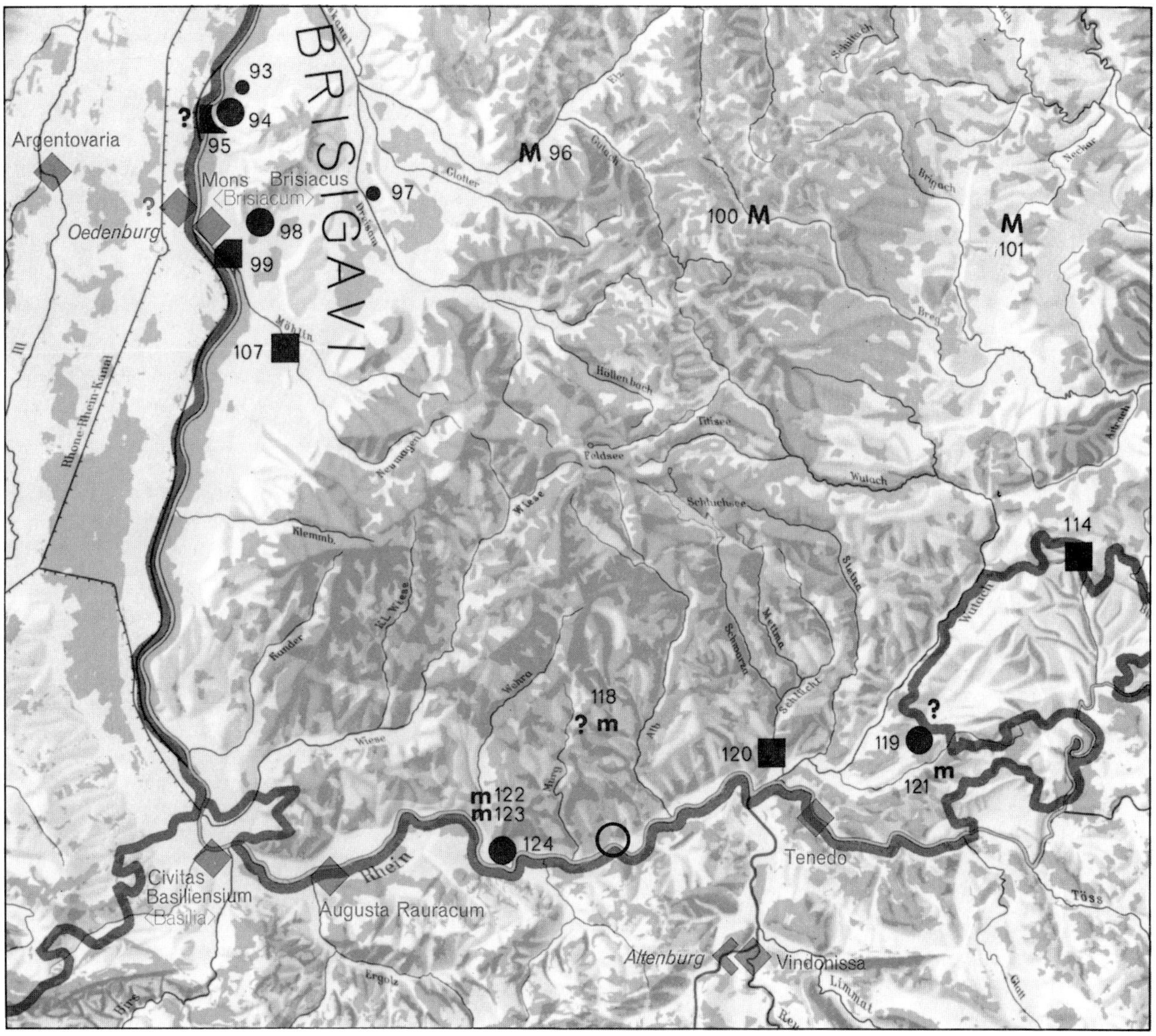

deutet dies, daß der Gutshofbetrieb – wenn vielleicht auch nur noch in eingeschränktem Maß – funktionierte und so die entsprechenden wirtschaftlichen Mittel abwarf. Zum anderen wird die Funktionstüchtigkeit z. B. des Rheins als Wasserstraße in der spätrömischen Epoche deutlich, die Importe aus weit nördlich gelegenen Gebieten ermöglichte. Schließlich drücken die Funde eine erneute Hinwendung zu römisch geprägtem Geschirr aus, was vermutlich bedeutet, daß die letzten Siedlergenerationen wieder enger mit dem spätrömischen Militär am Rhein verbunden waren.

Zwar ist das genaue Siedlungsende im Bereich unserer Villa nicht festzulegen, jedoch reichen die jüngsten Funde zumindest bis zur Mitte des 4. Jh.[25] Da eine durchgehende Brand- bzw. Zerstörungsschicht in den jüngeren Befunden fehlt,[26] ist der Gutshof von den letzten Siedlern verlassen worden und dann verfallen. Wie wichtig diese Erkenntnisse hinsichtlich des späteren 3. und 4. Jh. sind, zeigt ein Blick auf die bislang bekannten Fundstellen dieser Zeit am Hochrhein (Abb. 46).[27]

Neben vereinzelten Münzfunden (Abb. 46, Nr. 118: Strittmatt; Nr. 122: Brennet; Nr. 123: Öflingen) sind bislang am rechten Hochrhein nur das alamannische Gräberfeld in Säckingen (Abb. 46, Nr. 124) bzw. die „Siedlung" in Gurtweil (Abb. 46, Nr. 120) bekannt,[28] römische Siedlungen fehlen bislang völlig. Lediglich für die spätrömischen Kastelle in Basel,[29], Kaiseraugst[30] und Zurzach (Tenedo)[31] sind Brücken mit rechtsrheinischen Brückenköpfen bekannt; die einzigen spätrömischen Funde vom rechten Hochrheinufer stammen bisher vom Brückenkopf gegenüber Kaiseraugst.[32]

Laufenburg ist somit der erste gesicherte römische Fundpunkt zivilen Charakters am rechten Hochrheinufer, der bis weit in das 4. Jh. besiedelt wurde. Das läßt die Folgerung zu, daß sich in diesem Raum offensichtlich eine Siedlungskammer einer – wie die Funde zeigen – römisch geprägten Bevölkerung bis in die Spätantike erhalten hat, ohne daß derzeit ihr genaues Ausmaß einzugrenzen wäre. Es ist also bislang aufgrund des skizzierten Forschungsstandes nicht auszuschließen, daß unsere Villa als Einzelfall einzuschätzen ist, jedoch wurde bereits in der jüngsten Zeit in der Forschung die These vertreten, daß die rechtsrheinische Besiedlung grundsätzlich erst im späteren 3. Jh., z. T. erst im 4. Jh. zum Erliegen kam.[33]

Das Spannungsfeld, in dem sich diese spätrömische Besiedlung abspielte, wird zum einen durch die linksrheinische römische Grenzbefestigung skizziert, wobei zumindest die drei genannten Flußübergänge eine Anbindung unserer Villa an das Hinterland ermöglichten. Wie für die Frühzeit ist aber auch für diese Epoche neben der schiffahrtsmäßigen Nutzung des Flusses die Stromüberquerung an einer in der Nähe gelegenen Furt, vielleicht sogar auch eine weitere, bislang unbekannte Brücke nicht auszuschließen.[34] Andererseits zeigen auch die angeführten Fundstellen (Abb. 46), daß die Alamannen den rechtsrheinischen Hochrhein nicht gezielt, sondern offenbar nur sporadisch begingen bzw. nutzten. Lediglich die „Siedlung" in Gurtweil sowie eine aufgrund einer Notiz bei Ammianus Marcellinus bei Kaiseraugst vermutete weitere Siedlungsstelle[35] könnten vielleicht nachhaltig

25 Die Töpfe Taf. 63,770–772; vgl. hierzu auch S. 116 Anm. 33.

26 Wie überhaupt große Brandkatastrophen, wie sie die Ausgräber z. B. für „nach 120 n. Chr." (SAMESREUTHER, Laufenburg 36) konstatierten, weder durch Funde noch durch Befunde bestätigt werden konnten (vgl. S. 21 ff.); vielmehr scheinen nur wenige Gebäudeteile begrenzten Bränden zum Opfer gefallen zu sein.

27 Nachweis zu Abb. 46. Ausschnitt aus Karte III 6: Die frühe Alamannenzeit, 3. bis frühes 5. Jh. n. Chr. (Bearbeiter R. CHRISTLEIN). In: Historischer Atlas von Baden-Württemberg (Stuttgart 1974). Nachweise zu den Fundorten im zugehörigen Beiblatt. Nicht eingetragen in dieser Karte ist die (seit Diokletian errichtete) Vielzahl spätrömischer Wachttürme bzw. Festungen auf der linken Rheinseite; vgl. hierzu allgemein DRACK, Grenzwehr 4 ff. u. Übersichtskarte.

28 Zu Säckingen bleibt jedoch anzumerken, daß dort „offenbar" Brandgräber gefunden wurden; eine genaue Aufarbeitung (Zeitstellung ?) fehlt: F. GARSCHA, Die Alamannen in Südbaden. Germ. Denkmäler Völkerwanderungszeit A 11 (Berlin 1970) 245; da somit eine zeitliche Parallelität zu unserer Villa nicht sicher ist, bleibt diese Fundstelle im folgenden unberücksichtigt. Hinsichtlich der „Siedlung" in Gurtweil muß gesagt werden, daß diese Interpretation R. Christleins auf zwei Scherben (!) eines handgemachten, verzierten Topfes aus einem römischen Badegebäude beruht: R. ROEREN, Zur Archäologie und Geschichte Südwestdeutschlands im 3. bis 5. Jahrhundert n. Chr. Jahrb. RGZM Mainz 7, 1960, 214 ff., bes. 256, Nr. 97. Zwar ist dort keine Datierung gegeben, jedoch wird auf Vergleichsstücke aus Breisach verwiesen, die in die Zeit um 300 n. Chr. gehören: Bad. Fundber. III, 1933–1936, 389 mit Abb. 170 unten. – Die Eintragungen Abb. 46, Nr. 121 (Münze, Riedern am See); Nr. 119 (fraglicher Grabfund, Klettgau) und Nr. 114 (Siedlung, Bargen) sollen für die folgenden Überlegungen aufgrund der Entfernung zu Laufenburg außer acht gelassen werden.

29 DRACK, Grenzwehr 8 ff.; FELLMANN a.a.O. (Anm. 11) 36 ff.

30 DRACK, Grenzwehr 12 ff. Zum Brückenkopf gegenüber Kaiseraugst vgl. G. FINGERLIN, Grenzach-Wyhlen, spätrömischer Brückenkopf. RiBW 301 ff.

31 DRACK, Grenzwehr 31 ff.; M. HARTMANN, Das römische Kastell von Zurzach-Tenedo. Arch. Führer Schweiz 14 (Basel 1980). Zur Brücke bei bzw. zum Brückenkopf gegenüber Zurzach vgl. auch G. FINGERLIN, Küssaberg-Rheinheim. RiBW 380 ff. Die z. B. noch bei Fingerlin wiedergegebene Datierung der Brükke(n) ist nach neuesten Untersuchungen unzutreffend; die Steinbrücke datiert ins Jahr 368 n. Chr., die Holzbrücke erst ins Mittelalter; eine Brücke der frühen und mittleren Kaiserzeit ist demgegenüber vermutlich 600 m weiter westlich zu suchen. Dazu M. HARTMANN, Eine spätrömische und eine mittelalterliche Rheinbrücke in Zurzach AG. Arch. Schweiz 10, 1987, 13 ff.

32 MARTIN a.a.O. (Anm. 1) 78 ff. mit Abb. 8.

33 MARTIN a.a.O. (Anm. 1) 78 f.

34 Ob in diesem Sinn der in Laufenburg (Kt. Aargau) unter dem jetzigen Schloßturm vermutete spätrömische Wachtturm gedeutet werden kann, ist m. E. zweifelhaft. Dazu DRACK, Grenzwehr 25; HARTMANN, Aargau 179. Vgl. oben Anm. 10.

35 Ammianus Marcellinus 14, 10, 6 („prope Rauracum"); vgl. auch LAUR-BELART a.a.O. (Anm. 3) 13.

in Besitz genommen worden sein. Beide Punkte liegen jedoch nicht nur gegenüber den spätrömischen Rheinübergängen Zurzach (Tenedo) und Kaiseraugst, so daß hier strategische Gesichtspunkte zum Tragen kommen dürften; vielmehr schließen sie auch gleichsam einen weiten Bereich des Hochrheines ein, an dessen Mittelpunkt Laufenburg liegt. Darin könnte vielleicht das mangelnde Interesse der Alamannen an der Besitznahme dieses Raumes zum Ausdruck kommen, die sich statt dessen auf eine Frontstellung gegenüber den stark befestigten römischen Flußübergängen beschränkten. Schließlich bleibt noch zu betonen, daß die oben angesprochenen „Siedlungen" der Alamannen (soweit bekannt) erst an den Anfang bzw. in die Mitte des 4. Jh. datieren[36] und somit allenfalls für die jüngste Besiedlungsphase unserer Villa von Belang sind.

Die Ursache dieses offensichtlichen Aussparens einer großen Strecke des Hochrheines dürfte wiederum in den geographischen Verhältnissen zu suchen sein. Wie in der Frühzeit unserer Villa profitierten also vermutlich auch die Bewohner des ansonsten unruhigen 3. und 4. Jh. von der Unwegsamkeit des Schwarzwaldes, der den Hochrhein nach Norden abgrenzt und so zum einen der römisch geprägten Bevölkerung weiterhin erträgliche Lebens- und Arbeitsbedingungen ermöglichte, zum anderen offenbar die Alamannen von einer Landnahme abhielt. Somit könnte Laufenburg auch andeuten, daß in diesem Bereich der Rhein erst nach den durchgreifenden Sicherungsmaßnahmen Valentinians als echte Reichsgrenze anzusehen ist.[37]

Insgesamt lassen sich also folgende Kernpunkte zur römischen Villa von Laufenburg im Rahmen der Geschichte des Hochrheines festhalten. Im zweiten oder dritten Jahrzehnt n. Chr. entstand am rechten Hochrheinufer ein Gutshof bescheidenen Ausmaßes, d. h. eine Siedlung zivilen Charakters, die jedoch in enger Verbindung zum Legionslager Vindonissa stand und für dieses logistische Funktionen erfüllte. Somit ist erstmals eine zivile Besiedlung an dieser Rheinseite in tiberischer Zeit gesichert.[38] Ihre Bindung an das römische Militär blieb während des ganzen 1. Jh. bestehen. Erst nach Abzug der 11. Legion ging unser Gutshof in die Hände Einheimischer über, die mit größeren Baumaßnahmen begannen und starke Verbindungen zur Nordwestschweiz besaßen. An der Wende vom 2. zum 3. Jh. verpachtete die bis dahin letzte Besitzerfamilie die Villa; in diese Zeit fallen die größten und aufwendigsten Bau- bzw. Umbaumaßnahmen. Im Verlauf des 3. Jh., das sonst durch die Katastrophen der Alamanneneinfälle charakterisiert ist, zeichnet sich eine Hinwendung der Bewohner zu römischem Kulturgut ab, was nicht zuletzt mit der sich verstärkenden Präsenz des römischen Militärs an Ober- und Hochrhein zusammenhängen dürfte. Diese jüngsten, römisch geprägten Siedlergenerationen bewirtschafteten den Gutshof bis mindestens in die Mitte des 4. Jh.; auch dies ist ein in der Forschung bislang andernorts nicht beweisbares Faktum. Somit liegt der Schluß nahe, daß ein gewisser Teil des rechten Hochrheinufers einer romantischen (Rest)bevölkerung als Siedlungskammer bis weit in die Spätantike diente, die durch den Schwarzwald nach Norden abgegrenzt und geschützt wurde.

Der frühe Siedlungsbeginn und das späte Auflassen unseres Gutshofes belegen somit erstmals eindeutig, daß in der römischen Zeit nicht der Hochrhein als starre Grenzlinie verstanden worden ist, sondern die geographischen Gegebenheiten durch den Schwarzwald diese Markierung darstellten. Dies bedingt nicht zuletzt die erstaunlich hohe Besiedlungsdauer von über 300 Jahren in unserer Villa, die ohne erkennbare Unterbrechung vonstatten ging. Ob Laufenburg damit als Einzelfall bzw. Ausnahme zu verstehen ist, oder sich hierin ein allgemeines historisches Faktum widerspiegelt, kann letztlich nur durch neue Fundstellen und Forschungen entschieden werden.

Die genannten Ergebnisse stützen sich dabei ausschließlich auf die Untersuchungen des Haupthauses. Bisher nicht ergraben bzw. inzwischen überbaut sind umliegende Gebiete, in denen die mit großer Sicherheit zu erwartenden Fundstellen von Hofmauer, Nebengebäuden, Gräbern usw. anzutreffen wären, die vermutlich weitere Aspekte liefern könnten; lediglich durch Rückschlüsse aus dem Fundmaterial sind weitere Räumlichkeiten bestimmter Nutzungen abseits des Haupthauses relativ sicher zu erschließen. Schließlich muß noch angemerkt werden, daß aufgrund der singulären vor- bzw. nachrömischen Funde unser Gutshof auf einem zuvor nicht genutzten Areal erbaut wurde, das auch nach seiner Auflassung keine folgende Siedlungskontinuität ins Mittelalter nach sich zog.

36 Diese Angabe bezieht sich auf die „Siedlung" gegenüber Kaiseraugst und damit auf die Interpretation der Textstelle von Ammianus Marcellinus (vgl. Anm. 35); zur „Siedlung" in Gurtweil vgl. Anm. 28.

37 Ammianus Marcellinus 28, 2, 2; E. Meyer, Die Schweiz im Altertum. Monogr. Schweizer Gesch. 11^2 (Bern 1984) 30f.

38 Vermutet bereits bei Martin a.a.O. (Anm. 1) 78.

Anhang

Liste 1: Liste der vorhandenen Ziegelstempel

Die Typen beziehen sich auf JAHN, Dachziegel. Kursive Nummern beziehen sich auf die entsprechenden Katalog-Nummern. In allen Fällen handelt es sich um Bruchstücke von Leistenziegeln. Hinsichtlich der in den Grabungsdokumentationen verzeichneten Ziegelstempel vgl. die Vorbemerkungen zu Liste 3.

Nr.	Typ (nach Jahn)	Ziegel-dicke (in cm)	Schrift-höhe (in cm)	Fundstelle Inv. Nr.	Bemerkungen
1	1	3	1,8	Sä 653	–
2	1	3	1,6	Sä 653	–
3	1	3	1,5	Sä 653	–
4	1	3,1	ca. 1,8	Sä 653	–
5	1	3	1,6	Sä 653	–
6	1	3	2,2	Sä 653	–
7	1	3,1	2	Sä 653	–
8	1	3	1,5	Sä 653	leichte Brandspuren
9	1	3,1	?	Sä 654	Schmalseite / \
10	1	2,9	?	Sä 729	verbrannt
11	1	3,4	1,8	Sä 729	–
12	1	3,1	?	Sä 729	–
13	1	3,2	1,7	Sä 729	Ziegel dunkelrot
14	1	3	1,7	Sä 729 (R 983)	leichte Brandspuren, Fingermarke
15	1	3	1,5	–	Ziegel rötlich
16	1	3,5	1,6	–	schwache Brandspuren
17	1	2,8	1,5	–	Fingermarke
18	1	3,2	1,5	–	schwache Brandspuren
19	1	3	1,6	–	–
20	1	3,3	2,3	–	–
21	1	3	?	–	schwache Brandspuren
22	1	3,3	2,4	–	–
23	1	3	2,1(?)	–	–
24	1	3,2	1,5	–	Brandspuren, Fingermarke, vgl. Taf. 120, *1217*
25	1	3,5	2,3	–	Brandspuren, Fingermarke
26	1	3,3	1,5	–	–
27	1	3	1,8	–	–
28	1	3	1,8(?)	–	stark verbrannt
29	1	3,2	?	–	stark verbrannt
30	1	3,3	1,6	–	leichte Brandspuren
31	1	3	1,6	–	–
32	1	3,5	1,8(?)	–	Schmalseite \
33	1	3	1,3	–	schwache Brandspuren, Fingermarke
34	1	3,6	1,6	–	Schmalseite / \
35	1(?)	3,5	1,8	AO.: Narrenzunft Laufenburg	–
36	1	2,7	1,5	Nord-Risalit, 1970	–
37	1	2,7	1,5	Aushubhaufen hinter westl. Porticus, einiges aus original röm. Schuttschicht unter Aushub ? 1971	Ziegel dunkelrot, Fingermarke
38	1	2,8	?	wie Nr. 37	–
39	2	2,9	2,4	Sä 653	Fingermarke, Schmalseite I
40	2	3	2,4	Sä 653	–
41	2	3	2,3	Sä 653	leichte Brandspuren, Fingermarke
42	2	2,9	2,4	Sä 653	–

Liste 1 *(Fortsetzung).*

Nr.	Typ (nach Jahn)	Ziegel-dicke (in cm)	Schrift-höhe (in cm)	Fundstelle Inv. Nr.	Bemerkungen
43	2	2,9	2	Sä 653	–
44	2	3	2(?)	Sä 653	–
45	2	3,2	2,4	Sä 654	–
46	2	3,2	?	Sä 654	–
47	2	3,2	2,2	Sä 729	–
48	2	3,2	2,5	Sä 729	leichte Brandspuren
49	2	3,2	?	Sä 729	–
50	2	3,2	2,4	Sä 729	–
51	2	3,2	2,2	Sä 729	–
52	2	3,4	2,4	–	leichte Brandspuren
53	2	3,2	2,7	–	schwache Brandspuren
54	2	3,6	2	–	–
55	2	3,2	2	–	leichte Brandspuren
56	2	2,9	1,6	–	schwache Brandspuren
57	2	3	?	–	schwache Brandspuren
58	2	3,4	1,7(?)	–	–
59	2	3	2,2	–	stark verbrannt
60	2	3,4	2,3	–	–
61	2	3	2,2	–	leichte Brandspuren
62	2	3,2	2	–	Ziegel rötlich, Fingermarke
63	2	3,5	2,3	–	leichte Brandspuren, Fingermarke
64	2	3,2	2,4	–	stark verbrannt, Fingermarke
65	2	3,4	2,4	–	schwache Brandspuren
66	2	3,2	2,3	–	wie Nr. 65
67	2	3,4	1,9	–	–
68	2	3,2	2,4	–	leichte Brandspuren, Fingermarke, linke Seite der Tabula ansata »angenagelt«
69	2	3,5	1,9	–	schwache Brandspuren, Fingermarke
70	2	3,2	2,4	–	starke Brandspuren, Fingermarke
71	2	3,4	1,9	–	leichte Brandspuren, Fingermarke
72	2	3,2	?	–	schwache Brandspuren, Fingermarke
73	2	3,6	2,4	–	vgl. Taf. 120, *1218*
74	2	3,1	2,5	–	wie Nr. 72
75	2	3,1	2,3	–	Schmalseite \\///
76	2	3,5	2,4	–	schwache Brandspuren
77	2	2,7	2	Sä 810 (FK Rathaus Rhina), Fst.: Schnitt 19, 1. und 2. Erweiterung, aus weißverputztem Raum im Mörtelschutt (= Raum 4), 1937.	Rückseite stark brandgeschwärzt
78	2	2,7	1,8	Raum 2 und 3, 1970	Rückseite leichte Brandspuren, Schmalseite I
79	2	2,7	1,9	Raum 2 und 3, 1970	leichte Brandspuren
80	2	?	1,9	Aushubhaufen hinter westl. Porticus, einiges aus röm. Schuttschicht unter Aushub? 1971.	–
81	3	3	2,5(?)	Sä 653	leichte Brandspuren
82	3	3,2	2,5	Sä 653	Ziegel braunrot
83	3	3,4	2,3	Sä 653	–
84	3	3	2,4	Sä 653	leichte Brandspuren
85	3	2,8	2,4(?)	Sä 653	–
86	3	3	2,6	Sä 653	Brandspuren, Fingermarke
87	3	3,2	?	Sä 653	Brandspuren
88	3	3	2,6	Sä 653	Fingermarke
89	3	3,2	2,4	Sä 653	–
90	3	3,4	2,3	Sä 653	leichte Brandspuren, Fingermarke
91	3	2,8	2,4	Sä 653	leichte Brandspuren
92	3	2,8	2,5	Sä 729	–
93	3	3,4	2,3	Sä 729	–
94	3	3	2,1	Sä 729	–

Liste 1 *(Fortsetzung).*

Nr.	Typ (nach Jahn)	Ziegel-dicke (in cm)	Schrift-höhe (in cm)	Fundstelle Inv. Nr.	Bemerkungen
95	3	3,2	2,2	Sä 730	Ziegel mittelrot
96	3	3,2	2,2	Sä 730	–
97	3	3,2	2,4	Sä 730	–
98	3	3,2	2,5	Sä 730	–
99	3	3,2	2,5	Sä 730	–
100	3	3,2	?	Sä 730	leicht verbrannt, Fingermarke
101	3	2,6	2,6(?)	Sä 731	Schmalseite XI
102	3	2,6	2,4	Sä 731	–
103	3	2,7	2,3	–	Rückseite schwache Brandspuren
104	3	3	2,7	–	–
105	3	3,6	2,4	–	stark verbrannt
106	3	3,2	?	–	stark verbrannt
107	3	3	2,6	–	stark verbrannt
108	3	3,3	2,2	–	schwache Brandspuren, Fingermarke
109	3	3	2,2	–	stark verbrannt
110	3	3,4	2,3	–	schwache Brandspuren
111	3	3,2	2,3	–	schwache Brandspuren
112	3	3	?	–	–
113	3	3,2	2,3	–	schwache Brandspuren
114	3	3	2,4	–	–
115	3	3,2	2,1	–	Fingermarke
116	3	3	2,4	–	starke Brandspuren
117	3	2,8	2,4	–	Ziegel dunkelrot, Brandspuren
118	3	2,7	2,3	–	leichte Brandspuren
119	3	3,2	2,2	–	stark verbrannt, Fingermarke
120	3	3,3	2,3	–	–
121	3	3,5	2,3	–	–
122	3	3,2	2,4	–	–
123	3	3	2,2	–	Brandspuren, Fingermarke
124	3	3,6	2,3	–	Rückseite schwache Brandspuren
125	3	3,3	2,3	–	schwache Brandspuren, Schmalseite II
126	3	3,2	2,3	–	Fingermarke, vgl. Taf. 120, *1219*
127	3	?	2,3(?)	AO.: Schule Rhina	–
128	3	?	2,3	Altbestand Mus. Lörrach	verbrannt
129	3	3	2,4	Raum 2 und 3, 1970	stark verbrannt, Schmalseite / I
130	3	2,5	2,3	Bereich des Nord-Risaliten, 1970	schwache Brandspuren
131	3	3,3	2,4	Nord-Risalit, 1970	verbrannt
132	3	3,3	2,1	Nord-Risalit, Graben entlang Nordseite Mauer 30, 1970	–
133	3	2,9	2,3	Porticus, 1970	Ziegel dunkelrot
134	3	2,3	2,3	Nord-Risalit, röm. Fußbodenaufschüttung zwischen unterem und oberem Estrich, 1971	verbrannt
135	4	2,7	1,6	Sä 487	Ziegel weinrot, vgl. Taf. 120, *1220*
136	4	3,3	2	Sä 653	Fingermarke
137	4	3,3	1,8	Sä 653	Fingermarke
138	4	2,6	1,6	Sä 730	Ziegel weinrot
139	4	?	1,3	–	Ziegel weinrot
140	9	2,7	2,3(?)	Sä 653	Schmalseite I
141	9	3	2,1	Sä 654	Schmalseite \
142	9	3	2,3	Sä 654	–
143	9	3,2	2,3(?)	Sä 729	–
144	9	2,7	1,8	–	Fingermarke, vgl. Taf. 121, *1221*
145	9	3,3	1,9	Nord-Risalit, Graben entlang Südseite Mauer 30, 1970	–
146	9	?	2	Porticus, 1970	–
147	9	2,7	2,2	Porticus, 1970	–
148	9	2,9	2,2	Streufund, 1971	–

Liste 1 *(Fortsetzung)*.

Nr.	Typ (nach Jahn)	Ziegeldicke (in cm)	Schrifthöhe (in cm)	Fundstelle Inv. Nr.	Bemerkungen
149	12	2,3	1,7	Sä 729	vgl. Taf. 121, *1222*
150	12	2,3	1,8	Sä 729	–
151	?	3,7	2,3	Sä 731	erhalten: L · X, verwischt gestempelt
152	?	3	2	–	erhalten: L · X, starke Brandspuren
153	?	2,8	1,9	–	erhalten: XI, leichte Brandspuren
154	?	3,4	1,8	–	erhalten: LXXI, stark verbrannt
155	14	2,6	2,4	Sä 654	verbrannt
156	14	3,3	2,2	Sä 654	–
157	14	3,1	2,3	Sä 730	–
158	14	3,1	2,3	Sä 730	vgl. Taf. 121, *1223*
159	14	2,8	2,4	–	–
160	14	2,5	1,9(?)	–	–
161	14	3,5	2	–	leicht verbrannt, Fingermarke
162	14	3,2	2,4	–	Ziegel dunkelrot
163	14	3,6	1,9	–	stark verbrannt
164	14	3,2	?	–	Ziegel weinrot
165	14	3,4	2,2	–	Fingermarke
166	14	3,5	2,4	Altbestand Mus. Lörrach	–
167	14	2,7	2,2	Sä 775 (FK Rathaus Rhina), Fst.: Schnitt 1, 1936 (= Raum N bzw. nördlich davon)	–
168	14	2,7(?)	2,5	Raum 2 und 3, 1970	–
169	15	2,9	3,4	Sä 487	Fingermarke, vgl. Taf. 121, *1224*
170	15	3,1	ca. 3	Sä 654	–
171	15	3,1	3,4	Sä 654	leichte Brandspuren
172	15	2,9	ca. 3	–	–
173	15	3	3,4	–	–
174	15	3,1	3,3	–	Fingermarke
175	15	3	3,4	–	–
176	15 (16?)	2,3	3,4	Aushubhaufen hinter westl. Porticus, einiges aus original röm. Schuttschicht unter Aushub? 1971	–
177	16	3	3(?)	Sä 654	–
178	16	3,2	2,9	Sä 654	leichte Brandspuren, vgl. Taf. 121, *1225*
179	16	2,6	2,6(?)	Sä 654	leichte Brandspuren
180	16	3	2,5(?)	Sä 654	–
181	16	3	3	Sä 654	–
182	16	2,7	2,6(?)	–	–
183	16	3	3,3	–	–
184	16	2,8	2,6(?)	–	–
185	?	?	2,4(?)	Sä 653	erhalten: X
186	?	?	1,8(?)	Sä 653	erhalten: / I
187	?	2,8	2,4(?)	Sä 654	erhalten: L?
188	?	2,7	?	Sä 654	erhalten: I
189	?	3,1	?	Sä 731	erhalten: I
190	?	2,7	?	Sä 731	erhalten: tabula ansata; Schmalseite \ \
191	?	3	?	Sä 731	erhalten: ` ; Schmalseite XII
192	?	2,8	?	–	Ziegel dunkelrot-orange; erhalten: \ I
193	?	3,4	?	–	Ziegel orange-gelb (!); erhalten: `, tabula ansata
194	?	3	?	–	erhalten: I
195	?	3,6	?	–	erhalten: L
196	?	3,2	?	Altbestand Mus. Lörrach	erhalten: ` ´
197	?	?	?	Raum 4, 1970	erhalten: IIL·?
198	–	3,3	–	Sä 794 (FK Rathaus Rhina), Fst.: Schnitt 9, Westabhang hinter Mauer, 1936 (= Bereich Süd-Risalit)	Schmalseite IXI
199	–	2,7	–	Sä 783 (FK Rathaus Rhina), Fst.: Schnitt 4,5, 1936 (= südlich Raum II)	Abdruck einer Hundepfote, vgl. Taf. 121, *1226*

Liste 2: Bemalter Wandverputz

Verzeichnet ist der heute noch existierende bemalte Wandverputz. Zunächst sind Funde der Grabungen 1936–1939 aufgelistet, die im alten Rathaus von Rhina wiedergefunden werden konnten (vgl. S. 11ff.); auf einen entsprechenden Zusatz wurde bei den Inv. Nr. Sä 774–820 verzichtet. Daran schließen sich Funde der Grabungen 1970–1971 sowie einige nicht näher einzugrenzende Streufunde an.
Hinsichtlich der Angaben in den Grabungsdokumentationen vgl. die Vorbemerkungen zu Liste 3.

Die Mengenangaben müssen natürlich summarisch bleiben:
1: 1–5 kleine Bruchstücke
2: 5–10 kleine Bruchstücke
3: mehr als 10 Bruchstücke unterschiedlicher Größe
4: Bruchstücke unterschiedlicher Größe im Gesamtgewicht von max. ca. 5 kg
5: Bruchstücke unterschiedlicher Größe im Gesamtgewicht von mehr als 5 kg.

Menge	Farben der Bemalung	Bemerkung	Tafel	Fundstelle	Inv. Nr.
3	rot	flächig	–	Streufund 1936–1939	Sä 774
3	weiß	flächig	–		
3	rosa	flächig	–		
3	bräunlich	flächig	–		
3	(verbrannt)	–	–		
1	rot neben weiß	flächig	–		
3	rot	flächig	–	Schnitt 1, 1936 (= Raum N bzw. nördlich davon)	Sä 775
3	gelb	flächig	–		
3	blaßrosa	flächig	–		
3	rostrot-braun	flächig	–		
1	(verbrannt)	–	–		
1	gelb neben braun	flächig	–		
3	gelb mit dunkelbraunem Muster	Muster	–		
		Putz in zwei Schichten, Dicke mind. 6,5 cm			
1	weiß	flächig	–	Schnitt 3, 1936	Sä 776
1	hellblau	flächig	–	Schnitt 3, lfd. m 2, ca. 1 m tief, 1936 (= westlich der Porticus)	Sä 777
4	dunkelblau	flächig	–	Schnitt 4,2, 1936 (= Raum II)	Sä 781
3	weiß	flächig	–		
3	rot	flächig	–		
3	gelb	flächig	–		
3	bräunlich	flächig	–		
4	hellgrün	flächig	–		
1	(verbrannt)	–	–		
1	dunkelblau neben weiß	flächig	–		
1	weiß neben gelb, durch rote Streifen getrennt	Muster	–		
1	Blüte auf blauem Grund	Muster	125, *1252. 1253*		
1	? (überputzt)	–	131, *1276*		
		Zwei Schichten Putz auf einer Schicht Estrich, Dicke ca. 4 cm			
1	gelb	flächig	–	Schnitt 7 Süd, 1936 (= Südtrakt)	Sä 784
1	weiß	flächig	–	Schnitt 8 oberflächlich, 1936	Sä 786
		Dicke ca. 2 cm			

Liste 2 *(Fortsetzung)*.

Menge	Farben der Bemalung	Bemerkung	Tafel	Fundstelle	Inv. Nr.
1	rot	flächig	–	Schnitt 8, lfd. m 15, 1936 (= südl. Nord-Ris.)	Sä 787
1	weiß mit rotem Muster	Muster	124, *1249*		
		Dicke 6,6 cm			
4	rot	flächig	–	Schnitt 8, lfd. m 15–19, ca. 1 m unter Humus, 1936 (= südl. Nord-Risalit)	Sä 788
		Dicke 2,4 bzw. 5 cm			
3	rot oder weiß mit gelbem oder türkisfarbenem Muster	Muster	125, *1255*	Schnitt 8, m 19, 30 cm unter Maueroberkante, 1936 (= Südmauer Nord-Risalit)	Sä 789
		Dicke über 4 cm			
1	weiß	flächig	–	Schnitt 8, lfd. m 22–24, 80 cm unter Oberfläche, 1936 (= westl. Nord-Risalit)	Sä 790
1	rot	flächig	–		
1	rot	flächig	–	Schnitt 8, im Risalit, 1936	Sä 791
1	weiß mit Ritzung	Ritzung	130, *1274*		
4	rot	flächig	–	Schnitt 9, West-Abhang hinter Mauer, 1936 (= Bereich Süd-Risalit)	Sä 794
3	ocker	flächig	–		
3	braun	flächig	–		
4	oliv	flächig	–		
2	hellgrün	flächig	–		
1	wasserblau	flächig	–		
1	gelb	Winkel überstumpf	–		
2	weiß mit orange-braunen Streifen	Muster	–		
3	rot	flächig	–	Schnitt 9, Südwestabhang, 1936 (= Bereich Süd-Risalit)	Sä 795
3	weiß	flächig	–		
3	blaßgrün	flächig	–		
1	(verbrannt)	–	–		
2	ocker mit rotem Muster	Muster	–		
		Dicke ca. 2 cm bzw. mind. 3,5 cm			
3	hellgrün	flächig	–	Schnitt 9, 1,2 m hinter Westmauer im Schnitt, 1936 (= Bereich Süd-Risalit)	Sä 796
3	rot	flächig	–		
1	hellblau	flächig	–		
1	mittel- bis wasserblau	flächig	–		
1	weiß	flächig	–		
1	rotbraun	flächig	–		
2	orange-braun getigert (abgeplatzt?)	flächig	–		
1	hellgrün neben rot	flächig	–		
3	(verbrannt), orange oder weiß mit bräunlichen Streifen?	–	–	Schnitt 9, 1,2–4,8 m hinter Westmauer im Schutt, 1936 (= Bereich Süd-Risalit)	Sä 797

Liste 2 *(Fortsetzung).*

Menge	Farben der Bemalung	Bemerkung	Tafel	Fundstelle	Inv. Nr.
1	gelb neben rot	flächig	–	Schnitt 9, lfd. m 4,8–5,2 ab Mauer, 1,3 m unter Humus, 1936 (= Bereich Süd-Risalit)	Sä 799
4	weiß	flächig	–	Maßnahme 9+20, 1937 bzw. 1939 (= Süd-Risalit)	Sä 800
1	lindgrün	flächig	–		
1	ocker	flächig	–		
1	rot	flächig	–		
1	weiß mit ockerfarbenen Streifen	Muster	–		
2	(verbrannt)	–	–		
		Dicke ca. 2,5 cm bzw. über 3,5 cm			
3	(verbrannt), rot, weiß, Streifenmuster?	–	–	Schälfläche 9+20, 1937 bzw. 1939 (= Süd-Risalit)	Sä 802
		Dicke 2,5–3 cm bzw. über 5 cm			
4	weiß	flächig	–	Maßnahme 9+20, Schuttfüllung nördl. Südmauer Süd-Risalit, 1938	Sä 803
1	weiß mit rostrot-orangen Streifen	Muster	–		
4	(verbrannt)	–	–		
		Dicke über 5 cm			
1	rot	flächig	–	Schnitt 11, ca. 1 m unter Humus, 1936 (= Bereich Raum 4)	Sä 805
1	rot	Winkel, überst.	–		
1	weiß mit ockerfarbenen Streifen	Muster	–		
1	weiß	flächig	–	Schnitt 13, 45 cm unter Oberkante Kalkestrich, 35 cm Schicht, Putz(?). 1936 (= Raum 1)	Sä 806
1	rot	flächig	–		
1	rot neben weiß neben gelb	Winkel, überst.	128, *1267*		
1	weiß mit roten Streifen	Muster	127, *1260*		
		Dicke 3–3,5 cm			
1	rot	flächig	–	Schnitt 14, 1936 (= östl. Bad)	Sä 807
2	weiß	flächig	–	Schnitt 15, 1936 (= Bereich Raum VIII)	Sä 808
2	rot	flächig	–		
1	schwarz	flächig	–		
2	dunkelgrün	flächig	–		
1	gelb neben rot	flächig	–		
1	(verbrannt)	–	–		
2	weiß	flächig	–	Schnitt 19, 1. u. 2. Erweiterung, aus weißverputztem Raum im Mörtelschutt, 1937 (= Raum 4)	Sä 810
1	(verbrannt)	–	–		
1	gelb neben rot	flächig	–		
1	rot neben weiß	Winkel, überst.	128, *1269*		
1	rot neben weiß	konkav gebogen	129, *1272*		
1	weiß mit bräunlichen Streifen	Muster	–		
		Dicke (2 Schichten) o. 2–2,5 cm, u. ca. 2 cm			

Liste 2 *(Fortsetzung)*.

Menge	Farben der Bemalung	Bemerkung	Tafel	Fundstelle	Inv. Nr.
3	weiß	flächig	–	Schnitt 23, über Estrich, 1937 bzw. 1939 (= Nordostecke Komplex)	Sä 811
3	rot	flächig	–		
3	weiß mit grünen, roten, blauen Mustern	Muster	125, *1253*		
3	weiß mit roter Rahmung	Muster	127, *1261*		
1	–	3 Putzschichten oben je 2 cm, untere ca. 4 cm dick	131, *1278*		
3	rot	flächig	–	Schnitt 27, nördlich Ostwestmauer, unter Fußboden, 1937 (= Raum 1)	Sä 813
3	weiß	flächig	–		
1	weiß mit schmalem roten Streifen	Muster	–		
1	rot mit breitem dunklem (?) Streifen	Muster	–		
		Dicke 2,1 cm bzw. 4,2 cm			
1	weiß	flächig	–	Bad, Raum VIII, 1937	Sä 815
1	rot	flächig	–		
2	hell- bis dunkelgrün	flächig	–	Bad, Raum IX, 1937	Sä 816
1	gelb neben rot	flächig	–		
1	dunkelgrün neben weiß	flächig	–		
1	dunkelgrün	Winkel, stumpf	–		
2	rot	flächig	–	12,5 m westlich Markstein Mitte, 1936 (= Bereich West-Porticus)	Sä 818
2	grün	flächig	–		
1	schwarz	flächig	–		
1	(verbrannt)	–	–		
1	weiß	Ritzung	–		
1	rot neben gelb	flächig	–		
1	weiß neben blau, durch roten Streifen getrennt	flächig/Muster	–		
1	weiß mit türkisfarbenem Muster	Muster	–		
		Dicke (2 Schichten) über 3 cm			
1	rot	flächig	–	12 m westl. Markstein Mitte, 1936 (= Bereich West-Porticus)	Sä 820
1	rot	flächig	–	Bad Raum VII, 1937 oder Maßnahme 28, ca. 30–40 cm über Lehmpfostenlöcherschicht, 1937 (= Westende Raum N)	–
1	rot neben schwarz	flächig	–		
1	gelb neben rot	Winkel, stumpf	127, *1266*		
1	weiß mit schmalem olivfarbenen Streifen	Muster	–		
2	oliv mit weißem Muster	Muster	–	Süd-Risalit, Graben entlang Mauer 28, 1970	–
2	grün mit rotem Muster	Muster	–		
1	weiß mit Ritzung	Ritzung	–		
1	rot	flächig	–	Bereich zerstörte Pflasterung, ca. 12 m westlich Einfahrt, 1970 (= Westende Raum N)	–

Liste 2 *(Fortsetzung)*.

Menge	Farben der Bemalung	Bemerkung	Tafel	Fundstelle	Inv. Nr.
1	Linien auf grün. Grund	Muster	127, *1263*	Porticus, 1970	–
1	weiß	flächig	–		
2	hellgrün	flächig	–		
1	dunkelrot	flächig	–		
1	hellbraun	flächig	–		
1	weiß neben grün	flächig	–		
1	weiß neben rot	flächig	–		
1	orange neben braun neben weiß	flächig	–		
1	weiß mit Ritzung	Ritzung	130, *1274*		
		Dicke ca. 3 cm			
5	rot	flächig	–	Nord-Risalit, 1970	–
1	gelb	flächig	–		
1	rot neben weiß	flächig	–		
2	rot neben schwarz	flächig	–		
1	rot mit ockerfarbenem (?) Muster	Muster	–		
1	rot	Winkel, stumpf	–		
		Dicke über 4,5 cm bzw. 3,3–4,2 cm			
1	grün neben rot	flächig	–	Süd-Risalit, Nordseite innen, 1970	–
3	weißer Grund mit bräunl. Rahmung (?)	Muster	127, *1259*		
2	rot (mit Muster?)	Muster (?)	–	Auffüllung Raum 2 und 3, 1970	–
1	orange-braunes Muster (auf weißem Grund?)	Muster	125, *1256*		
1	rot	flächig	–	Raum 2, 1970	–
1	ocker	flächig	–		
1	blau	flächig	–		
1	orange neben braun	flächig	–		
3	(verbrannt)	–	–		
		Dicke ca. 3,5 cm			
1	rot	flächig	–	Nordwestecke Raum M, Versturzmauer 29, Bereich Hypok.anlage, 1970	–
		Dicke mind. 5,6 cm			
3	rot	flächig	–	Abraumhaufen, Westteil Anlage, 1971	–
3	gelb	flächig	–		
		Dicke 3,6–4,1 cm bzw. 2,4–2,7cm			
1	weiß	flächig	–	Süd-Risalit, Schuttschicht im unteren Teil der Füllung, 1971	–
2	rot	flächig	–		
1	rot mit weißem Muster	Muster	–		
1	rot mit blaßgrünem Muster	Muster	–		
1	rotbraun neben weiß	flächig	–		
1	gelb bis gelb-oliv mit zartem roten Muster (überputzt?)	Muster	124, *1250*		
		Dicke 3–3,3 cm			

Liste 2 *(Fortsetzung)*.

Menge	Farben der Bemalung	Bemerkung	Tafel	Fundstelle	Inv. Nr.
2	rot	Muster	–	Ostmauer Nord-Risalit; (Fundzettel „Fragmente eindeutig sekundär als Mauerfüllung benutzt"); 1971	–
1	rot mit dunklen Streifen	Muster	–	Nord-Risalit, röm. Fußbodenaufschüttung zwischen unterem und oberem Estrich, 1971	–
		Dicke ca. 3 cm			
5	rot	flächig	–	Streufund	–
		Dicke 2–2,6 cm bzw. über 6,5 cm			
5	weiß	flächig	–		
		Dicke 1,6–2 cm bzw. 6,8 cm			
4	grün	flächig	–		
3	blau	flächig	–		
3	gelb	flächig	–		
1	schwarz	flächig	–		
2	weiß neben rot bzw. rot neben grün	Winkel, überstumpf; gerundet	128, *1270*		
3	weiß, rot, (verbrannt) auf Hüttenlehm	flächig	131, *1277*		
2	schwarz, rot mit Graffiti	Graffiti	129, *1273*		
2	orange	flächig	–		
2	orange getigert	flächig	–		
2	braun-orange	flächig	–		
3	(verbrannt)	–	–		
2	hellgrün neben schmutzig-braun	flächig	–		
3	weiß neben rot	flächig	–		
3	gelb neben rot	flächig	–		
3	grün neben weiß	flächig	–		
2	blau neben weiß neben rot	flächig	–		
1	blau-schwarz neben weiß, durch feine rote Linie getrennt	flächig	–		
1	blau-schwarz neben gelb	flächig	–		

Kursive Nummern verweisen auf die entsprechenden Katalog-Nummern. Nägel, Ziegelbruch, Mosaiksteine und Estrichbruchstücke blieben unberücksichtigt, da sie über das gesamte Areal verstreut waren.
Zu Putz und Ziegelstempeln – soweit vorhanden! – vgl. die speziellen Listen; inwieweit die darüber hinaus hier verzeichneten Verputzfragmente und gestempelten Ziegel, die anhand der Grabungsdokumentationen aufgenommen wurden (s. u.), denen in den Listen 1 und 2 vielleicht entsprechen, kann nicht gesagt werden.

Ausgewertet wurden:

A. Keramik, Metall und Stein, soweit sie im Magazin Museum Säckingen bzw. in sonstigen Fundkomplexen (=FK) (Rathaus Rhina, Museum Lörrach) noch vorhanden waren; die Zuweisung dieser prägnanten Funde zu den einzelnen Fundstellen erfolgte, sofern diese anhand der Grabungsunterlagen 1936–1939 eindeutig zu identifizieren waren (außer FK Rathaus Rhina).

B. Ziegelstempel, Putz gemäß den Grabungsunterlagen 1936–39.

C. Grabungen 1970–71.

„Lt. Fundzeichnung" bedeutet Auswertung der entsprechenden Zeichnungen in den Grabungsunterlagen 1936–39; die nachfolgenden Nummern verweisen auf vergleichbare vorhandene Funde im Katalog.
„Ohne Funde" bedeutet nur wirklich fundleere Schnitte (gemäß Grabungsunterlagen 1936–39); nicht aufgeführte Schnitte enthielten dementsprechend zwar Funde, die aber nach den Unterlagen nicht genau ansprechbar sind (z. B. „braune Bauchscherben").
„Maßnahme" bedeutet zumeist Schnitt, der zu einer Fläche erweitert wurde.

1. Grabung 1936

Schnitt 1 (= Raum N bzw. nördlich davon):

Ziegelstempel, Liste 1 Nr. 167, Inv. Nr. Sä 775. Verputzfragmente rot, braun, gelb. Bearbeiteter Sandstein (2 Brst.) Inv. Nr. Sä 775 (FK Rathaus Rhina). – Lt. Fundzeichnung: Schüssel *621/626*.

Schnitt 2 (= Raum N bzw. nördlich davon):

Ziegelstempel XXI. – Lt. Fundzeichnung: Teller, handgemacht *790/791*. Reibschüssel *877*. „Rätische Reibschüssel" *911*.

Schnitt 3:

TS *165* Inv. Nr. Sä 776 (FK Rathaus Rhina).

Schnitt 3:

Lfde. M. 2, ca. 1 m tief (= westlich der Porticus): Bearbeiteter Sandstein, u. a. *1202, 1204,* Inv. Nr. Sä *777* (FK Rathaus Rhina).
Lfde. M. 1–5 (= westlich der Porticus): Ziegelstempel SCV.

Schnitt 3, Ost, Südseite:

Lfde. M. 5–9: Ziegelstempel XX.
Lfde. M. 5–20, ab 1 m tief: Eisen *1144, 1159, 1172b, 1174a* (Altbestand Lörrach), *1174b*.
Lfde. M. 20–30 (= Raum M): Verputzfragmente rot.
Lfde. M. 30–36 (= Raum M): Verputzfragmente weiß, rot, grau, dunkelbraune Streifen auf rotem Grund.
Lfde. M. 33,1 (= Raum M): Verputzfragmente grau bzw. rot neben braun.
Lfde. M. 36 (= Raum M): Verputzfragmente grau, weiß.
Lfde. M. 41,5–43 (= Raum M): Verputzfragmente weiß, rot, rote Streifen auf grünem Grund.

Schnitt 3, West, Südwand:

2 Ziegelstempel IC bzw. LI. – Verputzfragmente bräunlich, rötlich, grün mit plastischen Riefen.

Schnitt 4,1 (= westlich Raum II):

Oberflächlich: Keramik (Mittelalter) *1302,* Inv. Nr. Sä 780 (FK Rathaus Rhina).– Steinplatte *1241,* Inv. Nr. Sä 780 (FK Rathaus Rhina).
Bis 0,5 m tief: Verputzfragmente rot, braun bzw. rotbraun auf gelb-weißem Grund, hell- neben dunkelbraun, bräunlich auf weißem bzw. grauem Grund, grüne Streifen auf schwarzem Grund, schwarze Streifen auf grauem Grund, braune Streifen auf gelbem Grund, 4 Winkelstücke gelb neben rot mit graubraunen Streifen.
Ab 0,5 m tief: Ziegelstempel LEG XIC.
Bis 0,5 m unter Oberkante Nordmauer: TS *359*. Bearbeiteter Sandstein 1208, Inv. Nr. Sä 779 (FK Rathaus Rhina). – Lt. Fundzeichnung: Teller *549*.

Schnitt 4,2 (= Raum II):

Ziegelstempel LX \ ? Verputzfragmente rot, blau-grünlich, dto. z. T. mit weißen bzw. roten Streifen.

Schnitt 4,3 (= Raum III):

Verputzfragmente rot, hell- bis bläulichgrün, gelb, grauschwarze Streifen auf weißem Grund, gelblich-weiß neben schwärzlich-grün (z. T. durch schwarze Streifen getrennt), dunkel- neben hellrot. Bearbeiteter Sandstein.

Schnitt 4,4 (= westlich Raum III, d. h. Raum H):

Verputzfragmente weiß.

Schnitt 4,5 (= südlich Raum II):

Ziegel (Hundepfotenabdruck), Liste 1, Nr.199, Inv. Nr. Sä 783. Verputzfragmente rot, grau-braun. Bearbeiteter Sandstein (2 Brst.), Inv. Nr. Sä 783 (FK Rathaus Rhina). – Lt. Fundzeichnung: Reibschüssel *865*.

Aushub Schnitt 4:

Steinplatte *1238,* Inv. Nr. Sä 778 (FK Rathaus Rhina).

Schnitt 5:

Ohne Funde.

Schnitt 6:

Ohne Funde.

Schnitt 7, Nord (= Raum M oder K):

Keramik (Mittelalter) *1303*, Inv. Nr. Sä 785 (FK Rathaus Rhina). – Ziegelstempel LEG. – Bearbeiteter Sandstein (4 Brst.).

Schnitt 7, Süd, Westwand (= Südtrakt):

Verputzfragmente rot, braun, grün, weiß. Bearbeiteter Sandstein.

Schnitt 8:

Oberflächlich: Keramik (Mittelalter) *1301*, Inv. Nr. Sä 786 (FK Rathaus Rhina).
Lfde. M 10–12,5 ab Markstein Mitte (= West-Porticus): 2 Ziegelstempel LXX. Verputzfragmente rot, braun.
Lfde. M. 15 bzw. 15–19 (= südlich Nord-Risalit): Verputzfragmente rot.
Lfde. M. 19, 0,5 unter Mauerabbruchkante (= Südmauer Nord-Risalit): Verputzfragmente rot, weiß.
Lfde. M. 22–24 (= westlich Nord-Risalit): Verputzfragmente braun, weiß, grün, mit Rille („Risalitecke"), rot („nähe Risalit").

Schnitt 9, Westhälfte Südwand (= Bereich Süd-Risalit):

Verputzfragmente weiß, rot, giftgrün, braune Streifen auf grünlich-grauem Grund. Aus Rußschicht 1,5 m westlich der Bruchsteinmauer: Denar Antoninus Pius?

Schnitt 9 (= Bereich Süd-Risalit):

Westabhang hinter Mauer: Ziegel (Ritzung Schmalseite), Liste 1, Nr. 198, Inv. Nr. Sä 794 (s. u.). Bearbeiteter Sandstein *1200*, Inv. Nr. Sä 794 (FK Rathaus Rhina). Ab 1,2–4,8 m hinter Westmauer: Eisen *1155 b*, Inv. Nr. Sä 797 (FK Rathaus Rhina). Ab 1,2–4,8 m hinter Westmauer im Schutt: Bearbeiteter Sandstein, Inv. Nr. Sä 798 (FK Rathaus Rhina). Lfde. M. 4,8–5,2 ab Mauer, 1,3 m unter Humus: Bearbeiteter Sandstein (7 Brst.).

Schnitt 10:

Ohne Funde.

Schnitt 11, bis 1 m tief (= Bereich Raum 4):

Verputzfragmente rot, weiß, grau.

Schnitt 12:

Ohne Funde.

Schnitt 13:

Ostwand (= Raum 1 bzw. südlich davon): Verputzfragmente rote Streifen auf weißem Grund, Winkelstück rot neben weiß, auf letzterem gelbe Streifen.
0,45 m unter Oberkante Kalkestrich, 35 cm Schicht Putz (?) (= Raum 1): Topf *731 b*, Inv. Nr. Sä 806 (FK Rathaus Rhina).

Schnitt 14 (= östlich Bad):

Eisen *1124*, *1124 a*

Schnitt 15 (= Bereich Raum VIII):

Verputzfragmente weiß, rot. Bearbeiteter Sandstein (5 Brst.), Inv. Nr. Sä 808 (FK Rathaus Rhina).

Schnitt 19 (= Bereich Raum 3):

Verputzfragmente rot.

Schnitt 20 (= Bereich Süd-Risalit):

Verputzfragmente rot, weiß neben gelb.

Planierung im Mittelfeld, Planum B:

7 Ziegelstempel LXXI, XXI, LXXI, LXX, XX, LX, LCXX. – Eisen (modern) *1308*. – Lt. Fundzeichnung: 2 Töpfe *762–764*.
8,8 m südwestlich Markstein Mitte (= Raum 1): Verputzfragmente rot.
10 m westlich Markstein Mitte, über Mosaikfußboden (= West-Porticus): Verputzfragmente rot.
12–12,5 m westlich Markstein Mitte (= West-Porticus oder westlich davon): Verputzfragmente rot, weiß, braun, graugrün neben braun, verschiedenfarbige Streifen auf gelbem, grauem, weißem Grund

Ca. 1 m südlich Mauer 17 bzw. 1,5 m westlich Raum II:

Waschtisch *1210*.

Markstein Mitte (= Rampe zu Raum 1 oder Raum M):

Lt. Fundzeichnung: Reibschüssel *881*. „Rätische Reibschüssel" *914*.

12 m westlich Markstein Mitte (= Bereich West-Porticus):

Bearbeiteter Sandstein (3 Brst.), Inv. Nr. Sä 820 (FK Rathaus Rhina).

12,5 m westlich Markstein Mitte (= Bereich West-Porticus):

Bearbeiteter Sandstein (15 Brst.), Inv. Nr. Sä 818 (FK Rathaus Rhina). – Lt. Fundzeichnung: Becher *488*.

2. Grabung 1937

Schnitt 1 (= Raum N bzw. nördlich davon):

Verputzfragmente rot.

Schnitt 3 (= Mittelfeld, Planum B und C):

Verputzfragmente rot, gelb, weiß, grünlich.
Mitte, Mauerstoß (= Raum 2): Lt. Fundzeichnung: Schüssel *631*; Topf *706*.

Schnitt 7, südliche Verlängerung (= südlich Raum H):

Bearbeiteter Sandstein.

Maßnahme 9+20 (= Süd-Risalit):

Deckel *782 a*, *785 a*, Inv. Nr. Sä 801 (FK Rathaus Rhina). Bearbeiteter Sandstein. – Lt. Fundzeichnung: „Topf", handgemacht *855 b*.
Aus erstem Aushub: Verputzfragmente weiß, rot, grau, grünlich, gelbe, rote, grüne Streifen auf weißem Grund, rote bzw. braune Streifen auf grauem Grund.

Aus Südwestecke des Südrisaliten: Verputzfragmente weiß, rot, braune, gelbe, rote Dekoration auf weißem Grund.

Schnitt 11, 2. Erweiterung (= Raum 4):

Ziegelstempel XXI. – Lt. Fundzeichnung: Eisen *1182.*

Schnitt 15, östliche Verlängerung (= Bereich Wasserleitung):

Verbreiterung der Verlängerung, bis 0,45 m tief: Verputzfragmente rot, weiß.
Vertiefung der Erweiterung: Eisen *1136* („aus einwandfrei römischer Schicht"). Verputzfragmente rot.

Schnitt 19:

1. und 2. Erweiterung: 4 Ziegelstempel LXX, XXI, LEGXX, CPF.
Aus Sondenschnitt westlich der Mauer (= Raum 4): Krug *958* (AO. Mus. Lörrach, vgl. unten). – Eisen *1125* („Eisenlöffel mit holzbelegtem Griff").
1. und 2. Erweiterung, aus weiß verputztem Raum im Mörtelschutt (= Raum 4):
Eisen *1155 b.* Mühlstein *1190 a,* Inv. Nr. Sä 810 (FK Rathaus Rhina). Bearbeiteter Sandstein *1196, 1197, 1209,* alle Inv. Nr. Sä 810 (FK Rathaus Rhina), zu letzterem Eisen *1156* gehörig. Ziegelstempel, Liste 1, Nr. 77, Inv. Nr. Sä 810 (s. o.). – Lt. Fundzeichnung: Eisen *1156.*
2. Erweiterung, ca. 15 cm tief: Eisen *1182, 1183.* – Lt. Fundzeichnung: Krug *958* (AO. Mus. Lörrach, vgl. oben).

Schnitt 20, Verbreiterung nach Osten (= östlich Ostmauer Süd-Risalit):

TS *346.* Verputzfragmente weiß.

Maßnahme 23, oberste Abschälung (= Nordostecke):

Eisen *1129.* Verputzfragmente weiß, gelb, rot, rote Streifen auf gelbem Grund, weinrotes Dekor auf weißem Grund. Bearbeiteter Sandstein.

Fläche 24 (= Bereich Raum VI):

Verputzfragmente rot.

Maßnahme 25 (= Nordteil Süd-Risalit):

Ziegelstempel IC. Verputzfragmente rot, braun-rot, grau, weiß. Bearbeiteter Sandstein.

Anschluß des Süd-Risaliten an die Westmauer der Porticus:

Schüssel *614.*
Aus östlicher Erweiterung (= West-Porticus oder Süd-Risalit): TS *153* (AO.: Narrenzunft Laufenburg). Ziegelstempel LX. Verputzfragemente weiß, rot, bräunlich, weiß mit eingetieften Rillen und grün.

Schnitt 26 (= Raum M oder L):

Becher *423.* Ziegelstempel XXI. Verputzfragmente braun, gelblich, rötlich, rote Streifen auf weißem Grund.

Schnitt bzw. Fläche 27:

Verputzfragmente rot.
Nördlich der Mauer unter Estrich (= Raum 1): Verputzfragmente rot, rote Tupfen bzw. Streifen auf weißem Grund und umgekehrt, bräunlich, violette, hell- bzw. dunkelrote Streifen nebeneinander.
Südlich der Mauer, ab 0,7 m tief (= südlich Raum 1): Ziegelstempel XXI (XI ?).
Westlich der süd-nördlichen Zungenmauer, 0,5 m tief (= südlich Raum 1): Verputzfragmente rot. – Lt. Fundzeichnung: „Rätische Reibschüssel" *895.*
Östlich der süd-nördlichen Zungenmauer, 0,5 m tief (= südlich Raum 1): Verputzfragmente rot, weiß, grün, gelb, blau, schwarz, grüne Streifen auf rotem Grund, rote Streifen auf gelblichem Grund.
Abraum: lt. Fundzeichnung „Rätische Reibschüssel" *904/913.*
Abraum, Verlängerung nach Norden: „Rätische Reibschüssel" *902* (AO.: Narrenzunft Laufenburg).

Schnitt bzw. Fläche 28 (= Westende Raum N):

Bis 75 cm tief: Becher *426.*
0,3–0,4 m über lehmiger Schicht mit Pfostenloch: Ziegelstempel XXI (?).
Aus Pfostenlöcherschicht: Verputzfragmente gelb, weiß, rot, schwarz-grau. – Lt. Fundzeichnung: Schüssel *586.*

Fläche 29 (= Südseite Mauer 23):

Noch anhaftende Verputzfragmente mit Scheinverfugung.

Maßnahme 30 (= Süd-Risalit oder Raum 1):

Lt. Fundzeichnung: Schüssel *621.*

Maßnahme 31 (= Bereich Nordostecke Raum 1):

Schüssel *624.*

Badegebäude und Umgebung:

Oberflächliche Planierung, bis 0,45 m tief: Verputzfragmente gelblich.
Oberflächlich bei Eiche: Bearbeiteter Sandstein.
Raum VI: Verputzfragmente rot, weiß, grau, gelbliche bzw. gelb-braune Streifen auf weißem Grund, rote neben gelben Streifen (1 Winkelstück).
Außenwand von Raum VI bzw. VII: Verputzfragmente rot, weiß.
Östliche Außenwand von Raum VII: Verputzfragmente rot.
Raum VIII: Hypokaustpfeilerplatten *1231 a,* Inv. Nr. Sä 815 (FK Rathaus Rhina).
Raum IX: Lt. Fundzeichnung: Topf 731?
Raum X: Ziegelstempel XI SCVI.
Raum XI (= Raum M): Verputzfragmente gelb, rot.

3. Grabung 1939

Schnitt 3, West, Ausschachtung Skelett (= westlich West-Porticus):

Deckelrast (Griff?) *682.* 3 Ziegelstempel I, SCVI, LX. Verputzfragmente dunkelrot, weiß. –
Lt. Fundzeichnung: Becher *482?* Schüssel *682.* Topf, handgemacht *819?*
„Rätische Reibschüssel" *902?*

Achsenschnitt:

Abschnitt Porticus, bis 1,25 m unter Mauerabbruch: Lt. Fundzeichnung: Becher 501, Schüssel oder Topf, handgemacht *669* oder *819.* 3 Schüsseln, handgemacht *803, 803/805, 810.* 2 Töpfe, handgemacht *828, 831.* 2 „Rätische Reibschüsseln" *912.*

Abschnitt Porticus, ab 1,25 m unter Mauerabbruch (entspricht Beilage 1,4c): Lt. Fundzeichnung: Teller *538/539*. Schüssel *631*. Reibschüssel *862*.
Abschnitt Porticus, bis 1,5 m unter Abbruchkante Westwand (entspricht Beilage 1,4c): Ziegelstempel XXI. Verputzfragmente rot, gelb, z.T. nebeneinander.
Ausbruchsgrube der Porticus-Vordermauer: Ziegelstempel XI CPF. Verputzfragmente braun-rote Streifen auf weißem Grund. Lt. Fundzeichnung: 2 Teller *549*. Bearbeiteter Sandstein („Konsolprofil").
Abschnitt 7–11 m von Porticus-Rückwand, aus Ziegelbrokkenschicht (= westlich West-Porticus): Lt. Fundzeichnung: 2 RS TS *343–346?* RS TS Drag. 18/31? Schüssel *654/671*. RS „rätischer Reibschüssel".
Schuttschicht über 1. Benutzungshöhe (= West-Porticus; entspricht Beilage 1,4f):
Becher *433*. 3 Ziegelstempel LXX, XXI, LEC. – Lt. Fundzeichnung: 3 RS TS Drag. 37, 3 RS TS Drag. 32, 9 Becher *449, 464, 470/471* (3 RS), *487, 501, 523/524* (2 RS). 7 Teller *546–556*. Schüssel *664/665*. 3 Töpfe *717, 719/725, 732* (?). 2 Schüsseln, handgemacht *804, 813* (?). Dekoration, handgemacht *856*. 2 RS Reibschüssel. RS „rätische Reibschüssel".

Raum 1:

Nordost-Ecke, 2,15–2,95 m unter Mauerabbruch: Schüssel *616*. Topf, handgemacht *859*. 4 Ziegelstempel LXXI SCVI, LXXI, XXI, XX.
Verputzfragmente rotbraune Streifen bzw. Dekor auf dunkelbraunem Grund. – Lt. Fundzeichnung: RS TS Drag. 37. 2 Schüsseln *602/604, 659*. Topf, handgemacht *857*.
Hinter Risalit- (d.h. West-)Wand, ganz unten: 7 Ziegelstempel LXXI, LXXI SC, LXXI, CII, XXI S, I, LEG X. Verputzfragmente dunkelrot, dto. neben hellblau, helle Streifen auf dunkelrotem Grund. – Lt. Fundzeichnung: Teller *542?* Schüssel *598*? Teller, handgemacht *789*. Schüssel, handgemacht *807*.

Vorraum östlich Raum 2 (= Rampe zu Raum 1):

2 Ziegelstempel <I, IL. Verputzfragemente weiß, dunkelrot. – Lt. Fundzeichnung: 2 Schüsseln *576, 660*. Topf *684*. Reibschüsseln *880–882*.

Schmaler Innenraum des Haupthauses (= Raum 2):

Bis 1,5 m unter Abbruchkante Westwand: Lt. Fundzeichnung: RS TS Drag. 37. Teller *551?*
1,5–2,5 m unter Mauerabbruchkante: 14 Ziegelstempel IXXI SCV, LX, LXXI, LX, ISC, XI, XI, LXXI S, X, IEG, ICPF, u X, LEC XI, CPF. Verputzfragmente dunkelrot, blau, schwarz, grau, bräunlich. – Lt. Fundzeichnung: RS TS Drag. 37.
Schüssel *628*. 3 Töpfe *708* (?), *718/720, 729*. Schüssel, handgemacht 810. „Rätische Reibschüssel" *895*.
0,3 m starke Schicht über Wackenboden: TS *378*. Krug *933* (AO.: Mus. Lörrach). – Lt. Fundzeichnung: RS TS Drag. 37 und Drag. 18/31. Becher *468*. Teller *556*. 2 Schüsseln *605*. 6 Töpfe *753*. Krug *929*.
Nordwest-Ecke, unter Ziegelschicht XXI: TS *150*.

Abschnitt 3 (= Raum 3 und Rampe zu Raum 4):

Oberflächliche Scheidung: 2 Ziegelstempel LXX, XXI SCV. Verputzfragmente dunkelrot, dto. neben grau, dto. neben gelb und schwarz. – Lt. Fundzeichnung: Becher *468*.
Rampe zu Raum 4, auf Benutzungshöhe: Lt. Fundzeichnung: Schüssel *581?*
Rampe zu Raum 4, Ziegelschicht bis alte Benutzungshöhe: Becher *509*. 10 Ziegelstempel ^{VV}I, LXX, LX, <XI, XI, LXXI, <I, LEG X, X, Lλ. Verputzfragmente dunkelrot, gelblich, rötlich-braun, weiß, oliv-grau, grün. – Lt. Fundzeichnung: RS TS Drag. 37. 2 Becher *481/485, 487*. Teller *544*. 3 Töpfe *717, 721, 724*. Teller, handgemacht *792*. 2 Schüsseln, handgemacht *805, 813*. Eisen *1120a, 1139, 1149, 1151*.
Rampe zu Raum 4, Brandschuttschicht unter der Ziegelschuttschicht:
„Glanztonschüssel" *534*. – Lt. Fundzeichnung: RS TS Drag. 37 (?) und Drag. 32. Becher *469*. 3 Schüsseln *604, 619, 631*. 2 Töpfe *717, 719*. Teller oder Schüssel, handgemacht *794* oder *808*. Krug *929/930*.
Raum 3, unten: TS *142*. 3 Ziegelstempel LX>, SCV, LXX. Lt. Fundzeichnung: RS TS Drag. 37. 2 Teller *544, 561*. *Schüssel 622?* Topf *762/766*.
Raum 4: Ziegelstempel LXXI. Verputzfragmente grau, rote Streifen auf weißem Grund. – Lt. Fundzeichnung: Schüssel/Becken *679/680;* Krug *929*.
Nischenraum (vermutlich = Raum 4), Südost-Ecke auf Benutzungshöhe: Lt. Fundzeichnung: 2 Becher *492, 494*. Eisen *1152, 1158*.
Unter Schrift-Mosaik (= Raum a), direkt unter Mosaik: Lt. Fundzeichnung: BS TS Drag. 31 (Ludowici Sb)?
Unter Estrich des Mosaiks: Lt. Fundzeichnung Amphore *960?*
Von alter Oberfläche: Lt. Fundzeichnung: TS *198–208?*

Raum zwischen Bad und Inschrift-Mosaik (= Raum c), von der römischen Oberflächenschicht, in Höhe der letzten Fundamentschicht der Begrenzungsmauer des Mosaiks, also vielleicht ältere Periode:

Lt. Fundzeichnung: RS TS Drag. 37 und Drag. 32.

Nord-Risalit:

Schlitz längs Nordmauer: Schüssel *644*. Ziegelstempel _XXI. Verputzfragmente hell- bis braun-rot.
Schlitz innen längs Nordmauer: Lt. Fundzeichnung: RS TS Drag. 37. 2 Teller *542, 544*. 2 Schüsseln *644, 649/651*.

Süd-Risalit, Schlitz längs Nordmauer, Schuttschicht 0,3–0,5 m über Bodenhöhe:

Ziegelstempel XI. – Lt. Fundzeichnung: Topf *725*.

Treppenfundament zum Süd-Risalit, Südseite:

Lt. Fundzeichnung: Bearbeiteter Sandstein („Basisprofil").

Vor Südfront bzw. -portal:

Bearbeiteter Sandstein. Lt. Fundzeichnung: Bearbeiteter Sandstein („Basisprofil").

Raum N, oberflächlich:

Auerochsenkopf *995*.

Nordwest-Ecke Binnenraum (Raum M)

Südöstlich Raum K, oberflächlich: Frauenbüste *994*.
Schicht längs Ostmauer Raum 4 außen: Becher *430, 431, 526*. –
Lt. Fundzeichnung: 2 RS TS Drag. 37, RS TS Drag. 18/31? 3 Becher *466, 468, 513*. 5 Teller *554/556* (4 Teller), *565* (?). 2 Schüsseln *575, 591/592*. 2 Töpfe *717–721*. 3 Töpfe, handgemacht *821, 825, 840*.

4. Grabungen 1936–1939

Raum 2 (alles Altbestand Mus. Lörrach):

TS *338*. Becher 498a, 519b, 522a. Töpfe *703, 717, 720, 723a*. Teller, handgemacht *789, 797a*. Schüssel, handgemacht *810d*. Fensterglas *1020*.

Raum 4 (Altbestand Mus. Lörrach):

Blei *1123b*.

Streufunde:

Inv. Nr. Sä 774 (FK Rathaus Rhina): Bearbeiteter Sandstein (8 Brst.), *1199, 1204*. (Relief?) Platte *1216*. Mus. Lörrach: Reibschüsseln *864, 882, 886a*.
„Rätische Reibschüssel“ *914*. Krüge *941, 951*. Schlangentopf *975a*. Hypokaustpfeilerplatten *1231a*, Inv. Nr. Sä *774* (FK Rathaus Rhina).

5. 1949

Streufund im Abraum:

„Waschtisch“ *1211*.

6. Grabung 1970

Raum a:

TS-Imitation *398*.

Raum M:

Südwest-Teil: TS *253*. Schüssel *578*.
Versturz Mauer 8 im Bereich der Hypokaustanlage: Becher *519b*.

Raum K:

TS, nicht genau bestimmbar (vermutlich spätsüdgallisch).

Raum X bzw. XII:

Becher *519b*.

Raum 1:

Fensterglas *1019*.

Raum 2 und 3:

TS *142*. 4 Ziegelstempel, Liste 1, Nr. 78, 79, 129, 168.

Auffüllung Raum 2 und 3:

Becher *519b*. Eisen *1127a, 1137, 1181*.
Mauer 10: Flasche/Tonne *919*.

Raum 4:

Ziegelstempel, Liste 1, Nr. 197.

Entlang Mauer 1, nördlich Raum X (vermutlich = Raum L):

Teller *546*, Töpfe *730b, 731a*. „Rätische Reibschüssel“ *915*. Krug *932*. Eisen *1128*.
Ca. 3 m nördlich der Nordost-Ecke von Raum X: Eisen *1127*.

Südlich an Mauer 5 bzw. 17:

TS *311*. Becher *519b*. Schüssel *598*. Krug *937*.

Suchgraben östlich Mauer 29:

Becher *519b*. Reibschüsseln *865, 883*.

Außenseite der Nordmauer 30:

Becher *519b*. Topf *725b*.

Porticus:

TS *145, 161, 332, 339*. Becher *429c, 440a, 463a.b, 499a, 502a, 519b, 524a*. Teller *556a*. Schüsseln *593, 648*. Topf *768*. Deckel *781a*. Schüsseln, handgemacht *802, 804c, 810, 810c*. Topf, handgemacht *842*. „Rätische Reibschüsseln“ *900a, 915, 918c*. Krüge *930a, 935a, 945, 954a*. Glas *1004, 1007a, 1013a, 1018f*. Eisen *1173, 1174*.
3 Ziegelstempel, Liste 1, Nr. 133, 146, 147.
Südteil, nahe Oberfläche:
Becher *519b*, Krug *938*.

Nord-Risalit:

TS *112, 143, 146, 166, 168, 332, 373*. TS-Imitation *413*. Becher *425, 440, 440a, 441, 442, 463b, 466, 482a, 485, 485c, 489, 497, 502a, 518a, 519b, 523, 529*. Teller *538, 539, 540a, 541a, 544a, 546a, 548, 548a.b.d, 556a*. Schüsseln *532, 593, 622, 623, 634, 644, 646, 647*. Töpfe *719, 722, 722a, 723a.b, 728a, 760, 775, 776*. Deckel *784, 787*. Schüsseln, handgemacht *803c, 804e, 807c, 810e, 812d, 816f, 816h*. Reibschüsseln *869, 873, 874, 875, 876, 876a, 886b*. „Rätische Reibschüsseln“ *891, 896, 899, 900, 913, 917, 918b*. Flasche/Tonne *920, 923*. Krüge *931a, 934, 935, 939a, 947, 947a, 949a, 950c, 954a*. Räucherkelch *976*. Terrakotta *989a*. Glas *1002a, 1018c, 1018f*. Eisen *1178a*. 3 Ziegelstempel, Liste 1, Nr. 36, 130, 131.
Graben entlang Nordseite Mauer 30: Topf *728a*. Ziegelstempel s. Liste 1, Nr. 132.
Graben entlang Südseite Mauer 30: Becher *519b*. Teller *548b*. Reibschüssel *874*. „Rätische Reibschüssel“ *891*. Krug *954a*. Ziegelstempel, Liste 1, Nr. 145.
Suchgräben entlang Mauern 30, 33, 28: TS *118, 360*. TS-Imitation *394*. Becher *438a, 440a, 453a, 463b, 469, 470, 473, 482a, 483, 484, 518a, 519b, 529*. Teller 548d. Topf *722, 722a*. Schüsseln handgemacht *807b, 810b*. Reibschüsseln 869, *869a, 879, 880a, 886c*.
„Rätische Reibschüssel“ *917* (?).

Nord-Risalit, 0,55 m nach Osten, vermutlich zwischen oberem und unterem Estrich:

Fibel *1023a*.

Süd-Risalit:

Becher *519b*.
Graben entlang Mauer 28: Reibschüssel *863*.

Aushub südlich des Süd-Risaliten:

TS-Imitation *396;* Becher *433*.

Pflasterung (= Raum N):

Becher *417, 437a*. Topf *730b*. Bronze *1099, 1107*. Eisen *1174a, 1180*.
Westlicher (zerstörter) Teil: Schüssel *621*.

An Südwest-Ecke der neuzeitlichen Rekonstruktion:

Becher *519b*. Topf *759b*. „Rätische Reibschüssel“ *918d*.

7. Grabung 1971

Westliche Porticus:

TS *161*.
Aushubhaufen hinter West-Porticus, einiges aus original römischer Schuttschicht unter Aushub?: TS *152, 339*. Becher *484a, 500, 501, 519b*. Schüssel *597a*. Töpfe *727, 759b*. Teller, handgemacht *795*. Reibschüssel *874a*. Krüge *938b, 953c*. Glas *1014*. Eisen *1169, 1178, 1179*. 4 Ziegelstempel, Liste 1, Nr. *37, 38, 80, 176*. Eisen (Neuzeit) *1307*.

Nord-Risalit, römische Fußbodenaufschüttung zwischen unterem und oberem Estrich:

Ziegelstempel, Liste 1, Nr. 134.

Süd-Risalit, Schuttschicht im unteren Teil der Füllung:

Becher *519b*. Schüssel *658*. Schüssel, handgemacht *803b*. „Rätische Reibschüssel" *908*. Glas *1018c*.

Nördlich der Anlage bzw. Streufund:

TS *114*, Standring Drag. *32?*. Becher *435a*.

Katalog

Vorbemerkungen zum Katalog

Der Katalog umfaßt alle heute vorhandenen Funde. Überwiegend befinden sich diese im Hochrhein-Museum Bad Säckingen; nur die wenigen sonstigen Aufbewahrungsorte sind jeweils bei den Fundstücken vermerkt. Soweit bekannt, ist Fundstelle und -jahr angegeben, bei den heute wenigen, gesichert als stratifiziert ansprechbaren Funden findet sich zudem der Verweis auf die entsprechenden Schichten in den Abbildungen im Text S. 21ff. bzw. der Beilage 1.
Aufgrund dieser Umstände war es am sinnvollsten, das Material (von Kat.-Nr. 1 bis 1313) fortlaufend numeriert zu gliedern (zu den Kriterien der Gliederung vgl. S. 65f.). Die Katalog-Nummern entsprechen den Nummern der Zeichnungen bzw. Photos auf den Tafeln; weniger prägnante, dort nicht abgebildete Fundstücke sind durch Hinzufügung von Kleinbuchstaben und einem Stern * im Katalog gekennzeichnet und dort aufgrund von Analogien hinsichtlich Form, Material o. ä. den abgebildeten Funden nachgeordnet.
Bei manchen Fundstücken sind Inventar-Nummern vermerkt, ohne daß gegenwärtig daraus irgendwelche Erkenntnisse zu gewinnen wären, um so im Rahmen dieser Arbeit durch umfassende Dokumentation eine Grundlage für eventuelle neue Gesichtspunkte in der Zukunft zu bieten. Findet sich im Katalog der Zusatz „FK Rathaus Rhina“, handelt es sich um Fundmaterial, das erst im Zuge der vorliegenden Bearbeitung (wieder)entdeckt werden konnte. (Hierzu und zur Vorbemerkung auch S. 11ff.).
Zeichnungen, Photographien und Montage der Tafeln durch den Verfasser. Ausnahmen: Kat.-Nr. 958 nach Vorlage LDA Freiburg. – Kat.-Nr. 947.989.994: E.-M. Poppe-Ludwig (Münster). – Kat.-Nr. 995.1210: nach E. Samesreuther (Grabungsdokumentation LDA Freiburg).

Abkürzungen bei den Tafelbeschreibungen, soweit sie nicht im Literaturverzeichnis angegeben sind:

1. Formen

Chenet	G. Chenet, La céramique gallo-romaine d'Argonne du IVe siècle. Fouilles et documents d'archéologie antique en France 1 (Mâcon 1941).
Curle	Curle, Newstead
Déchelette	Déchelette, Vases
Drack	Drack, TS-Imitation
Drag.	H. Dragendorff, Bonner Jahrb. 96–97, 1895, 18ff.
Dressel	H. Dressel, CIL XV Taf. 2.
Ettlinger	Ettlinger, Fibeln
Haltern	Loeschcke, Haltern
Hayes	Hayes, LRP
Hofheim	Ritterling, Hofheim
Isings	Isings, Roman Glass
Loeschcke	Loeschcke, Lampen
Ludowici	W. Ludowici, Katalog V, Stempel-Namen und Bilder römischer Töpfer, Legionsziegelstempel, Formen und Sigillata- und anderen Gefäßen aus meinen Ausgrabungen in Rheinzabern 1901–1914 (Rheinzabern 1927).
Niederbieber	Oelmann, Niederbieber
Riha	Riha, Fibeln Augst
Rödgen	Schönberger, Rödgen

2. Varia

AO.	Aufbewahrungsort
Brst.	Bruchstück
BS	Bodenscherbe
Dm.	innerer Randdurchmesser, sofern nichts anderes vermerkt
FK	Fundkomplex
Fst.	Fundstelle
Kat.-Nr.	Katalog-Nummer
LDA	Landesdenkmalamt Baden-Württemberg
Mus.	Museum
Obfl.	Oberfläche
OZ	Oberzone

RS	Randscherbe
Slg.	Sammlung
TN	Terra Nigra (zur Definition S. 65f. mit Anm. 8).
TS	Terra Sigillata
Üb.	Überzug
UZ	Unterzone
WS	Wandscherbe
ähnl.	ähnlich
lt.	laut
vermutl.	vermutlich
verschied.	verschiedene

Gliederung des Kataloges

Tafel 1

Reliefverzierte Terra Sigillata

1. WS TS Arretina. Ton hellocker-creme, hart; Üb. bräunlich-rot, matt glänzend, sekundär verbrannt. – Geflügelte Frau mit Haarknoten nach links, Kithara spielend, alles in hohem Relief; ähnl. F. P. PORTEN PALANGE, La ceramica arretina a rilievo nell' Antiquarium del Museo Nazionale di Roma (Milano 1966) Taf. 2, 6 (dort Formschüssel). Vgl. auch H. DRAGENDORFF u. C. WATZINGER, Arretinische Reliefkeramik (Reutlingen 1948) 65ff. (V, 1.3.). – Arretinisch, augusteisch-frühtiberisch, Perenniuskreis? – Inv. Nr. Sä 552.

2. WS Drag. 29. Ton lachs-rosa, weiße Einsprengsel, hart; Üb. rot-bräunlich, matt. – OZ: Blatt wie KNORR 1919, Taf. 1, C; geriefter Bauchwulst zwischen zwei Perlreihen. UZ: Gefiedertes, mittelgeriefte Blatt wie MARY, Neuss Taf. 3,21. – Südgallisch, tiberisch-claudisch. – Inv. Nr. Sä 525.

3. WS Drag. 29. Ton orange-rosa, weiße Einsprengsel, hart; Üb. rotbräunlich, matt. – Unter Perlstab Fries aus Doppelblatt und Punkt wie KNORR 1919, Textbild 6 (ALBINI). – Südgallisch, tiberisch-claudisch. – Inv. Nr. Sä 657.

4. WS Drag. 29. Ton rosa, weiße Einsprengsel, sehr hart; Üb. mittelrot bis leicht orange, schwach glänzend. – Unter Bauchwulst und Perlreihe UZ: Fries aus 5teiligen Blattschuppen (kopfstehender Eierstab) wie OSWALD, Margidunum Taf. 1,3; VANDERHOEVEN, Asciburgium 5, Nr. 64. – Südgallisch, tiberisch-claudisch.

5. WS Drag. 29. Ton rosa-orange, hart; Üb. mittelrot bis leicht bräunlich, schwach glänzend. – Unter Perlstab Fries aus 6(?)teiliger Blütenstaude und schmalem gefiederten Blatt wie MARY, Neuss Taf. 7,16; KNORR 1952, Taf. 44 (Relief sehr flau). – Südgallisch, (tiberisch)-claudisch.

6. WS Drag. 29. Ton lachs-rosa, weiße Einsprengsel, hart; Üb. mittelrot-orange, leicht glänzend. – Blüte aus zwei Blättern und Fruchtkolben wie KNORR 1919, Taf. 80,1 (VAPUSO); daneben wohl Rankenwelle und tordierter Fruchtkolben oder gefiedertes Blatt. – Südgallisch, tiberisch-claudisch. – Inv. Nr. Sä 657.

7. RS, WS. Drag. 29. Ton lachs, vereinzelt weiße Einsprengsel, hart; Üb. rötlich-braun, matt. – OZ: Unter kräftigem Perlstab herzförmiges Blatt (vermutl. an Rankenwelle) ähnl. KNORR 1919, Taf. 45,25; 46, D (LICINVS); dazwischen kleine Blüte vielleicht wie KNORR 1919, Taf. 45, A.- Südgallisch, claudisch. – Inv. Nr. Sä 525.

8. RS Drag. 29, Dm. ca. 19 cm. Ton lachs-orange, weiße Einsprengsel, sehr hart; Üb. hell- bis mittelrot, glänzend. – OZ: Rankenwelle mit unterer Füllung aus Grasbüscheln und oberer Füllung aus langgestrecktem, gefiederten Blatt mit Mittelgrat, alles wie KNORR 1919, Taf. 92, G. – Südgallisch, claudisch. – Inv. Nr. Sä 551.

9. WS Drag. 29. Ton rosa-orange, mäßig hart; Üb. bräunlich-rot, matt. – Zwischen zwei Perlreihen Bauchwulst. UZ:

3facher Stengelknoten mit zwei Knotenblättchen wie Knorr 1919, Taf. 40,19; insgesamt wohl wie Knorr 1919, Taf. 40, C. – Südgallisch, claudisch. – Inv. Nr. Sä 657.
10. 11 WS/1 RS Drag. 29. Ton lachs-orange, weiße Einsprengsel, sehr hart; Üb. mittelrot bis leicht orange, leicht glänzend. – OZ: Rankenwelle mit 4(?)teiligen Stengelknoten und einem Knotenblättchen, als Füllung je ein eingerollter Trieb mit 2teiligem Kreis und ein Trieb mit tordiertem Fruchtkolben, alles wie Knorr 1919, Taf. 20, E (CARVS FE); zwischen zwei Perlreihen Bauchwulst. UZ: Wellenranke aus Blättchen mit 5teiligem Astragal und U-förmigem Knotenblatt wie Knorr 1919, Taf. 31, E (DARIBITVS); obere Füllung aus großen, lappigen Blättern mit Mittelgrat ähnl. Hermet, La Graufesenque Taf. 7, 53 und tordiertem Fruchtkolben, untere Füllung aus mehrteiligem Stiel mit Voluten, aus denen tordierte Fruchtkolben wie Knorr 1919, Taf. 32 (DARRA FE) und gestielte Blätter mit Innenzeichnung wie Knorr 1919, Taf. 32, 12 herabhängen. – Südgallisch, claudisch. – Inv. Nr. Sä 551.
11. WS Drag. 29. Ton lachs-rosa, weiße Einsprengsel, hart; Üb. bräunlich-rot, leicht glänzend, rissig. – Unter gerieftem Randwulst Perlstab. – Südgallisch.
12. WS Drag. 29. Ton lachs-rosa, hart; Üb. mittelrot-bräunlich, leicht glänzend. – Radiales Stabwerk. – Südgallisch, 2. Drittel 1. Jh. – Inv. Nr. Sä 551.
13. WS Drag. 29, ähnl. Kat.-Nr. 12. – Inv. Nr. Sä 525.
14. WS Drag. 29, ähnl. Kat.-Nr. 12.
15. RS Drag. 29. Ton lachs-orange, weiße Einsprengsel, hart; Üb. orangerot-bräunlich, leicht glänzend. – Unter doppeltem gerieften Bauchwulst Perlstab? – Südgallisch.
16. RS Drag. 29, Dm. ca. 21 cm. Ton rosa-orange, weiße Einsprengsel, mäßig hart; Üb. orangerot-bräunlich, leicht glänzend. – Unter gerieftem, doppelten Randwulst Perlstab? – Südgallisch.
17. RS Drag. 29, Dm. ca. 21 cm. Ton lachs, weiße Einsprengsel, hart; Üb. orangerot-bräunlich, glänzend, leicht rissig. – Unter fein gerieftem 1teiligem Rand undeutbarer winziger Motivrest – Südgallisch.
18. BS Drag. 29, Standringdm. 6,5 cm. Ton lachs-orange, vereinzelt weiße Einsprengsel, klingend hart; Üb. hell- bis mittelrot, leicht schimmernd. – Radiales Stabwerk; innen Bodenstempel OFIC [ ] (Tabelle 11, Nr. 15). Bodenunterseite viele feine Drehrillen. – Südgallisch, 2. Drittel 1. Jh. – Inv. Nr. Sä 551 (Rhina 1931).
19. WS Drag. 29. Ton rosa-orange, weiße Einsprengsel, hart; Üb. bräunlich-rot, matt. – Zwei parallele gewundene Kränze bzw. Halbbögen, innen wie Knorr 1919, Taf. 8,18, außen wie Knorr 1919, Taf. 8, B.E; rechts gestielter tordierter Fruchtkolben wie Knorr 1919, Taf. 8,29 u. H. – Südgallisch, claudisch, Art des Aquitanus(?).
20. WS Drag. 29. Ton lachs-orange, vereinzelt weiße Einsprengsel, hart; Üb. mittelrot-bräunlich, leicht glänzend, rissig. – Wohl Rankenwelle mit gratigen Blättern wie Knorr 1919, Taf. 6,2. – Südgallisch, claudisch-neronisch. – Inv. Nr. Sä 525.
21. WS Drag. 29. Ton lachs-orange, vereinzelt weiße Einsprengsel, mäßig hart; Üb. orangerot-bräunlich, leicht glänzend. – Von mehrteiliger Rosette ausgehender Doppel- und Einzeltrieb sowie Zickzackstab wie Mary, Neuss Taf. 16,2; links tordierter Fruchtkolben, rechts Oberkörper einer Frau n.l., die ihren Kopf auf die Hand stützt, alles wie Knorr 1952, Taf. 69, B. – Südgallisch, claudisch-neronisch. – Inv. Nr. Sä 657.
22. WS Drag. 29. Ton lachs-orange, weiße Einsprengsel, hart; Üb. rot-bräunlich, matt. – UZ: Gefiedertes, schmales Blatt ähnl. Knorr 1919, Textbild 7 (genaue Zuweisung fraglich), links wohl Rankenwelle. – Südgallisch. – Inv. Nr. Sä 525.
23. 2 WS Drag. 29. Ton lachs-rot, vereinzelt weiße Einsprengsel, sehr hart; Üb. rot-bräunlich, schwach glänzend. – OZ: Unter Perlstab Rankenwelle mit Füllung aus gefiederten Blättern wie Knorr 1919, Taf. 92, G; 29,4. A (OF CRESTI); zwischen Blättern 3teiliges Kreismotiv wie Knorr 1919, Taf. 27,18; zwischen zwei Perlstäben Bauchwulst. UZ: Wellenranke mit Füllung aus großen (oben) und kleineren (unten) herzförmigen Blättern ähnl. Knorr 1952, Taf. 35, A.B; als untere Füllung noch Rosette aus sieben Punkten an freigezogenen Trieben wie Knorr 1919, Taf. 21,4; 70,28. – Südgallisch, claudisch-neronisch. – Inv. Nr. Sä 551.
24. RS Drag. 29, Dm. ca. 20 cm. Ton orange-rosa, hart; Üb. bräunlich-rot, matt. – OZ: Unter schlecht gepunztem Perlstab Rankenwelle, an eingerolltem Trieb 5blättrige Rosette wie Knorr 1952, Taf. 26, A; 36, D; in oberer Füllung Trieb mit 4fachem Stengelknoten und Knotenblättchen ähnl. Knorr 1952, Taf. 33, F; Knorr 1919, Taf. 75,32. – Südgallisch. – Inv. Nr. Sä 551.
25. WS Drag. 29. Ton lachs-rosa, hart; Üb. bräunlich-rot, leicht glänzend. – OZ: Unter Perlstab tordierter Kranz mit mehrstrahligen Rosetten ähnl. Knorr 1952, Taf. 34, A; 79, B; darin kauernder Hund n.r. wie Oswald, Figure types 1963; daneben wohl Blatt und Zickzacklinie. – Südgallisch. – Inv. Nr. Sä 551.

Tafel 2

Reliefverzierte Terra Sigillata

26. WS Drag. 29. Ton rosa-lachs, weich; Üb. rot-bräunlich, glänzend, bestoßen. – OZ: Unter verprägtem Perlstab Rankenwelle, obere Füllung aus eingerolltem Trieb mit 11(?)strahliger Rosette wie Mary, Neuss Taf. 13,22 und Trieb mit 3teiligem Blatt wie Mary, Neuss Taf. 12,14; 13,22; untere Füllung aus Grasbüscheln wie Mary, Neuss Taf. 15,1. – Südgallisch, claudisch-neronisch. – Inv. Nr. Sä 525.
27. WS Drag. 29. Ton lachs-orange, weiße Einsprengsel, hart; Üb. rot-orange, glänzend. – OZ: Rankenwelle, zwischen zwei Perlreihen Bauchwulst. UZ: Schwach gepunzter Blattfries ähnl. Mary, Neuss Taf. 15,1; Vanderhoeven, Asciburgium 6, Nr. 327. – Südgallisch. – Inv. Nr. Sä 657.
28. WS Drag. 29. Ton lachs-rot, hart; Üb. rot-orange, leicht glänzend, zum Teil rissig. – Unter Perlstab Rankenwelle mit 3(?)teiligem Stengelknoten und zwei Knotenblättern wie Mary, Neuss Taf. 3,21; an eingerolltem Trieb 9endige Rosette wie z. B. Knorr 1919, Taf. 19,4. – Südgallisch. – Inv. Nr. Sä 657.
29. WS Drag. 29. Ton lachs-orange, weiße Einsprengsel, hart; Üb. kirschrot, glänzend. – OZ: Unter schlecht gepunztem Perlstab Rankenwelle mit mind. 7teiligem tordiertem Fruchtkolben wie z. B. Mary, Neuss Taf. 8,2. – Südgallisch.
30. WS Drag. 29. Ton rosa-orange, hart; Üb. orangerot-bräunlich, schwach glänzend. – Unter Bauchwulst und Perlstab UZ aus Rankenwelle, an einem Trieb herzförmiges Blatt wie Knorr 1919, Taf. 1, B. – Südgallisch. – Inv. Nr. Sä 657.
31. WS wohl Drag. 29. Ton lachs-orange, weiße Einsprengsel, sehr hart; Üb. mittelrot, leicht glänzend, z. T. rissig. –

Unter Perlstab Fries aus Grasbüchseln und Zickzacklinie, insgesamt ähnl. KNORR 1919, Taf. 93, C. – Südgallisch.
32. 2 WS/5 RS Drag. 29, Dm. 20,7 cm, H. 9,1 cm, Gefäß modern ergänzt. Ton lachs-orange, klingend hart (?); Üb. orange-rot, matt, z. T. punktförmig abgeplatzt. – OZ: Unter Perlstab alternierend Metopen aus Grasbüscheln sowie Hund und Hase n.r. mit kleeblattartiger Kreuzblüte, Metopen durch senkrechte Reihen von Rechtecken abgetrennt, alles wie Forschungen Augst 1, Taf. 60,36.38 (Art des Murranus); zwischen zwei Perlreihen Bauchwulst. UZ: Radiales Stabwerk wie KNORR 1919, Taf. 47, G; 72, I. – Südgallisch, neronisch. – Inv. Nr. Sä 657.
33. WS Drag. 29. Ton lachs-rosa, weiße Einsprengsel, sehr hart; Üb. mittelrot, gut glänzend. – OZ: Unter verprägtem Perlstab Wellenranke mit aufgesetztem 5fachen Astragal wie MARY, Neuss Taf. 8,13; untere Füllung aus 8endigen Rosetten wie KNORR, Aislingen Taf. 17,2; obere Füllung aus 3teiligen Blättern und eingerolltem Trieb (?) wie MARY, Neuss Taf. 8,13(?). – Südgallisch. – Inv. Nr. Sä 525.
34. WS Drag. 29. Ton lachs-rosa, weiße Einsprengsel, hart; Üb. bräunlich-rot, leicht schimmernd, etwas rissig. – OZ: Unter verprägtem Perlstab umlaufender Blütenkranz nach links ähnl. KNORR 1919, Taf. 9, G; 13, C.E.; als Füllsel 2teilige Kreismotive wie KNORR 1919, Taf. 8,31;13,14; Bauchwulst zwischen zwei Perlstäben. – Südgallisch, neronisch. – Inv. Nr. Sä 525.
35. WS Drag. 29. Ton orange(!), weiße Einsprengsel, sehr hart; Üb. bräunlich-rot, matt schimmernd. – OZ: Unter Perlstab Rankenwelle, an Trieb tordierter Fruchtkolben oder Blüte, als Füllsel 3teiliges Kreismotiv, alles wie KNORR 1919, Taf. 40,A u. 14;41,F (OFFIC INGEN). – Südgallisch, neronisch, Art des Ingenuus. – Inv. Nr. Sä 525.
36. WS Drag. 29. Ton rosa-orange, weiße Einsprengsel, sehr hart; Üb. rot-orange, glänzend, leicht rissig. – OZ: Wellenranke und mehrteiliges hängendes Blatt?; zwischen zwei Perlreihen Bauchwulst; UZ: Vermutl. radiales Stabwerk; zur Komposition vgl. z. B. KNORR 1952, Taf. 8,1; 62, B. – Südgallisch. – Inv. Nr. Sä 551.
37. WS Drag. 29. Ton lachs-rot, hart; Üb. kirschrot bis leicht bräunlich, leicht glänzend. – OZ: Unter Perlstab verdrückte Rankenwelle, an eingerolltem Trieb mehrteilige Rosette. – Südgallisch.
38. WS Drag. 29. Ton lachs-orange, weiße Einsprengsel, hart; Üb. mittelrot, leicht glänzend. – Unter Perlstab Rankenwelle mit mehrteiligem Blatt vermutl. wie KNORR 1919, Textbild 12, oben links. – Südgallisch.
39. WS Drag. 29. Ton rosa-orange, sehr hart; Üb. kirschrot, glänzend. – UZ: Andreaskreuz aus Zickzacklinien mit Eckrosetten, darin rechts und links je ein tordierter Fruchtkolben, unten eine 3teilige Blüte; neben Kreuz vermutl. Medaillon aus Doppelkreis, alles ähnl. KNORR 1952, Taf. 23, A; 49, D. – Südgallisch, neronisch. – Inv. Nr. Sä 525.
40. WS Drag. 29. Ton orange-rosa, weiße Einsprengsel, sehr hart; Üb. rot-orange, leicht glänzend. – OZ: Rankenwelle, deren obere Füllung aus gestieltem herzförmigen Blatt und eingerolltem Trieb mit 6endigem Sternchen besteht, wie KNORR, Aislingen Taf. 5,8; KNORR 1952, Taf. 51,B; untere Füllung entweder verdrücktes Pfeilspitzmotiv wie z. B. KNORR 1919, Taf. 22, C (OF CENS) oder über demselben Motiv Tier n. r. (Eber?) wie z. B. KNORR 1919, Taf. 83,5 (seitenverkehrt); Bauchwulst zwischen zwei Perlreihen. UZ: Fries aus S-förmigem Stabwerk wie z. B. KNORR 1919, Taf. 84,F (OF VITA). Insgesamt nachlässig gearbeitet. – Südgallisch, neronisch-frühvespasianisch.
41. RS Drag. 29. Ton lachs-rosa, sehr hart; Üb. rot-orange, glänzend. – OZ: Unter Perlstab (?) Metopen, durch senkrechte Zickzacklinien getrennt, darin Vogel n.r. wie OSWALD, Figure types 2220. – Südgallisch, neronisch-vespasianisch.
42. WS Drag. 29. Ton rosa-orange, vereinzelt weiße Einsprengsel, hart; Üb. mittelrot-bräunlich, matt. – OZ: An schlecht gepunztem Astragal hängende mehrteilige Halbkreisbögen n.r.u.l., in der Mitte an gedrungener Wellenlinie hängende Quaste (Blatt), insgesamt ähnl. KNORR 1952, Taf. 40,B (MEDILLVS). – Südgallisch. – Inv. Nr. Sä 657.
43. WS Drag. 29. Ton rosa-orange, weiße Einsprengsel, sehr hart; Üb. rot-orange, leicht glänzend. – OZ: Unter Perlstab an Leiste 3facher hängender Bogen wie KNORR 1919, Taf. 69,B; an weiterem Trieb schräggestelltes Dreieckblatt mit Schlaufe wie z. B. KNORR 1919, Taf. 43,13; vgl. insgesamt KNORR 1919, Taf. 24, B. Bauchwulst zwischen zwei Perlreihen. – Südgallisch, neronisch-vespasianisch. – Inv. Nr. Sä 525.
44. 2 WS Drag. 29. Ton orange-rosa, hart; Üb. rot-orange, leicht glänzend. – OZ: Unter verdrücktem Perlstab Felderaufteilung durch schräggestellte Zickzacklinien, Füllung durch Pfeilspitzmotiv wie KNORR 1919, Taf. 64, F (OF PASSENI); Textbild 44; Bauchwulst zwischen zwei Perlreihen. UZ: Umlaufender Kranz aus lappigen, 5endigen Blättern mit Innenzeichnung (sehr flau) ähnl. MARY, Neuss Taf. 15,1; KNORR 1919, Taf. 64,F. – Südgallisch, vespasianisch. – Inv. Nr. Sä 525. Sä 657.
45. WS Drag. 29. Ton lachs-orange, weiße Einsprengsel, sehr hart; Üb. orange- rot, leicht glänzend. – Links wohl Blatt, sonst wie Kat.-Nr. 44. – Südgallisch. – Inv. Nr. Sä 657.
46. WS Drag. 29. Ton lachs-bräunlich, weiße Einsprengsel (z. T. glimmerähnlich), hart; Üb. kirschrot-orange, glänzend, rissig. – OZ: Unter verdrücktem Perlstab an Querbalken eingerollte Halbkreisbögen und hängende Zickzacklinie ähnl. MARY, Neuss Taf. 21,3. – Südgallisch. – Inv. Nr. Sä 525.
47. WS Drag. 29. Ton lachs-rosa, weiße Einsprengsel, hart; Üb. mittelrot, glänzend. – UZ: Lanzettblatt mit Mittelgrat und zwei tordierte Fruchtkolben wie z. B. KNORR 1919, Textbild 12 Taf. 16,10 (CALVS F); daneben Rankenwelle (?). – Südgallisch.
48. WS Drag. 29. Ton rosa-orange, sehr hart; Üb. rot-orange, glänzend. – OZ: unter Perlstab Rankenwelle. – Südgallisch.
49. RS Drag. 29. Ton lachs-rot, weiße Einsprengsel, klingend hart; Üb. kirschrot-orange, gut glänzend. – OZ: Unter Perlstab springender Hund (Hase) n.r. wie KNORR 1919, Textbild 12 (M Crestio, Crucuro etc.). – Südgallisch. – Inv. Nr. Sä 551.
50. RS Drag. 29. Ton lachs-rosa, weiße Einsprengsel, klingend hart; Üb. mittelrot-bräunlich, matt schimmernd. – OZ: Unter verdrücktem Perlstab Metopen, getrennt durch senkrechte Zickzacklinie und 5endige Rosetten wie KNORR 1919, Taf. 23,B; 23,24; rechte Metope gefüllt mit springendem Hund n.r. wie KNORR 1919, Taf. 96,6; linke Metope mit liegenden Dreiecken wie KNORR 1952, Taf. 40,B (MEDILLUS); darunter Perlstab und Bauchwulst. – Südgallisch. – Inv. Nr. Sä 551.
51. WS Drag. 29. Ton orange-rosa, sehr hart; Üb. dunkelorange, gut glänzend. – OZ: Unter verdrücktem Perlstab mehrteiliger Busch wie KNORR, Rottweil 1912, Taf. 7,2; KNORR, Rottweil 1907, Taf. 15,11; Bauchwulst zwischen zwei Perlstäben. UZ: In Kreis (Ranke?) zurückschauender Vogel n.l. wie KNORR 1919, Taf. 62,8 (OF PASSENI). –

Südgallisch, spätvespasianisch-domitianisch, Art des Passienus. – Inv. Nr. Sä 551.
52. WS Drag. 29. Ton lachs, sehr hart; Üb. rot-orange, hochglänzend. – OZ: Unter Perlstab Rankenwelle. – Südgallisch.

Tafel 3

Reliefverzierte Terra Sigillata

53. RS Drag. 29. Ton lachs-orange, sehr hart; Üb. orangerot, stark glänzend. – Unter doppeltem geriefteni Randwulst verdrückter Perlstab und Motivrest (OZ). – Südgallisch.
53 a*. 7 RS Drag. 29 mit unterschiedlicher Riefelung, davon zwei mit hochglänzendem Üb. – Südgallisch.
53 b*. 3 Standringe Drag. 29 (innen feiner Ansatz), davon einer verbrannt. – Südgallisch. – Inv. Nr. Sä 525.
54. WS Drag. 30. Ton orange-lachs, hart; Üb. mittelrot bis bräunlich, matt. – 9endige Rosette mit Mittelkreis wie Knorr 1919, Taf. 20,F (CARVS FE); 40,D; daneben Spitze eines Blattes (?), darunter verprägter Perlstab. – Südgallisch. – Inv. Nr. Sä 525.
55. BS Drag. 30. Ton lachs-orange, mäßig hart; Üb. mittelrot-orange, matt. – 3teilige Pfeilspitzmotive mit Knubben wie Knorr 1952, Taf. 48,G (OF PASSEN). – Südgallisch, claudisch-neronisch, wohl Art des Passienus. – Inv. Nr. Sä 551.
56. BS Drag. 30. Ton rosa, weiße Einsprengsel, sehr hart; Üb. mittelrot, matt glänzend. – Andreaskreuz aus Perlstäben mit Eckrosetten, untere Füllung stilisierte Blüte wie Knorr 1952, Taf. 18,E (OF CRESTIO); Urner-Astholz, Schleitheim Taf. 62,9.10; linke Füllung Trieb (?). – Südgallisch, neronisch, Art (der Of) Crestio. – Inv. Nr. Sä 551.
57. BS Drag. 30, Gefäß modern ergänzt. Erhaltene H. 8,4 cm, Dm. ca. 14,5 cm. Ton?, hart; Üb. mittelrot, matt, stellenweise weiße Einsprengsel. – Eierstab aus 3teiligen Eiern und links angelehnten Stäbchen mit 7(8?)endiger Rosette wie Knorr 1919, Textbild 30; Taf. 95,D; Wellenranke mit aufgesetztem 3teiligem Stempelknoten und zwei Knotenblättchen; obere Füllung gestieltes 9teiliges Blatt, mehrteiliger gestielter Blütenstempel und gestieltes gefiedertes Lanzettblatt (?), alles wie Knorr 1952, Taf. 44,C (OF MVRRANI). Untere Füllung baumartiges Motiv aus verdicktem tordierten Unterteil, mehrendiger Rosette, tordiertem Stamm, aus dem eingerollte Triebe mit 11(12?)endigen Rosetten erwachsen, ähnlich Hermet, La Graufesenque Taf. 72,9; darüber 7teiliges Palmettenblatt mit Randkennzeichnung wie Knorr 1919, Taf. 90,E; aus tordiertem Unterteil zwei Triebe mit 8teiligen Blättern wie Hermet, La Graufesenque Taf. 7,12; des weiteren 9endige Rosetten und 4teilige kleeblattartige Blüte wie Knorr 1952, Taf. 44,C (OF MVRRANI) und Vogel nach links ähnl. Knorr 1919, Taf. 45,19; darunter Perlstab. Vgl. insgesamt auch Ritterling, Hofheim Taf. 26,2.3. – Südgallisch, vespasianisch. – Inv. Nr. Sä 694.
58. BS Drag. 30. Ton rosa-orange, hart; Üb. mittelrot-orange, matt. – Vermutl. Blatt. – Südgallisch. – Inv. Nr. (1002).
59. BS Drag. 30. Ton rosa-orange, sehr hart; Üb. mittelrot, matt glänzend. – Feldereinteilung durch Zickzacklinie (?) und Rosetten. Linkes Feld Eidechse n.l., darüber Fuß n.l., alles wie Mary, Neuss Taf. 20,22; Hermet, La Graufesenque Taf. 85,1. Im rechten Feld ineinandergesteckte 3blütige Blätter vermutl. wie Mary, Neuss Taf. 23,23 (grobe, stark verprägte Arbeit). – Südgallisch, vespasianisch. – Inv. Nr. Sä 657 (1001).
60. WS Drag. 30 (Knorr 78?). Ton lachs-rosa, weiße Einsprengsel, sehr hart; Üb. mittelrot, hochglänzend. – Andreaskreuz aus Zickzacklinie mit Eckrosette, aus der gestieltes Herzblatt entspringt, im Kreuz gestielte Blüte mit zwei schmalen Seitenblättern, alles wie Knorr 1919, Taf. 87,F; daneben in Medaillon vermutl. Tiergruppe (Löwe schlägt Gazelle) nach rechts ähnl. Knorr 1919, Taf. 5 (Albini); Taf. 52 (Masclus 2). – Südgallisch, vespasianisch. – Inv. Nr. Sä 551.
61. WS Drag. 30 (Knorr 78?). Ton lachs-rot, sehr hart; Üb. mittelrot, glänzend. – Wohl durch tordierte Stäbe getrennte Feldereinteilung; darin gestreckte Vögel n.r.u.l. wie Knorr 1919, Textbild 13, Mitte; dazwischen auf Querstab 3teilige Blüte wie Knorr 1919, Textbild 12, oben und eingerollte Triebe mit Rosetten. – Südgallisch, vespasianisch. – Inv. Nr. Sä 525.
62. WS Drag. 30 (Knorr 78?). Ton rosa-beige, weiße Einsprengsel, sehr hart; Üb. mittelrot bis orange, matt glänzend. – Oben vermutlich Reihe von Rosetten, darunter Feldereinteilung durch Stäbe und Eckrosetten, darin Löwe (?) n.r. wie Knorr 1919, Textbild 13, oben links (sehr schlechte Qualität!). – Südgallisch. – Inv. Nr. Sä 657 (R 1126).
63. WS Drag. 30. Ton lachs-orange, hart; Üb. mittelrot bis schwach bräunlich, matt glänzend. – Eierstab aus 3teiligen Eiern und mittigen Stäbchen mit 3zipfligem Ende (alles verkippt) wie z. B. Knorr 1919, Taf. 29,17 (CRVCVRO); darunter Wellenlinie, unten Gladiator n.r. vermutl. wie Knorr 1919, Taf. 27,A (OF CRESTIO). – Südgallisch. – Inv. Nr. Sä 657 (R 1092).
64. WS Drag. 30 (Knorr 78?). Ton lachs, weiße Einsprengsel, sehr hart; Üb. mittelrot-bräunlich, matt glänzend. – Wohl Feldereinteilung (stark verprägt, schlechte Qualität). – Südgallisch. – Inv. Nr. Sä 525.
65. WS Drag. 30. Ton orange-rosa, weiße Einsprengsel, hart; Üb. orange-rot, leicht glänzend. – Verdrückter Eierstab aus 3teiligen Eiern und links angelehnten Stäbchen mit Rosette (alles stark verkippt), ähnl. z. B. Knorr 1919, Taf. 17, oben; 65 (Paulli 9). – Südgallisch. – Inv. Nr. Sä 657 (R 1096).
66. WS vermutl. Drag. 30. Ton orange-ocker bis leicht rosa, weiße Einsprengsel, hart; Üb. mittelrot, leicht glänzend. – Figur und Feldereinteilung durch Wellenstab (?). – Südgallisch. – Inv. Nr. Sä 525.
67. 3 WS Déchelette 67. Ton orange-lachs, weiße Einsprengsel, hart; Üb. orangerot-bräunlich, matt. – Sehr stark verprägte Rankenwelle, obere Füllung aus drei gestielten Blättern, untere aus gestieltem Blatt und tordiertem Fruchtkolben, ähnl. Knorr 1919, Taf. 76,F; Knorr 1952, Taf. 65,G; 38,D (MELVS FECI). Vgl. auch Vanderhoeven, Asciburgium 7, Nr. 798. – Südgallisch, (claudisch-)neronisch.
68. WS Drag. 29 oder 37. Ton lachs, weiße Einsprengsel, sehr hart; Üb. mittelrot-bräunlich, matt. – Wohl Rankenwelle mit Füllung aus verdrückten Grasbüscheln wie z. B. Knorr 1919, Taf. 62 (Passienus 65), daneben gefiedertes, mittelgratiges Blatt wohl ähnl. Mary, Neuss Taf. 4,1. – Südgallisch. – Inv. Nr. Sä 525.
69. WS Drag. 29 oder 37. Ton lachs-rosa, hart; Üb. orangerot, glänzend. – Wohl Rankenwelle, darin Dreieckblatt mit Schlaufe wie Knorr 1919, Textbild 10, unten rechts; Hermet, La Graufesenque Taf. 41,11–15. – Südgallisch.

70. WS Drag. 29 oder 37. Ton rosa-orange, vereinzelt weiße Einsprengsel, sehr hart; Üb. rot-orange, glänzend. – Wohl Rankenwelle mit verpunzter Rosette, daran gestieltes Herzblatt wie Knorr 1919, Textbild 9; darunter verpunzter Perlstab (?) und Fries aus S-förmigem Stabwerk (?). – Südgallisch. – Inv. Nr. Sä 525.
71. WS Drag. 29 oder 37. Ton lachs, weiße Einsprengsel, sehr hart; Üb. mittelrot, gut glänzend. – Vermutl. Rankenwelle, linke Füllung aus tordiertem Fruchtkolben, rechte aus gefiederten Blättern wie z. B. Knorr 1919, Textbild 14 (BASSVS); Textbild 40 (OF PASSENI). – Südgallisch.
72. WS, Form? Ton lachs-rot, vereinzelt weiße Einsprengsel, sehr hart; Üb. kirschrot, glänzend. – Baumartiges (?) Motiv mit Rosette, gefiedertem Stab und gestieltem Blatt wie Hermet, La Graufesenque Taf. 35,34; Knorr 1919, Taf. 87,F. Vgl. auch Vanderhoeven, Asciburgium 5, Nr. 179. – Südgallisch. – Inv. Nr. Sä 525.
73. BS Drag. 29 oder Drag. 37. Ton rosa, mehlig; Üb. bräunlich-rot, matt, leicht rissig und abgeplatzt. – Über Busch liegender Hirsch n.l. mit Fellzeichnung wie Forschungen Augst 1, Taf. 72,6; 73,6 C. Zu Kat.-Nr. 89 gehörig? – Spätsüdgallisch.
74. BS, Form? Ton rosa-orange, weiße Einsprengsel, sehr hart; Üb. rotbräunlich, leicht glänzend, z. T. abgesplittert bzw. rissig. – Fries aus S-förmigem Stabwerk als unterer Abschluß wie z. B. Knorr 1919, Taf. 22,B (OF CEN); 59,A (OF MO). – Südgallisch. – Inv. Nr. Sä 525.
75. WS, Form? Ton lachs-rosa, weiße Einsprengsel, hart; Üb. mittelrot-bräunlich, matt glänzend. – Vermutl. Hirsch nach links wie Oswald, Figure types 1746; daneben langgestrecktes Blatt wie Hermet, La Graufesenque Taf. 10,42; darunter verpunzte Zickzacklinie und Fries (?) aus kreuzartigem Motiv (Oberteil eines Fruchtkolbens?). – Vermutl. südgallisch. – Inv. Nr. Sä 657 (R 1102).
76. BS, Form? Ton orange-lachs, weiße Einsprengsel, hart; Üb. bräunlich-rot, stumpf. – Rest eines Blättchenfrieses? – Südgallisch.
77. BS, Form? Ton rosa-lachs, weiße Einsprengsel, sehr hart; Üb. mittelrot, matt. – Wohl Trieb. – Südgallisch. – Inv. Nr. Sä 525.
78. BS, Form? Ton dunkelorange-rosa, vereinzelt weiße Einsprengsel, sehr hart; Üb. mittelrot, glänzend. – Nicht identifizierbarer Reliefrest. – Südgallisch.
79. BS, Form? Ton orange (!), sehr hart; Üb. kirschrotbräunlich, leicht glänzend, Fingerspuren. – Nicht identifizierbarer Reliefrest. – Spätsüdgallisch.
80. 2 RS Drag. 37, Dm. 21 cm. Ton lachs-orange, weiße Einsprengsel, sehr hart; Üb. mittelrot, leicht glänzend. – Eierstab aus 3teiligen Eiern und links angelehnten Stäbchen mit 7zipfligen Rosetten mit Mittelkreis wie Knorr, Calus Abb. 1,A; unter Perlstab (?) an mehrteiligem Astragal hängende glatte Doppelbögen und eingerollter Trieb mit verprägter Rosette, zwischen Doppelbögen hängende Zickzacklinie, alles ähnl. Mary, Neuss Taf. 13,11. – Südgallisch, (spätneronisch-)vespasianisch. – Inv. Nr. Sä 551 (R 1260; 1932).
81. WS Drag. 37. Ton rosa-orange, vereinzelt weiße Einsprengsel, hart; Üb. orange-rot, leicht glänzend. – Eierstab aus 2teiligen Eiern und rechts angelehnten 8endigen Rosetten wie Knorr 1919, Taf. 95,B; 98,A; durch Zickzacklinien abgeteiltes Feld mit Eckrosette aus acht Punkten ähnl. Knorr 1919, Taf. 41,K; in Feld Arm (?). – Südgallisch, vespasianisch. – Inv. Nr. Sä 657 (R 1105).
82. WS Drag. 37. Ton lachs-rosa, weiße Einsprengsel, mäßig hart; Üb. rotbraun, matt, berieben. – Eierstab aus 3teiligen Eiern und rechts angelehnten gebogenen Stäbchen mit 3(?)zipfligem Ende wie z. B. Knorr 1952, Taf. 68,F; unter Perl(?)stab Fries aus 4teiligen Blüten wie z. B. Mary, Neuss Taf. 22,20. Zum Eierstab vgl. Kat.-Nr. 89 und 110. – Südgallisch. – Inv. Nr. (R 1123).
83. WS Drag. 37. Ton rosa-orange, sehr hart; Üb. mittelrot, leicht glänzend. – Zwischen zwei Zickzacklinien Eierstab aus 3teiligen Eiern und links angelehnten Stäbchen mit 7zipfliger Rosette mit Mittelpunkt, alles wie Knorr, Calus Abb. 1,A; darunter Rankenwelle, deren obere Füllung aus 7endigen krautigen Blättern besteht, wie Knorr, Calus Abb. 4, A.C; darunter hochrechteckige Schuppen wie Knorr 1919, Taf. 43,15; A; darunter verdrückter Perlstab. – Südgallisch, vespasianisch, Art des Calus. Inv. Nr. Sä 661.
84. WS Drag. 37. Ton orange-rosa, sehr hart; Üb. mittelrot bis leicht orange, leicht glänzend. – Eierstab aus 3teiligen Eiern und links angelehnten Stäbchen mit 7(?)endiger Rosette mit Mittelpunkt wie Knorr 1919, Textbild 5; unter Zickzacklinie Hase mit Fellzeichnung nach rechts wie Atkinson, Pompeji Taf. 7,42; 9,49. – Südgallisch. – Inv. Nr. Sä 657 (R 1106).
85. RS Drag. 37, Dm. ca. 22 cm. Ton lachs-rot, sehr hart; Üb. mittelrot, leicht glänzend. – Zwischen zwei Perl(?)stäben Eierstab aus 3teiligen Eiern und mittigen Stäbchen mit 3zipfligem Ende; darunter Rankenwelle mit mehrteiligem Stengelknoten, deren untere Füllung aus vermutl. 8teiligem Busch besteht, obere Füllung vermutl. gefiedertes Blatt, alles wie Mary, Neuss Taf. 27,14 (insgesamt leicht verprägt). – Südgallisch, vespasianisch(-domitianisch). – Inv. Nr. Sä 551.
86. WS Drag. 37. Ton lachs-orange, hart; Üb. mittelrot, orange, leicht glänzend, vereinzelt rissig. – Eierstab aus 3teiligen Eiern mit mittigen Stäbchen mit 3zipfligem Ende; unter verprägtem Perlstab gratiges Blatt und vermutl. Rankenwelle, alles ähnl. Mary, Neuss Taf. 27,14. – Südgallisch. – Inv. Nr. Sä 525.

Tafel 4

Reliefverzierte Terra Sigillata

87. 2 BS Drag. 37, Standring Dm. ca. 11 cm. Ton orange-lachs, sehr feine weiße Einsprengsel, sehr hart; Üb. mittelrot, matt, z. T. rauh. – Zweizonige Dekoration. OZ: Springende Hunde nach rechts über Grasbüscheln wie Knorr 1919, Textbild 12, oben links; Taf. 35,29; verdrückter Perlstab. UZ: An verdrücktem Astragal hängende gefiederte Girlanden, dazwischen tordierte Fruchtkolben, wie Planck, Rottweil Taf. 97,10; Füllung der Girlanden aus zurückschauenden Vögeln alternierend n.l.u.r. wie Karnitsch, Ovilava Taf. 5,6; 7,1. – La Graufesenque, vespasianisch-domitianisch, Art des Germanus. – Inv. Nr. Sä 657.
88. RS Drag. 37. Ton rosarot-orange, weiße Einsprengsel, hart; Üb. mittelrot-orange, gut glänzend, rissig. – Zwischen zwei Perl- oder Zickzackstäben Eierstab aus 3teiligen Eiern und links angelehnten Stäbchen mit Kugelende (stark verprägt), vielleicht wie Knorr 1919, Taf. 52 (Masclus F 30); darunter 10(?)teiliger Busch wie Knorr 1919, Taf. 57,G.H sowie springender Hase n.r. wie Knorr 1919, Taf. 57,22. – Südgallisch, vespasianisch-domitianisch. – Inv. Nr. Sä 525.
89. WS Drag. 37. Ton orange-ocker, weiße Einsprengsel, hart; Üb. mittelrot, matt, schlechte Qualität. – Verkippter und verprägter Eierstab aus 3teiligen Eiern und rechts angelehnten gebogenen Stäbchen mit 3zipfligem Ende wie Knorr 1952, Taf. 68,F (zu Eierstab vgl. Kat.-Nr. 82 und

110); unter verprägtem Perl(?)stab Hirschkopf n.l. vermutl. wie Oswald, Figure types 1746 (zu Kat.-Nr. 73 gehörig?). – Südgallisch, vespasianisch-domitianisch. – Inv. Nr. Sä 525.
90. WS Drag. 37. Ton orange-rosa, hart; Üb. rot-orange, matt. – Eierstab aus 2teiligen Eiern und rechts angelehnten Stäbchen mit Verdickung ähnl. Knorr 1919, Taf. 25 (L Cosi 34); darunter Reihe kleiner Rechtecke und Kopf eines Menschen (?). – Südgallisch. – Inv. Nr. Sä 657 (R 1112).
91. WS Drag. 37. Ton orange, weiße Einsprengsel, hart; Üb. kirschrot, leicht glänzend, leicht rissig. – Eierstab aus 3teiligen Eiern und rechts angelehnten Stäbchen mit 3zipfligem Ende wie Knorr 1919, Textbild 5 (Biragil); Taf. 16,16; unter verdrückter Perl- oder Zickzacklinie gefiederte Girlande wie Knorr 1919, Taf. 35,68; 53 (Of Masculi 15); daneben mehrteiliges Blatt vermutl. wie Knorr 1919, Taf. 18 (Of Calvi 41). – Südgallisch. – Inv. Nr. Sä (R 1115).
92. WS Drag. 37. Ton lachs-orange, weiße Einsprengsel, sehr hart; Üb. orangerot-bräunlich, matt. – Durch senkrechte Zickzackstäbe und Rosetten getrennte Felder, wobei das linke mit Grasbüscheln gefüllt ist ähnl. z. B. Knorr 1919, Taf. 64,F (OF PASSENI); im rechten Feld Löwe n.r. in tordiertem Medaillon wie Knorr 1919, Textbild 13, oben links; Taf. 52 (Masclus F 16). Unterer Abschluß: Fries aus gebogenen Doppelblättchen ähnl. Knorr 1919, Taf. 37,K zwischen zwei Perlstäben (insgesamt schlecht geprägt). – Südgallisch. – Inv. Nr. Sä 551.
93. RS, 5 WS Drag. 37, Dm. ca. 20 cm. Ton lachs-rostrot, weiße Einsprengsel, sehr hart; Üb. kirschrot, matt glänzend. – Eierstab aus 2teiligen Eiern und mehrzipfligen Stäbchen (von Rand verdrückt). Zweizonige Dekoration. OZ: Wellenranke mit aufgelegtem 9teiligem Astragal, Füllung aus gestieltem Blatt und tordiertem Fruchtkolben, untere Begrenzung durch verdrückte Zickzacklinie, alles wie Ulbert, Aislingen Taf. 54,18.22. UZ: An 13(?)teiligen Astragalen hängende gefiederte Girlanden und gestielte tordierte Fruchtkolben, alles wie Knorr 1919, Taf. 35,82.67.72; als Girlandenfüllung gestielte, gefiederte Blätter mit Mittelgrat ähnl. Knorr 1919, Taf. 35,53.55; als unterer Abschluß vermutl. tordierte Leiste. – La Graufesenque, spätvespasianisch-domitianisch, Art des Germanus. – Inv. Nr. Sä 551 und Sä 525.
94. WS vermutl. Drag. 37. Ton lachs-rosa, weiße Einsprengsel, hart; Üb. braunrot, leicht glänzend. – Großes Blatt und tordierter Fruchtkolben wie Jacobs, Bregenz Taf. 1,1; Ulbert, Aislingen Taf. 54,18. – La Graufesenque, Art des Germanus. – Inv. Nr. Sä 525.
95. BS, vermutl. Drag. 37. Ton rosa-orange, weiße Einsprengsel, hart; Üb. rot-orange, matt, leicht rissig, stellenweise bestoßen. – Vermutl. Wellenranke, wobei untere Füllung aus gestieltem, gefiederten Blatt besteht, das aus stempelartigem Motiv erwächst; darunter umlaufender Blätterfries aus 3- oder 4teiligen Blättern, alles wie Atkinson, Pompeji Taf. 10,53 (alles stark verprägt). – Südgallisch. – Inv. Nr. Sä 657 (R 1076).
96. WS, vermutl. Drag. 37. Ton lachs, weiße Einsprengsel, sehr hart; Üb. orange-rot, leicht bis gut glänzend. – Vermutl. Feldereinteilung durch kombinierte Zickzack- und Perlstäbe; im linken Feld Victoria n.l. ähnl. Oswald, Figure types 808 b; unter verdrücktem Perl(?)stab Fries aus S-förmigem Stabwerk wie z. B. Oswald/Pryce, Introduction Taf. 11,8. – Südgallisch, domitianisch. – Inv. Nr. Sä 551.
97. WS, vermutl. Drag. 37. Ton lachs-rosa, weiße Einsprengsel, hart; Üb. mittelrot-orange, leicht glänzend. – Beine in Schrittstellung nach links, wobei das rechte eine Schiene trägt, links wohl Fußspitze n.r., wohl Gladiatorenpaar wie Karnitsch, Ovilava Taf. 18,2; daneben Andreaskreuz oder Ranke mit kegel- bzw. lanzettförmigem Ende ähnl. z. B. Knorr 1919, Taf. 57,14; darunter vermutl. verprägter Perlstab. Vgl. insgesamt z. B. Knorr, Rottweil 1912, Taf. 16,1; Urner-Astholz, Schleitheim Taf. 14,3.4. – Südgallisch. – Inv. Nr. Sä 525.
98. BS/WS Drag. 37, Standring Dm. 6 cm. Ton orange-lachs, weiße Einsprengsel, sehr hart; Üb. mittelrot, leicht glänzend. – Metopen, getrennt durch glatte Stäbe mit Endknubben, links Füllung mit springendem Hund (?) n.r., alles ähnl. Urner-Astholz, Schleitheim Taf. 28,1; mittlere Metope Andreaskreuz mit 3teiligem Blatt und gestielter Blüte (?) ähnl. Ulbert, Aislingen Taf. 55,1; rechte Metope stehender Mensch und Tier n.l. (wie linke Metope?); unterer Abschluß durch Fries aus S-förmigem Stabwerk wie Karnitsch, Ovilava Taf. 11,3 (insgesamt stark verprägt). – Südgallisch, domitianisch-(trajanisch). – Inv. Nr. Sä 551.
99. WS Drag. 37. Ton orange-lachs, sehr hart; Üb. mittelrot-orange, matt. – Metopen, getrennt durch Perl(?)stäbe mit Eckrosetten, obere Metope wohl gefüllt mit hängenden Halbbögen zwischen kübelartigen Verdickungen, alles wie Jacobs, Bregenz Taf. 3,18; in unterer Metope kniender Amor mit Harfe n.r. wie Oswald, Figure types 501 i, zwischen zwei tordierten Säulen wie Jacobs, Bregenz Taf. 3,18; in rechter Metope vielleicht kniende Figur n.l.; unter verdrücktem Perl(?)stab Fries aus 3teiligen Blättern wie Knorr 1919, Taf. 57,G (insgesamt verprägt). – La Graufesenque, domitianisch-(trajanisch), Art des Mercato. – Inv. Nr. Sä 551.

Tafel 5

Reliefverzierte Terra Sigillata

100. 2 BS Drag. 37, Standring Dm. 6 cm. Ton rosa-orange, vereinzelt weiße Einsprengsel, sehr hart; Üb. kirschrot, leicht glänzend. – Punzen bis zur Unkenntlichkeit verdrückt. Vermutl. Gliederung durch verschiedene tordierte Stäbe; links 3teilige Blüte vermutl. wie Knorr 1919, Textbild 12, oben rechts; in der Mitte Vogel ähnl. Oswald, Figure types 2281, darüber Löwe (?) und Bestiarius n.l. wie Karnitsch, Ovilava Taf. 11,2; rechts Andreaskreuz aus tordierten und glatten Stäben sowie schlaufenartiger Doppelblüte mit Randzeichnung wie Knorr 1919, Taf. 43,27; E (OF IVCVNDI); als unterer Abschluß rechtsläufiger Kranz aus 3teiligen, z. T. tordierten Blüten ähnl. Knorr 1919, Textbild 12, oben rechts. – Südgallisch, domitianisch-(trajanisch). – Inv. Nr. Sä 551.
101. 3 WS Drag. 37. Ton orange-rosa, weiße Einsprengsel, mehlig; Üb. rot bis bräunlich, matt, sehr stark verrieben. – Eierstab mit rechts (?) angelehnten Stäbchen über Perl- oder Zickzacklinie vermutl. wie Knorr 1919, Taf. 57,E (MERCATO). Arkadendekoration bestehend aus tordierten Säulen mit gewundenen Bögen und keulenförmigen Blüten (?) wie z. B. Knorr, Cannstatt Taf. 15,5; in linker Arkade Herkules mit Hydra n.r. wie Oswald, Figure types 786; rechte Arkade über kleinem Busch wie Knorr 1919, Taf. 57,13; Diana n.r. wie Knorr 1919, Taf. 57,1; ganz links großer Busch wie Knorr 1919, Taf. 57,H.G (MERCATO). Viele Punzen finden sich auch bei Biragil, vgl. Knorr 1919, Taf. 16; Hofmann, Banassac Taf. 2. – La Graufesenque, domitianisch-(trajanisch), Art des Mercato oder Biragil.
102. WS Drag. 37. Ton orange, gelbliche Einsprengsel, klingend hart; Üb. orangerot-bräunlich, stumpf. – Gliede-

rung durch vertikale und horizontale Perl(?)stäbe mit Eckrosetten, darin links Busch, alles ähnl. Urner-Astholz, Schleitheim Taf. 26,2; in der Mitte sitzender Hase n.l. wie Planck, Rottweil Taf. 94,2. – Südgallisch. – Inv. Nr. Sä 657 (R 1077).
103. RS Drag. 37. Ton orange-ocker, klingend hart; Üb. rot-orange, leicht glänzend. – Eierstab aus 3teiligen Eiern und mittigen, tordierten Stäbchen mit Kreisenden ähnl. Ritterling, Hofheim Taf. 27,4.5. Urner-Astholz, Schleitheim Taf. 18,1. – Südgallisch. – Inv. Nr. Sä 657 (R 1064).
104. WS Drag. 37. Ton lachs, weiße Einsprengsel, weich; Üb. kirsch- bis dunkelrot, matt. – Eierstab mit rechts angelehnten Stäbchen mit verdickten Enden wie Urner-Astholz, Schleitheim Taf. 15,6; unter verdrückter Zickzacklinie vermutl. Medaillon. – Südgallisch. – Inv. Nr. Sä 525.
105. RS Drag. 37. Ton rosa-orange, weiße Einsprengsel, hart; Üb. kirschrot, matt schimmernd. – Eierstab aus 3teiligen Eiern und links angelehnten Stäbchen mit verdickten Enden wie Urner-Astholz, Schleitheim Taf. 32,3 (nachlässige Arbeit). – Wohl Banassac. – Inv. Nr. Sä 657 (R 1066).
106. WS Drag. 37. Ton orange-lachs, vereinzelt weiße Einsprengsel, hart; Üb. kirschrot, matt. – Eierstab aus 3teiligen Eiern und links angelehnten Stäbchen mit 3(?)zipfligen Enden wie Knorr 1919, Textbild 5 (Germani F.). – Südgallisch. – Inv. Nr. (R 1079).
107. RS/WS Drag. 37. Ton orange-rosa, hart; Üb. rotorange, leicht glänzend. – Eierstab aus 3teiligen Eiern und rechts angelehnten, leicht gebogenen Stäbchen mit 3zipfligem Ende, unter Zickzacklinie Fries aus S-förmigem Stabwerk, alles wie Knorr 1919, Taf. 59,A (OF MO). – La Graufesenque, wohl Art des Mommo. – Inv. Nr. Sä 525.
108. RS Drag. 37. Ton lachs-rosa, weiße Einsprengsel, sehr hart; Üb. rotbraun, matt, rissig. – Nicht zuweisbarer Eierstab. – Südgallisch. – Inv. Nr. Sä 525 (R 1071).
109. RS Drag. 37. Ton rosa-orange, weiße Einsprengsel, hart; Üb. orangerot- bräunlich, matt glänzend. – Nicht zuweisbarer Eierstab. – Südgallisch.
110. RS Drag. 37, Dm. 16 cm. Ton orange-rosa, hart; Üb. mittelrot-bräunlich, matt. – Eierstab aus 3teiligen Eiern und rechts angelehnten, gebogenen Stäbchen mit 3zipfligen Enden wie Knorr 1952, Taf. 68,F; darunter Perlstab. Zu Eierstab vgl. Kat.-Nr. 82 und 89. – Südgallisch. – Inv. Nr. Sä 657 (R 1063).
111. BS Drag. 37. Ton orange-rosa, hart; Üb. mittelrot bis leicht bräunlich, schwach glänzend. Vermutl. zu Kat.-Nr. 112 gehörig. – Eierstab aus 3(?)teiligen Eiern und rechts angelehnten Stäbchen (verprägt), darunter Zickzacklinie wie Planck, Rottweil Abb. 29; 30,1; an Querstab hängende einfache Halbbögen und dreieckiges Pfeilspitzblatt mit Schlaufe wie Karnitsch, Ovilava Taf. 25,3. – Banassac, trajanisch, Art des Natalis. – Inv. Nr. Sä 657 (R 1109).
112. 2 BS Drag. 37, Standring Dm. 5,5 cm. Ton, Üb. wie Kat.-Nr. 111. Vermutl. zu Kat.-Nr. 111 gehörig. – Reiter auf Pferd nach links, daneben verdrückte Rosette mit tordiertem Stab und gezähntem Dreiecksblatt, unter verdrückter Zickzacklinie Fries aus V-förmigem Motiv, alles wie Karnitsch, Ovilava Taf. 24,6.8; 30,6; Planck, Rottweil Abb. 29; 30,4.6. – Banassac, trajanisch, Art des Natalis. – Fst.: Nord-Risalit, 1970 (kleines Bruchstück).
113. WS vermutl. Drag. 37. Ton lachs-rosa, weiße Einsprengsel, sehr hart; Üb. rot-orange, glänzend. – Vermutl. hängende Bögen zwischen 3teiligen Blättern, unter kombiniertem Perl- bzw. Zickzackstab Fries aus V-förmigem Motiv, insgesamt ähnl. Karnitsch, Ovilava Taf. 29,5. – Banassac, trajanisch, Art des Natalis. – Inv. Nr. Sä 525.
114. RS Drag. 37. Ton orange, weiße Einsprengsel, mäßig hart; Üb. bräunlich-rot, matt, stark abgeplatzt. – Stark verprägter Eierstab aus 3teiligen Eiern und mittigen Stäbchen mit Endverdickung, darunter wohl Perlstab. – Wohl spätestsüdgallisch. – Fst.: Nördlich der Anlage, 1971.
115. WS Drag. 37. Ton orange-ocker, hart; Üb. orange-rot, leicht glänzend. – Verprägter Eierstab aus 3(?)teiligen Eiern und links angelehnten Stäbchen, darunter Perlstab und Kopf (?) n.r. – Wohl spätestsüdgallisch. – Inv. Nr. (R 1126).
116. WS Drag. 37. Ton orange-rosa, hart; Üb. orange-rot, leicht glänzend, rissig. – Verprägter Eierstab aus 3teiligen Eiern und rechts angelehnten Stäbchen mit verdicktem Ende; darunter Mäander ähnl. Hermet, La Graufesenque Taf. 88,9. – Spätestsüdgallisch. – Inv. Nr. Sä 525.
117. RS Drag. 37. Ton lachs, vereinzelt weiße Einsprengsel, hart; Üb. kirschrot, matt glänzend. – Eierstab aus 3teiligen Eiern und rechts angelehnten Stäbchen (verkippt) ähnl. Urner-Astholz, Schleitheim Taf. 21,6. – Südgallisch.
118. WS, Form? Ton rosa-orange, weiße Einsprengsel, hart; Üb. kirschrot-bräunlich, matt. – Nicht zuweisbarer Reliefrest. – Südgallisch. – Fst.: Nord-Risalit, Suchgräben entlang Mauern 30, 33, 28, 1970.
119. RS Drag. 37, Dm. 21 cm. Ton orange-beige, glimmerhaltig(?), hart; Üb. orange-bräunlich, leicht glänzend. – Eierstab aus 3(?)teiligen Eiern (z.T. tordiert?) und rechts angelehnten Stäbchen (z.T. tordiert?) mit verdickten Enden, darunter Perlstab(?) und Reliefrest. – Spätestsüdgallisch? – Inv. Nr. (R 1059).
120. WS Drag. 37. Ton gelb-ocker bis weißlich(!), mäßig hart; Üb. bräunlich-rot, matt. – Eierstab aus 3teiligen Eiern und rechts(?) angelehnten Stäbchen mit verdickten Enden, darunter Perlstab. – Südgallisch? – Inv. Nr. Sä 525.
120a.* 7 verschied. BS Drag. 37, davon 2 sekundär verbrannt, 2 südgallisch, 5 mittel- oder ostgallisch. – Inv. Nr. Sä 525. Sä 657.
120b.* 5 verschied. RS Drag. 37. Mittel- oder ostgallisch. – Inv. Nr. (R 1061/1934); (R 1069).

Tafel 6

Reliefverzierte Terra Sigillata

121. 2 WS Drag. 37. Ton orange-rosa, sehr hart; Üb. mittelrot-orange, leicht glänzend. – Frontal stehende gewandete Frau mit linksgewendetem Kopf vermutl. wie Oswald, Figure types 357A, rechts davon wohl Blüte, Reliefstab und Medaillon(?). – Mittelgallisch. – Inv. Nr. Sä 551.
122. WS Drag. 37. Ton hellorange, hart; Üb. orangerotbräunlich, matt, stark abgeplatzt. – Unter Trieb Kreuze (mit Verbindungslinie), durch Zickzacklinie getrennter Fries aus 3(?)teiligen Blättern vermutl. wie Stanfield/Simpson, CGP Abb. 9,6.26. – Lezoux, Art des Ranto, 1. Viertel 2. Jh. – Inv. Nr. Sä 657 (R 1015).
123. WS Drag. 37. Ton hellorange, hart; Üb. rostrotbräunlich, matt (schlechte Qualität). – Ineinandergeschobene Winkel wie Stanfield/Simpson, CGP Abb. 7,3; 10,4; daneben Medaillon(?). – Mittelgallisch. – Inv. Nr. Sä 525.
124. WS Drag. 37. Ton orange-gelb, sehr hart; Üb. hellorange, schwacher metallischer Glanz. – Feldereinteilung durch kleine Säulen und senkrechte Zickzacklinien, rechte Felder gefüllt mit kreisförmigen Trieben, alles wie Stanfield/Simpson, CGP Taf. 95,14; in linkem Feld kreuzartiges Motiv wie Stanfield/Simpson, CGP Abb. 25,9. – Lezoux, Art des Austrus, 2. Viertel 2. Jh. – Inv. Nr. Sä 657.
125. WS Drag. 37. Ton orange-bräunlich, leicht glimmer-

tig, sehr hart; Üb. orangerot-bräunlich, matt. – Eierstab aus 3teiligen Eiern und mittigen Stäbchen mit kreisförmiger Endverdickung, darunter Zickzacklinie und Doppelmedaillon, alles wie STANFIELD/SIMPSON, CGP Taf. 71,23.28. – Mittelgallisch, Mitarbeiter des Quintilianus, 2. Viertel 2. Jh. – Inv. Nr. Sä 525.
126. WS Drag. 37. Ton orange-gelb, hart; Üb. orange-bräunlich, matt, starb berieben. – Eierstab aus 3teiligen Eiern und links angelehnten, gebogenen Stäbchen ähnl. STANFIELD/SIMPSON, CGP Taf. 73,48; unter glatter Leiste Tier n.r. vielleicht wie STANFIELD/SIMPSON, CGP Taf. 73,50. – Mittelgallisch. – Inv. Nr. Sä 525.
127. WS Drag. 37. Ton orange-ocker, sehr hart; Üb. orangerot-bräunlich, leicht glänzend. – Eierstab aus 3teiligen Eiern und links angelehnten Stäbchen mit verdickten Enden, darunter Perlstab und vermutl. Wellenranke, alles wie STANFIELD/SIMPSON, CGP Taf. 98,15; 104,4. – Mittelgallisch, 2. Hälfte 2. Jh. – Vielleicht zu Kat.-Nr. 128 gehörig. – Inv. Nr. Sä 551.
128. WS Drag. 37. Ton u. Üb. wie Kat.-Nr. 127. – Medaillon (?) und Perlstab. – Mittelgallisch. – Vielleicht zu Kat.-Nr. 127 gehörig. – Inv. Nr. Sä 657 (R 1099).
129. WS Drag. 37. Ton orange bis ziegelrot, sehr hart; Üb. orange-rot, leicht glänzend. – Eierstab aus 3teiligen Eiern und rechts angelehnten, vielleicht tordierten Stäbchen wie STANFIELD/SIMPSON, CGP Taf. 157,1; unter Perlstab 8teilige Strahlenrosette wie STANFIELD/SIMPSON, CGP Abb. 47,26 und Wellenranke(?). – Lezoux, Art des Cinnamus, 2. Hälfte 2. Jh.
130. WS Drag. 37. Ton orange, hart; Üb. orange-rot bis bräunlich, matt. – Wohl 8teilige Strahlenrosette, Doppelmedaillon und Wellenranke(?), alles wie STANFIELD/SIMPSON, CGP Taf. 161,53. – Lezoux, wohl Art des Cinnamus, 2. Hälfte 2. Jh. – Inv. Nr. Sä 525.
131. WS Drag. 37. Ton orange, hart; Üb. orange bis bräunlich-rot, matt, leicht berieben (sehr gute Qualität). – Neben Perlstab Doppelkreis wie KARNITSCH, Ovilava Taf. 67,3, darin sitzendes Tier nach rechts vermutl. wie KARNITSCH, Ovilava Taf. 68,8 und Palmette wie KARNITSCH, Ovilava Taf. 75,1. – Lezoux, Art des Cinnamus, 2. Hälfte 2. Jh. – Inv. Nr. Sä 525.
132. WS Drag. 37. Ton u. Üb. wie Kat.-Nr. 131. – Tierleib n.l.? – Mittelgallisch.
133. WS Drag. 37. Ton lachs-orange, glimmerhaltig, grob, sehr hart; Üb. mittelrot, matt. – Über Perlstab Eierstab vielleicht wie STANFIELD/SIMPSON, CGP Abb. 30,1; darunter Blatt an Trieb und großes gefiedertes Blatt wie STANFIELD/SIMPSON, CGP Abb. 30,6.22.23. – Lezoux, Art des Paternus, 2. Hälfte 2. Jh. – Inv. Nr. Sä 525.
134. WS Drag. 37. Ton hellorange, leicht glimmerhaltig, hart; Üb. orange-rot, stumpf. – Wohl Doppelmedaillon und Wellenranke, vielleicht ähnl. STANFIELD/SIMPSON, CGP Taf. 110,10. – Mittelgallisch.
135. WS Drag. 37. Ton orange-beige, grobe Einschlüsse, hart; Üb. orange-rot, glänzend. – Zwischen vertikalen Zickzacklinien Unterteil einer Blüte (?) und Teil eines Triebes; vgl. z. B. STANFIELD/SIMPSON, CGP Abb. 23,8.9; 47,24.11. – Mittelgallisch. – Inv. Nr. Sä 525.
136. WS Drag. 37. Ton ziegelrot, glimmerhaltig, sehr hart; Üb. kirschrot, leicht glänzend, (schwache Brandspuren?). – Unter tordiertem Stab Figur n.r. (stark verprägt), vermutl. wie OSWALD, Figure types 684 A. – Mittelgallisch. – Inv. Nr. Sä 551 (R 1123).
137. WS Drag. 37(?). Ton orange, sehr hart; Üb. kirschrot-orange, matt. – Wohl Vorderlauf und Huf eines Pferdes wie OSWALD, Figure types 1894. 1898. – Mittelgallisch. – Inv. Nr. Sä 525 (R 1119).
138. WS Drag. 37. Ton orange, sehr hart; Üb. orangerot-bräunlich, leicht glänzend, bestoßen. – Kleiner Kreis und Teile einer Wellenranke (?) sowie von zwei lappigen Blättern (nicht näher zuweisbar). – Mittelgallisch. – Inv. Nr. Sä 525.
139. WS, Form? Ton gelb-orange, glimmerhaltig, hart; Üb. rot-orange, matt. – Nicht zuweisbarer Blattrest. – Wohl mittelgallisch. – Inv. Nr. Sä 525.
140. WS Déchelette 64 oder 66. Ton orange-ocker, sehr hart; Üb. orange-braun, matt bis leicht metallisch glänzend. – Diana mit Bogen n.l. wie OSWALD, Figure types 107i; daneben Maske n.l. wie OSWALD, Figure types 1215. – Lezoux, Art des Libertus, 1. Viertel 2. Jh. – Inv. Nr. Sä 525.
141. WS Drag. 37. Ton ziegelrot, quarzit(?)haltig, sehr hart; Üb. mittelrot, matt, berieben. – Eierstab über gerieftem Stab vermutl. wie SIMON, Köngen 1962, Abb. 8,108 (JANV F). Zweizonige Dekoration. OZ: Hängender tordierter Halbbogen und Doppelblatt, Rosette aus sieben Punkten, alles wie FORRER, Heiligenberg Taf. 27,3. UZ: Palmettenfries unter gekerbtem Doppelrechteckstab wie SIMON, Köngen 1962, Abb. 8,108 (JANV F). – Heiligenberg, Art des Janu(arius), hadrianisch. – Inv. Nr. Sä 551.
142. 4 WS Drag. 37. Ton grau; Üb. schwarz, völlig (sekundär) verbrannt. – Zierglied ähnlich FORRER, Heiligenberg Abb. 60, darunter Palmette wie LUDOWICI VI, P 112; unterer Abschluß aus Fries herzförmiger Doppelblättchen wie LUDOWICI VI, R 37. – Heiligenberg, Art des Janu(arius), hadrianisch. – Inv. Nr. Sä 525 (1. u. 2. WS von rechts). Linker WS: Auffüllung Raum 2 u. 3, 1970. 2. WS von links, vgl. Fundbearbeitung 1939, Fst.: Raum 3 unten, 1939. Vgl. Beil. 1,1.
143. 4 WS Drag. 37. Ton orange bis ziegelrot, hart; Üb. mittelrot, matt, berieben, Aussprengungen. – Eierstab aus 3teiligen Eiern und rechts angelehnten Stäbchen mit verdickten Enden, Arkaden aus tordierten Halbkreisen, darin herzförmige Blättchen und gestielte kleine Blätter, alles wie FORRER, Heiligenberg Taf. 19,4 (dort Formschüssel!); daneben kämpfende, bewaffnete Eroten n.r.u.l. wie OSWALD, Figure types 466.467 (alles stark verprägt). – Heiligenberg, Art des Ciriuna, 1. Hälfte 2. Jh. – Äußere WS: Inv. Nr. Sä 657; mittlere WS: Fst.: Nord-Risalit, 1970.
144. WS Drag. 37. Ton orange, sehr hart; Üb. rot-orange, matt. – Eierstab aus 2teiligen Eiern, darunter Perlstab und Löwenkopf n.l. wie PLANCK, Rottweil Taf. 110,6; daneben mehrteilige verprägte Rosette wie FORRER, Heiligenberg Abb. 139. – Wohl Ittenweiler, Art des Verecundus oder Cibisus, 2.–3. Drittel 2. Jh. – Inv. Nr. Sä 657 (R 1091?).
145. RS Drag. 37. Ton orange, sehr hart; Üb. orangerot-bräunlich, matt. – Wohl zu Kat.-Nr. 146 gehörig, siehe dort. – Fst.: Porticus, 1970.
146. WS Drag. 37. Ton u. Üb. wie Katalog-Nr. 145, wohl zusammengehörig. – Eierstab aus 2teiligen Eiern wie FORRER, Heiligenberg Taf. 31,10.10a. – Wohl Ittenweiler, Art des Verecundus oder Cibisus, 2.–3. Drittel 2 Jh. – Fst.: Nord-Risalit, 1970.
147. RS Drag. 37. Ton orange-rosa, hart; Üb. orange-rot, matt. – Plumper Eierstab aus 2teiligen, sich überschneidenden Eiern wie FORRER, Heiligenberg Abb. 139;145. – Wohl Ittenweiler, Art des Verecundus oder Cibisus, 2.–3. Drittel 2. Jh. – Inv. Nr. Sä 657 (R 1070).
148. WS Drag. 37. Ton orange-ocker, hart; Üb. orange-rot, leicht glänzend. – (Oben verdrückter) Eierstab aus 2teiligen Eiern, darunter Perlstab wie URNER-ASTHOLZ, Schleitheim Taf. 41,4;42,2; FORRER, Heiligenberg z. B. Abb. 182. –

Wohl Ittenweiler, Art des Verecundus oder Cibisus, 2.–3. Drittel 2. Jh. – Inv. Nr. Sä 525 (R 1094).

Tafel 7

Reliefverzierte Terra Sigillata

149. RS/5 WS Drag. 37, Dm. 20 cm. Ton dunkelgrau; Üb. schwarzrot fleckig, stark sekundär verbrannt. – Eierstab aus 2teiligen Dreiecken wie FORRER, Heiligenberg Abb. 200, D; darunter Rechteckstab wie PLANCK, Rottweil Taf. 110,1; Baum wie KNORR, Rottweil 1907, Taf. 22,1; zurückschauender Vogel n.l. wie PLANCK, Rottweil Taf. 110,9; Kombination aus Vogel über Baum und springendem Hund n.r. wie VOGT, Lindenhof Abb. 43,2; springender Hase n.r., vermutl. wie FORRER, Heiligenberg Abb. 205 und Doppelkreis (innen glatt, außen gerieft). – Wohl Ittenweiler, Art des Cibisus, 2.–3. Drittel 2. Jh. – Inv. Nr. Sä 525 (2 WS).
150. RS/WS Drag. 37. Ton ziegelrot, sehr hart; Üb. kirschrot leicht glänzend, leicht rissig. – Über glattem Stab Eierstab aus 2teiligen Dreiecken wie FORRER, Heiligenberg Abb. 200, D. – Wohl Ittenweiler, Art des Cibisus, 2.–3. Drittel 2. Jh. – Handschriftliche Notiz auf WS. Fst.: „Nordwestecke Raum 2, unter Ziegelschicht XXI, 1939." Entspricht Beil. 1,1c.
151. WS Drag. 37. Ton hellorange, mäßig hart; Üb. bräunlich, matt, stark abgesplittert. – Eierstab aus 2teiligen Eiern (außen tordiert?), vermutl. wie FORRER, Heiligenberg Abb. 200. – Mittelbronn(?), Art des Cibisus(?). 2.–3. Drittel 2. Jh. – Inv. Nr. Sä 657.
152. RS Drag. 37. Ton orange-braun, hart: Üb. orange-rot, matt glänzend. – Obergermanisch. – Fst.: Aushub hinter westlicher Porticus, 1971.
153. 2 WS Drag. 37. Ton orange bis grau; Üb. dunkelbraun bis schwarz, sekundär verbrannt. – Eierstab aus 3teiligen Eiern und links angelehnten, tordierten Stäbchen mit separaten Endrechtecken wie LUDOWICI VI, E 25 oder E 26; kauernder Hase n.r. wie LUDOWICI VI, T168a oder T168b; zurückschauender Vogel n.l. wie LUDOWICI VI, T 245.T 245a.T 245b; daneben kleines Blatt wie LUDOWICI VI, P 108 und Rosette aus sieben Punkten wie LUDOWICI VI, O 42; darunter großes gratiges Blatt wie LUDOWICI VI, P 62 oder P 62a. Zur Komposition vgl. allgemein z.B. KARNITSCH, Ovilava Taf. 105,3; 108,2.4. – Rheinzabern, 2. Hälfte 2. Jh. – Rechte WS: Inv. Nr. Sä 525 (R 1089). Linke WS: Fst. (lt. handschriftlicher Notiz auf Rückseite): „28. 10. 1937, Erweiterungsmaßnahme 25 östlich" (= West-Porticus oder Süd-Risalit; AO.: Narrenzunft Laufenburg). Vgl. auch Grabungsdokumentation 1937, 14, Fst.: Erweiterung östlich Schnitt 25 („Bruchstück einer Bilderschüssel Drag. 37 mit Eierstab, Hase, Pfau, Edelweiß, Traubenblatt").
154. WS Drag. 37. Ton orange-rot, mäßig hart; Üb. rot-orange, matt. – Springender Hund n.l. wie LUDOWICI VI, T 141b. – Wohl Rheinzabern. – Inv. Nr. Sä 525.
155. WS Drag. 37. Ton orange-rosa, mäßig hart; Üb. bräunlich, matt, stark bestoßen. – Unter Eierstab gestieltes Blättchen ähnl. LUDOWICI VI, P 84. – Obergermanisch. – Inv. Nr. Sä 657 (R 1087).
156. WS Drag. 37. Ton orange, weich; Üb. braunrot, stumpf, verschliffen. – Nicht zuweisbarer Eierstab. – Obergermanisch.
157. RS Drag. 37. Ton orange, sehr hart; Üb. orangerot-bräunlich, leicht glänzend, bestoßen. – Eierstab aus 3teiligen Eiern und links angelehnten, tordierten Stäbchen vermutl. wie LUDOWICI VI, E 7, E 25–E 27. – Obergermanisch.
158. RS Drag. 37, Dm. 21 cm. Ton ziegelrot, sehr hart; Üb. orange-rot bis leicht bräunlich, matt, stark bestoßen bzw. verrieben. – Unter verschliffenem Eierstab und Perlstab (?) zwei gerippte Kreise vermutl. wie LUDOWICI VI, K 29.K 30. – Rheinzabern, 1. Hälfte 3. Jh. – Inv. Nr. Sä 657 (R 1068).
159. WS Drag. 37. Ton ziegelrot, sehr hart; Üb. orangerot, leicht glänzend. – (Völlig verdrückter) Eierstab aus 3(?)teiligen Eiern und rechts angelehnten Stäbchen mit Endverdickung (?) vermutl. wie LUDOWICI VI, E 43, darunter gerippter Kreis vielleicht wie LUDOWICI VI, K 29. – Rheinzabern, 1. Hälfte 3. Jh.
160. 2 RS Drag. 37. Ton hellorange bis hellbraun, sehr hart; Üb. orangerot bis bräunlich, leicht glänzend, z.T. abgeplatzt. – Unter Leiste Eierstab aus 3teiligen Eiern und rechts angelehnten Stäbchen mit Endverdickung; genaue Parallelen? – Trier ? – Inv. Nr. Sä 551.

Tafel 8

Reliefverzierte Terra Sigillata

161. RS, WS Drag. 37, Dm. 23 cm. Ton orange, weich; Üb. orange-rot, fleckig, verrieben. – Oben Fries aus Blättern wie ETTLINGER, Bern-Enge Taf. 1,P 2; darunter Arkaden aus Kandelabern und gezahnten Halbbögen wie ebd. Taf. 1,P 1; K B 3; K B 3a; in rechter Arkade Frau nach rechts wie ebd. Taf. 1,M 16.M 16a; zwischen Arkaden Blätter wie Fries (s. o.). Insgesamt schlecht geprägt. – Rätisch, 1. Hälfte 3. Jh. – RS: Fst.: Porticus, 1970; WS Fst.: Westliche Porticus, 1971.
162. WS Drag. 37. Ton hellorange, weich; Üb. orangerot-bräunlich, seidig glänzend. – Rosette aus sieben Punkten und vertikale Zickzacklinie wie LUDOWICI VI, O 42; daneben springender Löwe (Panther ?) n.l. wie OSWALD, Figure types 1497 H. J; vgl. aber auch FÖLZER, Ostgallische Sigillata Taf. 25,53.107; URNER-ASTHOLZ, Eschenz Taf. 7,4.6. – Provenienz?
163. WS Drag. 37. Ton orange, hart; Üb. orange-rot, leicht glänzend, narbig. – Neben vertikalem Perlstab verprägter Hase n.l. ähnl. OSWALD, Figure types 2115, LUDOWICI VI, T 163 Provenienz? – Inv. Nr. Sä 657 (R 1097).
164. WS Drag. 37. Ton orange-ocker, hart; Üb. dunkelrot-bräunlich, matt. – Unter geripptem Wulst mehrteilige Rosette und gefiedertes Blatt wie z.B. STANFIELD/SIMPSON, CGP Taf. 107,26.31; PLANCK, Rottweil Taf. 110,3; URNER-ASTHOLZ, Eschenz Taf. 7,6. – Provenienz? – Inv. Nr. Sä 551.
165. WS vermutl. Drag. 37. Ton hellorange, mäßig hart; Üb. orange-rot, matt glänzend. – Bein einer schreitenden Figur n.r. wie z.B. OSWALD, Figure types 644A.650.680. – Provenienz? – Inv. Nr. Sä 776 (FK Rathaus Rhina), Fst.: Schnitt 3, 1936.
166. BS Drag. 37. Ton orange, hart; Üb. rot-orange, matt. – Hinterläufe eines Tieres? – Provenienz? – Fst. Nord-Risalit, 1970.
167. WS vermutl. Drag. 37. Ton orange, glimmerhaltig, hart; Üb. bräunlich-orange, matt. – Rest eines gestielten Blattes. – Provenienz? – Inv. Nr. Sä 657 (R 1078).
168. WS Drag. 37. Ton orange, hart; Üb. orange-gelb, stumpf. – Schweif eines Tieres? – Provenienz? – Fst.: Nord-Risalit, 1970.
169. WS Drag. 37. Ton orange, sehr hart; Üb. bräunlich-orange, stark abgesplittert. – Eierstab aus 3(?)teiligen Eiern

mit rechts angelehnten Stäbchen, darunter Perl(?)stab und Reliefrest. – Provenienz? – Inv. Nr. Sä 525.
170. WS, vermutl. Drag. 37. Ton grau; Üb. schwarz, völlig sekundär verbrannt. – Zwei Hinterhufe eines Tieres n.r. – Provenienz? Inv. Nr. Sä 525.
171. WS, Form? Ton lachs-orange, mäßig hart; Üb. mittel- bis dunkelrot, matt. – Unterteil eines Blattes. – Provenienz? – AO.: Schule Rhina.
172. 2 BS Form? Ton orange-ocker, sehr hart; Üb. bräunlich-rot, matt, stark verrieben und bestoßen (innen); orange-rot, leicht glänzend, Ton z. T. durchschimmernd (außen). – Nicht zuweisbares Innenrelief. – Wohl afrikanisch.

Tafel 9

Nichtreliefierte Terra Sigillata

173. RS, wohl Haltern 8, Dm. ca. 11 cm. Ton orange-lachs, mehlig, sehr fein; Üb. rot-bräunlich, matt schimmernd, außen stark abgeplatzt. – Innen stark verschliffen; vermutl. Randriefelung. – Arretinisch. – Inv. Nr. Sä 552.
174. RS Haltern 8, Dm. ca. 13 cm. Ton orange-gelb, mehlig; Üb. außen rotbraun-orange, stumpf, stark abgerieben, innen etwas dunkler, leicht schimmernd, stark abgeplatzt. – Rest einer Riefelung. – Arretinisch. – Inv. Nr. Sä 552.
175. RS Haltern 8. Ton gelb-beige, stellenweise gräulich, mäßig hart, sehr fein; Üb. mittelrot, leicht schimmernd, z. T. abgeplatzt (besonders innen), leichte sekundäre Brandspuren. – Rest einer Riefelung. Außen viele feine Drehrillen. – Arretinisch. – Inv. Nr. Sä 652(?)
176. RS Haltern 8. Ton beige bis schwach orange, mäßig hart, sehr fein; Üb. mittelrot-orange, leicht schimmernd, leicht abgeplatzt. – Schwache Riefelung. Innen vereinzelt feine Drehrillen. – Arretinisch. – Inv. Nr. Sä(?)
177. WS Haltern 8. Ton beige-rosa, mäßig hart, sehr fein; Üb. mittelrot, leicht schimmernd, stark abgeplatzt. – Oben und unten fein geriefelt. – Arretinisch. – Inv. Nr. Sä 552.
178. RS Haltern 8, Dm. ca. 10 cm. Ton hellorange-beige, mehlig; Üb. mittel- bis kräftig rot, matt, stark abgeplatzt. – Rest einer Randriefelung. – Arretinisch. – Inv. Nr. Sä 552.
179. Standringbruchstück Haltern 8. Ton beige-gelb bis rosa, mehlig, sehr fein; Üb. bräunlichrot, matt. – Vgl. Schönberger, Rödgen Taf. 14.15,218–237. – Arretinisch.
180. Tasse Haltern 8 (Gefäß geringfügig modern ergänzt), Dm. 8,1 cm, H. 5,6 cm. Ton (z. T. durchschimmernd) vermutl. gelblich; Üb. hellrot-rosa, matt schimmernd, z. T. abgesplittert. – Riefelung auf Rand- und Bauchwulst. Vgl. z. B. Ettlinger, Neuss Taf. 45,1.16.18. – Vermutlich arretinisch. – Inv. Nr. Sä 449.
181. RS Haltern 8, Dm. ca. 11,5 cm. Ton lachs, weiße Einsprengsel, sehr hart; Üb. rot-orange, matt, vereinzelt bestoßen. – Schwach erhaltene Randriefelung. – Südgallisch. – Inv. Nr. Sä 552.
182. WS Haltern 9. Ton beige-rosa, mäßig hart, sehr fein; Üb. mittelrot-bräunlich, seidig glänzend, z. T. abgesprungen. – Riefelung auf Bauchwulst; Rest einer Henkelapplike. Vgl. Fellmann, Basel Taf. 9,1.2; v. Schnurbein, Haltern Taf. 55,1232.1233. – Arretinisch. – Inv. Nr. Sä 552.
183. RS vermutl. Haltern 11. Ton hellbeige, mehlig, sehr fein; Üb. hellrot-orange, leicht schimmernd. – Flaue Randriefelung. Vgl. Schönberger, Rödgen Taf. 48,5; Fellmann, Basel Taf. 9,3.4. – Arretinisch. – Inv. Nr. Sä 657.
184. RS Hofheim 5. Ton lachs-orange, sehr feine weiße Einsprengsel, mäßig hart, sehr fein; Üb. orange-rot, leicht schimmernd, vereinzelt abgeplatzt. – Südgallisch. – Inv. Nr. Sä 657.
185. RS Hofheim 5. Ton beige-gelb bis leicht rosa, mehlig, sehr fein; Üb. rot-orange, matt, leicht abgeplatzt, in sich fleckig. – Südgallisch. – Inv. Nr. Sä 552.
186. BS Hofheim 5, Standring Dm. ca. 7,6 cm. Ton orange-rosa, mäßig hart, sehr fein; Üb. hell- bis kirschrot, leicht schimmernd, leicht abgeplatzt, außen Fingerabdruck. – Südgallisch. – Inv. Nr. Sä 552.
187. BS Hofheim 8, Standring Dm. 3 cm. Ton hellorange, weiße Einsprengsel, klingend hart; Üb. kirschrot-orange, matt, z. T. rissig. – Auf Bauch umlaufende Rille. – Südgallisch. – Inv. Nr. Sä (R 1049).
188. RS Hofheim 8, Dm. 9,8 cm. Ton lachs-orange, vereinzelt weiße Einsprengsel, sehr hart; Üb. orange-rot, matt, vereinzelt leicht bestoßen. – Südgallisch. – Inv. Nr. Sä 657 (R 1055).
189. RS Hofheim 8, Dm. 8 cm. Ton lachs-orange, weiße Einsprengsel, sehr hart; Üb. rostrot-orange, matt schimmernd. – Südgallisch. – Inv. Nr. Sä 525.
190. Tasse Hofheim 9 A, Dm. 9 cm. Ton lachsrot, klingend hart; Üb. orange-rot bis rot-bräunlich, matt. – Unter Bauchknick feine Drehrillen. Vgl. Martin-Kilcher, Laufen-Müschhag Taf. 1,4. – Südgallisch. – Inv. Nr. Sä 657.
190 a.* WS Hofheim 9 A. Ton orange-lachs, hart; Üb. kirschrot-orange, leicht glänzend. – Form ähnl. Kat.-Nr. 190. – Südgallisch.
190 b.* WS Hofheim 9 B. Ton lachs-orange, weiße Einsprengsel, sehr hart; Üb. kirschrot, leicht glänzend, leicht rissig. – Ähnlich Oswald/Pryce, Introduction Taf. 39,8. – Südgallisch. – Inv. Nr. Sä 525.
191. Tasse Hofheim 9 B, Gefäß geringfügig modern ergänzt, Dm. 6,3 cm, H. 3,3 cm. Ton lachs, hart; Üb. mittelrot-orange, matt. – Innen unleserlicher Bodenstempel (Tabelle 11, Nr. 24); Unterseite Graffito. Vgl. Mary, Neuss Abb. 8,4. – Südgallisch. – Inv. Nr. Sä 494.

Tafel 10

Nichtreliefierte Terra Sigillata

192. WS Hofheim 10. Ton lachsrot-orange, klingend hart; Üb. kirschrot-orange, matt, z. T. abgerieben. – Vgl. Oswald/Pryce, Introduction Taf. 51,3. – Südgallisch.
193. 2 RS Hofheim 10, Dm. ca. 15 cm. Ton lachs-rosa, vereinzelt weiße Einsprengsel, klingend hart; Üb. hell- bis mittelrot, matt schimmernd, viele kleine Aussprengungen. – Außen und innen Drehrillen. – Südgallisch. – Inv. Nr. Sä 657 (rechte RS).
194. Napf Drag. 22, Gefäß modern ergänzt, Dm. 7 cm, H. 2,4 cm. Ton?; Üb. mittelrot-orange, matt, z. T. weißfleckig. – Vgl. Mary, Neuss Abb. 9,6. – Südgallisch. – Inv. Nr. Sä 686.
195. BS Drag. 22/23, Standring Dm. 14,6 cm. Ton lachs-orange, weiße Einsprengsel, sehr hart; Üb. orange-rot bis leicht bräunlich, matt schimmernd, sekundäre Brandspuren. – Südgallisch.
196. BS Drag. 22/23, Standring Dm. ca. 11 cm. Ton lachs-rosa, weiße Einsprengsel, hart; Üb. orange-rot, matt schimmernd. – Vgl. Ulbert, Aislingen Taf. 76,XV,21. – Südgallisch.
197. WS Drag. 24/25. Ton lachs-orange, weiße Einsprengsel, sehr hart; Üb. kirschrot-orange bis schwach bräunlich, matt, vereinzelt rissig und leicht bestoßen. – Vermutl. An-

satz eines Spiralhenkels, Rest einer Riefelung auf Bauchwulst. – Südgallisch. – Inv. Nr. Sä 525.
198. Tasse Drag. 24/25. Gefäß modern ergänzt, Dm. 7,1 cm, H. 3,6 cm. Ton lachs-orange, sehr hart; Üb. mittelrot, matt, z. T. rissig. – Randwulst fein geriefelt; innen Bodenstempel vermutl. HILI[ ] (Tabelle 11, Nr. 16). – Südgallisch. – Inv. Nr. Sä 367.
199. Tasse Drag. 24/25. Gefäß modern ergänzt, Dm. 5,9 cm, H. 2,9 cm. Ton rosa-orange; Üb. mittelrot, matt, z. T. punktförmig abgeplatzt. – Rand- und Bauchwulst geriefelt. – Südgallisch. – Inv. Nr. Sä 366.
200. RS/WS Drag. 24/25, Dm. 7 cm. Ton lachs bis rotorange, klingend hart; Üb. rotorange, seidig glänzend. – Rand mittelgrob geriefelt. – Südgallisch. – Inv. Nr. Sä 551.
201. RS/2 WS Drag. 24/25, Dm. ca. 7 cm. Ton lachsrot, vereinzelt weiße Einsprengsel, sehr hart; Üb. orange-rot, hochglänzend, z. T. bestoßen. – Rand mit mehrteiliger Riefelung. – Südgallisch. – Inv. Nr. Sä 657.
202. RS Drag. 24/25, Dm. ca. 10 cm. Ton orange-lachs, sehr hart; Üb. orange-rot, matt bis matt schimmernd, vereinzelt Aussprengungen. – Rand mehrteilig geriefelt, z. T. sehr flau. – Südgallisch. – Inv. Nr. Sä 657.
203. 2 WS Drag. 24/25. Ton orange-beige, klingend hart; Üb. orange-rot, innen leicht schimmernd, außen matt, leicht fleckig, z. T. bestoßen. – Über Bauchwulst unsaubere mehrteilige Riefelung. – Südgallisch.
204. RS Drag. 24/25, Dm. 12 cm. Ton lachs-orange, vereinzelt weiße Einsprengsel, klingend hart; Üb. hellrot-orange, glänzend, vereinzelt leicht bestoßen. – Rand mit mehrteiliger Riefelung. – Südgallisch. – Inv. Nr. Sä 551.
205. RS Drag. 24/25, Dm. 12,2 cm. Ton orange bis lachs, vereinzelt weiße Einsprengsel, sehr hart; Üb. dunkelorange bis rotbräunlich, matt schimmernd. – Rand mit mehrteiliger Riefelung. – Südgallisch.
206. BS, vermutl. Drag. 24/25, Standring Dm. 2,4 cm. Ton hell-orange, vereinzelt weiße Einsprengsel, klingend hart; Üb. mittelrot, matt, z. T. rissig. – Innen Bodenstempel OF[ ] (Tabelle 11, Nr. 14). – Südgallisch. – Inv. Nr. Sä 657.
207. BS Drag. 24/25, Standring Dm. 3,2 cm. Ton lachs-orange, vereinzelt weiße Einsprengsel, sehr hart; Üb. hellrot, matt, stark rissig. – Innen unleserlicher Bodenstempel (Tabelle 11, Nr. 20); schlechte Qualität. – Südgallisch. – Inv. Nr. Sä 551 (Rhina Sitt 1928).
208. RS Drag. 24/25, Dm. 11,5 cm. Ton hellrot-orange, klingend hart; Üb. hellrot, matt, z. T. hellfleckig. – Rand mit unsauberer Riefelung. – Südgallisch. – Inv. Nr. Sä 657.

Tafel 11

Nichtreliefierte Terra Sigillata

209. WS Drag. 24/25. Ton orange-lachs, sehr hart; Üb. kirschrot-orange, matt. – Über Bauchwulst mehrteilige Riefelung. – Südgallisch. – Inv. Nr. Sä 657.
210. RS Drag. 24/25, Dm. 11 cm. Ton hellrot, weiße Einsprengsel, sehr hart; Üb. kirschrot-orange, hochglänzend. – Rand fein geriefelt. – Südgallisch. – Inv. Nr. Sä 657.
211. RS Drag. 27, Dm. 7 cm. Ton lachs-orange, weiße Einsprengsel, klingend hart; Üb. orangerot-bräunlich, glänzend, vereinzelt rissig bzw. bestoßen. – Außen Drehrillen. – Südgallisch. – Inv. Nr. Sä 657 (R 1050).
212. Tasse Drag. 27, Dm. 8 cm. Ton rosa-orange, weiße Einsprengsel, sehr hart; Üb. bräunlich-orange, matt schimmernd, leicht fleckig. – Südgallisch. – Inv. Nr. Sä 657.
213. RS Drag. 27, Dm. 7 cm. Ton lachs-rot, weiße Einsprengsel, sehr hart; Üb. orangerot-bräunlich, matt, stellenweise leicht bestoßen. – Südgallisch. – Inv. Nr. Sä 525.
214. RS Drag. 27, Dm. ca. 12 cm. Ton orange-gelb, weiße Einsprengsel, hart; Üb. hell- bis kirschrot, matt schimmernd, vereinzelt bestoßen. – Südgallisch. – Inv. Nr. Sä 657 (R 1051).
215. RS Drag. 27, Dm. 11 cm. Ton rosa-orange bis dunkellachs, vereinzelt weiße Einsprengsel, sehr hart; Üb. kirschrot-orange, hochglänzend, vereinzelt bestoßen. – Südgallisch. – Inv. Nr. Sä 657.
216. RS Drag. 27, Dm. 8 cm. Ton rosarot, weiße Einsprengsel, sehr hart; Üb. kirschrot, matt schimmernd. – Nachlässig gearbeitet. – Südgallisch. – Inv. Nr. Sä 657.
217. RS Drag. 27, Dm. 11 cm. Ton orange-rosa, weiße Einsprengsel, klingend hart; Üb. kirschrot-orange, matt. – Südgallisch.
218. RS Drag. 27, Dm. 12 cm. Ton rosa-orange, vereinzelt weiße Einsprengsel, sehr hart; Üb. kirschrot-orange bis leicht bräunlich, matt schimmernd. – Südgallisch.
219. Tasse Drag. 27, Gefäß modern ergänzt, Dm. 10,8 cm, H. 6,1 cm. Ton hellrot; Üb. hellrot-orange, matt, z. T. bestoßen. – Innen unleserlicher Bodenstempel (Tabelle 11, Nr. 23). – Südgallisch. – Inv. Nr. Sä 683.
220. BS Drag. 27, Standring Dm. 4,7 cm. Ton lachs, weiße Einsprengsel, sehr hart; Üb. mittelrot, matt. – Innen unleserlicher Bodenstempel (Tabelle 11, Nr. 21). – Südgallisch. – Inv. Nr. Sä 551.
221. BS Drag. 27, Standring Dm. 3,2 cm. Ton lachs-orange, weiße Einsprengsel, sehr hart; Üb. mittelrot, matt. – Innen unleserlicher Bodenstempel (Tabelle 11, Nr. 22). – Südgallisch. – Inv. Nr. Sä 551.
222. BS Drag. 27, Standring Dm. ca. 3,2 cm. Ton hellorange, weiße Einsprengsel, sehr hart; Üb. mittelrot, stumpf. – Innen Bodenstempel [ ]DI (Tabelle 11, Nr. 17). – Südgallisch. – Inv. Nr. Sä 657.
223. BS Drag. 27, Standring Dm. 5,4 cm. Ton lachs-orange, weiße Einsprengsel, sehr hart; Üb. mittelrot, matt, z. T. fleckig bzw. berieben. – Unterseite viele feine Drehrillen; innen Bodenstempel [ ]VO (Tabelle 11, Nr. 18). – Südgallisch. – Inv. Nr. Sä 657.
224. RS Drag. 27, Dm. 9 cm. – Ton orange-gräulich, weiße Einsprengsel, sehr hart; Üb. kirschrot-orange, matt bis stumpf, am Rand leicht berieben. – Innen abgebrochen. – Südgallisch.

Tafel 12

Nichtreliefierte Terra Sigillata

225. RS Drag. 27, Dm. 9 cm. Ton lachs-orange, vereinzelt weiße Einsprengsel, sehr hart; Üb. rot-orange, leicht glänzend, vereinzelt rissig bzw. bestoßen. – Außen einzelne Drehrillen. – Südgallisch. – Inv. Nr. Sä 657.
226. RS Drag. 27, Dm. 11 cm. Ton orange-lachs, weiße Einsprengsel, klingend hart; Üb. kirschrot-orange, leicht glänzend. – Südgallisch.
227. RS Drag. 27, Dm. 8 cm. Ton orange-rot, weiße Einsprengsel, sehr hart; Üb. kirschrot-orange, seidig schimmernd. – Unsaubere Arbeit. – Südgallisch.
228. RS Drag. 27, Dm. 8 cm. Ton dunkellachs, vereinzelt weiße Einsprengsel, klingend hart; Üb. dunkelrot-orange, matt schimmernd. – Südgallisch.
229. RS Drag. 27, Dm. 13 cm. Ton lachs-orange, weiße Einsprengsel, sehr hart; Üb. kirschrot-orange, matt schimmernd, vereinzelt rissig bzw. leicht bestoßen. – Südgallisch.

230. RS Drag. 27, Dm. 11 cm. Ton lachs-rosa, weiße Einsprengsel, sehr hart; Üb. orange-rot, matt, z. T. rissig. – Südgallisch. – Inv. Nr. Sä 657.
231. RS Drag. 27. Ton rosa-orange, weiße Einsprengsel, hart; Üb. kirschrot-bräunlich, leicht schimmernd. – Südgallisch.
232. RS Drag. 27, Dm. 11 cm. Ton beige-orange, weiße Einsprengsel, sehr hart; Üb. bräunlich-orange, matt, z. T. leicht rissig. – Südgallisch. – Inv. Nr. Sä 657.
232a.* 9 verschied. WS, 1 RS Drag. 27, davon 1 mit sekundären Brandspuren. – Südgallisch. – Inv. Nr. Sä 657 (1 WS); Inv. Nr. Sä 525 (2 WS).
233. RS Drag. 27, Dm. 8 cm. Ton rosa-lila, mehlig, Üb. rotorange bis rotbräunlich, matt, stellenweise bestoßen und rissig. – Außen Drehrillen, schlechte Qualität. – Mittel- oder ostgallisch.
234. RS Drag. 27, Dm. 11 cm. Ton orange-rosa, sehr hart; Üb. orange-rot, matt, vereinzelt leicht bestoßen. – Mittel- oder ostgallisch.
235. RS Drag. 27. Ton lachs-orange, sehr hart; Üb. orangerot, leicht glänzend. – Mittel- oder ostgallisch.
236. RS Drag. 27. Ton orange-lachs, quarzithaltig, hart; Üb. bräunlich-orange, matt, stark bestoßen. – Mittel- oder ostgallisch.
236a.* 2 verschied. WS Drag. 27. Ton orange, hart; Üb. bräunlich-rot bzw. orange-rötlich, glänzend. – Mittel- oder ostgallisch.
237. Napf Drag. 35, Gefäß modern ergänzt, Dm. 7 cm, H. 2,8 cm. Ton hellrot; Üb. mittel- bis hellrot, matt, z. T. abgeplatzt. – Rest zweier gestielter Blätter en barbotine. – Südgallisch. – Inv. Nr. Sä 365.
238. Napf Drag. 35, Gefäß modern ergänzt, Dm. 8 cm, H. 3,6 cm. Ton mittelrot, mit weißen Einschlüssen; Üb. mittelrot, matt, z. T. leicht bestoßen. – Blatt und Haken en barbotine. – Südgallisch. – Inv. Nr. Sä 684.
239. Napf Drag. 35, Dm. 6,5 cm. Ton lachs-orange, weiße Einsprengsel, sehr hart; Üb. kirschrot, matt bis leicht schimmernd, leicht bestoßen. – Blattstiel en barbotine (außen nachlässig gearbeitet). – Südgallisch. – Inv. Nr. Sä 525.
240. RS Drag. 35/36, Dm. 13,5 cm. Ton orange-lachs, weiße Einsprengsel, sehr hart; Üb. kirschrot, leicht glänzend. – Gestieltes Blatt und Blattstiel en barbotine. – Südgallisch. – Inv. Nr. (R 1024).
241. RS Drag. 35/36, Dm. 13 cm. Ton lachs-orange, weiße Einsprengsel, sehr hart; Üb. kirschrot-bräunlich, matt schimmernd. – Gestieltes Blatt en barbotine. – Südgallisch. – Inv. Nr. Sä (R 1028).

Tafel 13

Nicht reliefierte Terra Sigillata

242. RS Drag. 35/36, Dm. 13 cm. Ton lachs-orange, weiße Einsprengsel, sehr hart; Üb. kirschrot-orange, glänzend bis hochglänzend. – Gestieltes Blatt und Blattstiel en barbotine; gute Qualität. – Südgallisch. – Inv. Nr. Sä 551 (R 1021).
243. 6 RS Drag. 36, Dm. 15,5 cm. Ton orange-lachs, weiße Einsprengsel, mehlig; Üb. mittelrot-orange, matt, stark verrieben und abgeplatzt, leichte (sekundäre) Brandspuren. – Drei gestielte Blätter en barbotine. – Spätestsüdgallisch. – Inv. Nr. Sä 525 (1 RS).
244. RS Drag. 36, Dm. 15 cm. Ton lachs- bis ziegelrot, hart; Üb. kirschrot-orange, leicht glänzend, z. T. bestoßen. – Drei schmale radial angeordnete Blätter und Blattstiel en barbotine; vgl. Oswald/Pryce, Introduction Taf. 53,7.10. – Wohl mittelgallisch. – Inv. Nr. Sä 657 (R 1019).
245. BS Drag. 35/36, Standring Dm. 6. cm. Ton orangebeige, klingend hart; Üb. orangerot-bräunlich, matt. – Rest einer Barbotinedekoration. – Mittel- oder ostgallisch. – Inv. Nr. Sä 657 (R 10?).
246. Napf Drag. 36 (Gefäß modern ergänzt), Dm. ca. 22 cm, H. 5,8 cm. Ton lachs-orange(?), weich, grob; Üb. rotorange, matt, stark abgeplatzt, z. T. fleckig. – Schlechte Qualität; langgestrecktes gestieltes Blatt en barbotine; vgl. Oswald, Margidunum Taf. 40,4. – Mittel- oder ostgallisch. – Inv. Nr. Sä 685.

Tafel 14

Nichtreliefierte Terra Sigillata

247. 3 RS Drag. 36, Dm. ca. 26 cm. Ton beige-gelb bis leicht orange, mäßig hart bis mehlig; Üb. mittelrot-orange bis schwach bräunlich, matt bis stumpf, stark bestoßen bzw. abgeplatzt, z. T. schwache sekundäre Brandspuren(?) – Zwei langgestreckte gestielte Blätter und zwei geschlängelte Blattstiele en barbotine; vgl. Oswald/Pryce, Introduction Taf. 53,17. – Wohl ostgallisch. – Inv. Nr. Sä 525 (1 RS).
248. RS Drag. 36, Dm. ca. 24,5 cm. Ton ziegelrot, Kern violett, klingend hart; Üb. orangerot bis bräunlich, verschliffen. – Drei gestielte langgestreckte Blätter en barbotine; vgl. Oswald, Margidunum Taf. 51,7. – Wohl ostgallisch. – Inv. Nr. Sä 551.
248a.* 13 verschied. RS, 2 WS Drag. 35/36. Ton lachs bis orange, weiße Einsprengsel, hart bis sehr hart; Üb. kirschrot bis rot-orange, glänzend bis hochglänzend. – Verschiedene Barbotinereste. – Südgallisch. – Inv. Nr. Sä 525 (6 RS); Inv. Nr. R 1022. R 1023. R 1026. R 1027. R 1033.
248b.* 3 RS von zwei Gefäßen Drag. 35/36. Ton orange bzw. beige-orange, mehlig; Üb. orange-rot, leicht glänzend bzw. stumpf. – Barbotinereste. – Mittel- oder ostgallisch. – Inv. Nr. Sä 57/67 (1 Rs); Inv. Nr. Sä 525 (2 RS).
248c.* BS Drag. 35/36, Standring Dm. ca. 6 cm. Ton orange, mehlig; Üb. bräunlich-orange, matt schimmernd. – Vgl. Oswald/Pryce, Introduction Taf. 53,12 – Trier?
249. Tasse Drag. 33, Gefäß modern ergänzt, Dm. 9,4 cm, H. 4,8 cm. Ton?; Üb. schwarz bis braunrot gefleckt, sekundär verbrannt. – Vgl. Planck, Rottweil Taf. 86,5. Innen unleserlicher Bodenstempel (Tabelle 11, Nr. 25). – Wohl südgallisch. – Inv. Nr. Sä 445.
250. WS Drag. 33. Ton ziegelrot-orange, weiße Einsprengsel, klingend hart; Üb. orange-rot bis leicht bräunlich, matt, leicht bestoßen. – Südgallisch.
251. WS Drag. 33. Ton grau; Üb. schwarz-orange gefleckt, stark sekundär verbrannt. – Wand mit zwei unterschiedlichen Einschnürungen. Vgl. Oswald, Margidunum Taf. 28,3. – Süd- oder mittelgallisch.
251a.* WS Drag. 33, ähnl. Kat.-Nr. 250.
251b.* WS Drag. 33. Ton lachs-orange, weiße Einsprengsel, hart; Üb. kirschrot-bräunlich, leicht schimmernd. – Form vermutlich wie Oswald/Pryce, Introduction Taf. 51,7. – Südgallisch.
252. RS vermutl. Drag. 33, Dm. 14 cm. Ton orange-rosa, klingend hart; Üb. kirschrot-orange, matt schimmernd, vereinzelt leicht bestoßen. – Schlecht gearbeitet. – Wohl mittelgallisch.
253. WS Drag. 33, Dm. ca. 10,5 cm. Ton lachs-orange, leicht glimmerhaltig, sehr hart; Üb. orange, matt, sehr stark

bestoßen. – Wand mit schmaler umlaufender Rille. – Wohl mittelgallisch. – Fst.: Südwestteil Raum M, 1970.
254. WS, BS Drag. 33, Standring Dm. 3,4 cm. Ton hellorange, mäßig hart; Üb. hellrot-orange, matt, leicht fleckig. – Innen Bodenstempel PAT[ ] (Tabelle 11, Nr. 8). – Vermutl. Lezoux, Paternus(?), 2. Hälfte? 2. Jh. Inv. Nr. Sä 551.

Tafel 15

Nichtreliefierte Terra Sigillata

255. RS Drag. 33, Dm. 13 cm. Ton dunkelrot-orange, verschiedenartige Einschlüsse, hart; Üb. orange-dunkelrot, schimmernd, vereinzelt leicht bestoßen. – Wand mit schmaler umlaufender Rille. Innen nachlässig gearbeitet. – Mittel- oder ostgallisch.
256. RS Drag. 33, Dm. 12 cm. Ton orange-beige, sehr hart; Üb. orange-kirschrot, matt schimmernd, z. T. bestoßen. – Mittel- oder ostgallisch.
257. 2 RS, WS Drag. 33, Dm. 13 cm. Ton rosa-orange, sehr hart; Üb. orange-rot, matt, z. T. abgerieben bzw. Aussprengungen. – Auf Wand sehr feine umlaufende Rille; außen viele Drehrillen. – Mittel- oder ostgallisch.
258. RS/WS Drag. 33, Dm. 12 cm. Ton orange-lachs, sehr hart; Üb. rot-orange, matt schimmernd, vereinzelt bestoßen bzw. Aussprengungen. – Auf Wand zwei umlaufende Rillen. – Mittel- oder ostgallisch.
259. RS Drag. 33, Dm. 14 cm. Ton ziegelrot, vereinzelt glimmerhaltig, klingend hart; Üb. kirschrot-orange, matt, z. T. leicht bestoßen. – Mittel- oder ostgallisch.
260. RS Drag. 33. Ton orange-rosa, hart; Üb. orange-rot, leicht glänzend, stark bestoßen. – Mittel- oder ostgallisch.
261. WS Drag. 33. Ton orange-gelb, weich; Üb. orange-bräunlich, leicht fleckig, stark bestoßen. – Auf Wand zwei (umlaufende) Rillen. – Wohl ostgallisch.
262. 2 RS Drag. 33, DM 13 cm. Ton lachs-orange, mittelgroße Einschlüsse, sehr hart; Üb. orange-kirschrot, matt, vereinzelt bestoßen bzw. Aussprengungen. – Wohl ostgallisch.
263. Tasse Drag. 40, Gefäß modern ergänzt, Dm. 8,9 cm, H. 3,9 cm. Ton wohl hellrot; Üb. rot-orange, matt, innen z. T. abgerieben, außen z. T. hellorange-fleckig. – Vgl. Schönberger, Altenstadt Taf. 25, CI 758.759. – Mittel- oder ostgallisch. – Inv. Nr. Sä 368.
264. RS Drag. 40, Dm. 11 cm. Ton rosa-orange, hart; Üb. kirschrot-orange, matt, stellenweise bestoßen. – Außen vereinzelt Drehrillen. – Mittel- oder ostgallisch.
265. RS Drag. 40, Dm. 10 cm. Ton orange-rosa, sehr hart; Üb. bräunlichrot-orange, matt, vereinzelt leicht bestoßen. – Außen viele Drehrillen. – Mittel- oder ostgallisch.
266. RS Drag. 40, Dm. 12 cm. Ton rosa-orange, weich: Üb. rotorange bis bräunlich, matt, z. T. verrieben. – Mittel- oder ostgallisch.
267. RS Drag. 40, Dm. 10 cm. Ton orange-rosa, hart; Üb. rot-orange, leicht glänzend. – Mittel- oder ostgallisch.
268. RS vermutl. Drag. 40 (Drag. 32?). Ton orange-lachs, hart; Üb. kirschrot-orange, matt, leicht bestoßen. – Mittel- oder ostgallisch.
269. RS, wie Kat.-Nr. 268.
270. RS Drag. 40, Dm. 11 cm. Ton beige-gelb bis leicht orange, mehlig; Üb. (nur in Resten) orangerot-bräunlich, matt, (sekundäre) Brandspuren? – Wohl ostgallisch.
271. BS Drag. 40, Standring Dm. 3 cm. Ton orange-gelb, hart; Üb. orange-mittelrot, matt. – Schlechte Qualität. – Wohl ostgallisch.
272. RS vermutl. Drag. 40 (Drag. 32?). Ton rot-orange, sehr hart; Üb. kirschrot-bräunlich, matt schimmernd. – Schlechte Qualität. – Wohl ostgallisch.

Tafel 16

Nichtreliefierte Terra Sigillata

273. BS vermutl. Haltern 3B, Standring Dm. ca. 13 cm. Ton beige-gelb bis ocker, weich bis mäßig hart, sehr fein; Üb. rot-bräunlich, z. T. orange-fleckig; Standringinnen- und Bodenunterseite z. T. ohne Üb. – Zwei konzentrische Bodenrillen. Zur Form vgl. Fellmann, Basel Taf. 10,4. – Arretinisch. – Vgl. Bad. Fundber. III, 1933–1936, 221 Abb. 97, b.
274. RS vermutl. Haltern 4, Dm. 18 cm. Ton ocker bis hellbräunlich, mäßig hart, sehr fein; Üb. kirschrot-bräunlich, leich glänzend, z. T. verschliffen bzw. bestoßen; unter Üb. weißer Belag. – Unterseite wellig; auf Wand (außen) und am Rand (innen) jeweils gerillt; innen Absatz. Vgl. Ettlinger, Neuss Taf. 22,19;23,6.8; v. Schnurbein, Haltern Taf. 57,1443.1444. – Arretinisch.
275. BS Teller, Standring Dm. 8 cm. Ton beige-creme, klingend hart, sehr fein; Üb. orange-bräunlich, matt bis leicht schimmernd, vereinzelt bestoßen. – Zwei konzentrische Bodenrillen. – Arretinisch. – Inv. Nr. Sä. 552.
276. BS, vermutl. Hofheim 1, Standring Dm. 7,5 cm. Ton lachs-rosa, weiße Einsprengsel, klingend hart; Üb. orange-rot bis leicht bräunlich, matt (Unterseite gut glänzend). Konzentrische Bodenrille, ähnlich Oswald/Pryce, Introduction Taf. 44,3. – Südgallisch.
277. 2 RS vermutl. Hofheim 1, Dm. ca. 16 cm. Ton ziegelrot-orange, weiße Einsprengsel, sehr hart; Üb. orange-kirschrot, stark glänzend, vereinzelt rissig. – Ähnl. Mary, Neuss Abb. 1,12. – Südgallisch. – Inv. Nr. Sä 525, 657.
278. Teller Drag. 15/17. Gefäß modern ergänzt, Dm. 17 cm, H. 3,4 cm. Ton hellrot-rosa; Üb. mittel- bis hellrot, matt. – Unterseite feine Drehrillen; vgl. Mary, Neuss Abb. 5,6. – Südgallisch. – Inv. Nr. Sä 446.
279. RS Drag. 15/17, Dm. 17 cm. Ton lachs-rosa, weiße Einsprengsel, sehr hart; Üb. mittelrot-bräunlich(!), stumpf, vereinzelt leicht bestoßen. – Vgl. Mary, Neuss Abb. 5,5. – Südgallisch. – Inv. Nr. Sä 552.
280. RS Drag. 15/17, Dm. 18 cm. Ton lachs-rosa, weiße Einsprengsel, sehr hart; Üb. kirschrot-bräunlich, glänzend, rissig. – Südgallisch. – Inv. Nr. Sä 552.
281. RS Drag. 15/17, Dm. ca. 20,5 cm. Ton lachs-orange, weiße Einsprengsel, sehr hart; Üb. kirschrot-orange, glänzend. – Vgl. Mary, Neuss Abb. 5,14. – Südgallisch. – Inv. Nr. Sä 552.
282. RS Drag. 15/17, Dm. 17 cm. Ton lachs-orange, weiße Einsprengsel, sehr hart; Üb. rotorange-bräunlich, stumpf, leicht rissig und bestoßen. – Flau gearbeitet. – Südgallisch. – Inv. Nr. Sä 552 (handschriftliche Notiz: „Laufenburg Sitt 1934“).

Tafel 17

Nichtreliefierte Terra Sigillata

283. RS Drag. 15/17, Dm. 17,5 cm. Ton ziegelrot-orange, vereinzelt weiße Einsprengsel, klingend hart; Üb. kirschrot-orange, leicht schimmernd, rissig. – Schlechte Qualität. Vgl. Mary, Neuss Abb. 5,22. – Südgallisch. – Inv. Nr. Sä 657?

283a.* 2 verschied. RS ähnl. Kat.-Nr. 280. – Südgallisch. – Inv. Nr. Sä 551.552.
283b.* RS/WS ähnl. Kat.-Nr. 281. – Südgallisch.
284. BS Drag. 15/17, Standring Dm. 7,4 cm. Ton lachs, weiße Einsprengsel, klingend hart; Üb. rot-orange, matt. – Konzentrische Bodenrille; darin Bodenstempel [ ]IIV (?) (Tabelle 11, Nr. 19). Vgl. MARY, Neuss Abb. 5,15.19. – Südgallisch. – Inv. Nr. Sä 551 (handschriftliche Notiz: „Südseite Rhina").
285. BS, vermutl. Drag. 15/17, Standring Dm. 12 cm. Ton lachs-orange, weiße Einsprengsel, hart; Üb. kirschrot, z. T. braun gefleckt, sekundär verbrannt. – Von konzentrischer Rille eingefaßter mehrteiliger Riefelkranz. Vgl. OSWALD/PRYCE, Introduction Taf. 42,17; 43,30. – Südgallisch.
286. 2 BS, vermutl. Drag. 15/17, Standring Dm. 8,5 cm. Ton lachs-rosa, weiße Einsprengsel, klingend hart; Üb. rotbräunlich, matt, sekundäre Brandspuren. – Zwei konzentrische Rillen. Vgl. MARY, Neuss Abb. 5,16.17. – Südgallisch. – Handschriftliche Notiz „Laufenburg Rhina".
287. BS, vermutl. Drag. 15/17. Ton lachs-orange, weiße Einsprengsel, sehr hart; Üb. kirschrot, mattschimmernd. – Südgallisch. – Inv. Nr. Sä 657.
288. RS Drag. 18, Dm. 14 cm. Ton orange-lachs, vereinzelt weiße Einsprengsel, sehr hart; Üb. kirschrot-orange, seidig schimmernd, z. T. rissig. – Nachlässig gearbeitet. Vgl. MARY, Neuss Abb. 2,10. Südgallisch. – Inv. Nr. Sä 657.
289. RS Drag. 18, Dm. 15 cm. Ton beige-rosa, weiße Einsprengsel, klingend hart; Üb. bräunlich bis rotorange, matt. – Vgl. MARY, Neuss Abb. 2,11. – Südgallisch.
290. RS Drag. 18, Dm. 16 cm. Ton lachs-rosa, weiße (z. T. grobe) Einsprengsel, mehlig; Üb. rotorange-bräunlich, seidig glänzend, abgesplittert. – Vgl. OSWALD, Margidunum Taf. 9,17.18. – Südgallisch.
291. Teller Drag. 18, Gefäß modern ergänzt, Dm. 14,2 cm, H. 3,8 cm. Ton?; Üb. mittelrot, matt. – Unterseite viele Drehrillen; innen konzentrische Rille. Vgl. WALKE, Straubing Taf. 36,1–3. – Südgallisch. – Inv. Nr. Sä 447.
292. RS vermutl. Drag. 18. Ton orange-lachs, weiße Einsprengsel, hart; Üb. orangerot-bräunlich, matt. – Südgallisch. – Inv. Nr. Sä 525.
293. RS vermutl. Drag. 18. Ähnl. Kat.-Nr. 292.
294. RS Drag. 18, Dm. 16 cm. Ton lachs-rosa, vereinzelt weiße Einsprengsel, sehr hart; Üb. orangerot bis orangebräunlich, matt schimmernd. – Vgl. OSWALD, Margidunum Taf. 9,21. – Südgallisch. – Inv. Nr. Sä 657.
295. RS Drag. 18. Ton lachs, weiße Einsprengsel, sehr hart; Üb. kirschrot, hochglänzend. – Südgallisch.
296. RS Drag. 18, Dm. 13 cm. Ton orange-lachs, weiße Einsprengsel, sehr hart; Üb. orange-rot, stark glänzend. – Außen vereinzelt Drehrillen. – Südgallisch. – Inv. Nr. Sä 551.

Tafel 18

Nichtreliefierte Terra Sigillata

297. RS Drag. 18, Dm. 16 cm. Ton rosa-orange, weiße Einsprengsel, klingend hart; Üb. orangerot-bräunlich, matt schimmernd, leicht berieben. – Südgallisch. – Inv. Nr. Sä 657.
298. RS Drag. 18, Dm. 15 cm. Ton orange-rosa, sehr hart; Üb. orange-bräunlich, gut glänzend, schwache sekundäre Brandspuren. – Wohl südgallisch. – Inv. Nr. Sä 525.
299. RS vermutl. Drag. 18. Ton orange-lachs, weiße Einsprengsel, sehr hart; Üb. rot-bräunlich, matt. – Südgallisch.
299a.* WS, vermutl. Drag. 18. Ton lachs-rosa, weiße Einsprengsel, klingend hart; Üb. orange-rot, hochglänzend. – Rest eines feinen Riefelkranzes; sehr gute Qualität. – Südgallisch.
300. BS Drag. 18, Standring Dm. 8 cm. Ton lachs-orange, weiße Einsprengsel, klingend hart; Üb. orangerot-bräunlich, schwach glänzend, vereinzelt leicht bestoßen. – Südgallisch.
301. BS Drag. 18, Standring Dm. ca. 9 cm. Ton lachs-rosa, weiße Einsprengsel, sehr hart; Üb. rot-orange bis leicht bräunlich, leicht glänzend, vereinzelt rissig. – Unterseite viele sehr feine Drehrillen. – Südgallisch.
302. BS, vermutl. Drag. 18, Standring Dm. 7,8 cm. Ton lachs, weiße Einsprengsel, klingend hart; Üb. kirschrot, matt, z. T. rissig. – Konzentrische Rille, darin Bodenstempel [ ]CCEI (Tabelle 11, Nr. 5). – La Graufesenque, vermutlich Lucceius, 2. Drittel 1. Jh. – Inv. Nr. Sä 551.
303. BS Drag. 18 oder 18/31, Standring Dm. 8 cm. Ton lachs-ocker, weiße Einsprengsel, sehr hart; Üb. kirschrotbräunlich, matt, vereinzelt Aussprengungen, schwache sekundäre Brandspuren. – Südgallisch.
304. BS Drag. 18 oder 18/31, Standring Dm. 9 cm. Ton lachs-orange, vereinzelt weiße Einsprengsel, sehr hart; Üb. rot-orange, glänzend. – Konzentrische Bodenrille. – Südgallisch. – Inv. Nr. Sä 551.
305. BS Drag. 18 oder 18/31, Standring Dm. 7,5 cm. Ton lachs, weiße Einsprengsel, klingend hart; Üb. orange-rot, gut glänzend. – Konzentrische breite, schwach eingetiefte Bodenrille. – Südgallisch.
306. BS Drag. 18 oder 18/31, Standring Dm. ca. 9 cm. Ton orange-rosa, weiße Einsprengsel, klingend hart; Üb. orange-rot, seidig glänzend. – Konzentrische Rille. – Südgallisch.
307. 2 RS Drag. 18/31, Dm. 17 cm. Ton ziegelrot, weiße Einsprengsel, sehr hart; Üb. orangerot, glänzend. – Gute Qualität. Vgl. OSWALD, Margidunum Taf. 31, 1–4. – Südgallisch.
308. RS Drag. 18/31. Ton lachs-rosa, weiße Einsprengsel, sehr hart; Üb. orange-bräunlich, matt glänzend. – Schlechte Qualität. – Südgallisch.
309. RS Drag. 18/31. Ton rosa-orange, weiße Einsprengsel, hart; Üb. bräunlich-orange, matt schimmernd, vereinzelt leicht bestoßen. – Südgallisch.
310. RS Drag. 18/31. Ton rosa-orange, weiße Einsprengsel, sehr hart; Üb. kirschrot-orange, gut glänzend, vereinzelt leicht bestoßen und rissig. – Südgallisch.
310a.* 2 verschied. WS, vermutl. Drag. 18/31. Ton orange, hart; Üb. rot-orange, glänzend. – Südgallisch.
311. 10 RS/BS Drag. 18/31, Dm. 19 cm. Ton rosa bis rötlich, quarzit(?)haltig, hart, grob; Üb. orange-rötlich, matt schimmernd, z. T. rissig, Fingerspuren. – Vgl. M. VANDERHOEVEN, Terra Sigillata aus Mittel- und Ostgallien: Die Töpferstempel. Funde aus Asciburgium 3 (Duisburg 1974) Nr. 41.42. – Spätestsüd- oder mittelgallisch. – Fst.: Südlich an Mauer 5 bzw. 17, 1970.

Tafel 19

Nichtreliefierte Terra Sigillata

312. RS Drag. 18/31, Dm. 18 cm. Ton hellorange bis orange-rot, sehr hart; Üb. orange-rot, seidig glänzend, vereinzelt Aussprengungen. – Mittel- oder ostgallisch.
313. RS Drag. 18/31, Dm. 17 cm. Ton lachs-rosa, leicht

glimmerhaltig, hart; Üb. orange-rot, gut glänzend. – Mittel- oder ostgallisch.
314. RS Drag. 18/31, Dm. 19 cm. Ton orange-rosa, sehr hart; Üb. bräunlich-orange, seidig glänzend, vereinzelt leicht bestoßen. – Mittel- oder ostgallisch.
315. RS Drag. 18/31, Dm. 18 cm. Ton orange-ziegelrot, quarzithaltig, sehr hart; Üb. orange-rot, matt glänzend, vereinzelt bestoßen, rauh. – Mittel- oder ostgallisch.
316. RS Drag. 18/31, Dm. 16 cm. Ton orange-rosa, quarzithaltig, hart; Üb. bräunlich-orange (z. T. gefleckt), matt, Aussprengungen, rauh. – Mittel- oder ostgallisch.
317. RS Drag. 18/31, Dm. 15 cm. Ton lachs-rosa bis orange, hart; Üb. bräunlich, matt, verrieben und bestoßen. – Mittel- oder ostgallisch. – Inv. Nr. Sä 525.
318. RS Drag. 18/31. Ton orange-beige, mehlig; Üb. kirschrot-bräunlich, matt, z. T. abgesplittert. – Mittel- oder ostgallisch. – Inv. Nr. Sä 525.
319. RS Drag. 18/31. Ton orange-gelb, mäßig hart; Üb. hellorange, seidig schimmernd, leicht verrieben. – Mittel- oder ostgallisch. – Inv. Nr. Sä 57/67.
320. BS Drag. 18/31, Standring Dm. 7,5 cm. Ton lachs-orange, klingend hart, grob; Üb. orange-rot, stark glänzend. – Konzentrische Bodenrille. Vgl. Oswald, Margidunum Taf. 31,4. – Mittel- oder ostgallisch.
321. BS Drag. 18/31, Standring Dm. 8 cm. Ton beige-orange, leicht glimmerhaltig, klingend hart; Üb,. rot-orange, glänzend, vereinzelt bestoßen bzw. Aussprengungen. – Unterseite sehr feine Drehrillen. Vgl. Walke, Straubing Taf. 36,9.12. – Mittel- oder ostgallisch.

Tafel 20

Nichtreliefierte Terra Sigillata

322. BS, vermutl. Drag. 18/31. Ton orange-braun, hart, grob; Üb. bräunlich-rot, matt. – Mittel- oder ostgallisch.
323. BS, vermutl. Drag. 18/31 (Drag. 32?), Standring Dm. 9 cm. Ton ocker-gelb, weich, porig; Üb. bräunlich-rot, z. T. abgesplittert, Fingerspuren. – Bodenunterseite sehr nachlässig gearbeitet und wellig; zwischen drei konzentrischen Bodenrillen Kranz aus tropfenförmiger Riefelung. – Mittel- oder ostgallisch. – Inv. Nr. Sä 657 (R 1009).
323a.* 3 verschied. RS, 6 verschied. WS, vermutl. Drag. 18/31. Ton rosa bis orange, mäßig bis sehr hart; Üb. rot bis orange-bräunlich, matt bis glänzend. – Mittel- oder ostgallisch.
324. RS Drag. 31, Dm. 28 cm. Ton orange bis ziegelrot, quarzithaltig, sehr hart; Üb. orange-kirschrot, seidig schimmernd, vereinzelt kleine Aussprengungen. – Mittel- oder ostgallisch.
325. RS Drag. 31, Dm. 27 cm. Ton beige-rosa, mäßig hart; Üb. kirschrot-orange bis bräunlich, matt bis stumpf, rauh. – Mittel- oder ostgallisch.
326. RS Drag. 31, Dm. 27 cm. Ton orange, mäßig hart bis weich; Üb. bräunlich-orange, matt schimmernd, leicht bestoßen. – Schlechte Qualität (siehe Rille unter Rand). – Mittel- oder ostgallisch.
327. RS Drag. 31. Ton orange-rosa, leicht glimmerhaltig, sehr hart; Üb. bräunlich-orange, matt, sehr stark verrieben. – Wohl ostgallisch.
328. RS Drag. 31. Ton orange, klingend hart; Üb. orange-gelb, matt schimmernd, etwas rauh. – Wohl ostgallisch.
329. RS Drag. 31, Dm. 25 cm. Ton orange, glimmerhaltig, weich bis mäßig hart; Üb. rotorange bis bräunlich, matt, stark bestoßen. – Vgl. Walke, Straubing Taf. 36,20. – Wohl ostgallisch. – Inv. Nr. Sä 657.
330. BS, vermutl. Drag. 31, Standring Dm. 7,2 cm. Ton orange, sehr hart; Überzug hellrot, matt, leicht fleckig. – Bodenstempel IVSTVS F(E) (Tabelle 11, Nr. 3). Ittenweiler, Iustus, Antonine.
331. BS Drag. 31, Standring Dm. 9,5 cm. Ton ziegelrot-orange, glimmerhaltig, klingend hart; Üb. mittelrot-bräunlich, leicht glänzend, Aussprengungen. – Außen viele Drehrillen. Vgl. Walke, Straubing Taf. 36,19. – Wohl ostgallisch.
331a.* RS, vermutl. Drag. 31. Ton rosa-beige, mäßig hart; Üb. kirschrot, matt. – Mittel- oder ostgallisch. – Inv. Nr. Sä 525.

Tafel 21

Nichtreliefierte Terra Sigillata

332. Teller Drag. 32 (5WS), Dm. 18,4 cm, H. 4,9 cm. Ton orange bis orange-rosa, sehr hart; Üb. rot-bräunlich, matt schimmernd, vereinzelt leicht bestoßen, Fingerspuren. – Konzentrische Bodenrille, darin Stempel MAT[ ]F (Tabelle 11, Nr. 6). – Obergermanisch, (hadrianisch-)antoninisch. – Fst.: Porticus, 1970 (2 WS); Fst.: Nord-Risalit, 1970 (3 WS).
333. 2 RS Drag. 32, Dm. 17,5 cm. Ton orange-rosa, hart; Üb. orange-bräunlich, matt, stark berieben, Fingerspuren. – Konzentrische Bodenrille. – Mittel- oder ostgallisch. – Inv. Nr. Sä 657 (1 RS).
334. RS Drag. 32, Dm. 18 cm. Ton ziegelrot-orange, sehr hart; Üb. orange-rot, gut glänzend, leicht bestoßen bzw. rissig. – Außen Drehrillen. – Mittel- oder ostgallisch.
335. RS Drag. 32, Dm. 17 cm. Ton orange, mäßig hart; Üb. bräunlich-rot bis orange-bräunlich, glänzend. – Außen vereinzelt Drehrillen. – Mittel- oder ostgallisch.
336. 2 RS Drag. 32, Dm. 28 cm. Ton hellorange?; Üb. orange-schwarz fleckig, stark (sekundär) verbrannt. – Mittel- oder ostgallisch.
337. 5 RS Drag. 32, Dm. 27 cm. Ton orange-beige, leicht glimmerhaltig, weich bis mäßig hart; Üb. orange-gelb, stumpf, z. T. gefleckt, stark berieben bzw. bestoßen. – Mittel- oder ostgallisch.
338. RS Drag. 32, Dm. 27 cm. Ton orange-ocker, sehr hart; Üb. orange, z. T. leicht orange-rot fleckig, matt, leicht bestoßen. – Mittel- oder ostgallisch. – Altbestand Mus. Lörrach, Fst.: Raum 2, 1936–39.

Tafel 22

Nichtreliefierte Terra Sigillata

339. 2 RS Drag. 32, Dm. 20 cm. Ton orange-ocker, mäßig hart; Üb. kirschrot-orange bis leicht bräunlich, matt schimmernd, bestoßen. – Mittel oder ostgallisch. – Fst.: Porticus, 1970 bzw. Aushubhaufen hinter westlicher Porticus, römische Schuttschicht unter Aushub (?), 1971.
340. RS Drag. 32. Ton orange-rot, hart; Üb. orange-rot, glänzend bzw. braunschwarz, starke sekundäre Brandspuren. – Mittel- oder ostgallisch.
341. RS Drag. 32. Ton orange, sehr hart; Üb. orange, matt bzw. schwarz, (sekundäre) Brandspuren. – Mittel- oder ostgallisch.
341a.* WS Drag. 32. Ton hellorange, weich bis mehlig; Üb.

orange-bräunlich, matt. – Dickwandig. Mittel- oder ostgallisch.
342. RS Curle 15, Dm 15 cm. Ton rosa-ocker, viele helle Einschlüsse, sehr hart; Üb. orange-bräunlich, leicht glänzend. Vgl. Walke, Straubing Taf. 37,17. – Mittel- oder ostgallisch.
343. 3 RS Ludowici Tb, Dm. 15 cm. Ton hellbeige, grau bis schwarz; Üb. schwarz-orange fleckig, stark (sekundär) verbrannt. – Vgl. Schönberger, Altenstadt Taf. 23,CI 619–621. – Wohl Rheinzabern. – Inv. Nr. Sä 525.
344. RS Ludowici Tb, Dm. 17 cm. Ton orange-gelb, mehlig; Üb. bräunlich-orange, stark abgeplatzt. – Wohl Rheinzabern.
345. 2 RS Ludowici Tb, Dm. 16 cm. Ton orange bis bräunlich, hart; Üb. bräunlich-orange, stumpf bzw. leicht glänzend. – Wohl Rheinzabern. – Inv. Nr. Sä 525.
346. RS Ludowici Tb, Dm. 10,6 cm. Ton orange-rot, helle Einschlüsse, weich; Üb. rotbraun, matt, schwach berieben. – Vgl. Oswald/Pryce, Introduction Taf. 59,7; Martin-Kilcher, Laufen-Müschhag Taf. 6,1. – Wohl Rheinzabern. – Handschriftliche Notiz, Fst.: „Verbreiterung Schnitt 20" (vermutlich 1937; = östlich Ostmauer Süd-Risalit). – AO.: Schule Rhina.
347. 3 RS, WS Niederbieber 6A, Dm. 21,8 cm. Ton orange-beige, hart, schiefrige Struktur; Üb. orange-rot, matt schimmernd, punktförmige Aussprengungen, leicht bestoßen. – Ähnl. Schönberger, Altenstadt Taf. 23, CI 622; Pferdehirt, Holzhausen Taf. 10, A 1111. – Wohl ostgallisch.
348. RS (mit Kragen) Hofheim 12, Dm ca. 20 cm. Ton lachs-rosa, weiße Einsprengsel, sehr hart; Üb. orange-rot, gut glänzend, z. T. rissig, (sekundäre) Brandspuren. – Gute Qualität. Vgl. Oswald/Pryce, Introduction Taf. 71,2. – Südgallisch. – Inv. Nr. Sä 551.
349. RS (mit Kragen) Hofheim 12, Dm. 20,5 cm. Ton orange-rosa, weiße Einsprengsel, klingend hart; Üb. kirschrot-orange, matt, Fingerabdruck. – Unsaubere Arbeit. Vgl. Knorr, Aislingen Taf. 16,24. – Südgallisch. – Inv. Nr. Sä 657.
350. RS (mit Kragenansatz) Curle 11, Dm. ca. 22,5 cm. Ton orange, mäßig hart; Üb. orange-bräunlich, matt, bestoßen und rissig. – Vgl. Oswald/Pryce, Introduction Taf. 71,12. – Mittelgallisch?

Tafel 23

Nichtreliefierte Terra Sigillata

351. 3 WS (mit Kragen) Drag. 38. Ton orange-bräunlich, hart; Üb. kirschrot-orange, gut glänzend. – Vgl. Walke, Straubing Taf. 38,6. – Mittel- oder ostgallisch. – Inv. Nr. Sä 657 (1 WS).
352. WS (mit Kragen) Drag. 38. Ton orange-rosa, sehr hart; Üb. orange-bräunlich, glänzend, leicht bestoßen. – Vgl. Oswald, Margidunum Taf. 40,1. – Mittel- oder ostgallisch.
352a.* WS (Kragen), vermutl. Drag. 38, ähnl. Kat.-Nr. 352.
353. 3 WS (mit Kragenansatz) Drag. 38.
Ton orange?; Üb. orange-schwarz gefleckt, stark sekundär verbrannt. – Vgl. Oelmann, Niederbieber Taf. 1,20. – Ostgallisch. – Inv. Nr. Sä 657 (1 WS).
353a.* RS (mit Kragenansatz), vermutl. Drag. 38. Ton orange-gelb, leicht glimmerhaltig, mehlig; Üb. bräunlich-orange, matt schimmernd, sehr stark verrieben. – Mittel- oder ostgallisch. – Inv. Nr. Sä 657.
354. Schale Drag. 42, Gefäß modern ergänzt, bes. Henkel, Dm. 17,6 cm, H. 4,2 cm bzw. 4,6 cm. Ton rot-orange, mäßig hart; Üb. hell- bis mittelrot, stumpf, z. T. abgeplatzt. – Innen Bodenstempel aus 8teiliger Rosette (Tabelle 11, Nr. 13). Zur Form vgl. Oswald/Pryce, Introduction Taf. 54,4.7. – Mittel- oder ostgallisch. – Inv. Nr. Sä 448.
355. RS/WS Drag. 44. Ton rosa-orange, mehlig; Üb. (nur Reste) bräunlich-rot, matt schimmernd. – Mittel- oder ostgallisch. – Inv. Nr. Sä 551 (1 RS).
356. Schale Drag. 44, Gefäß modern ergänzt, Dm. 11,8 cm, H. 6 cm. Ton?; Üb. orange-rot, z. T. schwarz, matt, leicht (sekundär) verbrannt. – Innen konzentrische Bodenrille, darin Stempel MVS[ ] (Tabelle 11, Nr. 7). Vgl. Pferdehirt, Holzhausen Taf. 9,A 436. – Mittel- oder ostgallisch, wohl Musicus. – Inv. Nr. Sä 493.
356a.* WS, vermutl. Drag. 44. Ton ziegelrot, hart, grob; Üb. orange-rötlich, leicht glänzend. – Vgl. Oswald/Pryce, Introduction Taf. 61,2. – Mittel- oder ostgallisch.
357. RS Ludowici Ob, Dm. 8,5 cm. Ton orange-rosa, sehr hart; Üb. orange-rosa, seidig glänzend. – Viele sehr feine Drehrillen. Vgl. Oswald/Pryce, Introduction Taf. 60,7. – Mittel- oder ostgallisch. – Inv. Nr. Sä 551.

Tafel 24

Nichtreliefierte Terra Sigillata

358. RS (mit Kragen) Drag. 43 (fragwürdige moderne Ergänzung), Dm. 27 cm. Ton orange-gelb, mäßig hart; Üb. hellrot, matt. – Auf Kragen langgestreckte gestielte Blätter und eingerollte Triebe, ausgehend von stempelartigem Motiv en barbotine. Vgl. Walke, Straubing Taf. 38,15; Czysz, Wimpfen Taf. 12,102.103. – Mittel- oder ostgallisch. – Inv. Nr. Sä 682.
359. 6 RS (mit Kragen und Ausguß) Drag. 43, Dm. ca. 24 cm. Ton hellorange-rosa, sehr hart; Üb. kirschrot-orange, leicht glänzend, sehr stark bestoßen. – Vgl. Oswald/Pryce, Introduction Taf. 73,5; Walke, Straubing Taf. 38,13. – Mittel- oder ostgallisch. – Inv. Nr. Sä 551 (3 RS), vgl. Fundbearbeitung 1936, Fst.: Schnitt: 4,1 bis 0,5 m unter der Oberkante der Nord-Mauer (= westlich Raum II).
360. 3 RS (mit Kragen) Drag. 43, Dm. 21 cm. Ton orange-rosa, sehr hart; Üb. bräunlich-rot, matt, leicht bestoßen. – Vgl. Pferdehirt, Holzhausen Taf. 9,A 440. – Mittel- oder ostgallisch. – Fst.: Nord-Risalit, Suchgräben entlang Mauern 30, 33, 28, 1970.

Tafel 25

Nichtreliefierte Terra Sigillata

361. BS Drag. 43, Standring Dm. 8 cm. Ton orange-gelb, z. T. gräulich, sehr hart; Üb. orange bis orange-bräunlich, matt, Fingerspuren, leichte sekundäre Brandspuren. – Bodenunterseite Graffito, vermutlich „FELIX". Vgl. Oswald Pryce, Introduction Taf. 73,5.6. – Mittel- oder ostgallisch.
362. RS Drag. 43. Ton orange-rosa, sehr hart; Üb. kirschrot-bräunlich, matt schimmernd, leicht bestoßen und rissig. – Barbotinedekoration: springendes Tier nach links und vegetabiles Ornament. – Mittel- oder ostgallisch. – Inv. Nr. Sä 551.
363. BS Drag. 43 oder 45, Standring Dm. 8 cm. Ton orange-ziegelrot, sehr hart; Üb. orange-bräunlich, matt, Fingerspuren. – Mittel- oder ostgallisch.

364. BS Drag. 43 oder 45, Standring Dm. 8 cm. Ton orange, mittelhart; Üb. dunkelbraun, stark (sekundär) verbrannt. – Mittel- oder ostgallisch. – AO.: Museum Lörrach.
364a.* 3 RS (1 Gefäß) Drag. 43 oder 45. Völlig sekundär verbrannt. – Mittel- oder ostgallisch.
364b.* RS, 3 WS (wohl 2 Gefäße) Drag. 43 oder 45. Ton orange, bräunlich, mehlig bzw. hart; Üb. mittelrot bzw. orangerot, matt. – Mittel- oder ostgallisch.
365. BS Drag. 43 oder 45, Standring Dm. 8,7 cm. Ton orange-rosa bis ziegelrot, sehr hart; Üb. bräunlich-kirschrot, matt, Fingerspuren. – Vgl. OSWALD PRYCE, Introduction, Taf. 74,3.4. – Mittel- oder ostgallisch. – Inv. Nr. Sä 525.
366. RS (mit Kragen) Drag. 45, Dm. 28 cm. Ton orange-ocker, hart; Überzug bräunlich-orange, matt schimmernd, stark berieben. – Vgl. SCHÖNBERGER, Altenstadt Taf. 27, CI 850.856. – Mittel- oder ostgallisch.
366a.* RS Drag. 45, ähnl. Kat.-Nr. 366.
367. RS (mit Löwenkopfausguß) Drag. 45, Dm. ca. 22 cm. Ton ziegelrot-orange, quarzithaltig, mehlig; Üb. bräunlich-kirschrot, matt, stark verrieben und bestoßen. – Trier. – Inv. Nr. Sä 551.
368. Becher Ludowici VSe, Gefäß modern ergänzt, Dm. 6 cm, H. ca. 8,5 cm. Ton?; Üb. orange-rot, matt bzw. dunkelbraun-schwarz, (sekundär) verbrannt. – Horizontal umlaufende Reihen alternierend rechts und links geneigter schmaler, lanzettförmiger Blätter in Glasschliffimitation. Vgl. MARTIN-KILCHER, Laufen-Müschhag Taf. 15,5. – Vermutl. Rheinzabern. – Inv. Nr. Sä 492.
369. 3 WS, wohl 1 Gefäß, Form? Ton orange-rot bis ziegelrot, sehr hart; Üb. kirschrot-orange, glänzend (innen leicht metallisch). – Vegetabiles Motiv in Glasschliffimitation (vermutl. Ranke). – Vermutl. ostgallisch. – Inv. Nr. Sä 551 (R 1045) (1 WS); Inv. Nr. Sä 657 (R 1046) (1 WS).
370. WS, Form? Ton u. Üb. ähnl. Katalog-Nr. 369. – Tannenzweigmuster in Glasschliffimitation. – Wohl ostgallisch. – Inv. Nr. Sä. 525.

Tafel 26

Nichtreliefierte Terra Sigillata

371. RS/BS Niederbieber 12b, Gefäß modern ergänzt, Dm. 9,8 cm, H. ca. 7 cm. Ton?; Üb. hellrot-orange, z. T. gefleckt, leicht glänzend, Aussprengungen. – Abwechselnd vertikales Tannenzweigmuster, vertikale gestielte Blüte und mehrere vertikale Dellen in Glasschliffimitation. Vgl. OELMANN, Niederbieber Taf. 5,18. – Mittel- oder ostgallisch. – Inv. Nr. Sä 369.
372. 5 RS/3 WS Niederbieber 12b, Dm. 14 cm, H. 6,9 cm. Ton hellorange, hart; Üb. (in Resten) mittelrot-orange, matt. – Dekoration in Glasschliffimitation ähnl. Kat.-Nr. 371. – Mittel- oder ostgallisch. – Inv. Nr. Sä 657 (4 RS).
373. 2 RS/1 WS Niederbieber 12b, Dm. 9 cm. Ton orange, hart; Üb. schwarz-orange fleckig, sekundär verbrannt. – Dekoration in Glasschliffimitation ähnl. Katalog-Nr. 371; jedoch statt Dellen Büsche aus schräggestellten lanzettförmigen Blättern. – Mittel- oder ostgallisch. – Fst.: Nord-Risalit, 1970.
374. RS Tintenfaß, ähnl. Hofheim 13, Dm. 8,7 cm. Ton lachs-rot, vereinzelt weiße Einsprengsel, sehr hart; Üb. orange-rot, glänzend, z. T. rissig (innen nur in Resten). – Vgl. OSWALD PRYCE, Introduction Taf. 70,3.4. – Südgallisch. – Inv. Nr. Sä 657.
375. BS, Form? Ton lachs-rot, weiße Einsprengsel, sehr hart; Üb. hell- bis mittelrot, matt. – Stempelrest OF A(C) [ ] (Tabelle 11, Nr. 1). – Südgallisch. – Inv. Nr. Sä 657.
376. BS, Form? Ton hellbraun, sehr feine weiße Einsprengsel, mehlig; Üb. mittelrot-orange, stumpf, z. T. abgeblättert. – Stempelrest [ ]ATEII[ ]? (Tabelle 11, Nr. 2). – Vermutl. arretinisch, Anfang 1. Jh. n. Chr. – Inv. Nr. Sä 657.
377. BS kleine Tasse. Ton hell-lachs, weiße Einsprengsel, sehr hart; Üb. mittelrot, matt schimmernd. – Stempelrest (in konzentrischer Rille) [ ]F.LICIN (Tabelle 11, Nr. 4) – La Graufesenque, Licinus, claudisch-domitianisch. – Inv. Nr. Sä. 551.
378. BS, Form? Ton orange-rot, mäßig hart; Üb. hell-rot-orange, leicht fleckig, matt glänzend. – Stempelrest SATV [ ] (Tabelle 11, Nr. 9). – Mittel- oder ostgallisch, 2. Jh. – Vgl. Fundbearbeitung 1939, Fst.: Schmaler Innenraum des Haupthauses (= Raum 2), 30 cm starke Schicht über Wackenboden (entspricht hier Beil. 1,1b).
379. BS kleine Tasse. Ton hellorange, helle Einschlüsse, mäßig hart; Üb. mittelrot, matt. – Über eingetieftem Kreis Stempel SEVERIANI\A (Tabelle 11, Nr. 10). – Lezoux oder Rheinzabern, Severianus, Antonine. – Inv. Nr. Sä 551.
380. BS kleine Tasse. Ton lachs-orange, weiße Einsprengsel, sehr hart; Üb. hell- bis kirschrot, matt. – Stempelrest OF VIR[ ] (Tabelle 11, Nr. 11). – La Graufesenque, Virtus oder Virilus, 2. Hälfte 1. Jh.
381. BS kleiner Teller? Ton lachs-orange, weiße Einsprengsel, sehr hart; Üb. rot-orange, matt. – Stempelrest [ ](V)ITAL (Tabelle 11, Nr. 12). – La Graufesenque, Vitalis, claudisch-domitianisch. – Inv. Nr. Sä 551.

Tafel 27

Terra Sigillata-Imitationen

382. RS Drack 2Aa, Dm. ca. 26 cm. Ton hellorange, hart; Üb. orange-rot fleckig, stellenweise bestoßen. – Außen und innen durch Rillen gegliederte Wand, zwei konzentrische Bodenrillen. Vgl. ETTLINGER, Augster Thermen Taf. 4,1. – Inv. Nr. Sä 552.
383. RS, vermutl. Drack 2Aa, Dm. 15–20 cm. Ton beige-gelb, sehr fein, mehlig; Üb. (nur außen in Resten) rotbräunlich-orange, stumpf. – Auf Wulst vermutlich Riefelkranz; sehr stark verschliffen. – Inv. Nr. Sä 552.
384. RS Drack 2Aa, Dm. 13–19 cm. Ton hellorange, sehr fein, mehlig; Üb. bräunlichrot, leicht schimmernd, außen stark abgeplatzt.
385. RS Drack 2Ab, Dm. über 20 cm. Ton hellorange, sehr fein, sehr hart; Üb. rostrot-braun, stumpf, stark abgerieben. – Stark verschliffener grober Riefelkranz. Vgl. TOMAŠEVIĆ, Keramik Taf. 3,1.2. – Inv. Nr. Sä 657.
386. RS, vermutl. Drack 2Ab, Dm. ca. 15 cm. Ton beige-orange, weiße und schwarze Einsprengsel, mehlig; Üb. dunkelrot (?), matt (?), stark abgeplatzt. – Sehr stark verschliffen, wohl Riefelkranz. – Inv. Nr. Sä 552.
387. RS, vermutl. Drack 3, Dm. 13–17 cm. Ton grau, hart; Oberfläche schwarz geschmaucht, geglättet und poliert. – Vgl. DRACK, TS-Imitation Taf. 3,12.
388. RS Drack 6, Dm. 16 cm. Ton beige-grau, hart; Oberfläche wie Kat.-Nr. 387. – Vgl. MARTIN-KILCHER, Laufen-Müschhag Taf. 20,17. – Inv. Nr. Sä 725.
389. RS, vermutl. Drack 11. Ton grau (im Kern hellbraun), sehr fein, hart; Üb. (in Resten) schwarz, glänzend. – Innen doppelter, außen einfacher Riefelkranz. Vgl. DRACK, TS-Imitation Taf. 8,13.17. – Inv. Nr. Sä 524.
390. BS, vermutl. Drack 11, Standring Dm. ca. 4 cm. Ton

beige-gelb bis schwach rosa, sehr hart; Üb. braunrot bis braunorange, fleckig, stumpf. – Standring stark bestoßen. – Inv. Nr. Sä 525.
391 a.* 3 verschied. WS, vermutl. Drack 13 B. Ton orange bis lachs-orange, sehr hart; Üb. orange bis orange-rötlich, außen glänzend, innen leicht metallisch glänzend. – Inv. Nr. Sä 525 (1 WS).
392. RS Drack 14 B, Dm. 13 cm. Ton grau-rosa, sehr fein, sehr hart; Üb. schwarz, leicht glänzend z. T. abgeplatzt. – Vgl. Drack, TS-Imitation Taf. 10,2; Ettlinger, Vindonissa Taf. 4,55.
393. RS Drack 14 B, Dm. 15 cm. Ton dunkelgrau, leicht gemagert, hart; Obfl. (in Resten) schwarz geglättet.
394. RS Drack 14 B, Dm. 14 cm. Ton orange-gelb, leicht glimmerhaltig, mäßig hart; Üb. (in Resten) bräunlich-orange, matt, große Aussprengungen. – Vgl. Drack, TS-Imitation Taf. 9,26. – Fst.: Nord-Risalit, Suchgräben entlang Mauern 30, 33, 28, 1970.
395. RS, vermutl. Drack 14 B, Dm. ca. 15 cm. Ton orange-braun, weich; Üb. orange-braun, matt glänzend.
396. RS Drack 14 A oder 15 A, Dm. 12 cm. Ton hellocker-gelb, mäßig hart; Üb. orange bis rostrot, fleckig. – Fst.: Aushub südlich des Süd-Risaliten, 1970.
397. RS, vermutl. Drack 14 A oder 15 A. Ton gelb-weiß bis beige, hart; Üb. (in Resten) rotbräunlich, fleckig, stumpf. – Vgl. Ettlinger, Augster Thermen Taf. 7,8 (zur Form). – Inv. Nr. Sä 657.
398. RS Drack 15 A, Dm. 10 cm. Ton orange-ocker, hart; Üb. orange, in sich fleckig, glänzend. – Vgl. Drack, TS-Imitation Taf. 10,3 (zur Form). – Fst.: Raum a, 1970.
399. RS Drack 20, Dm. 20 cm. Ton hellgrau, sehr hart; Üb. (in Resten) schwarz, glänzend. – Vgl. Martin-Kilcher, Laufen-Müschhag Taf. 23,1; Drack, TS-Imitation Taf. 11,11; Ettlinger, Augster Thermen Taf. 7,15. – Inv. Nr. Sä 723.

Tafel 28

Terra Sigillata-Imitationen

400. RS Drack 20, Dm. ca. 18 cm. Ton beige-braun, sehr hart; Obfl. schwarz, geglättet und poliert. – Inv. Nr. Sä 584.
401. RS Drack 21 Ab, Dm. ca. 15 cm. Ton hellbraun-orange, sehr fein, mehlig; Üb. (in Resten) bräunlichrot bis rot-orange, stumpf. – Außen auf Wand Rest eines Riefelkranzes; Rand innen bestoßen. Vgl. Ettlinger, Augster Thermen Taf. 5,8 (Form); Bender/Steiger, Töpfereibezirk Taf. 12,226. – Inv. Nr. Sä 552.
402. RS Drack 21 Ab, Dm. ca. 20 cm. Ähnl. Kat.-Nr. 401. – Inv. Nr. Sä 552.
403. RS Drack 21 Ab, Dm. ca. 15 cm. Ähnl. Kat.-Nr. 401. – Inv. Nr. Sä 552.
404. RS Drack 21 Ab. Ton hellorange, glimmerhaltig, mäßig hart; Üb. (in Resten) hellbraun-rot, stumpf. – Stark verschliffen. Vgl. Ettlinger, Augster Thermen Taf. 6,1. – Inv. Nr. Sä 552.
405. WS Drack 21 Ab. Ton gelb-hellbraun, leicht glimmerhaltig, mäßig hart; Üb. rotbraun, stumpf, stark abgerieben. – Grober Riefelkranz. – Inv. Nr. Sä 657.
406. WS Drack 21 Ab. Ton hellorange, hart; Üb. rotorange, stumpf, z. T. abgerieben. – Riefelkranz.
407. WS Drack 21 Ab. Ton gelborange, sehr fein, mehlig; Üb. mattrot, z. T. abgeplatzt. – Riefelkranz, innen bestoßen. – Inv. Nr. Sä 657.
408. RS, ähnl. Drack 21, Dm. 18 cm. Ton braun-grau, hart; Oberfl. schwarz, glänzend (geglättet und poliert). – Vgl. Ettlinger, Vindonissa Taf. 4,64; 13,278.
409. RS Drack 22 A, Dm. 19 cm. Ton grau, sehr hart; Üb.? Völlig sekundär verbrannt. – Außen Glättspuren. Vgl. Drack, TS-Imitation Taf. 12,8. – Inv. Nr. Sä 524.
410. RS Drack 22 A. Ton orange-gelb, sehr fein, mehlig; Üb. (nur in geringen Resten) hellrot, matt (?). – Sehr stark verschliffen. Vgl. Drack, TS-Imitation Taf. 12,8; Ettlinger, Augster Thermen Taf. 5,3. – Inv. Nr. Sä 552.
411. RS Drack 22 A, Dm. über 15 cm. Ton hellorange, leicht quarzithaltig, mäßig hart; Üb. braun-orange, matt, stark abgesplittert. – Inv. Nr. Sä 551.
412. RS Schüssel mit Griffleiste, Dm. ca. 15 cm. Ton beige-orange, sehr hart; Üb. orange-braun, matt, leichte sekundäre Brandspuren. – Innen deutliche Glättspuren, außen nachlässig gearbeitet. Vgl. Ettlinger, Görbelhof Taf. 4,9.
413. RS Schüssel mit Griffleiste, Dm. ca. 14 cm. Ton beige-orange, weich; Üb. (in Resten) orange-rot, matt. – Vgl. Ettlinger, Görbelhof Taf. 4,10.12. – Fst.: Nord-Risalit, 1970.

Tafel 29

„Feine Becher"

414. RS/BS Haltern 40 B, Dm. 10 cm, H. ca. 8 cm. Ton hellocker, mäßig hart; Üb. orange-braun, leicht metallisch glänzend. – Außen und innen grob gesandet, auch Unterseite Standplatte. – Inv. Nr. Sä 725.
415. RS, vermutl. Haltern 40 B, Dm. unter 10 cm? Ton gelb-ocker, weich; Üb. orange-braun, matt. – Innen und außen mittelgrob gesandet. – Inv. Nr. Sä 725.
416. RS Hofheim 25, Dm. 7 cm. Ton gelb-orange, hart; Üb. braun-orange gefleckt, matt. – Außen fein gesandet unter schrägen Drehrillen. Vgl. Ettlinger, Vindonissa Taf. 11,238. – Inv. Nr. Sä 725.
417. BS Hofheim 22. Ton weiß, hart; Üb. (nur außen) dunkelrot-braun, matt. – Außen horizontal umlaufende Reihen (?) von (erhabenen) Punkten. – Fst.: Pflasterung, 1970.
418. WS. Ton und Überzug schwarz bis rötlich-orange, sekundär verbrannt. – (Erhabenes) Schuppenmuster. Vgl. Ettlinger, Vindonissa Taf. 11,224. – Inv. Nr. Sä 550.
419. RS mit „rätischem Rand", Dm. 4 cm. Ton orange, mäßig hart; Üb. (nur außen) dunkelbraun, leicht glänzend, leicht bestoßen. – Dekoration ähnl. Kat.-Nr. 421.422 (?). Vgl. Kaenel, Aventicum Taf. 2,12. – Inv. Nr. Sä 535.
420. 2 WS. Ton ocker-hellorange, sehr hart, leicht gemagert; Üb. (nur außen) ocker-rötlich bis leicht braun, in sich fleckig, leicht metallisch glänzend. – Lanzettförmige schmale Blätter und schräge Linien in Glasschliff-Imitation. Vgl. Kaenel, Aventicum Taf. 34,1.2. – Inv. Nr. Sä 551 (R 1044?); Sä 657.
421. 2 RS mit „rätischem Rand", Dm. 5 cm. Ton grau-schwarz, sehr hart; Üb. schwarz, glänzend (außen), matt (innen). – Glasschliff-Imitation aus tropfenförmigen Motiven.
422. RS mit „rätischem Rand", Dm. 11 cm. Ton orange, hart; Üb. orange-braun, schwach glänzend. – Glasschliff-Imitation bestehend aus kleinen Dellen (verschliffenes Kerbband?). Vgl. Chur 1, Taf. 23,8; Czysz, Wimpfen Taf. 16,143. – Inv. Nr. Sä 725.
423. WS. Ton beige-orange, hart; Üb. rotbraun, glänzend. – Wohl schräge Reihen von eingestempeltem décor oculé. Vgl. Chur 1, Taf. 23,15. – Handschriftliche Notiz, Fst.:

„Schnitt 26, 22. 10. 1937“ (= Raum M oder L). – AO.: Schule Rhina.
424. WS/RS mit Karniesrand, Dm. 7,5 cm. Ton ockergelb, sehr hart; Überzug orange bis orange-braun, leicht glänzend. – Unregelmäßig eingestempelte, sichelförmige Halbkreise. – Inv. Nr. Sä 584.
425. 2 RS mit „rätischem Rand“, Dm. 8 cm. Ton ocker-orange, mäßig hart; Überzug lederbraun-orange (innen z. T. schwarz), leicht glänzend. – Eingestempeltes décor oculé in vertikalen Reihen. Vgl. MARTIN-KILCHER, Courroux Taf. 58,9. – Fst.: Nord-Risalit, 1970.
425a.* 5 WS (2–3 Gefäße) Ton ocker bis orange, mäßig hart; Überzug orange bis orangebraun, leicht glänzend, z. T. verschliffen. – Reste von eingestempeltem décor oculé ähnl. Kat.-Nr. 424.425.
426. WS. Ton orange-gelb, mittelhart; Üb. (nur außen) orange, matt, z. T. abgeplatzt. – Neben geschlängelter Punktlinie Beine einer schreitenden Person (Bär?) nach rechts. – Handschriftliche Notiz: Fst.: „Maßnahme 28 bis 75 cm Tiefe, 1937“ (= Westende Raum N). – AO.: Schule Rhina.
427. WS. Ton orange, hart; Überzug orange-braun, matt. – Tierleib nach links en barbotine.
428. 2 RS mit Karniesrand, Dm. 10 cm. Ton ocker, hart; Überzug orange-rötlich, irisierend. – Unter schlecht erhaltenem, mehrteiligem Kerbband Rest einer Barbotinedekoration aus Punkten. – Inv. Nr. Sä 535 (1 RS).

Tafel 30

„Feine Becher“

429. RS mit Karniesrand, 3 WS (vermutl. 1 Gefäß), Dm. 11 cm. Ton ocker, hart; Überzug rötlich-orange, stark irisierend. – Zwischen zwei mehrteiligen Kerbbändern geschlängelte Linie aus Barbotinepunkten. Unten angerosteter Nagel. – Inv. Nr. Sä 549 (1 RS; Inv. Nr. Sä 725 obere 2 WS).
429a.* WS. Ton orange-ocker, mehlig; Üb. orange-rot, glänzend. – Barbotinepunkt. – Inv. Nr. Sä 725.
429b.* WS. Ton ocker-orange, hart; Üb. (nur außen) orange, leicht glänzend. – Rest eines schmalen Kerbbandes und mehrere Barbotinepunkte. – Inv. Nr. Sä 535.
429c.* WS. Ton ocker-orange, hart; Üb. orange, matt. – Barbotinepunkt. – Fst.: Porticus, 1970.
430. RS tonnenförmiger Becher, Dm. 9 cm. Ton hellorange, mehlig; Üb. braun-schwarz, matt, leicht berieben. – Unter verschliffenem Kerbband senkrechte Reihe von Lunulen und Punkte en barbotine, von Punkten ausgehende senkrechte, eingetiefte Linien. Vgl. ETTLINGER, Vindonissa Taf. 12,250; zur Dekoration vgl. KAENEL, Aventicum Taf. 23,7. – Vgl. Fundbearbeitung 1939, Fst.: Nordwestecke Binnenraum, längs Ostmauer Raum 4 außen.
431. WS. Ton orange-gelblich, hart; Üb. rostrot, matt (innen), schwarz-rötlich, leicht glänzend, etwas berieben (außen). – Vertikale Reihen von Lunulen en barbotine über Kerbband. Dünnwandige, gute Qualität. Vgl. CZYSZ, Wimpfen Abb. 5,23. – Vgl. Fundbearbeitung 1939, Fst.: Nordwestecke Binnenraum, längs Ostmauer Raum 4 außen.
432. WS. Ton ocker-orange, mäßig hart; Üb. orange-braun, schwach glänzend, leicht berieben. – Unter Kerbbandrest Tonfäden und gestielte Lunule en barbotine. Dünnwandig. – Inv. Nr. Sä 549.
433. 9 WS wohl hoher, bauchiger Becher. Ton ocker-orange, hart; Üb. (nur außen) orange, stumpf, stark berieben bzw. bestoßen. – Unter grobem, vier- bis fünfteiligem Kerbband Barbotinedekoration: In Kreisen große Rosetten aus sieben Punkten, zwischen Kreisen einzelne Punkte. Unterer Abschluß aus feinem vier- bis fünfteiligem Kerbband. – Vgl. Fundbearbeitung 1939, Fst.: Achsenschnitt, Schuttschicht über 1. Benutzungshöhe (= West-Porticus; mittlere WS); Fst.: Aushub südlich des Süd-Risaliten, 1970 (WS unten links).
434. 2 WS. Ton?; Üb. (wohl innen und außen) schwarzbraun fleckig, stark sekundär verbrannt. – Unter schwachem Rest eines Kerbbandes Fadenkreuzdekoration (lanzettförmige Blätter?) en barbotine. – AO.: Schule Rhina.
435. WS. Ton orange-beige, mäßig hart; Üb. braunschwarz, matt bis matt glänzend. – Fadenkreuzdekoration en barbotine. – Inv. Nr. Sä 535.
435a.* 3 WS, wohl 2 Gefäße ähnl. Kat.-Nr. 435. – Fst.: Nördlich der Anlage, 1971.
436. WS/BS, vermutl. 1 Gefäß, Boden Dm. 5 cm. Ton orange-ocker, sehr hart; Üb. rot-orange, stark irisierend. – Zwischen zwei mehrteiligen Kerbbändern Reste von in Blattform angeordneten Barbotinefäden.
437. WS. Ton ocker-orange, sehr hart; Üb. braun, stellenweise orange, irisierend (außen), braun-schwarz, schwach irisierend (innen). – Dekoration ähnl. Kat.-Nr. 436.
437a.* 6 WS, wohl 4–5 Gefäße. Ton ocker bis orange, meist hart; Üb. orange bis bräunlich, leicht glänzend oder irisierend. – Dekoration wie Kat.-Nr. 436. – Inv. Nr. Sä 535 (2 WS); Fst.: Pflasterung im Norden der Villa, 1970 (2 WS).
438. 2 WS, wohl zusammengehörig. Ton ocker-bräunlich, hart; Üb. braun, leicht fleckig, schwach irisierend. – Dekoration wie Kat.-Nr. 436, jedoch Barbotinefäden wohl abwechselnd horizontal und vertikal angeordnet. Dünnwandig. – Inv. Nr. Sä 535.
438a.* 4 WS, 2 Gefäße. Ton, Üb. und Dekoration ähnlich Kat.-Nr. 438. – Fst.: Nord-Risalit, Suchgräben entlang Mauern 30, 33, 28, 1970.
439. WS. Ton ocker bis schwach gräulich, hart; Üb. schwarz, leicht glänzend (außen), schwarz-orange gefleckt, matt, leichte (sekundäre) Brandspuren? – Über mehrteiligem flauem Kerbband in Blattform angeordnete Barbotinefäden.

Tafel 31

„Feine Becher“

440. 5 WS, wohl 1 Gefäß(?). Ton orange, mäßig hart; Üb. orange-rötlich, schwach glänzend. – Rest von in Blattform angeordneten Barbotinefäden. – Fst.: Nord-Risalit, 1970 (2 WS).
440a.* 23 WS, von 14–16 Gefäßen. Ton orange bis ocker, mäßig hart bis hart; Üb. vereinzelt orange, sonst verschiedene Brauntöne, leicht glänzend oder irisierend. – Dekoration ähnl. Kat.-Nr. 440. 3 unterschiedliche WS sehr dünnwandig. – Inv. Nr. Sä 535 (2 WS); Inv. Nr. Sä 725 (1 WS); Fst.: Nord-Risalit, 1970 (4 verschied. WS); Fst.: Nord-Risalit, Suchgräben entlang Mauern 30, 33, 28, 1970 (2 WS); Fst.: Porticus, 1970 (2 verschied. WS).
441. 2 WS. Ton ocker, weich; Üb. orange, matt, stark berieben. – Dekoration ähnlich Kat.-Nr. 440, jedoch wesentlich grober. – Fst.: Nord-Risalit, 1970 (rechte WS).
442. WS. Ton, Überzug und Dekoration wie Kat.-Nr. 441, jedoch Üb. braun-orange. – Fst.: Nord-Risalit, 1970.
443. 2 WS. Ton grau, hart; Üb. (nur außen) schwarz, gut glänzend. – Vegetabile Barbotinedekoration. – Inv. Nr. Sä 725 (R 1042).

444. WS. Ton orange, sehr hart; Üb. rostrot-braun, irisierend. – Rest einer vegetabilen Barbotinedekoration über grobem Kerbband. – Inv. Nr. Sä 535.
444a.* 2 Ws. Ton orange, weich; Üb. braun-schwarz (außen), schwarz (innen), matt, sehr stark bestoßen bzw. orange, leicht glänzend. – Dekoration ähnl. Kat.-Nr. 444.
445. RS, 2 WS Niederbieber 31, Dm. 5 cm. Ton orangerot, hart; Üb. schwarz, leicht fleckig, metallisch glänzend. – Unter zwei- bis dreiteiligem Kerbband Weißmalerei: Rest von zwei Buchstaben, dazwischen Kreis aus zwölf Punkten. – Inv. Nr. Sä 549.
446. WS, vermutl. Niederbieber 33b. Ton rötlich, hart; Üb. schwarz-grau, leicht metallisch glänzend. – Zwischen zwei Kerbbändern Weißmalerei: unter unsauberer Wellenlinie Rest eines Buchstabens und „I"; innen unsauber gearbeitet. – Inv. Nr. Sä 549.
447. WS Faltenbecher Niederbieber 33d. Ton rötlich-orange, hart; Üb. schwarz-oliv, leicht fleckig, metallisch glänzend. – Weißmalerei: unter Perlstab „V", Rest eines Buchstabens, zwei unterschiedlich große Punkte. Flaues Kerbband. Oberteil einer ovalen (?) Delle.
448. WS. Ton orange-rötlich, hart; Üb. schwarz, metallisch glänzend, leicht sandig. – Rest einer Weißmalerei. – Inv. Nr. Sä 725.
449. RS, Dm. 7 cm. Ton hellorange bis ocker, grobe Einschlüsse, sehr hart; Reste eines Goldglimmerüberzuges.
450. RS, Dm. 7,4 cm.Ton u. Üb. wie Kat.-Nr. 449.
451. RS Niederbieber 33, Dm. 8 cm. Ton u. Üb. wie Kat.-Nr. 449. – Inv. Nr. Sä 725.
452. RS mit „rätischem Rand", Dm. 8 cm. Ton und Üb. wie Kat.-Nr. 449. – Inv. Nr. Sä 725.
453. RS Niederbieber 32/33, Dm. 10 cm. Ton u. Üb. (nur außen) wie Kat.-Nr. 449. – Inv. Nr. Sä 656.
453a.* 2 verschied. WS. Ton u. Üb. (nur außen) wie Kat.-Nr. 449. – Fst.: Nord-Risalit, Suchgräben entlang Mauern 30, 33, 28, 1970 (1 WS).
454. Faltenbecher Niederbieber 33c, Gefäß modern ergänzt, Dm. 6,5 cm, H. 16 cm. Ton beige-oliv bis schwach braun, leicht gemagert,weich; Üb. schwarz-blau, braun (innen), fleckig, matt schimmernd, stark abgeplatzt. – Zwischen zwei Kerbbändern ovale Falten. – Inv. Nr. Sä 687.

Tafel 32

„Feine Becher"

455. 2 RS/4 WS, wohl 1 Gefäß, Faltenbecher Niederbieber 33c, Dm. 10 cm. Ton dunkelgrau bis olivbraun, sehr hart; Üb. (nur außen) schwarz bis olivbraun, gefleckt, glänzend. – Zwischen zwei Kerbbändern runde und ovale Falten, letztere mit vertikaler Kerbe.
456. RS Faltenbecher Niederbieber 33c, Dm. 7 cm. Ton hellgrau, hart; Üb. (nur außen in Resten) schwarz, leicht glänzend. – Schmale ovale Falten, wohl vertikal gekerbt. – Inv. Nr. Sä 725.
457. RS Faltenbecher Niederbieber 32d, Dm. 9 cm. Ton ocker-orange, hart; Üb. orange-bräunlich, leicht glänzend, bestoßen. – Runde (?) Falte.
458. WS Faltenbecher, vermutl. Niederbieber 33c. Ton dunkelgrau, hart; Üb. (nur außen) grau-schwarz, glänzend. – Unter Kerbband schmale ovale Falte (vertikale Kerbung?). – Inv. Nr. Sä 535.
459. 2 WS Faltenbecher, vermutl. Niederbieber 33c. Ton dunkelgrau, hart; Üb. (nur außen) schwarz-grau, schwach glänzend. – Unter feinem schmalem Kerbband runde (?) Falte. – Inv. Nr. Sä 548.
460. WS Faltenbecher. Ton dunkelgrau, hart; Üb. (nur außen) schwarz, leicht fleckig, hochglänzend. – Runde Falte.
461. WS Faltenbecher, vermutl. Niederbieber 33c. Ton mittelgrau, weich; Üb. (nur außen) grau-oliv, schwach glänzend. – Wohl runde Falte und zwei feine schmale Kerbbänder. – Inv. Nr. Sä 725.
462. WS Faltenbecher. Ton mittelgrau, hart; Üb. schwarz, leicht glänzend. – Runde Falte. – Inv. Nr. Sä 725.
463. WS Faltenbecher. Ton mittelgrau, hart; Üb. (nur außen) schwarz, matt. – Ovale Falte.
463a.* 13 WS von 8–10 Faltenbechern. Ton hell- bis dunkelgrau, hart; Üb. schwarz, vereinzelt schwarz-braun, matt bis glänzend. – Reste von Falten, vereinzelt feine Kerbbänder. – Fst.: Porticus, 1970 (3 WS); Streufund, 1970/71 (5 WS); Altbestand Mus. Lörrach (1 WS).
463b.* 11 WS, 2–3 Gefäße, wohl Faltenbecher Niederbieber 33c. Ton orange bis beige, Kern orange mit grauer Einfassung; Üb. schwarz, stark irisierend. – Reste verschiedener Falten und feiner Kerbbänder. – Fst.: Nord-Risalit, 1970 (5 WS); Fst.: Nord-Risalit, Suchgräben entlang Mauern 30, 33, 28, 1970 (5 WS); Fst.: Porticus, 1970 (1 WS).
464. RS mit Karniesrand, Dm. 7 cm. Ton weißlich, hart; Üb. schwarz, stumpf, bestoßen. – Inv. Nr. Sä 535.
465. RS mit Karniesrand, Dm. 8 cm. Ton ocker-orange, sehr hart; Üb. bronze- bis mittelbraun, irisierend. –
466. RS mit Karniesrand, Dm. 8 cm. Ton hellorange, hart; Üb. braun-orange, gefleckt, leicht irisierend. – Breites Kerbband. – Fst.: Nord-Risalit, 1970.
467. RS mit Karniesrand, Dm. 8 cm. Ton orange, hart; Üb. orange-bräunlich, glänzend. – Inv. Nr. Sä 535.
468. RS mit Karniesrand, Dm. 8 cm. Ton u. Üb. ähnl. Kat.-Nr. 467. – Wohl breites Kerbband.
469. RS mit Karniesrand. Dm. 9 cm. Ton orange, mäßig hart; Üb. orange-hellbraun, glänzend. – Unter Rand ansetzendes Kerbband. – Fst.: Nord-Risalit, Suchgräben entlang Mauern 30, 33, 28, 1970.
470. RS mit Karniesrand. Ton ocker, hart; Üb. braun, stellenweise orange, stumpf, stark abgerieben. – Breites Kerbband. – Fst.: Nord-Risalit, Suchgräben entlang Mauern 30, 33, 28, 1970.
471. RS mit Karniesrand. Ton orange-ocker, mäßig hart; Üb. mittel- bis dunkelbraun, matt, leicht bestoßen. – Flaues Kerbband. – Inv. Nr. Sä 725.
472. RS mit Karniesrand, Dm. 7 cm. Ton ocker-orange, weich; Üb. (in Resten) orange, matt. – Inv. Nr. Sä 535.

Tafel 33

„Feine Becher"

473. RS mit Karniesrand. Ton hellocker, weich; Üb. orange bis lederbraun, schwach glänzend, leicht berieben. – Fst.: Nord-Risalit, Suchgräben entlang Mauern 30, 33, 28, 1970.
473a.* RS, ähnl. Kat.-Nr. 473.
474. RS mit Karniesrand. Ton orange, hart; Üb. schwarz, matt. – Rest eines Kerbbandes.
475. RS mit Karniesrand. Ton u. orange, weich; Üb. schwarz, stumpf, z. T. Ton durchscheinend.
475a.* WS. Ton u. Üb. wie Kat.-Nr.474. – Form wie Kat.-Nr.475. – Inv. Nr. Sä 535.
476. RS mit Karniesrand, Dm. 10 cm. Ton grau bis grauschwarz, sehr hart; Üb. schwarz, matt. – Rest eines Kerbbandes. – Inv. Nr. Sä 725.

477. RS mit Karniesrand, Dm. 9 cm. Ton u. Üb. wie Kat.-Nr. 476.
478. RS mit Karniesrand, Dm. 10 cm. Ton u. Üb. wie Kat.-Nr. 476. – Inv. Nr. Sä 535.
479. RS mit Karniesrand. Ton u. Üb. wie Kat.-Nr. 476, jedoch Üb. schwach irisierend.
480. RS mit „rätischem Rand“ (?), Dm. 5 cm. Ton ocker-orange, mäßig hart; Üb. rotbraun, stumpf, sekundäre Brandspuren. – Inv. Nr. Sä 725.
481. RS mit „rätischem Rand“, Dm. 8 cm. Ton ocker-orange, hart; Üb. orange, leicht glänzend. – Breites Kerbband.
482. RS mit „rätischem Rand“, Dm. 8 cm. Ton u. Üb. wie Kat.-Nr. 481. – Stark verschliffenes Kerbband, darunter Barbotinefaden?
482a.* 9 RS von 7 Gefäßen mit „rätischem Rand“, Dm. 8–10 cm. Alles ähnl. Kat.-Nr. 481.482, jedoch über vermutlichem Kerbband abgebrochen. – Inv. Nr. Sä 535 (3 RS); Inv. Nr. Sä 725 (1 RS); Fst.: Nord-Risalit, 1970 (2 RS); Fst.: Nord-Risalit, Suchgräben entlang Mauern 30, 33, 28, 1970 (1 RS).
483. RS mit „rätischem Rand“, Dm. 9 cm. Ton orange, hart; Üb. braun-orange gefleckt, leicht irisierend. – Breites feines Kerbband. – Fst.: Nord-Risalit, Suchgräben entlang Mauern 30, 33, 28, 1970.
484. 2 RS mit „rätischem Rand“, 1 BS, vermutl. 1 Gefäß, Dm. 10 cm. Ton orange-ocker, hart; Üb. braun-orange gefleckt (außen), orange (BS braun-orange) (innen), leicht glänzend. – Rest eines feinen Kerbbandes. – Fst.: Nord-Risalit, Suchgräben entlang Mauern 30, 33, 28, 1970.
484a.* RS mit „rätischem Rand.“ Ton u. Üb. ähnl. Kat.-Nr. 484. – Fst.: Aushubhaufen hinter westlicher Porticus, römische Schuttschicht?, 1971.
485. RS mit „rätischem Rand“, Dm. 10 cm. Ton orange, hart; Üb. schwarz-braun, innen fleckig, glänzend. – Fst.: Nord-Risalit, 1970.
485a.* 7 verschied. RS mit „rätischen Rand“, ähnl. Kat.-Nr. 485. Ton ocker bis orange, hart; Üb. braun bis schwarz, leicht glänzend bis matt. – Inv. Nr. Sä 535 (3 RS).
485b.* RS mit „rätischem Rand“ (wie Kat.-Nr. 485), Dm. 10 cm. Ton orange-braun, hart, grob; Üb. dunkelbraun irisierend (außen), orange, leicht glänzend (innen). – Inv. Nr. Sä 535.
485c.* WS ähnl. Kat.-Nr. 485, jedoch Üb. irisierend. – Fst.: Nord-Risalit, 1970.
486. RS mit „rätischem Rand“, Dm. 7 cm. Ton ocker, sehr hart; Üb. braun fleckig, leicht irisierend (außen), stumpf (innen). – Rest eines Kerbbandes.
487. RS mit „rätischem Rand“. Ton orange-ocker, sehr hart; Üb. braun-schwarz gefleckt, leicht irisierend. – Mehrzoniges Kerbband. – Inv. Nr. Sä 535.
487a.* RS mit „rätischem Rand“. Alles ähnl. Kat.-Nr. 487, jedoch sekundär verbrannt.
488. RS mit „rätischem Rand“, Dm. 7 cm. Ton orange, mäßig hart; Üb. dunkelbraun fleckig, matt.
489. RS, Dm. 12 cm. Ton ocker-orange, sehr hart; Üb. hell-dunkelbraun gefleckt, schwach glänzend. – Fst.: Nord-Risalit, 1970.
489a.* RS ähnl. Kat.-Nr. 489, jedoch sekundär verbrannt. – Inv. Nr. Sä 725.
490. RS. Ton grau-weiß, sehr hart; Üb. schwarz, glänzend (außen), stumpf (innen), geglättet (?). – Viele feine Drehrillen. – Inv. Nr. Sä 725.

Tafel 34

„Feine Becher“

491. RS Niederbieber 33, Dm. 8 cm. Ton braun-ocker, hart; Üb. schwarz, matt, außen geglättet. – Inv. Nr. Sä 725.
492. RS Niederbieber 33, Dm. 7 cm. Ton grau, hart; Üb. (nur außen) schwarz, matt. – Inv. Nr. Sä 725.
493. 2 RS Niederbieber 33, Dm. 8 cm. Ton grau-oliv, sehr hart; Üb. grau-schwarz, leicht glänzend.
494. RS Niederbieber 33, Dm. 7 cm. Ton hellgrau, sehr hart; Üb. schwarz, matt.
495. RS Niederbieber 33, Dm. 6 cm. Ton dunkelgrau, sehr hart; Üb. (nur außen) schwarz, leicht glänzend. – Lippe kaum ausgearbeitet; auf Hals vermutl. Graffito. – Inv. Nr. Sä 725.
495a.* RS Niederbieber 33, ähnl. Kat.-Nr. 495, jedoch sekundär verbrannt.
496. RS Niederbieber 33, Dm. 6 cm. Ton grau, hart; Üb. (nur außen) grau-schwarz, matt. – Lippe kaum ausgearbeitet. – Inv. Nr. Sä 725.
497. RS Niederbieber 33, Dm. 4 cm. Ton grau, sehr hart; Üb. (nur außen) schwarz-oliv gefleckt, glänzend. – Fst.: Nord-Risalit, 1970.
498. RS Niederbieber 33, Dm. 5 cm. Ton ocker-grau, sehr hart; Üb. (nur außen) schwarz, matt, geglättet (?). – Inv. Nr. Sä 725.
498a.* RS Niederbieber 33. Ton grau, mehlig; Üb. (in Resten) schwarz, matt. – Form wie Kat.-Nr. 498. – Altbestand Mus. Lörrach, Fst.: Raum 2, 1936–39.
499. RS Niederbieber 33, Dm. 6 cm. Ton grau-schwarz, sehr hart; Üb. (nur außen) schwarz-grau, gut glänzend.
499a.* 3 RS Niederbieber 33, ähnl. Kat.-Nr. 499. – Inv. Nr. Sä 535 (2 RS); Fst.: Porticus, 1970 (1 RS).
500. RS Niederbieber 33, Dm. 8 cm. Ton dunkelgrau, mäßig hart; Üb. (nur außen) schwarzgrau, matt, Aussprengungen. – Fst.: Aushubhaufen hinter westlicher Porticus, römische Schuttschicht unter Aushub?, 1971.
501. 2 RS Niederbieber 33, Dm. 9 cm. Ton grau, weich; Üb. (nur außen) schwarz-oliv, leicht glänzend, stark verschliffen. – Fst.: Aushubhaufen hinter westlicher Porticus, römische Schuttschicht unter Aushub?, 1971.
502. RS Niederbieber 33, Dm. 9 cm. Ton orange, sehr hart; Üb. schwarz, stark irisierend, vereinzelt Ton durchschimmernd. – Auf Hals außen umlaufende schmale Rille. – Inv. Nr. Sä 725.
502a.* 3 verschied. RS Niederbieber 33, Dm. 6–9 cm, ähnl. Kat.-Nr. 502. – Fst.: Porticus, 1970 (2 RS); Fst.: Nord-Risalit, 1970 (1 RS).
503. RS Niederbieber 33, Dm. 7 cm. Ton u. Üb. wie Kat.-Nr. 502. – Inv. Nr. Sä 535.
504. RS Niederbieber 33, Dm. 7 cm. Ton u. Üb. wie Kat.-Nr. 502. – Inv. Nr. Sä 535.
505. RS Niederbieber 33, Dm. 7 cm. Ton u. Üb. wie Kat.-Nr. 502.
506. RS Niederbieber 33. Ton u. Üb. wie Kat.-Nr. 502.
507. RS Ton u. Üb. wie Kat.-Nr. 502.
507a.* 4 WS. Ton u. Üb. wie Kat.-Nr. 502. – Vereinzelt Reste sehr feiner Kerbbänder. – Inv. Nr. Sä 535 (1 WS); Inv. Nr. Sä 725 (1 WS).

Tafel 35

„Feine Becher“

508. WS. Ton dunkelgrau-schwarz, leicht quarzithaltig, hart; Üb. (nur außen) dunkeloliv-schwarz, matt schimmernd. – Graffito [ ]EV[ ]. – Inv. Nr. Sä 373.
509. BS, WS, Boden Dm. 3,9 cm. Ton hellocker, sehr hart; Üb. orange bis rotbräunlich, matt. – Unter Kerbband zwei schmale umlaufende Rillen; darunter sternförmiger Graffito. – Inv. Nr. Sä 524 (1 WS). – Vgl. Fundbearbeitung 1939, Fst.: Abschnitt 3, Rampe zu Raum 4, Ziegelschicht bis alte Benutzungshöhe.
510. WS. Ton grau, hart; Üb. (nur außen) schwarz, glänzend. – Graffito. – Inv. Nr. Sä 374.
511. BS, wohl Niederbieber 33, Boden Dm. 2,5 cm. Ton ocker-orange, mäßig hart; Üb. schwarz-oliv, stark glänzend. – Bodenunterseite mit Absatz. – Inv. Nr. Sä 535.
512. BS, Boden Dm. 3,5 cm. Ton grau-schwarz, sehr hart; Üb. (nur außen) schwarz-oliv, leicht glänzend. – Bodenunterseite mit Absatz.
513. BS, Boden Dm. 4 cm. Ton dunkelgrau, hart; Üb. (nur außen) schwarz, stumpf, geglättet. – An Fuß außen umlaufende Rille.
514. BS, Boden Dm. 4,9 cm. Ton grau, sehr hart; Üb. schwarz-grau gefleckt, leicht glänzend (außen), matt (innen).
515. 3 BS, Boden Dm. 5,7 cm. Ton orange, sehr hart; Üb. dunkelbraun, matt (außen), braun-orange, stumpf (innen). – Kerbband über zwei umlaufenden Rillen.
515a.* 5 BS. Form u. Ton ähnl. Kat.-Nr. 515, Üb. orangebräunlich, schwach irisierend bzw. schwarz, matt. – Alle unterhalb der vermutl. Kerbbänder abgebrochen.
516. BS, Boden Dm. 3,6 cm. Ton orange-grau, hart; Üb. schwarz-bräunlich, leicht glänzend, Fingerspuren. – Außen an Fuß umlaufende breite Rille. – Inv. Nr. Sä 725.
517. BS, Boden Dm. 4 cm. Ton ocker-braun, hart; Üb. schwarz-braun, leicht glänzend (außen), dunkelbraun, matt (innen). – Boden bewußt ausgeschlagen?
518. BS, Boden Dm. 5 cm. Ton orange?; Üb. schwarz-orange gefleckt, starke (sekundäre) Brandspuren. – Auf Bodenunterseite kreuzförmiger Graffito. – Inv. Nr. Sä 725.
518a.* 11 verschied. BS, Boden Dm. 4–7 cm. Ton ocker-orange, hart; Üb. (z. T. nur außen) orange bis bräunlich, matt bis leicht glänzend, ein Bodenbruchstück mit (sekundären) Brandspuren. – Form ähnlich Kat.-Nr. 518. – Inv. Nr. Sä 725 (3 BS); Fst.: Nord-Risalit, 1970 (2 BS); Fst.: Nord-Risalit, Suchgräben entlang Mauern 30, 33, 28, 1970 (1 BS).
519. 5 WS. Ton orange, sehr hart; Üb. (in Resten) schwarz (außen), rostrot (innen), matt, (sekundär) verbrannt? – über zwei umlaufenden Rillen breites Kerbband.
519a.* WS von 50–100 „Feinen Bechern“. Ton meist ocker oder orange; Üb. (in gleicher Verteilung) orange bis braun oder schwarz, nur selten sekundäre Brandspuren. – Z. T. einfache oder doppelte Kerbbänder von umlaufender(den) Rille(n) begrenzt; max. 5 Gefäße in ähnl. guter Qualität wie Kat.-Nr. 502ff. – Inv. Nr. Sä 535.725.
519b.* WS von 30–50 „Feinen Bechern“. Ton u. Üb. ähnl. Kat.-Nr. 519a. Z. T. einfache oder doppelte Kerbbänder von umlaufender(den) Rille(n) begrenzt. – Fst.: im Bereich der Nachgrabungen 1970 und 1971, d. h. im wesentlichen in den (westlichen) Risaliten und der dazwischen liegenden Porticus sowie (Altbestand Lörrach), Raum 2, 1936–39.
520. RS eiförmiger Becher, Dm. 11 cm. Ton ocker-orange, mäßig hart; Üb. orange-braun, leicht glänzend, stark abgerieben. – Drei umlaufende Rillen und breites Kerbband. Vgl. z. B. Ettlinger, Augster Thermen Taf. 22,19. – Inv. Nr. Sä 584.
521. RS eiförmiger Becher, Dm. 11 cm. Ton rostrot-grau, hart, grob; Üb. schwarz, matt, z. T. bräunlich gefleckt (innen). – Über und unter umlaufender Rille breites Kerbband. – Inv. Nr. Sä 584.

Tafel 36

„Feine Becher“ und Glanztonschüsseln

522. RS eiförmiger Becher, Dm. 11 cm. Ton beige-orange, hart; Üb. orange-rot, matt (außen), schwarz-orange gefleckt, matt (innen). – Rest eines Kerbbandes. – Inv. Nr. Sä 535.
522a.* RS. Ton rot-grau, hart; Üb. braun, matt. – Kerbband. – Altbestand Mus. Lörrach, Fst.: Raum 2, 1936–39.
523. 2 RS eiförmiger Becher, Dm. 11 cm. Ton orange, hart; Üb. (nur außen) schwarz, matt. – Inv. Nr. Sä 535 (linke RS), Fst.: Nord-Risalit, 1970 (rechte RS).
523a.* 5 verschied. RS. Alle ähnl. Kat.-Nr. 523, jedoch Üb. innen und außen rot bis rot-braun, matt. – Inv. Nr. 535 (1 RS).
524. RS eiförmiger Becher. Ton orange-beige, sehr hart, grob; Üb. schwarz, schwach glänzend. – Unter umlaufender Rille Rädchenmuster aus kleinen Rechtecken. Vgl. z. B. Martin-Kilcher, Laufen-Müschhag Taf. 19,11.
524a.* 9 WS (3–4 Gefäße) Ton orange, hart; Üb. schwarz, matt bis leicht glänzend; z. T. rot-orange, matt (innen). – Rädchenmuster ähnl. Kat.-Nr. 524. – Inv. Nr. Sä 725 (2 WS); Fst.: Porticus, 1970 (2 WS).
525. WS. Ton orange-braun, hart; Üb. schwarz, matt. – Rädchenmuster aus nach unten offenen Rechtecken.
526. RS/6 WS eiförmiger Becher, Dm. 6 cm. Ton grau, hart, geglättet. – Nachlässiges, verschliffenes Schachbrettmuster. Vgl. Bruckner, Ersingen Taf. 9,1.14. – Vgl. Fundbearbeitung 1939, Fst.: Nordwestecke Binnenraum, Schicht längs Ostmauer Raum 4 außen.
527. BS, Boden Dm. 4 cm. Ton grau, leicht gemagert, hart. – Außen vermutlich grießig und Schachbrettdekoration; stark verschliffen. – Inv. Nr. Sä 57/68.
528. 4 WS kugelförmiger Becher, größter Dm. ca. 12 cm. Ton (Kern) beige-grau, hart, schwarz geschmaucht (TN). – Zwischen Rillen schmale, eingetiefte Wellenbänder. – Sä 656 (1 WS).
528a.* 2 WS, ähnl. Kat.-Nr. 528. – Inv. Nr. Sä 550.584.
528b.* WS, ähnl. Kat.-Nr. 528, Ton jedoch im Kern beige-orange. – Inv. Nr. Sä 725.
529. 2 RS zylindrischer Napf, Dm. ca. 10 cm. Ton ocker, hart; Üb. braun-schwarz, gefleckt, matt (außen), bronze, leicht irisierend (innen). – Vgl. Kaenel, Aventicum Taf. 4,33; Martin-Kilcher, Laufen-Müschhag Taf. 20,2 (Schüssel). – Fst.: Nord-Risalit, 1970 (linke RS); Fst.: Nord-Risalit, Suchgräben entlang Mauern 30, 33, 28, 1970 (rechte RS).
530. 2 WS tongrundiger Faltenbecher. Ton orange, hart. – Zwei runde Dellen und Kerbband.
531. RS Steilrandbecher. Ton braun-rot, Kern schwarz, hart; Rest weißlicher Üb. – Auf Schulter erhabenes Dekor.
532. RS Schüssel mit Steilrand, Dm. 14 cm. Ton orange-okker, hart: Üb. braun-bronze, leicht glänzend. – Breites Kerbband. – Fst.: Nord-Risalit, 1970.
533. 2 RS Schüssel mit gerilltem Steilrand, Dm. 12 cm. Ton schmutzig grau (Kern z. T. schwarz), hart, sehr grob; Üb.

orange-hellbraun, schwach glänzend, linkes RS völlig sekundär verbrannt.
534. RS Schüssel mit ausgebogenem Rand, Dm. 14,5 cm. Ton hellocker-gelb, Kern anthrazit-schwarz, mäßig hart; Reste Goldglimmerüb. – Vgl. Fundbearbeitung 1939, Fst.: Abschnitt 3, Rampe zu Raum 4, Brandschicht unter Ziegelschuttschicht (entspricht hier Abb. 11c). – Inv. Nr. Sä 723.

Tafel 37

Küchengeschirr: Teller und Schalen

535. RS Schale mit abgeknickter steiler Wand, Dm. 23 cm. Ton TN, Kern rotbraun, sehr hart. – Rand innen und außen gekehlt. – Inv. Nr. Sä 716.
536. RS Schale mit eingebogenem Rand, Dm. 15 cm. Ton TN, Kern dunkelgrau, sehr hart. – Inv. Nr. Sä 524.
537. RS Schale mit Randleiste, Dm. ca. 18 cm. Ton wie Kat.-Nr. 535. – Rand außen gekehlt.
538. RS Teller mit schwachem Wandknick. Ton hellbeige, leicht glimmerhaltig, hart; innen und außen radiale Bemalung aus orange-braunen bzw. dunkelbraunen, matten Streifen (vgl. Kat.-Nr. 541). – Unterseite dreifaches Kerbband. – Fst.: Nord-Risalit, 1970.
539. RS Teller mit schwachem Wandknick. Ton und Streifenbemalung wie Kat.-Nr. 538. – Unterseite doppeltes Kerbband unter umlaufender Rille. – Fst.: Nord-Risalit, 1970.
540. RS Teller mit Wandknick und schwachem inneren Rundstab, Dm. 19 cm. Ton orange bis ziegelrot, sehr hart; Üb. (innen und auf Rand) orange, matt, darauf im Randbereich innen und außen dunkelbraune radiale Streifenbemalung.
540a.* 3 verschied. RS, Dm. max. 17 cm, ähnl. Kat.-Nr. 540. – Fst.: Nord-Risalit, 1970 (1 RS).
541. RS Teller mit gerundeter Wand und außen verdicktem Rand (Gefäß stark modern ergänzt), Dm. 27,8 cm. Ton orange-gelb, schwach gemagert, weich; Üb. (innen und auf Rand) orange, matt, darauf innen und Randaußenseite radiale Bemalung aus braun-schwarzen, matten Streifen. – Vgl. Ettlinger, Vindonissa Taf. 16,379;32,1; Ettlinger, Augster Thermen Taf. 18,24–26. – Inv. Nr. Sä 690.
541a.* 2 verschied. RS, Dm. 19 cm, ähnl. Kat.-Nr. 541. – Fst.: Nord-Risalit, 1970 (1 RS).
542. RS Teller mit Wandknick und Steilrand, Dm. 15 cm. Ton orange, sehr hart; Üb. rot-orange, matt. – Unterseite drei radiale Rillen.
542a.* 2 RS (1 Teller), ähnl. Kat.-Nr. 542. – Inv. Nr. Sä 657 bzw. Altbestand Mus. Lörrach.
543. 3 RS Teller mit gerundeter Wand und innerem Rundstab, Dm. 18 cm. Ton orange, sehr hart; Üb. rot, matt (nur innen); außen geglättet, starke Brandspuren. – Rundstab gekehlt. Vgl. z. B. Ettlinger, Augster Thermen Taf. 18,24–26; Schönberger, Altenstadt Taf. 43,CVIII 64. – Inv. Nr. Sä 535 (1 RS).
543a.* RS, Form und Ton ähnl. Kat.-Nr. 543, jedoch orange-roter, matter Üb. innen und Randaußenseite.

Tafel 38

Küchengeschirr: Teller und Schalen

544. RS Teller mit gerundeter Wand und innerem Rundstab, Dm. 23 cm. Ton hellbeige, mäßig hart; Üb. (innen und Randaußenseite) rot, matt.
544a.* 3 verschied. RS, ähnl. Kat.-Nr. 543 bzw. 544. – Inv. Nr. Sä 723 bzw. Fst.: Nord-Risalit, 1970.
545. RS Teller mit gerundeter Wand, Dm. 23 cm. Ton graubraun, sehr hart; Üb. (nur innen in Resten) schwarz, leicht glimmerhaltig; außen nigraartig geglättet.
545a.* 3 verschied. RS, Form ähnl. Kat.-Nr. 545, Dm. ca. 20 cm. Ton TN, Kern braun bis braun-orange, hart. – Inv. Nr. Sä 723 (1 RS).
546. RS Teller mit gerundeter Wand, Dm. 19 cm. Ton beige-orange, sehr hart; Üb. (innen und Randaußenseite) orange-braun, matt. – Fst.: Entlang Mauer 1, nördlich Raum X, 1970.
546a.* RS, ähnl. Kat.-Nr. 546. – FSt.: Nord-Risalit, 1970.
546b.* Tellerboden, Form wie Kat.-Nr. 546; Ton beige-orange, sehr hart; Üb. rot (innen), hellbraun (außen), matt.
547. RS Teller mit gerundeter Wand, Dm. 27 cm. Ton u. Üb. wie Kat.-Nr. 546, jedoch außen geglättet, innen Brandspuren. – Inv. Nr. Sä 723.
547a.* WS, ähnl. Kat.-Nr. 547.
548. RS Teller mit gerundeter Wand und außen verdicktem Rand, Dm. 24 cm. Ton hellbeige, sehr hart; Üb. orange-rot, fleckig. – Außen Aussprengungen. – Fst.: Nord-Risalit, 1970.
548a.* 2 verschied. RS, Form ähnl. Kat.-Nr. 548; Ton orange-beige bzw. orange-braun, hart; innen Reste eines orange-roten bzw. orange-braunen Üb. – Fst.: Nord-Risalit, 1970.
548b.* RS, Form ähnl. Kat.-Nr. 548; Ton beige-braun, gemagert, hart; Üb. (innen und Randaußenseite) lederbraun, leicht bronziert (goldglimmerartig). – Fst.: Nord-Risalit, Graben entlang Südseite Mauer 30, 1970.
548c.* RS, Form u. Ton ähnl. Kat.-Nr. 548; Üb. orange-braun, stumpf. – Altbestand Mus Lörrach.
548d.* RS, WS, ähnl. Kat.-Nr. 548c; stark bestoßen. – Fst.: Nord-Risalit, Suchgräben entlang Mauern 30, 33, 28, 1970.
548e.* 14 RS, 2 BS (12–15 Teller), Form ähnl. Kat.-Nr. 548; Ton beige bis orange, mäßig bis sehr hart; Üb. rot bis orange-rot bzw. rot-braun, vereinzelt Brandspuren bzw. berieben. – Inv. Nr. Sä 723 (6 RS).
549. RS Teller mit gerundeter Wand, Dm. 32 cm. Ton orange-beige, sehr hart; Üb. (innen und Randaußenseite) orange bis hellbraun matt. – Außen geglättet, bestoßen. – Inv. Nr. Sä 656.
549a.* 6 RS (4 Teller), Form und Ton ähnl. Kat.-Nr. 549, Dm. alle über 30 cm; Üb. rot-orange bis braun-rot, matt, vereinzelt Brandspuren. – Inv. Nr. Sä 723 (2 RS); Inv. Nr. Sä 656 (1 RS).

Tafel 39

Küchengeschirr: Teller und Schalen

550. RS Teller mit gerundeter Wand, Dm. 34 cm. Ton beige-hellbraun, mäßig hart; Üb. (innen) braun-orange, stumpf. – Außen starke Brandspuren und berieben. – Inv. Nr. Sä 553.
551. RS Teller mit gerundeter Wand und innerem Rundstab, Dm. 19 cm. Ton beige-hellbraun, sehr hart, außen geglättet.
552. RS Teller mit leicht gerundeter Wand, Dm. ca. 20 cm. Ton hellbeige, sehr hart, innen und außen geglättet. – Rand innen und außen gekehlt. – Inv. Nr. Sä 723.
552a.* 2 verschied. RS, Form ähnl. Kat.-Nr. 551, Dm. 18 bzw. 19 cm. Ton ähnl. Kat.-Nr. 552 bzw. orange, sehr hart.

553. RS Teller mit gerundeter Wand und innerem Rundstab. Ton orange-beige, leicht glimmerhaltig, mäßig hart. – Inv. Nr. Sä 553.
554. RS Teller mit gerundeter Wand, Dm. 21 cm. Ton orange-beige, leicht glimmerhaltig, hart. – Inv. Nr. Sä 656.
555. RS (mit Bodenansatz) Teller mit schwach gerundeter Wand, Dm. 17 cm. Ton orange, mäßig hart. – Schlechte Qualität. – Inv. Nr. Sä 656.
556. RS (mit Bodenansatz) Teller mit leicht gerundeter Wand, Dm. 31 cm. Ton orange-braun, leicht glimmerhaltig, mäßig hart, innen Brandspuren.
556a.* 14 RS (12–14 Teller), Form ähnl. Kat.-Nr. 554–556, Dm. 20–26 cm. Ton orange, mäßig hart bis weich, vereinzelt außen geglättet. – Inv. Nr. Sä 723 (3 RS), Fst.: Porticus, 1970 (2 RS) bzw. Nord-Risalit, 1970 (2 RS).
556b.* 18 RS (14–16 Teller), Form ähnl. Kat.-Nr. 554–556, Dm. 22–31 cm. Ton beige bis bräunlich, hart bis sehr hart, vereinzelt außen geglättet bzw. Brandspuren. – Inv. Nr. Sä 801 (1 RS); Inv. Nr. Sä 533 (2 RS); Inv. Nr. Sä 723 (5 RS).
557. 2 RS Teller, ähnl. Drag. 18/31, Dm. 20 cm. Ton TN, Kern grau-orange, hart. – Inv. Nr. Sä 725.
558. RS Teller, ähnl. Drag. 18/31. Ton beige, weich, starke Brandspuren. – Inv. Nr. Sä 719.
559. RS Teller, ähnl. Drag. 18/31. Ton orange-rot, glimmerhaltig, sehr hart. – Rand außen und innen abgesetzt. – Inv. Nr. Sä 718.

Tafel 40

Küchengeschirr: Teller und Schalen

560. RS Teller mit schräger Wand, Dm. über 15 cm. Ton orange, sehr hart. – Außen viele Drehrillen. Inv. Nr. Sä 723.
561. RS Teller mit schräger Wand, Dm. 20 cm. Ton TN, Kern grau, hart. – Inv. Nr. Sä 524.
561a.* 4 verschied. RS, Form ähnl. Kat.-Nr. 561. Ton grau bis grau-braun, mäßig hart bis hart, Reste einer TN-Glättung. – Inv. Nr. Sä 716 (1 RS), Inv. Nr. Sä 719 (1 RS), Inv. Nr. Sä 524 (2 RS).
562. RS Schale mit Deckelfalz, Dm. 8 cm. Ton TN, Kern grau-beige, hart. – Inv. Nr. Sä 718.
562a.* RS, Form u. Ton ähnl. Kat.-Nr. 562; Dm. ca. 10 cm.
563. RS Teller mit nach außen gebogenem Rand, Dm. über 25 cm. Ton beige (?), mehlig; stark verbrannt. – Inv. Nr. Sä 718.
564. RS Schale mit nach außen gebogenem Rand, Dm. 33 cm. Ton TN, Kern braun-beige, hart. – Innen umlaufende Rille.
564a.* RS, Form ähnl. Kat.-Nr. 564, Dm. über 30 cm. Ton grau-beige, mehlig, Reste einer TN-Glättung.
564b.* RS, ähnl. Kat.-Nr. 564a, jedoch ohne Glättung. – Inv. Nr. Sä 718.
565. RS, Form ähnl. Kat.-Nr. 564, Dm. über 30 cm. Ton TN, Kern beige-grau, hart.
566. 3 RS (mit Bodenansatz) Teller mit schräger Wand, Dm. 20 cm. Ton orange-beige, außen gräulich verfärbt, leicht gemagert (Kalk und Kiesel), sehr hart; rauhwandig; Urmitzer Technik. – Außen (vor Brand) eingeritztes Kreuz (Graffito oder Töpfermarke?), Ähnl. Schönberger, Altenstadt Taf. 45,CVIII 140. – Inv. Nr. Sä 656.
567. RS Teller mit schräger Wand. Ton und Technik wie Kat.-Nr. 566. – Ähnlich Pferdehirt, Holzhausen Taf. 20,F 1485.
568. RS (mit Bodenansatz) Teller mit gerundeter (?) Wand, Dm. 21 cm. Ton und Technik wie Kat.-Nr. 566. – Ähnlich Schönberger, Altenstadt Taf. 45,CVIII 143. – Inv. Nr. Sä 656.
569. RS Schale mit schräger Wand und leicht verdicktem Rand, Dm. 25 cm. Ton beige, außen gräulich verfärbt, grob gemagert (Kiesel), weich; rauhwandig. – Urmitzer Technik.

Tafel 41

Küchengeschirr: Schüsseln

570. RS Schüssel mit einwärts gebogenem, verdicktem Rand, Dm. 18 cm. Ton grau-schwarz, sehr hart. – An der Außenseite des Randes umlaufende Rille. – Inv. Nr. 553.
570a.* 2 verschied. RS, Form ähnl. Kat.-Nr. 570. Ton ähnl. Kat.-Nr. 570 bzw. beige, mehlig. – Inv. Nr. Sä 524 (1 RS).
571. RS Schale oder Schüssel ähnl. Kat.-Nr. 570, Dm. 18 cm. Ton ?, stark sekundär verbrannt.
572. RS Schüssel mit einwärts gebogenem, verdicktem Rand, Dm. 16 cm. Ton orange, sehr hart, glimmerhaltig; bronzefarbener Überzug?
573. RS, Form ähnl. Kat.-Nr. 572, Rand außen leicht unterschnitten, Dm. 14 cm. Ton dunkelgrau-schwarz, leicht glimmerhaltig, mäßig hart.
574. RS, Form ähnl. Kat.-Nr. 573. Ton grau, leicht glimmerhaltig, hart; leichte sekundäre Brandspuren.
574a.* RS, ähnl. Kat.-Nr. 574.
575. 2 RS, Form ähnl. Kat.-Nr. 573, Dm. 16 cm. Ton grau, weich.
576. RS, Form ähnl. Kat.-Nr. 573, Dm. 18 cm. Ton wie Kat.-Nr. 575.
577. RS Schüssel mit einwärts gebogenem, verdicktem Rand, Dm. 22 cm. Ton grau, glimmerhaltig, hart; außen TN-artige Glättung. – Außen Übergang von Rand zu Wand durch Rille gegliedert. – Inv. Nr. Sä 553.

Tafel 42

Küchengeschirr: Schüsseln

578. RS, Form ähnl. Kat.-Nr. 577, Dm. 22 cm. Ton dunkelgrau, mäßig hart. – Fst.: Raum M, 1970.
579. RS, Form ähnl. Kat.-Nr. 577, Dm. 20 cm. Ton grau, glimmerhaltig, mäßig hart. – Inv. Nr. Sä 716.
580. RS, Form ähnl. Kat.-Nr. 577, Dm. 21 cm. Ton grau, sehr hart. – Inv. Nr. Sä 716.
581. RS Schüssel mit einwärts gebogenem, verdicktem Rand, Dm. ca. 19 cm. Ton orange-beige, hart; leichte sekundäre Brandspuren. – Rand außen stark durch umlaufende Rillen gegliedert.
582. RS, Form ähnl. Kat.-Nr. 577, Dm. 22. Ton wie Kat.-Nr. 578.
583. RS Schüssel mit einwärts gebogenem, klobig verdicktem Rand. Ton wie Kat.-Nr. 580. – Inv. Nr. Sä 57/68.
584. RS, Form ähnl. Kat.-Nr. 583, Dm. über 25 cm. Ton wie Kat.-Nr. 580.
585. RS, Form ähnl. Kat.-Nr. 583, Dm. mindestens 30 cm. Ton wie Kat.-Nr. 580. – Inv. Nr. Sä 716.
585a.* RS, ähnl. Kat.-Nr. 585.
586. RS Schüssel mit einwärts gebogenem, verdicktem Rand, Dm. 17 cm. Ton dunkelgrau, hart, außen geglättet. – Auf Rand außen umlaufende Rille. Inv. Nr. Sä 524.
587. RS, Form ähnl. Kat.-Nr. 583, Dm. 20 cm. Ton grau, mäßig hart.

Tafel 43

Küchengeschirr: Schüsseln

588. Kragenschüssel, Gefäß stark modern ergänzt, Dm. 15,6 cm, H. 5 cm. Ton orange-gelb, mäßig hart, gemagert (Aussprengungen). – Sehr schlechte Qualität. Vgl. z. B. ETTLINGER, Augster Thermen Taf. 17,23. – Inv. Nr. Sä 693.
589. RS Kragenschüssel mit Ausguß, Dm. 22 cm. Ton bräunlich (Kern grau-schwarz), leicht glimmerhaltig, hart, Rest einer schwarzen Schmauchung (?). – Schlechte Qualität. Vgl. z. B. ETTLINGER, Augster Thermen Taf. 19,23.26. – Inv. Nr. Sä 656.
590. RS Kragenschüssel, Dm. 25 cm. Ton grau-schwarz, sehr hart, innen geglättet. – Vgl. z. B. MARTIN-KILCHER, Laufen-Müschhag Taf. 25,5.18.
591. RS Kragenschüssel, Dm. über 23 cm. Ton TN, Kern braun-rot, mäßig hart. – Inv. Nr. Sä 722.
591a.* RS Kragenschüssel, ähnl. Kat.-Nr. 591.
592. RS Kragenschüssel, Dm. über 20 cm. Ton orange-braun, schwach glimmerhaltig, sehr hart, innen geglättet. – Inv. Nr. Sä 722.
593. 2 RS Kragenschüssel, Dm. 25 cm. Ton grau, mäßig hart, Rest einer TN-Glättung. – Stark verschliffen. Auf Kragen umlaufende Rille. Vgl. z. B. PLANCK, Rottweil Taf. 42,6.9. – Fst.: Nord-Risalit, 1970 (linke RS) bzw. Porticus, 1970.

Tafel 44

Küchengeschirr: Schüsseln

594. RS Kragenschüssel, Dm. 20 cm. Ton orange, hart, innen geglättet. – Auf Kragen Brandspuren. – Inv. Nr. Sä 722.
595. RS Kragenschüssel. Ton beige-orange (?), mäßig hart (?), stark (sekundär) verbrannt. – Inv. Nr. Sä 801.
596. RS Kragenschüssel, Dm. 23 cm. Ton beige-bräunlich, leicht glimmerhaltig, hart, innen geglättet. – Vgl. z. B. MARTIN-KILCHER, Laufen-Müschhag Taf. 25,17. – Inv. Nr. Sä 722.
597. 2 RS Kragenschüssel, Dm. 20 cm. Ton orange, glimmerhaltig, sehr hart. – Inv. Nr. Sä 722.
597a.* RS Kragenschüssel, Form ähnl. Kat.-Nr. 597. Ton orange, weich. – Fst.: Aushub hinter westlicher Porticus, 1971.
597b.* 2 verschied. RS Kragenschüsseln, Form ähnl. Kat.-Nr. 597. Völlig sekundär verbrannt.
598. 6 RS, 26 WS einer Kragenschüssel, Dm. 20 cm. Ton grau, hart, Reste eines schwarzen Überzuges? – Fst.: Graben südlich entlang Mauer 5 bzw. 17, 1970.
599. RS Kragenschüssel, Dm. 12 cm! Ton orange, sehr hart, z. T. geglättet, außen (sekundäre) Brandspuren. – Vgl. z. B. SCHÖNBERGER, Oberstimm Taf. 67,D 113. – Inv. Nr. Sä 656.
599a.* RS Kragenschüssel, Form ähnl. Kat.-Nr. 599, Dm. 13–15 cm! Ton grau, schwarz, stellenweise TN-artige Glättung.
600. RS Kragenschüssel. Ton orange, hart; Üb. in Resten auf Kragen bronzefarben, glimmerhaltig. – Inv. Nr. Sä 722.
601. RS Kragenschüssel. Ton grau, sehr hart, auf Kragen stellenweise TN-artige Glättung. – Inv. Nr. Sä 722.
602. RS Kragenschüssel, Dm. 22 cm. Ton TN, Kern braungrau, sehr hart. – Vgl. z. B. MARTIN-KILCHER, Laufen-Müschhag Taf. 25,20. – Inv. Nr. Sä 722.
602a.* RS Kragenschüssel, Form u. Ton ähnl. Kat.-Nr. 602.

Tafel 45

Küchengeschirr: Schüsseln

603. RS Kragenschüssel, Dm. 22 cm. Ton wie Kat.-Nr. 602. – Leicht bestoßen. Vgl. z. B. MARTIN-KILCHER, Laufen-Müschhag Taf. 25,13.
604. RS Kragenschüssel, Dm. 26 cm. Ton wie Kat.-Nr. 602. – Leicht bestoßen. Vgl. z. B. MARTIN-KILCHER, Laufen-Müschhag Taf. 25,15. – Inv. Nr. Sä 722.
604a.* RS ähnl. Kat.-Nr. 604.
605. RS Kragenschüssel, Dm. 25 cm. Ton wie Kat.-Nr. 602.
606. RS Kragenschüssel, Dm. über 30 cm. Ton ähnl. Kat.-Nr. 602. – Vgl. z. B. MARTIN-KILCHER, Laufen-Müschhag Taf. 25,21.
607. RS Kragenschüssel, Dm. 31 cm. Ton wie Kat.-Nr. 602.
607a.* 4 verschied. RS Kragenschüsseln, Form u. Ton ähnl. Kat.-Nr. 607, Dm. 32–35 cm. – Inv. Nr. Sä 722 (2 RS).
608. RS Kragenschüssel, Dm. 26 cm. Ton orange, schwach gemagert, mehlig, stark verschliffen.

Tafel 46

Küchengeschirr: Schüsseln

609. RS Kragenschüssel, Dm. 34 cm. Ton grau-schwarz, schwach gemagert, sehr hart. – Vgl. z. B. MARTIN-KILCHER, Laufen-Müschhag Taf. 25,15. – Inv. Nr. Sä 722.
610. 2 RS Kragenschüssel, Dm. 31 cm. Ton grau, gemagert, hart, außen geglättet.
610a.* 2 verschied. RS, Form ähnl. Kat.-Nr. 610. Ton hellbraun, hart. – Inv. Nr. Sä 722 (1 RS).
611. RS Kragenschüssel. Ton orange (Kern schwarz), schwach gemagert, sehr hart; Reste eines bronzefarbenen, glimmerhaltigen Üb. auf Kragen und innen. – Inv. Nr. Sä 722.
612. RS Kragenschüssel (Reibschüssel?). Ton orange, deutlich gemagert, weich, stark verschliffen. – Am Rand innen Brandspuren.
612a.* Kragenbruchstück, Form ähnl. Kat.-Nr. 612. Ton orange, hart.
613. RS Kragenschüssel (Reibschüssel?), Dm. 21 cm. Ton orange, leicht gemagert, sehr hart, leicht bestoßen. – Grobe, nachlässige Arbeit. Am Rand Brandspuren. – Inv. Nr. Sä 722.
614. 4 RS Kragenschüssel, Dm. 17 cm. Ton orange, schwach gemagert, sehr hart; Üb. orange-rot bis orange-braun, leicht glänzend, auf Kragen und innen geglättet, vereinzelt (sekundäre?) Brandspuren. – Auf Kragen zwischen zwei umlaufenden Kerbbändern Dekoration en barbotine, wohl alternierend Reihen von drei Hufeisen und einzelne Kreuze. Vgl. ETTLINGER, Augster Thermen Taf. 19,32. – Vgl. Fundbearbeitung 1937, Fst.: Maßnahme 25, Anschluß des Süd-Risaliten an die Westmauer der Porticus.

Tafel 47

Küchengeschirr, Schüsseln

615. RS/BS Kragenschüssel, Dm. 15,6 cm, H. 8 cm. Ton orange, hart; Üb. (außen in Resten) orange-braun bis rot, matt, innen völlig verbrannt (russig). – Auf (abgebrochenem) Kragen umlaufendes Tannenzweigmotiv, vermutl. Glasschliff-Imitation.

616. RS Schüssel mit gerilltem Horizontalrand, Dm. 23 cm. Ton beige-orange, hart; Üb. orange-braun, matt, Rand leicht verbrannt. – Auf Rand umlaufendes, mehrteiliges Kerbband. – Vgl. Fundbearbeitung 1939, Fst.: Nordostecke Raum 1, 2,15 m–2,95 m unter Mauerabbruch.
616a.* 4 verschied. RS, Form u. Dekoration ähnl. Kat.-Nr. 616. Ton orange bis beige, hart; Üb. orange bis braun-rot, matt. – Inv. Nr. Sä 657 (1 RS); Inv. Nr. Sä 725 (1 RS).
617. 2 RS Schüssel mit einfach gerilltem Horizontalrand, Dm. 27 cm. Ton TN, Kern grau, hart. – Rand außen gekehlt.
618. 2 RS Schüssel mit gerilltem Horizontalrand, Dm. 14 cm. Ton orange-ocker, mäßig hart; Üb. (innen und auf Rand) mittelrot bis rot-orange, matt. – Bestoßen bzw. verschliffen.
619. RS, Form ähnl. Kat.-Nr. 618, Dm. 22 cm. Ton orange, sehr fein; Üb. (innen und auf Rand) dunkel- bis rostrot, matt, außen z. T. geglättet. – Übergang von Rand zu Bauch durch Wulst und schwache Kehlung gegliedert.
620. RS, Form ähnl. Kat.-Nr. 618, Dm. vermutlich 12–17 cm. Ton orange, weich; Überzug (innen und auf Rand) rot, matt.
621. RS Schüssel mit gerilltem Horizontalrand, Dm. 26 cm. Ton orange, leicht glimmerhaltig, sehr hart; Üb. (innen und auf Rand) mittelrot, leicht glänzend, außen z. T. geglättet. – Fst.: Westlicher (zerstörter) Teil der Pflasterung im Norden der Anlage, 1970.

Tafel 48

Küchengeschirr: Schüsseln

622. RS, Form ähnl. Kat.-Nr. 621, Dm. 26 cm. Ton orange, leicht glimmerhaltig, hart; Üb. (innen und auf Rand) orange-braun, matt. – Unter Rand schwache doppelte Kehlung. – Fst.: Nord-Risalit, 1970.
623. 2 RS, Form ähnl. Kat.-Nr. 621, Dm. ca. 24 cm. Ton orange-beige, sehr hart; Üb. (innen und auf Rand) rotbraun, matt, außen z. T. geglättet. – Innen brandgeschwärzt (Gebrauch). Unter Rand umlaufende feine Rille. – Fst.: Nord-Risalit, 1970.
624. RS, Form ähnl. Kat.-Nr. 621. Ton beige-gräulich, mehlig; Üb. (innen und auf Rand) bräunlich (?), verbrannt. – Inv. Nr. Sä 814 (FK Rathaus Rhina), Fst.: Maßnahme 31, 1937 (= Bereich Nordostecke Raum 1).
625. RS, Form ähnl. Kat.-Nr. 621, Dm. 22 cm. Ton orange, mäßig hart; Üb. (innen in Resten) rötlich, auf Rand Brandspuren (Gebrauch).
626. RS, Form ähnl. Kat.-Nr. 621, Dm. 23 cm. Ton orange, leicht glimmerhaltig, hart; Üb. (innen und auf Rand) rot, matt. – Leicht bestoßen. Unter Rand und auf Bauch umlaufend je eine Rille. – Handschriftliche Notiz auf RS: „Laufenburg-Rhina, Sitt."
627. RS Schüssel mit gerilltem Horizontalrand und Wandknick, Dm. 18 cm. Ton TN, Kern grau, sehr hart. – Bauch und Wandknick durch umlaufende Rillen gegliedert.
628. 2 RS Schüssel mit gerilltem Horizontalrand, Dm. 25 cm. Ton orange, hart, außen z. T. geglättet, innen leicht brandgeschwärzt (Gebrauch).

Tafel 49

Küchengeschirr: Schüsseln

629. RS, Form ähnl. Kat.-Nr. 628. Ton orange, glimmerhaltig, hart. – Stark bestoßen. – Inv. Nr. Sä 716.
630. RS Schüssel mit gerilltem, nach außen gebogenem Horizontalrand. Ton braun, gemagert, hart. – Inv. Nr. Sä 524.
631. Schüssel mit steiler Wand, Gefäß stark modern ergänzt, Dm. 20,5 cm, H. 9,5 cm. Ton orange, leicht gemagert, hart, außen geglättet. – Innen brandgeschwärzt (Gebrauch) sowie leicht rauhwandig. Außen Rand und Bauch durch umlaufende Rillen gegliedert. – AO.: Mus. Lörrach.
632. RS kleine Schüssel mit glattem Horizontalrand und gerundeter Wand, Dm. 14 cm. Ton hellorange, sehr hart; dunkelbraun-orange geflammt; z. T. berieben. Außen zwei umlaufende mehrteilige Kerbbänder.
632a.* RS, Form vermutl. ähnl. Kat.-Nr. 632. Ton grau, schwach gemagert, hart; (nicht geflammt und kein Dekor). – Inv. Nr. Sä 524.
633. WS Schüssel (?), Form vermutl. ähnl. Kat.-Nr. 632. Ton hellocker-orange, sehr hart; Üb. (nur außen) hellbraunorange, leicht glänzend. – Außen Kammwellenmuster. – Inv. Nr. Sä 549.
634. RS Schüssel mit glattem Horizontalrand, Dm. 19 cm. Ton orange, sehr fein, weich. – Leicht bestoßen. – Fst.: Nord-Risalit, 1970.
635. RS, Form ähnl. Kat.-Nr. 634, Dm. über 20 cm. Ton orange, weich; Üb. (in Resten) rotbraun, glimmerhaltig. – Inv. Nr. Sä 716.
636. 2 RS, Form ähnl. Kat.-Nr. 634, Dm ca. 20 cm. Ton hellorange, mäßig hart; Üb. (in Resten) rot-bräunlich, leicht glimmerhaltig. – Leicht bestoßen, vereinzelt leichte Brandspuren (Gebrauch). – Inv. Nr. Sä 716.
637. RS, Form ähnl. Kat.-Nr. 634, Dm. 17 cm. Ton orange, leicht gemagert, hart; Üb. (außen und auf Rand) braunbronze, glimmerhaltig. – Stark bestoßen, leichte Brandspuren (Gebrauch). Innen viele Drehrillen. – Inv. Nr. Sä 716.
638. RS, Form ähnl. Kat.-Nr. 634. Ton ? (völlig verbrannt). – Außen leicht gekehlt. – Inv. Nr. Sä 716.

Tafel 50

Küchengeschirr: Schüsseln

639. RS Schüssel mit Deckelfalz und außen gerilltem Rand. Ton orange, mehlig.
640. RS, Form ähnl. Kat.-Nr. 639, Dm. 25 cm. Ton orange, hart; Üb. (in Resten) rot-bräunlich, matt.
641. RS, Form ähnl. Kat.-Nr. 639, Dm. 24 cm. Ton orange, weich. – Inv. Nr. Sä 716.
642. RS, Form ähnl. Kat.-Nr. 639, Dm. 22 cm. Ton bräunlich, leicht glimmerhaltig, sehr hart. –
643. RS, Form ähnl. Kat.-Nr. 639. Ton orange, schwach glimmerhaltig, hart.
644 RS Schüssel mit Deckelfalz und plumpem, außen gerilltem Rand, Dm. 25 cm. Ton orange, mäßig hart, Reste eines Goldglimmerüberzuges. – Vgl. Fundbearbeitung 1939, Fst.: Nord-Risalit, Schlitzmauer längs der Nord-Mauer.
644a.* RS, ähnl. Kat.-Nr. 644, jedoch ohne Üb.
645. RS, Form ähnl. Kat.-Nr. 644, Dm. 20 cm. Ton orange, mehlig; Üb. (in Resten) bräunlich-rot.
646. RS Schüssel mit Deckelfalz, Dm. ca. 15 cm. Ton beige, leicht gemagert, sehr hart; Üb. (innen und auf Rand) bräunlich, z. T. (brand)geschwärzt. – Fst.: Nord-Risalit, 1970.

647. RS, Form ähnl. Kat.-Nr. 646. Ton beige, sehr hart; Üb. (innen und auf Rand) bräunlich. – Fst.: Nord-Risalit, 1970.
648. RS, Form ähnl. Kat.-Nr. 646. Ton u. Üb. wie Kat.-Nr. 647. – Fst.: Porticus, 1970.

Tafel 51

Küchengeschirr: Schüsseln

649. RS Schüssel mit Deckelfalz, Dm. 18 cm. Ton orangebraun, sehr hart, außen geglättet; Üb. (innen) bräunlich, leicht glänzend bzw. glimmerhaltig.
650. RS, Form ähnl. Kat.-Nr. 649, Dm. ca. 19 cm. Ton orange, glimmerhaltig, weich; Üb. (in Resten) orangebraun, stumpf.
651. 4 RS, Form ähnl. Kat.-Nr. 649, Dm. 24 cm. Ton orange (Kern anthrazit), hart, außen vermutlich geglättet.
652. RS, Form ähnl. Kat.-Nr. 649, Dm ca. 22 cm. Ton hellorange, mehlig; Üb. (innen in Resten) rötlich. – Inv. Nr. Sä 716.
653. RS Schüssel mit Deckelfalz. Ton orange, hart; Üb. (innen und auf Rand) bräunlich, matt.
653a.* RS, Form ähnl. Kat.-Nr. 653, Dm. ca. 20 cm. Ton orange, hart; Üb. rotbraun, leicht glimmerhaltig, auf Rand leicht verbrannt (Gebrauch).
654. RS, Form ähnl. Kat.-Nr. 653, Dm. 12–16 cm. Ton orange, mehlig.
655. RS, Form ähnl. Kat.-Nr. 653, Dm. 15 cm. Ton beigebräunlich, leicht glimmerhaltig, mäßig hart. – Leichte Brandspuren. – Inv. Nr. Sä 716.
656. RS, Form ähnl. Kat.-Nr. 653. Ton orange (?), völlig sekundär verbrannt. – Inv. Nr. Sä 716.
657. RS, Form ähnl. Kat.-Nr. 653. Ton orange (Kern anthrazit), mehlig; stark verschliffen. – Inv. Nr. Sä 716.
658. 2 RS, Form ähnl. Kat.-Nr. 653, Dm. 13 cm. Ton orange, weich; Reste eines rötlichen Üb.? – Fst.: Süd-Risalit, Schuttschicht im unteren Teil der Füllung, 1971 (linke RS).

Tafel 52

Küchengeschirr: Schüsseln

659. RS, Form ähnl. Kat.-Nr. 653, Dm. 18 cm. Ton beige (Kern schwarz), weich.
659a.* RS, Form ähnl. Kat.-Nr. 659, Dm. ca. 13 cm. Ton orange, hart; Reste eines rötlichen Üb.; schwache Brandspuren.
659b.* RS, Form ähnl. Kat.-Nr. 659. Ton beige, sehr hart; Üb. (innen in Resten) bräunlich.
660. RS Schüssel mit Deckelfalz und durch Rillen gegliederte Wand, Dm. 12 cm. Ton orange-beige, schwach glimmerhaltig, mäßig hart. – Inv. Nr. Sä 716.
661. RS, Form ähnl. Kat.-Nr. 660, Dm. 16 cm. Ton hellorange, schwach glimmerhaltig, mäßig hart.
662. RS, Form ähnl. Kat.-Nr. 660, Dm. 19 cm. Ton orange, glimmerhaltig, sehr hart.
663. RS, Form ähnl. Kat.-Nr. 660, Dm. 23 cm. Ton orange, hart. – Inv. Nr. Sä 656.
664. RS Schüssel mit Deckelfalz. Ton orange, hart. – Inv. Nr. Sä 716.
665. RS, Form ähnl. Kat.-Nr. 664, Dm. 19 cm. Ton orange, hart; Üb. (in Resten) rötlich; am Rand leichte Brandspuren. – Inv. Nr. Sä 716.
666. RS, Form ähnl. Kat.-Nr. 664, Dm. 15 cm. Ton orange, mäßig hart; starke Brandspuren (Gebrauch). – Inv. Nr. Sä 716.

Tafel 53

Küchengeschirr: Schüsseln

667. RS Schüssel mit Deckelfalz und klobigem Rand, Dm. über 20 cm. Ton beige-bräunlich, weich. – Inv. Nr. Sä 716.
668. RS, Form ähnl. Kat.-Nr. 667, Dm. 24 cm. Ton orange bis beige, schwach gemagert, hart.
668a.* 2 RS, Form ähnl. Kat.-Nr. 668, Dm. ca. 26 cm. Völlig sekundär verbrannt.
669. 2 RS, Form ähnl. Kat.-Nr. 668, Dm. 19 cm. Ton orange, hart. – Wand durch zwei umlaufende Rillen gegliedert.
670. RS Schüssel mit Deckelfalz (Reibschüssel?), Dm. über 25 cm. Ton beige-bräunlich, mehlig.
671. RS Schüssel mit Deckelfalz und einwärts gebogenem, verdicktem Rand, Dm. 20 cm. Ton orange-braun, grob gemagert, mäßig hart. – Am Rand schwache Brandspuren. – Inv. Nr. Sä 716.
672. 2 RS Schüssel mit gerundeter Wand und ausgebogenem Rand, Dm. 27 cm. Ton TN, Kern bräunlich-grau, hart. – Wand durch drei umlaufende Rillen gegliedert. – Inv. Nr. Sä 656 (1 RS).
672a.* RS, ähnl. Kat.-Nr. 672, jedoch Wand eher geknickt, darunter zwei umlaufende Rillen.
673. RS Schüssel mit leicht trichterförmigem Horizontalrand, Ton bräunlich, sehr hart; außen schwarz geschmaucht und geglättet. – Innen viele feine Drehrillen. – Inv. Nr. Sä 719.
674. RS, Form ähnl. Kat.-Nr. 673, Dm. 16 cm. Ton beigeorange, hart; Üb. (innen in Resten) bräunlich-rot. – Außen schwache Brandspuren. – Inv. Nr. Sä 716.
675. RS Schüssel mit gegliedertem Rand und Deckelfalz, Dm. 32–35 cm. Ton hellorange, grob gemagert, mäßig hart; außen geglättet und rissig, innen grießig. – AO.: Mus. Lörrach.

Tafel 54

Küchengeschirr: Schüsseln

676. RS Schüssel mit leicht trichterförmigem Horizontalrand, Dm. 19 cm. Ton bräunlich-orange, schwach gemagert, sehr hart; außen Reste bräunlicher Üb. – Inv. Nr. Sä 719.
677. RS Schüssel Alzey 24, Dm. 12–17 cm. Ton beigeorange, leicht sandig, hart; außen vereinzelt geglättet. – Auf Wand umlaufende Rille. – Inv. Nr. Sä 553.
678. RS Schüssel Alzey 24, Dm. 20 cm. Ton beige, körnige Struktur, sehr hart. – Auf Wand umlaufende Rille.
679. RS Schüssel Alzey 24, Dm. ca. 18 cm. Ton orange, körnige Struktur, hart; innen weißlicher Üb.? – Auf Wand zwei umlaufende Rillen. – Inv. Nr. Sä 656.
679a.* WS, Form ähnl. Kat.-Nr. 679. Ton beige-bräunlich, leicht gemagert, hart. – Inv. Nr. Sä 719.
680. 2 RS Becken Alzey 24, Dm. 32 cm. Ton grau-oliv, gemagert, sehr hart; außen geglättet. – Vgl. Ettlinger, Görbelhof Taf. 5,1.2.
681. Bein eines schüsselförmigen (?) Dreibeines. Ton grau, leicht gemagert, mäßig hart; z. T. verstrichen bzw. leichte Brandspuren (Gebrauch). Vgl. z. B. Vogt, Lindenhof Taf. 38,1; Ettlinger, Augster Thermen Taf. 14,6.

682. RS Schüssel oder Schale mit zapfenförmiger Deckelrast (Griff?). Ton grau-schwarz, grob gemagert, mäßig hart, rauhwandige Drehscheibenware. Ähnl. z. B. MARTIN-KILCHER, Laufen-Müschhag Taf. 41,7. – Vgl. Fundbearbeitung 1939, Fst.: Schnitt 3, West, Ausschachtung Skelett (= westlich West-Porticus). – Altbestand Lörrach.

Tafel 55

Küchengeschirr: Töpfe

683. 2 RS Schultertopf, Dm. 7,5 cm. Ton grau, hart; Rest einer schwarzen Schmauchung. – Fingernagel-Dekoration aus versetzten Reihen sichelförmiger Riefen, vgl. Kat.-Nr. 692. Vgl. z. B. ETTLINGER, Augster Thermen Taf. 15,5.6; ULBERT, Aislingen Taf. 4,25. – Inv. Nr. Sä 656.

684. RS Schultertopf, Dm. 11 cm. Ton grau-schwarz, hart, geglättet. – Stempel-Dekoration aus Reihen kleiner Rechtecke und Schrägstrichen (Rollstempel). Vgl. z. B. ETTLINGER, Augster Thermen Taf. 16,8 (Dekor); ULBERT, Aislingen Taf. 4,17.

684a.* 7 verschied. WS ähnl. Kat.-Nr. 684. – Inv. Nr. Sä 535 (1 WS); Inv. Nr. Sä 550 (2 WS); Inv. Nr. Sä 725 (2 WS).

685. WS Schultertopf. Ton grau, hart, geglättet. – Dekoration aus horizontalen Zickzacklinien. Vgl. ULBERT, Aislingen Taf. 4,5.8.10.

685a.* WS, ähnl. Kat.-Nr. 685.

686. RS (abgewandelter) Schultertopf, Dm. 10 cm. Ton TN, Kern grau-oliv, hart. – Inv. Nr. Sä 584.

687. RS (abgewandelter) Schultertopf, Dm. ca. 9 cm. Ton TN, Kern hellgrau, hart. – Dekoration aus vertikalen schmalen Riefen. Vgl. ETTLINGER, Augster Thermen Taf. 16,2.3. – Inv. Nr. Sä 725.

688. RS/WS Steilrandtopf mit gekehlter Schulter, Dm. 10,5 cm. Ton TN, Kern braun-grau, hart. – Schräge, unregelmäßige Punktreihen en barbotine (auf Bauch abgebrochen). – Inv. Nr. Sä 656 und Sä 550.

689. RS Steilrandtopf, Dm. 14 cm. Ton TN, Kern braungrau, hart. – Inv. Nr. Sä 725.

690. RS Steilrandtopf, Dm. ca. 11 cm. Ton TN, Kern grau, hart. –

690a.* WS, ähnl. Kat.-Nr. 690.

691. RS bauchiger Topf mit kräftiger Lippe, Dm. 12 cm. Ton TN, Kern orange-braun, hart. – Inv. Nr. Sä. 725.

Tafel 56

Küchengeschirr: Töpfe

692. RS, Form ähnl. Kat.-Nr. 691, Dm. 10 cm. Ton grau, hart, geglättet. – Fingernagel-Dekoration aus verschliffenen senkrechten Riefen, vgl. Kat.-Nr. 683. Vgl. ETTLINGER, Augster Thermen Taf. 16,8. – Inv. Nr. Sä 550.

693. RS, Form ähnl. Kat.-Nr. 691, Dm. 9 cm. Ton TN, Kern orange, hart. – Inv. Nr. Sä 725.

694. RS, Form ähnl. Kat.-Nr. 691. Ton grau, hart, geglättet. – Dekoration aus umlaufender Wellenlinie. – Inv. Nr. Sä 535.

695. WS, vermutl. Topf. Ton grau, mäßig hart. – Dekoration aus tordierten Wellenbändern. Vgl. z. B. TOMAŠEVIĆ, Keramik Taf. 10,11; ULBERT, Aislingen Taf. 4,18. – Inv. Nr. Sä 725.

696. WS, vermutl. Topf. Ton grau, hart, geglättet. – Dekoration aus Reihen U-förmiger Winkel. – Inv. Nr. Sä 725.

696a.* 2 verschied. WS, ähnl. Kat.-Nr. 696. – Inv. Nr. Sä 535.

697. WS, vermutl. Topf. Ton grau, leicht glimmerhaltig, hart, geglättet. – Stempel-Dekoration aus Reihen tordierter, U-förmiger Winkel. Vgl. z. B. TOMAŠEVIĆ, Keramik Taf. 10,4–6. – Inv. Nr. Sä 550.

698. WS, vermutl. Topf. Ton TN, Kern grau-beige, hart. – Stempel-Dekoration aus Reihen kleiner Rechtecke. Vgl. z. B. ULBERT, Aislingen Taf. 4, 6.9. – Inv. Nr. Sä 535.

699. WS, vermutl. Topf. Ton wie Kat.-Nr. 698. – Dekoration aus Reihen von Punkten bzw. kleinen Strichen. Vgl. z. B. URNER-ASTHOLZ, Eschenz Taf. 3,23.25. – Inv. Nr. Sä 535.

700. WS, vermutl. Topf. Ton grau, hart, geglättet. – Dekoration aus unregelmäßig angeordneten, verschliffenen Dreiecken. Vgl. z. B. ULBERT, Aislingen Taf. 4,4. – Inv. Nr. Sä 725.

701. RS Topf mit gerilltem Horizontalrand, Dm. 13 cm. Ton schwarz, schwach gemagert, sehr hart; schwach rauhwandig. – Inv. Nr. Sä 524.

702. RS, Form ähnl. Kat.-Nr. 701, Dm. 12 cm. Ton dunkelgrau, leicht kalkgemagert, hart; leicht rauhwandig. – Rand verzogen. – Inv. Nr. Sä 719.

703. RS, Form ähnl. Kat.-Nr. 701. Ton schwarz-grau, grob kalkgemagert, mäßig hart; rauhwandig. – Altbestand Mus. Lörrach, Fst.: Raum 2, 1936–39.

704. RS Topf mit gerilltem, leicht unterschnittenem Horizontalrand, Dm. 14 cm. Ton schwarz, kalkgemagert, hart; rauhwandig. –

705. RS, Form ähnl. Kat.-Nr. 704, Dm. 14 cm. Ton dunkelgrau (Kern anthrazit), schwach kalkgemagert, mäßig hart; schwach rauhwandig.

Tafel 57

Küchengeschirr: Töpfe

706. RS Topf mit gedrungenem, gerilltem Horizontalrand, Dm. 15 cm. Ton schwarz, schwach gemagert, sehr hart; glattwandig. – Viele Drehrillen. – Inv. Nr. Sä 719.

707. RS Topf mit trichterförmigem Rand und gerillter Schulter, Dm. 17 cm. Ton dunkelgrau, schwach gemagert, hart; glattwandig. – Vgl. MARTIN-KILCHER, Laufen-Müschhag Taf. 33,4.7.

708. RS, Form ähnl. Kat.-Nr. 707, Dm. 14 cm. Ton dunkelgrau, schwach gemagert, sehr hart; glattwandig. – Inv. Nr. Sä 719.

709. RS Topf mit leicht trichterförmigem, gedrungenem Horizontalrand und gerillter Schulter, Dm. 15 cm. Ton grau-schwarz, fein, sehr hart; glattwandig. – Rand außen gerillt. Vgl. MARTIN-KILCHER, Laufen-Müschhag Taf. 33,3.6. – Inv. Nr. Sä 719.

710. 2 RS Topf mit trichterförmigem Rand und gerillter Schulter, Dm. 19 cm. Ton beige-orange, sehr hart; glattwandig; innen brandgeschwärzt (Gebrauch). – Innen auf Rand umlaufende Rille. Vgl. MARTIN-KILCHER, Laufen-Müschhag Taf. 33,9. – Inv. Nr. Sä 524 (1 RS).

711. RS Topf mit einwärts gebogenem, kolbenförmigem Rand und gerillter Schulter, Dm. 13 cm. Ton wie Kat.-Nr. 709. – Vgl. MARTIN-KILCHER, Laufen-Müschhag Taf. 33,14. – Inv. Nr. Sä 719.

712. RS Topf mit leicht ausgebogenem (Trichter)rand und gerillter Schulter. Ton orange (?), gemagert, weich; schwach rauhwandig; fast völlig verbrannt. – Ähnl. MARTIN-KILCHER, Laufen-Müschhag Taf. 33,16. – Inv. Nr. Sä 719.

713. RS, Form ähnl. Kat.-Nr. 710, Dm. 17 cm. Ton graubräunlich, stellenweise orange, grob kalkgemagert, leicht porös; rauhwandig. – Inv. Nr. Sä 553.
714. RS Topf mit trichterförmigem Rand und gerillter Schulter, Dm. 11 cm. Ton grau-schwarz, fein, sehr hart, außen geglättet. – Vgl. Martin-Kilcher, Laufen-Müschhag Taf. 33,8.
715. RS Topf mit ausgebogenem Rand und gerillter Schulter. Ton schwarz, leicht glimmerhaltig, mäßig hart, leicht porös; rauhwandig. – Innen auf Rand umlaufende Rille. Ähnl. Martin-Kilcher, Laufen-Müschhag Taf. 33,16. Vgl. Kat.-Nr. 752.
716. RS Topf, ähnl. Kat.-Nr. 715. Ton schwarz-grau, schwach gemagert, mäßig hart; leicht rauhwandig.
716a.* RS, ähnl. Kat.-Nr. 716. Inv. Nr. Sä 719.
716b.* 4 verschied. WS, ähnl. Kat.-Nr. 712–716. Ton wie Kat.-Nr. 713.

Tafel 58

Küchengeschirr: Töpfe

717. 3 RS Topf „Typ Laufenburg", Dm. 22 cm. Ton beige-orange, gemagert, hart; leicht rauhwandig; leichte Brandspuren (Gebrauch). – Umlaufende Schulterrillen. – Altbestand Mus. Lörrach, Fst.: Raum 2, 1936–1939 (mittlere RS).
718. RS, Form ähnl. Kat.-Nr. 717, Dm. 22 cm. Ton schwarz-grau, grob gemagert, hart; leicht rauhwandig. – Unsauber gearbeitete Schulterrillen. – Inv. Nr. Sä 553.
719. RS, Form ähnl. Kat.-Nr. 717, Dm. 20 cm. Ton beige-gelb (Kern grau-schwarz), leicht gemagert, mäßig hart; schwach rauhwandig. – Fst.: Nord-Risalit, 1970.
719a.* 2 verschied RS, ähnl. Kat.-Nr. 717. Ton beige-orange, leicht gemagert, hart; rauhwandig.
719b.* 3 verschied. RS, ähnl. Kat.-Nr. 717. Ton schwarz-grau, schwach gemagert, hart; rauhwandig.
720. RS, Form ähnl. Kat.-Nr. 717, Dm. ca. 25 cm. Ton schwarzgrau, mittelgrob gemagert, weich; innen leicht rauhhandig. – Altbestand Mus. Lörrach, Fst.: Raum 2, 1936-39.
721. RS, Form ähnl. Kat.-Nr. 717, Dm. ca. 28 cm. Ton wie Kat.-Nr. 720. – Unsauber gearbeitet, Rand verzogen. – AO.: Mus. Lörrach.
722. RS, Form ähnl. Kat.-Nr. 717, jedoch ohne Schulterrillen, Dm. ca. 21 cm. Ton schwarz-grau, deutlich gemagert, mäßig hart; schwach rauhwandig. – Fst.: Nord-Risalit, Suchgräben entlang Mauern 30, 33, 28, 1970.
722a.* RS, ähnl. Kat.-Nr. 722. – AO.: Mus. Lörrach.

Tafel 59

Küchengeschirr: Töpfe

723. RS, Form ähnl. Kat.-Nr. 722. Ton grau-schwarz, schwach gemagert, sehr hart; schwach rauhwandig. – Auf Schulter (vor Brand angebrachte) Ritzung (Graffito oder Töpfermarke?). Vgl. Kat.-Nr. 850.
723a.* 7 verschied. RS ähnl. Kat.-Nr. 723. – Inv. Nr. Sä 719 (1 RS); Fst.: Nord-Risalit, 1970 (1 RS); sonst Altbestand Mus. Lörrach, Fst.: Raum 2, 1936–39.
723b.* 3 RS (2 Töpfe), Form. ähnl. Kat.-Nr. 723. Ton orange-beige, gemagert, mäßig hart, leicht rauhwandig. – Fst.: Nord-Risalit, 1970 (1 RS).
724. RS Topf „Typ Laufenburg", Dm. 20–25 cm. Ton orange-gelb, schwach gemagert, weich, geglättet. – AO.: Mus. Lörrach.
725. RS Topf „Typ Laufenburg", Dm. 20 cm. Ton schwarz, leicht gemagert, hart; leicht rauhwandig. – Schulter gerillt.
725a.* 8 verschied. RS ähnl. Kat.-Nr. 725, Dm. 15–20 cm. Inv. Nr. Sä 721 (1 RS).
725b.* RS, ähnl. Kat.-Nr. 725, jedoch stark rauhwandig. – Fst.: An Außenseite Nord-Mauer 30, 1970.
726. RS, Form ähnl. Kat.-Nr. 725, Dm. ca. 16 cm. Ton beige (?), leicht gemagert, mäßig hart; leicht rauhwandig; starke Brandspuren (Gebrauch).
727. RS Topf „Typ Laufenburg", Dm. 14 cm. Ton schwarz, porös, hart; schwach rauhwandig. – Fst.: Aushub hinter westlicher Porticus, 1971.
727a.* 2 RS ähnl. Kat.-Nr. 727.
728. RS, Form ähnl. Kat.-Nr. 727, jedoch zierlicher, Dm. 14 cm. Ton grau-schwarz, porig, grob gemagert, mäßig hart; leicht rauhwandig.
728a.* 2 verschied. RS, ähnl. Kat.-Nr. 728. – Fst.: Nord-Risalit, 1970 bzw. Nord-Risalit, Graben entlang Nordseite Mauer 30, 1970.
729. RS, Form ähnl. Kat.-Nr. 728, Dm. 13 cm. Ton beige-gelblich, leicht glimmerhaltig, mäßig hart; glattwandig.
729a* RS, Form ähnl. Kat.-Nr. 728. Ton orange-beige, leicht gemagert, sehr hart; (glattwandig).
729b.* RS, Form ähnl. Kat.-Nr. 728. Ton grau, fein, sehr hart; glattwandig.
729c.* 4 verschied. RS, Form ähnl. Kat.-Nr. 728, Dm. 14–18 cm. Ton schwarz-grau, gemagert, hart; leicht rauhwandig.
730. RS, Form ähnl. Kat.-Nr. 728, Dm. 11 cm. Ton beige-orange, leicht gemagert, mäßig hart; glattwandig.
730a.* RS, ähnl. Kat.-Nr. 728.
730b.* 2 verschied. RS, ähnl. Kat.-Nr. 728. Ton grau-schwarz, leicht gemagert, hart; leicht rauhwandig. – Fst.: Pflasterung, 1970 bzw. entlang Mauer 1 nördlich Raum X, 1970.

Tafel 60

Küchengeschirr: Töpfe

731. RS, Form ähnl. Kat.-Nr. 728, Dm. 15 cm. Ton beige-orange, deutlich gemagert, mäßig hart; leicht rauhwandig. – Deutliche Brandspuren (Gebrauch). – Inv. Nr. Sä 719.
731a.* RS, ähnl. Kat.-Nr. 731. – Fst.: entlang Mauer 1 nördlich Raum X, 1970.
731b.* 2 verschied. RS, ähnl. Kat.-Nr. 731. Inv. Nr. Sä 806 (FK Rathaus Rhina), Fst.: Schnitt 13, 45 cm unter Oberkante Kalkestrich, 35 cm Schicht Putz (?), 1936 (= Raum 1; 1 RS).
731c.* RS, Form ähnl. Kat.-Nr. 731. Ton schwarz-grau, gemagert, hart; leicht rauhwandig.
732. RS, Form ähnl. Kat.-Nr. 728, Dm. 13 cm. Ton grau, schwach glimmerhaltig, fein, sehr hart, z. T. schwarz geschmaucht; (glattwandig). – Auf Wand mehrfache, sehr feine Rillung. Sehr gute Qualität. – Inv. Nr. Sä 719.
733. RS Topf mit leicht trichterförmigem Rand, Dm. 13 cm. Ton orange, leicht gemagert, hart; leicht rauhwandig. – Inv. Nr. Sä 719.
734. RS, Form ähnl. Kat.-Nr. 733, Dm. 11 cm. Ton braun-orange, leicht glimmerhaltig, hart TN-artig geglättet. – Unter Rand umlaufender Wulst. – Inv. Nr. Sä 719.

735. RS, Form ähnl. Kat.-Nr. 733, Dm. 12 cm. Ton grau, leicht glimmerhaltig, hart; (glattwandig). – Inv. Nr. Sä 719.
735 a.* 7 verschied. RS, ähnl. Kat.-Nr. 735. Inv. Nr. Sä 719 (5 RS).
736. RS, Form ähnl. Kat.-Nr. 733, Dm. 13 cm. Ton wie Kat.-Nr. 733; Reste eines silberfarbenen, glimmerhaltigen Überzuges?
737. RS, Form ähnl. Kat.-Nr. 733, Dm. 14 cm. Ton grau, schwach gemagert, hart; leicht rauhwandig. – Inv. Nr. Sä 719.
738. RS, Form ähnl. Kat.-Nr. 733. Ton wie Kat.-Nr. 733. – Inv. Nr. Sä 719.
739. RS, Form ähnl. Kat.-Nr. 733, Dm. 15 cm. Ton grauschwarz, sehr hart; TN-artige Glättung. – Inv. Nr. Sä 719.
740. RS, Form ähnl. Kat.-Nr. 733, Dm. ca. 12 cm. Ton schwarzgrau, schwach gemagert, weich; (glattwandig). – AO.: Mus. Lörrach.
741. RS, Form ähnl. Kat.-Nr. 734, Dm. 12 cm. Ton grauschwarz, gemagert, sehr hart; rauhwandig. – Inv. Nr. Sä 719.
742. RS, Form ähnl. Kat.-Nr. 733, Dm. 14 cm. Ton wie Kat.-Nr. 741.
743. RS Topf mit leicht trichterförmigem Rand und Rundstablippe. Ton orange, leicht gemagert, hart; leicht rauhwandig.

Tafel 61

Küchengeschirr: Töpfe

744. RS, Form ähnl. Kat.-Nr. 743, Dm. 11 cm. Ton schwarz, schwach gemagert, hart; schwach rauhwandig. – Inv. Nr. Sä 656.
745. RS, Form ähnl. Kat.-Nr. 743, Dm. 10 cm. Ton beigebräunlich, z. T. grob gemagert, hart; glattwandig.
746. RS, Form ähnl. Kat.-Nr. 743, Dm. 17 cm. Ton grauschwarz, sehr hart; schwach rauhwandig. – Inv. Nr. Sä 719.
747. RS, Form ähnl. Kat.-Nr. 743. Ton orange-braun, weich; glattwandig. – Verschliffen. – Inv. Nr. Sä 719.
747 a.* 2 verschied. RS, Form ähnl. Kat.-Nr. 747. Ton braun-beige, hart; glattwandig. – Inv. Nr. Sä 719 (1 RS).
748. RS, Form ähnl. Kat.-Nr. 743. Ton grau bis braunorange, hart; schwach rauhwandig.
748 a.* RS, ähnl. Kat.-Nr. 747. Inv. Nr. Sä 719.
749. RS Topf mit glattem Horizontalrand, Dm. 20 cm. Ton orange-braun, leicht gemagert, hart; schwach rauhwandig. – Vgl. z. B. Martin-Kilcher, Laufen-Müschhag Taf. 33,14; Schönberger, Altenstadt Taf. 52,CVIII 346–393. – Inv. Nr. Sä 718.
750. RS Topf mit ausgebogenem Horizontalrand. Ton grau, grob gemagert, hart; rauhwandig. – Schlechte, nachlässige Qualität. Vgl. z. B. Ettlinger, Augster Thermen Taf. 13,25.26.
751. RS, Form ähnl. Kat.-Nr. 750. Ton und Qualität wie Kat.-Nr. 750.
752. RS Topf mit ausgebogenem Horizontalrand, Dm. 15 cm. Ton schwarz-grau, leicht gemagert, sehr hart; leicht rauhwandig. – Rand kantig ausgebogen und verdickt. Vgl. Kat.-Nr. 715–716.
753. RS Topf mit rundstabartig verdicktem Horizontalrand, Dm. ca. 11 cm. Ton grau, gemagert, weich; glattwandig. – Leichte Brandspuren. Vgl. Kat.-Nr. 745–748. – Inv. Nr. Sä 719.
754. RS, Form ähnl. Kat.-Nr. 753, Dm. ca. 16 cm. Ton hellgrau, leicht gemagert, sehr hart; schwach rauhwandig. – Vgl. Anm. zu Kat.-Nr. 753. – Inv. Nr. Sä 719.
755. RS, Form ähnl. Kat.-Nr. 750, Dm. ca. 14 cm. Ton schwarz-grau, leicht gemagert, hart; leicht rauhwandig. – Vgl. Vogt, Lindenhof Taf. 42,18. – Inv. Nr. Sä 719.

Tafel 62

Küchengeschirr: Töpfe

756. RS Topf mit außen gerundetem Horizontalrand, Dm. 12 cm. Ton grau, gemagert, weich; glattwandig. Vgl. z. B. Martin-Kilcher, Laufen-Müschhag Taf. 34,2–5.
757. RS, Form ähnl. Kat.-Nr. 756. Ton grau-schwarz, leicht gemagert, hart; leicht rauhwandig. – Inv. Nr. Sä 719.
758. RS, Form ähnl. Kat.-Nr. 756. Ton schwarz-braun, deutlich gemagert, hart; glattwandig. – Inv. Nr. Sä 553.
759. RS, Form ähnl. Kat.-Nr. 756, Dm. 14 cm. Ton grau, leicht gemagert, hart; schwach rauhwandig. – Inv. Nr. Sä 719.
759 a.* 3 verschied. RS, ähnl. Kat.-Nr. 759, Dm. 13–15 cm. – Inv. Nr. Sä 719.
759 b.* 2 verschied. RS, Form ähnl. Kat.-Nr. 759. Ton beige-bräunlich, sehr grob gemagert, hart; rauhwandig. – Fst.: Aushub hinter westlicher Porticus, 1971 bzw. an Südwest-Ecke der neuzeitlichen Rekonstruktion, 1970.
760. RS, Form ähnl. Kat.-Nr. 756, jedoch Rand unterschnitten, Dm. 12 cm. Ton grau-schwarz, grob gemagert, hart; rauhwandig. – Fst.: Nord-Risalit, 1970.
761. RS Topf mit unterschnittenem, außen kantigem Horizontalrand, Dm. 12 cm. Ton schwarz, gemagert, hart; leicht rauhwandig. Vgl. z. B. Roth-Rubi, Stutheien 20 Abb. 6,17 (Wiesendangen).
762. RS, Form ähnl. Kat.-Nr. 761, Dm. 16 cm. Ton bräunlich-beige, deutlich gemagert, hart; glattwandig. – Inv. Nr. Sä 719.
763. RS, Form ähnl. Kat.-Nr. 761, Dm. 12 cm. Ton grauschwarz, leicht kalkgemagert, hart; leicht rauhwandig.
764. RS, Form ähnl. Kat.-Nr. 761, Dm. 11 cm. Ton grau, fein, sehr hart; glattwandig. – Innen viele Drehrillen. – Inv. Nr. Sä 719.
765. RS, Form ähnl. Kat.-Nr. 761, Dm. 13 cm. Ton braunorange, fein, sehr hart; glattwandig.
765 a.* RS, ähnl. Kat.-Nr. 765.
766. 2 RS, Form ähnl. Kat.-Nr. 761, Dm. 17 cm. Ton beige-orange, grob gemagert, hart; rauhwandig. – Inv. Nr. Sä 719 (1 RS).
766 a.* RS, ähnl. Kat.-Nr. 766.

Tafel 63

Küchengeschirr: Töpfe

767. RS, Form ähnl. Kat.-Nr. 761, jedoch wesentlich massiger, Dm. 16 cm. Ton grau-weiß, mäßig hart; glattwandig. – Schlechte Qualität. Rand verzogen. Vgl. z. B. Ettlinger, Görbelhof Taf. 7,5.
768. RS Topf Niederbieber 89 bzw. Alzey 27, Dm. 12 cm. Ton grau, schwach gemagert, sehr hart; glattwandig. – Leichte Brandspuren (Gebrauch). – Fst.: Porticus, 1970.
769. RS Topf Niederbieber 89 bzw. Alzey 27, Dm. 15 cm. Ton grau-weißlich, stellenweise schwarz, mittelgrob kristallin gemagert, sehr hart; pockige Oberfläche. Technik der älteren Mayener Ware. – Inv. Nr. Sä 719.

770. 2 RS Topf Alzey 33, Dm. 15 cm. Ton grau-schwarz, grob kristallin gemagert, sehr hart; pockige Oberfläche (Technik der älteren Mayener Ware). – Vgl. z. B. STAMM, Keramik Taf. 7,93.
771. 2 RS Topf Alzey 33, Dm. 17 cm. Ton wie Kat.-Nr. 770. – Vgl. z. B. STAMM, Keramik Taf. 7,96; 8,107; BAATZ, Mogontiacum Taf. 14,14 (Alzey 24/25).
772. RS Topf Alzey 33, Dm. 16 cm. Ton wie Kat.-Nr. 770. – Vgl. z. B. STAMM, Keramik Taf. 8,107; BAATZ, Mogontiacum Taf. 14,12 (Alzey 24/25).
773. 2 RS, vermutl. Einhenkeltopf, Dm. ca. 12 cm. Ton grau, hart, geglättet. – Inv. Nr. Sä 721.

Tafel 64

Küchengeschirr: Töpfe und Deckel

774. WS Honigtopf. Ton grau (Kern braun), leicht glimmerhaltig, hart. – 2stabiger, großer Rundhenkel. – Inv. Nr. Sä 718.
775. WS Honigtopf. Ton orange, mäßig hart. – 2stabiger, mittelgroßer Rundhenkel. Auf Wand zwei umlaufende Dellen. – Fst.: Nord-Risalit, 1970.
775 a.* 2 verschied. Henkel, ähnl. Kat.-Nr. 775. Ton beige, mäßig hart. – Inv. Nr. Sä 718 und Sä 721.
775 b.* Henkel, ähnl. Kat.-Nr. 775. Ton orange-braun, hart.
776. WS Honigtopf. Ton orange-rostrot, deutlich gemagert, hart. – 2stabiger, kleiner Rundhenkel. – Fst.: Nord-Risalit, 1970.
777. Honigtopfhenkel. Ton hellbraun-orange, sehr hart. – Kleiner Ösenhenkel, Querschnitt rund. – Inv. Nr. Sä 718.
778. WS Honigtopf? Ton hellbeige, hart. – Wandung eingebeult, Henkelansätze erhalten. Inv. Nr. Sä 718 (R 1269).
779. Deckel, Dm. ca. 10 cm. Ton grau-schwarz, leicht glimmerhaltig, hart. – Oberseite schlecht gearbeitet. – Inv. Nr. Sä 688.
780. Brst. Deckel. Ton braun-orange, sehr hart; weißlicher Üb. Deckelknauf hohl.
781. Brst. Deckel mit gerundetem Knauf, Knauf Dm. 2,3 cm. Ton orange, leicht quarzithaltig, hart.
781 a.* Brst. Deckel, Form ähnl. Kat.-Nr. 781. Ton orange-ocker, hart. – Fst.: Porticus, 1970.
782. Brst. Deckel, ähnl. Kat.-Nr. 781, Knauf Dm. 3,3 cm. Ton orange, schwach gemagert, hart; orange-brauner Üb.? Inv. Nr. Sä 718.
782 a.* Brst. Deckel, ähnl. Kat.-Nr. 782, Knauf Dm. 3,5 cm, handgemacht. – Inv. Nr. Sä 801 (FK Rathaus Rhina), Fst.: Maßnahme 9 und 20, 1937 (= Süd-Risalit).
783. Brst. Deckel?, Knauf Dm. 2,8 cm. Ton orange, hart; Üb. orange-rot, matt. – Wohl bewußt ausgeschlagen.
784. Brst. Deckel, Knauf Dm. 4 cm. Ton ocker-orange, mäßig hart; Üb. (in Resten) dunkelbraun, matt, Brandspuren? – Fst.: Nord-Risalit, 1970.
785. Brst. Deckel, Knauf Dm. 5 cm. Ton orange (Kern grau), fein, hart. – Umlaufend rundstabartig verdickt. – Inv. Nr. Sä 718.
785 a.* Brst. Deckel, Form ähnl. Kat.-Nr. 785. Ton grau, leicht gemagert, hart; schwache Brandspuren. – Inv. Nr. Sä 801 (FK Rathaus Rhina), Fst.: Maßnahme 9 und 20, 1937 (= Süd-Risalit).
786. Massiver Deckel, Dm. 16 cm. Ton orange, leicht gemagert, hart. – Schlechte Qualität. – Inv. Nr. Sä 656.
787. Brst. Deckel mit verdicktem Knauf, Knauf Dm. 3,5 cm. Ton grau-schwarz, grob gemagert, mäßig hart; handgemacht. – Fst.: Nord-Risalit, 1970.

Tafel 65

Küchengeschirr: Handgemachte Ware

788. 3 RS Teller mit schräger Wand und eingebogenem Rand, Dm. 27 cm. Ton schwarz (Kern bräunlich), gemagert, hart; handgemacht. – Stellenweise überdreht. – Inv. Nr. Sä 553 (2 RS); Inv. Nr. Sä 524 (R 1489) (1 RS).
788 a.* RS, ähnl. Kat.-Nr. 788.
789. RS Teller mit steiler Wand. Ton dunkelgrau, gemagert, hart; handgemacht. – Altbestand Mus. Lörrach, Fst.: Raum 2, 1936–39.
789 a.* RS, Form ähnl. Kat.-Nr. 789. Ton orange, leicht gemagert, hart, innen Brandspuren (Gebrauch).
789 b.* 2 verschied. RS, Form ähnl. Kat.-Nr. 789. Ton beige-grau bis dunkelgrau, leicht gemagert, hart.
790. RS, Form ähnl. Kat.-Nr. 789, Dm. 25 cm. Ton beige-orange (Kern dunkelgrau), grob kalkgemagert, hart; handgemacht. – Innen überdreht.
791. RS, Form ähnl. Kat.-Nr. 789, Dm. 26 cm. Ton grau-schwarz, leicht gemagert, hart; handgemacht. – Boden innen und außen gerillt.
792. RS, Form ähnl. Kat.-Nr. 789, Dm. ca. 28 cm. Ton wie Kat.-Nr. 791.
793. RS Teller mit schräger (?) Wand und kolbenförmig verdicktem Rand. Ton grau-beige, gemagert, hart; handgemacht.
794. RS Teller mit leicht gerundeter Wand und ausgebogenem Rand. Ton orange-rötlich, leicht gemagert, mäßig hart; handgemacht. – Innen überdreht.

Tafel 66

Küchengeschirr: Handgemachte Ware

795. RS/WS Teller (Schale?) mit leicht gerundeter Wand, Dm. 20 cm. Ton schwarz (Kern rostrot-orange), grob kalkgemagert, hart; handgemacht. – Außen horizontaler Kammstrich, im Randbereich Reihe von kreisförmigen Vertiefungen; innen im Randbereich überdreht. – Fst.: Aushub hinter westlicher Porticus, 1971.
796. RS Teller (Schale?) mit gerundeter Wand und eingebogenem Rand, Dm. 18 cm. Ton wie Kat.-Nr. 795; handgemacht. – Außen horizontaler Kammstrich. Überdreht.
796 a.* RS, Form ähnl. Kat.-Nr. 796. Ton grau-schwarz, grob gemagert, hart. – Keine Dekoration. – Inv. Nr. Sä 524.
797. RS Teller mit gerundeter Wand, Dm. 28 cm. Ton beige-grau, leicht kalkgemagert, hart; handgemacht. – Inv. Nr. Sä 524.
797 a.* 4 verschied. RS, ähnl. Kat.-Nr. 797. – Altbestand Mus. Lörrach, Fst.: Raum 2, 1936–39 (1 RS).
798. RS konischer Napf mit leicht klobigem Rand, Dm. 11 cm. Ton orange-beige, schwach gemagert, hart; handgemacht. – Außen geglättet. – Inv. Nr. Sä 656.
799. RS kolbenförmiger Napf, Dm. 13 cm. Ton grau-schwarz, grob gemagert, sehr hart; handgemacht. – Inv. Nr. Sä 524.
800. RS Schüssel mit umlaufender Griffleiste. Ton grau-schwarz (Kern beige-braun), leicht kalkgemagert bzw. glimmerhaltig, mäßig hart; handgemacht. – Außen überdreht. – Inv. Nr. Sä 722.

801. RS Schüssel mit gerundeter Wand und gerilltem, rundstabartigem Horizontalrand, Dm. 16 cm. Ton grau, leicht gemagert, leicht porös, hart; handgemacht. – Außen stark verschliffen, schräger Kammstrich. – Inv. Nr. Sä 553.
801 a.* 6 RS (4 Gefäße), ähnl. Kat.-Nr. 801. – Inv. Nr. Sä 524 (1 RS).

Tafel 67

Küchengeschirr: Handgemachte Ware

802. RS Schüssel mit leicht gerundeter Wand und verdicktem Rand, Deckelfalz?, Dm. 22 cm. Ton braun-schwarz, gemagert, hart; handgemacht. – Fst.: Porticus, 1970.
803. RS Schüssel mit steiler Wand und verdicktem Rand mit Deckelfalz, Dm. 27 cm. Ton grau-schwarz, gemagert, hart; handgemacht. – Wand durch umlaufende Rillen gegliedert.
803 a.* 10 verschied. RS, Form ähnl. Kat.-Nr. 803. Ton beige-braun bis grau-braun, leicht gemagert, hart.
803 b.* RS, ähnl. Kat.-Nr. 803 a. – Fst.: Süd-Risalit, Schuttschicht im unteren Teil der Füllung, 1971.
803 c.* RS, ähnl. Kat.-Nr. 803 a. – Fst.: Nord-Risalit, 1970.
804. RS (mit Bodenansatz), Form ähnl. Kat.-Nr. 803, jedoch ohne umlaufende Rillen, Dm. 16–17 cm. Ton orange-beige, gemagert, hart; handgemacht.
804 a.* 5 RS (3–4 Gefäße), ähnl. Kat.-Nr. 804, Dm. max. 20 cm. – Inv. Nr. Sä 524 (1 RS); Inv. Nr. Sä 553 (2 RS).
804 b.* 3 verschied. RS, ähnl. Kat.-Nr. 804. Ton beige-braun, gemagert, hart. – Inv. Nr. Sä 524 (2 RS).
804 c.* 2 verschied. RS, ähnl. Kat.-Nr. 804 b. – Fst.: Porticus, 1970.
804 d.* 10 verschied. RS, Form ähnl. Kat.-Nr. 804. Ton grau bis schwarz, gemagert, hart. – Inv. Nr. Sä 524 (4 RS); Inv. Nr. Sä 553 (1 RS).
804 e.* 2 verschied. RS, ähnl. Kat.-Nr. 804 d. – Fst.: Nord-Risalit, 1970.
805. Schüssel mit steiler Wand und leicht verdicktem Rand (Deckelfalz) Gefäß modern ergänzt, Dm. 23,5 cm, H. 10,2 cm. Ton schwarzgrau, mittelgrob gemagert, hart; handgemacht. – Außen geglättet. Auf Wand vier umlaufende Rillen, innen im Boden konzentrische Kreise. – AO.: Mus. Lörrach.

Tafel 68

Küchengeschirr: Handgemachte Ware

806. Kolbenförmige Schüssel (Napf) mit ausgebogenem, verdicktem Rand (Gefäß modern ergänzt), Dm. ca. 16,5 cm, H. 8,2 cm. Ton hellbraun-grau, grob gemagert, sehr hart, schwache Brandspuren; handgemacht. – Inv. Nr. Sä 694.
807. RS Schüssel mit steiler Wand und leicht verdicktem Horizontalrand, Dm. 27 cm. Ton dunkelgrau-beige, gemagert, hart; handgemacht.
807 a.* 5 RS (4 Gefäße), ähnl. Kat.-Nr. 807, Dm. 20–25 cm. – Inv. Nr. Sä 524 (2 RS).
807 b.* RS, ähnl. Kat.-Nr. 807. – Fst.: Nord-Risalit, Suchgräben entlang Mauern 30, 33, 28, 1970.
807 c.* 5 RS (4 Gefäße), ähnl. Kat.-Nr. 807. – Fst.: Nord-Risalit, 1970.
808. RS Becken, ähnl. Kat.-Nr. 807, Dm. 36 cm. Ton wie Kat.-Nr. 807; handgemacht. – Auf Rand (vor Brand) eingeritztes Zeichen „II“ (Töpfermarke).
808 a.* 2 verschied. RS, Form ähnl. Kat.-Nr. 808. Ton dunkelgrau bzw. orange-braun, gemagert, hart. – Jeweils Töpfermarke wie Kat.-Nr. 808.
809. RS Schüssel mit verdicktem Rand und Deckelrast. Ton dunkelgrau, leicht gemagert, hart; handgemacht.

Tafel 69

Küchengeschirr: Handgemachte Ware

810. RS Schüssel mit leicht gerundeter Wand und außen umlaufenden Rillen, Dm. 26 cm. Ton braun-schwarz, gemagert, hart; handgemacht. – Fst.: Porticus, 1970.
810 a.* 18 verschied. RS, Form ähnl. Kat.-Nr. 810, Dm. max. 33 cm. Ton bräunlich bis grau, gemagert, hart. – Unter Rand ein oder zwei, auf Wand ein bis drei umlaufende Rillen. – Inv. Nr. Sä 524 (2 RS); Inv. Nr. Sä 553 (2 RS).
810 b.* 3 verschied. RS, ähnl. Kat.-Nr. 810 a. – Fst.: Nord-Risalit, Suchgräben entlang Mauern 30, 33, 28, 1970.
810 c.* RS, ähnl. Kat.-Nr. 810 a. – Fst.: Porticus, 1970.
810 d.* RS, ähnl. Kat.-Nr. 810 a. – Altbestand Mus. Lörrach, Fst.: Raum 2, 1936–39.
810 e.* 3 verschied. RS, ähnl. Kat.-Nr. 810 a. – Fst.: Nord-Risalit, 1970.
811. RS, ähnl. Kat.-Nr. 810, jedoch ohne Rillen. Ton grauschwarz, mittelgrob gemagert, weich; handgemacht. – Innen und außen geglättet. – AO.: Mus. Lörrach.
812. RS (mit Bodenansatz), ähnl. Kat.-Nr. 811., Dm. 17 cm. Ton orange-bräunlich, schwach gemagert, sehr hart; handgemacht. – Außen horizontaler Kammstrich, vereinzelt schräge Strichgruppen. – Inv. Nr. Sä 720.
812 a.* 16 RS (12–15 Gefäße), Form ähnl. Kat.-Nr. 812, jedoch ohne Kammstrichdekoration. Ton grau bis schwarz, gemagert, hart. – Inv. Nr. Sä 524 (3 RS); Inv. Nr. Sä 718.725 (1 RS).
812 b.* 6 verschied. RS, ähnl. Kat.-Nr. 812, jedoch ohne Kammstrichdekoration. – Inv. Nr. Sä 524 (3 RS); Inv. Nr. Sä 553 (1 RS).
812 c.* 9 verschied. RS, Form ähnl. Kat.-Nr. 812, jedoch ohne Kammstrichdekoration. Ton beige bis braun, gemagert, hart. – Inv. Nr. Sä 524 (3 RS).
812 d.* 2 verschied. RS, ähnl. Kat.-Nr. 812 c. – Fst.: Nord-Risalit, 1970.
813. RS Schüssel mit gerundetem Rand, Dm. über 25 cm. Ton beige (Kern schwarz), leicht gemagert, mäßig hart; handgemacht. – Stark verschliffen. Reste Dekoration oder Graffito. – Inv. Nr. Sä 553.
814. BS Teller oder Schüssel. Ton beige-braun, leicht gemagert, hart; handgemacht. – Auf Innenseite schwach eingetiefte, konzentrische Kreise (sehr gleichmäßig).
814 a.* 2 verschied. BS, ähnl. Kat.-Nr. 814.
815. BS Teller oder Schüssel. Ton grau-braun, leicht gemagert, hart; handgemacht. – Auf Innen(?)seite schwach eingetiefte, konzentrische Kreise (ungleichmäßig); auf Außenseite kreuzförmiger Graffito.
815 a.* BS, ähnl. Kat.-Nr. 815, jedoch konzentrische Rillen auf Außenseite.
816. BS Teller oder Schüssel, Boden Dm. 15 cm. Ton beige-braun, leicht gemagert, hart, z. T. rußig (Gebrauch); handgemacht. – Außenseite konzentrische, schmale Wülste. – Inv. Nr. Sä 524.
816 a.* 10 BS (8 Gefäße) einfache flache Böden wie z. B. Kat.-Nr. 792 oder Kat.-Nr. 804; Dm. max. 14 cm. Ton orange bis orange-braun, kalkgemagert, hart; handgemacht. – Inv. Nr. Sä 720 (1 BS).

816b.* 15 verschied. BS, Form ähnl. Kat.-Nr. 816a. Ton grau bis grau-schwarz, gemagert, hart; handgemacht. – Inv. Nr. Sä 524 (1 BS); Inv. Nr. Sä 553 (2 BS); Inv. Nr. Sä 720 (2 BS).
816c.* 12 verschied. BS, Form ähnl. Kat.-Nr. 816a. Ton beige-bräunlich, leicht gemagert, hart; handgemacht. – Inv. Nr. Sä 553 (1 BS); Inv. Nr. Sä 720 (1 BS).
816d.* 6 verschied. BS, flache oder leicht gewölbte Böden und außen umlaufender Rille wie z. B. Kat.-Nr. 789 oder Kat.-Nr. 791. Ton grau bis grau-schwarz, gemagert, hart; handgemacht. – Inv. Nr. Sä 553 (2 BS); Inv. Nr. Sä 720 (2 BS); Inv. Nr. Sä 57/69 (1 BS).
816e.* 6 verschied. BS, Form ähnl. Kat.-Nr. 816d. Ton beige-bräunlich, leicht gemagert, hart; handgemacht. – Inv. Nr. Sä 720 (2 BS).
816f.* 2 verschied. BS, ähnl. Kat.-Nr. 816e. – Fst.: Nord-Risalit, 1970.
816g.* 2 verschied. BS mit schmalem Standring wie z. B. Kat.-Nr. 790 oder Kat.-Nr. 812. Ton beige bzw. orange, gemagert, hart; handgemacht.
816h.* BS, ähnl. Kat.-Nr. 816g. – Fst.: Nord-Risalit, 1970.
817. RS Topf mit stark ausgebogenem Rand, Dm. 22 cm. Ton beige-braun (Kern dunkelgrau), gemagert, sehr hart; handgemacht. – Rand innen gestuft. Außen überdreht. – Inv. Nr. Sä 553.
818. RS Topf mit stark ausgebogenem Rand, Dm. 21 cm. Ton braun-beige, leicht gemagert, hart, stark rußig (Gebrauch); handgemacht. – Inv. Nr. Sä 719.

Tafel 70

Küchengeschirr: Handgemachte Ware

819. 3 RS Topf mit verdicktem Rand und leicht abgesetzter Schulter sowie Deckelfalz, Dm. 9,5 cm. Ton schwarzbraun (Kern rotbraun), schwach gemagert, sehr hart, innen leichte Brandspuren (Gebrauch); handgemacht. – Außen überdreht. – AO.: Schule Rhina.
820. RS bauchiger Topf mit verdicktem, gerilltem Horizontalrand, Dm. ca. 16 cm. Ton grauschwarz, grob gemagert, mäßig hart; handgemacht. – Außen geglättet. – AO.: Schule Rhina.
821. RS (bauchiger?) Topf mit gerilltem Horizontalrand und gerillter Schulter. Ton schwarz (Kern orange), grob gemagert, hart; handgemacht. – Außen überdreht.
822. RS, ähnl. Kat.-Nr. 821. Ton schwarz (Kern orange) leicht gemagert, hart; handgemacht. – Außen überdreht. – Inv. Nr. Sä 553.
823. RS Topf mit gerilltem, verdicktem Horizontalrand ähnlich Kat.-Nr. 821, jedoch ohne Schulterrillung. Ton dunkelgrau, gemagert, schiefrige Struktur, mäßig hart; handgemacht. – Komplett überdreht (oder schlechte Drehscheibenware?). Vgl. Ettlinger, Augster Thermen Taf. 13,8.
824. RS bauchiger Topf mit gerilltem Horizontalrand, Dm. 10 cm. Ton grau-schwarz, gemagert, mäßig hart; handgemacht. – Inv. Nr. Sä 524.
825. RS schlanker Topf mit gerilltem Horizontalrand und gerillter Schulter, Dm. 12 cm. Ton schwarz-grau, porös, leicht gemagert, hart; handgemacht. – Inv. Nr. Sä 656.
826. RS Topf mit gerilltem Rand und gerillter Schulter, Dm. 22 cm. Ton schwarz (Kern orange), grob gemagert, hart; handgemacht. – Außen überdreht. – Inv. Nr. Sä 656.
827. RS Topf mit wulstigem Rand. Ton grau-schwarz, leicht gemagert, hart; handgemacht. –
828. RS, ähnl. Kat.-Nr. 827, Dm. 17 cm. Ton beige-grau, gemagert, hart; handgemacht.

Tafel 71

Küchengeschirr: Handgemachte Ware

829. RS Topf mit leicht ausgebogenem, außen gerilltem Rand, Dm. ca. 16 cm. Ton grau-schwarz, leicht gemagert, hart; handgemacht. – Außen überdreht. – Inv. Nr. Sä 719.
829a.* RS, ähnl. Kat.-Nr. 829. – Inv. Nr. Sä 553.
830. RS schwach bauchiger Topf mit Horizontalrand, Dm. 11 cm. Ton schwarz-grau, (Kern orange), porös, gemagert, mäßig hart; handgemacht. –
831. RS leicht bauchiger Topf mit kurzem Steilrand, Dm. ca. 13 cm. Ton grau-beige (Kern lachs-orange), gemagert, mäßig hart, innen brandgeschwärzt (Gebrauch); handgemacht. – Schlecht gebrannt; außen Fingerglättung. Im Randbereich drei umlaufende Reihen schräger Riefen. – AO.: Schule Rhina.
832. 14 WS/BS großer Topf, Boden Dm. 19 cm. Ton orange-braun, grob gemagert, hart, innen brandgeschwärzt (Gebrauch); handgemacht. – Außen grober vertikaler Kammstrich. – Inv. Nr. Sä 553 (je 2 WS).
832a.* 9 WS (4–5 Gefäße), ähnl. Kat.-Nr. 832. – Inv. Nr. Sä 524 bzw. Sä 553 (je 2 WS).
833. RS Topf mit einfachem Rand, Dm. 23 cm. Ton orange, grob gemagert, weich; handgemacht. – Außen verschliffener sehr gleichmäßiger, horizontaler Kammstrich. Ähnl. Martin-Kilcher, Laufen-Müschhag Taf. 36,3–5. – Inv. Nr. Sä 723.
834. RS, ähnl., Kat.-Nr. 833. Ton dunkelgrau, grob gemagert, hart; handgemacht. – Außen nachlässiger horizontaler Kammstrich.

Tafel 72

Küchengeschirr: Handgemachte Ware

835. RS Topf mit nach außen gebogenem Rand, Dm. 13 cm. Ton schwarz (Kern orange), kalkgemagert, sehr hart; handgemacht. – Außen horizontaler Kammstrich. – Inv. Nr. Sä 719.
836. RS, ähnl. Kat.-Nr. 835, Dm. 14 cm. Ton schwarz, grob gemagert, sehr hart; handgemacht. – Außen (und innen?) horizontaler Kammstrich. – Inv. Nr. Sä 719.
836a.* 2 verschied. RS, ähnl. Kat.-Nr. 836. – Inv. Nr. Sä 553.
837. RS/WS, ähnl. Kat.-Nr. 835, Dm. 15 cm. Ton orange bis orange-braun, kalkgemagert, hart, außen leichte Brandspuren; handgemacht. – Außen (z. T. verschliffener) horizontaler Kammstrich.
838. RS, ähnl. Kat.-Nr. 835, jedoch mit bauchigem Körper, Dm. 15 cm. Ton dunkelgrau, gemagert, sehr hart, innen rußig (Gebrauch); handgemacht. – Außen stark bestoßen; horizontaler Kammstrich? – Inv. Nr. Sä 656.
838a.* 5 RS (2–3 Gefäße), ähnl. Kat.-Nr. 838. – Inv. Nr. Sä 524 (2 RS).
839. RS, ähnl. Kat.-Nr. 838. Ton grau-beige (?), grob gemagert, sehr hart, stark brandgeschwärzt (Gebrauch); handgemacht. – Außen geglättet sowie Dekoration aus horizontalem, vertikalem und schrägem Kammstrich. – Inv. Nr. Sä 553.

Tafel 73

Küchengeschirr: Handgemachte Ware

840. RS, ähnl. Kat.-Nr. 726–732, jedoch mit deutlich abgesetzter Schulter, Dm. 15 cm. Ton schwarz-braun (stellenweise orange), leicht gemagert, hart; handgemacht. – Im Randbereich innen und außen überdreht.
841. RS, ähnl. Kat.-Nr. 840, Dm. 13 cm. Ton beige-schwarz, gemagert, mäßig hart; handgemacht. – Außen überdreht.
842. RS, ähnl. Kat.-Nr. 840, Dm. ca. 12 cm. Ton schwarz, grob gemagert, hart; handgemacht. – Außen überdreht (?). – Fst.: Porticus, 1970.
843. RS, ähnl. Kat.-Nr. 840, jedoch mit leicht unterschnittenem Trichterrand, Dm. 18 cm. Ton dunkelgrau, grob gemagert, hart; handgemacht. – Außen überdreht. – Inv. Nr. Sä 719.
844. RS Topf, ähnl. Kat.-Nr. 726–732. Ton wie Kat.-Nr. 843; handgemacht. – Außen z. T. überdreht.
845. RS, ähnl. Kat.-Nr. 844. Ton wie Kat.-Nr. 843; handgemacht.
846. RS, ähnl. Kat.-Nr. 844, Dm. 16 cm. Ton schwarz, leicht gemagert, hart, außen leicht geglättet; handgemacht.

Tafel 74

Küchengeschirr: Handgemachte Ware

847. RS, ähnl. Kat.-Nr. 844, Dm. ca. 17 cm. Ton grau-schwarz, leicht gemagert, porös, mäßig hart; handgemacht.
848. „Topf" mit scharf nach außen gebogenem Rand, Gefäß modern ergänzt, Dm. 13 cm, H. ca. 17,5 cm. Ton orange (?), grob kalkgemagert, hart, stark verbrannt (vermutl. sekundär); handgemacht. – Außen überdreht und Dekoration aus horizontalem und schrägem Kammstrich sowie (vor Brand eingeritztem) Schriftzug „S[ ]CU (S)". Vgl. Kat.-Nr. 856. – Inv. Nr. Sä 490.
849. RS, ähnl. Kat.-Nr. 848, Dm. 13 cm. Ton orange-braun, leicht gemagert, hart; handgemacht. – Geglättet; außen flauer, horizontaler Kammstrich. Vgl. Martin-Kilcher, Laufen-Müschhag Taf. 38,7.
850. RS „Topf" mit scharf nach außen gebogenem, leicht verdicktem Rand, Dm. 15 cm. Ton grau-schwarz, leicht kalkgemagert, sehr hart; handgemacht. – Im Randbereich geglättet; auf Wand Graffito (Herstellermarke?), vgl. Kat.-Nr. 723. Vgl. Martin-Kilcher, Laufen-Müschhag Taf. 39,1.

Tafel 75

Küchengeschirr: Handgemachte Ware

851. RS „Topf" mit scharf nach außen gebogenem, gerilltem Rand, Dm. 12 cm. Ton grau-schwarz, kalkgemagert, leicht schiefrige Struktur, hart; handgemacht. – Im Randbereich leicht geglättet; außen flauer horizontaler Kammstrich. Vgl. Martin-Kilcher, Laufen-Müschhag Taf. 39,2.3.8. – Inv. Nr. Sä 719.
852. RS „Topf" mit leicht nach außen gebogenem, gerundetem Rand, Dm. 15 cm. Ton grau-beige bis grau-schwarz, gemagert, hart; handgemacht. – Außen flauer horizontaler Kammstrich. Vgl. Martin-Kilcher, Laufen-Müschhag Taf. 38,2. – Inv. Nr. Sä 719.
853. RS ähnl. Kat.-Nr. 852. Ton grau-schwarz (Kern beige-orange), leicht gemagert bzw. fettig, sehr porös, hart; handgemacht. – Außen horizontaler Kammstrich. Vgl. Martin-Kilcher, Laufen-Müschhag Taf. 39,10. – Inv. Nr. Sä 524.
854. RS, ähnl. Kat.-Nr. 852. Ton grau, kalkgemagert, hart; handgemacht. – Im Randbereich überdreht; außen verschliffener horizontaler Kammstrich. – Vgl. Martin-Kilcher, Laufen-Müschhag Taf. 39,9. – Inv. Nr. Sä 719.
855. WS „Topf" (?). Ton braun-grau, leicht kalkgemagert, weich; handgemacht. – Außen horizontaler (?) Kammstrich und vor Brand eingeritzter Schriftzug, vermutl. [ ]CV[ ]. Vgl. Kat.-Nr. 848. – Inv. Nr. Sä 553.
855a.* 6 WS (3–4 Gefäße) mit horizontalem Kammstrich, Ton braun bis braun-grau, leicht kalkgemagert, hart; handgemacht. – Inv. Nr. Sä 524 (WS), Inv. Nr. Sä 553 (2 WS).
855b.* WS, ähnl. Kat.-Nr. 855a. – Inv. Nr. Sä 801 (FK Rathaus Rhina), Fst.: Maßnahme 9 und 20, 1937 (= Süd Risalit).
856. 2 WS „Topf". Ton braun-beige, gemagert, hart; handgemacht. – Innen rissig, außen geglättet. Außen horizontaler und vertikaler Kammstrich. – Inv. Nr. Sä 553.
856a.* 2 WS, ähnl. Kat.-Nr. 856. – Inv. Nr. Sä 524, 553.
857. 2 WS. Ton grau-schwarz, leicht kalkgemagert, porös, hart; handgemacht. – Außen geglättet. Dekoration aus horizontalem Kammstrich und eingestreuten vertikalen Strichgruppen, darunter Wellenband.
858. WS. Ton grau, leicht gemagert, hart, außen schwarz; handgemacht. – Außen grobes, vierteiliges Wellenband. – Inv. Nr. Sä 553.
859. WS Topf (?). Ton beige-braun, leicht gemagert, hart, innen brandgeschwärzt (Gebrauch); handgemacht. – Graffito. – Vgl. Fundbearbeitung 1939, Fst.: Nordostecke Raum 1, 2,15 m–2,95 m unter Mauerabbruch.

Tafel 76

Küchengeschirr: Reibschüsseln

860. Reibschüssel Haltern 59, Gefäß modern ergänzt, Dm. 29,8 cm, H. 10,9 cm. Ton gelblich-weißlich, gemagert, mäßig hart, berieben; außen heller Überzug? – Innen ursprünglich glattwandig (!).
861. Reibschüssel Hofheim 79, Gefäß modern ergänzt, Dm. 23,8 cm, H. 7,4 cm. Ton blaßgelb, stark gemagert, weich; rauhwandig. – Inv. Nr. Sä 689.
862. RS Reibschüssel mit klobigem Rand und überstehender Randleiste, Dm. über 40 cm. Ton orange, schwach gemagert, sehr hart; Reste eines hellen Überzuges. – Halber Ausguß erhalten. Vgl. z. B. Schönberger, Oberstimm Taf. 89, D 384.
863. RS ähnl. Kat.-Nr. 862, Dm. ca. 30 cm. Ton hellorange (Kern rötlich), deutlich gemagert, sehr hart. – Fst.: Süd-Risalit, Graben entlang Mauer 28, 1970.
864. RS. ähnl. Kat.-Nr. 862, Dm. ca. 50 cm. Ton orange-gelb, sehr grob gemagert, sehr hart. – Reibfläche grob gekörnt und verstrichen. Fast kompletter Ausguß erhalten. – AO.: Mus. Lörrach.
865. RS ähnl. Kat.-Nr. 862. Ton bräunlich (Kern dunkelgrau), deutlich gemagert (Kiesel), mäßig hart. – Fst.: Suchgraben östlich Mauer 29, 1970.
866. RS ähnl. Kat.-Nr. 862, jedoch Kragen nach innen gebogen, Dm. 33 cm. Ton beige (Kern orange), sehr fein, mäßig hart. – Reibfläche sehr fein gekörnt. Vgl. z. B. Martin-Kilcher, Laufen-Müschhag Taf. 42,1; Schönberger, Altenstadt Taf. 57, CIX 20. – Inv. Nr. Sä 717.

Tafel 77

Küchengeschirr: Reibschüsseln

867. RS ähnl. Kat.-Nr. 866, Dm. 32 cm. Ton beige, schwach gemagert, bräunliche Einschlüsse, sehr hart. – Reibfläche kaum gekörnt.
868. RS ähnl. Kat.-Nr. 866, Dm. 28 cm. Ton beige (Kern orange), schwach gemagert, sehr hart. – Reibfläche mittelgrob gekörnt und leicht verstrichen. Vgl. z.B. Chur 1, Taf. 34,7. – Inv.Nr. Sä 565.
869. 3 RS Reibschüssel mit kurzem Kragen und niedriger Randleiste, Dm. 28 cm. Ton orange, leicht glimmerhaltig, hart. – Kompletter Ausguß erhalten. Reibfläche schwach gekörnt. Vgl. z.B. Martin-Kilcher, Laufen-Müschhag Taf. 43,1–7; Ettlinger, Augster Thermen Taf. 21,1–3. – Fst.: Nord-Risalit, 1970 (2 RS) bzw. Nord-Risalit, Suchgräben entlang Mauern 30, 33, 28, 1970.
869a.* RS Kragenbruchstück mit halbem Ausguß ähnl. Kat.-Nr. 869. Ton orange bis leicht bräunlich, schiefrige Struktur, sehr hart; außen deutliche Glättspuren. – Fst.: Nord-Risalit, Suchgräben entlang Mauer 30, 33, 28, 1970.
870. RS, ähnl. Kat.-Nr. 869, Dm. 30 cm. Ton beige (Kern bräunlich-orange), leicht schiefrige Struktur, mäßig hart. – Stark bestoßen und verschliffen. Reibfläche bis Randleiste (z.T. grob) gekörnt. Wand leicht wellig.
871. RS, ähnl. Kat.-Nr. 869. Ton beige, schwach gemagert, mäßig hart. – Reibfläche bis Unterkante Randleiste sehr grob gekörnt. Vgl. z.B. Chur 1, Taf. 34,1. – Inv.Nr. Sä 717.
871a.* RS, ähnl. Kat.-Nr. 871.
872. RS, ähnl. Kat.-Nr. 869, Dm. 18 cm. Ton beige, gemagert (quarzit), mehlig, leicht verschliffen. – Reibfläche bis Unterkante Randleiste sehr fein gekörnt.
873. RS, ähnl. Kat.-Nr. 869, Dm. 29 cm. Ton beige (Kern orange), leicht gemagert, hart. – Reibfläche fein gekörnt. – Fst.: Nord-Risalit, 1970.
874. 2 RS, ähnl. Kat.-Nr. 869, jedoch Kragen nach innen gebogen, Dm. 43 cm. Ton orange-bräunlich (Kern grauschwarz), leicht gemagert, hart. – Auf Wand umlaufende Wülste. Reibfläche im oberen Teil mittelgrob, sonst fein gekörnt. Ähnlich Schönberger, Altenstadt Taf. 58,CIX 34. – Fst.: Nord-Risalit, 1970 (rechte RS) bzw. Nord-Risalit, Graben entlang Südseite Mauer 30, 1970.
874a.* RS, ähnl. Kat.-Nr. 874, sehr stark bestoßen. – Fst.: Aushub hinter westlicher Porticus, 1971.

Tafel 78

Küchengeschirr: Reibschüsseln

875. RS ähnl. Kat.-Nr. 869, Dm. ca. 34 cm. Ton beige-orange, sehr fein, sehr hart; auf Kragen weißlicher Üb.? – Reibfläche bis Unterkante Randleiste fein gekörnt und leicht verstrichen. – Fst.: Nord-Risalit, 1970.
876. RS, ähnl. Kat.-Nr. 869, Dm. 25,5 cm. Ton orange, leicht glimmerhaltig, mäßig hart. – Reibfläche bis Unterkante Randleiste fein gekörnt. – Fst.: Nord-Risalit, 1970.
876a.* RS, Form ähnl. Kat.-Nr. 876. Ton orange-bräunlich (Kern ziegelrot), leicht schiefrige Struktur, mäßig hart; stark bestoßen. – Fst.: Nord-Risalit, 1970.
877. RS, ähnl. Kat.-Nr. 869, Dm. 27 cm. Ton orange-braun, kalkgemagert, weich; außen leicht rauhwandig bzw. brandgeschwärzt. – Reibfläche sehr fein gekörnt. – Inv.Nr. Sä 57/70.
878. RS, ähnl. Kat.-Nr. 869, Dm. 28,5 cm. Ton bräunlich-orange, schwach gemagert, mäßig hart. – Reibfläche bis Unterkante Randleiste sehr fein gekörnt.
879. RS, ähnl. Kat.-Nr. 869, Dm. 21 cm. Ton orange-bräunlich, leicht schiefrige Struktur, sehr hart. – Tief ansetzende Körnung. – Fst.: Nord-Risalit, Suchgräben entlang Mauern 30, 33, 28, 1970.
880. RS, Form ähnl. Kat.-Nr. 869, jedoch nur schwach ausgeprägte Randleiste, Dm. 24 cm. Ton beige-bräunlich, schwach gemagert, hart; Reste rötlicher Üb.? – Unter Randleiste schwache Kehlung. Reibfläche fein gekörnt. – Inv. Nr. Sä 717.
880a.* RS, Form ähnl. Kat.-Nr. 880. Ton bräunlich, schwach gemagert, leicht schiefrige Struktur, sehr hart. – Fst.: Nord-Risalit, Suchgräben entlang Mauern 30, 33, 28, 1970.
881. RS Reibschüssel mit klobigem Rand und niedriger, wenig begrenzter Randleiste, Dm. 39 cm. Ton beige (?), schwach gemagert, sehr hart; stark verbrannt. – Reibfläche bis Unterkante Randleiste sehr fein gekörnt. Vgl. z.B. Ettlinger, Augster Thermen Taf. 21,5; Roth-Rubi, Stutheien Taf. 24,475.
882. RS Reibschüssel mit klobigem Rand mit Endverdikkung und niedriger Randleiste, Dm. vermutl. über 50 cm. Ton orange, leicht gemagert, sehr hart. – Tief ansetzende Reibfläche mittelgrob gekörnt und verstrichen. Auf Wand umlaufende schmale Wülste. Ähnl. Schönberger Altenstadt Taf. 57,CIX 5; Roth-Rubi, Stutheien Taf. 24,467. – AO.: Mus. Lörrach.
883. RS Reibschüssel mit abgeknicktem, kurzem Kragen und überstehender Randleiste, Dm. über 20 cm. Ton orange, fein, mehlig; stark bestoßen und verschliffen. – Reibfläche bis Unterkante Randleiste sehr grob gekörnt. – Fst.: Suchgraben östlich Mauer 29, 1970.

Tafel 79

Küchengeschirr: Reibschüsseln

884. RS Reibschüssel mit Ausguß. Ton beige, sehr fein, weich; verschliffen.
884a.* 4 verschied. RS mit Ausguß, Randform? Ton beige bis hellorange, schwach gemagert, mäßig hart bis hart; alle verschliffen.
885. BS tongrundige Reibschüssel, Boden Dm. ca. 20 cm. Ton hellorange, schwach gemagert, sehr hart. – Wand außen gewellt. Unterseite sehr nachlässig gearbeitet. Reibfläche oben grob, unten fein gekörnt (mit deutlichen Benutzungsspuren).
885a.* BS, ähnl. Kat.-Nr. 885, Boden Dm. 15 cm. Ton orange (Kern grau), schwach gemagert, sehr hart. – Inv. Nr. Sä 717.
886. BS tongrundige Reibschüssel, Boden Dm. 11 cm. Ton orange, schwach gemagert, hart. – Reibfläche sehr grob gekörnt. Wand außen gewellt. Unterseite sehr nachlässig gearbeitet.
886a.* BS, Form ähnl. Kat.-Nr. 886, Boden Dm. ca. 24 cm. – AO.: Mus. Lörrach.
886b.* BS, Form ähnl. Kat.-Nr. 886. Ton beige-orange, fein, sehr hart. – Unterseite gesandet. – Fst.: Nord-Risalit, 1970.
886c.* BS, Form ähnl. Kat.-Nr. 886. Ton orange, leicht glimmerhaltig, hart. – Fst.: Nord-Risalit, Suchgräben entlang Mauern 30, 33, 28, 1970.
886d.* 8 verschied. WS tongrundiger Reibschüssel, außen

gewellt. Ton orange bis beige, schwach gemagert, hart; 1 WS völlig (sekundär) verbrannt.
887. RS von „rätischer Reibschüssel", jedoch horizontaler Kragen, Dm. 20 cm. Ton orange, leicht glimmerhaltig, hart; Üb. (Kragen und innen) orange-rot, matt, leicht berieben. – Reibfläche fein gekörnt.
888. RS, ähnl. Kat.-Nr. 887, jedoch gebogener Kragen, Dm. 26 cm. Ton?, völlig sekundär verbrannt.
889. RS, ähnl. Kat.-Nr. 888, jedoch niedriger Randleiste, Dm. 25 cm. Ton beige (Kern orange-braun), mäßig hart; Üb. (Kragen und innen) orange-rot, matt, leicht bestoßen. – Ähnl. Martin-Kilcher, Laufen-Müschhag Taf. 43,10. – Inv. Nr. Sä 717.
889a.* RS, ähnl. Kat.-Nr. 889. Ton orange, hart. – Inv. Nr. Sä 657.
890. 5 RS von „rätischer Reibschüssel", Dm. 22 cm. Ton orange (?), hart; Üb. (Kragen bis Körnung) orange-rot(?); starke sekundäre Brandspuren. – Stark verschliffen, innen geglättet. Reibfläche mittelgrob gekörnt. Auf Kragen (vor Brand) eingekratzte schräge Streifen (Töpfermarke?), Vgl. z. B. Martin-Kilcher, Laufen-Müschhag Taf. 44,1.2.4.6; Ettlinger, Augster Thermen Taf. 21,11–14.
891. 5 RS/WS, ähnl. Kat.-Nr. 890, Dm. 33 cm. Ton hellorange-bräunlich, schwach gemagert, sehr hart; Üb. (Kragen bis Körnung) rotbraun bis braun, matt, vereinzelt berieben bzw. bestoßen. – Außen geglättet. Reibfläche mittelgrob gekörnt und leicht verstrichen. – Fst.: Nord-Risalit, 1970 (2 RS) bzw. Nord-Risalit, Graben entlang Südseite Mauer 30, 1970 (1 RS).

Tafel 80

Küchengeschirr: Reibschüsseln

892. 2 RS, ähnl. Kat.-Nr. 890, Dm. 20 cm. Ton beige, hart; Üb. (Kragen bis Körnung) mittelrot, leicht glänzend, stark berieben bzw. bestoßen. – Auf Kragen geglättet.
893. RS, ähnl. Kat.-Nr. 890. Ton beige-orange, schwach gemagert, hart; Üb. (Kragen bis Körnung) rot-braun (nur Reste). – Gedrungener Kragen und schwach ausgeprägte Rille. Innen stark berieben und bestoßen. Reibfläche fein (?) gekörnt.
894. RS, ähnl. Kat.-Nr. 890. Ton hellorange bis leicht bräunlich, sehr fein, mäßig hart; Üb. (Kragen und innen) rotbraun (nur in Resten). – Kragenrille schwach ausgeprägt. Innen stark berieben und bestoßen.
895. RS, ähnl. Kat.-Nr. 890, jedoch niedrige Randleiste, Dm. 23 cm. Ton orange-beige, sehr hart; Üb. (Kragen bis Kehlung) orange-bräunlich (nur in Resten). – Reibfläche mittelgrob gekörnt. Vgl. z. B. Martin-Kilcher, Laufen-Müschhag Taf. 44,3.
896. RS, ähnl. Kat.-Nr. 895, Dm. 27 cm. Ton hellorange, leicht glimmerhaltig, mäßig hart; Üb. (Kragen bis Körnung) braun-orange, stumpf, rissig. – Fst.: Nord-Risalit, 1970.
897. RS, ähnl. Kat.-Nr. 890. Ton orange, sehr hart; Üb. (Kragen und innen) orange-rot, leicht glänzend, berieben.
898. 2 RS, ähnl. Kat.-Nr. 890, Dm. 25 cm. Ton orange, leicht glimmerhaltig, hart; Üb. (Kragen und innen) orange-braun, matt, stark berieben bzw. bestoßen. – Auf Kragen pfeilförmiges Graffito.
899. 4 RS, ähnl. Kat.-Nr. 890, Dm. 30 cm. Ton beige bis beige-orange, schwach gemagert, sehr hart; Üb. (Kragen und innen) rot-orange, z. T. dunkelbraun gefleckt, matt bis schwach irisierend. – Fast kompletter Ausguß erhalten. – Inv. Nr. Sä 717 (Ausguß); sonst Fst.: Nord-Risalit, 1970.
900. RS, Form ähnl. Kat.-Nr. 890, Dm. 21 cm. Ton hellorange, kalkgemagert, hart; Üb. (Kragen und innen) orange-bräunlich, leicht glänzend, z. T. berieben. – Innen geglättet. – Fst.: Nord-Risalit, 1970.
900a.* RS, Form ähnl. Kat.-Nr. 900. Ton orange-braun, deutlich gemagert, mäßig hart; völlig verschliffen bzw. sekundär verbrannt. – Fst.: Porticus, 1970.
901. RS, ähnl. Kat.-Nr. 890, Dm. 24 cm. Ton orange, schwach glimmerhaltig, mäßig hart, innen schwache sekundäre Brandspuren; Üb. (Kragen und innen) rot-braun, leicht glänzend. – Auf Kragen Glättspuren und Graffito „X".
902. RS, ähnl. Kat.-Nr. 890. Ton orange, weich; Üb. (Kragen und innen) dunkelbraun, matt. – AO.: Narrenzunft Laufenburg. Auf Scherbe Fundzettel: Fst.: „Abraum von Schnitt 27, Verlängerung nach Norden, 1937."

Tafel 81

Küchengeschirr: Reibschüsseln

903. 3 RS, ähnl. Kat.-Nr. 890, Dm. 22 cm. Ton beige, schwach gemagert, hart; Üb. (Kragen bis Körnung) rot-orange, fleckig, leicht glänzend. – Kompletter Ausguß erhalten. Reibfläche fein gekörnt. – Inv. Nr. Sä 722 (Brst. Ausguß); Inv. Nr. Sä 656 (1 RS).
904. RS, ähnl. Kat.-Nr.890, Dm. 22 cm. Ton hellorange, sehr hart; Üb. (Kragen bis Körnung) rot-bräunlich, matt. – Kragen kaum gebogen; Wand außen geglättet. Gute Qualität. Reibfläche fein gekörnt und verstrichen.
905. RS, ähnl. Kat.-Nr. 890, Dm. 25 cm. Ton bräunlich (?), Üb. (Kragen bis Körnung) rötlich (?); stark sekundär verbrannt. – Reibfläche fein gekörnt und verstrichen.
906. RS, ähnl. Kat.-Nr. 890, Dm. 22 cm. Ton beige, mäßig hart; Üb. (Kragen bis Körnung) orange bis orange-bräunlich, matt, berieben bzw. bestoßen. – Reibfläche fein gekörnt. Wand außen z. T. geglättet. – Handschriftliche Notiz auf RS: „Sitt/Rhina/Laufenburg/1930". – Inv. Nr. Sä 722.
907. RS, ähn. Kat.-Nr. 890, Dm. 24 cm. Ton hellorange, schwach glimmerhaltig, mäßig hart; Üb. (Kragen bis Körnung) mittelrot bis orange-rot, matt, berieben bzw. bestoßen. – Reibfläche sehr fein gekörnt. – Inv. Nr. Sä 717.
907a*. 2 RS, vermutl. ähnl. Kat.-Nr. 907, stark sekundär verbrannt. – Inv. Nr. Sä 717 (1 RS).
908. 3 RS, ähnl. Kat.-Nr. 890, Dm. 21 cm. Ton hellorange (Kern ziegelrot), schwach gemagert, sehr hart; kein Üb.! – Kompletter Ausguß erhalten. Reibfläche grob gekörnt. Z. T. geglättet bzw. leichte sekundäre Brandspuren. – Fst.: Süd-Risalit, Schuttschicht im unteren Teil der Füllung, 1971.
909. RS ähnl. Kat.-Nr. 890, Dm. ca. 25 cm. Ton hellorange, schwach gemagert, hart; Üb. (Kragen bis Körnung) orange-braun, matt (nur in Resten). – Reibfläche fein gekörnt. – Altbestand Mus. Lörrach.
910. RS ähnl. Kat.-Nr. 890, Dm. 22 cm. Ton und Überzug? Völlig sekundär verbrannt. – Reibfläche fein gekörnt.

Tafel 82

Küchengeschirr: Reibschüsseln

911. 3 RS ähnl. Kat.-Nr. 890. Ton und Überzug? Völlig sekundär verbrannt. – Halber Ausguß erhalten. Reibfläche fein gekörnt.
912. 2 RS ähnl. Kat.-Nr. 890. Ton und Überzug? Völlig

sekundär verbrannt. – Ansatz des Ausgusses erhalten. Reibfläche sehr fein gekörnt.
913. 4 RS ähnl. Kat.-Nr. 890, Dm. 22 cm. Ton beige bis schwach orange, schwach gemagert, sehr hart; Üb. (Kragen bis Körnung) mittelrot, leicht irisierend. – Kompletter Ausguß erhalten. Wand außen geglättet. Gute Qualität. – Fst.: Nord-Risalit, 1970.
914. 2 RS ähnl. Kat.-Nr. 890, jedoch niedrige Randleiste, Dm. 25,2 cm. Ton orange, fein, weich ; Üb. (Kragen bis Körnung) orange-bräunlich, matt. – Fragmentierter Ausguß erhalten. Reibfläche im oberen Teil mittelgrob, im unteren sehr fein gekörnt. – AO.: Mus. Lörrach.
915. 2 RS/BS ähnl. Kat.-Nr. 890, jedoch ohne umlaufende Rille, Dm. 21 cm, H. 7,8 cm. Ton orange, deutlich gemagert, mäßig hart; Üb. (Kragen bis Körnung) rot-orange (nur in Resten). – Reibfläche grob gekörnt. – Fst.: Porticus, 1970, (1 BS) bzw. entlang Mauer 1, nördlich Raum X, 1970 (1 RS).
916. RS/BS ähnl. Kat.-Nr. 890, Dm. 22,6 cm, H. 11 cm. Ton orange bis ziegelrot, leicht gemagert, sehr hart; vermutlich kein Üb.; starke sekundäre Brandspuren. – Wand außen geglättet. Reibfläche fein bis leicht grob gekörnt.
916a.* 12 verschied. RS, nicht näher zuweisbarer „rätischer Reibschüsseln". Ton orange bzw. beige, fein, meist hart; Üb. orange bis rot, matt bis leicht glänzend. 3 RS völlig sekundär verbrannt. – Inv. Nr. Sä 722 (5 RS); Inv. Nr. Sä 717 (1 RS).
917. 2 BS „rätische Reibschüssel"?, Boden Dm. ca. 13 cm. Ton hellorange, leicht gemagert, sehr hart. – Reibfläche grob gekörnt. Außen geglättet. – Fst.: Nord-Risalit, 1970 bzw. Nord-Risalit, Suchgräben entlang Mauern 30, 33, 28, 1970.
917a.* BS, Form ähnl. Kat.-Nr. 917. Ton beige-orange, sehr fein, weich, sehr stark verschliffen. – Reibfläche mittelgrob gekörnt.
918. BS „rätische Reibschüssel"?, Boden Dm. ca. 9 cm. Ton orange, fein, mäßig hart; z. T. (sekundäre) Brandspuren. – Außen z. T. geglättet. Reibfläche mittelgrob gekörnt.
918a.* 8 verschied. WS „rätischer Reibschüsseln". Ton beige-bräunlich, hart (2 WS) bzw. orange bis orange-bräunlich, leicht glimmerhaltig, sehr hart (5 WS); Üb. rot-orange bis orange-braun, matt bis leicht glänzend; 1 WS völlig sekundär verbrannt.
918b.* RS, 2 WS „rätische Reibschüsseln." Ton orange bis orange-beige, hart; Üb. rot-bräunlich, matt. – Fst.: Nord-Risalit, 1970.
918c.* 3 verschied. WS „rätische Reibschüsseln" (Farbansatz). Ton orange, z. T. gemagert, sehr hart; Üb. orange bis bräunlich, matt. – Fst.: Porticus, 1970.
918d.* RS „rätische Reibschüssel" (Farbansatz, Kehlung). Ton orange, gemagert, mehlig; Üb. dunkelbraun, leicht glänzend; sehr grob gekörnt. – Fst.: An Südwestecke der neuzeitlichen Rekonstruktion, 1970.

Tafel 83

Vorratsgefäße: Flaschen bzw. Tonnen

919. 16 WS, wohl Flasche, größter Dm. 27 cm. Ton hellbeige, sehr fein, sehr hart; im oberen Teil Streifenbemalung: weiß/orange-hellbraun/weiß. – Zur Bemalung vgl. Hartmann, Aargau Abb. 59, links. – Fst.: Auffüllung Raum 2 und 3, Mauer 10, 1970.
919a.* 10 WS (1–3 Gefäße), Form und Bemalung ähnl. Kat.-Nr. 919, jedoch Ton orange bis orange-beige, leicht glimmerhaltig, sehr hart. – Inv. Nr. Sä 554 (5 WS); Inv. Nr. Sä 524 (2 WS); (R 1477) (1 WS); (R 1478) (1 WS).
919b.* 3 verschied. WS, Ton orange bis braunrot, fein, hart; Reste weißer bzw. roter bis orange-roter Streifenbemalung. – Inv. Nr. Sä 524 (1 WS), Inv. Nr. Sä 550 (1 WS).
920. 3 WS (1 Gefäß). Ton hellorange-beige, schwach gemagert, hart; Streifen oranger bis orange-brauner Bemalung (z. T. abgeplatzt), darauf dunkelviolettes oder schwarzes Leitermuster. – Fst.: Nord-Risalit, 1970.
920a.* 5 WS (1–2 Gefäße). Ton ziegelrot bis braun-rot, schwach gemagert, hart; außen Reste einer weißen bzw. rostroter bis orangener Streifenbemalung, darauf hellblaues (?) Muster; innen gelblich bis hellbraun überfärbt.
921. BS, Flasche oder Tonne, Boden Dm. 13 cm. Ton orange-beige, fein, hart; schwarz geschmaucht und Reste einer TN-artigen Glättung. – Boden aufgewölbt, Unterseite umlaufende Rille. – Inv. Nr. Sä 553.
922. BS Flasche oder Tonne, Boden Dm. 13,5 cm. Ton grau, stellenweise beige, sehr fein, sehr hart; außen geglättet. – Außen umlaufende Rille, Standring, abfallender Boden. – Inv. Nr. Sä 553.
922a.* BS, ähnl. Kat.-Nr. 922.
923. BS, Flasche oder Tonne, Boden Dm. 14,5 cm. Ton grau-oliv, leicht glimmerhaltig, hart; außen geglättet. – Leicht aufgewölbter Boden. – Fst.: Nord-Risalit, 1970.
923a.* BS, ähnl. Kat.-Nr. 923. – Inv. Nr. Sä 720.

Tafel 84

Vorratsgefäße: Krüge

924. RS mit Bauchansatz eines Einhenkelkruges mit getrepptem Kragenrand, Dm. 5,7 cm. Ton orange, glimmerhaltig, hart; schwache sekundäre Brandspuren. – Vierstabiger Henkel. Vgl. z. B. Ettlinger, Augster Thermen Taf. 24,7.8; Bender/Steiger, Töpfereibezirk Taf. 6,93. – Inv. Nr. Sä 721.
925. RS ähnl. Kat.-Nr. 924, Dm. 5,3 cm. Ton orange-beige, leicht glimmerhaltig, hart. – Ansatz eines drei- oder vierstabigen Henkels. – Inv. Nr. Sä 721.
926. RS, Ein(?)henkelkrug mit getrepptem Kragenrand, Dm. 4,9 cm. Ton beige-orange, hart. – Vgl. z. B. Bender/Steiger, Töpfereibezirk Taf. 8,97; Berger, Osttor Taf. 23,262.263. – Inv. Nr. Sä 721.
927. RS, Zweihenkelkrug mit eingezogenem Kragenrand u. Halsring, Dm. 4 cm. Ton hellorange, glimmerhaltig, hart. – Vierstabige Henkel an Halsring. Vgl. z. B. Ettlinger, Augster Thermen Taf. 27,1; Ettlinger, Vindonissa Taf. 22,492.497.511. – Inv. Nr. Sä 656.
927a.* WS, ähnl. Kat.-Nr. 927.
928. RS, Zwei(?)henkelkrug mit unterschnittenem Kragenrand, Dm. ca. 8 cm. Ton orange, gemagert, mäßig hart; stark verschliffen. – Unter Rand umlaufender spitzer Wulst. Ähnl. Martin-Kilcher, Laufen-Müschhag Taf. 47,11. – Inv. Nr. Sä 721.
929. RS, Einhenkelkrug mit abgewinkeltem Kragenrand, Dm. 4,5 cm. Ton? Völlig sekundär verbrannt. – Henkel seitlich abgebrochen, drei- oder vierstabig. Vgl. z. B. Roth-Rubi, Krüge Avenches Taf. 5,48.49.
930. Krughals mit abgewinkeltem Kragenrand, Dm. 3,7 cm. Ton orange, hart; Üb. rotbraun-orange, stumpf. – Vgl. z. B. Roth-Rubi, Krüge Avenches Taf. 5,53.
930a.* 30 WS (2 Krüge), Form? Ton u. Üb. ähnl. Kat.-Nr. 930. – Fst.: Porticus, 1970.
930b.* BS Krug, Ton u. Üb. ähnl. Kat.-Nr. 930.

931. Hals eines Einhenkelkruges mit leicht trichterförmigem Wulstrand, Dm. 3,5 cm. Ton u. Üb,. wie Kat.-Nr. 930. – Wohl zweistabiger Henkel. Vgl. z.B. ETTLINGER, Vindonissa Taf. 24,543.544; Chur 1, Taf. 32,26. – Inv. Nr. Sä 721.
931a.* Zweistabiger Henkel, ähnl. Kat.-Nr. 931. – Fst.: Nord-Risalit, 1970.
931b.* Schlanker vierstabiger Henkel. Ton orange-rosa, hart; Üb. (in Resten) orange-braun, matt. – Inv. Nr. Sä 721.
932. Krughals ähnl. Kat.-Nr. 931. Ton beige, weich; Üb. braun-rot, stumpf, z.T. abgeplatzt. – Fst.: Entlang Mauer 1, nördlich Raum X, 1970.
933. RS (mit Bauchansatz) eines Ein(?)henkelkruges mit zierlichem Wulstrand, Dm. 2,6 cm. Ton beige-orange, schwach gemagert, weich. – Dreistabiger Henkel, ähnl. Chur 1, Taf. 32,13; ROTH-RUBI, Stutheien Taf. 11,217. – Vgl. Fundbearbeitung 1939, Fst.: Schmaler Innenraum des Haupthauses (= Raum 2), 30 cm starke Schicht über Wakkenboden (entspricht hier Abb. 11,b). – AO.: Mus. Lörrach.
934. 2 RS, ähnl. Kat.-Nr. 933, Dm. 3 cm. Ton beige-weißlich, mäßig hart. – Dreistabiger Henkel, Henkelansätze nachlässig verstrichen. – Fst.: Nord-Risalit, 1970.
934a.* RS, ähnl. Kat.-Nr. 934.

Tafel 85

Vorratsgefäße: Krüge

935. 2 RS, ähnl. Kat.-Nr. 933, Dm. 3 cm. Ton orange, schwach gemagert, mäßig hart. – Dreistabiger Henkel. Vgl. z.B. Chur 1, Taf. 32,13. – Fst.: Nord-Risalit, 1970.
935a.* 3 verschied. RS, ähnl. Kat.-Nr. 935. – Inv. Nr. Sä 57/70 (1 RS); Fst.: Porticus, 1970 (1 RS).
936. Hals eines Einhenkelkruges mit leicht trichterförmigem Wulstrand, Dm. 3,4 cm. Ton orange, hart; stark verschliffen. – Henkelansatz erhalten. Vgl. z.B. ETTLINGER, Augster Thermen Taf. 25,1–5; ROTH-RUBI, Stutheien Taf. 11,219. – Inv. Nr. Sä 57/70.
936a.* RS mit Henkelansatz, ähnl. Kat.-Nr. 936, Dm. 5 cm. – Inv. Nr. Sä 716.
937. RS, ähnl. Kat.-Nr. 936, Dm. 4 cm. Ton beige, weich. – Henkelansatz erhalten. – Fst.: Graben südlich entlang Mauer 5 bzw. 17, 1970.
938. RS, Krug oder Kanne mit stark trichterförmigem Wulstrand, Dm. 6,5 cm. Ton beige-orange, glimmerhaltig, weich. – Vgl. z.B. ETTLINGER, Vindonissa Taf. 21,468; ROTH-RUBI, Krüge Avenches Taf. 13,117. – Fst.: Porticus Südteil, nahe Oberfläche, 1970.
938a.* RS, ähnl. Kat.-Nr. 938.
938b.* RS, Form ähnl. Kat.-Nr. 938. Ton hellorange, mäßig hart. – Fst.: Aushub hinter westlicher Porticus, 1971.
938c.* RS, ähnl. Kat.-Nr. 938 b.
939. RS, ähnl. Kat.-Nr. 938, jedoch klobiger, Dm. 9 cm. Ton beige, mäßig hart, außen geglättet. Vgl. z.B. Chur 1, Taf. 32,25; ALEXANDER, Pottery Augst Taf. 1,5.
939a.* RS, ähnl. Kat.-Nr. 939, Dm. ca. 11 cm. – Fst.: Nord-Risalit, 1970.
939b.* RS, Form ähnl. Kat.-Nr. 939. Ton hell- bis schmutzig braun, hart; Reste von beigem Üb.(?)
940. RS, Ein(?)henkelkrug mit leicht trichterförmigem Wulstrand, Dm. 6 cm. Ton hellbeige, mehlig, stark verschliffen. – Vgl. z.B. ROTH-RUBI, Stutheien Taf. 11, 223; BENDER/STEIGER, Töpfereibezirk Taf. 10,197.198.
941. RS, ähnl. Kat.-Nr. 940, Dm. ca. 6 cm. Ton orange-beige, hart; Üb. rotbraun, leicht glänzend. – Vgl. ETTLINGER, Vindonissa Taf. 23, 539. – AO.: Mus. Lörrach.
942. RS, Krug mit leicht unterschnittenem Wulstrand, Dm. ca. 6 cm. Ton bräunlich, sehr hart. – Vgl. z.B. ETTLINGER, Vindonissa Taf. 22,510.512; WALKE, Straubing Taf. 61,6.
943. RS, ähnl. Kat.-Nr. 942, Dm. ca. 8 cm. Ton orange-bräunlich, leicht glimmerhaltig, hart. – Vgl. z.B. ROTH-RUBI, Stutheien Taf. 11,225; VOGT, Lindenhof Abb. 49,35. – Inv. Nr. Sä 721.
943a.* RS, ähnl. Kat.-Nr. 943. – Inv. Nr. Sä 721.
944. RS, Einhenkelkrug mit leicht unterschnittenem Wulstrand, Dm. 3,7 cm. Ton orange-bräunlich, mäßig hart. – Vgl. z.B. FISCHER, Cambodunum Taf. 21,12; 22,4. – Inv. Nr. Sä 721.
945. 30 WS bauchiger Krug, max. Dm. ca. 18 cm. Ton hellorange, sehr fein, hart; Üb. (außen) orange-braun, in sich fleckig (geflammt?), leicht irisierend. – Henkelansatz erhalten, darüber umlaufender Wulst. Vgl. ETTLINGER, Vindonissa Taf. 24,544. – 5 WS: Mus. Säckingen (ohne Inv. Nr.); 2 WS: Altbestand Mus. Lörrach; Rest Fst.: Porticus, 1970.
946. WS, Krug mit Wandknick. Ton orange-braun, fein, hart; Üb. (außen in Resten) rot-braun, fleckig (geflammt?). – Vgl. ETTLINGER, Vindonissa Taf. 23,528.530. – Inv. Nr. Sä 524.
946a.* WS, Form vermutl. ähnl. Kat.-Nr. 945 oder 946. Ton beige, sehr fein, hart; außen orange-brauner Goldglimmerüberzug. – Zwei umlaufende Wülste.

Tafel 86

Vorratsgefäße: Krüge

947. RS Gesichtskrug, Dm. ca. 2 cm, erhaltene H. 4,6 cm. Ton beige bis beige-orange, sehr fein, sehr hart; Üb. mittelrot-orange, leicht irisierend. – Kopfapplike fast komplett erhalten, Krughals in Kinnhöhe offensichtlich antik abgesägt (Sägespuren); ursprüngliche Höhe des Kopfes ca. 5 cm; Übergang von Applike und Krughals (entlang Haaren) verstrichen. – Fst.: Nord-Risalit, 1970.
947a.* 2 Brst. Henkel (zweistabig), 1 Halsbruchstück, 1 BS (plan), Boden Dm. ca. 6 cm; alles vermutl, zu Kat.-Nr. 947 gehörig. – 1 Brst. Henkel Mus. Säckingen (ohne Inv. Nr.); Rest Fst.: Nord-Risalit, 1970.
948. BS Krug, Boden Dm. 8,1 cm. Ton orange, glimmerhaltig, hart; Reste weißlicher Üb. – Breiter, flacher Boden mit Standring. Vgl. z.B. MARTIN-KILCHER, Laufen-Müschhag Taf. 48,4.
948a.* BS, ähnl. Kat.-Nr. 948, innen leichte (sekundäre) Brandspuren. – Inv. Nr. Sä 721.
948b.* 2 verschied. BS, Form ähnl. Kat.-Nr. 948, Boden Dm. ca. 7 bzw. 8 cm. Ton orange (Kern grau) glimmerhaltig, hart.
949. Krugboden (mit Bauchansatz), Boden Dm. 4,4 cm. Ton hellbeige, hart, außen geglättet. – Enger, abfallender Boden mit Standring. Vgl. z.B. ETTLINGER, Augster Thermen Taf. 25,8.
949a.* 10 verschied. BS, ähnl. Kat.-Nr. 949. – Inv. Nr. Sä 57/70 (1 BS); Inv. Nr. Sä 721 (3 BS); Altbestand Mus. Lörrach (1 BS); Fst.: Nord-Risalit, 1970 (1 BS).
950. BS/WS Krug, Boden Dm. 8,1 cm. Ton hellorange, mehlig, außen geglättet; Üb. (innen) rot, matt (außen in Resten) weißlich. – Vgl. z.B. MARTIN-KILCHER, Laufen-Müschhag Taf. 48,8.
950a.* BS, ähnl. Kat.-Nr. 950.

950b.* 6 verschied. BS Krüge, Form ähnl. Kat.-Nr. 950. Ton orange bis orange-beige, weich bis hart. – Inv. Nr. Sä 57/70 (1 BS).
950c.* BS Krug, Form ähnl. Kat.-Nr. 950. Ton schmutziggrau, weich. – Fst.: Nord-Risalit, 1970.
951. BS/WS Krug, Boden Dm. 3 cm. Ton beige-gelb, mäßig hart. – Enger, fast planer Boden. Vgl. z. B. ROTH-RUBI, Krüge Avenches, Taf. 9,93. – AO.: Mus. Lörrach.
952. BS/WS Krug, ähnl. Kat.-Nr. 951, Boden Dm. 3,7 cm. Ton hellbeige, mäßig hart. – Vgl. z. B. MARTIN-KILCHER, Laufen-Müschhag Taf. 48,5.
953. BS/WS Krug, ähnl. Kat.-Nr. 951, Boden Dm. ca. 7 cm. Ton grau, mäßig hart. – Vgl. z. B. ROTH-RUBI, Stutheien Taf. 13,266.
953a.* 8 BS (6–7 Krüge), Form ähnl. Kat.-Nr. 951–953. Ton hellbeige, mäßig hart. – Inv. Nr. Sä 57/70 (3 BS).
953b.* 4 verschied. BS Krüge, ähnl. Kat.-Nr. 953a. Inv. Nr. Sä 57/68 (1 BS).
953c.* 5 verschied. BS Krüge, Form ähnl. Kat.-Nr. 953a. Ton orange, hart. – Inv. Nr. Sä 524 (1 BS); Fst.: Aushub hinter westlicher Porticus, 1970 (1 BS).
954a.* 70 Brst. Henkel (60–65 Henkel), zwei- bis vierstabig. Ton orange, hart (24 Brst); beige, hart (27 Brst.); grau, mäßig hart (3 Brst.); weißlich (3 Brst.); orange mit weißlichem Überzug (2 Brst.); Rest sekundär verbrannt. – Inv. Nr. Sä 57/70 (5 Brst.); Inv. Nr. Sä 721 (15 Brst.); Fst.: Porticus, 1970 (2 Brst.) bzw. Nord-Risalit, 1970 (4 Brst.) bzw. Nord-Risalit, Graben entlang Südseite Mauer 30, 1970 (2 Brst.; oranger Ton mit weißlichem Üb.).
955. Krugverschluß, Dm. 7 cm. Ton beige, sehr fein, schwach glimmerhaltig, hart. – Ähnl. SCHÖNBERGER, Altenstadt Taf. 38,CVII 183. – Inv. Nr. Sä 371.
956. WS Krug. Ton orange, glimmerhaltig, mäßig hart. – Rest eines Graffito. – Inv. Nr. Sä 375.
957. BS Krug, Dm. 4,8 cm. Ton beige, weich. – Außen in Form eines unregelmäßigen Fünfeckes abgearbeitet, ursprünglich Innenseite eingetieft. – Inv. Nr. Sä 723.

Tafel 87

Vorratsgefäße: Krug bzw. Amphoren

958. Doppelhenkelkrug mit Zylinderhals, Gefäß modern ergänzt, Dm. 9,5 cm. H. 39 cm. Ton gelb-orange, geglättet. – Zwei dreistabige Henkel. Auf Schulter an einer Seite zwei Knubben mittig zwischen Henkeln. – Vgl. vielleicht Grabungsdokumentation 1937, Fst.: Suchschnitt 19, Suchschnitt westlich der Mauer (= Raum 4). – AO.: Mus. Lörrach.
959. BS Amphore. Ton hellbeige, mäßig hart. – Ein Henkel mit rechteckigem Querschnitt erhalten. – Inv. Nr. Sä 57/70.
960. 2 RS Amphore (?) mit getrepptem Rand, Dm. 10 cm. Ton hellbeige bis orange, weich. – Trichterförmiger, außen gegliederter bzw. gestufter Rand.
961. RS Amphore (?) mit verdicktem, leicht ausgebogenem Rand, Dm. ca. 12 cm. Ton hellbeige, mäßig hart. – Henkelansatz erhalten. – Inv. Nr. Sä 724.
962. Henkel, WS Amphore(?) Haltern 63. Ton hellbeige, schwach gemagert, sehr hart. – O-förmiger Rundhenkel, nach Drehrillen an Wandbruchstück horizontal angebracht. – Inv. Nr. Sä 724.
963. RS Amphore Dressel 20, Dm. ca. 14 cm. Ton beigegelb, stark gemagert, sehr hart. – Inv. Nr. Sä 724.

Tafel 88

Vorratsgefäße: Amphoren und Dolien

964. 2 Amphorenhenkel (mit Bauchansatz) Dressel 20. Ton hellbeige, stark gemagert, hart. – Auf Henkel erhabener Stempel (C)S[ ]^[ ].
964a.* 2 verschied. Brst. Amphorenhenkel, ähnl. Kat.-Nr. 964. – Inv. Nr. Sä 624.
965. Brst. Standzapfen Amphore Rödgen 69/70. Ton orange-beige, schwach gemagert, hart. – Inv. Nr. Sä. 724.
966. Standzapfen Amphore Rödgen 69/70. Ton beige-orange, stark gemagert, sehr hart. Unten abgeflacht.
967. Amphorenstandzapfen. Ton hellbeige-weißlich, hart. – Spitz zulaufend. – Inv. Nr. Sä 724.
968. Brst. Amphore, Dm. ca. 10 cm. Ton beige-orange, leicht gemagert, hart.
969. Amphorenverschluß, Dm. ca. 7 cm. Ton beige, gemagert, hart. – Gelocht.
970. 3 WS Amphoren. Ton hellbeige, hart. – Graffito. – Inv. Nr. Sä 489 (1 WS).
970a.* 39 WS Amphoren. (3–5 Gefäße). Ton hellbeige, gemagert, hart. – Inv. Nr. Sä 57/70 (1 WS).
970b.* 2 verschied. WS Amphoren. Ton orange-beige, hart.
970c.* 4 WS Amphoren (1–2 Gefäße), völlig senkundär verbrannt.
971. 3 WS Dolium. Ton orange-beige, schwach gemagert, hart; außen (in Resten) weißlicher Üb. – Umlaufender Wulst. – Inv. Nr. Sä 524 (1 WS); Inv. Nr. Sä 554 (1 WS).

Tafel 89

Verschiedene Gefäßformen und Lampen

972. 4 RS konischer Napf mit verdicktem Rand, Dm. 13 cm. Ton orange, grob gemagert, hart; rauhwandig; Brandspuren. – Außen umlaufende horizontale Rippen. – Inv. Nr. Sä 524 (1 RS).
973. RS Napf mit Kragenrand, Dm. unter 12 cm. Ton beige-bräunlich (Kern schwarz), gemagert, hart; leicht rauhwandig. – Vgl. vermutlich STAMM, Keramik Taf. 4,59.
974. WS, ursprüngliche Form? Dm. 4,6 cm. Ton beigebräunlich bis leicht orange, sehr hart; Üb. (innen und oben) leder- bis dunkelbraun, leicht glänzend. – Oben Kerbband.
975. RS, WS Schlangentopf mit rundstabartigem Rand. Ton schmutzigbraun, leicht gemagert, hart; schwarz geschmaucht. – Halbrunder Schlangenleib und stark stilisierter, über Rand reichender Widderkopf. – Inv. Nr. Sä 550.
975a.* 2 WS Schlangentopf. Ton beige, sehr fein, sehr hart, innen mit Fingern verstrichen; Üb. (außen) hellbraun-orange, glimmerhaltig, matt. – Reste von plastisch aufgelegten Schlangenleibern. – AO.: Mus. Lörrach (1 WS).
976. RS Räucherkelch, Dm. 9 cm. Ton beige bis orangebraun, sehr fein, hart; Reste heller Üb. – Unter Steilrand und auf (schwachem) Wandknick je umlaufendes, plastisches Wellenband. – Fst.: Nord-Risalit, 1970.
977. RS ähnl. Kat.-Nr. 976, Dm. ca. 12 cm. Ton grauschwarz, leicht gemagert, mäßig hart; geglättet.
978. WS Räucherkelch. Ton orange- bis ziegelrot, leicht gemagert, mäßig hart; beiger Üb. – Sehr großes, grobschlächtiges Gefäß.
979. 2 WS vermutl. Gesichtsurne. Ton hellbeige, leicht glimmerhaltig, mäßig hart. – Unter plastischem Zopfmuster Augen (erhöhte Kreise) und Ohr (?). – Inv. Nr. Sä 584.

979a.* WS ähnl. Kat.-Nr. 979? Ton u. Zopfmuster ähnlich Kat.-Nr. 979, jedoch doppelte Wandstärke.
980. WS Bildlampe, Form Loeschcke Typus 4, Dm. ca. 6 cm. Ton hellbeige-weißlich, mäßig hart; Rest von orangebraunen Üb., stark verschliffen. – In tiefliegendem Spiegel Reliefrest, Volutenrest erhalten. – Inv. Nr. Sä 727.
981. WS Bildlampe, Form Loeschcke Typus 4 mit Schulter 5, Dm. ca. 5 cm. Ton hellbeige, mehlig; Rest eines braunen Überzuges; stark verschliffen. – In abfallendem Spiegel Reliefrest, Volutenrest erhalten. – Inv. Nr. Sä 727.
982. Ungehenkelte Firmalampe, Form Loeschcke Typus 9, L. 6,7 cm, Körper Dm. ca. 4,5 cm. Ton orange, mäßig hart. – Oberseite Schnauze modern ergänzt. Runder Körper, auf Schulter zwei Knubben. Auf Unterseite in drei eingetieften konzentrischen Kreisen erhabener Stempel ATIMETI. – Inv. Nr. Sä 444.

Tafel 90

Lampen und Bes-Terrakotte

983. Gehenkelte Firmalampe, Form Loeschcke Typus 9, Körper Dm. ca. 4 cm (Gefäß stark modern ergänzt). Ton beige, mäßig hart; Rest des orange-roten Üb. – Henkelansatz erhalten. Leicht ovaler Körper, auf Schulter zwei Knubben. – Inv. Nr. Sä 655.
984. Bruchstück einer Firmalampe, Form Loeschcke Typus 9 mit Schulter 9, Körper Dm. ca. 7 cm. Ton orange, sehr hart. – Auf Schulter Öse. – Inv. Nr. Sä 727.
985. Gehenkelte Firmalampe, Form Loeschcke Typus 10, L. (incl. Henkel) ca. 7,5 cm. Ton beinfarben, hart, außen grob geglättet. – Fast ovale Körperform, leicht verzogen; scheibenförmiger, gelochter Henkel; auf Unterseite zwei konzentrische eingetiefte Kreise. Vgl. z.B. LEIBUNDGUT, Lampen Taf. 13,909. – Inv. Nr. Sä 496.
986. WS Schalenlampe, Form Loeschcke Typus 12D, Dm. ca. 6,5 cm. H. 3,6 cm. Ton graubraun, schwach gemagert, mehlig; stellenweise grün verfärbt. – Rundlicher Körper mit eingekniffener Schnauze, steiler Wand und Standplatte. Schlechte Qualität. – Inv. Nr. Sä 495.
987. Schalenlampe, ähnl. Kat.-Nr. 986 (Gefäß stark modern ergänzt), Dm. ca. 5,5 cm. H. 2,5 cm. Ton? Völlig verbrannt. – Rundlicher Körper, Boden leicht oval, leicht einschwingende Wand. Schlechte Qualität. – Inv. Nr. Sä 692.
988. WS Tüllenlampe, Form Loeschcke Typus 14, Dm. ca. 8,1 cm, H. 3,4 cm. Ton orange bis ziegelrot, leicht gemagert, hart. – Boden gelocht. Schlechte Qualität. – Inv. Nr. Sä 656.
989. Terrakottabruchstück einer Besdarstellung. Ton braun-rötlich, stellenweise ziegelrot, sehr fein, sehr hart. – Inv. Nr. Sä 555.
989a.* Terracottabruchstück aus weißlichem, mehligem Pfeifenton. – Fst.: Nord-Risalit, 1970.

Tafel 91

Webgewichte und Kleinplastik

990. Kegelstumpfförmiges Webgewicht, max. Dm. 7,2 cm, H. 11,5 cm. Ton orange, weiße Einsprengsel, hart, geglättet. – Im oberen Teil horizontal durchbohrt. Auf Oberseite kreuzförmiger Graffito. – Inv. Nr. Sä 488.
991. Webgewicht, ähnl. Kat.-Nr. 990, max. Dm. 8,4 cm, H. 13,3 cm. Ton orange-braun, weiße Einsprengsel, hart, geglättet, stellenweise bestoßen. – Im oberen Teil, schräg durchbohrt. – Inv. Nr. Sä 488.
992. Pyramidenstumpfförmiges Webgewicht, H. 12,9 cm, Grundfläche ca. 6×6,7 cm. Ton orange, weiße Einsprengsel, hart, schlecht geglättet, z.T. bestoßen. – Oben fast spitz zulaufend; im oberen Teil horizontal durchbohrt. – Inv. Nr. Sä 488.
993. Brst. scheibenförmiges Webgewicht. – Dm. 6,8 cm. Dicke 2 cm. Ton dunkelorange, hart, schlecht geglättet. – Doppelt durchbohrt, auf einer Seite Graffito. – Inv. Nr. Sä 372.
994. Frauenbüste, erhaltene Breite ca. 7,5 cm (Kopf) bzw. 9,5 cm (Schulter), erhaltene H. ca. 14 cm. Schmutzig braun-grauer bis olivfarbener Sandstein. – Nase und Teile des Haarzopfes bestoßen. Im Schulter- bzw. Oberarmbereich beidseitig abgebrochen, ebenso Unterseite in Brusthöhe. – Fst.: Raum M, südöstlich Raum K, oberflächlich, 1939. AO.: Narrenzunft Laufenburg.
995. Bruchstück eines stark beschädigten Auerochsenkopfes aus Grünsandstein. – Fst.: Raum N, oberflächlich, 1939. – Verschollen.

Tafel 92

Kleinbronzen und Glas

996. Hinterleib eines weiblichen Tieres, erhaltene H. 2,1 cm. Bronze, stark patiniert. – Vier (fünf?) Zitzen erhalten, Schwanz innen leicht berieben und z.T. abgebrochen, auf rechtem Hinterbein Reihe feiner Kerben. – Inv. Nr. Sä 454.
997. Aufsatz in Form eines Hahnes, H. 4,2 cm. Bronze, patiniert. – Körper massiv, auf Rücken und Schwanz vermutl. Gußnaht, Unterteil hohl. – Inv. Nr. Sä 376.
998. RS Rippenschale, Isings 3, Dm. 10(?) cm. Glas dunkelblau, leicht durchscheinend, mit weißer und gelber Marmorierung. – Vgl. z.B. FÜNFSCHILLING, Baden Taf. 1,10. – Inv. Nr. Sä 402.
998a.* WS Rippenschale, Form ähnl. Kat.-Nr. 998, jedoch dunkelblaues, rauhes Glas mit weißen und gelben Schlieren. – Inv. Nr. Sä 548.
998b.* WS Rippenschale, Form ähnl. Kat.-Nr. 998, jedoch wasserblaues, leicht durchscheinendes Glas mit weißen und bernsteinfarbenen Schlieren. – Inv. Nr. Sä 548.
999. RS Rippenschale Isings 3. Glas tiefblau, leicht durchscheinend. – Grobe Rippen, Vgl. z.B. GOETHERT-POLASCHEK, Trier Taf. 10,117d; FÜNFSCHILLING, Baden Taf. 5,47.56; 7,71. – Inv. Nr. Sä 548.
999a.* 7 WS (3 Gefäße), Form ähnl. Kat.-Nr. 999, jedoch mittelblaues (3 WS), türkisfarbenes (2 WS) bzw. dunkelgrünes Glas. – Inv. Nr. Sä 548 (2 WS).
1000. 3 RS/2 WS Rippenschale Isings 3B, Dm. 15 cm. Glas schwach grün-bläulich. – Rippen leicht schräg, Vgl. z.B. FÜNFSCHILLING, Baden Taf. 8,77.81. – Inv. Nr. Sä 718 (1 WS).
1001. RS Rippenschale, ähnl. Kat.-Nr. 1000, Dm. 16 cm. Glas grün-blau, leicht blasig. Vgl. z.B. MARTIN-KILCHER, Laufen-Müschhag Taf. 53,4; FÜNFSCHILLING, Baden Taf. 5,54.
1001a.* 2 WS Rippenschale, ähnl. Kat.-Nr. 1001, jedoch größerer Abstand zwischen den Rippen.
1002. WS Rippenschale, ähnl. Kat.-Nr. 1000. Glas schwach grünlich, vereinzelt blasig. – Sehr feine Rippen.
1002a.* WS Rippenschale, Form ähnl. Kat.-Nr. 1002, je-

doch entfärbtes (?), leicht versintertes Glas. – Fst.: Nord-Risalit, 1970.
1003. RS Schale(?) mit Horizontalrand. Glas entfärbt, leicht irisierend.
1004. RS Schale Isings 116 (?), Dm. 23 cm. Glas entfärbt, leicht irisierend. – Außenseite Riefen. – Fst.: Porticus, 1970.

Tafel 93

Glas

1005. RS Becher, ähnl. Isings 12, Dm. 11 cm. Glas schwach blau-grün, vereinzelt blasig.
1006. RS Becher, ähnl. Isings 85, Dm. 9 cm. Glas entfärbt, leicht irisierend, leicht blasig. – Vgl. ROTH-RUBI, Stutheien Taf. 32,630.
1007. RS Becher, ähnl. Isings 34 oder 96, Dm. 11 cm. Glas entfärbt, außen schwach rauh, leicht blasig. – Zwei umlaufende Rillen. Vgl. BERGER, Vindonissa Taf. 22,106 (230).
1007a.* 4 WS (2–3 Gefäße), ähnl. Kat.-Nr. 1007. – Fst.: Porticus, 1970 (1 WS).
1008. RS Becher mit senkrechtem Rand, Dm. ca. 10 cm. Glas leicht grünlich, z.T. große Blasen. – Außen unter Rand und auf Bauch umlaufende feine Rillen.
1009. BS Becher Form Trier 46, Boden Dm. 4 cm. Glas hellgrün, blasig. – Außen von Kreis ausgehender, spiralförmig aufgelegter Glasfaden (hellgrün), der auch Standring bildet. Vgl. GOETHERT-POLASCHEK, Trier Formentafel A,46. – Inv. Nr. Sä 548.
1010. RS Becher mit senkrechter Wand, Dm. ca. 10 cm. Glas milchig weiß, leicht frittig. – Unter umlaufender Reihe senkrechter, schmaler Dellen sehr feine Rillung.
1011. RS Fläschchen o. Balsamarium mit ausgebogenem Rand, Dm. 3 cm. Glas schwach grünlich, stark blasig. – Vgl. z.B. Chur 1, Taf. 39,24.
1012. RS Fläschchen o. Balsamarium mit ausgebogenem, umgeschlagenem Rand, Dm. 2,5 cm. Glas blau-grün. – Vgl. z.B. Chur 1, Taf. 39,21; FÜNFSCHILLING, Baden Taf. 17,277; 19,354.355. – Inv. Nr. Sä 548.
1012a.* RS ähnl. Kat.-Nr. 1012, jedoch blaßgrünes Glas.
1013. RS Fläschchen o. Balsamarium mit ausgebogenem, eingerolltem Rand, Dm. 4 cm. Glas grün-blau. – Auf Randunterseite umlaufendes Kerbband. Vgl. z.B. GOETHERT-POLASCHEK, Trier Taf. 52,639.
1013a.* RS, Form ähnl. Kat.-Nr. 1013, jedoch grünes Glas. – Fundstelle: Porticus, 1970.
1014. RS Fläschchen o. Balsamarium mit ausgebogenem, umgeschlagenem Rand, Dm. 4 cm. Glas schwach blau-grün, leicht blasig. – Vgl. z.B. FÜNFSCHILLING, Baden Taf. 17,298; 19 Mitte. – Fundstelle: Aushub hinter westlicher Porticus, römische Schuttschicht unter Aushub?, 1971.
1015. RS Fläschchen o. Balsamarium mit verdicktem Rand, Dm. 3,5 cm. Glas blaßgrün. – Vgl. z.B. GOETHERT-POLASCHEK, Trier Taf. 11,130a. – Inv. Nr. Sä 726.
1016. RS weitmündige Kanne (?) mit Henkelansatz, Dm. über 10 cm. Glas entfärbt. – Über Rand herausreichender flacher, dreistabiger Henkel. Vgl. z.B. ROTH-RUBI, Stutheien Taf. 32,632; FÜNFSCHILLING, Baden Taf. 20,381. – Inv. Nr. Sä 548.
1017. RS mit Henkelansatz. Glas hellgrün. – Über Rand herausreichender, vermutlich halbkreisförmiger Henkel. – Inv. Nr. Sä 548.
1018. BS Vierkantflasche, Kantenl. ca. 7 cm. Glas schwachblau, blasig. – Auf Unterseite um Punkt drei konzentrische Wülste (insgesamt ungleichmäßig). Vgl. z.B. MARTIN-KILCHER, Laufen-Müschhag Taf. 53,12. – Inv. Nr. Sä 548.
1018a.* 2 verschied. BS, Form u. Dekoration ähnl. Kat.-Nr. 1018, entfärbtes bzw. blau-grünes Glas. – Inv. Nr. Sä 548 (1 BS).
1018b.* 2 verschied. Schulter-WS, von Vierkantflaschen. Glas entfärbt, milchig bzw. versintert.
1018c.* 18 WS (6–10 Gefäße). Glas schwach grün, meist leicht blasig. – Fst.: Nord-Risalit, 1970 (1 WS); Süd-Risalit, Schuttschicht im unteren Teil der Füllung, 1971 (1 WS).
1018d.* WS, Form? Glas schwach olivgrün, dick; schlechte Qualität. – Inv. Nr. Sä 726.
1018e.* 10 WS (3–5 Gefäße). Glas blau-grün, vereinzelt schwach blasig. – Inv. Nr. Sä 726 (3 WS).
1018f.* 22 WS (8–12 Gefäße). Glas entfärbt, meist leicht blasig, z.T. versintert. – Inv. Nr. Sä 726 (1 WS); AO.: Schule Rhina (1 WS); Fst.: Nord-Risalit, 1970 (1 WS); Fst.: Porticus, 1970 (1 WS).
1018g.* WS, Form? Glas milchig weiß, dick. – Inv. Nr. Sä 718.
1018h.* 5 Brst. geschmolzenes Glas.
1019. 4 RS, 1 Brst., 3 Eckscherben Fensterglas, Dicke 4,5–7 mm. Glas blaßgrün, sehr feine Bläschenbahnen; Oberseite klar, glatt, wellig; Unterseite matt, rauh, plan. – Ursprüngliche Abmessungen nicht feststellbar. Vgl. z.B. MARTIN-KILCHER, Laufen-Müschhag Taf. 53,16. – Fst.: Raum 1, 1970 (1 Brst.).

Tafel 94

Glas und Trachtzubehör

1020. 5 RS, 14 Brst. Fensterglas, Dicke 2–4 mm. Glas im Durchlicht fast farblos, von der Seite schwachgrün; deutliche, z.T. große Blasen; Oberseite durchscheinend, glatt, fast plan, nur sehr vereinzelt Bearbeitungsspuren; Unterseite leicht stumpf, plan. – Altbestand Mus. Lörrach, Fst.: Raum 2, 1936–39 (ein Bruchstück).
1020a.* RS, Brst. ähnl. Kat.-Nr. 1020, jedoch Glasfarbe (Durchlicht und Seite) schwach grünlich.
1021. RS/3 Brst. Fensterglas, Dicke 2–4 mm. Glas wie Kat.-Nr. 1020, jedoch Farbe von der Seite blau-grünlich. – Inv. Nr. Sä 726.
1022. RS/2 Brst. Fensterglas, Dicke 3–4,5 mm. Glas wie Kat.-Nr. 1020, jedoch völlig entfärbt.
1023. Distelfibel mit gewölbtem Bügel (schlecht modern ergänzt) vermutl. Typ Riha 4.5.6 (= Ettlinger 25), L. 4,7 cm. Bronze, sehr stark patiniert. – Nadel fehlt. In rhombenförmigem Bügelteil Rest einer roten Glaspaste, gerahmt von zwei eingetieften konzentrischen Kreisen; auf trapezförmigem Bügelende eingetieftes Leitermuster. Vgl. z.B. RIHA, Fibeln Augst Taf. 21.543. – Inv. Nr. Sä 378.
1023a.* 4 Brst. von ein oder zwei Bronzefibeln, Spiralfibeln mit niedrigem Nadelhalter? – Fst.: Nord-Risalit, 0,55 m nach Osten, vermutlich zwischen oberem und unterem Estrich, 1970.
1024. Aucissa-Fibel, Typ Riha 5.2.2 (= Ettlinger 29), L. (ohne Nadel) 5,1 cm. Bronze, stark patiniert. – Bügel durch drei Kerbleisten verziert. Vgl. z.B. RIHA, Fibeln Augst Taf. 25,667–670. – Inv. Nr. Sä 508.
1025. Scharnierflügelfibel, Typ Riha 5.7 (= Ettlinger 34), L. 3,5 cm. Bronze, leicht patiniert. – Linker Flügel und Nadel abgebrochen. Bügel nicht profiliert. Vgl. z.B. RIHA, Fibeln Augst Taf. 33,920. – Inv. Nr. Sä 377.
1026. Nielloverzierte Scharnierfibel, Typ Riha 5.15 (= Ett-

linger 35), L. 3,3 cm. Bronze, leicht patiniert. – Nadel abgebrochen. Auf Bügel eingetieft vier Punkte und S-förmiges Motiv. Vgl. z. B. RIHA, Fibeln Augst Taf. 43,1289; zur Dekoration ebd. Abb. 10a, 16; ETTLINGER, Fibeln Taf. 10,4. – Inv. Nr. Sä 500.
1027. Nielloverzierte Scharnierfibel, Typ Riha 5.15 (= Ettlinger 35), L. 4,4 cm. Bronze, wenig patiniert. – Nadel abgebrochen. Auf Bügel zehn Querkerben und Punkt; Nadelhalter gelocht. Vgl. z. B. RIHA, Fibeln Augst Taf. 42,1250; zur Dekoration ebd. Abb. 10a, 3; ETTLINGER, Fibeln Taf. 10,7. – Inv. Nr. Sä 507.

Tafel 95

Trachtzubehör

1028. Radförmige Fibel mit Mittelzier, Typ Riha 7.6 (= Ettlinger 40,1), Dm. max. 3,8 cm. Bronze, verzinnt; stark patiniert. – Teil des Kreises, eine Zacke sowie Glaspaste (Mitte) fehlen. Vgl. z. B. RIHA, Fibeln Augst Taf. 59,1554–1557. – Inv. Nr. Sä 460.
1029. Figurenfibel (Seepferdchen) mit Email, Typ Riha 7.25 (= Ettlinger 48), L. 4,7 cm. Bronze, patiniert. – Nadel abgebrochen. Augen, Mähne und Hinterteil gepunzt bzw. gekerbt; Leib eingetieft, darin erhöht drei hellblaue (?) Emaileinlagen; Oberteil Schwanzflosse rote Einlage. Vgl. z. B. RIHA, Fibeln Augst Taf. 67,1743. – Inv. Nr. Sä 506.
1030. Brst. Ringfibel mit Stollenenden, Typ Riha 8,2.2 (= Ettlinger 51, Sonderform), Dm. ca. 3 cm. Bronze, verzinnt. – Dorn fehlt. Außen umlaufendes, erhöhtes Wellenband. Vgl. z. B. RIHA, Fibeln Augst Taf. 69,1828. – Inv. Nr. Sä 457.
1031. Fingerring (?), Dm. 1,4 cm. Bronze, leicht patiniert. – Inv. Nr. Sä 465.
1032. Fingerring (?), Dm. ca. 1,6 cm. Bronze, sehr stark patiniert. – Inv. Nr. Sä 465.
1033. Ovale, gewölbte Ringeinlage (?), Dm. max. 2,5 cm. Glas grün, opak. – Inv. Nr. Sä 397.
1034. Armring, Dm. 4,4 cm. Glas mittelbraun, narbige Oberfläche. – Tordiert umlaufende, aufgelegte gelbe Glasfäden. – Inv. Nr. Sä 451.
1035. Melonenperle, Dm. 2,1 cm. H. 1,7 cm. Kieselkeramik türkis, frittig. – Vgl. z. B. SCHÖNBERGER, Oberstimm Taf. 113,F28–54. – Inv. Nr. Sä 391.
1036. Melonenperle, Dm. 1,7 cm, H. 1,3 cm. Kieselkeramik wie Kat.-Nr. 1035. – Inv. Nr. Sä 391.
1037. Melonenperle, Dm. 1,6 cm, H. 1,75 cm. Kieselkeramik türkis, stark frittig. – Rippen z. T. verrieben. – Inv. Nr. Sä 391.
1038. Brst. Melonenperle, Dm. ca. 1,8 cm, H. 1,1 cm. Glas olivgrün, opak. – Zwei horizontal umlaufende weiße (eingelegte?) Streifen. – Inv. Nr. Sä 400.
1039. Kreuzförmige Perle mit abgerundeten Kanten, 1,2 cm×1,2 cm. Weiße, opake Glaspaste mit dunkelblauen Streifen. – Einfach durchbohrt. Aus zwei Hälften gearbeitet (Naht). – Inv. Nr. Sä 394.
1040. Kugelperle, Dm. 1,2 cm. Glas dunkelblau. – Einfach durchbohrt. – Inv. Nr. Sä 392.
1041. Kugelperle, Dm. 0,85 cm. Glas dunkelblau. – Einfach durchbohrt. – Inv. Nr. Sä 392.
1042. Röhrenperle, Dm. 0,4 cm, L. 1 cm. Glas dunkelblau. – Einfach durchbohrt. – Inv. Nr. Sä 393.
1043. Röhrenperle, Dm. 0,4 cm, L. 1,4 cm. Glas dunkelblau. – Einfach durchbohrt. – Inv. Nr. Sä 393.
1044. Röhrenperle, Dm. max. 0,45 cm, L. 1,7 cm. Glas dunkelblau. – Einfach durchbohrt. – Inv. Nr. Sä 393.
1045. Brst. Zahnanhänger, erhaltene L. 3,3 cm. Eckzahn eines Hundes. – Oben runde Bohrung. – Inv. Nr. Sä 390.
1046. Anhänger in Phallusform, L. 3,2 cm. Bronze, verzinnt. – Anhängerschlaufe leicht bestoßen. Gefunden 1935 (lt. Korrespondenz in Ortsakten LDA Freiburg) – Abgebildet: Bad. Fundber. III, 1932–1936, 375. – Inv. Nr. Sä 455.
1047. Ovales Döschen, L. 2,6 cm. Bronze; Unterseite stark bestoßen. – Tropfenförmiger Körper, auf Unterseite gepunzte Kreise. Flacher, massiver Deckel mit Knauf vorn und seitlich abstehend zwei zackenförmige Verbreiterungen (eine z. T. abgebrochen); auf Deckel Reste von roten und grünen Email- oder Glaseinlagen. – Inv. Nr. Sä 498.
1047a.* Brst. Bronzedöschen ähnl. Kat.-Nr. 1047, vermutl. runder Körper, Dm. 1,5–2 cm, H. mit Deckel ca. 1 cm. Bronze, stark patiniert und bestoßen.
1048. D-förmige Gürtelschnalle, L. Dorn 4,4 cm. Bronze, patiniert. – Inv. Nr. Sä 451.

Tafel 96

Trachtzubehör und Toilettengerät

1049. Rechteckige Gürtelschnalle mit seitlichen ovalen Schlaufen, 8×6,3 (8,6) cm. Schnalle Bronze, patiniert; Dorn Eisen, stark korrodiert. – Inv. Nr. Sä 361.
1050. Nadel mit rhombenförmigem Kopf, L. 8,1 cm. Bronze, patiniert. – Inv. Nr. Sä 509.
1051. Nadel mit kegelförmigem Kopf, L. ca. 11 cm. Bronze, stark patiniert: S-förmig verbogen. – Inv. Nr. Sä 461.
1052. Nadel mit kegelstumpfförmigem Ende, L. 9,5 cm. Bein, hell, poliert. Auf Ende Kerbe.
1053. Nadel mit eiförmigem Ende, erhaltene L. 8,2 cm. Bein bräunlich, poliert. – Inv. Nr. Sä 387.
1053a.* 2 verschied. Brst. Nadeln, Form ähnl. Kat.-Nr. 1053. Bein, hell bzw. grau-oliv, poliert. – Inv. Nr. Sä 385.386.
1053b.* Brst. Nadel, ähnl. Kat.-Nr. 1053, jedoch Kopf dicker, erhaltene L. 4,8 cm. – Inv. Nr. Sä 387.
1054. Gelochte Nähnadel, L. 7 cm. Bein, weißlich, poliert. – Inv. Nr. Sä 384.
1055. Gelochte Nähnadel, L. 10,8 cm. Bein, weißlich, poliert. – Inv. Nr. Sä 384.
1055a.* Brst. Nähnadel, Form ähnl. Kat.-Nr. 1055, jedoch Eisen, stark korrodiert. – Inv. Nr. Sä 466.
1056. Schminkplatte, 4,7×4,6 cm. Marmor (serpentina verde bzw. moschinata), leicht transparent. Vgl. MIELSCH, Buntmarmore Taf. 20,668; Ober- und Unterseite poliert. – Fast quadratische Platte, an zwei Seiten abgeschrägt, eine Ecke abgebrochen. Oberseite mit deutlichen Benutzungsspuren. Senkrechte Kanten mit deutlichen Sägespuren, d. h. Zweitverwendung einer ursprünglich größeren Platte. – Inv. Nr. Sä 548.
1057. Stabförmiges Reibsteinbruchstück, erhaltene L. ca. 5 cm. Dunkelgrüner Serpentinfels, vgl. SCHUMANN, Steine Nr. 215; allseitig leicht geglättet. – Inv. Nr. Sä 548.
1058. Stabförmiges Reibsteinbruchstück, erhaltene L. ca. 4,5 cm. Schwarzer Gemeiner Augit, vgl. SCHUMANN, Steine Nr. 14.15; allseitig poliert. – Deutliche Gebrauchsspuren.

Tafel 97

Schröpfkopf und Spielgeräte sowie Gerätschaften aus Bein

1059. Brst. Schröpfkopf, Dm. ca. 5,2 cm. Zinnbronze, patiniert. – Innen roh gearbeitet; außen poliert. Oberseite eingetieft Punkt und drei konzentrische Kreise. Inv. Nr. Sä 356.
1060. Würfel, Kantenlänge 1,1 cm – 1,7 cm. Bein, weißlich, poliert. – Eingetiefte Kreisaugen. – Inv. Nr. Sä 395.
1061. Runder, flacher Spielstein, Dm. 1,9 cm. Bein, weißlich, poliert. – Oberseite eingetieft Punkt und vier konzentrische Kreise, schlecht gearbeitet.
1062. Runder, flacher Spielstein, Dm. 2,2 cm. Bein, weißlich, poliert. – Auf Oberseite eingetiefter Punkt. – Inv. Nr. Sä 396.
1063. Runder, einseitig gewölbter Spielstein, Dm. 1,7 cm. Weißer Kiesel; Unterseite flach abgearbeitet.
1063a.* Spielstein, Form wie Kat.-Nr. 1063, Dm. 2 cm. Schwarzer Gemeiner Augit, vgl. SCHUMANN, Steine Nr. 14.15, allseitig poliert. – Inv. Nr. Sä 397.
1064. Runder, flacher Spielstein, Dm. 2,1 cm. Material wie Kat.-Nr. 1063a. – Ober- und Unterseite flach abgearbeitet. Inv. Nr. Sä 397.
1065. Ovaler, flacher Spielstein, L. 2,9 cm. Weißer Kiesel, Ober- und Unterseite flach abgearbeitet. – Inv. Nr. Sä 399.
1066. Ovaler, flacher Spielstein, L. 1,5 cm. Weißer Kiesel, Unterseite flach abgearbeitet. – Inv. Nr. Sä 399.
1067. Runder, flacher Spielstein, Dm. ca. 3 cm. Ton orange, mäßig hart. – Unterseite leicht bestoßen; Oberseite Graffito „I\IX“: – Inv. Nr. Sä 401.
1068. Spiel(?)kugel, Dm. 4,5 cm. Weißer Carrara-Marmor (bianco chiaro) vgl. SCHUMANN, Steine Nr. 219; leicht rissig. – Inv. Nr. Sä 645.
1069. Spiel(?)kugel, Dm. 3 cm. Material wie Kat.-Nr. 1068; glatt. – Inv. Nr. Sä 645.
1070. Scharnierteil, Dm. 2,3 cm, L. 9,6 cm. Bein, weißlich, poliert. – Vier umlaufende, schwarz ausgemalte Rillen. Zwei einseitige Löcher. Vgl. z. B. Forschungen Augst 1, Abb. 88,10. – Inv. Nr. Sä 381.
1071. Scharnierteil, Dm. ca. 2,6 cm, L. ca. 11,6 cm. Bein, weißlich, poliert, stark bestoßen. – Zwei umlaufende Rillen mit Resten schwarzer Farbe. Zwei beidseitige Löcher. – Inv. Nr. Sä 380.

Tafel 98

Gerätschaften aus Bein, Blei und Bronze

1072. Scharnierteil, Dm. vermutlich 2,6 cm. L. 3,6 cm. Bein, weißlich, poliert. – Auf einem Ende konzentrisch eingetiefte, feine Rillen. Ein Loch. – Inv. Nr. Sä 383.
1073. Scharnierteil, Dm. 2,5 cm, L. 3,4 cm. Bein, weißlich, poliert. – Inv. Nr. Sä 382.
1074. Brst. Cochlearium, L. ca. 10,3 cm. Bein, weißlich poliert. – Inv. Nr. Sä 388.
1075. Brst. Knochen, erhaltene L. ca. 9,5 cm. Bein, weißlich, stark bestoßen. – An einer Seite gleichmäßige runde bis ovale Vertiefungen. – Inv. Nr. Sä 385.
1076. Pfriem, erhaltene L. 4 cm. Bein, weißlich, poliert. – An einer Seite eckige Ausarbeitung.
1077. Spinnwirtel, Dm. 2,4 cm. Gewicht 23,53 g. Blei. – Inv. Nr. Sä 398.
1078. Spinnwirtel, Dm. 2,2 cm, Gewicht 18,55 g. Blei. – Unterseite eingetieft. – Inv. Nr. Sä 497.
1079. Gelochte Gewichtscheibe, Dm. 4,4 cm. Gewicht 27,80 g. – Blei. – Inv. Nr. Sä 452.
1080. Gewichtscheibe, Dm. 6 – 7 cm, erhaltenes Gewicht 178,48 g. Blei, stark bestoßen. – Inv. Nr. Sä 379.
1081. Gewichtscheibe, Dm. 4,7 cm, Gewicht 81,79 g. Blei. – Kante abgeflacht. – Inv. Nr. Sä 379.
1082. Gewichtscheibe, Dm. 2,6 cm, Gewicht 28,08 g. Blei, leicht bestoßen. – Rand einseitig leicht aufgebogen, Rest eines Graffito. – Inv. Nr. Sä 547.
1082a.* 2 Gewichtscheiben, Dm. ca. 2,5 bzw. 3 cm, erhaltene Gewichte 9,57 bzw. 10,84 g. Blei, stark bestoßen.
1083. Schiebegewicht, H. 1,7 cm, Gewicht (Kegelstumpf und Doppelöse) 7,26 g. Bronze (massiv). – Kegelstumpf mit runder Halterung, Doppelöse und weiteres Befestigungsbruchstück. Vgl. A. MUTZ, Römische Waagen und Gewichte aus Augst und Kaiseraugst. Augster Museumsh. 6 (Augst 1983) Abb. 28, h. j.
1084. Gewichtstein, Dm. 3,2 cm, Gewicht 75,30 g. Bronze (mit Bleikern?). – Inv. Nr. Sä 357.
1085. Brst., Ligula, Bronze, patiniert.
1086. Brst., Stilus, Bronze, patiniert, stark bestoßen.

Tafel 99

Gerätschaften und Beschläge aus Bronze

1087. Brst. gebogener Stab, erhaltene L. ca. 10,5 cm. Bronze, stark patiniert.
1087a.* Brst. Stab ähnl. Kat.-Nr. 1087, jedoch geringerer Dm.
1088. Zylindrische Hülse, max. Dm. 2,8 cm, L. 4,5 cm. Bronze, patiniert. – Oberseite und auf Wand eingetiefte Rillen. – Inv. Nr. Sä 726.
1089. Glöckchen, max. Dm. 2,6 cm, H. 1,8 cm. Blei-Zinnbronze, stark patiniert. – Rund bzw. elliptisch durchbohrte Aufhängung. Vgl. z. B. WALKE, Straubing Taf. 113,3. – Inv. Nr. Sä 505.
1090. Brst. Glocke, Bonze, stark patiniert. – Trapezförmige, rund durchbohrte Aufhängung. – Inv. Nr. Sä 503.
1091. 4 Brst. hohle (Halb?)Kugel, Dm. 4–4,5 cm, Blechstärke 0,5–0,6 mm. Bronze, stark patiniert. – Inv. Nr. Sä 360 (2 Brst.).
1092. Brst. Ziernagel, Kopf Dm. 1 cm. Zinnbronze, stark patiniert. – Kugelförmiger Kopf.
1093. Ziernagel, L. 2,7 cm. Bronze, stark patiniert. – Flacher, runder Kopf.
1093a.* Brst. Ziernagel, ähnl. Kat.-Nr. 1093.
1094. Brst. Aufsatz, erhaltene L. ca. 3,5 cm. Bronze. – Über Verdickung kreisförmige Öse. – Inv. Nr. Sä 499.
1095. Brst. Ring, Dm. ca. 0,6 cm. Bronze, stark patiniert.
1096. Ring, Dm. ca. 1,4 cm. Bronze, stark patiniert.
1097. Brst. Ring, Dm. vermutlich 5 cm. Blei-Zinnbronze, leicht patiniert.
1098. Halbkreisförmiges, gewelltes Blech. Bronze, leicht patiniert. – Offensichtlich komplett. – Inv. Nr. Sä 453.
1099. 2 Brst. runde Blechscheibe, Blechstärke 0,8 mm. Bronze, leicht patiniert. – Drei konzentrische, eingetiefte Rillen. – Fundstelle: Pflasterung 1970.
1100. Brst. gezahnte, gelochte Blechscheibe, Dm. ca. 2,4 cm, Blechstärke 0,5 mm. Bronze, stark patiniert. – Inv. Nr. Sä 501.
1101. Brst. Zierleiste. Bronze, leicht patiniert, gegossen; leicht verbrannt. – In eingetieftem Unterteil erhöhtes Eierstabmuster; Rückseite grobe Schlichtspuren. – Inv. Nr. Sä 359.

1102. (Gürtel?)Beschlag, L. 2,2 cm. Bronze, patiniert. – Enden jeweils dreifach eingeschnürt. Vgl. G. Müller, Durnomagus. Das römische Dormagen. Kunst u. Altertum am Rhein 90 (Bonn 1979) Taf. 23,18. – Inv. Nr. Sä 512.

Tafel 100

Beschläge aus Bronze

1103. Peltaförmiges Beschlagblech, Dm. 5 cm. Blechstärke 1–2 mm. Bronze, patiniert. – An einer Seite drei runde Ausbuchtungen, zwei sichelförmige Aussparungen. – Inv. Nr. Sä 510.
1104. Beschlag, L. 6,5 bzw. 5,4 cm. Bronze, verzinnt, gegossen. – Vom langrechteckigen Mittelteil ausgehend zwei vegetabile Seitenteile, bestehend aus lanzettförmigen Blüten und kurzen, geraden bzw. eingerollten Stengeln. – Inv. Nr. Sä 511.
1105. Herzförmiger Beschlag. Bronze, patiniert, gegossen; bestoßen. – U-förmig gebogener Nagel extra gearbeitet. – Inv. Nr. Sä 358.
1106. Beschlagbruchstück, erhaltene L. 3,5 cm. Bronze, patiniert, gegossen. – Über vier Einschnürungen halbkreisförmiges, gelochtes Kopfteil mit Kerbverzierung am Rand. – Inv. Nr. Sä 456.
1107. Lanzettförmiges Blechbruchstück, erhaltene L. 2,1 cm, Blechstärke 1 mm. Bronze, stark patiniert. – Fst.: Pflasterung, 1970.
1108. Brst. Blech, ca. 7×6 cm, Blechstärke 1,1 mm. Bronze, patiniert. – Leicht gebogen, zwei Nietlöcher. – Inv. Nr. Sä 462.
1109. Brst. Blech, ca. 8×6,2 cm, Blechstärke ca. 0,4 mm. Bronze, stark patiniert. – Stark wellig, zwei Nietlöcher. – Inv. Nr. Sä 463.
1109a.* Brst. Blech, ca. 12×7 cm, Blechstärke ca. 0,4 mm. Bronze, stark patiniert. – Stark wellig, ein Nietloch.
1109b.* Brst. Blech, ähnl. Kat.-Nr. 1109a, jedoch 12×5,5 cm.
1110. Blech, 5,3×3,5 cm, Blechstärke 1 mm. Zinnbronze, patiniert. – Drei Nietlöcher. – Inv. Nr. Sä 513.
1111. Blech, ca. 3,7×2,4 cm, Blechstärke 1 mm. Bronze, patiniert. – Zwei Nietlöcher und rechteckige Aussparung. – Inv. Nr. Sä 513.
1112. Brst. Blech, ca. 1,9×2,3 cm, Blechstärke 0,3 mm. Bronze, patiniert. – Nietloch.
1113. Brst. Winkelblech, Blechstärke 1,1 mm. Bronze, patiniert. – Am (abgebrochenen) Rand Nietloch. – Inv. Nr. Sä 542.
1114. 7 Brst. Blech, Blechstärke 0,6 – 0,9 mm. Bronze, (z. T. stark) patiniert. – An einer Seite halbkreisförmig abgebogen.
1114a.* Ca. 100 Brst. Blech, Blechstärke 0,1 – 1,2 mm Bronze (vermutl. zumeist Zinnbronze), patiniert.

Tafel 101

Gerätschaften aus Bronze bzw. Eisen

1115. Schlüssel für Schiebeschloß, L. ca. 6 cm. Bronze, stark patiniert. – Vgl. z. B. Ulbert, Aislingen Taf. 22, 12.13. – Inv. Nr. Sä 459.
1116. Schlüssel für Schiebeschloß, L. ca. 7,7 cm. Bronze, leicht patiniert. – 2 Zähne abgebrochen. Vgl. z. B. Martin-Kilcher, Laufen-Müschhag Taf. 56,8. – Inv. Nr. Sä 458.
1117. Brst. Schloßbeschlag, Bronze, patiniert. – Bohrung nicht durchgehend. Vgl. z. B. Walke, Straubing Taf. 124, 1–5; Jacobi, Saalburg, Taf. 45,10. – Inv. Nr. Sä 547.
1118. Schlüssel für Schiebeschloß, L. 8,9 cm. Eisen, sehr stark korrodiert. – 1 Zahn fehlt. Vgl. z. B. Martin-Kilcher, Laufen-Müschhag Taf. 56, 10–12.
1119. Schlüssel für Schiebeschloß, L. ca. 7 cm. Eisen, sehr stark korrodiert. – 1 Zahn abgebrochen.
1120. Schlüssel für Schiebeschloß, L. ca. 6,9 cm. Eisen, sehr stark korrodiert. – Zähne z. T. abgebrochen.
1120a.* Riegel eines Schiebeschlosses, Eisen; zur Form vgl. z. B. Walke, Straubing Taf. 124, 7–10; Jacobi, Saalburg Taf. 45, 3–5. – Vgl. Fundbearbeitung 1939, Fst.: Abschnitt 3, Rampe zu Raum 4, Ziegelschicht bis alte Benutzungshöhe. – Verschollen.
1121. Schlüssel für Drehschloß, L. ca. 23,6 cm. Eisen, sehr stark korrodiert. – Vgl. z. B. Jacobi, Saalburg Taf. 44, 13.16–18. – Inv. Nr. Sä 350.
1122. Brst. Deckel mit U-förmigem Griff, Dm. ca. 8,5 cm. Bronze, patiniert, gegossen. – Am Rand nach unten gebogen; Oberseite mit drei konzentrischen, leicht eingetieften Rillen. – Inv. Nr. Sä 360.

Tafel 102

Gerätschaften aus Bronze bzw. Eisen

1123. 5 Brst. Wasserhahn, max. innerer Dm. vermutl. 7,5 cm. Blei-Zinnbronze, stark patiniert, gegossen. – Oberer Rand vermutl. 10eckig, außen durch umlaufende Rille verziert. – Inv. Nr. Sä 547 (2 Brst.)
1123a.* 10 Bruchstücke diverser Armaturen. Bronze, patiniert, gegossen.
1123b.*4 unförmige Bleiklumpen, vermutl. Wasserrohre. – 1 Klumpen Altbestand Mus. Lörrach, Fst.: Raum 4, 1936–39.
1124. Brst. Deuchelring, Dm. ca. 8 cm. Eisen, sehr stark korrodiert. – 2 Brst. von Befestigungsnägeln erhalten. – Vgl. Grabungsdokumentation 1936, Fst.: Suchschnitt 14 (= östlich Bad).
1124a.* Brst. Deuchelring, ähnl. Kat.-Nr. 1124.
1125. Schöpfkelle, L. ca. 48,5 cm. Eisen, sehr stark korrodiert. – Ende abgebogen, zwei Nietlöcher. – Vgl. Grabungsdokumentation, 1937, Fst.: Schnitt 19, aus Sondenschnitt westlich der Mauer (= Raum 4) („Eisenlöffel mit holzbelegtem Griff").

Tafel 103

Gerätschaften aus Eisen

1126. Kesselgehänge, L. ca. 91 cm. Eisen, sehr stark korrodiert. – 15 verschieden große, runde Kettenglieder und 4 tordierte Stäbe mit gelochten bzw. hakenförmig ausgebogenen Enden.
1127. Brst. Schere, Eisen, stark korrodiert. – Fst.: Suchgraben entlang Mauer 1, ca. 3 m nördlich der Nordostecke von Raum X, 1970.
1127a.* 2 verschied. Brst. Schere, ähnl. Kat.-Nr. 1127. – Fst.: Auffüllung Raum 2 und 3, 1970.
1128. Brst. Schere, Eisen, sehr stark korrodiert. – Griffende verbogen. – Fst.: Entlang Mauer 1, nördlich Raum X, 1970.
1129. Haumesser, L. 27,5 cm. Eisen, stark korrodiert. – Vier Nietlöcher. – Vgl. Grabungsdokumentation 1937, Fst.: Maßnahme 23 (= Nordostecke).

1130. Messer mit Tüllengriff, L. ca. 16 cm. Eisen, stark korrodiert. Spitze abgebrochen. Vgl. z.B. Martin-Kilcher, Laufen-Müschhag Taf. 57,1 – Inv. Nr. Sä 351.
1131. Brst. Messer, erhaltene L. 17,2 cm. Eisen, sehr stark korrodiert. Klingenvorderteil fehlt. Vgl. z.B. Martin-Kilcher, Laufen-Müschhag Taf. 57,2. – Inv. Nr. Sä 504.
1131a.* 2 verschied. Brst Messer, ähnl. Kat.-Nr. 1131. – Inv. Nr. Sä 524 (1 Brst.)
1132. Brst. Messer, erhaltene L. 10,5 cm. Eisen, stark korrodiert. Zierliches Messer mit zwei Nietlöchern.
1132a.* Brst Messer, ähnl. Kat.-Nr. 1132, 1 Nietloch.

Tafel 104

Gerätschaften aus Eisen

1133. Brst. Angel (Rebmesser oder Sichel?). Eisen, stark korrodiert.
1133a.* Brst. Angel, ähnl. Kat.-Nr. 1133.
1134. Sech, L 59,5 cm. Eisen, stark korrodiert.
1135. Deichselband. Eisen, sehr stark korrodiert. 1 Nagelloch.
1136. Brst. Hufeisen. Eisen, stark korrodiert. Ein Nagelbruchstück und weiteres Nagelloch. Vgl. Arch. Nachr. Baden 32, 1984, 13ff. mit Abb. 6 (Alteisenfund Vicus Waldmössingen). Vgl. Grabungsdokumentation 1937, Fst: Schnitt 15, Vertiefung der östlichen Verlängerung („aus einwandfrei römischer Schicht"); (= Bereich Wasserleitung).
1137. Brst. Maurerkelle, Blattstärke ca. 2 mm. Eisen völlig korrodiert. – Fst.: Auffüllung Raum 2 und 3, 1970.
1138. Brst. Griffangel einer Maurerkelle (?). Eisen, stark korrodiert. Blattansatz und Nietbruchstück erhalten.

Tafel 105

Gerätschaften aus Eisen

1139. Brst. Lot, erhaltene L. 8,2 cm. Eisen, stark korrodiert. Kopf spitzoval bzw. abgeflacht, Ende aus stabförmiger Befestigung mit Durchbruch. – Vgl. Fundbearbeitung 1939, Fst.: Abschnitt 3, Rampe zu Raum 4, Ziegelschicht bis alte Benutzungshöhe.
1140. Schaufelblatt mit Tüllenschaft, L. ca. 29 cm, max. Breite 15,8 cm. Eisen, sehr stark korrodiert. Ein Nagelloch am Schaft.
1141. Axt, L. 12 cm. Eisen, stark korrodiert.
1142. Breitaxt, L. ca. 14,9 cm. Schneidenhöhe ca. 13,2 cm. Eisen, sehr stark korrodiert.
1143. Brst. Flachmeißel, erhaltene L. 12,6 cm. Eisen, stark korrodiert. Schaft und z.T. Schneide abgebrochen. – Inv. Nr. Sä 353.
1144. Brst. Metallbohrer(?), erhaltene L. 6,8 cm. Eisen, stark korrodiert. – Fst.: Schnitt 3 Ost, Südseite, laufende m 5–20, ab 1 m Tiefe, 1936.
1145. Steckamboß, H. ca. 16 cm. Hammerfläche 1,8 cm bzw. 2,3 cm×19,7 cm. Eisen, sehr stark korrodiert. Hammerfläche in der Mitte eingeschwungen; am Ende Befestigungsloch.
1146. B-förmiger Feuerstahl, L. 9 cm. Eisen(?), wenig korrodiert. Allseitig Feilspuren; eingebogene Enden am Ende eingerollt. – Inv. Nr. Sä 450.

Tafel 106

Gerätschaften aus Eisen

1147. Plattenscharnier, L.19 cm. Eisen, stark korrodiert. Splint fehlt, vier Nietlöcher.
1148. Brst. Plattenscharnier, erhaltene L. 11,5 cm. Eisen, sehr stark korrodiert. 2 Nietlöcher. – Inv. Nr. Sä 355.
1149. Teil eines Plattenscharnieres, L. 10,2 cm. Eisen, stark korrodiert. 2 Befestigungslöcher, 1 Nagel erhalten. – Vgl. Fundbearbeitung 1939, Fst.: Abschnitt 3, Rampe zu Raum 4, Ziegelschicht bis alte Benutzungshöhe.
1150. Plattenscharnier, erhaltene L. 9,6 cm. Eisen, sehr stark korrodiert. 2 Nieten erhalten.
1151. Brst. Splintscharnier, erhaltene L. ca. 14,8 cm. Eisen, stark korrodiert. – Beide Enden abgebrochen, ein Ende verbogen. – Vgl. Fundbearbeitung 1939, Fst.: Abschnitt 3, Rampe zu Raum 4, Ziegelschicht bis alte Benutzungshöhe.
1152. Teil eines Bandscharnieres (Türverschluß), L. 17 cm, vermutl. zu Kat.-Nr. 1158 gehörig. Eisen, stark korrodiert; verbogen. – Unterteil Naht, d.h. aus ursprünglich doppelt breitem Eisenband zusammengebogen; Enden eingerollt. Befestigungsloch (für zugehörigen Splint Kat.-Nr. 1158); Unterseite rechteckiger Fortsatz (angelötet?). – Vgl. Fundbearbeitung 1939, Fst.: Nischenraum, Südostecke auf Benutzungshöhe (vermutl. = Raum 4).
1152a.* 3 verschied. Bruchstücke Bandscharnier, ähnl. Kat.-Nr. 1152.
1153. Brst. bandförmiges Scharnier oder Beschlag, erhaltene L. 17,9 cm, Blechstärke 1–2 mm. Eisen, sehr stark korrodiert; verbogen. – 3 Nietlöcher, verbreitertes Ende (original) zweifach rechtwinklig abgebogen.
1153a.* Brst Scharnier, ähnl. Kat.-Nr. 1153.
1154. Beschlag (Haken?). Eisen, stark korrodiert, z.T. verbogen; je ein Niet und Doppelniet sowie 2 weitere Nietlöcher erhalten.

Tafel 107

Gerätschaften aus Eisen

1155. Brst. Beschlag mit Nagel, Nagellänge 4,9 cm, Blechstärke 1 mm. Eisen, sehr stark korrodiert.
1155a.* 2 verschied. Brst. Beschlag mit Nagel, ähnl. Kat.-Nr. 1155.
1155b.* 2 verschied. Brst. Eisenblech, stark korrodiert. – Inv. Nr. Sä 797 (FK Rathaus Rhina), Fst.: Schnitt 9, 1,2 m hinter West-Mauer im Schutt, 1936 (= Bereich Süd-Risalit); Inv. Nr. Sä 810 (FK Rathaus Rhina), Fst.: Schnitt 19, 1. und 2. Erweiterung, aus weiß verputztem Raum im Mörtelschutt (= Raum 4), 1937.
1156. Splint mit Befestigungsglied, zu Kat.-Nr. 1209 gehörig. Eisen, völlig korrodiert. – Befestigungsteil der Sandsteinkugel (Kat.-Nr. 1209) – Vgl. Grabungsdokumentation 1937, Fst.: Schnitt 19, 1. und 2. Erweiterung, aus weiß verputztem Raum im Mörtelschutt (= Raum 4).
1157. Splint, L. ca. 5,2 cm. Eisen, korrodiert. Ende leicht verbogen.
1158. Splint, zu Kat.-Nr. 1152 gehörig. Eisen, stark korrodiert. – Enden aufgebogen. – Vgl. Fundbearbeitung 1939, Fst.: Nischenraum, Südostecke auf Benutzungshöhe (vermutl. = Raum 4).
1159. Splintbruchstück, erhaltene L. ca. 8,5 cm. Eisen, sehr stark korrodiert. – Enden leicht verbogen. – Fst.: Schnitt 3 Ost, Südseite laufende m 5–20, ab 1 m Tiefe, 1936.

1160. Splint. Eisen, leicht korrodiert. – Kopfteil hülsenförmig verbreitert, Enden U-förmig aufgebogen. Vgl. ULBERT, Aislingen Taf. 53,24. – Inv. Nr. Sä 547.
1161. Krampenbruchstück (?). Eisen, korrodiert.
1162. U-förmige Krampe. Eisen, korrodiert. – Inv. Nr. Sä 547.
1163. U-förmige Krampe. Eisen, stark korrodiert.
1164. Hakenbruchstück. Eisen, sehr stark korrodiert.
1165. Bandförmiges Hakenbruchstück, L. 7,4 cm. Eisen, stark korrodiert.
1166. Hakenbruchstück mit Kopfplatte, L. 6,9 cm. Eisen, stark korrodiert, verbogen.
1167. Haken mit keulenförmigem, oben abgeflachtem Ende, L. 8,8 cm. Eisen, stark korrodiert.
1168. Mauerhaken, L. ca. 16 cm. Eisen, sehr stark korrodiert. – Vgl. z. B. ULBERT, Aislingen Taf. 30,17.
1169. Brst. Mauerhaken, erhaltene L. ca. 10 cm. Eisen, stark korrodiert; verbogen. – Fst.: Aushub hinter westlicher Porticus, 1971.
1170. Mauerhaken mit verbreitertem Kopf, L. ca. 16,5 cm. Eisen, stark korrodiert.
1181. Brst. Nagel mit kegelstumpfförmigem Kopf. Eisen, sehr stark korrodiert; verbogen; Spitze abgebrochen. – Vgl. z. B. WALKE, Straubing Taf. 130, 2–5. – Fst.: Auffüllung Raum 2 und 3, 1970.
1182. 17 identische Nägel mit senkrechtem, flachem Rechteckkopf, L. 8,8 cm. Eisen, stark korrodiert. – Inv. Nr. Sä 810a (FK Rathaus Rhina), Fst.: 2. Erweiterung Schnitt 19, ca. 15 cm tief, 1937.
1183. 10 identische Nägel mit senkrechtem, doppeldreieckigem Kopf, L. 8,8 cm. Eisen, stark korrodiert. – Vgl. z. B. WALKE, Straubing Taf. 130, 10.11. – Inv. Nr. Sä 810a (FK Rathaus Rhina), Fst.: 2. Erweiterung Schnitt 19, ca. 15 cm tief, 1937.
1184. Brst. Nagel mit flach kugelförmigem Kopf, erhaltene L. 7,4 cm. Eisen, stark korrodiert.
1185. Nagel mit flachem, rundem Kopf, L. 4,8 cm. Eisen, stark korrodiert.
1186. Nagel mit flachem, rundem Kopf, L. 16 cm. Eisen, stark korrodiert.
1186a.* 403 Nägel, Form wie Kat.-Nr. 1185 oder 1186, L. 2,5–16 cm. Meist stark korrodiert.

Tafel 108

Gerätschaften aus Eisen

1171. Ring, Dm. 3,8 cm. Eisen, korrodiert.
1172. Drei quadratische Eisenstäbe, erhaltene L. 12–20 cm. Eisen, stark korrodiert. – Jeweils an den Enden abgebogen.
1172a.* 5 verschied. Bruchstücke, ähnl. Kat.-Nr. 1172.
1172b.* 2 Bruchstücke, ähnl. Kat.-Nr. 1172, jedoch Querschnitt rechteckig. – Fst.: Schnitt 3 Ost, Südseite, laufende m 5–20, ab 1 m Tiefe, 1936.
1173. Baubeschlag, L. ca.11,6 cm. Eisen, stark korrodiert. – Abgewinkelter Arm mit Nietloch, Ende abgebogen. – Fst.: Porticus, 1970.
1174. Nagel mit rundem Kopf bzw. unterlegtem runden Plättchen, L. ca. 5 cm. Eisen, stark korrodiert. – Fst.: Porticus, 1970.
1174a.* 3 Nägel wie Kat.-Nr. 1174. – Altbestand Mus. Lörrach (1 Nagel); Fst.: Pflasterung, 1970 (1 Nagel) bzw. Fst.: Schnitt 3 Ost, Südseite, laufende m 5–20, ab 1 m Tiefe, 1936.
1175. 2 Balkennägel, L. 45,5 cm bzw. 46,2 cm. Eisen, sehr stark korrodiert. – Jeweils flache, gelochte Köpfe, dreieckig bzw. halbrund.
1176. Bruchstück eines T-förmigen Nagels mit eingerollten Enden, erhaltene L. ca. 5,4 cm. Eisen, stark korrodiert; verbogen; Spitze abgebrochen. – Inv. Nr. Sä 547.
1177. Vermutlich T-förmiger Nagel, ursprüngliche L. ca. 8,5 cm. Eisen, stark korrodiert; Kopf verbogen.
1178. Bruchstück eines T-förmigen Nagels. Eisen, sehr stark korrodiert; verbogen; Spitze abgebrochen. – Fst.: Aushub hinter westlicher Porticus, 1971.
1178a.* Brst. Nagel, ähnl. Kat.-Nr. 1178. – Fst.: Nord-Risalit, 1970.
1179. Brst. Nagel mit kantig aufgewölbtem, rundem Kopf, erhaltene L. ca. 13,5 cm. Eisen, korrodiert; verbogen; Spitze abgebrochen. – Fst.: Aushub hinter westlicher Porticus, 1971.
1180. Brst. Nagel mit vermutlich rundem Kopf, erhaltene L. ca. 7,1 cm. Eisen, sehr stark korrodiert; Spitze abgebrochen. – Fst.: Pflasterung, 1970.

Tafel 109

Mühlsteine

1187. Gelochter Mühlstein (Schleifstein?), Dm. ca. 40 cm, Dicke ca. 5 cm. Kalksandstein, vermutl. Huppersandstein.
1188. Brst. Mühlstein, Dicke außen 5,7 cm, innen ca 2,5 cm. Basaltlava (hauynführender Basalt). – Altbestand Lörrach.
1189. Brst. Mühlstein, Dicke außen 9 cm, innen 1,5 cm. Basaltlava (hauynführender Basalt).

Tafel 110

Mühlstein, Eisenbarren. Architekturteile

1190. Steinbruchstück, erhaltene Größe ca. 21×9×9 cm. Granodiorit. – Völlig verschliffen. – Inv. Nr. Sä 274.
1190a.* Steinbruchstück. Glaukonitsandstein. Form ähnl. Kat.-Nr. 1190. – Inv. Nr. Sä 810 (FK Rathaus Rhina), Fst.: Schnitt 19, 1. und 2. Erweiterung, aus weiß verputztem Raum im Mörtelschutt (= Raum 4), 1937.
1991. Eisenbarren, ca. 10,5×10,5×22,5 cm.
1192. Säulenbruchstück, Dm. 35–40 cm. Grünlicher Molassesandstein.
1193. Säulenbruchstück, Dm. 35–40 cm. Grünlicher Molassesandstein.
1194. Säulenbruchstück, Dm. 45–50 cm. Grünlicher Molassesandstein.
1195. Säulenbruchstück, Dm. ca. 50 cm. Grünlicher Molassesandstein. – Versatzmarke?

Tafel 111

Architekturteile

1196. Säulenbruchstück, Dm. ca. 50 cm. Grünlicher Molassesandstein. – Inv. Nr. Sä 810 (FK Rathaus Rhina), Fst.: Schnitt 19, 1. und 2. Erweiterung, aus weiß verputztem Raum im Mörtelschutt (= Raum 4), 1937.
1197. Säulenbruchstück. Rötlicher Bundsandstein. –

Inv. Nr. Sä 810 (FK Rathaus Rhina), Fst.: Schnitt 19, 1. und 2. Erweiterung, aus weiß verputztem Raum im Mörtelschutt (= Raum 4), 1937.
1198. Säulenbruchstück, Dm. 35–40 cm. Rötlicher Bundsandstein. – „Unten" vermutlich eckig. – Inv. Nr. (475).
1198 a.* Säulenbruchstück, ähnl. Kat.-Nr. 1198. – Inv. Nr. (476).
1199. Säulenbruchstück, Dm. 45–55 cm. Grünlicher Molassesandstein. – Inv. Nr. Sä 774 (FK Rathaus Rhina), Streufund, 1936–49.
1200. Säulenbruchstück, Dm. 40–45 cm. Grünlicher Molassesandstein. – Inv. Nr. Sä 794 (FK Rathaus Rhina), Fst.: Schnitt 9, West-Abhang hinter Mauer, 1936 (= Bereich Süd-Risalit).
1201. Säulenbruchstück, Dm. 25–30 cm. Grünlicher Molassesandstein.

Tafel 112

Architekturteile

1202. 3 (Halb)-Säulenbruchstücke, Dm. max. 90 cm (!). Grünlicher Molassesandstein. – Inv. Nr. Sä 777 (FK Rathaus Rhina), Fst.: Schnitt 3, laufender m 2 (= westlich der Porticus), ca. 1 m tief, 1936.
1202 a.* Säulenbruchstück, ähnl. Kat.-Nr. 1202.
1203. Säulenbruchstück, Dm. 29 cm. Grünlicher Molassesandstein. – Außen feine Rillen (Bearbeitungsspuren). – Inv. Nr. (471).

Tafel 113

Architekturteile

1204. 2 Brst. Säulenschaft Dm. ca. 50 cm. Grünlicher Molassesandstein. – Inv. Nr. Sä 774 (FK Rathaus Rhina), Streufunde, 1936–39.
1204 a.* 27 Brst. von mindestens 3 Säulen. Grünlicher Molassesandstein, z. T. außen rötlich, innen grün.
1205. Brst einer Rahmung, erhaltene H. ca. 31 cm, Querschnitt ca. 7×7,5 cm. Grünlicher Molassesandstein. – Wulst auf Vorderseite sorgfältig profiliert, sonst allseitig grob gepickt.

Tafel 114

Architekturteile

1206. 3 Brst. von Rahmungen, Querschnitt rechteckig bzw. quadratisch. Grünlicher Molassesandstein. – Jeweils an drei Seiten gepickt.
1206 a.* 10 Brst. von Rahmungen, wie Kat.-Nr. 1206, ursprüngliche L. nicht feststellbar; Querschnitte: 7×12 cm, 9×18 cm, 12×24 cm.
1207. 2 Brst. von Rahmungen wie Kat.-Nr. 1206. Grünlicher Molassesandstein. – Jeweils an einer Schmalseite durch vier Rillen dekoriert.

Tafel 115

Architekturteile

1208. 2 Eckbruchstücke von Rahmungen. Grünlicher Molassesandstein. – Inv. Nr. Sä 779 (FK Rathaus Rhina), Fst.: Schnitt 4, bis 0,5 m unter Oberkante Nordmauer, 1936 (= westlich Raum II).
1208 a.* 65 verschiedene Bruchstücke. Grünlicher Molassesandstein. – Bearbeitet, Form nicht feststellbar.
1209. Kugel, Dm. 14 cm, zu Kat.-Nr. 1156 gehörig. Grünlicher Molassesandstein. – Loch für Splint (und weitere Befestigung) Kat.-Nr. 1156. – Inv. Nr. Sä 810 (FK Rathaus Rhina), Fst.: Schnitt 19, 1. und 2. Erweiterung, aus weiß verputztem Raum im Mörtelschutt (= Raum 4), 1937.
1210. „Waschtisch". Vermutlich grünlicher Molassesandstein. – Über säulenförmigem Unterteil vermutlich halbkugelförmiges Becken. – Vgl. Grabungsdokumentation 1936, Fst.: ca. 1 m südlich Mauer 17 bzw. 1,5 m westlich Raum II (Kaltwanne). – Verschollen.

Tafel 116

Architekturteil

1211. Türangelpfanne, ca. 20×18×15 cm. Grünlicher Molassesandstein. – In unregelmäßigem Quader halbkugelförmige Ausarbeitung; Unterseite und z. T. Seiten grob gepickt; vermutlich Unterseite abgebrochen. – Publiziert: Bad. Fundber. 18, 1948–50, 270 mit Abb. 33,2. – Fst.: Im Abraum der Villa, 1949. – Inv. Nr. Sä 652.

Tafel 117

Architekturteil

1212. Widerlager einer Tür (?), ca. 25,5×24×12 cm. Rötlicher Buntsandstein. – Eine Ecke abgebrochen. U-förmiger Querschnitt, anhaftende Putzreste. – Inv. Nr. (467).

Tafel 118

Architekturteile

1213. Trapezförmiges Brst. Pflasterung oder Türschwelle, 7×18× mind. 33 cm. Grünlicher Molassesandstein.
1214. Rechteckiges Brst. Türschwelle (?), 7,5×26× mind. 27,5 cm. Rötlicher Buntsandstein. – Abgerundete Kanten; anhaftende Putz- und Estrichreste.

Tafel 119

Architekturteil

1215. 2 Brst. eines fast würfelförmigen Monolithen, ca. 33×26×24 cm. Grünlicher Molassesandstein. – Fast komplett; allseitig gepickt.

Tafel 120

Architekturteil und Ziegelstempel

1216. Brst Relief(?)platte, ca. 26×36×5 cm. Gneis (Untergrundgestein). – Schmales, sichelförmiges Relief.
1217. Ziegelstempel Typ Jahn 1. – Vgl. Liste 1, Nr. 24.
1218. Ziegelstempel Typ Jahn 2. – Vgl. Liste 1, Nr. 73.
1219. Ziegelstempel Typ Jahn 3. – Vgl. Liste 1, Nr. 126.
1220. Ziegelstempel Typ Jahn 4. – Vgl. Liste 1, Nr. 135. – Inv. Nr. Sä 487.

Tafel 121

Ziegelstempel und Ziegel.

1221. Ziegelstempel Typ Jahn 9. – Vgl. Liste 1, Nr. 144.
1222. Ziegelstempel Typ Jahn 12. – Vgl. Liste 1, Nr. 149. – Inv. Nr. Sä 729.
1223. Ziegelstempel Typ Jahn 14. – Vgl. Liste 1, Nr. 158. – Inv. Nr. Sä 730.
1224. Ziegelstempel Typ Jahn 15. – Vgl. Liste 1, Nr. 169. – Inv. Nr. Sä 487.
1225. Ziegelstempel Typ Jahn 16. – Vgl. Liste 1, Nr. 178. – Inv. Nr. Sä 654.
1226. Brst. Leistenziegel mit Abdruck einer Hundepfote. – Vgl. Liste 1, Nr. 199. – Inv. Nr. Sä 783 (FK Rathaus Rhina), Fst.: Schnitt 4,5, 1936.
1227. Brst. Hohlziegel, erhaltene Größe 19,5×18×1,5 bzw. 4,5 cm. Beispiel für Aufrauhmuster. – Inv. Nr. Sä 774 (FK Rathaus Rhina), Streufund, 1936–39.

Tafel 122

Ziegel

1228. Brst. Hohlziegel, wie Kat.-Nr. 1227, erhaltene Größe 22,5×16,5×1,2 bzw. 6 cm.
1229. Brst. Hohlziegel, wie Nr. 1227, jedoch mit anhaftendem Estrich.
1229 a.* Estrichreste mit aufsitzenden Ziegelbruchstücken wie Kat.-Nr. 1229. – Inv. Nr. Sä 812 (FK Rathaus Rhina), Fst.: Schnitt 24, Südostecke innen an Mauer (= Südostecke des Haupthauses), 1937.
1230. Brst. Hohlziegel, L. 30 cm.
1230 a.* Große Menge Ziegelbruch, über ganzen Villabereich verteilt.
1231 a.* 24 runde Hypokaustpfeilerplatten, z. T. stark bestoßen; stark gemagerter Ton; Dm. ca. 20–22 cm, Dicke 3–4 cm. – Inv. Nr. Sä 774 (FK Rathaus Rhina), Fst.: Streufund, 1936–39 (2 Brst.); Inv. Nr. Sä 815 (Fk Rathaus Rhina), Fst.: Bad Raum VIII, 1937 (1 Brst.).
1231 b.* 43 rechteckige bzw. quadratische Hypokaustpfeilerplatten, z. T. stark bestoßen; stark gemagerter Ton; Kantenl. 20–23 cm, Dicke 3–4 cm.

Tafel 123

Verkleidungsteile

1232. Brst. Verkleidungsplatte, erhaltene Größe ca. 15×7,5×1,5 (bis 1,8) cm. Weißer Carrara-Marmor (bianco chiaro), vgl. Schumann, Steine Nr. 219. – An Schmalseite Putzreste und (sekundäre) Brandspuren. – Inv. Nr. Sä 696.
1233. Brst. Verkleidungsplatte, erhaltene Größe ca. 11×11,5×2 cm. Dunkelgrüner Breccienmarmor (breccia quintilina), vgl. Mielsch, Buntmarmore Taf. 11,338. – Inv. Nr. Sä 728.
1234. Brst. einer Verkleidungsplatte, erhaltene Größe ca. 14×6×1,7 cm. Milchig weißer Marmor mit feiner hellrot-orangener Äderung (breccia di Settebasi), vgl. Mielsch, Buntmarmore Taf. 9, Nr. 286. – Inv. Nr. Sä 728.
1235. Brst. Verkleidungsplatte, erhaltene Größe ca. 9×6×2,1 cm. Solnhofener Plattenkalk, vgl. Schumann, Steine Nr. 200. – Inv. Nr. Sä 278.
1236. Brst. Verkleidung (?). Dunkelgrüner Serpentin (serpentina verde bzw. moschinata), vgl. Mielsch, Buntmarmore Taf. 20,668. – Horizontal und vertikal gebogen; poliert bzw. grob bearbeitet.
1237. Brst. Verkleidung (?). Rötlicher Buntsandstein. – In Rillen rote und weiße (?) Farbspuren.
1238. Brst. Verkleidungsplatte (?), erhaltene Größe ca. 20×16× max. 1,2 cm. Gneis, vgl. Schumann, Steine Nr. 207.208 oder Glimmerschiefer, vgl. ebd. Nr. 213. – Ober- und Unterseite grob bearbeitet. – Inv. Nr. Sä 778 (FK Rathaus Rhina), Fst.: Aushub Schnitt 4, 1936.
1239. Brst. erhabener Eierstabfries. Weißer, sehr grober Kalksinter, vgl. Schumann, Steine Nr. 182. – Inv. Nr. Sä 697.
1240. Brst. Verkleidung mit Volute. Stuck bräunlich-weiß, sehr grob gemagert. – Inv. Nr. Sä 523.
1241. Brst. Verkleidungsplatte, erhaltene Größe ca. 19×10×4 cm. Vermutlich Gips, weiß bis gräulich, sehr weich; hellrote bis orangene Farbreste. – Inv. Nr. Sä 780 (FK Rathaus Rhina), Fst.: Schnitt 4,1, oberflächlich, 1936 (= westlich Raum II).

Tafel 124

Verputzfragmente

1242. Verputzfragment. Auf hellbraunem Grund dunkelbraunes Leitermuster, am Rand beigefarbene Girlande, daneben grün.
1243. 4 Verputzfragmente. Dunkelgrüne Blätter auf weißem Grund, am Rand zwei gekrümmte rote Linien.
1244. 3 Verputzfragmente. Reste grüner Blätter auf verwaschenem, weißem (?) Grund.
1245. 11 Verputzfragmente, wie Kat.-Nr. 1244.
1246. Verputzfragment. Auf weißem Grund dunkelgrüne, kreisförmige Fläche begleitet von dunkelgrünem Kreis, radial von Kreis ausgehend: gelber, orange-roter, dunkelgrüner Strich sowie olivgrünes, zweiteiliges Blatt.
1247. 2 Verputzfragmente. Auf weißem Grund rote, ovale Blüten an roten oder ockerfarbenen Stielen, am Rand mittelbraune Linie.
1248. Verputzfragment. Auf weißem Grund roter (Pflanzen-)Stiel und gelbe Blüte (?), anschließend mittelgrüne Fläche.
1249. Verputzfragment. Auf weißem Grund blaßrote (Pflanzen-)Stiele. – Inv. Nr. Sä 787 (FK Rathaus Rhina), Fst.: Schnitt 8, laufender m 15 (= westlich des Nord-Risaliten), 1936.
1250. Verputzfragment. Auf gelblichem Grund schmaler roter Pflanzenstiel mit ebensolchem Trieb und peltaförmiger Blüte. – Fst.: Süd-Risalit, Schuttschicht im unteren Teil der Füllung, 1971.
1251. Verputzfragment. Auf gelblichem Grund große schmutzigbraune Blätter, am Rand schwachgrüne Linie und anschließende weiße Fläche.

Tafel 125

Verputzfragmente

1252. Verputzfragment. Auf verwaschen blauem Grund große Blütenstaude (oben vermutl. braun, nach unten in türkis übergehend). – Inv. Nr. Sä 781 (FK Rathaus Rhina), Fst.: Schnitt 4,2 (= Raum II), 1936.
1253. 7 Verputzfragmente, vermutlich ähnlich Kat.-Nr. 1252, jedoch zusätzlich hellgrüne Begrenzung. – Inv. Nr. Sä

811 (FK Rathaus Rhina), Fst.: Schnitt 23 über Estrich (= Nordostecke des Komplexes), 1937–39 (großes Verputzfragment); sonst Inv. Nr. Sä 781 (FK Rathaus Rhina), Fst.: Schnitt 4,2 (= Raum II), 1936.
1254. 5 Verputzfragmente. Auf hellgrünem Grund kreisförmige dunkelbraune Fläche, davon radial ausgehend dunkelbraune Pflanzenstengel (?).
1255. 2 Verputzfragmente. Kreis(?)förmige rote Fläche mit hellblauem Muster und schmaler, gelber Begrenzung, daneben weiß. – Inv. Nr. Sä 789 (FK Rathaus Rhina), Fst.: Schnitt 8, laufender m 19, 30 cm unter Maueroberkante (= Nord-Risalit), 1936.
1256. Verputzfragment. Kreisförmige Linien, abwechselnd hell- und dunkelbraun, vermutlich auf weißem Grund. – Fst.: Auffüllung Raum 2 und 3, 1970.

Tafel 126

Verputzfragmente

1257. 7 Verputzfragmente. Auf weißem Grund schmale und breite rote Streifen, parallel verlaufend.
1258. 15 Verputzfragmente. Gelbe Fläche, von rotem Rahmen begrenzt. Größe der Rahmung nicht feststellbar.

Tafel 127

Verputzfragmente

1259. 13 Verputzfragmente. Weiße Fläche von zwei parallelen, orange-braun gefleckten Linien begrenzt (Rahmung?). – Fst.: Süd-Risalit, Nordseite innen, 1970.
1260. 5 Verputzfragmente. Auf weißem Grund breite rote Linie und davon in spitzem Winkel ausgehend weitere Linie. Desweiteren Ecke einer Rahmung aus schmalen roten Linien. – Inv. Nr. Sä 806 (FK Rathaus Rhina), Fst.: Schnitt 13, 45 cm unter Oberkante Kalkestrich (= Raum 1?), 35 cm Schicht Putz (?), 1936.
1261. 10 Verputzfragmente. Dekoration ähnl. Kat.-Nr. 1260. – Inv. Nr. Sä 811 (FK Rathaus Rhina), Fst.: Schnitt 23, über Estrich (= Nordostecke des Komplexes), 1937–39.
1262. Verputzfragment. Grüne Fläche mit gekrümmter, schmaler gelber Linie, daran anstoßend weiße Fläche, vom Stoß spitz ausgehende rote Linie.
1263. 3 Verputzfragmente. Auf hell- bis dunkelgrünem Grund zwei sich rechtwinklig schneidende Linien von hellgrau bzw. schwachbrauner Farbe. – Fst.: Porticus, 1970.
1264. Verputzfragment. Auf weißem Grund rotes Wellenband.
1265. 3 Verputzfragmente. Oben: grüne und rote Fläche, durch weißen Strich getrennt. Links: orange und rot-braune Fläche, durch weiße Linie getrennt. Rechts: blau-schwarze und rote Fläche, durch weißen Strich getrennt.
1266. Verputzfragment, Winkelstück (überstumpf). Rot neben gelb. – Fst.: Maßnahme 28, ca. 30–40 cm über der Lehm-Pfostenschicht (= Westende Pflasterung bzw. Nord-Risalit) bzw. Bad Raum VII, je 1937.

Tafel 128

Verputzfragmente

1267. Verputzfragment, Winkelstück (überstumpf). Rot, daneben weiß und gelb. – Inv. Nr. Sä 806 (FK Rathaus Rhina), Fst.: Schnitt 13, 45 cm unter Oberkante Kalkestrich (= Raum 1?), 35 cm Schicht Putz (?), 1936.
1268. 5 Verputzfragmente, alles Winkelstücke (stumpf). Drei Verputzfragmente rot, zwei Verputzfragmente blau bis türkis.
1269. 3 Verputzfragmente, Winkelstücke (überstumpf) bzw. konkav gebogen. Rot neben weiß. – Inv. Nr. Sä 810 (FK Rathaus Rhina), Fst.: Schnitt 19, 1. und 2. Erweiterung, aus weiß verputztem Raum im Mörtelschutt (= Raum 4), 1937.
1270. 3 Verputzfragmente, Winkelstücke (überstumpf). Rot neben weiß.

Tafel 129

Verputzfragmente

1271. 3 Verputzfragmente, konkav gebogen. Weiß neben rot; ein Bruchstück stark (sekundär) verbrannt.
1272. 7 Verputzfragmente, konkav gebogen. Weiß neben rot. Inv. Nr. Sä 810 (FK Rathaus Rhina), Fst.: Schnitt 19, 1. und 2. Erweiterung, aus weiß verputztem Raum im Mörtelschutt (= Raum 4), 1937.
1273. 4 Verputzfragmente. Zwei Verputzfragmente rot, sonst braun-orange, schwarz. Jeweils mit Graffito.

Tafel 130

Verputzfragmente

1274. 10 Verputzfragmente. Fünf Verputzfragmente weiß, fünf Verputzfragmente rot, jeweils mit eingetieften Linien. – Fst.: Porticus, 1970 (3 weiße Verputzfragmente), bzw. Inv. Nr. Sä 791 (FK Rathaus Rhina), Fst.: Schnitt 8, im Risalit, 1936.
1275. 3 Verputzfragmente, verschieden stark verbrannt.

Tafel 131

Verputz- und Mosaikfragmente

1276. Verputzfragment. Überputzte Malerei. – Inv. Nr. Sä 781 (FK Rathaus Rhina), Fst.: Schnitt 4,2 (= Raum II), 1936.
1277. 3 Verputzfragmente. Weiß, rot, verbrannt; Putz- auf Hüttenlehmschicht.
1277 a.* 10 Verputzfragmente wie Kat.-Nr. 1277, vier weiß, eines rot, fünf verbrannt.
1277 b.* 6 Brst. Hüttenlehm.
1278. 2 Verputzfragmente. Drei Schichten Putz übereinander. – Inv. Nr. Sä 811 (FK Rathaus Rhina), Fst.: Schnitt 23, über Estrich (= Nordostecke des Komplexes), 1937–39 (ein Verputzfragment).
1279. 3 Brst. Estrich mit Mosaik. Gebogenes Muster, Abfolge (je ein- bis zweireihig): rot, weiß, schwarz, grau.
1280. 4 Brst. Estrich mit Mosaik, ähnl. Kat.-Nr. 1279. – Inv. Nr. Sä 793 (FK Rathaus Rhina), Fst.: Schnitt 9 (= Süd-Risalit), 1936.
1281. 4 Brst. Estrich mit Mosaik. Abfolge: Reihe schwarz, drei Reihen weiß, zwei bis vier Reihen schwarz, Reihe grau, eine (?) Reihe rot. – Fst.: Süd Risalit, Schuttschicht im unteren Teil der Füllung, 1971.

Tafel 132

Münzen

1282. Denar, Augustus (27 v. Chr. – 14 n. Chr.). Vorderseite: [CAESAR AVGVSTVS] DIVI F PATER PATRIAE, belorbeerter Kopf nach rechts. Rückseite ↘: [AVGVSTI F COS DE]SIG PRINC IVVENT, im Abschnitt C L CAESARE[S], Gaius und Lucius mit Speer und Schild nebeneinander, dazwischen links Schöpfkelle und rechts Augurenstab. Kaum abgegriffen. – Geprägt 2 v. Chr. – 4 n. Chr. in Lugdunum. RIC 350. – Vgl. z. B. Sammlung Heynen Taf. 13,31. – Inv. Nr. Sä 736.
1283. Vermutlich Nemausus-As, Augustus (27 v. Chr. –14 n. Chr.). Vorderseite: Kopf des Agrippa und Augustus nach links bzw. rechts. Rückseite ↗: Wohl Krokodil an Palme nach rechts; Gegenstempel. Nicht genau bestimmbar. – Geprägt in Nemausus. – Inv. Nr. Sä 157.
1284. Sesterz, Antoninus Pius (138–161 n. Chr.). Vorderseite: ANTONINVS AVG PIVS PP [TR P XXIII], belorbeerter Kopf nach rechts. Rückseite ↑: VOTA SVSCEPTA DEC III COS IIII, Beischrift S C, stehender Herrscher frontal, Kopf nach links, opfernd an Dreibein links. Stark abgegriffen. – Geprägt 159–160 n. Chr. in Rom. RIC 1034. – Publiziert: FMRD II,2 (1964) 2222,1. – Inv. Nr. Sä 546.
1285. Vermutlich As des Marc Aurel (161–180 n. Chr.). Heute nicht mehr bestimmbar. – Publiziert: FMRD II,2 (1964) 2222,2. – Inv. Nr. Sä 171.
1285 a.* Sesterz, Marc Aurel (161–180 n. Chr.). Nicht näher bestimmt. – Publiziert: FMRD II,2 (1964) 2223,1. – Verschollen.
1285 b.* Denar, Severus Alexander (222–235 n. Chr.). Geprägt 222–228 n. Chr. in Rom. RIC 168. – Publiziert: FMRD II,2 (1964) 2222,3. – Verschollen.
1286. Denar, Maximinus Thrax (235–238 n. Chr.). Vorderseite: IMP MAXIMINVS PIVS AVG, gepanzerte Büste mit belorbeertem Kopf nach rechts. Rückseite ↓: FAX AVGVSTI, Pax frontal, Kopf nach links, Zweig in der rechten und Zepter in der linken Hand. Prägefrisch. – Geprägt 235–236 n. Chr. in Rom. RIC 12. – Vgl. z. B. Sammlung Heynen Nr. 1106. – Inv. Nr. Sä 751.
1287. Antonian, Decius (249–251 n. Chr.) (für Hostilian). Vorderseite: C VAL[ ] QVIN[TVS NC], drapierte Büste, Kopf mit Strahlenkrone nach rechts. Rückseite ↗: [MAR PR]OP, Mars nach rechts mit Speer und Schild. Stark abgegriffen. – Geprägt 251 n. Chr. in Rom. RIC 175 a oder 175 b. – Publiziert: FMRD II,2 (1964) 2222,4. – Inv. Nr. Sä 245.
1288. Antonian, Gallienus (253–268 n. Chr.). Vorderseite: GALLIENVS AVG, Kopf mit Strahlenkrone nach rechts. Rückseite ↑: HERCVLI CONS AVG, laufender Eber nach rechts. Wenig abgegriffen. – Geprägt 260–268 n. Chr. in Rom. RIC 202. – Publiziert: FMRD II,2 (1964) 2222,5. – Inv. Nr. Sä 50/4.
1289. Antonian, Gallienus (253–268 n. Chr.). Vorderseite: GALLIENVS AVG, Kopf mit Strahlenkrone nach rechts. Rückseite ↖: VIRTVS AVG, Beischrift P, Mars frontal, Kopf nach links, in der rechten Hand Globus, in der linken Hand Speer. Wenig abgegriffen. – Geprägt 260–268 n. Chr. in Rom. RIC 317k. – Publiziert: FMRD II,2 (1964) 2222,6 – Inv. Nr. Sä 50/4.
1290. Antonian, Tetricus I (270–273 n. Chr.) (für Tetricus II). Vorderseite: [C PIV E]SV TETR[ICVS CAES], drapierte Büste, Kopf mit Strahlenkrone nach rechts. Rückseite ↘: [HIL]ARITAS AVGG, Hilaritas frontal, in der rechten Palme, in der linken Hand Füllhorn. Stark abgegriffen, eingerissen. – Geprägt 270–274 n. Chr. in Gallien. Wohl RIC 232. – Publiziert: FMRD II,2 (1964) 2222,7. – Inv. Nr. Sä 192.
1291. Follis. Vorderseite: Kopf mit Strahlenkrone nach rechts. Rückseite ↑: Sterne in Kranz. – 4. Jh. n. Chr.; nicht genau bestimmbar. – Publiziert: FMRD II,2 (1964) 2222,8. – Inv. Nr. Sä 263.
1292. As, Claudius (41–54 n. Chr.). Vorderseite: TI CLAVDIVS CAESAR AVG P M TR P IMP, Kopf nach links. Rückseite ↗: Beischrift S C, Minerva nach rechts, in der rechten Hand Speer, in der linken Schild. Stark abgegriffen. – Geprägt 41–52 n. Chr. in Rom. RIC 66. – Publiziert: FMRD II,2 Nachtrag 1 (1980) 2222, E1,1. – Slg. Rueb.
1293. Vermutlich Dupondius, Nero (54–68 n. Chr.). Vorderseite: NERO CLAVD CAESAR [ ], bekränzter Kopf nach rechts. Rückseite ↓: [ ], Beischrift S C, Janustempel mit geschlossener rechter (?) Tür. Stark abgegriffen. – Geprägt 63–68 n. Chr. RIC 175. – Publiziert: FMRD II,2, Nachtrag 1 (1980) 2222, E 1,2. – Slg. Rueb.
1294. Antonian, Claudius Gothicus (268–270 n. Chr.). Vorderseite: [IMP CLA]VDIVS P F AVG, drapierte Büste, Kopf mit Strahlenkrone nach rechts. Rückseite ↑: F[IDE]S MILET, im Abschnitt S, Fides frontal, Kopf nach links, in jeder Hand Feldzeichen. Leicht abgegriffen. – Geprägt 268–270 n. Chr. in Mediolanum. RIC 149. – Publiziert: FMRD II,2, Nachtrag 1 (1980) 2222, E 1,3. – Slg. Rueb.
1295. Follis, Constantinus I (307–337 n. Chr.). Vorderseite: CONSTANTINVS P F AVG, belorbeerter Kopf nach rechts. Rückseite ↙: SOLI INVICTO COMITI, Beischrift T F, im Abschnitt P [L]N, Sol nach links mit Strahlenkrone, in der linken Hand Globus. Leicht abgegriffen, gelocht. – Geprägt 310 n. Chr. in Londinium. RIC 122 (oder 124?). – Vgl. z. B. Sammlung Heynen Taf. 67,2. Publiziert: FMRD II,2, Nachtrag 1 (1980) 2222, E1,4. – Slg. Rueb.
1296. Follis, Constantinus I (307–337 n. Chr.). Vorderseite: CONSTANTINVS AVG, belorbeerter Kopf nach rechts. Rückseite ↑: PROVIDENTIAE AVGG, im Abschnitt SMNA, Lagertor mit zwei Türmen, dazwischen Stern. Prägefrisch. – Geprägt 324–330 n. Chr. in Nicomedia. Cohen 454. – Publiziert: FMRD II,2, Nachtrag 1 (1980) 2222, E 1,5. – Slg. Rueb.
1297. Grosso (Prägungen 1155–1330 n. Chr.). Vorderseite: FREDERICVS +, im Kreis PCRI um sechsendigen Stern. Rückseite ↑: CREMONA +, im Kreis Kreuz, in Zwickeln zwei sechsendige Sterne und zwei Stachel. Prägefrisch. – Geprägt im 13. Jh. n. Chr. in Cremona. Corp. Numm. Ital. IV, 191,21. – Slg. Rueb.

Tafel 133

Vor- und nachrömische Keramik

1298. 2 RS Napf mit ausgebogenem Rand, Dm. ca. 17 cm. Ton grau-schwarz, stellenweise orange, grob gemagert, hart; innen brandgeschwärzt; handgemacht. – Unter leicht überhängendem Rand Fingertupfendekoration. – AO: Schule Rhina
1299. 2 RS Topf, Dm. 16 cm. Ton orange-beige, schwach gemagert, hart; Glasur (innen) rötlich-orange, glänzend; leichte Brandspuren (Gebrauch). – Inv. Nr. Sä 719.
1300. RS Napf, Dm. ca. 11 cm. Ton hellorange, braune Einsprengsel, hart; Glasur (innen) braun, glänzend, rissig; (außen) grünlich, glänzend.
1301. RS Schüssel, Dm. 30 cm. Ton orange, hart; Glasur (innen) mittelbraun, glänzend, rissig, darin auf Rand umlau-

fendes weißes Wellenband. – Inv. Nr. Sä 786 (FK Rathaus Rhina), Fst.: Schnitt 8, oberflächlich, 1936.
1302. BS, Boden Dm. 16 cm. Ton hellorange, glimmerhaltig, hart; Glasur (Bodenunterseite und innen) rostrot, glänzend, innen darin drei umlaufende weiße Linien. – Inv. Nr. Sä 780 (FK Rathaus Rhina), Fst.: Schnitt 4,1, oberflächlich, 1936 (= westlich Raum II).
1303. WS. Ton beige-orange, schwach gemagert, hart; Glasur dunkelbraun, darin grünes, baumartiges Motiv. – Inv. Nr. Sä 785 (FK Rathaus Rhina), Fst.: Schnitt 7, Nord, 1936 (= Raum M oder K).
1304. WS. Ton hellorange, weich; (außen) grüne Glasur. – Erhabenes Muster. – AO.: Schule Rhina.
1305. Bauchiger Becher mit Trichterrand, Dm. 5,6 cm., H. 14,2 cm. Ton ziegelrot, sehr hart; Üb. hellbeige bis gelblich, darauf Reste einer grünen Glasur. – Sehr nachlässig gearbeitet, auf Schulter Loch.
1306. BS, Dm. 5,5 cm. Ton beige-orange, leicht glimmerhaltig, sehr hart; Üb. rostrot-orange, leicht glänzend; im Bauchbereich außen ungleichmäßiger, anthrazit-schwarzer Überzug, irisierend. – Inv. Nr. Sä 656.

Tafel 134

Nachrömische Gerätschaften aus Bronze bzw. Eisen

1307. Geschoßspitze?, erhaltene L. 8,8 cm. Eisen, nicht korrodiert (!), unten abgesägt. – Fst.: Aushubhaufen hinter westlicher Porticus, aus römischer Schuttschicht unter Aushub?, 1971.
1308. Glocke, H. ca. 13 cm. Bronze, nicht patiniert (!). – Alt geflickt; Klöppel fehlt. – Vgl. Grabungsdokumentation 1936, Fst.: Planierung im Mittelteil, Parzelle 306.
1308a.* Glocke wie Kat.-Nr. 1308, jedoch ohne Flicken, mit Klöppelbruchstück.
1309. D-förmige Gürtelschnalle. Eisen, stark korrodiert. – Vermutl. Grabung 1970/71.
1310. O-förmige Gürtelschnalle, Dm. ca. 6,7 cm. Eisen, stark korrodiert. – Vermutl. Grabung 1970/71.
1311. Trense. Eisen, stark korrodiert. – Tordierter Stab zwischen zwei Ringen. – Vermutl. Grabung 1970/71.
1312. Steigbügel, H. ca. 14 cm. Eisen, sehr stark korrodiert. – Oben angeschweißte (?) Lasche, Tritt dreiteilig. – Vermutl. Grabung 1970/71.
1313. Steigbügel, H. ca. 15 cm. Eisen, stark korrodiert; Bronzeüberzug? – Oben hülsenförmige, verzierte Lasche; Tritt vierteilig, mittlere aus tordierten Stäben; Seiten durch senkrechte Rillen und vier Löcher am Ende verziert. – Vermutl. Grabung 1970/71.

Verzeichnis der abgekürzt zitierten Literatur

Alexander, Pottery Augst	W. C. Alexander, A Pottery of the Middle Roman Period in Augst. Forsch. Augst 2 (Basel 1975).
Asskamp, Oberrheingebiet	R. Asskamp, Das südliche Oberrheingebiet in frührömischer Zeit. Forsch. u. Ber. Vor- u. Frühgesch. Baden-Württemberg 33 (Stuttgart 1989).
Atkinson, Pompeji	D. Atkinson, A Hoard of Samian Ware from Pompeji. Journal Roman Studies 4, 1914, 27ff.
Baatz, Mogontiacum	D. Baatz, Mogontiacum. Limesforsch. 4 (Berlin 1962).
Bender/Steiger, Töpfereibezirk	H. Bender u. R. Steiger, Ein römischer Töpfereibezirk des 1. Jahrhunderts n. Chr. in Augst-Kurzenbettli. In: Beiträge und Bibliographie zur Augster Forschung (Basel 1975) 198ff.
Berger, Osttor	L. Berger u. a., Die Grabungen beim Augster Osttor im Jahre 1966. Jahresber. Augst u. Kaiseraugst 5, 1986, 7ff.
Berger, Vindonissa	L. Berger, Römische Gläser aus Vindonissa. Veröff. Ges. Pro Vindonissa 4 (Basel 1960, Nachdruck Brugg 1980).
Bernhard, Nigra	H. Bernhard, Studien zur spätrömischen Terra Nigra zwischen Rhein, Main und Neckar. Saalburg-Jahrb. 40–41, 1984–1985, 34ff.
Bruckner, Ersingen	A. Bruckner, Kleinfunde. In: H. Grütter u. A. Bruckner, Der gallo-römische Gutshof auf dem Murain bei Ersingen. Jahrb. Hist. Mus. Bern 45–46, 1965–1966, 373ff.
Chur 1	A. Hochuli-Gysel u. a., Chur in römischer Zeit. Bd. 1: Ausgrabungen Areal Dosch. Antiqua 12 (Basel 1986).
Curle, Newstead	J. Curle, A Roman Frontier Post and its People. The Fort of Newstead in the Parish of Melrose (Glasgow 1911).
Czysz, Wimpfen	W. Czysz u. a., Die römische Keramik aus dem Vicus Wimpfen im Tal. Forsch. u. Ber. Vor- u. Frühgesch. Baden-Württemberg 11 (Stuttgart 1981).
Déchelette, Vases	J. Déchelette, Les vases céramique ornés de la Gaule Romaine 1–2 (Roanne 1904).
Drack, Buchs	W. Drack, Die römische Kryptoporticus von Buchs ZH und ihre Wandmalerei. Arch. Führer Schweiz 7 (Basel 1976).
Drack, Grenzwehr	W. Drack, Die spätrömische Grenzwehr am Hochrhein. Arch. Führer Schweiz 13 (Basel, Zürich 1980).
Drack, Römische Wandmalerei	W. Drack, Römische Wandmalerei aus der Schweiz (Feldmeilen 1986).
Drack, Seeb	W. Drack, Der römische Gutshof bei Seeb. Arch. Führer Schweiz 1[7] (Basel 1981).
Drack, TS-Imitation	W. Drack, Die helvetische Terra Sigillata-Imitation des 1. Jahrhunderts n. Chr. Schr. Inst. Ur- u. Frühgesch. Schweiz 2 (Basel 1945).
Drack, Wandmalerei	W. Drack, Die römische Wandmalerei der Schweiz. Monogr. Ur- u. Frühgesch. Schweiz 8 (Basel 1950).
Dragendorff, Laufenburg	H. Dragendorff, Die Ausgrabung der Villa von Laufenburg und ihre Probleme. In: Bericht über den VI. Internationalen Kongreß für Archäologie 1935 (Berlin 1940) 557ff.
Drexel, Faimingen	F. Drexel, Das Kastell Faimingen. ORL B Nr. 66c (Leipzig 1911).
Ettlinger, Augster Thermen	E. Ettlinger, Die Keramik der Augster Thermen. Monogr. Ur- u. Frühgesch. Schweiz 6 (Basel 1949).
Ettlinger, Bennwil	E. Ettlinger, Die Kleinfunde der römischen Villa von Bennwil. In: E. Ettlinger, Kleine Schriften. RCRF Acta Suppl. 2 (Augst 1977) 39ff.
Ettlinger, Bern-Enge	E. Ettlinger u. K. Roth-Rubi, Helvetische Reliefsigillaten und die Rolle der Werkstatt Bern-Enge. Acta Bernensia 8 (Bern 1979).
Ettlinger, Fibeln	E. Ettlinger, Die römischen Fibeln in der Schweiz. Handbuch der Schweiz zur Römer- und Merowingerzeit (Bern 1973).
Ettlinger, Görbelhof	E. Ettlinger, Fundübersicht. In: H. Bögli u. E. Ettlinger, Eine gallorömische Villa rustica bei Rheinfelden. Argovia 75, 1963, 5ff.
Ettlinger, Neu-Allschwil	E. Ettlinger u. W. Schmassmann, Das gallo-römische Brandgräberfeld von Neu-Allschwil. In: E. Ettlinger, Kleine Schriften. RCRF Acta Suppl. 2 (Augst 1977) 9ff.
Ettlinger, Neuss	E. Ettlinger, Die italische Sigillata von Novaesium. Novaesium 9 = Limesforsch. 21 (Berlin 1983).

Ettlinger, Vindonissa	E. Ettlinger u. Chr. Simonett, Römische Keramik aus dem Schutthügel von Vindonissa. Veröff. Ges. Pro Vindonissa 3 (Basel 1952).
Fellmann, Basel	R. Fellmann, Basel in römischer Zeit. Monogr. Ur- u. Frühgesch. Schweiz 10 (Basel 1955).
Fischer, Cambodunum	U. Fischer, Cambodunumforschungen 1953-2, Keramik aus den Holzhäusern zwischen der 1. und 2. Querstraße. Materialh. Bayer. Vorgesch. A 10 (Kallmünz 1957).
Fölzer, Ostgallische Sigillata	E. Fölzer, Die Bilderschüsseln der ostgallischen Sigillata-Manufakturen. Röm. Keramik in Trier 1 (Bonn 1913).
Forrer, Heiligenberg	R. Forrer, Die römischen Terrasigillata-Töpfereien von Heiligenberg, Dinsheim und Ittenweiler im Elsaß (Stuttgart 1911).
Forschungen Augst 1	R. Steiger u. a., Augst, Insula 31, Ausgrabungen und Funde 1960/61. Forsch. Augst 1 (Augst 1977).
Fünfschilling, Baden	S. Fünfschilling, Römische Gläser aus Baden-Aquae Helveticae (aus den Grabungen 1892–1911). Jahresber. Ges. Pro Vindonissa 1985 (1986) 81 ff.
Goethert-Polaschek, Trier	K. Goethert-Polaschek, Katalog der römischen Gläser des Rheinischen Landesmuseums Trier. Trierer Grabungen u. Forsch. 9 (Mainz 1977).
v. Gonzenbach, Mosaiken	V. v. Gonzenbach, Die römischen Mosaiken der Schweiz. Monogr. Ur- u. Frühgesch. Schweiz 13 (Basel 1961).
Greene, Usk	K. Greene, The Pre-Flavian Fine Wares. Report on the Excavations at Usk 1965–1976 (Cardiff 1979).
Hartmann, Aargau	M. Hartmann u. H. Weber, Die Römer in Aargau (Aarau 1985).
Hartmann, Vindonissa	M. Hartmann, Vindonissa, Oppidum-Legionslager-Castrum (Brugg 1986).
Hayes, LRP	J. W. Hayes, Late Roman Pottery (London 1972).
Heiligmann, Alblimes	J. Heiligmann, Der „Alb-Limes". Forsch. u. Ber. Vor- u. Frühgesch. Baden-Württemberg 35 (Stuttgart 1990).
Hermet, La Graufesenque	F. Hermet, La Graufesenque (Paris 1934).
Hofmann, Banassac	B. Hofmann, Essai de datation de la céramique sigillée de Banassac. RCRF Acta 7, 1965, 39 ff.
Hussong, Kaiserthermen	L. Hussong u. H. Cüppers, Die Trierer Kaiserthermen. Die spätrömische und frühmittelalterliche Keramik. Trierer Grabungen u. Forsch. 1,2 (Mainz 1972).
Isings, Roman Glass	C. Isings, Roman Glass from dated finds (Groningen 1957).
Jacobi, Saalburg	L. Jacobi, Das Römerkastell Saalburg bei Homburg v. d. Höhe (Bad Homburg v. d. Höhe 1897).
Jacobs, Bregenz	J. Jacobs, Sigillatafund aus einem römischen Keller zu Bregenz. Jahrb. Altkde. 6, 1912, 172 ff.
Jahn, Dachziegel	V. Jahn, Die römischen Dachziegel von Windisch. Anz. Schweiz. Altkde. N.F. 11, 1909, 111 ff.
Kaenel, Aventicum	G. Kaenel, Aventicum 1, Céramiques gallo-romaines décorées. Cahiers Arch. Romande 1 (Lausanne 1974).
Karnitsch, Ovilava	P. Karnitsch, Die Reliefsigillata von Ovilava. Schriftenreihe Inst. Landeskunde Oberösterreich 12 (Linz 1959).
Klee, Rottweil	M. Klee, Arae Flaviae 3. Der Nordvicus von Arae Flaviae. Forsch. u. Ber. Vor- u. Frühgesch. Baden-Württemberg 18 (Stuttgart 1986).
Knorr 1919	R. Knorr, Töpfer und Fabriken verzierter Terra-Sigillata des ersten Jahrhunderts (Stuttgart 1919).
Knorr 1952	R. Knorr, Terra-Sigillata-Gefäße des 1. Jahrhunderts mit Töpfernamen (Stuttgart 1952).
Knorr, Aislingen	R. Knorr, Die Terra-Sigillata-Gefäße von Aislingen. Jahrb. Hist. Ver. Dillingen 25, 1912, 316 ff.
Knorr, Calus	R. Knorr, Frühe und späte Sigillata des Calus. Germania 26, 1942, 184 ff.
Knorr, Cannstatt	R. Knorr, Die verzierten Terra-Sigillata-Gefäße von Cannstatt und Köngen-Grinario (Stuttgart 1905).
Knorr, Rottweil 1907	R. Knorr, Die verzierten Terra-Sigillata-Gefäße von Rottweil (Stuttgart 1907).
Knorr, Rottweil 1912	R. Knorr, Südgallische Terra-Sigillata-Gefäße von Rottweil (Stuttgart 1912).
Leibundgut, Lampen	A. Leibundgut, Die römischen Lampen in der Schweiz. Handbuch der Schweiz zur Römer- und Merowingerzeit (Bern 1977).
Loeschcke, Haltern	S. Loeschcke, Keramische Funde aus Haltern. Mitt. Altkomm. Westfalen 5, 1909, 101 ff.
Loeschcke, Lampen	S. Loeschcke, Lampen aus Vindonissa (Zürich 1919).
Ludowici VI	H. Ricken und Ch. Fischer, Die Bilderschüsseln der römischen Töpfer von Rheinzabern. Textband zu Katalog VI der Ausgrabungen von W. Ludowici in Rheinzabern 1901–1914. Materialien röm.-germ. Keramik 7 (Bonn 1963).

MARTIN-KILCHER, Courroux — S. MARTIN-KILCHER, Das römische Gräberfeld von Courroux im Berner Jura. Basler Beitr. Ur- u. Frühgesch. 2 (Derendingen, Solothurn 1976).

MARTIN-KILCHER, Laufen-Müschhag — S. MARTIN-KILCHER, Die Funde aus dem römischen Gutshof von Laufen-Müschhag (Bern 1980).

MARY, Neuss — G. T. MARY, Die südgallische Terra Sigillata aus Neuss. Novaesium 1 = Limesforsch. 6 (Berlin 1967).

MAIER, Manching — F. MAIER, Die bemalte Spätlatène-Keramik von Manching. Die Ausgrabungen in Manching 3 (Wiesbaden 1970).

MIELSCH, Buntmarmore — H. MIELSCH, Buntmarmore aus Rom im Antikenmuseum Berlin (Berlin 1985).

OELMANN, Niederbieber — F. OELMANN, Die Keramik des Kastells Niederbieber. Materialien röm.-germ. Keramik 1 (Frankfurt 1914).

OSWALD, Figure types — F. OSWALD, Index of figure-Types on Terra Sigillata. Supplement to the Annals of Archaeology and Anthropology 23–24, Liverpool 1936–37.

OSWALD, Margidunum — F. OSWALD, The Terra Sigillata (Samian-Ware) of Margidunum (Margidunum 1948).

OSWALD, Potters stamps — F. OSWALD, Index of Potters' stamps on terra sigillata „Samian ware" (Margidunum 1931; Nachdruck London 1964).

OSWALD/PRYCE, Introduction — F. OSWALD u. T. D. PRYCE, An Introduction to the Study of Terra Sigillata (London 1920; Nachdruck Westmead 1966).

PARLASKA, Mosaiken — K. PARLASKA, Die römischen Mosaiken in Deutschland. Röm.-germ. Forsch. 23 (Berlin 1959).

PFERDEHIRT, Holzhausen — B. PFERDEHIRT, Die Keramik des Kastells Holzhausen. Limesforsch. 16 (Berlin 1976).

PIETSCH, Eisenwerkzeuge — M. PIETSCH, Die römischen Eisenwerkzeuge von Saalburg, Feldberg und Zugmantel. Saalburg-Jahrb. 39, 1983, 5ff.

PLANCK, Rottweil — D. PLANCK, Arae Flaviae 1. Forsch. u. Ber. Vor- u. Frühgesch. Baden-Württemberg 6 (Stuttgart 1975).

POHANKA, Agrargeräte — R. POHANKA, Die eisernen Agrargeräte der römischen Kaiserzeit in Österreich. BAR intern. ser. 298 (Oxford 1986).

RiBW — PH. FILTZINGER, D. PLANCK u. B. CÄMMERER (Hrsg.), Die Römer in Baden-Württemberg[3] (Stuttgart 1986).

RIHA, Fibeln Augst — E. RIHA, Die römischen Fibeln aus Augst und Kaiseraugst. Forsch. Augst 3 (Augst 1979).

RITTERLING, Hofheim — E. RITTERLING, Das frührömische Lager bei Hofheim im Taunus. Ann. Ver. Nass. Altkde. u. Geschichtsforsch. 40, 1912.

ROTH-RUBI, Krüge Avenches — K. ROTH-RUBI, Untersuchungen an den Krügen von Avenches. RCRF Acta Suppl. 3 (Augst 1979).

ROTH-RUBI, Stutheien — K. ROTH-RUBI, Die Villa von Stutheien Hüttwilen TG. Antiqua 14 (Basel 1986).

SAMESREUTHER, Laufenburg — E. SAMESREUTHER, Der römische Gutshof bei Laufenburg (Baden). Germania 24, 1940, 32ff.

Sammlung Heynen — P. R. FRANKE u. I. PAAR, Die antiken Münzen der Sammlung Heynen (Köln 1976).

SCHNITZLER, Bes — L. SCHNITZLER, Eine alexandrinische Terrakotta im Säckinger Hochrheinmuseum. Germania 32, 1974, 401ff.

v. SCHNURBEIN, Haltern — S. v. SCHNURBEIN, Die unverzierte Terra Sigillata aus Haltern. Bodenaltert. Westfalens 19, 1.2 (Münster 1982).

SCHÖNBERGER, Altenstadt — H. SCHÖNBERGER, H.-G. SIMON u.a., Die Kastelle in Altenstadt. Limesforsch. 22 (Berlin 1983).

SCHÖNBERGER, Oberstimm — H. SCHÖNBERGER u.a., Kastell Oberstimm. Limesforsch. 18 (Berlin 1978).

SCHÖNBERGER, Okarben — H. SCHÖNBERGER u. H.-G. SIMON, Das Kastell Okarben. Limesforsch. 19 (Berlin 1980).

SCHÖNBERGER, Rödgen — H. SCHÖNBERGER u. H.-G. SIMON, Römerlager Rödgen. Das augusteische Römerlager Rödgen. Die Funde aus den frühkaiserzeitlichen Lagern Rödgen, Friedberg und Bad Nauheim. Limesforsch. 15 (Berlin 1976).

SCHUMANN, Steine — W. SCHUMANN, Steine und Mineralien (Berlin 1982).

SIMON, Köngen 1962 — H.-G. SIMON, Terra Sigillata aus Köngen. Saalburg-Jahrb. 20, 1962, 8ff.

SIMON, Köngen 1967 — H.-G. SIMON, Terra Sigillata aus Köngen (2. Teil). Fundber. Schwaben N.F. 18, 1, 1967, 160ff.

STAEHELIN, Schweiz — F. STAEHELIN, Die Schweiz in römischer Zeit[3] (Basel 1948).

STAMM, Keramik — O. STAMM, Spätrömische und frühmittelalterliche Keramik der Altstadt Frankfurt am Main. Schr. Frankfurter Mus. Vor- u. Frühgesch. 1 (Frankfurt 1962).

STANFIELD/SIMPSON, CGP — J. A. STANFIELD u. G. SIMPSON, Central Gaulish Potters (London 1958).

TOMAŠEVIĆ, Keramik — T. TOMAŠEVIĆ, Die Keramik der XIII. Legion aus Vindonissa. Veröff. Ges. Pro Vindonissa 7 (Brugg 1970).

ULBERT, Aislingen	G. ULBERT, Die römischen Donaukastelle Aislingen und Burghöfe. Limesforsch. 1 (Berlin 1959).
UNVERZAGT, Alzey	W. UNVERZAGT, Die Keramik des Kastells Alzey. Materialien röm.-germ. Keramik 2 (Frankfurt 1916).
URNER-ASTHOLZ, Eschenz	H. URNER-ASTHOLZ, Die römerzeitliche Keramik von Eschenz-Tasgetium. Thurgauische Beitr. vaterländ. Gesch. 78, 1942, 7ff.
URNER-ASTHOLZ, Schleitheim	H. URNER-ASTHOLZ, Die römerzeitliche Keramik von Schleitheim-Juliomagus. Schaffhauser Beitr. vaterländ. Gesch. 23, 1946, 5ff.
VANDERHOEVEN, Asciburgium 5.6.7	M. VANDERHOEVEN, Terra sigillata aus Südgallien: Die reliefverzierten Gefäße 1–3. Funde aus Asciburgium 5–7 (Duisburg 1975ff.).
VOGT, Lindenhof	E. VOGT, Der Lindenhof in Zürich (Zürich 1948).
WALKE, Straubing	N. WALKE, Das römische Donaukastell Straubing-Sorviodurum. Limesforsch. 3 (Berlin 1965).
WERNER, Lorenzberg II	J. WERNER u. a., Der Lorenzberg bei Epfach. Die spätrömischen und frühmittelalterlichen Anlagen. Veröff. Komm. arch. Erforsch. spätröm. Raetien 2 (München 1969).

Tafeln

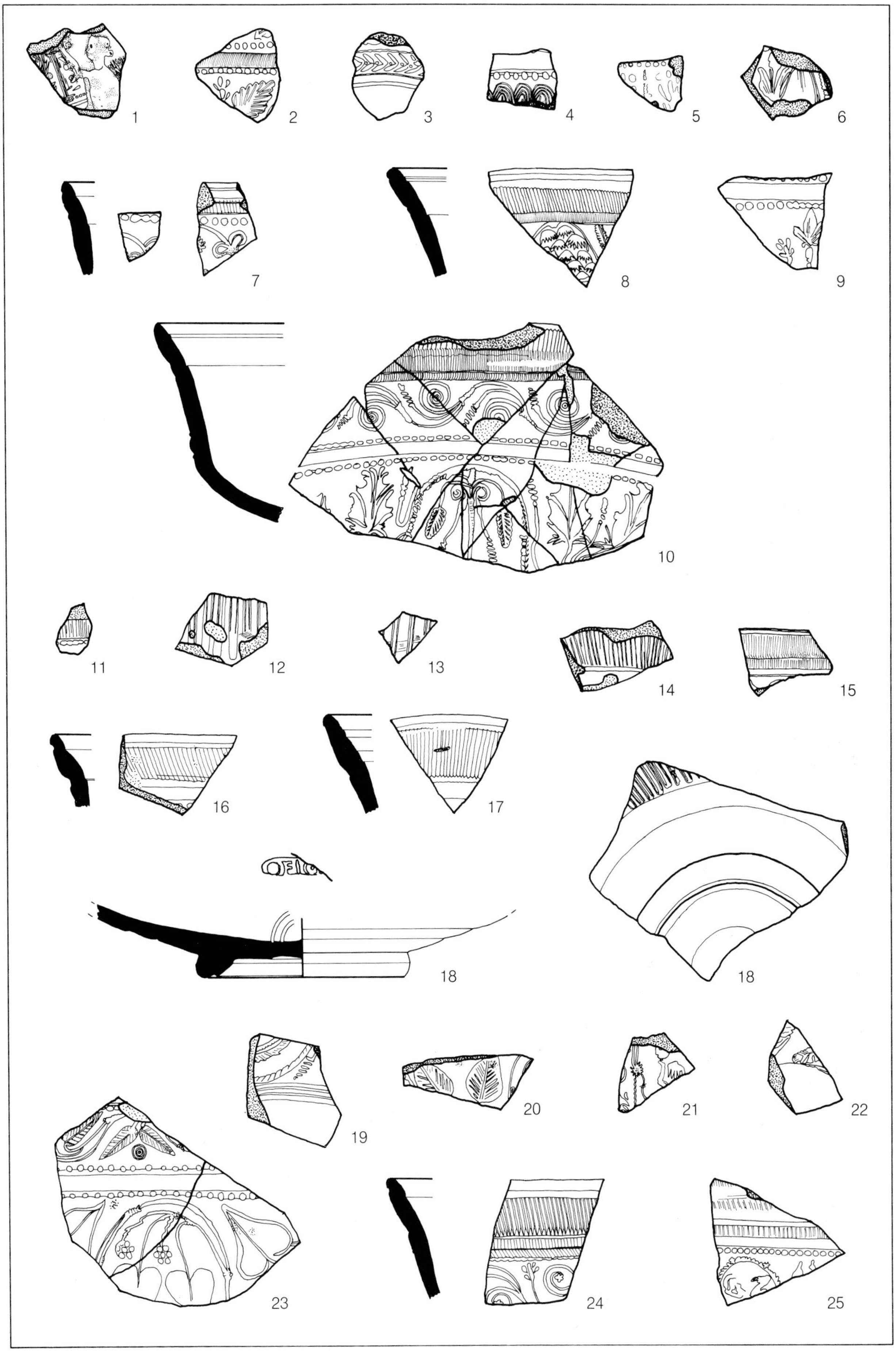

Terra Sigillata. M. 1:2.

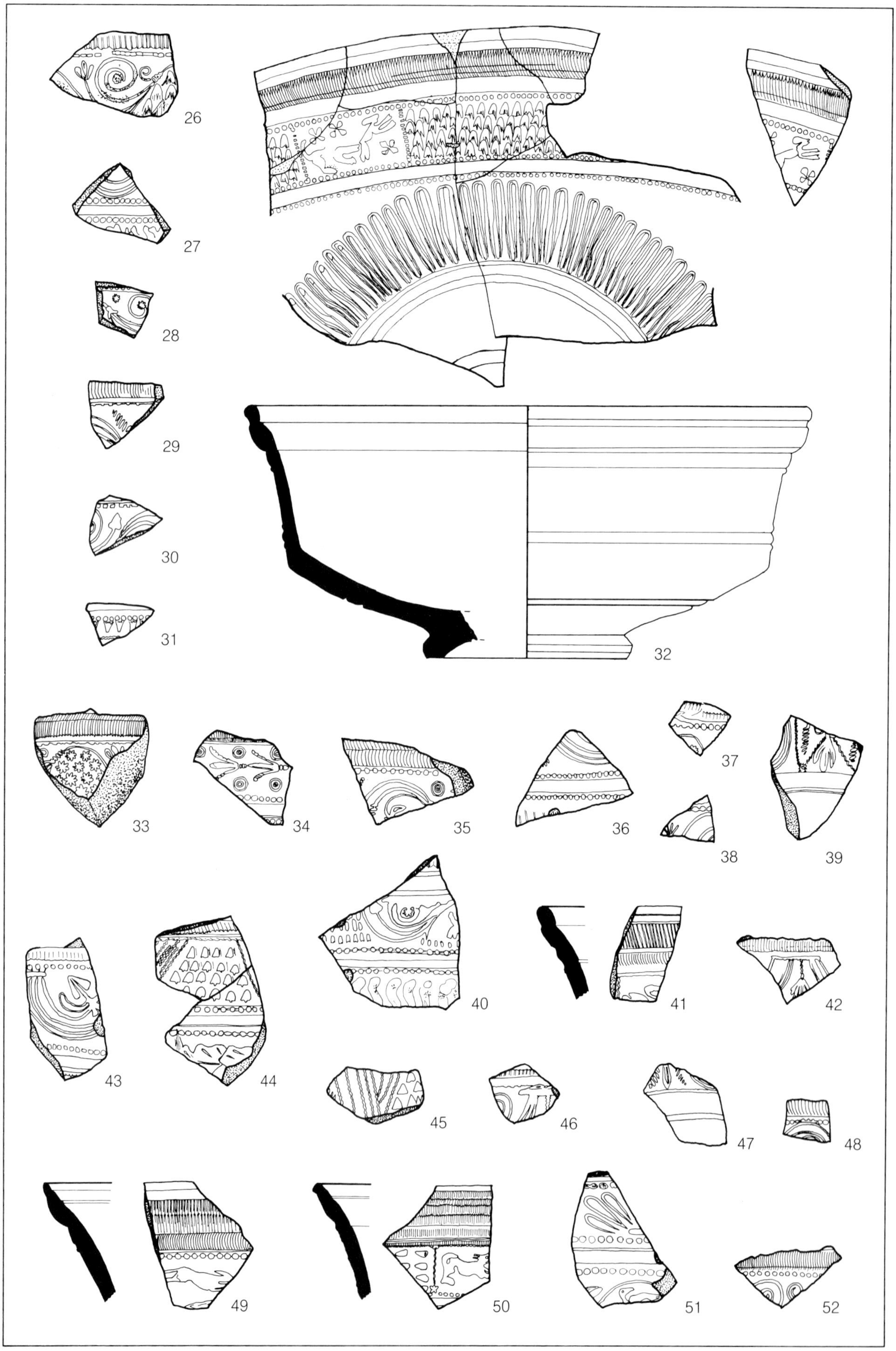

Terra Sigillata. M. 1:2.

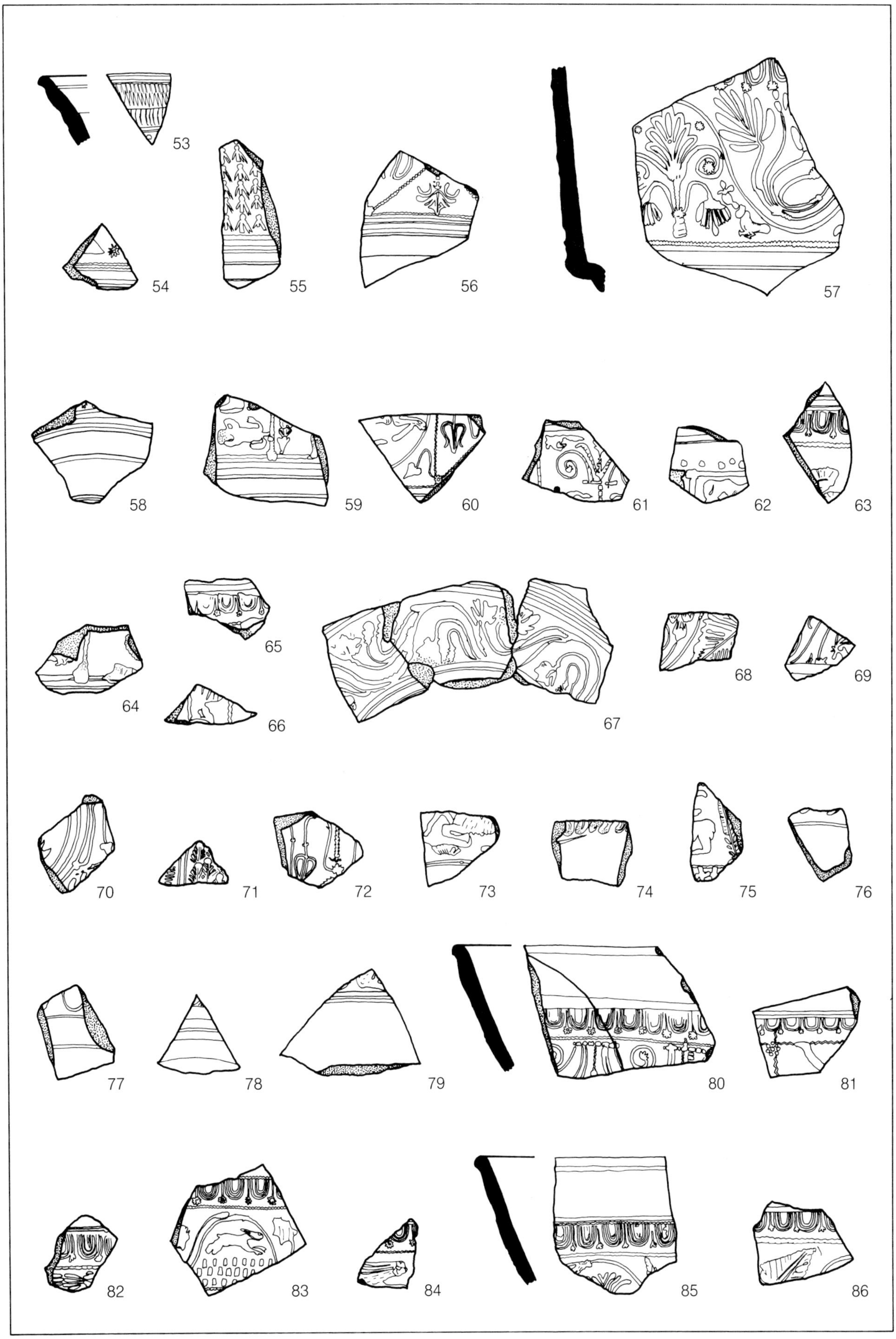

Terra Sigillata. M. 1:2.

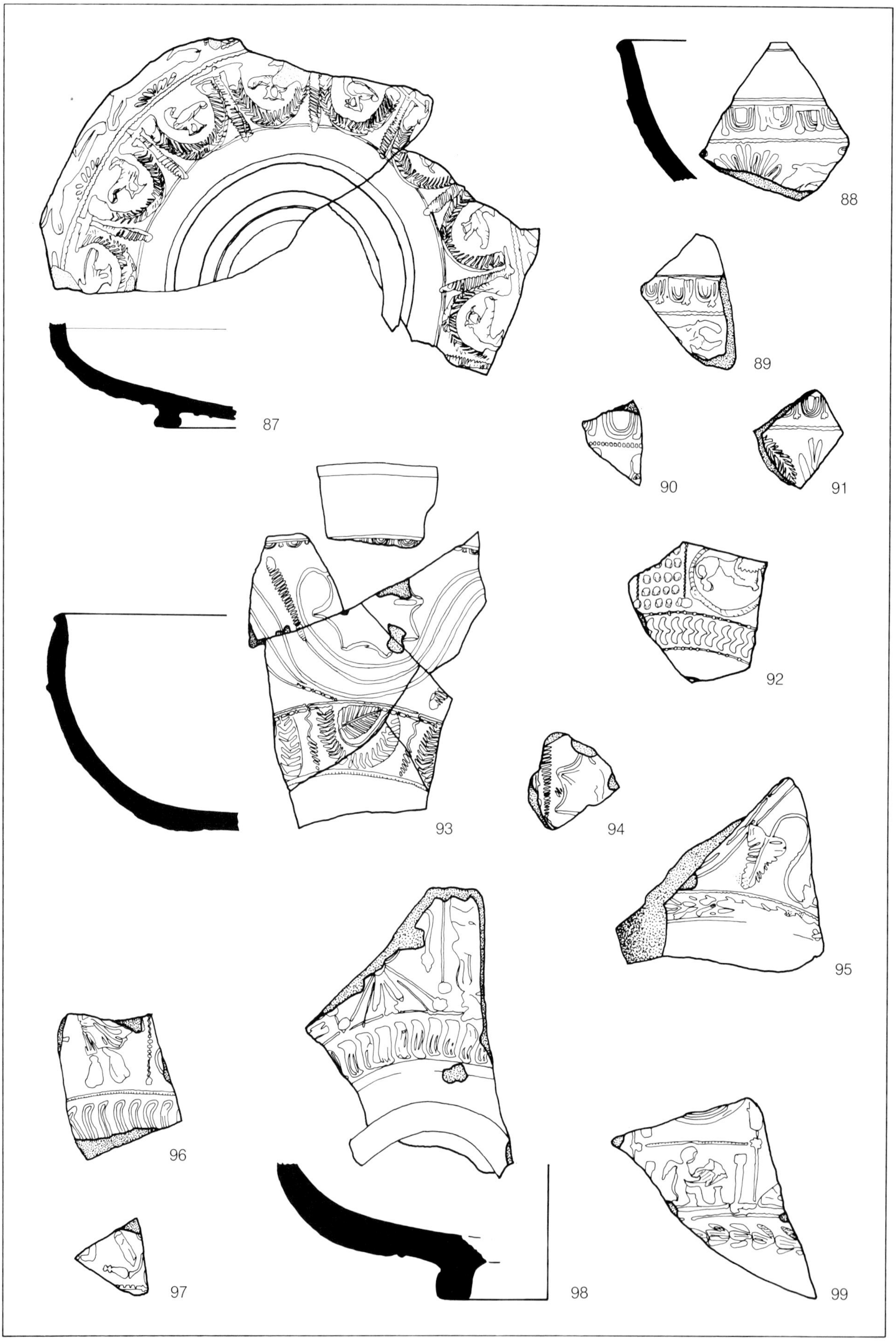

Terra Sigillata. M. 1:2.

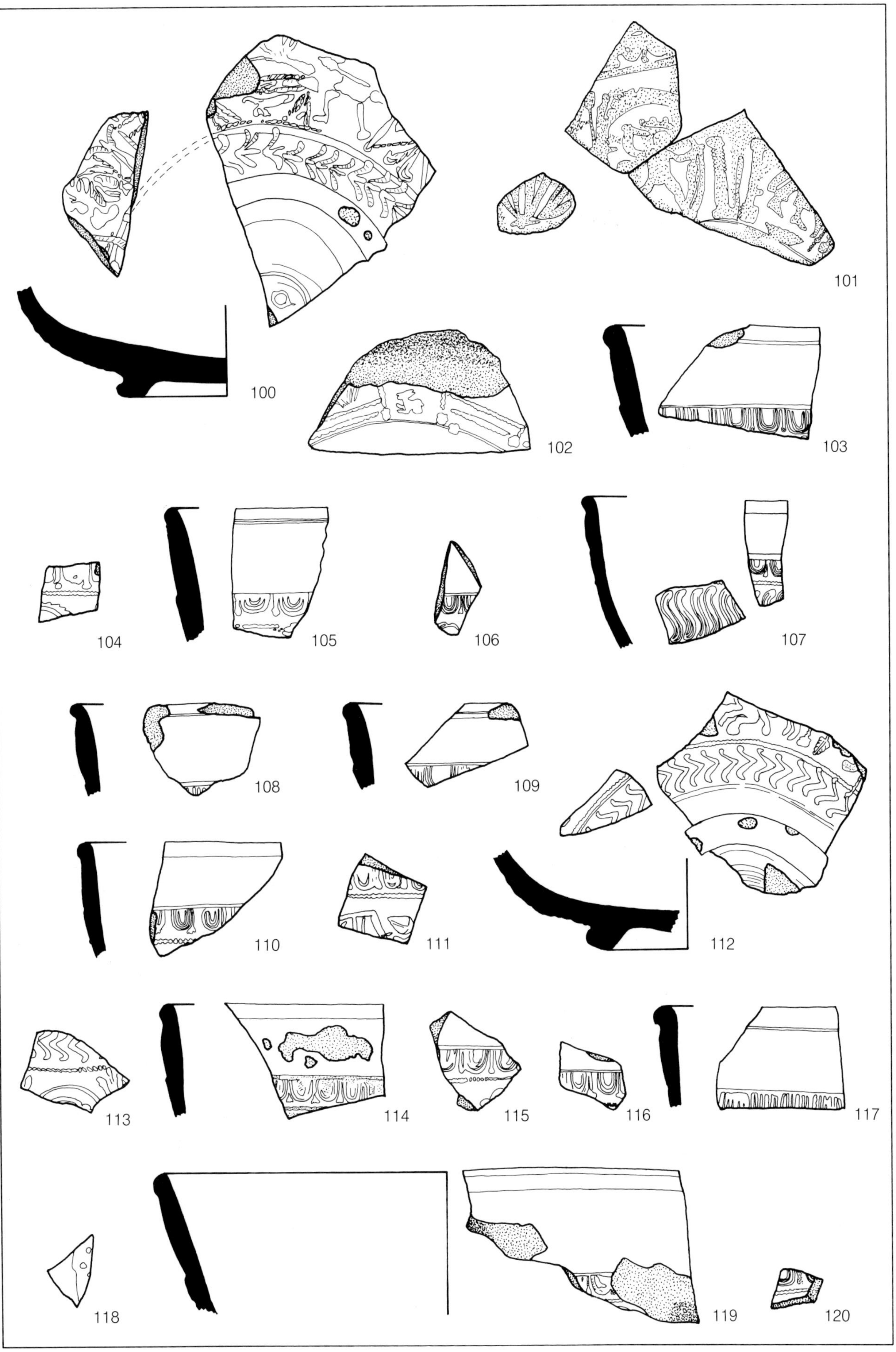

Terra Sigillata. M. 1:2.

121 122 123 124 125 126 127 128 129 130 131 132 133 134 135 136 137 138 139 140 141 142 143 144 145 146 147 148

Terra Sigillata. M. 1:2.

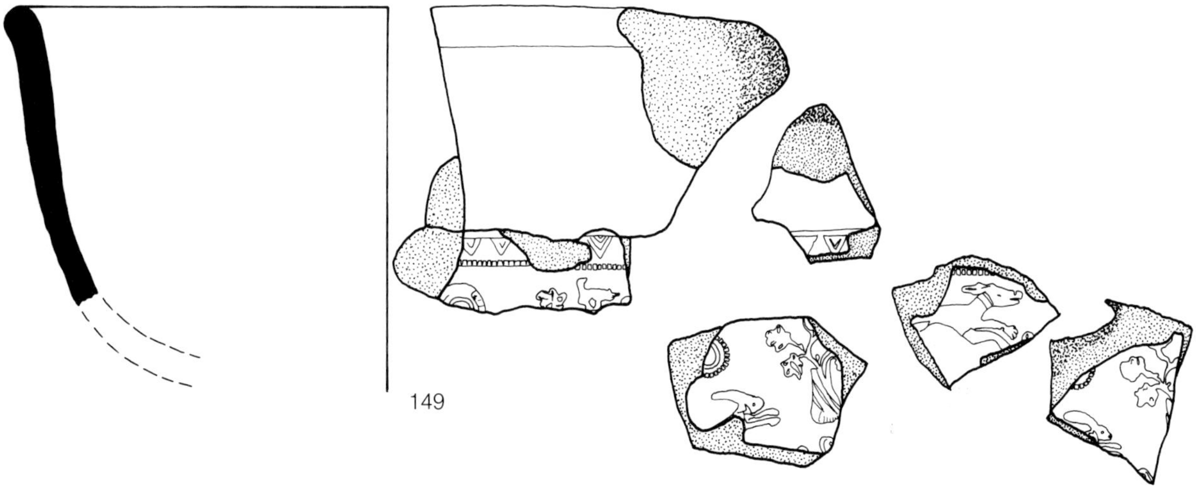

149

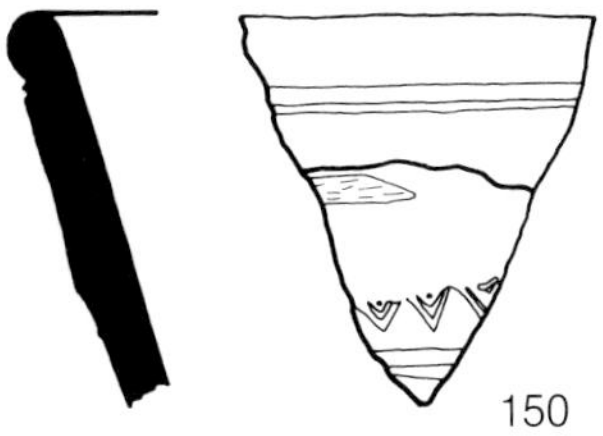

150

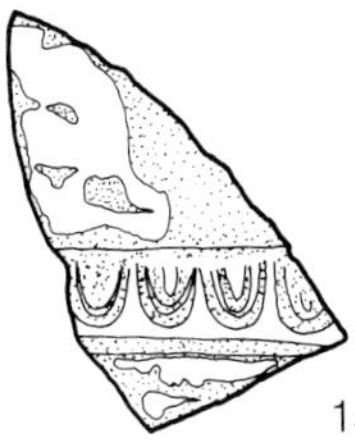

151

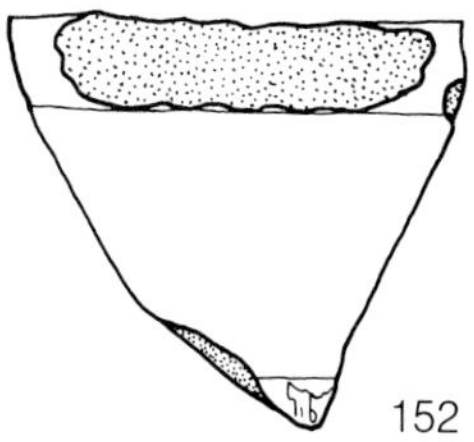

152

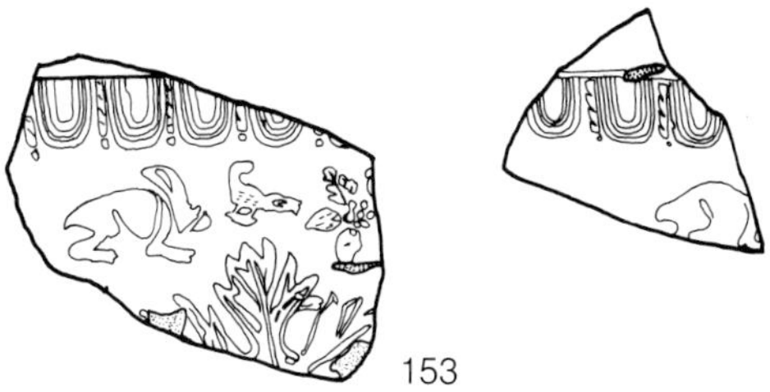

153

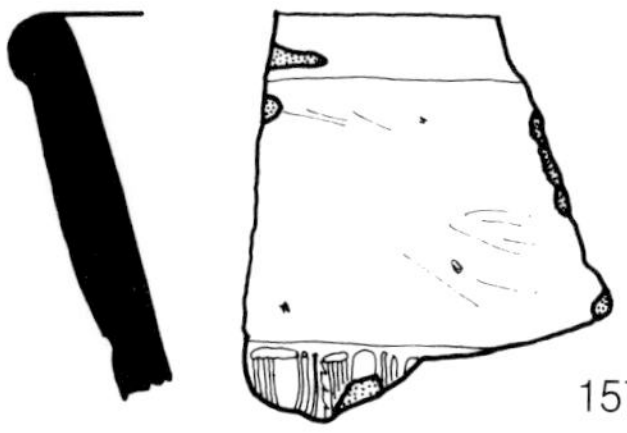

157

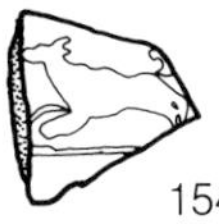

154

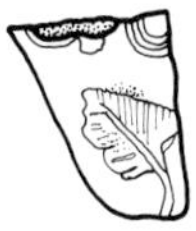

155

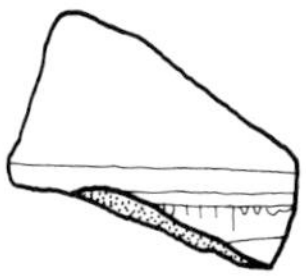

156

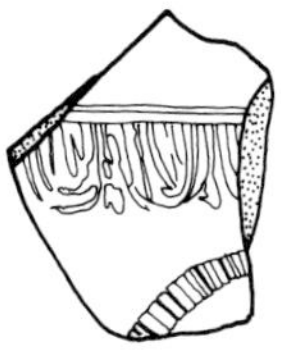

159

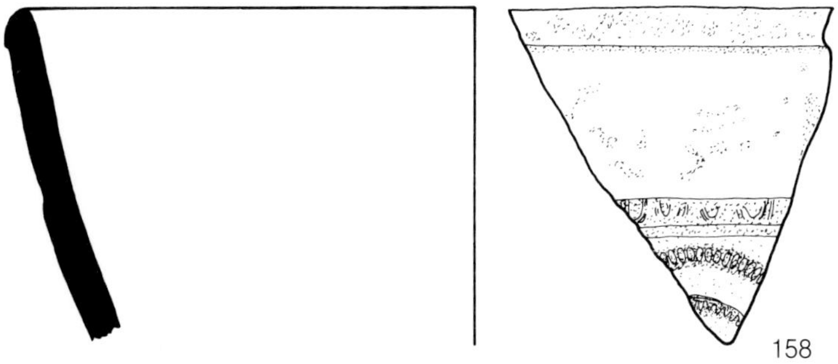

158

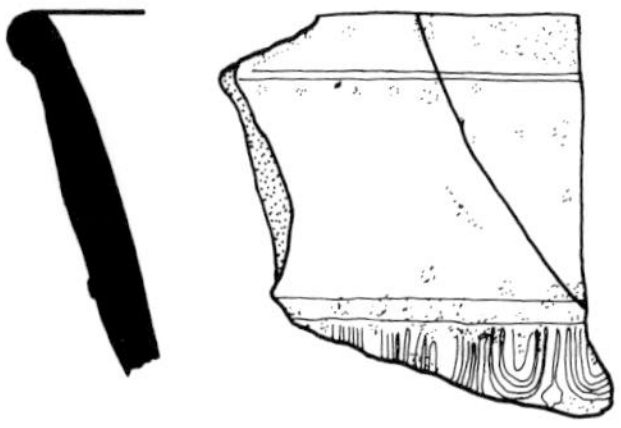

160

Terra Sigillata. M. 1:2.

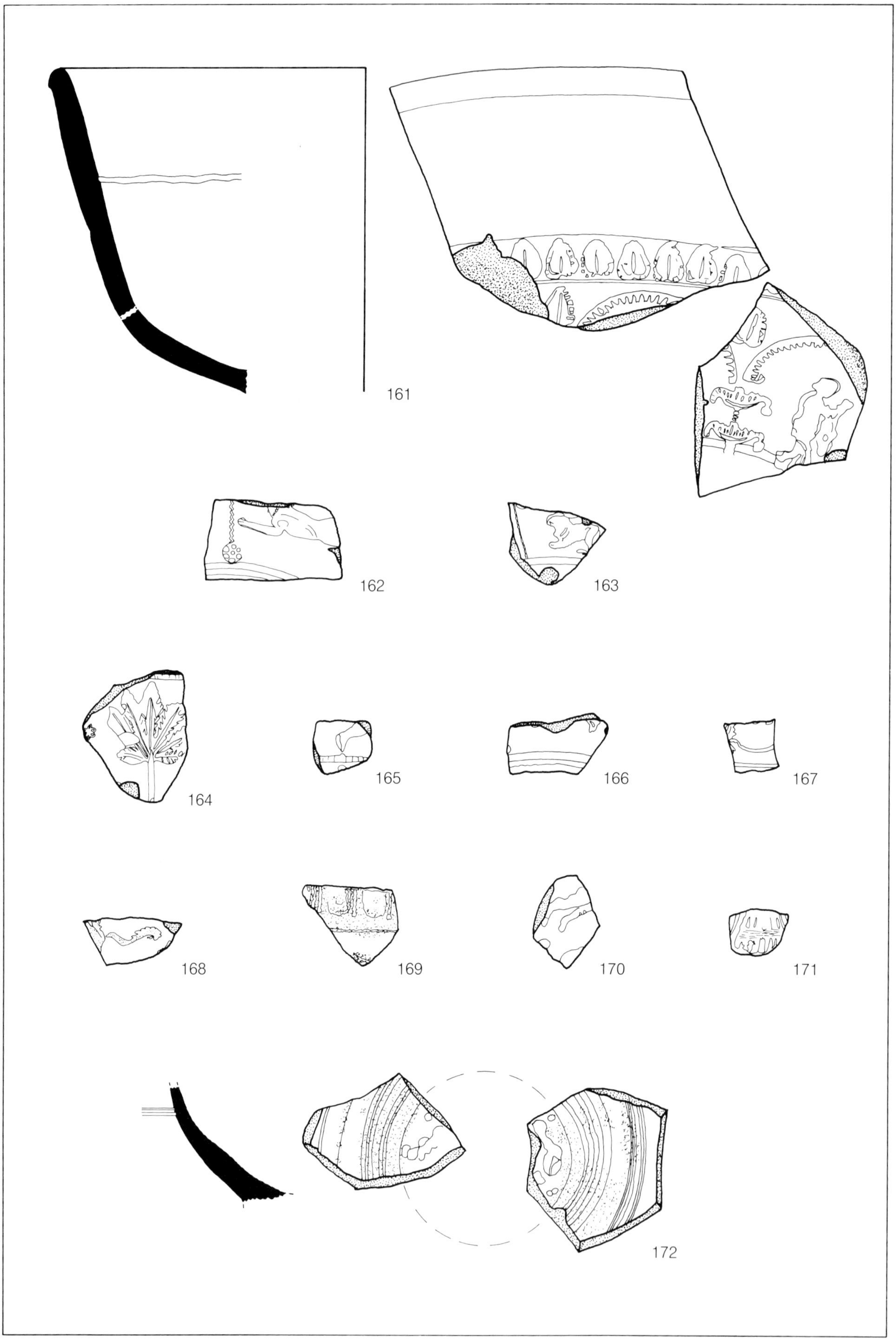

Terra Sigillata. M. 1:2.

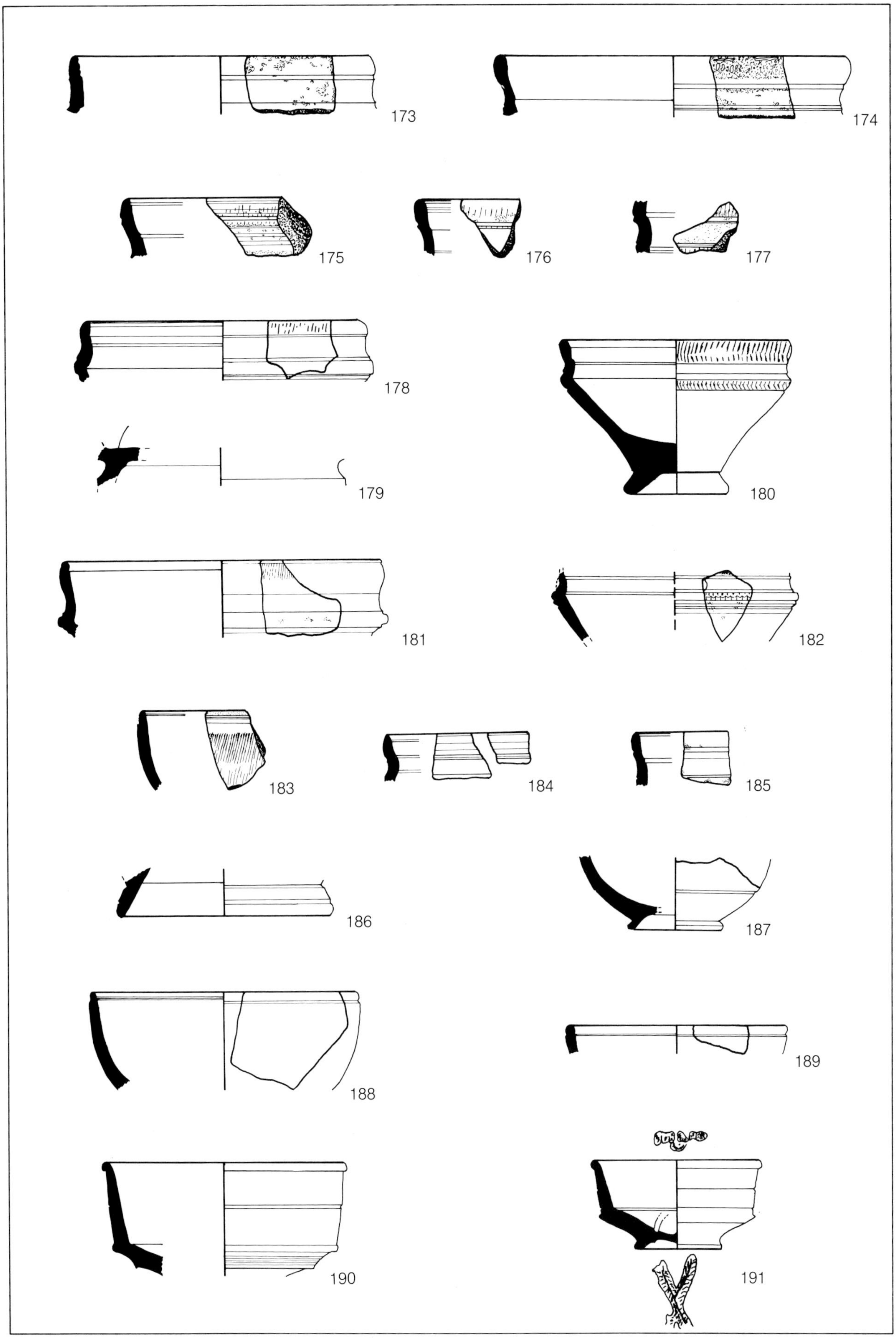

Terra Sigillata. M. 1:2.

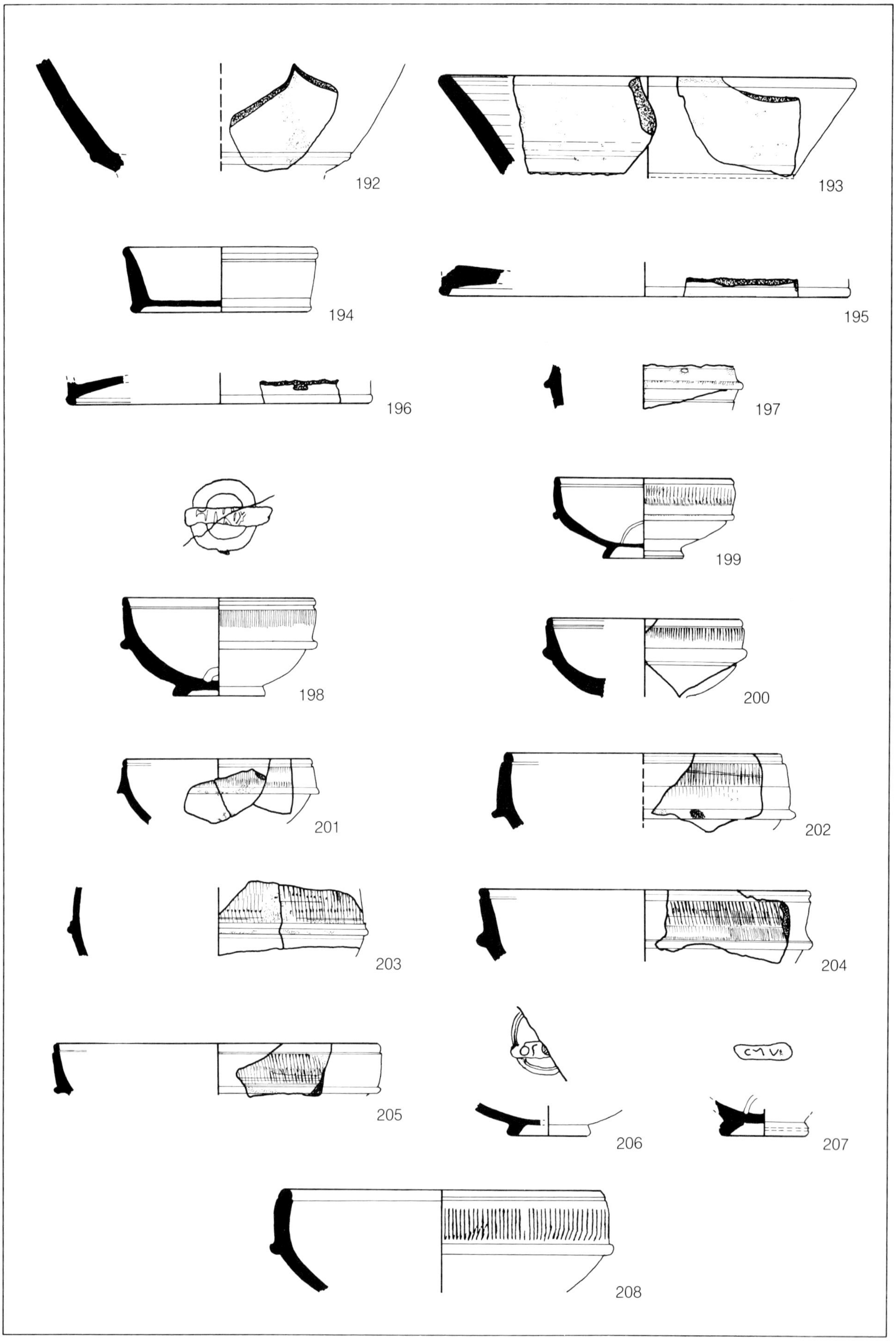

Terra Sigillata. M. 1:2.

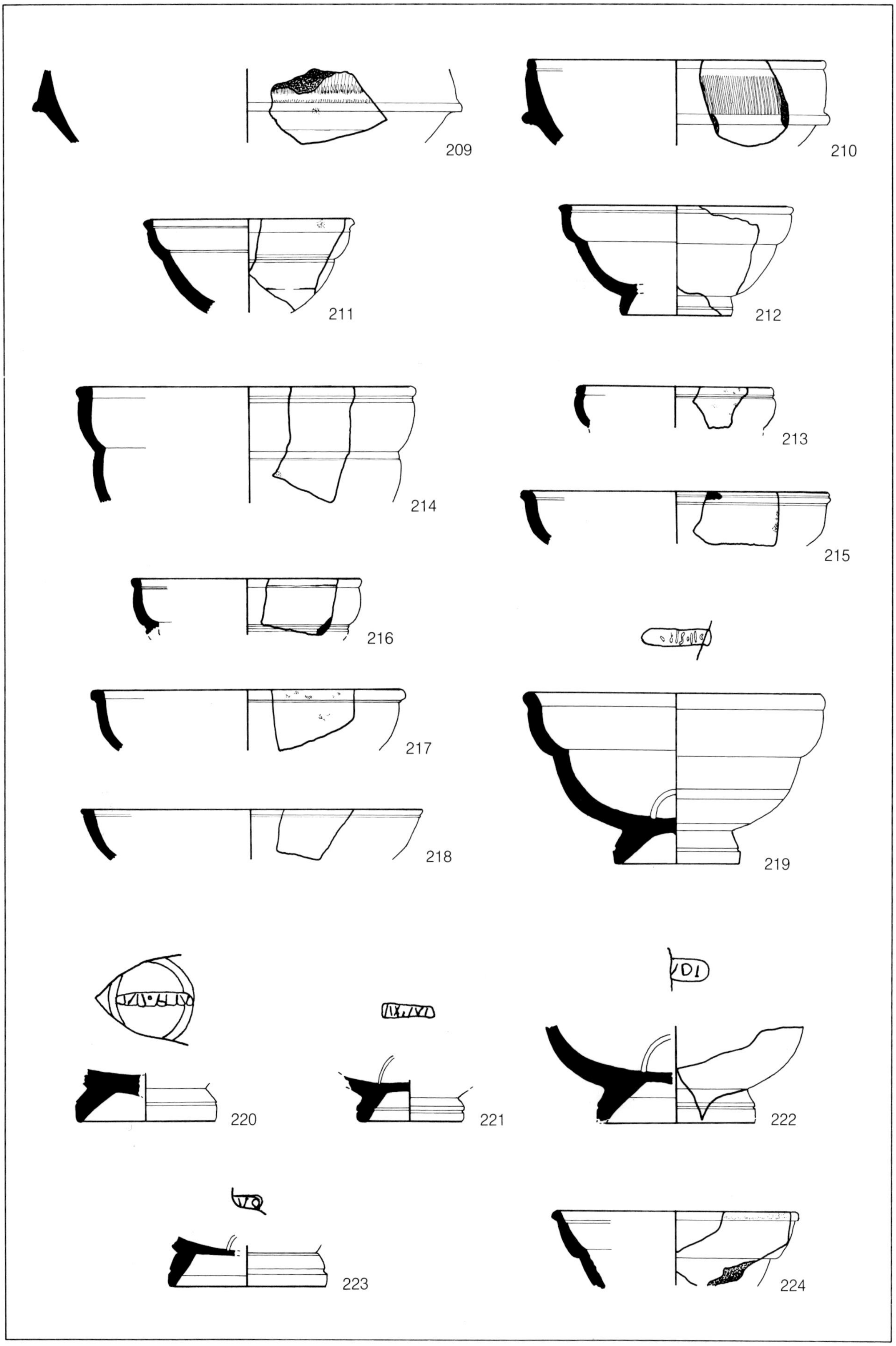

Terra Sigillata. M. 1:2.

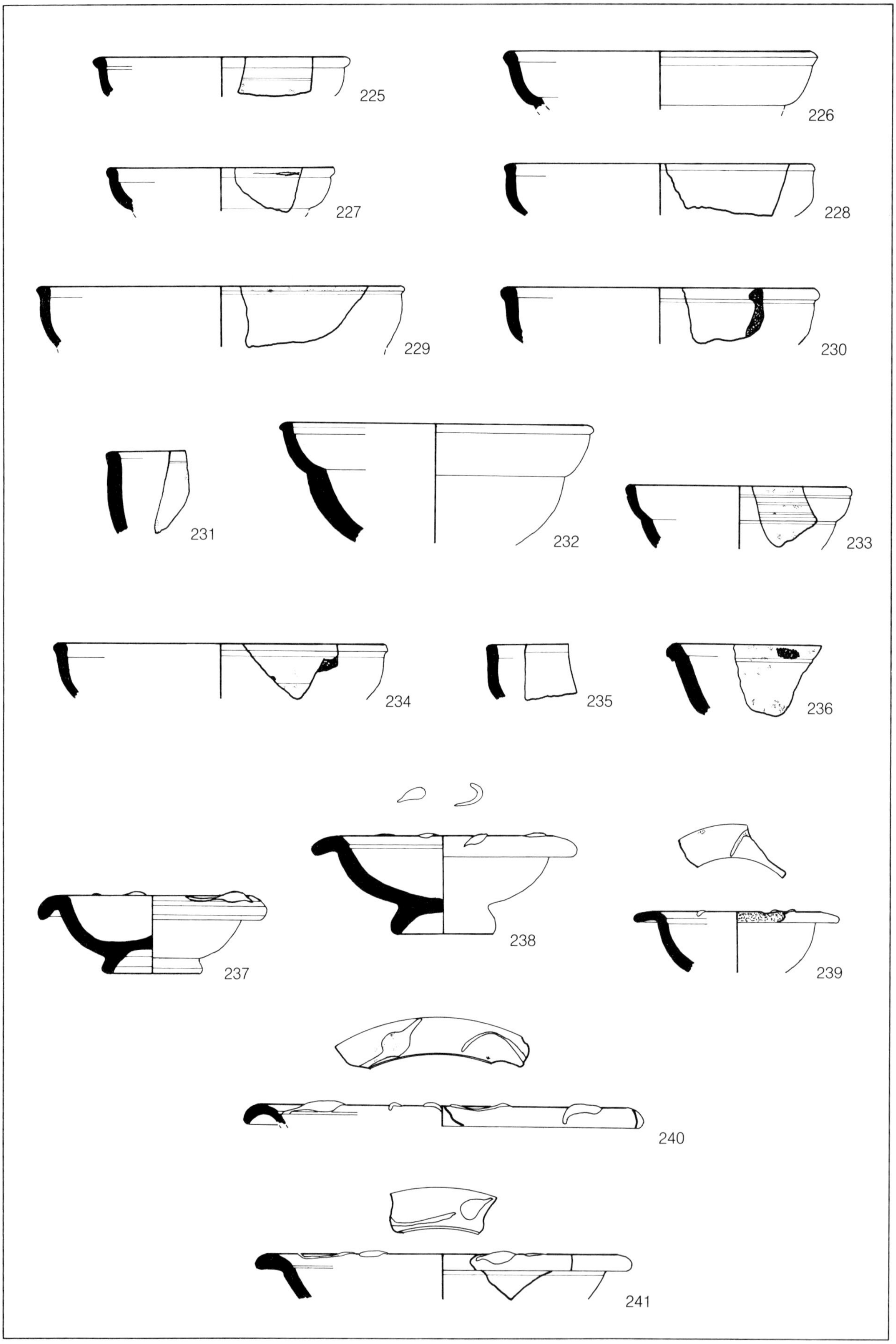

Terra Sigillata. M. 1:2.

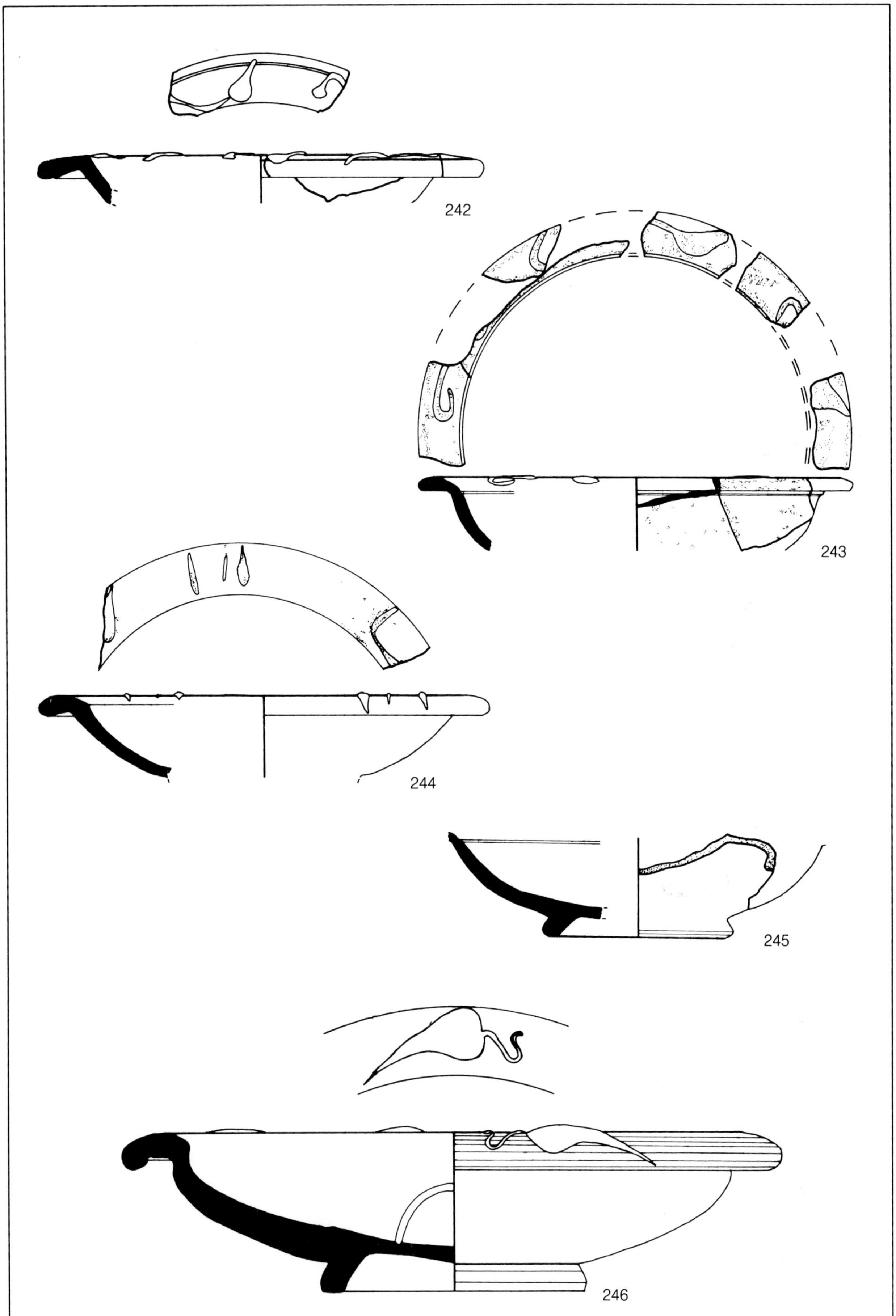

Terra Sigillata. M. 1:2.

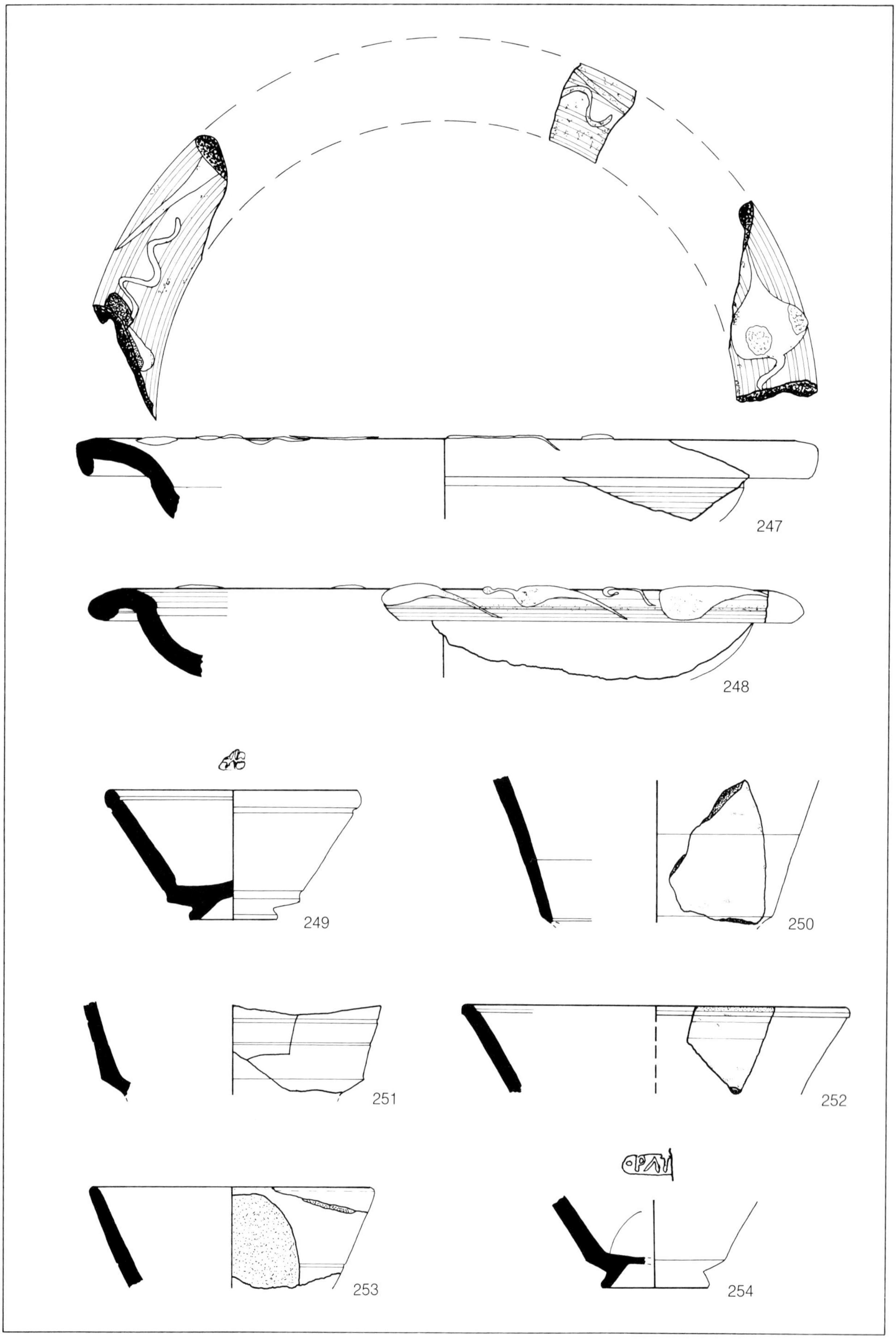

Terra Sigillata. M. 1:2.

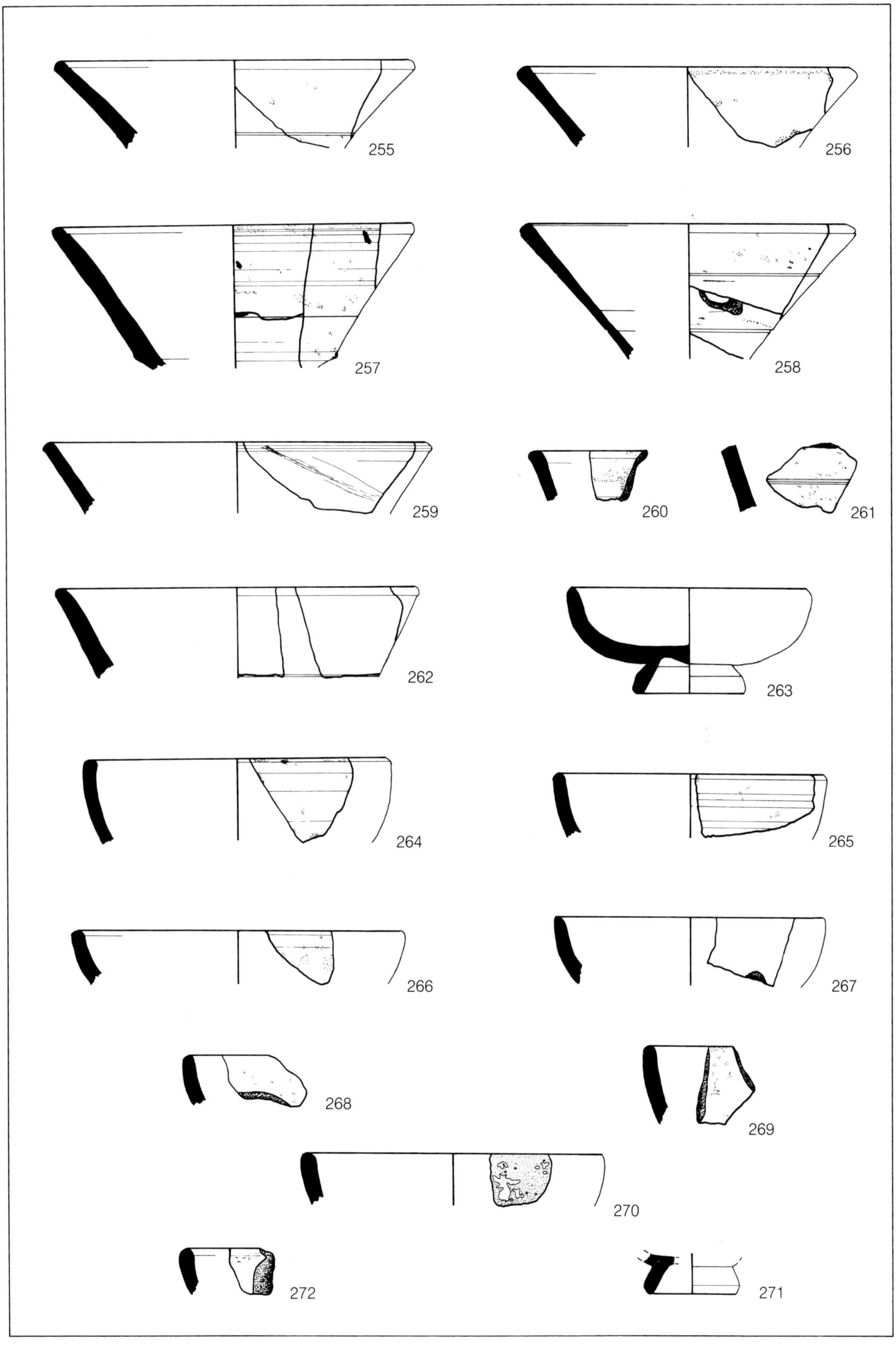

Terra Sigillata. M. 1:2.

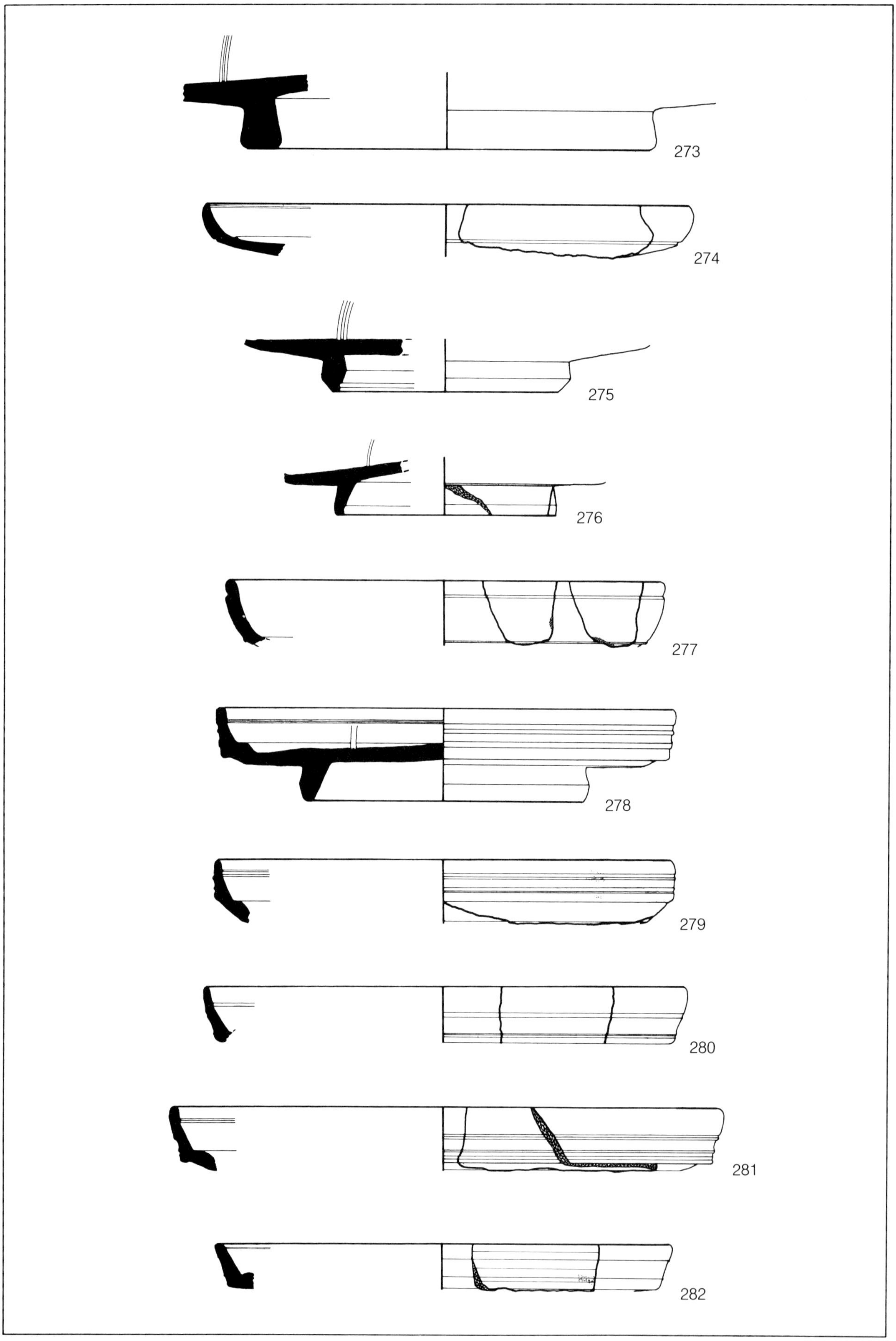

Terra Sigillata. M. 1:2.

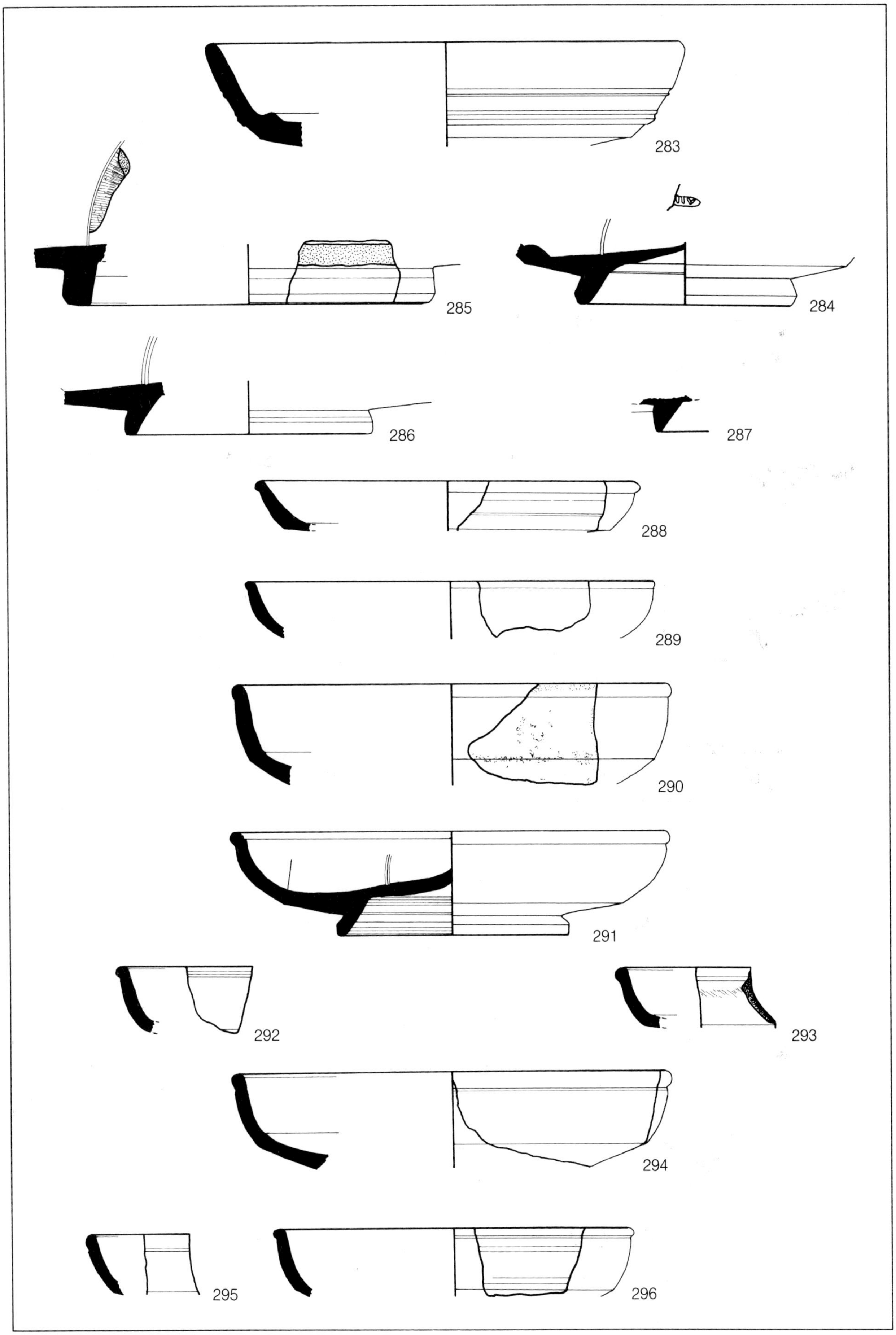

Terra Sigillata. M. 1:2.

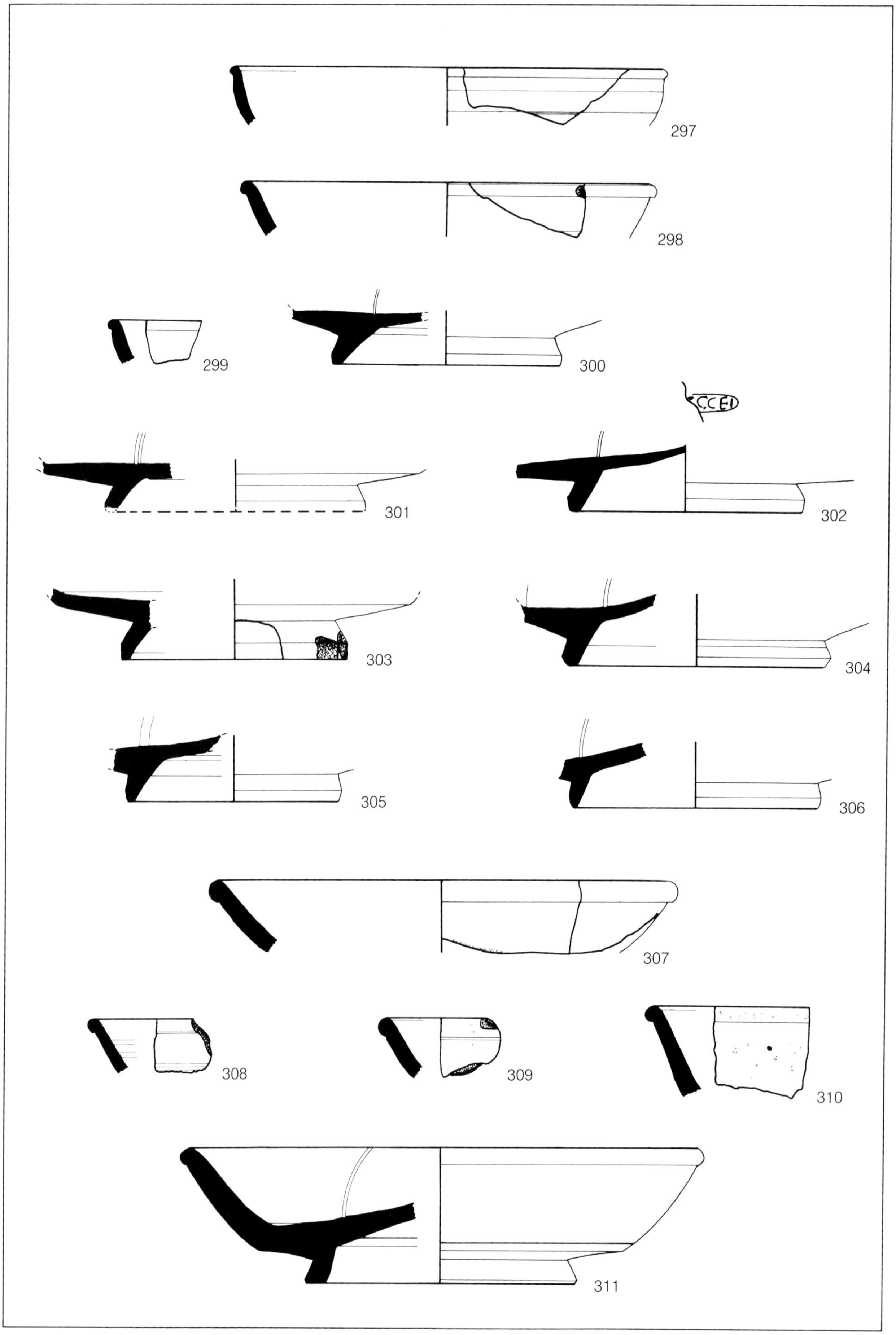

Terra Sigillata. M. 1:2.

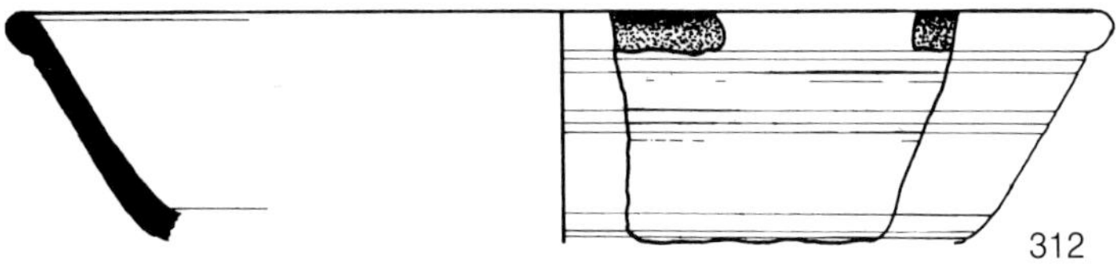
312

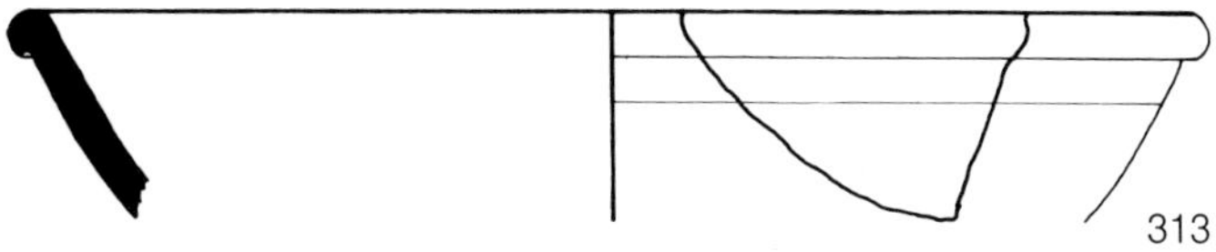
313

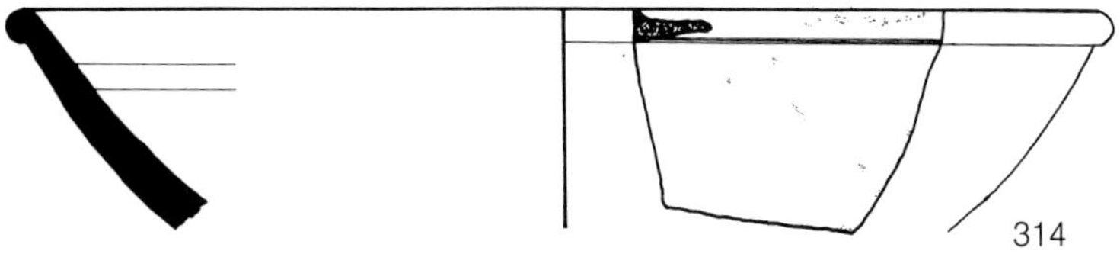
314

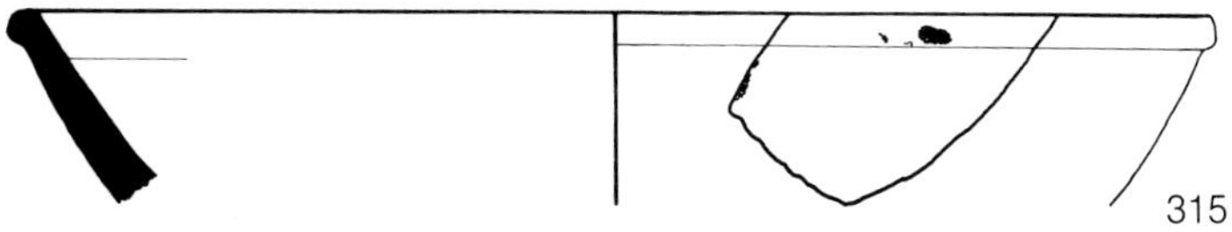
315

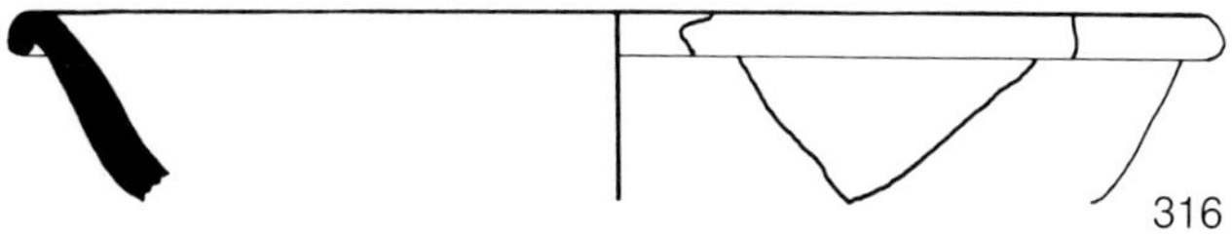
316

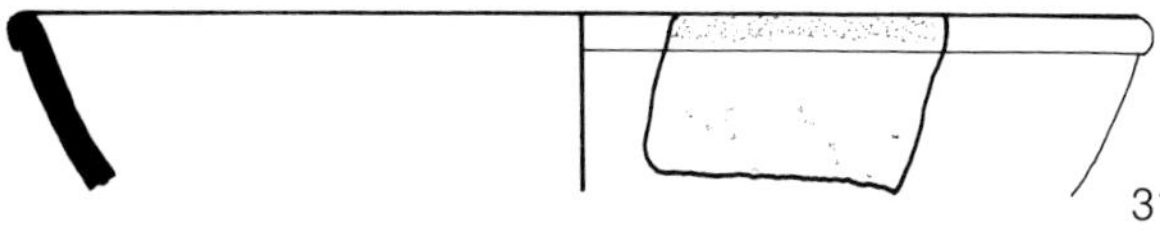
317

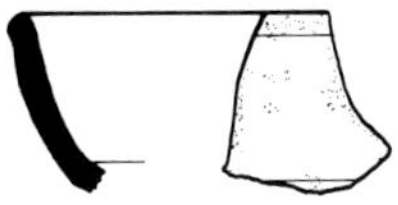
318

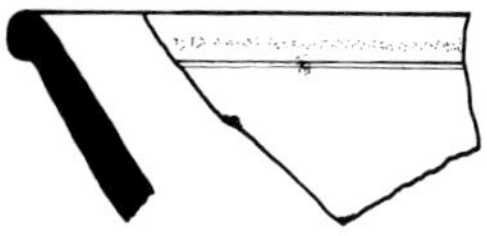
319

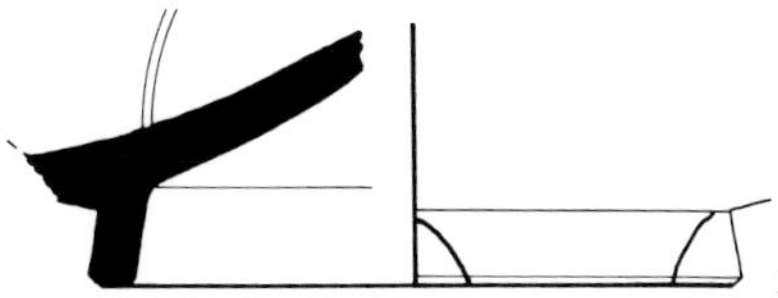
320

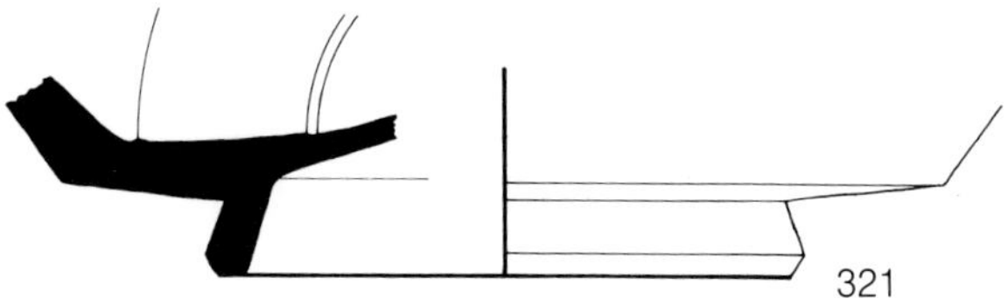
321

Terra Sigillata. M. 1:2.

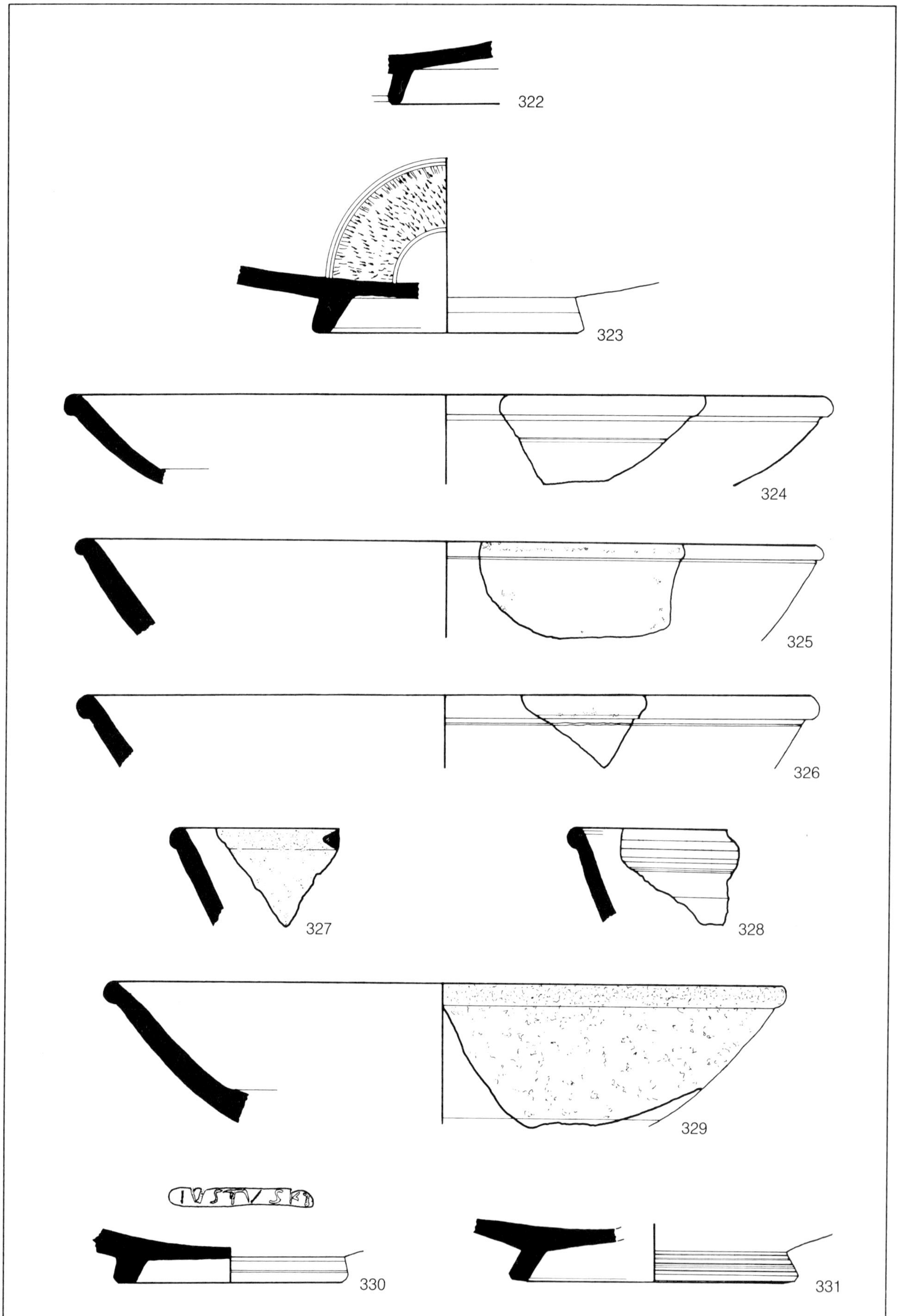

Terra Sigillata. M. 1:2.

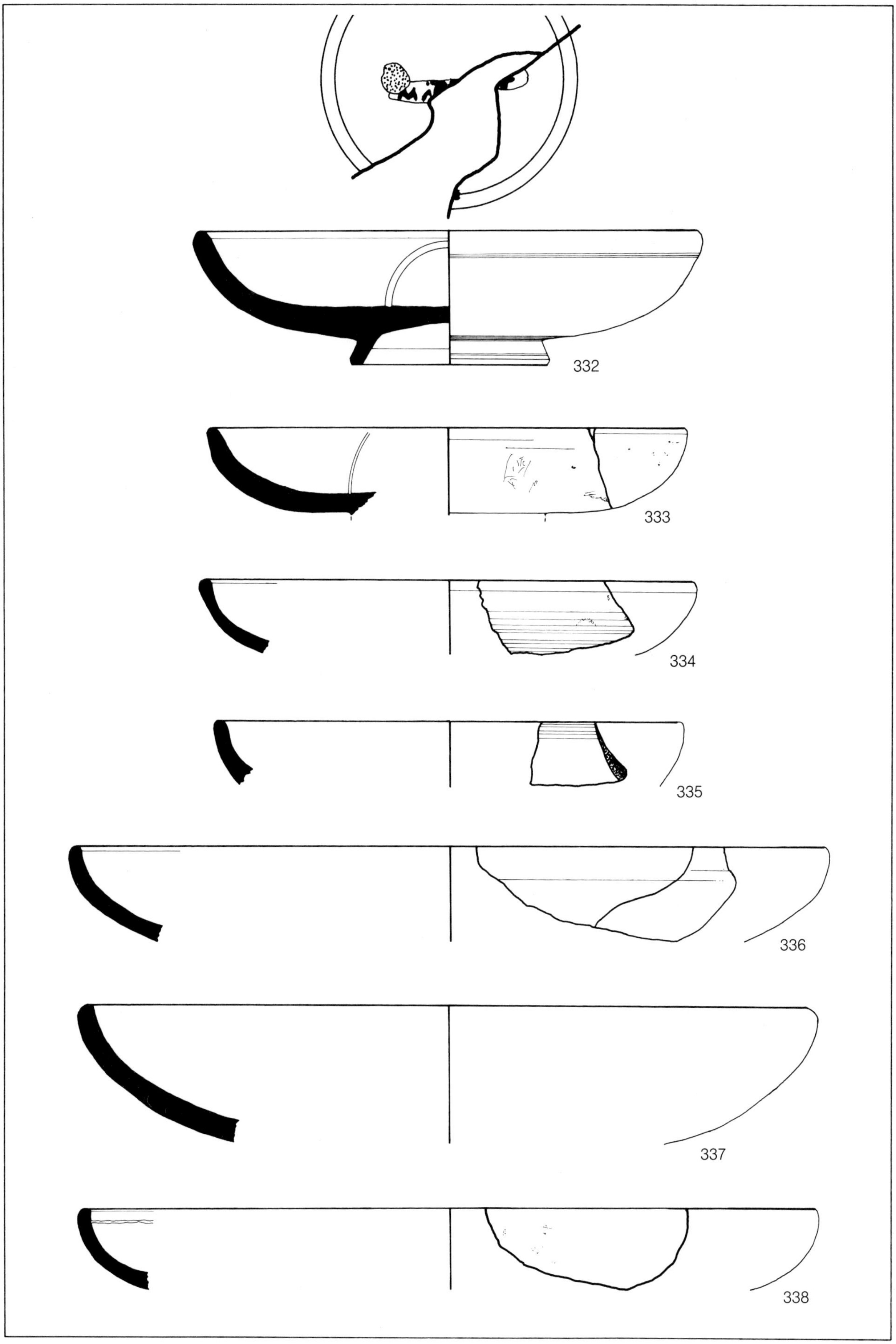

Terra Sigillata. M. 1:2.

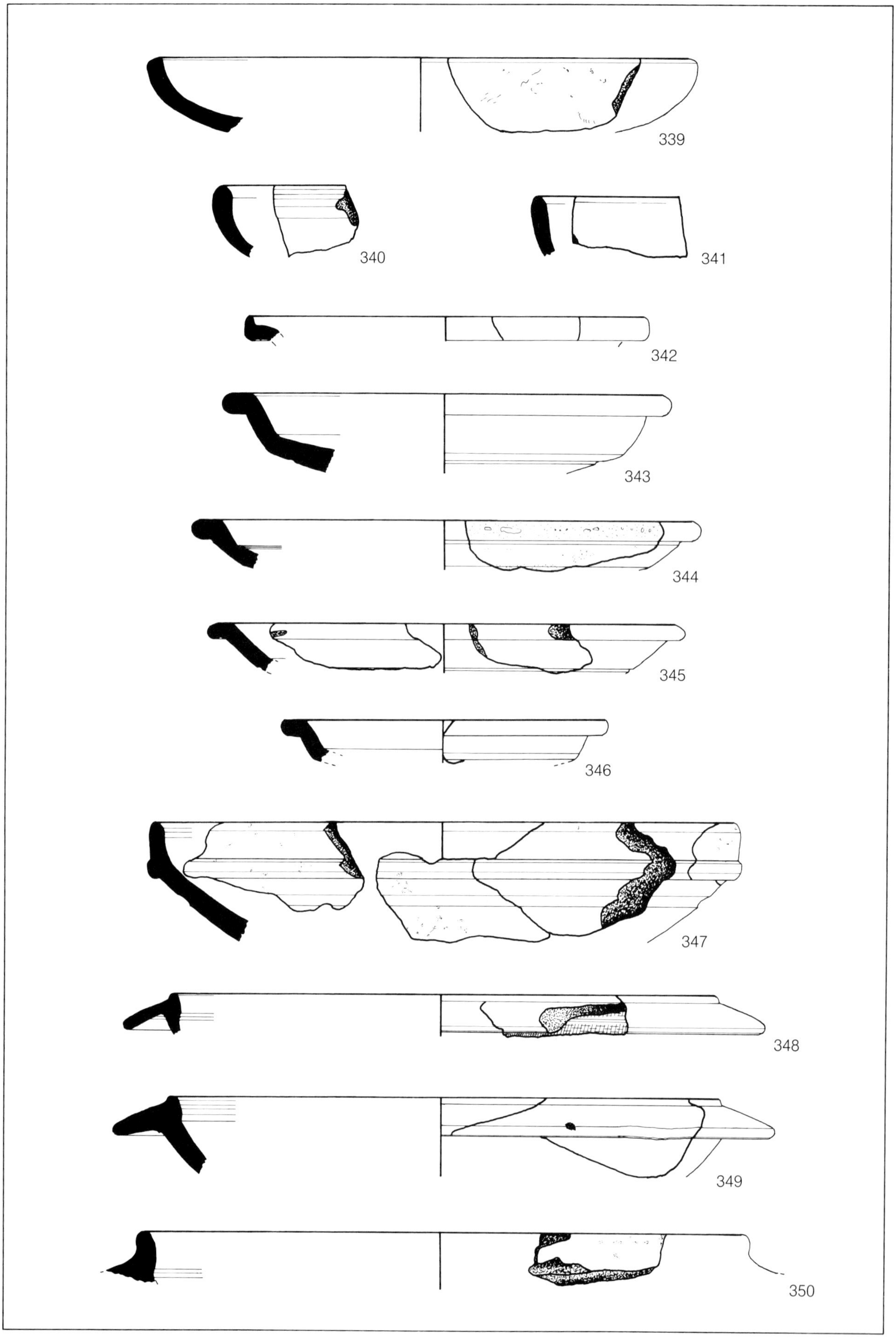

Terra Sigillata. M. 1:2.

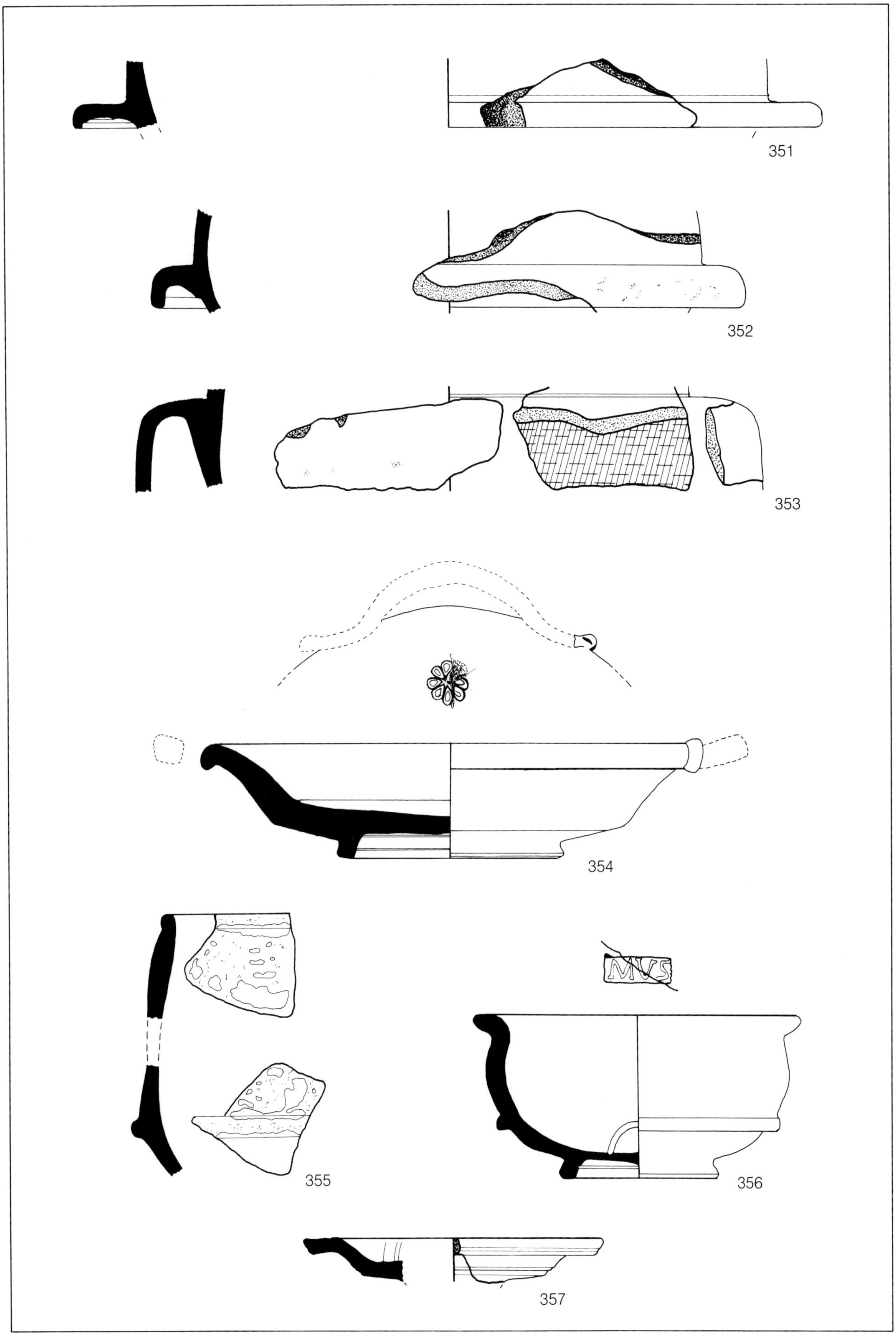

Terra Sigillata. M. 1:2.

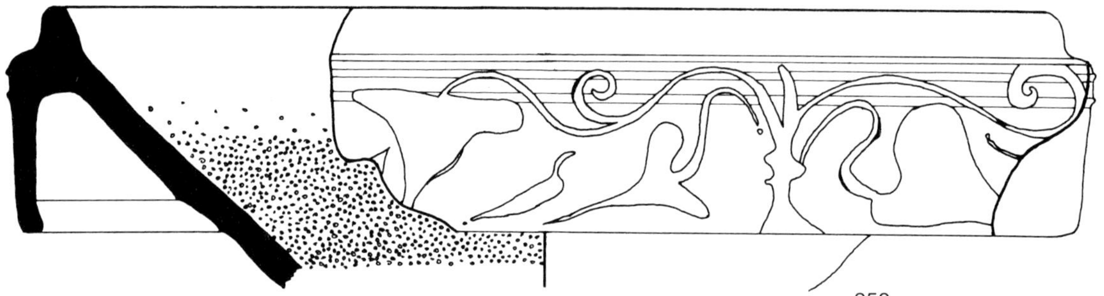

358

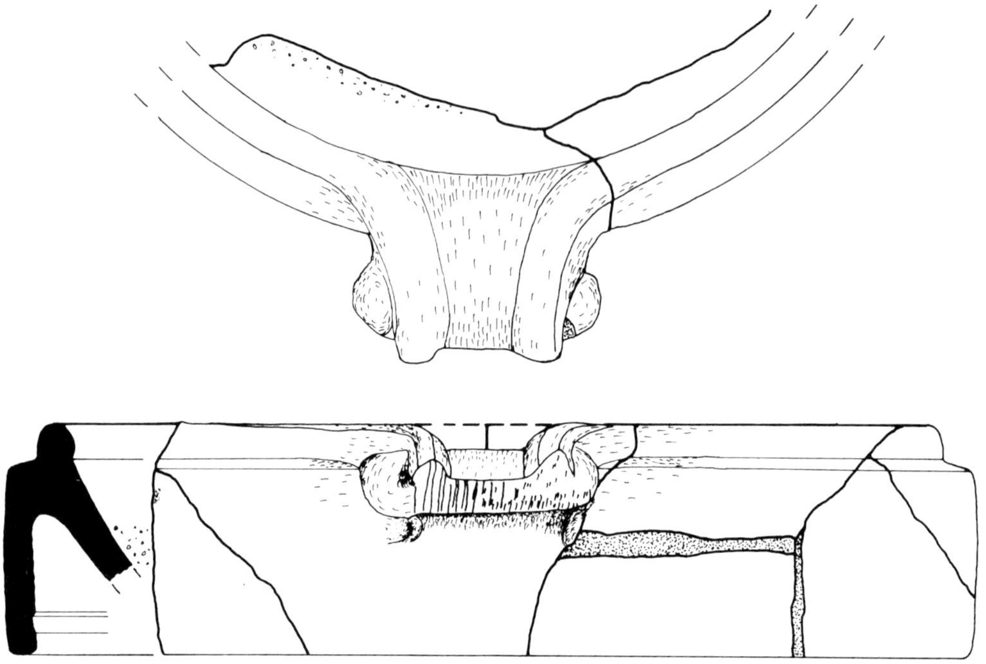

359

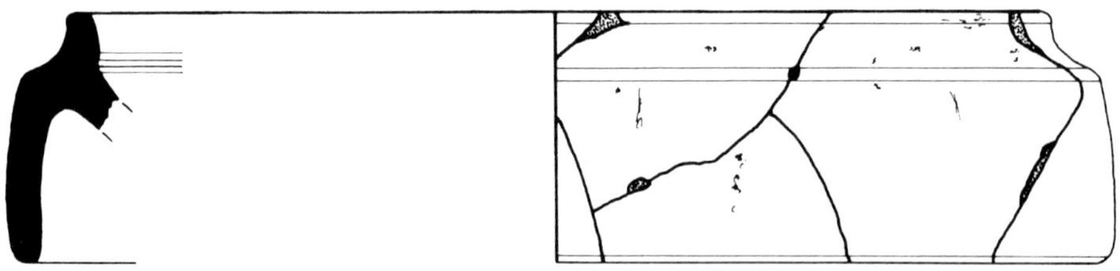

360

Terra Sigillata. M. 1:2.

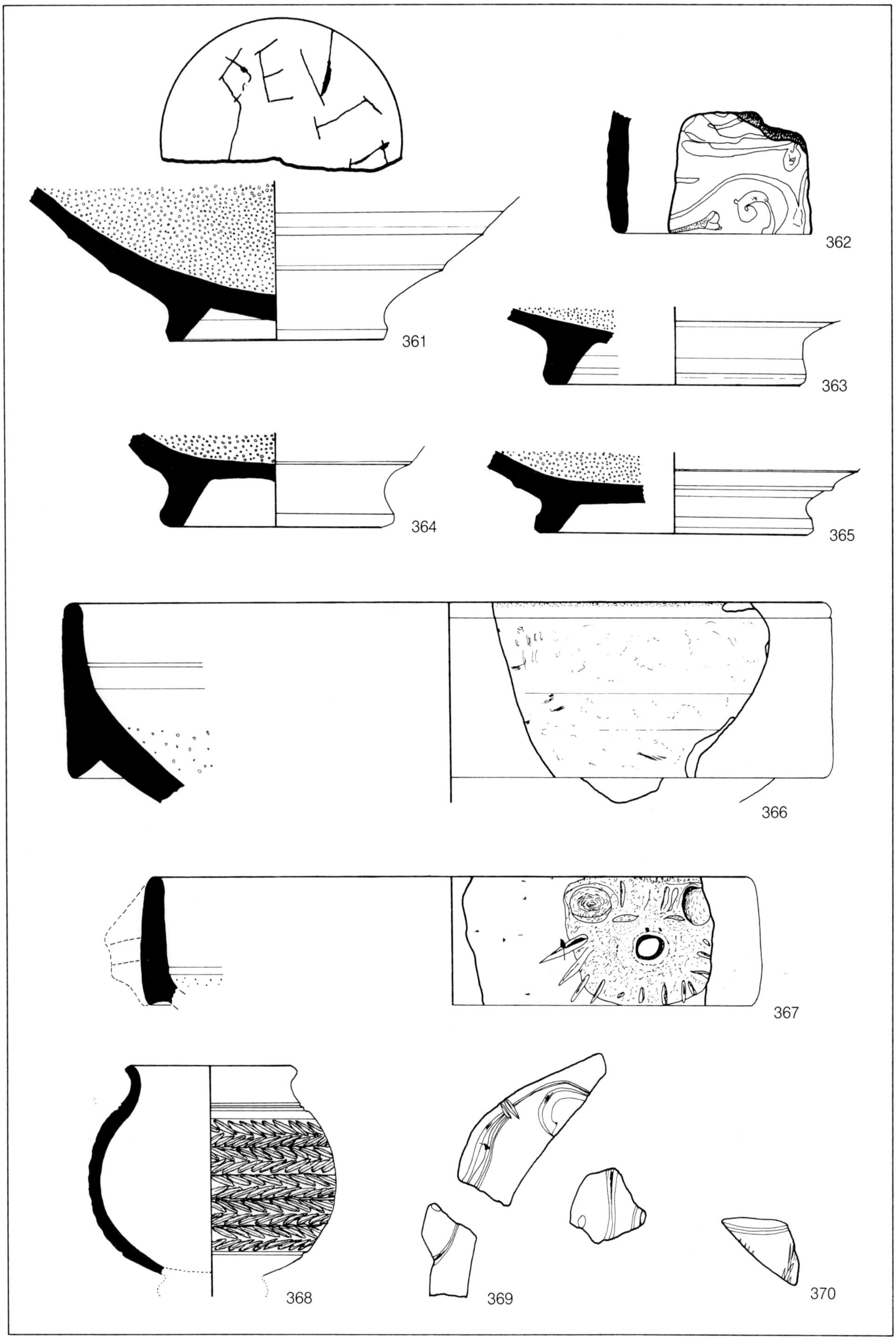

Terra Sigillata. M. 1:2.

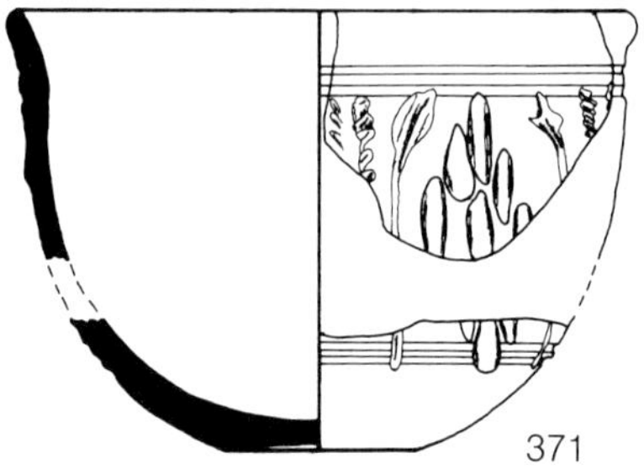
371

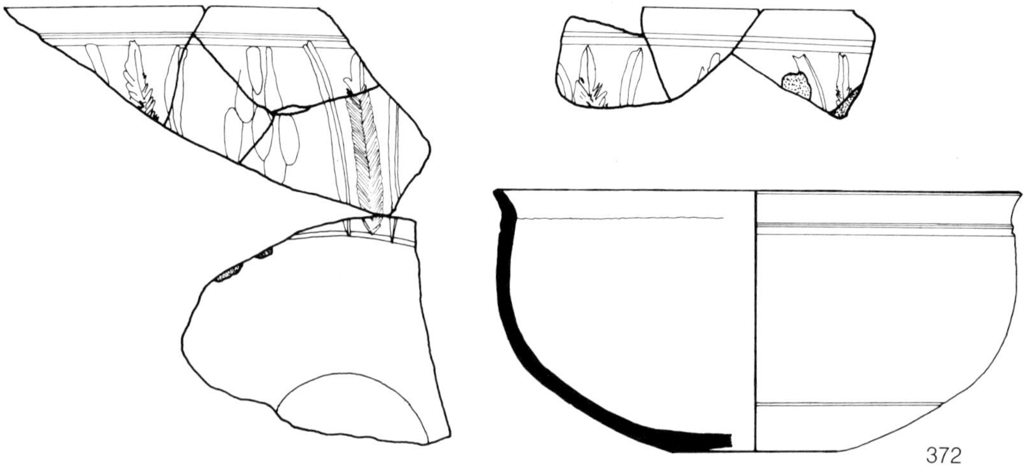
372

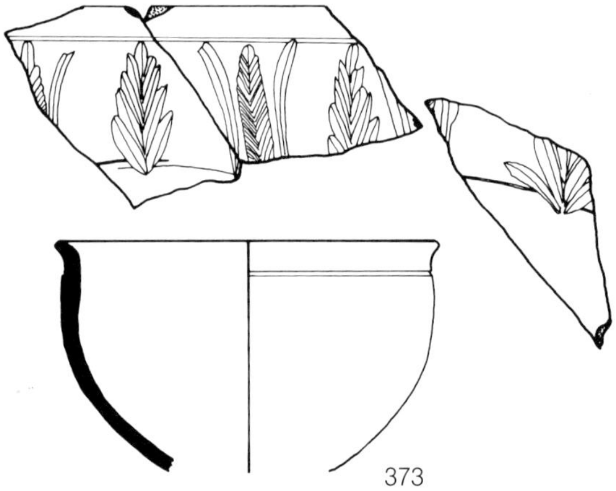
373

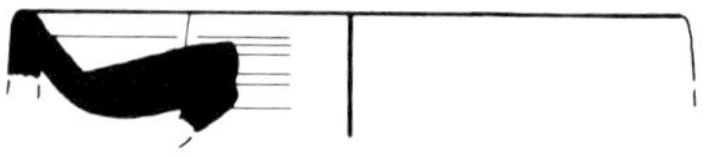
374

375

376

377

378

379

380

381

Terra Sigillata. M. 1:2.

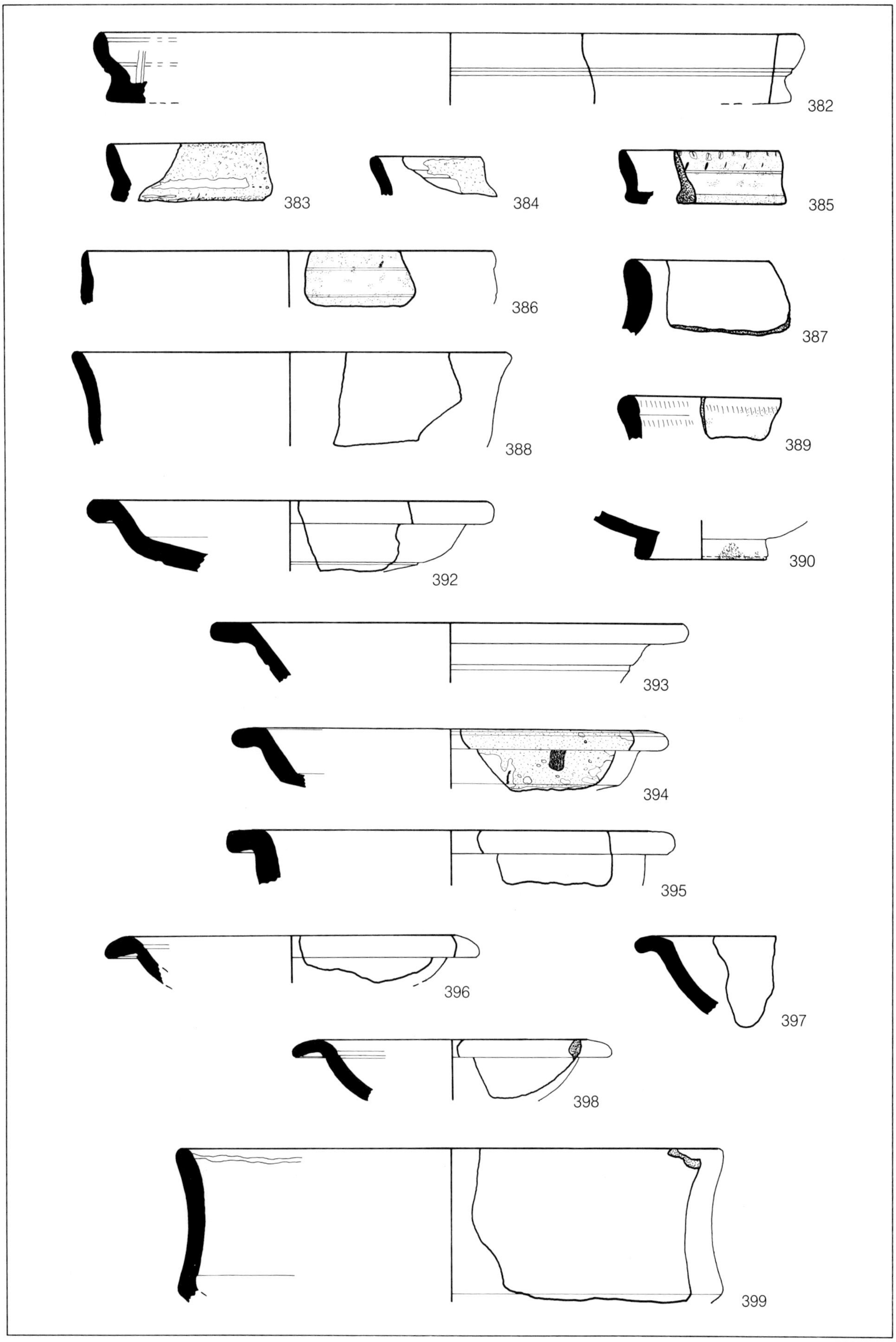

Terra Sigillata-Imitationen. M. 1:2.

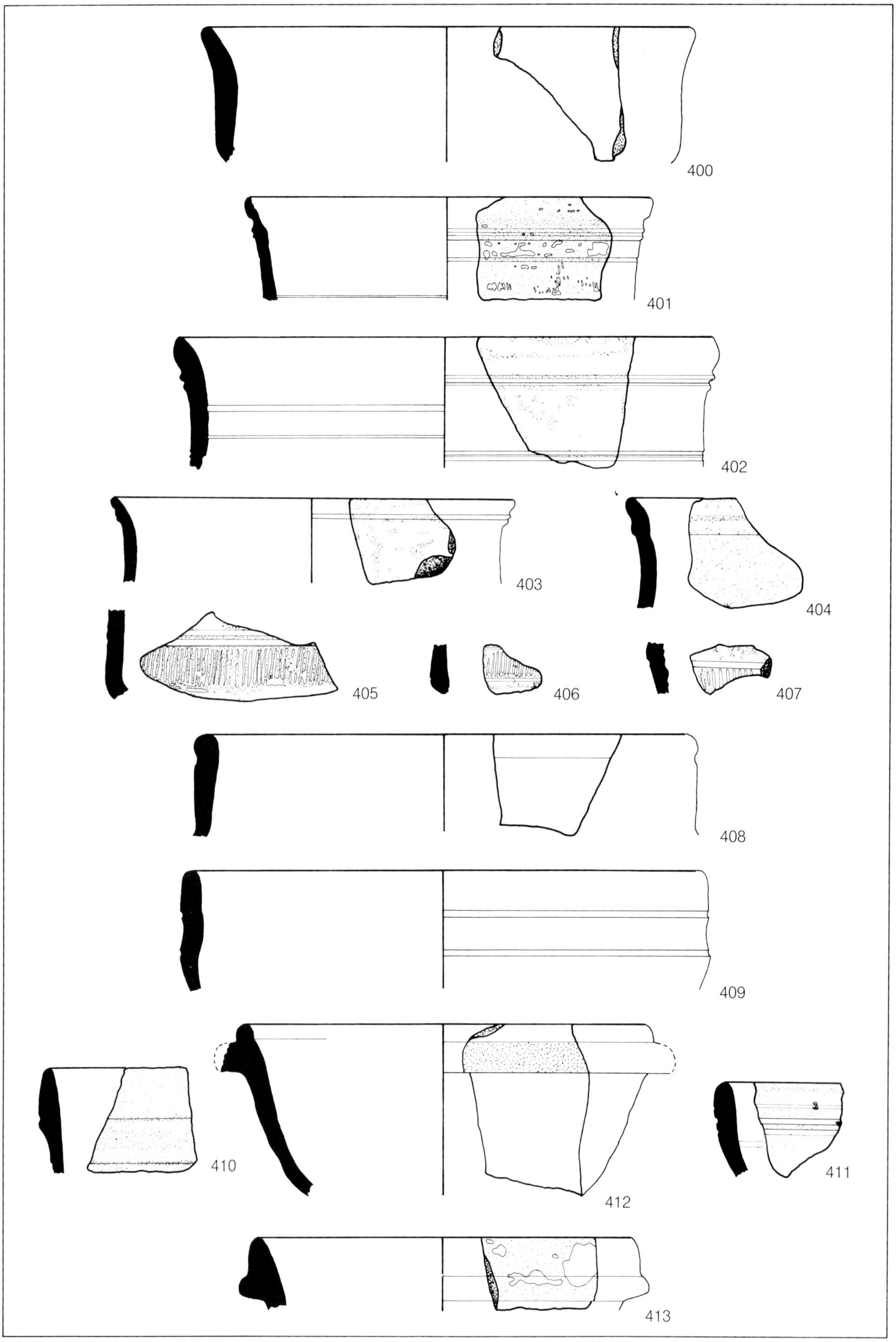

Terra Sigillata-Imitationen. M. 1:2.

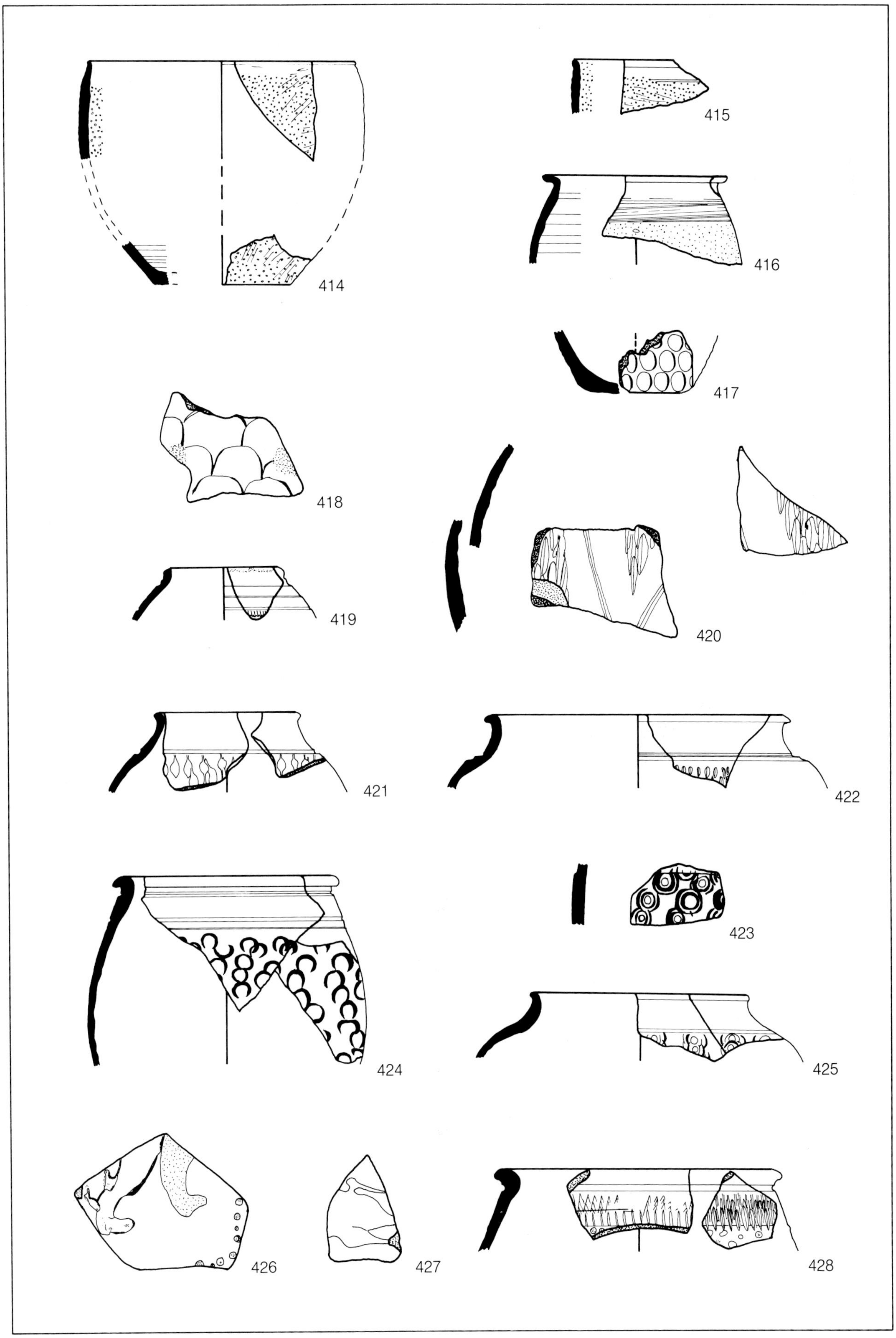

„Feine Becher". M. 1:2.

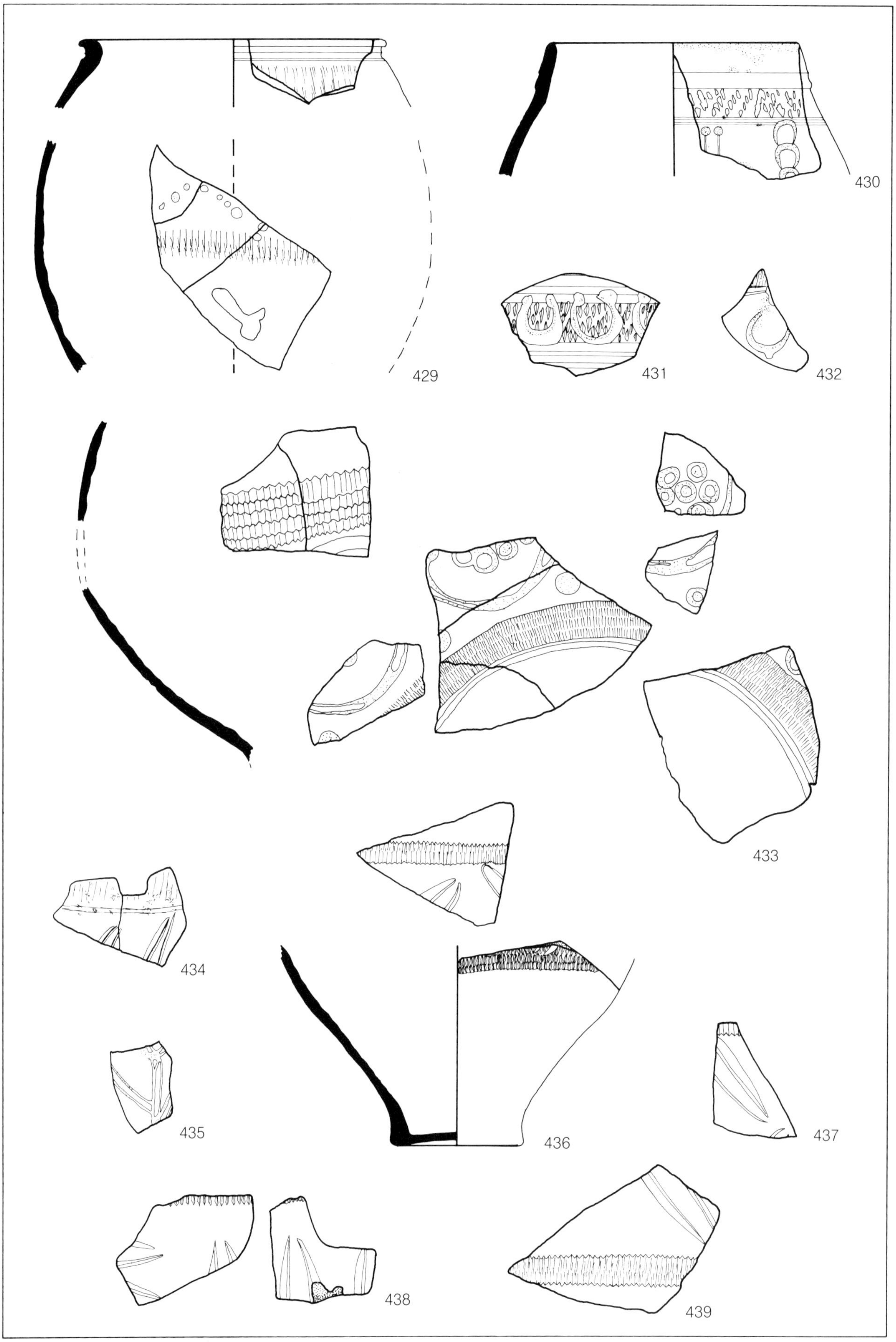

„Feine Becher". M. 1:2.

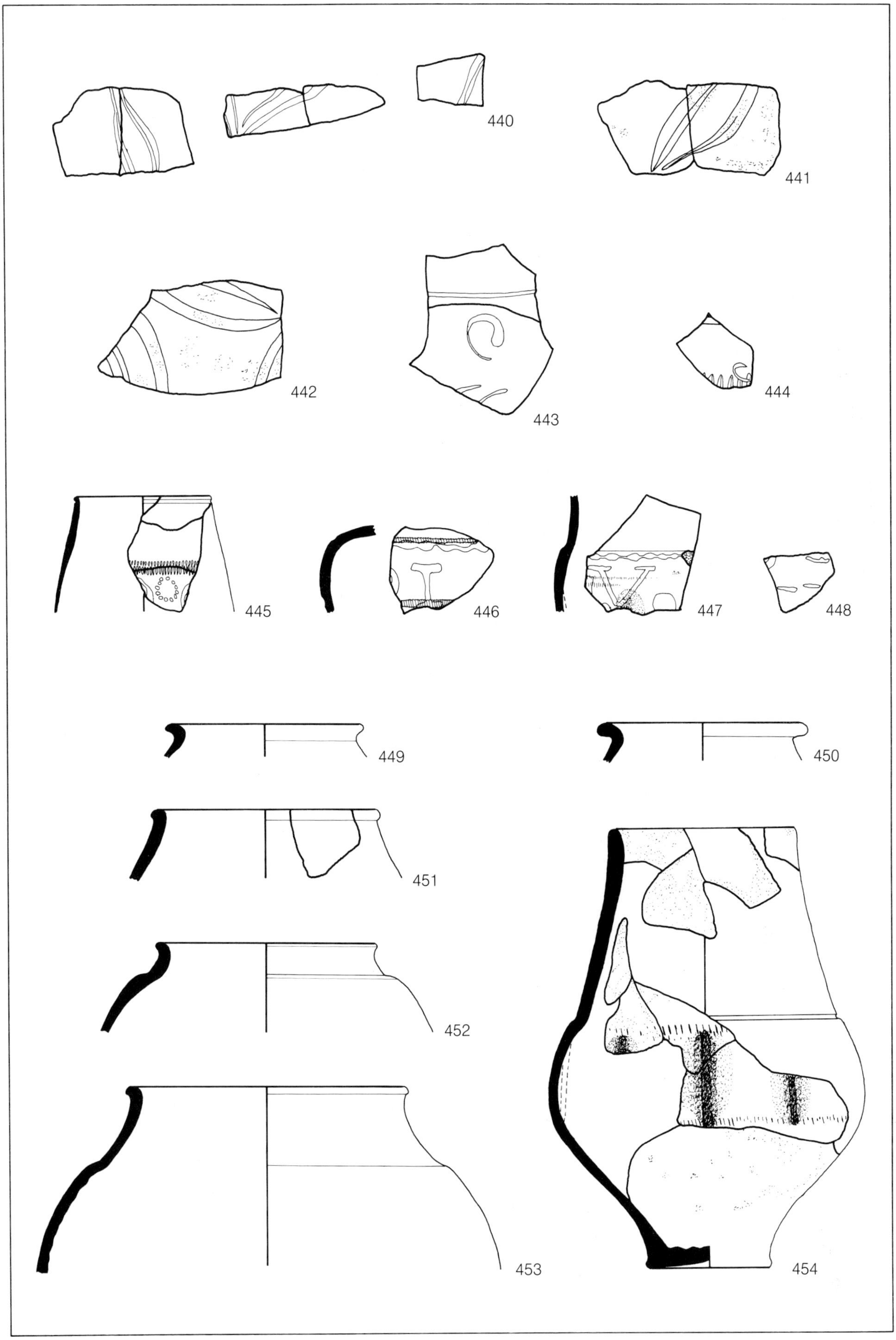

„Feine Becher". M. 1:2.

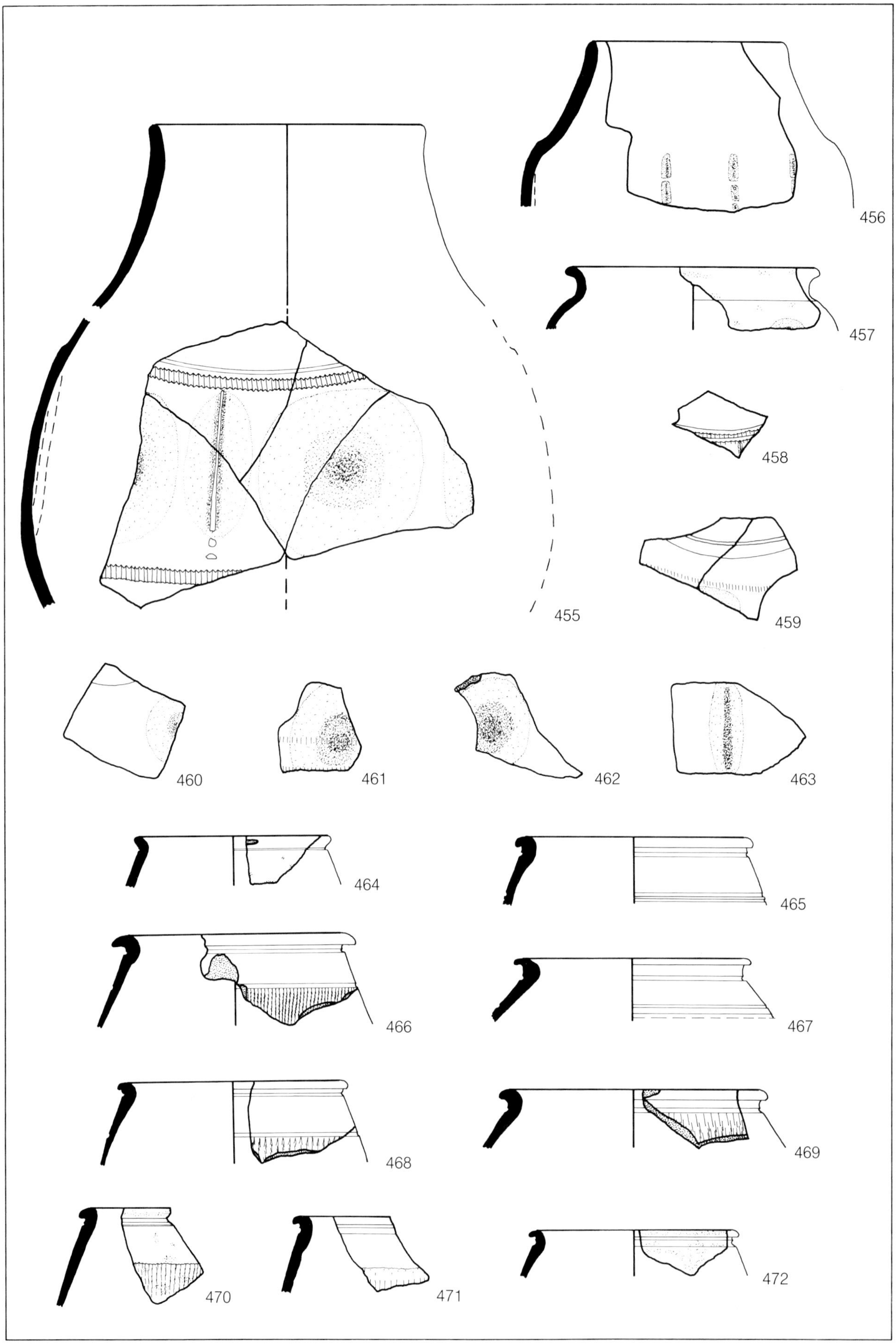

„Feine Becher". M. 1:2.

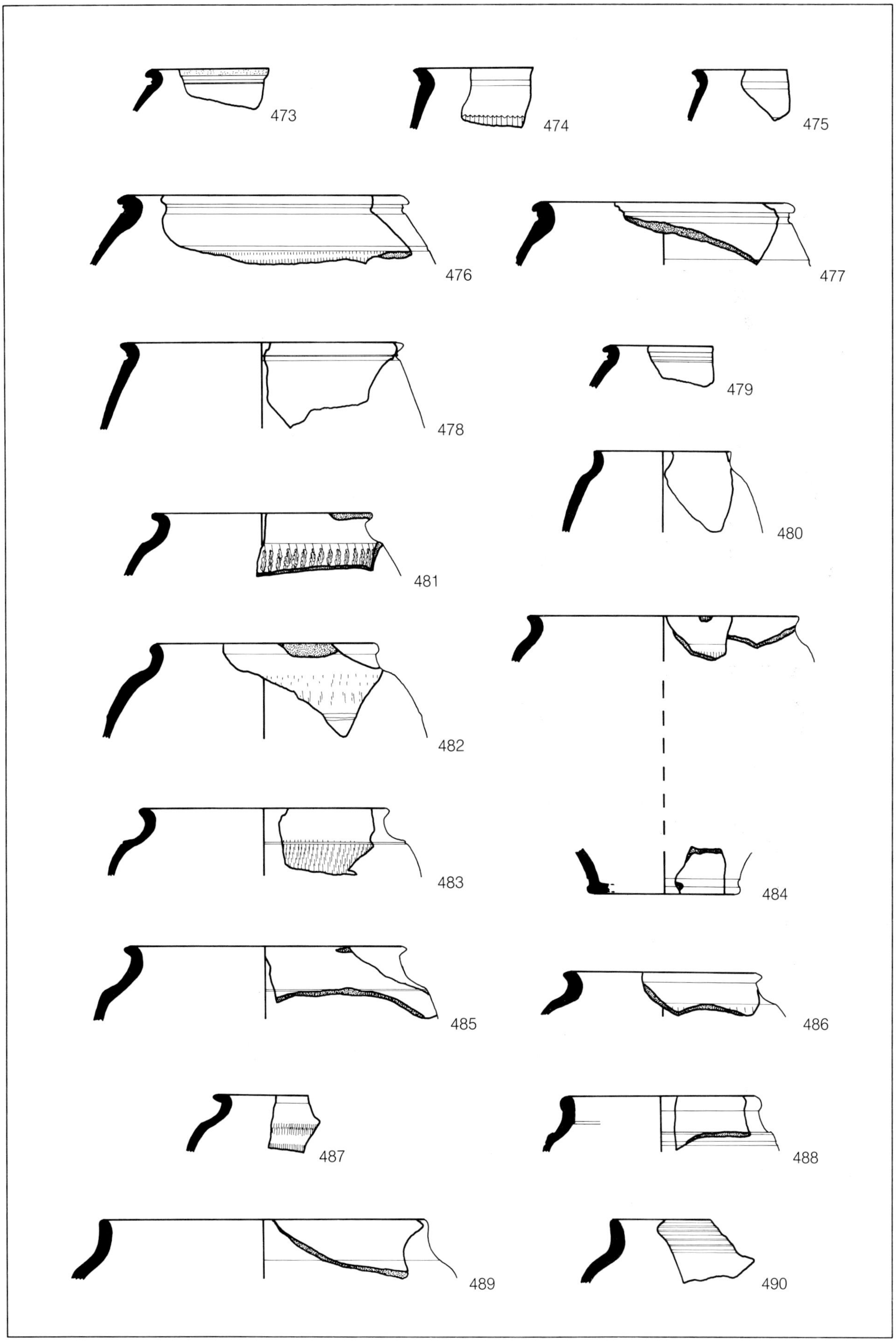

„Feine Becher". M. 1:2.

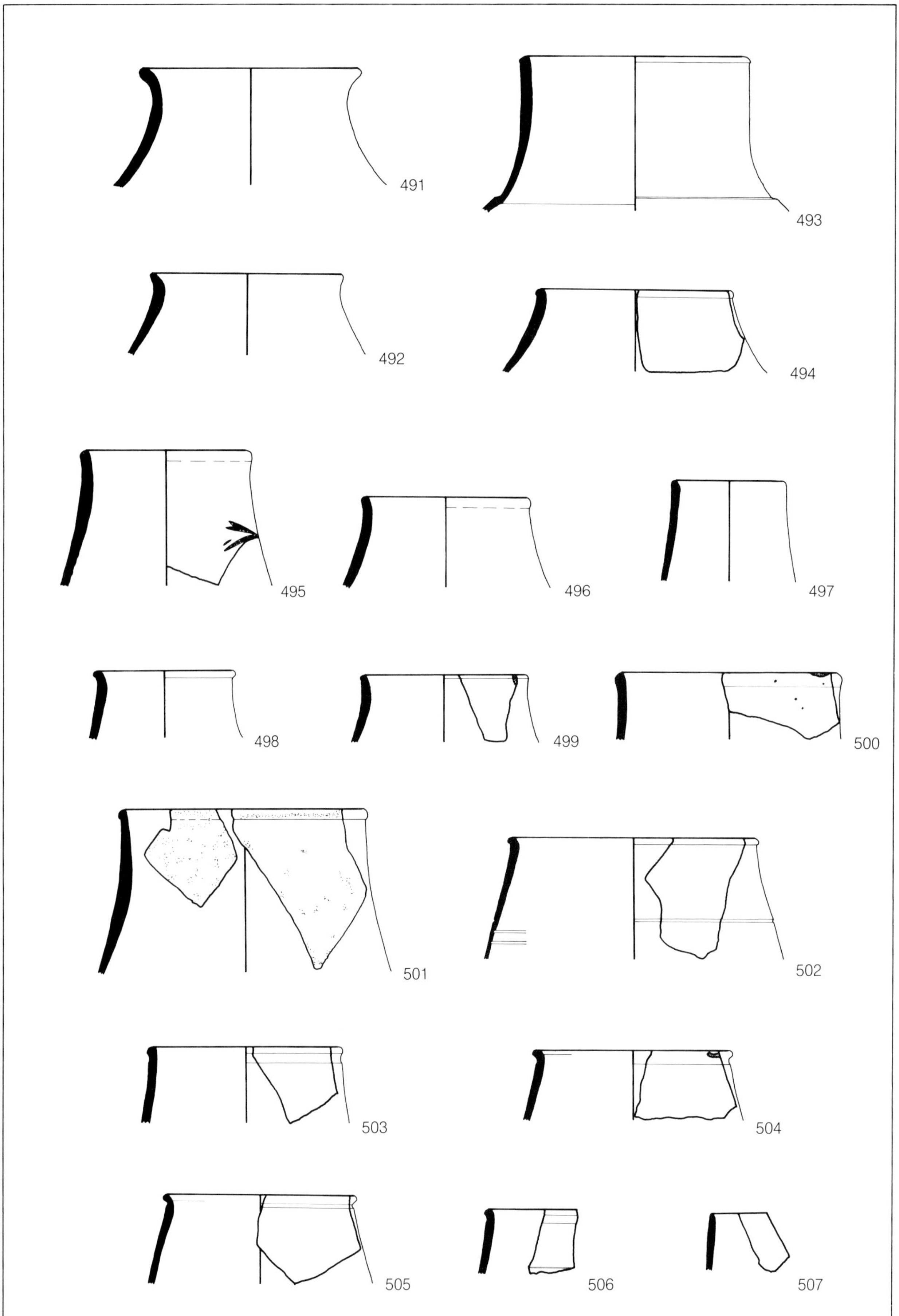

„Feine Becher“. M. 1:2.

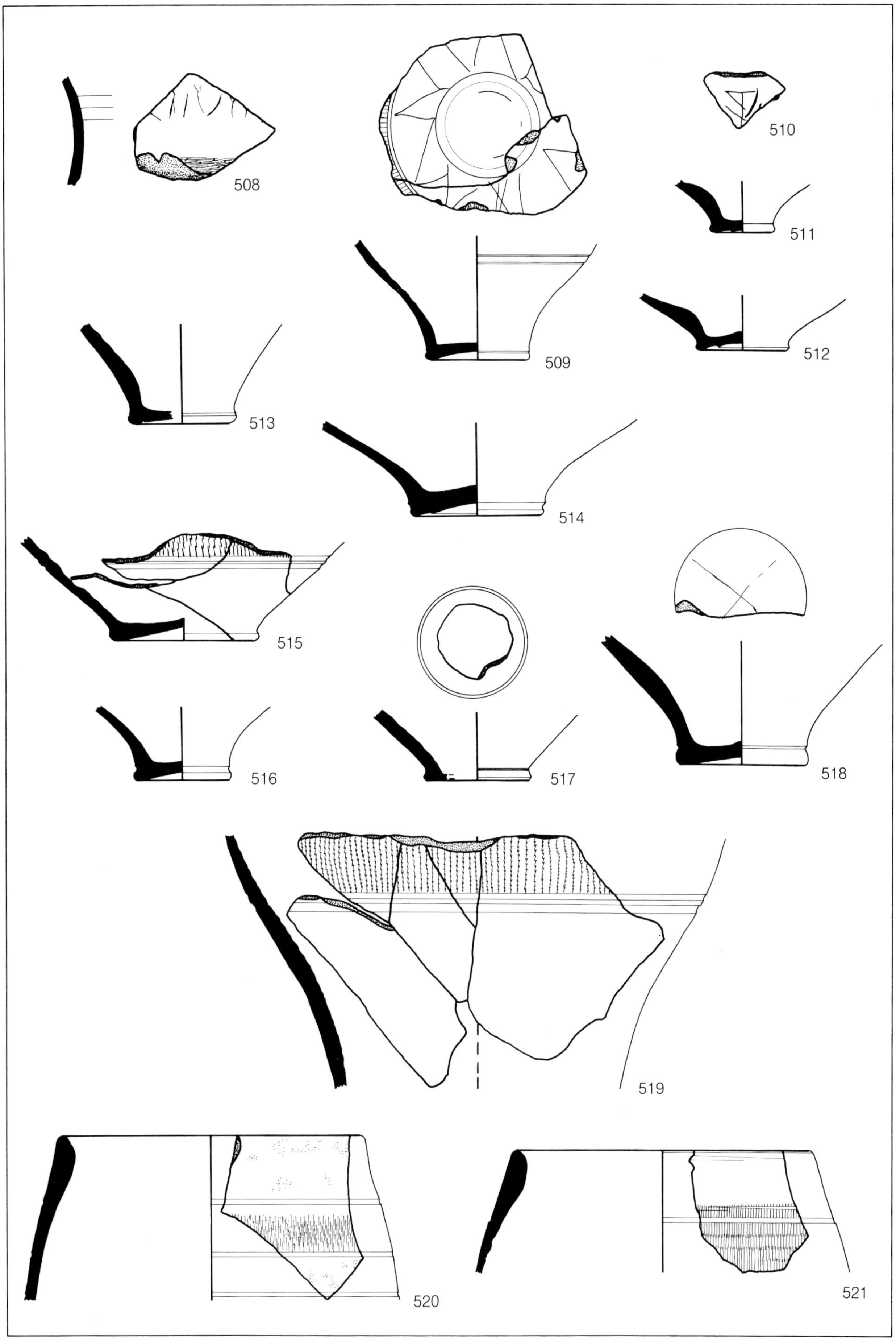

„Feine Becher“. M. 1:2.

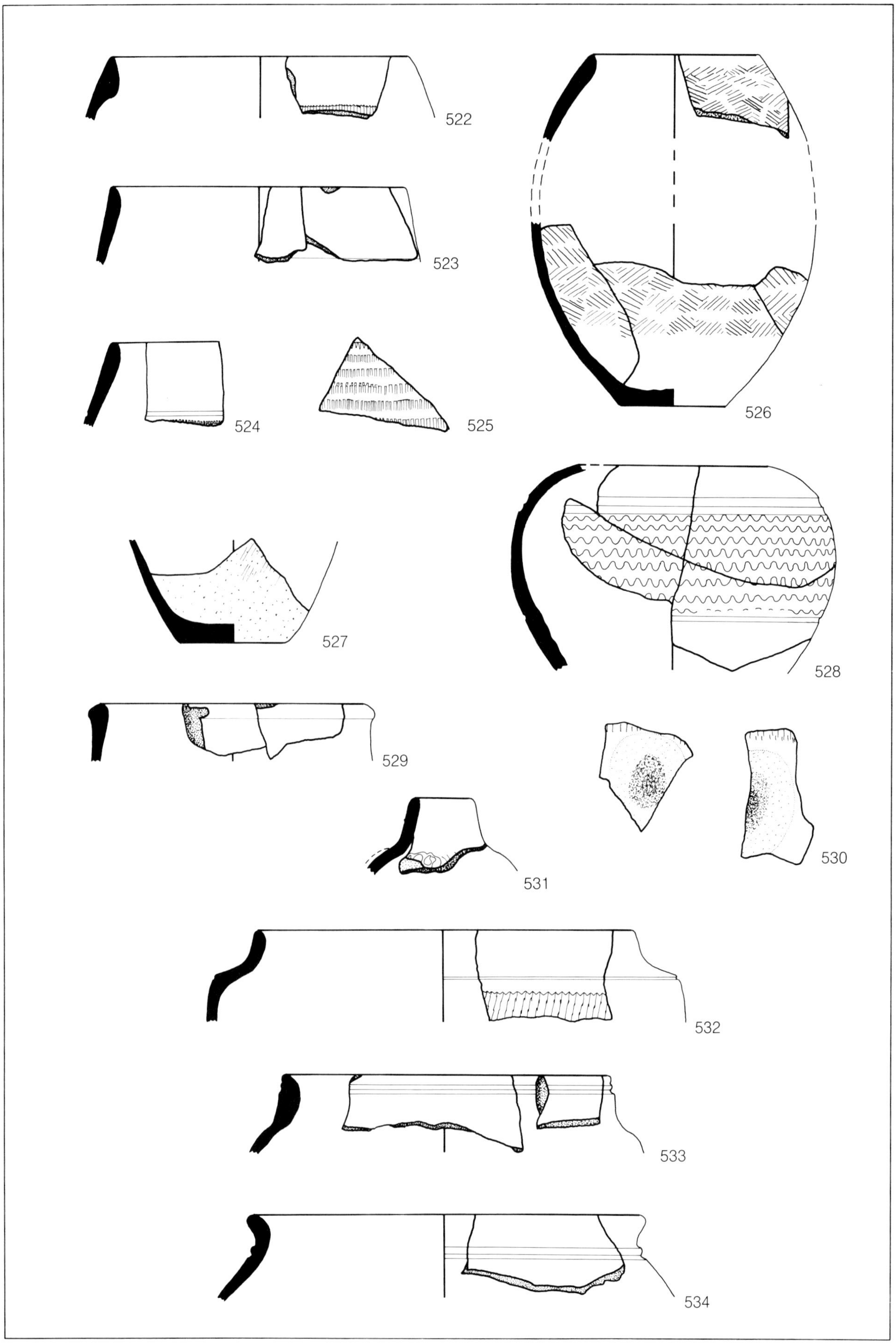

„Feine Becher“ (522–531).
Glanztonschüsseln (532–534). M. 1:2.

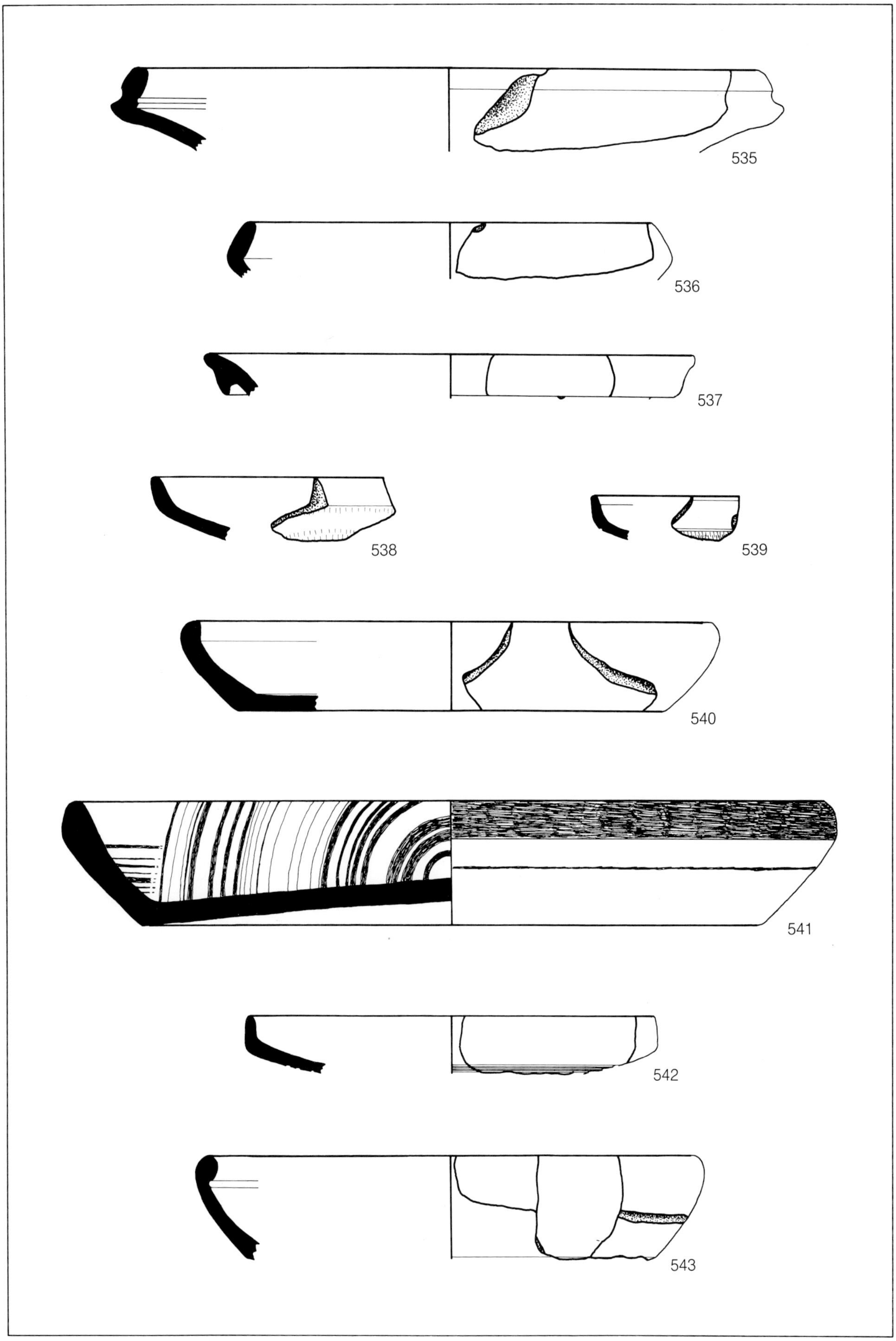

Küchengeschirr: Teller und Schalen. M. 1:2.

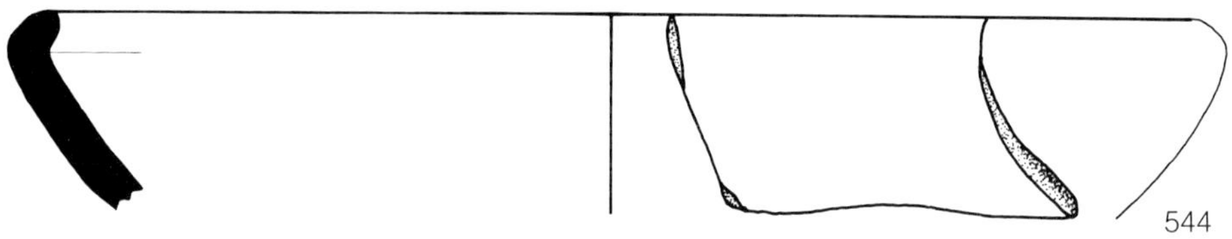

544

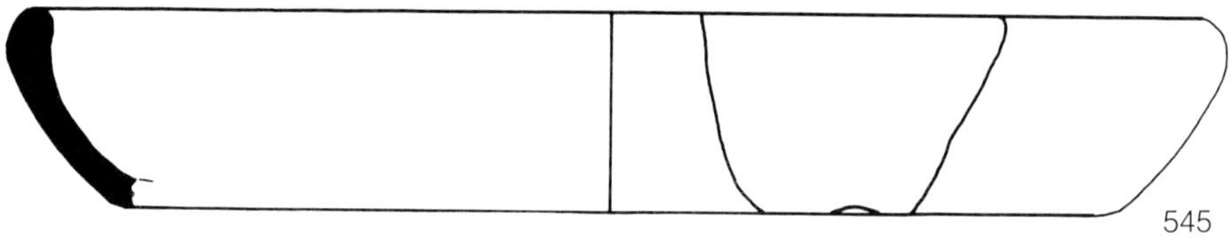

545

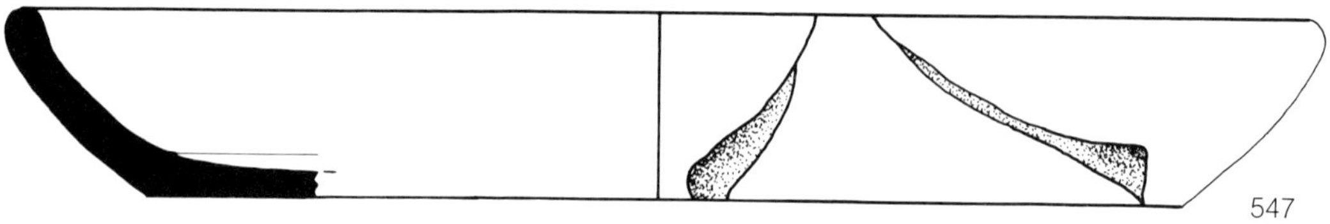

547

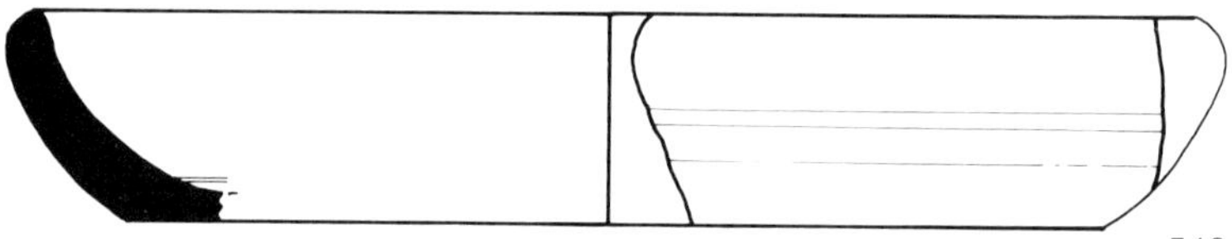

546

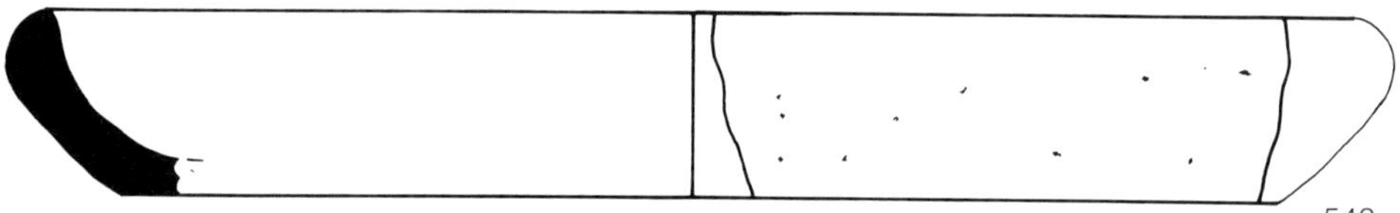

548

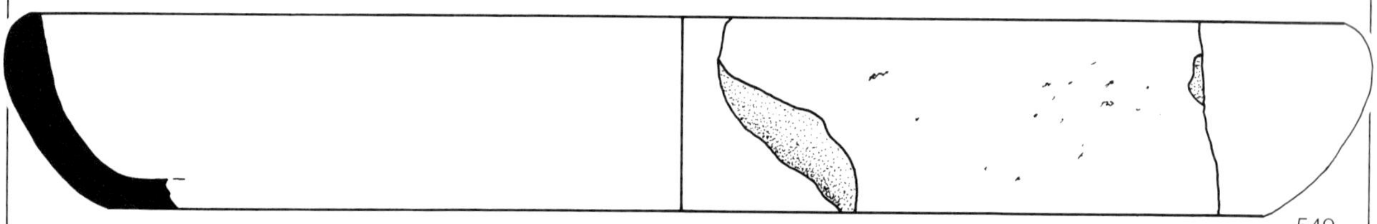

549

Küchengeschirr: Teller und Schalen. M. 1:2.

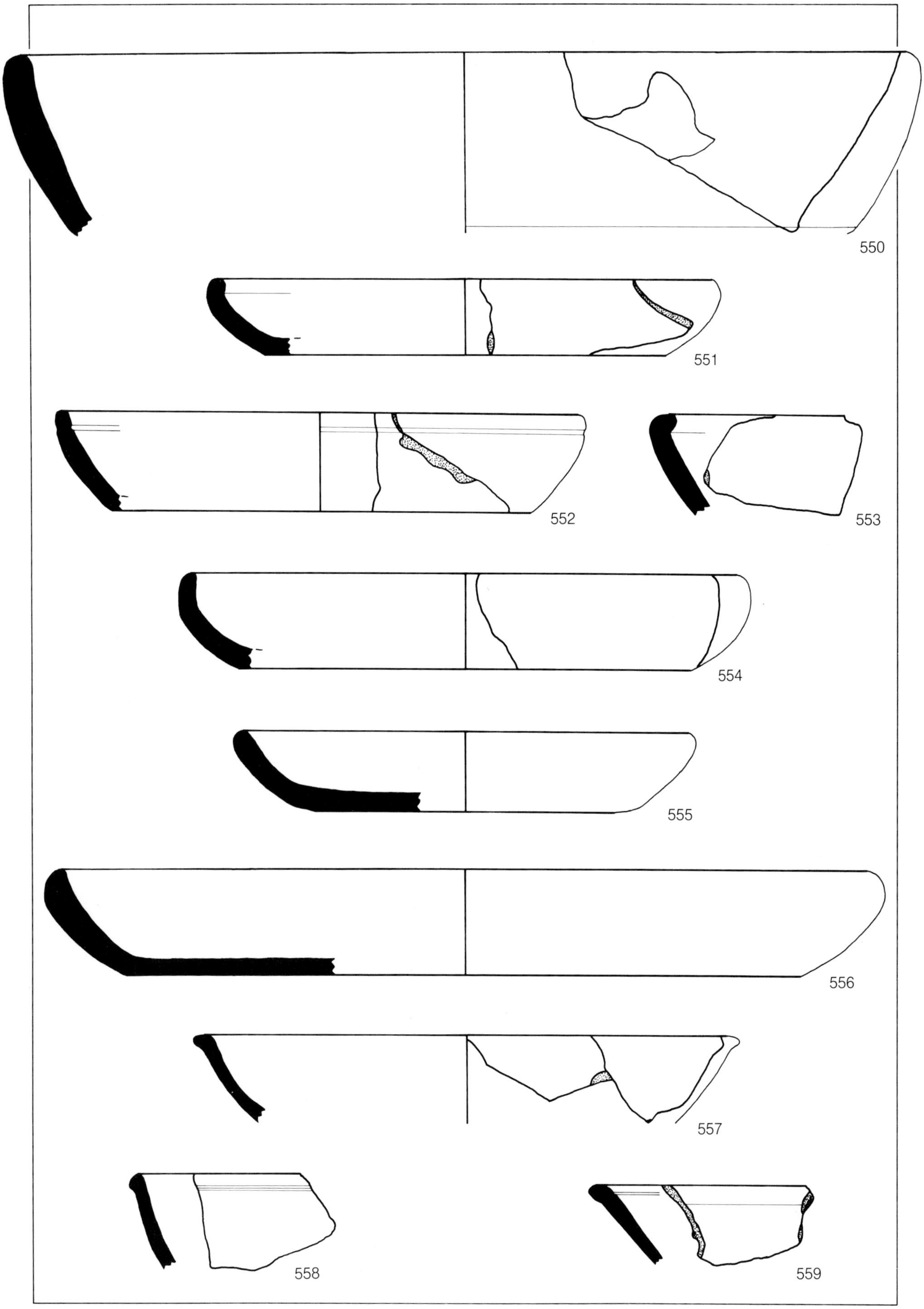

Küchengeschirr: Teller und Schalen. M. 1:2.

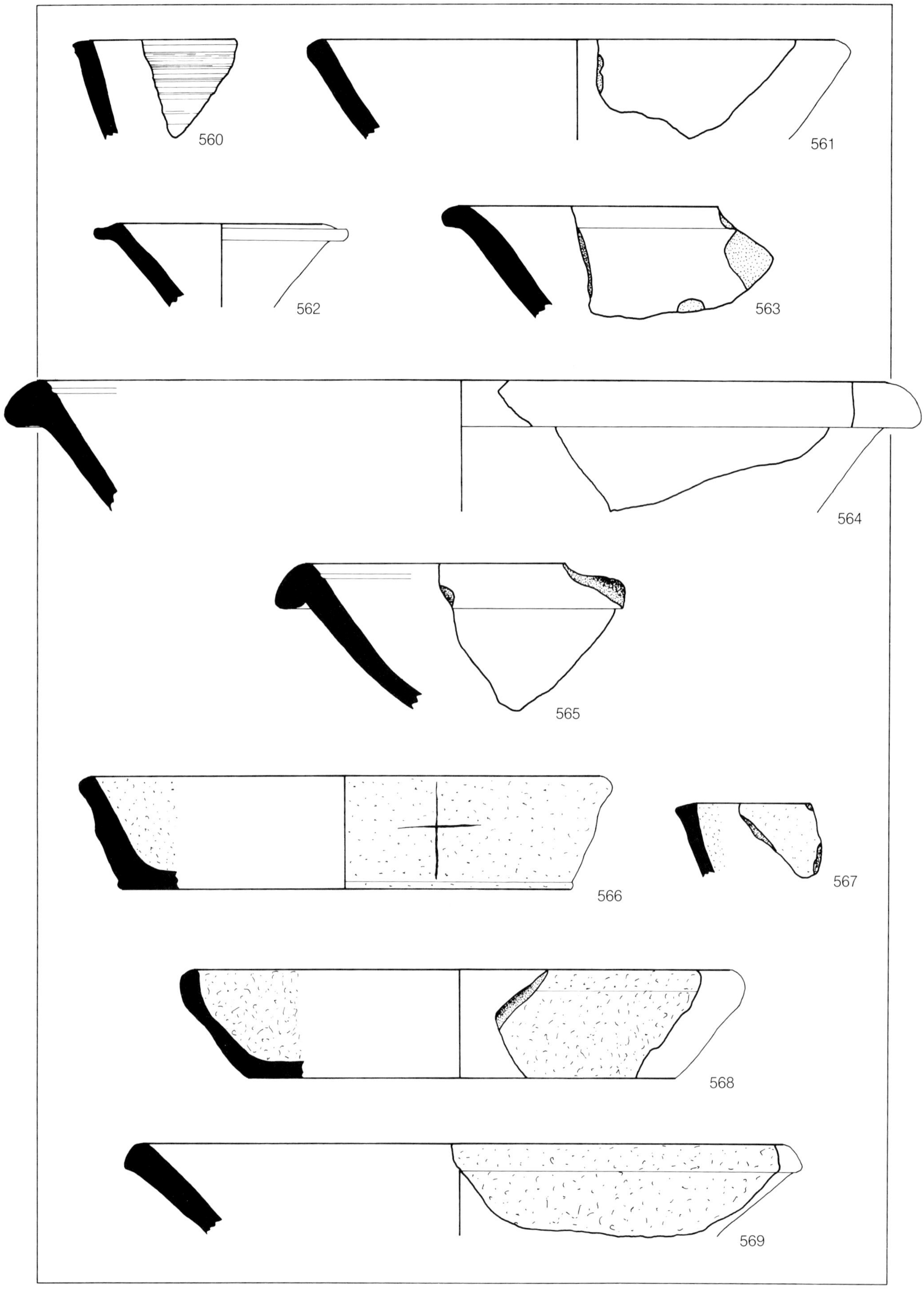

Küchengeschirr: Teller und Schalen. M. 1:2.

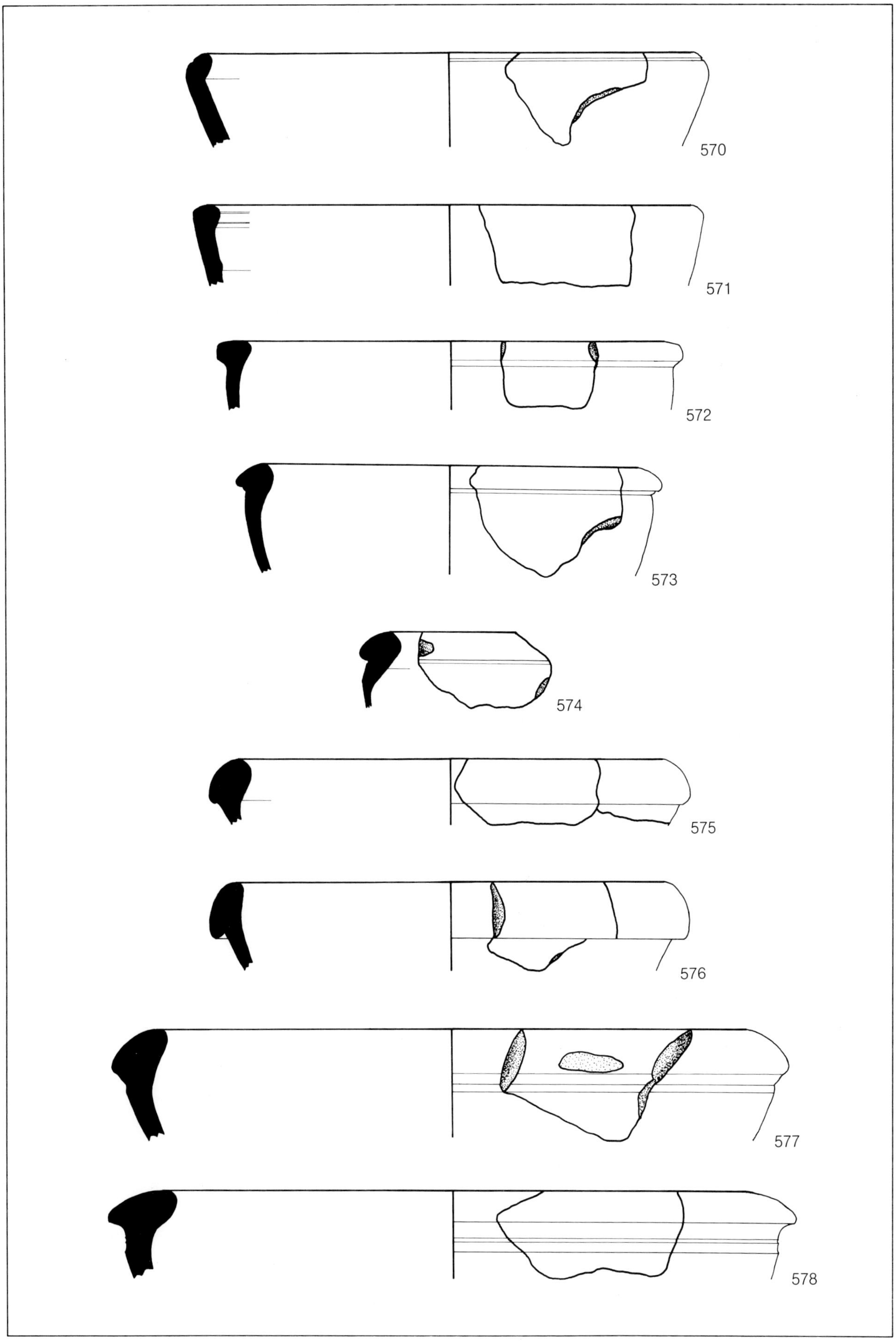

Küchengeschirr: Schüsseln. M. 1:2.

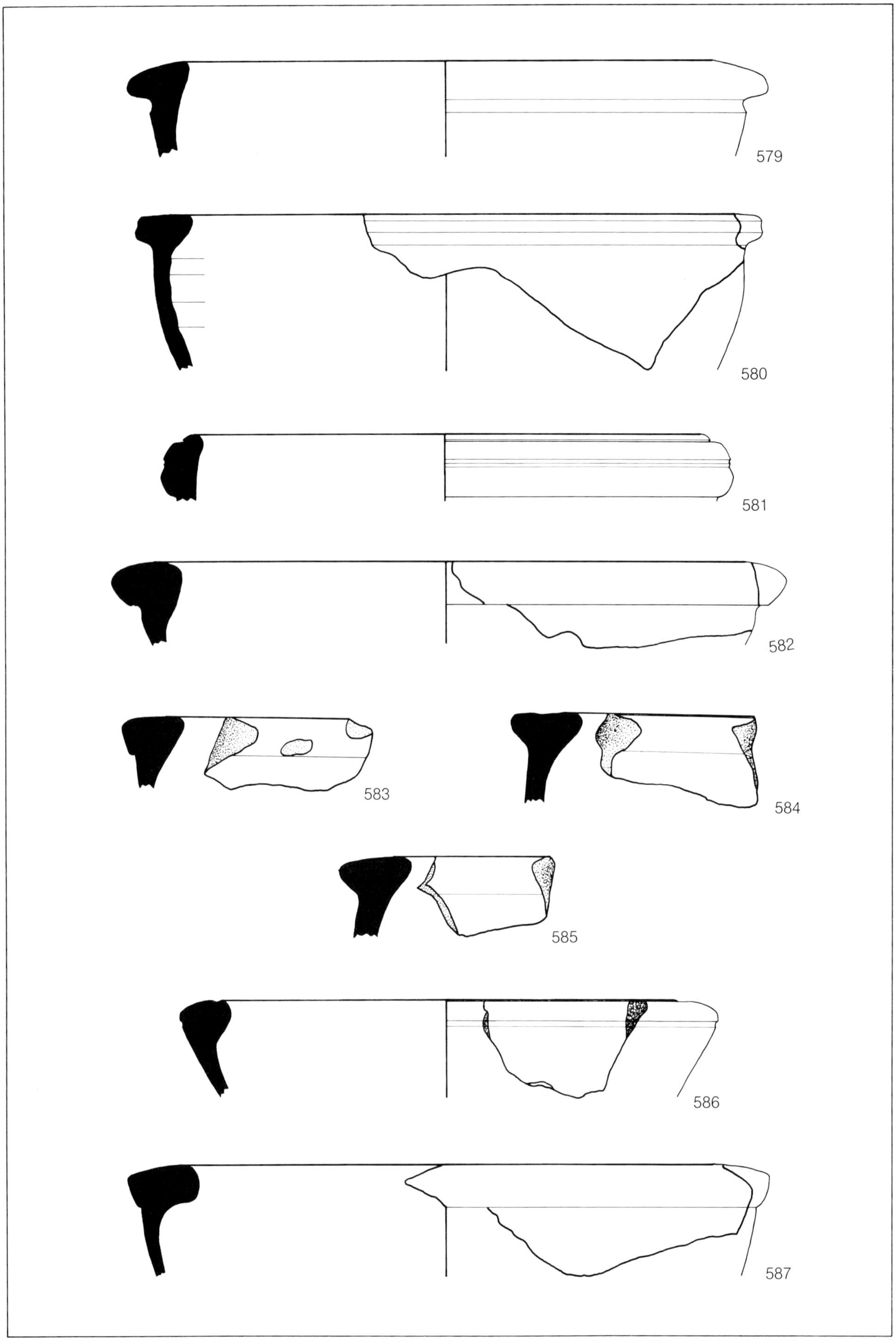

Küchengeschirr: Schüsseln. M. 1:2.

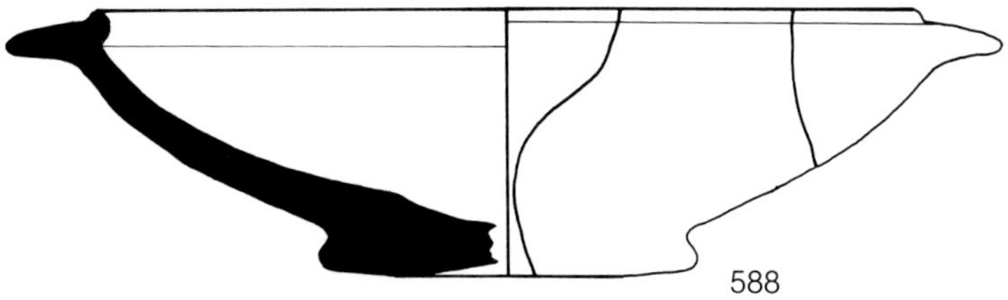

588

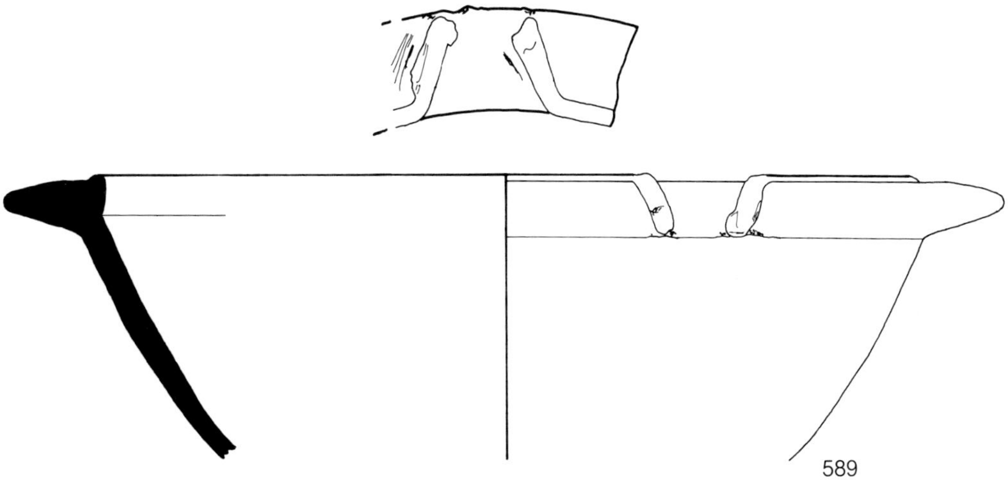

589

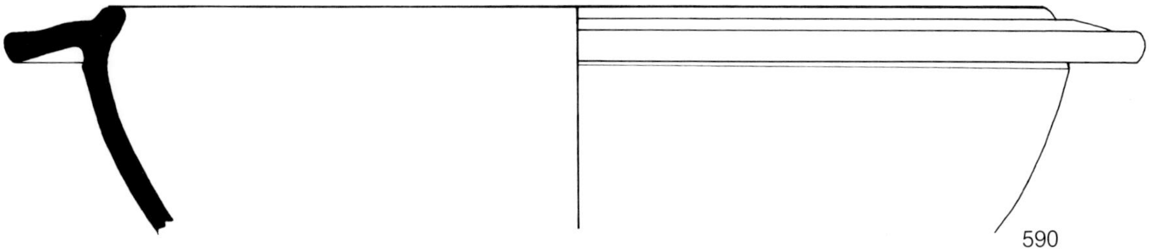

590

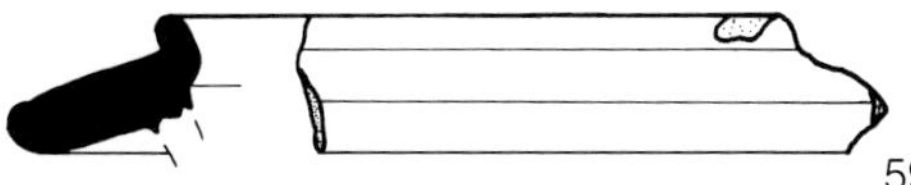

591

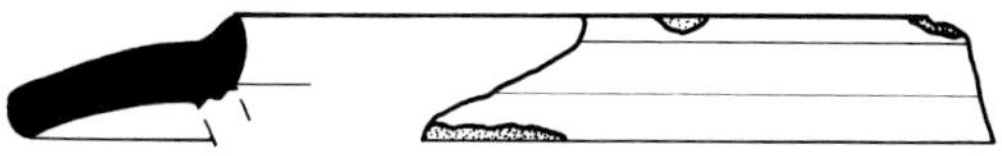

592

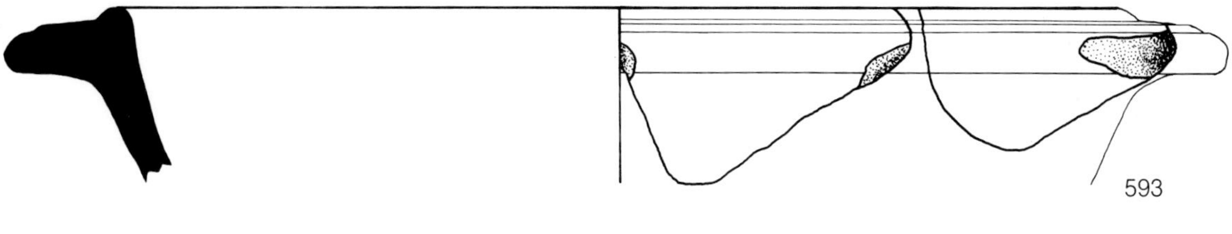

593

Küchengeschirr: Schüsseln. M. 1:2.

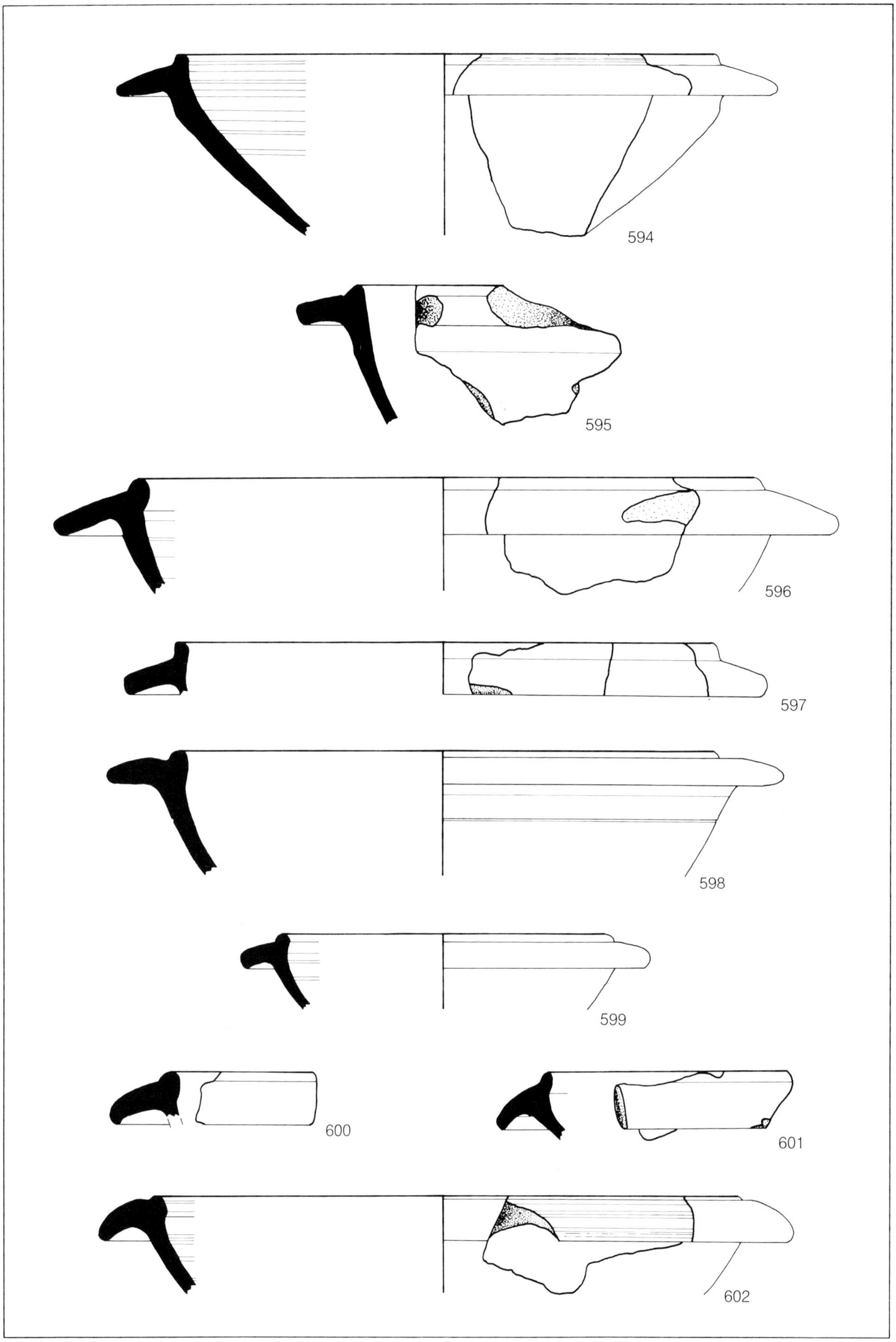

Küchengeschirr: Schüsseln. M. 1:2.

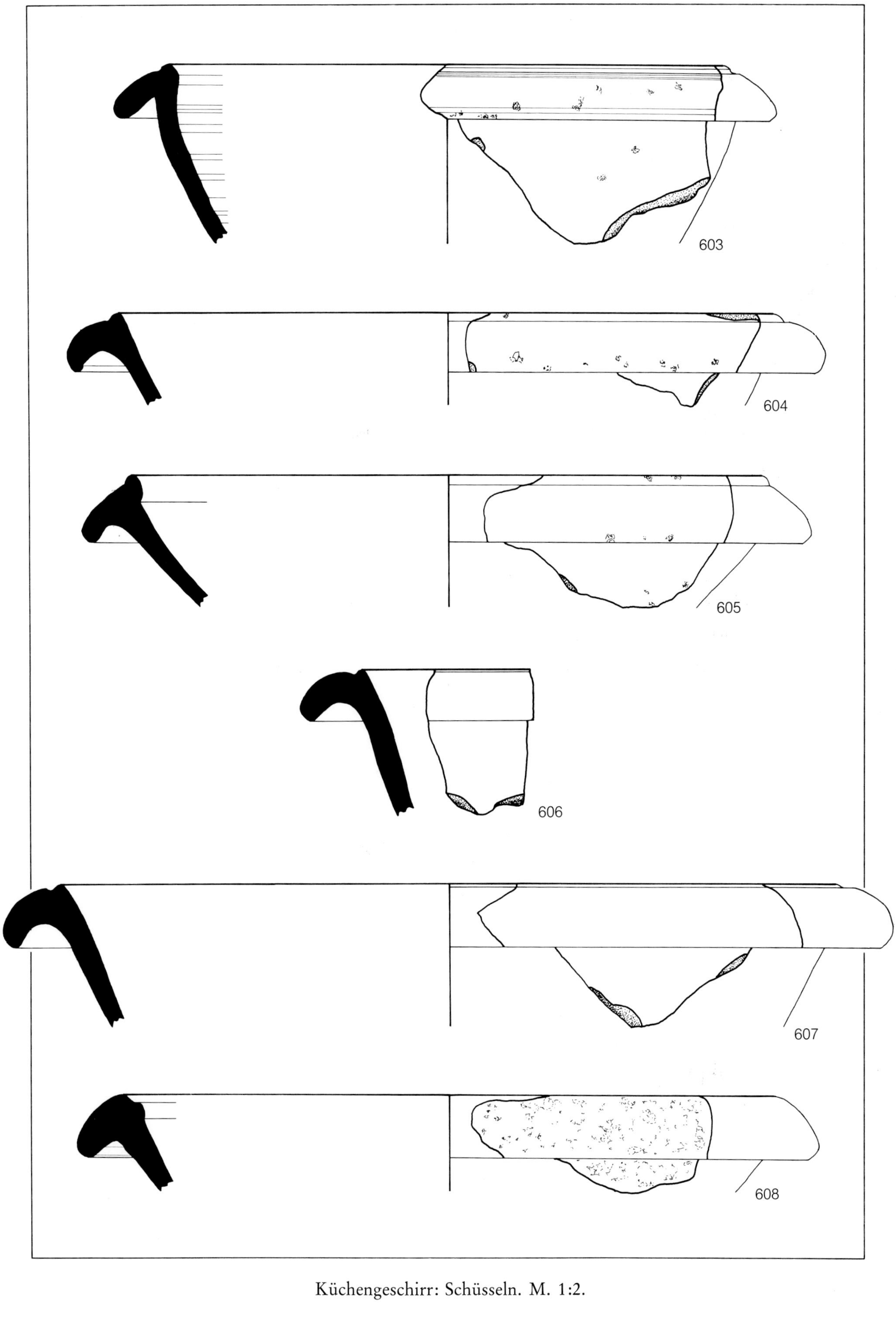

Küchengeschirr: Schüsseln. M. 1:2.

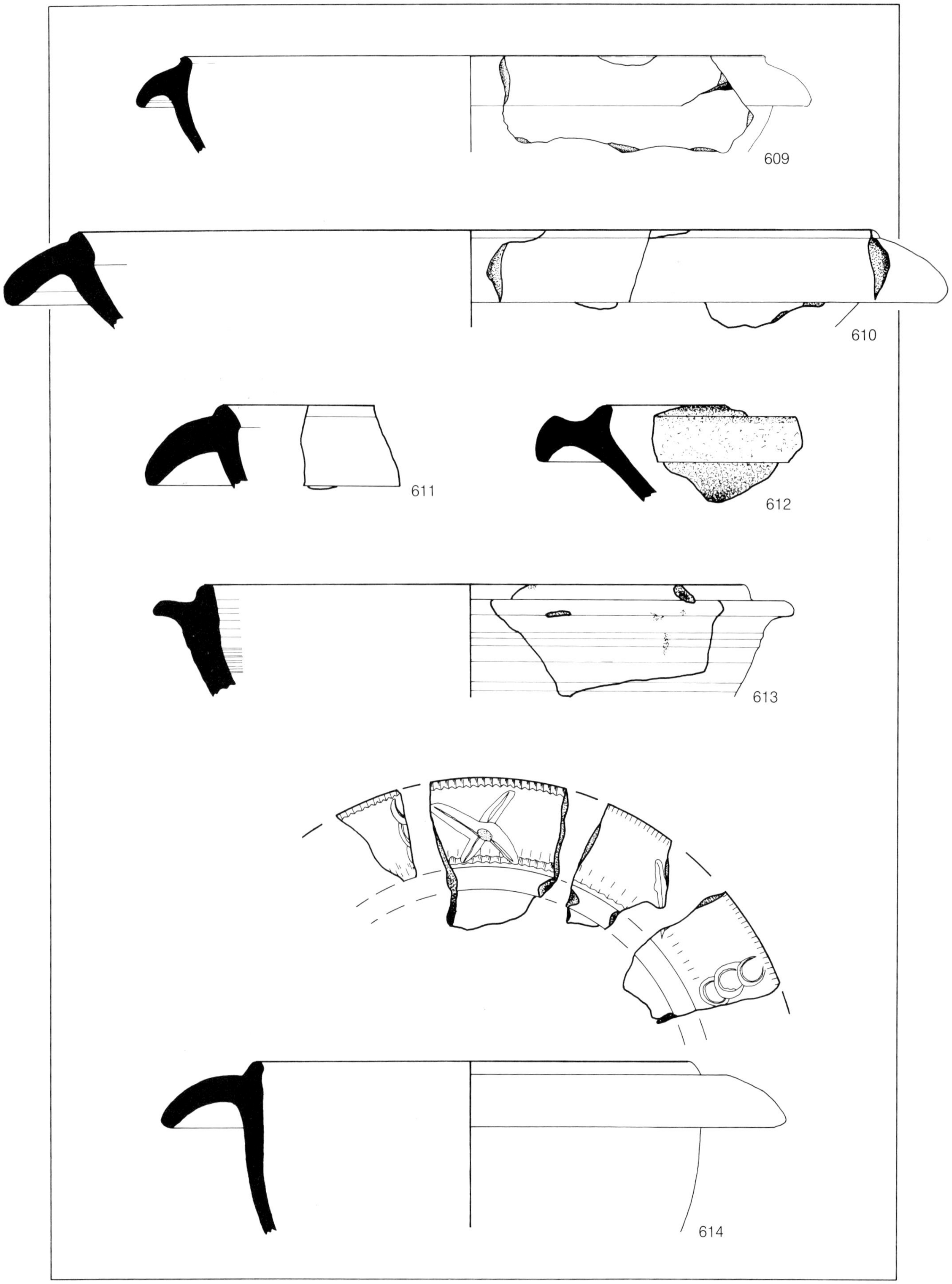

Küchengeschirr: Schüsseln. M. 1:2, außer 609 M. 1:3.

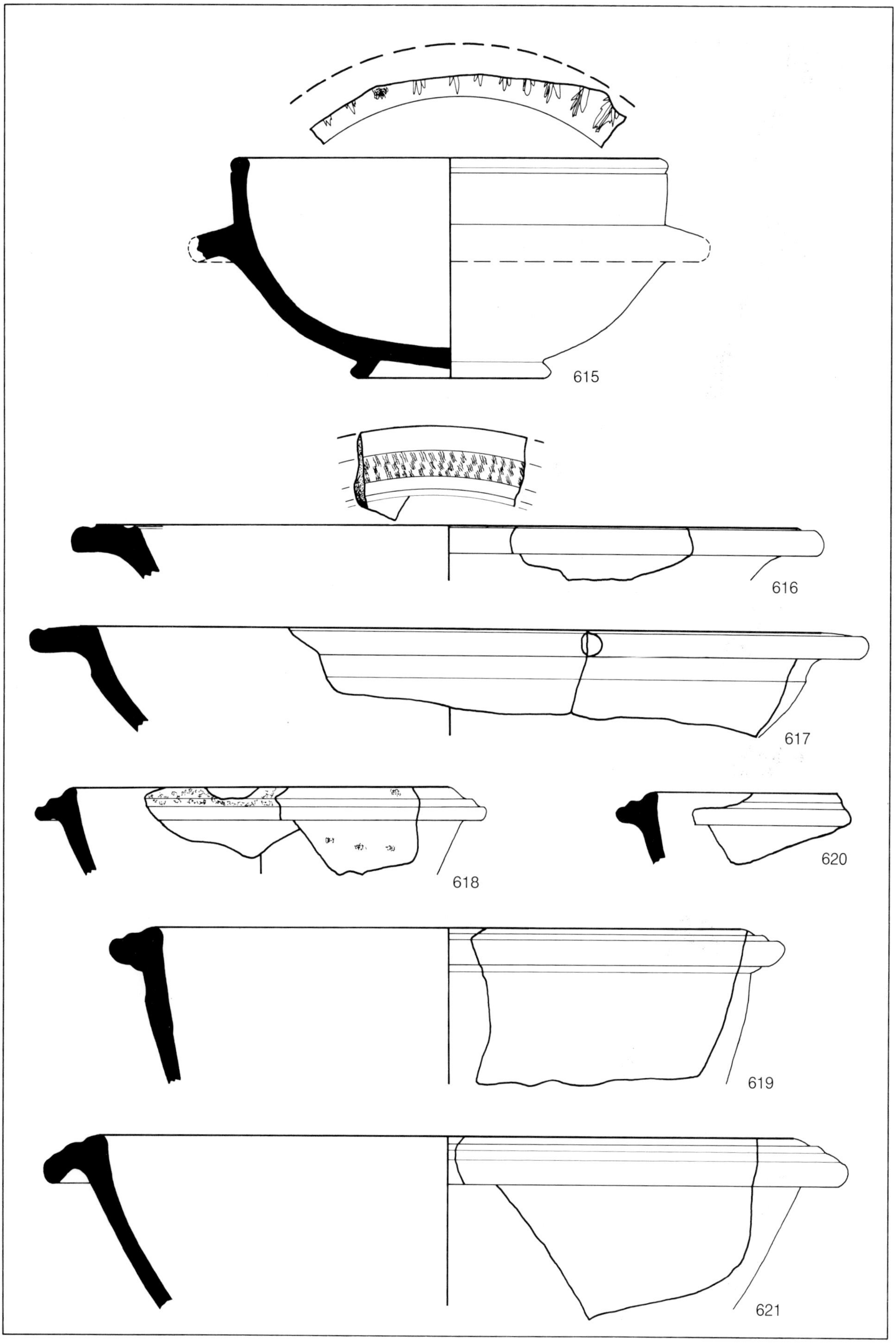

Küchengeschirr: Schüsseln. M. 1:2.

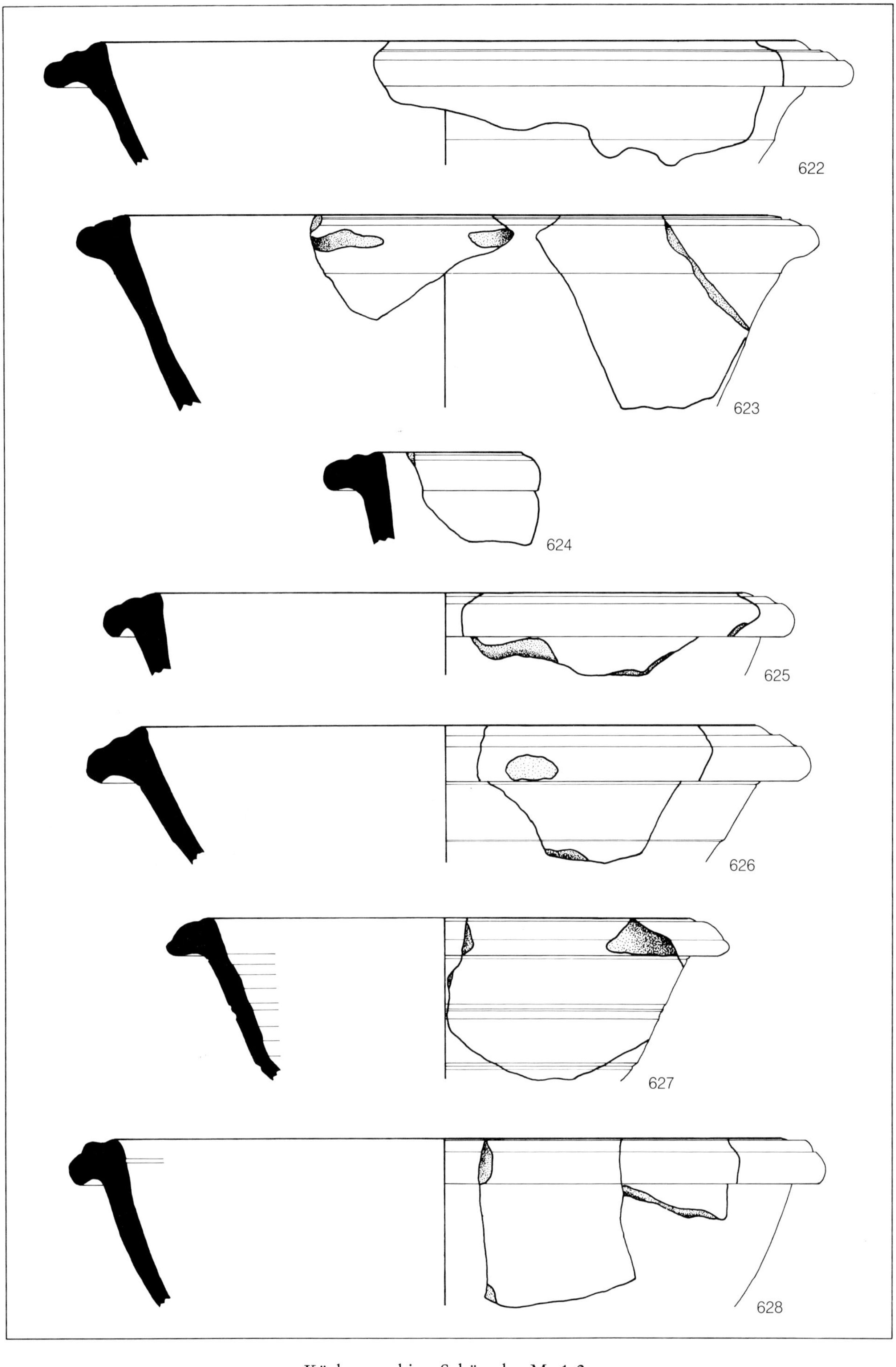

Küchengeschirr: Schüsseln. M. 1:2.

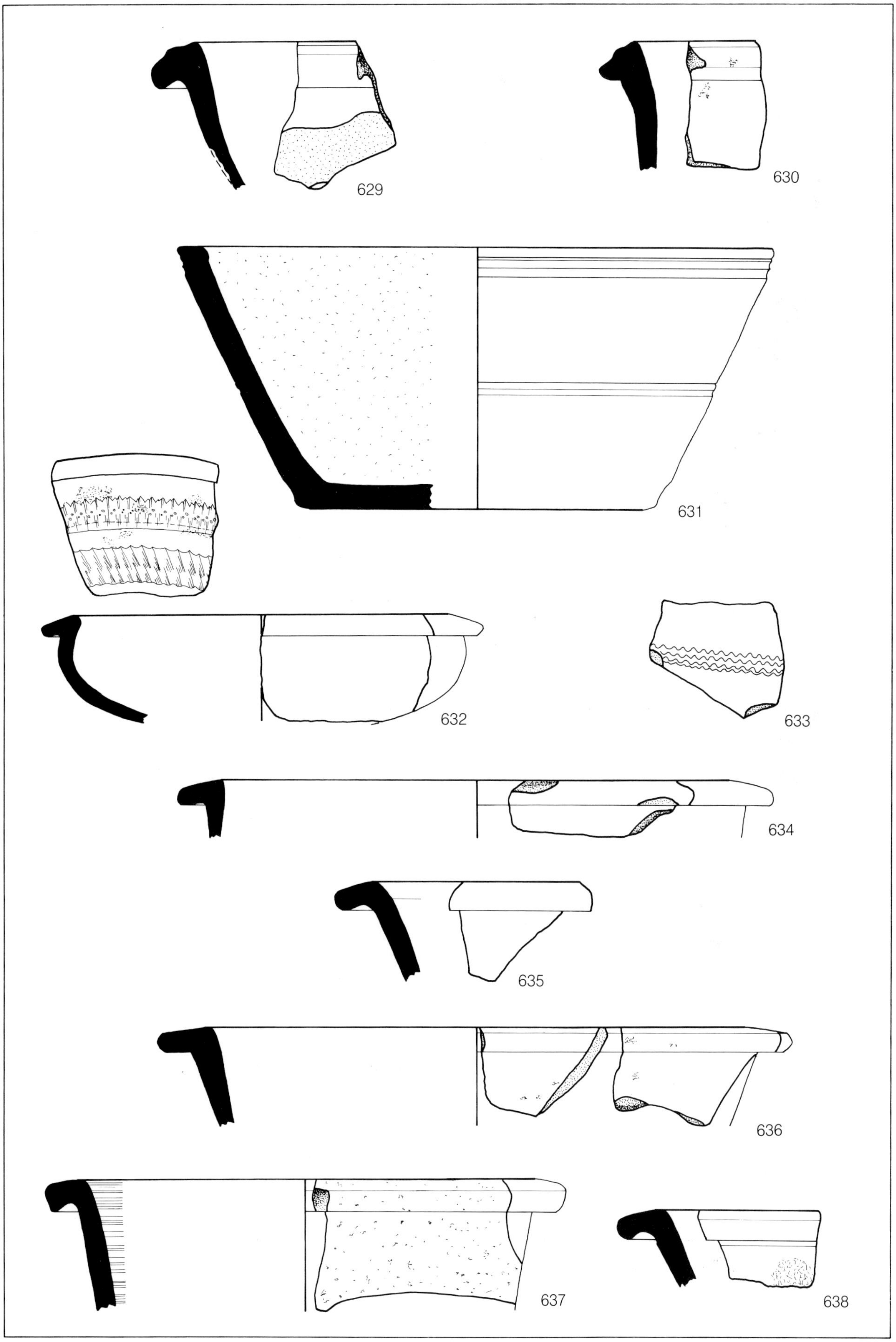

Küchengeschirr: Schüsseln. M. 1:2.

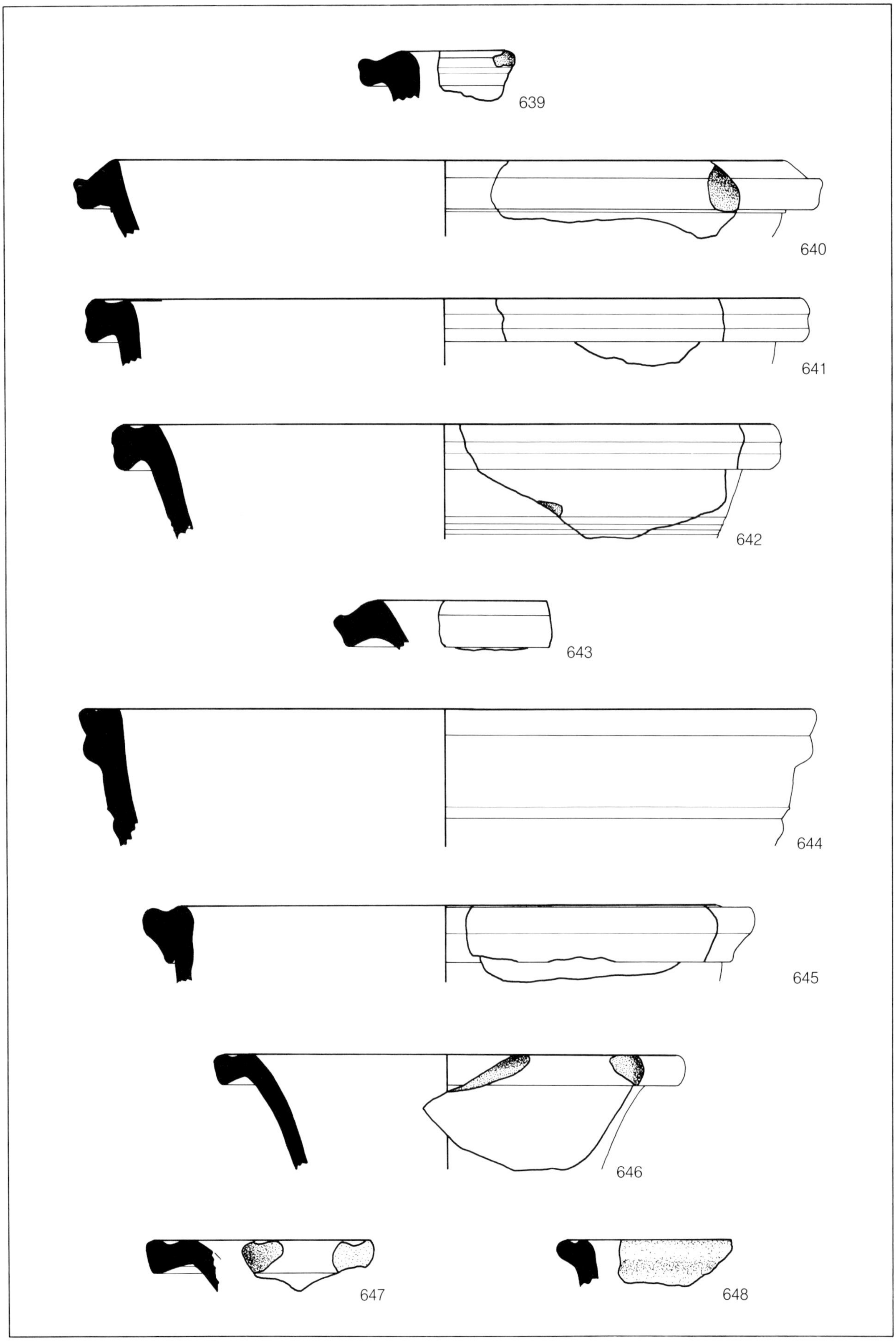

Küchengeschirr: Schüsseln. M. 1:2.

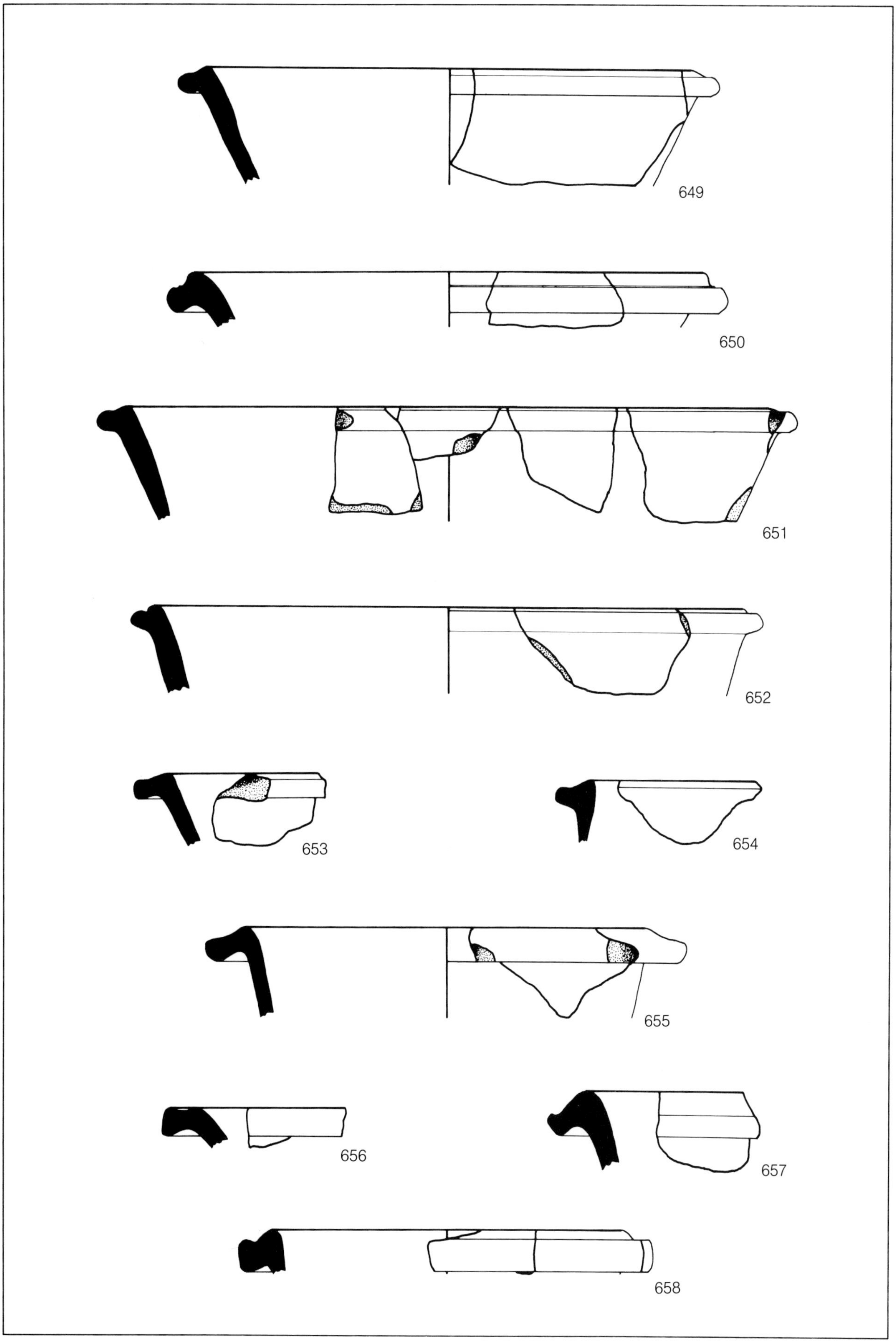

Küchengeschirr: Schüsseln. M. 1:2.

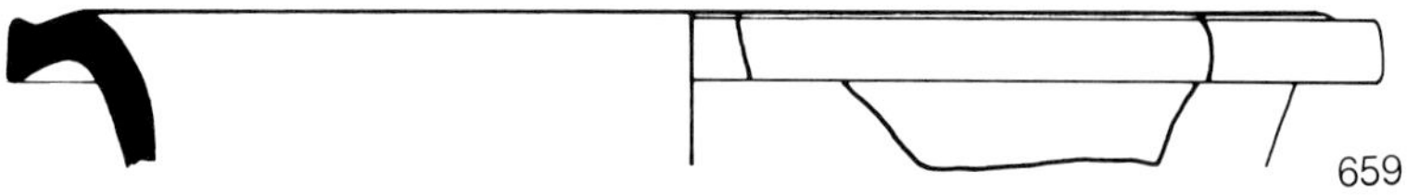

659

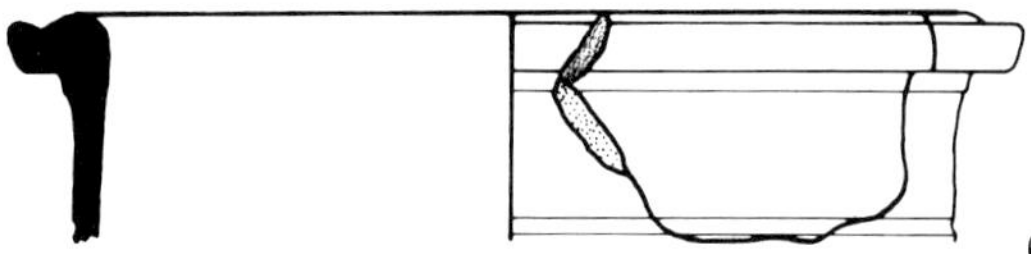

660

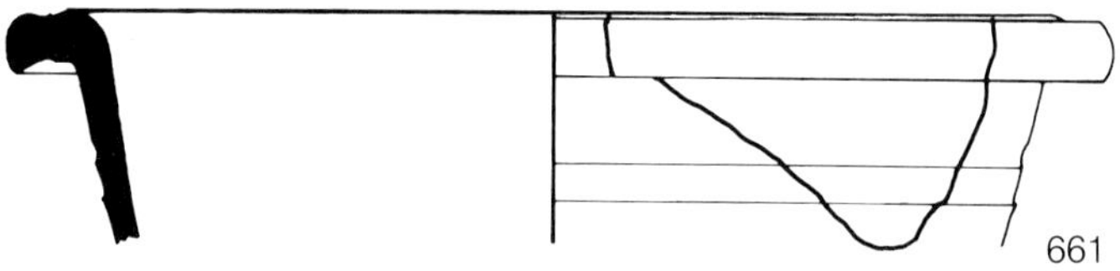

661

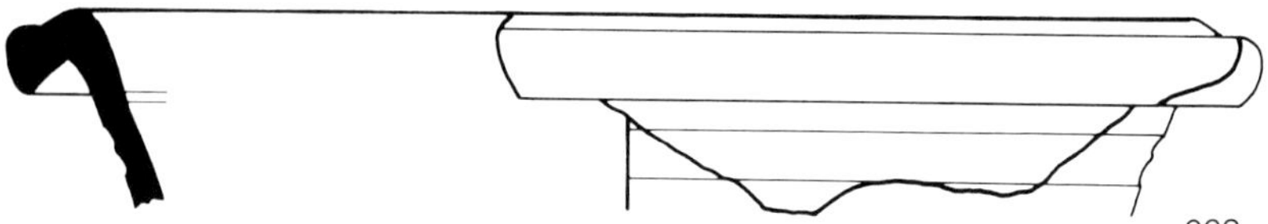

662

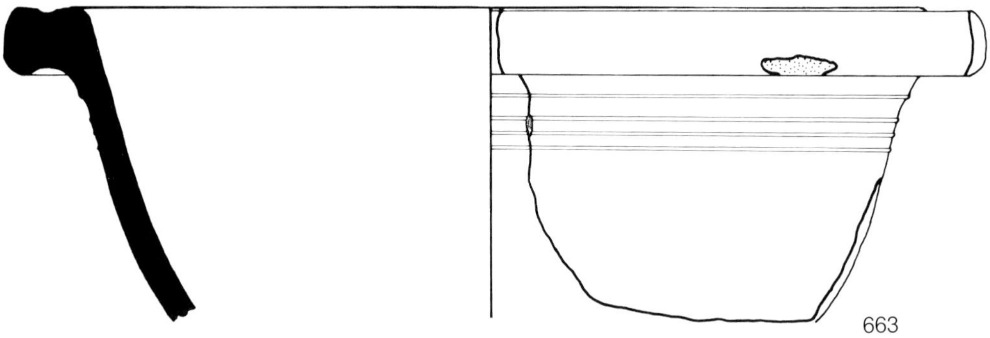

663

664

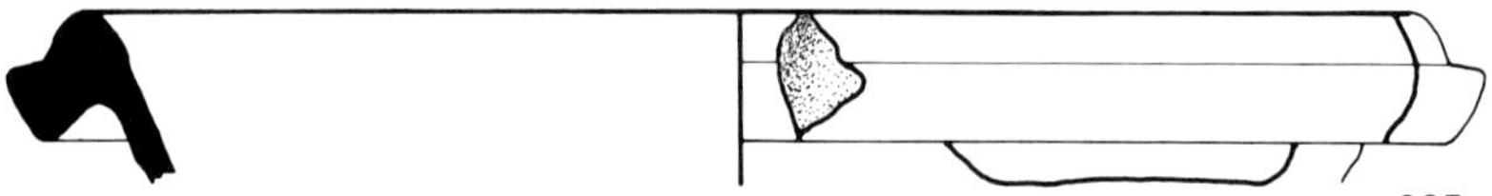

665

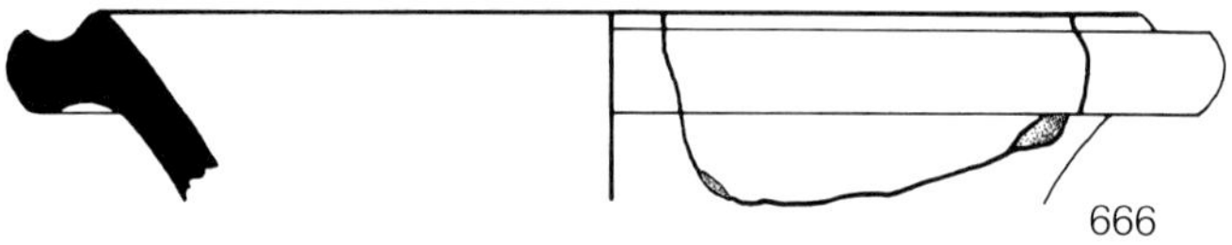

666

Küchengeschirr: Schüsseln. M. 1:2.

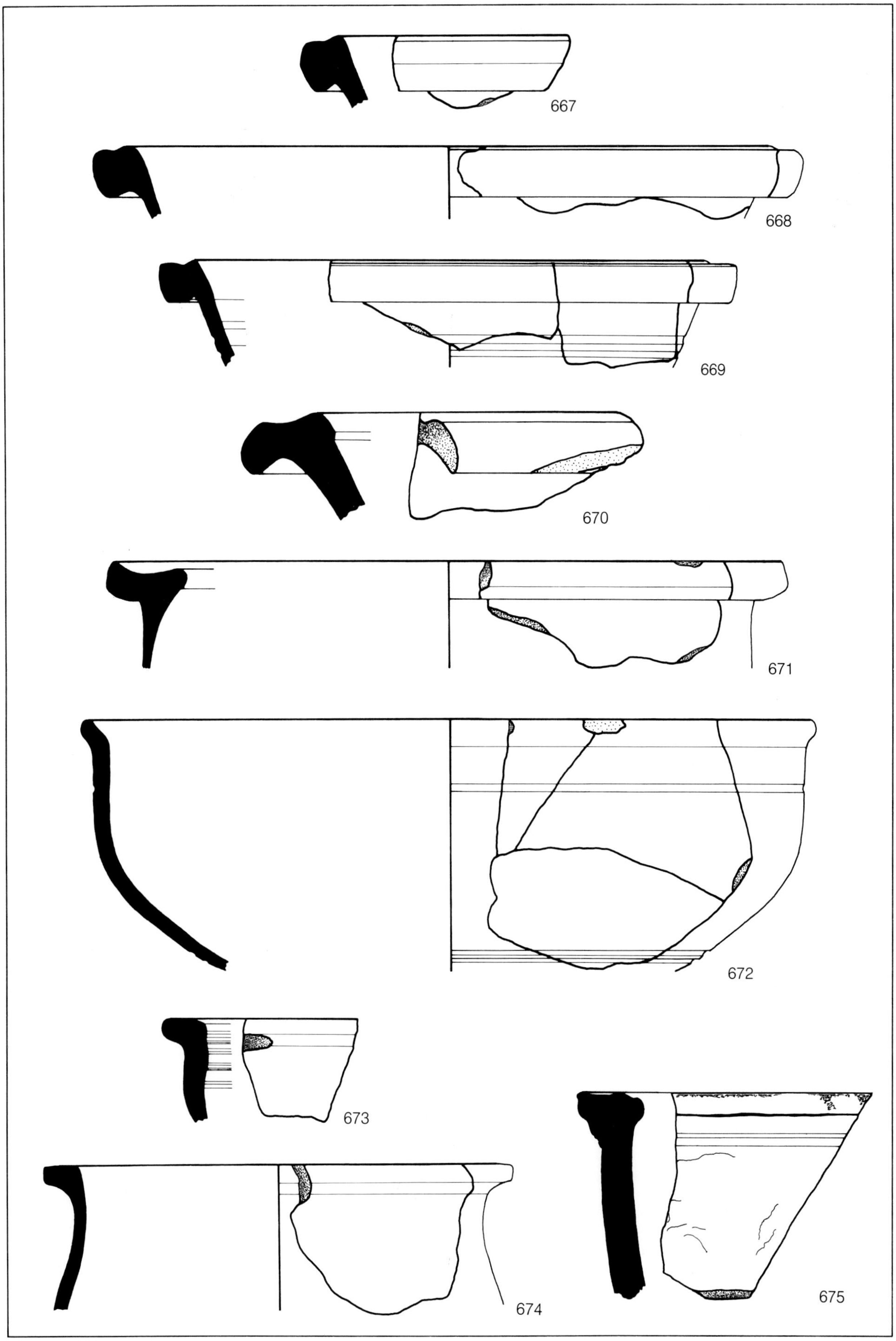

Küchengeschirr: Schüsseln. M. 1:2.

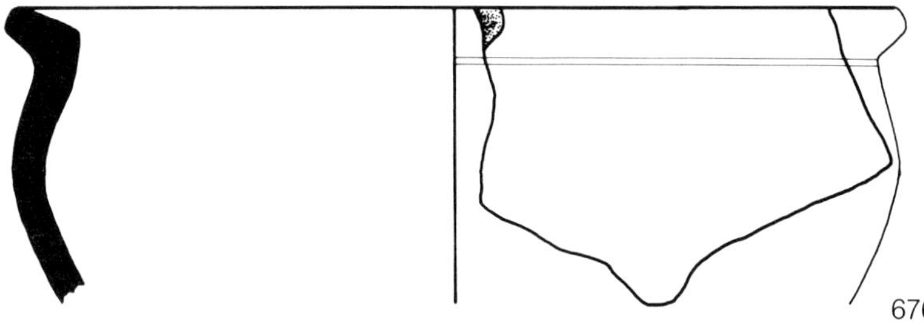
676

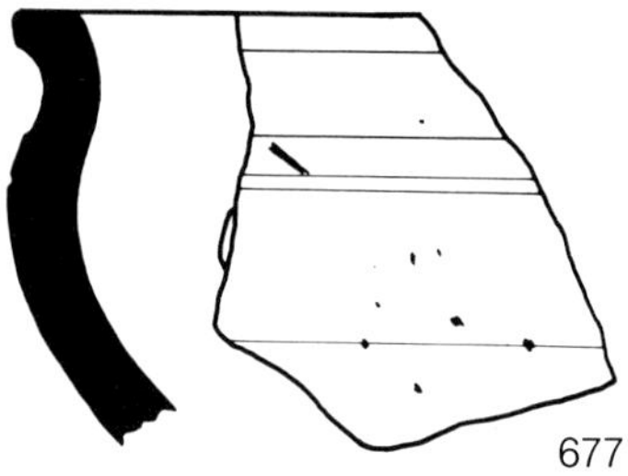
677

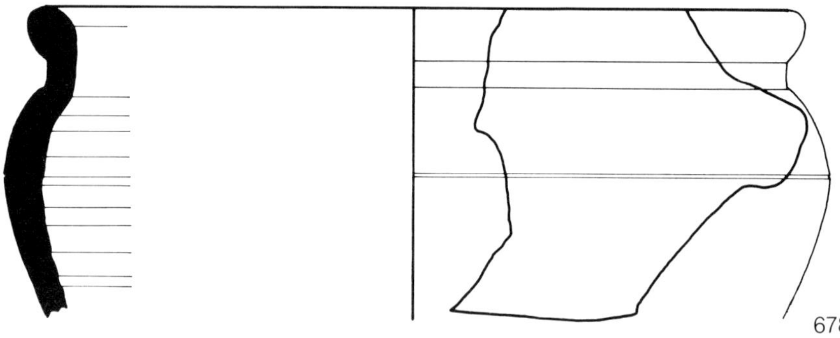
678

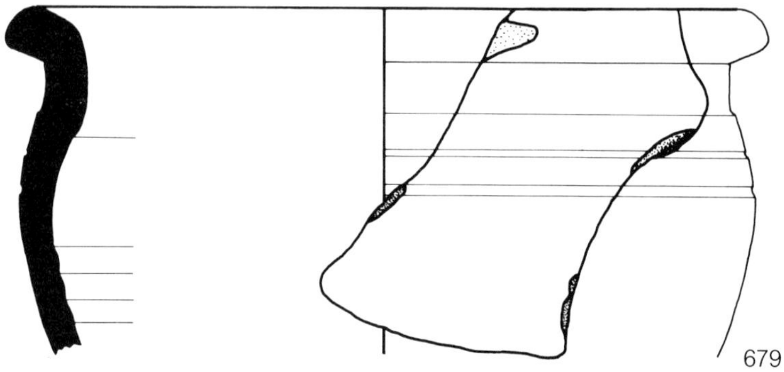
679

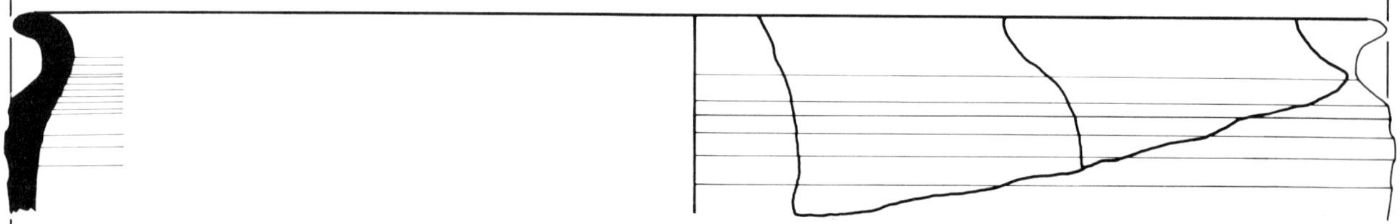
680

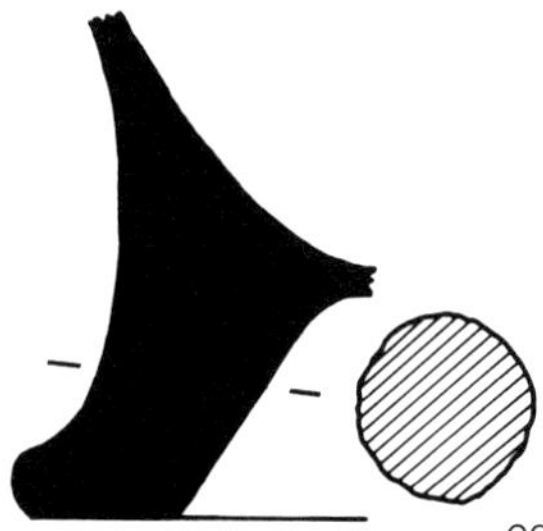
681

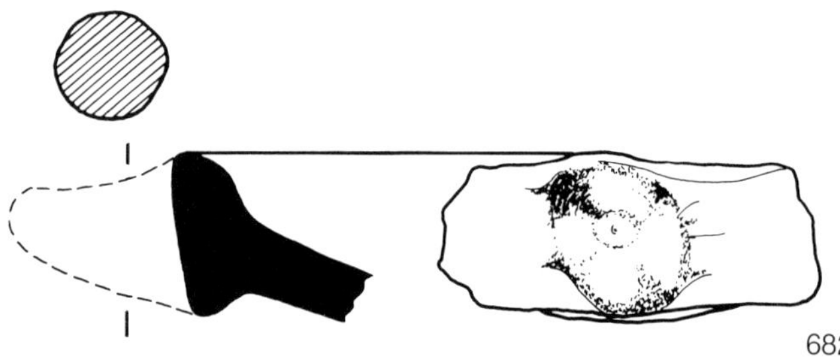
682

Küchengeschirr: Schüsseln. M. 1:2.

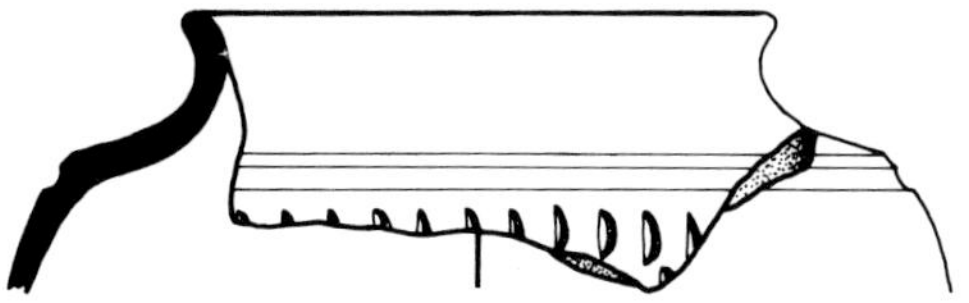

683

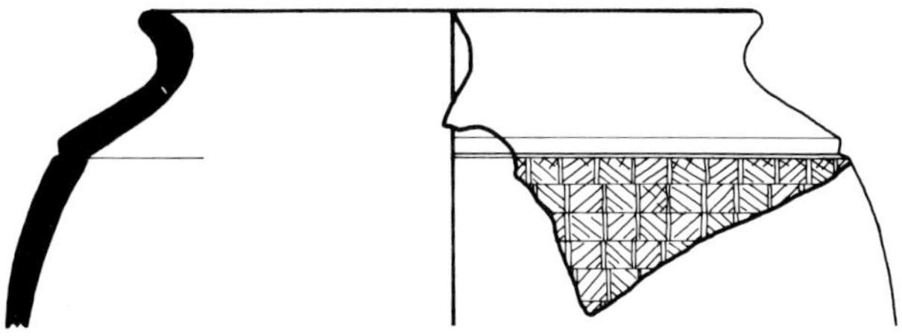

684

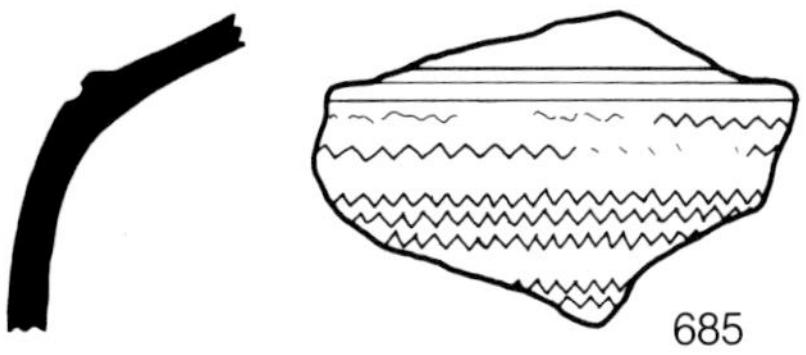

685

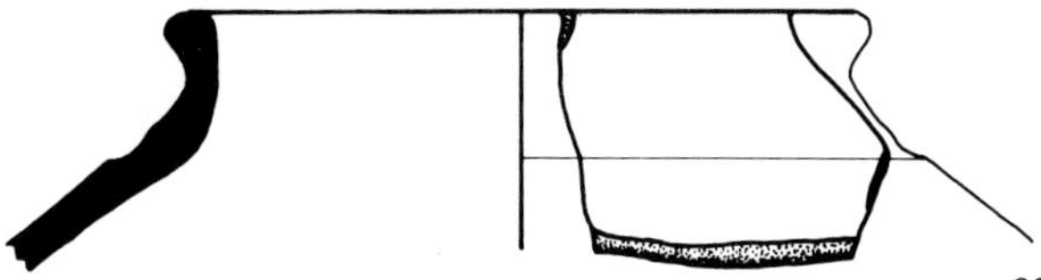

686

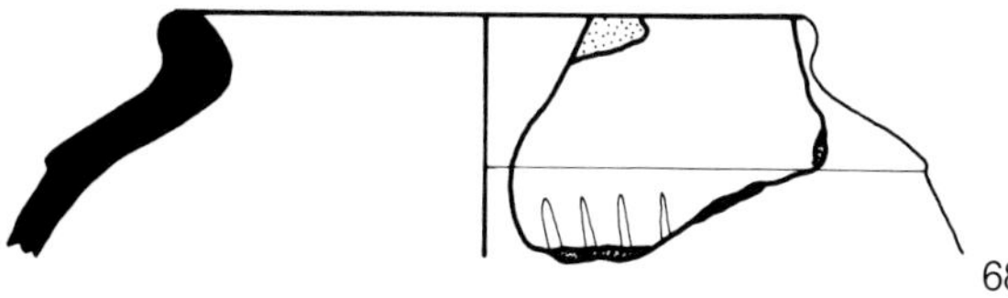

687

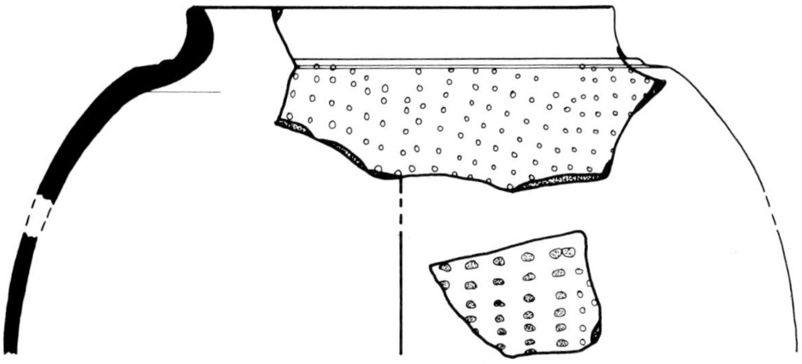

688

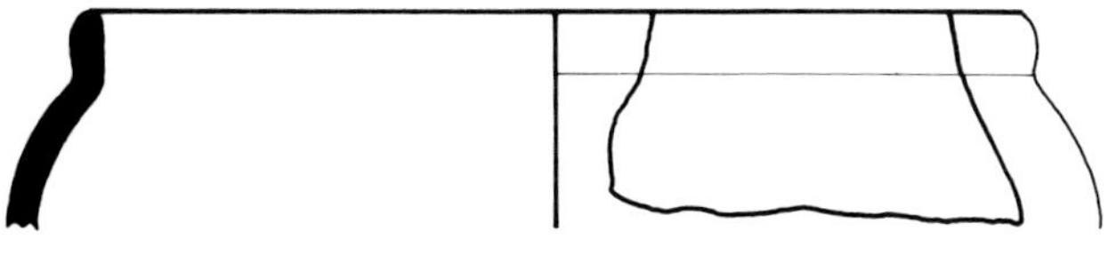

689

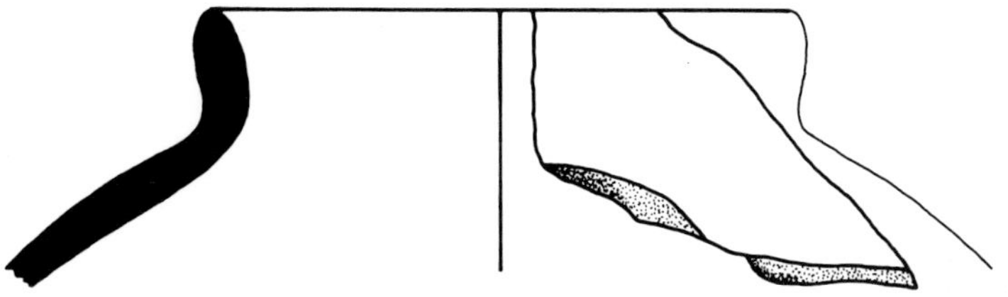

690

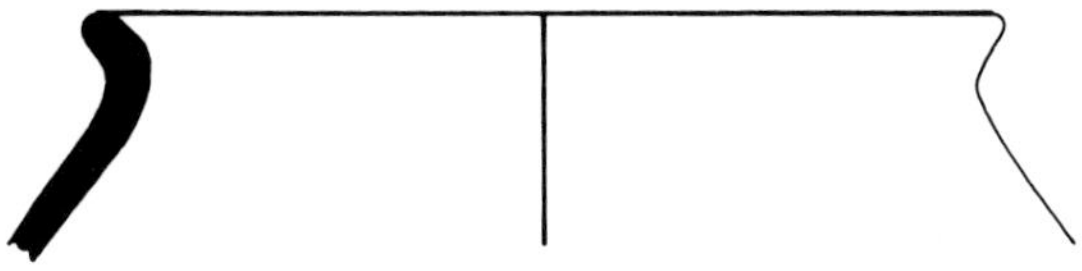

691

Küchengeschirr: Töpfe. M. 1:2.

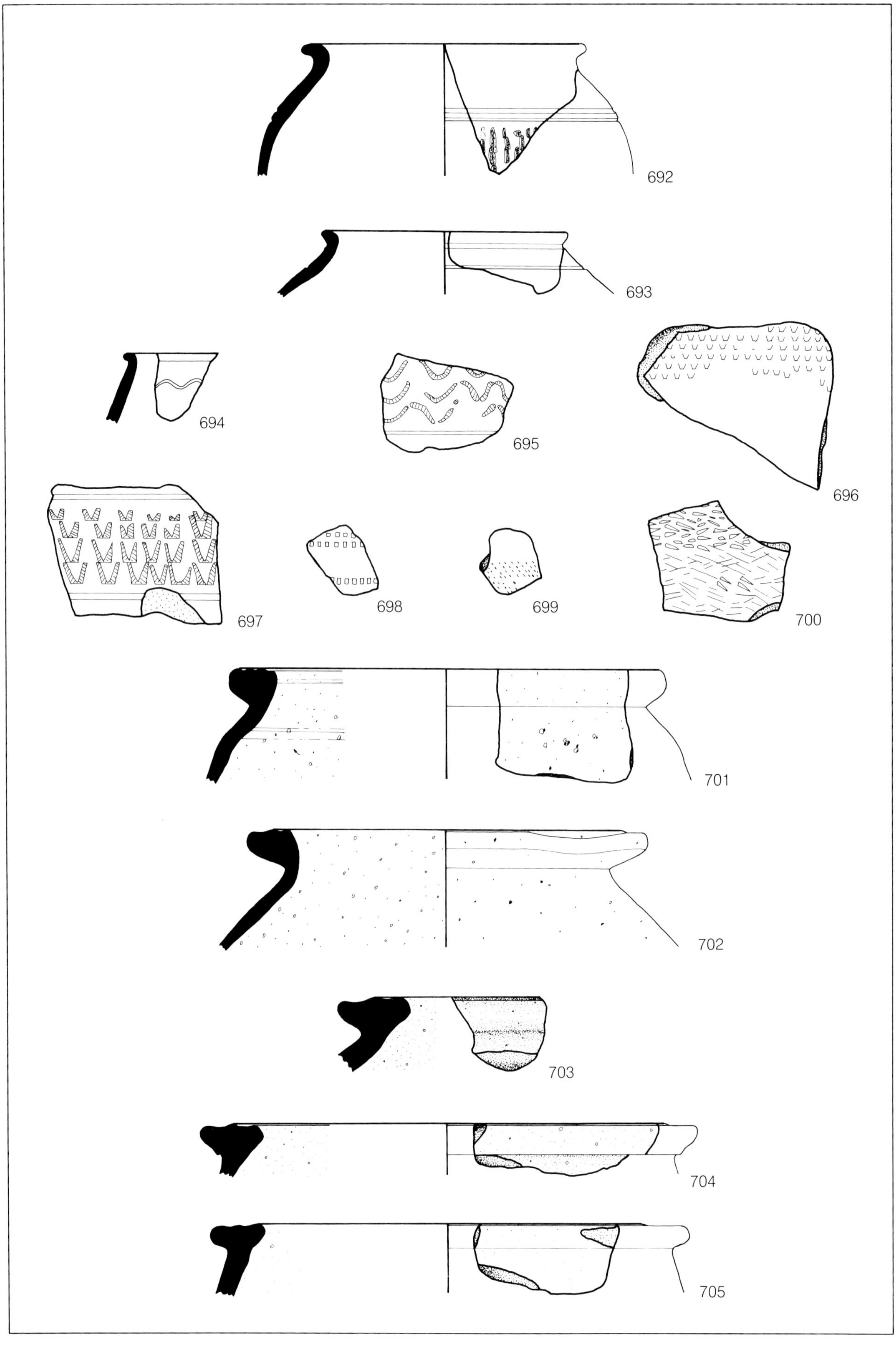

Küchengeschirr: Töpfe. M. 1:2.

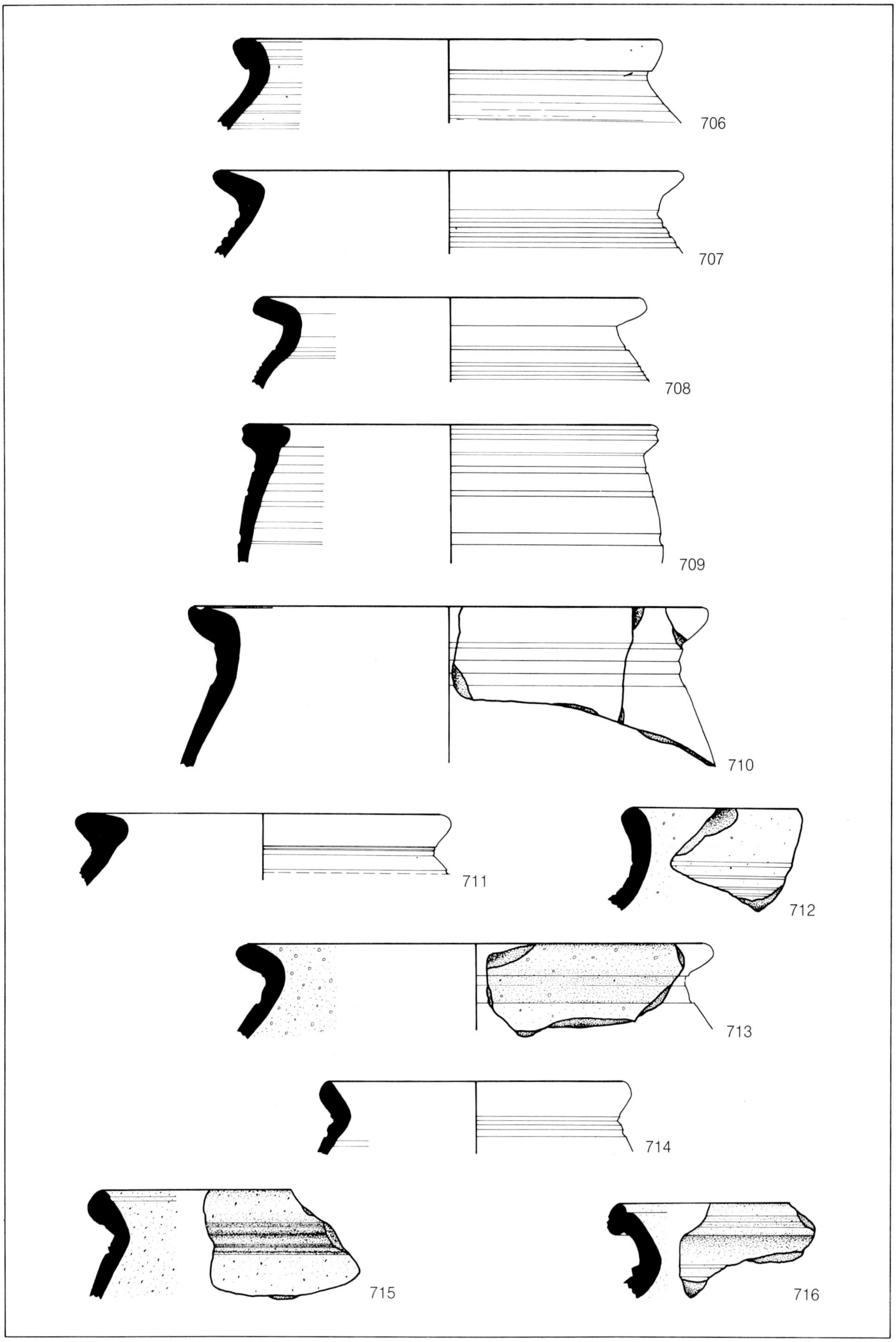

Küchengeschirr: Töpfe. M. 1:2.

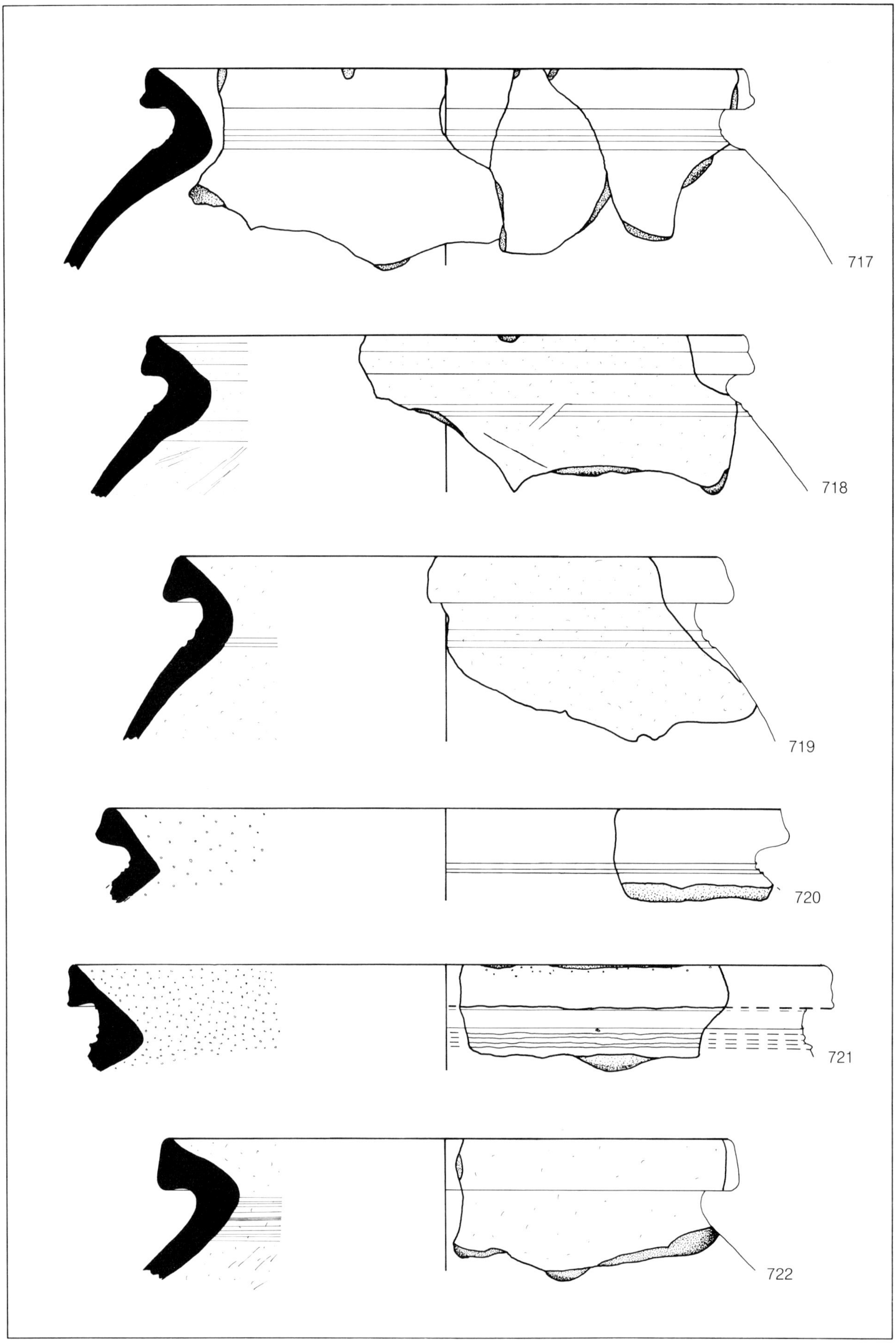

Küchengeschirr: Töpfe. M. 1:2.

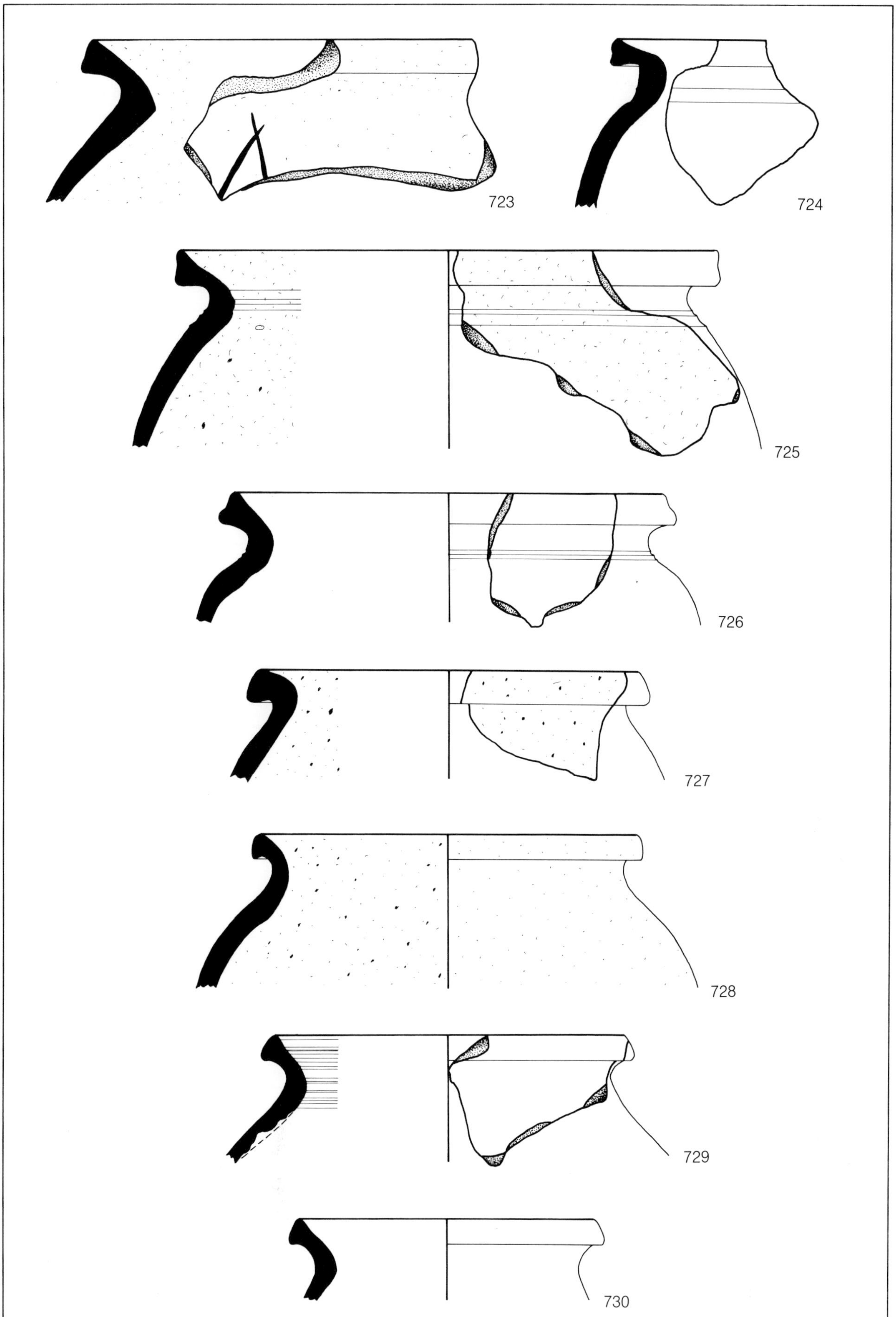

Küchengeschirr: Töpfe. M. 1:2.

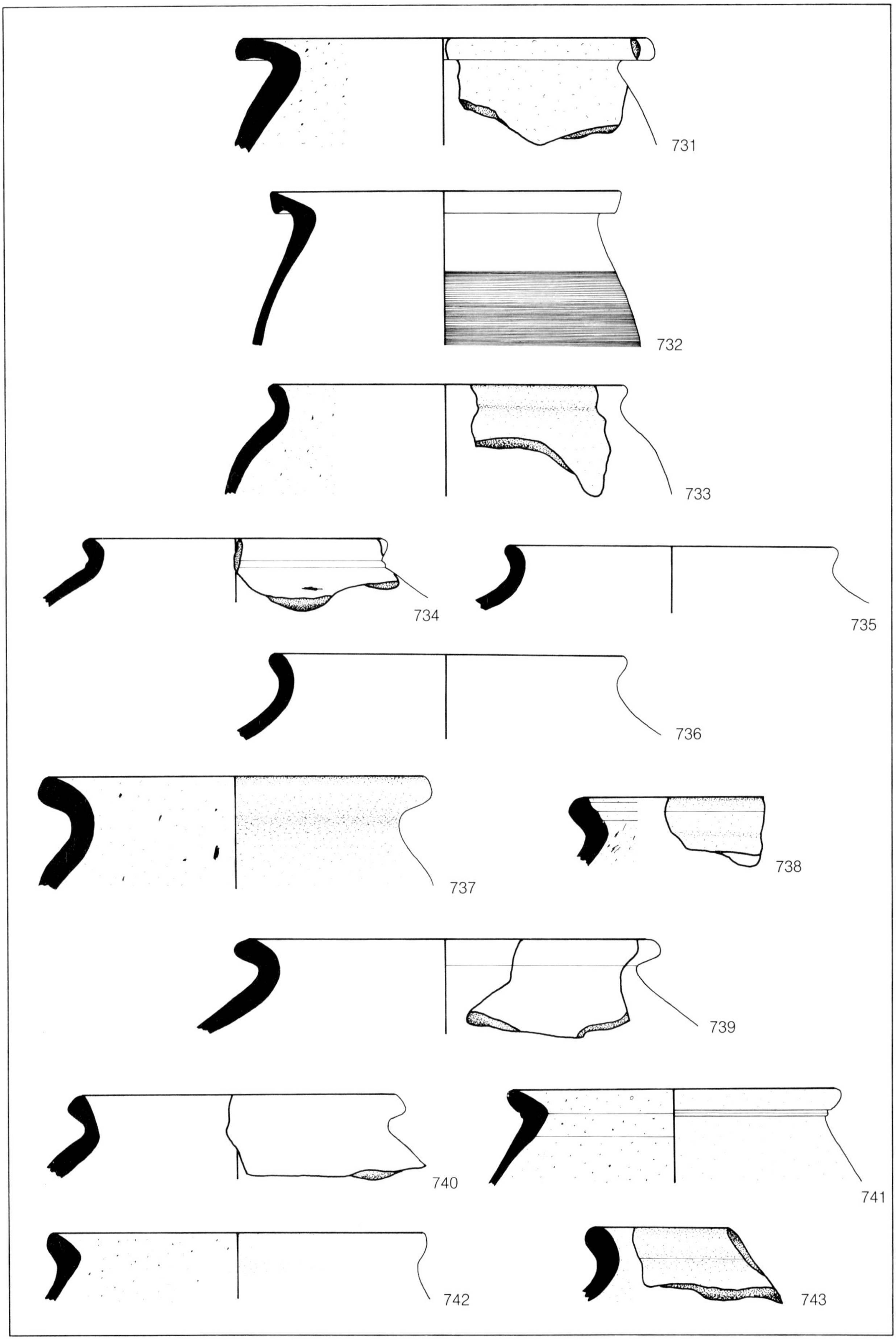

Küchengeschirr: Töpfe. M. 1:2.

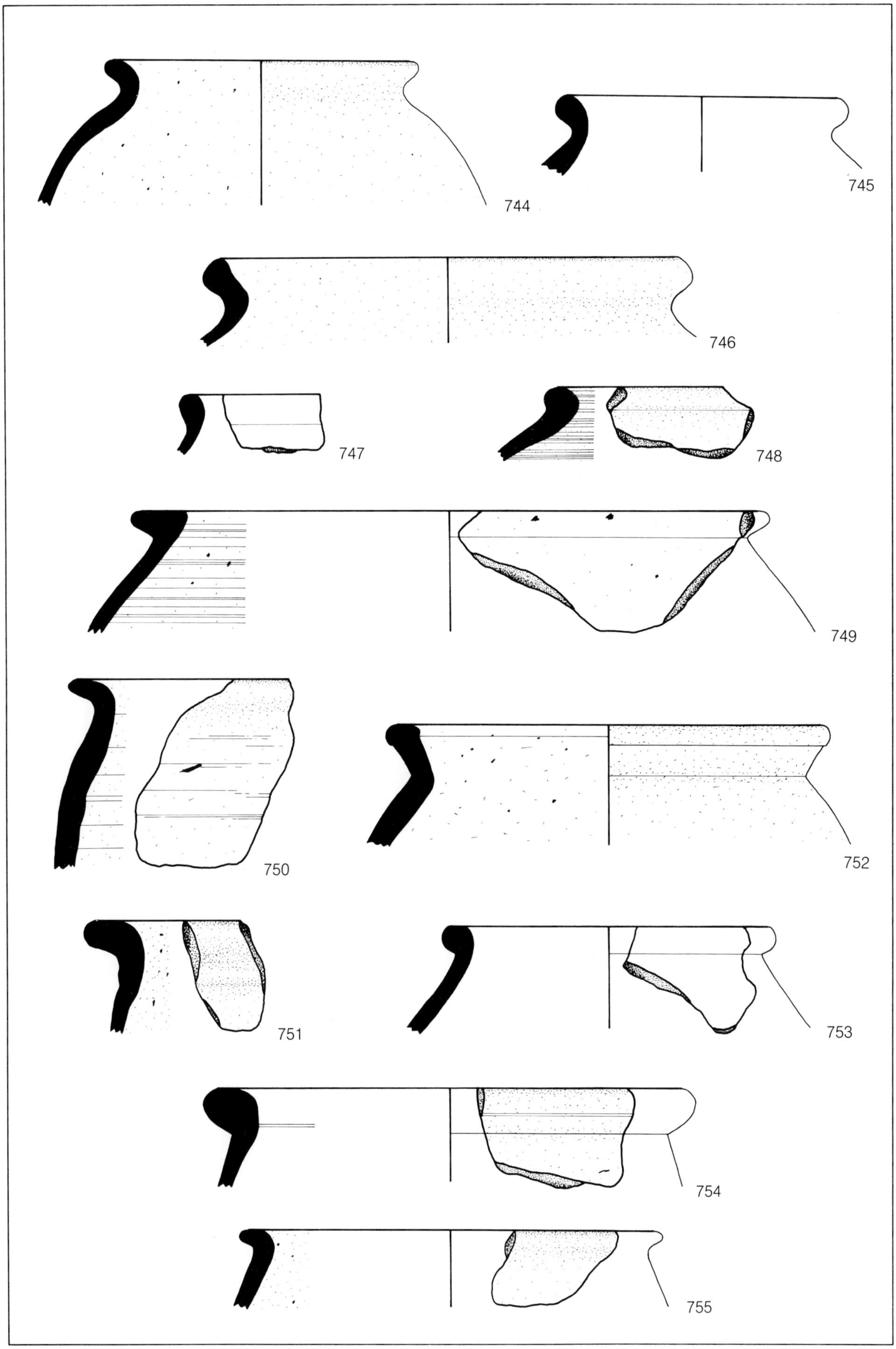

Küchengeschirr: Töpfe. M. 1:2.

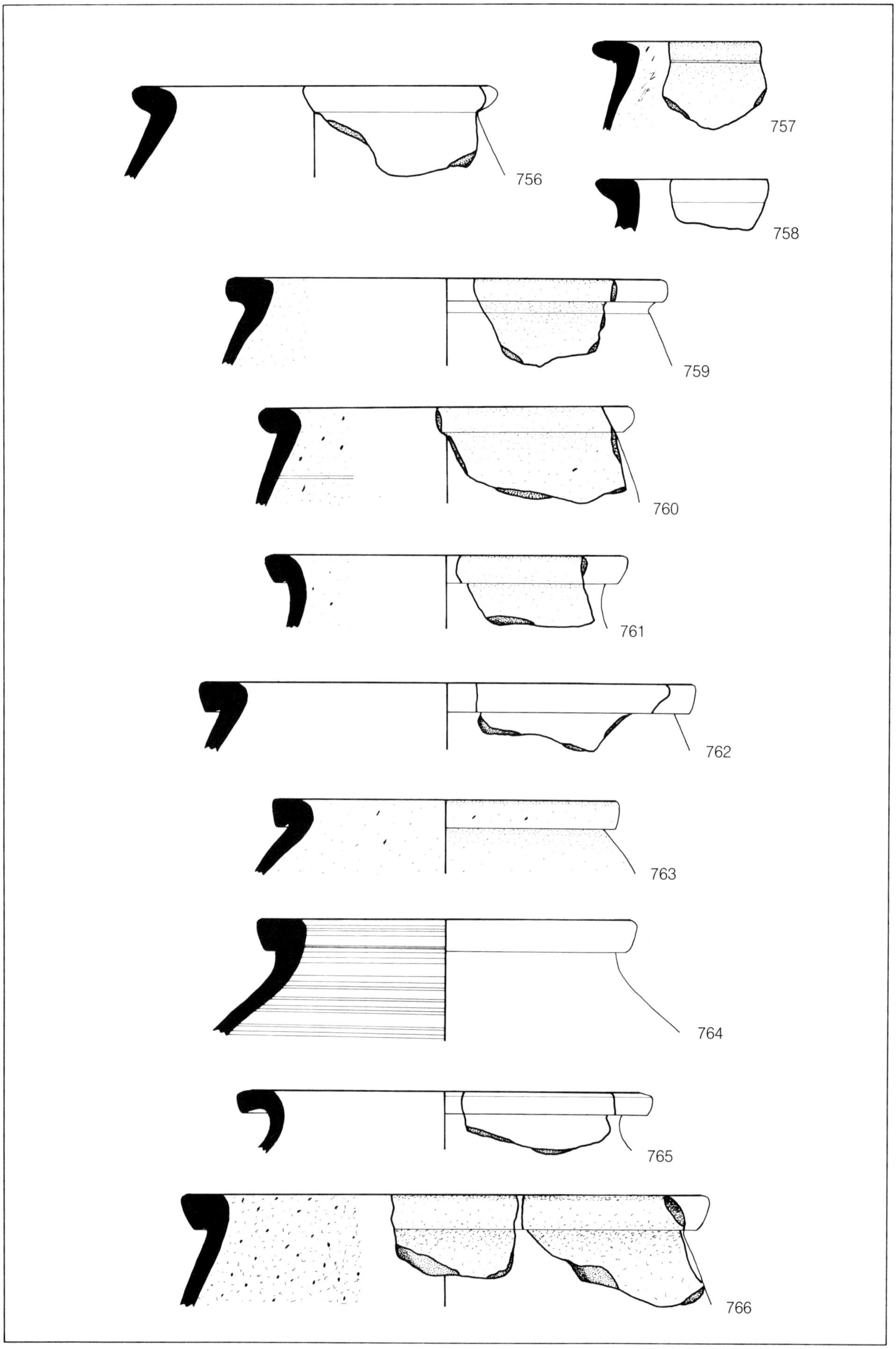

Küchengeschirr: Töpfe. M. 1:2.

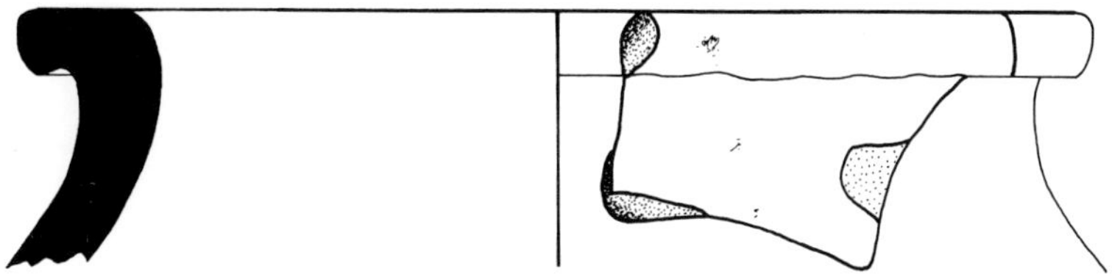
767

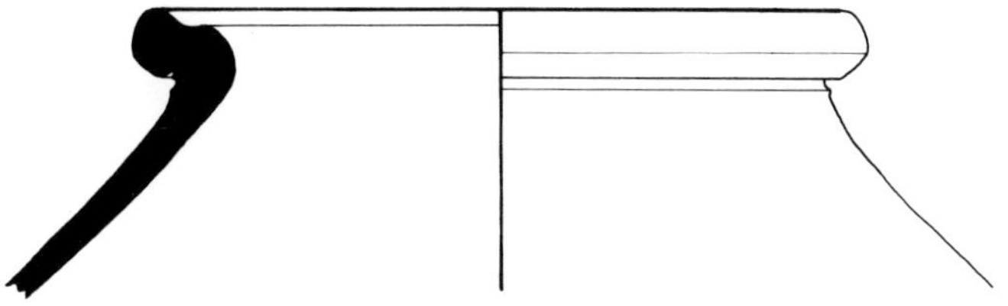
768

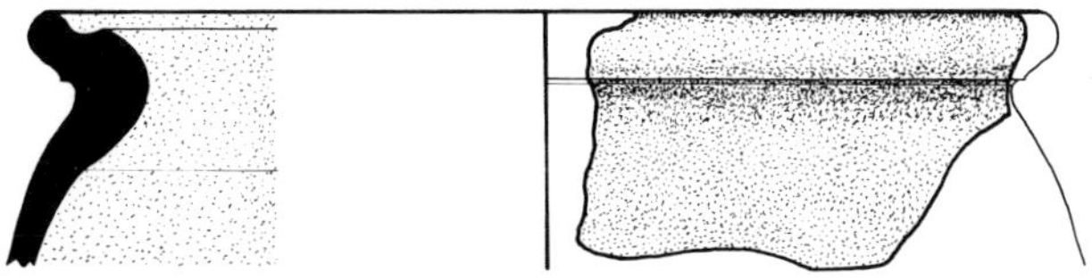
769

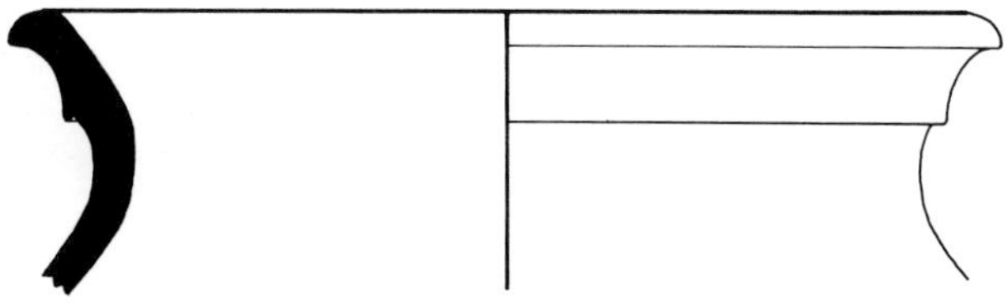
770

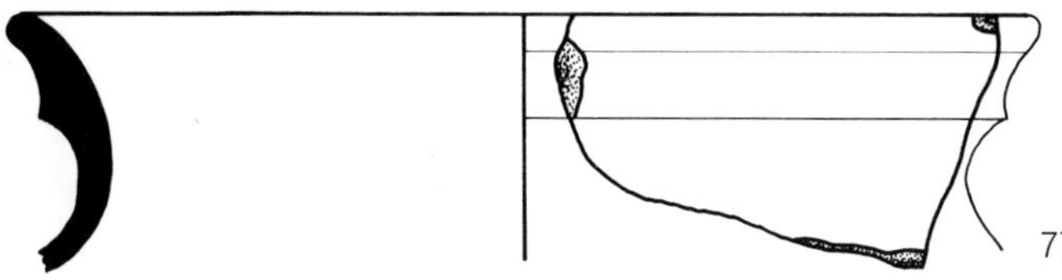
771

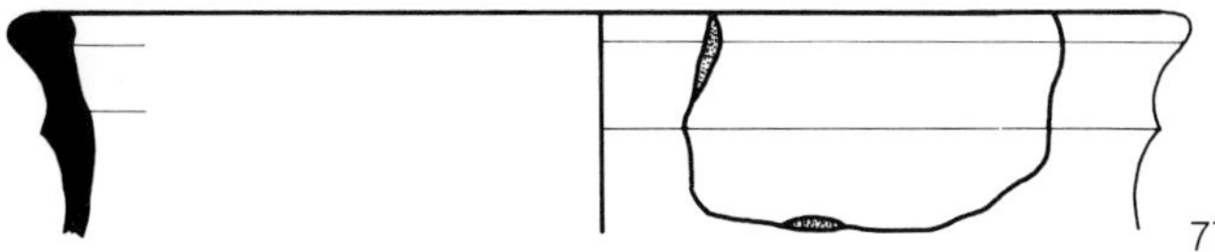
772

773

Küchengeschirr: Töpfe. M. 1:2.

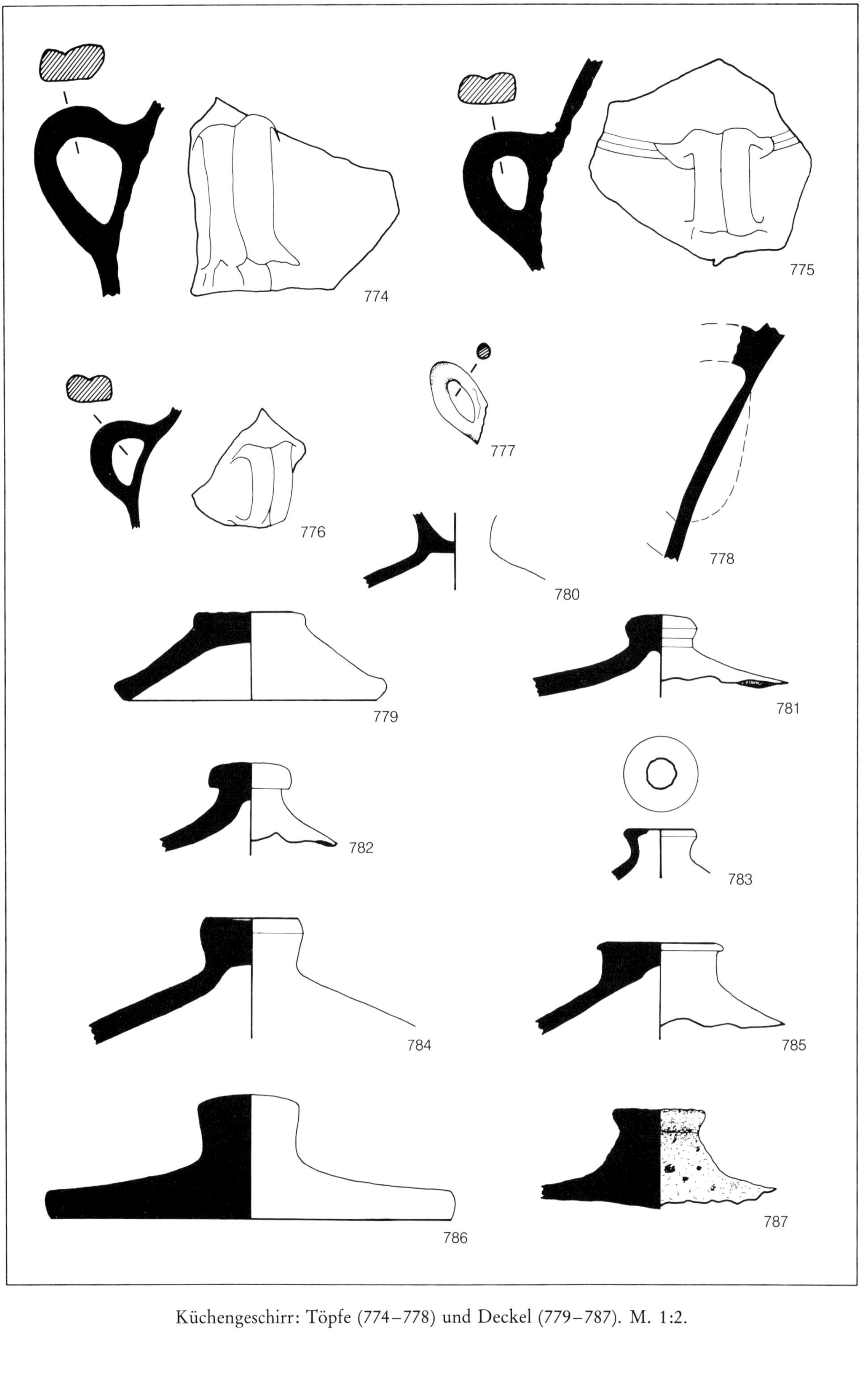

Küchengeschirr: Töpfe (774–778) und Deckel (779–787). M. 1:2.

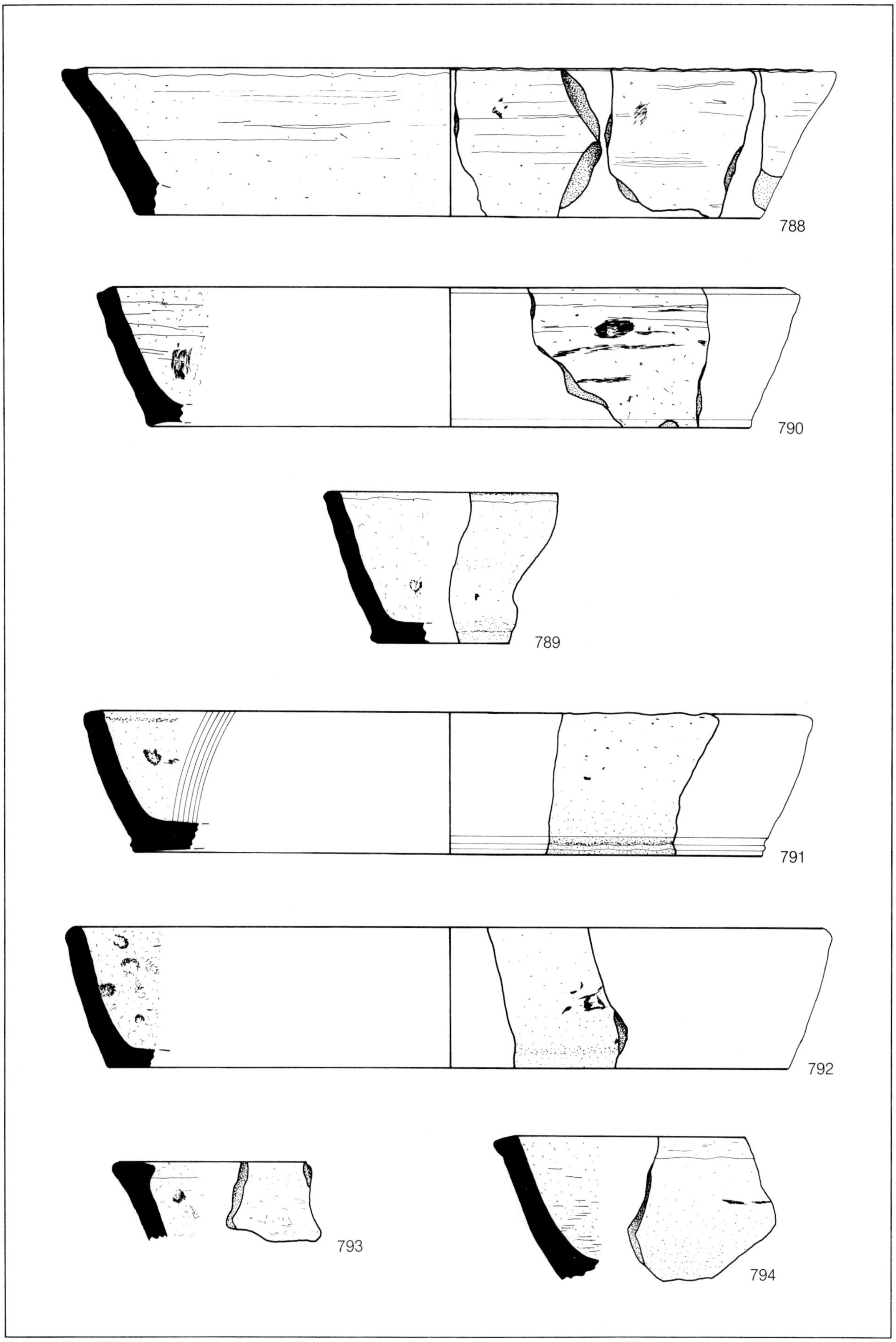

Küchengeschirr: Handgemachte Ware. M. 1:2.

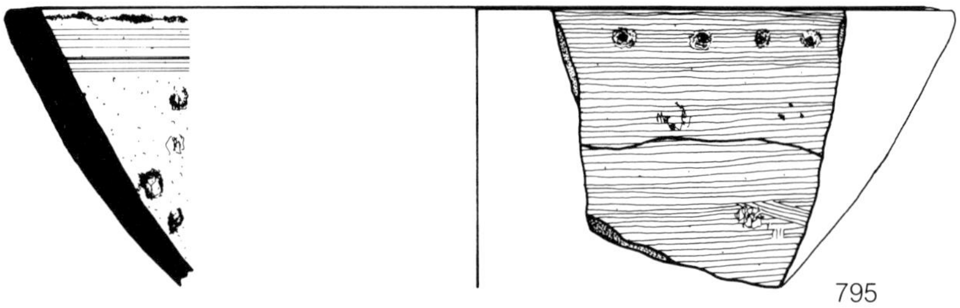

795

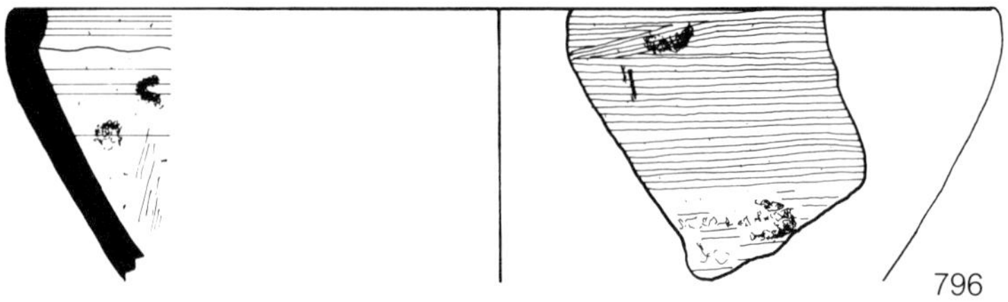

796

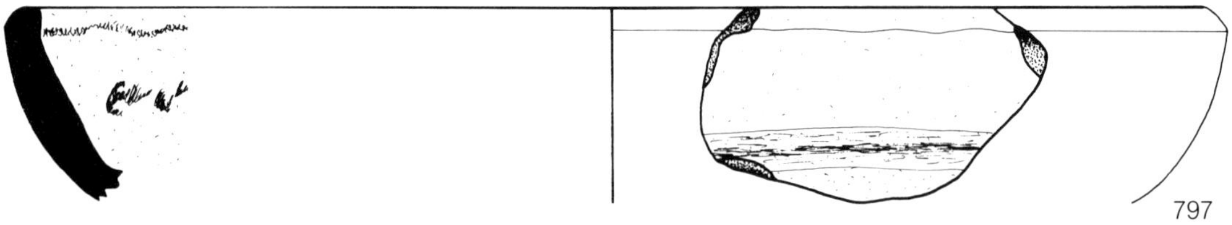

797

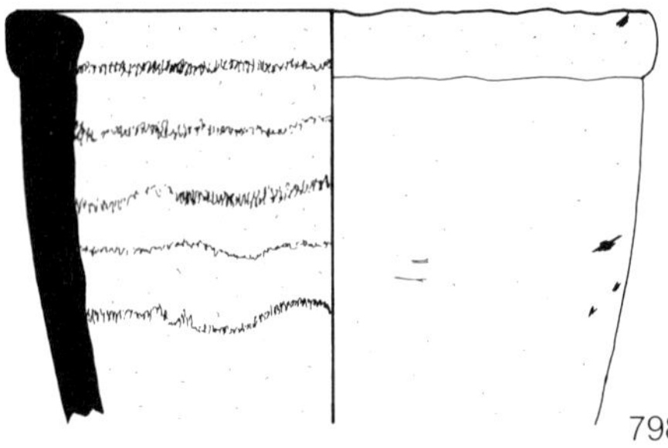

798

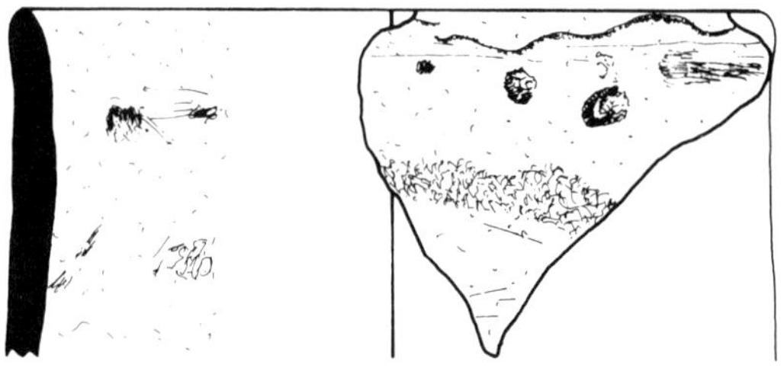

799

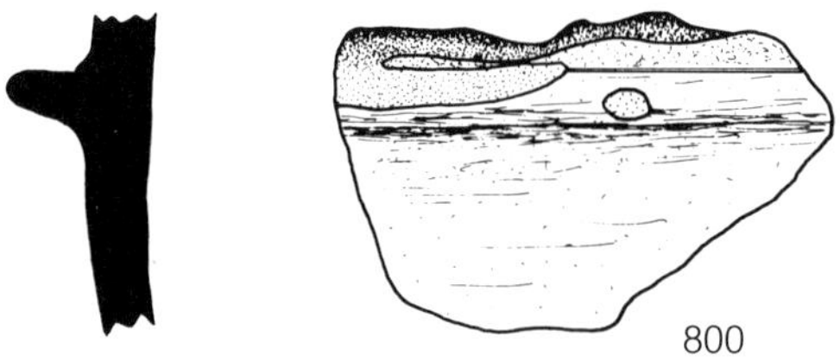

800

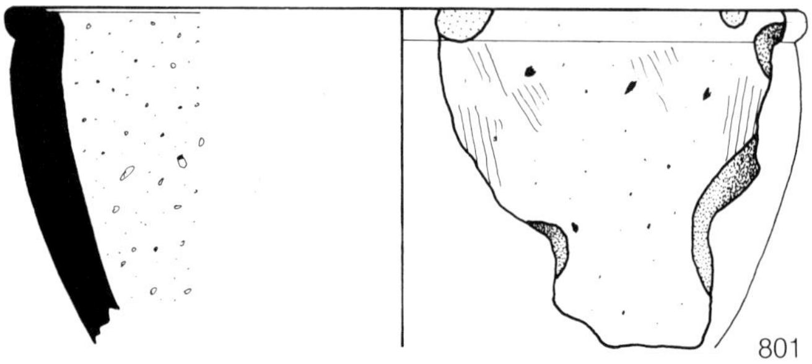

801

Küchengeschirr: Handgemachte Ware. M. 1:2.

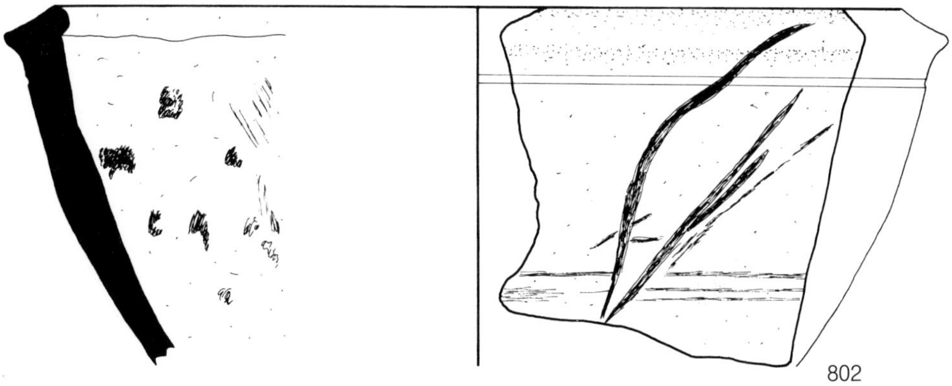

802

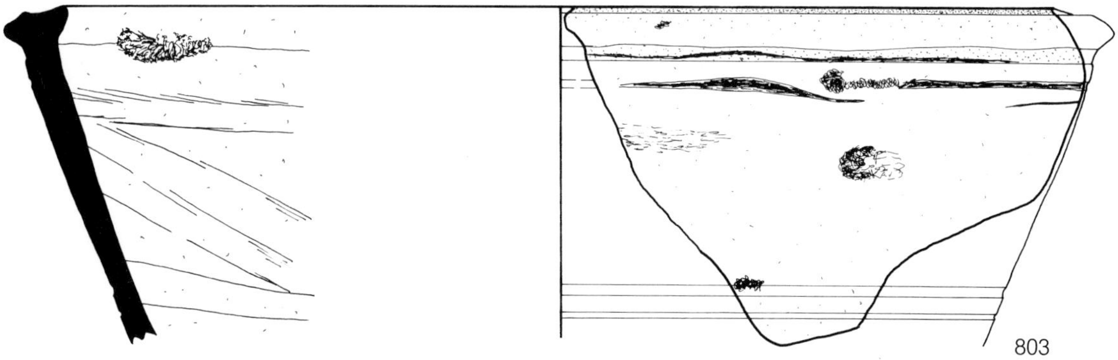

803

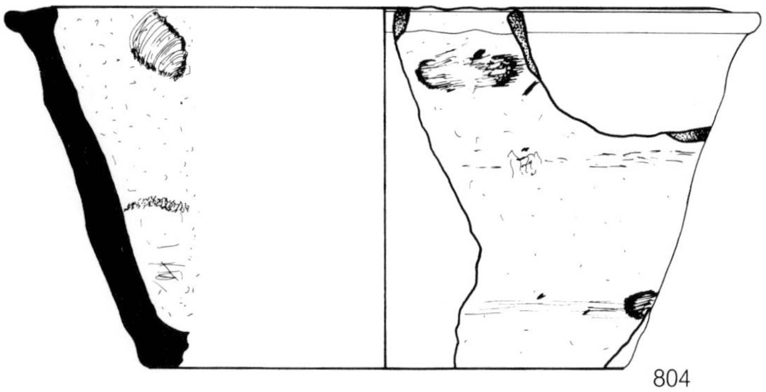

804

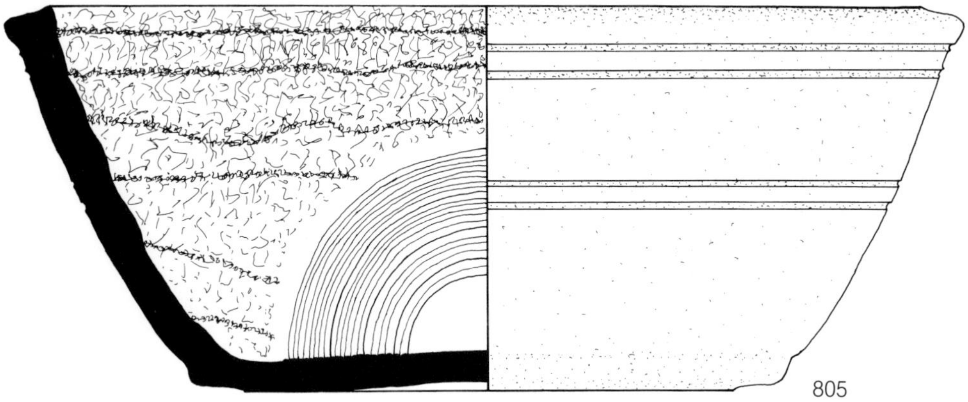

805

Küchengeschirr: Handgemachte Ware. M. 1:2.

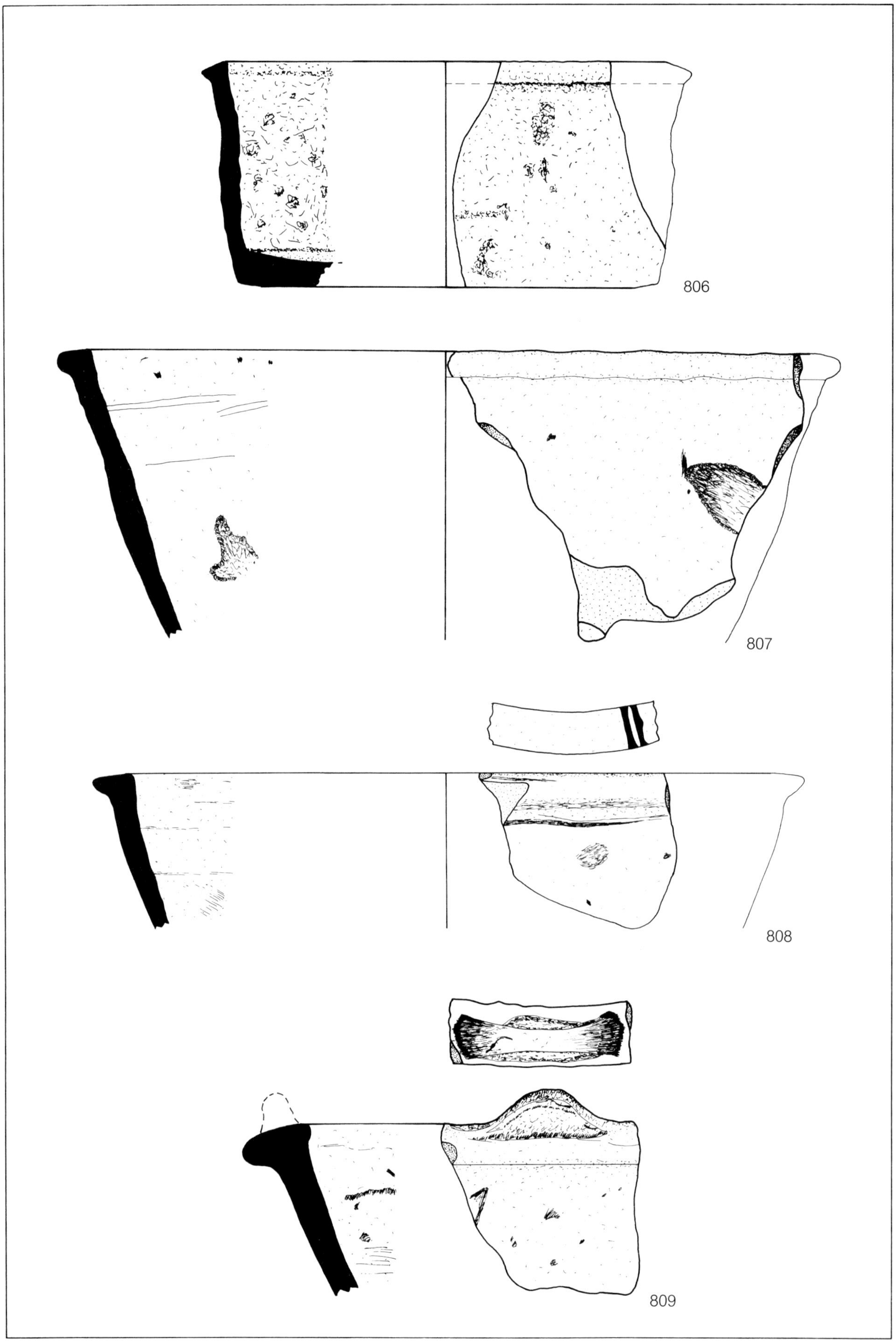

806

807

808

809

Küchengeschirr: Handgemachte Ware. M. 1:2, außer 808 M. 1:3.

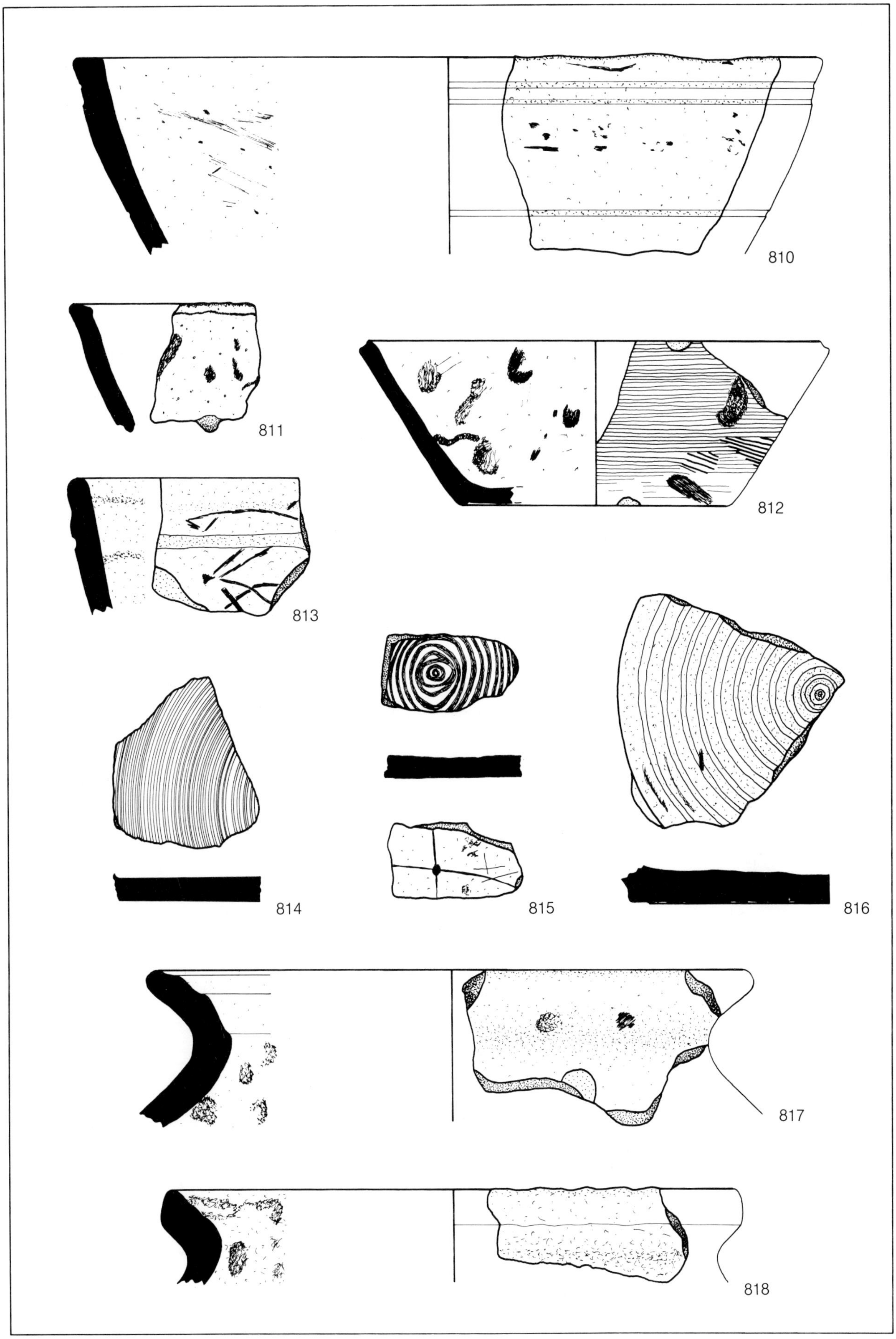

Küchengeschirr: Handgemachte Ware. M. 1:2.

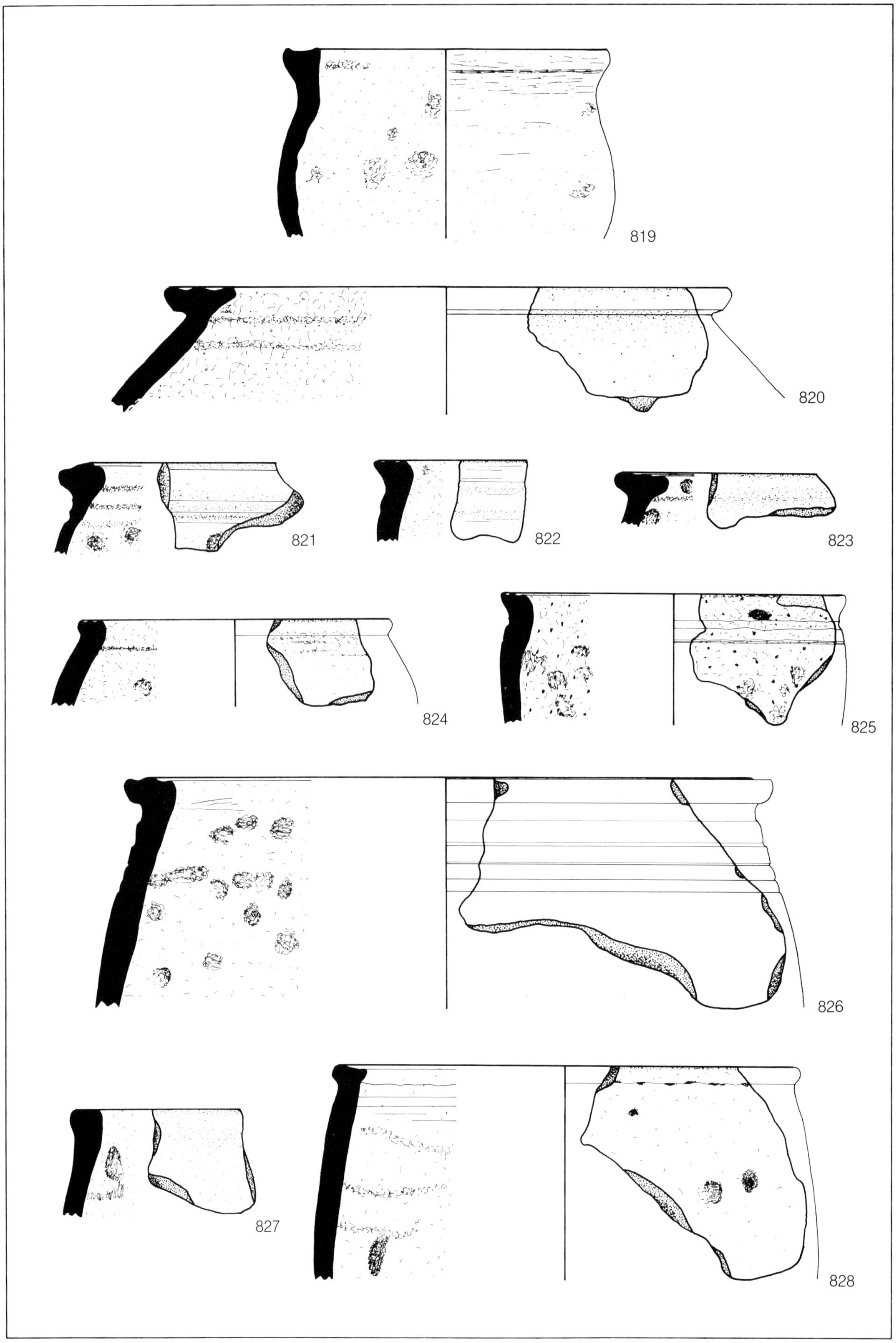

Küchengeschirr: Handgemachte Ware. M. 1:2.

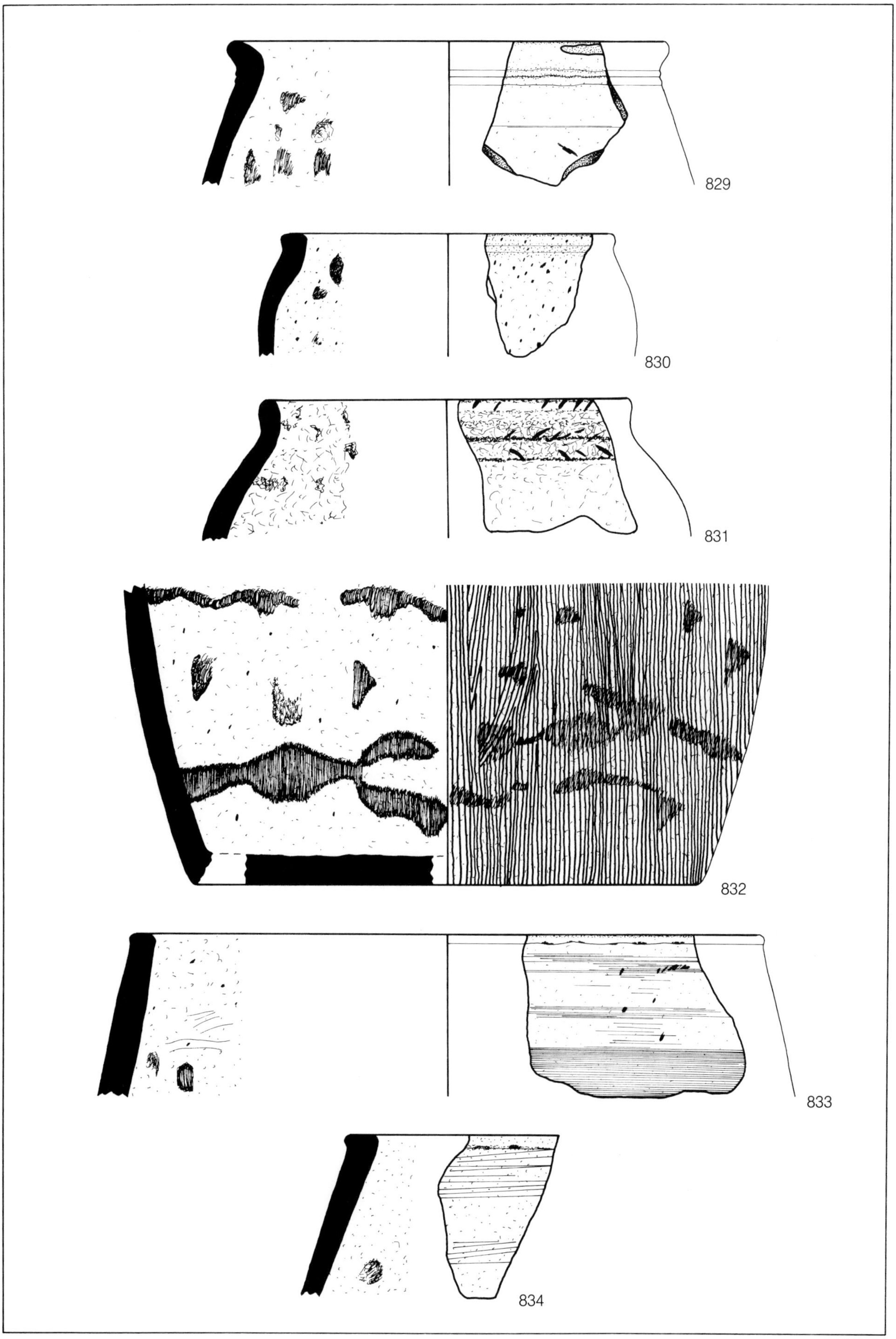

Küchengeschirr: Handgemachte Ware. M. 1:2.

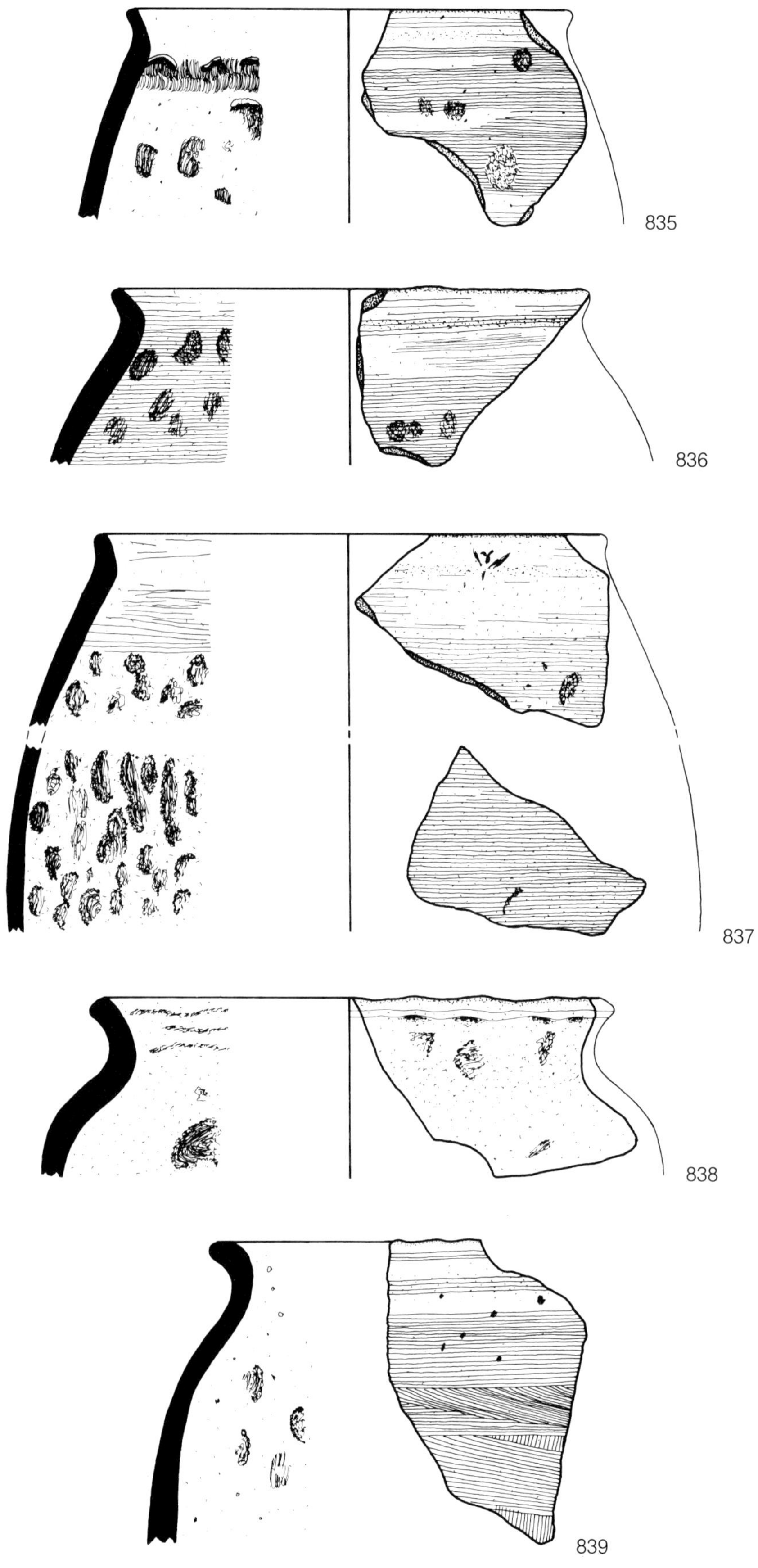

Küchengeschirr: Handgemachte Ware. M. 1:2.

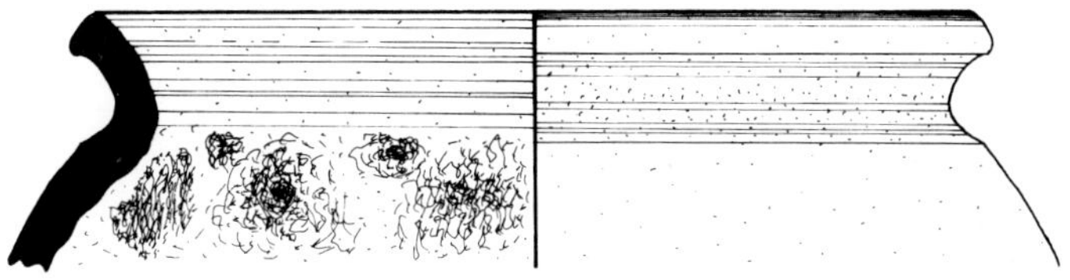

840

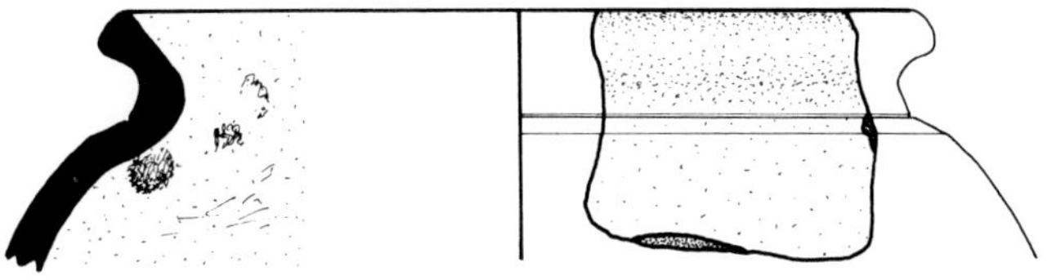

841

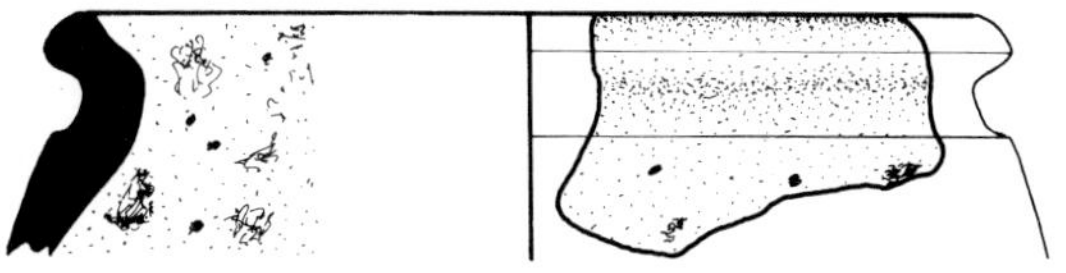

842

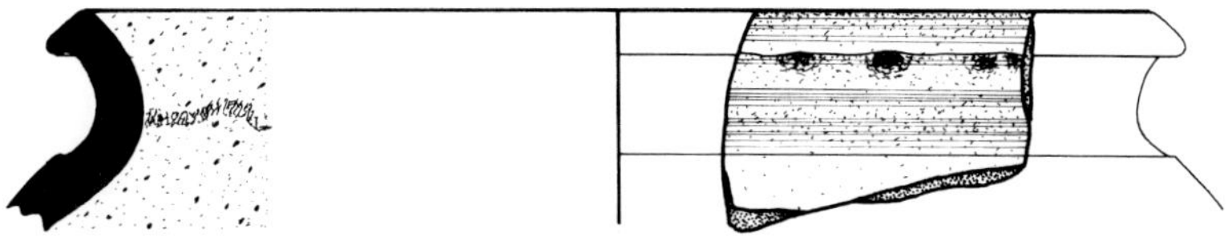

843

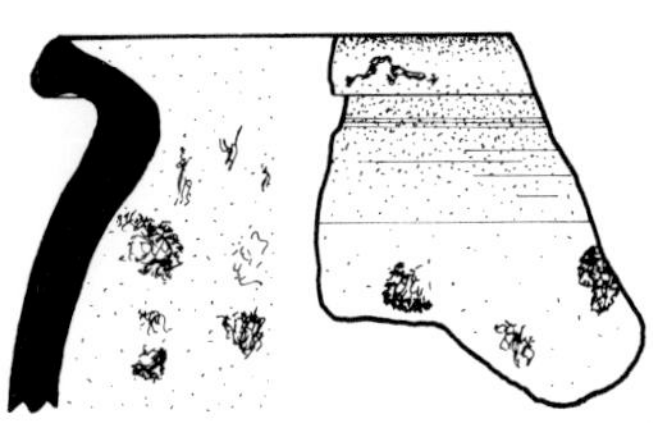

844

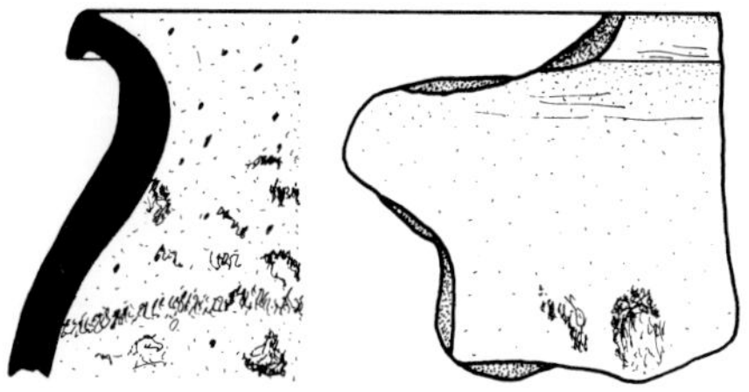

845

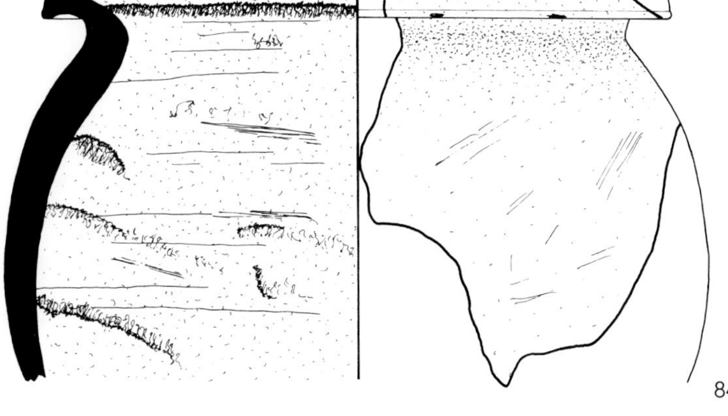

846

Küchengeschirr: Handgemachte Ware. M. 1:2.

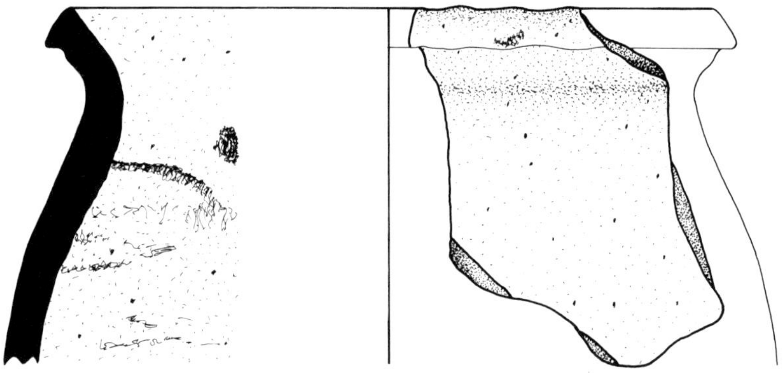
847

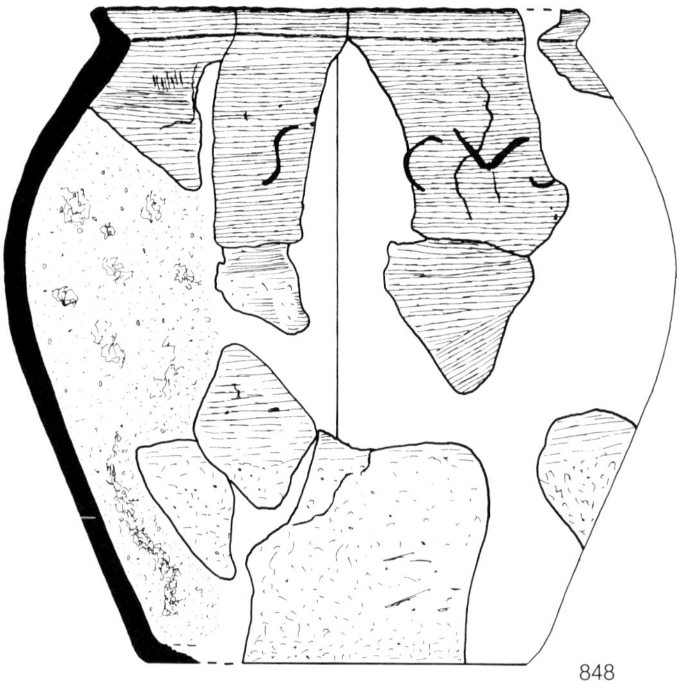
848

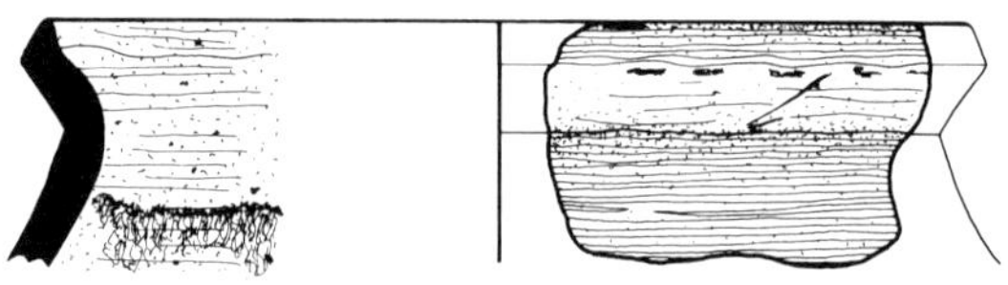
849

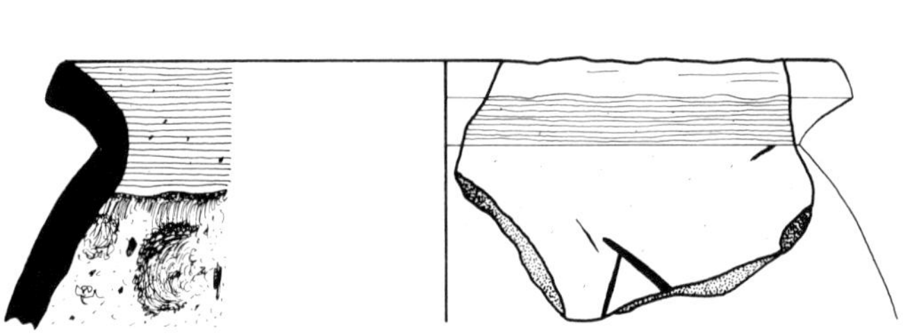
850

Küchengeschirr: Handgemachte Ware. M. 1:2.

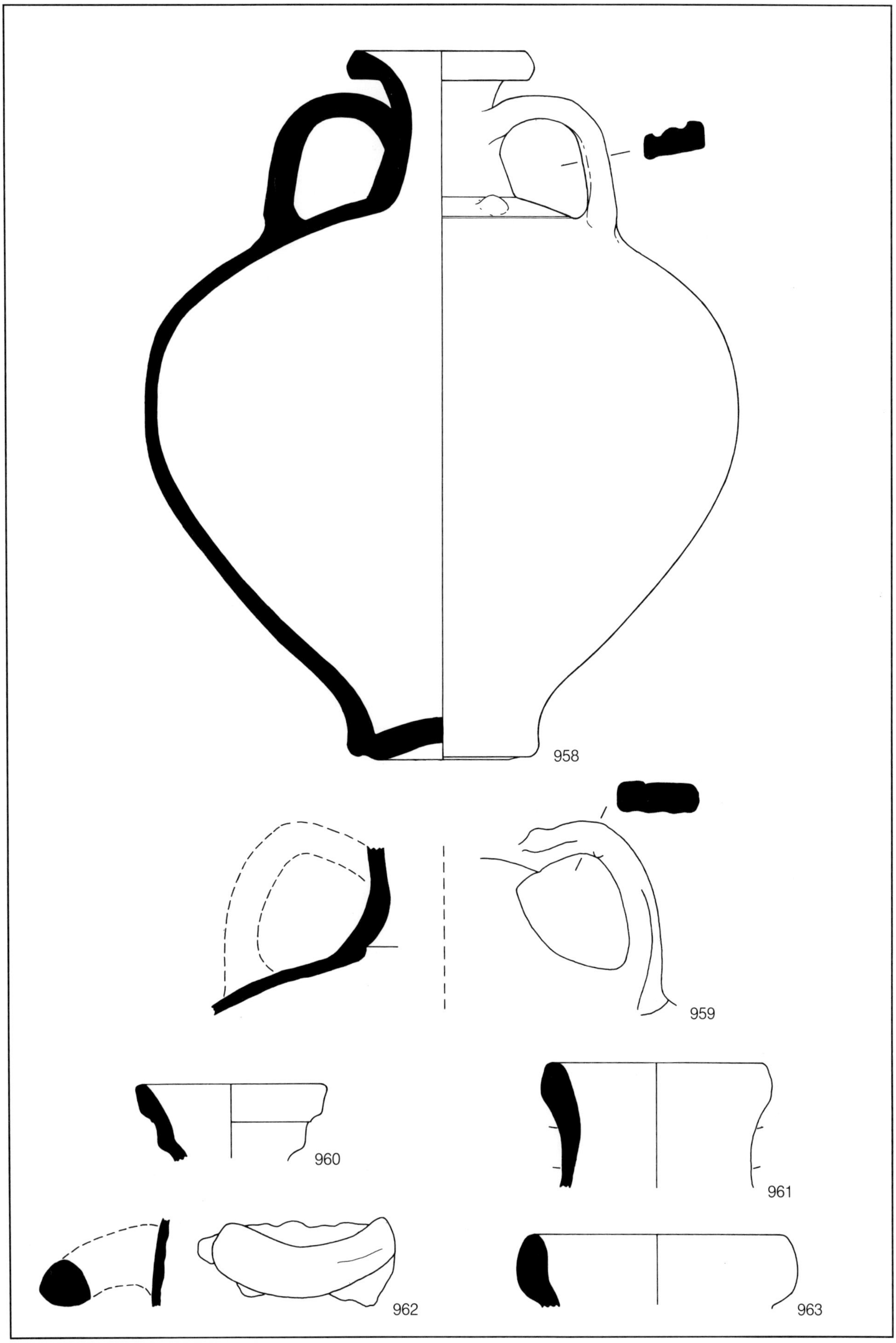

Vorratsgefäße: Amphoren bzw. Krug. M. 1:3.

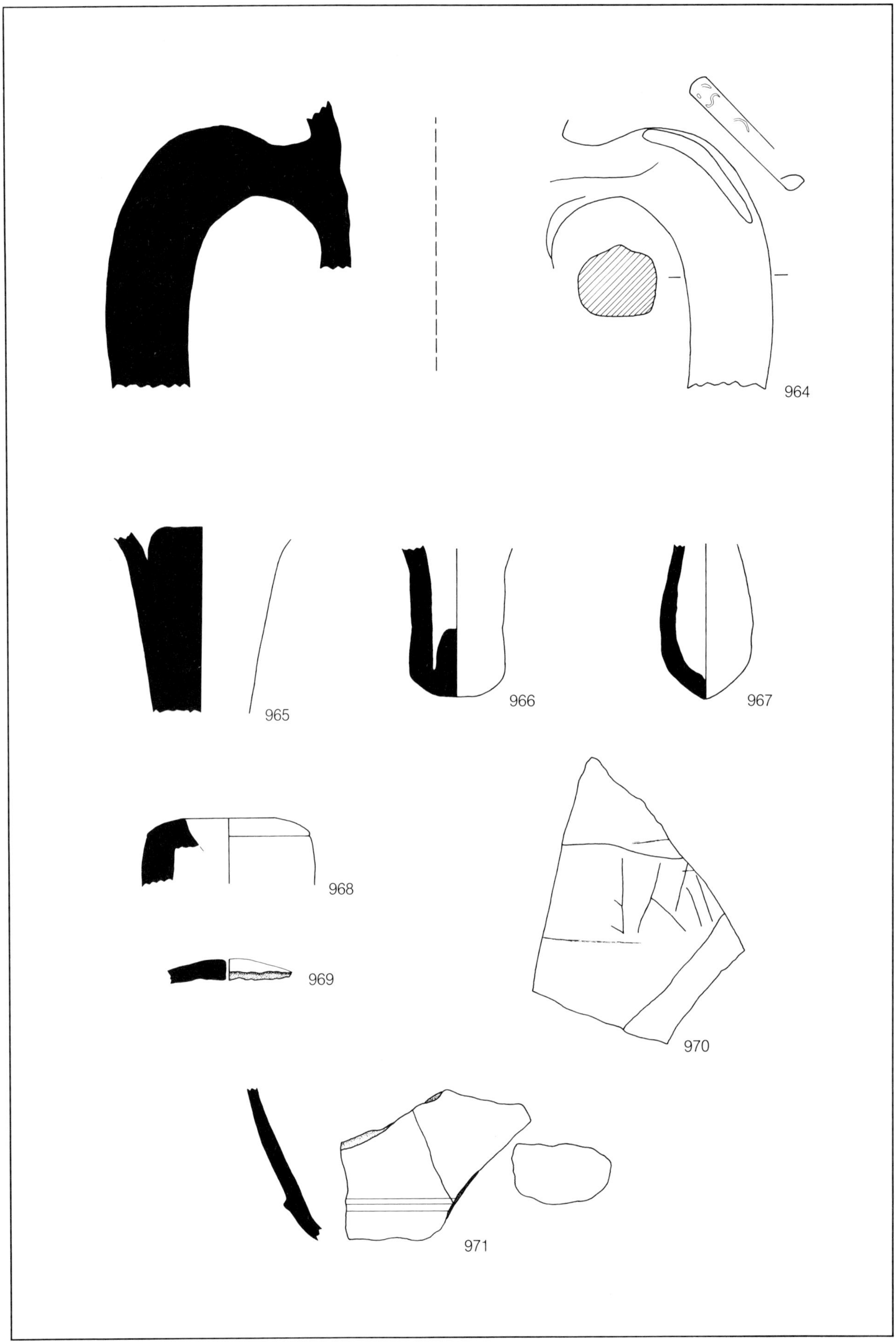

Vorratsgefäße: Amphoren und Dolium. M. 1:3.

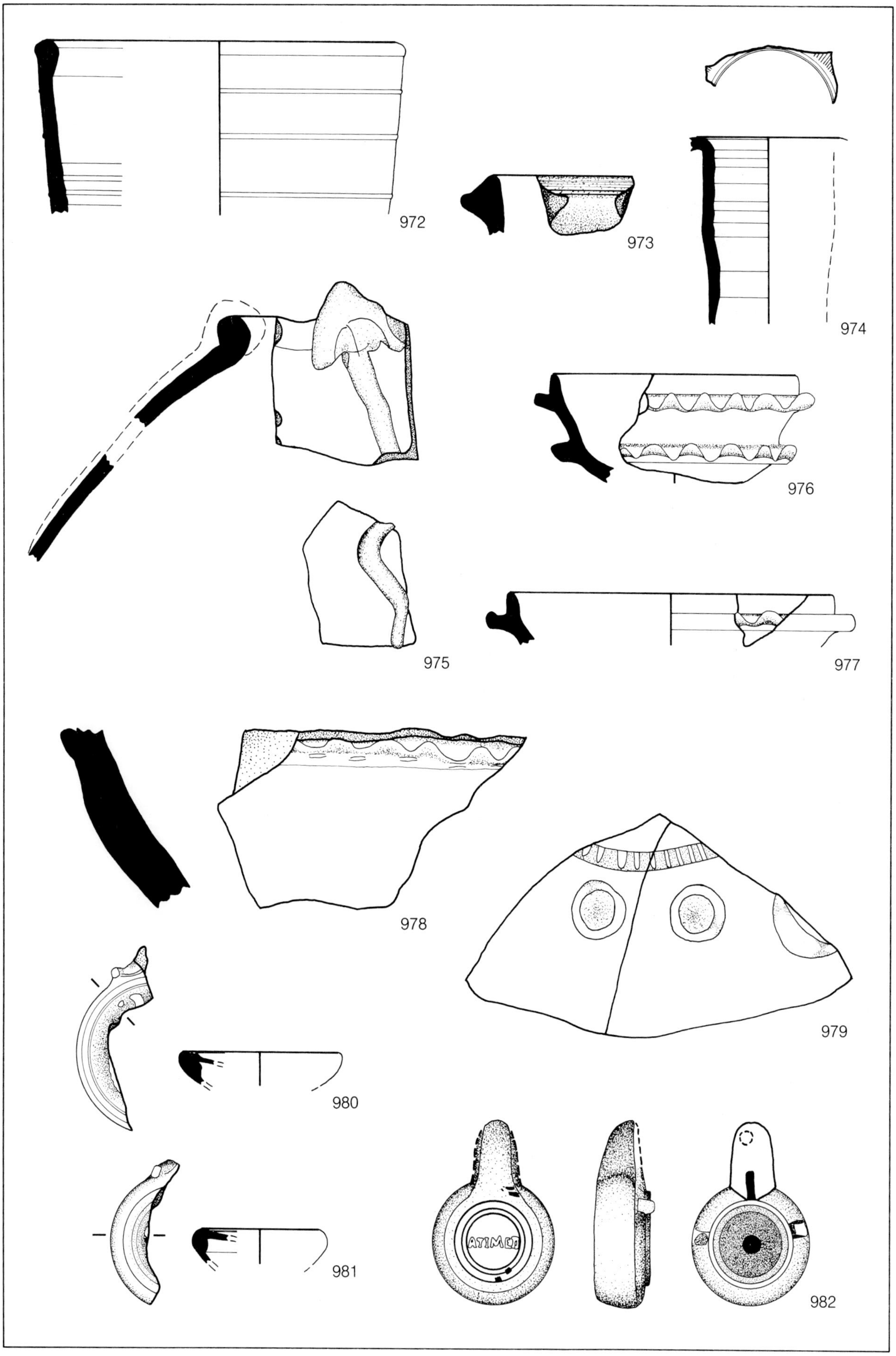

Verschiedene Gefäßformen und Lampen (980–982). M. 1:2.

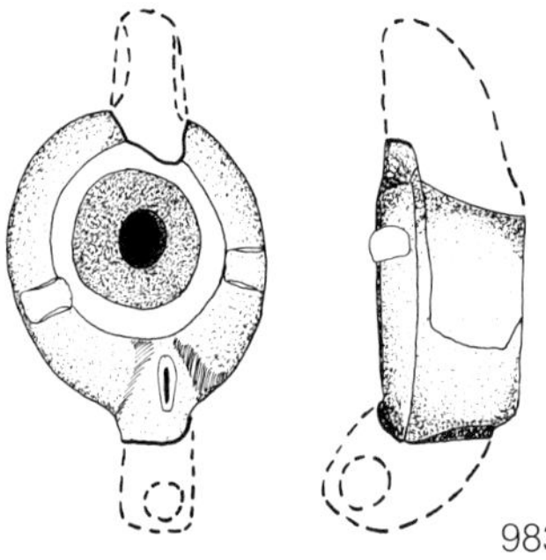
983

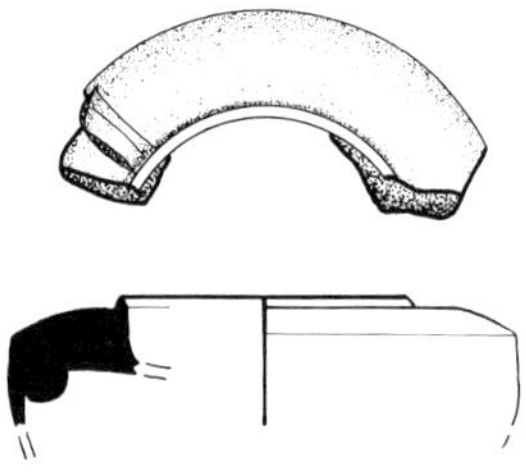
984

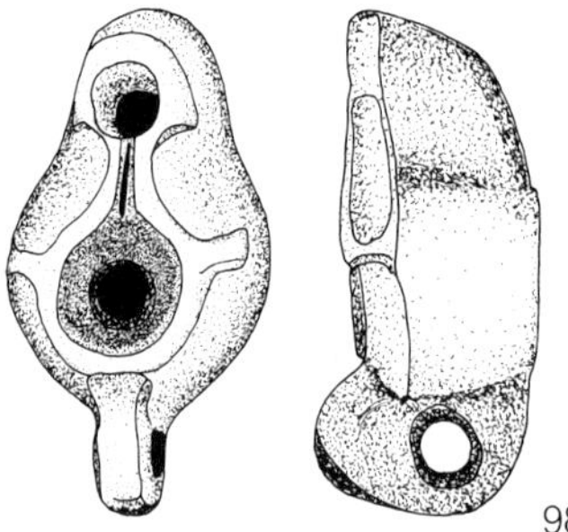
985

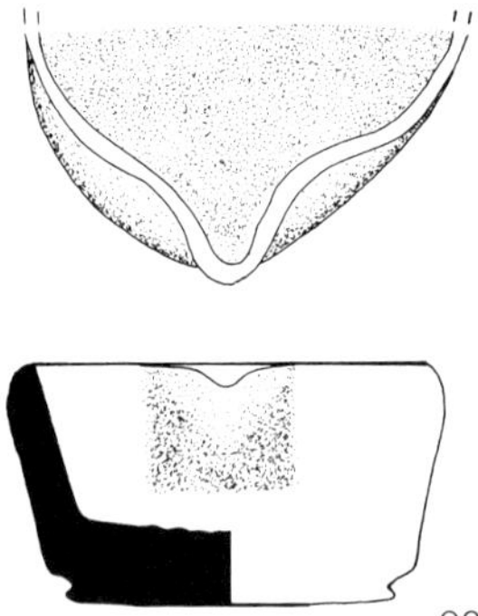
986

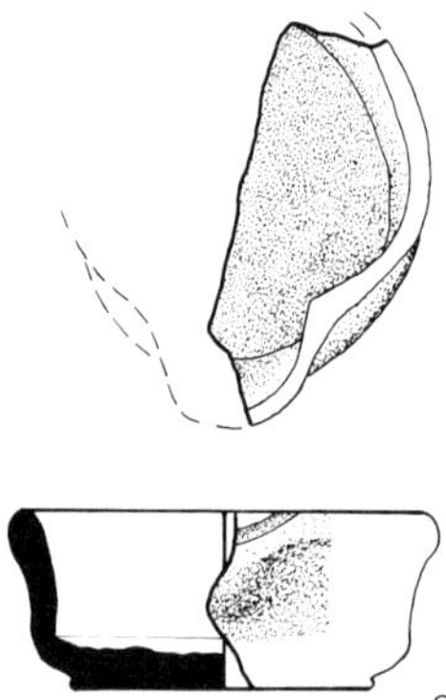
987

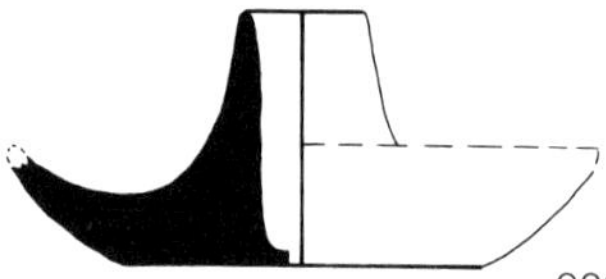
988

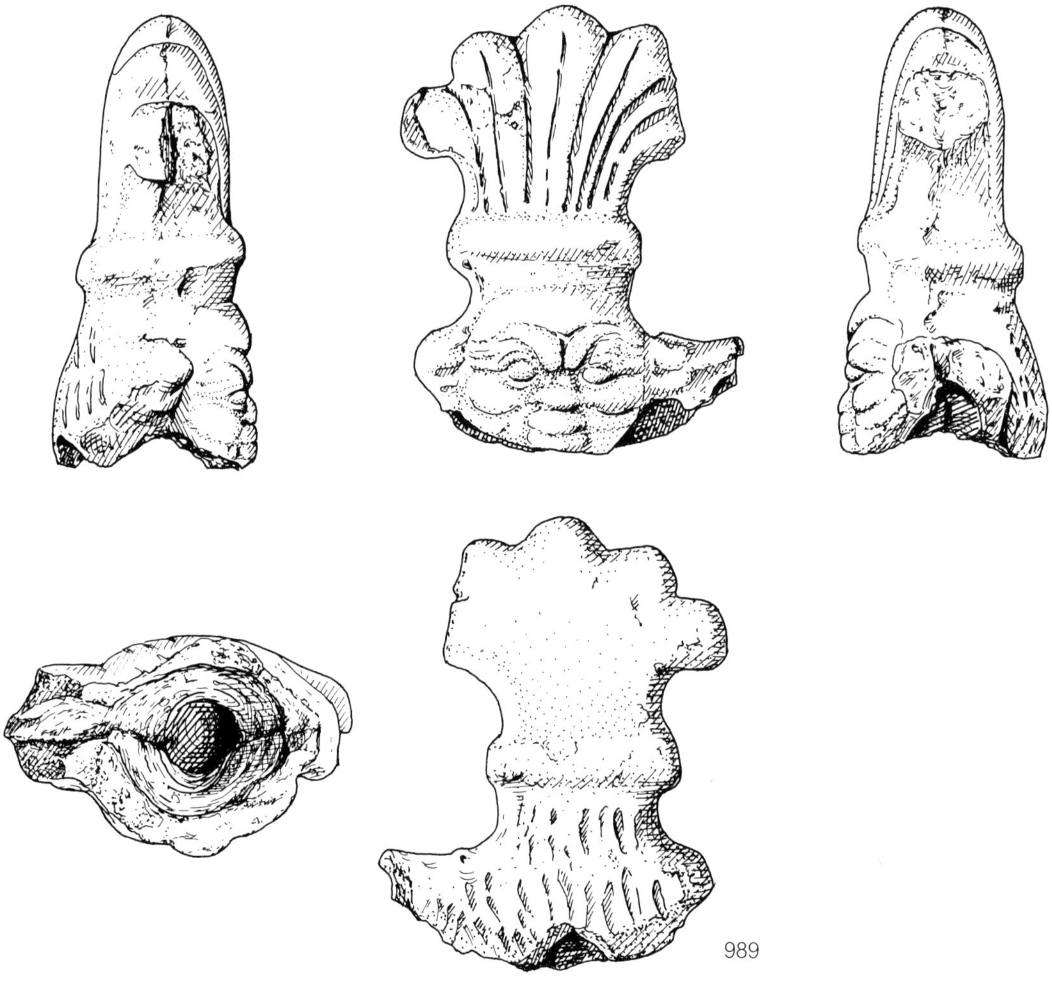
989

Lampen (983–988) und Bes-Terrakotte (989). M. 1:2, außer 989 M. 1:1.

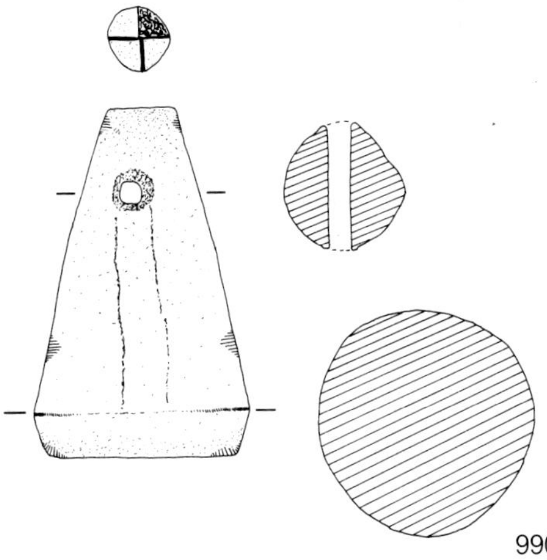

990

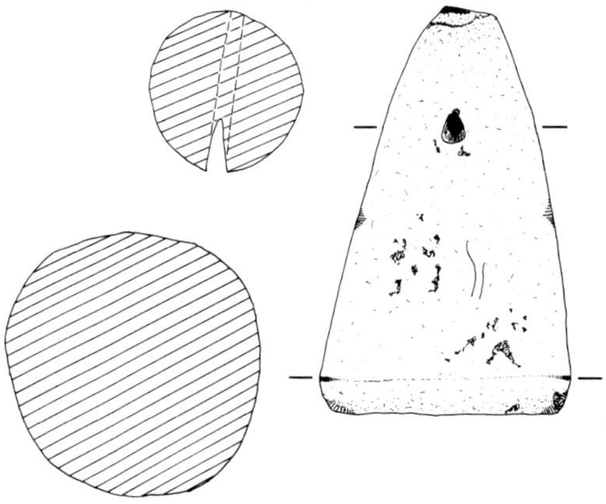

991

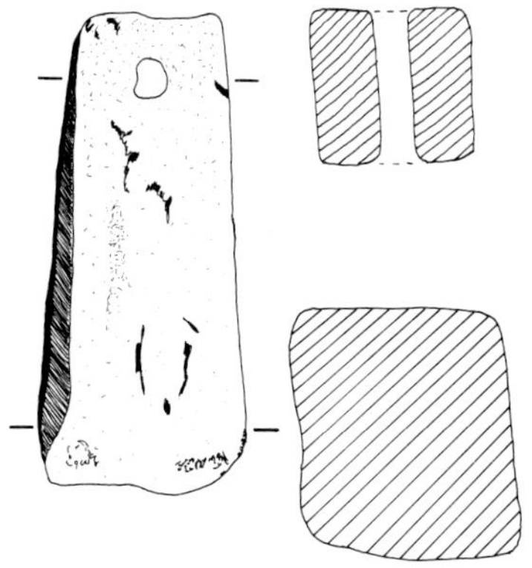

992

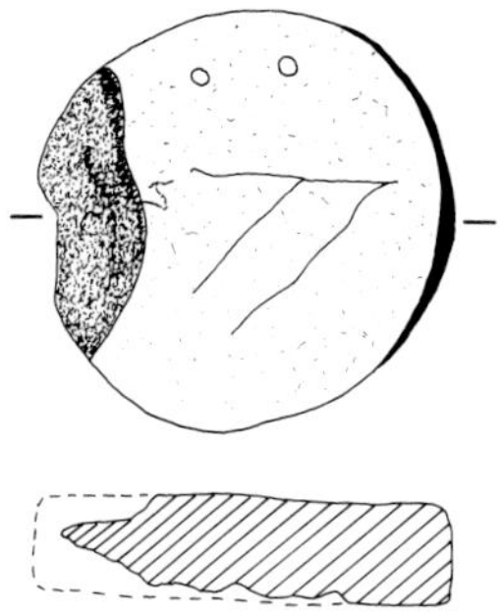

993

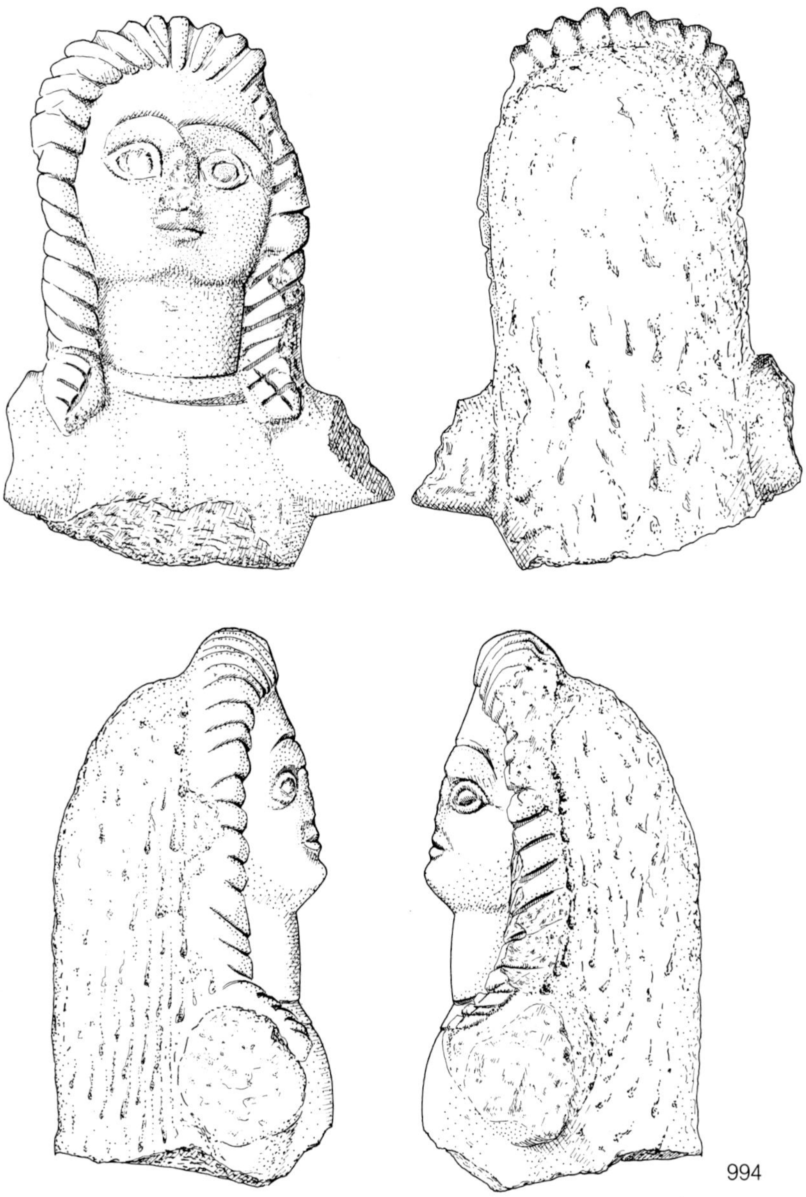

994

995

Webgewichte (990–993) und Kleinplastik (994.995). M. 1:3, außer 994
M. 1:2, 995 o. M.

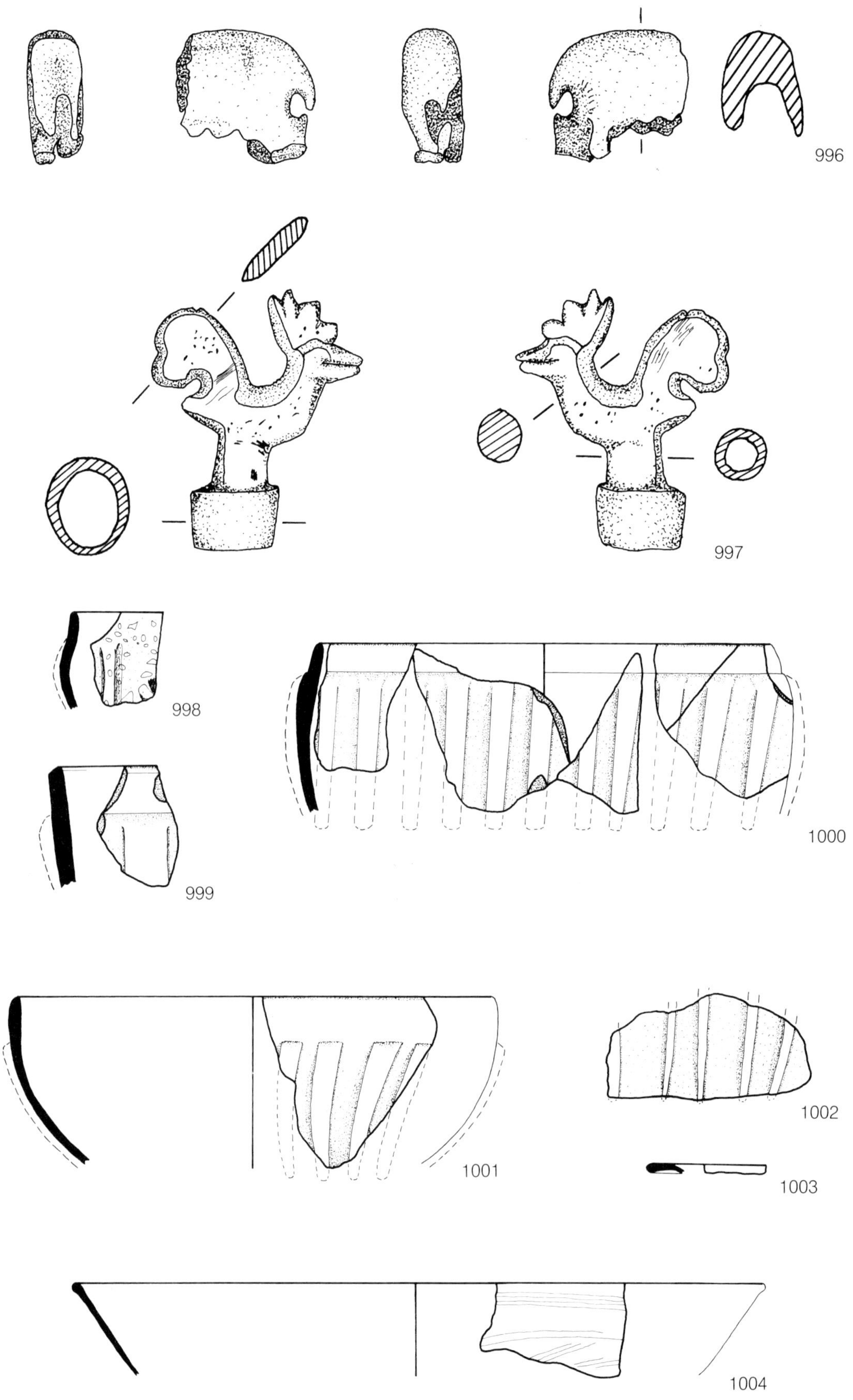

Kleinbronzen (996.997). M. 1:1. Glas (998–1004). M. 1:2.

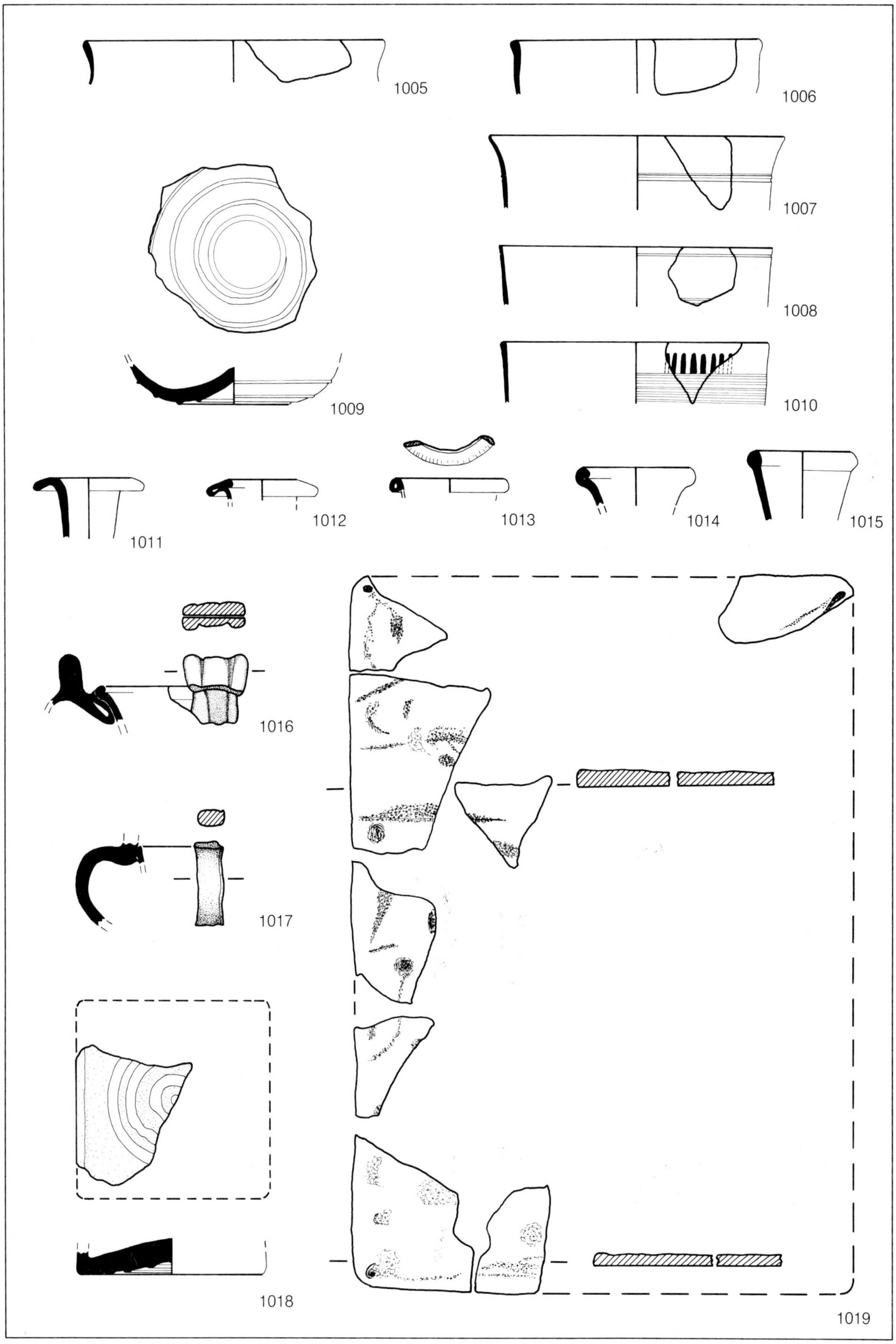
1005
1006
1007
1008
1009
1010
1011
1012
1013
1014
1015
1016
1017
1018
1019

Glas. M. 1:2.

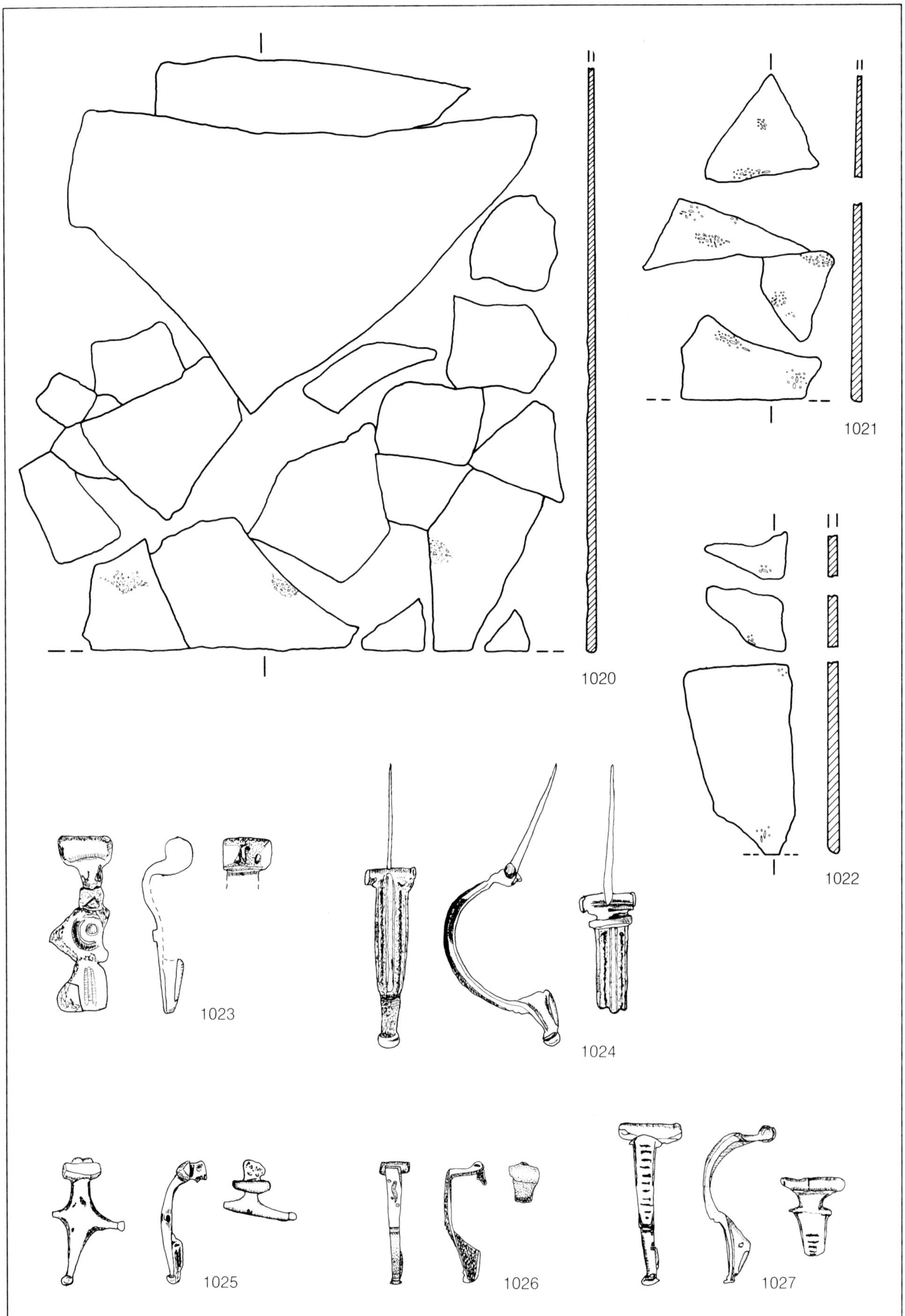

Glas (1020–1022). M. 1:2. Trachtzubehör. M. 2:3.

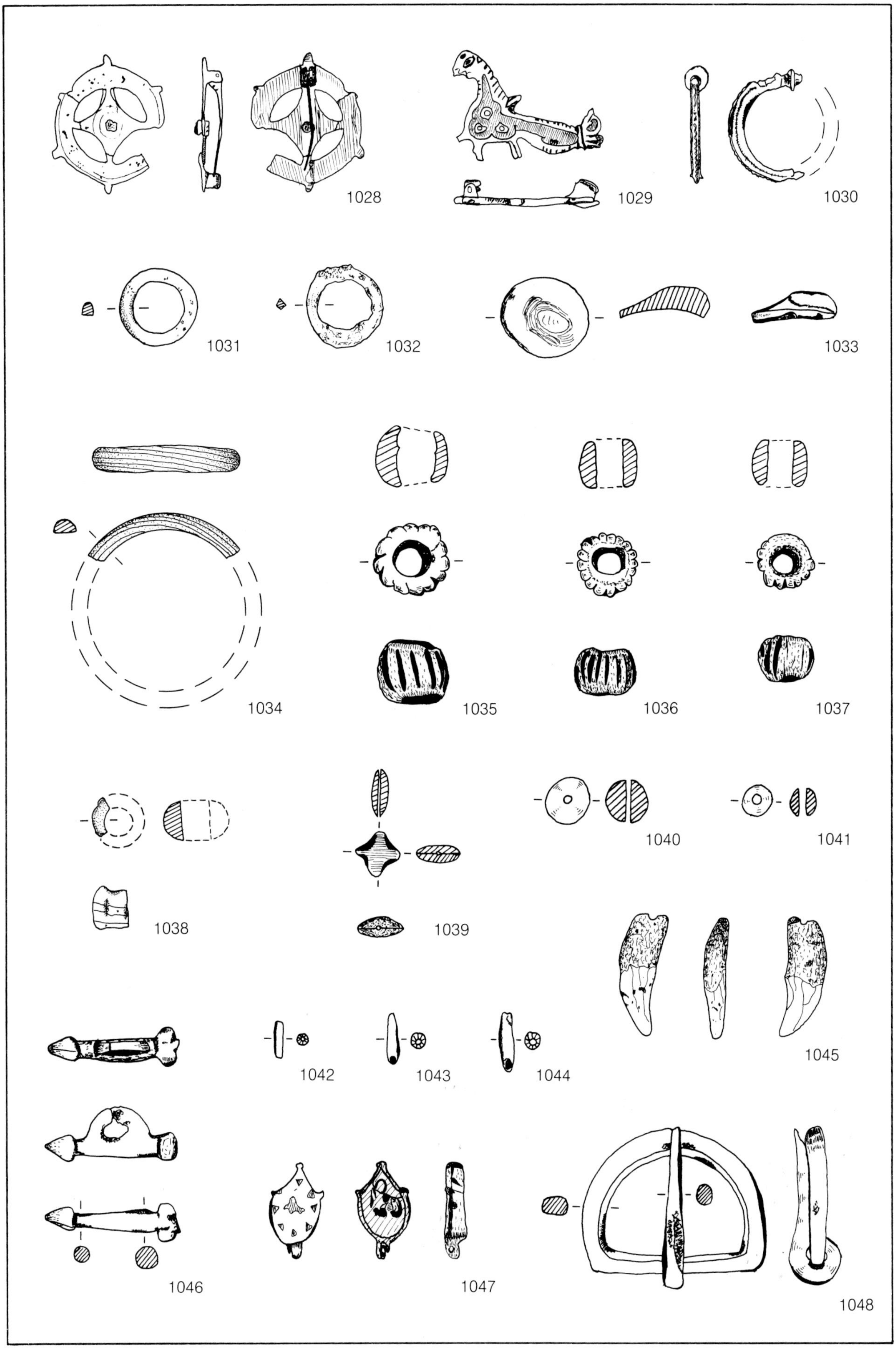

Trachtzubehör. M. 2:3.

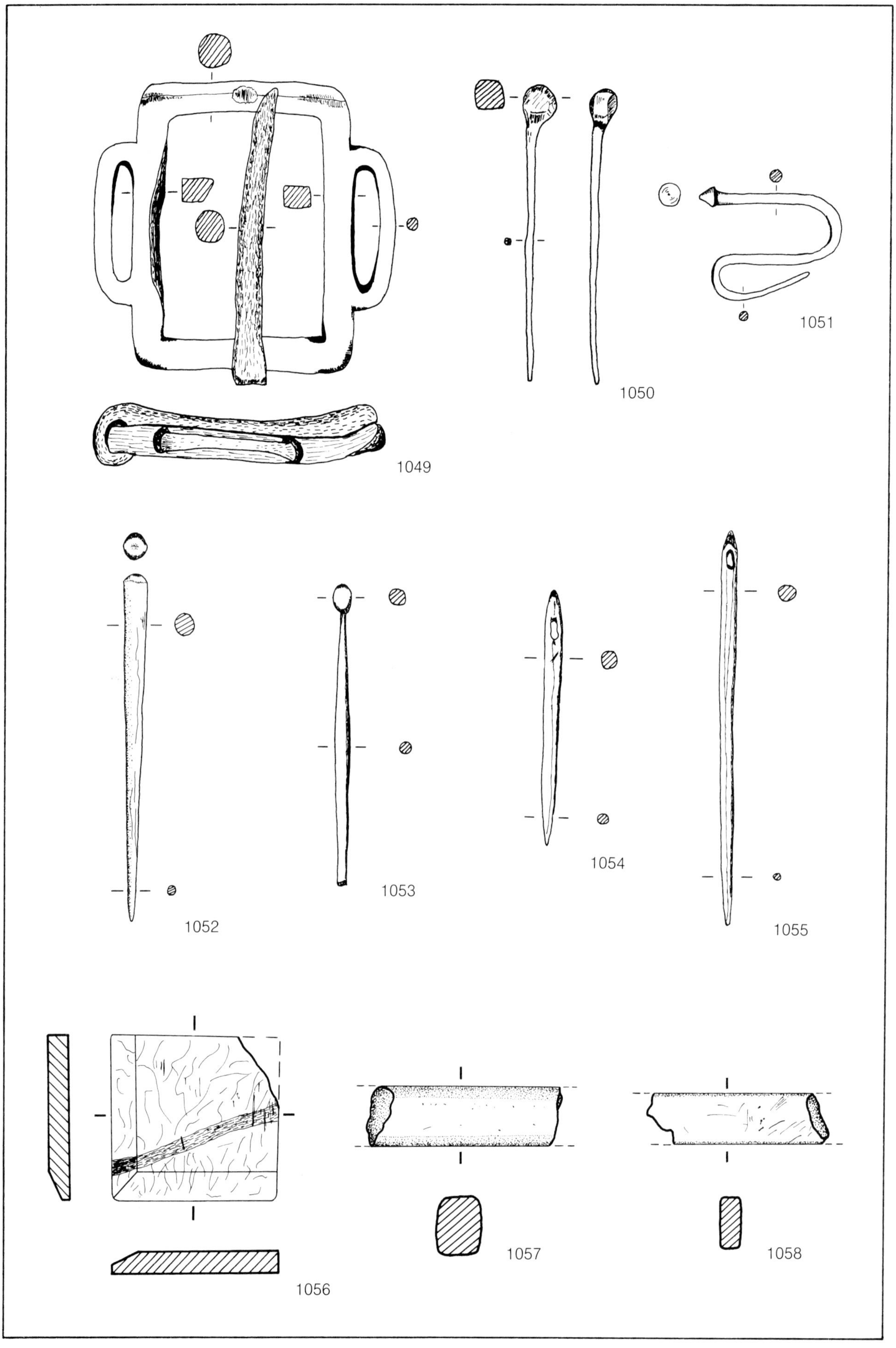

Trachtzubehör (1049–1053) und Toilettengerät (1054–1058). M. 2:3.

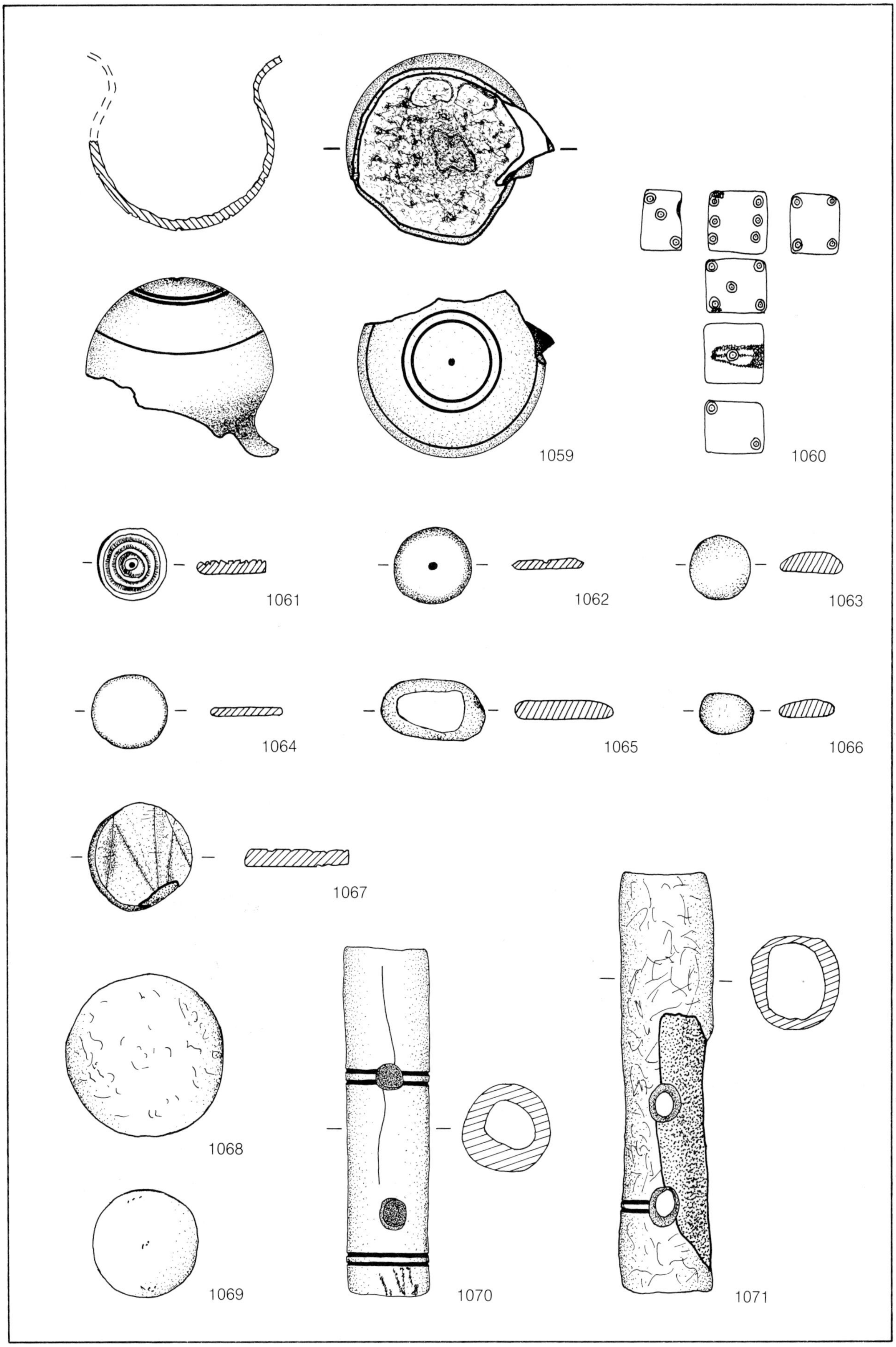

Schröpfkopf (1059), Spielgeräte (1060–1069), Gerätschaften aus Bein (1070.1071). M. 2:3.

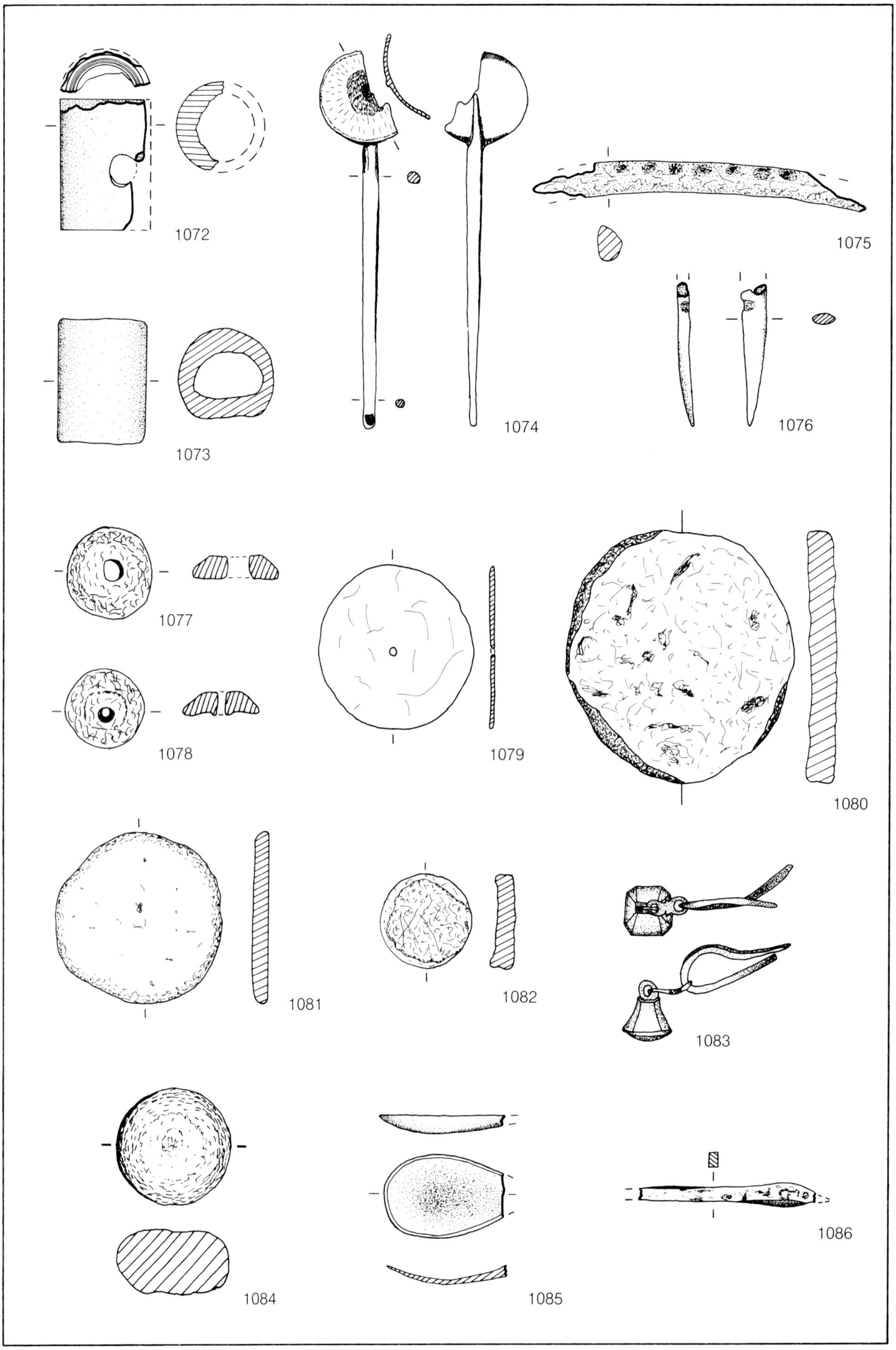

Gerätschaften aus Bein (1072–1076), Blei (1077–1082) und Bronze (1083–1086). M. 2:3.

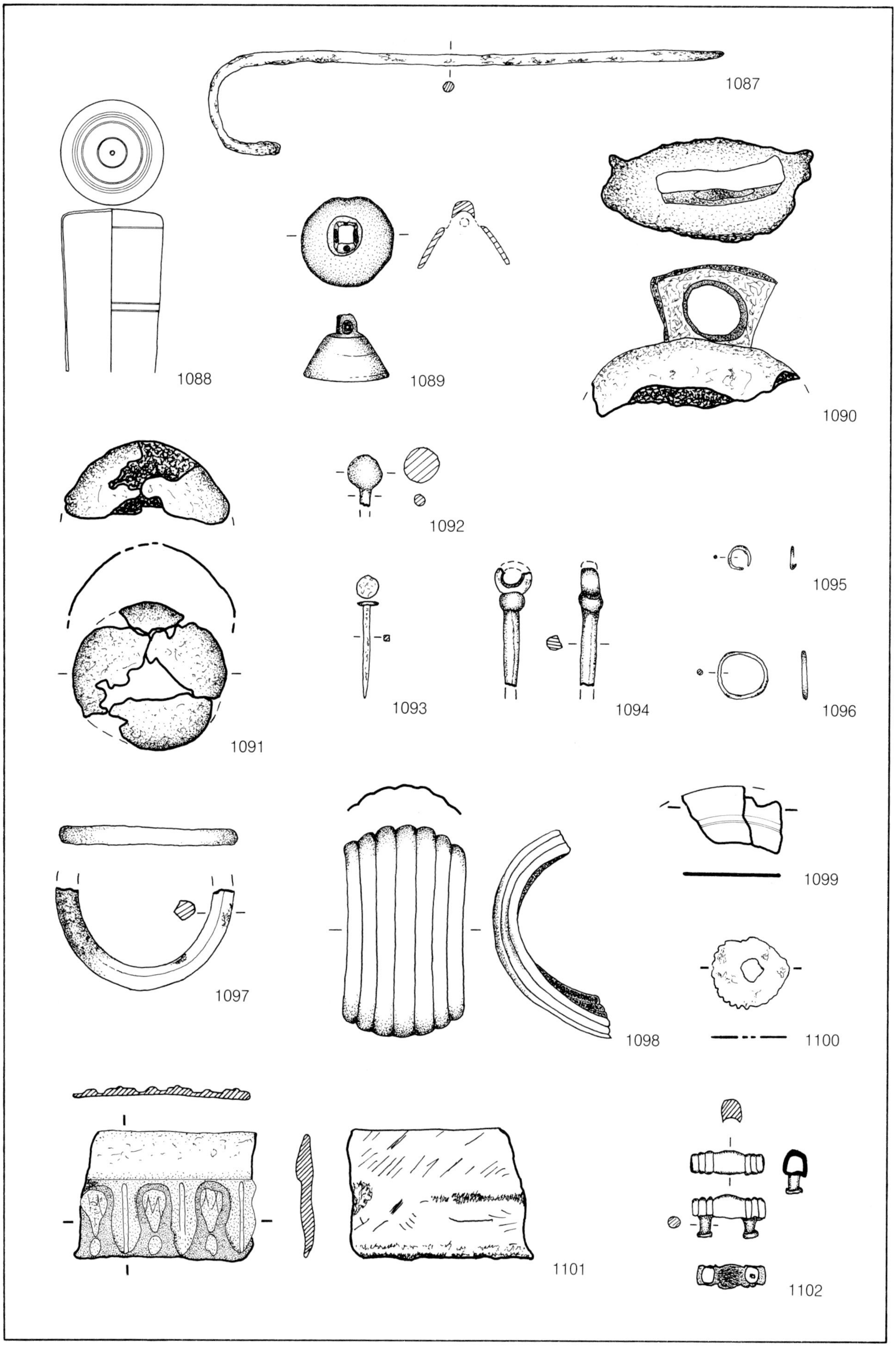

Gerätschaften und Beschläge aus Bronze. M. 2:3.

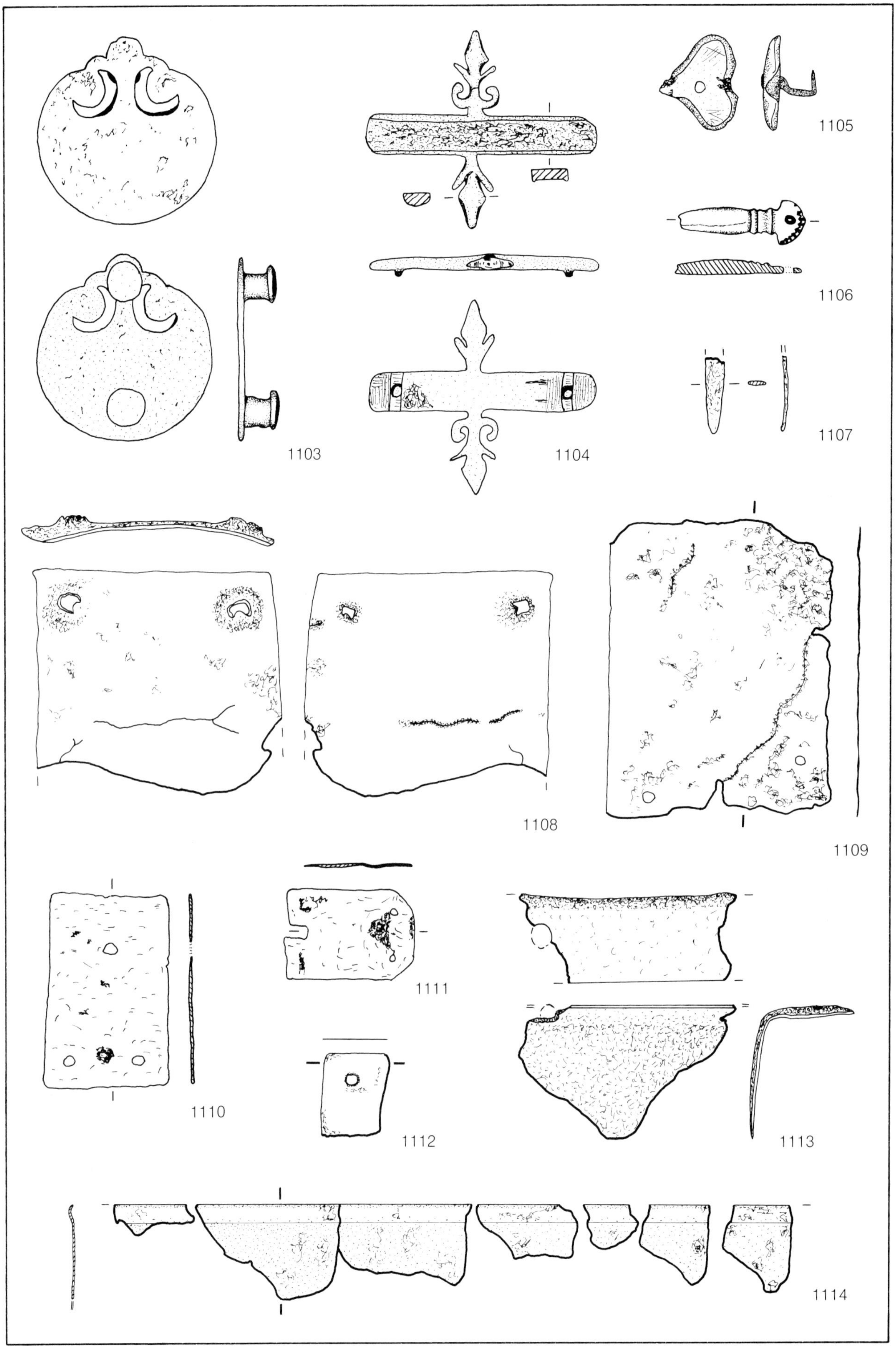

Beschläge aus Bronze. M. 2:3.

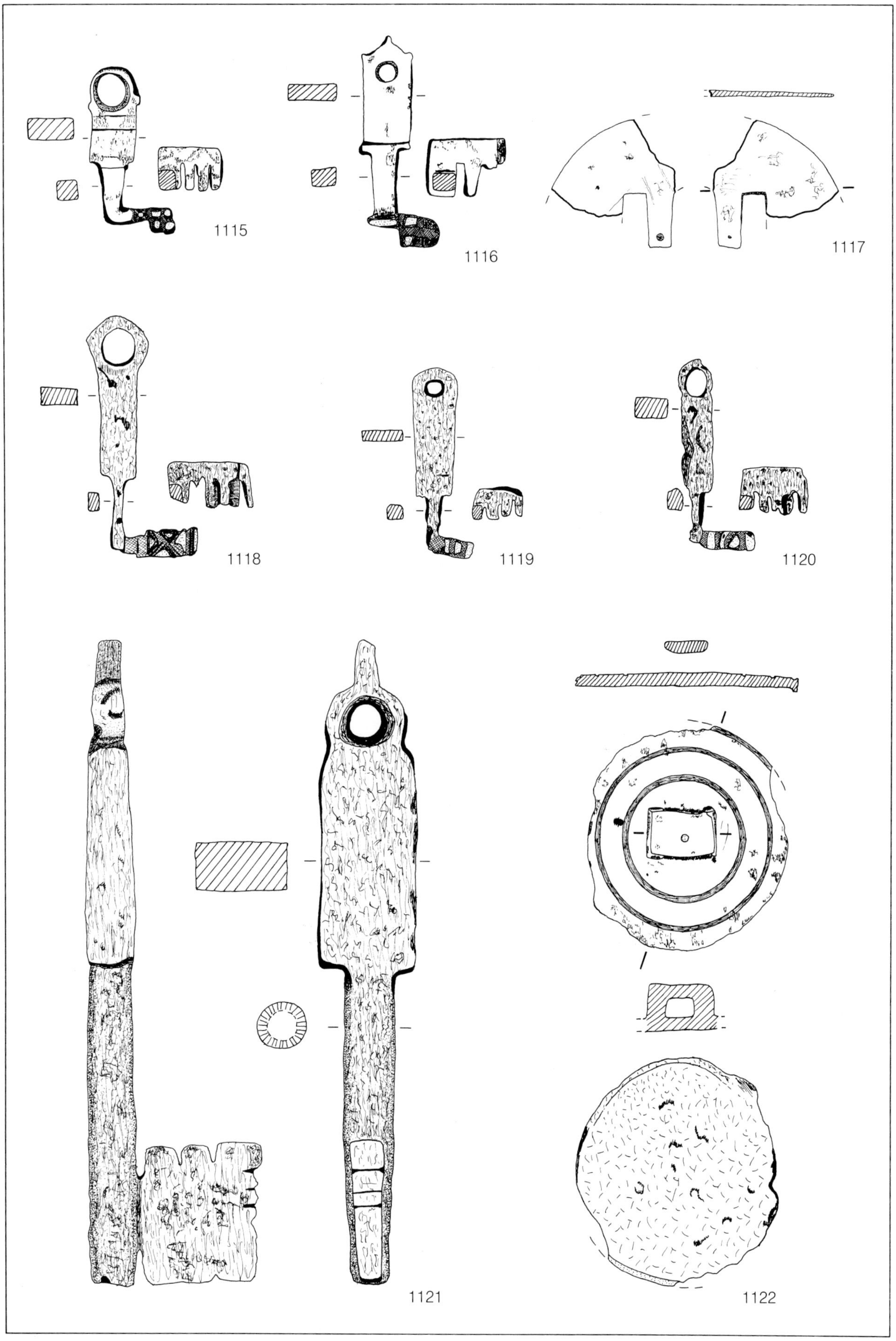

Gerätschaften aus Bronze (1115–1117.1122) bzw. aus Eisen. M. 1:2.

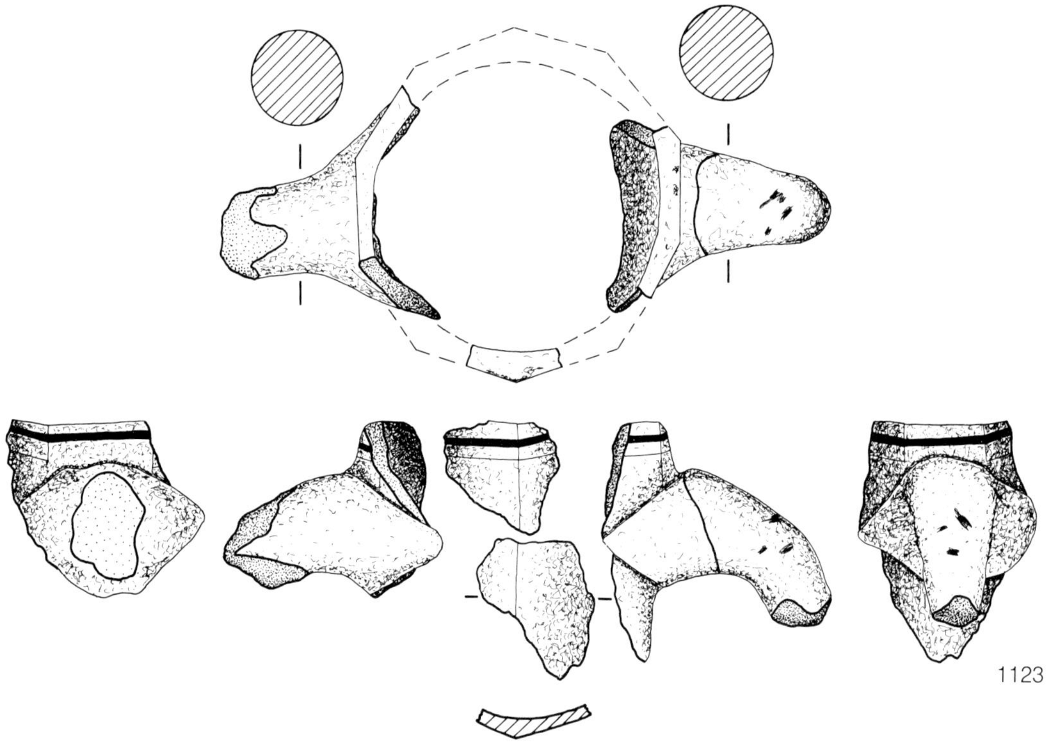

1123

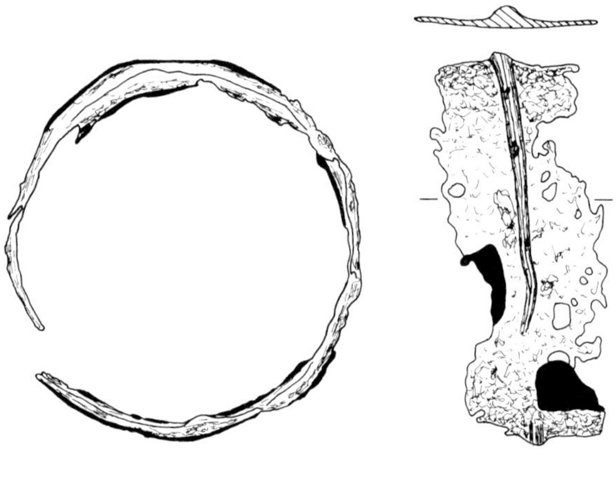

1124

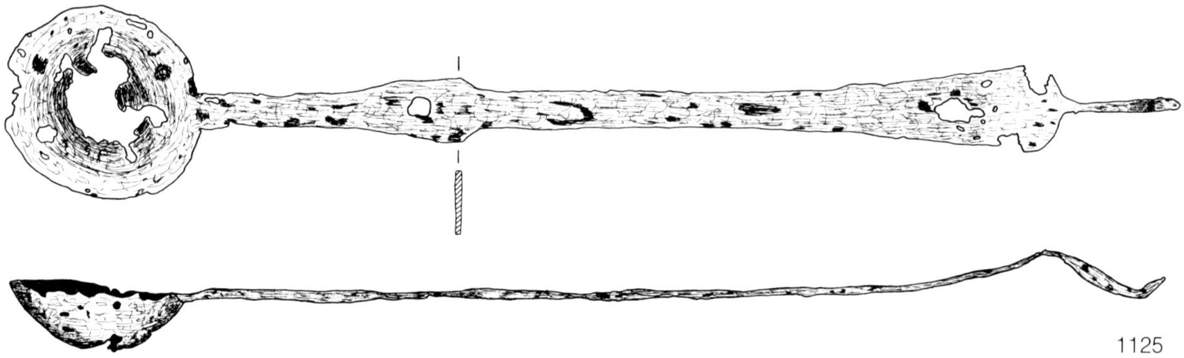

1125

Gerätschaften aus Bronze (1123) bzw. aus Eisen. M. 1:2, außer 1125
M. 1:3.

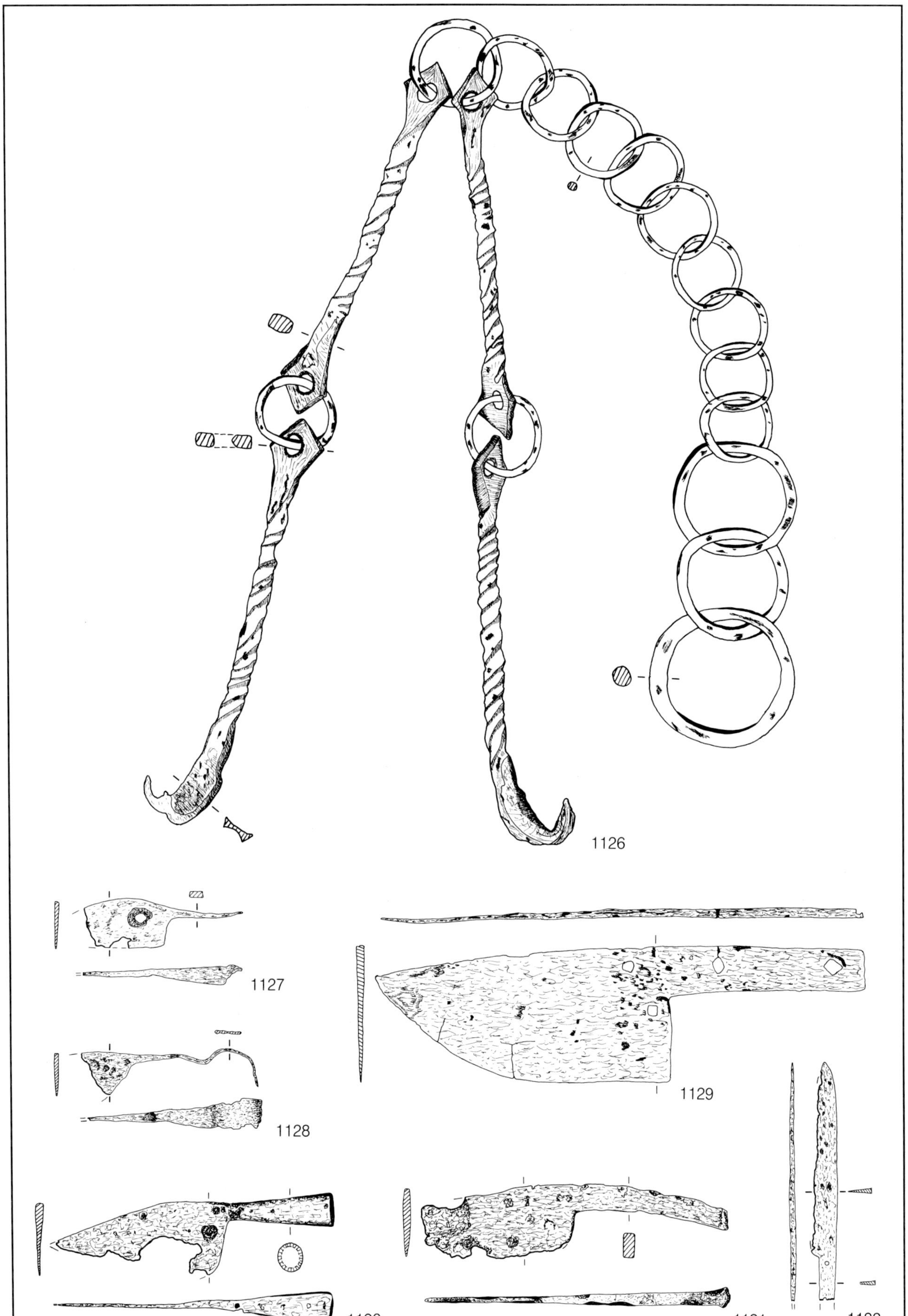

Gerätschaften aus Eisen. M. 1:3.

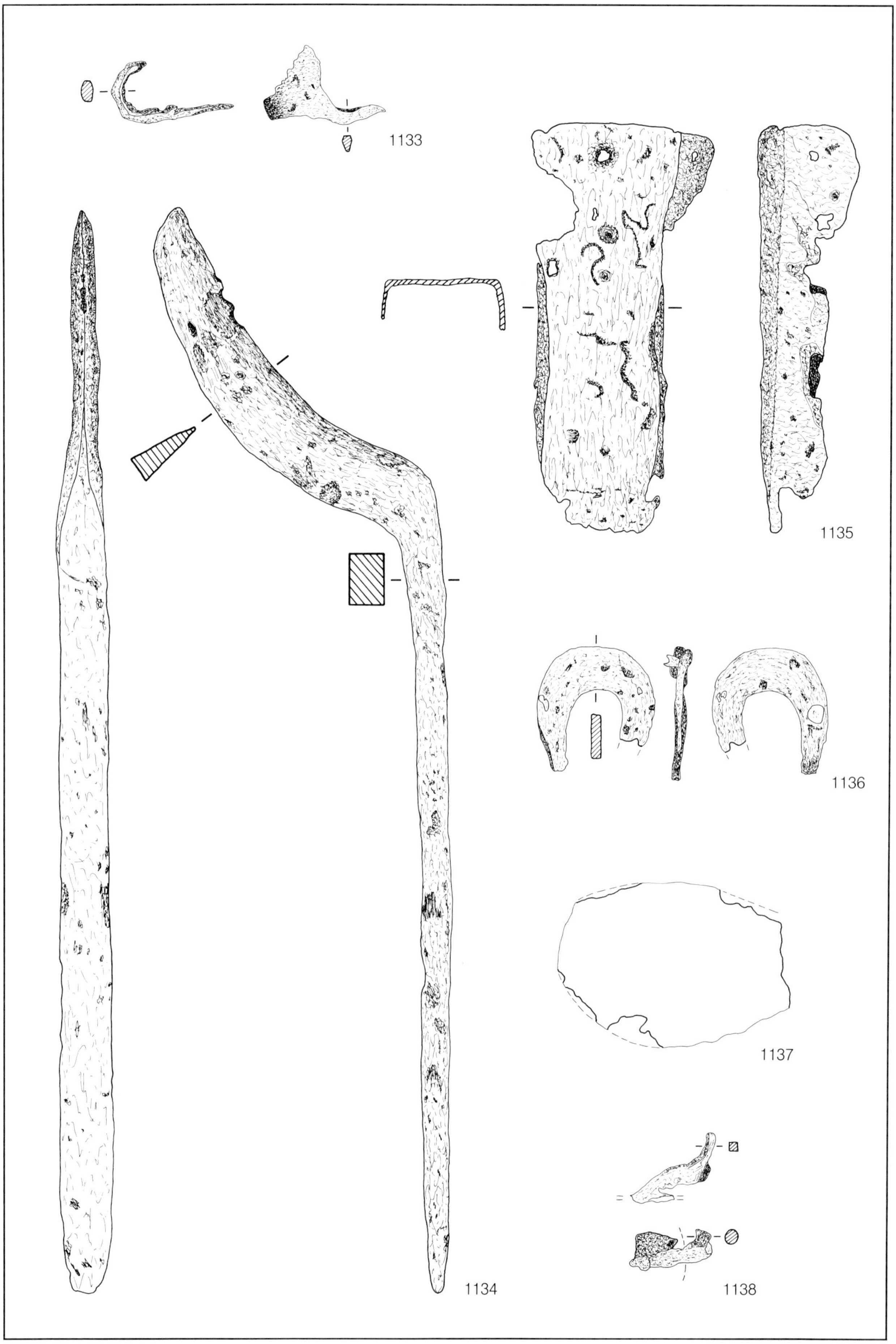

Gerätschaften aus Eisen. M. 1:3.

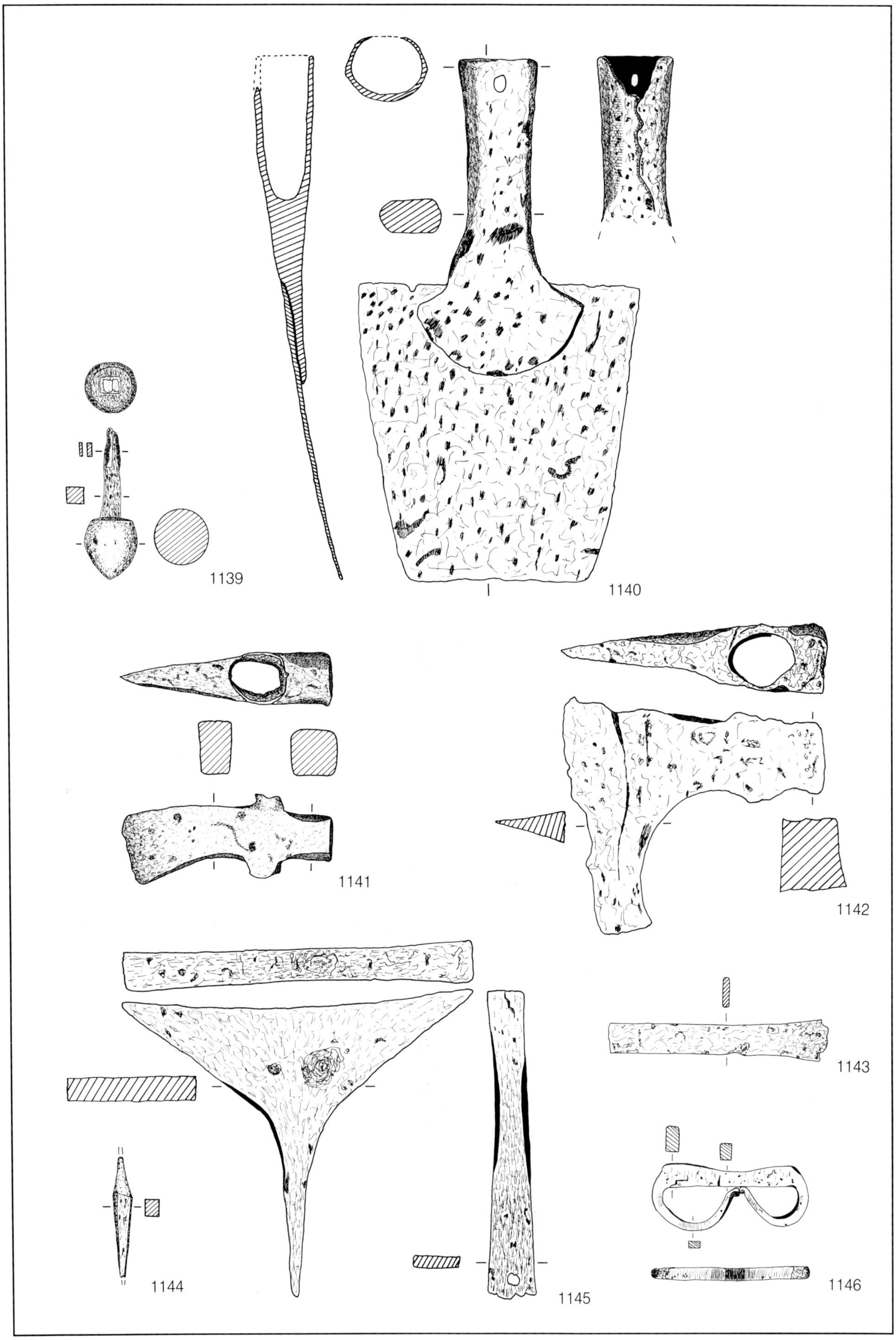

Gerätschaften aus Eisen. M. 1:3.

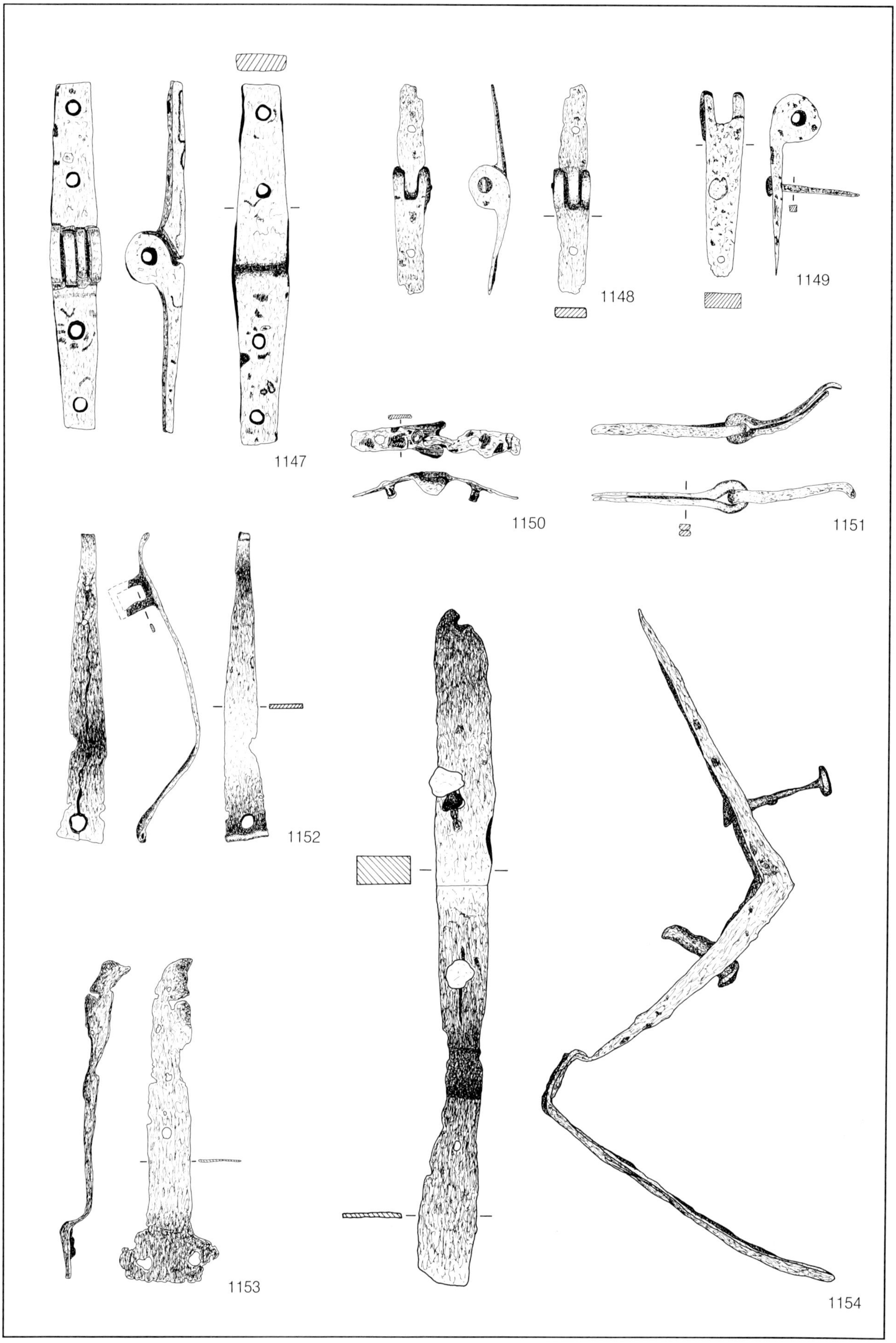

Gerätschaften aus Eisen. M. 1:3.

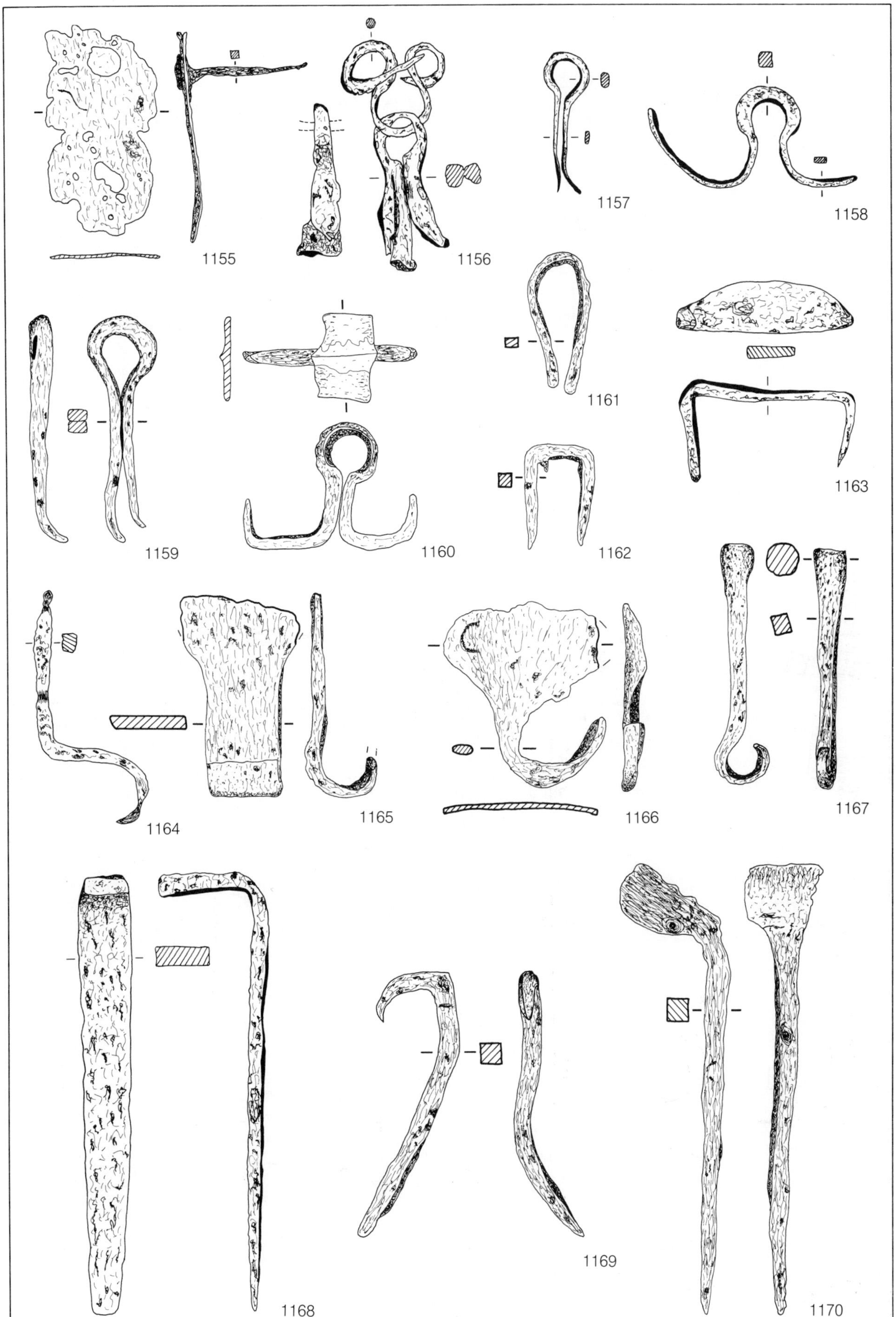

Gerätschaften aus Eisen. M. 1:2.

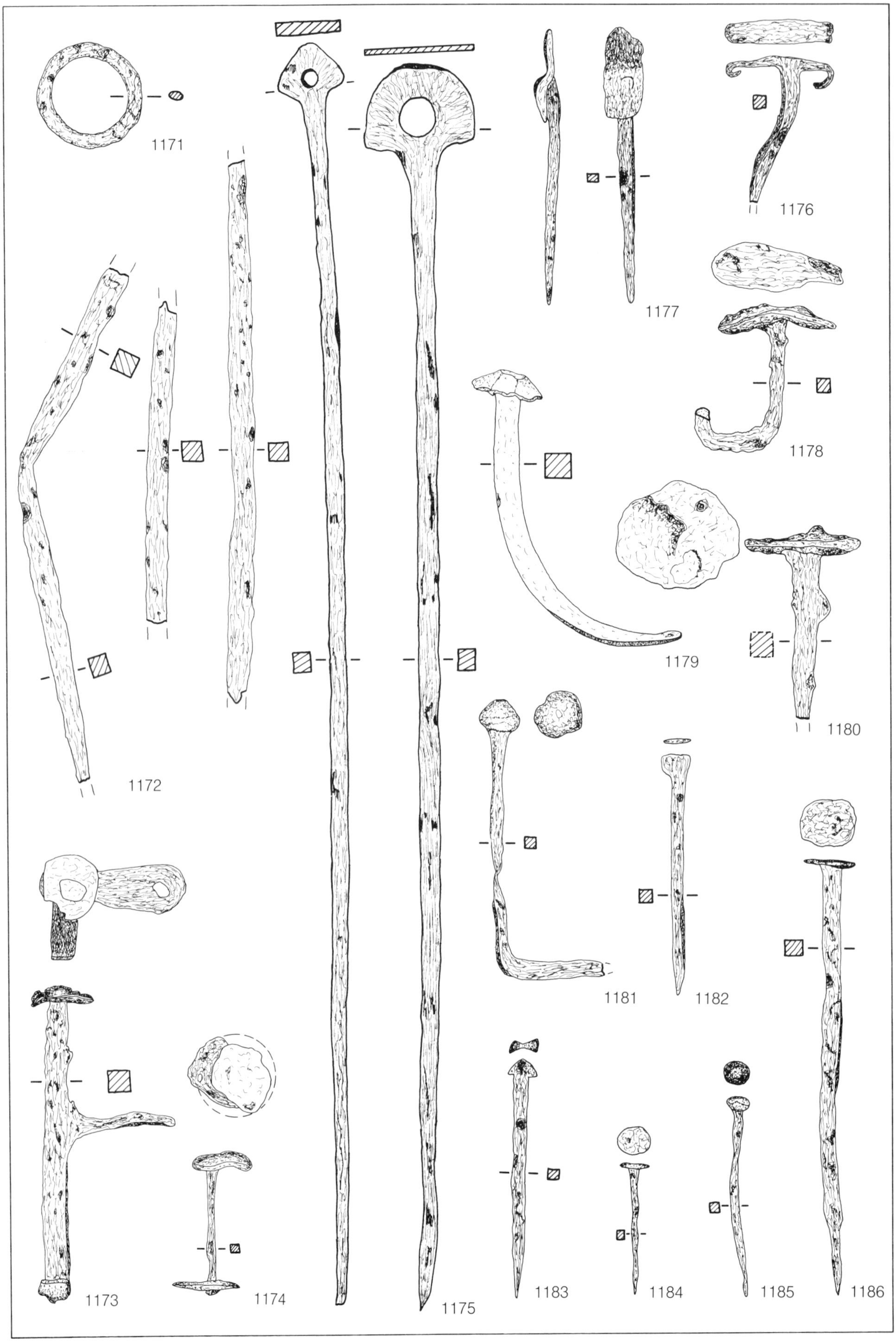

Gerätschaften aus Eisen. M. 1:2.

1187

1188

1189

Mühlsteine. M. 1:3, außer 1187 M. 1:4.

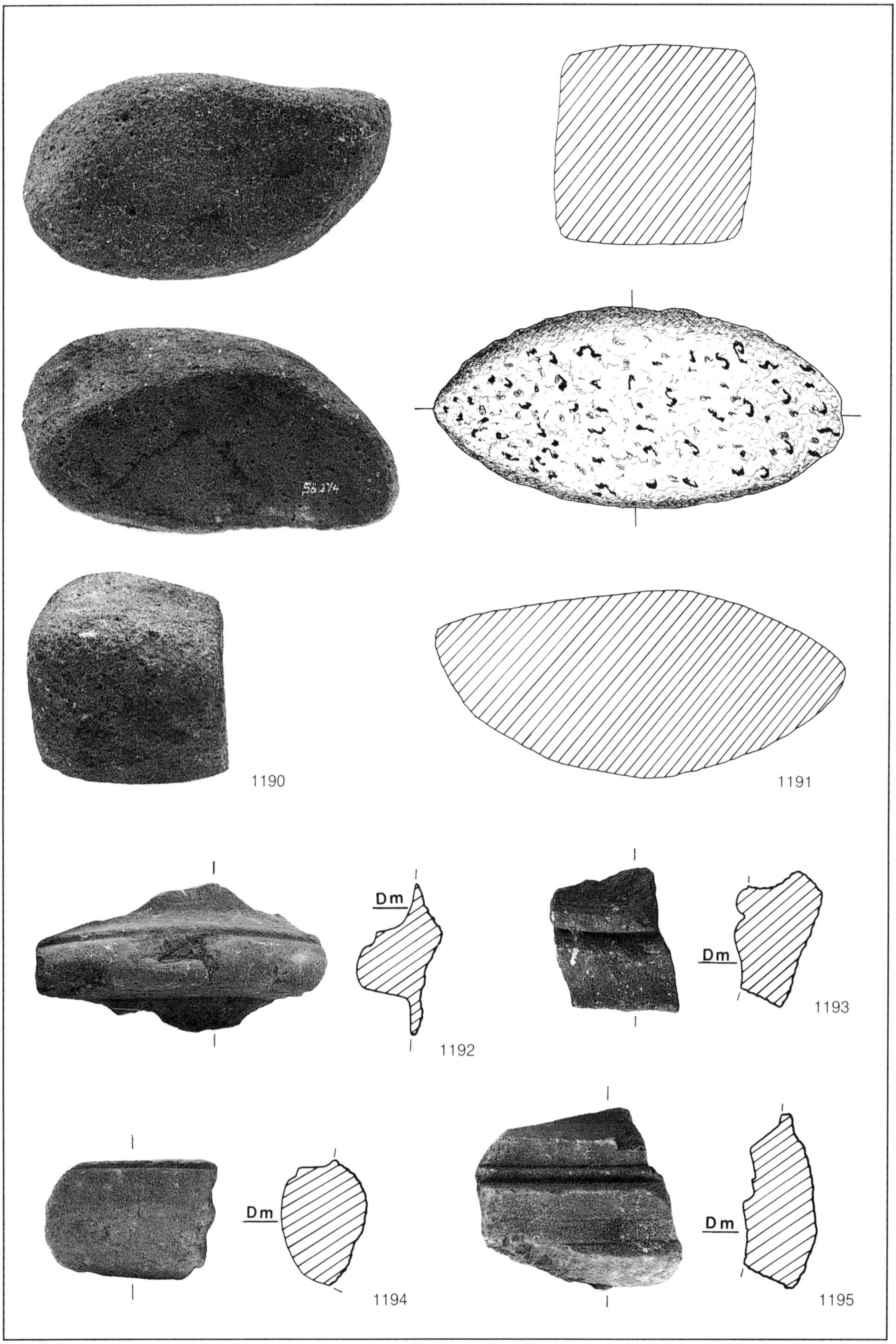

Mühlstein (1190), Eisenbarren (1191), Architekturteile. M. 1:3.

1196

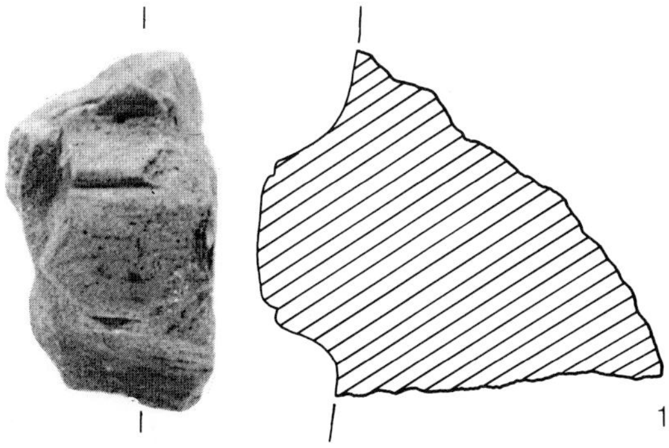

1197

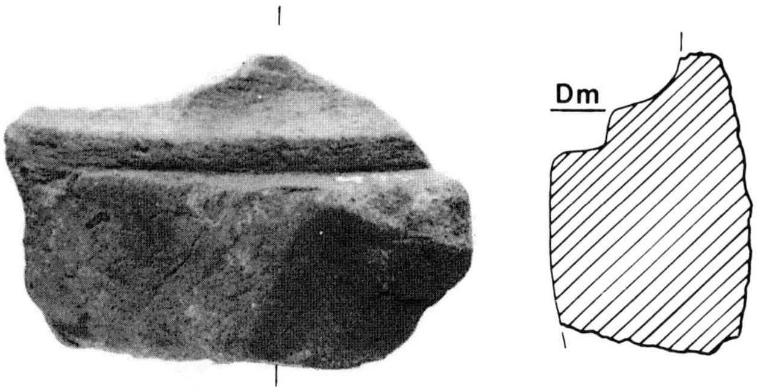

1198

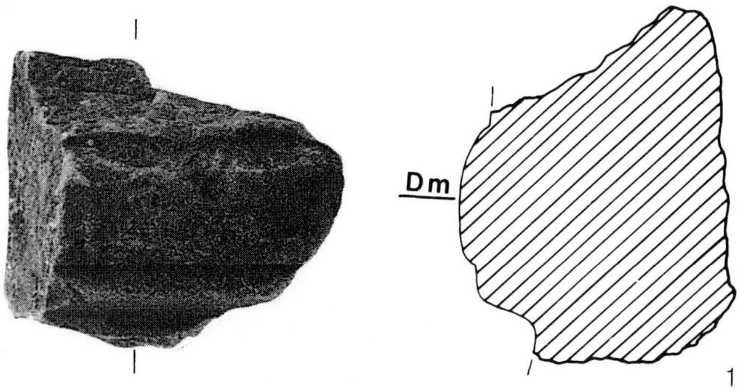

1199

1200

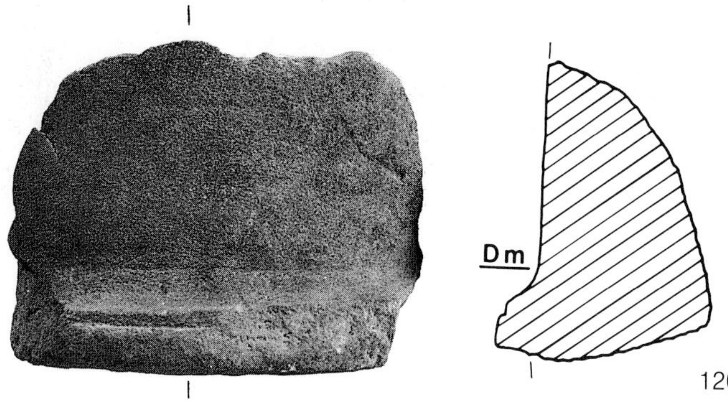

1201

Architekturteile. M. 1:3.

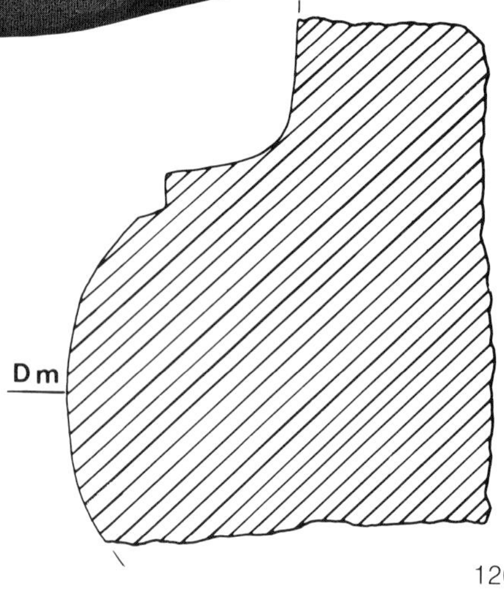

1202

1203

Architekturteile. M. 1:3.

1204

1205

Architekturteile. M. 1:3.

1206

1207

Architekturteile. M. 1:3.

1208

1209

1210

Architekturteile. M. 1:3, außer 1210 o. M.

1211

Architekturteil. M. 1:3.

1212

Architekturteil. M. 1:3.

1213

1214

Architekturteile. M. 1:3.

1215

Architekturteil. M. 1:4.

1216

1217

1218

1219

1220

Architekturteil (1216). M. 1:3. Ziegelstempel. M. 1:1.

1221

1222

1223

1225

1224

1226

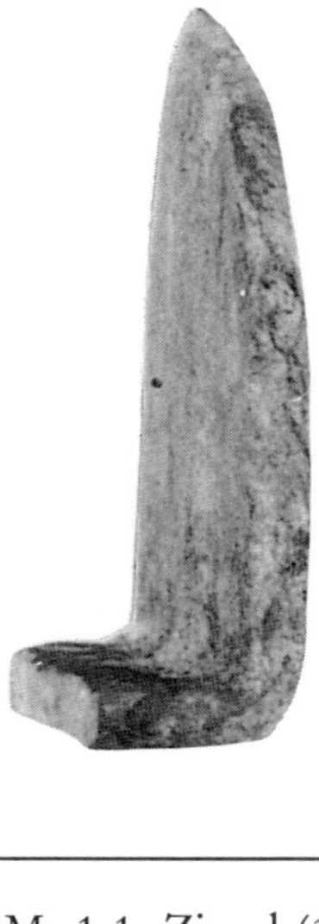

1227

Ziegelstempel. M. 1:1. Ziegel (1226.1227). M. 1:3.

1228

1230

1229

Ziegel. M. 1:3.

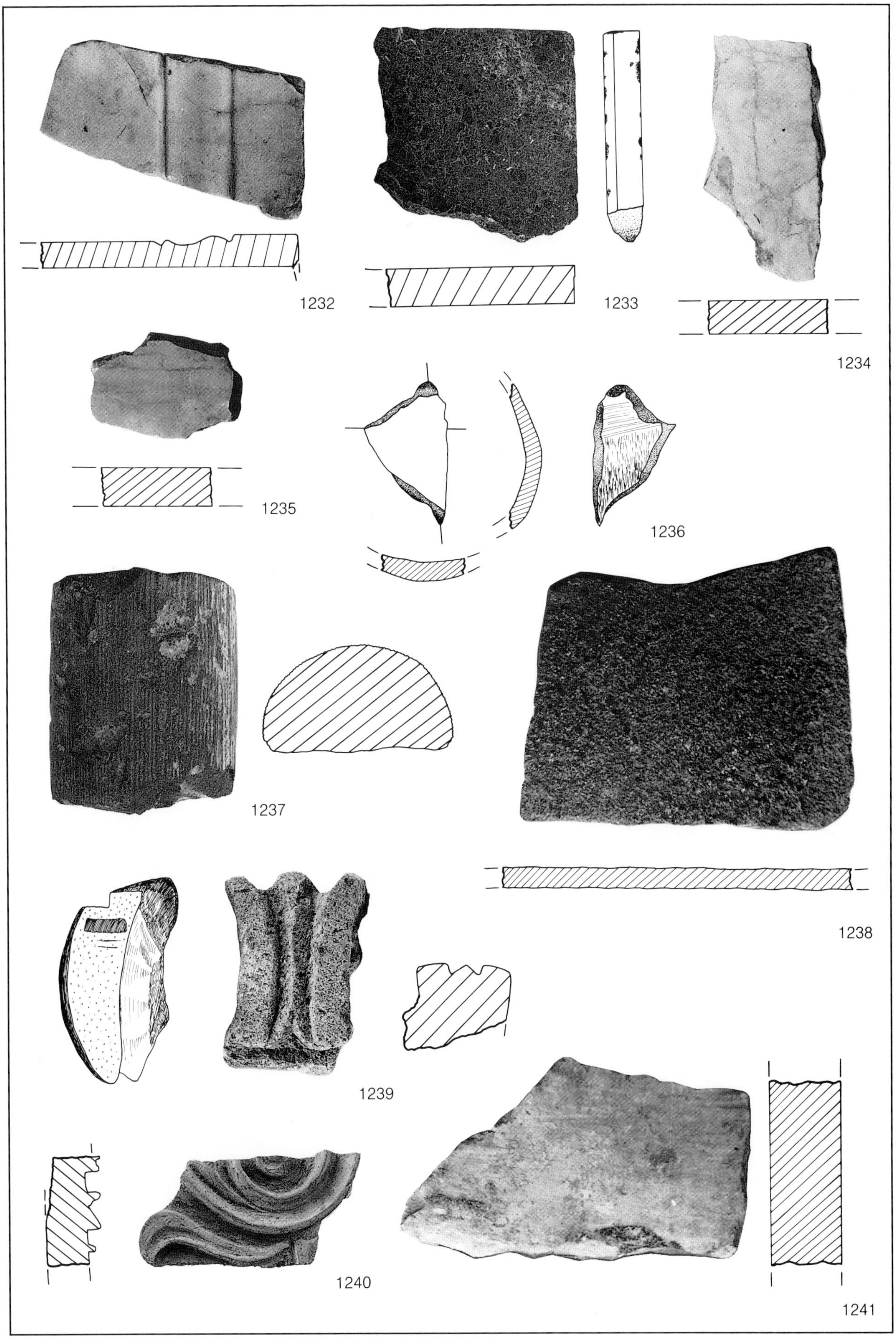

Verkleidungsteile. M. 1:3.

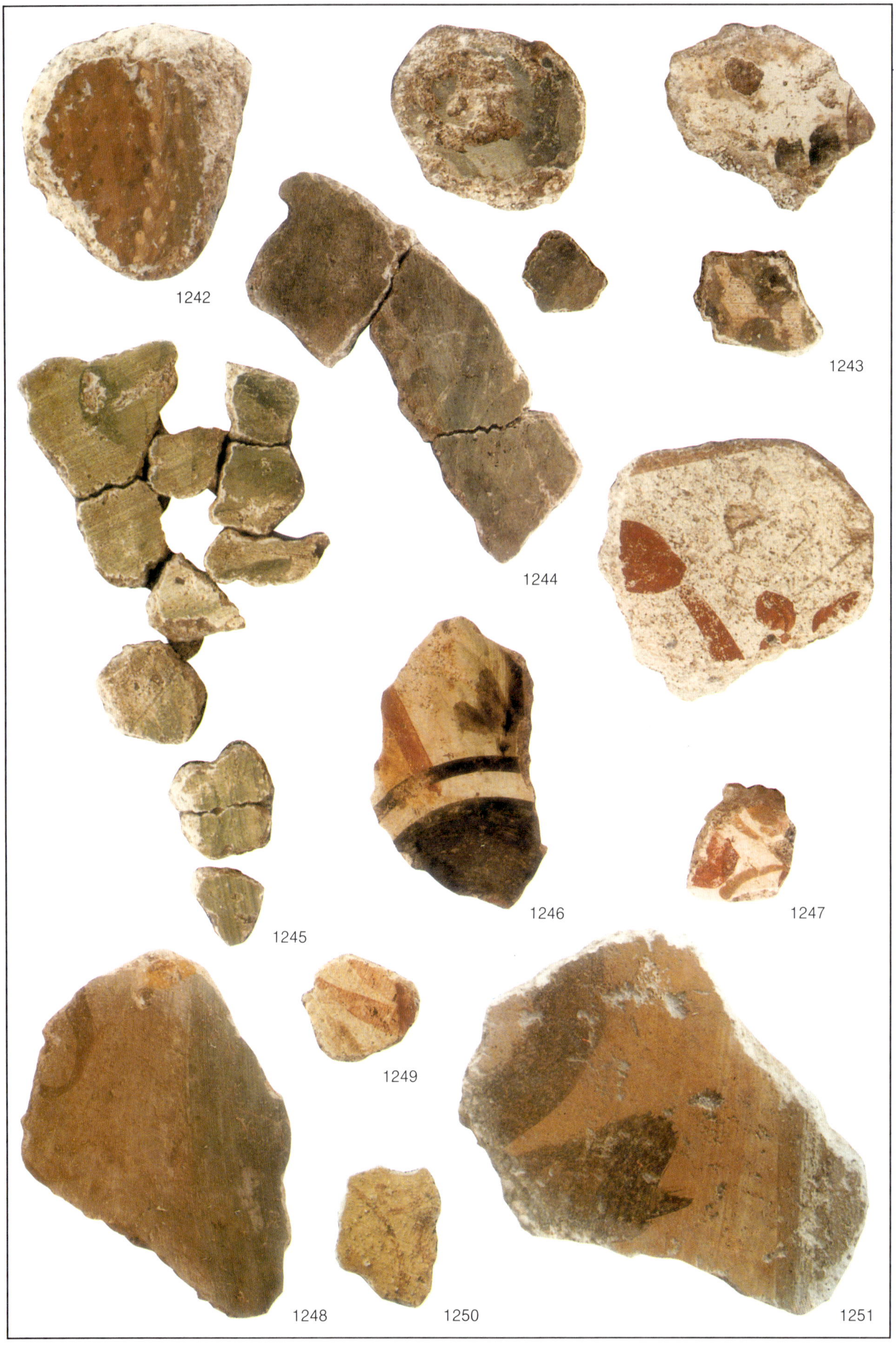

Verputzfragmente. M. 1:2, außer 1242 M. 1:1.

Verputzfragmente. M. 1:2.

Verputzfragmente. M. 1:2.

Verputzfragmente. M. 1:2.

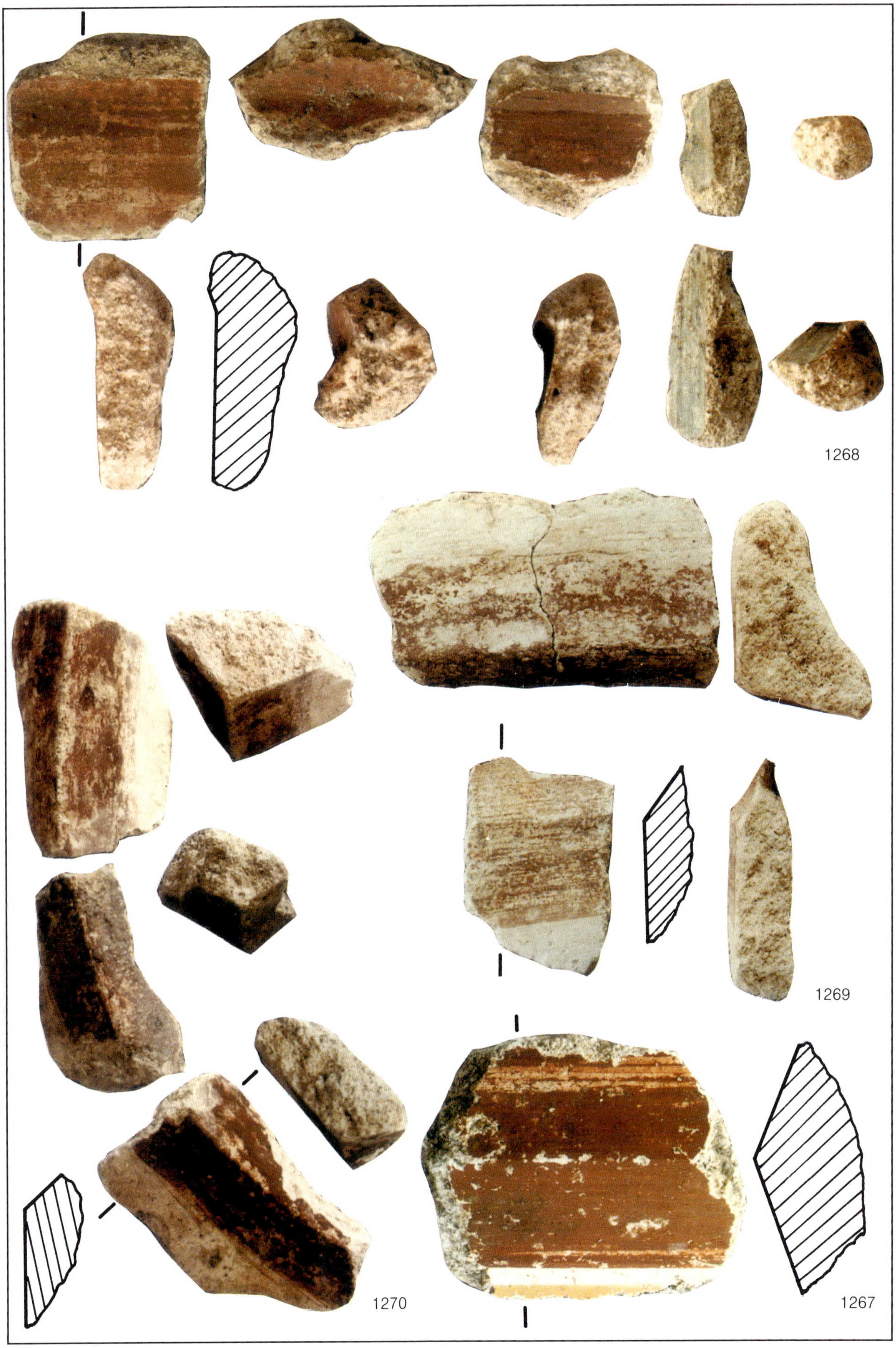

Verputzfragmente. M. 1:2.

Verputzfragmente. M. 1:2.

1274

1275

Verputzfragmente. M. 1:2.

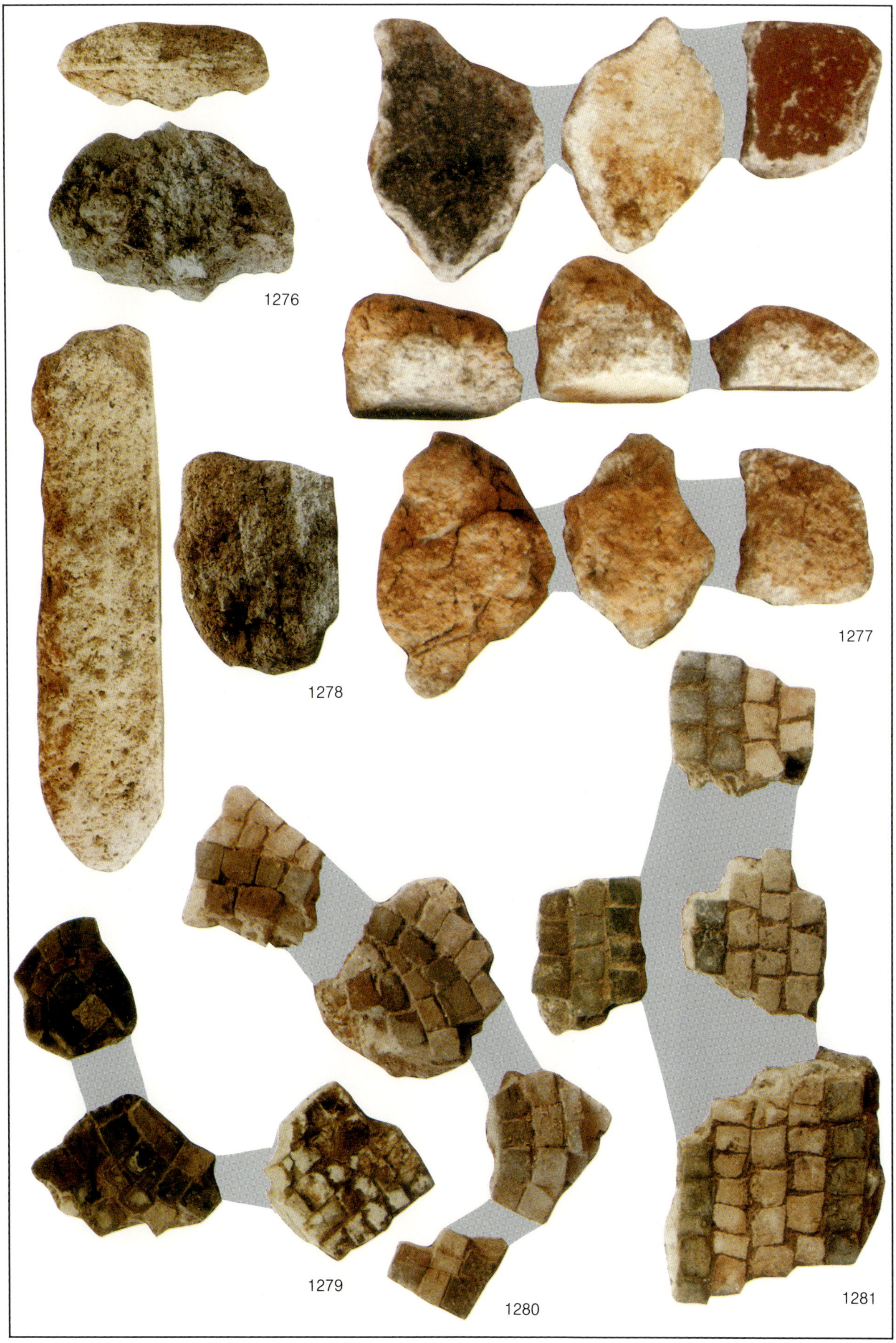

Verputz- und Mosaikfragmente. M. 1:2.

1282 1283 1284 1285 1286

1287 1288 1289 1290 1291

1292 1293 1294 1295

1296

1297

Münzen. 1292–1297 Sammlung Rueb. M. 1:1.

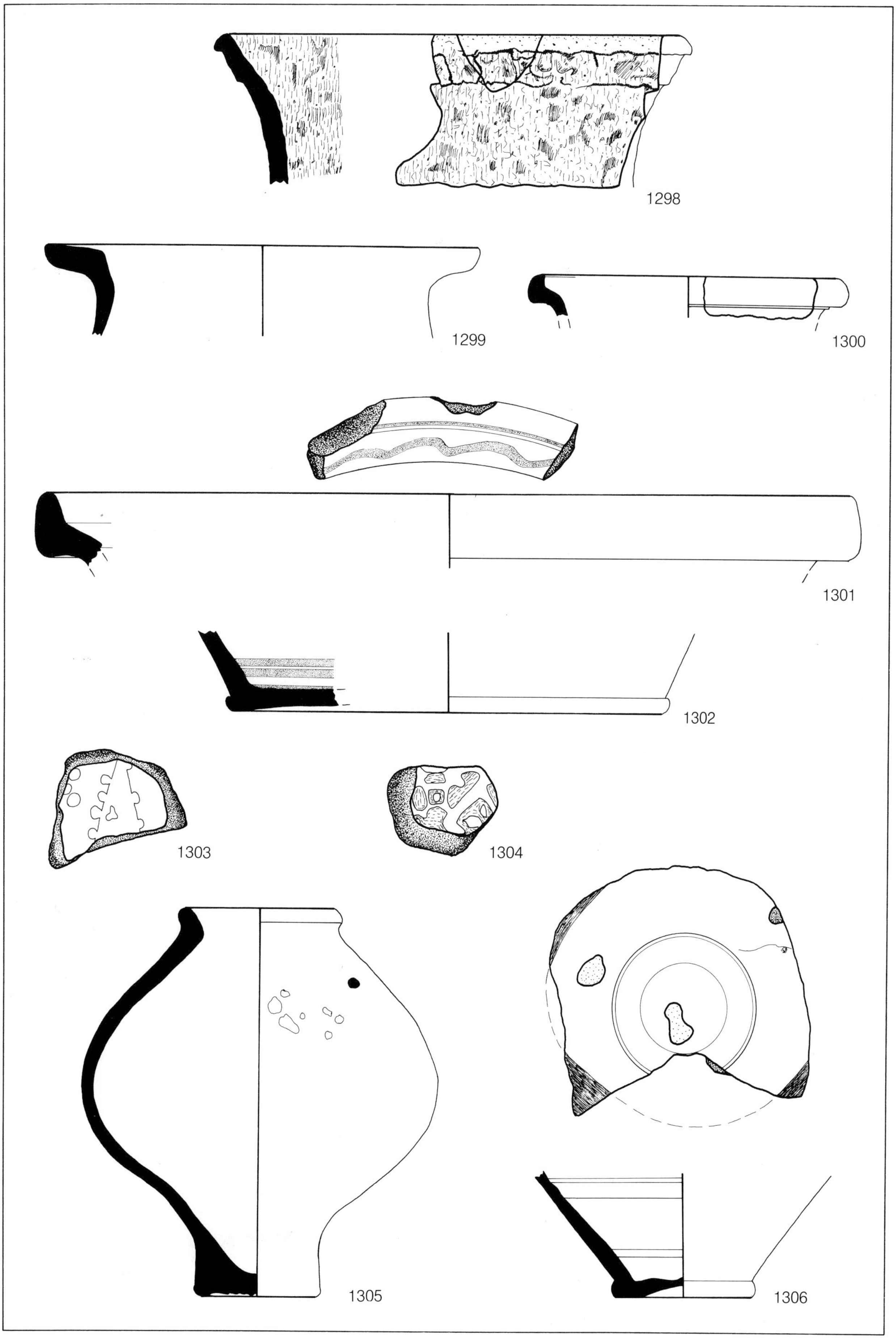

Vor- bzw. nachrömische Keramik. M. 1:2.

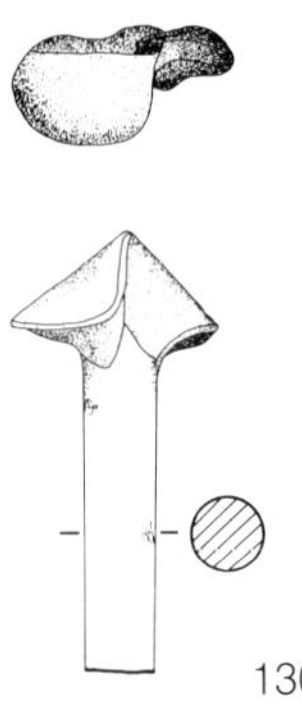
1307

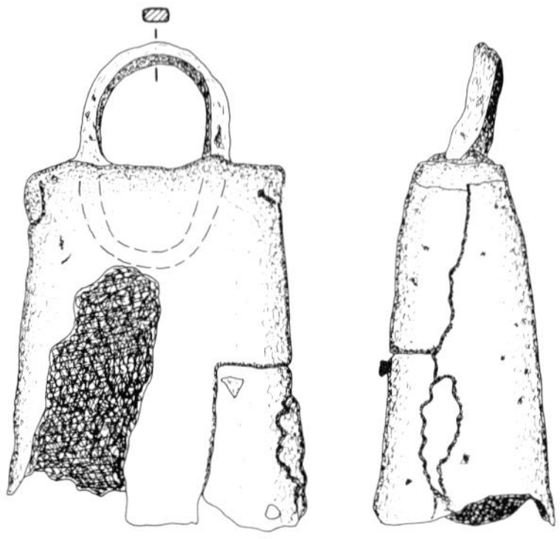
1308

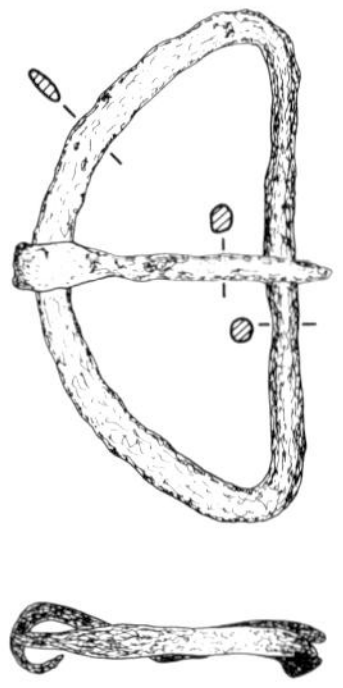
1309

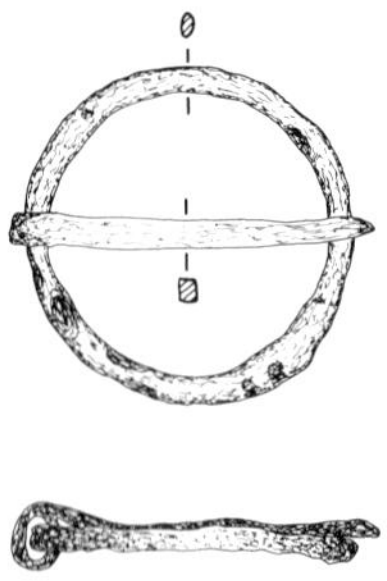
1310

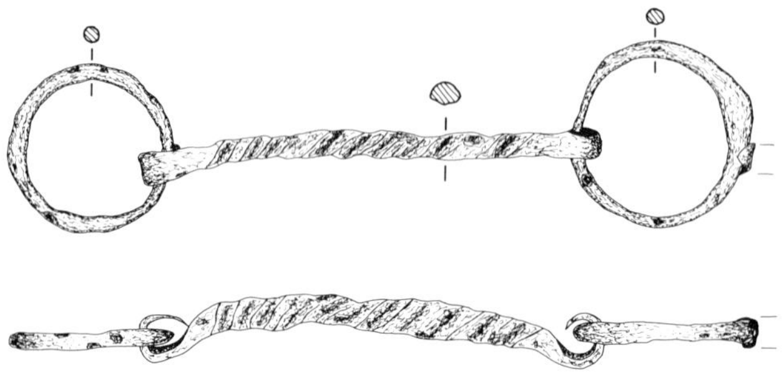
1311

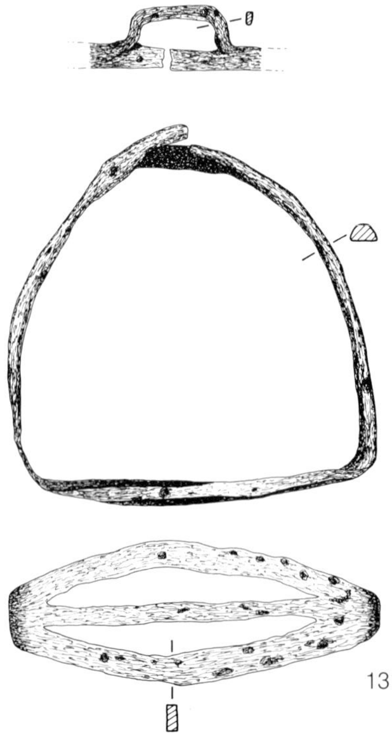
1312

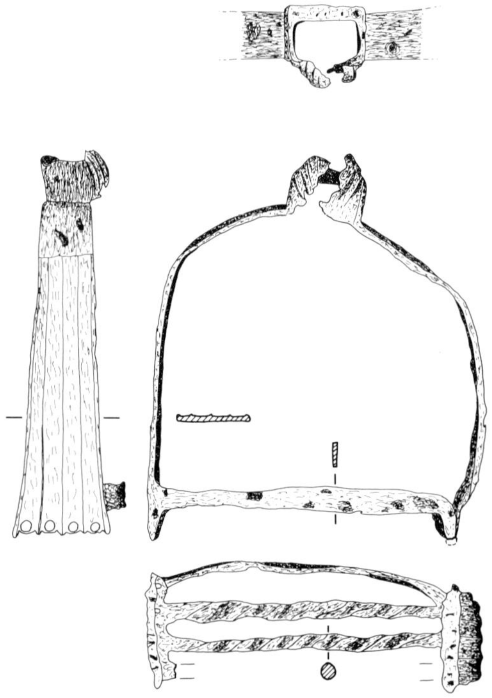
1313

Nachrömische Gerätschaften aus Bronze (1308) bzw. Eisen. M. 1:3.